BEATRICE GALLI MARIA LETIZIA QUINZIO

MERAVIGLIOSAMENTE

POESIA TEATRO ALTRI LINGUAGGI ATTUALITÀ

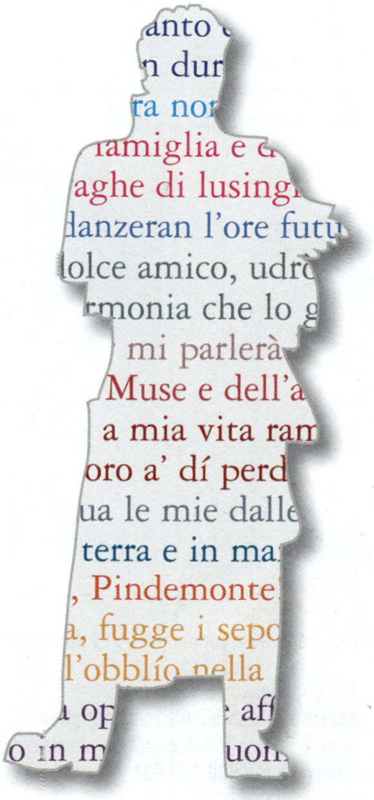

EINAUDI SCUOLA

www.mondadorieducation.it

Prima edizione: marzo 2011

Edizioni

11 10 9 8 7

2015

Questo volume è stampato da:
Errestampa - Bergamo
Stampato in Italia - Printed in Italy

Il Sistema Qualità di Mondadori Education S.p.A. è certificato da Bureau Veritas Italia S.p.A. secondo la Norma UNI EN ISO 9001:2008 per le attività di: progettazione, realizzazione di testi scolastici e universitari, strumenti didattici multimediali e dizionari.

Progettazione e redazione	Luisa Telmi
Impaginazione	Edistudio (Milano), Anna Gangale
Progetto grafico	Angela Garignani
Copertina	Alfredo La Posta
Ricerca iconografica	Luisa Telmi
Hanno collaborato	Valeria Novembri (*Integrazione testi*; *Didattica*; *Antologia on line*) Chiara Tognolotti (*Cinema*; *Un altro modo di leggere*; *Antologia on line*) Valentina Brancone (*In galleria*; *Indice degli autori*; *Didattica on line*)

Per informazioni e segnalazioni:
Servizio Clienti Mondadori Education
e-mail *servizioclienti.edu@mondadorieducation.it*
numero verde **800 123 931**

Sommario

1 ENTRARE NEL TESTO POETICO

2 PERCORRERE I GENERI DELLA POESIA

4 AFFRONTARE LA COMPLESSITÀ DEL TESTO TEATRALE

Contenuti multimediali

Tutorial di analisi del testo

Testi speakerati, scaricabili in formato mp3

Verifiche sommative interattive, presenti alla fine di ogni unità

I Test Invalsi autocorrettivi, relativi ai contenuti di ciascuna sezione

Antologia on line Testi antologici aggiuntivi, scaricabili in formato pdf

1

Entrare nel testo poetico

Nelle pagine seguenti impareremo a individuare le caratteristiche fondamentali del linguaggio poetico, e, più in particolare, a riconoscere quegli elementi che lo rendono diverso dal linguaggio della prosa.
Ogni testo poetico è infatti il risultato di tanti diversi elementi che si intrecciano fra loro – dall'aspetto letterale a quello retorico, dagli aspetti ritmici a quelli fonici – e la cui conoscenza è necessaria per giungere a una piena comprensione del testo stesso.

Questa operazione, del resto, non è fine a se stessa.
La comunicazione del testo poetico, infatti, è una comunicazione complessa, nella quale le scelte formali compiute dall'autore – forma metrica, stile, figure retoriche, linguaggio e lessico ecc. – concorrono, più che in qualunque altro tipo di testo scritto, a fare tutt'uno con i contenuti. Saperne riconoscere gli elementi ci permette dunque di comprendere meglio tanto il messaggio che l'autore ha voluto comunicare, quanto le emozioni che questo ha suscitato in noi.
Leggere poesia significa anche instaurare un dialogo con i poeti; essere capaci di svolgere un lavoro di analisi significa essere, in questo dialogo, interlocutori attivi e non semplici "ascoltatori".

Per ogni unità

TESTO PER LA FORMAZIONE DELLE CAPACITÀ ANALITICHE E METODOLOGICHE

TESTI DI ANALISI E VERIFICA

BOX Attenzione!

Alla fine della sezione

LABORATORIO
per imparare → come si analizza un testo poetico

DALLA LETTURA ALLA SCRITTURA
per imparare → come si fa una parafrasi

On line

TEST INVALSI AUTOCORRETTIVI
per verificare → il livello di apprendimento

La struttura del verso

Il verso e le sillabe metriche

Accenti e ritmo

Lavoriamo sui testi

Testi di analisi e verifica

T1 D. Alighieri, **Tanto gentile e tanto onesta pare** (da *Vita Nuova*)
– *In sintesi* – *Attività*

T2 G. Stampa, **Se 'l cibo, onde i suoi servi** (da *Rime*)
– *In sintesi* – *Attività*

T3 G. Pascoli, **Novembre** (da *Myricae*)
– *In sintesi* – *Attività*

T4 S. Penna, **Il mare è tutto azzurro** (da *Poesie*)
– *In sintesi* – *Attività*

T5 U. Saba, **Donna** (da *Tutte le poesie*)
– *In sintesi* – *Attività*

La struttura del testo poetico

Le rime

Strofe e forme poetiche

Lavoriamo sui testi

Testi di analisi e verifica

T1 F. Petrarca, **Solo et pensoso i più deserti campi** (da *Canzoniere*)
– *In sintesi* – *Attività*

T2 G. Carducci, **Pianto antico** (da *Rime nuove*)
– *In sintesi* – *Attività*

T3 G. Pascoli, **X Agosto** (da *Myricae*)
– *In sintesi* – *Attività*

T4 G. Ungaretti, **San Martino del Carso** (da *Vita d'un uomo*)
– *In sintesi* – *Attività*

T5 V. Lamarque, **In dote** (da *Poesie 1972-2002*)
– *In sintesi* – *Attività*

I contenuti del testo poetico

Le figure retoriche

I contenuti tematici

In galleria
L'astrattismo

Dal tema poetico al film
R. Clair, **Entr'acte**

Lavoriamo sui testi

Testi di analisi e verifica

T1 G. Leopardi, **L'infinito** (da *Canti*)
– *In sintesi* – *Attività*

T2 E. Dickinson, **L'erba ha poco da fare** (da *Tutte le poesie*)
– *In sintesi* – *Attività*

T3 F. García Lorca, **Canzone di cavaliere** (da *Tutte le poesie*)
– *In sintesi* – *Attività*

T4 C. Govoni, **Questi giorni invernali così chiari** (da *Aladino*, in *Poesie 1903-1958*)
– *In sintesi* – *Attività*

T5 E. Montale, **Ho sceso dandoti il braccio** (da *Satura*)
– *In sintesi* – *Attività*

I

Laboratorio: come si analizza un testo poetico

T1 U. Foscolo, **In morte del fratello Giovanni** (da *Poesie*)

T2 G. D'Annunzio, **I pastori** (da *Alcyone*)

T3 U. Saba, **Ulisse** (da *Tutte le poesie*)

T4 G. Caproni, **Stornello** (da *Tutte le poesie*)

Dalla lettura alla scrittura: la parafrasi

Antologia on line

La struttura del verso

T1 @ G. Pascoli, **Lavandare** (da *Myricae*)
- *In sintesi* — *Attività*

T2 @ U. Foscolo, **A Zacinto** (da *Poesie*)
- *In sintesi* — *Attività*

T3 @ G. Raboni, **Contestazione** (da *Le case della Vetra*)
- *In sintesi* — *Attività*

La struttura del testo poetico

T1 @ D. Alighieri, **Nel mezzo del cammin di nostra vita** (da *Commedia, Inferno*)
- *In sintesi* — *Attività*

T2 @ G. Leopardi, **A Silvia** (da *Canti*)
- *In sintesi* — *Attività*

T3 @ D. Campana, **Tre giovani fiorentine camminano** (da *Canti orfici e altre poesie*)
- *In sintesi* — *Attività*

I contenuti del testo poetico

T1 @ L. Ariosto, **Le donne, i cavallier...** (da *Orlando furioso*)
- *In sintesi* — *Attività*

T2 @ G. Carducci, **San Martino** (da *Rime nuove*)
- *In sintesi* — *Attività*

T3 @ W.B. Yeats, **Quando tu sarai vecchia** (da *Poesie*)
- *In sintesi* — *Attività*

1.1 La struttura del verso

Il verso e le sillabe metriche

Che cos'è la metrica

La scrittura poetica si basa su un insieme di regole che prendono il nome di **metrica**. Tali regole si sono venute definendo e precisando nel corso del tempo, attraverso l'esperienza di molte generazioni di poeti.

Pablo Picasso, *Ritratto di Dora Maar*, 1937

La metrica **varia** a seconda della **lingua** in cui si scrive. Nella poesia italiana, per esempio, la metrica stabilisce la **lunghezza dei versi**, il **ritmo degli accenti**, lo **schema delle rime**, la **divisione delle strofe** ecc.

La metrica italiana è una metrica **accentuativa**, cioè si basa sulla successione di sillabe accentate e non accentate (**toniche** e **atone**), che si strutturano secondo schemi particolari che descriveremo nelle pagine seguenti.

Presso gli antichi greci e romani, la metrica era invece di tipo **quantitativo**: i versi erano concepiti come una successione di sillabe brevi o lunghe, che venivano "misurate" secondo la "durata fonica" delle vocali. Nel corso del Medioevo, con l'affermarsi delle lingue neolatine, si verificò, assieme ad altri importanti fenomeni fonetici, anche il passaggio dalla metrica quantitativa a quella di tipo accentuativo.

Come contare le sillabe

L'unità di misura del verso italiano è la **sillaba**. Ogni **vocale** (o ogni **dittongo** o **trittongo**) costituisce una sillaba; le consonanti, dal punto di vista metrico, si può dire che non contino.

Bisogna però chiarire subito che esiste una differenza tra le **sillabe grammaticali** (quelle che conosci da quando hai imparato a "dividere le parole" per andare a capo) e le **sillabe metriche**, quelle che ci interessano dal punto di vista poetico. In poesia infatti si possono verificare casi in cui **una sillaba** grammaticale **vale due**

Attenzione!

Nell'italiano esistono ancora sillabe lunghe e brevi? La risposta è **sì**: pensiamo per esempio alla diversa durata della **"a"** nelle due parole **pane e sbaglio**: se le pronunciamo con un po' di attenzione, risulterà evidente che la prima "a" è più lunga della seconda. Tuttavia, in italiano questa differenza ha perduto la sua importanza: al contrario di quanto accadeva in latino, infatti, la lunghezza delle vocali non è un elemento distintivo, cioè non influisce sul significato di una parola.
In italiano infatti non esistono parole che cambiano di significato a seconda che le vocali siano lunghe o brevi. Nota invece che le consonanti hanno conservato questo carattere distintivo: **cane** e **canne** si distinguono per il fatto che nella prima la "n" è breve e nella seconda è lunga.

sillabe metriche o, viceversa, due sillabe grammaticali valgono una sola sillaba metrica. Questa contrazione o dilatazione del numero delle sillabe avviene in base a tecniche che prendono il nome di **figure metriche**. Esse sono quattro:

sinalefe permette di **unire** in una sola sillaba metrica la **vocale finale di una parola** e la **vocale iniziale della parola successiva**; ecco un esempio di **Francesco Petrarca** [→ p. 122]:

Sol – lo e – pen – so – so i – più – de – ser – ti – cam – pi

sineresi permette di **unire** in una sola sillaba metrica **due vocali vicine all'interno di una parola** che normalmente formerebbero due sillabe grammaticali distinte (cioè permette di considerare metricamente come un dittongo quello che dal punto di vista grammaticale non lo è). Ecco un esempio di **Giacomo Leopardi** [→ p. 130]:

Ed – er – ra – l'ar – mo – nia – per – que – sta – val – le

dialefe è il contrario della sinalefe: permette di **mantenere separate la vocale finale di una parola e quella iniziale della parola successiva**. Ecco un esempio dalla *Commedia* di **Dante** [→ p. 82]:

E – tu – che – se' – co – stì, – a – ni – ma – vi – va

dieresi è il contrario della sineresi: permette di **mantenere separate due vocali vicine all'interno di una parola** che altrimenti formerebbero una sola sillaba grammaticale (cioè permette di non considerare metricamente come un dittongo quello che dal punto di vista grammaticale lo è): è l'unica figura metrica a essere normalmente segnalata con due puntini posti sopra la prima vocale, come nel seguente verso di **Ugo Foscolo** [→ p. 127]:

For – se – per – ché – de – la – fa – tal – quï – e – te

elisione e troncamento Non bisogna infine dimenticare che anche le normali tecniche della **elisione** e del **troncamento** permettono di agire sul numero delle sillabe. Ecco in questo verso di **Petrarca** un esempio di elisione: notiamo che la parola "che" ha perduto la vocale finale – sostituita dall'apostrofo – e ciò ha consentito di eliminare una sillaba dal verso:

Voi ch'ascoltate in rime sparse il suono

Qui di seguito, invece, un esempio di troncamento, ancora in un verso di **Petrarca**: osserviamo come la parola "vecchierello" è stata troncata in "vecchierel", in modo da contare solo tre sillabe anziché quattro:

Movesi il vecchierel canuto e bianco

Attenzione!

Come si fa a capire quando due vocali vicine formano una figura metrica o quella opposta? Nel caso della dieresi i due puntini ci segnalano la presenza della figura metrica, ma negli altri casi? La risposta è che **dipende dal contesto**: in un'opera come la *Divina commedia* di Dante, dove tutti i versi sono endecasillabi, leggeremo *O - a - ni - ma - cor - te - se - man - to - va - na* (con la dialefe), per avere undici sillabe metriche; in una canzone di Petrarca, che usa solo endecasillabi o settenari, il verso *Chia - re - fre - sche e - dol - ci ac - que* va letto con due dialefi per ottenere le sette sillabe metriche che lo compongono.
Naturalmente, adesso non sai ancora che cosa significa esattamente endecasillabo o canzone: ma l'importante è ricordare che il contesto in cui si trova un verso, l'opera a cui appartiene, spesso condiziona il nostro modo di leggerlo.

Versi piani, sdruccioli e tronchi

I versi italiani si definiscono innanzitutto in base al numero di sillabe metriche: il **bisillabo** (il verso più breve) ha due sillabe metriche, l'**endecasillabo** (il verso più lungo) ne ha undici.
Ma per contare esattamente il numero di sillabe metriche bisogna considerare, oltre alle figure metriche, anche la parola finale del verso. Infatti:

Maurice Denis, *Le muse*, 1893

- si chiamano **piani** i versi che terminano con una parola piana (cioè con l'accento sulla penultima sillaba: *cane, ciliegia, positivamente* ecc.);
- si chiamano **tronchi** i versi che terminano con una parola tronca (cioè con l'accento sull'ultima sillaba: *così, partirò* ecc.);
- si chiamano **sdruccioli** i versi che terminano con una parola sdrucciola (cioè con l'accento sulla terzultima sillaba: *cattedra, rondine, andarsene* ecc.).

Poiché la maggioranza delle parole italiane ha l'accento sulla penultima sillaba, i versi piani sono i più frequenti nella nostra poesia e il loro schema metrico è considerato esemplare: perciò **tutti i versi vengono trattati come se fossero piani**, anche se terminano con parole tronche o sdrucciole. Nella pratica ciò significa che, **dopo l'ultimo accento, si conta sempre una sillaba metrica in più**, anche se le sillabe grammaticali sono due o non ci sono del tutto. Un esempio di **Alessandro Manzoni** [→ p. 174] chiarirà il concetto:

1	2	3	4	5	6	7	
Ei –	*fu. –*	*Sic –*	*co –*	*me im –*	*mò –*	*bile*	verso sdrucciolo
da –	*to il –*	*mor –*	*tal –*	*so –*	*spì –*	*ro*	verso piano
[…]							
la –	*ter –*	*ra al –*	*nun –*	*zio –*	*stà.*		verso tronco
						sillaba finale	

Questi tre versi sono **settenari**, in quanto la loro ultima sillaba accentata è la **sesta** che, con l'aggiunta di **una** sillaba metrica finale, dà un totale di **sette** sillabe: risulta ininfluente il fatto che l'ultima sillaba metrica del primo verso sia formata da due sillabe grammaticali ("bi - le"); che l'ultima sillaba metrica del secondo verso coincida con una sillaba grammaticale ("ro"); che l'ultima sillaba metrica del terzo verso sia annullata dall'uso di una parola tronca.

I VERSI FONDAMENTALI DELLA POESIA ITALIANA

numero di sillabe	nome del verso	esempio
▶ 2 sillabe	**bisillabo** o **binario**	*Dietro* *qualche* *vetro* (G.A. Cesareo)
▶ 3 sillabe	**trisillabo**	*Andate,* *correte,* *chiudete* *la fonte* (A. Palazzeschi)

numero di sillabe	nome del verso	esempio
▶ 4 sillabe	quadrisillabo	*Dentro l'occhio* *disumano* *della notte* (D. Campana)
▶ 5 sillabe	quinario	*Melanconia,* *ninfa gentile,* *la vita mia* *consegno a te* (I. Pindemonte)
▶ 6 sillabe	senario	*Al Re Travicello* *piovuto ai ranocchi,* *mi levo il cappello* *e piego i ginocchi* (G. Giusti)
▶ 7 sillabe	settenario	*Dolce declina il sole.* *Dal giorno si distacca* *un cielo troppo chiaro* (G. Ungaretti)
▶ 8 sillabe	ottonario	*Quant'è bella giovinezza,* *che si fugge tuttavia!* *Chi vuol esser lieto sia,* *di doman non c'è certezza* (L. de' Medici)
▶ 9 sillabe	novenario	*Su tutte le lucide vette* *tremava un sospiro di vento* (G. Pascoli)
▶ 10 sillabe	decasillabo	*L'han giurato. Gli ho visti in Pontida* *convenuti dal monte, dal piano* (G. Berchet)
▶ 11 sillabe	endecasillabo	*Voi ch'ascoltate in rime sparse il suono* *di quei sospiri ond'io nudriva 'l core* (F. Petrarca)

Attenzione!

Esistono nella poesia italiana versi con **più di undici sillabe** metriche?
La risposta è **sì**, anche se si tratta di versi piuttosto rari. Sono i cosiddetti "versi doppi", perché formati dall'unione di due versi brevi. Ecco i più usati:

doppio quinario *Il sole tardo / ne l'invernale*
ciel le caligini / scialbe vincea (G. Carducci)

doppio senario *Dagli atrii muscosi, / dai fori cadenti,*
dai boschi, dall'arse / fucine stridenti,
dai solchi bagnati / di servo sudor (A. Manzoni)

doppio settenario *Senza querele, o Morte, / discendo ai regni bui;*
di ciò che tu mi desti, / o Vita, io ti ringrazio (G. Gozzano)

doppio ottonario *Quando cadono le foglie, / quando emigrano gli augelli*
e fiorite a' cimiteri / son le pietre degli avelli (G. Carducci)

doppio novenario *Mio cuore, monello giocondo / che ride pur anco nel pianto,*
mio cuore, bambino che è tanto / felice d'esistere al mondo (G. Gozzano)

In sintesi

- Il **verso** è l'unità fondamentale della poesia e si misura in **sillabe metriche**.
- La sillaba metrica non corrisponde sempre alla sillaba grammaticale: abbiamo infatti casi frequenti di contrazione (**sinalefe** e **sineresi**) e di dilatazione (**dialefe** e **dieresi**) del numero delle sillabe metriche rispetto a quelle grammaticali.
  Anche l'**elisione** e il **troncamento** consentono di contrarre il numero delle sillabe metriche.
- **Tutti i versi vengono trattati come se fossero piani**, anche se terminano con parole tronche o sdrucciole; ciò significa che, **dopo l'ultimo accento, si conta sempre una sola sillaba metrica**.

Attività

1 **Dividi in sillabe metriche i seguenti versi.**
Soffermàti sull'arida sponda (A. Manzoni)
Nel mezzo del cammin di nostra vita (D. Alighieri)
Passata è la tempesta (G. Leopardi)

2 **Leggi i seguenti versi, dividili in sillabe e indica quali figure metriche sono presenti, completando la tabella sottostante (per aiutarti ti viene indicato il numero delle sillabe di ogni verso).**

versi	numero di sillabe	figura metrica presente
Poi quando intorno è spenta ogni altra face (G. Leopardi)	11	....
Fresche le mie parole nella sera (G. D'Annunzio)	11	....
O falce di luna calante (G. D'Annunzio)	9	....
Ed oggi nella Troade inseminata (U. Foscolo)	11	....
Passata è la tempesta (G. Leopardi)	7	....
Dolce color d'orïental zaffiro (D. Alighieri)	11	....

3 **Individua il tipo di versi usato nella seguente strofa di Giovanni Pascoli, tratta dalla poesia *Dopo l'acquazzone*.**

Passò strosciando e sibilando il nero
nembo: or la chiesa squilla; il tetto, rosso,
luccica; un fresco odor dal cimitero
viene, di bosso.

verso 1 ....
verso 2 ....
verso 3 ....
verso 4 ....

4 **Indica quali di questi versi settenari, tratti dalla poesia *Il cinque maggio* di Alessandro Manzoni, sono piani, quali sdruccioli e quali tronchi.**

Come sul capo al naufrago
l'onda s'avvolve e pesa,
l'onda su cui del misero,

alta pur dianzi e tesa,
scorrea la vista a scernere
prode remote invan;
tal su quell'alma il cumulo
delle memorie scese.

Accenti e ritmo

Man Ray, *Il bel tempo*, 1939

Accenti tonici e accenti ritmici

Dopo le sillabe, gli **accenti** costituiscono il secondo elemento caratterizzante dei versi italiani. Anche in questo caso, occorre però distinguere tra **accenti tonici** (quelli che tutte le parole italiane possiedono) e **accenti ritmici** (quelli importanti in ambito metrico).
Ogni parola italiana possiede un proprio accento tonico, che ne indica la pronuncia corretta (per esempio "dócile", "cáso", "città", "roséto", "tè" ecc.). L'accento cade sempre su una vocale e viene **indicato graficamente** nel caso delle parole tronche e di alcuni monosillabi (non tutti).
In poesia, alcuni di questi accenti assumono un rilievo particolare e si combinano in modo da creare un ritmo che ci ricorda l'antico legame tra poesia e musica. In pratica la voce di chi recita un verso indugia su particolari sillabe, determinando una cadenza che fa prevalere alcuni accenti (detti appunto "ritmici") rispetto agli altri.
Vediamo un esempio pratico; si tratta della prima strofa della *Canzona di Bacco* di **Lorenzo de' Medici**, che abbiamo trascritto segnando gli **accenti tonici** che indicano la pronuncia di tutte le parole.

Quàn – t'è – bèl – la – gio – vi – néz – za,
ché – si – fùg – ge – tut – ta – vì – a!
Chì – vuòl – ès – ser – liè – to, – sì – a:
di – do – màn – non – c'è – cer – téz – za.

Nella lettura dei versi, la voce tende ad appoggiarsi soprattutto sulla terza e settima sillaba, sfumando gli altri accenti fino quasi a farli scomparire.
Gli accenti che cadono sulla terza e settima sillaba diventano perciò gli **accenti ritmici** (altrimenti detti "ictus") e scandiscono il ritmo dei versi. Ecco lo stesso testo con l'indicazione degli accenti ritmici:

Quan – t'è – bèl – la – gio – vi – néz – za,
che – si – fùg – ge – tut – ta – vì – a!
Chi – vuol – ès – ser – lie – to, – sì – a:
di – do – màn – non – c'è – cer – téz – za.

La posizione degli accenti

La metrica stabilisce la posizione degli accenti a seconda della lunghezza e del tipo dei versi. In generale i **versi parisillabi** hanno **accenti ritmici fissi**, cioè gli ictus cadono su sillabe metriche prestabilite, mentre i **versi imparisillabi** hanno **alcuni accenti fissi** e **altri mobili**: questi ultimi si possono trovare su sillabe metriche diverse a seconda dei casi.

versi parisillabi	sillabe accentate	esempi
bisillabo	1ª	*Diètro* *quàlche* *vétro* (G.A. Cesareo)
quadrisillabo	1ª e 3ª	*Déntro l'òcchio* *dìsumàno* *délla nòtte* (D. Campana)
senario	2ª e 5ª	*Al Ré Travicèllo* *piovùto ai ranòcchi,* *mi lèvo il cappèllo* *e piègo i ginòcchi* (G. Giusti)
ottonario	3ª e 7ª	*Quant'è bèlla giovinézza,* *che si fùgge tuttavìa!* *Chi vuol èsser lieto, sìa:* *di domàn non c'è certézza* (L. de' Medici)
decasillabo	3ª, 6ª e 9ª	*L'han giuràto. Gli ho vìsti in Pontìda* *convenùti dal mónte, dal piàno* (G. Berchet)
versi imparisillabi	**sillabe accentate**	**esempi**
trisillabo	2ª	*Andàte,* *corréte,* *chiudéte* (A. Palazzeschi)
quinario	1ª (o 2ª), 4ª	*Mélanconìa,* *nìnfa gentìle,* *la vìta mìa* *conségno a té* (I. Pindemonte)
settenario	6ª (sempre) e una o due fra la 1ª e la 4ª	*Dólce declìna il sóle.* *Dal giórno si distàcca* *un cièlo troppo chiàro* (G. Ungaretti)
novenario	2ª, 5ª, 8ª	*Su tùtte le lùcide vétte* *tremàva un sospìro di vènto* (G. Pascoli)
endecasillabo	10ª (sempre) e due o tre variabili (mai sulla 5ª)	*Vói ch'ascoltàte in rime spàrse il suòno* *di quei sospìri ond'io nudrìva 'l còre* (F. Petrarca)

Effetti ritmici

Ogni verso, avendo un differente schema accentuativo, produce **effetti ritmici** diversi: perciò i poeti, quando scelgono di usare un certo tipo di verso, tengono conto della **cadenza degli accenti**, che deve adattarsi ai contenuti che vogliono trattare e alle emozioni che vogliono trasmettere.

I **versi brevi**, per esempio, determinano **ritmi veloci**, talvolta concitati, perché hanno accenti molto ravvicinati; i **versi lunghi**, invece, avendo gli accenti più distanziati, producono **ritmi più lenti e distesi**.
Nei versi parisillabi il ritmo è più evidente e "martellato", perché gli accenti si trovano sempre nelle stesse posizioni, mentre nei versi imparisillabi la posizione variabile degli accenti crea un ritmo più vario, appunto, spesso più raffinato e ricercato.

Vediamo qualche esempio.

Il poeta e patriota ottocentesco **Goffredo Mameli** [→ p. 180] utilizza **versi senari** (brevi e parisillabi) per la poesia che diventerà l'inno nazionale italiano. Egli intende stimolare il lettore all'amor di patria e all'azione politica attiva:

Fratèlli d'Itàlia
l'Itàlia s'è désta
dell'élmo di Scìpio
s'è cìnta la tèsta

Per descrivere la battaglia di Maclodio, **Alessandro Manzoni** usa versi **decasillabi** (parisillabi, con accenti fissi sulla terza, sesta e nona sillaba metrica). Il ritmo dei versi sembra quasi riprodurre lo scontro dei soldati rinascimentali, creando un ritmo di marcia incalzante e inesorabile come la loro carica:

S'ode a dèstra uno squìllo di trómba;
a sinìstra rispónde uno squìllo:
d'ambo i làti calpésto rimbómba
da cavàlli e da fànti il terrén.

Per riprodurre l'atmosfera di pace di una notte serena, **Giacomo Leopardi** ricorre a versi **endecasillabi**, variando continuamente la disposizione degli accenti; il lettore è così spinto a seguire il ritmo lento e intimo della frase, come se osservasse il paesaggio insieme al poeta:

Dólce e chiàra è la nòtte e sènza vènto,
e quèta sovra i tétti e in mèzzo agli òrti
pòsa la lùna, e di lontàn rivéla
seréna ogni montàgna...

Le pause: cesura e enjambement

Un altro elemento che influisce sul ritmo di una poesia è costituito dalle **pause di lettura** che **interrompono** il regolare fluire dei versi.
La pausa più evidente è quella che si fa di solito alla **fine di ciascun verso**, e che è segnalata dall'**a capo**; ma, oltre a questa pausa, detta primaria, possono esserci altre pause secondarie, più lievi, che cadono all'interno del verso: le **cesure** (dal verbo latino *caedere*, che significa "troncare", "tagliare").
La **cesura** si trova, salvo eccezioni, **solo nei versi lunghi**, dall'ottonario in su. Essa coincide sempre con la fine di una parola. La pausa che indica può essere molto **forte**, se è sottolineata da un segno di interpunzione (*virgola*, *punto* ecc.), oppure può essere **debole**, per esempio nel caso in cui coincida con una sinalefe, che lega fra loro i due emistichi (o mezzi versi) e quindi attenua l'importanza della cesura. Naturalmente, i grandi poeti usano la cesura a fini espressivi, per esempio per dare rilievo a determinate parole, o per ottenere particolari effetti musicali. Ecco alcuni esempi tratti da una poesia di **Giacomo Leopardi**:

O speranze, speranze; // ameni inganni
della mia prima età! // Sempre, parlando,
[...]
Sento serrarmi il cor, // sento ch'al tutto
consolarmi non so // del mio destino.

Anche la **pausa primaria** (quella alla fine del verso) può essere più o meno forte: in alcuni casi, essa coincide con la fine del periodo o della frase, in altri casi viceversa il senso logico del verso non si conclude a fine riga, ma ha bisogno di continuare nel verso seguente per completarsi.
La voce di chi legge è quindi spinta a proseguire nella lettura e a legare le parole finali del verso "incompleto" con le parole iniziali di quello successivo. Questo meccanismo prende il nome di **enjambement**, un termine francese che vuol dire "scavalcamento", "salto" e che allude alla necessità di "saltare" al di là dell'a capo per seguire il filo logico del discorso.
La forza dell'enjambement è tanto maggiore quanto più stretto è il legame grammaticale che unisce i termini separati tra un verso e l'altro. Vediamo alcuni esempi:

Felice Casorati, *Maschere*, 1921

enjambement tra soggetto e verbo

Vedi, in questi silenzio in cui ***le cose***
s'abbandonano *e sembrano vicine* (E. Montale)

enjambement tra verbo e complemento oggetto

L'albero a cui ***tendevi***
la pargoletta mano (G. Carducci)

enjambement tra aggettivo e sostantivo

Ma sedendo e mirando, ***interminati***
spazi *di là da quella, e* ***sovrumani***
silenzi*, e profondissima quiete* (G. Leopardi)

Attenzione!

Perché i poeti ricorrono all'**enjambement**? Quali sono i suoi effetti?
Due sono le funzioni fondamentali dell'enjambement:

- dal punto di vista **ritmico**, l'*enjambement* **altera la normale cadenza dei versi**, introducendo un *imprevisto*, una *variazione*; questa funzione è particolarmente evidente nel caso dei versi con gli accenti fissi, perché l'enjambement costringe il lettore a interrompere la "cantilena" per dare un senso alla frase:
  Ricordo: sul labbro contratto
  la voce a pena s'udì:
  "O Guido! Che cosa t'ho ***fatto***
  di male *per farmi così?"* (G. Gozzano)
- dal punto di vista **tematico**, l'*enjambement* **dà un particolare rilievo alle parole** che "spezza" nei due versi vicini, costringendo il lettore a prestare un'attenzione particolare al loro significato:
  in van l'Inferno vi s'oppose, e ***in vano***
  s'armò *d'Asia e di Libia il popol misto.*
  Il Ciel gli diè favore, e sotto a i ***santi***
  segni *ridusse i suoi compagni erranti.* (T. Tasso)

In sintesi

- Oltre alle sillabe metriche, anche gli **accenti ritmici** costituiscono un elemento caratterizzante dei versi italiani. La posizione degli accenti è legata alla lunghezza e al tipo dei versi: in generale i versi **parisillabi** hanno accenti ritmici su sillabe fisse; i versi **imparisillabi**, invece, hanno di solito alcuni accenti "mobili".
- Ogni tipo di verso produce **effetti musicali** diversi.
  I **versi brevi** creano **ritmi veloci**, perché hanno accenti molto ravvicinati; i **versi lunghi**, invece, creano **ritmi più lenti e distesi**.
  I versi con gli **accenti fissi** creano **ritmi molto scanditi e incisivi**; i versi con gli **accenti mobili** creano una **musicalità più dolce e variegata**.
- Un altro elemento che influisce sul ritmo di una poesia sono le **pause**. Oltre all'*a capo* (la pausa **primaria**), nei versi più lunghi vi sono pause secondarie dette **cesure**, che cadono all'interno del verso.
- A volte la pausa primaria risulta attenuata perché il senso logico del verso non si conclude a fine riga, ma ha bisogno di continuare nel verso seguente per completarsi. Questa tecnica prende il nome di **enjambement**. L'enjambement da una parte crea una **continuità ritmico-musicale** tra i versi, dall'altra potenzia il significato delle parole che coinvolge.

Attività

1 **Dopo aver letto la seguente strofa, tratta da *La partenza* di Pietro Metastasio, individua gli accenti ritmici dei versi e segnali nello schema a fianco (dove i versi sono già divisi in sillabe metriche).**

Ecco quel fiero istante; Nice, mia Nice, addio. Come vivrò, ben mio, così lontan da te?	Ec / co / quel / fie / ro is / tan / te Ni / ce / mia / Ni /ce ad / di /o Co / me / vi / vrò / ben / mi / o co / sì / lon / tan / da / te?

2 **Dopo aver letto i seguenti versi, tratti da *La quiete dopo la tempesta* di Giacomo Leopardi, individuane gli accenti ritmici e segnali nello schema a fianco (dove i versi sono già divisi in sillabe metriche).**

Passata è la tempesta: odo augelli far festa, e la gallina, tornata in su la via, che ripete il suo verso. Ecco il sereno rompe là da ponente, alla montagna; sgombrasi la campagna, e chiaro nella valle il fiume appare.	Pas / sa / ta è / la / tem / pes / ta: o / do au / gel / li / far / fe / sta, e / la / gal / li / na, tor / na / ta in / su / la / vi / a, che / ri / pe / te il / suo / ver / so. Ec / co il / se / re / no rom / pe / là / da / po / nen / te, al / la / mon / ta / gna; sgom / bra / si / la / cam / pa / gna, e / chia / ro / nel / la / val / le il / fiu / me ap / pa / re.

3 **Segna le cesure nella seguente poesia, *Amai*, di Umberto Saba (*Tutte le poesie*, Mondadori).**

Amai trite parole che non uno
osava. M'incantò la rima fiore
amore,
la più antica difficile del mondo.
Amai la verità che giace al fondo,
quasi un sogno obliato, che il dolore
riscopre amica. Con paura il cuore
le si accosta, che più non l'abbandona.

Amo te che mi ascolti e la mia buona
carta lasciata al fine del mio gioco.

4 **Individua i quattro *enjambement* presenti nella seguente strofa, tratta dalla poesia *Preghiera* di Giorgio Caproni, e indica quali elementi grammaticali sono coinvolti, come nell'esempio.**

Proprio quest'oggi torno, deluso, da Livorno. Ma tu, tanto più netta di me, la camicetta ricorderai, e il rubino di sangue, sul serpentino d'oro che lei portava sul petto, dove s'appannava.	vv. 3-4: comparativo e secondo termine di paragone

5 **I versi seguenti costituiscono la prima parte di un sonetto dedicato dal poeta secentesco Giovan Francesco Maia Materdona a una zanzara che disturba i suoi sonni, e sono stati trascritti senza i troncamenti usati dall'autore. Considerando che si tratta di endecasillabi piani, riscrivi i versi con i troncamenti necessari a rispettarne lo schema metrico. Tieni conto sia del numero di sillabe, sia della posizione degli accenti.**

Animato romore, tromba vagante,
che solo per ferire talora ti posi,
turbamento de l'ombre e de' riposi,
fremito alato e mormorio volante;

per cielo notturno animaletto errante,
poni freno ai tuoi sussurri aspri e noiosi;
invano ti sforzi tu ch'io non riposi:
basta a non riposare l'essere amante.

T1

Dante Alighieri [→ p. 82]

Tanto gentile e tanto onesta pare

da D. Alighieri, *Vita nuova*, Le Monnier

Proviamo a verificare quanto detto finora attraverso l'analisi dello schema metrico di una famosa lirica di Dante. Il testo fa parte della Vita nuova, il capolavoro giovanile in cui Dante ricostruisce la storia del suo amore per Beatrice.

Metro: sonetto [→ p. 28] con schema ABBA ABBA CDE EDC

COLLEGAMENTI

> Leggere un'epoca, p. 237
> *Paolo e Francesca*, p. 82

La poesia si presenta come una lode delle virtù di Beatrice: la donna viene descritta nella sua gentilezza e umiltà, qualità che la fanno apparire come un angelo disceso dal cielo «a miracol mostrare».

Tanto gentile e tanto onesta[1] pare[2]
la donna mia, quand'ella altrui saluta[3],
ch'ogne lingua deven tremando muta[4],
e gli occhi no l'ardiscon di guardare.

Ella si va, sentendosi laudare,
benignamente d'umiltà vestuta[5];
e par che sia una cosa venuta
da cielo in terra a miracol[6] mostrare.

La visione di Beatrice desta una spontanea ammirazione in chi la incontra. Il poeta sottolinea così la beatitudine spirituale che, per mezzo dell'amore, Dio stesso ispira all'uomo.

Mostrasi sì piacente[7] a chi la mira[8],
che dà per li occhi9 una dolcezza al core,
che 'ntender no la può chi no la prova[10]:

e par che de la sua labbia[11] si mova
un spirito soave pien d'amore[12],
che va dicendo[13] a l'anima: Sospira.

John William Waterhouse, *Dante e Beatrice*, 1915

1 **gentile ... onesta:** entrambi gli aggettivi significano "nobile", "gentile di animo".
2 **pare:** appare, nel senso di "si manifesta".
3 **altrui saluta:** rivolge il saluto a qualcuno.
4 **ogne lingua ... muta:** ognuno diviene incapace di parlare per l'emozione.
5 **benignamente ... vestuta:** dolcemente avvolta nella sua umiltà.
6 **miracol:** evento straordinario di origine divina.
7 **piacente:** piena di bellezza e di virtù.
8 **la mira:** la osserva.
9 **che dà per li occhi:** che infonde attraverso gli occhi.
10 **che 'ntender ... prova:** tale che non la può capire chi non la prova personalmente.
11 **de la sua labbia:** dal suo viso.
12 **un spirito ... d'amore:** una soave ispirazione amorosa.
13 **va dicendo:** suggerisce.

In sintesi

Ti presentiamo ora il testo suddiviso in sillabe grammaticali: osserva come da queste si può risalire alle sillabe metriche utilizzando le figure della sinalefe e della sineresi, di cui abbiamo parlato nelle pagine precedenti.

versi e figure metriche	sillabe grammaticali	sillabe metriche
Tan - to - gen - ti - le - e - tan - to - o - ne - sta - pa - re	13	11
la - don - na - **mi - a**, - quand' - el - la - al - trui - sa - lu - ta,	13	11
ch'o - gne - lin - gua - de - ven - tre - man - do - mu - ta,	11	11
e - gli - oc - chi - no - l' ar - di - scon - di - guar - da - re.	12	11

legenda: ‿ sinalefe ⁀ **sineresi**

Attività

1 **Fai l'analisi metrica della seconda strofa, individuando le figure metriche presenti.**

versi e figure metriche	sillabe grammaticali	sillabe metriche
El - la - si - va, - sen - ten - do - si - lau - da - re,	11	11
be - ni - gna - men - te - d'u - mil - tà - ve - stu - ta;	11	11
e - par - che - si - a - u - na - co - sa - ve - nu - ta	12	11
da - cie - lo - in - ter - ra - a - mi - ra - col - mo - stra - re.	13	11

2 **Individua le sillabe metriche della terza strofa.**

– Osserva questo schema, poi rispondi alle domande.

1	2	3	4	5	6	7	8	9	10	11
Mo	stra	si	sì	pia	cen	te a	chi	la	mi	ra
che	dà	per	li oc	chi u	na	dol	cez	za al	co	re
che	'nten	der	no	la	può	chi	no	la	pro	va

– La figura metrica della sinalefe ricorre quattro volte: dove?

– Ci sono casi di elisione o troncamento?

3 **Individua le sillabe metriche dell'ultima strofa e inseriscile nello schema seguente. Indica inoltre a quali figure metriche hai fatto ricorso**

1	2	3	4	5	6	7	8	9	10	11
....	....	....	....	....	....	....	....	....	....	....
....	....	....	....	....	....	....	....	....	....	....

T2

Gaspara Stampa [→ p. 523]

Se 'l cibo onde i suoi servi

da G. Stampa, *Rime*, Laterza

Vediamo nel concreto come il gioco degli accenti può caratterizzare un testo poetico, leggendo i seguenti versi di Gaspara Stampa, autorevole rappresentante della poesia femminile del Rinascimento. La poetessa, attraverso un arguto paradosso, ci parla delle sue pene d'amore come di un "nutrimento dell'anima" che la tiene in vita come fa l'acqua con il pesce e il fuoco con la salamandra: la donna è abituata alle sue pene amorose come il pesce è abituato all'acqua e la salamandra al fuoco - perciò l'amore non può farle del male, se non trasformando il suo dolore in felicità.

Metro: endecasillabi e settenari liberamente alternati

COLLEGAMENTI

> La poesia d'amore, p. 145
> *Un'ape esser vorrei*, p. 227

Il ragionamento della prima strofa giustifica in forma ironica le argomentazioni successive.

Se 'l cibo, onde i suoi servi nutre Amore[1],
è 'l dolore e 'l martìre[2],
come poss'io morire
nodrita[3] dal dolore?

1 onde ... Amore: con cui Amore nutre i suoi servi (cioè gli innamorati).
2 martìre: martirio, sofferenza.
3 nodrita: nutrita.

La donna è abituata alle sue pene amorose come il pesce è abituato all'acqua e la salamandra al fuoco...

Il semplicetto pesce,
che solo ne l'umor[4] vive e respira,
in un momento spira
tosto che[5] de l'acqua esce;
e l'animal, che vive in fiamma e 'n foco,
muor, come cangia loco[6].

... perciò l'amore non può farle del male, se non trasformando il suo dolore in felicità.

Or, se tu voi ch'io moia,
Amor, trammi di guai e pommi in gioia[7];

perché col pianto, mio cibo vitale,
tu non mi puoi far male.

4 ne l'umor: nell'acqua.
5 tosto che: non appena.
6 l'animal ... loco: la salamandra, che può resistere anche al calore del fuoco, muore se va a vivere in luoghi diversi dal suo habitat naturale. Era credenza dell'epoca che le salamandre potessero sopravvivere al fuoco e passarvi attraverso senza subire danni.
7 trammi ... gioia: sottraimi ai miei dolori e mettimi in una condizione di gioia.

Viktor M. Vasnecov, *Alënuška*, 1881

In sintesi

– Per sviluppare il suo ragionamento pieno di ironia, la poetessa ha scelto uno schema metrico che, alternando endecasillabi e settenari, crea un ritmo lieve, vario e aggraziato, che ben si addice al tono scherzoso del componimento.

Ecco l'analisi metrica dei primi quattro versi:

Se 'l - ci - bo on - de i - suoi - ser - vi - nu - tre A - mo - re	endecasillabo piano
è 'l - do - lo - re e 'l - mar - tì - re,	settenario piano
co - me - pos - s'io - mo - ri - re	settenario piano
no - dri - ta - dal - do - lo - re?	settenario piano

– La scelta di versi imparisillabi permette inoltre alla poetessa di **variare la posizione di alcuni accenti**: ciò produce un effetto musicale che conferisce **leggerezza e brio** al componimento.

In particolare i settenari, che hanno sempre un accento sulla 6ª sillaba, alternano gli altri accenti ora sulla 1ª, ora sulla 2ª, ora sulla 3ª, ora sulla 4ª sillaba:

è 'l dolóre e 'l martìre	3ª - 6ª
nodrìta dal dolóre?	2ª - 6ª
il semplicétto pésce,	4ª - 6ª
tòsto che de l'acqua èsce;	1ª - 6ª

Attività

1 Individua quanti sono nella poesia gli altri versi endecasillabi e quanti i settenari.

2 Individua gli accenti ritmici degli altri versi settenari contenuti nella poesia.

3 Anche gli endecasillabi offrono un ritmo variato. Individua gli accenti ritmici degli endecasillabi presenti nella poesia.

T3

Giovanni Pascoli [→ p. 523]

Novembre

da G. Pascoli, *Myricae*, in *Poesie*, Garzanti

Osserviamo ora in che modo Giovanni Pascoli, alla fine dell'Ottocento usa pause ed enjambement per sottolineare il significato di alcune parole-chiave.
La poesia descrive una tiepida giornata di novembre, che dietro l'apparente dolcezza nasconde il prossimo arrivo dell'inverno e simboleggia per il poeta la precarietà della vita e della felicità.

Metro: endecasillabi e senari alternati secondo lo schema ABAb CDCd EFEf

COLLEGAMENTI

> Le parole-chiave, p. 51
> La poesia lirica, p. 118
> *I gattici*, p. 32
> *X Agosto*, p. 36

Giorgio Morandi, *Paesaggio di neve a Bologna*, 1913.

Il paesaggio che ci viene descritto nei primi versi è dolce e invitante, ma...

Gemmea[1] l'aria, il sole così chiaro
che tu ricerchi gli albicocchi in fiore[2],
e del prunalbo[3] l'odorino amaro
senti nel cuore...

A partire dalla seconda strofa il tono della poesia cambia improvvisamente: le prime sensazioni, positive e vitali, lasciano il posto all'analisi della realtà - e il poeta nota i rami spogli degli alberi che si stagliano tristi contro il cielo, mentre il terreno risponde con un suono cupo ai suoi passi.

Ma secco è il pruno, e le stecchite piante
di nere trame segnano[4] il sereno,
e vuoto[5] il cielo, e cavo al piè sonante
sembra il terreno[6].

Silenzio, intorno: solo, alle ventate,
odi lontano, da giardini ed orti,
di foglie un cader fragile. È l'estate,
fredda, dei morti[7].

1 **Gemmea:** luminosa come una gemma.
2 **che tu ... fiore:** che hai l'impressione di essere in primavera e cerchi gli alberi in fiore.
3 **prunalbo:** biancospino.
4 **segnano:** i rami spogli delle piante tracciano disegni neri sullo sfondo del cielo.
5 **vuoto:** senza voli di uccelli.
6 **cavo ... terreno:** il terreno risuona sotto i passi, come se fosse vuoto.
7 **È l'estate ... morti:** è la cosiddetta "estate di San Martino", che coincide con i primi giorni di novembre, dopo la ricorrenza dei morti.

In sintesi

- Il **tema portante** della poesia è racchiuso negli **ultimi due versi.** L'*enjambement* («**È l'estate, / fredda...** ») serve a porre in primo piano due termini che ci permettono di capire il valore simbolico attribuito dal poeta al paesaggio naturale e il vero motivo della sua disillusione: le parole «estate» e «fredda», infatti, nella loro drammatica contrapposizione, trasformano la descrizione idilliaca della prima strofa in una **dolorosa visione di morte.**
- Nota inoltre che l'*enjambement*, isolando l'aggettivo «fredda» (prima parola dell'ultimo verso), lo pone in posizione simmetrica all'aggettivo «gemmea» (prima parola del verso 1): anche attraverso la contrapposizione tra questi due aggettivi Pascoli ribadisce l'antitesi fra vita e morte.

Attività

1 Nella poesia sono presenti altri *enjambement*: quali?
- tra i vv. 3-4: ....
- tra i vv. 5-6: ....
- tra i vv. 7-8: ....
- tra i vv. 10-11: ....

2 Le pause dei versi contribuiscono a creare il ritmo e l'atmosfera della poesia. Individua le cesure presenti nei versi lunghi e verifica in quali casi esse coincidono con un segno di punteggiatura, cioè con una pausa sintattica.

3 Nell'ultima strofa, i segni di punteggiatura si moltiplicano, quasi tutte le parole del testo. Prova a leggere la poesia ad alta voce, poi esprimi le tue sensazioni e le tue riflessioni.

4 Le tre strofe della poesia rappresentano tre "quadri" distinti e al tempo stesso coerenti tra loro: scegli un titolo per indicare ciascuno dei tre momenti poetici.

T4

Sandro Penna [→ p. 523]

Il mare è tutto azzurro

da S. Penna, *Poesie*, Garzanti

L'enjambement, come abbiamo detto, ha nello stesso tempo un valore ritmico e un valore tematico. Il poeta Sandro Penna, nella prima metà del Novecento, scrisse questo brevissimo componimento, in cui l'enjambement assume un ruolo fondamentale in quanto è lo strumento di cui il poeta si serve per esprimere efficacemente la sua forte emozione.

Metro: versi liberi

COLLEGAMENTI
> G. Ungaretti, *Mattina*, p. 51
> M. Basho, *Tre haiku*, p. 125

La poesia ha le caratteristiche di una rapida e intensa illuminazione. Il poeta passa dalla calma contemplazione della serena vastità di un mare tranquillo alla profonda emozione interiore che questa visione gli suscita: un'emozione fortissima che subito si placa, tornando a fondersi nella calma assoluta del paesaggio.

Il mare è tutto azzurro.
Il mare è tutto calmo.
Nel cuore è quasi un urlo
di gioia. E tutto è calmo.

Claude Monet, *La spiaggia di Saint Adresse*, 1867

In sintesi

– Il primo e il secondo verso corrispondono a **unità di senso compiuto** (ogni verso contiene un periodo) e questo **equilibrio metrico-sintattico** sottolinea l'**atmosfera di calma** e di **perfetta serenità** del paesaggio. Il poeta sottolinea ulteriormente questa sensazione dando ai due versi una struttura perfettamente simmetrica, basata sulla ripetizione: i due periodi sono quasi identici.
– Nel momento in cui interviene l'**emozione interiore**, il poeta **spezza l'equilibrio** introducendo un forte **enjambement**. La seconda parte della poesia risulta quindi "turbata" dalla presenza di questo artificio.

Attività

1 Quali sono le parole coinvolte nell'enjambement? Dal punto di vista grammaticale, che funzione svolgono?

2 L'ultimo verso è caratterizzato anche da una forte cesura sintattica. Dove si trova? Quale passaggio psicologico sottolinea?

3 L'espressione finale «E tutto è calmo» si richiama direttamente al secondo verso «Il mare è tutto calmo»; questa ripresa serve a
- ☐ dare all'emozione interiore il carattere di una breve e intensissima parentesi
- ☐ sottolineare la musicalità della poesia
- ☐ sottolineare il gioco delle pause sintattiche

T5

Umberto Saba [→ p. 523]

Donna

da U. Saba, *Tutte le poesie*, Mondadori

Il gioco delle pause e degli enjambement assume una particolare importanza soprattutto nelle poesie che non rispettano (o rispettano solo in parte) le regole metriche tradizionali. In questi casi, il poeta usa questi strumenti per creare nuovi ritmi e per sottolineare, all'interno di una struttura più libera, parole, temi, sentimenti. È quanto accade in questa poesia, scritta negli anni Trenta del Novecento, quando il poeta si avviava ormai alla vecchiaia. È una poesia d'amore, dedicata alla moglie Lina.

Metro: versi liberi

COLLEGAMENTI

- La poesia d'amore, p. 145
- *Amai*, p. 14
- *Ulisse*, p. 71
- *La mia infanzia*, p. 228

Quand'eri
giovinetta pungevi
come una mora di macchia[1]. Anche il piede
t'era un'arma[2], o selvaggia.

Eri difficile a prendere.
Ancora
sei giovane, ancora
sei bella. I segni
degli anni, quelli del dolore, legano
l'anime nostre, una ne fanno. E dietro
i capelli nerissimi che avvolgo
alle mie dita, più non temo il piccolo
bianco puntuto[3] orecchio demoniaco.

1 **una mora di macchia:** un rovo, un arbusto spinoso.
2 **t'era un'arma:** lo usavi come arma, per colpirmi.
3 **puntuto:** appuntito, come quello che viene attribuito al diavolo nell'iconografia popolare; dei quattro aggettivi che qualificano l'orecchio della donna, due («bianco» e «piccolo») comunicano una sensazione di delicata femminilità, mentre gli altri due («puntuto» e «demoniaco») rievocano le creature mitologiche (come il dio Pan o i fauni) che vivevano libere nei boschi.

Il poeta contrappone con estrema delicatezza la donna tempestosa della sua giovinezza a quella ormai più tranquilla che ha accanto nella maturità, che in qualche modo nasconde ancora le tracce del suo essere stata «selvaggia» («il bianco puntuto orecchio demoniaco»).

Questi versi segnano il passaggio dal ricordo giovanile alla realtà presente ed esprimono tutto l'amore del poeta, ai cui occhi la moglie resta sempre giovane e bella.

In sintesi

- Saba utilizza **versi di lunghezza differente**, dal trisillabo all'endecasillabo. La sua scelta cade sempre su versi **imparisillabi**, dal ritmo più vario e dolce rispetto a quelli parisillabi. Ma l'alternanza così libera è un elemento di novità, rispetto a quanto accadeva nella tradizione dei secoli prima del Novecento.
- Un altro elemento di novità è presente al verso 5, che appare spezzato: le parole «Eri difficile a prendere. // Ancora» costituiscono infatti un endecasillabo, ma il poeta le spezza con uno strano a capo, che gli serve per sottolineare uno dei temi fondamentali della poesia, la contrapposizione fra il passato («Eri», che riprende i precedenti *eri* e *era* dei versi 1 e 4) e il presente («Ancora / sei giovane, ancora / sei bella.»).
- La straordinaria disinvoltura con cui il poeta conduce il suo discorso è confermata dal fatto che solo in due casi – alla fine della prima strofa e alla fine della poesia – la fine del verso coincide con una pausa sintattica (il punto fermo); in tutti gli altri casi, il discorso continua (mediante enjambement) o si interrompe (con cesure e altre pause) con la massima libertà.

Attività

1 **Individua nella poesia le sillabe metriche e indica di che tipo sono i versi usati. L'esercizio è avviato.**

Quand'eri	trisillabo piano
giovinetta pungevi	settenario piano

2 **C'è più varietà metrica nella prima o nella seconda parte della poesia? Tenendo conto del tema affrontato dal poeta, come ti spieghi questo fatto?**

3 **Individua gli enjambement presenti nel testo.**
- Ti sembrano molto numerosi o poco numerosi? Perché?
- Che cosa vuole esprimere Saba in questo modo?
  - ☐ la serenità che caratterizza il suo rapporto con la moglie
  - ☐ la tensione che, malgrado l'amore, esiste fra lui e la moglie
  - ☐ la mancanza di amore fra lui e la moglie

4 **Il poeta inserisce cesure solo nei versi lunghi o anche in quelli brevi? Si tratta di cesure forti (sottolineate da segni di punteggiatura) o deboli (quasi impercettibili al lettore non esperto)? Che cosa vuole esprimere il poeta in questo modo?**

1.2 La struttura del testo poetico

Le rime

Che cos'è la rima

Pablo Picasso, *Due donne che corrono sulla spiaggia*, 1922

Uno degli aspetti più evidenti della scrittura in versi è la **rima**. Benché non tutte le poesie siano scritte in rima, soprattutto nella produzione moderna, la rilevanza degli **effetti sonori** delle rime in un testo è tale da costituire di per sé un **elemento caratterizzante** e di grande importanza. La distribuzione delle rime infatti crea una serie di **richiami** a livello fonico-musicale che possono sia **sottolineare il ritmo** della poesia sia stabilire **legami concettuali tra le parole-chiave** del testo. Ma chiariamo innanzitutto in che cosa consistono le rime.

In modo intuitivo, la rima si può definire come una **identità di suoni che si ripetono alla fine dei versi** di una poesia. In termini più tecnici, due parole si dicono **in rima** quando risultano **identiche** tra loro **a partire dall'ultima vocale accentata**. **Cuòre** e "**amòre**", per esempio, sono parole in rima, perché la loro parte finale (cioè quella dall'accento in poi) è identica. **Tròno** e **vèngono**, invece, non sono in rima perché, pur terminando con le stesse lettere alfabetiche, la loro identità non inizia a partire dall'accento tonico.

Vediamo un esempio in una strofa di una poesia di **Umberto Saba**:

*Un marinaio di noi mi parl**àva**,*
*di noi fra un ritornello di tav**èrna**.*
*Sotto l'azzurra blusa una frat**èrna***
*pena a me l'uguagli**àva**.*

Il **primo** verso rima col **quarto** perché le rispettive parole finali sono in rima fra loro. Il **secondo** verso invece rima col **terzo**.

Attenzione!

Che cosa succede se due parole sono uguali solo nelle ultime lettere, **dopo** la vocale accentata? Per esempio, *Marta* e *porta*, oppure *cane* e *mattone*? In questo caso non si parla di rima, ma di **omotelèuto**, parola greca che significa appunto "identica fine".
Possiamo dire che la rima è un caso particolare di omoteleuto, in cui l'identità incomincia appunto dalla vocale accentata.

Le rime imperfette

Le rime così concepite si chiamano **rime perfette**. Tuttavia, le rime perfette costringono il linguaggio poetico entro vincoli piuttosto rigidi: ecco perché i poeti si servono spesso anche delle cosiddette **rime imperfette o quasi-rime**. Queste si stabiliscono tra parole che, pur non rispettando tutti i requisiti necessari a formare una vera rima, hanno **forti somiglianze fonetiche**. I casi più importanti sono l'**assonanza** e la **consonanza**.

assonanza È una identità che riguarda soltanto le **vocali finali di due parole, a partire dall'ultima accentata**. Nei seguenti versi di **Vincenzo Cardarelli** [→ p. 154], per esempio, troviamo due casi di assonanza, uno tra il primo e l'ultimo verso, l'altro fra le tre parole evidenziate nei versi centrali.

Non so dove i gabbiani abbiano il nìdo
ove trovino pace.
Io son come lòro,
in perpetuo vòlo.
La vita la sfiòro
com'essi l'acqua ad acciuffare il cìbo.

consonanza È un'identità che riguarda solo le **consonanti finali di due parole a partire dall'ultima sillaba accentata**. Vediamo per esempio i seguenti versi di **Eugenio Montale** [→ p. 296]:

com'è tutta la vita e il suo travàglio
in questo seguitare una muràglia
che ha in cima cocci aguzzi di bottìglia.

Oltre all'assonanza e alla consonanza vi sono altri casi di rima imperfetta, legati alla **posizione delle parole**; si tratta della **rima al mezzo** e della **rima interna**. Solitamente, infatti, le rime sono collocate alla fine del verso. Si trovano però anche in altre posizioni. I casi più importanti sono due:

rima al mezzo Si ha quando la **parola finale di un verso rima con un'altra parola posizionata a metà del verso successivo**, in coincidenza con la cesura. L'esempio seguente è di **Giacomo Leopardi**:

Passata è la tempesta:
odo augelli far festa, // e la gallina,
tornata in su la via ...

rima interna Si ha quando le **parole rimate** si trovano **entrambe all'interno di un verso o in versi vicini**, ma in posizione più libera rispetto alla rima di mezzo. Gli esempi seguenti sono di **Giovanni Pascoli**, **Eugenio Montale** e **Umberto Saba**:

Sentivo il cullare del mare

Il cammino finisce a queste prode
che rode la marea col moto alterno

Ho parlato a una capra.
Era sola sul prato, // era legata

Attenzione!

Esistono casi particolari, in cui i poeti **giocano** con le parole per creare rime strane, diverse da quelle a cui siamo abituati? Può capitare che due parole rimino perfettamente, ma una di esse abbia una sillaba in più: pensiamo per esempio ai casi *tèngo* : *vèngono*, *ubriàco* : *miràcolo* ecc. In questi casi si parla di **rima ipermetra**, cioè appunto con una sillaba in più. È una tecnica usata spesso dai poeti del Novecento, come Montale.
Può capitare che una rima sia formata da più parole, anziché da una sola: Dante, per esempio, fa rimare ***oncia*** e ***non ci ha***, ***poltre*** e ***sol tre*** e così via. Si parla allora di **rima composta**. Esistono molti altri casi: tutti testimoniano come le rime non siano per i poeti una gabbia rigida, una costrizione, ma un'occasione di divertimento e di sperimentazione linguistica.

La combinazione delle rime

All'interno di un testo poetico le rime si dispongono solitamente secondo **schemi precisi**, consolidati dalla tradizione. Per evidenziare queste combinazioni si usano le lettere dell'alfabeto, **maiuscole** in caso di **versi lunghi** (dal novenario in su), **minuscole** in caso di **versi brevi** (fino all'ottonario). La prima rima è indicata con la lettera A, la seconda con la B e via dicendo: a lettere uguali corrispondono naturalmente le stesse rime.
Vediamo i principali schemi di rime.

rime baciate schema **AA BB CC** ecc.

Meriggiare pallido e assorto A
presso un rovente muro d'orto, A
ascoltare tra i pruni e gli sterpi B
schiocchi di merli, frusci di serpi. (E. Montale) B

rime alternate schema **ABAB CDCD** ecc.

Forse io ricordo un dolce tempo ch'ero A
tutto tuo, del tuo corpo e del tuo cuore, B
quando non era in te vivo pensiero A
che non fosse di mia vita un bagliore. B

Forse io sentivo ciò che tu sentivi C
tacito nel mio chiuso nascondiglio; D
qualche barlume mi giungea dei vivi C
sogni che tu sognavi per tuo figlio. (M. Moretti) D

rime incrociate schema **ABBA CDDC** ecc.

Tramonta il giorno. Un vespero d'oblio A
riconsola quest'anima bambina, B
giunge un riso laggiù dalla cucina B
e il ritmo eguale dell'acciottolio. A
In che cortile si lavora il grano? C
Sul rombo cupo della trebbiatrice D
s'innalza un canto giovane che dice: D
anche il buon pane – senza sogni – è vano! (G. Gozzano) C

rime incatenate schema **ABA BCB CDC** ecc.
È uno degli schemi più usati nella poesia italiana; il più illustre esempio è nella *Commedia* di Dante.

Nel mezzo del cammin di nostra vita A
mi ritrovai per una selva oscura B
ché la diritta via era smarrita. A

Ahi quanto a dir qual era è cosa dura B
esta selva selvaggia e aspra e forte C
che nel pensier rinova la paura! (D. Alighieri) B

rime invertite schema **ABC CBA**

E se 'begli occhi, ond'io me ti mostrai A
et là dove era il mio dolce ridutto B
quando ti ruppi al cor tanta durezza, C

mi rendon l'arco ch'ogni cosa spezza, C
forse non avrai sempre il viso asciutto: B
ch'i' mi pasco di lagrime, et tu 'l sai. (F. Petrarca) A

rime replicate schema **ABC ABC**

Ogni altro conobbi umano amore; A
ma per Lina torrei di nuovo un'altra B
vita, di nuovo vorrei cominciare. C

Per l'altezze l'amai del suo dolore; A
perché tutto fu al mondo, e non mai scaltra, B
e tutto seppe, e non se stessa, amare. (U. Saba) C

Versi liberi e versi sciolti

Non sempre le poesie utilizzano gli schemi tradizionali delle rime.
Si parla di **versi sciolti** quando un poeta, pur utilizzando i **versi della metrica classica**, si sente "**sciolto**" **dall'obbligo delle rime**, ovvero le inserisce nel testo poetico con una cadenza del tutto personale. Vediamo, nei seguenti versi di **Mario Luzi**, un esempio di endecasillabi sciolti:

Il vento è un aspro vento di quaresima,
geme dentro le crepe, sotto gli usci,
sibila nelle stanze invase, e fugge;
fuori lacera a brano a brano i nastri
delle stelle filanti, se qualcuna
impigliata nei fili fiotta e vibra,
l'incalza, la rapisce nella briga.

I versi sciolti non vanno però confusi con i **versi liberi**, tipici della metrica moderna e contemporanea. Si parla di versi liberi quando un poeta, oltre a rifiutare gli schemi codificati delle rime, costruisce i suoi versi **al di fuori delle misure tradizionali**, cioè con un numero di sillabe liberamente variato e variabile. Vediamo i seguenti versi di **Dino Campana**:

Io vidi dal ponte della nave 10 sillabe
i colli di Spagna 6 sillabe
svanire, nel verde 6 sillabe
dentro il crepuscolo d'oro la bruna terra celando 16 sillabe
come una melodia: 7 sillabe
d'ignota scena fanciulla sola 10 sillabe
come una melodia 7 sillabe
blu, su la riva dei colli ancora tremare una viola… 16 sillabe

In sintesi

- Le rime sono un elemento caratterizzante di un testo poetico (anche se non tutti i testi poetici sono in rima). La distribuzione delle rime infatti crea una serie di **richiami fonici** che possono **intensificare il ritmo dei versi** e stabilire **legami concettuali tra le parole-chiave** del testo.
- Esistono diversi tipi di rima. Le **rime perfette** si hanno quando due o più parole risultano identiche a partire dall'ultima vocale accentata.
- Abbiamo poi vari casi di **rime imperfette**: i più importanti sono la consonanza, l'assonanza, la rima al mezzo e la rima interna.
- All'interno di un componimento poetico **le rime si dispongono secondo schemi** precisi, consolidati dalla tradizione. Per evidenziare queste combinazioni si usano le lettere alfabetiche, maiuscole e minuscole (a rima uguale corrisponde lettera uguale).
- Quando un poeta, pur utilizzando i versi della metrica classica, si svincola dalle rime, si parla di **versi sciolti.**
- Quando invece un poeta rifiuta le tradizionali misure dei versi si parla di **versi liberi.**

Attività

1 **Utilizzando le lettere dell'alfabeto, scrivi lo schema delle rime della seguente poesia, *Visione*, di Giosue Carducci (*Rime nuove*, Zanichelli).**

Il sole tardo ne l'invernale
ciel le caligini scialbe vincea,
e il verde tenero de la novale
sotto gli sprazzi del sol ridea.

Correva l'onda del Po regale,
l'onda del nitido Mincio correa:
apriva l'anima pensosa l'ale
bianche dei sogni verso un'idea.

E al cuor nel fiso mite fulgore
di quella placida fata morgana
riaffacciavasi la prima età,

senza memorie, senza dolore,
pur come un'isola verde, lontana
entro una pallida serenità.

a. *Schema delle rime:* ....

b. *Le rime delle prime due strofe sono*
☐ baciate ☐ alternate ☐ incatenate

c. *Le rime delle ultime due strofe sono*
☐ invertite ☐ incrociate ☐ replicate

2 **I seguenti versi di G. Leopardi (dal *Sabato del villaggio*) contengono una rima al mezzo. Individuala.**

nella chiusa bottega alla lucerna,
odi il martel picchiare, odi la sega
del legnaiuol, che veglia
e s'affretta, e s'adopra
di fornir l'opra anzi il chiarir dell'alba.

3 **Leggi i seguenti versi della poesia *Mare* di Giovanni Pascoli (*Myricae*, in *Poesie*, Garzanti) e inserisci le parole mancanti che ti elenchiamo, in modo da rispettare lo schema delle rime riportato a fianco del testo.**

M'affaccio alla finestra, e vedo il .... A
vanno le stelle, tremolano .... B
Vedo stelle passare, onde .... A
un guizzo chiama, un palpito .... B

Ecco sospira l'acqua, alita il C
sul mare è apparso un bel ponte C
Ponte gettato sui laghi .... D
per chi dunque sei fatto e dove.........................? D

d'argento - l'onde - mare - meni - passare - risponde - sereni - vento

4 **Individua quale dei seguenti testi (da *Decisioni per un orto* di Attilio Bertolucci e *Le ricordanze* di Giacomo Leopardi) è scritto in versi sciolti e quale in versi liberi.**

Bisogna rivalutare questo orto
recingerlo dove è aperto di rete metallica
azzurra sostituendo i pali fradici
pallidi di vecchiaia con altri

appena scortecciati di un bianco
che si dora all'aria con lentezza
e felicità e saranno le piogge e le nevi
di là da venire ad argentarli
così che di essi non si distingua l'età.

Vaghe stelle dell'Orsa, io non credea
tornare ancor per uso a contemplarvi
sul paterno giardino scintillanti,
e ragionar con voi dalle finestre
di questo albergo ove abitai fanciullo,
e delle gioie mie vidi la fine.

Oscar Ghiglia (1876-1945), *Mele nella zuppiera*, s.d.

Strofe e forme poetiche

Le strofe

Nei testi poetici i versi si raggruppano a formare unità metriche più ampie, dette **strofe**: queste prendono il nome dal numero dei versi che le compongono e sono delimitate sulla pagina da uno spazio bianco.
Le strofe più usate nella tradizione letteraria italiana contengono da **due** a **otto** versi, che si legano tra loro in base a schemi prestabiliti di rime. Ne possiamo vedere le caratteristiche nel prospetto che segue.

strofe	numero di versi	tipo di versi	rime	esempi
distico	2	qualsiasi tipo di versi	baciate: AA BB CC	*O cavallina, cavallina storna,* A *che portavi colui che non ritorna;* A *tu capivi il suo cenno ed il suo detto!* B *Egli ha lasciato un figlio giovinetto.* B (G. Pascoli)
terzina	3	generalmente endecasillabi	generalmente incatenate: ABA BCB CDC	*Lo giorno se n'andava, e l'aere bruno* A *toglieva li animai che sono in terra* B *da le fatiche loro; e io sol uno* A *m'apparecchiava a sostener la guerra* C *sì del cammino e sì de la pietate,* B *che ritrarrà la mente che non erra.* C (D. Alighieri)
quartina	4	qualsiasi tipo di versi	alternate o incrociate: ABAB o ABBA	*Un dì, s'io non andrò sempre fuggendo* A *di gente in gente, me vedrai seduto* B *su la tua pietra, o fratel mio, gemendo* A *il fior de' tuoi gentili anni caduto.* B (U. Foscolo) *Erano i capei d'oro a l'aura sparsi* A *che 'n mille dolci nodi gli avolgea,* B *e 'l vago lume oltra misura ardea* B *di quei begli occhi ch'or ne son sì scarsi...* A (F. Petrarca)
sestina	6	qualsiasi tipo di versi	4 alternate + 2 baciate: AB AB CC	*Torna a fiorir la rosa* A *Che pur dianzi languìa;* B *E molle si riposa* A *Sopra i gigli di pria.* B *Brillano le pupille* C *Di vivaci scintille.* C (G. Parini)
ottava	8	generalmente endecasillabi	6 alternate + 2 baciate: AB AB AB CC	*Oh quante sono incantatrici, oh quanti* A *incantator tra noi, che non si sanno!* B *che con lor arti uomini e donne amanti* A *di sé, cangiando i visi lor, fatto hanno.* B *Non con spirti costretti tali incanti,* A *né con osservazioni di stelle fanno;* B *ma con simulazion, menzogne e frodi* C *legano i cor d'indissolubil nodi.* C (L. Ariosto)

Le strofe libere

A partire dall'Ottocento lo schema delle rime previsto per ciascuna strofa diventa via via meno rigido: nasce così la **strofa libera**, costituita da una **combinazione di versi tradizionali** (di solito endecasillabi e settenari) o di **versi liberi disposti e rimati liberamente** tra loro.

Consideriamo per esempio questa strofa tratta dalla poesia *Il sabato del villaggio* di **Giacomo Leopardi**: i versi sono tutti settenari ed endecasillabi regolari, ma si alternano liberamente e non seguono uno schema fisso di rime.

Garzoncello scherzoso,	a	settenario
cotesta età fiorita	b	settenario
è come un giorno d'allegrezza pieno,	C	endecasillabo
giorno chiaro, sereno,	c	settenario
che precorre alla festa di tua vita.	B	endecasillabo
Godi, fanciullo mio; stato soave,	D	endecasillabo
stagion lieta è cotesta.	e	settenario
Altro dirti non vo'; ma la tua festa	E	endecasillabo
ch'anco tardi a venir non ti sia grave.	D	endecasillabo

Nella poesia contemporanea, l'introduzione e l'utilizzo sempre più frequente del **verso libero** hanno trasformato definitivamente il modo di fare poesia: la **strofa** è diventata una **realtà variabile** non solo per il numero dei versi e la distribuzione delle rime (talvolta del tutto assenti), ma anche per l'irregolarità dei versi stessi, che possono avere diversa lunghezza e struttura metrica.
La seguente poesia di **Giuseppe Ungaretti** [→ p. 104], *Fratelli* (*Vita di un uomo*, Mondadori), ci offre un esempio di massima libertà: le strofe sono diverse fra loro per struttura, numero e tipo di versi, collocazione delle rime.

Mariano il 15 luglio 1916

Di che reggimento siete	a	ottonario	prima strofa: due versi
fratelli?	b	trisillabo	
Parola tremante	c	quinario	seconda strofa: due versi
nella notte	d	quadrisillabo	
Foglia appena nata	e	senario	terza strofa: un verso
Nell'aria spasimante	c	settenario	quarta strofa: quattro versi
involontaria rivolta	f	ottonario	
dell'uomo presente alla sua	g	novenario	
fragilità	h	quinario	
Fratelli	b	trisillabo	quinta strofa: un verso

Attenzione!

Esistono **rime facili** e **rime difficili**? La risposta è **sì**: la lingua italiana ha parole che rimano facilmente (per esempio i verbi all'infinito: *andare, mangiare, pensare, parlare, guardare* ecc. – e più in generale tutte le rime dette "grammaticali", cioè basate sulle desinenze dei verbi, degli avverbi ecc.) e altre che terminano in maniera insolita, sicché è difficile trovare delle rime (un caso famoso di parola che non rima con nessun'altra è "**fegato**").
I bravi poeti di solito rifuggono dalle rime troppo facili e scontate (come la famigerata *cuore* : *amore*), che risultano poco espressive e poco originali. Ma non si tratta di una regola: un grande poeta come Umberto Saba, per esempio, dichiara che proprio questa rima abusata, *cuore : amore*, è "**la più difficile del mondo**", perché è difficile usarla in maniera non banale e non ripetitiva.

Le forme poetiche

Le strofe possono unirsi a loro volta per formare vari componimenti poetici. Nella storia della letteratura italiana le forme poetiche più importanti sono il **sonetto** e la **canzone**.

sonetto È composto da **due quartine** e **due terzine** di **endecasillabi**, per un totale di **14 versi**. Le quartine presentano rime alternate (ABAB) o incrociate (ABBA); le terzine invece presentano diverse combinazioni di rime (CDE EDC, CDE CDE, CDC DCD ecc.: l'importante è che tutti i versi siano collegati fra loro). Ecco un esempio di sonetto di **Francesco Petrarca**, *Era il giorno ch'al sol si scoloraro* (*Canzoniere*, Mondadori), del quale abbiamo evidenziato lo schema metrico.

Giacomo Balla, *Mercurio passa davanti al sole*, 1914

Era il giorno ch'al sol si scoloraro	prima quartina	A
per la pietà del suo factore i rai,		B
quando i' fui preso, et non me ne guardai,		B
ché i be' vostr'occhi, donna, mi legaro.		A
Tempo non mi parea da far riparo	seconda quartina	A
contra colpi d'Amor: però m'andai		B
secur, senza sospetto; onde i miei guai		B
nel commune dolor s'incominciaro.		A
Trovommi Amor del tutto disarmato	prima terzina	C
et aperta la via per gli occhi al core,		D
che di lagrime son fatti uscio et varco:		E
però al mio parer non li fu honore	seconda terzina	C
ferir me de saetta in quello stato,		D
a voi armata non mostrar pur l'arco.		E

Attenzione!

Chi ha inventato il sonetto? L'**invenzione del sonetto** è attribuita a **Giacomo da Lentini** [→ p. 240], un esponente della scuola poetica formatasi in Sicilia alla corte di Federico II, nella prima metà del **Duecento**, ma il sonetto ha raggiunto la sua più alta codificazione stilistica nel **Trecento** con **Francesco Petrarca**. Largamente usato nei secoli passati, è stato ripreso anche da poeti moderni e contemporanei, sia in Italia che all'estero.
In ambito inglese, però, il sonetto ha assunto una struttura leggermente diversa, basata su tre quartine a rima alternata seguite da un distico a rima baciata: ABAB CDCD EFEF GG. È su questo schema che si basano i sonetti di **William Shakespeare** [→ p. 389], capolavoro della lirica inglese.

canzone Ha una struttura più complessa del sonetto: è formata da **almeno cinque strofe**, o "**stanze**", e utilizza versi **endecasillabi** e **settenari** variamente mescolati e rimati. Ogni stanza si divide in due parti: la *fronte* e la *sirma*, separate da un verso di collegamento detto *chiave*; la *fronte* si divide a sua volta in due "piedi", mentre la *sirma* può dividersi in due "volte" o rimanere indivisa. Lo schema della prima strofa è vincolante, cioè si ripete identico in tutte le strofe successive. Soltanto l'ultima può essere più breve, perché funge da "strofa di congedo".

Ecco la prima strofa della celebre canzone di **Francesco Petrarca** *Chiare, fresche et dolci acque*:

canzone petrarchesca

Verso	Rima	Struttura
Chiare, fresche et dolci acque,	a	piede → fronte
ove le belle membra,	b	
pose colei che sola a me par donna;	C	
gentil ramo ove piacque	a	piede → fronte
(con sospir mi rimembra)	b	
a lei di fare al bel fiancho colonna;	C	
herba et fior' che la gonna	c	chiave
leggiadra ricoverse	d	sirma
co l'angelico seno;	e	
aere sacro, sereno,	e	
ove Amor co' begli occhi il cor m'aperse:	D	
date udïenza insieme	f	
a le dolenti mie parole extreme.	F	

strofa di 13 versi il cui schema di rime si ripete uguale per tutte le strofe della canzone

La canzone è il componimento più **importante** e **solenne** della poesia italiana: affermatasi già nella prima metà del **Duecento**, venne ulteriormente perfezionata da **Dante** e da **Petrarca**. Nell'**Ottocento** fu profondamente rinnovata da **Giacomo Leopardi**, che (ispirandosi a modelli precedenti, che non avevano avuto alcuna fortuna) l'affrancò dalla rigida struttura metrica tradizionale. Nella canzone libera (o leopardiana), infatti, si susseguono come sempre endecasillabi e settenari, ma essi sono riuniti in strofe disuguali, con un numero di versi variabile e con rime liberamente disposte. Vediamo un esempio, tratto da *Il passero solitario* di Leopardi:

canzone leopardiana

Verso	Rima
D'in su la vetta della torre antica,	A
passero solitario, alla campagna	B
cantando vai finché non more il giorno;	C
ed erra l'armonia per questa valle.	D
Primavera d'intorno	c
brilla nell'aria, e per li campi esulta,	E
sí ch'a mirarla intenerisce il core.	F
Odi greggi belar, muggire armenti;	G
gli altri augelli contenti, a gara insieme	H
per lo libero ciel fan mille giri,	I
pur festeggiando il lor tempo migliore:	F
tu pensoso in disparte il tutto miri;	I
non compagni, non voli,	l
non ti cal d'allegria, schivi gli spassi;	M
canti, e così trapassi	m
dell'anno e di tua vita il più bel fiore.	F

strofa di 16 versi con rime liberamente disposte che non si ripetono nelle strofe successive

Oltre al sonetto e alla canzone ricordiamo altri tre componimenti di una certa importanza: l'**ode**, la **ballata** e il **madrigale**.

ode Riprende lo schema della canzone, ma ne **semplifica la struttura**: le strofe sono più brevi, sparisce il verso di collegamento (*chiave*) come pure la strofa di "congedo". L'ode fu introdotta nel **Cinquecento** sul modello dei poeti greci e latini e nel **Settecento** venne abitualmente usata in sostituzione della canzone.

Ti proponiamo due strofe tratte dalle *Odi* di **Giuseppe Parini**, il poeta settecentesco che forse meglio di ogni altro utilizzò questa forma poetica: la prima, *La salubrità dell'aria*, si basa su versi brevi (settenari), la seconda, *Alla Musa*, alterna versi lunghi e brevi (endecasillabi e quinari):

ode

Oh beato terreno a
del vago Eupili mio, b
ecco al fin nel tuo seno a
m'accogli; e del natio b
aere mi circondi; c
e il petto avido inondi. c

Te il mercadante, che con ciglio asciutto A
fugge i figli e la moglie ovunque il chiama B
dura avarizia, nel remoto flutto, A
Musa, non ama: b

ballata Detta anche **canzone a ballo**, è una forma metrica popolare chiamata così proprio perché inizialmente era accompagnata dal canto e dalla danza. La sua caratteristica fondamentale è la presenza di un **ritornello**, cioè di un gruppo di versi che si ripetono sempre uguali prima di ciascuna strofa. Le **strofe** possono essere in **numero variabile** ma seguono un **identico schema** metrico e ritmico. Molto utilizzata tra il **Duecento** e il **Cinquecento**, la ballata è stata ripresa nell'**Ottocento** dai **poeti romantici**, che vedevano in essa l'espressione di una sensibilità e di un gusto popolari da contrapporre alle artificiosità dei componimenti più ricercati.
Ecco una famosa ballata del poeta quattrocentesco **Angelo Poliziano**, detta *Ballata delle rose* (in *Poesie italiane*, Rizzoli). Anche in questo caso, abbiamo indicato lo schema metrico accanto al testo; tieni presente che il ritornello si ripete al termine di ogni strofa e che le strofe hanno tutte lo stesso schema di rime:

ballata

I' mi trovai, fanciulle, un bel mattino X
di mezzo maggio in un verde giardino. X

Eran d'intorno violette e gigli, A
fra l'erba verde, e vaghi fior novelli B
azzurri gialli candidi e vermigli: A
ond'io porsi la mano a côr di quelli B
per adornar e' mie' biondi capelli B
e cinger di grillanda el vago crino. X

Ma poi ch'i' ebbi pien di fiori un lembo, C
vidi le rose e non pur d'un colore; D
io colsi allor per empier tutto el grembo, C
perch'era sì soave il loro odore D
che tutto mi senti' destare el core D
di dolce voglia e d'un piacer divino. X

I' posi mente: quelle rose allora E
mai non vi potre' dir quant'eran belle! F
Quale scoppiava dalla boccia ancora, E
qual'eron un po' passe e qual novelle. F
Amor mi disse allor: «Va', co' di quelle F
che più vedi fiorite in sullo spino». X

Quando la rosa ogni suo' foglia spande, H
quando è più bella, quando è più gradita, I
allora è buona a mettere in ghirlande, H
prima che sua bellezza sia fuggita. I
Sicché, fanciulle, mentre è più fiorita, I
cogliàn la bella rosa del giardino. X

Sante Monachesi, *Fiori*, 1958

madrigale È un componimento usato soprattutto nella **lirica amorosa**. In **epoca medievale**, consta di **due** o **tre terzine** di **endecasillabi** variamente rimati, seguite da **uno** o **due distici** a **rima baciata**. In **epoca rinascimentale** assunse **forma diversa**, basata su endecasillabi e settenari liberamente alternati e rimati.
Ecco il **madrigale trecentesco** *Non al suo amante più Dïana piacque* (*Canzoniere*, Mondadori) di **Francesco Petrarca**:

madrigale trecentesco

Non al suo amante più Dïana piacque,	prima terzina	A
quando per tal ventura tutta ignuda		B
la vide in mezzo de le gelide acque,		A
ch'a me la pastorella alpestra et cruda	seconda terzina	B
posta a bagnar un leggiadretto velo,		C
ch'a l'aura il vago et biondo capel chiuda,		B
tal che mi fece, or quand'egli arde 'l cielo,	distico	C
tutto tremar d'un amoroso gielo.		C

Ecco ora un esempio di **madrigale cinquecentesco** tratto da *Pianto della notte* di **Torquato Tasso**; nota la diversa lunghezza dei versi (endecasillabi e settenari, indicati rispettivamente con le lettere maiuscole e minuscole) e la libera disposizione delle rime all'interno di un'unica strofa:

madrigale cinquecentesco

Tacciono i boschi e i fiumi	a
e 'l mar senza onda giace,	b
ne le spelonche i venti han tregua e pace,	B
e ne la notte bruna	c
alto silenzio fa la bianca luna;	C
e noi tegnamo ascose	d
le dolcezze amorose.	d
Amor non parli o spiri,	e
sien muti i baci e muti i miei sospiri.	E

In sintesi

- Le **strofe** sono unità metriche formate da un determinato numero di versi organizzati secondo un determinato **schema**.
- Le strofe più usate nella tradizione letteraria italiana sono: distico, terzina, quartina, sestina e ottava.
- Le strofe possono unirsi a loro volta per formare vari componimenti poetici; tra questi, i più ricorrenti nella storia della letteratura italiana sono il **sonetto**, la **canzone**, l'**ode**, la **ballata** e il **madrigale**.
- A partire dall'**Ottocento** gli **schemi** delle strofe diventano **meno rigidi**: si afferma la **strofa libera**, costituita da una combinazione di versi tradizionali (soprattutto endecasillabi e settenari) o di versi liberi. L'ampia diffusione di versi liberi nella poesia contemporanea ha ulteriormente rivoluzionato il sistema delle strofe tradizionali, estremamente variabili nel numero e nel tipo di versi che le compongono.

Attività

1 Quale dei seguenti testi (*Nella belletta* di Gabriele D'Annunzio, *I gattici* di Giovanni Pascoli, *Donna che cuce* di Giambattista Marino e *È fiorito l'albero in giardino* di Daria Menicanti) è un sonetto? Individualo e ricavane lo schema metrico.

Nella belletta i giunchi hanno l'odore
delle persiche mézze e delle rose
passe, del miele guasto e della morte.

Or tutta la palude è come un fiore
lutulento che il sol d'agosto cuoce,
con non so che dolcigna afa di morte.

Ammutisce la rana, se m'appresso.
Le bolle d'aria salgono in silenzio.

(G. D'Annunzio, *Alcyone*, Mondadori)

E vi rivedo, o gattici d'argento,
brulli in questa giornata sementina:
e pigra ancor la nebbia mattutina
sfuma dorata intorno ogni sarmento.

Già vi schiudea le gemme questo vento
che queste foglie gialle ora mulina;
e io che al tempo allor gridai, Cammina,
ora gocciare il pianto in cuor mi sento.
Ora, le nevi inerti sopra i monti,
e le squallide piogge, e le lunghe ire
del rovaio che a notte urta le porte,

e i brevi dì che paiono tramonti
infiniti, e il vanire e lo sfiorire,
e i crisantemi, il fiore della morte.

(G. Pascoli, *Myricae*, in *Poesie*, Garzanti)

È strale, è stral, non ago
quel ch'opra in suo lavoro,
nova Aracne d'amor, colei ch'adoro;
onde, mentre il bel lino orna e trapunge,
di mille punte il cor mi passa e punge.
Misero! e quel sì vago
sanguigno fil che tira,
tronca, annoda, assottiglia, attorce e gira
la bella man gradita,
è il fil de la mia vita.

(G. Marino, *La lira*, in *Opere*, Rizzoli)

Una sfera
pàllida e trasparente è caduta
sopra le braccia aperte
dell'albero in attesa.
Una sfera
di fiori brevi più bianchi dell'alba
s'è posata in cortile
tra vorticose pareti.
La sua presenza aerea
la sua improvvisa grazia da immortale
rende felice e disperato chi
la guarda.

(D. Menicanti, *Un nero d'ombra*, Mondadori)

Marc Chagall, *Sposa con ventaglio*, 1911

2 **Da quante strofe è formata la poesia di D'Annunzio dell'esercizio 1? Come si chiama ciascuna strofa?**

3 **Leggi la seguente strofa tratta dalla poesia *Canto della sposa* di Piero Jahier: si tratta di una strofa libera o di una strofa tradizionale? Perché?**

Se i pavimenti odorano di ragia
se splende in ordine la sua povera casa
se respira nei fiori
se gli salta in collo il più chiaro bambino
se riposa
la gota fresca di bagno contro la sua mascella dura
forse mi incoronerà di uno sguardo
forse scioglierà in un sorriso la sua cura...
Ma chi conosce il suo pensiero
il suo desiderio si è allontanato.

4 **Quale delle seguenti due strofe (da *Italia mia, benché 'l parlar sia indarno* di Francesco Petrarca e da *La salubrità dell'aria* di Giuseppe Parini) appartiene a una canzone? Motiva la tua risposta esaminando:**
- il tipo di versi usati;
- le schema delle rime.

Italia mia, benché 'l parlar sia indarno
a le piaghe mortali
che nel bel corpo tuo sì spesse veggio,
piacemi almen che' miei sospir' sian quali
spera 'l Tevere e l'Arno,
e 'l Po, dove doglioso e grave or seggio.
Rettor del cielo, io cheggio
che la pietà che ti condusse in terra
ti volga al tuo diletto almo paese:
vedi, Signor cortese,
di che lievi cagion che crudel guerra;
e i cor, ch'endura e serra
Marte superbo e fero,
apri tu, Padre, e 'ntenerisci e snoda;
ivi fa che 'l tuo vero,
qual io mi sia, per la mia lingua s'oda.

Già nel polmon capace
urta sé stesso e scende
quest'etere vivace,
che gli egri spirti accende,
e le forze rintegra,
e l'animo rallegra.

Però ch'austro scortese
qui suoi vapor non mena:
e guarda il bel paese
alta di monti schiena,
cui sormontar non vale
borea con rigid'ale.

Lavoriamo sui testi

T1

Francesco Petrarca [→ p. 122]

Solo et pensoso i più deserti campi

da F. Petrarca, *Canzoniere*, Mondadori

La maggior parte delle poesie raccolte nel Canzoniere *di Francesco Petrarca ci parlano dell'amore del poeta per Laura – un sentimento che Petrarca visse come tormentosa ricerca di un equilibrio interiore. Petrarca viveva l'amore come una tentazione, un desiderio peccaminoso, che lo distoglieva dalla riflessione religiosa e dallo studio letterario.*
In questo celebre sonetto, il poeta ci parla della sua solitudine, del suo bisogno di riflessione e di isolamento. Solo la natura, infatti, può essere testimone della sofferenza del poeta, che egli nasconde accuratamente alla curiosità degli uomini. Ma neppure i luoghi più selvaggi possono fermare il pensiero dell'amore, che lo segue ovunque e occupa la sua mente in un ideale, interminabile dialogo.

COLLEGAMENTI

- La poesia lirica, p. 118
- La poesia d'amore, p. 145
- *Era il giorno ch'al sol si scoloraro*, p. 28
- *Erano i capei d'oro a l'aura sparsi*, p. 149

Il poeta ci parla della sua solitudine, del suo bisogno di riflessione, descrivendo il suo desiderio di fuggire dalla gente.

Solo et pensoso i più deserti campi
vo mesurando[1] a passi tardi et lenti,
et gli occhi porto per fuggire intenti
ove vestigio human la rena stampi[2].

Altro schermo[3] non trovo che mi scampi
dal manifesto accorger de le genti[4];
perché negli atti d'alegrezza spenti[5]
di fuor si legge[6] com'io dentro avampi[7]:

Solo la natura può essere testimone della sofferenza del poeta, che egli nasconde accuratamente alla curiosità degli uomini. Ma neppure i luoghi più selvaggi possono fermare il pensiero dell'amore, che lo segue ovunque e occupa la sua mente in un ideale e interminabile dialogo.

sì ch'io mi credo omai che monti et piagge[8]
et fiumi et selve sappian di che tempre[9]
sia la mia vita, ch'è celata altrui[10].

Ma pur sì aspre vie né sì selvagge
cercar non so, ch'Amor non venga sempre
ragionando con meco[11], et io co·llui[12].

Fredric Edwin Church, *The Heart of the Andes*, 1859

1 vo mesurando: percorro con lentezza.
2 gli occhi ... stampi: guardo attentamente per evitare i luoghi dove siano visibili le tracce («vestigio») del passaggio di altri uomini; rena: terreno.
3 schermo: riparo, difesa.
4 mi scampi ... de le genti: eviti che le altre persone (le genti) si accorgano facilmente del mio stato d'animo.
5 d'alegrezza spenti: privi di allegria, tristi.
6 di fuor si legge: dall'esterno si capisce.
7 com'io dentro avampi: come io sia consumato dall'amore che brucia dentro di me.
8 piagge: campi, pianure.
9 di che tempre: di che genere.
10 altrui: alle altre persone.
11 ragionando con meco: parlando con me.
12 co·llui: con lui, cioè con l'amore personificato.

In sintesi

- Il componimento presenta una **perfetta corrispondenza** fra il **contenuto** e la **struttura formale**: il poeta, infatti, ha usato la struttura del sonetto per esporre in forma essenziale le proprie riflessioni e comunicare, razionalizzandolo, il proprio tormento interiore. Innanzitutto il poeta porta avanti il suo ragionamento sottolineando i vari concetti attraverso una rigorosa **costruzione simmetrica** delle strofe.
- Le due quartine, infatti, si dividono entrambe in due brevi periodi, che evidenziano **quattro precisi stati d'animo.** Inoltre il tipo di rime utilizzate con la replica dei suoni vocalici **a/i**, **e/i** e delle consonanti **nt**, **mp** imprime alle due quartine un **andamento pacato**, che sottolinea l'equilibrio complessivo del componimento e controbilancia il tormento interiore del poeta.

solitudine, bisogno di isolarsi con i propri pensieri	*Solo et pensoso i più deserti campi* *vo mesurando a passi tardi et lenti,*
desiderio di fuga	*et gli occhi porto per fuggire intenti* *ove vestigio human la rena stampi.*
necessità di nascondere agli altri la propria sofferenza	*Altro schermo non trovo che mi scampi* *dal manifesto accorger de le genti,*
consapevolezza del proprio stato	*perché negli atti d'alegrezza spenti* *di fuor si legge com'io dentro avampi:*

- Le due terzine introducono il **momento del ragionamento**, della riflessione, attraverso due concetti complementari fra loro:
- nella prima terzina, l'esplicita rivelazione, da parte del poeta, del proprio dolore interiore (nel momento in cui dice che la natura è la sola testimone del suo reale stato d'animo);
- nella seconda terzina, la considerazione che l'Amore ha il predominio su di lui, è una presenza da cui non può fuggire (neppure nei luoghi più isolati).
- Importante, anche nelle terzine, la funzione della **rima**, in particolare quella con cui le due strofe si chiudono (altrui : lui): questa rima serve a mettere in risalto il contrasto tra l'isolamento dagli altri («altrui») che il poeta cerca nella natura e la presenza costante dell'amore («lui»), da cui neppure la solitudine nella natura può salvarlo.

comunione con la natura e dichiarazione del proprio tormento interiore	*sì ch'io mi credo omai che monti et piagge* *et fiumi et selve sappian di che tempre* *sia la mia vita, ch'è celata altrui.*
presenza persistente dell'amore	*Ma pur sì aspre vie né sì selvagge* *cercar non so, ch'Amor non venga sempre* *ragionando con meco, et io co·llui.*

Attività

1 **Ricava lo schema delle rime del sonetto.**

....

2 **Quali tra le parole in rima hanno un significato particolarmente importante? Perché?**

3 **Il fatto che alla fine di ogni strofa si trovi una forte pausa sintattica (punto o due punti)**
- ☐ accentua l'equilibrio complessivo del sonetto e trasmette un senso di calma e di pacatezza
- ☐ trasmette un'impressione di drammaticità e di agitazione, perché interrompe la musicalità dei versi
- ☐ non ha grande importanza, perché quello che conta è la struttura metrica

4 **Attraverso quali aggettivi il poeta si presenta nella prima strofa del testo? L'impressione che ne ricavi è quella di un uomo riflessivo e meditativo o di un carattere irruente e passionale?**

5 **Con quali espressioni il poeta fa riferimento al suo dolore interiore?**
- Quali di queste espressioni esprimono l'intensità del sentimento di Petrarca?

T2

Giosue Carducci [→ p. 523]

Pianto antico

da G. Carducci, *Rime nuove*, Zanichelli

Di fronte al rifiorire della natura nel periodo primaverile, Carducci percepisce il conflitto tra un mondo (quello della natura appunto) basato sulla legge del ritorno e della rinascita, e l'inesorabilità della morte che segna la fine dell'esistenza umana. La poesia fu scritta nel giugno del 1871, alla vigilia del compleanno del figlio Dante, ucciso l'inverno precedente, a tre anni appena, da una grave febbre. Carducci rievoca la morte del proprio figlio come un dramma assoluto, che vanifica la sua stessa esistenza.

COLLEGAMENTI
> Il titolo, p. 51
> La poesia lirica, p. 118
> *Visione*, p. 25
> C. Govoni, *Questi giorni invernali così chiari*, p. 62

La prima e la seconda strofa tratteggiano le immagini solari di una natura rinata, in cui si inserisce il ricordo del figlioletto.

L'albero a cui tendevi
la pargoletta mano[1],
il verde melograno
da' bei vermigli[2] fior,

nel muto orto solingo[3]
rinverdì tutto or ora
e giugno lo ristora
di luce e di calor.

La terza e la quarta strofa sviluppano il tema dell'antitesi tra vita e morte, di cui la scomparsa del figlio è la drammatica testimonianza. Compaiono espressioni che rendono tangibili il dolore del poeta e l'angoscia della morte.

Tu fior della mia pianta
percossa e inaridita[4],
tu de l'inutil vita
estremo unico fior,

sei nella terra fredda,
sei nella terra negra[5];
né il sol più ti rallegra
né ti risveglia amor.

Karl Friedric Lessing, *Cimitero di un convento sotto la neve*, 1830

1 **pargoletta mano:** la tua piccola mano.
2 **vermigli:** di colore rosso acceso.
3 **nel ... solingo:** nel giardino («orto») di casa, che ora appare solitario («solingo») e silenzioso («muto») perché non risuona più della voce gioiosa del bambino.
4 **Tu fior ... inaridita:** tu, che sei l'ultimo («estremo») e insostituibile («unico») fiore della mia vita ormai diventata inutile e vuota («percossa e inaridita»). Tutto il periodo si regge sul paragone fiore-figlio, che ne introduce di conseguenza un altro tra la vita del poeta e quella di una pianta ormai inaridita
5 **terra fredda ... negra:** il figlio del poeta è sepolto nella terra che viene definita «fredda» e «negra» in quanto rappresenta simbolicamente il gelo e il buio eterno della morte.

In sintesi

- La comprensione letterale del testo è relativamente semplice, anche perché i temi sono chiaramente enunciati dal poeta all'interno delle quattro strofe che lo compongono:
- La **prima** e la **seconda strofa** tratteggiano le immagini solari di una natura rinata, in cui si inserisce il ricordo del figlioletto.
- La **terza** e la **quarta strofa** sviluppano il tema dell'antitesi tra vita e morte, di cui la scomparsa del figlio è la drammatica testimonianza.
- Il poeta ricorre a una **struttura metrica chiusa**, molto regolare e scandita, proprio per **contenere la drammaticità dell'evento rievocato** (la morte del figlio). L'eleganza classica della poesia (che si ispira a modelli greci) e la

sobrietà del suo schema metrico permettono al poeta di superare il piano personale del ricordo e di trasformare il suo dolore in un dolore universale, che coinvolge tutti gli uomini di fronte alla fatale ineluttabilità della morte.

- Alcune rime evidenziano il filo conduttore del componimento, cioè l'**amore** del poeta **per il figlio**: in tal senso risulta rilevante il legame che unisce **le parole finali** delle quattro strofe, tutte in rima tra loro: «fiòr»/«calòr»/«fiòr»/«amòr».
- D'altro canto le **rime baciate** interne alle strofe **sfumano la tensione sentimentale** attraverso la loro leggerezza (la rima baciata è infatti la più semplice e immediata).

Attività

1 **Completa lo schema metrico della poesia, affiancando a ogni verso la lettera corrispondente:**

L'albero a cui tendevi — verso sciolto
la pargoletta mano, — a
il verde melograno — ...
da' bei vermigli fior, — ...

nel muto orto solingo — ...
rinverdì tutto or ora — ...
e giugno lo ristora — ...
di luce e di calor. — ...

Tu fior della mia pianta...
percossa e inaridita, — ...
tu de l'inutil vita — ...
estremo unico fior, — ...

sei nella terra fredda, — ...
sei nella terra negra; — ...
né il sol più ti rallegra — ...
né ti risveglia amor. — ...

2 **Che cosa significa verso "sciolto"? Spiegalo con precisi riferimenti al testo.**

3 **Le strofe della poesia sono**
☐ distici ☐ quartine ☐ ottave

4 **La poesia è**
☐ un sonetto ☐ un madrigale
☐ un'ode ☐ una canzone
Motiva la tua risposta.

5 **Perché, secondo te, la poesia viene intitolata «Pianto antico»?**
☐ perché il dolore del poeta dura da anni
☐ perché il dolore della morte è un'esperienza che l'uomo conosce da sempre
☐ perché i versi sono ispirati all'antica poesia greca

T3

Giovanni Pascoli [→ p. 523]

X Agosto

da G. Pascoli, *Myricae*, in *Poesie*, Mondadori

La notte del 10 agosto 1867, il padre di Giovanni Pascoli, amministratore dei principi Torlonia, fu ucciso mentre tornava a casa, forse per una vendetta (il delitto rimase impunito, gli assassini non furono mai trovati). A parecchi anni di distanza, Pascoli scrisse questa famosa poesia, rievocando il drammatico episodio e attribuendo alla morte del padre un valore simbolico universale: l'omicidio diventa per il poeta una delle infinite manifestazioni del male che domina il mondo e che coinvolge ogni essere vivente, senza distinzione.

COLLEGAMENTI

> La poesia lirica, p. 118
> Leggere un tema, p. 270
> *Novembre*, p. 18

San Lorenzo[1], io lo so perché tanto
di stelle[2] per l'aria tranquilla
arde e cade, perché sì gran pianto
nel concavo cielo[3] sfavilla.

Ritornava una rondine al tetto:
l'uccisero: cadde tra spini:
ella aveva nel becco un insetto:
la cena de' suoi rondinini.

Le domande che implicitamente il poeta pone con i due «perché» della strofa iniziale avranno risposta solo nei versi finali.

1 San Lorenzo: il 10 agosto, giorno di San Lorenzo, le stelle cadenti sono particolarmente frequenti.
2 tanto di stelle: tante stelle (è una costruzione latineggiante).
3 concavo cielo: la volta celeste.

Come la rondine portava al nido il verme, così il padre portava alle figlie le bambole: in entrambi i casi, il dono resta inutilizzato, proteso verso il cielo, emblematicamente lontano.

Ora è là, come in croce, che tende
quel verme a quel cielo lontano;
e il suo nido è nell'ombra, che attende,
che pigola sempre più piano.

Anche un uomo tornava al suo nido:
l'uccisero: disse: Perdono;
e restò negli aperti occhi un grido:
portava due bambole in dono...

Ora là, nella casa romita[4],
lo aspettano, aspettano in vano:
egli immobile, attonito, addita
le bambole al cielo lontano.

E tu, Cielo, dall'alto dei mondi
sereni, infinito, immortale,
oh! d'un pianto di stelle lo inondi
quest'atomo opaco del Male[5]!

4 romita: abbandonata.
5 atomo opaco del Male: è il mondo, considerato come torbido luogo di male e di dolore.

Vincent Van Gogh, *Notte stellata*, 1889

In sintesi

- La poesia si basa su **sei strofe** di **quattro** versi (**quartine**) con uno schema di rime facilmente riconoscibile (si tratta infatti di rime alternate, secondo lo schema ABAB CDCD ecc.). Apparentemente, quindi, il poeta si colloca nell'ambito della tradizione più consolidata, quasi in polemica con la sua epoca, la fine dell'Ottocento, percorsa da fermenti sperimentali e innovativi molto evidenti.
- In realtà, se approfondiamo l'analisi, ci rendiamo conto che Pascoli utilizza uno **schema metrico** del tutto **originale**: i suoi versi non sono infatti i "soliti" endecasillabi, ma decasillabi e novenari alternati.
- Anche sul **piano tematico**, la poesia si presenta con una struttura apparentemente chiarissima:
- la **prima strofa** serve da **introduzione**, proponendo il tema;
- le **strofe 2 e 3** sono dedicate alla **morte della rondine**, le **strofe 4 e 5** sono dedicate alla **morte dell'uomo** (il padre del poeta) e hanno un carattere perfettamente simmetrico alle precedenti;
- l'**ultima strofa** conclude circolarmente il componimento, riprendendo le immagini "cosmiche" dell'inizio e proponendo l'amara riflessione sul "male" che domina l'universo.

In realtà, questo schema è "corretto" da una serie di rimandi interni, che annullano la contrapposizione fra l'uomo e la rondine e attenuano la schematicità del discorso. Per esempio, la **rondine** è apertamente **umanizzata**: torna a un "tetto", cioè a una casa, i suoi rondinini aspettano una "cena", il suo corpo "è là, come in croce", cioè ad ali aperte (ma l'immagine ha una chiara valenza religiosa) e così via. L'**uomo**, dal canto suo, **torna a un "nido"** – termine caro a Pascoli, perché indica il nucleo di affetti familiari, ma che in questo caso serve soprattutto a mettere sullo stesso piano l'uomo e la rondine, facendone due vittime del male universale.

Attività

1 **Continua l'analisi metrica, individuando le sillabe metriche dei primi quattro versi della poesia, come nell'esempio:**

San / Lo / ren / zo, io / lo / so / per / ché / tan / to
10 sillabe metriche, ultimo accento sulla 9ª,
il verso è un decasillabo piano

di stelle per l'aria tranquilla

....

arde e cade, perché sì gran pianto

....

nel concavo cielo sfavilla.

....

2 **Osserva il ritmo complessivo dei versi, rileggendo la prima strofa ad alta voce.**

a. *Il ritmo è*
- ☐ molto vario e irregolare
- ☐ molto scandito e ripetitivo
- ☐ poco significativo

b. *L'effetto che ne deriva a tuo avviso è*
- ☐ allegro e cantabile
- ☐ solenne e funebre
- ☐ calmo e riflessivo

3 Osserva le rime della poesia. Nel complesso, si tratta di
- ☐ parole piuttosto casuali, che non rivelano una ricerca particolare
- ☐ parole dal suono semplice, dolce, che esprime calma e serenità
- ☐ parole dal suono aspro e stridente, che esprime una forte tensione drammatica

4 Quali tra le parole in rima hanno, a tuo parere, un forte valore tematico?

5 Come si spiega, nel complesso, la scelta delle rime da parte del poeta?

6 Metti a confronto la rondine e l'uomo, individuando i punti in comune.
- elementi propri dell'animale ....
- elementi propri dell'uomo ....

7 Come si spiega il fatto che rondine e uomo sono posti sullo stesso piano?

8 Quali aspetti della poesia, sul piano metrico e sintattico, sottolineano il perfetto parallelismo fra i due?

T4

Giuseppe Ungaretti [→ p. 104]

San Martino del Carso

da G. Ungaretti, *Vita d'un uomo*, Mondadori

Partito volontario per la Prima guerra mondiale, Ungaretti scoprì ben presto l'orrore di un conflitto che era stato propagandato come un'impresa eroica e gloriosa. La morte, la distruzione, la violenza onnipresenti e soprattutto la precarietà dell'esistenza umana sono i temi della sua prima e più importante raccolta di poesie, L'allegria, scritta fra il 1916 e il 1919.
Nelle sue poesie, Ungaretti utilizza strutture sintattiche e metriche fortemente innovative. Il testo che ti presentiamo ora, tra i suoi più famosi, ci fa capire in che modo Ungaretti rinnova la poesia italiana, prendendo posizione rispetto alla tradizione precedente.

COLLEGAMENTI

> La poesia narrativa, p. 104
> La poesia civile, p. 171
> *Fratelli*, p. 27
> *Sono una creatura*, p. 49

Valloncello dell'Albero Isolato il 27 agosto 1916

Di queste case[1]
non è rimasto
che qualche
brandello di muro

Di tanti
che mi corrispondevano[2]
non è rimasto
neppure tanto[3]

Ma nel cuore
nessuna croce manca
È il mio cuore
il paese più straziato

Il poeta delinea in poche parole un paesaggio di desolazione: lo squallore e la morte si trovano sia fuori che dentro il suo cuore.

Il confronto tra il paesaggio devastato e l'animo del poeta si fa esplicito e viene evidenziato quello che rende più profondo il dolore, la forza del ricordo.

Giuseppe Ungaretti (a destra) in trincea con un commilitone.

1. **Di queste case:** quelle del paese a cui la poesia è intitolata, oggi in Friuli-Venezia Giulia.
2. **che mi corrispondevano:** che avevano con me un'intima corrispondenza di affetti.
3. **neppure tanto:** cioè neppure un brandello, un frammento.

In sintesi

- La poesia è **suddivisa** da Ungaretti in **quattro strofe**: le prime **due** sono **quartine**, e altre **due** sono **distici**. Si tratta di una struttura originale, che non ha riscontri nella tradizione precedente – la poesia non è né un sonetto, né un madrigale, anche se per qualche aspetto potrebbe ricordare queste forme.
- La divisione delle strofe si spiega con **ragioni sintattiche**, più che metriche: ogni strofa infatti corrisponde perfettamente a un periodo. Anche se Ungaretti annulla i segni di punteggiatura, lasciando "galleggiare" le parole nella pagina bianca, il lettore riconosce benissimo dove il senso del discorso si conclude – e lo spazio bianco fra una strofa e l'altra chiaramente lo aiuta.
- Da un lato insomma Ungaretti **innova**, eliminando la punteggiatura per far sì che nell'orecchio del lettore le parole facciano risuonare tutti i loro echi, anche i più nascosti; dall'altro **"guida"** la nostra lettura inserendo gli spazi bianchi a segnalare le pause del discorso.
- I **versi** usati sono **liberi**: in qualche caso corrispondono a versi tradizionali, ma si tratta di coincidenze: Ungaretti "va a capo" non quando raggiunge un certo numero di sillabe, ma quando vuole dare rilievo a una parola, collocandola in posizione di fine verso.

A questo stesso scopo rispondono anche le evidenti **ripetizioni** (che creano le uniche rime presenti nel testo).

Attività

1 **Fai l'analisi metrica della poesia indicando il tipo di versi usati. L'esercizio è avviato.**

Di queste case	quinario piano
non è rimasto	quinario piano
che qualche	trisillabo piano
brandello di muro	senario piano

2 **Osserva le ultime due strofe: che cosa succede se leggiamo i due versi che le compongono come se fossero uniti?**

Ma nel cuore nessuna croce manca ....

....

È il mio cuore il paese più straziato ....

....

3 **Che cosa rivela questo fatto, per quanto riguarda i rapporti fra Ungaretti e la tradizione precedente?**

4 **Osserva le rime.**

- Quali versi rimano fra loro?
- Qual è la caratteristica di queste rime?

☐ di essere identiche, cioè basate su parole uguali
☐ di essere ipermetre, cioè con una sillaba in più
☐ di essere tronche

5 **Esistono nella poesia delle quasi-rime? Individuale.**

- Quanti versi, al termine della tua analisi, risultano musicalmente collegati fra loro?

6 **Analizzando il sonetto di Petrarca *Solo et pensoso* [→ p. 33], abbiamo osservato che in questa forma poetica le quartine hanno spesso un carattere più descrittivo, il poeta ci mostra le cose più dall'esterno, mentre le terzine sono il momento della riflessione, dell'intimità, dell'analisi psicologica.**
Ti sembra che una simile differenza sia presente anche in questa poesia di Ungaretti? Motiva la tua risposta con le opportune osservazioni sul testo.

T5

Vivian Lamarque [→ p. 523]

In dote

da V. Lamarque, *Poesie 1972-2002*, Mondadori

Vivian Lamarque è una delle maggiori poetesse italiane viventi. La sua poesia, strettamente legata alla sua vita, alle sue esperienze personali, ai suoi affetti e ai suoi drammi, ricorre spesso a toni sognanti, quasi infantili, ma non è affatto spontanea o ingenua – al contrario, è il frutto di un attento lavoro sulle strutture metriche e linguistiche tradizionali. La poesia che ti proponiamo è tratta dalla raccolta Poesie dando del Lei, *pubblicata nel 1989: si tratta di una serie di testi in cui l'autrice si rivolge (dandogli appunto del Lei, con distacco e ironia) al proprio psicologo, un dottore di cui si era follemente innamorata.*

COLLEGAMENTI
> La poesia d'amore, p. 145

L'espressione «tutto qui?» oltre a rappresentare uno stacco di tipo ritmico tra una parte e l'altra del componimento, funge da elemento di suddivisione per ampliare la tipologia delle "cose" che la poetessa porta in dote al suo amore.

In dote[1] Le porto
foglioline di salvia
e di rosmarino
più mille poesie circa[2]
più quello stralunato ritrattino[3]
tutto qui?
no anche un fiore con dentro
un'ape in velo da sposa
più una goccia di miele
più una spina di rosa
tutto qui?
no anche il resto del mondo
più un cielo gentile
più i colori che vuole
più il doppio della metà
di tutto il mio cuore[4]

Frida Kahlo, *Autoritratto alla frontiera tra il Messico e gli Stati Uniti*, 1932.

1 **In dote:** l'autrice finge di fare al medico una proposta di matrimonio e dichiara ciò che potrebbe portargli in dote.
2 **mille poesie circa:** le poesie della raccolta da cui è tratto il testo; naturalmente si tratta di un'esagerazione ironica.
3 **stralunato ritrattino:** un disegno dell'autrice, evidentemente un po' buffo ("stralunato"), che ritraeva il medico stesso.
4 **il doppio ... cuore:** si tratta ovviamente di un buffo gioco di parole per dire "tutto il mio cuore", evitando però di cadere nel sentimentalismo.

In sintesi

- Come Ungaretti, anche Vivian Lamarque **elimina la punteggiatura**. La sua innovazione è però più radicale, perché **elimina anche** quegli **indizi** (spazi bianchi e lettere maiuscole) che nella poesia di Ungaretti permettevano al lettore di ricostruire facilmente la sintassi del testo. In questo caso, invece, il lettore è aiutato solo dalla **ripetizione** di alcuni elementi (tutto qui? no...), che ricorrono a scandire il ritmo del discorso.
- Si tratta di elementi che assumono un chiaro **valore strutturale**: poiché manca una suddivisione in strofe, l'autrice affida a questi elementi il compito di suddividere la poesia in varie parti. Possiamo infatti considerare la poesia come un elenco di cose che l'autrice porta in dote all'uomo che ama, scandito in tre gruppi:
- il primo, introdotto dal verso che regge tutti gli elementi dell'elenco ("In dote Le porto"), comprende i versi 1-5:
- il secondo, introdotto dalla domanda-ritornello "Tutto qui?", comprende i versi 6-10:
- il terzo, introdotto dalla stessa domanda, comprende i versi 11-16.
- Le **tre parti** della poesia non sono vere e proprie strofe, ma vi si avvicinano: hanno lunghezza quasi identica (l'ultima ha un solo verso in più) e al loro interno presentano una sola rima: *rosmarino : ritrattino*, *sposa : rosa*, *vuole : cuore* (nell'ultimo caso si tratta di una rima imperfetta, di un'assonanza).
- La poetessa quindi ricorre a **strutture molto libere**, ma nello stesso tempo **"mette ordine"** nella materia poetica, ricorrendo a elementi ritmici e musicali che ricordano, anche se in maniera molto innovativa, le strutture metriche tradizionali.

Attività

1 **Fai l'analisi metrica della poesia di Lamarque, indicando il tipo di versi usati. L'esercizio è avviato.**

In dote Le porto	senario piano
foglioline di salvia	settenario piano

2 **Nel complesso, si tratta di**
☐ versi liberi
☐ versi sciolti
☐ versi tradizionali

3 **Oltre alle rime di cui abbiamo già parlato, nella poesia altre parole sono legate da rapporti di quasi-rima. Te ne indichiamo alcune, trova quali termini sono legati ad esse.**
foglioline in assonanza con ....
mille in consonanza con ....
fiore in rima interna con ....
velo in rima interna con ....
colori in rima imperfetta con ....

4 **La poesia non rientra in nessuna delle forme tradizionali. Osserva però che**
a. *i versi sono tendenzialmente*
☐ brevi ☐ lunghi
b. *il tono è tendenzialmente*
☐ ironico e leggero ☐ drammatico e solenne
c. *questi elementi caratterizzano di solito*
☐ le canzoni ☐ le odi ☐ i sonetti

1.3 I contenuti del testo poetico

Le figure retoriche

Che cos'è la retorica

Gustav Klimt, *L'abbraccio*, 1905

Letteralmente la parola "**retorica**" indica l'arte del "**ben parlare**", un'arte che già nell'antica Grecia veniva insegnata a tutti coloro che dovevano parlare in pubblico. Ieri come oggi, infatti, chi vuole trasmettere agli altri le proprie idee deve saperle **formulare** in modo da essere non solo chiaro, ma anche **efficace** e **convincente**. La retorica insegnava appunto le tecniche utili a esporre i pensieri nel modo più efficace e a trasformare le parole in immagini capaci di colpire l'attenzione degli ascoltatori, di stimolare la loro curiosità e di imprimersi nella memoria.

Osservate per esempio, l'effetto che producono queste diverse formulazioni della stessa semplice frase:

Sono innamorato di te.	*Brucio d'amore per te.*
Aveva paura del buio.	*Tremava come una foglia nell'oscurità.*
Tutti mi dicono di tacere.	*Tutti mi dicono taci! Mi ripetono taci! Mi impongono taci!*

È chiaro che la seconda formulazione è più incisiva della prima: essa utilizza alcune delle figure retoriche che impareremo a conoscere in questa sezione.

Attenzione!

La retorica è buona o cattiva? Spesso si usa l'aggettivo **retorico** con valore negativo, come sinonimo di **falso**, **insincero**, **artefatto**. Si tratta di un retaggio dell'epoca romantica, che valorizzava la spontaneità e l'ingenuità, che i romantici (erroneamente) credevano di trovare nell'arte infantile e nella letteratura popolare. In realtà, la retorica è una **tecnica**, o meglio un **insieme di tecniche**. Come tutte le tecniche, se ne può fare un uso corretto o scorretto, esteticamente apprezzabile o meno.
Alessandro Manzoni, che pure era romantico, distingueva giustamente fra cattiva retorica e retorica **"discreta"**, cioè frutto della riflessione, delle scelte ben ponderate: la prima è da evitare, la seconda è indispensabile allo scrittore.

Le figure retoriche in poesia

Le tecniche retoriche, naturalmente, non riguardano solo l'arte di parlare, ma anche quella di **scrivere**, e in particolare di **scrivere in versi**.
La conoscenza delle principali **figure retoriche** è dunque indispensabile allo scrittore, ma è utile anche al lettore: riconoscere le figure retoriche ci permette infatti di **capi-**

re il significato del testo che abbiamo di fronte, di **interpretarlo correttamente**, di **analizzare le scelte dell'autore**, entrando per così dire nel suo laboratorio e seguendo alcune fasi importanti del suo lavoro.

Amedeo Modigliani, *Jeanne con la collana*, 1917

Nel loro complesso le figure retoriche sono numerosissime: possiamo suddividerle in **tre gruppi**, in base alla loro **funzione** e alle loro caratteristiche d'**uso**.

- **Figure del suono**, che giocano appunto sui suoni delle parole e sui rapporti che essi possono creare tra le parole stesse.
- **Figure dell'ordine**, che giocano sulla disposizione sintattica delle parole all'interno delle frasi.
- **Figure del significato**, che agiscono sul senso logico delle parole e lo alterano, lo arricchiscono, lo caricano di nuovi valori grazie ad accostamenti inconsueti tra parole e concetti.

Attenzione!

Le figure retoriche sono **patrimonio esclusivo dei poeti**? Naturalmente **no**: le figure retoriche non sono riservate alla poesia, anzi se ne trovano moltissime nella lingua quotidiana, oltre che nella scrittura in prosa. L'espressione **le gambe del tavolo**, per esempio, è una figura retorica che sottintende un paragone tra il tavolo e l'uomo, dato che le **"gambe"** sono propriamente una parte della persona umana. E chi non ha mai detto **va tutto a gonfie vele** per dire che **"tutto va bene"**?
È vero però che nella poesia esse acquistano una visibilità particolare, sia per lo stretto legame fra **poesia e musica** (che riguarda in particolare le **figure del suono**), sia perché in molti casi il linguaggio della poesia si discosta volutamente da quello della comunicazione quotidiana (ricorrendo a **figure dell'ordine e del significato**). Il lettore, di fronte a una poesia, è quindi invitato a prestare particolare attenzione alle figure retoriche.

Le figure retoriche del suono

Le più semplici figure retoriche del suono sono le **rime** e le **rime imperfette**, di cui abbiamo già parlato in quanto elementi fondamentali del fare poesia [→ p. 21].
Altre figure importanti e molto usate sono l'**allitterazione**, la **paronomasia**, l'**onomatopea** e il **fonosimbolismo**.

allitterazione È la ripetizione dello stesso suono (o degli stessi suoni) all'inizio o all'interno di parole vicine; l'esempio seguente presenta alliterazioni in "p" e in "d":

T **G. D'Annunzio**

Oppresso d'amor, di piacere,
il popol de' vivi s'addorme...

paronomasia È basata sull'accostamento di parole simili per il suono, ma diverse per il significato:

T **E. Montale**

la luce si fa avara – amara l'anima

onomatopea È un'espressione che riproduce o suggerisce un suono naturale. Le onomatopee possono essere:
– **proprie**, se sono costituite da parole prive di un significato autonomo, inventate semplicemente per imitare un suono, un rumore, il verso di un animale ecc.

T **G. Pascoli**

Ch'io veda là solo quel bianco
di strada,
che un giorno ho da fare tra stanco
don don di campane...

– **improprie**, se sono costituite da parole dotate di un loro significato (nomi, verbi ecc.) ma capaci di evocare suoni e rumori connessi con tale significato:

T **G. Pascoli** *... il tuono* ***rimbombò*** *di schianto:*
rimbombò, ***rimbalzò***, ***rotolò*** *cupo* (G. Pascoli)

fonosimbolismo Si basa sul valore "emotivo" dei suoni, e quindi anche delle parole che noi pronunciamo. Secondo molti studi, infatti, i suoni delle lettere dell'alfabeto evocano di per sé sensazioni e stati d'animo particolari: le vocali "a" ed "e", per esempio, hanno un suono aperto che determina sensazioni calme e luminose, mentre la "o" e la "u" hanno un suono grave, che suggerisce stati d'animo cupi:

Chiare, fresche e dolci acque (F. Petrarca) →	sensazione di luminosità
volaron sul ponte che cupo sonò (A. Manzoni) →	sensazione di paura

Egualmente, tra le consonanti, la "c" e la "g" possono dare suoni duri, che evocano percezioni ostili, mentre la "l" e la "m" hanno suoni molli e prolungati, che evocano stati d'animo più tranquilli e dolci.

Cigola la carrucola del pozzo (E. Montale) →	percezione stridente
dell'immobilità del mutamento (M. Luzi) →	percezione di pacata serenità

Ecco allora che anche la scelta delle singole parole permette al poeta di creare atmosfere evocative proprio facendo leva sul fonosimbolismo, cioè sulla valenza suggestiva dei suoni. In questo senso anche l'onomatopea, l'allitterazione e la rima possono ovviamente essere usate con valore fonosimbolico.

Le figure retoriche dell'ordine

Elenchiamo di seguito le principali figure retoriche che agiscono sul piano sintattico, cioè sull'ordine delle parole. Il loro scopo è quello di evidenziare singoli termini (spesso isolandoli all'inizio o alla fine di un verso) oppure di sottolineare rapporti di corrispondenza fra gruppi di parole. Esse sono: l'**inversione**, il **chiasmo**, il **parallelismo**, l'**anafora**, il **climax**, l'**ellissi**.

inversione Si basa sulla disposizione delle parole in ordine diverso rispetto a quello normale (soggetto + verbo + complementi). Ci sono due tipi di inversione:

– l'**anastrofe** si ha quando l'ordine è capovolto rispetto all'uso normale:

T **G. Leopardi** ***Dolce e chiara è la notte***

Il normale ordine soggetto + verbo + complemento (La notte è dolce e chiara) è capovolto (troviamo prima il complemento predicativo, poi il verbo, infine il soggetto).

– l'**iperbato** che si ha quando due termini che dovrebbero trovarsi vicini si trovano invece distanziati tra loro per l'inserimento di altri elementi della frase:

U. Foscolo *Mille di fiori al ciel mandano incensi*

L'ordine normale sarebbe "Mandano al cielo mille incensi (cioè profumi) di fiori": i termini "mille" e "incensi", grammaticalmente collegati fra loro, sono separati dall'inserimento degli altri.

chiasmo È la disposizione incrociata, all'interno di un verso o di una strofa, di elementi collegati fra loro o per categoria grammaticale o per significato (il nome di questa figura retorica deriva dalla forma della lettera greca "chi", che rappresenta graficamente una croce). Vediamo un esempio tratto dal primo verso dell'*Orlando furioso*, di **Lodovico Ariosto**:

L. Ariosto *Le donne, i cavallier, l'arme, gli amori*

Il primo termine «donne» si collega per significato alla parola «amori», mentre il termine «cavallier» si collega per significato alla parola «arme»; quindi gli elementi si trovano disposti secondo l'ordine ABBA, che possiamo schematizzare graficamente così:

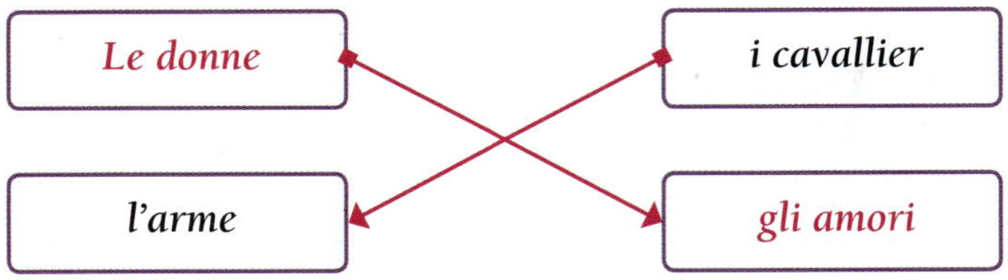

In questo caso le quattro parole coinvolte nel chiasmo sono legate da un rapporto di significato (chiasmo semantico). Tuttavia si può applicare questa figura retorica anche a parole che siano tra loro connesse da legami grammaticali (chiasmo grammaticale). Per esempio:

G. Leopardi *Cose quaggiù sì belle*
*altre **il mondo non ha, non han le stelle***

In questi versi di Leopardi la relazione incrociata si instaura, da una parte, tra i due sostantivi «mondo» / «stelle» e, dall'altra, tra i due verbi «ha» / «han».

parallelismo Si può considerare il contrario del chiasmo: consiste infatti nel disporre in modo simmetrico i vari elementi delle frasi, allo scopo di conferire equilibrio e ordine al testo poetico:

A. Manzoni *S'aduna voglioso, si sperde tremante*

Il parallelismo è tra il verbo («s'aduna», «si sperde») e l'aggettivo («voglioso», «tremante»): in entrambi i casi la disposizione degli elementi è simile (l'aggettivo segue il verbo).

A. Manzoni *Dall'Alpi alle Piramidi,*
dal Manzanarre al Reno

In questo caso il parallelismo è tra complemento di moto da luogo («Dall'Alpi...», «dal Manzanarre») e complemento di moto a luogo («alle Piramidi...», «al Reno»).

anafora È la ripetizione di una o più parole all'inizio di versi, di strofe o di frasi:

D. Alighieri *Per me si va ne la città dolente,*
per me si va ne l'etterno dolore,
per me si va tra la perduta gente

climax o **gradazione** È una figura retorica che deve il suo nome a una parola greca che significa "scala". È infatti un tipo di enumerazione in cui i termini sono disposti in ordine di intensità espressiva, che può essere crescente (**climax ascendente**) o decrescente (**climax discendente**). Ecco due esempi tratti da una descrizione delle onde del mare, che prima si gonfiano e poi si distendono:
– **climax ascendente**:

T **G. D'Annunzio**
Palpita, sale,
si gonfia, s'incurva

– **climax discendente**:

T **G. D'Annunzio**
romba, ride, canta

ellissi Consiste nel sopprimere all'interno di una frase alcuni elementi che sarebbero sintatticamente necessari. È una figura retorica molto usata soprattutto dai poeti moderni, perché serve a dare sinteticità ed essenzialità al discorso poetico.

T **G. Pascoli**
Gemmea l'aria, il sole così chiaro
che tu ricerchi gli albicocchi in fiore

Il primo verso è ellittico del verbo: «Gemmea (è) l'aria, il sole (è) così chiaro…».

Le figure retoriche del significato

Le figure retoriche del significato sono molto numerose e alcune di esse, come la metafora, sono tra le più ricorrenti in poesia. Si basano su uno spostamento di significato da una parola all'altra, ovvero dalle parole a idee e concetti che vengono evocati pur senza essere espressamente nominati. Le principali tra queste figure sono: la **similitudine**, la **metafora**, l'**analogia**, la **sinestesia**, la **metonimia**, la **sineddoche**, l'**antitesi**, l'**ossimoro**, l'**iperbole**, la **personificazione**, la **perifrasi**.

similitudine Consiste nello stabilire un paragone esplicito tra due elementi del discorso, collegandoli tra loro per mezzo di chiari nessi logici di raccordo ("così… come…", "tale… quale…" ecc.).

T **U. Saba**
Tu sei come una giovane,
una bianca pollastra

La similitudine può occupare un solo verso o estendersi all'interno di una o più strofe. Ecco un esempio di similitudine molto estesa (abbiamo evidenziato i termini che introducono il paragone):

T **A. Manzoni**
Come la luce rapida
piove di cosa in cosa,
e i color vari suscita
dovunque si riposa;
tal risonò molteplice
la voce dello Spirto

metafora È tradizionalmente definita come una similitudine abbreviata, poiché si basa come la similitudine sull'accostamento fra due elementi che hanno un elemento di somiglianza, ma questo elemento non viene esplicitato, non viene dichiarato apertamente, e dev'essere intuito dal lettore.

Per esempio, l'espressione "occhio di cielo" è una metafora: tra "occhi" e "cielo" l'elemento comune è il colore azzurro, ma non è esplicito.
Ecco di seguito due famosi versi con immagini metaforiche e relativa "spiegazione":

T F. Petrarca

*Erano i **capei d'oro** a l'aura sparsi*
capelli **biondi** come l'oro

T E. Montale

*Forse un mattino andando in un'**aria di vetro***
aria **trasparente** come il vetro

Attenzione!

È sempre possibile trasformare una **metafora** in una **similitudine**? La risposta è **sì**, ma si tratta di un esercizio utile solo per comprendere il significato esatto dell'immagine metaforica, non il suo valore poetico.
Le due figure retoriche nascono infatti da **atteggiamenti opposti**: la similitudine sottintende un'analisi, un confronto frutto di riflessione logica; la metafora è invece un'immagine sintetica, nasce da un'intuizione e richiede al lettore di assumere un atteggiamento dello stesso tipo.

analogia Si basa sullo stesso procedimento della metafora, ma in questo caso il rapporto tra le immagini accostate non è di somiglianza riconoscibile, perché nasce da associazioni di idee del tutto soggettive, legate all'esperienza personale del poeta: l'analogia si spiega essenzialmente con la fantasia, la sensibilità, l'intuizione più che con la logica.
Ecco un frammento che contiene due analogie:

T G. Ungaretti

*Su un **oceano***
di scampanellii
repentina
galleggia un'altra mattina

La prima immagine si potrebbe spiegare con il fatto che il suono dei campanelli ricorda al poeta quello delle onde, o con l'impressione di vastità che gli scampanellii suscitano nel poeta, simile a quella suscitata dal pensiero del mare; ma si tratta di ipotesi non verificabili, perché fra le due immagini non esiste un rapporto chiaro e univoco. Lo stesso vale per la seconda analogia: la mattina «galleggia» nel senso che sorge dalla notte come qualcosa che emerge dalle profondità delle acque? In realtà il lettore non deve cercare una spiegazione logica, ma abbandonarsi alla suggestione delle immagini.

sinestesia Rientra sempre nel campo della metafora e consiste nell'accostamento di termini legati a sfere sensoriali diverse (olfattive / auditive / visive / tattili). Ecco alcuni esempi:

T G. Pascoli

Dai calici aperti si esala
l'odore** di fragole **rosse (sensazione olfattiva + sensazione visiva)

T C.Baudelaire

*Esistono **profumi freschi** come carni di bimbo* (sensazione olfattiva + sensazione tattile)

metonimia Consiste nella sostituzione di un termine con altri legati al primo da una relazione di tipo causale, spaziale o temporale. In concreto lo scambio può avvenire tra:

G. Carducci

– **contenuto / contenente**:
*dal ribollir de' **tini***
In realtà non sono i tini a "ribollire" (per fermentazione), ma il mosto in essi contenuto.

T. Tasso

– **materia / oggetto**:
*Spinge egli **il ferro** nel bel sen di punta*
La parola «ferro» sta per "spada", arma fatta appunto con questo materiale.

S. Quasimodo

– **astratto / concreto**:
*è stanco di solitudine, **stanco di catene***
Le catene indicano un concetto astratto, quello della prigionia.

G. Leopardi

– **causa / effetto**:
*le sudate **carte***
Non sono le carte a essere sudate, ma il poeta che le studia.

S. Quasimodo

– **luogo / persone che lo abitano**:
*Oh **il sud** è stanco di trascinare morti*
Il Sud non indica un luogo fisico, ma la gente che vi abita.

sineddoche È un caso particolare di metonimia in cui si indica un elemento attraverso un altro che abbia con il primo un rapporto di quantità: per esempio si cita la parte di un oggetto per indicare tutto l'oggetto (o viceversa), oppure si sostituisce il singolare con il plurale (o viceversa).

S. Penna

*Va **una vela** spiegata, e nel silenzio*
la guida un uomo
Il poeta ha visto una barca, di cui la vela è solo una parte.

antitesi Consiste nell'accostare due parole o due frasi di significato opposto per sottolineare una condizione interiore di disagio, di angoscia o di conflittualità.

F. Petrarca

et temo, et spero; et ardo, et son un ghiaccio;
et volo sopra 'l ciel, et giaccio in terra

ossimoro È una particolare forma di antitesi, che consiste nell'accostare parole o espressioni (perlopiù un aggettivo e un sostantivo) che sembrano escludersi a vicenda.

G. Pascoli

*bianca bianca nel **tacito tumulto***
una casa apparì...

A rigor di logica, un «tumulto» (confusione, caos) non può essere «tacito», cioè silenzioso: l'immagine si spiega con il fatto che il poeta contempla un temporale da lontano e quindi ne percepisce il carattere tumultuoso, ma non ne sente i rumori.

iperbole o **esagerazione** Consiste nell'esprimere un concetto con termini esagerati ed eccessivi. Frequentissima anche nella lingua comune, basti pensare a espressioni del tipo "annegare in un bicchiere d'acqua", "morire dalle risate" ecc. In poesia si usa per amplificare un'idea, un sentimento o un'immagine.

E. Montale

*Ho sceso, dandoti il braccio, almeno **un milione** di scale*

personificazione Consiste nell'attribuire a oggetti, idee, sentimenti ecc. caratteristiche umane, facendoli agire e parlare come se fossero persone.

T **G. D'Annunzio**

*Laudata sii pel tuo **viso** di perla,*
*o **Sera***

Il poeta si rivolge alla sera personificandola (come rivela l'uso della lettera maiuscola) e immaginandola come una donna dal viso bianco come una perla.

perifrasi Consiste nel designare una cosa o una persona con un giro di parole, invece di nominarla direttamente; serve a elevare il tono del discorso, ma può anche avere funzione ironica o umoristica.

T **D. Alighieri**

*O **de li altri poeti onore e lume***

Dante si rivolge a Virgilio, indicandolo con termini che spiegano le ragioni della sua ammirazione per lui.

T **G. Leopardi**

Siede con le vicine
su la scala a filar la vecchierella
*incontro **là dove si perde il giorno***

L'espressione «là dove si perde il giorno» indica il tramonto.

In sintesi

- Le figure retoriche sono particolari tecniche che conferiscono alle parole una **forte carica espressiva.** Molto usate in poesia (ma frequenti anche nella prosa) esse si possono distinguere in tre categorie: **figure del suono, figure dell'ordine** e **figure del significato.**
- Le **figure del suono** si basano sui suoni delle parole e sui legami fonici che si possono creare tra le parole stesse.
- Le **figure dell'ordine** sono quelle che giocano sulla disposizione delle parole all'interno delle frasi e dei versi.
- Le **figure del significato** agiscono sul senso delle parole e sui nessi logici che legano fra loro le immagini e i pensieri.

Attività

1 Individua nei seguenti versi le figure del suono.

Venner le Parche di purpurei pepli
velate... (U. Foscolo)
a. ....

Fresche le mie parole ne la sera
ti sien come il fruscio che fan le foglie
del gelso... (G. D'Annunzio)
b. ....

Or s'ode su tutta la fronda
crosciare
l'argentea pioggia
che monda (G. D'Annunzio)
c. ....

2 Individua nei seguenti versi le figure dell'ordine.

Piove su le tamerici
salmastre ed arse,
piove sui pini
scagliosi ed irti,
piove sui mirti
divini (G. D'Annunzio)
a. ....

la terra ansante, livida, in sussulto;
il cielo ingombro, tragico, disfatto (G. Pascoli)
b. ....

3 **Individua nei seguenti versi le figure del significato (per facilitarti, abbiamo evidenziato le parole coinvolte nella figura).**

Il mio cuore si gonfia per te, Terra,
come la zolla a primavera (C. Sbarbaro)
a. ....

Il giorno fu pieno di lampi;
ma ora verranno le stelle,
le **tacite stelle** (G. Pascoli)
b. ....

portami il girasole **impazzito di luce** (E. Montale)
c. ....

Tu non ricordi la casa dei doganieri...
desolata t'attende dalla sera
in cui v'entrò **lo sciame dei tuoi pensieri** (E. Montale)
d. ....

vai componendo la tua stagione
ch'è tutta una **dolcissima agonia** (V. Cardarelli)
e. ....

4 **Riconosci le figure retoriche presenti nei seguenti versi.**

... io solo
combatterò, procomberò sol io... (G. Leopardi)
a. ....

celatamente Amor l'arco riprese (F. Petrarca)
b. ....

di me medesmo meco mi vergogno (F. Petrarca)
c. ....

Anche così è stato breve il nostro lungo
viaggio (E. Montale)
d. ....

Trieste ha una scontrosa grazia (U. Saba)
e. ....

5 **Spiega le seguenti metafore completando il ragionamento o il paragone in esse sottinteso.**

Galletto è alla voce il fanciullo (U. Saba)
....

alba di perla (G. Pascoli)
....

L'anguilla, la sirena dei mari freddi (E. Montale) ....
....

6 **Associa alle espressioni elencate sotto i termini appropriati (scelti tra quelli proposti) in modo da formare una sinestesia. Indica anche i sensi coinvolti.**

Esempio: *Il bianco silenzio della luna* (vista / udito)

a. *Il riso .... dei bambini (........................ / ....)*
b. *Il .... singhiozzo della notte (........................ / ....)*
c. *La voce .... dei corvi (........................ / ....)*
d. *L'odore .... dei limoni (........................ / ....)*
e. *Il .... sciabordio delle acque (........................ / ....)*

ruvido - nero - chiaro - dolce - acido

7 **Nel seguente testo di Montale, *Non recidere, forbice, quel volto* (*Tutte le poesie*, Mondadori), individua queste figure retoriche:**

- allitterazione in "s"
- metafora
- personificazione

Non recidere, forbice, quel volto,
solo nella memoria che si sfolla,
non far del grande suo viso in ascolto
la mia nebbia di sempre.

Un freddo cala... Duro il colpo svetta.
E l'acacia ferita da sé scrolla
il guscio di cicala
nella prima belletta di Novembre.

8 **Nel seguente testo di Ungaretti, *Sono una creatura* (*Vita d'un uomo*, Mondadori), individua tutte le figure retoriche presenti distinguendo tra quelle del suono, dell'ordine e del significato.**

Valloncello di Cima Quattro il 5 agosto 1916
Come questa pietra
del S. Michele
così fredda
così dura
così prosciugata
così refrattaria
così totalmente
disanimata
Come questa pietra
è il mio pianto
che non si vede
La morte
si sconta
vivendo.

I contenuti tematici

Come individuare il tema di una poesia

Al di là del suo significato letterale (che viene spiegato dalla parafrasi; [→ p. 74]) il testo poetico suggerisce anche concetti più ampi e generali. Sotto la trama delle parole, si possono sempre individuare uno o più "temi di fondo", cioè uno o più argomenti che costituiscono il **nucleo concettuale** della poesia e chiariscono ciò di cui il poeta ci vuole realmente parlare.

Prendiamo per esempio la seguente poesia di **Giacomo Leopardi**, *Imitazione* (*Canti*, Einaudi):

Lungi dal proprio ramo[1],
povera foglia frale[2],
dove vai tu? Dal faggio
là dov'io nacqui, mi divise il vento.
Esso, tornando, a volo
dal bosco alla campagna,
dalla valle mi porta alla montagna.
Seco[3] *perpetuamente*
vo pellegrina, e tutto l'altro ignoro.
Vo dove ogni altra cosa[4],
dove naturalmente
va la foglia di rosa,
e la foglia d'alloro[5].

1 Lungi dal proprio ramo: lontana dal tuo ramo.
2 frale: fragile, debole.
3 Seco: con lui (cioè con il vento).
4 Vo dove ogni altra cosa: vado dove vanno tutte le altre cose.
5 rosa ... alloro: simboli tradizionali dell'amore e della gloria.

Mark Dion, *La biblioteca per gli uccelli di Antwerp*, 1993

La **descrizione** dell'autunno e delle foglie che il vento stacca dai rami è un **pretesto**, lo spunto che permette a Leopardi di introdurre l'argomento che gli sta realmente a cuore: il **trascorrere inesorabile del tempo**, il prevalere della morte e dell'oblio su tutto ciò che esiste, su tutte le cose a cui attribuiamo valore e importanza (per esempio l'amore e la gloria, simboleggiati rispettivamente dalla rosa e dall'alloro). Il tema della poesia è dunque questa **riflessione** sulla **vanità delle ambizioni umane**, che vengono annullate da un destino uguale per tutti.

Nel caso di questa poesia, il **rapporto** fra **significato letterale** e **tema profondo** è molto evidente e si capisce senza eccessiva difficoltà. In altri casi, viceversa, individuare il tema centrale di un testo poetico è più complesso ed è necessaria un'analisi attenta non solo dei contenuti in sé, ma anche delle **parole** scelte per esprimerli, delle simbologie eventualmente presenti, del valore metaforico che il testo può assumere e così via.
Quali sono dunque gli elementi che funzionano come "indicatori", cioè come segnali di richiamo su cui si deve soffermare la nostra attenzione per **superare il livello letterale** e capire il senso profondo di una poesia?
Possiamo individuare quattro indicatori principali. Essi sono:

- i **titoli** scelti dai poeti;
- le **parole-chiave**;
- i **campi semantici** ricorrenti;
- i **riferimenti simbolici**.

Il titolo del testo

Non sempre i poeti danno un titolo alle loro poesie. Quando lo fanno, il **titolo** ci offre una **chiave di lettura** importante per interpretarne correttamente il contenuto. Ciò accade soprattutto quando il titolo si richiama a concetti, fatti o persone che non sono poi citati nel testo, e che diventano perciò il **segnale di un messaggio implicito** cui il poeta fa riferimento.
Per esempio, nella poesia di **Giosue Carducci** intitolata *Pianto antico* [→ p. 35], il titolo ci dice che l'autore non sta semplicemente parlando della propria disgrazia personale, della morte del proprio bambino, ma sta affrontando un tema universale, perché l'**esperienza del dolore** è "**antica**", cioè è qualcosa che riguarda tutti gli uomini, in tutte le epoche della loro storia.

Vediamo ora la seguente poesia di **Giuseppe Ungaretti**, *Mattina* (*Vita d'un uomo*, Mondadori):

T **G. Ungaretti**

Santa Maria La Longa il 26 gennaio 1917

M'illumino
d'immenso

I due versi che compongono la poesia parlano di un'esperienza interiore del poeta, una vera e propria "**illuminazione**", uno di quei momenti in cui si vedono le cose con occhi diversi dal solito, se ne scoprono nuovi aspetti, si ha l'impressione di capire ciò che solitamente resta oscuro e misterioso. È un'esperienza che i mistici di tutte le religioni conoscono bene, ma che chiunque di noi può provare, in alcuni momenti della propria esistenza.
Il poeta **non descrive** questa esperienza, **non spiega** nulla al lettore: **esprime**, nella forma più sintetica possibile, **il nucleo essenziale dell'illuminazione** di cui è stato protagonista. Ma questa essenzialità, questa sinteticità, rischia di rendere il suo testo astratto, generico (i primi lettori della poesia in molti casi espressero giudizi negativi proprio in base a queste motivazioni).

Ciò che dà concretezza all'esperienza di Ungaretti è invece **il titolo** e **l'indicazione di luogo e di tempo** che lo segue: il poeta non ci sta descrivendo un'esperienza generica, una qualsiasi illuminazione interiore, ma proprio quella che gli è capitato di vivere la mattina del 26 gennaio 1917 a Santa Maria La Longa – e l'opera in cui si trova collocata questa poesia ci fa sapere che Ungaretti si trovava al fronte, in Friuli, durante la Prima guerra mondiale. L'illuminazione del poeta, quindi, si contrappone, con il suo carattere di esperienza mistica, alla brutalità del contesto in cui avviene, rispetto al quale assume un valore chiaramente polemico.

Ecco dunque che il titolo e gli altri elementi "esterni" alla poesia vera e propria assumono un'importanza rilevante per capire il tema della poesia stessa e per mettere a fuoco tutta la sua ricchezza di significati.

Le parole-chiave

In un testo poetico non tutte le parole hanno la stessa importanza. Alcune ricorrono più volte, sono evidenziate da rime o da figure retoriche che le mettono in evidenza oppure hanno significati fortemente evocativi, che ne richiamano altri per analogia. Queste parole ci servono a capire meglio quale sia la **chiave di lettura** di una poesia, e proprio per questo vengono chiamate "parole-chiave". Proviamo a leggere i seguenti versi di **Gabriele D'Annunzio** [→ p. 136], tratti da *La pioggia nel pineto*.

Jean-Baptiste Camille Corot, *Orfeo conduce fuori dagli Inferi Euridice*, 1861

Ascolta. Piove
dalle nuvole sparse.
Piove su le tamerici
salmastre ed arse,
piove su i pini
scagliosi ed irti,
piove su i mirti
divini,
su le ginestre fulgenti
di fiori accolti[1]*,*
su i ginepri folti
di coccole aulenti[2]*,*
piove su i nostri volti
silvani[3]*,*
piove su le nostre mani
ignude,
su i nostri vestimenti
leggieri,
su i freschi pensieri
che l'anima schiude
novella,
su la favola bella
che ieri
t'illuse, che oggi m'illude,
o Ermione.

1 **accolti:** raccolti in grappoli.
2 **coccole aulenti:** bacche profumate.
3 **silvani:** simili alla selva, cioè al bosco.

La parola "**piove**" è evidentemente una **parola-chiave**: lo rivela la frequenza con cui ricorre (ben sei volte) e il fatto che tutti gli altri elementi del testo sono grammaticalmente dipendenti da essa (si tratta infatti, per lo più, di complementi di luogo introdotti da "su"). Se osserviamo più da vicino l'elenco di questi complementi, ci accorgiamo che essi sono dapprima elementi del paesaggio naturale, poi parti del corpo umano e infine "i freschi pensieri" e "la favola bella" (cioè i sogni, le illusioni), che rappresentano ovviamente l'interiorità del poeta.

– *Piove*... sulla natura (*tamerici / pini / mirti / ginestre / ginepri*)
– *Piove*... sul corpo umano (*i nostri volti / le nostre mani / i nostri vestimenti*)
– *Piove*... sull'interiorità del poeta (*i freschi pensieri / la favola bella*)

La pioggia, insomma, mette sullo stesso piano il paesaggio naturale e le presenze umane. Il tema della poesia è quindi quello del **rapporto tra uomo e natura**, vissuto come una progressiva **immedesimazione dell'uno nell'altra**.

I campi semantici

A volte può capitare che non ci siano parole espressamente ripetute o evidenziate dal testo. In tal caso, anziché cercare la parola-chiave, si possono cercare i **campi semantici** ricorrenti, cioè quelle **aree di significato** a cui le parole del testo fanno più spesso riferimento. La loro individuazione ci permette di capire attorno a quali concetti ruota la poesia e di individuarne quindi i contenuti tematici.
Consideriamo per esempio la poesia di **Salvatore Quasimodo** *Specchio* (*Tutte le poesie*, Mondadori).

Ed ecco sul tronco
si rompono gemme[1]*:*
un verde più nuovo dell'erba
che il cuore riposa:
il tronco pareva già morto,
piegato sul botro[2]*.*
E tutto mi sa di miracolo;
e sono quell'acqua di nube[3]
che oggi rispecchia nei fossi
più azzurro il suo pezzo di cielo,
quel verde che spacca la scorza
che pure stanotte non c'era.

1 **si rompono gemme:** le gemme spuntano, si aprono.
2 **botro:** fosso.
3 **sono quell'acqua di nube:** io sono, mi immedesimo con, la pioggia caduta dalle nubi.

L'unica parola della poesia che si ripete è l'aggettivo "**verde**" – che possiamo certo considerare una **parola-chiave**, visto che siamo di fronte alla descrizione di un paesaggio primaverile, ma che non ci rivela molto sul tema profondo della poesia.

Proviamo allora a osservare i **campi semantici** intorno a cui ruotano le parole usate dal poeta. Possiamo individuarne almeno due, molto evidenti:

– il primo è costituito dai **termini che rimandano alla primavera, alla rinascita, alla vitalità**: rientrano in quest'ambito i colori (*verde, azzurro*), ma anche termini come *gemma, nuovo, miracolo, acqua, cielo*, tutti "di segno positivo";

– a questi termini si contrappone una serie di parole che appartiene al **campo semantico della morte, della sofferenza, della violenza**: oltre ai più evidenti, come *morto* e *piegato*, notiamo due verbi come *si rompono* e *spacca*, che descrivono lo spuntare delle gemme sottolineando la fatica che esso comporta.

La poesia ci parla quindi del prevalere della vita sulla morte ma soprattutto dello sforzo che ciò comporta, della **fatica** che è necessario compiere **per identificarsi** (come fa il poeta) con le forze della vita e della primavera, per riscoprire, sotto le apparenze invernali, i sintomi di una nuova stagione, di una rinascita interiore.

Il poeta non ci offre quindi una descrizione, un quadretto dal vivo, ma una riflessione esistenziale, l'analisi di una condizione psicologica – e l'osservazione dei campi semantici ci consente di passare da un livello di lettura più superficiale e immediato a una comprensione più vera e approfondita della poesia.

I riferimenti simbolici

La poesia fa spesso uso di **simboli**. In generale, un simbolo è un'immagine (oggetto, animale o altro) che nel corso dei secoli è stata spesso usata per rappresentare idee e concetti astratti ed è quindi venuta a identificarsi con essi: **l'agnello** per esempio è diventato **simbolo di mitezza** perché la sua qualità fondamentale è la docilità; un oggetto come **la bilancia rappresenta la giustizia** perché la sua funzione è quella di misurare con assoluta precisione l'uguaglianza o la disuguaglianza tra due pesi; un personaggio come **Achille simboleggia la forza e il coraggio** perché queste sono le sue virtù, secondo la descrizione che ce ne fa Omero; e così via.

Simboli come questi si sono ormai radicati nel patrimonio culturale comune e sono riconoscibili da tutti: perciò possono essere presenti anche nel linguaggio poetico e consentono a chi scrive di sintetizzare in poche immagini facili da interpretare concetti anche molto complessi.

Leggi per esempio la famosa poesia di **Salvatore Quasimodo**, *Ed è subito sera* (*Tutte le poesie*, Mondadori).

T S. Quasimodo

Ognuno sta solo sul cuor della terra
trafitto da un raggio di sole:
ed è subito sera.

Il suo tema centrale è la **precarietà della vita umana**, la rapidità con cui essa trascorre e finisce. Ma questo tema viene espresso indirettamente, attraverso immagini simboliche tradizionali: la luce del sole rappresenta la vita, il buio della notte, ovviamente, la morte e l'annientamento.

Nella poesia contemporanea, i poeti spesso fanno ricorso a simboli meno tradizionali e meno universalmente noti. Non sempre, quindi, l'interpretazione del loro significato è immediata come nel testo di Quasimodo.

Vediamo per esempio la poesia di **Emily Dickinson** *Qualcosa di cambiato nell'aspetto dei monti* (*Tutte le poesie*, a cura di M. Bulgheroni, Mondadori).

La poesia si basa su **un elenco di immagini**, che descrivono i vari aspetti della primavera. Ma il suo significato profondo è legato all'ultima parte, dove l'autrice parla di un certo "Nicodemo" e del suo "mistero". Si tratta di un **riferimento simbolico** che, probabilmente, oggi resta oscuro alla maggior parte dei lettori.

Qualcosa di cambiato nell'aspetto dei monti;
una luce splendente che riempie il villaggio;
e un'aurora più vasta;
più profondo il crepuscolo sul prato;
l'orma di un piede vermiglio;
e un dito purpureo sul pendio;
una mosca che sbatte contro i vetri;
un ragno che ritorna al suo lavoro;
più maestoso l'incedere nel gallo;
un'attesa di fiori dappertutto;
un'ascia che canta, stridula, nei boschi;
odor di felci su vie non battute –
queste e altre cose che non posso dire –
l'aria furtiva che anche voi sapete:
di Nicodemo il mistero
ha la sua replica annuale.

Louis Janmot (1814-1892), *Poema dell'anima (14): sulla montagna*, s.d.

Nicodemo è un personaggio del Vangelo di Giovanni, che lo definisce "uno dei capi dei giudei": una notte, Nicodemo va a trovare Gesù e si dichiara suo discepolo; Gesù risponde dicendo che per entrare nel Regno dei Cieli è necessario rinascere – naturalmente Gesù pensa a una rinascita spirituale, a un profondo rinnovamento interiore. Per Emily Dickinson, vissuta alla fine dell'Ottocento in un ambiente puritano, questi significati erano evidenti e non avevano bisogno di spiegazione.
Una volta chiarito il **valore simbolico** di Nicodemo, possiamo rileggere la poesia e coglierne il significato profondo: la poetessa non sta semplicemente descrivendo la primavera e la rinascita della natura che si verifica ogni anno; ci sta invitando piuttosto ad ammirare **il mistero** di questa rinascita, assumendo di fronte alla natura **un atteggiamento religioso**, di contemplazione e di rispetto.
Solo alla luce di questo tema comprendiamo perché anche gli aspetti più umili, banali e quotidiani della realtà (la mosca, il ragno al lavoro, i colpi d'accetta del boscaiolo ecc.) acquistino per l'autrice un profondo significato poetico.

In sintesi

Per capire il significato di una poesia bisogna andare oltre il significato letterale delle parole e individuare i temi di fondo che il poeta ha voluto comunicarci. I principali indicatori che ci possono aiutare sono:
- le **parole-chiave**, cioè i termini che assumono un particolare rilievo per la loro collocazione o per la frequenza con cui compaiono;
- i **campi semantici** ricorrenti, cioè le aree di significato più importanti a cui le parole del testo si possono ricondurre;
- i **riferimenti simbolici**, le immagini a cui il poeta affida il significato profondo del suo testo (che in alcuni casi possono essere simboli universali, in altri hanno carattere più soggettivo e necessitano quindi di un'interpretazione più sottile);
- il **titolo** e gli altri elementi "di contorno", apparentemente esterni al testo, ma in realtà utili per precisarne il significato.

Attività

1 **Leggi la seguente poesia di Vincenzo Cardarelli, *Autunno* (*Poesie*, in *Opere complete*, Mondadori), poi completa la tabella elencando le parole che si riferiscono a ciascuno dei due campi semantici indicati.**

Autunno. Già lo sentimmo venire nel vento d'agosto, nelle piogge di settembre torrenziali e piangenti e un brivido percorse la terra che ora, nuda e triste, accoglie un sole smarrito. Ora passa e declina, in quest'autunno che incede con lentezza indicibile, il miglior tempo della nostra vita e lungamente ci dice addio.	**campi semantici**	
	autunno	**tristezza**
	....	....

2 **Leggi le seguenti poesie di Antonia Pozzi, *Sera d'aprile* (*Poesie*, Garzanti), Robert Frost, *L'uccelletto* (*Conoscenza della notte e altre poesie*, Mondadori) e Czesław Miłosz, *Dono* (*Poesie*, Adelphi). Poi individua per ciascuna le parole-chiave e motiva la tua scelta.**

Batte la luna soavemente
di là dai vetri
sul mio vaso di primule:
senza vederla la penso
come una grande primula anch'essa,
stupita,
sola,
nel prato azzurro del cielo.

parole-chiave: ....
motivazione: ....

Proprio ho sperato che volasse via,
e non cantasse sempre davanti a casa mia;

Gli ho battuto le mani dal limitare
quando non l'ho potuto più sopportare.

Mio in parte il torto deve essere stato.
L'uccelletto non era stonato.

E qualcosa non va, qualcosa manca
in chi vuol far tacere uno che canta. (trad. di G. Giudici)

parole-chiave: ....
motivazione: ....

Un giorno così felice.
La nebbia si alzò presto, lavoravo in giardino.
I colibrì si posavano sui fiori del quadrifoglio.
Non c'era cosa sulla terra che desiderassi avere.
Non conoscevo nessuno che valesse la pena d'invidiare.
Il male accadutomi, l'avevo dimenticato.
Non mi vergognavo al pensiero di essere stato chi sono.
Nessun dolore nel mio corpo.
Raddrizzandomi vedevo il mare azzurro e vele.

parole-chiave: ....
motivazione: ....

3 **Dopo aver letto i seguenti versi di Attilio Bertolucci, *La neve* (*Le poesie*, Garzanti), individuane i riferimenti simbolici, completando le frasi e rispondendo alla domanda.**

Come pesa la neve su questi rami
come pesano gli anni sulle spalle che ami.
L'inverno è la stagione più cara,
nelle sue luci mi sei venuta incontro
da un sonno pomeridiano, un'amara
ciocca di capelli sugli occhi.
Gli anni della giovinezza sono anni lontani.

a. *Analisi degli elementi simbolici*
Tradizionalmente l'inverno simboleggia .... e si contrappone alla .... che rappresenta la giovinezza.
In particolare in questi versi la neve che pesa sui rami corrisponde a ....

b. *Conclusioni*
Qual è il tema centrale della poesia? Motiva la tua risposta.

L'Astrattismo

Così come la poesia – particolarmente con il Simbolismo - veniva interrogandosi circa i propri contenuti, intorno al 1910 l'arte era giunta a un punto di svolta, come risultato del processo di definizione del proprio significato e del proprio ruolo nella società. Un'arte di pura rappresentazione della natura era ormai sentita come anacronistica, all'indomani dell'eccellenza raggiunta dai maestri del passato e in seguito all'affermazione di nuovi strumenti di riproduzione del reale come la fotografia. Già molti artisti postimpressionisti erano giunti all'astrazione delle forme, convinti che il quadro - in quanto superficie piatta coperta di colore, frutto dell'espressione soggettiva dell'artista e dotato di regole interne alla pittura - poteva vivere e farsi portatore di contenuti anche senza la presenza dell'oggetto dipinto a imitazione della realtà.

L'astrattismo giunge per molti dall'esperienza del Cubismo. L'olandese **Piet Mondrian**, cui non mancava una solida formazione accademica di pittore, arriva alle griglie tipiche del suo linguaggio - come *Composizione con rosso, nero, blu e giallo* [1] del 1928 -, al termine di un processo di progressiva liberazione dalla figurazione, ottenendo un piano su cui c'è un vuoto bianco al centro delimitato da linee nere e rettangoli di colori puri in alto, in basso e a destra. Le linee nere fungono da struttura portante del quadro: chiusi nella griglia, organizzati in forme geometriche e razionali, i colori vengono percepiti ciascuno nella propria intensità senza che nessun colore vicino venga a modificarne il tono. Il loro disporsi sulla tela poi conferisce al quadro un'impressione di movimento e un ritmo.

Per Mondrian, solo facendo a meno dell'oggetto nella pittura, l'artista può esprimere la realtà della sua coscienza, la propria verità interiore. Il disordine del mondo reale e dello spirito - che non appartiene alla coscienza e che l'arte esprime attraverso la linea curva - deve lasciare il posto al rigore della geometria e della linea retta; l'elemento passionale o sentimentale - che si esprime nella pennellata confusa che tradisce un'emozione - deve far spazio al colore steso con attenzione, in modo piatto e puro, così da eliminare ogni approssimazione, a favore di un rigore intellettuale che è contrario a ogni individualismo, vero male, secondo Mondrian, del mondo moderno.

Circa settant'anni dopo, **Mark Rothko** arriva più oltre: non solo si libera della figurazione, ma anche delle forme, della composizione, della geometria, a favore del solo colore puro dato in modo terso, compatto. In composizioni come *Arancio, rosso e giallo* [2] del 1966, stende immensi campi colorati - ora più scuri, ora più chiari; ora emergenti, ora penetranti in profondità -, arrivando al punto in cui lo spazio è tutto pervaso di colore. La tela cessa di essere percepita come un ostacolo e apre a chi guarda profondità sconosciute dalle quali lo spettatore si sente profondamente coinvolto.

[1]

[2]

Dal tema poetico al film

Entr'acte
di René Clair

Titolo originale: Entr'acte.
Regia: René Clair.
Soggetto: Francis Picabia.
Fotografia (b/n): Jummy Berliet.
Musiche: Erik Satie.
Scenografie e costumi: Francis Picabia.
Interpreti: Jean Borlin, Francis Picabia, Man Ray, Marcel Duchamp, Erik Satie, Georges Auric, Marcel Achard.
Produzione: Rolf de Maré.
Durata: 22'.
Origine: Francia, 1924.

Nei primi decenni del Novecento, l'evolvere della riflessione che ha portato la letteratura e le arti figurative su nuove strade, fa sì che anche nel cinema si realizzino film sperimentali che saranno molto importanti per i successivi sviluppi della cinematografia. Gli autori di questo film, il regista René Clair e lo sceneggiatore Francis Picabia, sono vicini al movimento "dada", una delle avanguardie artistiche più importanti degli anni Venti, attiva soprattutto in Francia. Per loro la cosa fondamentale è distruggere la logica tradizionale, fatta di coerenza e di legami di causa-effetto, e creare un cinema sperimentale, giocoso, che non debba necessariamente raccontare una storia ma le cui immagini siano valide solo per se stesse, per i loro valori cromatici, formali e ritmici. *Entr'acte* è un esempio perfetto di questo metodo.

Il titolo del film significa "intermezzo": e in effetti esso nasce proprio come filmato da proiettare durante l'intervallo di uno spettacolo, un balletto musicato dal celebre compositore Erik Satie. La sceneggiatura non prevede nessuno svolgimento narrativo: così vediamo avvicendarsi, sullo schermo, forme geometriche a guantoni da boxe, immagini di una ballerina classica – ma un primo piano ci rivelerà il suo volto: un uomo con barba, baffi e occhiali – a due uomini che giocano a scacchi, un panorama di Parigi vista dall'alto a un funerale grottesco (che occupa la seconda parte del breve film) in cui alla fine il "morto" esce dalla bara e, con una bacchetta magica, fa scomparire prima tutti i partecipanti alla cerimonia, poi la bara e infine se stesso, in un gioco surreale che si avvicina alla logica incoerente e fascinosa (se non inquietante) del sogno.

Una delle scene più divertenti e surreali del film: un carro funebre, addobbato con fiaschi di vino e salami e tirato da un dromedario, inizia una corsa forsennata e gli invitati alla cerimonia sono costretti a inseguirlo per le vie della città.

In questo fotogramma, un'immagine che appare spesso nel film: una ballerina classica ripresa dal basso attraverso una lastra di cristallo.

Nella foto, due grandi artisti che sono stati anche interpreti del film: Man Ray, fotografo e cineasta, e Marcel Duchamp, pittore e scultore (celebre la sua reinterpretazione in chiave ironica della *Gioconda* di Leonardo, a cui aggiunse i baffi).

Lavoriamo sui testi

T1

Giacomo Leopardi [→ p. 130]

L'infinito

da G. Leopardi, *Canti*, Einaudi

Ti presentiamo una delle liriche più famose scritte da Giacomo Leopardi. Il poeta siede in cima a un'altura, dove una siepe gli impedisce di vedere liberamente il paesaggio che ha di fronte. Ma proprio ciò che è di ostacolo alla vista aiuta invece l'immaginazione del poeta, che gli rappresenta alla mente spazi sconfinati, silenzi sovrumani e una profondissima quiete.

Di fronte a tali immagini, il cuore prova un senso di sgomento. Ma subito il poeta confronta il rumore del vento reale, che gli passa accanto, all'infinito silenzio che aveva immaginato, e ciò richiama alla sua mente il pensiero dell'eternità, contrapposto al momento che il poeta sta concretamente vivendo.

In questi pensieri vertiginosi il poeta sente di perdersi, ma adesso questa sensazione non ha più carattere inquietante e spaventoso, anzi è una sensazione dolcissima a cui il poeta si abbandona, come un nuotatore nel mare.

Metro: endecasillabi sciolti

COLLEGAMENTI

- Il titolo, p. 51
- La poesia lirica, p. 118
- *Il passero solitario*, p. 275

Al di là della siepe il poeta immagina sconfinati spazi, con silenzi sovrumani e profondissima quiete; di fronte a ciò il cuore prova un senso di sgomento.

Il poeta confronta il rumore del vento all'infinito silenzio e ciò richiama alla sua mente il concetto di eternità.

Sopraffatto da queste emozioni, il pensiero si annulla totalmente: eppure lasciarsi travolgere da quel mare di immensità è una sensazione dolcissima.

Sempre caro mi fu quest'ermo[1] colle,
e questa siepe, che da tanta parte
dell'ultimo orizzonte il guardo esclude[2].
Ma sedendo e mirando[3], interminati
spazi di là da quella, e sovrumani
silenzi, e profondissima quiete
io nel pensier mi fingo[4], ove per poco
il cor non si spaura. E come[5] il vento
odo stormir tra queste piante, io quello
infinito silenzio a questa voce
vo comparando[6]: e mi sovvien[7] l'eterno,
e le morte stagioni[8], e la presente
e viva, e il suon di lei[9]. Così tra questa
immensità s'annega il pensier mio:
e il naufragar m'è dolce in questo mare.

Edvard Munch, *Melanconia*, 1891

1 **ermo:** solitario.
2 **da tanta parte ... il guardo esclude:** sottrae al mio sguardo tanta parte del lontano orizzonte.
3 **mirando:** contemplando.
4 **io nel pensier mi fingo:** io immagino nella mia mente; il verbo regge i tre complementi oggetti dei versi precedenti: interminati spazi, sovrumani silenzi, profondissima quiete.
5 **E come:** e non appena.
6 **vo comparando:** metto a confronto.
7 **mi sovvien:** mi viene in mente.
8 **le morte stagioni:** il tempo passato.
9 **e la presente ... il suon di lei:** il tempo presente, con i suoi rumori.

In sintesi

Analizziamo la poesia tenendo presenti gli elementi sui quali abbiamo basato l'analisi tematica.

- **Il titolo** Ci annuncia che il poeta vuole trattare un argomento che esula dalle concrete e normali esperienze umane. All'inizio dell'Ottocento, l'"infinito" era **un argomento "di moda"** presso i poeti romantici, ma Leopardi affronta il tema in maniera del tutto originale, in polemica con gli esponenti del Romanticismo. L'esperienza dell'infinito aveva per i romantici un carattere mistico, irrazionale; Leopardi invece sottolinea la funzione del pensiero, dell'immaginazione, della ragione analitica, attraverso cui giunge a sperimentare il "naufragio" nell'infinito.
- **Parole-chiave e campi semantici** Due sono i campi semantici fondamentali intorno a cui ruota il testo:
- il primo è legato al **tema dell'infinito** ed è testimoniato da termini come *interminati spazi, sovrumani silenzi, profondissima quiete* ecc. Leopardi ricorre a questi termini per sottolineare il carattere eccezionale dell'infinito, ma bisogna notare che ai termini legati al tema dell'infinito si contrappongono altri termini legati al tema della finitezza, della concretezza delle sensazioni ecc.
- il secondo è legato al **tema del pensiero**, della riflessione, dell'attività mentale da cui la poesia ha origine: è il campo semantico evidenziato da espressioni come *nel pensier mi fingo, vo comparando, mi sovvien* ecc. Anche in questo caso, ai termini indicanti attività razionale si affiancano termini ed espressioni legate alla dimensione del sentimento e delle emozioni.
- **Riferimenti simbolici** Leopardi usa due immagini simboliche di valore universale: il **cuore** (da sempre considerato la sede dei sentimenti e delle emozioni, v. 8) e il **mare** (che rappresenta l'immensità e quindi, in questo caso specifico, l'infinito, v. 15). A quest'ultima immagine sono legate le espressioni "s'annega" e "naufragar", che espandono l'immagine del mare in tutto l'ultimo periodo del testo.

Carattere più soggettivo, legata com'è all'esperienza concreta del poeta, è la **siepe**, che nella poesia simboleggia il limite oltre il quale non è possibile spingere lo sguardo. Proprio questo limite, che sembrerebbe dover escludere il poeta dall'esperienza dell'infinito, invece gliela permette: perché, per Leopardi, l'infinito non può essere un'esperienza reale, legata ai sensi, ma solo un'esperienza mentale, legata all'immaginazione.

Attività

1 **Completa la seguente tabella, inserendo nella prima colonna i termini e le espressioni del testo legati all'infinito e nella seconda quelli legati al tema della finitezza, della concretezza ecc. L'esercizio è avviato.**

tema dell'infinito	tema della finitezza
ultimo orizzonte interminati spazi	questa siepe il vento ... tra queste piante ....

2 **Completa la seguente tabella, inserendo nella prima colonna i termini e le espressioni del testo legati al senso della vista e nella seconda quelli legati al senso dell'udito.**

tema della vista	tema dell'udito
....	....

3 **Osserva la distribuzione nei versi delle due serie indicate all'esercizio 2: quali sensi prevalgono nella prima metà della poesia? Quali nella seconda?**

4 **Cerca le parole-chiave presenti nella poesia, scegliendo innanzitutto quelle ripetute più di una volta, e fanne un elenco.**
- Qual è la parola più significativa, tra quelle individuate?
- Come mai, secondo te, Leopardi ricorre spesso agli aggettivi questo e quello? A quale contrapposizione rimanda il loro frequente uso?

5 **Attraverso quale espediente stilistico Leopardi mette in evidenza alcune parole ed espressioni particolarmente significative?**
- ☐ mettendole in rima tra loro
- ☐ utilizzando l'anafora
- ☐ utilizzando l'enjambement

Motiva la tua risposta con qualche esempio.

T2

Emily Dickinson [→ p. 523]

L'erba ha poco da fare

da E. Dickinson, *Tutte le poesie*, a cura di M. Bulgheroni, Mondadori

Spesso religiosamente ispirata, l'opera di Emily Dickinson è uno dei vertici poetici americani dell'Ottocento. Protagonista (almeno in apparenza) di questa poesia è l'erba – elemento naturale di cui sono messi in luce funzioni ed aspetti. Ma i versi conclusivi hanno il tono di una riflessione più profonda: quando viene tagliata, l'erba non cessa di vivere, il suo profumo (l'odore del fieno) continua a impregnare l'aria e a ricordarne la presenza. Per questo, conclude la poetessa, lei vorrebbe essere come il fieno...

COLLEGAMENTI

> I riferimenti simbolici, p. 53
> La poesia lirica, p. 118

L'erba ha poco da fare –
sfera d'umile verde[1]
per allevare farfalle
e trastullare[2] api.

Muoversi[3] tutto il giorno
a melodie di brezza[4],
tenere in grembo il sole[5]
ed inchinarsi a tutto.

Infilare rugiada
la notte come perle[6],
e farsi così bella
da offuscare duchesse[7].

Quando muore, svanire
in odori divini[8]
come dormienti spezie[9]
e amuleti di pino[10].

Ed abitando nei granai sovrani
i suoi giorni trascorrere nel sogno[11].
L'erba ha poco da fare
ed io vorrei esser fieno!

Nella prima parte la poesia è essenzialmente descrittiva, mentre nelle due strofe finali assume il tono di una riflessione più profonda sulla vita e la morte.

1 **sfera d'umile verde**: l'erba è come un mondo verde a sé stante, umile perché destinato ad alimentare altri esseri viventi.
2 **trastullare**: divertire.
3 **Muoversi**: il verbo si riferisce all'erba, come tutti gli altri verbi all'infinito.
4 **melodie di brezza**: l'erba si muove come se danzasse alla musica del vento («brezza»).
5 **tenere ... il sole**: trattenere il calore del sole.
6 **Infilare ... come perle**: di notte l'erba si ricopre di gocce di rugiada, che sembrano perle infilate sui suoi steli.
7 **offuscare duchesse**: superare con la propria semplice bellezza l'eleganza delle donne aristocratiche.
8 **svanire in odori divini**: dissolversi esalando profumi dolcissimi.
9 **dormienti spezie**: spezie che giacciono riposte in qualche luogo nascosto, ma che sono sempre pronte ad esalare i loro aromi.
10 **amuleti di pino**: pigne, che pendono dai rami come amuleti (oggetti che secondo le credenze popolari allontanano gli spiriti del male).
11 **trascorrere nel sogno**: riposto nei granai, il fieno continua a vivere attraverso il suo profumo, come in un sogno.

In sintesi

Proviamo a sintetizzare i temi della poesia. Possiamo individuarne soprattutto due.

- **La bellezza della natura** Secondo la poetessa, la natura è caratterizzata da una **innata bellezza**, che si manifesta in ogni suo aspetto. Anche l'erba, l'umile erba da cui si ricava il fieno, partecipa della generale **armonia della creazione**: di giorno risplende alla luce del sole e sembra danzare nel vento, di notte si imperla di rugiada.
- Per la Dickinson, la vera bellezza nasce dalla **purezza** e dall'**umiltà**: la poetessa rifiuta dunque i canoni estetici artificiosi proposti dalla società del tempo (e simboleggiati dall'eleganza delle «duchesse») e vi contrappone la **semplicità** delle cose naturali.
- **La vita come mistero e armonia** La vita è un **meraviglioso mistero** a cui la morte non pone realmente fine: l'erba infatti, quando ha concluso il suo ciclo vitale, si trasforma in fieno profumato, che disperde nell'aria il proprio aroma e continua a partecipare alla vita universale della natura. Per questo la poetessa conclude il testo affermando che vorrebbe «essere fieno»: il suo ideale infatti è una **vita semplice**, aderente al modello **naturale** e integrata in esso.
- Il verso finale fornisce in pratica la **chiave interpretativa** di tutta la poesia ed esprime la speranza dell'autrice in una vita che si dilati al di là dei confini della morte.

Attività

1 **La poesia, come tutte quelle della Dickinson, è senza titolo. Tenendo conto delle nostre osservazioni, prova a inventarne uno e motiva la tua scelta.**

2 **Rileggi la poesia alla ricerca delle parole-chiave. Osserva e commenta in particolare:**
- l'immagine con cui la poesia si apre e quella con cui si chiude:

  ....
- le immagini metaforiche, che l'autrice usa per conferire intensità al suo testo:

  ....

3 **I due campi semantici dominanti nella poesia sono quello della vita e quello della morte.**
- Fai un elenco dei termini e delle espressioni che rimandano al campo semantico della vita.
- È corretto affermare che la morte non si contrappone nettamente alla vita, ma viene vista come sereno passaggio da una forma di vita a un'altra? Motiva la tua risposta, riportando le espressioni più significative in tal senso.

4 **Un altro campo semantico importante nel testo è quello della bellezza.**
- Fai un elenco dei termini e delle espressioni che rimandano a questo campo semantico.
- Ora spiega in che cosa consiste la bellezza secondo l'autrice e perché essa ha tanta importanza.

5 **L'erba assume in questi versi un chiaro valore simbolico. Facendo i necessari riferimenti al testo, spiega perché l'erba si possa considerare simbolo di**
☐ vita ☐ bellezza ☐ umiltà

T3

Federico García Lorca [→ p. 523]

Canzone di cavaliere

da F. García Lorca, *Tutte le poesie*, trad. di C. Bo, Garzanti

Federico García Lorca, il più importante poeta spagnolo della prima metà del Novecento, si è spesso ispirato, nelle sue poesie, al paesaggio dell'Andalusia, la regione più meridionale della Spagna, di cui era originario.
Ciò non significa però che le sue poesie abbiano un carattere descrittivo o autobiografico o realistico – al contrario, in molti casi esse ci propongono immagini simboliche quasi astratte, di forte suggestione emotiva e di valore universale. La poesia seguente, tratta dalla raccolta Canzoni, *scritta fra il 1921 e il 1924, si basa su un'immagine di questo tipo: un cavaliere solitario, in viaggio verso una meta che non potrà mai raggiungere.*

COLLEGAMENTI
> I campi semantici, p. 52
> La poesia lirica, p. 118

La ripresa di espressioni e parole («Cordova»/«cavallina»/«luna»...) ripropone il ritmo dei canti popolari.

Cordova[1].
Lontana e sola.

Cavallina nera, grande luna,
e olive nella mia bisaccia.
Pur conoscendo le strade
mai più arriverò a Cordova.

Nel piano, nel vento,
cavallina nera, luna rossa.
La morte mi sta guardando
dalle torri di Cordova.
Ahi, che strada lunga!
Ahi, la mia brava cavalla!
Ahi, che la morte mi attende
prima di giungere a Cordova!

Cordova.
Lontana e sola.

La triplice anafora conclusiva («Ahi») conferisce drammaticità al testo.

1. **Cordova:** città dell'Andalusia.

In sintesi

Anche in questo caso, sintetizziamo i temi della poesia. Ne individuiamo tre.

- **Il viaggio** Il primo tema che emerge dalla poesia è quello del **viaggio**: il cavaliere diretto a Cordova simboleggia evidentemente la condizione umana (il viaggio è tradizionalmente una metafora della vita). Anche Cordova, quindi, può essere considerata un simbolo, una meta qualsiasi (lo scopo della vita?), più che una città reale.
- **La meta** A un'osservazione più attenta, il tema della poesia si rivela essere l'**impossibilità di raggiungere la meta**. La ripetizione degli aggettivi "lontana e sola" riferiti a Cordova collocano la città in una **dimensione irraggiungibile**. Le strofe centrali della poesia ribadiscono questo tema: nella prima il poeta afferma che non potrà mai arrivare a Cordova, nella seconda che la morte lo sta guardando, nella terza che la morte lo aspetta. È evidente il valore simbolico di queste affermazioni: ogni viaggio è destinato a non raggiungere la sua meta, così come ogni vita è destinata a interrompersi con la morte.
- **Il paesaggio** Il paesaggio in cui viaggia il cavaliere è descritto con **pochi tocchi essenziali**: la **luna** grande e rossa, la **pianura**, il **vento**, la **città lontana** con le sue torri. Si tratta di una descrizione apparentemente "fredda", in cui gli aggettivi sono ridotti al minimo; ma il poeta enuncia questi elementi, ce li mette davanti agli occhi, e in questo modo sottolinea il loro **valore simbolico universale**.

Attività

1 Il titolo della poesia sottolinea due elementi: il canto e il cavaliere.
- Rifletti sulla figura del cavaliere: si tratta di una figura autobiografica, del poeta stesso, o di una figura simbolica? Da che cosa lo si capisce?
- Quali elementi musicali (pur in traduzione) sono evidenti nella struttura della poesia? Esistono elementi di circolarità? Esistono elementi di ripetitività? Rispondi facendo le opportune citazioni dal testo.

2 Abbiamo detto che il viaggio è uno dei temi fondamentali della poesia.
- Quali termini rimandano al campo semantico del viaggio? Elencali.
- Da quali espressioni possiamo capire che il viaggio del cavaliere ha un valore simbolico ed è quindi metafora della vita stessa? Sottolineale nel testo.

3 Il nome della città di Cordova è la parola più ripetuta dell'intera poesia.
- Come si spiega questo fatto?
- Quali sono le altre parole ripetute? E perché sono importanti?

T4

Corrado Govoni [→ p. 285]

Questi giorni invernali così chiari

da C. Govoni, *Aladino*, in *Poesie 1903-1959*, Mondadori

Il 24 marzo 1944, a Roma, le truppe di occupazione tedesche uccisero a sangue freddo 335 civili inermi e innocenti, come rappresaglia per un attacco partigiano avvenuto qualche giorno prima. Le vittime della strage furono portate alle Fosse Ardeatine, dove vennero giustiziate con un colpo di pistola alla nuca e i cadaveri vennero seppelliti e nascosti. Tra le vittime dell'eccidio c'era anche Aladino Govoni, figlio dell'ormai anziano poeta Corrado. Alla memoria del figlio, Govoni dedicò una delle sue ultime e più intense raccolte di versi, da cui è tratta la poesia che ti proponiamo.

COLLEGAMENTI
> Leggere un tema, p. 285
> Le parole-chiave, p. 51
> G. Carducci, *Pianto antico*, p. 35

Questi giorni invernali[1] così chiari,
e queste notti ancora più serene
mi mettono nel cuore tanto gelo:
come se mi scorresse nelle vene
il freddo dei sessanta inverni[2] amari;

L'immagine che ci viene presentata è quella dell'assoluta trasparenza dei giorni e delle notti invernali che è come un ghiaccio che serra il cuore del poeta.

1 giorni invernali: il poeta scrive i suoi versi verso la fine del 1944, a distanza di parecchi mesi dalla morte del figlio.
2 sessanta inverni: il poeta aveva appunto sessant'anni.

e fosse tutto un vetro terra e cielo
col tuo ghiaccio disciolto dal mio pianto,
dalle Pleiadi[3] al vischio[4] al calicanto[5].

3 Pleiadi: una delle costellazioni; secondo la mitologia greca, le stelle nacquero dalla trasformazione di sette sorelle, amate dagli dei.

4 vischio: pianta sempreverde, che cresce come parassita, attaccata a piante più grandi; è tradizionalmente legato al Natale.

5 calicanto: arbusto rampicante il cui nome in greco significa "fiore d'inverno", con riferimento alla stagione in cui fiorisce.

In sintesi

- Il **tema esplicito** della poesia, quello che la collega a tutte le altre della raccolta, è il **dolore** del poeta per la morte del figlio. Un dolore che il passare del tempo (più di sei mesi) non sembra placare – e possiamo ben comprenderlo: non solo la guerra di cui il figlio indirettamente era rimasto vittima continuava (si sarebbe conclusa nell'aprile dell'anno successivo), ma Govoni doveva **nascondere** ogni giorno il proprio lutto alla moglie, che non sapeva ancora della morte di Aladino e sperava in un suo prossimo ritorno.
- Govoni affronta questo tema attraverso una **forte contrapposizione**: quella tra la **serenità dei giorni invernali**, soleggiati e miti, e il **gelo** che attanaglia il suo cuore e che egli proietta sull'universo intero – tutta la vita gli pare dominata dall'amarezza, dal dolore, il suo **pianto coinvolge la terra e il cielo, le stelle e gli elementi della natura** che invano si oppongono all'inverno.

Attività

1 Individua le parole-chiave della poesia, distinguendo quelle che rimandano all'ambito semantico del freddo e quelle che rimandano all'ambito del caldo.
- campo semantico del freddo ....
- campo semantico del caldo ....

2 Al verso 6 si trova una metafora importante, quella del «vetro».
- Che cosa significa secondo te questa espressione?
- L'immagine del vetro ha valore positivo o negativo? Perché?

3 Il verso finale introduce due nomi di piante, il vischio e il calicanto.
- Che cosa simboleggiano? (ricorda che il vischio è un sempreverde e il calicanto fiorisce in inverno)
- Perché queste piante sono accostate alle Pleiadi, cioè a un gruppo di stelle?

4 Prova a sintetizzare in una breve frase il tema di fondo della poesia, poi confronta le tue scelte con quelle dei compagni.

5 La poesia utilizza versi tradizionali e rime perfette.
- Fai l'analisi metrica, indicando a che tipo di versi ricorre Govoni.
- Ricava lo schema delle rime.
- Secondo te ci sono forti *enjambement*? Come si spiega questa scelta? Che effetto voleva ottenere il poeta?
- Nel complesso, il poeta ricerca una musicalità dolce e serena o un tono drammatico e "gridato"? Perché?

6 La poesia è senza titolo, come tutte quelle della raccolta da cui è tratta.
Attribuiscile tu un titolo e motiva la tua scelta.

T5

Eugenio Montale [→ p. 296]

Ho sceso, dandoti il braccio...

da E. Montale, *Tutte le poesie*, Mondadori

Xenia è una parola greca con cui gli antichi greci indicavano i doni che venivano portati sulle tombe dei morti. Nel 1966, Montale intitola in questo modo due gruppi di poesie dedicate alla moglie Drusilla Tanzi, morta tre anni prima.
Nella poesia che ti presentiamo il poeta si rivolge direttamente alla donna, soprannominata "Mosca" per i grandi occhiali che portava a causa di una fortissima miopia: in realtà, afferma Montale, era proprio lei, dei due, quella che riusciva a vedere la realtà senza fermarsi alle apparenze, meglio del poeta stesso.

Metro: versi liberi

COLLEGAMENTI
> Leggere un autore, p. 296
> *Non recidere, forbice, quel volto*, p. 49

Ho sceso, dandoti il braccio, almeno un milione[1] di scale
e ora che non ci sei è il vuoto[2] a ogni gradino.
Anche così è stato breve il nostro lungo viaggio.
Il mio dura tuttora, né più mi occorrono[3]
le coincidenze, le prenotazioni,
le trappole, gli scorni[4] di chi crede
che la realtà sia quella che si vede.

Ho sceso milioni di scale dandoti il braccio
non già perché con quattr'occhi[5] forse si vede di più.
Con te le ho scese perché sapevo che di noi due
le sole vere pupille, sebbene tanto offuscate[6],
erano le tue.

Nel linguaggio piano, volutamente prosastico, nel discorso familiare, una sorta di dialogo casalingo, il «vuoto a ogni gradino» segna un innalzamento di tono e di sentimento, simboleggia infatti la solitudine e la tristezza quotidiana del poeta.

1 **un milione:** moltissime.
2 **il vuoto:** il nulla, l'incertezza.
3 **mi occorrono:** mi servono – ma forse, anche, mi càpitano.
4 **gli scorni:** le delusioni.
5 **con quattr'occhi:** i due del poeta e i due della moglie.
6 **tanto offuscate:** dalla miopia, come abbiamo detto.

In sintesi

- Il poeta si **rivolge** alla **moglie morta** e ripensa alla vita che hanno trascorso insieme e che per lui continua, benché se ne senta sempre più distaccato. E riconosce che la moglie aveva una dote speciale, era capace (pur essendo miope) di vedere ciò che restava invisibile a tutti gli altri.
  Dalla poesia emerge dunque una contrapposizione tra "la realtà che si vede" e le «vere pupille» di Mosca, che scorgono una realtà diversa: è grazie alle «vere pupille» di Mosca che il poeta ha imparato a capire la vita e a non lasciarsi ingannare dalle apparenze.
- La poesia ha un **tono** volutamente **prosastico**: il **linguaggio** usato dal poeta è **colloquiale**, come ci si aspetta in un dialogo tra marito e moglie. Ma dietro l'apparente semplicità, il testo risulta **attentamente costruito** e ricco di **artifici retorici**.
- La poesia è suddivisa in **due strofe**, non perfettamente simmetriche, ma ricche di **rimandi**: si noti per esempio l'**anafora** (i due incipit identici: «Ho sceso...», «Ho sceso...») e la collocazione delle rime (tra gli ultimi due versi nella prima strofa, tra il 10 e il 12 nella seconda).
- Tra le numerose figure retoriche del **significato**, notiamo l'**iperbole** (*un milione di scale*), alcune **metafore** (*il vuoto a ogni gradino*; *il nostro lungo viaggio*, cioè la vita; ecc.) e una forte **antitesi** (*è stato breve il nostro lungo viaggio*) che introduce un tocco di commozione in una poesia in cui dominano i toni ironici.

Attività

1 **Individua le altre figure retoriche accanto a quelle che abbiamo citato e inseriscile nella tabella.**

figure del suono	....
figure dell'ordine	....
figure del significato	....

2 **La poesia si basa su una serie di contrapposizioni: quella più evidente è fra la realtà che si vede e quella misteriosa che Mosca era in grado di percepire.**
- Individua almeno altre due contrapposizioni e spiega la loro importanza dal punto di vista tematico.

3 **Montale costruisce spesso le sue poesie sulla base di strutture apparentemente simmetriche, regolari, classiche, che però a un'analisi più attenta rivelano elementi di asimmetria e di irregolarità.**
- Metti in luce da un lato gli elementi di simmetria fra le due strofe, dall'altro quelli di irregolarità.

4 **La poesia è ricca di immagini simboliche, su cui ti invitiamo a riflettere.**
- Perché il poeta considera il viaggio della vita uno "scendere" le scale? Che cosa implica questa immagine?
- Quali termini ed espressioni rimandano al campo semantico della vista? Perché si tratta di un campo significativo sul piano tematico?

5 **La poesia è senza titolo. Trovane tu uno che rispecchi il contenuto della poesia, poi motiva la tua scelta in forma scritta con un breve testo.**

Laboratorio: come si analizza un testo poetico

L'analisi di un testo poetico è un **lavoro interpretativo** piuttosto complesso, che riguarda i diversi aspetti del linguaggio poetico: dal **significato** al **significante**, dalle **tematiche** prescelte dal poeta alle **forme metriche e retoriche** con cui le ha elaborate.

Il lavoro di **analisi di un testo poetico** si suddivide in **quattro fasi** distinte.

▶ **Comprensione del testo e parafrasi**. Prima di iniziare il lavoro di analisi vero e proprio è bene leggere il testo per coglierne l'argomento ed eseguire la parafrasi [→ p. 74], per verificare la piena comprensione del testo.

▶ **Analisi tecnico- formale**. Di una poesia è necessario analizzare innanzitutto la **forma**, indentificandone le **caratteristiche**:

- **metriche**:
  - misura dei **versi** (endecasillabi, settenari, versi liberi ecc.),
  - misura delle **strofe** (ottave, terzine ecc.),
  - tipo di **componimento** (sonetto, canzone ecc.);
- **ritmiche e foniche**:
  - schema delle **rime** (AABB, ABAB ecc.),
  - **ritmo** degli accenti,
  - presenza di **enjambement**,
  - presenza di **assonanze**, **consonanze** e **figure** retoriche **di suono** in genere (onomatopea, allitterazione ecc.);
- **lessicali**:
  - uso linguistico generale (**linguaggio** colto, prezioso oppure quotidiano, dialettale, ecc.),
  - presenza di **parole-chiave**,
  - individuazione dei **campi semantici**, cioè quegli insiemi di parole di significato simile, degli intendimenti del poeta;
- **retoriche**:
  - uso di **figure retoriche** (metafora, similitudine, ossimoro, chiasmo ecc.), grazie alle quali si manifesta nel testo poetico la capacità di svelare significati sempre nuovi e molteplici, che ne costituisce gran parte del fascino.

▶ **Individuazione delle tematiche e analisi del contenuto**. La terza fase riguarda il contenuto della poesia e l'individuazione delle **tematiche di fondo** (rapporto dell'uomo con la natura, amore, rapporto con la madre ecc.), svelate dalle **parole- chiave** e dalle espressioni messe in rilievo dal poeta mediante le **rime** e altre figure di suono, come assonanze e consonanze, o tramite **similitudini** e **metafore** significative.

▶ **Contestualizzazione.** Una volta conclusa la fase dell'analisi delle caratteristiche interne al testo, si procede all'analisi degli **elementi extratestuali**, che possono servire a comprendere meglio le tematiche affrontate dal componimento e anche il linguaggio e la forma prescelti dall'autore. Gli elementi da tenere in considerazione per questa ultima fase sono:

- la **biografia dell'autore** (se alcuni argomenti storici o autobiografici sono particolarmente rilevanti per la comprensione del testo);
- i **rapporti con le altre opere dell'autore**;
- i **rapporti con opere di autori diversi** che richiamino tematiche o strutture analoghe (si possono ad esempio fare confronti tra i vari modi di affrontare lo stesso tema);
- i **rapporti con la tradizione e con i movimenti letterari del tempo** (se, ad esempio, ha usato forme metriche innovative o ha condiviso alcune teorie letterarie di un movimento poetico, di un'avanguardia ecc.);
- i **rapporti con il contesto storico-culturale del tempo**.

Naturalmente non è necessario affrontare tutti i punti elencati, e questa parte si può addirittura omettere, specialmente se non si è in possesso di informazioni specifiche e delle conoscenze necessarie ad elaborare confronti e inserire il testo in un quadro storico-critico più ampio.

Prima fase: la comprensione letterale del testo

La comprensione del testo è una fase preliminare all'analisi vera e propria, ma assolutamente necessaria. Occorre infatti comprendere esattamente **il significato letterale delle parole e delle frasi** che l'autore ha scritto – cosa non sempre immediata, soprattutto laddove il testo risalga a epoche lontane e usi quindi un linguaggio molto diverso da quello contemporaneo, oppure laddove l'autore faccia riferimento ad avvenimenti, personaggi, miti ecc. che necessitano di una spiegazione.
Le note che accompagnano i testi nelle edizioni scolastiche (ma spesso anche in quelle di altro tipo) forniscono gli aiuti necessari alla comprensione. Per verificare che questa fase del lavoro sia svolta correttamente, però, è sempre utile scrivere la **parafrasi completa** del testo, seguendo le nostre indicazioni [→ p. 74].

Seconda e terza fase: l'analisi degli aspetti tecnici e tematici

La comprensione letterale del testo costituisce solo la prima fase dell'analisi di una poesia: possiamo chiamarla una "lettura attenta".
La seconda fase consiste nell'analisi degli aspetti tecnico-formali che siamo venuti illustrando nelle pagine precedenti di questa sezione, cioè degli **strumenti che il poeta ha utilizzato** nella composizione della sua poesia.
In particolare, occorre analizzare:
- gli **aspetti metrici e ritmici** del testo (la misura dei versi e le strofe, lo schema delle rime e i tipi di rima, il ritmo degli accenti, il senso delle pause e degli enjambement ecc.);
- le **figure retoriche** presenti (le figure del suono, dell'ordine e del significato) e più in generale **il tipo di linguaggio** utilizzato (il registro stilistico, il tono generale della poesia ecc.).

In questo secondo passaggio (l'analisi) rientra anche l'individuazione dei **temi della poesia**. Quindi, concretamente:
- **l'analisi del titolo** (laddove ci sia);
- l'individuazione delle **parole-chiave** e dei **campi semantici ricorrenti** nel testo;
- il riconoscimento dei **simboli** usati dal poeta e del loro significato.

Quarta fase: la collocazione della poesia nel suo contesto

Una lettura approfondita del testo poetico non può fermarsi a queste fasi. Salvo rarissime eccezioni, infatti, per comprendere il significato di una poesia è opportuno **"uscire" dal testo** e tener presente il contesto più ampio in cui esso è stato scritto.
Concretamente, ciò significa prendere in considerazione, per esempio:
- **l'opera** di cui il testo fa parte (il titolo del libro, i temi principali, gli eventuali rapporti con altre poesie della stessa opera...);
- la **vita dell'autore**, le **altre opere** da lui scritte, la sua **poetica** (cioè le sue idee sulla letteratura e sull'arte), la sua **visione del mondo**...;
- il **momento storico-culturale** in cui la poesia è stata scritta (il movimento a cui l'autore apparteneva, o quello che dominava la scena letteraria in quel momento; gli eventuali riferimenti alla situazione storico-politica o alla società del tempo ecc.).

Naturalmente, approfondire in questa direzione l'analisi di un testo poetico è compito degli studiosi, più che degli studenti. Ma, senza entrare in un ambito troppo specialistico, è possibile raccogliere le **informazioni fondamentali** e usarle per **leggere correttamente** il testo poetico che abbiamo di fronte. Anche il lettore alle prime armi, infatti, si rende conto di quanto sia importante, per esempio, sapere in che epoca è stata scritta una poesia, o chi ne è l'autore – la nostra lettura, se siamo in possesso di queste informazioni, ne risulta evidentemente arricchita, mentre la loro mancanza può suscitare dubbi sull'interpretazione del testo e ne impoverisce comunque il significato complessivo.

T1

Ugo Foscolo [→ p. 127]

In morte del fratello Giovanni

da U. Foscolo, *Opere*, Ricciardi

Ugo Foscolo (1778-1827) esprime in questa poesia l'amarezza per la sua condizione di esule, che gli impedisce di tornare in patria a visitare la tomba del fratello morto e l'anziana madre. Un giorno, riflette il poeta, anche lui troverà pace nella morte, e allora si augura che almeno le sue spoglie possano essere seppellite in patria.

Un dì, s'io non andrò sempre fuggendo[1]
di gente in gente[2], me vedrai seduto
su la tua pietra[3], o fratel mio, gemendo[4]
il fior de' tuoi gentili anni caduto[5].

La Madre or sol suo dì tardo[6] traendo[7]
parla di me col tuo cenere muto[8],
ma io deluse a voi le palme tendo[9]
e sol da lunge[10] i miei tetti[11] saluto.

Sento gli avversi numi[12] e le secrete
cure[13] che al viver tuo furon tempesta[14],
e prego anch'io nel tuo porto[15] quïete.

Questo di tanta speme oggi mi resta!
Straniere genti, almen l'ossa[16] rendete
allora[17] al petto[18] della madre mesta.

1 non andrò ... fuggendo: non sarò costretto a fuggire.
2 di gente in gente: di paese in paese.
3 pietra: tomba.
4 gemendo: piangendo.
5 il fior de' tuoi gentili anni caduto: la tua giovinezza stroncata dalla morte: il fratello di Foscolo si era ucciso a vent'anni, nel 1801, forse per evitare il disonore (aveva sottratto una somma alla cassa del reggimento a cui apparteneva per pagare i propri debiti di gioco).
6 suo dì tardo: la sua vecchiaia.
7 traendo: trascinando.
8 tuo cenere muto: i tuoi silenziosi resti mortali.
9 deluse ... le palme tendo: tendo inutilmente le mie mani.
10 da lunge: da lontano.
11 i miei tetti: la mia casa.
12 gli avversi numi: il destino avverso.
13 secrete cure: intime preoccupazioni.
14 furon tempesta: turbarono.
15 nel tuo porto: là dove tu sei approdato (cioè nella morte).
16 l'ossa: le mie spoglie, il mio corpo.
17 allora: quando anch'io morrò.
18 al petto: all'affetto.

Arnold Böcklin, *Il bosco sacro*, 1882

Laboratorio

Fase 1 - Comprensione

1 **Rileggi la poesia e, con l'aiuto delle note ed eventualmente del dizionario, spiega il significato di tutte le parole e le espressioni poco chiare.**

2 **Ricolloca le parole nel loro ordine logico, eliminando le numerose inversioni usate dal poeta.**

3 **Osserva le seguenti figure retoriche e spiegane il significato.**
il fior de' tuoi gentili anni ....
suo dì tardo traendo ....
cenere muto ....
al viver tuo furon tempesta ....
nel tuo porto ....

4 **Ora completa la seguente parafrasi letterale del testo.**
O fratello mio, se non sarò sempre costretto a fuggire di paese in paese, un giorno mi vedrai seduto sulla tua tomba a piangere la tua giovinezza stroncata dalla morte. Ora soltanto nostra madre ....
....
....
....
....

Fase 2-3 - Analisi

5 **Fai l'analisi metrica della poesia, prendendo in considerazione i seguenti aspetti.**
- lunghezza dei versi
- disposizione delle rime
- forma poetica usata dall'autore

6 **Ora completa la seguente "nota metrica".**
La poesia è un .... di versi .... con schema ABAB ....

7 **Individua nella poesia almeno due figure del suono e spiega qual è la loro funzione espressiva, quali parole ne risultano sottolineate ecc.**

8 **Avrai notato che il poeta ricorre spesso a figure dell'ordine, in particolare alle inversioni.**
Fai qualche esempio (almeno tre) e spiega che effetto crea questa scelta.
- La lettura ne risulta facilitata o più difficile?
- La musicalità del testo è più semplice ed esibita o più raffinata e nascosta?

9 **Tenendo presenti le figure retoriche di cui abbiamo parlato [→ p. 45], attribuisci il nome corretto alle seguenti figure del significato.**
il fior de' tuoi gentili anni ....
parla di me col tuo cenere muto ....
le palme tendo ....
i miei tetti saluto ....
prego anch'io nel tuo porto quïete ....
l'ossa rendete ....

10 **Individua nel testo le parole relative ai seguenti campi semantici.**
il viaggio
la morte
la famiglia

11 **Sottolinea i pronomi personali e gli aggettivi possessivi presenti nel testo.**
Quali osservazioni puoi fare su queste parole? Tieni presenti
- i personaggi che compaiono nella poesia
- i rapporti che intercorrono fra loro

12 **Completa la frase, che sintetizza il tema di fondo della poesia.**
Foscolo confronta il proprio destino e quello del fratello: Giovanni è morto, ma la sua tomba in qualche modo è consolata dalla presenza della madre; il poeta invece ....
....
....
....

Fase 4 - Contestualizzazione

13 **La poesia ha un contenuto parzialmente autobiografico. Con l'aiuto di un'enciclopedia (cartacea o on line) rispondi alle seguenti domande.**
- Perché Foscolo si rappresenta in esilio?
- Rispetto a quale patria egli è un esule?

14 **Nella poesia il tema dell'esilio assume un valore più psicologico che reale. Per Foscolo, in questi versi, sembra che l'esilio sia una condizione esistenziale piuttosto che una necessità politica.**
- Da quali elementi del testo possiamo capirlo? Puoi usare come traccia la risposta alla seguente domanda: "Perché Foscolo lascia intendere che il suo esilio potrà avere fine solo dopo la morte?".

15 **Foscolo scrisse questo sonetto in un'epoca che, sul piano letterario e artistico, era dominata dal Neoclassicismo, un movimento che considerava l'antica Grecia non solo un modello di perfezione estetica, ma anche un mondo ideale per i suoi valori e la sua concezione della vita.**
Quali espressioni del testo rivelano che Foscolo aderisce al Neoclassicismo? Puoi usare come traccia le risposte alle seguenti domande.
- A quali *riti funebri* si allude nella poesia?
- Si tratta di riti caratteristici dell'era moderna o di quella antica?
- Quali gesti compie il poeta per pregare?
- Si tratta di gesti tipici della sua epoca o dell'antichità?

T2

Gabriele D'Annunzio [→ p. 136]

I pastori

da G. D'Annunzio, *Alcyone*, Mondadori

Gabriele D'Annunzio (1863-1938) evoca con questi versi il momento della transumanza, cioè il periodo in cui i pastori (nel mese di settembre a cui la poesia è dedicata) trasferiscono le greggi dai pascoli montani alle pianure dove trascorreranno l'autunno e l'inverno. Si tratta di una consuetudine antica, che ricorda al poeta le tradizioni della sua regione d'origine, l'Abruzzo.

Settembre, andiamo. È tempo di migrare[1].
Ora in terra d'Abruzzi i miei pastori
lascian gli stazzi[2] e vanno verso il mare:
scendono all'Adriatico selvaggio[3]
che verde è come i pascoli dei monti.

Han bevuto profondamente ai fonti
alpestri, che[4] sapor d'acqua natìa
rimanga ne' cuori esuli[5] a conforto[6],
che lungo illuda[7] la lor sete in via.
Rinnovato hanno verga d'avellano[8].

E vanno pel tratturo[9] antico al piano,
quasi per un erbal fiume silente[10],
su le vestigia[11] degli antichi padri.
O voce di colui che primamente
conosce[12] il tremolar della marina!

Ora lungh'esso[13] il litoral cammina
la greggia. Senza mutamento è l'aria.
Il sole imbionda sì la viva lana[14]
che quasi dalla sabbia non divaria[15].
Isciacquìo, calpestìo, dolci romori.

Ah perché non son io co' miei pastori?

1 Settembre… migrare: il poeta osserva che è arrivato settembre e che per lui si avvicina il momento di cambiare residenza, lasciando la casa dove ha trascorso le vacanze estive. È da questo spunto iniziale che prende le mosse il ricordo di ciò che accade in Abruzzo in questa stessa stagione.
2. gli stazzi: i precari rifugi dove i pastori trascorrono la notte quando sono sui monti.
3. selvaggio: agitato dai venti.
4 che: affinché.
5 esuli: che saranno costretti a restare lontano da casa per i lunghi mesi invernali.
6 a conforto: per consolarli.
7 illuda: plachi (la sete).
8 verga d'avellano: bastone di nocciolo.
9 tratturo: sentiero.
10 quasi per un erbal fiume silente: come lungo un silenzioso fiume d'erba (il sentiero) che si snoda attraverso i monti.
11 su le vestigia: seguendo i passi.
12 conosce: riconosce, avvista da lontano.
13 lungh'esso: lungo.
14 viva lana: il manto lanoso delle pecore.
15 non divaria: non si distingue.

Giovanni Fattori, *Libecciata*, 1880-90

Laboratorio

Fase 1 - Comprensione

1 **Rileggi la poesia e, con l'aiuto delle note ed eventualmente del dizionario, spiega il significato di tutte le parole e le espressioni poco chiare.**

2 **Sottolinea i verbi presenti nella poesia, poi rispondi alle seguenti domande.**
- Quali periodi sono formati da una sola frase?
- Quali sono formati da più frasi?
- Esistono frasi nominali (cioè senza verbo reggente)?

3 **Individua nel testo le espressioni da cui si capisce che**
- il poeta non è in Abruzzo
- i pastori scendono dai monti al piano
- i pastori si preparano al viaggio bevendo e procurandosi dei bastoni nuovi
- i pastori scorgono il mare da lontano
- i pastori camminano lungo la riva

4 **Ora scrivi la parafrasi completa della poesia. L'esercizio è avviato.**
1ª strofa È arrivato settembre, è giunto il momento di partire. In questo periodo, in Abruzzo, i miei amati pastori lasciano le capanne e scendono verso il mare.
....
....
2ª strofa Hanno bevuto abbondantemente alle sorgenti di alta montagna, affinché ....
....
3ª strofa E camminano lungo il sentiero ....
....
4ª strofa Il gregge di pecore cammina ....
....
5ª strofa Ah, perché non sono anch'io insieme ai miei pastori? ....
....

Fase 2-3 - Analisi

5 **Individua innanzitutto che tipo di versi usa il poeta. Poi individua le rime e ricavane lo schema, usando le lettere.**

6 **Il poeta segue una struttura metrica regolare o irregolare? La poesia rientra in una delle forme codificate dalla tradizione o no? La sua forma si può definire libera? Perché?**

7 **Osserva la presenza di *enjambement*: quali versi sono interessati da questa tecnica? Nel complesso, sono molto numerosi o no?**

8 **Prova a leggere la poesia ad alta voce.**
- Nel complesso, secondo te, il poeta voleva creare una musicalità
  - ☐ dolce
  - ☐ aspra
- Il ritmo dei versi è
  - ☐ spezzato e irriconoscibile
  - ☐ dolce e "cullante"

9 **Lo schema di rime scelto dal poeta, secondo te, serve a**
- ☐ collegare tra loro le strofe, dando al componimento un carattere armonioso e unitario
- ☐ rompere con la tradizione, creando versi dissonanti e musicalità molto irregolari

10 **Spiega il significato delle seguenti metafore.**
erbal fiume silente..
viva lana ....

11 **Individua almeno un esempio delle seguenti figure retoriche del significato.**
- personificazione
- similitudine

12 **Individua nel testo parole ed espressioni riconducibili ai seguenti campi semantici.**
- il viaggio
- i suoni
- il trascorrere del tempo

13 **Ora sintetizza in una breve frase il tema di fondo della poesia, tenendo conto di ciò che il poeta racconta, ma anche di ciò che non dice esplicitamente e del sentimento da cui nasce la rievocazione fantastica dei pastori abruzzesi.**
....
....

Fase 4 - Contestualizzazione

14 **La poesia è tratta da *Alcyone*, una raccolta di versi pubblicata da D'Annunzio nel 1903. Il libro nel suo complesso si può considerare il "diario" di una vacanza al mare – il poeta racconta un'estate (da giugno a settembre) trascorsa insieme alla donna amata in una villa sulla costa toscana. Naturalmente egli non si limita a descrivere la propria vita quotidiana, ma dà spazio a fantasie, sogni, sensazioni ecc.**
- A quale momento dell'estate risalgono i versi che abbiamo letto?
- Quale sentimento spinge il poeta a ricordare i pastori abruzzesi?
- Nel complesso, il tono della poesia si può definire
  ☐ eroico ☐ allegro ☐ malinconico
  ☐ altro (da specificare) ....

Motiva la tua risposta.

15 **D'Annunzio è uno dei principali esponenti del Decadentismo in Italia, e in particolare della corrente detta "Estetismo". Nelle sue opere, egli esalta sempre la ricerca di bellezza, di armonia, di raffinatezza. La realtà quotidiana viene sempre trasfigurata dal poeta, sia attraverso l'immaginazione, sia attraverso il linguaggio (anche laddove descrive realtà umili, povere e quotidiane, egli ricorre preferibilmente a termini che trasfigurano tali realtà e conferiscono loro un carattere eccezionale, un che di esclusivo e meraviglioso).**
- Quali aspetti della vita dei pastori sceglie di descrivere D'Annunzio, e quali aspetti invece trascura?
- Quali termini ed espressioni ci fanno capire in maniera particolarmente evidente la sua adesione alla poetica dell'Estetismo?

T3

Umberto Saba [→ p. 523]

Ulisse

da U. Saba, *Tutte le poesie*, Mondadori

Ti proponiamo ora di lavorare su una delle poesie più famose di Umberto Saba (1883-1957). Si tratta di un testo che il poeta scrive quand'è ormai vecchio e in cui ripensa alla propria vita, alludendo a fatti o episodi significativi, ma concentrando l'attenzione soprattutto su una riflessione complessiva, sulla ricerca del significato che gli sembra possibile attribuire alla propria avventura esistenziale.

Nella mia giovanezza ho navigato
lungo le coste dalmate[1]. Isolotti
a fior d'onda[2] emergevano, ove raro
un uccello sostava intento a prede[3],
coperti d'alghe, scivolosi, al sole
belli come smeraldi. Quando l'alta
marea e la notte li annullava[4], vele
sottovento sbandavano più al largo,
per fuggirne l'insidia[5]. Oggi il mio regno
è quella terra di nessuno[6]. Il porto
accende ad altri[7] i suoi lumi; me al largo
sospinge ancora il non domato spirito[8],
e della vita il doloroso amore.

1 dalmate: della Dalmazia, nel mare Adriatico.
2 a fior d'onda: a pelo d'acqua.
3 intento a prede: pronto a ghermire le sue prede.
4 li annullava: li faceva scomparire alla vista.
5 fuggirne l'insidia: evitare il pericolo degli scogli.
6 terra di nessuno: la libera distesa del mare.
7 ad altri: per gli altri.
8 il non domato spirito: l'animo coraggioso.

Carlo Levi (1902-1975), *Ritratto di Umberto Saba*, 1950

Laboratorio

Fase 1 - Comprensione

1 **Scrivi la parafrasi del testo poetico, poi rifletti.**
- Hai dovuto lavorare molto sul lessico, per "tradurre" parole insolite, rare o ricercate?
- Hai dovuto lavorare molto sulla sintassi, per rimettere le parole nel loro ordine naturale?
- Hai incontrato molte figure retoriche di difficile comprensione?

Fase 2-3 - Analisi

2 **La poesia è formata da una serie di versi, tutti di uguale lunghezza: di che tipo di versi si tratta?**

3 **Il testo non ha uno schema tradizionale di rime.**
- Possiamo parlare di versi sciolti?
- Vi sono comunque rime, assonanze, consonanze o rime imperfette?

4 **Vi sono nel testo dei casi di allitterazione molto evidenti. Per esempio**
- vv. 5-6, allitterazione in ....
- vv. 7-9, allitterazione in ....
- ....

5 **Nella poesia sono presenti alcuni *enjambement*: sottolinea quelli che ritieni più significativi e poi indica quali effetti creano, secondo te.**
- ☐ danno al testo una cadenza elegante e regolare
- ☐ rendono incalzante il discorso poetico, prolungando il senso di un verso in quello successivo
- ☐ sottolineano le rime ricorrenti nel testo

6 **L'espressione «al largo» è ripetuta due volte in posizione identica, a fine verso. Essa ha quindi un'importanza particolare per l'interpretazione del testo: quale concezione della vita suggerisce?**

7 **Il poeta contrappone la propria visione della vita, il proprio atteggiamento, a quello degli imprecisati "altri". Osserva in particolare le seguenti frasi.**
- «Il porto / accende ad altri i suoi lumi»
- «me al largo / sospinge ancora il non domato spirito»

Perché il poeta si contrappone agli altri? In che cosa consiste la differenza di atteggiamento?

8 **Quali conseguenze ha questo atteggiamento per il poeta?**
- ☐ è considerato un eroe
- ☐ è tendenzialmente solo
- ☐ nutre un profondo disprezzo per i propri simili

9 **Una serie di espressioni rimandano al campo semantico del tempo che passa. Individuane almeno quattro.**

10 **Il titolo della poesia ha una grande importanza per mettere a fuoco il tema. L'eroe greco Ulisse, infatti, è diventato il simbolo del desiderio umano di conoscenza, mentre i suoi viaggi sono, fin dai tempi di Omero, metafora della vita umana stessa.**
- Perché il poeta si paragona a Ulisse?
- Quali espressioni, nel testo, giustificano questo paragone?
- Ti sembra che Saba sottolinei il proprio carattere di "eroe"? Perché?

11 **Nel complesso, quali temi affronta il poeta in questa lirica? (Barra le risposte che ritieni corrette).**
- ☐ il tema della vita come scoperta
- ☐ il tema della memoria
- ☐ il tema della natura
- ☐ il tema della sfida
- ☐ il tema della solitudine
- ☐ il tema della gioventù
- ☐ altro (da specificare)

Motiva le tue risposte.

Fase 4 - Contestualizzazione

12 **La poesia, come abbiamo detto, ha un carattere autobiografico, anche se non racconta nei dettagli la vita dell'autore. Saba, infatti, da ragazzo aveva lasciato la scuola e si era messo a lavorare come mozzo su alcune navi mercantili.**
- Quali espressioni della poesia rimandano a questa esperienza in maniera esplicita?
- Quale valore simbolico acquista questa esperienza nei versi di Saba?

13 **La poesia è stata scritta negli anni Trenta del Novecento, quando in Italia molti poeti aderivano a un movimento, l'Ermetismo, caratterizzato dall'uso di un linguaggio molto aristocratico, per il ricorso a metafore e simboli di difficile interpretazione, per il pubblico elitario a cui volutamente si rivolgeva.**
- Ti sembra che questa poesia abbia le caratteristiche tipiche delle poesie ermetiche? Perché?
- Nel complesso, ti sembra che Saba si rivolga a un lettore molto colto e raffinato, oppure che il suo testo sia comprensibile anche da chi non è un esperto di poesia e di letteratura?

14 **Alla fine del tuo lavoro, puoi sintetizzare le tue osservazioni completando il testo che segue.**
La lirica di Saba è composta da 12 versi .... non vincolati a uno schema tradizionale di ...., ma ....; tuttavia, il poeta collega fra loro molte parole mediante .... Un elemento tecnico- formale rilevante è l'..............., che rompe la musicalità tradizionale con numerosi "a capo", dando a tutto il componimento un tono che rispecchia la tensione esistenziale del poeta. Allo stesso scopo rispondono alcune scelte stilistiche: mentre il lessico usato non presenta particolari difficoltà, Saba interviene in maniera originale sulla sintassi, con numerose ...., che danno alla poesia il carattere di una sofferta ricerca interiore. Il desiderio di conoscenza del poeta e la ricerca di sempre nuove esperienze si esprimono attraverso una metafora fondamentale, che paragona la vita a .... A questo proposito, sono da sottolineare le molte immagini tratte dal mondo marinaresco, che assimilano il poeta a un ...., sempre pronto a mettersi in viaggio verso nuovi paesi. Anche il titolo della poesia risulta significativo in tal senso: l'eroe greco .... simboleggia infatti il desiderio di .... dell'uomo, perché .... Accanto al tema principale vanno sottolineati anche quelli della .... (che deriva al poeta dalla sua diversità rispetto alla maggioranza degli uomini) e della memoria, che traspare nello sguardo del poeta sul suo passato.

T4

Giorgio Caproni [→ p. 523]

Stornello

da G. Caproni, *Tutte le poesie*, Garzanti

Nato a Livorno, Giorgio Caproni (1912-1990) trascorse gran parte della giovinezza a Genova, e al capoluogo ligure dedicò alcune poesie che testimoniano il suo amore per la città adottiva. Quella che ti proponiamo è degli anni Cinquanta: il poeta, dietro l'apparente semplicità dei suoi versi, offre l'immagine di una città complessa e contraddittoria, che rispecchia alcuni tratti della sua personalità.

Metro: tre strofe di endecasillabi e settenari liberamente alternati e rimati; il poeta non utilizza la struttura metrica dello stornello, preferendone una più libera

Mia Genova difesa e proprietaria[1].
Ardesia mia. Arenaria[2].
Le case così salde nei colori
a fresco in piena aria,

1 **difesa e proprietaria:** chiusa in se stessa e ricca.
2 **Arenaria:** una delle pietre (come l'ardesia, o lavagna) frequentemente presenti nelle costruzioni genovesi e liguri in genere.

3 salina: proveniente dal mare, e quindi carica di salsedine.
4 Iride: il termine fa riferimento al carattere variopinto delle case di Genova.

è dalle case tue che invano impara,
sospese nella brezza
salina[3], una fermezza
la mia vita precaria.

Genova mia di sasso. Iride[4]. Aria.

Laboratorio

Fase 1 - Comprensione

1 **Verifica innanzitutto il significato letterale della poesia, rispondendo alle seguenti domande.**
- Che cosa "difende" Genova?
- L'espressione «colori / a fresco» significa
  - ☐ che le case di Genova sono molto colorate
  - ☐ che le case di Genova sono affrescate
  - ☐ che le case di Genova hanno colori vivaci e delicati insieme
- «una fermezza» è il complemento oggetto del verbo ....
- L'aggettivo «sospese» è riferito al sostantivo ....
- «la mia vita precaria» è il soggetto del verbo ....

2 **Nell'ultimo verso le tre caratteristiche di Genova rimandano a termini ed espressioni già usati dal poeta.**
- «di sasso» rimanda a ....
- «iride» rimanda a ....
- «aria» rimanda a ....

3 **Ora sintetizza il contenuto letterale della poesia, completando le seguenti affermazioni.**
Prima strofa: il poeta elenca alcune caratteristiche di Genova: il fatto di essere «difesa», cioè ....e «proprietaria», cioè ...., e il fatto di essere costruita con alcune pietre tipiche – l'ardesia e l'arenaria.
Seconda strofa: il poeta concentra l'attenzione sulle case della città, di cui mette in luce ....; da queste case, afferma, la sua vita precaria (cioè incerta, piena di insicurezze e di dubbi) ....
Terza strofa: Il poeta riassume sinteticamente le tre caratteristiche fondamentali della città: ....

Fase 2-3 - Analisi

4 **Analizza i versi della poesia, facendo attenzione alla loro diversa lunghezza.**
- Quali sono endecasillabi? – Quali sono settenari?

5 **Osserva ora la presenza di rime, poi ricava lo schema con le lettere maiuscole e minuscole.**
- Che cosa noti nei versi che non rimano con altri?
- Che cosa noti nella rima A?

6 **La struttura metrica della poesia è**
☐ tradizionale ☐ innovativa e originale
- Ti sembra che si possa individuare una simmetria nella struttura della poesia? Quale?
- Che cosa interviene a "infrangere" la simmetria?

7 **In questa poesia, il poeta ricorre prevalentemente ai suoni vocalici più chiari, come la "a" e la "i".**
- Come ti spieghi questa scelta?
- È possibile attribuirle un significato tematico (pensa ancora alla rima A)?

8 **Osserva ora la sintassi della poesia.**
- Vi sono frasi nominali, cioè senza verbo? dove si trovano?
- Vi sono periodi complessi, con una disposizione delle frasi lontana da quella della lingua parlata? dove si trovano?
- I vv. 3 e 4 contengono un anacoluto: individualo e spiega che cos'è.

9 **In generale, i versi coincidono con frasi e periodi o no? Vi sono molti *enjambement*? Vi sono molte pause all'interno dei versi? Che effetto creano queste scelte, nel loro complesso?**

10 **Osserva ora la presenza di parole chiave e campi semantici. Ricorda che le osservazioni fatte sulle rime e sulla sintassi ti possono aiutare a individuarli.**
- parole chiave: ....
- campi semantici più significativi: ....

11 **Che cosa distingue la strofa centrale dalle altre due? Considera**
- l'aspetto metrico
- l'aspetto sintattico
- l'aspetto contenutistico e tematico

12 **Genova è nello stesso tempo solida come la pietra e leggera come l'aria. Perché il poeta apprezza queste qualità apparentemente contraddittorie?**

13 **Prova ora a sintetizzare in una breve frase il tema di fondo della poesia, tenendo conto di tutte le osservazioni che abbiamo fatto fino a questo momento.**
....
....

Fase 4 - Contestualizzazione

14 **Il titolo della poesia fa riferimento a un tipo di canto popolare molto diffuso in Toscana, lo stornello appunto, di carattere semplice e spensierato.**
- Come spieghi la scelta di questo titolo? Il poeta
  - ☐ vuole sottolineare la musicalità del suo testo
  - ☐ vuole rivolgersi a un lettore popolare e incolto
  - ☐ vuole trattare argomenti seri ma con tono apparentemente leggero

15 **Caproni, nato a Livorno, trascorse a Genova anni fondamentali: lì maturò la passione per la letteratura, fu maestro elementare, partecipò alla Resistenza, si sposò... Molte delle sue poesie sono dedicate a Genova, ma anche alle altre città della sua vita (oltre a Livorno, Roma, dove si trasferì negli ultimi anni).**
- Perché definisce «mia» la città, senza alludere alla sua origine toscana? In che modo sottolinea l'importanza dell'aggettivo possessivo nel testo?
- Perché Caproni si sofferma sull'aspetto della città, più che sul carattere dei suoi abitanti?

Dalla lettura alla scrittura: la parafrasi

Che cos'è la parafrasi

La parafrasi è la **trasposizione di un testo** dal linguaggio **poetico** al linguaggio **corrente**. Il linguaggio poetico infatti è estremamente **libero** nella disposizione delle parole, nella scelta delle immagini, nell'uso del lessico e di figure retoriche e richiede spesso uno sforzo interpretativo per comprenderne il significato. Fare la parafrasi di una poesia significa quindi **riscriverne fedelmente il contenuto** usando una **sintassi lineare** e un **lessico più familiare**, quotidiano, tipico della prosa.
Lo scopo di questa sorta di "**traduzione**" è favorire la comprensione del **significato letterale** del testo poetico: anche per questo deve essere il più possibile precisa e completa, e piuttosto aderente al testo di partenza.

Come si fa

Nello scrivere la parafrasi di un testo poetico, è bene procedere per gradi.

1. Innanzitutto bisogna **riorganizzare il testo secondo l'ordine sintattico della lingua corrente** (ad esempio soggetto, predicato, complemento oggetto). In poesia infatti l'ordine abituale delle parole è spesso alterato, in maniera più o meno complessa, a fini ritmici ed espressivi. Un periodo inoltre può dipanarsi per un'intera strofa o addirittura superarne la misura. È quindi necessario spesso armarsi di matita e numerare i sintagmi verso per verso.

Le donne, i cavallier, l'arme, gli amori,
le cortesie, l'audaci imprese (2) io canto (1),
che furo al tempo che (3) passaro (6) i Mori (4)
d'Africa (5) il mare (7), e in Francia nocquer tanto (8). (L. Ariosto, *Orlando furioso*)

Io canto le donne, i cavallier, l'arme, gli amori, le cortesie, l'audaci imprese, che furo al tempo che i Mori d'Africa passaro il mare, e in Francia nocquer tanto.

2. Il secondo passaggio è quello di **sostituire parole o espressioni difficili, inusuali, antiquate con sinonimi**, e renderle di agevole comprensione.

Io celebro le donne, i cavalieri, le guerre, gli amori, gli affari di corte e le azioni audaci, che si verificarono all'epoca in cui i Mori dall'Africa attraversarono il Mediterraneo e in Francia provocarono grandi sciagure.

In questa fase può essere necessario **integrare** con brevi spiegazioni le espressioni e le immagini più oscure: questo accade più spesso in testi molto complessi come ad esempio la *Commedia* di Dante o i poemi cavallereschi.

Canto l'arme pietose e 'l capitano
che 'l gran sepolcro liberò di Cristo. (T. Tasso, *Gerusalemme liberata*)

Celebro le armi devote (poste al servizio della fede) e il capitano (Goffredo di Buglione) che liberò il grande sepolcro di Cristo (conquistando Gerusalemme).

Talvolta può essere necessario **esplicitare** nomi di oggetti, persone o concetti che vengono identificati con giri di parole (perifrasi).

Siede con le vicine
su la scala a filar la vecchierella,
incontro là dove si perde il giorno (G. Leopardi, *Il sabato del villaggio*)

La vecchiarella siede con le vicine sulla scala a filare, rivolta verso occidente (dove il sole tramonta).

3. Infine, si procede con la **stesura del nuovo testo**, tenendo presente che, a differenza di quanto avviene nel riassunto, nella parafrasi è necessario **rispettare persone e tempi verbali** scelti dall'autore.

Es.: Forse perché (1) della fatal (4) quiete (3)
tu sei l'immago (2), a me sì cara (6) vieni (5)
o Sera! E quando (7) ti corteggian liete (9)
le nubi estive e i zeffiri sereni (8),

e quando (10) dal nevoso aere (14) inquiete
tenebre e lunghe (13) all'universo (12) meni (11),
sempre (16) scendi (15) invocata (17), e le secrete
vie del mio cor (20) soavemente (19) tieni (18).

Vagar (22) mi fai (21) co' miei pensier (23) su l'orme
questo reo tempo (26), e van con lui le torme

delle cure onde (28) meco (30) egli si strugge (29);
e mentre io guardo la tua pace (31), dorme (33)
quello spirto guerrier ch'entro mi rugge (32). (U. Foscolo, *Alla sera*)

Forse perché sei l'immagine del riposo eterno (della morte), tu mi giungi così gradita, o sera! Sia quando le nuvole estive e i venti tranquilli ti accompagnano festosi in corteo, sia quando porti sulla terra lunghe e agitate tenebre dal cielo nevoso (invernale), tu scendi sempre desiderata e occupi dolcemente i luoghi più segreti del mio cuore. Mi fai vagare coi miei pensieri sulle vie che conducono alla morte; e intanto questo tempo ingrato fugge, e fuggono insieme a lui le innumerevoli preoccupazioni a causa delle quali [il tempo] si consuma insieme a me; e mentre io contemplo la tua pace, quello spirito battagliero che freme dentro di me si acquieta.

Attività

1 Fai la parafrasi dei testi proposti nel Laboratorio delle pagine seguenti, tenendo presenti le indicazioni che ti sono state fornite. Per agevolare la comprensione, puoi servirti delle note al testo e del dizionario.

2

1. La poesia narrativa
2. La poesia lirica
3. La poesia d'amore
4. La poesia civile
5. La poesia satirica

Percorrere i generi della poesia

Ogni opera letteraria, in prosa o in versi che sia, presenta caratteristiche che permettono di avvicinarla ad altre dal punto di vista della forma o della struttura compositiva o degli argomenti e così via. Questo insieme di somiglianze definisce il "genere" a cui quell'opera appartiene e ne permette una collocazione motivata all'interno della tradizione letteraria.
Il concetto di "genere" è comunque elastico, anche per la difficoltà di stabilire separazioni tra opere che spesso "contaminano" i generi, mescolando i caratteri dell'uno e dell'altro.

Nelle prossime pagine impareremo dunque a riconoscere alcuni dei generi poetici più importanti e apprenderemo i principali criteri contenutistici e formali che permettono di individuare il genere di appartenenza di un testo in versi, indipendentemente dall'epoca in cui è stato scritto.

Per ogni unità

BREVE STORIA DEL GENERE

TESTI Le radici del genere
TESTO Impariamo un metodo
TESTI di lettura libera
TESTO Applichiamo il metodo
TESTO Un altro modo di leggere
SCHEDA Tecniche e generi
BOX Lessico e stile
SCHEDA Dal genere al film
SCHEDA In galleria

Alla fine di ogni unità

TIRIAMO LE FILA
Mappa concettuale
Sintesi dei contenuti

Alla fine della sezione

LABORATORIO
per imparare → come si riconoscono i generi della poesia

On line

TEST INVALSI AUTOCORRETTIVI
per verificare → il livello di apprendimento

2.1 La poesia narrativa

Breve storia e caratteristiche del genere

Le radici della poesia narrativa

T1 Omero, **Odisseo e il giovane Anfìnomo** (da *Odissea*)
- *Il filo conduttore*

Impariamo un metodo

T2 D. Alighieri, **Paolo e Francesca** (da *Commedia*, *Inferno* canto V)
- *Guida alla lettura* - *Attività*

«Divina commedia»

T3 D. Alighieri, **Manfredi** (da *Commedia*, *Purgatorio* canto III)
- *Guida alla lettura* - *Attività*

In galleria
Narrare per immagini

T4 L. Ariosto, **La pazzia di Orlando** (da *Orlando furioso*, canto XXIII)
- *Guida alla lettura* - *Attività*

Lessico e stile
Pazzia

Tecniche e generi
Cavalieri e cantastorie

T5 J.W. Goethe, **L'apprendista stregone** (da *Ballate*)
- *Guida alla lettura* - *Attività*

Lessico e stile
Rito

Dal genere al film
W. Disney, **Fantasia**

T6 G. Ungaretti, **I fiumi** (da *Vita d'un uomo*)
- *Guida alla lettura* - *Attività*

Lessico e stile
Nostalgia

Applichiamo il metodo

T7 C. Pavese, **I mari del Sud** (da *Lavorare stanca*)
- *Guida alla lettura* - *Attività*

Un altro modo di leggere

T8 F. Guccini, **La locomotiva** (da *Radici*)
- *Guida alla lettura* - *Attività*

Tiriamo le fila
La poesia narrativa

Antologia on line

T1 @ J. Keats, **La Belle Dame sans Merci** (da *Poesie, odi e sonetti*)
- *Guida alla lettura* - *Attività*

T2 @ G. Gozzano, **Gli zii molto dabbene** (da *L'amica di nonna Speranza*)
- *Guida alla lettura* - *Attività*

T3 @ F. Fortini, **Alla Buca Mario** (da *Questo muro*)
- *Guida alla lettura* - *Attività*

Breve storia e caratteristiche del genere

Jan Veermer, *Fanciulla con il turbante*, 1660-1665

La poesia narrativa è un racconto in versi: in essa si narrano una o più storie, che si sviluppano nel tempo e nello spazio attraverso eventi collegati logicamente fra loro, in modo da formare una **trama**. Come in ogni testo narrativo c'è una **voce narrante**, che può appartenere a uno dei personaggi (**narratore interno**) o a una controfigura dell'autore (**narratore esterno**).

L'evoluzione del genere

In tutte le civiltà e le tradizioni letterarie, i **primi scrittori hanno usato i versi**, e solo in seguito si è sviluppata la prosa. La letteratura, infatti, nasce sempre unita alla musica, e la **poesia** ha un **ritmo** e una **musicalità** molto **più accentuati** rispetto alla prosa. La letteratura nasce anche come espressione del sentimento religioso, legandosi quindi al culto e ai riti sacri: per questo essa usa fin dall'inizio un linguaggio lontano da quello della vita quotidiana, più simile a quello delle formule magiche e delle preghiere. Le poesie più antiche sono per lo più poesie narrative proprio perché i poeti raccontano, prima oralmente e poi per iscritto, i **miti** e le **leggende** del loro popolo, trasfigurandoli in chiave epica ed eroica: così accade nella mesopotamica *Epopea di Gilgamesh* (circa metà III millennio a.C.) e nell'indiano *Mahabharata* (I millennio a.C.). In questa forma nascono tutti i grandi modelli di poesia narrativa della tradizione classica, primi fra tutti i **poemi epici** attribuiti a **Omero** [→ vol. Epica], che nell'*Iliade* e nell'*Odissea* racconta rispettivamente la guerra di Troia e il difficile ritorno in patria dell'eroe greco Odisseo.

Nel **Medioevo** la poesia narrativa si esprime attraverso le **canzoni di gesta**: si tratta di narrazioni in versi che cantano le imprese gloriose di **re** e **cavalieri**, esaltandone in particolare la fedeltà al re o all'imperatore, l'amor di patria e la fede cristiana. Tipica in tal senso è la **Chanson de Roland** ("Canzone di Orlando"), che ha come protagonisti Orlando e altri paladini di Carlo Magno, impegnati nella lotta contro i musulmani di Spagna. Ma anche le narrazioni amorose sono spesso in versi: le vicende di **Tristano e Isotta** o di **Lancillotto e Ginevra**, al centro dei cosiddetti **romanzi cortesi**, sono narrate in versi e solo successivamente verranno trasposte in prosa.

Rientra nell'ambito della poesia narrativa anche la cosiddetta **poesia didascalica**, che si propone di **insegnare** al lettore principi e concetti di carattere teorico o pratico. **Dante** [→ p. 82], per esempio, con la *Divina Commedia* intende spiegare come è strutturato il mondo ultraterreno, per indirizzare il comportamento degli uomini verso il bene e quindi verso la conquista del Paradiso.

La poesia narrativa ha poi uno straordinario sviluppo in epoca rinascimentale, grazie ai **poemi cavallereschi** di **Matteo Maria Boiardo** (*Orlando innamorato*, 1482-1484), di **Ludovico Ariosto** (*Orlando furioso*, 1516-1532; → p. 92) e di **Torquato Tasso** (*Gerusalemme liberata*, 1575): in essi i cavalieri "senza macchia e senza paura" delle storie medievali si trasformano in personaggi più umani e vulnerabili, capaci sì di grandi imprese ma anche soggetti alle pene d'amore e all'ambiguo gioco delle illusioni. Approdo seicentesco della poesia narrativa europea è il poema epico *Il Paradiso perduto* dell'inglese **John Milton**, nel quale la tradizione classica, la visione dantesca e l'eredità di Ariosto e Tasso si incontrano con la nuova cultura protestante.

La poesia narrativa moderna

Nel corso del **Settecento** e dell'**Ottocento**, la nascita del **romanzo in prosa** e la sua crescente affermazione presso il pubblico tolgono molto spazio alla poesia narrativa, che però non scompare del tutto: infatti sia nell'Ottocento che nel Novecento vi sono ancora grandi autori che scrivono romanzi e racconti in versi. Ricordiamo per esempio, tra i romanzi, *Eugenio Oneghin* del russo **Aleksandr Puškin** o *La camera da letto* di **Attilio Bertolucci** [→ p. 160]; le novelle in dialetto milanese di **Carlo Porta** e i poemetti del romano **Cesare Pascarella** (come *La scoperta de l'America*); i poemetti di **Giovanni Pascoli**; le poesie-racconto di **Guido Gozzano** e di **Cesare Pavese** [→ p. 108] – tutti esperimenti che rinnovano l'antica tradizione.

Le radici della poesia narrativa

I due poemi omerici **Iliade** e **Odissea**, insieme all'**Eneide** di Virgilio, costituiscono i punti di riferimento fondamentali per ogni poeta europeo che si cimenti nel genere narrativo. Fino al Rinascimento, anzi, il testo virgiliano ha avuto maggiore importanza, come traspare, per esempio, dal ruolo che Virgilio ha nella *Commedia* di Dante.
Il brano che presentiamo è tratto dal XVIII canto dell'*Odissea*: Odisseo è tornato travestito da mendicante alla propria casa invasa dai Proci (i giovani principi pretendenti di Penelope). Un altro mendicante, Iro, l'ha insultato e sfidato, temendo di vedersi portare via il posto, e Odisseo l'ha facilmente abbattuto e scacciato. Per festeggiare la sua vittoria, i Proci gli offrono da mangiare e da bere, e Odisseo si commuove alla vista del giovane che gli porge la coppa di vino.

Carlo Arienti (1801-1873), *Ulisse in veste di mendicante sorprende i Proci*, s.d.

T1

Omero

Odisseo e il giovane Anfìnomo

da *Odissea*, canto XVIII, vv. 118-156,
trad. di R. Calzecchi Onesti, Einaudi

Antìnoo[1], poi, gli mise davanti un grande budello[2],
pieno di grasso e sangue; e Anfìnomo
due pani dal cesto prendendo, glieli mise davanti,
e col calice d'oro lo salutava[3] e gli disse:
«Ospite padre[4], salute, che tu possa in futuro
esser felice; adesso da troppi mali sei vinto!»
E rispondendogli disse l'accorto[5] Odisseo:
«Anfìnomo, in verità, tu mi sembri assai saggio;
e sei di saggio padre, perché bella fama udivo[6],
che Niso di Dulìchio[7] è nobile e ricco;
da lui ti dicono nato, e infatti sembri uomo affabile[8].
Per questo ti parlo, e tu comprendimi e ascoltami:
nulla[9] nutre la terra più meschino[10] dell'uomo,
fra tutto ciò che respira e cammina sopra la terra.
Pure mai pensa che un giorno potrà vincerlo un male,
fin che gli dèi gli dàn forza e le ginocchia son agili;
quando, poi, lutti gli dèi beati gli dànno,
anche questi sopporta, sia pure a malgrado[11], con cuore costante:
perché così è la mente degli uomini sopra la terra,
come l'ispira di giorno in giorno il padre dei numi e degli uomini[12].
Anch'io una volta dovevo tra gli uomini esser beato,
ma poi molti eccessi commisi, cedendo alla violenza e al potere,
e fidando nel padre mio e nei fratelli.
Ah no! mai uomo dovrebb'essere ingiusto,
ma in silenzio tenersi il dono dei numi, quello che dànno.
Così i pretendenti vedo che fanno delitti,

1 **Antìnoo:** il capo dei Proci.
2 **un grande budello:** una specie di salsiccia.
3 **lo salutava:** brindava alla sua salute.
4 **padre:** Anfìnomo si rivolge con questo termine rispettoso al mendicante, che appare molto più anziano di lui.
5 **accorto:** astuto.
6 **bella fama udivo:** naturalmente Odisseo finge di sapere queste cose per sentito dire, poiché non vuole svelare la sua identità ai Proci.
7 **Niso di Dulìchio:** Niso, figlio di Dulìchio, è il padre di Anfìnomo.
8 **affabile:** gentile, cortese.
9 **nulla:** nessuna creatura.
10 **meschino:** infimo, misero.
11 **a malgrado:** malvolentieri.
12 **il padre dei numi e degli uomini:** Zeus.

mietendo i beni[13] e disonorando la sposa
d'un uomo, che – te lo dico – dai suoi, dalla terra paterna
non starà assente per molto; è anzi vicino: oh! che un dio
ti riconduca a casa e non t'incontri[14] con lui,
quando ritorna alla terra paterna:
non credo che senza sangue potrà definirsi la cosa
tra lui e i pretendenti, com'entrerà sotto il suo tetto».
Così diceva e, libato[15], bevve il vino dolcezza di miele[16],
e di nuovo rese la tazza in mano all'ordinatore d'eserciti[17].
Egli riattraversò la sala, afflitto in cuore,
scuotendo il capo: previde il malanno nell'animo.
Ma neppure così evitò il fato: anche lui inchiodò Atena[18]
sicché dalla mano e dall'asta di Telemaco fosse abbattuto.

13 **mietendo i beni:** consumando le ricchezze; l'espressione rivela che siamo in una società agricola, in cui le ricchezze coincidono con i prodotti dei campi.
14 **non t'incontri:** non ti faccia incontrare.
15 **libato:** dopo essersi versato da bere.
16 **dolcezza di miele:** i Greci avevano un vino tendenzialmente piuttosto aspro; il vino dolce era quindi particolarmente apprezzato.
17 **ordinatore d'eserciti:** è riferito ad Anfìnomo, che pur essendo un ragazzo è un principe e quindi un futuro condottiero.
18 **inchiodò Atena:** la dea Atena tenne fermo, trattenne nella casa di Odisseo.

Il filo conduttore

1 Il testo ha carattere narrativo: l'autore racconta infatti **una serie di avvenimenti** collocati in un **luogo preciso** (la reggia di Odisseo a Itaca) e in un **momento definito**, che si ricava facilmente dalle pagine precedenti a quella che ti abbiamo proposto (Odisseo è tornato dopo vent'anni sotto mentite spoglie, è stato accolto come un vecchio mendicante e ha lottato vittoriosamente contro un rozzo "rivale" che tentava di scacciarlo).
- Ricostruisci il racconto, individuando i fatti narrati nel brano.
- Individua nel testo un flashback (cioè un riferimento a fatti precedenti) e sottolinealo.
- Individua un'anticipazione (o prolessi, o flash forward) e sottolineala con un colore diverso.

2 Nel racconto si muovono numerosi **personaggi**. Odisseo, naturalmente, è il protagonista, ma accanto a lui si trovano altre figure, sia umane, sia divine, come è tipico della narrazione epica.
- Sottolinea nel testo i vari personaggi presenti nell'episodio ed elenca i loro nomi.

3 Gli avvenimenti narrati sono legati fra loro da **nessi di causa ed effetto**: la narrazione procede quindi secondo una **logica ben precisa**, gli avvenimenti sono strettamente collegati l'uno all'altro, come puoi facilmente verificare rispondendo alle seguenti domande:
- Perché Anfìnomo porta a Odisseo una coppa di vino e due pani?
- Perché Odisseo gli si rivolge cortesemente?
- Perché Odisseo non svela la propria identità al giovane interlocutore?
- Perché Anfìnomo resta turbato dalle parole di Odisseo?
- Perché non approfitta del consiglio?

4 Nell'episodio, Omero ricorre a **due voci narranti:** la prima è quella del **narratore esterno**, anonimo, che racconta la vicenda di Odisseo nel corso dell'intero poema; la seconda è la voce di Odisseo stesso, che si mette a raccontare la sua falsa storia ad Anfìnomo e diventa quindi **narratore di secondo grado.**
- Evidenzia in maniera diversa le parole del narratore di primo grado e quelle del narratore di secondo grado.
- Riassumi rapidamente il racconto del narratore di primo grado e quello del narratore di secondo grado, tenendoli distinti.

5 Come sempre avviene nella poesia narrativa classica, anche in un episodio ricco di sfumature psicologiche e di sentimenti delicati come questo, l'attenzione dell'autore si concentra sulla **narrazione di avvenimenti** e non sull'espressione di stati d'animo o sull'analisi dell'interiorità dei personaggi – poiché questi ultimi erano temi propri della poesia lirica. Come vedremo, nella poesia narrativa contemporanea, invece, questi elementi assumono un'importanza maggiore, perché i generi che un tempo erano nettamente divisi tendono a mescolarsi.

Impariamo un metodo

Dante Alighieri, nato a Firenze nel 1265 e morto nel 1321, è il massimo poeta italiano. Appartenente alla piccola nobiltà, partecipa attivamente alla vita politica fiorentina in un momento storico difficile: alla lotta tra i sostenitori del papa (guelfi) e i sostenitori dell'imperatore (ghibellini) si aggiunge infatti la lotta interna alla città tra guelfi bianchi (con i quali è schierato) e guelfi neri, la cui ascesa al potere, nel 1301, lo condanna all'esilio. Il poeta vive da allora alla corte di vari signori italiani e muore lontano dalla patria, a Ravenna. Sin da giovane inizia a comporre rime d'amore, seguendo le regole del "dolce stil novo", secondo cui la nobiltà dell'amore si accompagna alla nobiltà dell'animo e la donna è in grado di innalzare l'animo dell'uomo oltre i suoi limiti naturali. Dante supera gli schemi dello Stilnovo: la donna da lui amata (Beatrice) diviene la donna-angelo, una creatura idealizzata che lo guida nel suo cammino spirituale verso Dio, come avviene anche nella *Divina Commedia* (1306-1321). Al suo amore per Beatrice, Dante dedica la *Vita nuova* (1283-1293), un libretto misto di prosa e versi, in volgare. Ai temi politici è invece dedicato il trattato, in latino, *Monarchia* (1311), in cui Dante afferma che sia il potere imperiale che quello papale derivano da Dio e pertanto si possono ritenere autonomi l'uno dall'altro.

T2

Dante Alighieri

Paolo e Francesca

da D. Alighieri, *Commedia*, *Inferno*, canto V (vv. 97-142), a cura di E. Pasquini e A. Quaglio, Garzanti

Nel secondo cerchio dell'inferno, Dante incontra le anime dei lussuriosi, travolte da un'eterna bufera che simboleggia la passione amorosa a cui non seppero resistere. Tra di esse ci sono due amanti che proprio i versi di Dante hanno reso immortali: si tratta di Paolo e Francesca, la cui tragica vicenda aveva avuto larga eco nella società del tempo. Francesca era la moglie di Gianciotto Malatesta, signore di Rimini, a cui era stata data in sposa dalla famiglia per ragioni politiche. Innamoratasi del cognato Paolo, venne sorpresa dal marito e trucidata insieme all'amante. Dante, colpito dalle due anime che restano strettamente unite in mezzo alla bufera, senza averle ancora riconosciute chiede loro di avvicinarsi e di raccontare la propria storia, approfittando di un breve momento in cui la bufera sembra arrestarsi. A rispondere al poeta è l'anima della donna.

Metro: terzine di endecasillabi a rima incatenata (ABA BCB CDC...)

COLLEGAMENTI

- La combinazione delle rime, p. 23
- La poesia d'amore, p. 145
- Leggere un'epoca, p. 237
- *Tanto gentile e tanto onesta pare*, p. 15

«Siede la terra dove nata fui[1]
su la marina dove 'l Po discende
per aver pace co' seguaci sui[2].

Amor, ch'al cor gentil ratto s'apprende[3],
prese costui[4] de la bella persona
che mi fu tolta; e 'l modo ancor m'offende.

Emerge qui la concezione dell'amore come aspirazione naturale di ogni animo «gentile».

Amor, ch'a nullo amato amar perdona[5],

1 **la terra dove nata fui:** la città di Ravenna che, ai tempi di Dante, era molto più vicina al mare di oggi.
2 **'l Po ... co' seguaci sui:** il Po sfocia nel mar Adriatico, trasportando con sé le acque di tutti i suoi affluenti («seguaci sui»).
3 **Amor ... ratto s'apprende:** l'amore si impossessa velocemente di un cuore nobile e generoso («gentil»). È un concetto tipico della lirica cortese, recepito dalla poesia stilnovistica cui Dante aveva aderito.
4 **costui:** Francesca allude naturalmente a Paolo.
5 **Amor ... perdona:** l'amore che non consente a nessuna persona amata di non riamare a sua volta. Altro concetto tipico dei trattati medievali sull'amore.

La nobiltà del sentimento d'amore è dimostrata anche dal fatto che può sopravvivere alla dimensione terrena: Paolo e Francesca si tengono ancora uniti l'uno all'altra.

mi prese del costui piacer[6] sì forte,
che, come vedi, ancor non m'abbandona.

Amor condusse noi ad una morte[7].
Caina[8] attende chi a vita ci spense».
Queste parole da lor ci fuor porte.

Spazio e tempo

Ogni narrazione propone una serie di avvenimenti collocati nel tempo e nello spazio. Il racconto di Francesca insiste infatti su due elementi.

- Nella prima terzina la donna si concentra sullo spazio, informandoci sui luoghi teatro della sua vicenda (Ravenna, la città dove è nata, presso la foce del Po).
- Nelle successive si concentra invece sul tempo, alternando il passato (*prese*, *mi fu tolta*, *mi prese*, *condusse*, in cui Paolo si è innamorato di lei e lei ha ricambiato il suo sentimento ed entrambi sono morti), il presente (*ancor m'offende*, *ancor non m'abbandona*, in cui il sentimento continua a manifestare i suoi effetti in entrambi gli amanti) e il futuro (in cui Gianciotto finirà all'inferno, nella zona intitolata a Caino, assassino del fratello come lui).

Attivati!

- Ricostruisci l'ordine cronologico degli avvenimenti narrati da Francesca, che qui ti forniamo alla rinfusa, inserendo il relativo numero nello spazio apposito.
  - ☐ amore di Francesca per Paolo
  - ☐ condanna all'inferno di Gianciotto
  - ☐ morte dei due amanti
  - ☐ nascita di Francesca
  - ☐ amore di Paolo per Francesca

Quand' io intesi quell'anime offense,
china' il viso, e tanto il tenni basso,
fin che 'l poeta[9] mi disse: «Che pense?».

Quando rispuosi, cominciai: «Oh lasso[10],
quanti dolci pensier, quanto disio[11]
menò costoro al doloroso passo[12]!».

Poi mi rivolsi a loro e parla' io,
e cominciai: «Francesca, i tuoi martìri[13]
a lagrimar mi fanno tristo e pio.

Ma dimmi: al tempo de' dolci sospiri,
a che e come concedette amore
che conosceste i dubbiosi disiri[14]?».

Le voci narranti

Come tutte le narrazioni, anche il racconto della *Divina Commedia* è affidato a una voce narrante, quella di Dante stesso, che presenta il resoconto del viaggio ultraterreno effettuato da lui stesso nei tre regni dell'aldilà. Dante narra in prima persona (*Quando io intesi quell'anime offense...*) e si presenta quindi come narratore interno alla vicenda, anzi, come protagonista dell'opera. Tuttavia, per vivacizzare il racconto, il poeta non solo introduce numerosi discorsi diretti, riportando le parole degli altri personaggi, ma cede spesso la parola ai suoi personaggi trasformandoli a loro volta in narratori delle vicende di cui sono stati protagonisti in vita. Pertanto nella *Divina Commedia* c'è un narratore di primo grado (Dante) che introduce sulla scena altri narratori di secondo grado (in questo caso Francesca).

Attivati!

- Oltre a Dante e a Francesca, nell'episodio compaiono altri due personaggi.
  - Uno si esprime con una breve battuta di dialogo, ed è ....
  - L'altro assiste in silenzio al colloquio fra Dante e Francesca, ed è ....

6 del costui piacer: della bellezza (piacer, piacevolezza) di costui, cioè di Paolo.
7 ad una morte: ad una sola morte, cioè a morire insieme, nello stesso momento.
8 Caina: zona dell'inferno in cui sono relegati i colpevoli di violenza contro i parenti.
9 'l poeta: Virgilio, poeta latino che scrisse l'*Eneide* (I secolo a.C.) e che guida Dante attraverso l'Inferno.
10 Oh lasso: esclamazione che equivale al nostro "ahimè".
11 disio: desiderio.
12 al doloroso passo: al peccato, doloroso in quanto causa di dannazione eterna.
13 martìri: dolori, sofferenze.
14 dubbiosi disiri: i vostri desideri incerti, cioè ancora inconsapevoli, sconosciuti a voi stessi.

E quella a me: «Nessun maggior dolore
che ricordarsi del tempo felice
ne la miseria; e ciò sa 'l tuo dottore[15].

Ma s'a conoscer la prima radice
del nostro amor tu hai cotanto affetto[16],
dirò come colui che piange e dice.

Noi leggiavamo un giorno per diletto[17]
di Lancialotto come amor lo strinse;
soli eravamo e sanza alcun sospetto.

Per più fïate[18] li occhi ci sospinse
quella lettura, e scolorocci il viso[19];
ma solo un punto fu quel che ci vinse.

Quando leggemmo il disïato riso
esser baciato da cotanto amante[20],
questi[21], che mai da me non fia[22] diviso,

la bocca mi basciò tutto tremante.
Galeotto fu 'l libro[23] e chi lo scrisse:
quel giorno più non vi leggemmo avante[24]».

Nota il riferimento alla storia di Lancillotto e Ginevra, uno dei temi più cari ai poeti dell'amor cortese.

15 'l tuo dottore: Francesca si riferisce a Virgilio (vedi nota 9) o, secondo altre interpretazioni, ad Aristotele, a cui risalirebbe la massima appena enunciata.

16 s'a conoscer ... cotanto affetto: se tu (Dante) hai un tale desiderio di conoscere l'origine («la prima radice») del nostro amore.

17 per diletto: per il nostro piacere. La lettura di libri che raccontavano avventure amorose (come quella di Lancillotto e Ginevra) era un passatempo abituale nelle raffinate corti signorili del Trecento. La storia degli amori tra Lancillotto e Ginevra (moglie di re Artù e quindi regina di Lancillotto stesso) era uno dei temi più cari ai poeti dell'amor cortese.

18 più fïate: più volte.

19 scolorocci il viso: ci fece impallidire.

20 Quando leggemmo ... amante: quando leggemmo che le labbra tanto desiderate («il disiato riso») venivano baciate da un così nobile amante.

21 questi: Paolo.

22 fia: sarà.

23 Galeotto fu 'l libro: il libro e il suo autore svolsero la funzione di Galeotto (lo scudiero che favorì l'incontro segreto tra Lancillotto e Ginevra).

24 quel giorno ... avante: perché ci dedicammo all'amore o, secondo altre interpretazioni, più romanzesche, perché i due furono sorpresi e uccisi proprio in quel momento.

Divina Commedia

La *Divina Commedia*, scritta tra il 1306 e il 1321, quando Dante era ormai in esilio, è un poema in **terzine** di endecasillabi costituito da **100 canti**, suddivisi in **tre** parti, dette **cantiche**: l'***Inferno***, che comprende 34 canti (uno è introduttivo), il ***Purgatorio*** e il ***Paradiso*** che ne comprendono 33 ciascuna.

▶ ***Dalla selva del peccato alla visione di Dio*** Dante racconta in prima persona il suo viaggio attraverso l'Inferno, il Purgatorio e il Paradiso, durante il quale ha modo di incontrare numerosissimi **personaggi**, vissuti prima di lui o suoi **contemporanei**. Coglie dunque l'occasione per raccontarne le vicende terrene e per esprimere riflessioni e **giudizi** sugli **uomini** e sulla **vita morale e politica** del suo tempo. Il viaggio inizia l'8 aprile del **1300**, venerdì santo, e si svolge nell'arco di circa una **settimana**: l'occasione narrativa da cui il poema prende avvio è lo smarrimento del poeta in una **selva oscura**, cioè in una fitta foresta che rappresenta **simbolicamente** i **peccati** degli uomini.

Qui Dante viene soccorso dallo spirito del poeta latino **Virgilio**, mandato in suo aiuto da Beatrice, la donna che Dante ha amato in gioventù e che era già morta da alcuni anni all'epoca in cui è ambientato il poema. Per uscire dalla selva-peccato, Dante deve affrontare un lungo viaggio: attraverso il regno della **dannazione**, dove avrà modo di **conoscere** il **male**; attraverso il regno della **purificazione**, dove imparerà il **pentimento** e conoscerà i mezzi di salvazione; attraverso il regno della **beatitudine** eterna, dove avrà il privilegio di **vedere Dio** prima della morte.

Questo privilegio però lo obbliga a tornare tra gli uomini e rivelare loro il senso della sua esperienza, affinché essa possa servire di esempio e **insegnare a tutti la via del bene**. Virgilio accompagna Dante attraverso l'Inferno e il Purgatorio, ma non può seguirlo nel Paradiso, essendo un'anima non battezzata (Virgilio infatti è vissuto nel I secolo a.C., prima della nascita del cristianesimo). Per guidare Dante attraverso il Paradiso interverrà la stessa **Beatrice**, simbolo della **fede** che deve condurre l'uomo a Dio.

Il viaggio nel suo complesso è simbolicamente il **cammino** faticoso ma appagante che l'uomo deve compiere per giungere appunto fino a Dio. Un cammino che passa attraverso il **peccato** che può portare alla **dan-**

Umberto Boccioni, *Paolo e Francesca*, 1908

I nessi logici

Il secondo discorso di Francesca, rispondendo alla domanda di Dante, si concentra sul momento più drammatico della sua vicenda terrena, quello in cui i due amanti hanno capito di amarsi e hanno manifestato quell'amore che, essendo illegittimo, li ha condannati alla dannazione eterna. Il racconto di Francesca è giocato su nessi di causa ed effetto. Per esempio,

- nella prima terzina Francesca dichiara che *ricordarsi del tempo felice ne la miseria*, cioè quando ormai si è infelici, come lei, è dolorosissimo; ma (continua nella seconda terzina), *siccome* Dante ha espresso il forte desiderio di sapere, lei racconterà comunque; il nesso causa-effetto quindi collega il desiderio espresso da Dante (causa) al racconto di Francesca (effetto);
- Francesca e Paolo leggevano la storia degli amori di Lancillotto e Ginevra senza nessuna malizia; tuttavia, *siccome* quel libro raccontava una storia d'amore simile alla loro, erano entrambi profondamente commossi e turbati; il nesso causa-effetto collega il contenuto amoroso del libro (causa) al turbamento (effetto) che rivela ai due amanti il loro stesso sentimento.

Naturalmente i nessi di causa ed effetto non sono affidati a parole precise, come nella nostra parafrasi, ma devono essere ricostruiti dal lettore; Dante ci chiede sempre di essere attivi, nel momento della lettura, e di ricostruire con la nostra intelligenza e con la nostra sensibilità ciò che il testo accenna o lascia intendere.

Attivati!

Nel secondo discorso di Francesca, oltre ai nessi di causa ed effetto, vi sono altri nessi logici.

- Individua le due forti avversative presenti nel discorso di Francesca e spiega in che cosa consiste la contrapposizione.
  - Primo caso: Francesca dice che .... ma ....
  - Secondo caso: Francesca dice che .... ma ....
- Ricostruisci il nesso logico che spiega l'espressione "Galeotto fu il libro e chi lo scrisse" completando la seguente frase.
  - Come il cavaliere Galeotto .... così il libro ....

nazione (l'Inferno), il **pentimento** e l'**espiazione** (il Purgatorio) e che porta infine alla **salvezza** e alla **beatitudine** assolute (il Paradiso).

▶ ***Un poema rivolto a un ampio pubblico*** Il poema ha uno **scopo educativo**, didascalico: Dante vuole offrire ai suoi lettori una sorta di **enciclopedia del sapere** della sua epoca, inserendo nella *Divina Commedia* non solo insegnamenti morali o religiosi, ma anche teorie astronomiche, filosofiche e teologiche. Questo suo insegnamento doveva essere rivolto a un **pubblico** più **ampio** possibile; per questo scelse di scrivere la sua opera **in italiano volgare anziché in latino**, che all'epoca era considerato dai dotti l'unica lingua adatta ad esprimere contenuti culturalmente elevati. Dante intitolò il suo poema semplicemente **Commedia**, perché l'opera inizia con una visione cupa e infelice della condizione umana, ma ha un **"lieto fine"**: **termina** con la serena e rassicurante visione del **Paradiso.** L'aggettivo **Divina** fu aggiunto in seguito, forse da Giovanni Boccaccio, e si diffuse solo a partire dalle edizioni a stampa della metà del Cinquecento.

▶ ***La fortuna dell'opera*** La grandezza del poema dantesco fu subito riconosciuta dai contemporanei, e già pochi anni dopo la morte del poeta i suoi versi venivano **letti pubblicamente** e **studiati** in molte università. Ancora oggi la *Divina Commedia* è una delle opere della letteratura italiana più note anche presso il pubblico straniero e ha ispirato opere artistiche, musicali e addirittura videogiochi.

William Blake, *Inferno canto 5*, 1824-1826

25 **Mentre ... disse:** mentre una delle due anime raccontava questa vicenda.
26 **sì che di pietade ... morisse:** al punto che io, per la pietà, persi i sensi, come se morissi.

Mentre che l'uno spirto questo disse[25],
l'altro piangëa; sì che di pietade
io venni men così com'io morisse[26].

E caddi come corpo morto cade.

Guida alla lettura

I temi

Amore virtuoso e amore passione Dante e i poeti del suo tempo avevano accolto le convenzioni tipiche dell'amore cortese [→ p. 238]: la donna era l'incarnazione terrena della bellezza e della virtù, e l'amore che suscitava nell'uomo era un sentimento che nobilitava l'animo, educandolo alla generosità e all'abnegazione. Francesca inizia a parlare proprio di questo amore, che può trovare posto solo nei cuori gentili (amor, ch'al cor gentil ratto s'apprende), a cui non è possibile resistere (amor ch'a nullo amato amar perdona) e che è talmente forte da superare anche i limiti della vita terrena (amor... che come vedi ancor non m'abbandona). Ma l'innamoramento l'ha perduta e la donna si presenta ora come vittima dei suoi stessi sentimenti: la sua virtù non ha saputo resistere alla passione e ne è stata travolta, trasformando uno strumento di elevazione morale in occasione di peccato e di morte. Dante, che tante volte aveva cantato l'amore come sentimento che avvicina l'uomo a Dio, **partecipa al dramma** della donna e comprende la sua fragilità: perciò alla fine perde i sensi, sopraffatto dall'emozione e dalla constatazione del **duplice volto di un sentimento** che può portare alla salvezza o alla dannazione. Nello stesso tempo, Dante prende posizione contro i romanzi cortesi che esaltavano l'adulterio, come quello che spinge Paolo e Francesca a baciarsi: egli contrappone infatti a questa letteratura "immorale", che invita il lettore ad abbandonarsi alla passione e al sentimento irrazionale, la propria opera religiosamente ispirata, che invita il lettore a riflettere e a giudicare, e non solo a commuoversi superficialmente.

Lo stile

La funzione dell'anafora La simpatia umana del poeta per i due amanti traspare anche dalla cura con cui Dante elabora i due discorsi di Francesca, che riassumono in poche frasi piene di pudore la tragedia di due vite. Tali discorsi sono scanditi da alcune **parole-chiave**, che Dante sottolinea ricorrendo alla tecnica dell'anafora o ripetizione.
La **prima** parola-chiave è **"pace"**, che Francesca ha già usato nei versi precedenti a quelli da noi riportati: e si capisce bene che, essendo destinata a essere travolta per l'eternità da una tempesta violentissima, Francesca sogni la pace e ricordi il luogo della sua infanzia come un luogo di pace in cui il Po "discende per aver pace" con i suoi affluenti.
La **seconda** parole-chiave è **"amore"**, che si ripete per **tre volte** all'inizio di ogni strofa (quindi in posizione di grande evidenza), annunciando l'argomento fondamentale del suo racconto: le tre terzine scandiscono i momenti cruciali dell'innamoramento, evidenziandone le cause e le conseguenze:

- la **prima** afferma che l'amore di Paolo nasce dalla gentilezza del proprio animo (*al cor gentil ratto s'apprende*) e dalla contemplazione della bellezza di Francesca (*la bella persona*);
- la **seconda** spiega che Francesca contraccambia l'amore perché l'amore di Paolo è una forza imperiosa e invincibile (*a nullo amato amar perdona*);
- la **terza** ricorda che la morte è stata la tragica conclusione della vicenda (*Amor condusse noi ad una morte*).

La **terza** parola-chiave è **"ancora"**: Francesca sottolinea che il sentimento d'amore perdura anche nella morte (l'intensità dell'amore di Paolo *ancor m'offende*, il mio amore per lui *ancor non m'abbandona*...); e questo fatto, se da un lato è il segno della forza del sentimento, dall'altro è però anche un segno negativo: Francesca, come tutti i dannati, è legata per l'eternità al proprio peccato, per lei non può esservi redenzione, né pentimento, né consapevolezza del proprio errore. Anzi, dalle sue parole traspare un desiderio di giustificazione, quasi una rivendicazione della nobiltà del proprio sentimento.
Infine, nel secondo discorso di Francesca, **la quarta parola chiave è "leggere"** (*leggiavamo, quella lettura, quando leggemmo, più non... leggemmo*). Il libro è stato lo strumento della perdizione di Paolo e Francesca, è evidente che i pensieri della donna siano ossessivamente legati a quell'oggetto; ma Dante, come abbiamo detto, vuole anche spingere il suo lettore a riflettere sul diverso valore dei libri.

Attività

Comprensione

1 **Verifica la tua comprensione del testo rispondendo alle seguenti domande.**

a. *Francesca era nata a*
- ☐ Rimini
- ☐ Ravenna
- ☐ non viene detto

b. *Francesca è morta a*
- ☐ Rimini
- ☐ Ravenna
- ☐ non viene detto

c. *Francesca è stata uccisa da*
- ☐ suo marito
- ☐ non viene detto
- ☐ suo cognato

d. *Francesca si è innamorata di*
- ☐ suo cognato
- ☐ non viene detto
- ☐ un cortigiano

2 **In quale occasione Paolo e Francesca si accorgono del loro amore?**
- Spiega il significato della frase "Galeotto fu il libro e chi lo scrisse".

3 **Con quale espressione Francesca ci fa capire che il suo amore per Paolo non avrà mai fine?**

4 **Come reagisce Dante all'accorato racconto di Francesca?**

Analisi

5 **Spiega il significato della frase «Amor ch'al cor gentil ratto s'apprende».**
- Quale altro verso esprime un concetto analogo?

6 **Perché Francesca racconta a Dante la storia del suo amore anche se ricordare il passato le provoca dolore?**

7 **Spiega quali sono le caratteristiche del personaggio di Francesca, motivando le tue risposte con i necessari riferimenti al testo.**

8 **Individua una sequenza narrativa in cui la voce narrante sia quella di Dante, poi spiega perché Francesca si può definire una narratrice "di secondo grado".**

9 **In questo episodio Dante presenta l'amore come un sentimento**
- ☐ comunque degno sul piano morale
- ☐ pericoloso, che conduce al peccato
- ☐ capace di nobilitare l'uomo, ma solo se è guidato dalla virtù

Motiva la tua risposta.

Rifletti, confronta, scrivi

10 **Per Dante l'amore autentico non ha bisogno di «sensibili dilettazioni» (piaceri sensibili) e può rinunciare a qualsiasi forma di ricompensa. Anzi l'amore può esistere anche se non è corrisposto. Qual è la tua opinione in proposito? Scrivi un tema argomentativo di tre colonne di foglio protocollo sull'argomento, portando esempi e ragionamenti in sostegno della tua tesi e cercando di prevenire eventuali obiezioni.**

11 **Racconta la storia di Paolo e Francesca in un breve articolo di cronaca da pubblicare su un quotidiano locale.**

Dante Gabriel Rossetti, *Paolo e Francesca da Rimini*, 1855

T3

Dante Alighieri [→ p. 82]

Manfredi

da D. Alighieri, *Commedia*, *Purgatorio*, canto III (vv. 103-145), a cura di E. Pasquini e A. Quaglio, Garzanti

Manfredi di Svevia, figlio dell'imperatore Federico II ed erede al trono del Sacro Romano Impero Germanico, fu sconfitto e ucciso nel 1266 a Benevento da una coalizione che faceva capo al Papa, il quale gli negò anche il diritto alla sepoltura.
Su di lui nacquero due leggende: una lo voleva dannato per sempre a causa della scomunica inflittagli dal Papa mentre era in vita; l'altra affermava che il giovane re si era rivolto a Dio in punto di morte, ottenendone il perdono e salvando così la sua anima. Dante abbraccia questa seconda ipotesi e ciò gli permette di sviluppare un discorso morale sul comportamento che la Chiesa dovrebbe tenere per essere degna del mandato affidatole da Cristo.
Egli immagina dunque di incontrare Manfredi sulla spiaggia del Purgatorio, fra le anime di coloro che aspettano di entrare nel Purgatorio vero e proprio perché sono morti scomunicati.

Metro: terzine di endecasillabi a rima incatenata (ABA BCB CDC...)

COLLEGAMENTI

> La combinazione delle rime, p. 23
> La poesia civile, p. 171
> Leggere un'epoca, p. 237

E un di loro incominciò: «Chiunque
tu se', così andando, volgi 'l viso!
Pon mente se di là mi vedesti unque[1]».

Io mi volsi ver' lui e guardail fiso[2]:
biondo era e bello e di gentile aspetto,
ma l'un de' cigli un colpo avea diviso.

Quand'io mi fui umilmente disdetto[3]
d'averlo visto mai, el disse: «Or vedi!»,
e mostrommi[4] una piaga a sommo 'l petto.

Poi sorridendo disse: «Io son Manfredi,
nepote di Costanza[5] imperadrice;
ond'io ti priego che, quando tu riedi,

vadi a mia bella figlia, genitrice
de l'onor di Cicilia e d'Aragona[6],
e dichi 'l vero a lei, s'altro si dice.

Poscia ch'io ebbi rotta la persona
di due punte mortali[7], io mi rendei,
piangendo, a quei che volentier perdona[8].

1 Pon mente ... unque: cerca di ricordarti («pon mente») se mai («unque») mi vedesti da vivo. La domanda è puramente formale, perché Dante, che era nato nel 1265, non avrebbe mai potuto conoscere Manfredi, che era morto nel 1266.
2 guardail fiso: lo guardai intensamente.
3 mi fui ... disdetto: ebbi negato.
4 mostrommi: mi mostrò.
5 nepote di Costanza: Costanza di Altavilla, ultima erede dei Normanni, che avevano conquistato l'Italia meridionale, sposò Enrico VI, imperatore del Sacro Romano Impero Germanico. Questo matrimonio allarmò il Papa, che vedeva minacciato il suo potere dall'espansione dei territori controllati dall'impero. Perciò egli iniziò una politica anti-imperiale, che colpì prima Federico II, figlio di Costanza e di Enrico VI, e poi Manfredi, loro nipote.
6 genitrice de l'onor ... d'Aragona: madre dei re di Sicilia e di Aragona. La figlia di Manfredi sposò il re di Aragona (una regione della Spagna) e i suoi figli ereditarono pertanto le corone della Sicilia («Cicilia») e dell'Aragona.
7 poscia ... mortali: dopo che ebbi il corpo (la persona) ferito (rotta) per due colpi (punte) mortali.
8 volentier perdona: Dio, che perdona tutti coloro che si pentono con sincerità.

Orribil furon li peccati miei;
ma la bontà infinita ha sì gran braccia,
che prende ciò che si rivolge a lei.

Se ’l pastor di Cosenza[9], che alla caccia
di me fu messo per Clemente[10] allora,
avesse in Dio ben letta questa faccia[11],

l’ossa del corpo mio sarieno ancora
in co del ponte[12] presso a Benevento,
sotto la guardia de la grave mora[13].

Or le bagna la pioggia e move il vento
di fuor dal regno[14], quasi lungo ’l Verde[15],
dov’e’ le trasmutò a lume spento[16].

Per lor maladizion sì non si perde,
che non possa tornar l’etterno amore,
mentre che la speranza ha fior del verde[17].

Vero è che quale in contumacia[18] more
di Santa Chiesa, ancor ch’al fin si penta[19],
star li convien[20] da questa ripa in fore[21],

per ognun tempo ch’elli è stato, trenta[22],
in sua presunzïon, se tal decreto
più corto per buon prieghi[23] non diventa.

Vedi oggimai se tu mi puoi far lieto,
rivelando alla mia buona Costanza[24]
come m’hai visto, e anco esto divieto;

ché qui per quei di là[25] molto s’avanza[26]».

N. e S. Gregari, *Manfredi*, s.d.

9 ’l pastor di Cosenza: il vescovo di Cosenza.
10 per Clemente: da papa Clemente IV, il grande avversario politico di Manfredi.
11 in Dio ... questa faccia: avesse ben considerato questo aspetto di Dio, cioè la sua misericordia.
12 sarieno ... in co del ponte: sarebbero ancora in cima («co») al ponte.
13 sotto la guardia ... mora: sotto la protezione di un grande cumulo di massi («grave mora»).
14 di fuor dal regno: fuori dai confini del Regno di Sicilia. Manfredi fu dunque disseppellito e i suoi resti furono dispersi.
15 ’l Verde: il fiume Liri-Garigliano, che segnava allora il confine tra il Regno di Sicilia e lo Stato della Chiesa.
16 dov’e’ ... a lume spento: dove egli («e’»), cioè il vescovo di Cosenza, le fece trasportare a luci spente, cioè senza il rito funebre, come era previsto per i corpi di coloro che erano stati scomunicati.
17 Per lor maladizion ... fior del verde: a causa della maledizione ecclesiastica (l’aggettivo “loro” è riferito agli uomini di chiesa) non si perde mai l’amore verso Dio («etterno amor») al punto da non poterlo più recuperare, almeno finché c’è un po’ («fior») di speranza e di vita.
18 in contumacia: scomunicato, cioè escluso dalla comunità dei fedeli.
19 ancor ch’al fin si penta: anche se si pente in punto di morte.
20 star li convien: deve stare.
21 da questa ripa in fore: fuori della montagna del Purgatorio (Manfredi si trova infatti nell’Antipurgatorio, cioè sulla spiaggia ai piedi della montagna).
22 per ognun tempo ... trenta: trenta volte il tempo che è stato scomunicato.
23 per buon prieghi: grazie alle buone preghiere dei vivi.
24 alla mia buona Costanza: anche la figlia di Manfredi si chiamava Costanza, come la nonna.
25 per quei di là: grazie alle preghiere di chi è ancora vivo. L’avverbio «là» (che abbiamo già trovato all’inizio del discorso di Manfredi, v. 3) indica il mondo terreno, ormai lontano e distante per gli spiriti dei defunti.
26 molto s’avanza: si può progredire nel cammino della salvezza: le preghiere dei vivi, secondo questa teoria, abbreviano la permanenza delle anime in Purgatorio e affrettano il loro ingresso in Paradiso.

Guida alla lettura

I temi

Il racconto di Manfredi Anche in questo episodio Dante utilizza la **voce di un personaggio** per ricostruire una **vicenda storica.** In particolare, cedendo la parola a Manfredi (che rievoca la propria morte attraverso un lungo flashback), Dante si garantisce la possibilità di introdurre nella storia alcuni elementi che gli servono per **dimostrare le proprie convinzioni morali e religiose**: il pentimento confessato da Manfredi è l’occasione per sostenere **l’infinita misericordia di Dio**, che Dante presenta come elemento centrale della dottrina cristiana, facendo risaltare per contrasto la spietatezza di coloro che in terra dovrebbero fornire gli esempi concreti di tale misericordia.

Un personaggio a tutto tondo Manfredi assume nei versi danteschi un **rilievo umano particolare**: egli è l’**eroe** della battaglia di Benevento, ma è anche un **padre** preoccupato di tranquillizzare la propria figlia; è un **sovrano** indignato per l’insulto patito dai suoi resti mortali, ma è anche un **peccatore pentito** e umilmente riconoscente a Dio; ricorda con malcelato disprezzo l'operato della Chiesa, ma sorride a Dante e parla gentilmente con lui... È insomma un personaggio "a tutto tondo", descritto cioè non solo sul piano fisico (*biondo, bello, ferito* ecc.), ma anche su quello **psicologico, morale e affettivo.**

Piano storico e piano morale Dante attribuisce a Manfredi tutte le qualità del cavaliere perfetto, dalla **bellezza** alla **nobiltà** e al **valore**. Le parole del re spostano però l'attenzione dal piano della sua vicenda storica a quello della riflessione sulla misericordia di Dio: il canto diventa così una **aperta condanna della Chiesa** al tempo di Dante, più legata ai propri **interessi terreni** che all'applicazione coerente dei **principi religiosi** su cui si basava la sua stessa esistenza. Tale condanna nasce dal confronto tra l'infinita bontà di Dio, che accoglie Manfredi tra le sue *gran braccia*, e la volontà persecutoria del papa Clemente IV, che fa disperdere le ossa del re dal vescovo di Cosenza, senza rispetto né pietà per la sua morte.

Lo stile

Toni solenni o concitati L'uso sapiente del verso permette a Dante di imprimere alla sua poesia **toni diversi**, ora solenni e pacati, ora concitati e drammatici.

Quando **le frasi coincidono con la misura dei versi**, infatti, le terzine tendono ad assumere il **tono solenne** di affermazioni non discutibili: ciò accade, per esempio, nella strofa che presenta il re Manfredi o in quella che stigmatizza l'atteggiamento vendicativo della Chiesa nei suoi confronti (vv. 4-6; vv. 31-33). Ognuno dei tre versi di queste terzine corrisponde a una frase.

In altri casi invece il poeta **spezza le frasi alla fine del verso**, utilizzando l'enjambement: questo gli permette di dare alle strofe un **tono più concitato e drammatico**, che ben si addice, per esempio, alla rievocazione fatta da Manfredi dell'onta subita dai suoi resti mortali (vv. 22-24): in questo caso, le due frasi grammaticali sono divise nei tre versi e il discorso prosegue nella strofa successiva.

Attività

Comprensione

1 **Verifica la tua conoscenza delle vicende storiche e dei personaggi rispondendo alle seguenti domande.**

a. *Chi era Manfredi?*
- ☐ un amico di Dante
- ☐ un uomo politico
- ☐ un noto eretico
- ☐ un intellettuale

b. *Che cosa fece in punto di morte?*
- ☐ fuggì dal campo di battaglia
- ☐ si pentì dei suoi peccati
- ☐ pensò alla sua buona figlia Costanza
- ☐ inveì contro l'ingiustizia della Chiesa

c. *Chi è il "Clemente" citato al v. 23?*
- ☐ il vescovo di Cosenza
- ☐ il successore di Manfredi
- ☐ il papa nemico di Manfredi
- ☐ il marito della figlia Costanza

2 **Chi ha dissepolto il cadavere di Manfredi e perché? Rispondi riportando le parole del testo.**

3 **A che cosa servono le preghiere che i vivi fanno per le anime dei morti in Purgatorio? Da quali parole del testo lo si capisce?**

Analisi

4 **Rifletti sulla figura di Manfredi così come ci viene presentata da Dante.**
- Spiega con parole tue il significato dell'aggettivo *gentile* al v. 5.
- Spiega perché Dante dimostra simpatia nei confronti di questo personaggio.
- In che cosa consiste l'umiltà di Manfredi?

5 **Rifletti sul messaggio contenuto nel testo. Che cosa rimprovera Dante alla Chiesa di Roma?**
- sul piano politico ...
- sul piano morale ...

6 **Presta ora attenzione agli aspetti formali del testo e individua**
- due esempi di *enjambement*
- due esempi di metafora

Rifletti, confronta, scrivi

7 **Scrivi la parafrasi letterale del testo.**

8 **Scrivi un breve profilo biografico di Manfredi (10 righe) da pubblicare su una rivista come «Focus storia» o «Medioevo». Indicane la famiglia di appartenenza, il ruolo politico ricoperto, i personaggi che dovette affrontare e le battaglie cui partecipò. Puoi ricavare le notizie sul suo conto dal manuale di storia o da una voce enciclopedica.**

In galleria

Narrare per immagini

Fin dalle sue origini, l'arte ha raccontato storie. A partire dalle prime espressioni artistiche, l'uomo ha dipinto scene della sua vita, la caccia, la pesca, il mondo circostante. Anche quando le divinità hanno popolato l'immaginario dei popoli antichi, alla semplice raffigurazione iconica della Grande Madre, del dio Sole, degli dèi dell'Olimpo, si sono venuti affiancando i racconti di miti e leggende in forma di narrazioni sempre più complesse, attraverso immagini che i codici di riconoscimento visivo condivisi dalle comunità trasformavano in bagaglio culturale di ciascun popolo.

Nel Medioevo l'arte cristiana moltiplicò all'infinito le storie delle Sacre Scritture. Quelle storie in origine furono assai stilizzate e povere di dettagli, sia perché l'espressione dei concetti della fede non necessitava una resa naturalistica dei soggetti raffigurati, sia perché quest'arte presupponeva che il pensiero sarebbe subentrato a completare idealmente il racconto. Così una scena della *Visitazione* [1], scolpita sull'**Altare di Ratchis**, duca longobardo, alla metà dell'VIII secolo, con la storia dell'incontro tra Maria e la cugina Elisabetta dopo l'annuncio dell'arcangelo Gabriele, poteva essere resa con due sole figure allacciate in un abbraccio al di sotto di un'arcata.

Nel *Tributo* [2] (1424-1425), dipinto nella Cappella Brancacci della chiesa del Carmine a Firenze molti secoli dopo, **Masaccio** sperimentava un altro modo di narrare. Lo spazio è impiegato come strumento dall'artista per rendere compresenti tre episodi della storia sacra avvenuti in tempi diversi. Cristo, al centro, fulcro di tutta la composizione e circondato a semicerchio dagli Apostoli come in un'esedra o in un'abside, ordina a Pietro di andare a prendere la moneta per il pagamento del tributo nella bocca di un pesce. Il gesto di Pietro sottolinea e amplifica l'ordine di Cristo e allo stesso tempo crea il nesso visivo con l'immagine di Pietro stesso che raccoglie la moneta sulla sinistra e in lontananza. In ultimo, il pagamento del tributo è suggellato dall'incontro delle mani di Pietro e del gabelliere sulla destra. I tre episodi sono strettamente raccordati anche con l'ausilio del colore: il colore azzurro del manto di Cristo ritorna sulla veste di Pietro, creando un nesso visivo fra i tre momenti della storia.

Pisanello, di lì a poco, avrebbe scelto una via diversa: egli volle narrare la storia di *San Giorgio e il drago* [3] (1434-1438) raccontandone il solo antefatto. Il santo si prepara a partire, mentre la principessa attende trepida l'esito dello scontro che solo potrà salvarla dalla morte. Nel narrare l'attesa, l'immobilità del momento che precede il caos del combattimento, l'artista ottiene il massimo di forza drammatica e guadagna alla pittura lo spazio dell'emotività.

[1]

[3]

[2]

Ludovico Ariosto, nato nel 1474 a Reggio Emilia e morto nel 1533, è un poeta italiano. Figlio di un funzionario degli Estensi – signori di Ferrara, Modena e Reggio Emilia –, frequenta fin da giovane la corte ferrarese, entrando in contatto con artisti e letterati. Abbandona dunque gli studi di giurisprudenza per dedicarsi alla letteratura: la sua prima produzione poetica, sia in latino che in volgare, è raccolta nelle *Rime*. Alla morte del padre deve provvedere all'educazione e alla sistemazione di ben quattro fratelli e cinque sorelle e, pertanto, entra al servizio degli Estensi, prima del cardinale Ippolito d'Este e poi del duca Alfonso I. Tra il 1505 e il 1516 Ariosto realizza il suo capolavoro, il poema cavalleresco *Orlando furioso*. Presso la corte estense si cimenta anche nella scrittura di commedie in volgare che riscuoteranno grande successo (*La Cassaria*, *I Suppositi*, *Il Negromante*, *La Lena*, *I Studenti*). Contemporaneamente si dedica alla poesia, con le *Satire*. Nel 1522 accetta controvoglia l'incarico di governatore della Garfagnana, terra infestata da banditi e ribelli. Solo nel 1525, riordinata quella regione, può rientrare a Ferrara, dove trascorre gli ultimi anni di vita accanto all'amata compagna Alessandra Benucci.

T4

Ludovico Ariosto

La pazzia di Orlando

da *"Orlando furioso" di Ludovico Ariosto raccontato da Italo Calvino*, Mondadori

L'Orlando furioso *è il più importante poema cavalleresco del Rinascimento italiano. Composto di 46 canti, in ottave, si propone come continuazione di un precedente poema cavalleresco, l'*Orlando innamorato *di Matteo Maria Boiardo.*
Il momento culminante della vicenda narrata da Ariosto è quello identificato dal titolo (che significa "Orlando pazzo per amore"): il paladino – che, secondo la lunga tradizione incominciata nel Medioevo, simboleggiava il perfetto cavaliere cristiano, tutto dedito alla religione, al re e alla patria – scopre che la donna di cui è follemente innamorato, Angelica, ha sposato il guerriero saraceno Medoro. Orlando non regge alla delusione e cade in uno stato di follia che gli fa scordare ogni regola e ogni principio. Ti proponiamo l'episodio (tratto dal canto XXIII) attraverso la rilettura di Italo Calvino, che affianca ai versi di Ariosto la sua narrazione, ovviamente in un italiano molto più moderno e facilmente comprensibile.

Metro: ottave di endecasillabi con schema ABABABCC

COLLEGAMENTI

> L'ottava, p. 26
> I campi semantici, p. 52
> Leggere un'epoca, p. 237

Orlando passeggiava in riva a un rivo. Vede che i tronchi degli alberi sono pieni di scritte e incisioni. «Però io questa scrittura la conosco», pensa Orlando, e come fa chi s'annoia, prende distrattamente a decifrare le parole. Legge: *Angelica*. Ma certo: è la sua firma! Angelica era passata di lì!

Intorno alla firma di Angelica, cuori trafitti, nodi che s'allacciano, colombe. Angelica innamorata? E di chi mai? Orlando non ha dubbi: «Se s'innamora non può innamorarsi che di me!».

Ma su quei cuori, su quei nodi, c'è un altro nome accoppiato a quello d'Angelica, un nome sconosciuto: *Medoro*. Perché Angelica ha scritto quel nome? Perché ha scritto il nome di qualcuno che non si sa chi sia, di qualcuno che non esiste?

«Forse, – pensa Orlando, – nelle sue fantasticherie amorose, Angelica mi ha soprannominato Medoro, e scrive Medoro dappertutto perché non osa scrivere Orlando». [...]

Angelica e Medor con cento nodi
legati insieme, e in cento lochi vede[1].

1 Angelica ... lochi vede: Orlando (sottinteso) vede in cento luoghi («lochi»), i nomi (sottinteso) di Angelica e Medoro intrecciati insieme con cento nodi.

Quante lettere son, tanti son chiodi
coi quali Amore il cor gli punge e fiede[2].
Va col pensier cercando in mille modi
non creder quel ch'al suo dispetto crede[3]:
ch'altra Angelica sia, creder si sforza,
ch'abbia scritto il suo nome in quella scorza[4].

Poi dice: – Conosco io pur queste note[5]:
di tal' io n'ho tante vedute e lette.
Finger questo Medoro ella si puote:
forse ch'a me questo cognome mette[6]. –
Con tali opinïon dal ver remote[7]
usando fraude a se medesmo[8] stette
ne la speranza il mal contento Orlando,
che si seppe a se stesso ir procacciando[9].

Ma sempre più raccende e più rinuova,
quanto spenger più cerca, il rio[10] sospetto:
come l'incauto augel che si ritrova
in ragna[11] o in visco[12] aver dato di petto,
quanto più batte l'ale e più si prova
di disbrigar, più vi si lega stretto.
Orlando viene ove s'incurva il monte
a guisa d'[13]arco in su la chiara fonte.

Aveano in su l'entrata il luogo adorno
coi piedi storti[14] edere e viti erranti.
Quivi soleano al più cocente giorno[15]
stare abbracciati i duo felici amanti.
V'aveano i nomi lor dentro e d'intorno,
più che in altro dei luoghi circonstanti,
scritti, qual con carbone e qual con gesso,
e qual con punte di coltelli impresso.

Giambattista Tiepolo, *Angelica incide il nome di Medoro su un albero*, 1757

2 fiede: ferisce.
3 non creder ... a suo dispetto crede: Orlando cerca in mille modi di negare («non creder») ciò che, pur contro il suo volere, è costretto a credere.
4 scorza: corteccia.
5 note: caratteri, scrittura.
6 Finger ... cognome mette: Angelica («ella») si può inventare («finger») questo Medoro: forse ha dato a me questo soprannome («cognome»).
7 dal ver remote: così lontane dalla verità.
8 usando ... medesmo: imbrogliando se stesso.
9 ne la speranza ... procacciando: Orlando si aggrappa a quell'unica speranza che era riuscito a crearsi.
10 rio: malvagio.
11 ragna: rete.
12 visco: vischio.
13 a guisa d': a forma di. Orlando giunge dove il monte si incurva a formare una grotta naturale.
14 coi piedi storti: flettendosi e attorcigliandosi.
15 al più cocente giorno: nelle ore più calde del giorno.

Lessico e stile

Pazzia

I termini **pazzia** e **follia** sono usati da Ariosto e da Calvino come sinonimi: entrambi indicano infatti una condizione di malattia mentale, la perdita delle facoltà razionali proprie degli esseri umani e la caduta in uno stato di confusione e di disordine.
Il termine **pazzia** ha la stessa radice del verbo greco *pàthein*, che significa "soffrire", "patire"; il pazzo è quindi colui che soffre. Il termine **follia** deriva invece dal latino *follis*, che significa "contenitore pieno d'aria" e quindi "testa vuota".
Oltre che a uno stato di confusione e di disordine, la condizione del pazzo si unisce per Ariosto alla perdita di consapevolezza di sé.

- Individua nel testo i due aspetti della pazzia.

Gli antichi Greci indicavano con il termine *manìa* la condizione di chi era posseduto da un dio ed era quindi "fuori di sé".

- Approfondisci il concetto facendo una piccola ricerca e porta qualche esempio di "mania" che oggi non definiremmo come "pazzia".

Entra in una grotta. Le pareti di roccia erano tutte istoriate di graffiti e frasi tracciate col carbone o coi gessetti colorati o incise col temperino. Tutte in alfabeto arabo, si capisce. Orlando, esperto in quella lingua, tante volte s'era tratto d'impaccio nelle sue spedizioni oltre le linee nemiche. Quel che c'è scritto, dunque, per lui è chiaro: eppure vorrebbe dubitare di quel che sta leggendo. C'è scritto, in una calligrafia diversa da quella d'Angelica: «Oh star qui con la principessa Angelica abbracciato mattina e sera oh com'è bello». Firmato: «Medoro».

Orlando riflette: «Dunque se Medoro sono io, e non sono stato io a scrivere questo, allora Angelica, fantasticando di star qui abbracciata con me, dev'essersi messa a scrivere queste cose con una calligrafia maschile per rappresentarsi quel che io avrei provato». La spiegazione era ingegnosa, però non stava in piedi. Ormai l'ipotesi che Medoro fosse un suo rivale, Orlando non riusciva più a scartarla. Un rivale sfortunato, naturalmente, che per dar sfogo alle sue fantasie, e per calunniare la donna che l'aveva respinto, aggiungeva il proprio nome là dove Angelica aveva firmato i suoi messaggi d'amore per Orlando. Di nuovo andava troppo lontano: qualsiasi spiegazione tentasse, a un certo punto il ragionamento d'Orlando si rifiutava di seguire la via più semplice, e il pianto che già gli faceva groppo in gola si fermava lì.

Orlando cavalca assorto: è l'imbrunire; vede in fondo alla valle un fumo che si leva d'in cima a un tetto; i cani prendono ad abbaiare; risponde il mugghio d'un armento. C'è una malga di pastori, laggiù. Orlando, macchinalmente, s'avvicina, chiede asilo per la notte. [...]

I pastori si fanno in quattro per accogliere degnamente il paladino: chi gli svita l'armatura di dosso, chi gli toglie gli speroni, chi gli lustra la corazza, chi governa il cavallo. Orlando lascia fare, come un sonnambulo; poi si corica, e resta a occhi sbarrati. Sarà un'allucinazione? Quelle scritte continuano a perseguitarlo. Intorno al letto, sui muri, perfino sul soffitto, egli vede le scritte, dovunque posi gli occhi. Alza la mano per scacciarle: no, sono proprio là, tutta la casa ne è coperta.

– Non puoi dormire, cavaliere? – e il pastore, udendolo smaniare, venne a sedersi al suo capezzale. – Se vuoi ti racconto una storia che più bella non si

Tecniche e generi

Cavalieri e cantastorie

Nel 778 la retroguardia dell'esercito di Carlo Magno, che rientrava in Francia dopo aver combattuto i musulmani di Spagna (chiamati mori o saraceni), fu sorpresa a Roncisvalle, sui Pirenei, dai ribelli baschi e decimata: tra i cavalieri trovò la morte anche il conte Routland o Roland (Orlando, in italiano), paladino alla corte del re. Questo evento fu raccontato molto tempo più tardi da un poeta a noi sconosciuto, che trasformò quell'episodio lontano e del tutto marginale in un'epica battaglia tra cristiani e musulmani, in cui i primi combattevano in difesa della "dolce Francia" e di tutta la cristianità, mentre gli altri erano alla ricerca di nuove conquiste in Europa.
L'autentico *pathos* di un confronto storico in corso (erano i tempi delle prime crociate) costituisce la premessa del successo che la *Chanson de Roland* (così fu intitolato il poema) ebbe subito presso il pubblico, con la ulteriore conseguenza di rendere Orlando un personaggio assai conosciuto e popolare. Contribuì a questa grande popolarità la diffusione del poema a opera di cantastorie girovaghi, che andavano di paese in paese e di piazza in piazza recitando a memoria i versi, aiutati da rime e ritornelli facilmente orecchiabili e capaci di conquistare anche un pubblico non istruito. I cantastorie spesso aggiungevano episodi di propria invenzione, complicavano o rinnovavano quelli già noti, cosicché la gente andava volentieri ad ascoltarli perché, anche nel caso che conoscesse già i fatti, poteva sempre

potrebbe immaginare. Ed è una storia vera. Pensa che in questa povera casa s'era venuta a rifugiare una principessa dell'Oriente...

Orlando è tutt'orecchi.

– E questa principessa aveva raccolto sul campo di battaglia un povero fante ferito, un ragazzotto biondo... [...]

E il pastore racconta a Orlando esterrefatto tutta la storia degli amori d'Angelica e Medoro, e delle loro nozze.

– Proprio in quel letto dove stai sdraiato tu, cavaliere, la principessa e il fantaccino passarono la prima notte di nozze!

Orlando salta su come punto da una vespa.

– Non mi credi, cavaliere? Guarda cosa ci ha regalato a noi poveretti, la principessa, partendo per il Catai con il suo sposo! – e mostra un braccialetto tempestato di gemme. Era il braccialetto che Orlando aveva regalato ad Angelica in pegno d'amore. – Ehi, fermati, cavaliere, dove vai!

Orlando era montato in sella e cavalcava nella notte urlando.

Pianse tanto che si disse: «Queste non possono essere più lacrime perché ormai devo averle versate tutte: quello che mi scende giù dagli occhi è l'essenza vitale che mi sta abbandonando».

Sospirò tanto che si disse: «Questi non possono essere sospiri perché non si fermano mai: è certamente il mio cuore che sta bruciando ed esala questo vento come per la cappa d'un camino».

Soffrì tanto che si disse: «Questo non posso più essere io perché Orlando è morto, ucciso da Angelica. Io sono il fantasma di me stesso che non potrà più trovare pace».

All'alba si ritrovò alla grotta dove Medoro aveva inciso la sua confessione: a colpi di Durindana sbriciolò la roccia nelle acque della fonte che s'intorbidarono per sempre. Poi si coricò sull'erba, spalancò gli occhi al cielo e restò immobile tre giorni e tre notti senza mangiare né dormire.

Al quarto giorno s'alzò, prese a spogliarsi e a gettare i pezzi d'armatura ai quattro punti cardinali. Restò nudo e senz'armi. Cominciò a svellere un pino, poi un rovere, poi un olmo. Da quel momento la pazzia d'Orlando prese a crescere, a scatenarsi, a infuriare sui campi e sui villaggi.

scoprire nuove avventure dei popolari cavalieri cristiani. Un po' come succede oggi con le serie televisive o con i racconti a puntate: il pubblico attende con ansia i nuovi episodi perché sa di trovarvi situazioni e personaggi noti (ai quali, inoltre, è spesso affezionato), ma avventure sempre diverse.
L'enorme popolarità raggiunta da Orlando e dagli altri paladini è all'origine dei grandi poemi cavallereschi del Rinascimento, come quello di Ariosto.

Quel letto, quella casa, quel pastore
immantinente in tant'odio gli casca[16]
che senza aspettar luna, o che l'albóre
che va dinanzi[17] al nuovo giorno nasca,
piglia l'arme e il destriero[18], et esce fuore
per mezzo il bosco alla più oscura frasca[19];
e quando poi gli è aviso[20] d'esser solo,
con gridi et urli apre le porte al duolo[21].

Di pianger mai, mai di gridar non resta[22];
né la notte né'l dì si dà mai pace.
Fugge cittadi e borghi, e alla foresta
sul terren duro al discoperto[23] giace.
Di sé si maraviglia ch'abbia in testa
una fontana d'acqua sì vivace[24],
e come sospirar possa mai tanto;
e spesso dice a sé così nel pianto: [...]

Non son, non sono io quel che paio in viso:
quel ch'era Orlando è morto et è sotterra;
la sua donna ingratissima l'ha ucciso:
sì, mancando di fé[25], gli ha fatto guerra.
Io son lo spirto suo[26] da lui diviso,
ch'in questo inferno tormentandosi erra,
acciò con l'ombra sia, che sola avanza,
esempio a chi in Amor pone speranza[27]. [...]

Afflitto e stanco al fin cade ne l'erba,
e ficca gli occhi al cielo, e non fa motto[28].
Senza cibo e dormir così si serba[29],
che 'l sole esce tre volte e torna sotto.
Di crescer non cessò la pena acerba,
che fuor del senno al fin l'ebbe condotto.
Il quarto dì, da gran furor commosso,
e maglie e piastre[30] si stracciò di dosso.

Qui riman l'elmo, e là riman lo scudo,
lontan gli arnesi[31], e più lontan l'usbergo[32]:
l'arme sue tutte, in somma vi concludo,
avean pel bosco differente albergo[33].
E poi si squarciò i panni, e mostrò ignudo
l'ispido ventre e tutto 'l petto e 'l tergo;
e cominciò la gran follia, sì orrenda,
che de la più non sarà mai ch'intenda[34].

In tanta rabbia, in tanto furor venne,
che rimase offuscato in ogni senso.
Di tor la spada in man non gli sovenne;
che fatte avria mirabil cose, penso.
Ma né quella, né scure, né bipenne[35]
era bisogno al suo vigore immenso.
Quivi fe' ben de le sue prove eccelse[36],
ch'un alto pino al primo crollo svelse:

16 immantinente ... casca: gli diventano improvvisamente così odiosi.
17 l'albóre ... dinanzi: il chiarore (dell'alba) che precede («va dinanzi»).
18 destriero: cavallo.
19 alla più oscura frasca: verso la parte più interna e oscura del bosco («frasca» letteralmente è "fronda"; qui sta per "bosco").
20 gli è aviso: gli sembra.
21 apre le porte al duolo: fa sfogare il suo dolore.
22 non resta: non smette.
23 discoperto: allo scoperto, sulla terra nuda.
24 fontana d'acqua sì vivace: sono gli occhi di Orlando che non smettono di piangere.
25 mancando di fé: tradendo la sua fiducia.
26 lo spirto suo: la sua anima.
27 acciò ... speranza: affinché («acciò») con il suo aspetto («ombra») miserevole sia di monito a chi ripone le sue speranze nell'amore.
28 motto: parola.
29 si serba: rimane.
30 maglie e piastre: le varie parti metalliche da cui era formata l'armatura e la maglia di ferro che veniva indossata sotto di essa.
31 arnesi: i pezzi smontati dell'armatura.
32 usbergo: la corazza rigida che copre il petto.
33 albergo: sede, luogo.
34 sì orrenda ... intenda: così spaventosa che nessuno sentirà mai parlare di una follia peggiore di questa.
35 bipenne: scure a doppio taglio.
36 de le sue prove eccelse: alcune delle sue imprese più grandi.

e svelse dopo il primo altri parecchi,
come fosser finocchi, ebuli o aneti[37];
e fe' il simil di querce e d'olmi vecchi,
di faggi e d'orni e d'illici[38] e d'abeti.
Quel ch'un ucellator che s'apparecchi
il campo mondo, fa, per por le reti,
dei giunchi e de le stoppie e de l'urtiche,
facea de cerri e d'altre piante antiche[39].

I pastor che sentito hanno il fracasso,
lasciando il gregge sparso alla foresta,
chi di qua, chi di là, tutti a gran passo
vi vengono a veder che cosa è questa.
Ma son giunto a quel segno il qual s'io passo
vi potria la mia istoria esser molesta;
et io la vo' più tosto diferire[40],
che v'abbia per lunghezza a fastidire.

37 svelse ... aneti: sradicò («svelse») molti altri alberi come fossero piccole piante erbacee o arbusti quali i finocchi selvatici, gli ebuli (sambuchi) e gli aneti (piante dai semi odorosi simili a finocchi selvatici).

38 orni ... illici: altre piante arboree.

39 Quel ch'un ucellator ... antiche: quello che fa chi va a caccia di uccelli con arbusti ed erbacce («giunchi ... stoppie ... urtiche»), che sradica per aver il terreno sgombro («mondo») in modo da disporre le reti per catturare le prede, fa Orlando di querce («cerri») e altre piante antiche (e quindi grandi e robuste).

40 diferire: rinviare.

Guida alla lettura

Il narratore-regista Quello dell'*Orlando furioso* è un classico esempio di **narratore onnisciente**, che muove i personaggi, interrompe e riprende a suo piacere la narrazione, riflette sui singoli eventi e sul loro significato. Insomma, il narratore si comporta come un **regista** che collega e armonizza le varie scene di un film girato in ambienti e con attori diversi, senza mai perdere il **filo della storia.** Nel brano letto, la voce narrante segue il personaggio, Orlando, nelle **tre tappe** della sua disavventura (la scoperta delle scritte sugli alberi e le conseguenti riflessioni; l'arrivo alla casa del pastore e la rivelazione di ciò che è accaduto; la caduta nella follia vera e propria).
Tuttavia, ciò che caratterizza il narratore in questo brano è la sua capacità di **penetrare nell'interiorità del personaggio** e di raccontarne i pensieri e le emozioni, anche quelli che restano misteriosi al personaggio stesso. Da questa condizione di superiorità nasce uno **sguardo ironico e distaccato**, che osserva con un bonario sorriso le follie dei paladini, il loro vano dibattersi, il loro cieco girovagare nel mondo o all'interno del proprio cuore.

I temi

La nuova concezione laica della vita
A differenza dei poemi epici medievali l'*Orlando furioso* non propone una concezione religiosa della vita: i suoi personaggi sono anch'essi cavalieri nobili e coraggiosi, come i paladini medievali, ma non agiscono in base a principi religiosi, al contrario si muovono sospinti dalle **eterne pulsioni che agitano l'umanità:** l'amore innanzitutto, e poi l'odio, l'amicizia, il desiderio di affermazione personale e di potere ecc. Se sul loro cammino si presentano eventi soprannaturali, si tratta di semplici **espedienti narrativi** che non rimandano ad alcuna credenza di tipo ultraterreno o divino, e funzionano come la magia nelle fiabe.
Anche in questo brano possiamo notare come Orlando sia preda di una **passione amorosa** tutta **terrena e sensuale:** i suoi sentimenti, i suoi pensieri, la sua straordinaria forza, la sua mitica spada non sono al servizio della cristianità, ma puntano alla conquista della donna amata; è proprio perché tutte le forze del paladino sono tese a questo obiettivo che la **delusione**, nel momento in cui capisce che Angelica ha già sposato un altro, lo porta alla **follia**.

L'uomo e il suo destino In ogni situazione i personaggi dell'*Orlando furioso* si trovano a poter contare solo ed esclusivamente sulle **proprie forze** e sulla **propria razionalità**, secondo una visione della vita tipica dell'età rinascimentale di cui Ariosto fu espressione. Ma la capacità individuale di ciascuno di loro deve confrontarsi con la **casualità della sorte**, cioè con quella "cieca fortuna" che domina la vita, vanificando spesso gli sforzi degli uomini e indirizzandoli verso **destini imprevisti.** L'uomo insegue continuamente i suoi desideri, si illude, si ricrede, poi ricomincia a sognare, in un gioco continuo di illusioni, speranze, progetti, delusioni...
Una simile concezione potrebbe apparire pessimistica, perché sottolinea la **debolezza dell'uomo** rispetto alle grandi forze che ne determinano il destino, e la fragilità della ragione rispetto alle passioni, ai sentimenti, alla pazzia che sempre minaccia di prevalere. Ma, secondo Ariosto, proprio **la consapevolezza della sua condizione riscatta l'uomo** dalla sua precarietà esistenziale: l'equilibrio interiore consiste nel riconoscere la realtà della nostra condizione e nell'osservarla con **distacco e iro-**

nia, evitando le ingenuità e gli eccessi che caratterizzano invece Orlando in questo episodio.

Lo stile

Un linguaggio "medio" Il linguaggio di Ariosto presenta contemporaneamente i caratteri di un'accurata **eleganza** e di una estrema **semplicità**, conferendo al suo poema la naturalezza espressiva di un linguaggio "mediamente colto". Naturalmente, per noi il suo linguaggio è **piuttosto difficile**: e in effetti le sue strofe risultano più articolate rispetto a quelle della tradizione precedente, dato che si rivolgono a un pubblico – quello delle corti signorili – ben più istruito ed esigente. L'uso frequente degli **enjambement** imprime ai versi un **ritmo piuttosto veloce** e ogni strofa viene introdotta e "preannunciata" dagli ultimi due versi della strofa precedente, in maniera da creare una struttura nello stesso tempo agile e compatta.

Attività

Comprensione

1 Verifica la tua comprensione del testo rispondendo alle seguenti domande.

a. *Da quale particolare Orlando capisce che Angelica è passata per il bosco dove lui stava vagabondando?*
- ☐ dalle scritte lasciate sugli alberi
- ☐ dalle impronte lasciate dal cavallo
- ☐ dal velo che ha perduto
- ☐ da altre tracce

b. *Chi lo mette al corrente del matrimonio della donna con Medoro?*
- ☐ Medoro stesso
- ☐ un pastore
- ☐ un contadino che lo ospita per la notte
- ☐ nessuno

c. *Quale prova dimostra a Orlando la veridicità della notizia?*
- ☐ il letto su cui Angelica e Medoro hanno fatto l'amore
- ☐ il racconto delle loro nozze
- ☐ altre scritte sugli alberi
- ☐ un gioiello che lui stesso aveva donato ad Angelica

2 Individua e sottolinea nel testo i tre momenti in cui Orlando elabora ragionamenti ingannevoli per negare a se stesso l'evidenza dell'amore fra Angelica e Medoro.

Analisi

3 Rifletti sulle tecniche della narrazione.
- Il narratore del poema è onnisciente: da che cosa puoi dedurlo in questo brano?
- In quale passo del racconto si trova un flashback? Motiva la tua risposta.
- Ti sembra che Ariosto ricorra alla tecnica del colpo di scena oppure no? Motiva la tua risposta e confrontala con quelle dei compagni e dell'insegnante.

4 Analizza il personaggio di Orlando.
- Elenca le manifestazioni della pazzia di Orlando.
- Ti sembra che Orlando sia un personaggio
  - ☐ piatto
  - ☐ a bassorilievo
  - ☐ a tutto tondo

  Motiva la tua risposta.

5 Osserva alcune delle figure retoriche utilizzate dall'Ariosto.
- Nel descrivere la pazzia di Orlando il poeta utilizza la figura retorica dell'iperbole: porta alcuni esempi.
- In quali momenti l'ironia dell'autore interviene a "sdrammatizzare" gli eventi? Individua i passi in questione ed evidenziali nel testo.

Rifletti, confronta, scrivi

6 Tenendo conto delle nostre osservazioni, spiega in forma scritta con un breve testo (15-20 righe al massimo) per quali motivi Ariosto decide di far impazzire d'amore proprio il più famoso tra i paladini della tradizione epica medievale.

7 Ti vengono in mente altri personaggi letterari innamorati? Quali? Prova a fare un paragone tra loro e Orlando nel vivere la gelosia e l'amore, sviluppando il confronto in un testo di tre colonne di foglio protocollo.

Jean-Auguste-Dominique Ingres, *Ruggero libera Angelica*, 1819

Johann Wolfgang Goethe, nato a Francoforte nel 1749 e morto nel 1832, è un poeta e scrittore tedesco. Spinto dal padre, si iscrive a giurisprudenza presso le università di Lipsia e poi Strasburgo, dove comincia a scrivere le prime commedie e alcune poesie ed entra in contatto con i maggiori letterati del tempo, partecipando anche al movimento romantico detto *Sturm und Drang* ("Tempesta e impeto"). Nel 1774 pubblica il romanzo epistolare *I dolori del giovane Werther*, in cui emergono i tratti salienti del Romanticismo tedesco. Chiamato dal granduca Carlo Augusto, nel 1775 si trasferisce a Weimar, dove risiede la corte tedesca, e diventa prima consigliere e poi ministro. A Weimar intreccia un'intensa amicizia con lo scrittore Friedrich Schiller e continua a produrre opere in prosa e in poesia, nonché drammi teatrali come l'*Ifigenia in Tauride* (1779) e la prima stesura del *Faust*, più volte rimaneggiato. Come ogni artista romantico, completa la propria formazione artistica con due viaggi in Italia. Racconterà l'esperienza italiana nelle *Elegie romane* (1790), in versi, e nel *Viaggio in Italia* (1817), in prosa. È considerato il più grande poeta di lingua tedesca e una delle figure-chiave della transizione dall'Illuminismo al Romanticismo.

T5

Johann Wolfgang Goethe

L'apprendista stregone

da J.W. Goethe, *Ballate*, trad. di R. Fertonani, Garzanti

Il giovane apprendista di un potente mago approfitta dell'assenza del maestro e tenta di usare la magia per animare una scopa e farle portare l'acqua al posto suo. Ma qualcosa sfugge al suo controllo: la scopa continua a portare acqua fino ad allagare tutto il pavimento e solo l'intervento del mago evita il peggio.
Alla fine del Settecento, il grande poeta tedesco Johann Wolfgang Goethe raccontò questa storia in una delle sue Ballate, *poesie ispirate alle tradizioni popolari, forse affascinato dai significati allegorici e simbolici che era possibile attribuire alla vicenda.*

COLLEGAMENTI
> La ballata, p. 30

Il vecchio maestro[1] d'incantesimi
finalmente è andato via!
E ora devono i suoi spiriti[2]
fare un poco a modo mio!
Le sue parole e l'opere
io ho guardato e i riti,
e con la forza magica
anch'io so fare prodigi.
    Corri! Corri[3]
    per un tratto bello e buono,
    ché allo scopo
    scorra l'acqua,
    e con ricchi, pieni fiotti
    si riversi nella vasca!
E ora, vecchia scopa, vieni,
prendi gli stracci[4] miseri!
È da tempo, ormai, che servi;
ora esegui i miei ordini!
Sta' ritta su due gambe,
ci sia una testa, sopra,
fa' in fretta e vattene
con questa brocca[5]!

1 **Il vecchio maestro:** a parlare è il giovane apprendista.
2 **i suoi spiriti:** le potenze misteriose che il mago evoca con i suoi incantesimi.
3 **Corri! Corri:** sono le parole dell'incantesimo, con cui l'apprendista stregone anima la scopa.
4 **prendi gli stracci:** con gli stracci l'apprendista stregone crea alla scopa una specie di corpo.
5 **con questa brocca:** quella con cui la scopa dovrebbe riempire una vasca al posto del giovane apprendista.

Corri! Corri
per un tratto bello e buono,
ché allo scopo
scorra l'acqua,
e con ricchi, pieni fiotti
si riversi nella vasca!
Guarda, corre giù alla riva;
tocca il fiume ormai, non sembra
vero, e come un lampo arriva
qui di nuovo e versa in fretta.
Ecco, viene un'altra volta.
Come si colma la vasca!
Come ogni coppa
si riempie di acqua!
Férmati! Férmati[6]!
Poiché noi
dei tuoi doni
la misura abbiamo colma! –
Ahimè, ora è chiara la faccenda.
Ahi, ahi, ho scordato la parola![7]
La parola che la riduce, alla
fine, com'era una volta.
Ah, lei corre e porta veloce.
Oh, se tu fossi la vecchia scopa!
Rapida, sempre nuovi flutti
lei porta dentro con sé.
Ah, e cento fiumi
si gettano su di me.
No, a lungo ancora
non lo posso permettere;
la voglio prendere.
Questa è perfidia![8]
Ah, cresce sempre più la mia angoscia!
Che sguardi! Che grinta[9]!
Oh tu, mostro dell'inferno,
vuoi affogare tutta la casa?
Oltre ogni soglia già vedo

6 **Férmati! Férmati:** è la nuova formula con cui l'apprendista tenta invano di fermare la scopa.
7 **la parola:** la formula magica.
8 **Questa è perfidia!:** evidentemente la scopa non si lascia prendere dall'apprendista, che le attribuisce intenzioni malvagie.
9 **Che grinta:** che espressione cattiva; la scopa ha assunto, secondo l'apprendista, una vera e propria personalità.

Lessico e stile

Rito

Goethe, nella poesia che hai letto, definisce "riti" i gesti con cui il mago accompagna la recitazione delle sue formule. La parola **rito** indica un atto o un insieme di atti che si svolgono secondo norme ben codificate (anche sul piano linguistico: formule, incantesimi, preghiere ecc.). I riti sono legati in particolare alla dimensione del sacro, della religione, del mito, ma anche a quella della magia, della scaramanzia, della superstizione ecc.
I riti (o rituali) sono oggetto dello studio degli antropologi: essi hanno riconosciuto innanzitutto la dimensione pubblica, collettiva, del rito; la funzione di coesione sociale dei riti stessi. Esistono però anche riti privati, personali, per lo più innocui (camminare senza calpestare le righe del marciapiede), a volte sintomo di nevrosi più o meno gravi (i cosiddetti "tic"...).

- Hai mai preso parte a un rito? Fai qualche esempio, indicando i gesti e le parole che lo hanno caratterizzato.
- Esistono, nella tua esperienza, dei riti non legati a una religione particolare, ma alla vita quotidiana? Se sì, fai un esempio di
  – rito familiare: ....
  – rito scolastico: ....
  – ....: ....

l'acqua a fiumi che dilaga.
Scopa scellerata,
non mi dài ascolto!
Bastone, che sei stata,
fermati di nuovo!
Ma non verrà il momento
che tu la voglia smettere?
Io ti voglio prendere,
tenerti stretta,
e sùbito spaccare il vecchio legno
con la tagliente accetta.
Ecco, sotto il peso[10] torna di nuovo!
Non appena su di te mi scaglio,
sarai steso a terra, coboldo[11];
il taglio netto ti coglie di schianto!
Ecco, colpita a dovere!
Guarda, in due è spaccata!
Ora posso sperare
e tirare il fiato!
Oh, che guaio!
I due pezzi
in gran fretta, come servi,
sono pronti a ogni cenno,
all'impiedi ritti stanno!
Oh, aiuto, forze del cielo!
E corrono! L'acqua irrompe
nella sala e su ogni gradino.
Che orrenda massa di onde!
Signore e maestro, ascolta il mio grido! –
Oh, il maestro arriva!
Signore[12], il pericolo è grande!
Gli spiriti chiamati per magia,
non riesco a liberarmene.
«In quell'angolo[13], presto,
scope, scope!
Siate quello che foste!
Come spiriti voi
al suo scopo evoca il vecchio
maestro, e solo lui.»

Christine Poulin, *Il mago*, 2005

10 sotto il peso: sottoposta alla forza di gravità, quindi immobile a terra.
11 coboldo: spirito maligno.
12 Signore: l'allievo si rivolge ora al maestro.
13 In quell'angolo: sono le parole pronunciate dal maestro.

Guida alla lettura

I temi

Un racconto "teatrale" Il testo di Goethe racconta una storia che, nei suoi elementi essenziali, è molto semplice e chiara, ma utilizza una **tecnica piuttosto insolita**, che ne rende la lettura più complessa, almeno a prima vista. La voce narrante, infatti, è quella del protagonista, l'**apprendista stregone**, il quale alterna la **riflessione fra sé e sé**, le **parole che rivolge alla scopa** e quelle che **rivolge al maestro.** Nell'ultima strofa, il maestro interviene anch'egli **in prima persona** a pronunciare la formula magica che pone fine al dramma e a enunciare la morale del racconto, l'ammonimento che dovrà rendere più cauto in futuro il giovane allievo. Insomma, il testo ha un carattere narrativo, ma anche teatrale, in quanto è **tutto affidato ai discorsi diretti** dell'allievo e del maestro.

Un racconto allegorico La vicenda dell'apprendista stregone non è una semplice fiaba popolare. Per Goethe, essa racchiude in sé una **riflessione** sul proprio tempo e sul modo in cui l'uomo si rapporta con la natura. Non dobbiamo dimenticare che Goethe vive ai tempi della prima **rivoluzione industriale**, nel momento in cui le conoscenze scientifiche trovano applicazioni pratiche, tecnologiche, e danno agli esseri umani l'illusione di poter **dominare le forze della natura.** Si tratta per Goethe di una illusione pericolosa, se l'enorme potere che la scienza e la tecnologia (la magia, nella finzione fiabesca) mettono nelle mani dell'uomo non viene usato con saggezza e con prudenza (quelle che il maestro possiede e che all'allievo ancora mancano).

Il carattere dell'apprendista Che l'apprendista sia **privo di saggezza** è evidente fin dall'inizio della vicenda, laddove egli stesso chiarisce perché intende imitare il maestro: il giovane allievo non è animato dal desiderio di sapere, di penetrare nei misteri della natura, ma vuole usare la magia semplicemente per pigrizia, per far sì che la scopa esegua il faticoso trasporto dell'acqua al posto suo. L'ingenuità dell'apprendista si conferma in seguito: laddove il maestro, alla fine della storia, interverrà con decisione e semplicità, da persona autorevole ed equilibrata, lui cade in un **entusiasmo** un po' infantile quando vede che il suo incantesimo funziona e in una **disperazione** altrettanto infantile quando si accorge di non poterlo più fermare.

Lo stile

Un eccesso di esclamazioni Lo stile rispecchia il carattere emotivo dell'apprendista stregone soprattutto attraverso l'abuso delle esclamazioni: nota infatti la **frequenza dei punti esclamativi**, che rivelano l'emotività e la mancanza di equilibrio interiore del personaggio.

Nel testo originale, le **strofe dispari** (che hanno carattere più narrativo e descrittivo) hanno un ritmo più ampio e discorsivo, mentre le **strofe pari** (in cui si trovano le formule magiche, le ingenue manifestazioni di entusiasmo dell'apprendista e le sue invettive contro la scopa) hanno un carattere più ritmico e scandito. Naturalmente la traduzione ci fa perdere una parte di questi artifici, conservando invece il tono complessivo del testo.

Attività

Comprensione

1 **Verifica la tua comprensione del testo rispondendo alle seguenti domande.**

a. *Chi è il protagonista della vicenda?*
- ☐ lo stregone
- ☐ l'apprendista stregone
- ☐ la scopa

b. *Quali motivazioni spingono l'apprendista ad agire?*
- ☐ il desiderio di emulare il maestro
- ☐ il desiderio di lavorare meno
- ☐ il desiderio di conoscenza

c. *Che cosa caratterizza la scopa?*
- ☐ il fatto di essere un personaggio, benché muto
- ☐ il fatto di non essere un personaggio, perché non parla
- ☐ il fatto di non essere il narratore

2 **Ricostruisci gli avvenimenti narrati, completando le seguenti frasi.**
- Antefatto: il maestro ....
- Esordio: l'apprendista stregone ne approfitta e ....
- Prima peripezia: grazie alla formula magica, ...
- Seconda peripezia: la scopa, animatasi, ...
- Momento culminante: l'apprendista si accorge che ....
- Falso scioglimento: l'apprendista spacca la scopa in due, ma ....
- Vero scioglimento: l'apprendista stregone chiama ....

Analisi

3 **Goethe utilizza alcune tecniche narrative importanti. Individua nel testo le seguenti.**
- flashback ....
- colpo di scena ....
- anticipazione ....

4 **Nel corso della poesia, l'apprendista stregone si rivolge sia alla scopa, sia al maestro.**
- Sottolinea con colori differenti le parole indirizzate alla scopa e quelle indirizzate al maestro.
- Che cosa dice l'apprendista alla scopa? Che cosa dice al maestro?

5 **Negli altri versi della poesia, che cosa dice l'apprendista? Rileggi attentamente quelle parole e sintetizzane il significato.**

6 **Questa ballata può essere letta come un'allegoria del rapporto fra l'uomo e la natura.**
- Che cosa simboleggia la magia?
- Che cosa simboleggia la scopa?
- Che cosa simboleggia il maestro?
- Che cosa simboleggia l'apprendista stregone?

7 **Osserva l'aspetto dei versi e delle strofe.**
- Nella poesia si alternano due tipi di strofe: quali differenze noti nel numero e nella lunghezza dei versi?
- Osserva in particolare la seconda e la quarta strofa: perché sono uguali?

Rifletti, confronta, scrivi

8 **La riflessione sulla tecnologia e sui suoi rischi è ancora di straordinaria attualità. A partire da un avvenimento di cronaca che ha colpito la tua attenzione, svolgi alcune riflessioni su questo argomento, scrivendo un testo di circa 1500 caratteri.**

9 **Utilizzando un linguaggio meno aulico, trasforma il testo della ballata in un dialogo teatrale tra il maestro e il suo apprendista.**

Dal genere al film

Fantasia
di Walt Disney

Titolo originale: Fantasia.

1) Toccata e fuga in re minore.
Regia: Samuel Armstrong.
Musica: Johann Sebastian Bach.
Sceneggiatura: Lee Blair, Elmer Plummer, Phil Dike.

2) Lo schiaccianoci.
Regia: Samuel Armstrong.
Musica: Pëtr I. Čajkovskij.
Sceneggiatura: Sylvia Moberly-Holland, Norman Wright, Albert Heat, Bianca Majolie, Graham Heid.

3) L'apprendista stregone.
Regia: James Algar.
Musica: Paul Dukas.
Sceneggiatura: Perce Pearce, Carl Fallberg.

4) La sagra della primavera.
Regia: Bill Roberts, Paul Satterfield.
Musica: Igor Stravinskij.
Sceneggiatura: William Martin, Leo Thiele, Robert Sterner, John Fraser McLeish.

5) La Pastorale.
Regia: Hamilton Luske, Jim Handley, Frod Beebe.
Musica: Ludwig Van Beethoven.
Sceneggiatura: Otto Englander, Webb Smith, Erdman Penner, Joseph Sabo, Bill Peet, George Stalligs.

6) Danza delle ore.
Regia: T. Hee, Norman Ferguson.
Musica: Amilcare Ponchielli.

7) Una notte sul monte Calvo e **Ave Maria.**
Regia: Wilfred Jackson.
Musica: Modest Musorgskij, Franz Schubert.
Sceneggiatura: Campbell Grant, Arthur Heinemann, Phil Dike. Con la partecipazione di Leopold Stokowski e della Philadelphia Orchestra.

Produzione: Walt Disney Productions.
Durata: 120'.
Origine: USA, 1940.

Terzo lungometraggio prodotto da Disney dopo *Biancaneve e i sette nani* (1937), il primo cartoon a tentare con successo la strada del lungometraggio, e *Pinocchio* (1940), dal romanzo di Collodi, *Fantasia* rappresenta il tentativo di coniugare l'intrattenimento con l'elevazione culturale, combinando brani celeberrimi di musica classica con l'animazione popolare. Alcuni degli episodi hanno una dimensione narrativa direttamente ispirata al tema della musica (*L'apprendista stregone*) o meno (*La danza delle ore*), mentre altri giocano sul succedersi delle immagini che cercano di replicare il "contenuto" della musica, come in *La sagra della primavera*, trasformata nella narrazione dell'origine e della distruzione della terra, la *Pastorale*, che accompagna una festa gioiosa di centauri, satiri e ninfe, e *Una notte sul monte Calvo*, che mette in scena un terribile sabba, tra diavoli e streghe; altre parti sono invece più legate a una figurazione astratta, come la *Toccata e fuga in re minore*, che si affida a una combinazione astratta di forme e colori, mentre *Lo schiaccianoci* vede prendere vita un mondo di ortaggi e vegetali antropomorfici.
Al suo primo apparire in sala *Fantasia* non incontrò subito i gusti del pubblico: troppo corrivo per gli amanti della musica colta, troppo difficile per gli appassionati di animazione. Ma il suo successo crebbe nel tempo, fino a renderlo uno dei film cardine della "mitologia" disneyana, tanto che per molti bambini e per molti adulti il primo incontro con Bach, Stravinskij o Musorgskij è avvenuto proprio grazie alle esecuzioni della Philadelphia Orchestra abbinate ai colori e alle forme dell'animazione disneyana.

Tra i personaggi dell'universo Disney, Topolino è l'unico ad apparire nel film, nei panni di un piccolo mago, alle prese con una scopa che, dopo essersi animata, rifiuta di obbedire ai suoi ordini. (*L'apprendista stregone*).

L'atmosfera di *Una notte sul monte Calvo* è cupa e oscura come quella di un horror, tra streghe, diavoli e altre creature infernali.

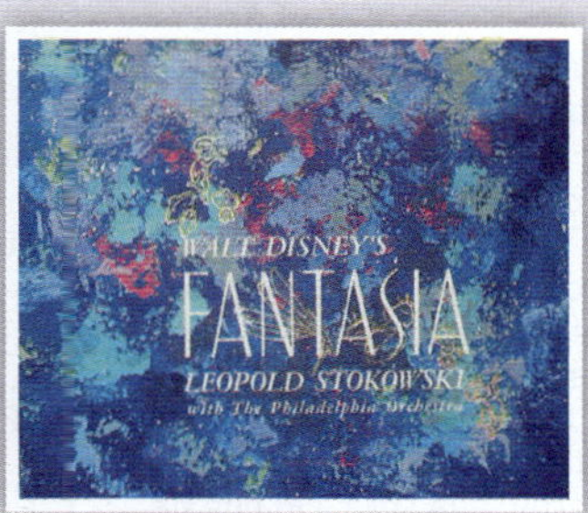

Il titolo del film deriva dall'uso che in musica si fa del termine "fantasia", che indica una composizione comprendente brani di atmosfere diverse; proprio come accade nel film, che è una mescolanza di corti di generi diversi, dalla commedia all'horror alla fantascienza fino alla figurazione astratta.

Giuseppe Ungaretti, nato nel 1888 ad Alessandria d'Egitto da famiglia di origine lucchese e morto nel 1970, è un poeta italiano. Ancora adolescente si trasferisce dall'Egitto a Parigi, dove comincia a scrivere poesie. Tornato in Italia nel 1914, combatte nella Prima guerra mondiale, esperienza alla base della sua prima raccolta poetica, *Il porto sepolto* (1916). Nel 1919 esce la seconda raccolta, *Allegria di naufràgi*, che vedrà diverse stesure fino a quella definitiva, intitolata *L'allegria*, del 1943, comprendente anche *Il porto sepolto*. Dopo la Grande guerra aderisce al fascismo e si dedica al giornalismo, come corrispondente da Parigi. Nel 1933 esce una nuova raccolta di versi, *Sentimento del tempo*, nettamente diversa dalle precedenti sia per i temi (prevale la riflessione sul tempo e sulla morte) che per le scelte espressive e stilistiche (il linguaggio è più difficile, più ricco di simboli e di analogie). Trasferitosi nel 1936 a San Paolo, in Brasile, per insegnare letteratura italiana, nel 1939 è colpito dalla morte del figlio di soli nove anni: la tragedia privata si riflette in quella collettiva della Seconda guerra mondiale e ispira la raccolta di versi, *Il dolore* (1947). Tornato definitivamente in Italia, Ungaretti pubblica ancora poche poesie, raccogliendo tutta la propria opera sotto il titolo complessivo *Vita d'un uomo* (1969).

T6

Giuseppe Ungaretti

I fiumi

da *Vita d'un uomo*, Mondadori, Milano 1969

*Tratta dalla prima raccolta di versi (*Il porto sepolto*, del 1916),* I fiumi *è una delle poesie più famose di Ungaretti.*
Durante la prima guerra mondiale, il poeta si trova al fronte, lungo l'Isonzo, il fiume sulle cui rive erano schierati gli eserciti italiano e austriaco. Un giorno, approfittando di una pausa dei combattimenti, il poeta si apparta e fa un bagno. L'esperienza, il contatto con l'acqua, il momento di pace, fanno riemergere in lui una serie di ricordi: alla sera, ripensandoci, tutta la sua vita gli appare legata ai fiumi, che hanno scandito le tappe della sua crescita e della sua maturazione interiore.

Metro: versi liberi

COLLEGAMENTI
> La poesia civile, p. 171
> *San Martino del Carso*, p. 38
> *In memoria*, p. 195
> *La madre*, p. 341

Cotici il 16 agosto 1916

Mi tengo a quest'albero mutilato[1]
abbandonato in questa dolina[2]
che ha il languore[3]
di un circo
prima o dopo lo spettacolo
e guardo
il passaggio quieto
delle nuvole sulla luna

stamani[4] mi sono disteso
in un'urna[5] d'acqua
e come una reliquia
ho riposato

l'Isonzo scorrendo
mi levigava
come un suo sasso

ho tirato su
le mie quattro ossa

1 mutilato: rovinato dalla guerra.
2 dolina: avvallamento di forma circolare, a imbuto, tipico della regione del Carso, in cui il poeta si trova; il termine deriva dallo sloveno "dol", che significa "valle".
3 languore: malinconia, tristezza.
4 Stamani: stamattina: il poeta ricorda, alla sera, ciò che ha fatto in precedenza.
5 urna: contenitore; il termine indica semplicemente una pozza nel fiume, ma trasmette il senso di un'esperienza quasi religiosa.

e me ne sono andato
come un acrobata
sull'acqua

mi sono accoccolato
vicino ai miei panni
sudici di guerra
e come un beduino[6]
mi sono chinato a ricevere
il sole

questo è l'Isonzo
e qui meglio
mi sono riconosciuto
una docile fibra
dell'universo

il mio supplizio[7]
è quando
non mi credo
in armonia[8]

ma quelle occulte[9]
mani
che m'intridono[10]
mi regalano
la rara
felicità

ho ripassato
le epoche
della mia vita

questi sono
i miei fiumi

questo è il Serchio[11]
al quale hanno attinto
duemil'anni forse

6 beduino: nomade del deserto.
7 il mio supplizio: la mia infelicità, il mio dolore.
8 in armonia: con la natura, con il mondo che mi circonda.
9 occulte: segrete, misteriose.
10 m'intridono: mi imbevono.
11 Serchio: fiume della Toscana; la famiglia di Ungaretti era originaria della provincia di Lucca.

Attendamento nel medio Isonzo, 1916

Lessico e stile

Nostalgia

La parola **nostalgia** deriva dal greco *nòstos* (ritorno) + *algìa* (dolore) e indica lo stato d'animo di chi soffre perché è lontano da casa e sogna il ritorno. La parola *nòstos* (al plurale: *nòstoi*) è particolarmente importante perché, nella tradizione letteraria greca, indica le opere che narrano i viaggi di ritorno da Troia degli eroi greci (il più famoso è ovviamente quello di Odisseo, narrato nel secondo poema omerico).

La nostalgia non va quindi confusa con altri stati d'animo "negativi", come per esempio la tristezza, la malinconia, la noia, la depressione ecc. Ungaretti, nei *Fiumi*, usa questo termine nel suo significato preciso, nel momento in cui ripensa al proprio passato e ai vari luoghi che hanno segnato le epoche della sua vita.

Naturalmente, su un piano più generale, la nostalgia è il sentimento di chi rimpiange una condizione di felicità o di serenità perdute: è quindi una condizione universale, come rivela il mito dell'Eden, il paradiso da cui l'umanità sarebbe stata cacciata all'origine dei tempi, comune a molte religioni, che sul piano psicologico rimanda al trauma della nascita e alla perdita di quel piccolo paradiso personale che è stato per ciascuno di noi il ventre materno.

- Che cosa differenzia la nostalgia dalla malinconia? Pensa a qualche momento in cui hai provato questi stati d'animo e rispondi facendo riferimento alla tua esperienza.
- L'aggettivo "nostalgico" (derivato evidentemente da nostalgia) è spesso usato con una sfumatura negativa: chiarisci il perché, formando una frase con questo aggettivo.

di gente mia campagnola
e mio padre e mia madre

questo è il Nilo[12]
che mi ha visto
nascere e crescere
e ardere d'inconsapevolezza
nelle distese pianure

questa è la Senna[13]
e in quel suo torbido
mi sono rimescolato
e mi sono conosciuto

questi sono i miei fiumi
contati nell'Isonzo

questa è la mia nostalgia
che in ognuno[14]
mi traspare
ora ch'è notte
che la mia vita mi pare
una corolla
di tenebre

Sanford Robinson Gifford, *Bozzetto sul Nilo*, 1869

12 Nilo: il fiume sul cui delta si trova Alessandria d'Egitto, la città natale di Ungaretti.
13 Senna: il fiume di Parigi, la città in cui Ungaretti trascorse alcuni anni in gioventù.
14 in ognuno: in ogni uomo.

Guida alla lettura

Una poesia-racconto La prima strofa della poesia serve da **introduzione**: il poeta, alla sera, ricorda ciò che è accaduto poche ore prima, al mattino. L'**indicazione di luogo e data**, posta subito dopo il titolo, conferisce alla poesia un carattere **diaristico**: l'autore racconta avvenimenti reali e mette in pagina stati d'animo da lui realmente provati.
Nelle strofe 2-6, Ungaretti racconta (mediante un ampio **flashback**) di aver fatto **un bagno nell'Isonzo**: questa esperienza assume per lui il valore di una cerimonia sacra, come rivelano i termini *urna* e *reliquia*; immergendosi nell'acqua, si è sentito leggero *come un acrobata*, ha ripensato alla propria infanzia in Egitto (*come un beduino...*) e si è sentito **in armonia con l'universo** intero.
Nelle strofe 7 e 8 il poeta introduce una **sequenza riflessiva**, una **divagazione** rispetto al racconto vero e proprio: l'infelicità, per lui, coincide con una sensazione di disarmonia; il bagno nel fiume gli ha regalato invece un momento di felicità.
Nelle strofe 9-14, il poeta **ripensa alla propria vita**, che è stata segnata da **vari fiumi**: il Serchio, che rappresenta le origini contadine della sua famiglia, nella Lucchesia (Toscana); il Nilo, che rappresenta l'infanzia in Egitto; la Senna, che rappresenta la giovinezza e il raggiungimento della maturità a Parigi. Tutti questi fiumi il poeta ritrova idealmente nell'Isonzo.
L'ultima strofa serve da **conclusione**: si torna alla situazione iniziale, al paesaggio notturno, e la poesia si conclude circolarmente.

I temi

La natura e la storia La situazione in cui il poeta si trova è fortemente simbolica: da un lato intorno a lui vi sono infatti i segni della storia, che si manifesta come **distruzione, guerra, morte**; dall'altro, ci sono i segni della natura, in parte vittima della storia (l'albero *mutilato*: nota come l'aggettivo conferisca un carattere umano all'albero stesso), in parte **luogo di felicità e di pace**.
L'acqua Assume nella poesia un **valore simbolico positivo**: immergendosi nell'Isonzo il poeta ha l'impressione di vivere un'**esperienza religiosa**, un momento di **comunione con l'universo**, che interrompe, sia pure momentaneamente, il suo *supplizio*, cioè la sua sensazione di non essere in armonia con il mondo.
La circolarità Accanto all'acqua, anche il cerchio ha nella poesia di Ungaretti un valore simbolico positivo: forma circolare hanno infatti la **dolina** (paragonata infatti a un **circo**) in cui il poeta si trova all'inizio e la **corolla** (il fiore) di tenebre a cui il poeta paragona la propria vita nell'immagine conclusiva. La poesia stessa ha una **struttura circolare**, come abbiamo visto (l'ultima strofa riprende la prima).
Perché la forma circolare è connotata positivamente? Perché la natura, come è noto, segue ritmi circolari, ripetitivi (ogni anno ripropone le stesse stagioni, ogni giorno vede il sorgere e il tramontare del sole ecc.), mentre la storia ha un andamento lineare, il tempo storico non torna mai su se stesso. Il poeta, immerso nella guerra, tenta di **dare un significato alla propria vita** e ci riesce proprio riconoscendosi *una docile fibra dell'universo* (cioè una piccola parte della natura) e ritrovando nell'Isonzo i fiumi che hanno segnato non solo il proprio passato, ma anche quello della sua famiglia, dei suoi antenati ecc.

Lo stile

La poetica della parola La prima raccolta di Ungaretti (da cui è tratta questa poesia) si caratterizza per la ricerca di un **linguaggio poetico** fortemente **innovativo.** L'autore, in polemica con la tendenza retorica, celebrativa, di molte poesie dell'epoca, intende riattribuire alla parola poetica il suo pieno valore, sottolineandone l'**intensità** e caricandola di echi e di contenuti psicologici. Per questo egli colloca spesso le **parole isolate**, creando versi brevissimi, che ne contengono una o due soltanto, in modo da dar loro la massima evidenza; ed evita i **segni di punteggiatura**, riducendo al minimo la sintassi (le subordinate sono quasi del tutto assenti, ogni strofa coincide con una sola frase), per porre al centro dell'attenzione la singola parola, e non il discorso o lo svolgimento logico del pensiero.

Similitudini, metafore, analogie La ricerca di **massima intensità espressiva** porta Ungaretti a ricorrere spesso ad alcune figure retoriche come la **similitudine** e la **metafora.** Nota per esempio, nella prima metà della poesia, la frequenza dei **confronti**: tra la *dolina* e il *circo*, tra il poeta stesso e *una reliquia*, *un acrobata*, *un beduino* ecc.

Anche le metafore sono presenti (*albero mutilato*, come abbiamo già visto, è la prima; un'*urna d'acqua* è la seconda), ma diventano più frequenti soprattutto nella seconda metà della poesia, dove il poeta vive il suo momento di comunione con la natura e ripensa alle tappe della propria esistenza. Qui le **metafore** si fanno più dense, più difficili, e **diventano analogie** (cioè metafore in cui il rapporto fra le immagini non è spiegabile in termini razionali): l'acqua dell'Isonzo diventa così *mani che m'intridono*, l'infanzia è definita *ardere d'inconsapevolezza* (forse con riferimento al clima tropicale dell'Egitto), la Senna diventa un *torbido* (e l'immagine rimanda senza dubbio ai turbamenti dell'adolescenza, alle incertezze della prima giovinezza ecc.), fino all'immagine conclusiva della *corolla di tenebre*, in cui si racchiude il senso dell'intera vita del poeta (fiore e buio, dolcezza e mistero, circolarità e paura...).

Attività

Comprensione

1 **Verifica la tua comprensione del testo rispondendo alle seguenti domande.**

a. *Dove si trova il poeta?*
- ☐ in Italia
- ☐ in Austria
- ☐ in Francia
- ☐ in Egitto

b. *Le città a cui è legata la vita di Ungaretti sono nell'ordine*
- ☐ Lucca, Alessandria, Parigi
- ☐ Parigi, Alessandria, Gorizia
- ☐ Gorizia, Firenze, Alessandria, Parigi
- ☐ Firenze, Alessandria, Parigi

c. *La poesia ha una struttura circolare perché*
- ☐ sia nella prima che nell'ultima strofa si trovano immagini di oggetti rotondi
- ☐ il cerchio è un simbolo che Ungaretti considera positivo
- ☐ la vita ha andamento ciclico, circolare
- ☐ l'ultima strofa riprende la situazione descritta nella prima

2 **Riassumi brevemente il contenuto narrativo della poesia, ripercorrendo il testo.**

Analisi

3 **Nella poesia si trovano numerosi flashback. Individuali e spiega qual è il loro contenuto.**

4 **In questa poesia troviamo un narratore**
- ☐ onnisciente
- ☐ non onnisciente

perché ....
- ☐ interno
- ☐ esterno

perché ....

5 **Osserva l'indicazione di luogo e di data posta in apertura della poesia e spiega qual è la sua funzione.**

6 **Con la sesta strofa inizia la riflessione del poeta sul suo rapporto con la natura.**
- In quali immagini la natura è umanizzata e partecipa all'esperienza del poeta?
- Qual è l'atteggiamento del poeta verso la natura?

7 **Analizza il legame di Ungaretti con i "suoi" fiumi, specificando per ciascuno di essi che cosa rappresenta nella vita del poeta.**

8 **L'uso di alcuni termini, come «urna» e «reliquia», ci fa capire che l'esperienza vissuta dal poeta ha un valore quasi religioso, di purificazione.**
- Quali altre espressioni confermano questa interpretazione?
- Da che cosa si purifica il poeta?

9 **Qual è l'esperienza fondamentale che viene descritta nella poesia?**
- ☐ l'osservazione della luna
- ☐ il bagno nell'Isonzo
- ☐ la guerra
- ☐ il ricordo dei fiumi dell'infanzia

Motiva la tua risposta, tenendo conto del tema centrale che il poeta sviluppa nel testo.

Rifletti, confronta, scrivi

10 **Hai mai pensato alla tua vita come a una successione di "epoche"? Quali tappe ti sembra di poter individuare, fino a questo momento?**
- Ricorda che le tappe non devono essere necessariamente dei "periodi", ma possono anche essere dei momenti, purché segnati da un'esperienza importante;
- Prova a collegare ogni fase della tua vita a un luogo o a una presenza significativa (non necessariamente un fiume).

Esponi i risultati della tua riflessione in forma scritta, con un breve testo (circa 15-20 righe).

Applichiamo il metodo

Cesare Pavese, nato a Santo Stefano Belbo (in provincia di Cuneo) nel 1908 e morto nel 1950, è uno scrittore italiano. Di famiglia piccolo borghese di origine contadina e rimasto orfano di padre a sei anni, studia a Torino, dove entra in contatto con gli ambienti intellettuali e antifascisti e dove si laurea (nel 1932), iniziando poi un'intensa attività di traduttore. Nel 1935 viene arrestato per attività antifascista e confinato in Calabria; proprio in quegli anni comincia a scrivere il diario *Il mestiere di vivere*, pubblicato postumo nel 1952, e nel 1936 compare la sua prima raccolta poetica, *Lavorare stanca*, che passa quasi inosservata dalla critica. Tornato a Torino, riprende la sua opera di scrittore lavorando con la casa editrice Einaudi e contribuendo, assieme a Elio Vittorini, alla diffusione in Italia della letteratura americana, considerata un esempio di libertà da opporre alla chiusura culturale del regime fascista. All'interno della produzione di Pavese, molti sono i romanzi dal forte richiamo autobiografico, come *Paesi tuoi*, *La casa in collina* e *La luna e i falò*, scritti fra il 1941 e il 1950, anno in cui decide di porre termine alla sua vita suicidandosi a Torino.

T7

Cesare Pavese

I mari del Sud

da C. Pavese, *Lavorare stanca*, in *Le poesie*, Einaudi

Il testo è una poesia-racconto: siamo nella prima metà del Novecento e il poeta racconta il suo incontro con un cugino tornato in paese dopo essere emigrato da ragazzo in cerca di lavoro e aver trascorso molti anni in giro per il mondo. Il cugino ha fatto fortuna ed è diventato un uomo sicuro di sé, ambizioso e stimato, ma non ha dimenticato le sue radici e il profondo legame che lo unisce alla terra d'origine e alla sua gente.

Metro: strofe di varia misura composte da versi lunghi liberi

COLLEGAMENTI
> E.L. Masters, *La collina*, p. 322
> F. Gehring, *La Merica*, p. 509

I caratteri della poesia narrativa

Camminiamo una sera sul fianco di un colle,
in silenzio. Nell'ombra del tardo crepuscolo
mio cugino è un gigante vestito di bianco,
che si muove pacato, abbronzato nel volto,
taciturno. Tacere è la nostra virtù.
Qualche nostro antenato dev'essere stato ben solo
– un grand'uomo tra idioti o un povero folle –
per insegnare ai suoi tanto silenzio.

La solitudine è introdotta subito come elemento esistenziale che accomuna i due uomini.

Mio cugino ha parlato stasera[1]. Mi ha chiesto
se salivo con lui: dalla vetta si scorge
nelle notti serene il riflesso del faro[2]
lontano, di Torino. «Tu che abiti a Torino...»
mi ha detto «...ma hai ragione. La vita va vissuta
lontano dal paese[3]: si profitta[4] e si gode
e poi, quando si torna, come me a quarant'anni,
si trova tutto nuovo. Le Langhe non si perdono[5].»

I personaggi

1 **ha parlato stasera:** il fatto che il cugino parli, contravvenendo alle sue abitudini silenziose, sottolinea l'importanza delle cose che ha da dire.
2 **faro:** il faro posto sul colle della Maddalena, in ricordo dei caduti della Prima guerra mondiale.
3 **lontano dal paese:** entrambi i personaggi hanno lasciato il paese dove sono nati. Il cugino per navigare nei mari del Sud, il poeta per andare più semplicemente a Torino.
4 **si profitta:** si fa fortuna, si guadagna.
5 **Le Langhe non si perdono:** il luogo dove si è nati fa parte per sempre della nostra identità (le Langhe sono una zona collinare del Piemonte, in provincia di Cuneo, dove Pavese è nato e ha passato l'infanzia).

Il fatto che il cugino, nonostante la lunga lontananza, parli ancora il dialetto dimostra l'attaccamento alla sua terra.

Tutto questo mi ha detto e non parla italiano,
ma adopera lento il dialetto, che, come le pietre
di questo stesso colle, è scabro tanto
che vent'anni di idiomi e di oceani diversi
non gliel'hanno scalfito[6]. E cammina per l'erta[7]
con lo sguardo raccolto che ho visto, bambino,
usare ai contadini un poco stanchi.

Spazio e tempo

Vent'anni è stato in giro per il mondo.
Se n'andò ch'io ero ancora un bambino portato da donne[8]
e lo dissero morto. Sentii poi parlarne
da donne, come in favola[9], talvolta;
ma gli uomini, più gravi[10], lo scordarono.

6 è scabro ... scalfito: il dialetto è così radicato nella memoria che neppure i vent'anni trascorsi viaggiando e parlando lingue diverse hanno potuto cancellarlo.
7 erta: la salita del colle.
8 portato da donne: portato in braccio dalle donne e, perciò, molto piccolo.
9 come in favola: il cugino lontano è diventato un personaggio quasi mitico, come i protagonisti delle favole che le donne talvolta raccontano.
10 più gravi: più seri, meno propensi alla fantasia.

Un inverno a mio padre già morto arrivò un cartoncino[11]
con un gran francobollo verdastro di navi in un porto
e auguri di buona vendemmia. Fu un grande stupore,
ma il bambino cresciuto[12] spiegò avidamente[13]
che il biglietto veniva da un'isola detta Tasmania
circondata da un mare più azzurro, feroce di squali[14],
nel Pacifico, a sud dell'Australia. E aggiunse che certo
il cugino pescava le perle[15]. E staccò il francobollo.
Tutti diedero un loro parere, ma tutti conclusero
che, se non era morto, morirebbe[16].
Poi scordarono tutti e passò molto tempo.

La voce narrante

Oh da quando ho giocato ai pirati malesi,
quanto tempo è trascorso[17]. E dall'ultima volta
che son sceso a bagnarmi in un punto mortale[18]
e ho inseguito un compagno di giochi su un albero
spaccandone i bei rami e ho rotta la testa
a un rivale e son stato picchiato,
quanta vita è trascorsa. Altri giorni, altri giochi,
altri squassi del sangue[19] dinanzi a rivali
più elusivi[20]: i pensieri ed i sogni.
La città mi ha insegnato infinite paure[21]:
una folla, una strada mi han fatto tremare,
un pensiero talvolta, spiato su un viso.
Sento ancora negli occhi la luce beffarda[22]
dei lampioni a migliaia sul gran scalpiccìo[23].

La città si contrappone al paese come la maturità all'infanzia: in città il poeta ha imparato i rischi della vita, mentre il paese natale è stato la culla dei suoi giochi d'infanzia.

11 un cartoncino: una cartolina.
12 il bambino cresciuto: il poeta, ormai diventato grande.
13 spiegò avidamente: spiegò col tono di chi era ansioso (avido) di sapere.
14 feroce di squali: infestato da squali feroci.
15 pescava le perle: la fantasia del poeta aggiunge un particolare "esotico", che trasforma il cugino lontano in un eroe dell'avventura.
16 morirebbe: sarebbe morto sicuramente.
17 Oh da quando ho giocato ... trascorso: quanto tempo è trascorso da quando, ancora bambino, giocavo ai pirati della Malesia (protagonisti di una famosa serie di romanzi per ragazzi, scritti da Emilio Salgari).
18 bagnarmi ... mortale: fare il bagno in un punto pericoloso del fiume (le Langhe sono attraversate dal fiume Belbo).
19 Altri giorni ... altri squassi del sangue: sono arrivati giorni diversi (cioè quelli della maturità), altri impegni e altre emozioni ben più violente («altri squassi del sangue»).
20 rivali più elusivi: il poeta si è trovato davanti a rivali più difficili da combattere («più elusivi») dei compagni di gioco.
21 infinite paure: la vita di città, ben diversa da quella di paese, ha abituato il poeta a mille preoccupazioni.
22 la luce beffarda: la luce dei lampioni è detta beffarda perché mette a nudo senza pietà le cose che il buio nasconde.
23 sul gran scalpiccìo: sulle strade sempre affollate di gente, e quindi sempre rumorose.

Mio cugino è tornato, finita la guerra,
gigantesco, tra i pochi[24]. E aveva denaro.
I parenti dicevano piano: «Fra un anno, a dir molto,
se li è mangiati tutti e torna in giro.
I disperati muoiono così».
Mio cugino ha una faccia recisa[25]. Comprò un pianterreno[26]
nel paese e ci fece riuscire[27] un garage di cemento
con dinanzi fiammante la pila per dar la benzina[28]
e sul ponte ben grossa alla curva una targa-réclame[29].
Poi ci mise un meccanico dentro a ricevere i soldi
e lui girò tutte le Langhe fumando.
S'era intanto sposato, in paese. Pigliò una ragazza
esile e bionda come le straniere
che aveva certo un giorno incontrato nel mondo.
Ma uscì ancora da solo. Vestito di bianco,
con le mani alla schiena e il volto abbronzato,
al mattino batteva le fiere e con aria sorniona
contrattava i cavalli. Spiegò poi a me,
quando fallì il disegno, che il suo piano
era stato di togliere tutte le bestie[30] alla valle
e obbligare la gente a comprargli i motori.
«Ma la bestia» diceva «più grossa di tutte,
sono stato io a pensarlo. Dovevo sapere
che qui buoi e persone son tutta una razza[31]».

Pavese usa un linguaggio volutamente quotidiano, con espressioni quasi gergali.

I nessi logici

Lyonel Feininger, *L'uomo bianco*, 1907

Camminiamo da più di mezz'ora. La vetta è vicina,
sempre aumenta d'intorno il frusciare e il fischiare del vento.
Mio cugino si ferma d'un tratto e si volge: «Quest'anno
scrivo sul manifesto[32]: – *Santo Stefano*
è sempre stato il primo nelle feste
della valle del Belbo[33] – e che la dicano
quei di Canelli[34]». Poi riprende l'erta.
Un profumo di terra e di vento ci avvolge nel buio,
qualche lume in distanza: cascine, automobili
che si sentono appena; e io penso alla forza
che mi ha reso quest'uomo[35], strappandolo al mare,
alle terre lontane, al silenzio che dura[36].
Mio cugino non parla dei viaggi compiuti.
Dice asciutto che è stato in quel luogo e in quell'altro
e pensa ai suoi motori.

24 gigantesco, tra i pochi: il ritorno del cugino dopo la guerra (la Prima guerra mondiale) lo fa apparire ancora più grande agli occhi dei pochi uomini rimasti.
25 una faccia recisa: un volto risoluto, tipico di chi è sicuro di sé.
26 un pianterreno: dei locali a pianterreno.
27 ci fece riuscire: ci ricavò.
28 la pila ... benzina: la pompa per la benzina.
29 targa-rèclame: una grande insegna pubblicitaria, collocata alla curva della strada sul ponte.
30 togliere tutte le bestie: comprare tutti i muli e i cavalli della valle.
31 tutta una razza: nelle Langhe, le bestie e gli uomini appartengono alla stessa razza. L'affermazione sottintende la delusione di chi non capisce più la mentalità conservatrice dei suoi compaesani.
32 sul manifesto: sul cartellone che, ogni anno, annuncia la festa del patrono del paese.
33 Santo Stefano ... Belbo: Santo Stefano Belbo è il paese dove Pavese e suo cugino sono nati.
34 e che la dicano ... di Canelli: qualunque cosa dicano gli abitanti di Canelli (paese vicino a Santo Stefano). L'espressione replica i modi del linguaggio dialettale.
35 io penso alla forza ... quest'uomo: io penso alla forza oscura (il destino) che ha riportato a me quest'uomo.
36 al silenzio che dura: ai lunghi anni di silenzio

La trama

Il cugino è un uomo pratico e rifugge dalle fantasie del poeta: perciò lo riporta alla realtà quotidiana contrapponendo il duro lavoro dei marinai all'immagine dell'aurora.

Solo un sogno
gli è rimasto nel sangue: ha incrociato una volta,
da fuochista su un legno olandese da pesca, il Cetaceo[37],
e ha veduto volare i ramponi[38] pesanti nel sole,
ha veduto fuggire balene tra schiume di sangue
e inseguirle e innalzarsi le code e lottare alla lancia[39].
Me ne accenna talvolta.
Ma quando gli dico
ch'egli è tra i fortunati che han visto l'aurora
sulle isole più belle della terra,
al ricordo sorride e risponde che il sole
si levava che il giorno era vecchio per loro[40].

37 **ha incrociato ... il Cetaceo:** una volta ha navigato («incrociato») come fuochista su una nave («legno») da pesca olandese chiamata il Cetaceo.
38 **ramponi:** fiocine usate per catturare le balene.
39 **lottare alla lancia:** lottare accanto alla barca («lancia») da cui i marinai cercavano di colpire le balene.
40 **il giorno era vecchio per loro:** perché, quando il sole si alzava, i marinai erano già al lavoro da molte ore.

Guida alla lettura

Una serie di strofe-sequenze La poesia è strutturata in **sequenze narrative** che coincidono con le singole strofe: all'interno di queste sequenze si inseriscono **brevi dialoghi** presentati nella forma del discorso diretto, che sottolineano la funzione narrativa del testo.

Ad accentuare il carattere narrativo del testo è poi l'uso del **linguaggio**, che rifugge dai canoni tradizionali del linguaggio poetico: si noti l'inserimento di termini prosastici (*pianterreno, garage di cemento, targa-réclame* ecc.) e di alcune battute che riproducono le forme del **linguaggio parlato** o addirittura **dialettale**.

I temi

Il mito dell'infanzia e della terra d'origine Per Pavese l'infanzia è l'età in cui l'uomo compie le sue esperienze fondamentali, prende contatto con il mondo e si crea quei miti che poi vivranno nella sua coscienza di adulto. Da ciò nasce un **legame inscindibile tra ogni uomo e la sua terra di origine**, che diventa la radice stessa del suo essere: il poeta e il cugino, pur essendosi entrambi allontanati dal paese natale, sono indissolubilmente legati dalle loro origini e tornano alle Langhe, spinti come da una forza misteriosa e invincibile. Nello stesso tempo, entrambi sono consapevoli che **per crescere occorre allontanarsi dal proprio paese** (*La vita va vissuta / lontano...*), perché solo così si può riscoprire e rendere chiari a sé stessi quei miti che durante l'infanzia si sono creati in modo quasi inconsapevole.

La solitudine dell'individuo Il poeta e suo cugino rappresentano **due tipi umani del tutto diversi**: sognatore e sentimentale l'uno, pratico e concreto l'altro. Tuttavia per entrambi il **silenzio** è la spia di una solitudine esistenziale che è insita, secondo Pavese, nell'uomo e che si traduce in una sorta di incomunicabilità. **Solo la poesia riesce a rompere questo muro di silenzio** che domina i rapporti umani e a rendere condivisibili i sogni e la ricchezza interiore di ciascuno.

Lo stile

Realismo e musicalità Come si è detto, Pavese usa un **lessico** estremamente **prosastico**, vicino al parlato e volutamente antipoetico. Eppure la sua è una narrazione estremamente suggestiva, melodiosa, illuminata qua e là da limpide metafore e sorretta sempre da una trama ritmica estremamente fluida. Come si conciliano questi due aspetti antitetici del suo fare poesia, cioè la **tendenza realistica e prosastica** e la **ricerca di musicalità**? Osserviamo alcune delle tecniche messe in atto dall'autore:

- i versi non rispettano le misure tradizionali, ma si basano prevalentemente su **un ritmo ternario**, molto "cullante", che però viene **spezzato** ogni tanto, irregolarmente, per evitare un'eccessiva monotonia: *Camminiàmo una sèra sul fiànco di un còlle, / in silènzio. Nell'òmbra del tàrdo crepùscolo / mio cugìno è un gigànte vestìto di biànco...*
- l'autore mescola termini quotidiani e realistici ed **espressioni più vaghe e allusive**, inserendo qua e là figure retoriche di facile comprensione, ma essenziali a creare un'**atmosfera** in cui la descrizione realistica sfuma continuamente nel fantastico e nel mitico: *la città mi ha insegnato infinite paure... un mare più azzurro, feroce di squali... Un profumo di terra e di vento ci avvolge nel buio... fuggire balene tra schiume di sangue...* ecc.

Applichiamo il metodo

I caratteri della poesia narrativa

- Quali indizi, nella prima strofa della poesia, ci fanno capire che siamo di fronte a un testo narrativo?
  - ☐ presenza di personaggi
  - ☐ presenza di avvenimenti collocati in tempi e luoghi precisi
  - ☐ presenza di nessi di causa ed effetto tra i vari avvenimenti
  - ☐ presenza di discorsi diretti o indiretti
  - ☐ presenza di una voce narrante

I personaggi

- Quali informazioni ci fornisce il poeta sui due personaggi della poesia? Individua per ciascuno i tratti fisici, psicologici e sociologici; facendo le opportune citazioni dalle prime due strofe del testo.

Spazio e tempo

- Che cosa viene narrato nella terza strofa? Rispondi distinguendo
  - le vicende del cugino: dove si svolgono? che cosa gli accade?
  - le vicende del poeta: dove si svolgono? che cosa gli accade?
- Rispetto alle strofe precedenti, che cosa è cambiato riguardo al tempo degli avvenimenti?
  - ☐ si narrano avvenimenti più recenti
  - ☐ si narrano avvenimenti più antichi
  - ☐ non è cambiato nulla

La voce narrante

- In questo testo il narratore è
  - ☐ esterno, perché usa la terza persona
  - ☐ esterno, perché usa la prima persona
  - ☐ interno, perché usa la terza persona
  - ☐ interno, perché usa la prima persona
- Il personaggio del narratore è
  - ☐ statico e psicologicamente molto semplificato
  - ☐ dinamico e psicologicamente molto complesso

  perché...

I nessi logici

- Qual era il progetto del cugino, tornando al paese?
  - ☐ sposarsi e formare una famiglia
  - ☐ investire i soldi in una bella casa al piano terreno
  - ☐ iniziare un'attività commerciale (compravendita di cavalli)
  - ☐ contribuire alla modernizzazione del paese
- Perché il suo progetto è fallito?
  - ☐ perché non aveva abbastanza soldi
  - ☐ perché si è sposato troppo presto
  - ☐ perché i contadini erano troppo legati alle tradizioni
  - ☐ perché non sapeva trattare con la gente

La trama

- Se hai letto bene, ti sarai accorto che la poesia racconta non una, ma tre storie intrecciate fra loro.
  - Come si conclude la passeggiata che il poeta fa insieme al cugino? ....
  ....
  - Come si conclude la storia dell'iniziativa commerciale del cugino? ....
  ....
  - Come si conclude la storia dei viaggi del cugino e della sua vita di emigrante? ....
  ....

Attività

Comprensione

1 **Che cosa conferisce al testo un andamento narrativo? Barra le risposte che ritieni corrette.**
- ☐ La ripetizione di versi di uguale misura
- ☐ L'inserimento di dialoghi in forma diretta
- ☐ L'uso di versi liberi lunghi
- ☐ L'inserimento di frequenti riflessioni personali
- ☐ La scansione del testo in strofe-sequenze
- ☐ L'uso di un lessico molto selezionato
- ☐ La frequenza delle figure retoriche
- ☐ Il linguaggio tendenzialmente prosastico

2 **Quali esperienze accomunano il poeta e suo cugino? Che cosa invece li differenzia?**
- Somiglianze
- Differenze

3 **Perché la caccia alle balene è rimasta così impressa nella memoria del cugino? Perché è l'unico ricordo di cui parla con emozione, è «un sogno che gli è rimasto nel sangue»? Che cosa può rappresentare, a livello simbolico, la lotta tra l'uomo e la balena?**

4 **La storia del cugino (ma anche quella del poeta-narratore) è legata al tema dell'emigrazione. In che modo viene caratterizzata da Pavese la figura dell'emigrante? Quali sono i suoi sentimenti nei confronti del paese natale, e quali quelli nei confronti del vasto mondo in cui è diventato un uomo maturo?**

Analisi

5 **Sottolinea nel testo un esempio di metafora e uno di metonimia.**

6 **Individua in una strofa a tua scelta tutti i casi di *enjambement*.**

Rifletti, confronta, scrivi

7 **In alcuni versi della poesia affiorano memorie dell'infanzia della voce narrante. Quali attività la caratterizzano? E tu come ricordi la tua infanzia? A quali luoghi è legata? A quali persone? A quali attività, oggetti, cibi ecc.? Come è cambiata da allora la tua vita? Scrivi alcune riflessioni su questo tema in un testo di tre colonne di foglio protocollo.**

8 **A partire dagli elementi che puoi ricavare dalla poesia, scrivi un racconto sull'esperienza del cugino, partito per il mondo in cerca di fortuna. Scegli tu se adottare un punto di vista esterno o scrivere il racconto in prima persona e in quale momento ambientarlo: se alla partenza, con i problemi e le speranze che spingono a mettersi in gioco, nel corso del viaggio, oppure quando ormai l'avventura si è conclusa e il protagonista ha fatto ritorno a casa.**

Un altro modo di leggere

Francesco Guccini, nato a Modena nel 1940, è uno dei più importanti cantautori italiani; dal 1967, anno del suo primo disco (*Folk Beat n. 1*) a oggi ha inciso più di venti album, tra cui *Radici* (1972), *Via Paolo Fabbri 43* (1976), *Fra la via Emilia e il west* (1984), *D'amore di morte e di altre sciocchezze* (1996), fino all'ultimo, *Ritratti* (2004). Da ricordare anche la sua attività di scrittore, con romanzi che adottano una singolare lingua ispirata al dialetto parlato nell'Appennino pistoiese, sua terra natale (*Croniche epafàniche*, 1989).

Radici, pubblicato nel 1972, è il quarto album di Guccini e rappresenta una testimonianza della qualità letteraria dei suoi testi, così come della cura rivolta alla parte musicale (di entrambe è autore). Dal punto di vista tematico, l'album si articola intorno ad una riflessione sul tempo e a una riscoperta delle proprie radici, familiari ma anche politiche e letterarie, come dimostrano la presenza di brani quali *La locomotiva*, dedicata alla storia di un ferroviere anarchico, o *La canzone dei dodici mesi*, nella quale il linguaggio e alcune citazioni richiamano le origini della poesia italiana.

T8

Francesco Guccini

La locomotiva

da F. Guccini, *Radici*, Emi Columbia

La locomotiva è *una delle canzoni più celebri di Guccini, che la propone al termine di tutte le sue esibizioni dal vivo. La narrazione prende spunto da un fatto realmente accaduto alla fine dell'Ottocento: un macchinista anarchico, Pietro Rigosi, s'impadronì di una locomotiva dirigendosi a gran velocità verso la stazione di Bologna; qui il treno venne deviato lungo un binario morto, dove si scontrò contro una vettura in sosta; nonostante l'urto terribile, l'uomo sopravvisse, ma non rivelò mai il motivo del proprio gesto.*

COLLEGAMENTI
> La poesia civile, p. 171
> *Canzone dei dodici mesi*, p. 263

Non so che viso avesse, neppure come si chiamava,
con che voce parlasse, con quale voce poi cantava,
quanti anni avesse visto allora, di che colore i suoi capelli,
ma nella fantasia ho l'immagine sua:
gli eroi son tutti giovani e belli... (*3 volte*)

Conosco invece l'epoca dei fatti, qual era il suo mestiere:
i primi anni del secolo, macchinista, ferroviere,
i tempi in cui si cominciava la guerra santa dei pezzenti
sembrava il treno anch'esso un mito di progresso
lanciato sopra i continenti... (*3 volte*)

E la locomotiva sembrava fosse un mostro strano
che l'uomo dominava con il pensiero e con la mano
ruggendo si lasciava indietro distanze che sembravano infinite,
sembrava avesse dentro un potere tremendo,
la stessa forza della dinamite... (*3 volte*)

Ma un'altra grande forza spiegava allora le sue ali,
parole che dicevano "gli uomini son tutti uguali"
e contro ai re e ai tiranni scoppiava nella via
la bomba proletaria e illuminava l'aria
la fiaccola dell'anarchia... (*3 volte*)

Un treno tutti i giorni passava per la sua stazione,
un treno di lusso, lontana destinazione:
vedeva gente riverita, pensava a quei velluti, agli ori,
pensava al magro giorno della sua gente attorno,
pensava un treno pieno di signori... (*3 volte*)

Non so che cosa accadde, perché prese la decisione,
forse una rabbia antica, generazioni senza nome
che urlarono vendetta, gli accecarono il cuore:
dimenticò pietà, scordò la sua bontà,
la bomba sua la macchina a vapore... (*3 volte*)

E sul binario stava la locomotiva,
la macchina pulsante sembrava fosse cosa viva,
sembrava un giovane puledro che appena liberato il freno
mordesse la rotaia con muscoli d'acciaio,
con la forza cieca di baleno... (*3 volte*)

E un giorno come gli altri, ma forse con più rabbia in corpo
pensò che aveva il modo di riparare a qualche torto.
Salì sul mostro che dormiva, cercò di mandar via la sua paura
e prima di pensare a quel che stava a fare,
il mostro divorava la pianura... (*3 volte*)

Correva l'altro treno ignaro e quasi senza fretta,
nessuno immaginava di andare verso la vendetta,
ma alla stazione di Bologna arrivò la notizia in un baleno:
"notizia di emergenza, agite con urgenza,
un pazzo si è lanciato contro al treno... (*3 volte*)

Ma intanto corre, corre, corre la locomotiva
e sibila il vapore e sembra quasi cosa viva
e sembra dire ai contadini curvi il fischio che si spande in aria:
"Fratello, non temere, che corro al mio dovere!
Trionfi la giustizia proletaria!... (*3 volte*)

E corre corre corre sempre più forte
e corre corre corre verso la morte
e niente ormai può trattenere
l'immensa forza distruttrice
aspetta sol lo schianto e poi che giunga il manto
della grande consolatrice... (*3 volte*)

La storia ci racconta come finì la corsa
la macchina deviata lungo una linea morta
con l'ultimo suo grido d'animale
la macchina eruttò lapilli e lava
esplose contro il cielo, poi il fumo sparse il velo
lo raccolsero che ancora respirava... (*3 volte*)

Ma a noi piace pensarlo ancora dietro il motore
mentre fa correr via la macchina a vapore

e che ci giunga un giorno
ancora la notizia
di una locomotiva come una cosa viva
lanciata a bomba contro l'ingiustizia... (*3 volte*)

Guida alla lettura

Tra storia e poesia Il testo di Francesco Guccini nasce da un **evento realmente accaduto**; un «macchinista ferroviere» bolognese e anarchico che, negli ultimi anni dell'Ottocento, compie un **gesto di ribellione**, lanciando la sua locomotiva contro «un treno di signori». È una storia citata nel testo, ben conosciuto dal cantautore, scritto da un ex operaio, Romolo Bianconi, e intitolato *Trent'anni di officina*. Guccini riprende questa storia vera e la rilegge secondo la sua **poetica** di autore vicino agli umili, agli emigranti, a coloro non si arrendono e che lottano per un **mondo migliore**. Guccini prova a immaginare le ragioni che stanno dietro al gesto di Rigosi, vedendolo come un **eroe** («ma nella fantasia ho l'immagine sua/gli eroi son tutti giovani e belli»), dunque **idealizzandolo consapevolmente**: fin dall'inizio il cantautore rivendica la propria **libertà di creare**, di prendere spunto da una storia vera per creare un'**epica personale**, dettata dalla sua immaginazione. Così il protagonista della storia si trasforma in un uomo semplice e coraggioso, deciso a vendicare le ingiustizie del mondo con un gesto clamoroso, spinto da un desiderio insoddisfatto di giustizia ed equità sociale.

Un paesaggio ideale Guccini traccia prima il panorama della «epoca dei fatti»: la fine dell'Ottocento, l'epoca del Positivismo e delle grandi esposizioni universali, in cui si celebrava la **fede nel progresso e nella tecnologia**; tra forti eco **carducciane** da un lato (in particolare l'*Inno a Satana*, dedicato per l'appunto alla locomotiva, definita come «mostro») e delle composizioni anarchiche dall'altro (il Piero Gori di *Addio Lugano bella*, i *Morti di Reggio Emilia* di Fausto Amodei), ad essere descritto è un paesaggio fatto di **ferro** e di **acciaio**, di **potenza tecnologica** e di **fiducia cieca nel futuro** (!sembrava il treno anch'esso un mito di progresso/lanciato sopra i continenti»). In questo mondo futuribile, in marcia inarrestabile verso il meglio, non c'è posto – secondo l'autore – per i «pezzenti»: che siano "contadini curvi" o operai come il protagonista, il treno è il segno di una **società che rifiuta**, che **lascia ai margini**, che **esclude**.

Una retorica di libertà Da qui la ribellione: la scelta forse folle, certo coraggiosa, di dimostrare che quelle persone invece esistono: che devono essere tenute in considerazione. Qui Guccini si affida alla **forza retorica** dei versi, **ricreando la velocità** della corsa del treno grazie alla **ripetizione** di «corre» e all'**allitterazione** basata sulla lettera **erre**, che scandisce i versi accompagnati dal ritmo sempre più incalzante della melodia. La figura retorica dominante è quella della **similitudine**: la locomotiva è paragonata a un essere vivente («con l'ultimo suo grido d'animale») e subito dopo a un vulcano («la macchina eruttò lapilli e lava»), in un accostamento ardito che si affida alla **potenza dell'immagine evocata** e che sfocia nella conclusione che di nuovo si appoggia sulla fantasia («ma a noi piace pensarlo ancora dietro al motore/mentre fa correr via la macchina a vapore») e sulla forza della parola poetica.

Attività

Comprensione

1 Chi è Francesco Guccini e quando ha composto *La locomotiva*?

2 Quale evento è alla base dell'ispirazione che ha dettato il testo? Guccini lo narra fedelmente o lo rielabora? E come? Da che cosa lo capisci?

3 Quali sono le fonti a cui il testo può essere avvicinato?

Analisi

4 Individua nel testo le immagini che descrivono la locomotiva: a quali campi semantici appartengono?

5 Il testo divide nettamente due mondi, quello dei «signori» e quello dei «pezzenti». Individua le immagini che si riferiscono all'uno o all'altro universo.

6 Quali figure retoriche sono presenti nel testo? Individuale.

Rifletti, confronta, scrivi

7 Scrivi una breve biografia di Francesco Guccini, aiutandoti con i siti internet specializzati.

8 Illustra con un disegno uno dei momenti descritti nella canzone.

9 Dopo aver letto il testo, ascolta la canzone e rifletti sull'apporto della musica: come è cambiata la tua percezione del testo dopo averlo sentito cantare?

Tiriamo le fila

elementi narrativi

- tempo e luogo
- personaggi
- nessi di causa-effetto
- voce narrante
- altre tecniche...

elementi poetici

- uso di versi
- eventuale uso di rime
- eventuale uso di strofe
- altre tecniche...

POESIA NARRATIVA

- Per poesia narrativa si intende un **testo in versi che narra una storia**, cioè una serie di fatti collocati nello spazio e nel tempo, collegati logicamente fra di loro e coinvolgenti uno o più personaggi.
- Come in tutti i testi narrativi, anche nella poesia narrativa la figura del **narratore** (cioè di colui che racconta la storia) ha un'importanza fondamentale. La poesia narrativa utilizza inoltre le **tecniche** che abbiamo conosciuto parlando del testo narrativo: per esempio, discorso diretto, flashback ecc.

- I **primi esempi** di poesia narrativa sono i **poemi epici** (*Gilgamesh*, Omero, poesia didascalica classica), che costituiscono i **grandi modelli** a cui si ispirano tutti gli autori successivi.
- La narrazione in versi ha grande importanza nel **Medioevo**, sia nel campo dell'**epica** (*chanson de geste*), sia in quello del **romanzo** e del **racconto** (soprattutto di argomento amoroso e cavalleresco).
- Nel **Rinascimento** appartengono al genere della poesia narrativa i **poemi cavallereschi**, antenati del moderno romanzo in prosa.
- In **epoca moderna e contemporanea** (dal Settecento in poi), la **narrativa in versi** ha un'**importanza minore** rispetto a quella in prosa, ma molti grandi autori vi si sono dedicati.

Nomi da ricordare

autore	lingua	opera/e di riferimento	epoca – anno pubblicazione
Omero	greco	Iliade, Odissea	VIII secolo a.C.
Virgilio	latino	Eneide	I secolo a.C.
D. Alighieri	italiano	Divina Commedia	1306-1321
L. Ariosto	italiano	Orlando furioso	1516-1532
T. Tasso	italiano	Gerusalemme liberata	1575
J. Milton	inglese	Il paradiso perduto	1674
J.W. Goethe	tedesco	Ballate	1797
A. Puškin	russo	Eugenio Oneghin	1831
G. Pascoli	italiano	Poemi conviviali	1904
C. Pavese	italiano	Lavorare stanca	1936

2.2 La poesia lirica

Breve storia e caratteristiche del genere

La poesia lirica **nasce nell'antica Grecia**, intorno al VII secolo a.C. come poesia cantata o recitata con l'accompagnamento di uno strumento a corde chiamato *lyra* (da cui il termine "lirica"). La poesia lirica è dunque **legata alla musica**, e la ricerca di musicalità ne rimarrà uno dei tratti caratteristici nel corso della sua lunga storia, che giunge fino ai giorni nostri.
La poesia lirica è **legata** anche **alla religione**: nasce infatti come trasformazione della preghiera o dell'inno sacro, nel momento in cui ai contenuti religiosi si sostituiscono dei contenuti laici, pur conservando il tono solenne e in molti casi anche il **carattere corale** dei testi sacri.
Si distingue da altre forme di poesia (in particolare dalla poesia epica) perché **non ha carattere narrativo**: in essa prevalgono temi come la descrizione della natura, l'espressione di sentimenti individuali, l'analisi dell'animo umano.

La lirica nell'antichità

I primi grandi poeti lirici della tradizione occidentale sono greci: nel VII e nel VI secolo a.C. vivono infatti alcuni dei massimi esponenti di questo genere poetico, come **Alceo**, **Saffo**, **Anacreonte**, **Alcmane** e **Pindaro**. Dopo il V secolo a.C. la poesia lirica subì un'importante evoluzione, perché i poeti incominciarono a scrivere **versi destinati alla lettura anziché al canto**: in questa forma la tradizione lirica greca fu assimilata dalla cultura romana, che la reinterpretò attraverso autori come **Catullo**, **Orazio**, **Ovidio** e altri, vissuti fra il I secolo a.C. e il I secolo d.C., che ai modelli greci si ispirarono nelle loro opere, trasferendo temi e forme nella loro lingua e passando la preziosa eredità a tutta la cultura europea.

La lirica dal Medioevo al Settecento

La storia della lirica, come quella di altri generi poetici, non ha un andamento lineare: alcuni momenti di splendore si alternano a lunghi periodi in cui il genere è trascurato o in cui non emergono autori di grande rilievo. Così, dopo la splendida fioritura del mondo antico, dobbiamo aspettare il **Basso Medioevo** perché la lirica rinasca sotto nuove forme.
Nel XII secolo, infatti, la **Francia meridionale** diventa la nuova culla della poesia lirica europea. In **Provenza**, nelle numerose corti che vanno elaborando una nuova cultura, fiorisce infatti la poesia dei **trovatori**, poeti che compongono e recitano i loro versi accompagnandosi con strumenti musicali. La **lirica provenzale**, strettamente legata alla musica come quella greca, è però incentrata sul **tema dell'amore** (anche se non mancano esempi di poesie politiche, o di canti bellici, o di testi satirici ecc.).
All'inizio del **XIII secolo**, quando la Provenza viene devastata da una feroce guerra di conquista da parte della Francia settentrionale, alleata col Papato, i poeti provenzali si disperdono presso varie corti europee e così la loro eredità si diffonde anche altrove, e in particolare in **Germania** e in **Italia**. Alla poesia provenzale sono infatti legate **le origini della lirica italiana** [→ p. 237], e soprattutto le opere dei due massimi poeti lirici del nostro Medioevo, **Dante Alighieri** [→ p. 82] e **Francesco Petrarca** [→ p. 122]. Petrarca, in particolare, con il *Canzoniere*, impone all'Europa intera un modello di poesia lirica sostanzialmente indiscusso: i suoi testi non sono più destinati alla musica (anche se molti di essi furono musicati da grandi compositori); il

Leopold Burthe, *Saffo con la lira*, 1848

tema centrale è l'**amore**, colto in tutte le sue sfumature psicologiche; e il **linguaggio** è caratterizzato da una estrema **raffinatezza e levigatezza formale**. La storia della lirica europea fino al Settecento ruota intorno alla figura di Petrarca, tanto che si parla di **poeti petrarchisti** (cioè i seguaci, più o meno originali, del grande autore trecentesco) e di **poeti anti-petrarchisti** (coloro che, tenendo ben presente il modello, tentavano di discostarsene). Tra i primi va ricordato almeno **William Shakespeare** [→ p. 391], i cui sonetti, scritti alla fine del Cinquecento, costituiscono uno dei capolavori della lirica di lingua inglese. Tra le voci liriche europee sono poi da ricordare, nel XVI-XVII secolo, il francese **Pierre de Ronsard**, l'inglese **John Donne**, ma soprattutto gli spagnoli **Luis de Góngora** e **Francisco de Quevedo**.

La lirica contemporanea

Ai primi dell'Ottocento, con l'affermarsi del **Romanticismo**, inizia la terza grande fioritura della poesia lirica in Europa. I **poeti romantici** attribuiscono a questa poesia una **funzione nuova**: non più legata alla musica, non più incentrata sull'amore, la lirica diventa il genere attraverso cui il poeta esprime i propri **sentimenti**, la propria **visione del mondo**, le proprie **riflessioni**. Col Romanticismo la lirica diviene il **genere poetico prediletto**, quello con cui la poesia tutta tende a identificarsi, proprio perché i romantici attribuiscono la massima importanza all'**interiorità** e alla **soggettività individuale**.

Giacomo Leopardi [→ p. 130], che pure è spesso critico nei confronti dei romantici suoi contemporanei, scrive nel proprio diario: «il genere lirico è il primogenito di tutti [...] più nobile e più poetico d'ogni altro; vera e pura poesia in tutta la sua estensione; proprio d'ogni uomo anche incolto, che cerca di ricrearsi o di consolarsi col canto, e colle parole misurate in qualunque modo, e coll'armonia; espressione libera e schietta di qualunque affetto vivo e ben sentito dell'uomo».

Nella prima metà dell'Ottocento si pongono quindi le **basi** di quella **tradizione lirica** ancora viva ai nostri giorni: nasce in quel momento la poesia contemporanea, con **Ugo Foscolo** [→ p. 127], **Giacomo Leopardi** e **Alessandro Manzoni** [→ p. 174] in Italia; con **Samuel Taylor Coleridge**, **William Wordsworth**, **George Gordon Byron** [→ p. 152], **John Keats** e **Percy Bysshe Shelley** in Inghilterra; con **Victor Hugo**, **Alfred de Vigny** e **Alphonse de Lamartine** in Francia; con **Johann Wolfgang Goethe** [→ p. 99], **Friedrich Hölderlin** e **Heinrich Heine** in Germania; con **Gustavo Adolfo Bécquer** in Spagna; con **Aleksandr Puškin** e **Michail Lermontov** [→ p. 132] in Russia... A questi grandi continuano a ispirarsi direttamente o indirettamente i poeti degli ultimi duecento anni, come gli italiani **Giosue Carducci**, **Giovanni Pascoli** e **Gabriele D'Annunzio** [→ p. 136]; il greco **Constantinos Kavafis** [→ p. 138] e il turco **Nazim Hikmet** [→ p. 156], i francesi **Paul Éluard** e **Jacques Prévert** [→ p. 157], lo spagnolo **Federico García Lorca** e il cileno **Pablo Neruda** [→ p. 187].

È grazie a loro che la **lirica** è ancora oggi, certamente, **il genere poetico predominante**, avendo in parte assorbito altri generi, un tempo autonomi, e ampliato la gamma delle sue tematiche: anche argomenti di tipo religioso, morale o sociale si fanno ormai rientrare nella lirica, purché siano filtrati dai sentimenti personali del poeta. Per questa ragione, **dalla metà dell'Ottocento in poi**, quasi tutti i poeti e i movimenti poetici occidentali, chi più chi meno e ciascuno a suo modo, possono essere collocati **nell'ambito della poesia lirica**, il che rende impossibile citarne i nomi, tra i quali si trovano comunque alcune delle più grandi figure della letteratura mondiale.

Uno sguardo fuori d'Europa

Naturalmente, la tradizione lirica nata in Grecia oltre duemilacinquecento anni fa non è la sola importante e significativa. Il genere lirico è presente anche in tradizioni culturali lontanissime dalla nostra, come quella **cinese**, quella **giapponese**, quella **araba** e quella **indiana**.

Ricordiamo i grandi poeti della Cina nel periodo Tang (618-907), come **Li Po** e **Du Fu**. Ricordiamo il grande poeta persiano **Omar Khayyam**, vissuto pochi decenni prima di Dante, le cui *Quartine* (poesie di quattro versi) rivelano un'approfondita conoscenza della **tradizione greca antica**, in un periodo in cui in Europa essa era nota solo indirettamente, attraverso le opere latine. Ricordiamo il celebre poeta giapponese, **Matsuo Basho** [→ p. 125], vissuto nel XVII secolo e considerato uno dei più grandi lirici di ogni tempo. E ricordiamo **Rabindranath Tagore**, poeta, drammaturgo e filosofo vissuto in India a cavallo dei secoli XIX e XX e premio Nobel per la letteratura nel 1913.

Anche la conoscenza delle tradizioni extraeuropee, ormai abbondantemente tradotte, contribuisce ad arricchire il panorama della lirica contemporanea e a farne il **genere poetico più importante del nostro tempo**.

Le radici della poesia lirica

La poetessa **Saffo** è uno degli **autori greci** che nel VII secolo a.C. danno inizio alla tradizione lirica occidentale. La sua poesia canta soprattutto l'**amore**, vissuto come **passione assoluta**, e intorno alla sua figura sono fiorite molte leggende, spesso infondate, come quella del suo suicidio in seguito a un amore non corrisposto. Incerte sono comunque le notizie biografiche, mentre certa è l'ammirazione per le sue doti poetiche da parte dei contemporanei, che trasformarono la sua poesia in un **modello**, studiato e imitato poi non solo dagli autori del mondo greco e latino, ma anche da quelli moderni.

Circa seicento anni dopo quella di Saffo, una voce altrettanto intensa e personale si leva a Roma: è quella di **Catullo**, il primo grande poeta lirico della **letteratura latina**, vissuto nel I secolo a.C., nell'età di Cesare e Cicerone, e morto a soli trent'anni. Catullo faceva parte del gruppo di poeti che introdussero a Roma la poesia lirica, imitando gli antichi modelli greci e suscitando lo **scandalo** dei benpensanti sia per il loro **rifiuto dell'impegno civile**, sia per il modo disinvolto e disinibito con cui affrontavano **tematiche** esplicitamente **erotiche**. La maggior parte dei testi di Catullo, intensi e appassionati, è legata all'amore per Lesbia, donna corrotta e licenziosa con cui il poeta visse una tempestosa relazione.

Di entrambi i poeti proponiamo un testo in cui gioca un ruolo importante la **descrizione dell'ambiente naturale**. Saffo descrive un **paesaggio notturno** (la fine della notte segnalata dal tramonto della luna e delle stelle), istituendo un parallelo tra il cielo privato della luna e lei stessa (privata della giovinezza, e quindi delle gioie dell'amore) ed esprimendo con grande semplicità la desolazione della solitudine e la sofferenza derivante dall'assenza della persona amata. Il componimento di Catullo è invece legato a un viaggio da lui compiuto in Bitinia (regione sulle coste meridionali del Mar Nero) con un gruppo di amici: è giunto il momento di rimettersi in viaggio, per tornare a Roma e la natura, colta nel **rifiorire della primavera**, sembra partecipare al gioioso entusiasmo del poeta.

L'**osservazione della natura** offre ai due autori lo spunto per esprimere il proprio stato d'animo; anzi, con un **processo** che diverrà **proprio e tipico della poesia lirica**, la natura non solo rispecchia, ma **partecipa** alle emozioni del poeta, ne condivide le angosce e le gioie.

Lawrence Alma-Tadema, *Saffo e Alceo*, 1881

T1

Saffo [→ p. 523]

Tramontata è la luna

da S. Quasimodo, *Lirici greci*, Mondadori

Tramontata è la luna
e le Plèiadi[1] a mezzo della notte;
anche giovinezza già dilegua[2],
e ora nel mio letto resto sola.

1 **le Plèiadi:** una costellazione, popolarmente detta Chioccetta; secondo il mito, le sette stelle principali che la formano erano le figlie di Atlante, trasformate in astri dalla dea Artemide; la loro grande visibilità nel cielo notturno ha fatto sì che esse fossero considerate un importante riferimento anche nelle culture antiche.
2 **dilegua:** passa, se ne va assieme al tempo

T2

Catullo [→ p. 523]

Già primavera i dolci tepori rimena

da Catullo, *Poesie*, a cura di F. Della Corte, Mondadori

Già primavera i dolci tepori rimena[1],
già le tempeste del cielo equinoziale[2]
si placano al rasserenante spirare di zefiro[3].
Lascia, o Catullo, i campi di Frigia[4]
e la ferace[5] pianura dell'assolata Nicea[6];
voliamo verso le città famose dell'Asia Minore[7].
La trepida mente già si strugge di andare;
già, presi dal piacere, lieti i passi fremono di gioia.
Addio, dolce brigata di compagni:
insieme partiti dalla patria lontana,
strade divergenti[8] ci riportano con vari mezzi a casa.

1 **rimena:** riporta; tieni conto che viaggiare d'inverno, soprattutto via mare, era praticamente impossibile; all'arrivo della primavera si poteva dunque intraprendere il viaggio di ritorno, dopo i lunghi mesi invernali.

2 **equinoziale:** l'equinozio cade il 21 di marzo, mese notoriamente inaffidabile e tempestoso.

3 **zefiro:** il vento primaverile per antonomasia.

4 **Frigia:** una regione dell'Anatolia centrale.

5 **ferace:** fertile.

6 **Nicea:** importante città dell'Anatolia, a ovest rispetto alla Frigia vera e propria.

7 **Asia Minore:** la costa occidentale dell'Anatolia, verso il Mar Egeo.

8 **divergenti:** differenti, diverse.

Il filo conduttore

1 **Il testo di Saffo si apre con un'immagine notturna: il cielo in cui, dopo la mezzanotte, la luna e le Plèiadi (che sono fra le stelle più luminose) scendono sotto l'orizzonte.**
- Perché Saffo ha scelto proprio il momento della notte in cui tramontano la luna e le stelle?
- Il cielo che la poesia evoca è
  - ☐ tempestoso
  - ☐ buio
  - ☐ silenzioso

2 **L'immagine viene interpretata in chiave metaforica: come gli astri tramontano e lasciano dietro di sé il buio, così la giovinezza passa e lascia dietro di sé la solitudine e la mancanza di amore. Il tema del frammento non è quindi il rapporto fra la poetessa e la natura, bensì il trascorrere del tempo.**
- A che cosa implicitamente la poetessa paragona il suo letto solitario?
- Nella sua descrizione del paesaggio notturno Saffo vuole sottolineare
  - ☐ che un'altra notte sta per finire
  - ☐ che un nuovo giorno sta per cominciare
  - ☐ che il cielo senza luna è desolato

3 **Il testo di Catullo è una poesia d'occasione: prima di partire per un viaggio, il poeta si rivolge agli amici, salutandoli con suoi versi.**
- Quale momento del viaggio viene colto dall'autore?
- Il tono con il quale Catullo si rivolge agli amici è
  - ☐ rispettoso
  - ☐ affettuoso
  - ☐ sbrigativo
- Quale aggettivo ci fa comprendere il profondo affetto che lega gli amici tra di loro?
- Fai una breve ricerca sulla corrispondenza tra le città antiche e quelle di oggi e prova, con un po' di fantasia, a ricostruire l'itinerario percorso da Catullo e dai suoi amici.

4 **Il tema centrale della poesia è la gioia legata alla prospettiva del viaggio.**
- Da quali particolari si evince l'ansia del poeta di partire?
- Nel testo compare una metonimia: individuala.

Impariamo un metodo

Francesco Petrarca, nato ad Arezzo nel 1304 e morto nel 1374, è uno dei più grandi poeti italiani. Figlio di un funzionario della corte pontificia, trascorre la giovinezza fra Avignone e Bologna, dove perfeziona gli studi giuridici. Dopo la morte del padre, intraprende la carriera ecclesiastica come chierico. Nel 1327 conosce Laura, che gli ispirerà le numerose liriche d'amore del *Canzoniere*. Nel 1330 è assunto dal cardinale Giovanni Colonna; contrariamente a Dante, egli non è un esule ansioso di tornare in patria, ma un intellettuale che ha scelto di mettersi al servizio dei potenti: le lotte del Comune non lo coinvolgono, non si sente fiorentino ma italiano e sogna una nazione italiana, erede della grande civiltà romana. Il suo atteggiamento culturale anticipa quello dell'Umanesimo quattrocentesco. Nel 1370 si ritira ad Arquà, in Veneto, dove muore.
La sua produzione in latino comprende numerose lettere, un poema epico (*Africa*) e il *Secretum*, un dialogo immaginario con sant'Agostino sui temi della vita e della morte. Le opere in volgare sono invece due, il poema allegorico *I trionfi* e *Il Canzoniere*, una raccolta di 366 poesie (una per ogni giorno dell'anno più una di carattere introduttivo), tradizionalmente suddivisa in due parti: la prima con le poesie scritte "in vita di Laura" (cioè prima della sua morte, avvenuta nel 1348), la seconda, più ampia, con le poesie "in morte di Laura"; oltre a liriche d'amore, include anche componimenti di argomento politico, testi dedicati ad amici e protettori, e alcune poesie di ispirazione religiosa.

T3

Francesco Petrarca

Passa la nave mia colma d'oblio

da F. Petrarca, *Canzoniere*, a cura di M. Santagata, Mondadori

Francesco Petrarca è il più grande poeta lirico del Medioevo, ma la sua opera rivela una straordinaria modernità nel cogliere e nell'esprimere stati d'animo inquieti e contraddittori. Il Canzoniere *è ispirato per la maggior parte all'amore per Laura, ma il vero protagonista dell'opera è l'io del poeta, osservato e indagato a fondo nelle sue varie manifestazioni.*
Nel sonetto che presentiamo, Petrarca descrive il travaglio interiore causato in lui dall'amore, analizzando tutti i risvolti psicologici della sua condizione di innamorato.

Metro: sonetto con schema ABBA ABBA CDE CDE

COLLEGAMENTI

> Il sonetto, p. 28
> La poesia d'amore, p. 145
> *Solo et pensoso i più deserti campi*, p. 33
> *Erano i capei d'oro a l'aura sparsi*, p. 149

Passa la nave mia colma d'oblio[1]
per aspro mare, a mezza notte il verno[2],
enfra Scilla et Caribdi[3]; et al governo
siede 'l signore[4], anzi 'l nimico mio.

Fin dal primo verso la vita del poeta viene rappresentata attraverso l'antichissima metafora della navigazione.

Il punto di vista soggettivo

La prima strofa del sonetto mette in primo piano l'io del poeta. Petrarca rappresenta la propria vita ricorrendo a una metafora tradizionale (quella della navigazione), ma subito concentra l'attenzione sulle proprie contraddizioni interiori: l'amore (personificato) che lo accompagna è nello stesso tempo suo padrone e suo nemico.

▶ La condizione di sofferenza del poeta è dovuta in parte al fatto che il suo amore è non corrisposto, in parte (e soprattutto) al fatto che egli vive la passione per Laura con un forte senso di colpa, perché l'amore lo distoglie dai pensieri più elevati, dalle riflessioni religiose e morali che lui stesso considera più nobili e degne.

Attivati!

- Spiega quali immagini rappresentano concretamente la sofferenza interiore del poeta.
- Che cosa simboleggiano i mostri Scilla e Cariddi, che Petrarca ricava dalla mitologia classica?

1 **Passa ... d'oblio:** la nave (cioè l'anima del poeta) è carica («colma») di dimenticanza («oblio»): ascoltando il richiamo dell'amore per Laura, il poeta ha dimenticato i suoi doveri.
2 **a mezza notte il verno:** nel cuore della notte, d'inverno.
3 **Scilla ... Caribdi:** i due mostri mitologici che rendevano insidiosa la navigazione nello stretto di Messina, creando gorghi e correnti.
4 **siede 'l signore:** al timone della nave sta l'amore, padrone («signore») della vita del poeta e perciò anche suo nemico, perché spesso lo fa soffrire.

A ciascun remo un penser pronto et rio[5]
che la tempesta e 'l fin par ch'abbi a scherno[6];
la vela rompe un vento humido eterno
di sospir', di speranze, et di desio[7].

Pioggia di lagrimar[8], nebbia di sdegni[9]
bagna et rallenta le già stanche sarte[10],
che son d'error con ignorantia attorto.

Nota la precisione analitica con cui il poeta introduce nell'immagine metaforica tutti gli elementi del suo malessere esistenziale.

Il tema dell'amore

Nella parte centrale della poesia il poeta riflette sull'amore, mettendo in luce i vari moti dell'animo che sono conseguenza del sentimento: i sospiri esprimono il dolore per la freddezza di Laura, ma si alternano alle speranze del poeta (di essere corrisposto) e al suo desiderio (*desio*) di conquistare la donna amata.

- Questi moti dell'animo si manifestano concretamente, sul piano fisico: le lacrime (che diventano metaforicamente una pioggia che ostacola il viaggio della nave) sono la conseguenza del dolore; lo sdegno (metaforicamente trasformato in nebbia) è l'irritazione, quasi un rancore nei confronti della donna che rifiuta di contraccambiare il sentimento del poeta.

Attivati!

- Quali sono i pensieri che, metaforicamente, stanno ai remi della nave-vita del poeta?
- Le sartie della nave, cioè le corde che permettono di manovrarla, sono un intreccio di errore e di ignoranza. Spiega i due termini, chiarendo il loro significato nel contesto della poesia
  - ☐ errore ....
  - ☐ ignoranza ....

Celansi i duo mei dolci usati segni[11];
morta fra l'onde è la ragion et l'arte[12],
tal ch'incomincio a desperar del porto[13].

La ricerca di musicalità

La poesia lirica, come abbiamo ripetuto più volte, è strettamente legata alla musica. Le poesie di Petrarca, che pure non erano destinate al canto, ma alla lettura, si caratterizzano per una raffinata ricerca musicale, legata all'uso di numerose figure retoriche.

- Notiamo in particolare il ricorso a coppie di termini, come *Scilla et Caribdi*, *il signore, anzi 'l nimico*, *pronto et rio*, *la tempesta e 'il fin*, *bagna et rallenta*, *la ragion et l'arte*. Il ricorso frequente a coppie di termini conferisce alla frase un ritmo pacato, tranquillo, soprattutto laddove i due termini si richiamano quasi automaticamente l'un l'altro (è il caso di *Scilla et Caribdi*) o laddove il loro significato sia simile e quindi la ripetizione riveli la sua funzione principalmente musicale (*bagna et rallenta*, *la ragion et l'arte*). Allo stesso scopo risponde l'evidentissimo parallelismo del v. 9 (*Pioggia di lagrimar, nebbia di sdegni*).

Attivati!

- La musicalità del sonetto non è legata solo alla ricerca di dolcezza e armonia, ma anche alla presenza di elementi contrastanti, che esprimono tensione, asprezza ecc. Completa il nostro elenco con qualche esempio
  - parole dal suono aspro e stridente ....
  - rime ricche di consonanti e di suoni insoliti ....
- Individua le allitterazioni presenti nei seguenti versi:
  v. 4 ....
  v. 5 ....
  v. 8 ....
  v. 10 ....
  - Spiega se esse contribuiscono a creare effetti di dolcezza o di asprezza.

5 pronto et rio: forte («pronto» nell'agire) e doloroso («rio»). I pensieri del poeta incalzano la sua vita come i remi la nave.
6 la tempesta e 'l fin ... a scherno: ogni pensiero pare si prenda gioco («abbi a scherno») sia dei pericoli («la tempesta») sia della meta («'l fin») del viaggio.
7 un vento humido eterno ... di desio: è il vento della passione, fatto di sospiri, di speranze e di desideri («desio»). Questo vento è definito «humido» in rapporto alla metafora della navigazione ed «eterno» perché soffia incessantemente nella vita del poeta.
8 Pioggia di lagrimar: le lacrime del poeta diventano una pioggia che rallenta la navigazione.
9 nebbia di sdegni: l'irritazione del suo animo si trasforma in una nebbia che offusca la vista.
10 le stanche sarte: le "sàrtie" di una nave sono l'insieme delle corde che sostengono l'alberatura. Esse simboleggiano la ragione, che dovrebbe sostenere il pensiero e la vita dell'uomo: ma sia le corde della nave sia la ragione del poeta sono logorate dallo sforzo («stanche») e sono diventate un intreccio di errori e di ignoranza (alla lettera: le sartie sono fatte di errore "attorto", cioè intrecciato, con l'ignoranza).
11 i duo ... usati segni: i marinai si orientano guardando le stelle, ma per il poeta gli unici segnali importanti sono gli occhi della donna amata («i duo miei dolci ... segni»). Nella tempesta le stelle sono scomparse, così come gli occhi della donna amata, che si nega al poeta.
12 morta fra l'onde ... arte: fra le onde è morta, cioè è diventata del tutto inutile, ogni forma di ragionamento teorico («la ragion») e di abilità pratica («l'arte»).
13 tal ch'incomincio ... porto: cosicché io dispero di raggiungere la meta, cioè la serenità e la pace interiore.

Guida alla lettura

I temi

L'amore come «signore» e «nimico» L'amore è uno dei temi fondamentali della poesia lirica ed è al centro del *Canzoniere* di Petrarca. Il sentimento, **personificato**, guida **la nave**, cioè **la vita del poeta**, e la condiziona nel bene e nel male. Il poeta non può sottrarsi al suo dominio (e perciò lo definisce come il suo *signore*), ma sa bene che proprio la **componente passionale** del suo sentimento lo pone, come si è detto, in contraddizione con quella spiritualità che pure caratterizza le sue scelte di vita: dunque l'amore è anche il suo *nimico*.

La crisi della religiosità medievale Questo dibattersi tra aspirazioni di tipo **ascetico-religioso** e **desideri legati alla vita terrena** costituisce proprio l'elemento più caratterizzante della sensibilità di Petrarca, che si fa così **interprete** di un più generale **disagio culturale**: il Trecento infatti segna la fine del Medioevo e delle sue certezze e l'inizio di un'età (quella moderna) in cui la visione cristiana della vita cerca di conciliarsi con una rivalutazione sostanziale delle esperienze terrene.

In sintesi e semplificando un po', il **dilemma** fondamentale di Petrarca è questo: può la **salvezza ultraterrena** dell'anima **conciliarsi** con le **aspirazioni** più tipicamente **umane**, certamente transitorie e subalterne rispetto a quella, ma pur sempre degne di essere vissute nel corso dell'esperienza terrena?

Lo stile

Una poesia-metafora Petrarca costruisce **un sistema di metafore** che occupano l'intero sonetto, a partire da quella che assimila **la sua vita a una nave in balìa del mare**: questa «nave» attraversa un *aspro mare*, cioè un mare pieno di insidie; i pensieri dolorosi muovono i remi, mentre i sospiri, le speranze e le delusioni dell'anima alimentano il vento e la tempesta; le lacrime si trasformano in pioggia, gli occhi della donna amata in costellazioni, la salvezza in un porto a cui il poeta dispera di approdare. Le corde che dovrebbero sostenere l'alberatura della nave (e che sono ormai logore) rappresentano la ragione, stanca e sopraffatta dagli errori commessi: il poeta conclude che né la conoscenza né l'esperienza possono aiutarlo a destreggiarsi nel travaglioso mare della vita.

Attività

Comprensione

1 **Verifica la tua comprensione del testo rispondendo alle seguenti domande.**

a. *A che cosa alludono i seguenti termini, usati in senso metaforico?*
- la nave ....
- la tempesta ....
- il porto ....

b. *Che cosa significa l'espressione «i duo mei dolci usati segni»?*
- in riferimento alla metafora del viaggio per nave
- in riferimento a Laura

2 **Spiega perché le sartie della nave simboleggiano le forze razionali dell'uomo completando il seguente enunciato.**
Le sartie sostengono .... così come la ragione dovrebbe sostenere ....

3 **Sottolinea nel testo i termini che indicano rispettivamente**
- gli elementi irrazionali che dominano l'animo del poeta
- le forze razionali sconfitte dalla passione

Analisi

4 **Spiega da quali elementi del testo si capisce il suo carattere lirico.**

5 **Spiega perché l'amore viene definito da Petrarca «signore e nimico».**

6 **Soffermati sugli aspetti formali del testo, individuando**
- una personificazione
- un'inversione sintattica
- una triplicazione

Rifletti, confronta, scrivi

7 **Spiega in un testo di 30 righe perché l'amore è vissuto da Petrarca in maniera dolorosa, tenendo conto**
- dell'atteggiamento di Laura
- delle aspirazioni ascetiche del poeta
- del contesto storico in cui visse Petrarca

8 **La poesia è di lettura certamente complessa e a tratti difficile. Ti invitiamo a riutilizzare tutte le osservazioni fatte e a integrarle per scrivere una parafrasi letterale (o versione in prosa) del testo petrarchesco. L'esercizio è avviato.**
I strofa: La mia vita è come una nave piena di dimenticanza, che ....
....
II strofa: A ciascun remo della nave siede un pensiero
....
....
III strofa: Una pioggia di lacrime e una nebbia di irritazioni bagnano ....
....
....
IV strofa: I due occhi di Laura, che di solito sono i miei punti di riferimento, ...
....

Matsuo Basho, nato a Ueno nel 1644 e morto nel 1694, è uno dei più importanti poeti giapponesi e tra i più famosi al di fuori del suo Paese. Figlio di un samurai, l'aristocrazia guerriera del Giappone, rifiuta la carriera militare e si dedica alla scrittura di poesie con le quali ottiene un discreto successo. Si ritira poi in meditazione secondo i principi dei monaci zen e diviene un poeta famoso con una propria scuola ed allievi. Viaggiatore instancabile, descrive spesso nella sua opera l'esperienza del viaggio, come nel suo libro *Oku no Hosomichi* ("Lo stretto sentiero per il profondo Nord"), scritto nel 1694 e considerato il più riuscito. Nel volume si alternano descrizioni in prosa del paesaggio che il poeta attraversa con descrizioni brevi e suggestive in versi. Basho ha contribuito a innalzare a livello letterario l'*haiku*, una forma poetica nata in Giappone che in soli tre versi, senza alcun titolo, rappresenta scenari naturali o le emozioni dell'autore.

T4

Matsuo Basho

Tre haiku

da *Haiku. Il fiore della poesia giapponese da Basho all'Ottocento*, a cura di E. Dal Pra, Mondadori

*Le liriche di Basho rientrano nel genere dell'*haiku*, una forma poetica tipica della tradizione giapponese, che richiede all'autore la massima ricerca di concentrazione. L'*haiku *è infatti una poesia formata da diciassette sillabe, suddivise in tre versi secondo lo schema 5-7-5 (naturalmente la traduzione non può rispettare esattamente questo schema, ma ne coglie lo spirito).*

COLLEGAMENTI
> I riferimenti simbolici, p. 53
> S. Penna, *Il mare è tutto azzurro*, p. 19
> G. Ungaretti, *Mattina*, p. 51

1
Sera:
tra i fiori si spengono
rintocchi di campana.

2
Stanchezza:
entrando in una locanda,
i glicini.

3
Erba estiva:
per molti guerrieri[1]
la fine di un sogno.

1 **guerrieri:** la poesia è stata scritta a Hiraizumi, un luogo dove anticamente si sono combattute molte battaglie.

Lessico e stile

La frase nominale

Negli *haiku* le frasi nominali, cioè prive di verbo, sono molto frequenti. Si tratta infatti di una **scelta stilistica** che garantisce al testo una **grande sinteticità**, ma anche una **forte liricità** (il verbo, introducendo in molti casi un'azione, porta con sé un elemento di narratività, mentre la mancanza di verbo conferisce alla frase un carattere sospeso, immobile, proprio della descrizione lirica).
L'uso di frasi nominali è comune anche nel linguaggio parlato quotidianamente, soprattutto nel registro informale – naturalmente in questo caso la tecnica risponde a esigenze di sinteticità e rapidità, ma non a quelle di sospensione lirica.

- Verifica la presenza di frasi nominali nelle poesie di Basho, riportando qualche esempio.
- Rifletti sull'uso di frasi nominali nella lingua parlata, riportando anche in questo caso qualche esempio e motivando le tue scelte.

Guida alla lettura

Riflessioni e stati d'animo soggettivi I tre *haiku* rientrano evidentemente nel genere della poesia lirica: in essi infatti il poeta esprime il proprio **stato d'animo soggettivo**, i propri pensieri e le proprie riflessioni.

Nel primo testo siamo di fronte a una poesia **descrittiva**: scende la sera e il poeta, in mezzo ai fiori, sente dei rintocchi di campana che svaniscono. Immagini e suoni contribuiscono a creare un quadro dalla **forte valenza metaforica**: il calare della sera e lo svanire dei rintocchi di campana alludono infatti al trascorrere della vita, all'avvicinarsi della morte, e si contrappongono quindi ai fiori, simboli di bellezza e di vitalità.

Anche il secondo e il terzo testo si basano su una **forte contrapposizione**: quella fra la stanchezza e i fiori di glicine che sorprendono il poeta all'ingresso nella locanda e quella fra l'erba estiva e la morte dei soldati nel terzo.

I temi

Immagini simboliche universali Apparentemente, i tre *haiku* sono semplici **annotazioni** estemporanee, **legate a un avvenimento quotidiano**: il poeta ha sentito delle campane, è arrivato a una locanda dopo un lungo viaggio, ha visitato un luogo teatro di importanti battaglie.

In realtà, il poeta **attribuisce a** questi **spunti diaristici un valore simbolico universale**: in tutti e tre i casi ci troviamo infatti di fronte a una **riflessione sull'esistenza umana**, e più precisamente sul contrasto fra il ciclo eterno della natura (simboleggiato dai fiori, i glicini, l'erba) e la parabola della vita umana, destinata a spegnersi una volta per sempre, come i rintocchi delle campane o i sogni dei guerrieri morti in battaglia.

Lo stile

***La struttura dell'*haiku** Gli *haiku* si caratterizzano non solo per la **struttura metrica** di cui abbiamo parlato, ma anche per il **modo in cui viene condotto il discorso**: il primo dei tre versi della poesia ha infatti lo scopo di **enunciare** il tema, spesso attraverso l'uso di una parola-chiave o di un'immagine fortemente metaforica; il secondo e il terzo verso contengono lo **"sviluppo"** della poesia, attraverso un'immagine ricca di particolari, di dettagli significativi, che si contrappone all'asciuttezza dell'enunciazione iniziale.

La ricerca di concentrazione È evidente che la **struttura rigida** dell'*haiku* costituisce per il poeta una **vera e propria sfida**: si tratta infatti di concentrare in diciassette sillabe uno stato d'animo, una riflessione il più possibile originale e interessante. La **ricerca di concentrazione** è del resto tipica di tutta la poesia lirica: non mancano, in oriente come in occidente, esempi di poesie liriche "lunghe", ma in generale la **brevità** è una delle caratteristiche del genere – e ha come conseguenza il fatto che ogni parola si carica di significati, echi, suggestioni, valori simbolici.

Attività

Comprensione

1 **Verifica la tua comprensione del testo rispondendo alle seguenti domande.**

a. *Che cosa si spegne, nella prima poesia?*
- ☐ i fiori
- ☐ la luce del sole
- ☐ il suono delle campane

b. *Chi è il soggetto logico del verbo «entrando» nella seconda poesia?*
- ☐ il poeta
- ☐ i glicini
- ☐ una persona non meglio definita

c. *Che cosa rappresenta metaforicamente il «sogno» dei guerrieri, nella terza poesia?*
- ☐ la vita
- ☐ la battaglia
- ☐ la vittoria

2 **Spiega che rapporto c'è, nella terza poesia, fra l'erba che cresce rigogliosa e le antiche battaglie che si sono combattute nello stesso luogo e che hanno visto morire molti guerrieri.**

Analisi

3 **In tutti e tre gli *haiku* si trovano immagini della natura. Rintracciale e sottolineale nei testi, poi spiega che cosa simboleggiano nel loro complesso.**

4 **Le tre poesie di Basho si basano su forti contrapposizioni. Indica per ciascuna di esse quali sono gli elementi contrapposti e perché.**
- primo *haiku* ....
- secondo *haiku* ....
- terzo *haiku* ....

5 **Indica per ciascuno dei tre *haiku* il tema, spiegando le ragioni della tua scelta con gli opportuni riferimenti al testo.**

Rifletti, confronta, scrivi

6 **L'*haiku* si basa sulla ricerca di massima concentrazione espressiva: spesso vi si trovano quindi frasi senza verbo, immagini metaforiche, espressioni difficilmente accettabili in un testo in prosa.**
Ti invitiamo a riscrivere gli *haiku* in maniera da rendere esplicito il loro significato letterale, ricorrendo a una scrittura più sciolta e prosastica, come nell'esempio.
1 È sera: in un campo pieno di fiori, sento i rintocchi delle campane che svaniscono a poco a poco.
2 ....
3 ....

7 **Prova a scrivere un *haiku*, rispettando lo schema che hai imparato a conoscere.**
I verso ....
II verso ....
III verso ....

Ugo Foscolo, nato a Zacinto (isola greca appartenente alla Repubblica di Venezia) nel 1778 e morto nel 1827, è uno dei maggiori poeti italiani. Rimasto orfano di padre, si trasferisce con la madre e i fratelli a Venezia, dove si appassiona alla vita politica italiana, sull'onda delle idee di uguaglianza, libertà e fraternità diffuse dalla Rivoluzione francese. Si schiera a fianco di Napoleone, considerandolo l'unico in grado di liberare Venezia dal dominio austriaco, ma rimane deluso quando, con il trattato di Campoformio (1797), il generale francese cede Venezia all'Austria. La delusione è evidente nel romanzo epistolare *Ultime lettere di Iacopo Ortis* (1802-1803), composto negli stessi anni dei principali sonetti. Nel 1806 scrive il carme *Dei sepolcri*, che gli vale la cattedra di Retorica italiana all'Università di Pavia. L'incarico ha breve durata, e il poeta si ritira a Firenze, dove scrive il poemetto *Le Grazie* e trascorre un periodo di soddisfazioni letterarie e mondane, circondato da belle e colte dame. Dopo la caduta di Napoleone a Lipsia (1813), Foscolo torna a Milano ma, per non dover giurare fedeltà agli Austriaci, fugge in Svizzera e di qui ripara a Londra. Nella capitale inglese, dove rimarrà fino alla morte, è costretto per sopravvivere a dare lezioni private e a contrarre debiti, ma riesce comunque a dedicarsi all'attività editoriale e giornalistica.

T5

Ugo Foscolo

Alla sera

da U. Foscolo, *Opere*, Ricciardi

Questo sonetto di Ugo Foscolo è una delle più famose liriche della letteratura italiana. Il poeta vi celebra la quiete della sera, il momento in cui si conclude la giornata, con tutte le sue ansie. Il pensiero corre allora al giorno fatale in cui anche la sua vita avrà fine, ma il poeta non prova angoscia o smarrimento di fronte a questa prospettiva, anzi: la quiete serale gli fa dimenticare gli affanni quotidiani e si calma dentro di lui lo spirito indomito e ribelle che lo anima.

Metro: sonetto con schema ABAB, ABAB, CDC, DCD

COLLEGAMENTI
- La parafrasi, p. 74
- Leggere un tema, p. 269
- *In morte del fratello Giovanni*, p. 67
- *Solcata ho fronte*, p. 271

Forse perché della fatal quïete[1]
tu sei l'immago[2] a me sì cara vieni
o sera! E quando ti corteggian[3] liete
le nubi estive e i zeffiri[4] sereni,

e quando dal nevoso aere[5] inquïete
tenebre e lunghe all'universo meni[6]
sempre scendi invocata; e le secrete
vie del mio cor soavemente tieni[7].

Vagar mi fai co' miei pensier su l'orme
che vanno al Nulla eterno[8]; e intanto fugge
questo reo[9] tempo, e van con lui le torme

delle cure[10] onde meco egli si strugge[11];
e mentre io guardo la tua pace, dorme
quello spirto guerrier ch'entro mi rugge[12].

1 fatal quïete: il riposo della morte cui nessuno può sfuggire (fatale).
2 l'immago: l'immagine.
3 E quando ti corteggian: sia quando ti accompagnano come in corteo.
4 zeffiri: venti primaverili.
5 e quando ... aere: sia quando dal cielo invernale carico di neve (nevoso aere).
6 inquïete ... meni: fai scendere su tutto l'universo tenebre lunghe e inquietanti.
7 le secrete ... tieni: occupi dolcemente le vie più intime che conducono al mio cuore.
8 sull'orme ... eterno: sulle tracce che conducono alla morte (il Nulla eterno).
9 reo: malvagio.
10 le torme delle cure: le schiere delle preoccupazioni, delle angosce.
11 onde meco ... strugge: a causa delle quali egli (il tempo) si consuma insieme a me (meco).
12 dorme ... rugge: si assopisce quell'animo combattivo che ruggisce dentro di me.

Caspar David Friedrich, *Donna davanti al tramonto*, 1818

Guida alla lettura

La struttura del sonetto Il testo è costituito da un'**apostrofe** rivolta alla sera (versi 1-3) e da **due** lunghi **periodi contrapposti** fra loro, che occupano rispettivamente lo spazio delle due quartine e delle due terzine.

I temi

La pace della sera Il primo periodo è tutto dedicato alla **descrizione della sera**, considerata come un **momento di pace assoluta**, capace di dominare totalmente il cuore del poeta (*le secrete vie del mio cor soavemente tieni*), in ogni stagione: sia in estate (*e quando ti corteggian liete le nubi estive*) e in primavera (*e i zeffiri sereni*) che nei mesi invernali (*e quando dal nevoso aere inquïete tenebre e lunghe...*).

Da questo senso di pace assoluta, poi, il poeta passa, nel periodo successivo, a pensare alla **morte** (*il Nulla eterno*) e al **tempo della vita che fugge**. Questo tuttavia non è un pensiero negativo, perché il tempo porta via con sé le preoccupazioni e le sofferenze (*le torme delle cure*).

Il reo tempo Le **sofferenze** di cui parla Foscolo, tuttavia, non sono soltanto quelle private e personali di un individuo tormentato dalle angosce esistenziali (d'amore, ad esempio), ma quelle di un **cittadino**, di un uomo che vive in un **periodo difficile della storia italiana**, e la cui patria è dominata da un governo **straniero**. Perciò il *reo tempo* menzionato dal poeta non è solo il tempo crudele che sottrae pian piano la vita all'uomo, ma il **momento storico avverso**, che consuma le speranze di libertà del poeta, deluso e amareggiato dagli eventi politici della sua epoca, come il trattato di Campoformio del 1797.

Lo stile

Un componimento dinamico Dal punto di vista stilistico, ritroviamo in questo sonetto una delle caratteristiche più frequenti del Foscolo: il **superamento della struttura metrica**, con la misura dei versi che viene continuamente travalicata grazie all'*enjambement*. Le frasi infatti non coincidono con i versi, né i periodi sono chiusi all'interno delle singole quartine o delle terzine, ma li "scavalcano" e fanno sì che essi siano **strettamente collegati tra di loro**. In questo modo, le **parole** che vengono **separate** e **isolate** alla fine di un verso e all'inizio del successivo (come accade in *liete / le nubi*, ai vv. 3-4, o *inquïete / tenebre* ai vv. 5-6) vengono poste in **particolare risalto**. La forma classica del sonetto viene così rinnovata e animata da uno slancio nuovo e dinamico.

Un linguaggio aulico Dal punto di vista del **linguaggio**, il sonetto si caratterizza per **scelte lessicali auliche**, classicheggianti, con il ricorso a **latinismi** (*fatale, immago, cure*, ecc.) e **termini** di esclusivo uso **poetico** (*zeffiri, aere*, ecc.).

Attività

Comprensione

1 Verifica la tua comprensione del testo rispondendo alle seguenti domande.

a. *A chi si rivolge il poeta?*
☐ alla luna ☐ alla sera ☐ alla notte

b. *Le "vie del cuore" del poeta sono*
☐ soavi ☐ quiete ☐ segrete

c. *Lo "spirito che ruggisce" nel cuore del poeta è*
☐ guerriero ☐ altero ☐ battagliero

2 Che cos'è un'apostrofe?

3 Perché la sera rappresenta un momento caro al poeta?

4 Nei vv. 3-6 sono descritte una sera estiva e una sera invernale. Quali caratteristiche attribuisce loro il poeta?

sera estiva ....

sera invernale ....

5 Per quale motivo secondo te Foscolo inizia il sonetto con *Forse*?

☐ perché è come se rispondesse a una domanda ("Perché mi è così gradita la sera?")
☐ perché pensa che l'atmosfera indefinita della sera rifletta i suoi dubbi
☐ perché vuole sfumare le sue affermazioni, per non renderle troppo nette e taglienti
☐ perché è incerto sul motivo che gli rende cara la sera

Analisi

6 Individua i tre casi di dieresi presenti nel sonetto. Che effetti hanno sul ritmo del discorso? Lo rallentano o lo velocizzano?

7 Individua tutti gli *enjambement* presenti nel testo. Che effetti hanno sul ritmo del sonetto? Lo distendono o lo accelerano?

8 Individua le pause forti all'interno del sonetto. Dove sono collocate?

9 Nel testo si allude per ben due volte alla morte, senza mai usare questo termine. Quali espressioni ne indicano il concetto? Quale concezione della morte ha dunque Foscolo? Crede in un aldilà dopo la morte?

Rifletti, confronta, scrivi

10 Le osservazioni su *enjambement* e interpunzione suggeriscono la possibilità di leggere il sonetto in due modi diversi: rispettandone la scansione metrica, o la struttura logico-sintattica. Esercitati nei due tipi di lettura e cerca un compromesso tra di essi, ricordando che si tratta pur sempre di poesia, che richiede un tipo di lettura diverso dalla prosa... Discuti poi in classe su quella che ti sembra la maniera migliore per rendere lo spirito del testo.

11 Che cosa suscita in te l'arrivo della sera? Sei d'accordo con il poeta o in te prevalgono altri sentimenti? Racconta il tuo rapporto con questo e con altri momenti della giornata in un tema di due colonne di foglio protocollo.

Dal genere al film

Bright Star
di Jane Campion

Titolo originale: Bright Star.
Regia: Jane Campion.
Soggetto: dal libro *Keats* di Andrew Motion.
Sceneggiatura: Jane Campion.
Fotografia (col.): Greig Fraser.
Montaggio: Alexandre De Franceschi.
Musiche: Mark Bradshaw.
Scenografie e costumi: Janet Patterson.
Interpreti: Abbie Cornish (Fanny Brawne), Ben Whishaw (John Keats), Paul Schneider (Charles Armitage Brown), Kerry Fox (Mrs Brawne), Edie Martin (Toots Brawne), Thomas Sangster (Samuel Brawne).
Produzione: Pathé, Screen Australia, BBC Films, UK Film Council, Hopscotch International, Jan Chapman Pictures.
Durata: 120'.
Origine: Gran Bretagna/Australia/Francia, 2009.

Seguendo il filo delle lettere d'amore spedite dal poeta inglese John Keats alla sua amata Fanny Brawne, la regista neozelandese Jane Campion racconta gli ultimi due anni di vita dell'uomo - che morirà a Roma nel 1821, ucciso dalla tubercolosi. Ed è proprio la storia d'amore tra Fanny e John a riempire il film. La ragazza è descritta come la vera e propria musa del poeta, tanto da avergli ispirato i suoi componimenti più famosi come *Ode su un'urna greca* (1819) e *Ode a un usignolo* (1819). Ed è il punto di vista femminile quello che la regista adotta: Fanny è la vera protagonista del film, eroina che si ribella alle convenzioni sociali – non può sposare Keats perché il poeta è povero, mentre lei proviene da un'ottima famiglia –, prigioniera del contrasto tra norma sociale e desiderio.
In effetti, l'amore e la poesia rompono l'ordine severo imposto dall'esterno: il rituale rigido che la ragazza deve seguire, tra lezioni di danza, passeggiate, balli e un sistema di ruoli da rispettare, e la protezione severa che l'amico Charles esercita nei confronti di John, cercando di ripararlo dall'influenza, a suo dire nefasta, di Fanny. È l'amore che ispira la creazione del poeta; è la poesia che spinge la giovane a ribellarsi, a cercare di uscire dal sistema delle convenzioni che ne regola l'esistenza. Dunque *Bright Star* non è solo un film che racconta la vita di un grande artista (genere *biopic*); è anche, e forse soprattutto, un film sulla vita e le passioni di una donna, spezzate dalla morte dell'uomo, evocata nell'ultima splendida inquadratura, che vede la bara del poeta sullo sfondo di Trinità dei Monti, macchia scura contro il bianco degli scalini illuminati dal sole.

Il titolo del film, che letteralmente significa "stella luminescente", è una definizione che lo stesso Keats dà di Fanny, indicando in questo modo il ruolo di guida e di ispirazione che la donna ha avuto per lui e la sua opera poetica.

Un ruolo importante è rivestito dai colori e dai costumi: soprattutto gli eleganti abiti di Fanny ben si accordano con la scenografia e danno luminosità al film.

La regista neozelandese Jane Campion è autrice di molti film famosi come *Un angelo alla mia tavola* (1990), dedicato alla vita della poetessa Janet Frame, *Lezioni di piano* (1993) e *Ritratto di signora* (1996), dal romanzo omonimo di Henry James.

Giacomo Leopardi, nato a Recanati nel 1798 e morto nel 1837, è uno dei più importanti poeti italiani. Di famiglia nobile, studia sotto la guida del padre e di precettori privati. Ben presto supera i suoi maestri e continua a studiare da autodidatta, usufruendo della vastissima biblioteca paterna: impara il latino, il greco, l'ebraico e alcune lingue moderne, dimostrando un'intelligenza precocissima ed estremamente versatile. In quegli anni inizia ad annotare i suoi pensieri e le sue riflessioni in una sorta di diario, lo *Zibaldone* (1817-1832). La crescita culturale e la consapevolezza delle proprie capacità gli rendono insopportabile l'atmosfera chiusa e insensibile della famiglia e di Recanati. Nel 1819 tenta di fuggire da casa, ma la fuga fallisce ed egli cade in uno stato di profondo abbattimento, aggravato da problemi di salute, che tuttavia non gli impediscono di procedere con la stesura dei *Canti* (comprendenti i *Piccoli idilli*, 1819-1821, e i *Grandi idilli*, 1827-1830). Nel 1822 può finalmente allontanarsi da Recanati e va a vivere a Roma, ma la città, soggetta all'arretrato dominio dello Stato Pontificio, lo delude profondamente. La sua amara presa di coscienza dell'infelicità umana si manifesta nelle *Operette morali* (1824). Nel 1825 si reca a Milano e in seguito soggiorna a Bologna, Firenze e Pisa. Nel 1831, a Firenze, cura l'edizione dei suoi *Canti* e vive una infelice passione amorosa per la nobildonna Fanny Targioni Tozzetti. Nel 1833, stanco e malato, si trasferisce presso l'amico Antonio Ranieri a Napoli, dove morirà.

Giacomo Leopardi

T6 Alla luna

da G. Leopardi, *Canti*, Mondadori

Scritta nel 1819, Alla luna *è una lirica appartenente al genere, definito dallo stesso Leopardi, degli «idilli», ovvero «esperimenti, situazioni, affezioni, avventure storiche del mio animo». Si tratta di un componimento in cui il paesaggio – un colle illuminato dalla luce lunare – rappresenta il punto di partenza per una riflessione su un tema caro al poeta: il ricordo, o meglio la* ricordanza*. L'azione stessa del ricordare, secondo il poeta, procura sempre piacere, anche quando il momento richiamato alla memoria è stato doloroso.*

Metro: endecasillabi sciolti

COLLEGAMENTI

- I contenuti tematici, p. 50
- La poesia d'amore, p. 145
- Leggere un tema, p. 269
- *L'infinito*, p. 58
- J. Saramago, *I ricordi*, p. 500

O graziosa luna, io mi rammento[1]
che, or volge l'anno[2], sovra questo colle
io venia[3] pien d'angoscia a rimirarti[4]:
e tu pendevi[5] allor su quella selva
siccome[6] or fai, che tutta la rischiari.
Ma nebuloso e tremulo[7] dal pianto
che mi sorgea sul ciglio[8], alle mie luci[9]
il tuo volto apparia, che travagliosa[10]
era mia vita: ed è, né cangia stile[11],
o mia diletta luna. E pur mi giova
la ricordanza[12], e il noverar l'etate[13]
del mio dolore. Oh come grato occorre[14]
nel tempo giovanil[15], quando ancor lungo
la speme e breve ha la memoria il corso[16],
il rimembrar[17] delle passate cose,
ancor che triste[18], e che l'affanno[19] duri!

Paul Klee,
Il sorgere della luna, 1915

1 **mi rammento:** mi ricordo.
2 **or volge l'anno:** un anno fa.
3 **venia:** venivo.
4 **rimirarti:** contemplarti.
5 **pendevi:** stavi sopra.
6 **siccome:** come.
7 **nebuloso e tremulo:** velato e tremolante.
8 **sorgea sul ciglio:** mi riempiva gli occhi.
9 **alle mie luci:** ai miei occhi.
10 **che travagliosa:** poiché difficile.
11 **cangia stile:** cambia modo di essere.
12 **E pur ... ricordanza:** nonostante ciò mi fa piacere il ricordo.
13 **il noverar l'etate:** ricordare il tempo.
14 **come ... occorre:** come è gradito.
15 **nel tempo giovanil:** durante la giovinezza.
16 **quando ... corso:** quando il cammino che la speranza può compiere è ancora lungo, mentre quello della memoria è breve.
17 **il rimembrar:** il ricordo.
18 **ancor che triste:** anche se doloroso.
19 **l'affanno:** la pena, l'angoscia.

Guida alla lettura

Una struttura tipicamente leopardiana «*Alla luna*» è un **idillio**, una forma compositiva **breve**, in **endecasillabi sciolti**, molto amata da Leopardi, perché unisce la **descrizione della natura** alla **introspezione personale** e alla **riflessione "filosofica"**, sui grandi temi dell'esistenza umana. La lirica, infatti, può essere suddivisa in **tre parti**: nella **prima** (vv. 1-5), Leopardi **si rivolge** direttamente **alla luna**, con un'intimità e una franchezza che fanno di lei un'interlocutrice usuale del poeta, abituato a cercare in lei conforto al proprio dolore. La **seconda** parte (vv. 6-12) è incentrata invece sul **poeta stesso**, che riflette sul proprio passato e sul presente. Nella **terza** parte infine (vv. 12-16), Leopardi passa dal **piano** personale a quello **universale**: il cercare conforto nel ricordo è infatti tipico della condizione umana, nel periodo della giovinezza.

Dal punto di vista formale, la lirica è composta di **sedici endecasillabi sciolti**, ovvero non rimati tra loro, **senza** divisione in **strofe**. I versi sono legati tra loro da frequenti **enjambement** e la **costruzione sintattica** è piuttosto **complessa**, soprattutto nella parte finale del componimento.

I temi

Il ricordo La poesia che hai appena letto con il titolo *Alla luna*, nella prima stesura era stata intitolata da Leopardi ***La rimembranza***. Il tema principale della lirica, infatti, è il ricordo. Non un ricordo preciso, determinato, specifico, ma l'**azione stessa del ricordare**, propria dell'uomo. Il poeta si rivolge alla luna, sua intima amica e confidente: già l'anno precedente si era recato ad ammirarla dallo stesso colle, in un momento di particolare sconforto (*nebuloso e tremulo dal pianto*) quando era in preda al **dolore** (*che travagliosa / era mia vita*). Il poeta sa però che nulla è cambiato da allora (*ed è*) né pare poter cambiare (*né cangia stile*). Tuttavia il **ricordo** del passato è di **conforto** al poeta, come ad ogni giovane, che spera di poter cambiare con il tempo la propria situazione e di uscire dal dolore (*ancor lungo / la speme e breve ha la memoria il corso*).

Lo stile

Un lessico vago e indefinito Il **linguaggio** leopardiano si caratterizza per il frequente ricorso a un **lessico vago** e **indefinito**, soprattutto in riferimento agli aggettivi, che contribuiscono a rappresentare **immagini** dai **contorni sfumati** e **delicati**, lontane dalla determinatezza del reale, ma quasi **filtrate dal ricordo**. Questa **scelta stilistica** dipende dalla volontà del poeta di **evocare sensazioni** più che di descrivere situazioni concrete, di creare immagini e paesaggi che richiedono il contributo l'**immaginazione**.

Attività

Comprensione

1 Fai la parafrasi del testo.

2 Quanto tempo prima il poeta aveva guardato la luna dallo stesso luogo?

3 Come appariva la luna al poeta la volta precedente?

4 La vita del poeta è cambiata da allora?

5 Il poeta definisce la luna «graziosa». Che cosa indica esattamente questo aggettivo secondo te? Qual è l'immagine che Leopardi ha della luna?

Analisi

6 Individua gli *enjambement* presenti nella poesia.

7 Individua nel testo le parole riferite alla memoria e al ricordo (sostantivi, aggettivi, verbi) e spiegane il significato.

8 Perché il ricordo giova al poeta? Quale significato gli attribuisce?

9 Come definisce Leopardi la giovinezza? Da quali sentimenti è caratterizzata?

Rifletti, confronta, scrivi

10 Che valore ha per te il ricordo? Positivo o negativo? Sei d'accordo, in tutto o anche solo in parte, con la riflessione di Leopardi o hai un'opinione diversa? Esprimi il tuo pensiero sull'argomento in un tema di tre colonne di foglio protocollo.

11 Secondo Leopardi la giovinezza è un'età particolarmente felice. Sei d'accordo? Discuti in classe con i tuoi compagni di questo argomento, poi prepara una serie di domande per un sondaggio sul tema e sottoponile a un pubblico quanto più vasto possibile. Raccogli i risultati del sondaggio ed elaborali sotto forma di percentuale e di grafico, suddividendoli per fasce di età dei soggetti intervistati.

Michail Jurevič Lermontov, nato a Mosca nel 1814 e morto nel 1841, è un poeta e drammaturgo russo, tra i maggiori esponenti del Romanticismo. Rimasto orfano di madre a tre anni, vive tuttavia un'infanzia serena, caratterizzata dai frequenti viaggi nel Caucaso. Si appassiona alla lettura dei poeti romantici inglesi e in particolare di Byron, di cui vuole imitare anche gli atteggiamenti anticonformisti (e anche per questo, più tardi, viene espulso dall'Università di Mosca). Intraprende poi la carriera militare, ma nel 1835 la censura respinge il suo dramma *Il ballo in maschera*, mentre nel 1837 una sua poesia scritta per la morte in duello di Aleksandr Puškin, il più grande scrittore russo del tempo, viene giudicata sovversiva dallo zar Nicola I e gli procura un anno di esilio nel Caucaso. Tornato a Pietroburgo, compone versi e nel 1840 pubblica il romanzo *Un eroe del nostro tempo*, il suo capolavoro in prosa. Muore nel 1841, vittima di un duello da lui stesso provocato. Oltre al romanzo già citato, in vita Lermontov pubblica solo un volume di poesie, *Versi*. Dopo la sua morte uscirà il poema *Il demone*.

T7

Michail Jurevič Lermontov

La coppa della vita

da R. Poggioli, *Il fiore del verso russo*, Einaudi

Il tema del contrasto fra la realtà e le illusioni è tipico della lirica romantica. Lermontov lo affronta in questa breve poesia del 1837, ricorrendo a un'efficace metafora: durante la vita, gli uomini si nutrono di illusioni come se bevessero a una coppa dorata; ma nel momento della morte si rendono conto che la coppa in verità era vuota e che tutte le loro gioie sono state vane illusioni.

COLLEGAMENTI
> Le parole-chiave, p. 51

Noi dalla coppa[1] della vita
beviamo, ciechi e folli[2]:
ed i suoi margini dorati[3]
d'amare lacrime son molli[4].

Ma quando cade giù la benda[5]
nell'ora di morire
e con essa scompare,
o chimera[6], il gioire,

vediamo che son vuote
le sue dorate vene[7],
che il suo vino era un sogno
che a noi non appartiene.

1 **coppa:** bicchiere.
2 **ciechi e folli:** spensierati, senza considerare la nostra condizione.
3 **i suoi margini dorati:** gli orli della coppa.
4 **molli:** bagnati.
5 **cade giù la benda:** apriamo gli occhi, siamo costretti a guardare in faccia la realtà.
6 **chimera:** la gioia («il gioire») si rivela nel momento della morte una semplice illusione, una chimera (dal nome del mostro mitologico formato da parti di animali diversi).
7 **le sue dorate vene:** l'interno della coppa.

Marc Chagall,
Le tre candele, 1938-1940

Guida alla lettura

Una riflessione sul destino umano Il poeta dà al suo testo un carattere di **riflessione universale**: non parla cioè della propria esperienza personale, non fa riferimenti autobiografici, né richiama avvenimenti precisi, aneddoti, momenti della propria vita quotidiana. La poesia si presenta come una sorta di **riflessione filosofica sul destino umano.**

Il «noi» con cui la poesia si apre, ripreso nell'ultimo verso («a noi»), coinvolge quindi il poeta e i lettori, mettendoli sullo stesso piano: il **poeta ci chiama a condividere** la sua riflessione, a riconoscere la nostra esperienza nella sua.

I temi

Le illusioni che cadono La poesia si basa su una forte **contrapposizione**, evidenziata dal «Ma» all'inizio della seconda strofa: nella **prima parte** il poeta parla della vita, descritta metaforicamente come un bere cieco, inconsapevole, a una coppa che promette gioie e felicità (gli stessi bordi sono infatti dorati) ma che non mantiene le sue promesse (i suoi bordi sono infatti bagnati di lacrime). Nella **seconda parte**, le illusioni cadono, nel momento in cui l'uomo smette di essere cieco e folle e prende coscienza del destino che lo attende – la morte. Nel **momento della morte**, infatti, ciascun individuo deve riconoscere che il bilancio della sua vita è negativo, che le gioie sono state semplici chimere e che le promesse della vita erano sogni irrealizzabili.

L'aspirazione romantica delusa Il **tema della poesia è tipicamente romantico**: Lermontov, infatti, dichiara che ogni vita è destinata all'infelicità, nessuno dei piaceri che la vita può riservarci è in grado di soddisfare il poeta romantico, può placare la sua ansia di assoluto e di infinito. Quello di cui ci sta parlando il poeta non è una generica e superficiale insoddisfazione, ma il **contrasto** fra la nostra **finitezza umana** (di cui la morte ovviamente è il segno più tangibile) e l'**aspirazione all'infinito** che pure fa parte della nostra natura, della nostra psicologia.

Lo stile

Struttura e figure retoriche La poesia sviluppa **temi tipicamente romantici** all'interno di una **struttura impostata** in maniera piuttosto **tradizionale**: è divisa infatti in tre quartine molto tradizionali (l'ottima traduzione riesce a riprodurre almeno in parte le rime e il ritmo dell'originale). La scelta di questa struttura nasce probabilmente dal desiderio del poeta di **sottolineare** il valore universale della propria riflessione: non si tratta di un pensiero estemporaneo, di un appunto di diario frutto di un umore momentaneo, bensì di un concetto che il poeta ha elaborato a lungo, studiando come esprimerlo nella maniera più sintetica e incisiva possibile.

Alla sintesi contribuisce il **gioco delle metafore**, che costituisce l'elemento portante del discorso sul piano retorico: la coppa che rappresenta la vita, i suoi bordi dorati che rappresentano le illusioni da cui ci lasciamo sedurre, il vino che rappresenta il piacere e che alla fine si rivela illusorio come un sogno...

Attività

Comprensione

1 **Verifica la tua comprensione del testo rispondendo alle seguenti domande.**

a. *Che cosa simboleggia la coppa?*
- ☐ l'esistenza umana
- ☐ la gioia di vivere
- ☐ l'amore

b. *Che cosa simboleggia il vino?*
- ☐ la morte
- ☐ i piaceri dell'esistenza
- ☐ le illusioni della giovinezza

c. *Perché il poeta dichiara che «il suo vino era un sogno»?*
- ☐ perché in realtà la coppa non esiste
- ☐ perché i piaceri della vita sono sempre insoddisfacenti
- ☐ perché la morte arriva sempre troppo presto

2 **La condizione umana si presenta in due modi molto diversi nella prima e nella seconda strofa. Verificalo completando le seguenti affermazioni.**
- Nella prima strofa il poeta definisce gli uomini ciechi e folli perché ....
- Nella seconda strofa afferma che nel momento della morte ....

Analisi

3 **Spiega perché, secondo Lermontov (e più in generale secondo i poeti romantici), la vita umana è dominata dall'insoddisfazione.**

4 **Osserva la prima e l'ultima strofa e indica almeno due termini che, ricorrendo in entrambe, danno alla poesia una struttura circolare.**

5 **Tra la prima e la seconda strofa il poeta colloca una forte avversativa («Ma»). Individua almeno due parole o concetti che giustificano la contrapposizione tra queste due strofe:**

I strofa	
II strofa	

6 **Le parole «chimera» e «sogno» si possono annoverare tra le parole-chiave della poesia. Spiega perché, facendo riferimento al significato del termine «chimera» e ai temi che l'autore sviluppa nel testo.**

Rifletti, confronta, scrivi

7 **Leggi attentamente i seguenti versi, che concludono la poesia *A Silvia* di Giacomo Leopardi, e confrontali con quelli di Lermontov. Poi spiega quali analogie e quali differenze individui nei due testi.**

... Ahi come,
come passata sei,
cara compagna dell'età mia nova (= della mia giovinezza),
mia lacrimata speme (= speranza)!
Questo è quel mondo? questi
i diletti, l'amor, l'opre, gli eventi,
onde cotanto ragionammo insieme?
questa la sorte delle umane genti?
All'apparir del vero
tu, misera, cadesti: e con la mano
la fredda morte ed una tomba ignuda
mostravi di lontano.

Un altro modo di leggere

Giacomo Puccini, nato a Lucca nel 1858 e morto nel 1924, è uno dei più celebri compositori e operisti della storia della musica. Tra le sue opere più famose, *Manon Lescaut* (1893) – ispirata al romanzo di Antoine François Prévost *Storia del cavaliere Des Grieux e di Manon Lescaut* e rappresentata per la prima volta a Torino con un successo clamoroso –, *La bohème* (1896) – tratta dal romanzo di Henri Murger *Scènes de la vie de bohème* –, *Tosca* (1900) – derivata dal dramma *La Tosca* di Victorien Sardou –, *Madama Butterfly* (1904) e l'incompiuta *Turandot*, di soggetto fiabesco e ambientazione cinese, liberamente tratta dall'omonima commedia di Carlo Gozzi (1720-1806). Fondamentale per la composizione dei maggiori capolavori pucciniani è la collaborazione con gli scrittori **Luigi Illica** (1857-1919) e **Giuseppe Giacosa** (1847-1906), iniziata con *Manon* e interrottasi soltanto con la loro morte.

Madama Butterfly, rappresentata per la prima volta nel 1904, è un'opera lirica in tre atti, tratta da un dramma teatrale inglese a sua volta ispirato alla novella *Madam Butterfly* dell'americano John Luther Long. Ambientata in Giappone, narra la storia della giovanissima Cio-cio San ("madama farfalla", in inglese *madam butterfly*) e del suo amore per il tenente della Marina americana Pinkerton, fino alla tragica conclusione: abbandonata dall'amato, Butterfly infatti si suiciderà con il tradizionale *harakiri*.

T8

Giacomo Puccini - Luigi Illica - Giuseppe Giacosa

Un bel dì vedremo...

da G. Puccini, *Madama Butterfly*, Emi Columbia

Madama Butterfly ha sposato Pinkerton secondo il rito giapponese. Egli, però, poco dopo le nozze, è ripartito per l'America, promettendole che tornerà. Sono passati così tre lunghi anni; Cio-cio San, che intanto ha avuto un bambino, aspetta fedele e fiduciosa il ritorno del suo amore. L'aria che segue appartiene al secondo atto ed è cantata dalla protagonista, che immagina il tanto atteso ritorno del marito.

COLLEGAMENTI

> V. Cardarelli, *Attesa*, p. 154

Un bel dì vedremo
levarsi un fil di fumo sull'estremo
confin del mare.
E poi la nave appare.
E poi la nave è bianca.
Entra nel porto, romba il suo saluto.
Vedi? È venuto!
Io non gli scendo incontro. Io no. Mi metto
là sul ciglio del colle e aspetto, aspetto
gran tempo e non mi pesa
la lunga attesa.
E… uscito dalla folla cittadina
un uomo, un piccol punto
s'avvia per la collina.
Chi sarà? Chi sarà?
E come sarà giunto
che dirà? che dirà?
Chiamerà Butterfly dalla lontana.
Io senza dar risposta
me ne starò nascosta un po' per celia,[1]
un po' per non morire
al primo incontro, ed egli alquanto in pena
chiamerà, chiamerà:
"Piccina-mogliettina

1 **celia:** scherzo.

olezzo[2] di verbena"
i nomi che mi dava al suo venire.
Tutto questo avverrà, te lo prometto.
Tieni la tua paura, io con sicura
fede lo aspetto.

2 olezzo: profumo.

Guida alla lettura

Amore e morte Dopo questa **fantasticheria** piena di speranza, dettata dalla cieca fiducia nell'uomo amato, Butterfly resterà **crudelmente delusa**. Un giorno, Pinkerton torna davvero: un colpo di cannone annuncia l'arrivo della nave che viene dall'America. Cio-cio San, felice, addobba la casa di fiori e indossa la veste nuziale. Ma Pinkerton è in compagnia di un'altra donna, sposata in America. Allora Butterfly, **disperata**, distrae il figlioletto con dei giocattoli e si uccide, pugnalandosi.

La materia di cui sono fatti i sogni Tema centrale dell'aria è il **sogno**. Il quadro, evocato da Butterfly, del giorno in cui finalmente Pinkerton farà ritorno, è **struggente** per la precisione dei dettagli con cui viene evocato. Butterfly descrive con puntiglio tutto quello che spera un giorno accadrà, in una **progressione** che il cinema renderebbe con un zoom in avanti: prima il «fil di fumo» lontano sul mare, poi la nave bianca che si avvicina, entra in porto; e poi, ancora più in dettaglio, un uomo che si stacca dalla folla e s'incammina verso la donna, che centellina la tanto attesa felicità rimandando ancora, anche se di poco («me ne starò nascosta un po' per celia/un po' per non morire»), quell'incontro tanto atteso. Trasportati dalle parole evocatrici di Cio-cio San e dalla musica **avvolgente** e **sottilmente tragica** di Puccini, ci commuoviamo proprio perché sentiamo che quel **desiderio**, tanto a lungo e amorosamente coltivato, **non si avvererà mai**.

Parole e musica Sull'aria in cui Butterfly descrive, sognante, il momento in cui il marito tornerà, la melodia scritta da Puccini è **delicata, discreta**, in modo da creare un'**atmosfera raccolta e intima**, intonata alle parole da accompagnare. In effetti si tratta di un **racconto anomalo**: gli eventi narrati non appartengono alla realtà, non descrivono un evento realmente accaduto ma esprimono il **desiderio** della protagonista: la sua **fede cieca**, totale, nella possibilità che il marito faccia ritorno da lei. Ma si tratta di una speranza destinata a rimanere delusa: e la musica, con le sue tonalità **nostalgiche, lievemente malinconiche**, fa presagire la **tragica conclusione** dell'opera: Pinkerton non tornerà da lei e Butterfly morirà per il dolore. La parte centrale dell'aria, più **descrittiva**, si avvicina al **recitativo**: la musica, cioè, si sposta più in **sottofondo** e l'enfasi cade sulle **parole**, che sono **più recitate che cantate**, in modo da poterle scandire con chiarezza e far comprendere bene al pubblico la situazione. Poi, sulle parole «per non morire/a primo incontro», torna la melodia iniziale, in un **crescendo** che coinvolge tutta l'orchestra e che alla fine dell'aria riprende il tema principale con i soli strumenti.

Attività

Comprensione

1 Da chi e quando è stata composta l'opera *Madama Butterfly*? Chi è l'autore del libretto?

2 Sapresti riassumere la vicenda narrata nell'opera?

3 Quale personaggio canta l'aria di cui hai letto il testo? A che punto siamo del racconto?

4 L'evento narrato nell'aria è accaduto realmente o viene solo immaginato?

5 Qual è il tema centrale dell'aria?

6 Che relazione c'è tra la musica e le parole?

Analisi

7 Individua il tipo di versi utilizzati nel libretto. Qual è il verso che ricorre più spesso? Ci sono rime? E in quali punti del testo?

8 Cerca nel testo le parole chiave relative ai campi semantici principali dell'aria: fede - attesa - desiderio.

9 Ascolta l'aria e descrivi la relazione tra la musica e le parole: quali sono i momenti che la musica sottolinea? E quali, invece, quelli in cui la melodia si fa da parte e lascia campo alle parole? Perché, secondo te?

Rifletti, osserva, scrivi

10 Conosci certamente un'altra aria operistica o una canzone che narrino lo stesso tema, l'attesa vana di un amore che non tornerà. Paragonane i testi e poi riporta i risultati del confronto in un breve testo.

11 Prova a scrivere la sceneggiatura di una sequenza cinematografica che rappresenti la situazione narrata nell'aria. Quali movimenti di macchina useresti? Quale ambientazione? E quali dialoghi?

12 Se dovessi trasformare l'aria pucciniana in un dipinto, quali colori useresti? Spiega le tue scelte.

Gabriele D'Annunzio, nato a Pescara nel 1863 e morto nel 1938, è un poeta italiano. Concluso il liceo presso il Convitto Cicognini di Prato, abbandona gli studi per dedicarsi all'attività giornalistica e si trasferisce a Roma. Del 1879 è la sua prima raccolta di versi, *Primo vere*, che gli porta successo e notorietà tali da farlo diventare uno dei protagonisti della vita artistica e mondana della capitale, dove si distingue per gesti clamorosi, amori ostentati, scandali. Scrittore versatile, coglie gli stimoli più interessanti dei movimenti culturali dell'epoca, Simbolismo e Decadentismo, come è evidente nelle raccolte considerate suoi capolavori: *Maya*, *Elettra* e *Alcyone* (1903, i cui componimenti sono ispirati da una vacanza al mare, trascorsa con l'attrice Eleonora Duse in una villa della Versilia, immersa nella natura). Scrive anche romanzi di grande successo (*Il piacere*, 1889; *L'innocente*, 1892; *Il fuoco*, 1900) e opere teatrali (*Francesca da Rimini*, 1902; *La figlia di Iorio*, 1904). Favorevole all'intervento dell'Italia nella Prima guerra mondiale, si arruola come volontario e compie imprese ardite e spettacolari. Dopo la guerra, nel 1919, occupa con altri volontari la città di Fiume, in Istria, negata all'Italia dai trattati di pace. Dopo l'intervento del governo italiano, il poeta si ritira in volontario isolamento nella sua villa sul lago di Garda (il Vittoriale), dove crea una sorta di museo autocelebrativo. Non cessa però di interessarsi alla vita politica, aderendo platealmente al fascismo.

T9

Gabriele D'Annunzio

La sabbia del tempo

da G. D'Annunzio, *Alcyone*, Mondadori

Il tema del tempo che passa è uno dei temi ricorrenti nella poesia lirica. D'Annunzio lo affronta in questo breve testo, a partire da un semplice spunto autobiografico: il poeta si trova infatti in vacanza al mare, sulla costa toscana, e all'improvviso si rende conto che le giornate si stanno accorciando, che l'estate si avvicina alla conclusione e che l'autunno incombe.

Metro: madrigale composto da tre strofe di endecasillabi rimati secondo lo schema ABA CBC DEDE

COLLEGAMENTI

> Le figure retoriche del suono, p. 42
> La poesia d'amore, p. 145
> *I pastori*, p. 69

Come scorrea la calda sabbia lieve[1]
per entro il cavo della mano in ozio,
il cor sentì che il giorno era più breve[2].

E un'ansia repentina[3] il cor m'assalse[4]
per l'appressar dell'umido equinozio[5]
che offusca l'oro delle piagge salse.

Alla sabbia del Tempo urna la mano
era[6], clessidra il cor mio palpitante,
l'ombra crescente[7] d'ogni stelo vano[8]
quasi ombra d'ago in tacito quadrante[9].

1 **lieve:** leggera.
2 **era più breve:** perché il culmine dell'estate è ormai passato e si avvicina l'autunno, in cui le giornate sono più corte.
3 **repentina:** improvvisa.
4 **m'assalse:** mi assalì.
5 **per l'appressar ... equinozio:** per l'avvicinarsi dell'equinozio d'autunno; il 23 settembre cade uno dei due giorni dell'anno in cui dì e notte hanno esattamente la stessa lunghezza (dodici ore); l'equinozio d'autunno è detto «umido» perché porterà le prime piogge.
6 **Alla sabbia ... era:** costruisci: la (mia) mano era come l'ampolla di vetro da cui scorre la sabbia in una clessidra; il termine «urna» conferisce alla mano un valore quasi sacro, così come la maiuscola, che personifica il tempo, quasi fosse un'antica divinità pagana.
7 **crescente:** che si allunga perché il sole resta meno alto sull'orizzonte.
8 **vano:** destinato a morire presto.
9 **ombra ... quadrante:** l'ombra proiettata dall'ago che indica l'ora sul quadrante di una meridiana; il quadrante è «tacito» perché la meridiana non emette il ticchettio proprio degli orologi meccanici.

Guida alla lettura

Immagini-simbolo La poesia, scritta verso la fine di agosto, quando lo splendore della stagione estiva incomincia ad attenuarsi e appaiono i primi sintomi dell'autunno ormai vicino, è costruita attorno all'**immagine-simbolo** della **sabbia che scorre all'interno di una clessidra** e segna il passare del tempo.
Un semplice gesto, quello di raccogliere e lasciar filtrare tra le dita la sabbia del mare, stimola nel poeta una **catena di analogie**. L'elemento materiale (la *sabbia*) si trasforma in simbolo astratto (il trascorrere del *tempo*). Questa trasformazione permette la successiva analogia tra la clessidra e il cuore del poeta, entrambi capaci di registrare il trascorrere di ogni singolo attimo di un tempo che fugge inesorabilmente.

Lo stile

La ricerca di brevità e concentrazione L'efficacia della poesia è dovuta alla eccezionale **sinteticità** con cui D'Annunzio accosta gli elementi simbolici del suo discorso, trasfigurando una semplice, banale esperienza quotidiana (lo scorrere di un pugno di sabbia in un momento di ozio sulla spiaggia) in una situazione carica di significati universali.
I **due versi finali** potrebbero apparire **"superflui"**, in quanto ribadiscono concetti già chiariti: in realtà **servono a creare**, attraverso la citazione dell'antica meridiana, un'atmosfera lontana e quasi persa nella memoria, che segna un **forte distacco** rispetto all'esperienza presente e rende ancora più evidente il valore universale che il poeta attribuisce alla propria riflessione.
Immagini ricercate e musicalità Nella sua brevità la lirica si caratterizza per la **cura formale** e la **scelta attenta del lessico**: gli aggettivi si ricollegano a un'idea fondamentale di fragilità e brevità dell'esistenza (*lieve*, *breve*, *palpitante*, *vano* ecc.), mentre la scelta dei riferimenti eruditi (l'*equinozio*, la *clessidra*, il *quadrante* della meridiana) conferisce ai versi un tono di **intellettuale ricercatezza.** Il tipo di composizione e il gioco delle rime ingentiliscono comunque il testo, bilanciando con la **leggerezza musicale** dei versi i complessi rimandi analogici attorno a cui si sviluppa il discorso poetico.

Tecniche e generi

La lirica simbolista

Lawrence Alma-Tadema, *La conversione di Paola* (particolare), 1898

La poesia di D'Annunzio si inserisce nell'ambito di un importante movimento che interessa varie letterature europee tra la fine dell'Ottocento e l'inizio del Novecento: il Simbolismo. Alle origini di questo movimento c'è l'idea che la realtà sia misteriosa, che ogni elemento della natura e della creazione parli una lingua difficilmente comprensibile con gli strumenti della ragione, dell'analisi e della scienza. I simbolisti sono quindi in polemica con l'ottimismo della loro epoca, che attribuisce alla scienza la capacità di svelare ogni mistero e di chiarire ogni segreto della natura. Per questi artisti, la scienza può essere utile sul piano pratico, ma non contribuisce a risolvere i grandi misteri dell'esistenza e della psiche umana; per affrontarli, è necessaria l'arte, cioè un'attività non legata alla ragione, bensì alla parte irrazionale del nostro essere.
Anche se la poesia (e la poesia lirica in particolare) ha sempre fatto uso di simboli, cioè di immagini che significano qualcos'altro, che non vanno prese alla lettera, ora, con il Simbolismo, il ricorso ai simboli, o a metafore difficili e complesse, a termini insoliti, raffinati, ricercati diviene lo strumento per esprimere il mistero che circonda la vita, ma anche un modo per penetrarlo, per strappare il velo che sembra frapporsi tra la nostra coscienza e il mondo intorno a noi.
Nato in Francia come movimento letterario (poi estesosi alle arti figurative e alla musica) – con le opere di Charles Baudelaire, Arthur Rimbaud, Paul Verlaine, Stephane Mallarmé –, in Italia il Simbolismo trova i suoi esponenti più importanti nei poeti Giovanni Pascoli e Gabriele D'Annunzio, ma la sua influenza si farà sentire fino alla vigilia della Seconda guerra mondiale, con autori come Giuseppe Ungaretti ed Eugenio Montale.

Attività

Comprensione

1 **Verifica la tua comprensione del testo rispondendo alle seguenti domande.**

a. *Quale gesto semplice e comune costituisce lo spunto iniziale della lirica?*
- ☐ il poeta fa un bagno in mare
- ☐ il poeta passeggia sulla spiaggia
- ☐ il poeta raccoglie un pugno di sabbia

b. *A quale stagione dell'anno fa riferimento il poeta?*
- ☐ all'inizio dell'estate, perché ....
- ☐ alla fine dell'estate, perché ....
- ☐ all'inizio dell'autunno, perché ....

c. *A che cosa è paragonata l'ombra «crescente» degli steli d'erba o dei fiori?*
- ☐ alla lancetta di un orologio
- ☐ all'ago di una meridiana
- ☐ all'ampolla di una clessidra

Analisi

2 **Con l'aiuto delle note e dell'analisi del testo, spiega il procedimento analogico per cui il cuore del poeta diviene simbolicamente una «clessidra».**

3 **Nelle tre strofe si ripete la stessa parola: quale? Ti sembra che si tratti di una parola-chiave? Perché?**

4 **Qual è il tema di fondo della poesia? Rispondi distinguendo ciò che il poeta narra o descrive e ciò su cui ci invita a riflettere.**

5 **Osserva il linguaggio usato da D'Annunzio.**
- vi sono termini letterari, insoliti, antiquati?
- vi sono termini tratti dal registro basso della lingua?
- come si spiegano queste scelte?

6 **Osserva la metrica della poesia.**
- c'è corrispondenza fra strofe e periodi o no?
- c'è corrispondenza fra versi e frasi o no?
- che effetti crea, sul piano della musicalità, questa scelta?

7 **Lo schema metrico usato da D'Annunzio è**
☐ innovativo ☐ tradizionale
Motiva la tua risposta, poi spiega perché, a tuo avviso, D'Annunzio ha compiuto una scelta del genere.

Rifletti, confronta, scrivi

8 **Sicuramente anche tu avrai avuto talvolta l'impressione che il tempo passi troppo in fretta: quando ti è capitato, in particolare? Racconta la tua esperienza in un testo di trenta righe.**

9 **Come trascorri il tuo tempo libero? Ami oziare o ti dedichi a qualche attività particolare? Descrivi il tuo rapporto con il tempo libero in un testo di due colonne di foglio protocollo.**

Constantinos Kavafis, nato ad Alessandria d'Egitto nel 1863 da genitori greci originari di Istanbul e morto nel 1933, è uno dei più importanti poeti greci. Nel 1870, alla morte del padre che lavorava nella città egiziana con una ditta di import-export, Kavafis si trasferisce a Liverpool. Rientra ad Alessandria nel 1882, dove viene assunto al Ministero dei Lavori Pubblici egiziano, facendo una rapida e redditizia carriera. Nel 1897 si reca in viaggio a Parigi e nei primi anni del Novecento è più volte ad Atene. Intanto comincia a pubblicare le sue poesie, che lo rendono uno dei più illustri intellettuali di lingua greca della sua epoca. La prima edizione in volume delle sue opere, tuttavia, esce postuma nel 1935 perché Kavafis ha l'abitudine di scrivere i suoi versi su fogli volanti, via via raccolti in fascicoli. Le sue liriche sono generalmente brevi, essenziali, colte: la poesia è per lui un mezzo capace di innalzare l'uomo e riscattarlo dalla sua misera condizione. I riferimenti alla storia (in particolare l'età ellenistico-romana e bizantina) sono spesso il pretesto per affrontare temi attuali e problemi universali di ogni epoca.

T10

Constantinos Kavafis

Per quanto sta in te

da C. Kavafis, *Settantacinque poesie*, trad. di N. Risi e M. Dalmati, Einaudi

Questa lirica di Kavafis è un'esortazione a usare bene la propria vita, a non sprecarla o sciuparla in azioni banali e in incontri privi di significato, che obbediscono solo all'imperativo delle convenienze sociali e non arricchiscono il bagaglio delle esperienze interiori, della conoscenza o dei sentimenti.

COLLEGAMENTI
> Le parole-chiave, p. 51
> E.L. Masters, *Lucinda Matlock*, p. 334
> U. Ambrosoli, *Serve il coraggio dei piccoli gesti*, p. 486

E se non puoi[1] la vita che desideri
cerca almeno questo
per quanto sta in te: non sciuparla
nel troppo commercio[2] con la gente
con troppe parole in un viavai frenetico.
Non sciuparla portandola in giro
in balìa del quotidiano
gioco balordo[3] degli incontri
e degli inviti,
fino a farne una stucchevole estranea.

1 **puoi:** puoi realizzare, ottenere.
2 **troppo commercio:** eccessivo contatto, frequentazione troppo assidua.
3 **gioco balordo:** sciocco e superficiale modo di passare il tempo.

Guida alla lettura

Una struttura simmetrica I dieci versi della poesia sono suddivisi in **due parti** da un punto fermo, collocato esattamente **a metà** del testo, tra i vv. 5 e 6.

I temi

L'uso del tempo I due periodi però affrontano un **unico tema**: costituiscono un'unica **esortazione** a **usare bene del proprio tempo**, in una sorta di rilettura moderna del *carpe diem* ("cogli l'attimo") del poeta latino Orazio (vissuto nel I secolo a.C.). Kavafis tuttavia è assai poco pretenzioso: egli non consiglia di porsi obiettivi irraggiungibili, né di darsi per vinti se non si riesce ad ottenere il massimo, ma afferma: "se non riesci a crearti la vita che vorresti, almeno non sprecarla del tutto, non buttarla via". In quell'*almeno* e nella frase limitativa che rappresenta anche il titolo della poesia, *per quanto sta in te*, sta tutta la **mitezza** del poeta, che **non** chiede **gesti eroici** o sforzi sovrumani.

L'inutilità delle occupazioni mondane Come si può sprecare la vita secondo il poeta? Con la **banalità**, con la **quotidianità frenetica** ma **superficiale** tipica della società contemporanea. Coerente con questa concezione della vita, che dovrebbe essere più ricca di sentimenti e riflessioni, di introspezione, è la concezione della poesia di Kavafis: una poesia profondamente meditata, che si nutre di vastissime letture e si avvale di un ricchissimo bagaglio storico e culturale.

Lo stile

Una semplicità raffinata Dal punto di vista stilistico la poesia appare piuttosto **semplice**, quasi **colloquiale**, sia nella sintassi che nel lessico. Nella seconda parte, tuttavia, gli **enjambement** danno ai versi un **ritmo spezzato** e **sincopato** e mettono in risalto alcune **parole-chiave**, come *quotidiano* e *gioco*, che sottolineano la ripetitiva banalità e la falsità (*gioco*) di certi atteggiamenti e di certe frequentazioni mondane. Alcuni **sostantivi** e **aggettivi**, però, **impreziosiscono** i versi perché sono più **insoliti** e **ricercati**: si tratta di *commercio* nel senso di "frequentazione", *balordo*, nel senso di "sciocco" e *stucchevole*, che di solito è riferito a qualità percepite con il senso del gusto.

Attività

Comprensione

1 Scrivi la parafrasi della poesia.

2 In che modo secondo il poeta le persone possono sciupare la propria vita?

....

....

3 Qual è il rischio in cui incorre chi si dedica alle occupazioni sconsigliate dal poeta?

Analisi

4 Individua gli *enjambement* presenti nel testo.

5 Individua l'anafora presente nel testo.

6 Da quali elementi risulta che la "vita" sia quasi "personificata" dal poeta?

Rifletti, confronta, scrivi

7 Secondo te, quand'è che una vita può definirsi «sciupata»? Rifletti su questo argomento in un tema di due colonne di foglio protocollo, adducendo esempi tratti dalla tua esperienza e dall'attualità.

8 Scrivi un decalogo in cui dai dei consigli a un giovane della tua età per non sprecare la sua vita.

In galleria

Lirismo e soggettività in Van Gogh

Si pensa talora a **Vincent Van Gogh** come a un artista istintivo, gettato a capofitto in una pittura ardente attraverso la quale sublimare le proprie angosce, l'instabilità emotiva, il tormento a un passo dalla pazzia. E questo è ciò che probabilmente accadde a un certo punto del suo difficile percorso di vita, culminato con il suicidio a soli trentasette anni. In realtà, però, egli fu anche un assiduo studioso e non solo dei fatti della pittura, ma anche della letteratura inglese e francese, di cui era cultore e lettore insaziabile. La sua conoscenza della pittura antica e contemporanea, europea e giapponese, fu solida, estesa e la sua stessa arte non sarebbe divenuta così abbagliante e carica di novità senza l'apprendimento compiuto prima nell'ambito del disegno e poi in quello della teoria e pratica del colore.

Come ci confermano le sue lettere, Van Gogh pensa attraverso il colore («I cipressi – si veda *La notte stellata* **[1]** (1889) – mi preoccupano sempre. Vorrei fare qualcosa come per i quadri di girasole, perché quello che mi stupisce è che non siano ancora stati fatti come li vedo io»). Vede la natura, le cose, la realtà, per accostamenti di colori complementari e per contrasti cromatici («Il tutto – si veda *Vaso con dodici girasoli* **[2]** (1888) – sarà una sinfonia in blu e giallo») e restituisce ciò che vede come una melodia intonata con il colore («Se ho cantato una ninna-nanna a colori saranno i critici a deciderlo»).

[1]

La sua pittura, tuttavia, non diverrà mai evasione, musicalità fine a se stessa, ricerca di originalità. L'interesse unico dell'artista sarà sempre e soltanto la verità di ciò che vede e che sente, una comunione profonda, etica, con la realtà umana – a partire da quella più misera («Se un quadro di contadini sa di lardo, di fumo, di vapore di patate, meglio») –, e con la natura. Il colore stesso è un mezzo consapevolmente arbitrario, soggettivo («Dietro le colline violacee, un cielo verde e rosa con una falce di luna»), per dare più forza alla propria espressione; come pure la sua pennellata a brevi tocchi spessi, come tessere di mosaico, che segue i movimenti dell'animo. In *La chiesa di Auvers* **[3]** (1890), egli forza la prospettiva spaziale e temporale (l'irrealtà del campo assolato contro un cielo notturno), il colore stesso («ora più vivido, più sontuoso»), aprendo così la via all'Espressionismo. La verità che egli cerca è all'interno della realtà, è la sostanza delle cose e non c'è che la pittura per strapparla ad esse con un gesto forte, volitivo, il solo che sembrerà dare pace al suo amore per l'umanità: «Mi sembra di più in più che gli uomini siano la radice di tutto e da ciò viene di continuo un sentimento di malinconia per non essere nella vera vita, nel senso che vorrei lavorare più nella carne che nel colore».

[2]

[3]

Alda Merini, nata a Milano nel 1931 e morta nel 2009, è una poetessa italiana. Di famiglia modesta, frequenta le scuole professionali, ma scrive versi già intorno ai 15 anni e ben presto il suo stile personalissimo viene notato da critici e poeti, tra cui Montale e Pasolini. Tra le sue raccolte giovanili si ricordano *La presenza di Orfeo* (1953), *Paura di Dio* e *Nozze romane* (entrambe del 1955); tra quelle della maturità *La Terra Santa* (1982) – considerata il suo capolavoro –, *Testamento* (1988) e *Vuoto d'amore* (1991). Nel 1947 subisce il primo ricovero in ospedale psichiatrico per una malattia mentale che, a fasi alterne, condizionerà la sua vita. La dura e crudele esperienza dell'internamento in manicomio è descritta nel suo primo volume in prosa, *L'altra verità. Diario di una diversa* (1986), seguito da altri, tra cui *Delirio amoroso* (1989) e *Il tormento delle figure* (1990). Negli ultimi anni il successo dei suoi libri e la fama davvero eccezionale raggiunta presso il grande pubblico le hanno garantito una relativa serenità, nonché la tranquillità economica.

T11

Alda Merini

Pensiero

da A. Merini, *La Terra Santa*, Scheiwiller

La breve lirica è costruita intorno a una fondamentale domanda: qual è l'origine del pensiero umano? La poetessa cerca la risposta dentro di sé, mettendo in luce il conflittuale rapporto fra intuizione e razionalità.

Metro: versi liberi

COLLEGAMENTI
- I contenuti tematici, p. 50
- Leggere un tema, p. 269
- *Sono nata il ventuno a primavera*, 288

Pensiero,
io non ho più parole.
Ma cosa sei tu in sostanza[1]?
qualcosa che lacrima a volte,
e a volte dà luce.
Pensiero, dove hai le radici[2]?
Nell'anima mia folle
o nel mio grembo distrutto[3]?
Sei così ardito[4] vorace[5],
consumi ogni distanza[6];
dimmi che io mi ritorca[7]
come ha già fatto Orfeo
guardando la sua Euridice[8],
e così possa perderti
nell'antro della follia.

Il Pensiero è personificato e ciò permette l'uso del discorso diretto.

I caratteri della poesia lirica

La parola «grembo» rievoca l'idea della maternità: il Pensiero potrebbe essere il prodotto più importante della nostra realtà fisica.

I riferimenti al mito

1 in sostanza: nella tua vera essenza
2 radici: le tue origini. La poetessa si domanda quale sia l'origine del pensiero umano.
3 nel mio grembo distrutto: nel mio corpo logorato («distrutto») dai dolori della vita.
4 ardito: audace, perché nulla può fermare il suo desiderio di conoscenza.
5 vorace: affamato. Il pensiero è definito così perché è sempre alla ricerca di nuove conquiste.
6 consumi ogni distanza: superi ogni ostacolo, raggiungendo anche gli obiettivi più lontani.
7 ritorca: mi volga indietro.
8 Orfeo ... Euridice: Orfeo, mitico poeta greco, dopo la morte dell'amata Euridice scese agli Inferi per chiedere agli dèi di ridarle la vita. Grazie al suo canto ottenne che la donna lo seguisse di nuovo sulla Terra, impegnandosi però a non voltarsi a guardarla prima di essere giunto alla luce del sole. Il poeta non seppe resistere e si voltò: così lei venne inghiottita per sempre dalle tenebre e Orfeo impazzì di dolore. Allo stesso modo la poetessa, cercando di capire i segreti del suo pensiero, potrebbe perderlo per sempre e scivolare nella follia.

Guida alla lettura

I temi

L'eterna ricerca delle origini Se la nostra esistenza è così strettamente legata all'attività del pensiero, diventa fondamentale capire in che cosa essa consista. Alda Merini **si interroga** proprio in tal senso, **rivolgendosi direttamente al pensiero**, personificato come un vero e proprio interlocutore. Ma il dialogo si risolve in **ulteriori dubbi**: il pensiero talvolta procura dolore, talaltra illumina la mente («lacrima... dà luce»); esso potrebbe essere l'espressione di un'anima a noi sconosciuta («anima... folle») oppure la più sofisticata elaborazione di un corpo soggetto alla distruzione fisica («grembo distrutto»). **Le domande sono** dunque **senza risposta** e ciò acuisce l'ansia della poetessa.

Il difficile equilibrio tra ragione e follia Nella seconda parte, infatti, le domande cedono il posto a una vera e propria **invocazione**: la poetessa chiede al pensiero stesso di farla agire come un novello **Orfeo**: rievocando l'antico mito, essa immagina di **sciogliere i vincoli** che la legano al pensiero, **lasciando che esso si perda nella follia**, così come la giovane Euridice si perse nel nulla quando Orfeo si volse a guardarla. In questi versi è implicito un **rimando alla biografia dell'autrice**, che visse l'esperienza della **malattia mentale**, traumatica ma illuminante, come lei stessa la definì. Ma emerge soprattutto una **concezione della poesia come illuminazione irrazionale**, sganciata dal pensiero logico e legata invece a una sorta di follia sacra: la poetessa si identifica infatti con Orfeo, il poeta per antonomasia, proprio mentre immagina di rompere i legami col pensiero.

Lo stile

Un linguaggio ricercato L'intensità di questa lirica trova corrispondenza in un **linguaggio ricercato**, che si serve di termini di uso strettamente poetico (per esempio il verbo «lacrimare») e di **espressioni particolarmente suggestive**, costruite attraverso un **ricercato abbinamento** tra sostantivi e aggettivi («grembo distrutto»; «pensiero... ardito vorace» – e si noti che i due aggettivi sono accostati senza segni di interpunzione, per sottolineare lo stretto rapporto che intercorre fra essi: il pensiero è ardito e vorace nello stesso tempo, ardito nella sua voracità, vorace proprio per manifestare la sua arditezza...).

Applichiamo il metodo

I caratteri della poesia lirica

- Quali indizi ci fanno capire che siamo di fronte a una poesia lirica?
  - ☐ richiamo all'esperienza personale dell'autrice
  - ☐ presenza di temi tipici del genere (l'amore, la morte, il tempo...)
  - ☐ presenza di riflessioni personali e soggettive
  - ☐ evidente ricerca di musicalità

I riferimenti al mito

- Orfeo è il simbolo del poeta-musicista, capace con la sua voce di mutare le leggi della natura (per ascoltarlo si ammansivano le fiere, si chinavano le piante, si fermavano i fiumi...) e di vincere la morte (ottenendo il ritorno di Euridice sulla terra).
- Alda Merini richiama il mito di Orfeo per attribuirgli un valore metaforico. Infatti
  - Euridice è metafora del pensiero stesso
  - Orfeo è quindi metafora di......

Attività

Comprensione

1 **Che cosa conferisce al testo un carattere lirico? Barra le risposte che ritieni corrette.**
- ☐ Il carattere soggettivo della riflessione
- ☐ Il riferimento al mito di Orfeo
- ☐ L'uso di versi liberi
- ☐ Il tema autobiografico della follia
- ☐ La mancanza di divisione in strofe
- ☐ L'uso di un linguaggio molto raffinato
- ☐ La frequenza delle figure retoriche
- ☐ Il linguaggio tendenzialmente prosastico

2 **A chi si rivolge la poetessa con i suoi versi?**
- Qual è dunque la funzione del primo verso, sul piano tematico?

3 **Quali sono le caratteristiche attribuite dalla poetessa al pensiero umano?**
- Da dove potrebbe avere origine, secondo la poetessa, l'attività del pensiero?

Analisi

4 **Spiega in che cosa consiste l'analogia tra la vicenda di Orfeo e quella della poetessa.**

5 **La poesia si basa su una personificazione. Quale?**

6 **Spiega il significato della metafora «antro della follia».**

7 **Verifica il tipo di versi usati in questa poesia.**
- Si tratta di versi di uguale lunghezza?
- Quale tipo di verso ha usato in prevalenza la poetessa?
- Che tipo di ritmo creano queste scelte?

Rispondi dopo aver letto la poesia ad alta voce, ascoltandoti attentamente.

Rifletti, confronta, scrivi

8 **Rifletti su cosa è per te il pensiero: ritieni di avere più bisogno della capacità logico-razionale o della libera immaginazione? O forse di entrambe? Rispondi in forma scritta con un breve testo, attingendo ad esempi della tua personale esperienza.**

9 **Numerosi sono i testi letterari, in prosa o in poesia, che trattano della follia. Scegline alcuni e scrivi un testo di tre colonne di foglio protocollo nel quale confronti come ciascun autore affronta il tema.**

Tiriamo le fila

Soggettività del poeta, sentimenti personali ecc.

Temi di carattere descrittivo e riflessivo

Attenzione agli aspetti musicali, fonici, ritmici ecc.

→ **POESIA LIRICA**

- La **poesia lirica** dà voce ai **sentimenti**, ai **pensieri** e alle **emozioni personali** dei poeti ma tali sentimenti, pensieri ed emozioni assumono un **valore universale**, interpretano motivi presenti nell'animo di tutti gli individui.
- La **poesia lirica** affronta una **grande varietà** di temi e di motivi, ma alcuni ricorrono con particolare frequenza nelle opere dei lirici di ogni epoca e di ogni Paese:
  - l'amore;
  - il ricordo e la rievocazione dell'**infanzia**;
  - la descrizione del **mondo naturale** in tutti i suoi aspetti;
  - la riflessione sulla **condizione umana**, sulla vita e sulla morte, sul destino ecc.
- Anche se non esistono regole universali, la **poesia lirica** in generale si caratterizza per **due** elementi:
  - la **ricerca di musicalità**, legata alle sue origini cantate;
  - la brevità, legata alla **ricerca di essenzialità** e concentrazione espressiva.

- La storia della **lirica occidentale** ruota intorno a **tre** grandi momenti:
  - **l'epoca classica**,
  - **il Basso Medioevo**,
  - **l'età contemporanea.**
- Fra le altre tradizioni letterarie **extraeuropee** in cui la poesia lirica ha un'importanza rilevante, ricordiamo:
  - quella **estremo-orientale** (Cina, Giappone),
  - quella **arabo-persiana**,
  - quella **indiana.**

Nomi da ricordare

epoca	**autore**	**lingua**
Epoca classica: dalla Grecia del VII secolo a.C. alla Roma del I secolo d.C.	Alceo, Saffo, Anacreonte, Alcmane, Pindaro	greco
	Catullo, Orazio, Ovidio	latino
Medioevo/Età moderna: dalla Provenza del XII secolo all'Europa del XVII	trovatori	provenzale
	Dante, Petrarca	italiano
	W. Shakespeare, J. Donne	inglese
	P. de Ronsard	francese
	L. de Góngora, F. de Quevedo	spagnolo
Età contemporanea, dal Romanticismo del primo Ottocento a oggi	U. Foscolo, G. Leopardi, A. Manzoni, G. Carducci, G. Pascoli, G. D'Annunzio	italiano
	S.T. Coleridge, W. Wordsworth, G.G. Byron, J. Keats, P.B. Shelley	inglese
	J.W. Goethe, F. Hölderlin, H. Heine	tedesco
	V. Hugo, A. de Vigny, A. de Lamartine, P. Éluard	francese
	G.A. Bécquer, F. García Lorca, P. Neruda	spagnolo
	A. Puškin, M. Lermontov	russo
	C. Kavafis	greco

2.3 La poesia d'amore

Breve storia e caratteristiche del genere

Le radici della poesia d'amore

T1 Saffo, **A me pare uguale agli dèi** (da S. Quasimodo, *Lirici greci*)

T2 Catullo, **Odio e amo** (da *Poesie*)
— *Il filo conduttore*

Impariamo un metodo

T3 F. Petrarca, **Erano i capei d'oro a l'aura sparsi** (da *Canzoniere*)
— *Guida alla lettura* — *Attività*

Lessico e stile

I tempi verbali dell'indicativo

T4 G.G. Byron, **Così, più non andremo** (da *Poeti romantici inglesi*)
— *Guida alla lettura* — *Attività*

T5 V. Cardarelli, **Attesa** (da *Poesie*)
— *Guida alla lettura* — *Attività*

T6 N. Hikmet, **Il più bello** (da *Lettere dal carcere a Munevver*)
— *Guida alla lettura* — *Attività*

T7 J. Prévert, **I ragazzi che si amano** (da *Poesie*)
— *Guida alla lettura* — *Attività*

Dal genere al film

K. Loach, **Un bacio appassionato**

T8 A. Bertolucci, **La rosa bianca** (da *Fuochi in novembre*)
— *Guida alla lettura* — *Attività*

Tecniche e generi

L'amore coniugale

T9 W.H. Auden, **Blues in memoria** (da *La verità, vi prego, sull'amore*)
— *Guida alla lettura* — *Attività*

Applichiamo il metodo

T10 P. Cavalli, **Adesso che il tempo sembra tutto mio** (da *Poesie*)
— *Guida alla lettura* — *Attività*

Un altro modo di leggere

T11 L. Dalla, **Mambo** (da *Dalla*)
— *Guida alla lettura* — *Attività*

In galleria

La bellezza muliebre nei secoli della pittura

Tiriamo le fila

La poesia d'amore

Antologia on line

T1 @ G. Leopardi, **A se stesso** (da *Canti*)
— *Guida alla lettura* — *Attività*

T2 @ C. Baudelaire, **A una passante** (da *I fiori del male*)
— *Guida alla lettura* — *Attività*

T3 @ E. De Filippo, **L'amore ched'è** (da *Le poesie di Eduardo*)
— *Guida alla lettura* — *Attività*

Breve storia e caratteristiche del genere

Fra tutti i temi affrontati nella poesia, l'**amore** occupa senza dubbio un **posto privilegiato**. Fin dalle sue origini, infatti, la poesia, specialmente quella lirica, ha attribuito all'amore un'importanza particolare, privilegiando essa l'**espressione dei sentimenti personali**, del **mondo interiore** e delle **emozioni**. Naturalmente i modi in cui si esprime e si manifesta il sentimento amoroso cambiano a seconda delle **epoche**, dei **contesti culturali**, delle **tradizioni** a cui i vari poeti appartengono. Non bisogna quindi commettere l'errore di assolutizzare il nostro punto di vista e la nostra sensibilità, considerando **"naturale"** ciò che è in realtà frutto di una lunga e complessa elaborazione culturale.

La poesia d'amore dall'antichità al Medioevo

Tenendo presente la tradizione europea, possiamo riconoscere alcuni grandi momenti in cui la riflessione sull'amore ha portato a vere e proprie svolte.
Nell'**antichità classica**, in Grecia come a Roma, l'amore è legato innanzitutto al piacere della **bellezza** e del **possesso fisico**, alla **sensualità** e alla **sessualità**; i poeti antichi hanno espresso una grande varietà di sentimenti legati all'amore, dal desiderio alla gelosia, dal rimpianto alla gioia, ma all'origine di tali sentimenti la dimensione fisica ha sempre una grande importanza.
La caduta dell'Impero romano d'Occidente (476 d.C.) segna in Europa il **tramonto della tradizione classica greco-latina**. Nel lungo periodo medievale si formano le nuove lingue "volgari", mentre la diffusione della religione cristiana consolida forme e modalità diverse di pensiero.
Per quanto riguarda la letteratura, e in particolare la poesia d'amore, la tradizione antica cede il passo a **nuove forme di espressione** a partire dalla fine dell'**XI secolo**, quando in Francia, o meglio in **Provenza**, nasce la poesia dei **trovatori** (da *trobar*, "comporre versi"), i quali propongono una visione dell'amore ispirata alle regole di vita delle corti medievali, che pertanto verrà chiamata **"amore cortese"**. L'amore cortese non disdegna la **bellezza** (anzi, non può nascere se non a partire da questo elemento), ma ciò che lo caratterizza è il tema della **gentilezza d'animo**: l'amore cortese si sviluppa infatti fra persone "gentili", cioè dotate delle virtù proprie di ogni **buon cavaliere**: coraggio e disinteresse, lealtà, fedeltà a Dio e al proprio signore feudale; il cavaliere si impegnava ad amare e servire la sua dama senza chiedere alcuna ricompensa, con la stessa totale **devozione** con cui ubbidiva a Dio e al suo signore.
Tra la **fine del Duecento** e gli **inizi del Trecento**, questa concezione dell'amore viene approfondita e rielaborata in chiave **religiosa** dai poeti dello **Stilnovo**, che, accentuandone la spiritualità, trasformano la donna in un **simbolo divino** e il suo amore in un'**anticipazione terrena** dell'amore di Dio (donna-angelo).
Per i poeti stilnovisti, come **Guido Guinizzelli** [→ p. 256], **Guido Cavalcanti** [→ p. 259], e soprattutto **Dante Alighieri** [→ p. 82], la bellezza fisica perde di importanza (tanto che di Beatrice, la donna amata da Dante, non abbiamo una vera e propria descrizione), mentre si chiarisce che la "gentilezza" ha a che fare non con la condizione sociale, ma con l'**interiorità**, con la **natura dell'animo**, e può quindi (sia pure in casi eccezionali) rivelarsi anche in uomini e donne del popolo; l'amore diventa così un **sentimento** tutto **spirituale**, che **eleva** colui che lo prova, avvicinandolo a Dio (o alla saggezza, o al bene, a seconda della sensibilità dei poeti).

Antonio Canova, *Amore e Psiche giacenti*, 1787-93

I grandi modelli della poesia d'amore

All'amore cortese e a quello stilnovistico si ispira la poesia di **Francesco Petrarca** [→ p. 122]: la **donna amata** (Laura) è nello stesso tempo **bella e spirituale**, costituisce per il poeta una **tentazione**, in quanto lo allontana dalla contemplazione religiosa, e una **fonte di ispirazione**, in quanto è all'origine della sua poesia e della gloria che da tale poesia il poeta ricava. L'amore diventa così un **sentimento contraddittorio** e ambiguo, che oscilla tra **istinto e ragione**, procurando dolore proprio perché non può realizzarsi nella sua completezza, essendo lacerato fra una dimensione "profana" (sensuale) e una dimensione "divina" (spirituale). Il modello petrarchesco, elaborato nel corso del **Trecento**, si impose in tutta Europa e rimase un punto di riferimento fino al **Settecento**, anche per i poeti che da quel modello intendevano prendere le distanze (ricordiamo, fra tutti, **William Shakespeare** [→ p. 391], che nei *Sonetti* si confronta spesso con il *Canzoniere* di Petrarca).

I *Sonetti* di Shakespeare recitati in teatro al "Festival dei Due Mondi" di Spoleto nel 2010

L'ultima grande rivoluzione nella concezione dell'amore e nella poesia su questo tema risale all'epoca romantica, cioè all'inizio dell'Ottocento. Sarà l'**amore romantico** a superare la contrapposizione fra sacro e profano, tra ragione e sentimento, e a presentarsi decisamente come **amore-passione**. L'uomo e la donna si scelgono l'un l'altra senza reprimere l'attrazione istintiva, anzi valorizzandola attraverso l'**"unicità"** del loro rapporto: ciò significa che l'amante concepisce l'amato (o l'amata) come l'unica persona con cui può realizzare pienamente se stesso. In questo senso possiamo dire che la **concezione romantica** dell'amore è sopravvissuta al periodo storico che l'ha prodotta ed è ancora oggi la concezione più diffusa nella nostra società.

La poesia d'amore nel mondo contemporaneo

Se tutto questo è vero, va però sottolineato che nel passaggio tra l'Ottocento e il Novecento, rispetto al periodo romantico – nel quale la lirica ha percorso molte strade, come testimoniano figure quali quella di **Giacomo Leopardi** [→ p. 130] e **George Gordon Byron** [→ p. 152]–, vi è da parte dei poeti una ripresa di interesse per il tema amoroso. Questo genere poetico esce dunque da moduli e schemi divenuti col tempo convenzionali per ritrovare una forte carica espressiva: una voce che, verso la metà dell'Ottocento, sembra precorrere tali sviluppi è quella del francese **Charles Baudelaire** [→ p. 278].
La trasformazione cui si assiste nella poesia – che sembra andare recuperando l'ispirazione che ne aveva marcato le origini, per esempio con **Saffo** e **Catullo** – dipende anche, in parte, dal mutamento che si viene in questi decenni determinando nella figura sociale della donna, sempre più lontana dal ruolo convenzionale assegnatole dalla cultura "romantica". Non è dunque un caso se, nel corso del Novecento, accanto alle voci dei poeti – come **Umberto Saba**, **Vincenzo Cardarelli** [→ p. 154], **Eugenio Montale** [→ p. 296] e **Attilio Bertolucci** [→ p. 160] – vengono crescendo quelle delle poetesse: la donna è sempre più soggetto attivo oltre che oggetto dell'amore. È anche per il loro contributo – si vedano figure come quelle di **Antonia Pozzi**, **Patrizia Cavalli** [→ p. 164], **Vivian Lamarque** e **Alda Merini** [→ p. 141] – che nei versi contemporanei, il sentimento d'amore – passionale, tenero, disperato, coniugale, etero o omosessuale che sia – risulta comunque espresso in maniera profondamente autentica. Di questa gamma sono espressione, in certo qual modo antitetica, voci quali il francese **Jacques Prévert** [→ p. 157], il turco **Nazim Hikmet** [→ p. 156] e il britannico **Wystan Hugh Auden** [→ p. 162].

Edward Hopper, *Sera d'estate*, 1947

Le radici della poesia d'amore

La passione d'amore costituisce l'**apice dell'esperienza umana**, fa attraversare territori oscuri, in cui si trovano i significati più profondi dell'esistenza: la scoperta del "sé", il sentimento della pienezza della vita o della sua mancanza di senso. Perciò la poesia ha sempre narrato l'amore.

Da **Saffo** a **Catullo**, da **Alceo** a **Properzio**, da **Omero** a **Tibullo**, la poesia d'amore ha avuto illustri rappresentanti nell'età classica, che ne hanno fatto un genere di straordinario successo e hanno creato opere uniche nella storia letteraria, cogliendo le infinite sfaccettature che può assumere nel tempo il sentimento amoroso: l'intensità disperata e l'inconsolabile malinconia di **Saffo**, l'aggressività e la gioia dissacrante di **Catullo**, la dolce eleganza di **Archiloco**, la serenità di **Tibullo**, la crudeltà, distruttiva e spietata della **Medea** di Euripide[→ p. 372]. Persino la **Bibbia** ci offre un esempio di poesie d'amore: il **Cantico dei Cantici**, scritto in ebraico nel V-III secolo a.C. da un autore ignoto, sulla base di qualche testo più antico (risalente forse al X secolo a.C.). È uno dei testi più lirici e inusuali delle Sacre Scritture, che racconta in versi l'amore tra due innamorati, con tenerezza ma anche con toni arditi, ricchi di sfumature sensuali e immagini erotiche.

Dopo la caduta dell'Impero romano, la **morale cristiana** influirà profondamente sulla poesia di tipo amoroso, inibendone di fatto la produzione (anche se la manifestazione del desiderio troverà nuove strade, più contorte e nascoste rispetto a quelle percorse dagli antichi); nel corso del **Medioevo**, poi, la "poesia d'amore" si trasfomerà, ne scompariranno gli aspetti relativi al desiderio e alla passione ed emergerà una visione più aristocratica e intellettualmente raffinata.

Proponiamo due esempi: un testo in cui la poetessa **Saffo** affronta il tema dell'amore (quasi 600 anni più tardi il romano Catullo tradurrà proprio questo carme, in segno di omaggio per la grande poetessa greca); e un brevissimo componimento di **Catullo** stesso, una delle più perfette sintesi della passione amorosa che siano mai state create.

T1

Saffo [→ p. 523]

A me pare uguale agli dèi

da S. Quasimodo, *Lirici greci*, Mondadori

A me pare uguale agli dèi
chi a te vicino così dolce
suono[1] ascolta mentre tu parli

e ridi amorosamente. Subito a me
il cuore si agita nel petto
solo che appena ti veda, e la voce

si perde sulla lingua inerte[2].
Un fuoco sottile[3] affiora rapido alla pelle,
e ho buio negli occhi e il rombo
del sangue nelle orecchie.

E tutta in sudore e tremante
come erba patita[4] scoloro[5]:
e morte non pare lontana
a me rapita di mente[6].

1 dolce suono: quello della voce della persona amata.
2 inerte: immobile, incapace di parlare.
3 Un fuoco sottile: un calore, un rossore.
4 patita: sofferente.
5 scoloro: impallidisco.
6 rapita di mente: fuori di me, incapace di ragionare.

T2

Catullo [→ p. 523]

Odio e amo

da Catullo, *Poesie*, a cura di F. Della Corte, Mondadori

Odio e amo. Forse mi chiedi come io faccia.
Non so, ma sento che questo mi accade: qui è la mia croce[1].

1 **la mia croce**: perché il poeta si sente torturato dalla sua contraddizione interiore, come un condannato sulla croce.

Il filo conduttore

1 **Il testo di Saffo si può considerare un'accurata analisi del sentimento della gelosia. La poetessa osserva la persona amata che amoreggia con una terza persona e descrive le proprie reazioni.**
- Perché la poetessa definisce «uguale agli dèi» la persona che sta accanto all'amata?
- Elenca gli effetti che la gelosia ha sul corpo della poetessa.
- Quale concezione dell'amore sta dietro la poesia di Saffo?
  - ☐ amore fisico
  - ☐ amore spirituale

Motiva la tua risposta.

2 **Il testo di Catullo è dedicato al tema del tormento dell'amore. Mentre Saffo ci offre un'analisi del sentimento, elencando le conseguenze fisiche che esso provoca in lei, Catullo gioca tutto sulla sintesi, cioè sulla violenta contrapposizione iniziale, in cui si scontrano i moti divergenti del suo animo.**
- L'amore per Catullo è un sentimento
  - ☐ doloroso
  - ☐ semplice
  - ☐ razionale
  - ☐ felice
  - ☐ contraddittorio
  - ☐ irrazionale
- Con quale immagine il poeta rappresenta il sentimento amoroso?
- Si tratta di un'immagine positiva o negativa?
- Come potresti parafrasarla?

William Adolphe Bouguereau, *Cloride e Zefiro*, 1875

T3

Francesco Petrarca [→ p. 122]

Erano i capei d'oro a l'aura sparsi

da F. Petrarca, *Canzoniere*, a cura di M. Santagata, Mondadori

Il poeta rievoca il giorno del suo primo incontro con la donna amata, Laura, allora giovane e bella: il tono è quasi fiabesco, il passato diventa un mitico ricordo, ma il poeta è ben consapevole che il tempo trascorso ha lasciato un segno e che solo il suo amore è rimasto intatto.

Metro: sonetto con rima ABBA ABBA CDE DCE

COLLEGAMENTI

- Il sonetto, p. 28
- La poesia lirica, p. 122
- *Solo et pensoso i più deserti campi*, p. 33

L'espressione «dolci nodi» ha un duplice significato: letteralmente si riferisce all'effetto del vento che attorciglia i capelli di Laura, ma sul piano simbolico allude ai "nodi" d'amore di cui il poeta è prigioniero.

Erano i capei d'oro a l'aura sparsi[1],
che 'n mille dolci nodi gli avolgea;
e 'l vago lume oltra misura ardea
di quei begli occhi[2] ch'or ne son sì scarsi[3];

L'oggetto amoroso

La donna amata è descritta in brevi tratti, con due soli riferimenti al suo aspetto fisico, che per il resto risulta vago e indefinito.

▶ Proprio questa indeterminatezza rende però la donna desiderabile come un sogno, ne fa un oggetto d'amore senza tempo, eterno.

Attivati!

- Quali tratti fisici di Laura sono evocati dal poeta?
- Sono tratti caratterizzanti, "unici", o al contrario potrebbero essere attribuiti a moltissime donne?

e 'l viso di pietosi color farsi,
non so se vero o falso, mi parea[4]:
i' che l'ésca amorosa al petto avea[5],

Gli effetti dell'amore

Nella concezione dell'amore cortese, la "gentilezza", ovvero la nobiltà d'animo, era la condizione fondamentale per dar vita all'amore. Petrarca ha *l'ésca amorosa al petto*, e quindi in lui l'amore attecchisce immediatamente, e manifesta i suoi effetti. Come nella tradizione antica, l'amore è infatti una fiamma, che brucia e arde.

Attivati!

- Che cosa intende Petrarca con *ésca amorosa*?
- Qual è la sede dell'amore?
- Quali analogie trovi tra l'amore e il fuoco?

1 **a l'aura sparsi:** sparsi al vento.
2 **e 'l vago lume ... occhi:** e brillava in modo straordinario la luce splendente di quei begli occhi.
3 **ch'or ne son sì scarsi:** ora, a causa dell'avanzare degli anni, lo sguardo di Laura si è offuscato.
4 **e 'l viso ... mi parea:** e mi sembrava, non so se fosse vero o falso, che il suo viso assumesse un'espressione di pietà («di pietosi color farsi»).
5 **l'ésca ... avea:** io che avevo l'animo predisposto all'amore. L'ésca è, alla lettera, il materiale infiammabile usato per accendere il fuoco; la metafora rientra nel campo semantico dell'ardore, strettamente legato in Petrarca a quello dell'amore.

qual meraviglia se di sùbito arsi[6]?
Non era l'andar suo cosa mortale,
ma d'angelica forma[7], et le parole
sonavan altro[8] che pur voce humana:

uno spirto celeste, un vivo sole[9]
fu quel ch'i' vidi; et se non fosse or tale[10],
piagha per allentar d'arco non sana[11].

Ripresa del tema stilnovista della donna-angelo, che qui tuttavia non ha alcuna valenza religiosa, ma serve solo a connotare la bellezza di Laura.

La forza inestinguibile dell'amore

Per indicare la forza del suo sentimento e la sua irriducibile persistenza, Petrarca usa una metafora cruenta, che assimila l'amore a una ferita che non riesce a guarire nonostante il passare del tempo.

Attivati!

- Che cosa rappresenta l'arco nella metafora finale?

6 di sùbito arsi: immediatamente bruciai d'amore per lei.
7 l'andar suo ... angelica forma: il suo incedere non somigliava a quello di una creatura terrena, ma a quello di un angelo.
8 sonavan altro: anche le parole di Laura avevano un suono diverso da quello di una voce umana.
9 uno spirto celeste, un vivo sole: una creatura divina, una luce splendente come il sole.
10 et se non fosse or tale: e anche se adesso la sua bellezza non è più quella di un tempo.
11 piagha ... non sana: la ferita (d'amore) non guarisce solo perché l'arco che ha scoccato la freccia si è allentato. La metafora significa che l'amore del poeta è rimasto intatto nonostante il passare del tempo.

Ritratto di Laura, miniatura del XV secolo

Lessico e stile

I tempi verbali dell'indicativo

In questo componimento hanno grande importanza i diversi piani temporali, distinti mediante l'uso sapiente dei diversi tempi verbali dell'indicativo. Nel sonetto Petrarca usa tre tempi verbali: il presente, l'imperfetto e il passato remoto. Mentre il **presente** indica la **contemporaneità** ed è usato per azioni che si svolgono nel momento stesso in cui si parla (*adesso vado al cinema*), l'imperfetto e il passato remoto si usano per riferirci ad azioni passate.
Ma l'**imperfetto** indica **azioni ripetute** nel tempo (imperfetto iterativo) o di una certa **durata**. Ad esempio: *ripeteva sempre le stesse cose; sorseggiava il caffè, mentre leggeva il giornale*.
Il **passato remoto** invece indica **azioni passate** e **concluse**, puntuali, **di breve durata**. Ad esempio: *bevve il caffè e uscì; aprì la porta*.

- Sottolinea i presenti indicativi contenuti nel sonetto.
- Sottolinea gli imperfetti indicativi e i passati remoti contenuti nel sonetto. Quale differenza noti tra le azioni passate espresse con i due diversi tempi verbali?
- Prova a trasformare al passato remoto tutti gli imperfetti della poesia. Che effetto ottieni?

Guida alla lettura

I temi

Amore e ricordo Petrarca **rievoca** la bellezza di Laura nel giorno del loro primo incontro, e lo fa utilizzando le tecniche tipiche della lirica d'amore del tempo, in particolare dello Stilnovo. La donna viene infatti paragonata a un **angelo** e i particolari fisici messi in risalto sono quelli convenzionali: i **capelli**, gli **occhi**, il **modo di camminare**, la **voce**. Ma Laura è un angelo solo per la sua bellezza e non ha nessun ruolo religioso o morale da svolgere sulla Terra. È una donna e, come tale, è **soggetta al trascorrere del tempo** che offusca la sua bellezza. Petrarca introduce immediatamente questa notazione realistica (vv. 3-4) per dare ancor più risalto al suo sentimento: la bellezza fisica può anche sfiorire, ma **l'amore** vive nell'anima e **non muta col passare del tempo.** Così il piano del ricordo passato e quello dell'amore presente si unificano in una sublimazione del sentimento che il poeta custodisce dentro di sé.

Uno sfondo naturale A differenza delle donne stilnoviste, fissate in un'eterna giovinezza, **Laura** è vulnerabile all'azione del tempo e questo la colloca **nella sfera delle cose terrene**, umane. La sua umanità è sottolineata dal **rapporto** che il poeta stabilisce **tra la donna e il mondo naturale:** i capelli si muovono al vento, gli occhi brillano come il sole e il viso della donna esprime sentimenti suscitati in lei dalla realtà che la circonda. Nel complesso dunque la rappresentazione della figura femminile è totalmente diversa dalla tradizione precedente e l'emozione del poeta non è determinata da una qualche percezione soprannaturale, ma semplicemente dalla **grazia** e dalla **bellezza** che in Laura trovano la loro perfetta incarnazione.

Lo stile

Una struttura ricercata Sul **piano lessicale** notiamo che Petrarca sfrutta l'identico suono delle parole «l'aura»/«Laura» per evocare già con il primo verso il nome della donna amata. Questa tecnica si rifà alla tradizione dei poeti provenzali, che si servivano di un nome fittizio, detto *senhal* ("segnale", "indizio"), per indicare in modo allusivo la loro dama, nascondendone la vera identità.

Dal punto di vista sintattico, è da notare l'**intreccio dei tempi verbali**, che **oscillano tra passato e presente** in sintonia con l'alternarsi tra **ricordi lontani** e **realtà presente**. In particolare:

- gli imperfetti descrivono la bellezza di Laura nel suo manifestarsi;
- i verbi al passato remoto isolano l'evento fondamentale dell'innamoramento;
- il presente mette a fuoco lo scarto temporale tra il ricordo e la trascrizione poetica.

Attività

Comprensione

1 A che cosa paragona Petrarca il suo sentimento d'amore?

☐ a un arco allentato
☐ alla freccia scoccata dall'arco
☐ alla ferita provocata dalla freccia

2 Il nome di Laura non è citato espressamente, ma è suggerito attraverso una omofonia: quale?

3 Qual è stato l'effetto del tempo sulla bellezza di Laura?

4 Quali elementi utilizza il poeta per evocare lo splendore giovanile della bellezza di Laura?

5 Che cosa è rimasto immutato, nonostante il passare degli anni?

Analisi

6 Il paragone tra Laura e un angelo serve a

☐ sottolineare le virtù morali della donna
☐ esaltare la sua bellezza
☐ presentarla come messaggera dell'amore divino

7 In quale rapporto stanno per Petrarca amore e bellezza? Rispondi completando l'affermazione seguente.

L'amore nasce dalla contemplazione della .... fisica, ma la bellezza ...., mentre l'amore ....

8 Nella prima quartina è presente un'iperbole: individuala.

9 Nel sonetto l'immagine dei capelli di Laura è presentata attraverso la metafora «capei d'oro»: trasformala in similitudine.

Rifletti, confronta, scrivi

10 Scrivi la parafrasi del sonetto, poi cambiane il significato, trasformando ogni elemento della frase nel suo contrario o in un concetto affine sul piano semantico. Puoi lasciare alcuni termini immutati, ad esempio: «i capelli d'oro erano sparsi al vento» → **i capelli argentati erano raccolti alla bonaccia.** Puoi creare diverse versioni dello stesso sonetto, secondo "stili" diversi (triste, risentito, innamorato, infantile ecc.), cui attribuire titoli divertenti o parodici.

11 Dopo aver letto (o riletto) il sonetto di Dante *Tanto gentile e tanto onesta pare* [→ p. 15], spiega in un breve testo scritto quali elementi di somiglianza trovi nella descrizione di Beatrice e di Laura.

George Gordon Byron, nato a Londra nel 1788 e morto nel 1824, è un poeta inglese. Di famiglia aristocratica, rifiuta ben presto le regole di vita dell'alta società inglese, che giudica insopportabilmente conformista. Si attira così una forte ostilità da parte dell'ambiente conservatore, cosa che lo spinge a lasciare l'Inghilterra, e a vivere prima in Svizzera e poi in Italia. La sua fama è legata soprattutto ai canti del poema *Pellegrinaggio del giovane Aroldo* (1812), in cui tratteggia l'immagine tipica dell'eroe romantico, appassionato, ribelle e inquieto. Tra il 1812 e il 1816 compone altre opere in versi, tra le quali *Il Giaurro*, mentre dopo il 1816 si dedica prevalentemente a poemi di tipo burlesco e satirico, raggiungendo la sua espressione più alta con il *Don Giovanni* (1819-1824). Di animo focoso e idealista, nel 1824 parte per la Grecia, dove è in atto una guerra di liberazione dal dominio turco e prende parte attiva al movimento rivoluzionario per l'indipendenza ellenica. Muore quello stesso anno a Missolungi, stroncato da un attacco di febbre reumatica.

T4

George Gordon Byron

Così, più non andremo

da *Poeti romantici inglesi*, a cura di F. Buffoni, Bompiani

L'amore-passione, tipico della poesia romantica, può essere un sentimento sconvolgente e distruttivo, se vissuto con forte intensità. È questo il tema sviluppato da George Byron, una delle personalità più rappresentative del romanticismo inglese, in questi versi del 1817, che prendono spunto da una canzone popolare scozzese del Cinquecento.

COLLEGAMENTI
- La metafora, p. 45
- La personificazione, p. 48
- *Bright Star*, p. 129

Così, più non andremo
in giro senza meta,
nella notte fonda[1]
anche se il cuore vuole ancora amore
e la luna risplende luminosa.

Perché, come la spada logora il suo fodero,
l'animo consuma il petto[2]:
deve placarsi allora il cuore
e l'amore stesso riposare.

Così, anche se la notte fu creata
per amare; anche se il giorno
ritorna troppo presto[3]: noi
più non andremo in giro senza meta
alla luce della luna.

1 **nella notte fonda:** la notte, metafora degli aspetti più misteriosi e fantastici della vita, qui è vista come complice degli amanti e dei loro sogni; l'accoppiata notte-amore è tipicamente romantica.
2 **l'animo consuma il petto:** l'animo, cioè la forza spirituale che spinge l'uomo ad amare, si trova racchiuso in una forma fisica («il petto») inadeguata e fragile al suo confronto, e perciò la «consuma».
3 **ritorna troppo presto:** la luce del giorno, infatti, cancella i sogni notturni.

Guida alla lettura

I temi

Una passione distruttiva L'amore è inteso dai poeti romantici del primo Ottocento come una **passione assoluta**, che richiede all'innamorato una disponibilità altrettanto completa. Per chi ama intensamente, il sentimento d'amore può diventare addirittura **distruttivo** e logorare l'animo, come una febbre troppo alta consumerebbe un fisico malato. Byron **cerca** perciò in se stesso la **forza di resistere all'amore**, ma la luce notturna della luna spinge all'amore ed esercita sul suo cuore un richiamo a cui è difficile resistere. Questo esplicito riferimento alla **notte** contribuisce a connotare l'amore come **un sentimento dai confini indefinibili e misteriosi**, che sfuggono al controllo equilibrato della ragione, qui rappresentata dalla luce chiara e nitida del giorno (che *ritorna troppo presto* per gli amanti).

Il conflitto interiore I versi evidenziano anche la contraddizione nella quale il poeta si dibatte: da una parte **desidera la pace**, ha bisogno di riposare l'animo e i sensi, dall'altra **è preda di un desiderio** che si ripropone di continuo. Il **tormento d'amore** quindi non può mai cessare del tutto, perché nel momento in cui l'uomo decide di farsi in disparte, di rinunciare a inseguire i suoi sogni, la nostalgia per le emozioni che l'amore dà lo spinge di nuovo verso la sofferenza. Questa **conflittualità** che tormenta e insieme stimola l'animo umano è **tipicamente romantica**, e Byron la sottolinea attraverso la contrapposizione tra la luce del giorno, solare e concreta, e la luce della luna, misteriosa e ambigua.

Lo stile

Un linguaggio metaforico Nella versione originale la poesia è formata da versi ottonari e settenari legati da rime alternate: la traduzione purtroppo non può restituirci questo linguaggio di suoni, ma rende appieno la **suggestione delle immagini e delle metafore** su cui è costruito il testo. La metafora fondamentale è quella della **notte**, madrina dell'amore, la cui oscurità è **complice** di sogni e desideri destinati a svanire con la luce del giorno. La seconda metafora è rappresentata invece dal **poeta-narratore**, che vaga *senza meta, alla luce della luna* e diviene il simbolo dell'amore stesso, evanescente ideale che l'uomo insegue senza posa.

Attività

Comprensione

1 **A chi si riferisce il poeta usando la prima persona plurale in apertura e chiusura del testo?**
- ☐ a se stesso e alla sua donna
- ☐ a tutti gli amanti in genere
- ☐ a se stesso e al suo cuore

2 **Perché, secondo il poeta, il giorno «ritorna troppo presto»?**
- ☐ perché la luce disturba gli amanti
- ☐ perché il giorno simboleggia la ragione, che è contraria all'amore
- ☐ perché la notte, con i suoi sogni, favorisce l'amore

3 **Quali sono gli elementi che caratterizzano il paesaggio descritto da Byron?**

4 **Quale suggerimento rivolge il poeta a se stesso? Perché?**

Analisi

5 **Tra chi si stabilisce il paragone contenuto ai vv. 6 e 7?**
- Quale significato ha?

6 **La volontà del poeta è in accordo con l'istinto passionale del suo cuore? Motiva la tua risposta con riferimenti al testo.**

7 **In questa poesia Byron esprime una volontà di rinuncia, per quanto sofferta. Come interpreti la sua scelta?**

Rifletti, confronta, scrivi

8 **Byron dice che «la notte fu creata per amare»: quali sono a tuo parere gli elementi del paesaggio notturno che rendono l'uomo più sensibile all'amore? Rispondi con un testo di 10 righe.**

9 **Secondo te l'amore è una forza alla quale si può resistere e che si può controllare oppure è incontrastabile? È una forza buona e vitale o può essere anche distruttiva? Cerca alcuni casi, nella letteratura e nel cinema, dei diversi tipi di amore ed esponi la tua opinione sull'argomento in un tema di tre colonne di foglio protocollo.**

Emil Nolde, *Notte di luna*, 1914.

Vincenzo Cardarelli (Nazareno Caldarelli), nato a Corneto Tarquinia (Viterbo) nel 1887 e morto nel 1959, è un poeta e scrittore italiano. Compie studi irregolari e completa la propria formazione culturale da autodidatta. A 17 anni scappa di casa e si trasferisce a Roma, dove per mantenersi si adatta ai lavori più strani: guardiano in un deposito di orologi, segretario nello studio di un avvocato, contabile, correttore di bozze presso il quotidiano «L'Avanti!». In seguito viene assunto come redattore e comincia la carriera di giornalista. Si trasferisce a Firenze e qui collabora con le più importanti riviste letterarie dell'epoca, da «Il Marzocco» a «La Voce», e comincia a pubblicare le prime poesie, poi raccolte insieme ad alcune prose autobiografiche, di costume e di viaggio. Dopo la Prima guerra mondiale, rientra a Roma, dove fonda la rivista «La Ronda», insieme ad un gruppo di intellettuali ispirati agli ideali del classicismo. Tra le sue opere, ricordiamo *Prologhi* (1916), *Viaggi nel tempo* (1920), *Il sole a picco* (1929), *Lettere non spedite* (1946). La raccolta completa delle sue *Poesie* risale nella prima stesura al 1936, ma è stata in seguito rielaborata più volte dal poeta, e contiene liriche ispirate soprattutto ai temi della solitudine, del distacco e della morte.

T5

Vincenzo Cardarelli

Attesa

da V. Cardarelli, *Poesie*, Mondadori

Il tema dell'attesa, enunciato nel titolo di questa lirica, è declinato in maniera negativa: come attesa delusa, segno di un amore negato, di un amore che non nascerà. La donna che il poeta sperava di incontrare manca all'appuntamento, facendogli pensare di non essere interessata a lui.

Metro: versi liberi, per lo più quinari e settenari ed endecasillabi, distribuiti in una strofa di quattordici versi e una chiusa di due

COLLEGAMENTI

- Leggere un tema, p. 269
- *Autunno*, p. 55
- *I gabbiani*, p. 286

Oggi che t'aspettavo
non sei venuta.
E la tua assenza so quel che mi dice,
la tua assenza che tumultuava,
nel vuoto che hai lasciato,
come una stella.
Dice che non vuoi amarmi.
Quale un estivo temporale
s'annuncia e poi s'allontana,
così ti sei negata alla mia sete.
L'amore, sul nascere,
ha di quest'improvvisi pentimenti.
Silenziosamente
ci siamo intesi.

Amore, amore, come sempre,
vorrei coprirti di fiori e d'insulti.

Vilhelm Hammershøi, *Interno*, 1907

Guida alla lettura

I temi

L'attesa delusa Il poeta si rivolge a una **donna**, che non si è presentata a un appuntamento da lui tanto atteso. È questo il segno di un **amore non sbocciato**, di un amore impossibile e **negato sul nascere**. Dall'assenza della donna il poeta ricava un messaggio esplicito: la donna non vuole amarlo. Ma la sua assenza non è una semplice mancanza, inerte e immobile, è al contrario un **segnale vivo** e **impetuoso**, è un'assenza che *tumultua*, si agita, è concreta e capace di far vibrare l'aria: la donna è scomparsa di fronte al poeta che già ne pregustava la presenza, e lascia un vuoto *come una stella*. In questa similitudine è racchiusa l'idea della **rapidità della scomparsa** della donna, ma anche della luce che è venuta a mancare, facendo piombare il poeta nel **buio della solitudine**.

L'amore illusorio e impossibile La **similitudine** successiva, più ampia e distesa, è costruita alla maniera delle similitudini della poesia epica, di Omero e Virgilio, alla maniera che è anche di Dante: il primo termine è infatti introdotto da *Quale* e il secondo da *così*, e la similitudine si distende su tre versi: *Quale un estivo temporale / s'annuncia e poi s'allontana, / così ti sei negata alla mia sete*. L'idea sottesa a questi versi è quella di un **amore fugace**, **rapido** come un temporale estivo, che si preannuncia ma poi non ha luogo, **non prende corpo** nella realtà, ma solo nella mente del poeta. Un amore deluso prima ancora di sbocciare, un amore che si ritrae proprio sul più bello, si ritira, ci ripensa, fa dietro-front (*L'amore, sul nascere, / ha di quest'improvvisi pentimenti*). Ma dalla similitudine si può comprendere anche un'altra caratteristica dell'amore secondo Cardarelli: l'**amore** come ***sete***, **bisogno primario** dell'uomo, come aspirazione ardente.

L'amore: un sentimento controverso Nella **chiusa** il poeta si rivolge direttamente all'amore, con il quale evidentemente ha un **rapporto costante** e controverso: il *come sempre* indica infatti che non è questo il primo episodio di amore deluso per lui, mentre i *fiori* e gli *insulti* rivelano un duplice atteggiamento nei confronti dell'amore, che dà al poeta prima la speranza e la gioia di vivere (per questo egli lo coprirebbe di fiori), e poi si trasforma in delusione e amarezza (di qui gli insulti).

Lo stile

Uno stile ricercato Lo **stile** di questa poesia, apparentemente piana e semplice, è invece molto **ricercato**. Dal punto di vista sintattico, le **frasi** sono molto **brevi**, concentrate in due versi o addirittura in uno solo (come il v. 7). In un caso il verso è occupato da una sola parola, l'avverbio *silenziosamente* (v. 13), che rallenta il ritmo del discorso e cattura su di sé l'attenzione del lettore: il silenzio è quello che rimane al poeta nella sua solitudine.

Dal punto di vista retorico, si notano alcune **ripetizioni**, che danno **enfasi** al discorso e ribadiscono i concetti principali: *la tua assenza* (vv. 3-4), *dice* (vv. 3 e 7), *Amore, amore* (v. 15). Abbiamo poi le due **similitudini**, di cui abbiamo già parlato: una breve al v. 5 e una più lunga tra i vv. 8-10. Nel complesso si tratta quasi di una poesia discorsiva, che mira alla chiarezza espressiva, ma che racchiude in sé **significati** molto più **ricchi** e **profondi** di quelli esplicitamente enunciati.

Attività

Comprensione

1 Il poeta
- ☐ è stato abbandonato dalla donna amata
- ☐ è rimasto deluso da un amore non ancora sbocciato
- ☐ si è innamorato di una passante

2 Qual è il messaggio implicito nell'assenza della donna?

3 Perché il poeta dice che l'assenza della donna «tumultuava»?

4 Perché il poeta coprirebbe l'amata «di fiori e d'insulti»?

Analisi

5 Quali sono le caratteristiche dell'amore che emergono in questa poesia?
- L'amore per Cardarelli

è .... perché ....

è .... perché ....

è .... perché ....

6 Spiega con parole tue le due similitudini presenti nella poesia.

7 Possiamo dire che ai vv. 3-4 è presente un'anafora? Perché?

Rifletti, confronta, scrivi

8 Prova a ricostruire la storia di questa relazione tra il poeta e la donna che non lo vuole amare. Come e dove si sono conosciuti? Dove avevano appuntamento? Perché la donna non si presenta all'appuntamento? C'è stato un malinteso tra i due? Chi è la donna? Scrivi ora una lettera in cui la donna spiega al poeta il motivo della sua «assenza».

9 Hai mai atteso qualcosa o qualcuno che non è mai arrivato? Qual è stata la tua reazione? Racconta la tua esperienza in un testo di due colonne di foglio protocollo.

Nazim Hikmet, nato a Salonicco nel 1902 e morto nel 1963, è un poeta turco. Di famiglia aristocratica, si forma in un ambiente colto e vivace e pubblica le prime poesie a diciassette anni, su una rivista letteraria. Dopo la Prima guerra mondiale si trasferisce a Mosca, dove studia sociologia e si appassiona al marxismo e alla rivoluzione sovietica, frequentando l'ambiente degli intellettuali rivoluzionari. Nel 1928 rientra in Turchia, dalla quale era stato espulso per aver denunciato il massacro degli Armeni da parte del governo (1915-1922), e pubblica articoli, sceneggiature teatrali e altri scritti, ispirati alle sue idee marxiste e in opposizione ai regimi fascisti che si stanno affermando in Europa. Viene pertanto ripetutamente imprigionato e trascorre più di dieci anni in carcere, dal quale sarà liberato (1950) solo per l'intervento di una commissione internazionale di cui fanno parte Pablo Picasso e Jean-Paul Sartre. Nel 1951, privato anche della cittadinanza, è costretto ad abbandonare per sempre la Turchia, dando inizio a un lungo esilio in tutta Europa. Tra le sue opere si ricordano in particolare le *Poesie d'amore e autobiografia* pubblicate nel 1962.

T6

Nazim Hikmet

Il più bello

da N. Hikmet, *Lettere dal carcere a Munevver*, in *Poesie d'amore*, Mondadori

Questa poesia fu scritta nel 1942, mentre Hikmet era imprigionato in un carcere turco con l'accusa di attività sovversive e propaganda comunista. La condanna, che sarebbe dovuta durare 28 anni, non scoraggiò comunque il poeta, che continuò la sua attività letteraria e, come dimostra questa poesia, non cessò mai di immaginare la vita fuori dal carcere e di incoraggiare l'amatissima moglie sul loro futuro dopo la prigionia.

COLLEGAMENTI

> L'anafora, 44
> La metafora, p. 45
> La poesia lirica, p. 118

Il più bello dei mari
è quello che non navigammo.
Il più bello dei nostri figli
non è ancora cresciuto.
I più belli dei nostri giorni
non li abbiamo ancora vissuti.
E quello
che vorrei dirti di più bello
non te l'ho ancora detto.

Mary Cassatt, *La colazione a letto*, 1897

Guida alla lettura

I temi

La speranza nel futuro La **speranza** in un **futuro felice** e libero non abbandona il poeta, in carcere da oltre quattro anni. Egli scrive questa poesia per la moglie, prospettandole una serie di **lieti eventi** che ancora li attendono e dicendole che *il più bello* della loro vita insieme deve ancora venire. Per chiunque, infatti, ogni giorno che arriva porta sempre qualcosa di **nuovo** e inatteso, di **ignoto**, che può essere positivo o negativo. Ma il poeta, nella sua pressoché disperata condizione, assicura alla moglie che il futuro per loro riserva **sorprese bellissime**, eventi ancor più felici di quelli che hanno vissuto insieme fino a quel momento, *il più bello* appunto: *il più bello dei mari*, *il più bello dei figli*, *i più belli dei* loro *giorni*, *il più bello* di ciò che il poeta ha da dire alla donna amata. Il futuro si prospetta quindi radioso: i due hanno ancora il meglio da scoprire e da sperimentare insieme.

Lo stile

Uno stile controllato È l'**anafora** la figura retorica che domina e scandisce questa poesia, suddividendola in **tre distici** contenenti ciascuno una luminosa promessa di felicità. L'espressione *Il più bello* è infatti ripetuta all'inizio dei primi tre distici della lirica, mentre questo **modulo si interrompe** al v. 7, brevissimo (*E quello*), che crea una sospensione e una tensione: il catalogo delle possibilità di gioia futura non è finito così bruscamente, ma va a concludersi con una promessa d'amore, di parole d'amore, riservate alla carissima moglie.

Attività

Comprensione

1 Il poeta scrive la sua lirica
☐ per la moglie ☐ per il figlio
☐ per una compagna di prigionia

2 Dove si trova il poeta quando compone questa poesia? Perché?

3 Quali speranze coltiva per il suo futuro?

Analisi

4 Secondo te il poeta parla di un mare reale o di un mare metaforico? Che cosa si nasconde dietro l'immagine della navigazione nel «più bello dei mari»?

5 Individua gli *enjambement* presenti nella poesia. Qual è il più forte di essi? Che funzione ha a livello di significato?

Rifletti, confronta, scrivi

6 Come ti immagini il tuo futuro? Prevalgono le speranze o i timori? Cosa desideri di più? Cosa ti spaventa di più? Hai già dei progetti precisi? Rifletti su questo argomento in un tema di due colonne di foglio protocollo.

7 Intervista una persona adulta chiedendogli di raccontarti come si immagina il proprio futuro, cosa si aspetta dalla vita, quali desideri e quali preoccupazioni ha; chiedigli poi come si immaginava la propria vita da bambino o da adolescente, se ha realizzato i suoi desideri, se e perché ha cambiato i propri progetti ecc. Riporta in forma scritta le domande e le risposte, facendole precedere da un breve profilo biografico dell'intervistato, con i dati che ritieni essenziali per presentarlo.

Jacques Prévert, nato a Neuilly-sur-Seine nel 1900 e morto nel 1977, è un poeta francese. Cresciuto in Bretagna, si trasferisce poi a Parigi, dove entra nel gruppo dei surrealisti riuniti attorno ad André Breton, pubblicando testi per il teatro e il cinema e poesie, alcuni delle quali diventano celebri canzoni, interpretate da cantanti famosi. Negli anni della Seconda guerra mondiale prosegue l'attività cinematografica, ma in seguito riprende a occuparsi di poesia, pubblicando alcune raccolte, tra cui *Parole* (1945) e *La pioggia e il bel tempo* (1955), ma anche due saggi sui pittori Paul Klee e Joan Miró. Negli anni Sessanta e Settanta escono infine le raccolte *Storie e altre storie* (1963), *Cose e altre cose* (1972) e *Alberi* (1976).

T7

Jacques Prévert

I ragazzi che si amano

da J. Prévert, *Poesie*, trad. di G. D. Giagni, Guanda

Questa celebre poesia di Prévert descrive i giovani innamorati che, sfidando gli sguardi di benpensanti e moralisti, si scambiano baci appassionati per strada, la sera, fermandosi dove capita, senza curarsi di niente e di nessuno. La poesia appartiene alla raccolta Parole *del 1945, e la morale di allora era ben più rigida...*

COLLEGAMENTI
> L'anafora, 44
> La poesia lirica, p. 118

I ragazzi che si amano si baciano in piedi
Contro le porte della notte
E i passanti che passano li segnano a dito
Ma i ragazzi che si amano
Non ci sono per nessuno
Ed è la loro ombra soltanto
Che trema nella notte
Stimolando la rabbia dei passanti
La loro rabbia il loro disprezzo le risa la loro invidia
I ragazzi che si amano non ci sono per nessuno
Essi sono altrove molto più lontano della notte
Molto più in alto del giorno
Nell'abbagliante splendore del loro primo amore.

Robert Doisneau, *Bacio all'Hotel de Ville*, 1950

Guida alla lettura

L'amore come follia fuori dal tempo Nella penombra della sera dei ragazzi si baciano, in piedi, appoggiandosi ai portoni delle case (ma *porte della notte* potrebbe essere una **metafora** per indicare l'inizio della notte e dell'oscurità), suscitando l'indignazione dei passanti, che *li segnano a dito* (v. 3), e provano nei loro confronti *rabbia, disprezzo, risa, invidia* (vv. 8-9). Baciarsi per strada è infatti considerato un **atto irriverente**, **indecente**, una mancanza di educazione e di pudore. Invece di ispirare nelle persone che passano tenerezza, *i ragazzi che si amano* evocano sentimenti di **disprezzo** e **rabbia**, perché essi contravvengono alle **regole sociali**, non si curano delle **convenienze** e delle **apparenze**, sono **fuori dal mondo e dal tempo**. In altre parole essi *non ci sono per nessuno* (vv. 5, 11) ovvero sono **indifferenti** a qualsiasi richiamo, a qualsiasi altra legge che non sia quella dell'amore, vivono in una sorta di **anarchia**, di insensibilità al mondo esterno, non rispondono alle norme della morale comune: sono **pericolosi**, perché per loro l'unica realtà degna di essere vissuta è quella del loro amore.

L'indignazione dei moralisti I **passanti** sembrano non ricordarsi neppure di essere stati innamorati, o forse non lo sono stati mai. Non sanno cosa significa dimenticarsi di tutto il resto, sono immersi nelle **preoccupazioni** e nelle **occupazioni** della società civile. Ma, suggerisce il poeta, probabilmente anche i ragazzi che si amano si risveglieranno dal loro sogno inebriante; adesso *sono altrove, molto più lontano della notte, molto più in alto del sole* (vv. 12-13), ma soltanto perché vivono *nell'abbagliante splendore del loro primo amore* (v. 14): quando si affievolirà un po' questa luce accecante, torneranno ad essere più ragionevoli. Gli **inizi del sentimento** sono sempre così, sembra dire Prévert, folli ed estremi, ma le coppie riescono poi a tornare con i piedi sulla terra. E forse, chi comprende lo slancio del **primo amore**, dopo averlo provato e superato, prova un po' di **invidia**.

Lo stile

Ripetizioni e contrapposizioni La poesia è costruita su un gioco di ripetizioni e contrapposizioni: da una parte ci sono *i ragazzi che si amano* (vv. 1-2, 4-7, 10-13) dall'altra *i passanti* (vv. 3, 8-9) I primi sono richiamati con una **triplice anafora**, capace di conferire alla poesia un ritmo quasi cantilenato.

Un'altra figura retorica che si avvale della ripetizione di termini ed espressioni identici è presente in questa lirica: si tratta dell'**anadiplòsi**, che consiste appunto nella ripresa, all'inizio di un verso, di una o più parole del verso precedente. Prévert la utilizza ai vv. 8-9, in cui riprende la parola *rabbia*, e ai vv. 12-13, dove l'espressione ripetuta è *molto più*.

Tutto questo insistere con **ripetizioni** e **contrapposizioni** sul soggetto della poesia (*i ragazzi che si amano*) e sulle loro caratterizzazioni serve a esprimere in maniera irrevocabile e perentoria l'**assolutezza** del **«primo amore»**.

Attività

Comprensione

1 Il poeta giudica i ragazzi che si amano
- ☐ sconsiderati e spregiudicati
- ☐ volutamente provocatori
- ☐ spontanei e innocenti
- ☐ maleducati e indecenti

2 Che cosa significa secondo te l'espressione «Contro le porte della notte»?

3 Chi sono i passanti? Perché sono tanto astiosi nei confronti dei «ragazzi che si amano»?

Analisi

4 Spiega le seguenti espressioni con parole tue.
- Non ci sono per nessuno
- Ed è la loro ombra soltanto / Che trema nella notte
- Essi sono altrove molto più lontano della notte / Molto più in alto del giorno

5 Sottolinea con colori diversi le ripetizioni di espressioni e termini identici e osservane la disposizione. In quali casi si tratta di anafore? In quali di anadiplosi? Che differenza c'è tra le due figure retoriche?

6 Perché secondo te Prévert non usa la punteggiatura? Prova a mettere i segni di interpunzione che ritieni opportuni nei punti che secondo te lo richiedono.

Rifletti, confronta, scrivi

7 Ti è mai capitato di vedere qualche innamorato comportarsi come i ragazzi descritti da Prévert? Cosa hai pensato? Ti danno fastidio i baci o atteggiamenti troppo affettuosi in pubblico? Pensi che a qualcuno possa dare fastidio? Perché? Rifletti sull'argomento e discutine in classe con i compagni.

8 Che relazione c'è tra amore e follia? Secondo te un innamorato è perduto nel suo mondo? Ti è mai capitato di provare questa sensazione o di vedere alcuni tuoi amici perdere completamente la testa e dimenticarsi di tutto e di tutti? È un atteggiamento corretto secondo te? Lo approvi? Rifletti sull'argomento in un tema di due colonne di foglio protocollo.

9 Immagina un dialogo tra due passanti infastiditi dalle effusioni dei ragazzi che si amano. Scrivi le loro parole in un breve scambio di battute.

Dal genere al film

Un bacio appassionato
di Ken Loach

Titolo originale: A Fond Kiss.
Regia: Ken Loach.
Soggetto e sceneggiatura: Paul Laverty.
Fotografia (col.): Barry Ackroyd.
Montaggio: Jonathan Morris.
Musiche: George Fenton.
Scenografie: Martin Johnson.
Costumi: Carole K. Millar.
Interpreti: Atta Yaqub (Casim Khan), Eva Birthistle (Roisin Murphy), Ahmad Riaz (Tariq Khan), Sabana Bakhsh (Tahara Khan), Shamshad Akhtar (Sadia Khan).
Produzione: Sixteen Films, Bianca Films, EMC, Tornasol Films.
Durata: 103'.
Origine: Gran Bretagna/Germania/Italia/Spagna, 2004.

Casim, pachistano di seconda generazione, vive a Glasgow e lavora come dj nei locali più alla moda. La sua famiglia, musulmana praticante, vorrebbe che sposasse la cugina Jasmine, che sta per arrivare. Ma Casim s'innamora di Roisin, che insegna musica, bella, intelligente e dalla forte personalità. Quando la relazione tra i due diventa di dominio pubblico, le rispettive comunità, quella musulmana e quella cattolica, insorgono; nessuno intende accettare quel legame e lo scontro sarà durissimo.

La separazione dei due innamorati, Casim e Roisin, a causa della strenua opposizione delle loro famiglie, dettata da motivi ideologici e religiosi, è il filo conduttore del racconto, in una rilettura della storia tragica di Romeo e Giulietta in chiave interrazziale e contemporanea. Loach e lo sceneggiatore Laverty dipingono con precisione – che non significa giustificazione – entrambe le logiche: quella della famiglia musulmana, che vuole conservare l'appartenenza etnica e anche la sicurezza materiale faticosamente conquistata, a tutti i costi, e quella della comunità cattolica, rigida nel predicare la separazione da coloro che sono considerati diversi e perciò inferiori. Mentre Roisin è forte e trova il coraggio di difendere la propria scelta, la figura di Casim è forse la più complessa: il ragazzo si sente sia pachistano che britannico, diviso tra due identità che sono ugualmente sue; comprende le ragioni della sua famiglia e allo stesso tempo vorrebbe costruire la sua vita seguendo le sue scelte e inclinazioni. Il film, nonostante la durezza nel descrivere la società multirazziale britannica, non è del tutto pessimistico, e anzi sembra trovare un motivo di speranza nella possibilità di un incontro tra culture diverse.

La musica è un tema forte del film: i due innamorati cercano di conquistare un accordo tra loro così come le note di un brano musicale trovano la loro armonia.

Il regista inglese Ken Loach è noto per i suoi film realistici e coinvolgenti, in cui descrive con passione e volontà di denuncia le ingiustizie e le contraddizioni della società contemporanea.

Il titolo del film deriva da una canzone del poeta scozzese Robert Burns, che ricorda la dolorosa separazione dalla sua amata, Clorinda, dopo un amore durato il tempo di un "bacio appassionato".

Attilio Bertolucci, nato a San Lazzaro di Parma nel 1911 e morto nel 2000, è un poeta italiano. Di famiglia della media borghesia agraria, Bertolucci trascorre l'infanzia nel podere di famiglia; conclusi gli studi secondari a Parma, si trasferisce a Bologna per frequentare l'Università, prima presso la Facoltà di Giurisprudenza, poi a Lettere, dove trova come compagno di corso Giorgio Bassani. Esordisce giovanissimo come poeta con la raccolta *Sirio* (1929), che presenta già i motivi centrali della sua poetica, alla quale segue, nel 1934, *Fuochi in Novembre*. Dal 1939 dirige la collana di poeti stranieri "La fenice" per l'editore Guanda e dal 1951, trasferitosi a Roma, collabora con la radio e la televisione, oltre che con quotidiani e riviste. Rivela anche ottime doti come traduttore, sia dal francese che dall'inglese. Tra le sue opere ricordiamo il poemetto *La capanna indiana*, che nel 1951 ottiene il premio Viareggio per la novità e lo sperimentalismo dei suoi versi; *Viaggio d'inverno* (1971), una delle raccolte più importanti della poesia italiana del Novecento; *La camera da letto*, romanzo in versi pubblicato tra il 1984 e 1988 (che ottenne di nuovo il premio Viareggio).

T8

Attilio Bertolucci

La rosa bianca

da A. Bertolucci, *Fuochi in novembre*, in *Le poesie*, Garzanti

Il poeta ci offre in questo breve testo una visione rasserenante del sentimento d'amore, vissuto come fiduciosa consapevolezza di una ricchezza interiore che nutre e conforta l'anima. Composta dal poeta poco più che ventenne, la lirica è dedicata alla figura della donna che sarà sua moglie e compagna per tutta la vita.

Metro: versi liberi

COLLEGAMENTI
- La poesia narrativa, p. 79
- La neve, p. 55
- E. Montale, *Ho sceso dandoti il braccio*, p. 63

Coglierò per te
l'ultima rosa del giardino,
la rosa bianca che fiorisce
nelle prime nebbie.
Le avide[1] api l'hanno visitata
sino a ieri,
ma è ancora così dolce
che fa tremare.
È un ritratto di te a trent'anni,
un po' smemorata, come tu sarai allora.

1 avide: desiderose, golose di polline.

Tecniche e generi

L'amore coniugale

L'amore coniugale non è stato mai cantato, o quasi mai, prima del Novecento: possiamo anzi dire che un tempo il concetto stesso di amore era considerato estraneo al matrimonio. In buona parte questa convinzione era dovuta al fatto che i matrimoni erano combinati dalle famiglie per ragioni che non avevano nulla a che vedere con il sentimento. Nel Medioevo, per esempio, le nozze erano un mezzo di cui la nobiltà si serviva per stringere alleanze, consolidare trattati di pace, acquisire territori ecc. Naturale che gli sposi designati fossero poi attratti da persone diverse dal legittimo coniuge. Con il Romanticismo si affermò un concetto diverso di amore, che non ammetteva vincoli al sentimento; tuttavia la volontà anticonformista che caratterizzava il movimento e le sue stesse aspirazioni "sublimi" fecero sì che i poeti vivessero ancora una volta l'amore come una passione che non poteva rientrare nella tranquilla quotidianità del rapporto coniugale.
A fine secolo però i grandi cambiamenti culturali e sociali (tra cui la progressiva emancipazione femminile) crearono le premesse per un nuovo modo di interpretare il rapporto amoroso. Uno dei primi cantori dell'amore coniugale fu Umberto Saba, che al-

Guida alla lettura

I temi

Un amore sereno e fiducioso L'incipit della poesia sembra preludere all'**effusione lirica** di un sentimento d'amore che trova nell'**omaggio floreale** la sua più classica manifestazione. Ma l'aggettivo *ultima* e il riferimento esplicito alla tardiva fioritura (*nelle prime nebbie*) attribuiscono alla rosa bianca caratteristiche che esulano dalla classica simbologia rosa/bellezza e bellezza/amore.

Nella seconda parte del testo questa sensazione si precisa meglio: il poeta non coglie la rosa per rendere omaggio alla bellezza della donna, ma perché la **tardiva e discreta fioritura autunnale** la rende simbolo di una **generosità che anche la donna possiede**: l'amore, sembra dirci il poeta, non si nutre di vistose apparenze (la rosa è significativamente bianca e non rossa) ma ha bisogno di essere alimentato con tenerezza e costanza. E proprio come la rosa tardiva ha nutrito le avide api, così il poeta sa che l'**amore della sua donna** sarà per lui una **linfa** che non verrà meno con il passare del tempo.

Lo stile

Musicalità e attenzione lessicale La lirica non si avvale delle rime, ma è attraversata da una delicata musicalità, creata dalle ripetute **allitterazioni** soprattutto in "r" e in "s". Il lessico è volutamente **semplice**, ma **talvolta si impreziosisce** là dove il poeta desidera comunicare concetti particolari: si noti per esempio l'uso dell'aggettivo *avide*, che rappresenta il bisogno d'amore del poeta (che *si nutre* di sentimenti come le api del nettare del fiore), ovvero la particolarità del termine *smemorata* per introdurre il confronto fra la rosa che "si è dimenticata" che l'estate è finita e la donna, che continuerà ad amare il poeta "dimenticandosi" del tempo che passa.

Attività

Comprensione

1 **Quali caratteristiche della rosa vengono evidenziate dai primi versi della poesia?**
- ☐ la bellezza e lo splendore
- ☐ la persistenza e la costanza
- ☐ la rarità

2 **Quali sono le qualità che accomunano il fiore e la donna amata?**

Analisi

3 **Quale caratteristica dell'amore mette in risalto questa poesia?**
- ☐ la sua capacità di durare nel tempo
- ☐ la sua passionalità istintiva
- ☐ la sua importanza cruciale nella vita

4 **Quale valore assume l'aggettivo «smemorata» riferito alla donna amata?**
- Quale tipo di paragone si può stabilire tra la donna e il fiore sulla base di questo aggettivo?

5 **Individua nel testo quello che ritieni l'*enjambement* più significativo e motiva la tua scelta.**

Rifletti, confronta, scrivi

6 **Immagina di dover portare dei fiori a qualcuno che ami e scegli quelli che più si addicono alla sua personalità: spiega quindi in un breve testo scritto in base a quali criteri hai effettuato la tua scelta.**

7 **Il poeta sceglie una rosa bianca. Che cosa evoca in te questo colore? Che cosa simboleggia generalmente il bianco? Quando viene usato, in quali contesti, per quali eventi? Dopo esserti documentato, scrivi un breve testo (20 righe) su questo argomento, immaginando di doverlo pubblicare sul giornalino della scuola o su una rivista femminile.**

la moglie Lina dedicò molti versi, descrivendo l'intensità di un sentimento d'amore vissuto all'interno dell'esperienza quotidiana. Altri poeti, tra cui Eugenio Montale, scrissero versi in nome delle donne che vivevano al loro fianco, riconoscendone il contributo essenziale sul piano umano e artistico. Così oggi anche l'amore coniugale si è conquistato uno spazio indiscusso all'interno della poesia.

Vittorio Matteo Corcos (1859-1933), *Pomeriggio in terrazza*, s.d.

Wystan Hugh Auden, nato a York nel 1907 e morto nel 1973, è un poeta britannico naturalizzato statunitense. Dopo gli studi superiori frequenta l'Università di Oxford, dove si interessa di letteratura, teatro, musica e filosofia e studia il pensiero di Freud e il marxismo. Nel 1930 pubblica la prima raccolta di versi (*Poesie*), seguita nel 1932 da *Gli oratori*, che gli dà una fama di autore impegnato e "di sinistra", e da tre drammi scritti insieme a Cristopher Isherwood e influenzati dal teatro di Bertolt Brecht. Nel 1935 sposa Erika, figlia dello scrittore tedesco Thomas Mann, perseguitata dal governo nazista, garantendole così l'espatrio, ma non vivrà mai con lei. Nel 1937 partecipa alla Guerra di Spagna dalla parte dei Repubblicani, rimanendo sconvolto dalle violenze cui assiste e che creano in lui quel senso di ansia e inquietudine che non lo abbandonerà mai più. Trasferitosi negli Stati Uniti (1939), fra il 1940 e il 1948 pubblica alcune delle opere maggiori, tra cui *Un altro tempo* e *L'età dell'ansia*, che vince il premio Pulitzer. Nel frattempo ha conosciuto a New York uno studente col quale avrà una lunga relazione sentimentale. Nel 1946 ottiene la cittadinanza americana, dal 1957 al 1961 insegna a Oxford e nel 1958 si trasferisce in Austria dove vivrà fino alla morte, continuando a scrivere e a pubblicare (*Lo scudo di Achille*, 1955; *Città senza mura*, 1969; *Epistola a un figlioccio*, 1972).

T9

Wystan Hugh Auden

Blues in Memoria (Funeral Blues)

da W.H. Auden, *La verità, vi prego, sull'amore*, trad. di G. Forti, Adelphi

Scritta nel 1938, questa lirica era destinata a essere cantata in un'opera del compositore Benjamin Britten. Il poeta ci offre in essa il versante doloroso dell'amore, quel senso di lacerante inutilità dell'esistenza che segue alla perdita della persona amata – perdita definitiva e priva di speranza, in questo caso, perché determinata dalla morte.

COLLEGAMENTI
> L'iperbole, p. 47

Fermate tutti gli orologi, isolate il telefono,
fate tacere il cane con un osso succulento,
chiudete i pianoforti, e tra un rullio smorzato
portate fuori il feretro[1], si accostino i dolenti.

Incrocino aeroplani lamentosi lassù
e scrivano il messaggio Lui È Morto,
allacciate nastri di crespo[2] al collo bianco dei piccioni,
i vigili si mettano guanti di tela nera.

Lui era il mio Nord, il mio Sud, il mio Est ed Ovest,
la mia settimana di lavoro e il mio riposo la domenica,
il mio mezzodì, la mezzanotte, la mia lingua, il mio canto;
pensavo che l'amore fosse eterno: e avevo torto.

Non servon più le stelle: spegnetele anche tutte;
imballate la luna, smontate pure il sole;
svuotatemi l'oceano e sradicate il bosco;
perché ormai più nulla può giovare.

1 **il feretro:** la bara.
2 **nastri di crespo:** nastri di tessuto nero increspato che era uso indossare in segno di lutto; il poeta qui intende dire che tutto il mondo deve portare il lutto per il suo amore che è morto.

Guida alla lettura

I temi

La perdita dell'amore La **morte di un uomo**, nella poetica di Auden, è sempre e comunque la **morte di un mondo**: quando si tratta dell'uomo amato, essa diventa la morte **del mondo intero**. Nella **prima parte** della poesia (vv. 1-8), il poeta invita dunque tutte le cose e le persone a **tacere** in segno di rispetto, inchinandosi al passaggio del defunto, e a **indossare i panni del lutto**.

Dolore e amore, tenerezza e rabbia Nella **seconda parte** (vv. 9-16), l'esposizione passa alla **prima persona**: è di sé che parla adesso il poeta, **dando voce al proprio amore e al proprio dolore** con parole in cui l'assolutezza del sentimento si unisce alla tenerezza dei ricordi, per concludersi con un'amarezza rabbiosa: l'amore, anche quando lo si pensa eterno, è soggetto alla morte.

Quasi una "orazione funebre" L'intensità, la profondità e la purezza di sentimenti, così come la perfetta struttura compositiva, fanno sì che questa lirica si presti a essere usata come una sorta di **"orazione funebre"** per rendere omaggio a una persona molto amata. È giusto quello che accade in un film di grande successo, *Quattro matrimoni e un funerale* (1994), nel quale uno dei protagonisti la recita durante il funerale del proprio compagno, spingendo tutti gli amici presenti a riflettere sulla natura del vero amore, etero o omosessuale che sia.

Lo stile

Un maestro della forma Nella lirica si uniscono un **modello tradizionale** e una **lingua moderna e vivace**, secondo la cifra stilistica di Auden, maestro riconosciuto per le sue capacità "formali". Nell'originale, la poesia è composta di **quattro quartine in rima baciata**, caratteristica che per ragioni di traduzione va persa nel testo che hai letto, mentre restano evidenti le numerose **figure retoriche** di origine classica cui l'autore si serve per dare voce al proprio dolore: per esempio l'**enumerazione**, l'**iperbole** e la grandiosa **metafora** finale.

Attività

Comprensione

1 **Lo scenario descritto nella prima quartina deve evocare**
- ☐ desolazione
- ☐ solennità
- ☐ rabbia

2 **Che cosa porta il poeta ad affermare «pensavo che l'amore fosse eterno: e avevo torto»?**
- ☐ la fine dell'amore nel suo cuore
- ☐ il tradimento dell'amato
- ☐ la morte dell'amato

3 **A che cosa alludono le seguenti immagini metaforiche?**
i punti cardinali ....
i giorni della settimana ....
il mezzogiorno e la mezzanotte..

Analisi

4 **Quale caratteristica dell'amore viene esaltata da questa poesia?**
- ☐ la sua forza assoluta
- ☐ la sua componente passionale
- ☐ la sua inutilità

5 **In che senso gli aeroplani del v. 5 sono «lamentosi»?**

6 **Perché al v. 13 il poeta dice che "le stelle non servono più"?**

7 **Soffermati sugli aspetti formali del testo, individuando**
- un'enumerazione
- una metafora
- un'iperbole

Rifletti, confronta, scrivi

8 **Scegli tra le poesie d'amore che conosci quella che esprime un sentimento paragonabile per intensità a quello espresso da Auden e motiva la tua scelta in un testo di 30 righe.**

9 **Rileggi attentamente l'ultima quartina della poesia e poi spiega con parole tue che cosa chiede il poeta che venga fatto al mondo intero perché possa rappresentare lo scenario perfetto del suo dolore. Rispondi in forma scritta con un breve testo.**

Gregory Crewdson, *Beneath the Roses*, 2003-2005

Applichiamo il metodo

Patrizia Cavalli, nata a Todi nel 1947, è una poetessa italiana. Laureata in filosofia, vive a Roma dal 1968 dove, oltre all'attività poetica, si dedica a traduzioni per il teatro. Nel 1992 Einaudi ha raccolto nel volume *Poesie* (1974-1992) i due libri *Le mie poesie non cambieranno il mondo* (1974) e *Il cielo* (1981), con l'aggiunta della sezione inedita *L'io singolare proprio mio*. La sua lirica è asciutta, fatta di rapide intuizioni, talvolta accompagnata da slanci emozionali e spesso da una vena ironica, che trova la propria misura in una dimensione quotidiana e colloquiale, pur senza rinunciare a un'effusività dell'io poetico. Le misure metriche che utilizza sono classiche, ma il lessico e la sintassi sono quelli della lingua contemporanea; sono assenti poeticismi e manierismi, e il linguaggio è naturale e familiare.

T10

Patrizia Cavalli

Adesso che il tempo sembra tutto mio

da P. Cavalli, *Poesie*, Einaudi

A volte il rimpianto coglie di sorpresa chi ha chiuso un'esperienza sentimentale per recuperare la propria libertà: è questa la confessione che Patrizia Cavalli fa a se stessa nella lirica che ti presentiamo, il cui senso va ricercato proprio nel rimpianto per un amore forse difficile, ma vitale e necessario.

Metro: versi liberi

COLLEGAMENTI

> L'anafora, 44
> D. Menicanti, *È fiorito l'albero in giardino*, p. 32
> A. Merini, *Pensiero*, p. 141

L'ambiguità dell'amore

Il tema del rimpianto

Nota la forza della sinestesia «accecante dolcezza» all'interno di un linguaggio semplice e antiletterario.

Adesso che il tempo sembra tutto mio
e nessuno mi chiama per il pranzo e per la cena,
adesso che posso rimanere a guardare
come si scioglie una nuvola e come si scolora,
come cammina un gatto per il tetto
nel lusso immenso[1] di una esplorazione, adesso
che ogni giorno mi aspetta
la sconfinata lunghezza[2] di una notte
dove non c'è richiamo e non c'è più ragione
di spogliarsi in fretta per riposare dentro
l'accecante dolcezza di un corpo che mi aspetta,
adesso che il mattino non ha mai principio[3]
e silenzioso mi lascia ai miei progetti
a tutte le cadenze della voce[4], adesso
vorrei improvvisamente la prigione.

1 **lusso immenso:** l'esplorazione di un gatto che si muove agilmente di tetto in tetto è un «lusso» perché né la poetessa né gli uomini in genere possono concedersi simili esperienze.
2 **sconfinata lunghezza:** la notte ora è insonne e perciò sembra non terminare mai.
3 **il mattino ... principio:** la poetessa non riesce a percepire il momento esatto in cui inizia il mattino, proprio perché trascorre insonne la notte.
4 **tutte le cadenze della voce:** tutte le intonazioni della voce. Ora che è sola, la donna può parlare a voce alta o bassa, lentamente o in fretta, può esprimersi, insomma, come meglio crede.

Guida alla lettura

I temi

Il dolore del rimpianto La vita a due impone **vincoli e legami** che possono essere sentiti come **oppressivi**. Uscire da questa *prigione* sembra una conquista, perché permette al singolo di recuperare la piena disponibilità del proprio tempo e dei propri spazi. Ma proprio questo recupero può generare un **senso di vuoto**, una mancanza di riferimenti affettivi **che fa rimpiangere l'antica «prigione»**.
Patrizia Cavalli esprime un **concetto** molto semplice, **derivato**

dall'esperienza piuttosto che da sottili ragionamenti teorici: la sua riflessione sull'amore acquista così il significato di un avvertimento che va al di là della specifica situazione evocata dai versi e che ha la saggezza dei vecchi proverbi: l'amore è un sentimento talmente importante che perderlo significa poi **rimpiangere** anche i suoi aspetti più costrittivi.

Lo stile

Un unico, lungo periodo La poesia è formata da un unico periodo, costruito in modo da creare nel lettore **un senso di attesa** che si risolve solo nell'ultimo verso, con la confessione dell'intimo **rimpianto** sentimentale. L'iterazione dell'avverbio *adesso* (ripetuto ben cinque volte) permette alla poetessa di contrapporre, attraverso un implicito "prima", il valore affettivo del suo passato ai vantaggi legati al suo nuovo stato di donna libera. Eppure quel passato le era parso una *prigione*: proprio per questo il finale acquista il carattere di una scoperta inattesa e dolorosa. La parola *prigione*, collocata in posizione finale e quindi simmetrica rispetto all'*adesso* iniziale, suggella quindi il rimpianto e riassume il senso di tutta la lirica.

Applichiamo il metodo

L'ambiguità dell'amore

- Quali aspetti "negativi" dell'amore emergono da questi primi versi della poesia? Ricava la risposta a partire dagli effetti "positivi" che l'autrice osserva dopo la fine dell'amore stesso.

Il tema del rimpianto

- L'espressione «accecante dolcezza»
  - **a.** è un esempio di stile
    ☐ alto ☐ basso ☐ medio
  - **b.** inserito all'interno di un contesto
    ☐ alto ☐ basso ☐ medio

- Quale tema ha voluto sottolineare secondo te l'autrice, mettendo in rilievo queste parole?

Attività

Comprensione

1 **Che cosa è accaduto alla poetessa?**
- ☐ è stata abbandonata dall'uomo che amava
- ☐ è rimasta vedova all'improvviso
- ☐ si è liberata di un rapporto che le pesava

2 **Qual è la contrapposizione (di cui un termine resta sottinteso) su cui si basa tutta la poesia?**
- ☐ quella tra amore e libertà
- ☐ quella tra adesso e prima
- ☐ quella tra corpo e sentimento

Analisi

3 **Elenca**
- gli aspetti positivi di cui la donna può godere ora che è sola
- le situazioni che generano nella donna un senso di solitudine

4 **Che cosa rimpiange, alla fine, la poetessa?**

5 **Scrivi la parafrasi della poesia.**

6 **L'iterazione della parola «adesso» diventa anafora in tre versi. Quali?**

7 **Tra i versi 10 e 11 compare una rima al mezzo: quali parole sono coinvolte?**
- Ti sembra che la scelta sia casuale o significativa? Motiva la tua risposta.

Rifletti, confronta, scrivi

8 **Immagina di dover scrivere il soggetto di un film a partire da questa poesia. Ricostruisci quindi secondo la tua fantasia gli eventi che hanno provocato la solitudine della poetessa, liberandola dalla «prigione». Inventa tre diverse versioni per il soggetto cinematografico, in tre stili diversi (ad esempio: commedia, drammatico, fantasy ecc.), precisando per ciascuna i nomi e alcuni tratti salienti dei personaggi principali.**

9 **Ti è mai capitato di rimpiangere situazioni alle quali tu stesso avevi posto fine (non necessariamente un amore: un'amicizia, una conoscenza...)?**
- Racconta...

Un altro modo di leggere

Lucio Dalla, nato a Bologna nel 1943, è uno dei più famosi cantautori italiani. In attività da quasi cinquant'anni, la sua carriera ha attraversato varie fasi, dalla stagione beat alla sperimentazione ritmica e musicale, fino alla canzone d'autore. Da ricordare le sue numerose collaborazioni, da quella con il poeta Roberto Roversi a quella con altri due grandi musicisti italiani, Francesco De Gregori e Gianni Morandi. Tra le sue canzoni più note, *4 marzo 1943* (1971), *L'anno che verrà* (1979), *Caruso* (1986).

Dalla, pubblicato nel 1980, è l'undicesimo album del cantautore e, per il successo ottenuto (è il più venduto di quell'anno) rappresenta per lui la consacrazione nell'"empireo" dei cantautori italiani e il raggiungimento della vera popolarità: alcune delle canzoni che esso contiene, come *Futura* e *Siamo dèi*, fanno ormai parte dell'immaginario collettivo.

T11

Lucio Dalla

Mambo

da L. Dalla, *Dalla*, Rca Italiana

Il tema di Mambo è quello, comune a molte canzoni pop come all'opera lirica e alla poesia, di un addio: l'autore si chiede dove sia la donna amata, che lo ha abbandonato senza lasciare traccia.

COLLEGAMENTI

> L'esagerazione, p. 47
> La personificazione, p. 48

Dov'è quel cuore, dov'è
Datemi un coltello, un coltello per favore
Dov'è quel cuore bandito che ha tradito
Il mio povero cuore, lo ha smontato e finito
Dov'è
Tu leggimi la mano e poi dimmi se il suo cuore
È vicino o se è andato lontano
Se gira per l'Europa, occhi neri
Il suo cuore si è seccato, è diventato una scopa, dov'è?
Se d'amore è proprio vero che non si muore, non si muore
Cosa faccio nudo per strada mentre piove?
E c'è di piu
Non dormo da una settimana
Per quel cuore di puttana
Sono andato al cinema e mi han mandato via
Perché piangevo forte e mangiavo la sua fotografia
E tu, e tu
Datemi un coltello, un coltello per favore
Dov'è quel cuore marziano?
Se ne è andata sbattendo la porta e avevo in mezzo la mano
Dov'è la diva del muto?
È una minaccia per tutti il suo cuore, il suo cuore ad imbuto
Dov'è, dov'è, dov'è
Scende dal tram e si avvicina e fa due passi
Di Mambo
Si sente molto furba e carina, dice
Con te non ci rimango
Io col cuore in cantina, ma sono un uomo e dico
Vattene via

Lucio Dalla in concerto a Madrid nel 2008

Leva il tuo sorriso dalla strada
E fai passare la mia malinconia
E porta via gli stracci, i tuoi fianchi e quella
Faccia da mambo
E la tua falsa allegria per trasformare in sorriso
Anche l'ultimo pianto
Tu, sì, proprio tu, che non hai mai paura
Chiedi se qualcuno ti presta la faccia
Stai facendo una brutta figura
La mia regina del mambo
Se ci ripenso preferisco ritornare in cantina
Che avere te ancora al mio fianco

Lucio Dalla con Francesco De Gregori nel 2010 (foto F. Di Napoli)

Guida alla lettura

D'amore non si muore? La prima parte della canzone affronta uno dei **luoghi comuni** della lirica d'amore di tutti i tempi: la sofferenza per un **addio inatteso e doloroso.** Sostenuto dal **ritmo incalzante** della musica, l'autore descrive con pochi tratti il proprio **dolore**: il suo *povero cuore* è stato *smontato* dal cuore della donna, un cuore *bandito*: l'**opposizione** è **netta** tra colui che, ignaro, viene abbandonato, e la durezza spietata dell'altra, che se ne va senza lasciare traccia (*dov'è?*, si chiede nel ritornello il protagonista). Da qui la descrizione, con **immagini efficaci** e **comunicative**, delle azioni disperate dell'autore: è *nudo per strada mentre piove*, al cinema *piangevo forte e mangiavo la sua fotografia*: come tutti gli innamorati delusi, il protagonista cerca una spiegazione qualsiasi che gli sia di conforto, ma senza trovarla: il cuore dell'amata è *marziano*, alieno, incomprensibile.

Regina del mambo Nella seconda parte la sofferenza per amore sembra lasciare spazio all'**amarezza** e alla **disillusione**. La descrizione dell'addio questa volta è più **cruda**: *Se ne è andata sbattendo la porta* e *avevo in mezzo la mano*, con la sensazione del dolore fisico che passa in primo piano e sottolinea la crudeltà della donna. Adesso la sua descrizione si fa più **ironica**: lei è una diva del muto, cioè un'attrice, una che **finge** i sentimenti che dice di provare; per questo il suo cuore è *ad imbuto*: cioè più capace di prendere che di dare. Entra in questa parte la parola che dà il titolo alla canzone, *mambo* (un tipo di musica e di danza di origine cubana): qui la danza è vista come segno di **frivolezza**, di **noncuranza** per i sentimenti degli altri: la donna balla il mambo, sembra dire la canzone, mentre il protagonista soffre per amore. Così, alla fine, l'autore sceglie di **dire addio** alla sua amata: ne ha smascherato la **falsità** (*faccia da mambo*) e l'**ipocrisia** (*Chiedi se qualcuno ti presta la faccia*), e preferisce la **solitudine** (*preferisco ritornare in cantina*) a una presenza che ora disprezza.

Attività

Comprensione

1 Chi è l'autore della canzone e quando l'ha composta?

2 Quali sono le tappe principali della sua carriera?

3 Qual è il tema di fondo della canzone?

4 Quali sono i sentimenti in essa dominanti?

Analisi

5 Scomponi la canzone in strofe e individua il tema dominante di ognuna.

6 C'è un ritornello? Se sì, qual è e quale funzione ha?

7 Ci sono rime e figure retoriche? Che funzione hanno all'interno del testo?

8 Riesci a individuare l'ordine cronologico degli eventi narrati nella canzone? Prova a ricostruirlo.

9 Individua tutti gli aggettivi riferiti a "cuore" e dividili a seconda che siano riferiti al personaggio maschile o a quello femminile. Che differenze noti? Commenta la scelta dell'autore.

10 Quante volte ricorre il termine "mambo" e a che cosa è riferito? Commentane i diversi significati.

Rifletti, confronta, scrivi

11 Conosci altre canzoni sullo stesso tema? Confrontale con il testo di Dalla per individuare somiglianze e differenze. Poi riporta i risultati del confronto in un breve testo.

12 Ascolta la canzone e commenta la musica: che rapporto ha con il testo?

13 Prova a tradurre il testo della canzone in una serie di disegni, facendone lo *storyboard* per un video musicale.

La bellezza muliebre nei secoli della pittura

Nessun miglior esempio della Madonna raffigurata nell'*Annunciazione* [1] dipinta nel 1333 da **Simone Martini** potrebbe costituire l'ideale punto di partenza per una sintetica storia della bellezza muliebre nell'Occidente moderno. Simone fu il perfetto interprete della bellezza del tardo Medioevo italiano. L'incontro con Francesco Petrarca l'avrebbe portato a dipingere il ritratto oggi perduto di Laura, l'amata del poeta, simbolo di una donna non più solo ideale, come la creatura angelicata di Dante e del Dolce Stil Novo, ma anche terrena, di una bellezza più fisica, con la sua fronte spaziosa e «serena», i «capei d'oro», il collo e i seni del color del latte, le «labbra rosate» e le gote rosse «ch'adorna un dolce foco». Come Laura, così la Vergine, la donna per antonomasia del mondo medievale, è «bella», «dolce» e «chiara». Simone ne aveva saputo cogliere, già al tempo dell'*Annunciazione*, assieme alle qualità fisiche e di portamento – il corpo snello dalle forme appena accennate, la grazia del gesto –, anche le doti spirituali, come quel pudore virginale che la spinge a ritrarsi, chiusa nel suo manto azzurro, dalla luce divina che irrompe nello spazio con l'angelo appena posatosi a terra.

[1]

Ciò che era stato vero per il Medioevo si travestì di mitologia in epoca rinascimentale, dando il via ad un processo che raggiunse la sua massima espressione nella perfezione statuaria delle dee sensuali e carnose della pittura barocca. La bellezza della *Venere allo specchio* [2] (1613) di **Pieter Paul Rubens** è tutta profana: le forme perfette del corpo – fatto oggetto di studio anatomico e di confronto con il canone classico della bellezza greco-romana –, ora esibite nella loro nudità, sono divenute più piene, si muovono agilmente nello spazio in un impeto di muscoli torniti e guizzanti, conducono un gioco di seduzione che coinvolge lo spettatore per mezzo dello sguardo riflesso nello specchio, a metà tra compiacimento della propria perfezione fisica e provocazione sensuale. Una stessa cultura classicista è il presupposto indispensabile per i nudi di **Tamara de Lempicka**, che in piena Art decó dipinge, con singolare capacità introspettiva, le donne più belle del jet-set parigino. Una delle opere più riuscite tuttavia sarà il celebre *Autoritratto* (*Tamara sulla Bugatti verde*) [3], comparso nel 1925 sulla copertina di una rivista tedesca di moda. Qui il connubio donna-motore parla di una donna sportiva, emancipata e indipendente: la sua bellezza, giocata sui toni freddi, è di una sensualità algida, aristocratica e distante, propria del suo tempo, tanto da divenire subito l'emblema della donna moderna, una donna la cui libertà restava ancora, però, tutta apparente.

[3]

[2]

Tiriamo le fila

- La **poesia d'amore** dà voce ai **sentimenti**, alle **emozioni** e alle **passioni** dei poeti, ma sempre indirizzati verso un preciso oggetto, che è la persona amata.
- La **poesia d'amore** può esprimersi attraverso differenti immagini e con toni diversi – passionale, tenero, riflessivo, doloroso... – che dipendono dalla personalità del poeta, ma anche dall'epoca e dal contesto culturale.
- Anche se non esistono regole universali, la **poesia d'amore** in generale si caratterizza per **due** elementi:
  - la **grande varietà** delle forme metriche e delle modalità espressive;
  - il fatto di nascere sempre da una **situazione reale**, da un sentimento rivolto a una **precisa persona**, che ne rappresenta l'**oggetto** e il **destinatario**.

- La storia della **poesia d'amore** ruota intorno a **quattro** grandi momenti:
  - il **mondo classico greco-romano** fino alla diffusione del Cristianesimo: l'amore è sentito prevalentemente come istinto naturale ed è vissuto con schietta passionalità;
  - il **Medioevo**: l'amore "cortese" è un sentimento esclusivo, raffinato e aristocratico, caratterizzato soprattutto da tensione spirituale, passando poi, con Petrarca, a una dimensione più umana e terrena
  - l'**età romantica** (primi decenni del XIX sec.): l'amore è un sentimento esaltante, capace di coinvolgere tutti gli aspetti della vita e talvolta anche di distruggere l'anima per la sua eccezionale intensità;
  - l'**età contemporanea**: l'amore si manifesta in esperienze molteplici, estremamente variate, che non rientrano in schemi predeterminati.

Nomi da ricordare

epoca	autore	lingua
Epoca classica: dalla Grecia del VII secolo a.C. alla Roma del I secolo d.C.	Saffo, Archiloco	greco
	Catullo, Tibullo, Properzio	latino
Medioevo/Età moderna: dall'"amor cortese" al XVII secolo	trovatori	provenzale
	G. Guinizzelli, G. Cavalcanti, D. Alighieri	italiano
	F. Petrarca	italiano
	W. Shakespeare	inglese
Romanticismo del primo Ottocento	G. Leopardi	italiano
	G.G. Byron	inglese
Età contemporanea: dal secondo Ottocento a oggi	A. Pozzi, U. Saba, V. Cardarelli, E. Montale, A. Bertolucci, P. Cavalli	italiano
	C. Baudelaire, J. Prévert	francese
	W.H. Auden	inglese
	N. Hikmet	turco

2.4 La poesia civile

Breve storia e caratteristiche del genere

Le radici della poesia civile

T1 Simonide di Ceo, **Per i morti delle Termopili** (da S. Quasimodo, *Lirici greci*)
– *Il filo conduttore*

Impariamo un metodo

T2 A. Manzoni, **Il cinque maggio** (da *Odi civili*)
– *Guida alla lettura* – *Attività*

Tecniche e generi
Il ruolo civile del poeta

Un altro modo di leggere

T3 G. Mameli, **Fratelli d'Italia!** (da *Scritti editi e inediti*)
– *Guida alla lettura* – *Attività*

T4 W. Whitman, **O Capitano!** (da *Foglie d'erba*)
– *Guida alla lettura* – *Attività*

Lessico e stile
Le tecniche dell'enfasi

Dal genere al film
P. Weir, **L'attimo fuggente**

T5 P. Neruda, **Terre offese** (da *Poesie*)
– *Guida alla lettura* – *Attività*

In galleria
«Guernica» o la pittura come fatto sociale

T6 B. Brecht, **Domande di un lettore operaio** (da *Poesie e canzoni*)
– *Guida alla lettura* – *Attività*

Lessico e stile
Epiteti esornativi

T7 I. Bachmann, **Tutti i giorni** (da *Poesie*)
– *Guida alla lettura* – *Attività*

Applichiamo il metodo

T8 G. Ungaretti, **In memoria** (da *L'Allegria*)
– *Guida alla lettura* – *Attività*

Tiriamo le fila
La poesia civile

Antologia on line

T1 @ F. Villon, **La ballata degli impiccati** (da *Lascito, Testamento e poesie diverse*)
– *Guida alla lettura* – *Attività*

T2 @ M. Darwish, **Straniero in una città lontana** (da *Muoiono gli uccelli in Galilea*)
– *Guida alla lettura* – *Attività*

T3 @ E. De Luca, **Naufragi** (da *Opera sull'acqua e altre poesie*)
– *Guida alla lettura* – *Attività*

Breve storia e caratteristiche del genere

La poesia civile si caratterizza per gli **argomenti** che tratta: essa affronta temi legati al **divenire storico** e alle sue problematiche, ai **problemi sociali**, alla **politica** e alle **idee**. Gli autori di poesia civile sono infatti accomunati dall'intento di **far riflettere** i lettori su importanti temi che riguardano la dimensione della **vita collettiva** e **di proporre** i valori in cui credono, nella convinzione che siano validi e condivisibili per tutti. Per tali ragioni, la poesia civile è spesso **poesia d'occasione** (cioè legata ad avvenimenti precisi e riferita a fatti e personaggi ben determinati); ed è anche, quasi sempre, **poesia militante** (perché l'autore sostiene una tesi, invitando il lettore a condividerla). Proprio per il fatto di essere poesia d'occasione e poesia militante, spesso i testi di ispirazione civile appaiono legati al loro tempo – a eventi e battaglie (reali o ideali) che a noi possono apparire lontani o insignificanti – e risultano di lettura difficoltosa (specie se l'autore fa riferimento a fatti e personaggi legati alla sua esperienza ma non universalmente noti), poiché non sempre forniscono al lettore gli indizi per ricostruire adeguatamente il **contesto** in cui sono nati.

Francisco Goya, *3 maggio 1808*, 1814

In altri casi, viceversa, la poesia civile, pur traendo occasione da un certo contesto storico, arriva a parlare di **valori universali**, cioè non legati a un momento o a un periodo determinati, ma propri di tutta l'umanità, in tutti i suoi tempi. Così, per esempio, l'elogio che il poeta greco **Simonide** fa dei caduti nella battaglia delle Termopili ci commuove, anche se le guerre fra Greci e Persiani sono per noi lontanissime, perché il rispetto nei confronti di coloro che sono morti per difendere la patria da un'invasione straniera è un **sentimento sempre attuale**; allo stesso modo, quando **Dante** [→ p. 82] parla di guelfi e ghibellini, i conflitti a cui fa riferimento sono superati da secoli, ma la condanna delle guerre civili, l'**aspirazione alla pace e alla concordia**, sono sentimenti che non hanno perso il loro valore e in cui il lettore può riconoscersi ancor oggi.

Dall'antichità al Medioevo

L'origine di questo genere **risale all'antichità classica**, anche se in Grecia come a Roma le tematiche politiche e civili erano sviluppate soprattutto attraverso il teatro e l'epica. Tra i poeti greci ricordiamo comunque **Tirteo** di Sparta e **Simonide di Ceo**, autori di versi celebrativi e di numerosi canti che esortavano i soldati a combattere per la patria. A Roma, oltre a certe opere di **Orazio**, **Persio** e **Giovenale**, bisogna ricordare che ebbero tono civile anche molti passi all'interno di opere riconducibili nel loro complesso ad altri generi. Così, per esempio, **Lucrezio** nel *De rerum natura* affronta la descrizione scientifica dell'universo, animato dal desiderio di diffondere lo studio della natura e di lottare contro le superstizioni religiose del suo tempo; **Virgilio**, nelle *Georgiche*, esalta la vita dei contadini e la pace della natura in polemica con la corruzione dei costumi del suo tempo e la violenza delle guerre civili, mentre nell'*Eneide* racconta le mitiche origini di Roma per esaltarne la missione civilizzatrice e imperiale.

L'importanza della poesia civile caratterizza il **Medioevo**, e in particolare l'età dei Comuni, quando molti autori partecipano attivamente alla vita politica della loro città e commentano nei loro versi le lotte fra Papato e impero, fazioni e classi sociali, partiti e ideologie. L'esempio di **Dante** – che inserisce nella *Commedia* molte pagine di ispirazione civile e offre ai suoi lettori un quadro straordinariamente articolato della vita politica e sociale del suo tempo – è solo il più famoso: prima di lui si erano dedicati ai temi civili i **poeti provenzali** e quelli toscani del Duecento; all'esempio dantesco si ispireranno in seguito **Petrarca** [→ p. 122] e molti altri.

Dal Rinascimento a oggi

A partire dal **Rinascimento**, i poeti italiani furono costretti ad abbandonare progressivamente i temi civili. La **Controriforma**, soprattutto nel Seicento, impose una pesante censura che allontanò gli scrittori da ogni riferimento a questioni politiche, ma anche etiche, ritenute troppo "pericolose". Nel Settecento, viceversa, lo sviluppo della **cultura illuminista** risvegliò l'interesse di studiosi e letterati per i problemi di tipo sociale e civile e per **l'impegno** a favore del progresso e della modernizzazione della società. Il dibattito illuminista si sviluppò soprattutto per mezzo di saggi e trattati in prosa, ovvero sulle pagine dei giornali che proprio allora incominciavano a diffondersi; tra le voci poetiche ricordiamo tuttavia quella di **Giuseppe Parini**, che con il suo poema *Il Giorno* denuncia le abitudini di vita di una nobiltà divenuta ormai parassitaria e socialmente inutile, e quella di **Vittorio Alfieri**, che da un lato esalta il valore della libertà, dall'altro polemizza (alla vigilia dell'Ottocento) contro le degenerazioni della Rivoluzione francese.

Dal XIX secolo – con il diffondersi delle **idee di libertà** e la nascita delle aspirazioni all'**unità e indipendenza nazionale** – la poesia civile acquistò un rilievo totalmente nuovo: in Italia ne sono testimonianza il carme *Dei sepolcri* di **Ugo Foscolo** [→ p. 127], la canzone *All'Italia* di **Giacomo Leopardi** [→ p. 130] e le odi di **Alessandro Manzoni** [→ p. 174] *Marzo 1821* e *Il cinque maggio*. Accanto a questi grandi nomi, vanno ricordati anche i contributi di **Giovanni Berchet**, **Carlo Porta** e **Giuseppe Gioacchino Belli**. Nella seconda metà del secolo, **Giosue Carducci** e **Gabriele D'Annunzio** [→ p. 136] scrissero molti versi di intonazione celebrativa, a cui nel Novecento si contrappose la pacata ma incisiva riflessione civile di **Giuseppe Ungaretti** [→ p. 104], **Umberto Saba**, **Salvatore Quasimodo**, **Pier Paolo Pasolini**, per limitarci solo a pochi nomi.

Varietà di tono

La poesia civile ha assunto nel corso della sua lunga storia una grandissima **varietà di forme**, ora accostandosi alla poesia lirica, ora a quella narrativa, ora privilegiando la struttura della canzone e del sonetto, ora quella dell'ode o le forme libere. Una simile varietà si riscontra se osserviamo **il tono** scelto dai vari poeti: a seconda delle occasioni, possiamo trovare poesie civili scritte ora in forma **di preghiera e di lamento** (come avviene per esempio nei libri della *Bibbia* in cui i profeti commiserano la sorte di Israele, oppure nel testo di **Walt Whitman**, [→ p. 183]), ora in forma **di elogio, di incitamento oppure di invettiva** (come avviene per esempio nel *Inno degli Italiani* di **Goffredo Mameli**, [→ p. 180], oppure in certe composizioni di **Giosue Carducci**).

Spesso i poeti ricorrono ai **toni ironici, satirici e sarcastici** – è il caso di **Bertolt Brecht** [→ p. 190], ma anche di molte poesie antiche, come quelle dei latini **Orazio** e **Giovenale** –; altre volte prevalgono invece **atteggiamenti più meditativi**, in cui la passione risulta controllata dal ragionamento e dall'analisi – è il caso delle *Odi civili* di **Manzoni**, ma anche della famosa *Canzone all'Italia* di **Petrarca**, uno dei primi esempi di poesia civile italiana.

Queste differenze non dipendono solo dalla personalità del poeta e dal suo carattere individuale: esse rispondono di solito al desiderio di **suscitare nel lettore una certa reazione**, per cui il poeta userà il sarcasmo per provocare sdegno, l'ironia per ridicolizzare gli avversari, il ragionamento pacato per convincere chi non la pensa come lui, la denuncia appassionata per sollecitare nuovi atteggiamenti o per propagandare nuovi valori.

A quest'ultimo filone, la **poesia di denuncia**, fa capo per lo più la poesia civile del Novecento e di oggi, che mette a nudo i **problemi cruciali** del nostro tempo: il dramma delle **guerre** e dei **genocidi** – affrontato e vissuto da poeti come lo spagnolo **Federico García Lorca** e il cileno **Pablo Neruda** [→ p. 187] –, il divario esistente tra **il Nord e il Sud del mondo**, il problema del rispetto dei **diritti** dell'uomo e della difesa di un **equilibrio naturale** sempre più precario. Ne sono testimonianza le opere di autori quali l'austriaca **Ingeborg Bachmann** [→ p. 193] o gli italiani **Giovanni Giudici** [→ p. 213], **Vittorio Sereni**, **Massimo Cucchi**, **Erri De Luca**.

Le radici della poesia civile

All'ambito della poesia civile si possono ricondurre molti passi di opere ascrivibili a **generi diversi**. Per esempio, i versi nei quali **Omero** nell'*Iliade* o nell'*Odissea* - che sono poemi epici - parla dell'**ospitalità**, ed esalta i valori ad essa legati, avevano per i suoi lettori una chiara **funzione civile**, in quanto descrivevano ed elogiavano un costume fondamentale della società greca arcaica. Così, quando **Eschilo** nella tragedia *I Persiani* condanna l'**arroganza** del re Serse, che ha osato sfidare il destino attaccando le città greche e provocando la conseguente disfatta del suo esercito, non si limita a narrare un avvenimento storico (la seconda guerra persiana), ma **propone** agli spettatori **un valore** (la moderazione, il senso del limite) in cui i Greci credevano profondamente.
Esemplare per l'intento specificamente civile è il testo che proponiamo, l'epigramma del greco **Simonide** (vissuto tra il VI e il V secolo a.C.) dedicato ai soldati caduti al passo delle Termopili, la famosa battaglia (480 a.C.) in cui trecento Spartani, sotto la guida del re Leonida, con l'aiuto di contingenti provenienti da altre città, riuscirono a fermare per ben nove giorni l'immenso esercito persiano. Essi furono sterminati dal primo all'ultimo, ma nel frattempo gli Ateniesi avevano potuto evacuare la città e organizzarsi per la battaglia di Salamina, che costituì per i Persiani una terribile disfatta. Il poeta **esalta** i **caduti** greci, morti combattendo **per la libertà e la difesa della patria**, e il suo testo è diventato una sorta di "epitaffio" per tutti gli eroi caduti in difesa della libertà della loro patria (o anche delle loro idee) contro invasori (o censori) molto più potenti di loro.

Tavola dalla graphic novel *Trecento* di Frank Miller, 1998

T1

Simonide di Ceo [→ p. 523]

Per i morti delle Termopili

da S. Quasimodo, *Lirici greci*, Mondadori

Di quelli che caddero alle Termopili
famosa è la ventura[1], bella la sorte
e la tomba un'ara[2]. Ad essi memoria
e non lamenti; ed elogio il compianto[3].
Non il muschio, né il tempo che devasta
ogni cosa potrà[4] su questa morte.
Con gli eroi, sotto la stessa pietra[5],
abita ora la gloria della Grecia.

1 **la ventura:** il destino.
2 **un'ara:** un altare.
3 **elogio il compianto:** il compianto, il lamento per la loro morte, deve diventare un elogio, una lode.
4 **potrà:** vincerà, si rivelerà più forte.
5 **pietra:** quella della lapide che indicava la tomba dei caduti.

Il filo conduttore

1 **Il testo di Simonide è dedicato ai morti delle Termopili.**
- Che cos'è per il poeta la tomba dei caduti?
  ☐ un'urna ☐ un'ara ☐ un mito
- I caduti alle Termopili sono
  ☐ Persiani ☐ Spartani ☐ Ateniesi

2 **Perché secondo Simonide la morte dei trecento Spartani merita fama eterna?**
- La tesi dell'autore è che ai caduti delle Termopili non si devono offrire .... e ...., ma .... e ....

3 **La gloria, la fama che vince la morte, era uno dei valori fondamentali del mondo greco.**
- Che cosa simboleggia il muschio nei versi di Simonide?
  ☐ la caducità della vita umana
  ☐ l'oscuramento della memoria
  ☐ la distruzione del monumento
- Che cosa rappresenta la tomba dei caduti alle Termopili?
  ☐ un ricordo per tutta la Grecia
  ☐ un esempio per tutta la Grecia
  ☐ la gloria di tutta la Grecia

Alessandro Manzoni, nato a Milano nel 1785 e morto nel 1873, è uno scrittore italiano. Frutto di una relazione extraconiugale di Giulia Beccaria (figlia del pensatore illuminista Cesare e moglie del conte Pietro Manzoni) con l'illuminista Giovanni Verri, nel 1805 si trasferisce a Parigi dalla madre ed entra in contatto con il mondo intellettuale francese. Tre anni dopo sposa Enrichetta Blondel, che lo avvia verso una riflessione spirituale culminata nella conversione al cattolicesimo (1810). Tra il 1820 e il 1822 dà vita a tutti i suoi progetti più importanti: nel 1820 pubblica la prima tragedia, *Il conte di Carmagnola*; nel 1821 scrive le odi civili *Marzo 1821* (sui primi moti liberali italiani) e *Il cinque maggio* (sulla morte di Napoleone), la seconda tragedia *Adelchi*, l'ultimo degli *Inni sacri* (*La Pentecoste*) e i primi capitoli del romanzo che diventerà *I promessi sposi*. Afflitto da una serie di lutti familiari, con la perdita di sei figli e della prima moglie (1833), dopo un secondo matrimonio, Manzoni si dedica allo studio della lingua italiana e riceve onori e gratificazioni. Nel 1860, viene nominato senatore del Regno d'Italia.

T2

Alessandro Manzoni

Il cinque maggio

da A. Manzoni, *Odi civili*, in *Opere*, Ricciardi

Questa ode fu composta in pochi giorni nel 1821, subito dopo l'annuncio della morte di Napoleone Bonaparte, che da sei anni viveva in esilio sull'isola di Sant'Elena. La data posta come titolo della poesia era sufficiente, per i contemporanei, a identificare il protagonista, che non viene mai nominato esplicitamente. Manzoni rievoca la figura del grande generale divenuto imperatore, protagonista della storia europea tra il 1797 e il 1815, chiedendosi quale sia il senso della eccezionale avventura umana di un personaggio che ha cambiato le sorti del continente: forse la sua gloriosa ma breve parabola deve essere letta come il segno di un diverso valore da attribuire alle cose terrene.

Metro: ode composta da sestine di settenari con rima abcbde; il primo, il terzo e il quinto verso sono sdruccioli; l'ultimo verso è tronco e rima con l'ultimo verso della strofa seguente.

COLLEGAMENTI

> Come contare le sillabe, p. 8
> Il parallelismo, p. 44
> Leggere un tema, p. 273

L'inizio è lapidario, essenziale. L'uso del semplice pronome («ei», egli) dimostra subito l'importanza del personaggio di cui si parla.

Ei fu[1]. Siccome immobile,
dato il mortal sospiro,
stette la spoglia immemore[2]
orba di tanto spiro,
così percossa, attonita[3]
la terra al nunzio sta,

Napoleone è detto «uom fatale» perché Dio si è servito di lui per imprimere un nuovo corso alla storia.

muta pensando all'ultima
ora dell'uom fatale;
né sa quando una simile
orma di pie' mortale
la sua cruenta polvere
a calpestar verrà[4].
Lui[5] folgorante in solio[6]
vide il mio genio[7] e tacque;

1 Ei fu: egli (Napoleone) è morto.
2 la spoglia immemore: è il soggetto del verbo «stette». Costruisci: "Come («siccome») il corpo senza vita e ormai dimentico di tutto («immemore») restò privo di un'anima tanto grande («di tanto spiro») così...".
3 percossa, attonita: scossa e sbigottita (con riferimento a «la terra»). Costruisci: "... così la terra resta scossa e sbigottita di fronte all'annuncio («nunzio») della morte di Napoleone".
4 né sa ... verrà: (la terra) non sa quando l'impronta di un simile uomo («simile orma di pie' mortale») tornerà a calpestare la sua polvere insanguinata («cruenta») dalle guerre.
5 Lui: complemento oggetto del verbo «vide» (il pronome è riferito a Napoleone).
6 in solio: sul trono.
7 il mio genio: soggetto del verbo «vide»; significa "la mia ispirazione poetica".

Manzoni introduce qui una riflessione morale: il poeta non deve essere un adulatore che inneggia ai vincitori e denigra i vinti, ma deve farsi garante della memoria collettiva.

quando, con vece assidua[8],
cadde, risorse e giacque,
di mille voci al sònito
mista la sua non ha[9]:

vergin di servo encomio
e di codardo oltraggio[10],
sorge or commosso al sùbito[11]
sparir di tanto raggio[12];
e scioglie all'urna un cantico
che forse non morrà[13].

8 con vece assidua: con avvicendamenti continui.
9 di mille voci ... non ha: il soggetto è sempre «il mio genio». Costruisci: "la mia ispirazione poetica («il mio genio») non ha mischiato la propria voce al suono («sonito») di mille altre voci di poeti adulatori".
10 vergin ... oltraggio: (il mio genio) non contaminato («vergin») da elogi servili («servo encomio) e neppure da insulti vigliacchi («codardo oltraggio»). Il «codardo oltraggio» è quello che ha spinto gli stessi adulatori a rinnegare Napoleone dopo la sua sconfitta.
11 sùbito: improvviso.
12 di tanto raggio: la metafora indica Napoleone, la cui gloria militare è rappresentata attraverso l'immagine della luce («raggio»).
13 scioglie all'urna ... morrà: di fronte alla morte («urna», letteralmente "tomba") di quest'uomo, compone dei versi («cantico») che resteranno forse in eterno a commemorare il ricordo di Napoleone.

Il tono della poesia

La prima parte della poesia è dedicata a spiegare la scelta del tema: Napoleone è morto e l'avvenimento è talmente improvviso e drammatico, che tutto il mondo ne resta sconvolto.

- Il poeta, al contrario di molti suoi "colleghi", non ha mai scritto versi in lode dell'imperatore quando questi era potente, né versi contro di lui quando era caduto in disgrazia.
- Solo adesso, dopo che la sua esistenza terrena si è conclusa, tenta una riflessione, con l'ambizione di dire una parola più meditata, più universale.

Attivati!

- Come definisce Manzoni il coro dei poeti insinceri, che hanno lodato o esecrato Napoleone per opportunismo?
- Come definisce invece la propria poesia? Che cosa significa esattamente questo termine? Svolgi una breve ricerca.

Dall'Alpi alle Piramidi
dal Manzanarre al Reno,
di quel securo il fulmine
tenea dietro al baleno;
scoppiò da Scilla al Tanai,
dall'uno all'altro mar[14].

Fu vera gloria? Ai posteri
l'ardua sentenza: nui
chiniam la fronte al Massimo
Fattor[15], che volle in lui
del creator suo spirito
più vasta orma stampar[16].
la procellosa e trepida[17]
gioia d'un gran disegno,
l'ansia d'un cor che indocile
serve, pensando al regno[18];

La domanda introduce la riflessione sul senso della vita e della gloria terrena di Napoleone.

14 Dall'Alpi ... all'altro mar: dall'Italia («dall'Alpi») all'Egitto («alle Piramidi»), dalla Spagna (il Manzanarre è un fiume vicino a Madrid) alla Germania (il Reno è uno dei principali fiumi tedeschi) l'azione fulminea («il fulmine») di quell'uomo deciso («sicuro») seguiva immediatamente («tenea dietro») il suo rapido pensiero («baleno»); la sua strategia militare si sviluppò («scoppiò») dall'Italia (Scilla indica lo stretto di Messina) alla pianura russa (il Tanai è il fiume Don), da un mare (il Mediterraneo) all'altro (l'oceano Atlantico).
15 al Massimo Fattor: a Dio.
16 più vasta orma stampar: imprimere un più profondo segno del suo spirito creatore.
17 procellosa e trepida: tempestosa e trepidante.
18 serve, pensando al regno: Napoleone aveva cominciato la sua carriera come semplice ufficiale e dunque ubbidiva ai suoi superiori, ma già pensava a come raggiungere il potere («pensando al regno»).

e il giunge[19], e tiene un premio
ch'era follia sperar;

tutto ei provò: la gloria
maggior dopo il periglio[20],
la fuga e la vittoria,
la reggia e il tristo esiglio[21];
due volte nella polvere,
due volte sull'altar[22].

Nota il ritmo concitato impresso dalla anafora «due volte nella polvere / due volte sull'altar» e dalle antitesi «fuga/... vittoria», «reggia/... tristo esiglio».

Ei si nomò[23]: due secoli,
l'un contro l'altro armato[24],
sommessi a lui si volsero[25],
come aspettando il fato;
ei fe' silenzio, ed arbitro
s'assise in mezzo a lor.

E sparve, e i dì nell'ozio
chiuse in sì breve sponda[26],
segno d'immensa invidia
e di pietà profonda,
d'inestinguibil odio
e d'indomato amor.

Come sul capo al naufrago
l'onda s'avvolve e pesa,
l'onda su cui del misero,
alta pur dianzi e tesa,
scorrea la vista a scernere
prode remote invan[27];

La lunga similitudine segue il passaggio dalla parte propriamente rievocativa della poesia a quella riflessiva, dedicata all'indagine interiore.

19 e il giunge: e lo raggiunge (il «regno», cioè il potere).
20 maggior dopo il periglio: la gloria tanto più grande quanto maggiore è stato il pericolo.
21 la reggia e il triste esiglio: lo splendore della reggia (quando era imperatore) e la tristezza dell'esilio (dopo la sconfitta).
22 due volte ... sull'altar: due volte fu pesantemente sconfitto («nella polvere»), a Lipsia e a Waterloo; due volte venne incoronato imperatore («sull'altar»), nel 1804 a Parigi e nel 1815 dopo la fuga dall'isola d'Elba.
23 Ei si nomò: egli si annunciò al mondo.
24 due secoli, l'un contro l'altro armato: il Settecento e l'Ottocento, due secoli profondamente diversi dal punto di vista culturale e politico. Il Settecento fu il secolo dell'Illuminismo, movimento caratterizzato da una fiducia totale nella ragione umana, mentre l'Ottocento fu dominato dal Romanticismo, che privilegiava i sentimenti. Politicamente il Settecento fu il secolo dell'assolutismo, mentre l'Ottocento vide la nascita dei primi moti insurrezionali e libertari.
25 sommessi a lui si volsero: questi due secoli si volsero verso di lui (Napoleone), quasi attendendo che quest'uomo definisse i loro destini. L'avventura napoleonica infatti si colloca proprio a cavallo tra Settecento e Ottocento.
26 chiuse in sì breve sponda: Napoleone terminò («chiuse») i suoi giorni («i dì») in una terra tanto piccola (Napoleone morì infatti nell'isola di Sant'Elena, nell'oceano Atlantico).
27 Come ... invan: come l'onda del mare si avvolge («s'avvolve») e pesa sul capo del naufrago, quella stessa onda sulla quale poco prima lo sguardo del disgraziato scrutava nella vana speranza di scorgere terre lontane («prode remote»).

Tecniche e generi

Il ruolo civile del poeta

Oggi l'immagine del poeta si identifica spesso con quella di un uomo schivo, lontano dal mondo concreto, che si esprime per astrazioni non sempre accessibili al grande pubblico. Nel primo Ottocento la figura del poeta aveva invece una forte valenza civile, soprattutto in Italia, dove il periodo corrisponde alle prime lotte per l'unità nazionale. I poeti si facevano interpreti del loro tempo, avevano un ruolo riconosciuto nella società e spesso partecipavano in prima persona alle lotte politiche: basti pensare all'impegno di Ugo Foscolo, che combatté con le truppe napoleoniche, o di tanti letterati-patrioti che parteciparono ai moti risorgimentali, talvolta a prezzo della vita.
Manzoni aveva una visione sostanzialmente moderata sul piano politico e non cercò mai un ruolo attivo nella lotta per la libertà e l'unità d'Italia: tuttavia mise i suoi versi (e anche il suo romanzo, *I promessi sposi*) al servizio dell'educazione civile degli italiani, cercando di destare in loro l'amore per la libertà perduta e il senso della dignità delle proprie origini nazionali.

I riferimenti storici

Nella parte centrale della poesia, Manzoni ripercorre sinteticamente l'eccezionale vicenda umana e politica di Napoleone, ricordando per accenni le principali tappe della sua carriera.

- L'ispirazione del poeta ha preso le mosse da un avvenimento preciso (la morte di Napoleone); ora Manzoni articola questa "occasione" e sviluppa il discorso in maniera da farci capire perché tale occasione è da lui ritenuta così significativa. Nota infatti che, nel raccontare per sommi capi la storia di Napoleone, Manzoni adotta due prospettive opposte: prima sembra condividere l'entusiasmo di Napoleone per le vittorie, il successo, il potere sempre maggiore che conquista; poi, invece, intervengono alcune violente contrapposizioni, che culminano con le due immagini finali - quella di Napoleone arbitro fra due secoli e quella immediatamente successiva di Napoleone prigioniero sull'isoletta sperduta in mezzo all'oceano Atlantico.

Attivati!

- Elenca le contrapposizioni che, a partire dal v. 45, segnano la vicenda di Napoleone.
- Qual è il tema che emerge da queste strofe? Perché la vicenda di Napoleone è posta sotto il segno della contraddizione?
- I vv. 31-36 contengono una delle tesi della poesia: esprimila con parole tue.

tal su quell'alma il cumulo[28]
delle memorie scese.
Oh quante volte ai posteri
narrar se stesso imprese[29],
e sull'eterne pagine[30]
cadde la stanca man!

Oh quante volte, al tacito
morir d'un giorno inerte,
chinati i rai fulminei[31],
le braccia al sen conserte,
stette, e dei dì che furono
l'assalse il sovvenir[32]!

E ripensò le mobili
tende[33], e i percossi valli[34],
e il lampo de' manipoli[35],
e l'onda dei cavalli[36],
e il concitato imperio
e il celere ubbidir[37].

Ahi! forse a tanto strazio
cadde lo spirto anelo[38],
e disperò; ma valida
venne una man dal cielo[39],
e in più spirabil aere
pietosa il trasportò;

Il ricordo dei giorni lontani si condensa in veloci frasi nominali, unite per polisindeto a sottolineare il loro rapido accavallarsi nella memoria.

La congiunzione avversativa "ma" sottolinea la convinzione manzoniana di un disegno provvidenziale che interviene proprio nel momento in cui l'uomo perde fiducia nel significato terreno della propria vita.

28 **tal su quell'alma il cumulo:** allo stesso modo il peso dei ricordi calò su quell'anima («alma»).
29 **narrar se stesso imprese:** iniziò a narrare le proprie vicende («se stesso»).
30 **eterne pagine:** le pagine della sua autobiografia, che non furono mai finite (e perciò sono dette «eterne»).
31 **i rai fulminei:** gli occhi folgoranti.
32 **il sovvenir:** il ricordo dei giorni andati.
33 **mobili tende:** le tende degli accampamenti, continuamente spostate («mobili»).
34 **percossi valli:** le trincee («valli») che erano bombardate continuamente («percossi») dalla artiglieria.
35 **lampo de' manipoli:** lo spostarsi velocissimo dei plotoni.
36 **l'onda dei cavalli:** la cavalleria lanciata al galoppo assomiglia alle onde del mare che si susseguono.
37 **il concitato ... ubbidir:** gli ordini («imperio») dati rapidamente ed eseguiti altrettanto rapidamente («il celere ubbidir»).
38 **cadde lo spirto anelo:** di fronte a tanto dolore forse lo spirito stremato («anelo») di Napoleone cedette.
39 **una man dal cielo:** è la provvidenziale mano di Dio, che trasporta l'anima di Napoleone in una dimensione più serena.

e l'avvïò, pei floridi
sentier della speranza[40],
ai campi eterni, al premio
che i desideri avanza,
dov'è silenzio e tenebre
la gloria che passò.

Bella Immortal![41] benefica
Fede ai trïonfi avvezza!
Scrivi ancor questo, allegrati;
ché più superba altezza
al disonor del Gòlgota
giammai non si chinò[42].

Tu dalle stanche ceneri
sperdi ogni ria parola:
il Dio che atterra e suscita,
che affanna e che consola,
sulla deserta coltrice[43]
accanto a lui posò.

40 floridi sentier della speranza: i sentieri della speranza legata alla fede cristiana.
41 Bella Immortal!: l'apostrofe è riferita alla Fede, abituata a trionfare su tutto.
42 al disonor del Gòlgota ... chinò: l'espressione «disonor del Gòlgota» allude all'oltraggio del monte Gòlgota, dove Gesù morì nello stesso modo in cui morivano gli assassini. Costruisci: "mai nessuna persona tanto superba e illustre si prostrò di fronte a Cristo e alla sua religione".
43 deserta coltrice: il letto («coltrice») di morte di Napoleone, solitario perché l'imperatore non ha più nessuno accanto a sé.

Jacques-Louis David, *Napoleone varca il San Bernardo*, 1800

La tesi

Nella parte finale della poesia, Manzoni enuncia chiaramente la sua tesi: la vicenda terrena di Napoleone appare difficile da interpretare, ma sicuramente segnata da dolore e sofferenza.

- Nel momento in cui tenta di scrivere le proprie memorie, l'imperatore è preda dello sconforto e della disperazione: da un lato perché non sa che significato dare alla propria esistenza, dall'altro perché i ricordi gli riportano alla mente morte, violenza, dolore...
- Proprio nel momento del massimo sconforto la fede religiosa interviene a salvare Napoleone: Manzoni immagina infatti che, ormai solo di fronte alla morte, Napoleone si sia riavvicinato al cristianesimo e ne abbia tratto motivo di speranza. Per questo, nel momento supremo, Napoleone è solo con Dio.

Attivati!

- Come spieghi i vv. 103-104? Chi deve «disperdere» che cosa? In che cosa potrebbe consistere, concretamente, la «ria parola»?
- Da quali parole si capisce che Napoleone depone l'orgoglio e riconosce di essere stato solo uno strumento nelle mani di Dio?

Guida alla lettura

Il motivo epico-civile Il 5 maggio 1821 moriva **Napoleone**, l'uomo che, prima come portavoce della Rivoluzione francese, poi come esponente del nuovo ordine borghese e infine come imperatore **aveva improntato di sé tutta un'epoca**.
La sua sconfitta aveva segnato in apparenza il ritorno all'ordine antico, ma l'esperienza di quegli anni aveva segnato in modo permanente l'animo dei popoli europei, indirizzandoli verso una nuova consapevolezza dei **valori nazionali** e **civili**. Perciò Manzoni sente il bisogno di commentare l'avvenimento, sottolineando l'eccezionalità di una **personalità** che, nel bene e nel male, non poteva essere dimenticata: e in effetti l'eco di quel nome era ancora tanto forte che l'ode manzoniana fu bloccata dalla censura austriaca, che temeva il rinascere di movimenti insurrezionali guidati da ex ufficiali o nostalgici bonapartisti.

I temi

Il ruolo del poeta Manzoni introduce innanzitutto una **riflessione morale**: il poeta non deve essere un adulatore che inneggia ai vincitori e denigra i vinti, ma deve farsi garante della memoria collettiva. Di fronte all'avventura napoleonica, quindi, Manzoni è al tempo stesso un **osservatore attento** a ricostruire gli eventi politici e militari che hanno cambiato il corso della storia e un poeta che **si addentra nell'animo dell'ex imperatore** per cogliere quei sentimenti che la storia non poteva raccontare. Ciò che differenzia la funzione poetica dall'analisi storica è proprio questo: lo storico deve limitarsi ai fatti, mentre il poeta può prendere spunto dagli avvenimenti per indagare con la propria sensibilità i più reconditi risvolti dell'animo umano e interpretarli. Poiché la sensibilità manzoniana era tutta compresa in una **visione profondamente religiosa della vita**, ecco che il poeta trasforma l'avventura umana di Napoleone in **un'avventura dell'anima** che, avendo perso ogni ambizione terrena, trova nella **fede** la sua più autentica vittoria.

La gloria e la fede L'epopea napoleonica dunque non è contemplata solo nella dimensione civile e terrena, ma anche nell'ottica ultraterrena di una **visione religiosa** che ridimensiona i successi umani di fronte al valore spirituale dell'incontro con Dio. Manzoni interpreta la vicenda di Napoleone come la **realizzazione di un disegno provvidenziale**: Dio ha voluto manifestare attraverso di lui un segno evidente della sua potenza creatrice, ma ha poi deciso di ricondurre a sé un'anima altrimenti perduta. La **fede** si colloca dunque a fianco di Napoleone come protagonista di questa ode e, in ultima analisi, come **unica, vera vincitrice**.

Lo stile

L'alternanza dei costrutti sintattici L'ode è caratterizzata dall'**alternarsi di toni epici e toni riflessivi**, che si traducono in diverse scelte linguistiche.

I toni epici corrispondono a **immagini poetiche fortemente dinamiche**, in cui le frasi sono brevi e concitate, prevalentemente coordinate fra loro e spesso disposte simmetricamente (*dall'Alpi alle piramidi / dal Manzanarre al Reno, due volte nella polvere / due volte sull'altar, fuga... vittoria, reggia... triste esiglio*): l'affollarsi di verbi e sostantivi e il ritmo concitato impresso dalla anafora rendono l'idea del rapido susseguirsi degli eventi e del brusco passaggio dalla vittoria alla sconfitta.

Nelle parti riflessive predominano invece **strutture sintattiche più ampie**, che comunicano una sensazione di pacata serenità: il discorso si sviluppa spesso su più di una strofa, come nel caso della lunga similitudine iniziale (*Siccome immobile...*) e di quella che segna il passaggio dalla parte propriamente rievocativa della poesia a quella riflessiva, dedicata all'indagine interiore (*Come sul capo al naufrago..*).

Attività

1 **Verifica la tua comprensione del testo rispondendo alle seguenti domande.**

a. *Che cos'è il cinque maggio?*

☐ la data della morte di Napoleone
☐ la data in cui Manzoni seppe che era morto Napoleone
☐ la data in cui Manzoni compose la poesia

b. *Quale dei seguenti avvenimenti è immaginato da Manzoni, ma non trova riscontro nei documenti storici?*

☐ la conversione religiosa di Napoleone
☐ la stesura delle memorie da parte di Napoleone
☐ l'esilio di Napoleone a Sant'Elena

2 **La poesia può essere divisa in tre parti. Completa la seguente tabella, sintetizzando il contenuto di ciascuna di esse.**

parte	versi	contenuto
I	1-...	
II	...-...	
III	...-108	

3 **Spiega con parole tue il significato dei versi «Fu vera gloria? Ai posteri / l'ardua sentenza».**

4 **Nella penultima strofa è presente un'apostrofe: «Bella Immortal!». A chi è rivolta?**

Analisi

5 **Perché il poeta decide di dedicare un'ode a Napoleone Bonaparte soltanto quando riceve la notizia della sua morte?**

6 **La solitudine e l'ozio di Napoleone durante l'esilio di Sant'Elena si contrappongono alla incalzante rapidità delle sue imprese militari. Rintraccia nei vv. 79-90 tutti i termini appartenenti al campo semantico dell'azione e quelli che invece rimandano all'immobilità.**

7 **Individua nel testo i versi in cui emerge il ruolo di "strumento della provvidenza" che Manzoni assegna a Napoleone.**

8 **Manzoni mescola in quest'ode "vero storico" e "vero poetico". Quali parti del testo rimandano alla realtà storica e quali alla verità poetica?**

- vero storico ....
- vero poetico ....
...

9 **Dal punto di vista metrico, la poesia è**

☐ una canzone ☐ un sonetto ☐ un'ode
Motiva la tua risposta.

10 **Individua le due similitudini presenti nel testo e analizzale.**

Rifletti, confronta, scrivi

11 **Confronta la poesia di Manzoni con l'immagine dipinta da Jacques-Louis David** **[→ p. 178]****: a quale parte del testo poetico le avvicineresti? Perché? Rispondi con un breve testo scritto.**

12 **Il problema dell'adulazione dei potenti è sempre di attualità, a qualsiasi livello e in qualsiasi epoca. Sapresti portare qualche esempio tratto dalla tua esperienza quotidiana?**

Goffredo Mameli, nato a Genova nel 1827 e morto nel 1849, è un poeta e scrittore italiano, figura tra le più note del nostro Risorgimento. Di famiglia aristocratica, fin dai tempi della scuola compone rime di ispirazione sentimentale, raccolte postume nel volume *Poesie* (1850), e componimenti patriottici, come il *Canto degli Italiani* (1847) e l'*Inno militare* (1848). Conquistato dalle idee mazziniane e repubblicane, a vent'anni inizia una vita girovaga, partecipando attivamente alle battaglie risorgimentali, a partire dalle Cinque giornate di Milano del 1848, e combattendo al fianco di Nino Bixio e Giuseppe Garibaldi. Muore, neppure ventiduenne, per le conseguenze di una ferita ricevuta durante la difesa della Repubblica Romana di Mazzini, Saffi e Armellini.

Fratelli d'Italia (o *Inno di Mameli*), titolo con cui è oggi conosciuto l'*Inno* o *Canto degli Italiani*, è uno degli inni patriottici composti da Mameli. Scritto nel 1847, esso risponde al desiderio del suo autore di creare versi capaci di risvegliare le coscienze e di infondere coraggio e passione nell'imprescindibile missione di redenzione dell'Italia e degli Italiani. Musicato dal maestro Michele Novaro, il *Canto* fu subito adottato come inno patriottico risorgimentale e nel 1946, alla nascita della Repubblica Italiana, fu assunto come Inno nazionale, proprio in quanto espressione della componente repubblicana del Risorgimento.

T3

Goffredo Mameli

Fratelli d'Italia!

da G. Mameli, *Scritti editi e inediti*, a cura di A.G. Barrili, Società ligure di storia patria

*Nati con una funzione di "incitamento" alla lotta, nell'ambito della "missione" patriottica perseguita dal suo autore – che non potrà che essere vittoriosa –, i versi dell'*Inno degli Italiani*, oggi detto* Inno di Mameli*, sono pervasi da "spirito profetico" e scanditi da richiami storici e forme esortative ricorrenti e martellanti, che spronano all'azione. Di stampo classico sono invece le forme retoriche, come le personificazioni iniziali, e l'enfasi delle affermazioni.*

COLLEGAMENTI
- Effetti ritmici, p. 11
- F. Petrarca, *Italia mia*, p. 32

Fratelli d'Italia,
l'Italia s'è desta,
dell'elmo di Scipio[1]
s'è cinta la testa.
Dov'è la Vittoria?
Le porga la chioma[2]
che schiava di Roma
Iddio la creò.

Stringiamci a coorte[3]
siam pronti alla morte.
Siam pronti alla morte,
l'Italia chiamò, sì!

Noi fummo da secoli
calpesti, derisi,
perché non siam popoli,
perché siam divisi.
Raccolgaci un'unica
bandiera, una speme[4]
di fonderci insieme
già l'ora suonò. [*ritornello*]

1 **Scipio:** Scipione l'Africano, condottiero romano che nel 202 a.C. sconfisse a Zama il cartaginese Annibale.
2 **le porga la chioma:** allusione all'uso degli antichi Romani di tagliare i capelli alle schiave: la Vittoria deve porgere la chioma, che le sarà tagliata, perché schiava di Roma.
3 **coorte:** le coorti erano le unità in cui era organizzato l'esercito dell'antica Roma; *stringiamoci a coorte* significa dunque "restiamo uniti nella lotta".
4 **speme:** speranza.

Uniamoci, uniamoci,
l'unione e l'amore
rivelano ai popoli
le vie del Signore.
Giuriamo far libero
il suolo natio:
uniti, per Dio,
chi vincer ci può? [*ritornello*]

Dall'Alpe a Sicilia,
Dovunque è Legnano[5]
Ogn'uom di Ferruccio[6]
Ha il core e la mano;
I bimbi d'Italia
Si chiaman Balilla[7]
Il suon d'ogni squilla[8]
I Vespri[9] suonò. [*ritornello*]

Son giunchi che piegano
Le spade vendute
Già l'Aquila d'Austria
Le penne ha perdute[10]
Il sangue d'Italia
E il sangue Polacco
Bevé col Cosacco
Ma il cor le bruciò[11] [*ritornello*]

5 dovunque è Legnano: ogni città italiana si trasforma in una Legnano, ovvero il luogo in cui, nel 1176, i Comuni lombardi sconfissero l'imperatore tedesco Federico Barbarossa.
6 Ferruccio: Francesco Ferrucci, colui che nel 1530 difese Firenze contro l'imperatore Carlo V.
7 Balilla: il soprannome del bambino che, lanciando una pietra, diede inizio ai moti di Genova contro gli Austriaci nel 1746.
8 squilla: tromba.
9 Vespri: allusione ai cosiddetti "Vespri siciliani", cioè alla ribellione dei Siciliani contro i Francesi nel 1282.
10 Son giunchi ... perdute: i soldati mercenari si piegano come giunchi e l'aquila, simbolo dell'Austria, perde le penne.
11 E il sangue ... bruciò: l'Austria, alleata con la Russia (il Cosacco), ha diviso e smembrato la Polonia; ma quel sangue le ha avvelenato il cuore.

Volontari garibaldini del cosiddetto esercito meridionale in un disegno dell'epoca

Guida alla lettura

Dal Risorgimento alla Repubblica Scritto nell'autunno del 1847, il *Canto degli Italiani* (così lo aveva inizialmente titolato il suo autore; oggi, più comunemente, lo si indica con le prime parole del testo, *Fratelli d'Italia*) divenne da subito un **inno patriottico**: erano gli anni del Risorgimento, e dopo essere stato eseguito per la prima volta a Genova il 10 dicembre di quell'anno, già durante le **Cinque giornate di Milano** (nel marzo 1848) venne adottato come **simbolo degli ideali** di coloro che combattevano contro gli Austriaci per l'Unità d'Italia. Dopo l'emanazione dello Statuto albertino, il testo si consolidò come canto patriottico simbolo dell'Italia unita, insieme alla **bandiera tricolore** scelta già da Giuseppe Mazzini come vessillo per la Giovine Italia. Fu ancora l'Inno di Mameli ad accompagnare la **spedizione dei Mille** e poi, nel **1870, la presa di Roma,** che sancì la **definitiva riunificazione** nazionale italiana. Negli anni tra la fine dell'Ottocento e i primi del Novecento l'inno rimase popolare come canto patriottico; fino ad essere scelto, subito dopo la proclamazione della **Repubblica**, nel **1946**, come **inno nazionale**.

Un viaggio nella storia d'Italia Il testo dell'Inno di Mameli ripercorre la **storia d'Italia** seguendone i grandi momenti, in un percorso ideale che ha inizio con l'**antica Roma** e si conclude con i **moti risorgimentali** di cui Mameli stesso fu parte e di cui *Fratelli d'Italia* divenne simbolo. La prima strofa fa riferimento a **Scipione l'Africano**, il generale romano vittorioso su Annibale: la grandezza militare romana è vista come nobile antenata dell'odierna Italia e indicata come **modello di forza militare**, ma anche di **nobiltà d'intenti**, da seguire nelle lotte odierne. La seconda strofa allude alle **umiliazioni** subite dall'Italia nei secoli («calpesti, derisi») perché nazione **frammentata** in una molteplicità di Stati in lotta tra loro: da qui l'**esortazione** alla riconquista dell'unità del Paese («Raccolgaci un'unica/bandiera, una speme»), che continua anche nella strofa successiva («uniti, per Dio/chi vincer ci può?»). La quarta strofa torna all'evocazione storica, riepilogando le **ribellioni** che, nei secoli, hanno visto gli Italiani opporsi alle **invasioni straniere:** dalla **battaglia di Legnano** (1176) a **Francesco Ferrucci** (1530), dai **Vespri siciliani** (1282) ai **moti di Genova** (1746), Mameli esorta ancora una volta i suoi compatrioti a recuperare quella **gloriosa tradizione** e a combattere in suo nome. La strofa di chiusura, infatti, torna alla **contemporaneità**, additando gli **Austriaci** come il **nemico** e incitando all'**insurrezione**.

Fratelli d'Italia Alla base dei **valori** propugnati dall'inno troviamo la **fratellanza** (sottolineata fin dal primo verso), la spinta verso l'**unità** e verso la **lotta comune**, il sostegno dell'**ideale religioso** e la **certezza della vittoria** finale, contro un nemico feroce da disprezzare e sconfiggere (si veda l'ultima strofa: «Son giunchi che piegano / Le spade vendute/ Già l'Aquila d'Austria/ Le penne ha perdute»). In particolare, il ritornello è un'**esortazione fervida** a combattere uniti, ancora una volta seguendo l'esempio dei soldati dell'antica Roma («stringiamoci a coorte»), fino a rischiare la propria stessa vita in nome dell'ideale dell'**Italia unita**: sono frasi che possono sembrare retoriche, ma che assumono una carica di **drammatica umanità** se si pensa che il loro autore, Mameli, morì a soli ventuno anni proprio combattendo per quei valori.

La carta della penisola prima dell'Unità d'Italia

Attività

Comprensione

1 Chi è l'autore di quello che oggi è l'inno nazionale italiano? E chi ne ha composto la musica?

2 Quando venne composto il testo e chi furono i primi a cantarlo?

3 Quali sono gli eventi storici ricordati nel testo? Elencali in ordine cronologico. Che cosa hanno a che fare con l'unità d'Italia?

4 Perché nell'ultima strofa si parla degli Austriaci con profondo disprezzo?

5 Qual era il titolo originale dell'inno?

6 A partire da quando *Fratelli d'Italia* è diventato l'inno nazionale italiano?

Analisi

7 Ricostruisci il contesto storico in cui l'inno venne composto a partire dalla biografia del suo autore, Goffredo Mameli.

8 Analizza il testo dal punto di vista metrico. Quali versi vengono usati? E qual è lo schema delle rime?

9 Cerca nel testo tutti i riferimenti all'antica Roma e spiega il perché della loro presenza costante.

10 Individua nel testo tutte le figure retoriche che riesci a riconoscere.

Rifletti, confronta, scrivi

11 Conosci altri inni patriottici italiani? Prova a fare una ricerca: che differenze ci sono con l'*Inno di Mameli*?

12 Conosci il testo dell'inno nazionale di altri Paesi europei? Trovane almeno due e confronta i testi tra loro. Di che tipo di testi si tratta? Come e quando sono nati? E da quando sono stati adottati come inni nazionali?

13 Il Risorgimento ha ispirato anche molti pittori italiani; trova e descrivi in forma scritta almeno due quadri ispirati a questi eventi.

Walt Whitman, nato a New York nel 1819 e morto nel 1892 è un poeta statunitense. In gioventù si dedica a vari mestieri (giornalista, carpentiere, insegnante, tipografo, infermiere...), percorrendo in lungo e in largo il suo Paese, spinto da un'irrequietezza che affonda le radici sicuramente nel mito romantico del genio vagabondo, ma anche in una omosessualità vissuta con spavalderia e certamente mal tollerata dalla società dell'epoca. Nel 1855 raccoglie tutti i suoi versi nel volume , cui continua a lavorare fino alla morte. L'opera, oggi considerata uno dei testi fondatori della letteratura americana, all'epoca fu largamente incompresa, sia per lo stile fortemente innovativo adottato dall'autore, sia per il modo in cui affrontava il tema dell'amore (Whitman dovette abbandonare il posto di lavoro al ministero in seguito allo scandalo suscitato dal libro). Innovatore non tanto per i temi (l'eros, la morte e la vita visti da vicino), quanto per il modo in cui vengono trattati, Whitman è oggi considerato il più grande poeta dell'Ottocento americano. Il suo linguaggio, ricchissimo di immagini, tende a una piena comunione con la natura e con i sensi.

T4

Walt Whitman

O Capitano!

da W. Whitman, *Foglie d'erba*, trad. di E. Giachino, Einaudi

Nel 1861, pochi giorni prima che scoppiasse la Guerra Civile, il repubblicano Abraham Lincoln fu eletto presidente degli Stati Uniti. La guerra scoppiò perché gli stati del Sud rifiutarono l'abolizione della schiavitù e decisero di separarsi dall'Unione (perciò questa guerra è detta anche Guerra di Secessione). La guerra fu vinta dopo quattro anni: ma quando ormai era chiaro che il Sud era stato sconfitto, un attore fanatico di nome John Wilkes Booth, in occasione di una serata a teatro, sparò a Lincoln e lo uccise. Il poeta Walt Whitman scrisse un lamento funebre intitolato In memoria del presidente Lincoln*, diviso in varie sezioni, di cui quella che segue è la più celebre. In essa il poeta ricorre alla metafora del viaggio: gli Stati Uniti sono paragonati a una nave che, dopo una difficile traversata (che ovviamente simboleggia la guerra), giunge finalmente in porto – il capitano, però, giace sul ponte morto.*

COLLEGAMENTI

> Effetti ritmici, p. 11

O Capitano! o mio Capitano! il nostro aspro[1] viaggio è terminato,
La nave ha superato ogni pericolo, l'ambìto premio[2] è stato conseguito,
Prossimo[3] è il porto, odo le campane, tutto il popolo esulta,
Seguono gli occhi la carena[4] salda, l'audace nave severa;
Ma o cuore, cuore, cuore,
O rosse gocce di sangue,
Dove sul ponte giace il Capitano,
Caduto, freddo, morto.

O Capitano! o mio Capitano! sorgi[5], odi le campane,
Sorgi, per te issata è la bandiera, per te squillano le trombe,
Per te fiori e ghirlande legate con i nastri – per te nere[6] le rive,
Perché te invoca la ondosa[7] folla, volgendo il volto ansiosi:
Ecco, o Capitano, o diletto[8] padre,
Con il braccio ti sostengo il capo,
Non è che un sogno che, sopra il ponte,
Tu sei caduto, freddo, morto.

Ma non risponde il mio Capitano, restano inerti[9] le sue labbra esangui[10],
Non sente il padre il mio braccio, non ha più polso, né volontà,
La nave s'è ancorata sana e salva, il viaggio è terminato,

1 **aspro:** difficile, faticoso.
2 **l'ambìto premio:** il premio tanto desiderato; il poeta si riferisce alla vittoria dell'Unione contro gli stati separatisti del Sud.
3 **Prossimo:** vicino.
4 **carena:** scafo.
5 **sorgi:** alzati in piedi.
6 **nere:** per le molte persone che vi si affollano.
7 **ondosa:** ondeggiante.
8 **diletto:** amato.
9 **inerti:** immobili.
10 **esangui:** pallide.

Torna dall'arduo viaggio la nave vittoriosa, che ha raggiunto la mèta:
Spiagge esultate, campane suonate!
Io, con funebre passo,
Cammino il ponte[11] dove il Capitano giace,
Caduto, freddo, morto.

11 cammino il ponte: percorro la tolda della nave.

Guida alla lettura

L'avvenimento storico: la morte di Lincoln Come tutte le poesie civili, il testo di Whitman è legato a un **avvenimento storico** preciso, anzi due: l'assassinio del presidente americano Lincoln e la fine della Guerra Civile con la vittoria del Nord e la sconfitta del Sud. Gli avvenimenti sono presentati dal poeta in **chiave allegorica:** la nave simboleggia gli Stati Uniti, la fine del viaggio simboleggia la fine della guerra e il capitano, ovviamente, simboleggia Lincoln.

Il racconto degli avvenimenti storici, così trasfigurato, è distribuito in **tre strofe dalla struttura identica** (quattro versi lunghi, che iniziano con le parole *O Capitano!* e quattro versi più brevi, disposti graficamente in modo particolare, che si concludono sempre con le parole *Caduto, freddo, morto*). Nella prima strofa la nave sta per entrare in porto, nella seconda entra in porto e la folla esulta, nella terza la nave ha ormai attraccato, il viaggio è finito.

I temi

Il rifiuto del facile ottimismo progressista La poesia si basa sulla **contrapposizione** tra la **gioia** per la vittoria (la fine del viaggio) e il **dolore** per la morte di Lincoln (il Capitano). Tutti festeggiano, ma il poeta concentra l'attenzione sul capitano morto e quindi nel suo cuore convivono l'esultanza e l'angoscia, la gioia e la tristezza.

Whitman ci propone in questo modo la sua **riflessione sulla condizione umana e sulla storia:** da un lato, potremmo dire, con l'abolizione della schiavitù si è compiuto un grande passo avanti (Whitman era decisamente contrario alla schiavitù, che considerava una pratica indegna di un paese civile); dall'altro, il prezzo di questa vittoria è la morte di Lincoln, il passo avanti è in qualche modo controbilanciato dalla tragedia. Insomma, il poeta ci spinge a riflettere sui **costi del progresso**, in un'epoca in cui il mito del progresso era diffuso e accettato per lo più acriticamente.

Possiamo notare che la **contraddizione** tra **gioia e dolore, vittoria e morte**, non porta il poeta a criticare coloro che festeggiano: Whitman, al contrario, esorta a festeggiare (*Spiagge esultate! Campane suonate!*), ma nello stesso tempo rappresenta se stesso mentre percorre il ponte su cui giace il Capitano ucciso *con funebre passo*.

Lo stile

Nuove strutture Le poesie di Whitman **non rispettano le strutture tradizionali**, né per quanto riguarda le forme, né per quanto riguarda la metrica dei versi. In questa poesia, comunque, l'autore inventa una **struttura molto evidente e riconoscibile**, basata sull'alternanza di versi lunghi (i primi quattro di ogni strofa) e versi brevi (gli ultimi quattro di ogni strofa).

Il risultato è un testo basato su un **ritmo fortemente scandito**, che ricorda quello delle lamentazioni funebri e delle litanie religiose. La **presenza di anafore** collocate in posizione molto evidente (l'inizio e la fine di ogni strofa) **sottolinea la musicalità del testo.**

Lessico e stile

Le tecniche dell'enfasi

La poesia di Whitman esemplifica alcune delle principali tecniche dell'**enfasi**, cioè degli artifici stilistici usati da poeti, scrittori e oratori per dare maggior forza alle loro parole e per suscitare forti emozioni nei lettori o negli ascoltatori. Osserva, per esempio, l'abbondanza di vocativi, la frequenza delle esclamazioni, l'uso delle figure retoriche legate alla ripetizione (anafora ed epifora). Questi artifici da un lato hanno lo scopo di ribadire i concetti fondamentali, dall'altro esibiscono i sentimenti dell'autore, li sottolineano con forza, per coinvolgere il lettore.

- Individua nella poesia di Whitman e sottolinea in maniera diversa gli artifici che abbiamo elencato.
- Verifica la presenza di artifici simili nella poesia di Pablo Neruda e in quella di Bertolt Brecht, che trovi nelle pagine seguenti.
- A quale altro artificio, assente nel testo di Whitman, ricorre Brecht, per dare enfasi ai suoi versi?

Attività

Comprensione

1 **Verifica la tua comprensione del testo rispondendo alle seguenti domande.**

a. *Nella poesia di Whitman, la nave simboleggia*
- ☐ la Guerra di Secessione
- ☐ gli Stati Uniti d'America
- ☐ la vita del presidente Lincoln

b. *Lincoln, quando Whitman scrisse questa poesia, era stato ucciso da*
- ☐ uno schiavo nero, perché era favorevole alla schiavitù
- ☐ un fanatico bianco, perché aveva sconfitto il Sud
- ☐ uno psicopatico, senza una vera ragione

2 **Ripercorri il testo e sintetizzane il contenuto narrativo nella seguente tabella.**

I strofa	
II strofa	
III strofa	

3 **Spiega perché Whitman chiama Lincoln «Capitano».**

4 **Spiega perché il Capitano è morto nel momento in cui la nave conclude il suo viaggio.**

Analisi

5 **Nella poesia, Whitman descrive sia il proprio dolore, sia l'esultanza della folla.**
- Individua nel testo i passi in cui emergono questi due temi e sottolineali in modo diverso.
- Spiega perché questi due sentimenti possono coesistere.

6 **Whitman propone indirettamente ai suoi lettori una riflessione sulla storia, che possiamo considerare la tesi della poesia. Esponila con parole tue, facendo gli opportuni riferimenti al testo.**

7 **Whitman da un lato rifiuta le strutture poetiche tradizionali, dall'altro inserisce elementi che sottolineano la musicalità del testo e quindi il suo carattere poetico. Completa la seguente tabella, indicando gli elementi innovativi e quelli tradizionali presenti nella poesia letta (l'esercizio è avviato).**

elementi innovativi	elementi tradizionali
uso di versi lunghi e prosastici	uso di versi lunghi e prosastici ....

Rifletti, confronta, scrivi

8 **Confronta la poesia di Whitman e *Il cinque maggio* di Manzoni** **[→ p. 174]** **mettendo in luce le analogie e le differenze. L'esercizio è avviato.**

Analogie
- le due poesie sono dedicate alla morte di ....
- in entrambi i casi, il protagonista non viene mai nominato, perché ....
- ....
- ....

Differenze
- Manzoni assume un tono riflessivo, invitando il suo lettore al ragionamento, Whitman invece ....
....
- ....
- ....

9 **Svolgi una breve ricerca su Abraham Lincoln, concentrando l'attenzione in particolare sulla sua posizione rispetto alla schiavitù, ai diritti dei neri. Esponi i risultati del tuo lavoro in un testo scritto di tre colonne di foglio protocollo, corredandolo con le illustrazioni che ritieni adeguate.**

Joseph Mallord William Turner, *Pace. Funerale in mare*, 1842

Dal genere al film

L'attimo fuggente

di Peter Weir

Titolo originale: Dead Poets Society.
Regia: Peter Weir.
Soggetto e sceneggiatura: Tom Schulman.
Fotografia (col.): John Seale.
Montaggio: William Anderson.
Musiche: Maurice Jarre.
Scenografie: Wendy Stites.
Costumi: Eddie Marks.
Interpreti: Robin Williams (John Keating), Robert Sean Leonard (Neil Perry), Ethan Hawke (Todd Anderson), Josh Charles (Knox Overstreet), Gale Hansen (Charlie Dalton).
Produzione: Touchstone Pictures, Silver Screen Partners IV.
Durata: 128'.
Origine: USA, 1989.

1959, college di Welton. A scompigliare i regolamenti centenari dell'istituto, uno dei migliori college statunitensi nel quale si formano le nuove generazioni secondo i valori rigidi e severi della tradizione e della disciplina, arriva il professor Keating, che prende a educare la sua classe all'insegna dell'anticonformismo. Uno degli alunni, Neil, prende alla lettera l'insegnamento del docente, schierandosi apertamente contro il padre e decidendo di recitare in un dramma shakespeariano. La reazione del genitore, eccessivamente severa, conduce il ragazzo al suicidio. Keating, ritenuto responsabile dell'accaduto, viene licenziato; ma i suoi insegnamenti segneranno per sempre le vite dei suoi studenti. Il film lavora sul contrasto stridente tra il peso della tradizione intesa nel senso peggiore, delle regole opprimenti, di un ambiente freddo e angosciante quale quello della scuola di Welton, e l'impatto pieno di calore di un insegnante come Keating, che sa estrarre dalle poesie che insegna forza comunicativa e carica vitale, tanto da appassionare gli studenti e risvegliarli dal torpore dettato dal conformismo e dal reverenziale rispetto di regole stantie e ingombranti. La poesia è, nel film, strumento di presa di coscienza: attraverso di essa gli allievi di Keating prenderanno crescente consapevolezza di se stessi e di ciò che desiderano, dello scopo che vorranno perseguire nella vita e dei valori e ideali in cui sceglieranno di credere.

Uno dei poeti amati da Keating è Walt Whitman, di cui il professore declama la lirica "O capitano! Mio capitano!", dedicata in origine alla commemorazione del grande presidente americano Abraham Lincoln.

Il titolo italiano del film è ispirato all'espressione del poeta latino Orazio *carpe diem*, che significa per l'appunto "cogli l'attimo": uno degli insegnamenti di Keating è infatti quello di immergersi pienamente nella propria esistenza, rendendola straordinaria perché mai sprecata ma sempre vissuta con intensità e passione.

Centrale nel film è il personaggio di Neil, interpretato dall'attore Robert Sean Leonard, da un lato spinto dal docente a "succhiare il midollo della vita" e dall'altro frustrato dalle aspettative paterne troppo diverse dalle proprie, tanto da cedere alla disperazione e togliersi la vita.

Quando il suicidio di Neil determinerà il licenziamento del professor Keating, i suoi allievi più fedeli lo saluteranno rendendogli omaggio con un atto di ribellione collettiva al conformismo della scuola.

Pablo Neruda, nato a Parral nel 1904 e morto nel 1973, è un poeta cileno. Dopo gli studi universitari, inizia a pubblicare raccolte di versi, subito apprezzate dalla critica, tra cui *Venti poesie d'amore e una canzone disperata* (1924). Intrapresa la carriera diplomatica, ricopre importanti incarichi in Oriente e in Europa: è in Spagna durante la Guerra civile e si schiera in difesa della Repubblica, maturando la successiva adesione al comunismo. Rientrato in Cile, nel 1948 viene esiliato per motivi politici e torna in Europa. Nel 1950 pubblica il *Canto Generale*, una sorta di moderno poema epico in chiave antimperialista sulle vicende del continente sudamericano. Riaccolto in patria nel 1952, riprende l'attività politica e nel 1970 sostiene il presidente socialista Salvador Allende. Nel 1971 ottiene il premio Nobel per la letteratura ma, ammalatosi, muore nel 1973, pochi giorni dopo il *golpe* militare che instaura in Cile la feroce dittatura del generale Pinochet. La raccolta delle sue memorie, *Confesso che ho vissuto*, viene pubblicata postuma nel 1974.

T5

Pablo Neruda

Terre offese

da P. Neruda, *Poesie*, trad. di S. Quasimodo, Einaudi

Nel 1936 una feroce guerra civile divise in due la Spagna: da una parte c'erano i sostenitori della repubblica e del governo legittimo, dall'altra i seguaci del generale ribelle Francisco Franco, sostenuti dalla Germania nazista e dall'Italia fascista. Il poeta cileno Pablo Neruda si trovava in Spagna all'epoca dei fatti e poté quindi verificare di persona le atrocità provocate da quella guerra, che gli ispirarono il libro La Spagna nel cuore *(1937). I versi che ti proponiamo passano in rassegna le regioni spagnole conquistate dai ribelli e teatro delle prime aspre battaglie (la Galizia, l'Estremadura, l'Andalusia) ed esprimono lo sdegno e il dolore del poeta per quanto sta accadendo.*

COLLEGAMENTI
- I campi semantici, p. 52
- G. Ungaretti, San Martino del Carso, p. 38
- S. Quasimodo, *Uomo del mio tempo*, p. 231
- R. Saviano, *Il coraggio dimenticato*, p. 482

Regioni[1] affondate
nell'interminabile martirio, per infinito
silenzio, battiti
d'ape[2] e roccia sterminata,
terra che invece di grano e di trifoglio
hai tracce secche[3] di sangue e di delitti:
fertile Galizia[4], pura come la pioggia,
salata per sempre dalle lacrime:
Estremadura[5] sulla cui riva
di cielo e d'alluminio, scuro come squarcio
di proiettile, tradito e ferito e distrutto,
Badajoz tra i suoi figli morti
giace senza memoria
guardando un cielo che ricorda:
Málaga arata dalla morte[6]
e perseguitata in mezzo ai precipizi
fino a che le madri impazzite
sferzavano la pietra[7] con i figli appena nati.
Furore, ala di lutto[8],
e morte e collera,
fino a che le lacrime e il dolore uniti,
fino a che le parole, lo smarrimento e l'ira
non saranno che un cumulo di ossa in una strada
e una pietra seppellita dalla polvere.
Tante, tante
tombe, tanto martirio, tanto
galoppo[9] di bestie qui sulla stella!

1 **Regioni:** il poeta si rivolge direttamente alle regioni spagnole elencate di seguito, testimoni della brutalità della guerra.
2 **battiti d'ape:** la guerra ha provocato un martirio senza fine («interminabile»), tanto che le terre di Spagna sembrano sprofondate in un silenzio infinito (quello della morte), dove si può sentire perfino il battito delle ali di un'ape in mezzo alle altissime rocce.
3 **tracce secche:** il sangue versato ha inaridito la terra, che non produce più frutti.
4 **fertile Galizia:** la Galizia è una regione della Spagna nord-occidentale. Un tempo era fertile, ma ora è arida («salata») per le troppe lacrime versate.
5 **Estremadura:** regione sud-occidentale, al confine col Portogallo; nel suo territorio («sulla cui riva»), sotto un cielo grigio («d'alluminio») e buio come lo squarcio di un proiettile, la città di Badajoz giace con tutti i suoi abitanti ormai morti.
6 **arata dalla morte:** la città di Malaga, posta all'estremo sud della Spagna, è stata colpita e segnata dalla morte come un campo che sia stato segnato dall'aratro che lo solca.
7 **sferzavano la pietra:** le madri della città di Malaga, impazzite per gli orrori cui hanno assistito, uccidono i loro figli appena nati sbattendoli contro le pietre («sferzavano la pietra»).
8 **ala di lutto:** il furore è come un'ala che trasporta ovunque la morte.
9 **tanto galoppo:** ancora si avverte l'eco degli eserciti lanciati al galoppo.

Nulla, né la vittoria
cancellerà la ferita terribile del sangue:
nulla, né il mare, né il passare
della sabbia e del tempo, né il geranio
che brucia[10] sulla tomba.

10 **il geranio che brucia:** neanche i fiori piantati sulla tomba dei caduti, con il loro colore vivace, che sembra tenere vivo il ricordo ed esprimere la vita che continua, possono cancellare il dolore patito.

Guida alla lettura

La poesia come testimonianza Il libro *La Spagna nel cuore* è una sorta di **diario poetico**, in cui il poeta registra le proprie reazioni allo scoppio della guerra civile e alle prime fasi del conflitto. Neruda vuole innanzitutto testimoniare il **dolore causato dalla guerra civile** e in questi versi sceglie di farlo rivolgendosi direttamente alle terre e alle città della Spagna: gli uomini infatti sono morti e non hanno più voce per raccontare né memoria. Ma proprio per questo il poeta sente il **dovere morale di ricordare**: la sua poesia è nello stesso tempo un'**espressione di dolore** e un'**opera di denuncia**, un invito al lettore a indignarsi contro i franchisti e a salvaguardare i valori umani e civili che la guerra annienta.

I temi

La guerra causa di sofferenza La poesia è composta da versi di varia lunghezza e privi di rime, interrotti da numerosi *enjambement* che spezzano la continuità del discorso e creano la **sensazione di un lungo singhiozzare**. La poesia non mira a sviluppare un ragionamento logico sulla guerra, ma vuole evocare una serie di immagini che suscitino un **istintivo senso di rifiuto**: questo rifiuto è il messaggio morale del poeta.

Come molti altri intellettuali Neruda durante la guerra civile si era schierato dalla parte dei repubblicani, mobilitati contro il rischio di una dittatura fascista: egli visse quindi **l'orrore della guerra** in sé, ma anche l'**amarezza** di un intervento militare italo-tedesco che permise alle truppe del generale Franco di soffocare nel sangue ogni protesta. Gli episodi di Badajoz e di Malaga simboleggiano appunto i tanti episodi di brutalità.

Lo stile

Un unico campo semantico Con le sue **scelte lessicali** il poeta crea un preciso campo semantico, **che si collega al tema del dolore** per mezzo di termini come *martirio... sangue... delitti... morte...* . Questi termini attraversano tutta la poesia e raggiungono la massima intensità espressiva nella seconda parte (dal v. 19 in poi) e soprattutto negli ultimi cinque versi: qui la ripresa della parola *sangue* viene amplificata dall'immagine finale del *geranio*, che assimila in un'unica visione tragica e distruttiva il rosso del sangue, del fiore e del fuoco.

Attività

Comprensione

1 **Verifica la tua comprensione del testo rispondendo alle seguenti domande.**

a. *Tra le forze in conflitto, quali erano quelle legittime*

☐ i franchisti ☐ i repubblicani ☐ nessuna delle due

b. *Chi vinse la guerra civile in Spagna?*

☐ i franchisti
☐ i repubblicani
☐ nessuno dei due

2 **Quali regioni o città spagnole sono citate dal poeta?**

3 **Il poeta non parla solo delle terre spagnole, a volte ricorda anche i loro abitanti.**
- Quando?
- Per dirci che cosa in particolare?

Analisi

4 **Esponi con parole tue il contenuto della poesia, tenendo conto della suddivisione in due parti (vv. 1-18 e vv. 19-32).**

5 **Che cosa rappresenta l'immagine del «geranio che brucia» (vv. 31-32)? Perché il poeta afferma che neanche questa immagine potrà «cancellare la ferita terribile del sangue»?**

6 **Spiega il significato delle seguenti espressioni**
- regioni affondate nell'interminabile martirio
- riva di cielo e d'alluminio
- ala di lutto
- tanto galoppo di bestie qui sulla stella

7 **Individua almeno tre esempi di *enjambement* e sottolineali nel testo.**
- Spiega quali effetti producono.

Rifletti, confronta, scrivi

8 **Qual è il messaggio morale e civile che Neruda vuole comunicare al lettore? Spiegalo in un breve testo scritto, facendo gli opportuni riferimenti al testo.**

9 **La guerra è ancora oggi causa di numerosissimi morti ogni anno in molti Paesi del mondo. Documentati sui luoghi in cui sono tuttora attivi conflitti e individuali su un planisfero. Quindi scegline uno e cerca informazioni più dettagliate su quel conflitto e sulle sue cause, sulla durata, sul numero delle vittime ecc. Scrivi poi un breve testo informativo con i dati che hai raccolto, immaginando di doverlo pubblicare su un settimanale di approfondimento sui fatti del mondo.**

«Guernica» o la pittura come fatto sociale

È il 1937 e sul villaggio di Guernica, nella provincia basca, si abbattono con una violenza senza precedenti le bombe dell'aviazione tedesca, segnando per il regime fascista di Franco un deciso avanzamento nel segno della dittatura in Spagna. Siamo in piena guerra civile.
L'episodio ebbe una notevole risonanza, divenendo il simbolo della ferocia e dell'irrazionalità di ogni conflitto. Lo spagnolo **Pablo Picasso**, uno dei maggiori artisti di tutti i tempi, in un solo mese butta giù la sua *Guernica*: un dipinto che riprende per dimensioni, qualità e composizione i canoni adottati dalla pittura di storia e dai quadri di soggetto eroico ed epico, stravolgendone tuttavia ogni elemento costitutivo e riscrivendolo con nuovi mezzi. Fu un passo decisivo nella storia dell'arte in cui varie correnti artistiche e modi linguistici precedenti si fusero in una nuova visione di cui l'artista si serve per gridare la propria presenza, il proprio convolgimento e il ruolo che vuole avere nel mondo.
Picasso distrugge anzitutto il colore e tesse una tela su una scala di grigi, il bianco e il nero, che però non si danno più come luce e ombra. L'universo appare come soffocato in una scatola che schiaccia al suo interno uomini e cose. Nessuna concessione può essere fatta al colore né alla natura, dichiara il dipinto, se la guerra e la violenza dominano incontrastate la realtà. La linea, altro mezzo di espressione del linguaggio artistico, non segue più i contorni delle figure ma si fraziona in puntini, lineette, intrecci inestricabili. La scomposizione delle forme dell'universo cubista si fonde con la deformazione espressionista, e dilania e strazia i corpi di uomini, donne e bestie, procedendo dal basso, dove si riversano i corpi atterrati, fino al culmine del nitrito sguaiato del cavallo, che riecheggia moltiplicandosi simmetricamente nelle urla di un uomo e di una madre alle estremità del dipinto.
Il cavallo, il toro sono sì i simboli della sua terra, con la quale proprio in quegli anni Picasso stava riscoprendo il profondo legame, ma sono l'orrore, la verità della morte e della distruzione, senza alcuna allusività, ad essere immediatamente presenti e non descritti o narrati. La guerra ha tolto il velo e l'arte non può che fare atto di accusa e scuotere le coscienze, partecipare e divenire un fatto di quella stessa società lacerata.

Bertolt Brecht, nato ad Augusta nel 1898 e morto nel 1956, è un poeta e drammaurgo tedesco. Di ricca famiglia borghese, studia drammaturgia ed esordisce come autore di teatro nel 1918. Nel 1920 va a vivere a Monaco e poi a Berlino dove, nel 1930, entra nel partito comunista. Dopo l'avvento del nazismo, si trasferisce in Danimarca e durante la Seconda guerra mondiale vive esule negli Stati Uniti. Rientra in Germania nel 1948, stabilendosi definitivamente a Berlino Est, dove fonda la compagnia teatrale del «Berliner Ensemble», con cui approfondisce la ricerca sulla funzione critica del teatro nei confronti della società industriale. Nonostante gli attriti con il governo comunista della Germania dell'Est, il suo lavoro prosegue fino alla morte. Della sua produzione poetica si ricordano le raccolte *Canzoni, poesie, cori* (1934) e *Poesie di Svendborg* (1939), nelle quali sviluppa temi legati alle vicende del tempo, utilizzando la tecnica del contrasto ironico e del confronto polemico per sostenere le sue concezioni ideologiche marxiste. Più ampia la produzione teatrale, particolarmente famosa per *L'opera da tre soldi* (1928), *Ascesa e rovina della città di Mahagonny* (1928-29), *Madre Courage e i suoi figli* (1939) e *Vita di Galileo* (nelle tre redazioni del 1939, 1946 e 1955).

T6

Bertolt Brecht

Domande di un lettore operaio

da B. Brecht, *Poesie e canzoni*, a cura di R. Leiser e F. Fortini, Einaudi

Negli anni Trenta del Novecento, mentre la Germania precipitava nella crisi economica e poi nel nazismo, il drammaturgo Bertolt Brecht scrisse questa celebre poesia. Il testo passa in rassegna le epoche storiche, dall'antico Egitto all'età moderna, e invita il lettore a rileggerle in chiave nuova, coerentemente con la visione dell'autore, che si ispirava alle teorie di Karl Marx.
I protagonisti della storia, secondo Brecht, non sono i "grandi uomini", ma le masse anonime, non i re e i principi, ma i lavoratori manuali; alla storia fatta di guerre e imprese eccezionali si sostituisce così una storia fatta di vita quotidiana e di piccole azioni concrete.

COLLEGAMENTI
> Il teatro fra Ottocento e Novecento, p. 405
> P. Jedlowski, *La memoria collettiva*, p. 506

Tebe[1] dalle Sette Porte, chi la costruì?
Ci sono i nomi dei re, dentro i libri.
Son stati i re a strascicarli, quei blocchi di pietra?
Babilonia, distrutta tante volte,
chi altrettante la riedificò? In quali case
di Lima[2] lucente d'oro abitavano i costruttori?
Dove andarono, la sera che fu terminata la Grande Muraglia[3],
i muratori? Roma la grande
è piena d'archi di trionfo. Su chi
trionfarono i Cesari[4]? La celebrata Bisanzio[5]

1 **Tebe:** la città che fu capitale dell'antico Egitto.
2 **Lima:** capitale dell'impero Inca, prima della conquista da parte degli Spagnoli nel XVI secolo.
3 **Grande Muraglia:** quella che avrebbe dovuto difendere il confine settentrionale della Cina dalle invasioni dei Mongoli.
4 **i Cesari:** gli imperatori romani.
5 **Bisanzio:** l'attuale Istanbul, capitale dell'Impero romano d'Oriente dal IV al XV secolo d.C.

Lessico e stile

Epiteti esornativi

Nella poesia proposta, Brecht ricorre spesso agli **epiteti esornativi**, cioè ad aggettivi o a brevi espressioni con funzione aggettivale che non sarebbero essenziali per la definizione o la qualificazione del sostantivo, ma che rispondono a una funzione diversa: per esempio "Tebe dalle Sette porte", o "Lima lucente d'oro", o "Roma la grande" ecc.
Naturalmente, Brecht usa anche l'aggettivo in funzione diversa, per esempio quando dice "Filippo di Spagna" o "Federico II": in questo caso gli epiteti servono a definire il personaggio, a farci capire che si parla di Filippo di Spagna, non d'Inghilterra, di Federico II, non del III ecc.
– Nell'epica classica, l'epiteto esornativo aveva soprattutto una funzione nobilitante, cioè sottolineava l'importanza della persona o della cosa di cui si parlava. Che funzione assume invece questa tecnica in Brecht? Motiva la tua risposta.

aveva solo palazzi per i suoi abitanti? Anche nella favolosa Atlantide[6]
la notte che il mare li inghiottì, affogavano urlando
aiuto ai loro schiavi.
Il giovane Alessandro[7] conquistò l'India.
Da solo?
Cesare[8] sconfisse i Galli.
Non aveva con sé nemmeno un cuoco?
Filippo di Spagna[9] pianse, quando la flotta
gli fu affondata. Nessun altro pianse?
Federico II[10] vinse la guerra dei Sette Anni. Chi,
oltre a lui, l'ha vinta?
Una vittoria ogni pagina.
Chi cucinò la cena della vittoria?
Ogni dieci anni un grand'uomo.
Chi ne pagò le spese?

Quante vicende,
tante domande[11].

6 Atlantide: leggendaria isola, di cui parlano alcuni scrittori antichi, affermando che vi si fosse sviluppata una fiorente civiltà, distrutta da uno spaventoso cataclisma naturale.
7 Alessandro: Alessandro Magno (356-323 a.C.), il grande condottiero macedone che in poco più di dieci anni conquistò l'impero più grande mai esistito fino ad allora.
8 Cesare: Caio Giulio Cesare, primo imperatore romano (100-44 a.C.).
9 Filippo di Spagna: Filippo II (1527-1598); la sua Invincibile Armata, inviata a conquistare l'Inghilterra, fu sconfitta nel 1588.
10 Federico II: Federico il Grande di Prussia (1712-1786); la guerra dei Sette Anni (1756-1773) fu vinta dalla Prussia e dall'Inghilterra alleate, che sconfissero Francia e Austria.
11 Quante ... domande: per ogni vicenda, per ogni avvenimento importante, bisognerebbe porsi altrettante domande, per reinterpretare la storia.

Lewis Hine, *Powerhouse mechanic*, 1920

Guida alla lettura

Una poesia polemica Fin dal titolo, Brecht **si colloca in polemica con una lunga tradizione** che interpreta la storia come storia di grandi uomini e di grandi avvenimenti. Il **punto di vista** che l'autore assume in questo caso, invece, è quello di un **"piccolo" uomo**, un operaio, che riflette su ciò che gli viene raccontato e si pone domande in apparenza banali, in realtà molto problematiche. Attraverso le domande del suo operaio, il poeta **rifiuta** la visione semplicistica della storia che ancora oggi, come ai tempi di Brecht, si trova in molti testi divulgativi, come quello che evidentemente legge l'operaio di Brecht. La **storia**, secondo Brecht, **non è una successione di grandi imprese** legate alla forte personalità di alcuni uomini eccezionali, le **vere protagoniste** della storia sono le masse anonime, i lavoratori, i "piccoli" uomini senza i quali non sarebbero possibili le imprese dei grandi.
L'invito al lettore Le domande del lettore operaio sono ovviamente le **domande che il poeta rivolge al suo lettore.** Esse ci insegnano innanzitutto a osservare le cose da un **punto di vista** insolito, originale, **non convenzionale**; in secondo luogo, esse ci invitano ad approfondire l'analisi della realtà, a non restare in superficie, a porre domande e a non accontentarci della prima risposta che ci viene in mente.

I temi

Storia di grandi uomini o storia di masse? Brecht **contrappone** una **visione della storia "aristocratica"**, in cui cioè i protagonisti sono pochi grandi uomini, a una **visione della storia "democratica"**, in cui protagonista è la collettività. Naturalmente, Brecht non nega il ruolo dei grandi uomini, ma rivaluta quello dei piccoli: senza un cuoco, neanche il più grande dei condottieri potrebbe compiere le sue conquiste; senza muratori, nemmeno il più ambizioso dei re potrebbe costruire le sue città.
La responsabilità di fronte alla storia Questa riflessione ha una conseguenza importante: **ciascu-**

no è **responsabile degli avvenimenti storici**. La conquista della Gallia non è stata opera di Cesare, ma di molte migliaia di persone, ciascuna delle quali ha dato il suo contributo a quell'avvenimento. Se pensiamo all'epoca in cui Brecht scriveva questi versi (la vigilia della Seconda guerra mondiale), ci rendiamo conto dell'importanza di questa riflessione: Hitler non avrebbe potuto scatenare il conflitto se milioni di persone non l'avessero seguito, appoggiato, sostenuto. Quasi profeticamente, Brecht **si rivolge a noi lettori e ci chiede di assumerci le nostre responsabilità**.

Lo stile

Le domande senza risposta La poesia è basata su una serie di **affermazioni**, volutamente **semplicistiche**, che si immaginano lette da un operaio; a queste affermazioni seguono le **domande provocatorie** dell'operaio stesso, evidentemente insoddisfatto di ciò che legge. Le domande hanno apparentemente un carattere retorico: la risposta sembra sempre evidente, scontata. Ma nel loro complesso **costringono a ripensare alla storia** da un altro punto di vista, a rifiutare la visione semplicistica delle affermazioni di partenza.

Brecht, cedendo idealmente la parola al suo lettore operaio, conferisce ai suoi versi un **andamento irregolare, molto prosastico**. La ricerca di musicalità è affidata al **ritmo incalzante delle domande**, che costituiscono un appello appassionato al lettore affinché condivida il punto di vista dell'operaio (e del poeta) e inizi a interrogarsi sulla storia, sui suoi meccanismi e sul proprio ruolo in essa.

Attività

Comprensione

1 **Quali luoghi vengono citati nella prima parte della poesia (vv. 1-13)?**
- ....
- ....
- ....
- ....
- ....
- ....
- ....

2 **Nella seconda parte della poesia (vv. 14-21) vengono citati quattro personaggi storici. Elencali e indica per quali imprese sono ricordati.**

3 **Brecht attribuisce le domande della poesia a un lettore.**
- Evidenzia nel testo con colori diversi le domande del lettore e le parole che egli legge.

4 **A partire dal v. 22, il meccanismo su cui si basa la poesia cambia.**
- Perché?
- A chi sono attribuite le frasi non interrogative?

Analisi

5 **Come tutte le poesie civili, anche quella di Brecht sostiene una tesi. Esprimila con parole tue, motivando la tua scelta con gli opportuni riferimenti al testo.**

6 **Brecht vuole coinvolgere emotivamente il lettore e nello stesso tempo invitarlo a ragionare, ad approfondire i temi che gli propone.**
- Quali espressioni del testo hanno lo scopo di coinvolgere il lettore?
- Dove emerge con particolare chiarezza l'intenzione di spingerlo a riflettere e ad approfondire?

7 **Le parole della poesia sono attribuite a un «lettore operaio», cioè a una persona poco colta, non abituata a svolgere un lavoro intellettuale.**
- Ti sembra che le scelte lessicali e sintattiche di Brecht siano coerenti con questo assunto? Perché?

Rifletti, confronta, scrivi

8 **Gli ultimi due versi, separati dai precedenti mediante uno spazio bianco, sono un invito al lettore a continuare da solo, a porsi nuove domande. Prova a dare tu un seguito al testo di Brecht, imitando la struttura dei primi versi.**

9 **L'invito ad assumersi le proprie responsabilità di fronte alla storia aveva una forza particolare nel momento in cui la Germania diventava nazista e si preparava alla Seconda guerra mondiale e ai campi di sterminio. Ti sembra che questo invito possa avere un senso attuale anche per noi oggi?**
- Rifletti su questo argomento in un testo scritto di due colonne di foglio protocollo, sostenendo le tue opinioni con alcuni esempi relativi ad avvenimenti storici del nostro tempo.

Ingeborg Bachmann, nata a Klagenfurt nel 1926 e morta nel 1973, è una poetessa, scrittrice e giornalista austriaca. Di famiglia modesta, ma non povera (il padre fa il maestro, la madre possiede un piccolo maglificio), dopo la fine della Seconda guerra mondiale si laurea in filosofia. Diventa poi redattrice presso una radio di Vienna, per la quale compone la sua prima opera radiofonica, *Un negozio di sogni* (1952). Comincia intanto a pubblicare poesie, racconti e libretti musicali, a viaggiare (soprattutto in Italia), a collaborare con altri intellettuali, in particolare con il compositore musicale Hans Werner Henze e gli esponenti del Gruppo 47, un importante movimento d'avanguardia letteraria. Nel 1953 esce il primo libro di versi, *Il tempo dilazionato*, da cui è tratta la poesia che presentiamo. Seguono altri volumi di liriche (*Invocazione all'Orsa maggiore*, 1956), opere teatrali, romanzi (*Malina*, 1971), raccolte di racconti (*Tre sentieri per il lago*, e *Il trentesimo anno*, 1961) e saggi, che verranno premiati con i più importanti riconoscimenti letterari austriaci.

T7

Ingeborg Bachmann

Tutti i giorni

da I. Bachmann, *Poesie*, a cura di M.T. Mandalari, Guanda

Ingeborg Bachmann è considerata la più importante poetessa austriaca del Novecento. Il testo che proponiamo risale agli anni Cinquanta ed è una riflessione sull'eroismo, che risente del trauma (allora ancora molto vicino) della Seconda guerra mondiale e dell'occupazione nazista (l'Austria era stata invasa dai tedeschi nel 1938 ed era rimasta perciò coinvolta nella guerra fino al 1945; la futura scrittrice e i suoi familiari appartenevano alla minoranza di austriaci che, in segreto, erano contrari all'unificazione con la Germania hitleriana). La pace non ha portato quel senso di serenità e di rinascita che ci si potrebbe aspettare: per la poetessa la guerra continua, solo in forme diverse.

COLLEGAMENTI
> La metafora, p. 45
> Le vite degli altri, p. 494

La guerra non viene più dichiarata
ma proseguita. L'inaudito
è divenuto quotidiano. L'eroe
resta lontano dai combattimenti. Il debole
è trasferito nelle zone di fuoco[1].
La divisa di oggi è la pazienza,
medaglia la misera stella
della speranza, appuntata sul cuore.

Viene conferita
quando non accade più nulla,
quando il fuoco tambureggiante[2] ammutolisce,
quando il nemico è divenuto invisibile
e l'ombra d'eterno riarmo
ricopre il cielo.

Viene conferita
per la diserzione dalle bandiere,
per il valore di fronte all'amico,
per il tradimento di segreti obbrobriosi[3]
e l'inosservanza[4]
di tutti gli ordini.

1 **nelle zone di fuoco**: in prima linea, al fronte.
2 **il fuoco tambureggiante**: i colpi sparati dai nemici.
3 **obbrobriosi**: vergognosi.
4 **l'inosservanza**: la mancanza di rispetto, la disubbidienza.

Guida alla lettura

Esistenzialismo e impegno civile La corrente filosofica dell'**esistenzialismo**, nata nella seconda metà dell'Ottocento, raggiunse la massima diffusione negli anni intorno alla Seconda guerra mondiale, sia in Francia (con le opere di Sartre e Camus), sia in Germania (con autori come Heidegger e Jaspers); ebbe grande importanza anche in ambito letterario e le opere della Bachmann ne sono una **testimonianza**, in particolare per quanto riguarda il **tema dell'impegno.** Gli **esistenzialisti** infatti sostenevano che, poiché l'essere umano è libero, capace di scegliere, dotato di coscienza e di senso morale, è suo dovere impegnarsi per combattere il male e per rendere il mondo un luogo più giusto e più vivibile per tutti. Era come si vede un tema che non poteva non essere particolarmente sentito in anni drammatici come quelli del nazismo e della guerra.

I temi

La guerra come metafora La guerra di cui parla Ingeborg Bachmann non è la Seconda guerra mondiale, ma una **guerra metaforica:** è la condizione di chi lotta, con **le armi della poesia, della letteratura, della cultura**, contro il male non solo esterno, ma anche interno, dentro di sé. Per questo la guerra *non viene più dichiarata*, perché non ha carattere ufficiale, è **una guerra che ciascuno deve combattere da solo**, quasi in segreto, senza *divise* e senza insegne; e per questo non vi sono differenze tra *eroi* e *deboli*, i loro ruoli tradizionali si possono scambiare. Le virtù non sono infatti quelle tradizionali, della forza, del coraggio e così via, ma quelle interiori della **pazienza** e della **speranza**, cioè della **capacità di resistere**, di **continuare a lottare senza rassegnarsi.**

La riflessione sull'eroismo Nella prima strofa è concentrato il **nucleo tematico** più importante della poesia, nelle due strofe successive si sviluppa il **tema dell'eroismo** (simbolicamente rappresentato dalla *medaglia* che viene conferita appunto ai veri eroi). Questa simbolica medaglia (la *misera stella della speranza*), dichiara l'autrice, viene conferita proprio nel momento in cui *non accade più nulla*, cioè in cui la vita sembra seguire binari prestabiliti, diventare banale e prevedibile; è proprio allora, sostiene la Bachmann, che bisogna **avere il coraggio di "disertare dalle bandiere"** e di **"disubbidire agli ordini"**, rivelando anche le verità sgradevoli (i *segreti obbrobriosi*).

Lo stile

La struttura La poesia è volutamente **difficile**, utilizza un **linguaggio metaforico e allusivo** che non ne rende immediatamente comprensibile il significato a una prima lettura. La **forza delle immagini** è affidata soprattutto ad alcuni aggettivi (*l'inaudito*, *il debole*, *la misera stella*, *il fuoco tambureggiante* e così via).

A fronte di questa **scelta fortemente innovativa**, troviamo però una **struttura molto classica**, basata su una prima strofa che imposta il tema e su due strofe più brevi perfettamente simmetriche (ciascuna di sei versi, ciascuna con una **forte anafora nei versi centrali**, ciascuna con l'immagine più forte e misteriosa a occupare i due versi finali).

Attività

Comprensione

1 Verifica la tua comprensione del testo rispondendo alle seguenti domande.

a. *Qual è la parafrasi corretta delle parole «medaglia la misera stella / della speranza»?*

- ☐ la medaglia di oggi è la misera stella della speranza
- ☐ la misera stella della speranza è come una medaglia
- ☐ le medaglie militari sono come una misera stella della speranza

b. *Grammaticalmente, qual è il soggetto dei verbi «viene conferita» (vv. 9 e 15)?*

☐ la guerra ☐ la medaglia ☐ la speranza

2 Che cosa significa l'espressione «zone di fuoco»?

3 Tra le affermazioni della seconda strofa, quale ha chiaramente valore negativo? E fra quelle dell'ultima strofa, quale ha chiaramente valore positivo?

Analisi

4 Scrivi la parafrasi della poesia, conservando la divisione in strofe e spiegando il significato dei versi e delle immagini più oscure.

5 Fra i seguenti schemi metrici, quale rispecchia meglio la struttura della poesia?

☐ AAB ☐ ABC ☐ ABB

Motiva la tua risposta.

Rifletti, confronta, scrivi

6 Cosa significa che «La divisa di oggi è la pazienza, / medaglia la misera stella / della speranza, appuntata sul cuore»? Secondo te è una affermazione ancora valida oggi? In che senso? Rifletti sull'argomento in un tema di due colonne di foglio protocollo, portando alcuni esempi tratti dalla cronaca quotidiana o dalla tua esperienza personale.

7 Secondo te si può fare una guerra con le parole o alle parole? In che modo? Quand'è che ciò avviene? Perché le parole possono essere tanto pericolose o essere usate come armi? Rifletti su questi argomenti in un tema di tre colonne di foglio protocollo, portando esempi tratti dalla storia, dalla cronaca e dalla tua esperienza personale.

Applichiamo il metodo

T8

Giuseppe Ungaretti [→ p. 104].

In memoria

da G. Ungaretti, *L'Allegria*, in *Vita di un uomo. Tutte le poesie*, Mondadori

Questa è una poesia civile di tipo un po' particolare: apparentemente, infatti, essa non affronta grandi temi sociali o politici, ma si ispira a un triste avvenimento autobiografico: il suicidio di un amico con cui il poeta condivideva la casa negli anni in cui viveva e studiava a Parigi...

Metro: versi liberi

COLLEGAMENTI

- La poesia narrativa, p. 79
- *L'ospite inatteso*, p. 471
- I. Fossati, *Pane e coraggio*, p. 491

Locvizza[1] *il 30 settembre 1916*

Nota la totale assenza di punteggiatura e i versi brevissimi, tipici della poesia di Ungaretti.

Si chiamava
Moammed Sceab

Discendente
di emiri[2] di nomadi
suicida
perché non aveva più
Patria

Il riferimento ad avvenimenti reali

Gli spazi bianchi mettono in rilievo le "nude" parole e creano pause di silenzio che invitano alla riflessione.

Amò la Francia
e mutò nome

Fu Marcel
ma non era Francese
e non sapeva più
vivere
nella tenda dei suoi
dove si ascolta la cantilena
del Corano
gustando un caffè

Il tema civile

E non sapeva
sciogliere
il canto
del suo abbandono[3]

Eugène Delacroix, *Arabi ad Algeri*, 1834

1 **Locvizza:** Lokvica, oggi in Slovenia.
2 **emiri:** condottieri, capi militari.
3 **non sapeva ... abbandono:** non sapeva esprimere (con un canto, con una poesia) la propria condizione di abbandonato, di sradicato.

L'ho accompagnato
insieme alla padrona dell'albergo
dove abitavamo
a Parigi
dal numero 5 della Rue des Carmes[4]
appassito vicolo in discesa

Riposa
nel camposanto d'Ivry[5]
sobborgo che pare
sempre
in una giornata
di una
decomposta fiera[6]

E forse io solo
so ancora
che visse

4 **Rue des Carmes:** una via del Quartiere Latino, la zona di Parigi dove si trova l'università e dove vivevano i giovani intellettuali all'inizio del Novecento.
5 **Ivry:** villaggio («sobborgo») alla periferia di Parigi.
6 **decomposta fiera:** mercato ormai finito, concluso.

Guida alla lettura

I temi

Una vicenda di sradicamento Ungaretti narra in questa poesia la storia di **un amico di origini arabe**, immigrato in Francia. Moammed Sceab tenta di integrarsi nel nuovo mondo in cui vive (e che ama), tanto che abbandona il suo nome e ne assume uno francese, Marcel. Ma questo tentativo di cambiare identità non porta ad alcun risultato: Moammed-Marcel non può diventare davvero francese, e nello stesso tempo non è più arabo, **ha perduto le proprie radici, la propria identità profonda.** Il suicidio esprime dunque la disperazione di chi si trova diviso fra due mondi, privo di una "Patria", oggi diremmo di una "identità".

Una vicenda universale La storia di Moammed colpisce il poeta non solo perché i due condividevano l'appartamento in Rue des Carmes, ma anche perché Ungaretti stesso era straniero (era nato in Egitto, da genitori italiani, e si trovava a Parigi). Tuttavia, la poesia **non va interpretata** né esclusivamente in **chiave sociologica** (come una denuncia delle difficoltà psicologiche che devono affrontare gli espatriati), né esclusivamente in **chiave autobiografica** (come un aneddoto della vita di Ungaretti). Il poeta intende infatti attribuire alla condizione di sradicamento di Moammed e propria un **valore universale**: chiunque, in una certa misura, si sente in esilio, tutti siamo "sradicati" (per esempio dalla nostra infanzia) e incerti sulla nostra identità.

La memoria Il carattere **civile** della poesia di Ungaretti è dovuto non solo al fatto che affronta un tema socialmente importante (lo sradicamento degli espatriati), ma anche alla funzione che il poeta assegna alla poesia stessa. La poesia ha infatti **una funzione personale**, privata («sciogliere il canto del suo abbandono», cioè esprimere il proprio dolore di esule), ma ne ha anche **una collettiva**, di salvaguardia della memoria (non a caso, il poeta dichiara alla fine «forse io solo so ancora che visse»: proprio perché poeta, Ungaretti ha il compito di accompagnare l'amico al cimitero e di tramandare la sua memoria, sollecitando la nostra riflessione di lettori).

Lo stile

La poetica della parola A proposito delle poesie raccolte nel volume *L'allegria* (tra cui questa), i critici parlano di **"poetica della parola"**. L'autore infatti ricorre a **frasi semplicissime**, quasi del tutto prive di subordinate, e a **versi brevi** o **brevissimi**, proprio per dare la massima importanza e il massimo rilievo a ogni singola parola. Isolando alcuni termini, infatti, il poeta lascia che tutti i loro echi risuonino nell'orecchio del lettore non frettoloso.

Anche questa scelta, all'inizio del Novecento, aveva una **forte valenza etica e civile**: Ungaretti si contrapponeva infatti alla scrittura retorica, gonfia, barocca, di Gabriele D'Annunzio, che usava le parole più per il loro suono che per il loro significato. Il ritorno a una **scrittura asciutta**, **scarna**, volutamente **dissonante**, coincideva per Ungaretti con il ritorno a una **poesia capace di cogliere l'intima verità delle cose** e di raccontare anche gli aspetti tristi, squallidi, tragici, della vita quotidiana.

Applichiamo il metodo

Il riferimento ad avvenimenti reali

- Come sempre, la poesia civile prende spunto da un'occasione reale, da un avvenimento concreto. In questo caso, si tratta di un fatto legato alla vita dell'autore, che in gioventù, prima della Grande Guerra, trascorse alcuni anni a Parigi.
  - ☐ A quale avvenimento si ispira la poesia?
  - ☐ Chi è il protagonista della vicenda?
  - ☐ Come viene presentato dal poeta?

Il tema civile

- Dopo aver presentato il protagonista della poesia, Ungaretti affronta nella parte centrale del testo il tema centrale: un tema (la crisi di identità) legato alla vicenda esistenziale di Moammed Sceab, ma che l'autore considera di importanza universale.
  - ☐ Da quali parole ed espressioni emerge il tema della crisi di identità?
  - ☐ Perché si tratta di un tema ricco di risvolti civili? Considera che:
    - Moammed è un ....
    - Moammed tenta invano di ....
    - Moammed perde ....
  - ☐ Dal punto di vista psicologico, perché Ungaretti si identifica con Moammed?

Attività

Comprensione

1 **Che cosa conferisce al testo il carattere di poesia civile?**

a *Scegli le risposte che ritieni corrette.*

- ☐ il fatto che parla di un suicida
- ☐ il fatto che parla di un problema sociale come l'immigrazione
- ☐ il fatto che è ambientata in Francia prima della Grande Guerra
- ☐ il fatto che Moammed Sceab è arabo
- ☐ il fatto che Ungaretti riflette sul tema dello sradicamento
- ☐ il fatto che la poesia contiene una riflessione sull'importanza della poesia stessa
- ☐ il fatto che la poesia affronta il tema della memoria
- ☐ il fatto che Ungaretti riflette sulla funzione della poesia

Analisi

2 **Ricostruisci la vicenda di Moammed Sceab, sottolineando le parole-chiave e motivando la tua scelta.**

3 **Metti in luce le analogie e le differenze tra Moammed Sceab e Giuseppe Ungaretti.**

- Analogie ....
- Differenze ....

4 **L'uso della parola «Patria» potrebbe apparire antiquato, ma Ungaretti chiarisce il significato che attribuisce a questo termine. In quali versi? In che cosa consiste dunque la patria, per Moammed Sceab?**

5 **Ungaretti in questo testo attribuisce alla poesia due importanti funzioni. Indicale, spiegando da quali versi hai ricavato le tue risposte.**

Prima funzione ....
Versi di riferimento ....
Seconda funzione ....
Versi di riferimento ....

Rifletti, confronta, scrivi

6 **Scrivi un articolo di cronaca nera in cui racconti la vicenda di Moammed Sceab. Ricostruisci nei dettagli la sua storia e la sua morte, aggiungendo particolari verosimili e coerenti con il personaggio e la situazione descritta dalla poesia di Ungaretti. Aggiungi un breve commento sulle reazioni suscitate dalla sua morte nell'opinione pubblica.**

7 **La condizione di Moammed Sceab è ben nota agli immigrati dei nostri giorni. A partire dal testo di Ungaretti, sviluppa alcune riflessioni scritte su questo tema, tenendo conto che la condizione di sradicamento non è l'unica ragione per cui Moammed si uccide, né probabilmente la più importante.**

Tiriamo le fila

Riferimento a fatti e personaggi → **POESIA CIVILE**

Impegno etico, politico e sociale dell'autore → **POESIA CIVILE**

Presenza di una tesi esplicita e argomentata → **POESIA CIVILE**

- La **poesia civile** si caratterizza per il suo **contenuto**: essa infatti
  - è **poesia d'occasione**, perché contiene sempre un riferimento ad avvenimenti reali (fatti storici, personaggi realmente vissuti ecc.);
  - è **poesia impegnata**, perché affronta temi legati alla convivenza fra le persone (sociali, politici, etici ecc.);
  - l'autore sostiene una **tesi** basata su **valori universali** e invita il lettore a condividerla.
- Per quanto riguarda gli altri aspetti, la **poesia civile** presenta notevole varietà di **stili** e di **toni**:
  - può assumere forme **tradizionali** o **innovative**;
  - può accostarsi alla poesia **lirica** o a quella **narrativa**;
  - può assumere **toni diversi**: enfatici o riflessivi, pacati o sarcastici, umoristici o disperati...
- La poesia civile è **un genere antichissimo**. Nel corso della storia, essa ha assunto caratteri molto diversi, mescolandosi con altri generi a seconda delle epoche. In molti casi, i temi civili si trovano anche all'interno di opere appartenenti a generi diversi da quello della poesia civile propriamente detta.

Nomi da ricordare

epoca	autore	lingua
Epoca classica	Tirteo, Simonide	greco
	Lucrezio, Orazio, Virgilio, Persio, Giovenale,	latino
Medioevo	D. Alighieri, F. Petrarca	italiano
Età moderna	G. Parini, V. Alfieri, U. Foscolo, G. Leopardi, G. Mameli, A. Manzoni, G. Berchet, C. Porta, G.G. Belli	italiano
Età contemporanea	G. Carducci, G. D'Annunzio, G. Ungaretti, U. Saba, S. Quasimodo, P.P. Pasolini, G. Giudici	italiano
	B. Brecht, I. Bachmann	tedesco
	W. Withman	inglese
	P. Neruda, F. García Lorca	spagnolo

2.5 La poesia satirica

Breve storia e caratteristiche del genere

Le radici della poesia satirica

T1 Orazio, **Il seccatore** (da *Satire*)

T2 Marziale, **Tre epigrammi** (da *Lapidi e amori. 111 epigrammi*)
- *Il filo conduttore*

Impariamo un metodo

T3 G. Giusti, **Sant'Ambrogio** (da *Opere*)
- *Guida alla lettura* – *Attività*

Tecniche e generi

Una poesia "contro il potere"

T4 C. Angiolieri, **S'i' fosse fuoco** (da *Rime*)
- *Guida alla lettura* – *Attività*

Lessico e stile

L'iperbole

T5 G. Giudici, **I catechismo illustrato** (da *Poesie scelte 1957-1974*)
- *Guida alla lettura* – *Attività*

Lessico e stile

Catechismo

In galleria

La pittura satirica

T6 W. Szymborska, **Concorso di bellezza maschile** (da *Opere*)
- *Guida alla lettura* – *Attività*

Applichiamo il metodo

T7 S. Benni, **Overdose** (da *Prima o poi l'amore arriva*)
- *Guida alla lettura* – *Attività*

Un altro modo di leggere

T8 CapaRezza, **Fuori dal tunnel** (da *Verità supposte*)
- *Guida alla lettura* – *Attività*

Dal genere al film

R. Torre, **Tano da morire**

Tiriamo le fila

La poesia satirica

Antologia on line

T1 @ Catullo, **A Cicerone** (da *Poesie*)
- *Guida alla lettura* – *Attività*

T2 @ G. Parini, **La vergine cuccia** (da *Il Giorno*)
- *Guida alla lettura* – *Attività*

T3 @ G.G. Belli, **Er giorno der giudizzio** (da *Sonetti*)
- *Guida alla lettura* – *Attività*

Breve storia e caratteristiche del genere

La parola **satira** deriva dal latino *satura*, che indicava una pietanza basata su molti ingredienti diversi e variamente colorata. Già nel mondo romano, il termine indica quindi, metaforicamente, un genere **"misto"**, nel quale convivono **temi e linguaggi diversi**. Nell'interpretazione di **Orazio**, il più importante autore di satire della letteratura latina, esso si caratterizza infatti per l'uso di un **linguaggio medio**, vicino (almeno all'apparenza) a quello usato nella comunicazione quotidiana, che però in alcuni momenti può elevarsi, farsi più solenne, laddove l'autore affronta argomenti seri e impegnativi, come possono essere quelli **filosofici** o **morali**.
La **presa in giro**, il gusto per la **battuta**, lo **scherzo** e lo **sberleffo**, che costituiscono un altro ingrediente importante della satira, non sono fini a se stessi: l'obiettivo del poeta satirico è di spingere il lettore a una **riflessione**, stimolando la sua intelligenza, il suo giudizio, e coinvolgendolo nel proprio punto di vista sulla realtà.

Mino Maccari (1898-1989), *Senza titolo*, s.d.

Satira e umorismo

La poesia satirica è strettamente collegata all'**umorismo**, cioè alla capacità di suscitare nel lettore il riso o il sorriso. Naturalmente esistono anche autori in cui prevalgono i toni indignati e sarcastici, ma nel complesso la satira si propone di "castigare i costumi col riso (o col sorriso)".
La poesia satirica nasce sempre da un **impulso di tipo etico**, ma ciò non significa che sia una poesia moralistica; al contrario, il grande scrittore di satire è colui che sa mostrare le assurdità della vita, le contraddizioni della realtà, assumendo un atteggiamento di **ironico distacco**, di **disincantata saggezza**. E proprio in questo modo riesce a indurre nel lettore un punto di vista diverso da quello consueto. Insomma, la satira non si propone semplicemente di far ridere, ma **usa l'umorismo per trasmettere un messaggio serio**: prende spunto dalla realtà del tempo e dal contesto reale (con i suoi problemi, i suoi personaggi, i suoi avvenimenti) per proporre una riflessione di **valore universale**.

La poesia satirica nell'antichità e nel Medioevo

La satira è un genere letterario che **nasce a Roma**: **Orazio**, nel I secolo a.C., affermava con orgoglio che era l'unico genere "tutto nostro", per il quale cioè non esistevano modelli greci. L'atteggiamento satirico era invece già ben noto: lo ritroviamo per esempio nelle commedie dell'ateniese **Aristofane**, che prendono in giro gli uomini politici e gli intellettuali del V secolo a.C. e propongono spesso situazioni in cui la realtà appare comicamente rovesciata; e lo troviamo negli **epigrammi**, che i Greci assimilavano alla poesia lirica, ma che costituiscono in realtà altrettanti esempi di satira.
Rispetto alla satira vera e propria, che tende ad avere un **andamento più narrativo** ed è **interamente pervasa** dall'umorismo, l'epigramma si caratterizza per la **brevità** e per la ricerca della folgorante **battuta finale**. Semplificando un po', potremmo paragonare l'**epigramma** a una **barzelletta**, la **satira** a un **racconto umoristico**.
La satira assunse forme nuove a partire dal Bas-

so Medioevo. Nel **Trecento** si sviluppò infatti, in Toscana, una importante corrente poetica, che si contrapponeva alle opere "serie" dei poeti cortesi e stilnovisti. Autori come **Cecco Angiolieri** [→ p. 211], **Rustico Filippi** o **Cenne da la Chitarra** scrivevano testi di **carattere comico**, in cui prendevano in giro gli ideali dei poeti cortesi e facevano la parodia delle loro opere, usando un linguaggio volutamente basso, plebeo, ricco di **termini popolareschi** e di **espressioni volgari**.
A questo genere si dedicarono anche grandi poeti come **Guido Cavalcanti** [→ p. 259] e **Dante Alighieri** [→ p. 82]. Quest'ultimo introdusse inoltre numerosi passi di carattere satirico nella *Divina Commedia* – per esempio le famose **invettive** in cui il poeta adotta toni ironici o sarcastici per criticare i comportamenti degli uomini politici del suo tempo.

La satira dal Rinascimento all'età moderna

Il gusto per la **parodia** e lo **scherzo in versi** caratterizza anche un filone importante della poesia rinascimentale, la cosiddetta **poesia burlesca**. Anche in questo caso, autori come il **Burchiello**, **Lorenzo de' Medici** o **Francesco Berni** ricorrevano al registro "basso" della lingua per **parodiare** i testi della lirica d'amore, per esempio cantando le lodi di donne brutte e vecchie oppure **contrapponendo** ai **sentimenti rarefatti** dei poeti petrarchisti una **visione dell'amore tutta fisica e sessuale**. A questa tradizione si può riallacciare per certi aspetti anche un grande autore francese del Quattrocento, **François Villon** (il primo "poeta maledetto" della letteratura moderna), la cui vena satirica si esprime particolarmente nei versi dedicati al clero e alle donne.
Nel Cinquecento, in seguito alla riscoperta dei generi classici, rinasce anche la **satira di tipo oraziano**. Il principale autore di versi di questo tipo è **Ludovico Ariosto** [→ p. 92], che tra il 1517 e il 1532 scrisse sette satire in terzine di endecasillabi, imitando con successo Orazio (anche Ariosto racconta aneddoti autobiografici, assume un tono ironico e spesso autoironico, propone riflessioni di tipo morale e filosofico, enuncia il proprio ideale di vita tranquilla, modesta, ritirata...).
A partire dal **Settecento**, gli esempi più importanti e significativi di satira non sono più in poesia, bensì **in prosa**, forma della quale si servono anche i **filosofi illuministi** come strumento sia per criticare le idee dei loro avversari, sia per coinvolgere un largo pubblico nel dibattito intellettuale, grazie al carattere divertente dei testi.
In Italia, la satira continua invece a essere scritta perlopiù in versi: ne è esempio innanzitutto il capolavoro di **Giuseppe Parini**, *Il Giorno*, un poemetto in cui l'autore descrive la vita quotidiana della nobiltà mettendone in luce l'inutilità e la corruzione morale.
Versi satirici, all'inizio dell'**Ottocento**, scrivono anche **Giacomo Leopardi** [→ p. 130] e **Giuseppe Giusti** [→ p. 205], il primo ispirandosi a principi filosofici, il secondo più attento alla realtà politica e sociale del suo tempo. I più importanti poeti satirici italiani dell'Ottocento sono però **Carlo Porta** e **Giuseppe Gioacchino Belli**, che si servono nelle loro opere del **dialetto** (rispettivamente, il milanese e il romanesco) per esprimere il **punto di vista popolare** su questioni sociali, politiche, filosofiche ed esistenziali; cosa che farà, nella prima metà del **Novecento**, durante il regime fascista, un altro poeta romano, **Trilussa**.

La satira oggi

La poesia satirica è oggi un genere "minore", perché la satira si avvale di **altri strumenti**, primi fra tutti le **vignette** pubblicate su riviste e giornali e gli **spettacoli televisivi** che prendono ispirazione dall'attualità per commentarla in chiave ironica o umoristica. La poesia satirica non è però scomparsa, come testimoniano, per esempio, la produzione poetica di uno scrittore di successo quale **Stefano Benni** [→ p. 218] e i versi di poeti come **Giovanni Giudici** [→ p. 213] o la polacca **Wisława Szymborska** [→ p. 216].
Oggi come ieri la satira deve affrontare il **problema della censura**: laddove la critica colpisce nel segno, infatti, i rappresentanti del potere (politico, religioso, economico o di altro tipo) tentano di difendersi vietando la pubblicazione delle opere che li attaccano. La battaglia per la libertà di espressione e di pensiero, iniziata nel Settecento, è ancora in corso, soprattutto in Paesi lontani dall'Europa, e la satira (in versi o meno) può dare un importante contributo al progresso civile e sociale dell'umanità.

Le radici della poesia satirica

Benché poesie di tono satirico e sarcastico fossero diffuse anche nella **letteratura greca**, per esempio nelle commedie di **Aristofane**, gli scrittori latini rivendicavano con orgoglio l'**invenzione del genere satirico** propriamente detto. Il più importante autore di satire dell'antichità è infatti **Quinto Orazio Flacco**, vissuto nel I secolo a.C., all'epoca di Augusto. Le sue satire nascono come una **polemica** diretta a obiettivi mirati, spesso con temi moraleggianti che riguardano i più svariati argomenti: il poeta prende spunto da eventi quotidiani, reali o inventati, per sviluppare le sue **riflessioni sulla vita e sulla società**, con un **andamento narrativo** e uno **stile colloquiale** che diventeranno la cifra stilistica di questo genere poetico.
Tra il I e il II secolo d.C., il modello oraziano fu ripreso da altri poeti, come **Persio** e **Giovenale**, ma lo spirito satirico fu rappresentato soprattutto da **Marziale**, che scrisse circa 1500 epigrammi. L'**epigramma** è un breve componimento basato sulla **battuta rapida, fulminante**, che in un primo momento può anche lasciar perplesso il lettore, perché per essere capita richiede un piccolo sforzo di interpretazione; in altre parole, mentre ci permette di cogliere alcuni aspetti della società, ci richiede di assumere un atteggiamento critico, di leggere tra le righe, e in questo sta la sua più profonda "moralità", il suo valore più importante.
I versi di **Orazio** che proponiamo sono tratti dalla satira *Nona* del *Primo libro*: il poeta incontra un conoscente rompiscatole che, dichiarandosi anche lui un poeta, chiede di essere presentato a **Mecenate** – importante personaggio romano, protettore delle arti e degli artisti –, e Orazio non trova il modo di liberarsene. Il **carattere comico** della situazione è sottolineato da una serie di particolari (l'insistenza del seccatore, i vani tentativi del poeta di allontanarlo, l'atteggiamento dell'amico burlone che i due incontrano ecc.), ma il componimento ha anche un **contenuto serio:** Orazio intende infatti contrapporre l'atteggiamento aggressivo e competitivo del seccatore all'atmosfera di pacata amicizia che caratterizza i rapporti fra gli intellettuali della cerchia di Mecenate.
Di **Marziale** abbiamo scelto tre testi in cui emergono chiaramente sia la **vena comica** dell'autore, sia la sua capacità di portarci con una battuta a riflettere e a formarci un giudizio morale. Il primo testo è quasi una dichiarazione di poetica: uno schiavo che ha raccontato qualcosa che il padrone tentava di nascondere è stato torturato e ucciso. Ma la censura, per quanto assuma forme orribili e violente, non potrà mai impedire alla verità di emergere: il servo non parlerà più, ma tutto il popolo ripete ciò che lui non può più dire. Gli altri due epigrammi sono dedicati a un tema ricorrente nell'opera di Marziale, quello del "matrimonio di interesse", evidentemente molto diffuso nella società romana del tempo.

T1 **Orazio** [→ p. 523]

Il seccatore

da Orazio, *Tutte le opere*, trad. di E. Cetrangolo, Sansoni

Facevo la via Sacra[1] passeggiando
a caso, tutto assorto come al solito
non so in quale pensiero: quando un tale
che conoscevo soltanto per nome
mi viene incontro e, presami la mano,
mi dice: "Come va, mio dolce amico?"
"Benone, per adesso", gli rispondo,
"e t'auguro ogni bene". Ma vedendo
che quello s'attaccava, dico subito:
"Desideri qualcosa?" E lui: "Ma tu
mi dovresti conoscere: anch'io sono

1 **via Sacra:** una delle vie più importanti di Roma.

uno letterato come te". "Quand'è
così", gli dico, "la mia stima cresce
per te". Cercando invano di staccarmi
ora cammino in fretta, ora mi fermo,
ora sussurro non so che al mio servo,
mentre il sudore cola giù ai talloni. [...]
S'era giunti così vicino al tempio
di Vesta[2] e intanto s'erano già fatte
le dieci del mattino; e lui doveva
rispondere per caso in tribunale,
altrimenti perdeva la cauzione.
"Se mi vuoi bene, assistimi un pochino
in giudizio", mi dice. "Che un malanno
mi colga se ho la forza di restare
lì fermo in piedi o se conosco un'acca
di diritto; mi devo poi affrettare
al luogo che tu sai". "Non sono certo",
dice, "se lasciar te o la causa". "Me,
s'intende". "No, non lo farò". E comincia
a precedermi. [...]
"Mecenate, con te, come si porta[3]?"
E riattacca il discorso. "Un uomo saggio
e di poche amicizie". "La fortuna
tu l'hai saputa usare bene. Avresti
un grande aiuto in me se tu volessi
presentargli quest'uomo qui[4]; saprei
stare al secondo posto; e do la testa
se a quest'ora tu non avresti tutti
eliminati"[5]. [...]
Mentre fa questo discorso
ecco ci viene incontro Fusco Aristio
a me caro, che bene conosceva
costui. E ci fermiamo. "Donde vieni,
dove vai?" ci si chiede e si risponde.
Io comincio a tirarlo per la toga,
a stringergli le braccia inerti, a fare
cenni con gli occhi, che mi salvi. E quello
finge di non capire e ride e burla[6]
mentre la bile mi divampa il fegato.
"Non avevi da dirmi qualche cosa
in disparte?" "Ricordo bene: ma
te la dirò in un tempo più opportuno [...]
ne parleremo un'altra volta". Oh giorno
funesto. Quel birbone[7] intanto scappa,
sotto il coltello m'abbandona vittima[8].
Vuole il caso che venga l'avversario
del tribunale. "Dove vai, vigliacco?"
grida a gran voce; e a me: "Posso chiamarti
a testimonio?" Ed io porgo l'orecchio[9].
Lo trascina in giudizio; fra quei due
nasce un clamore, d'ogni parte accorre
la gente. E così Apollo mi salvò[10].

2 Vesta: una delle più antiche divinità romane.
3 come si porta: come si comporta, che atteggiamento ha?
4 quest'uomo qui: me stesso (cioè il seccatore).
5 do la testa ... eliminati: scommetto la testa che, col mio aiuto, avresti già potuto eliminare tutti i concorrenti, cioè gli altri poeti che frequentavano il circolo di Mecenate. Naturalmente, nei versi che abbiamo omesso, Orazio risponde che da Mecenate le cose vanno diversamente, non ci sono avversari da eliminare, perché si tratta di un circolo di amici.
6 burla: mi prende in giro.
7 quel birbone: l'amico burlone Fusco Aristio.
8 sotto il coltello ... vittima: mi abbandona come una vittima sacrificale sotto il coltello del sacerdote, cioè tra le grinfie del seccatore.
9 porgo l'orecchio: gli do ascolto, sono pronto a testimoniare per lui.
10 Apollo: il dio della poesia e delle arti.

T2

Marziale [→ p. 523]

Tre epigrammi

da Marziale, *Lapidi e amori. 111 epigrammi*, a cura di L. Parinetto, Stampa alternativa

1
A un servo[1] messo in croce[2] tu hai reciso
pure la lingua, Pontico. Che credi?
Che il popolo non parli, se lui tace?

2
Quinto ama Taide: quella senza un occhio.
Ha un occhio solo Taide; lui nessuno.

3
Paola sposarmi vuole; io non la voglio:
è vecchia, ma, per me, lo è troppo poco!

1 **servo:** schiavo.
2 **messo in croce:** ucciso mediante crocifissione.

Il filo conduttore

1 Orazio sta passeggiando, quando viene disturbato da un seccatore.
- Qual è il nome della strada?
  ☐ via Sacra ☐ via Vesta ☐ via Divina
- Chi è Fusco Aristio?
  ☐ un avvocato
  ☐ un amico di Orazio
  ☐ un amico del seccatore

2 La traduzione rende bene il carattere colloquiale della satira: adotta infatti versi endecasillabi, ma conferisce loro un carattere prosastico, grazie ai numerosi *enjambement* e alle numerose pause sintattiche che ne spezzano il ritmo; anche il lessico scelto dal traduttore è tratto dal registro medio.
- Individua nel testo almeno tre *enjambement* e sottolineali.
- Indica se le seguenti espressioni appartengono al registro basso, medio o alto della lingua.
  - il sudore cola giù ai talloni ....
  - sotto il coltello m'abbandona vittima ....
  - finge di non capire e ride e burla ....
  - ma vedendo che quello s'attaccava ....
  - non avevi da dirmi qualche cosa in disparte? ......
  - oh giorno funesto ....

3 A un certo punto della passeggiata il seccatore scopre le sue carte facendo un nome.
- Quale?
- Qual è il sentimento che emerge dalla frase «La fortuna tu l'hai saputa usare bene?»
  ☐ affetto
  ☐ invidia
  ☐ ammirazione
  ☐ rimpianto

4 Marziale si rivolge a un certo Pontico (un personaggio di cui non sappiamo nulla), che ha tentato di nascondere una spiacevole verità torturando e uccidendo lo schiavo («servo») che ha avuto l'ardire di divulgarla.
- Oltre ad ucciderlo che cosa ha fatto Pontico allo schiavo?
- Perché la tortura inflitta allo schiavo oltre ad essere crudele si rivela anche inutile?

5 Nel secondo epigramma il poeta critica una coppia che a suo parere è male assortita.
- Qual è il difetto attribuito a Taide?
- Qual è il difetto attribuito a Quinto?
- Che cos'è che fa scattare l'elemento comico?

6 L'attempata Paola vorrebbe sposare Marziale, contando sulla propria ricchezza; ma il poeta rifiuta.
- Perché accetterebbe solo se Paola fosse molto più vecchia?
- Il poeta in questo testo rivela un atteggiamento
  ☐ autoironico
  ☐ satirico
  ☐ moralistico

Giuseppe Giusti, nato a Monsummano (Pistoia) nel 1809 e morto nel 1850, è un poeta italiano. Di famiglia benestante, compie studi irregolari ma infine si laurea in legge nel 1834 a Pisa. Qui si entusiasma per gli ideali del Risorgimento e comincia a scrivere poesie, per lo più di tono ironico e satirico. In seguito, ormai celebre, si trasferisce a Milano, dove conosce Alessandro Manzoni, che ne elogia la produzione. I suoi versi, inizialmente censurati dalle autorità austriache, vengono finalmente pubblicati nel 1847. Deluso dall'esito dei moti del Quarantotto, che tante speranze avevano suscitato in lui, Giusti muore prematuramente di tisi nel 1850, a Firenze. Dopo la sua morte vengono pubblicati la raccolta *Proverbi toscani* (1853), la *Cronaca dei fatti di Toscana* (che uscirà col titolo di *Memorie inedite* nel 1890), e il ricco *Epistolario*, vivo esempio di parlata toscana e testimonianza della sua adesione alle teorie manzoniane della lingua.

T3

Giuseppe Giusti

Sant'Ambrogio

da G. Giusti, *Opere*, a cura di N. Sabatucci, Utet

Scritta nel 1845 e ambientata a Milano, la poesia, ispirata al modello delle Satire di Orazio, si basa su un aneddoto autobiografico, non privo di risvolti umoristici, ma lo sguardo del poeta si allarga a una riflessione più generale, riguardante la situazione politica di quegli anni. Il poeta critica infatti la politica austriaca in Italia, che ostacola il processo di unificazione nazionale.
Nello stesso tempo, la poesia contiene anche un importante messaggio etico: con grande equilibrio, infatti, il poeta non si lascia accecare dalla passione politica e riconosce il valore della fratellanza universale, al di sopra di ogni nazionalismo.

Metro: ottave di endecasillabi con schema ABABABCC

COLLEGAMENTI
> L'ottava, p. 26
> La poesia civile, p. 174

Vostra Eccellenza[1], che mi sta in cagnesco[2]
per que' pochi scherzucci di dozzina[3],
e mi gabella[4] per anti-tedesco
perché metto le birbe alla berlina[5],
o senta il caso avvenuto di fresco[6]
a me che girellando una mattina
càpito in Sant'Ambrogio[7] di Milano,
in quello vecchio, là, fuori di mano[8].

M'era compagno il figlio giovinetto
d'un di que' capi un po' pericolosi,
di quel tal Sandro, autor d'un romanzetto
ove si tratta di Promessi Sposi...
Che fa il nesci[9], Eccellenza? o non l'ha letto?
Ah, intendo; il suo cervel, Dio lo riposi,
in tutt'altre faccende affaccendato,
a questa roba è morto e sotterrato.

Nell'introdurre la figura di Alessandro Manzoni l'autore lo definisce con il tono e i termini che probabilmente vengono usati dai funzionari austriaci per definire lui e la sua opera.

1 Vostra Eccellenza: il poeta finge di rivolgersi a un importante funzionario austriaco.
2 mi sta in cagnesco: mi guarda male, sospetta di me.
3 di dozzina: senza importanza.
4 mi gabella: mi diffama, mi denuncia.
5 metto le birbe alla berlina: prendo in giro i cattivi soggetti (nelle mie poesie satiriche).
6 di fresco: poco tempo fa.
7 Sant'Ambrogio: una delle chiese più famose di Milano.
8 fuori di mano: la chiesa nell'Ottocento si trovava alla periferia della città; oggi lo sviluppo urbano la colloca invece in posizione centrale.
9 il nesci: lo gnorri, quello che finge di non sapere.

Entro, e ti trovo un pieno di soldati,
di que' soldati settentrionali,
come sarebbe Boemi e Croati[10],
messi qui nella vigna a far da pali[11]:
difatto se ne stavano impalati,
come sogliono in faccia a' generali,
co' baffi di capecchio[12] e con que' musi,
davanti a Dio, diritti come fusi.

10 Boemi e Croati: popolazioni che facevano parte dell'Impero austriaco; il governo di Vienna, naturalmente, mandava i soldati a svolgere il servizio in regioni diverse da quella di origine.
11 nella vigna a far da pali: a controllare, come poliziotti, il Lombardo-Veneto (metaforicamente "la vigna").
12 di capecchio: il capecchio è il prodotto della prima lavorazione del lino e della canapa; l'espressione significa quindi "baffi rigidi, stopposi".
13 in grazia dell'impiego: perché frequentare soldati austriaci è il suo mestiere.
14 un alito di lezzo: una puzza.
15 di sego: cioè di materiale scadente, non di cera.
16 casa del Signore: chiesa.
17 fin: perfino.
18 in quella ... mistica vivanda: nel momento in cui il prete si appresta a consacrare l'ostia (la «mistica vivanda», cioè il cibo spirituale); è il momento della messa che precede la comunione.

Lo spunto narrativo

La poesia prende le mosse da un aneddoto autobiografico: nei primi versi, il poeta racconta di essere andato nella basilica di sant'Ambrogio a Milano per sentire la messa e di aver trovato la chiesa piena di soldati austriaci – cosa che, a lui fautore dell'indipendenza italiana, ovviamente non poteva che dispiacere.

Attivati!

- A chi si rivolge il poeta?
  - ☐ al figlio di Manzoni
  - ☐ al lettore
  - ☐ a un imprecisato funzionario della polizia austriaca
- Da dove vengono i soldati "austriaci"? ....
- Perché non sono italiani? ....

Mi tenni indietro, ché, piovuto in mezzo
di quella maramaglia, io non lo nego
d'aver provato un senso di ribrezzo,
che lei non prova in grazia dell'impiego[13].
Sentiva un'afa, un alito di lezzo[14];
scusi, Eccellenza, mi parean di sego[15],
in quella bella casa del Signore[16],
fin[17] le candele dell'altar maggiore.

Ma, in quella che s'appresta il sacerdote
a consacrar la mistica vivanda[18],

Tecniche e generi

Una poesia "contro il potere"

La satira, in poesia e non solo, è spesso rivolta contro coloro che detengono il potere. Il genere ha cioè una vocazione critica nei confronti delle classi dominanti, delle persone importanti, dell'autorità costituita. Fin dall'antichità, il poeta satirico ha preso di mira gli uomini potenti della sua epoca, con nome e cognome: Catullo, per esempio, nel I secolo a.C. scriveva epigrammi contro Giulio Cesare e contro Cicerone, che incarnavano rispettivamente l'autorità politica e quella intellettuale. Altri poeti non prendono di mira la persona, ma l'atteggiamento, la mentalità: è il caso per esempio di Giovenale, altro importante poeta latino, che nelle sue satire denuncia la corruzione morale delle classi dirigenti del suo tempo. L'atteggiamento critico, naturalmente, deve essere motivato: la satira efficace, quella che entra a far parte della poesia e che lascia una traccia duratura, non è la presa in giro sciocca, lo scherzo legato al nome ridicolo di un avversario politico, o peggio ancora ai suoi difetti fisici. La satira efficace è quella che si basa su valori alternativi a quelli dei potenti e delle classi dominanti. Catullo per esempio non critica Cesare perché ha perso i capelli, ma perché si appoggia ora a questo ora a quel partito, a seconda delle convenienze; Giovenale descrive la corruzione delle matrone, talmente avide di amanti che i mariti devono affiancare loro dei custodi... che ne diventano gli amanti! Il valore su cui Catullo basa la sua critica è quello della coerenza, della fedeltà a un ideale; il valore che Giovenale vuole trasmettere ai suoi lettori è quello dell'amore, dell'impegno reciproco, della fedeltà.

di sùbita[19] dolcezza mi percuote
su, di verso l'altare, un suon di banda.
Dalle trombe di guerra uscian le note
come di voce che si raccomanda,
d'una gente che gema in duri stenti
e de' perduti beni si rammenti.

La musica che viene suonata è musica italiana, un pezzo di Verdi: il potere evocatore della musica trasforma lo sdegno iniziale del poeta per aver trovato la chiesa piena di soldati austriaci, in una riflessione sulla sorte di questi soldati nella quale gli aspetti satirici si mescolano alla commozione.

Era un coro del Verdi[20]; il coro a Dio
là de' Lombardi miseri, assetati;
quello: "O Signore, dal tetto natio",
che tanti petti ha scossi e inebriati.
Qui cominciai a non esser più io
e come se que' còsi doventati
fossero gente della nostra gente,
entrai nel branco[21] involontariamente.

Che vuol ella[22], Eccellenza, il pezzo è bello,
poi nostro[23], e poi suonato come va[24];
e coll'arte di mezzo, e col cervello
dato all'arte, l'ubbie[25] si buttan là.
Ma cessato che fu, dentro, bel bello
io ritornava a star come la sa[26];
quand'eccoti, per farmi un altro tiro,
da quelle bocche che parean di ghiro[27],

19 sùbita: improvvisa.
20 un coro del Verdi: il coro "O Signore, dal tetto natio" è il brano più famoso dell'opera *I Lombardi alla prima crociata*, composta da Giuseppe Verdi nel 1843; esso viene cantato dai crociati tormentati dalla sete nel deserto.
21 entrai nel branco: mi infilai in mezzo ai soldati (mentre prima, v. 25, si era tenuto indietro).
22 Che vuol ella: che cosa vuol farci.
23 nostro: italiano; Verdi era considerato un musicista "patriottico" per i temi che affrontava e che venivano letti in chiave risorgimentale.
24 come va: come si deve.
25 l'ubbìe: i cattivi pensieri, i rancori.
26 ritornava a star come la sa: tornavo a essere quello di sempre, cioè a provare astio per i soldati austriaci.
27 parean di ghiro: sembrava che sbadigliassero, mentre cantavano.

Esiste anche una tradizione satirica che prende in giro i deboli, i poveri, i reietti: nel Medioevo, per esempio, si sbeffeggiavano i contadini per il loro modo di parlare, per il loro odore, per la loro ingenuità; nell'Ottocento si prendevano in giro i "negri", per i tratti del viso ritenuti rozzi e grossolani, per il loro modo di muoversi e di gesticolare... Anche in questi casi, la satira sottintende alcuni valori: per esempio, nel Medioevo, i contadini erano esclusi dai valori cortesi, a cui invece i poeti aderivano; nell'Ottocento, i neri erano esclusi dalla cultura e dalla civiltà dei bianchi, a cui appartenevano gli scrittori che li prendevano in giro. Nella maggior parte dei casi, tuttavia, la satira contro i potenti diffonde valori nuovi, è un elemento che contribuisce al progresso della società, mentre la satira contro le classi subalterne si basa su valori consolidati ed è, dal punto di vista culturale, un atteggiamento conservatore. Ogni caso, comunque, dev'essere valutato in sé, al di fuori di schemi ideologici troppo rigidi.

Altan, vignetta del 25 giugno 1999

un cantico tedesco, lento lento
per l'aër sacro[28] a Dio mosse le penne[29];
era preghiera, e mi parea lamento,
d'un suono grave flebile solenne,
tal che sempre nell'anima lo sento:
e mi stupisco che in quelle cotenne[30],
in que' fantocci esotici di legno[31],
potesse l'armonia fino a quel segno[32].

Sentia, nell'inno, la dolcezza amara
de' canti uditi da fanciullo; il core
che da voce domestica gl'impara,
ce li ripete i giorni del dolore:
un pensier mesto della madre cara,
un desiderio di pace e d'amore,
uno sgomento di lontano esilio,
che mi faceva andare in visibilio[33].

Il tono ironico

La narrazione è condotta dall'autore in tono fortemente ironico. Tale ironia emerge in particolare:

- nei punti in cui il poeta si rivolge direttamente al suo interlocutore, prendendolo bonariamente in giro;
- nei punti in cui descrive i soldati, utilizzando termini volutamente anti-eroici;
- nei punti in cui descrive le proprie reazioni e i propri sentimenti alla vista dei soldati (*cominciai a non esser più io, ubbìe* ecc.).

Attivati!

- Individua i punti in cui l'autore si rivolge alla «Eccellenza» e sottolinea termini ed espressioni ironiche.
- Elenca alcuni dei termini usati dal poeta per descrivere in chiave ironica i soldati austriaci.

....
....
....

- Perché il poeta ironizza anche su se stesso? Da che cosa si capisce, già in questi versi, che la sua reazione istintiva non è del tutto condivisibile?

E, quando tacque, mi lasciò pensoso
di pensieri più forti e più soavi.
– Costor, – dicea tra me, – re pauroso
degl'italici moti e degli slavi[34],
strappa a' lor tetti[35], e qua, senza riposo
schiavi li spinge, per tenerci schiavi;
gli spinge di Croazia e di Boemme[36],
come mandre a svernar nelle maremme[37].

A dura vita, a dura disciplina,
muti, derisi, solitari stanno,
strumenti ciechi d'occhiuta rapina[38],
che lor non tocca e che forse non sanno;
e quest'odio, che mai non avvicina
il popolo lombardo all'alemanno,
giova a chi regna dividendo, e teme
popoli avversi affratellati insieme.

28 per l'aer sacro: nell'atmosfera sacra, cioè all'interno della chiesa.
29 a Dio mosse le penne: si levò, come in volo, rivolto a Dio.
30 in quelle cotenne: in quelle pellacce da soldato.
31 esotici di legno: stranieri e rigidi (come ha detto in precedenza, vv. 17-24).
32 fino a quel segno: fino a quel punto.
33 mi faceva andare in visibilio: mi commuoveva profondamente.
34 re pauroso ... slavi: un sovrano timoroso dei moti per l'indipendenza, sia italiani che slavi.
35 a' lor tetti: alle loro case.
36 Boemme: Boemia.
37 maremme: le pianure costiere a cui scendono le mandrie d'inverno, dopo aver passato l'estate sui pascoli montani.
38 occhiuta rapina: furto commesso con cura; l'autore si riferisce allo sfruttamento economico del Lombardo-Veneto, una delle ragioni che spingevano queste regioni a chiedere l'indipendenza dall'Austria.

I soldati tedeschi cantano e la commozione del poeta si trasforma in un sentimento di pietà e di profonda comprensione: non siamo più di fronte a fantocci oggetto di scherno e di irrisione, ma ad uomini, lontani dalla loro patria e dai loro affetti.

Povera gente! lontana da' suoi;
in un paese qui che le vuol male,
chi sa che in fondo all'anima po' poi[39]
non mandi a quel paese il principale![40]
Gioco[41] che l'hanno in tasca[42] come noi.
Qui, se non fuggo, abbraccio un caporale,
colla su' brava mazza di nocciòlo[43],
duro e piantato lì come un piòlo.

39 po' poi: poi, in fin dei conti.
40 il principale: l'imperatore.
41 Gioco: scommetto.
42 l'hanno in tasca: lo tengono caro (ironico: lo detestano).
43 mazza di nocciolo: i caporali dell'esercito austriaco portavano un bastone di legno, una sorta di manganello.

La riflessione politica e morale

Nella parte conclusiva della poesia, il poeta espone la sua riflessione: commosso prima dal coro di Verdi e poi dal cantico tedesco dei soldati, egli riflette sulla condizione di questi ultimi e giunge a riconoscere la condizione di *strumenti* dei soldati stessi e il valore della fratellanza universale. Il tono ironico degli ultimi versi non attenua la serietà di questa riflessione.

Attivati!

- Quali parole sono dedicate ai soldati? Quali ai dirigenti politici a cui i soldati ubbidiscono? Verifica sul testo il diverso giudizio del poeta nei confronti di queste due categorie di persone.
  - soldati ....
  - politici ....

Guida alla lettura

I temi

Una poesia risorgimentale La poesia di Giusti è stata scritta, come abbiamo detto, nel **1845**, cioè **nel pieno dell'epoca risorgimentale.** Giusti condivideva gli ideali di unità nazionale del **Risorgimento** e si opponeva quindi alla politica dell'Impero austriaco, che controllava gran parte dell'Italia, direttamente (come nel caso del Lombardo-Veneto, che era territorio dell'impero) o indirettamente (condizionando la politica dei sovrani locali).
La poesia fa **evidente riferimento** a questo contesto storico, ma sviluppa il discorso sulla base di valori più universali: il poeta **non si limita a scrivere versi "militanti"**, a favore dell'unità d'Italia e contro la politica austriaca, ma **invita il lettore a una riflessione più alta.** Non si tratta infatti di contrapporre italiani e austriaci, ma di riconoscere che i popoli sono fratelli nelle loro aspirazioni di fondo, nei loro sentimenti elementari (*un pensier mesto della madre cara, / un desiderio di pace e d'amore, / uno sgomento di lontano esilio* ecc.), e le divisioni e le contrapposizioni sono provocate dai potenti, per il proprio tornaconto (*quest'odio, che mai non avvicina / il popolo lombardo all'alemanno, / giova a chi regna dividendo, e teme / popoli avversi affratellati insieme*).
In un'epoca in cui era facile assumere atteggiamenti nazionalisti e di odio nei confronti degli stranieri, il **messaggio di Giusti rivela un equilibrio raro** e deve essere apprezzato per la sua carica umana universale.

Lo stile

Il registro colloquiale Come nelle satire di Orazio, Giusti ricorre in Sant'Ambrogio a un **tono medio**, vicino a quello della **conversazione quotidiana.** Il carattere colloquiale è testimoniato innanzitutto dalla presenza di un vero e proprio **dialogo** con l'anonima Eccellenza a cui il poeta finge di rivolgersi (*Scusi, Eccellenza...*; *Che vuol ella, Eccellenza...*). Ma più in generale Giusti gioca sull'**alternanza fra toni diversi:** quelli più **bassi e popolareschi,** legati all'uso di espressioni toscane (oggi diremmo dialettali) come *che fa il nesci* o *que' còsi* o *l'ubbìe si buttan là*; e quelli **più elevati**, benché non solenni, laddove si affrontano i temi etici centrali della poesia (*sùbita dolcezza, una gente che gema in duri stenti / e de' perduti beni si rammenti, un cantico tedesco, lento lento / per l'aër sacro a Dio mosse le penne*).
Questi diversi elementi non sono semplicemente giustapposti, ma mescolati fra loro: l'**ironia** infatti **emerge nel mezzo della commozione** e il registro basso interviene a evitare che il messaggio etico cada nella retorica.

Attività

Comprensione

1 Verifica la tua comprensione del testo rispondendo alle seguenti domande.

a. *Dove si svolge la vicenda?*
☐ a Milano ☐ a Firenze ☐ in Austria

b. *Quanti brani musicali vengono eseguiti?*
☐ uno ☐ due ☐ tre

c. *Da dove vengono i soldati fra cui il poeta si trova suo malgrado?*
☐ dall'Austria, che ai tempi controllava il Lombardo-Veneto
☐ da alcune regioni europee sottoposte al governo austriaco
☐ da alcune regioni italiane sottoposte al governo austriaco

2 Ricostruisci la vicenda, riassumendola brevemente in una tabella simile alla seguente dopo aver diviso il testo in sequenze.

sequenza 1 - vv. 1-...	
sequenza 2 - vv. ...-...	
sequenza ... - vv. ...-...	

3 Alla fine della poesia l'autore
☐ abbraccia un caporale austriaco
☐ fugge dalla chiesa
Perché? ....

Analisi

4 Quali sentimenti suscita nel poeta l'ascolto del brano di Verdi? Rispondi facendo le opportune citazioni dal testo.

5 Quali riflessioni suscita l'ascolto del cantico tedesco? Rispondi facendo le opportune citazioni dal testo.

6 Nella poesia si assiste a una progressiva presa di coscienza del poeta, che possiamo scandire in tre tappe.
- Appena arrivato in chiesa, il poeta vede.................. .... e sente .... e reagisce ....
- La commozione legata a .... lo spinge in seguito a ....
- Dopo che .... interviene in lui la riflessione e ....

7 Indica se le seguenti espressioni appartengono al registro basso, medio o alto della lingua.
- scherzucci di dozzina ....
- in tutt'altre faccende affaccendato ....
- piovuto in mezzo / di quella maramaglia ....
- a consacrar la mistica vivanda ....
- era preghiera, e mi parea lamento ....
- schiavi li spinge, per tenerci schiavi ....

8 I soldati austriaci sono indicati dal poeta attraverso una serie di metafore molto colorite. Individuale nel testo, completando il nostro elenco, e spiega la scelta dell'autore.
- messi qui nella vigna a far da pali
- con que' musi
- quella maramaglia
- que' còsi
- entrai nel branco
- ....
- ....
- ....
- ....

Rifletti, confronta, scrivi

9 La poesia di Giusti testimonia la forza della musica, un'arte capace di suscitare in noi pensieri ed emozioni impreviste e involontarie. Quale tipo di musica suscita in te maggiori emozioni? C'è un artista in particolare che riesce a coinvolgerti più degli altri? Perché? A partire dal testo letto e dalla tua esperienza personale, esponi le tue riflessioni su questo argomento in un tema di due colonne di foglio protocollo.

Una scena dei *Lombardi alla prima crociata* (1843) di Giuseppe Verdi, rappresentata al Teatro Regio di Parma nel 2009

Cecco Angiolieri, nato a Siena nel 1260 circa e morto nel 1312, è un poeta italiano. Membro di una famiglia senese assai potente, nelle lotte fra guelfi (sostenitori del papa) e ghibellini (sostenitori dell'imperatore), si schiera con i primi. Nel 1289 combatte a fianco dei Fiorentini contro Arezzo a Campaldino, ed è possibile che qui abbia conosciuto Dante Alighieri, che è menzionato più volte nei suoi sonetti. Nel corso della sua vita incorre in numerosi problemi con la giustizia: viene multato più volte e processato per i suoi comportamenti aggressivi e antigovernativi. Intorno al 1296 viene allontanato da Siena per motivi politici e alla sua morte i suoi cinque figli preferiscono rinunciare all'eredità, perché troppo gravata dai debiti.

T4

Cecco Angiolieri

S'i' fosse fuoco

da *Poeti del Duecento*, a cura di G. Contini, Ricciardi-Mondadori

Questo sonetto è sicuramente il più celebre di Cecco Angiolieri, e ne esprime il carattere burlesco e impetuoso: il poeta immagina cosa farebbe al mondo intero, e ai suoi genitori, se fosse dotato di poteri straordinari, come quelli del fuoco, del vento, dell'acqua, di Dio, del papa o dell'imperatore...

Metro: sonetto con schema ABBA ABBA CDC DCD

COLLEGAMENTI
- > L'anafora, p. 44
- > L'iperbole, p. 47
- > Leggere un'epoca, p. 237
- > Leggere un tema, p. 279
- > *Tre cose solamente*, p. 261

S'i' fosse fuoco[1], arderei 'l mondo;
s'i' fosse vento, lo tempestarei[2];
s'i' fosse acqua, i' l'annegherei;
s'i' fosse Dio, mandereil' en profondo[3];

s'i' fosse papa, allor serei giocondo[4],
ché tutti cristïani imbrigarei[5];
s'i' fosse 'mperator, ben lo farei:
a tutti tagliarei lo capo a tondo[6].

S'i' fosse morte, andarei a mi' padre;
s'i' fosse vita, non starei con lui:
similemente faria[7] da mi' madre.

S'i' fosse Cecco, com'i' sono e fui,
torrei[8] le donne giovani e leggiadre[9]:
le zop[p]e e vecchie lasserei altrui[10].

1 **S'i' fosse fuoco:** se io fossi fuoco.
2 **lo tempesterei:** lo riempirei di tempeste.
3 **mandereil' en profondo:** lo sprofonderei nell'abisso.
4 **giocondo:** allegro, felice.
5 **ché tutti cristïani imbrigarei:** perché imbroglierei tutti i cristiani.
6 **a tutti taglierei lo capo a tondo:** farei tagliare la testa a tutti.
7 **similemente faria:** farei lo stesso.
8 **torrei:** prenderei.
9 **leggiadre:** belle.
10 **lasserei altrui:** lascerei agli altri.

Lessico e stile

L'iperbole

L'**iperbole** è una figura retorica che riguarda il significato e consiste nell'esagerazione assurda e apertamente inverosimile di un concetto. Può essere considerata una forma ampliata di adynaton, ed è molto usata nel linguaggio comune, anche se in maniera ormai del tutto inconsapevole. Quando ci dicono ad esempio che un film fa "morire dalle risate", oppure che un nostro amico è "al settimo cielo", non pensiamo certo di dover prendere queste frasi alla lettera: sappiamo capire che si tratta di esagerazioni, di iperboli appunto, entrate nel frasario comune, tra i modi di dire.

- Quali altri esempi di iperbole ti vengono in mente?

Guida alla lettura

I temi

Un autoritratto ironico In questo sonetto, il poeta fa un **ritratto irriverente** e **goliardico** di se stesso, rappresentandosi prima come un uomo **irascibile** e **violento**, che **non ha pietà** per nessuno, che vorrebbe **annientare** il mondo intero, farsi beffe dei cristiani se fosse il papa, decapitare i propri sudditi se fosse l'imperatore, uccidere i propri genitori. Poi però si scopre per quello che è un **uomo beffardo** e **autoironico**, che vorrebbe godere appieno dei piaceri della vita, e in particolare circondarsi di belle donne.

Lo stile

Una struttura che funziona Il sonetto si basa sulla combinazione di **due figure retoriche**, una relativa alla **struttura** formale, l'altra al **contenuto**: si tratta dell'**anafora**, la ripetizione all'inizio verso di una o più parole, e dell'**adynaton**, che alla lettera significa "impossibile" e che si basa sulla menzione di un evento irrealizzabile, assurdo.
Qui l'*adynaton* è ripetuto quasi ad ogni verso, amplificato, enfatizzato. Cecco costruisce il suo sonetto su una serie di "eventi irrealizzabili", e inizia da quelli di segno negativo, seguendo un preciso **schema**, che va **dal più grande al più piccolo, dall'universale al particolare**. Nella prima quartina, infatti, immagina di potersi incarnare in tre dei quattro **elementi naturali** (fuoco, aria, acqua) e poi in Dio stesso, che ne è il creatore e sovrintende ad essi; nella seconda quartina "scende" poi sulla terra e si cala nei panni delle due massime **autorità terrene** della sua epoca, il papa e l'imperatore; nella prima terzina si identifica addirittura con la **vita** e con la **morte**, ma per agire soltanto **su due persone** (il padre e la madre), non sul mondo intero come in precedenza. Abbiamo quindi un processo di progressivo "**restringimento degli obiettivi**": dall'universo, al mondo cristiano, governato da papa e imperatore, ai due genitori. Nella seconda terzina poi il registro muta: il poeta non parla più di eventi irrealizzabili e non immagina più di assumere identità impossibili, ma torna **se stesso** (*S'i' fosse Cecco, com'i' sono e fui*) e dichiara espressamente quali sono le **sue intenzioni**: prendere per sé le donne più belle e giovani e lasciare agli altri quelle brutte e vecchie. Il tono iracondo e apocalittico delle prime tre terzine, in cui si parlava di morte e distruzione, sebbene in tono ironico, crolla di fronte a un progetto ben più **scherzoso e gaudente**.

Attività

Comprensione

1 **Verifica la tua comprensione del testo rispondendo alle seguenti domande.**

a. *Cecco vorrebbe essere*
- ☐ fuoco, terra, aria, acqua
- ☐ fuoco, vento, acqua, Dio
- ☐ fuoco, vento, aria, acqua

b. *Cecco vorrebbe essere papa per*
- ☐ avere più poteri dell'imperatore
- ☐ guidare le crociate
- ☐ imbrogliare i cristiani

c. *Se Cecco fosse la morte*
- ☐ andrebbe diretto da suo padre e da sua madre
- ☐ fuggirebbe via dai suoi genitori
- ☐ risparmierebbe se stesso

2 **Che cosa farebbe Cecco se fosse se stesso?**

3 **Fai la parafrasi del sonetto.**

Analisi

4 **Spiega perché questo componimento è un sonetto.**

5 **Le figure retoriche su cui è costruito il sonetto sono due. Quali? Individuale, spiegane il significato con parole tue e illustrale con opportuni esempi tratti dal testo.**

6 **Perché, a tuo parere, dopo Dio Cecco sceglie proprio il papa e l'imperatore?**

Rifletti, confronta, scrivi

7 **E tu con che cosa vorresti identificarti? E che cosa faresti in quelle vesti? Scrivi un elenco "serio" e un elenco burlesco, sul modello di quello di Cecco Angiolieri.**
- se io fossi ....
- ....
- ....
- ....
- ....
- ....
- ....
- ....
- ....
- ....

Giovanni Giudici, nato a Porto Venere (La Spezia) nel 1924, è un poeta e giornalista italiano. Rimasto orfano di madre a tre anni, segue il padre che è costretto a spostarsi per lavoro in varie città e finalmente si stabilisce a Roma. Frequenta varie scuole cattoliche, inizia a scrivere poesie d'occasione, poi si iscrive alla facoltà di medicina, ma si appassiona soprattutto di letteratura e finisce per laurearsi in letteratura francese. Intanto scrive racconti e, dopo la guerra, inizia l'attività di giornalista, che continuerà per tutta la vita. Il primo libro di versi viene pubblicato nel 1953, ma il successo arriva nel decennio successivo, con le opere *L'educazione cattolica*, *La vita in versi* e *Autobiologia*, che impongono Giudici come una delle voci più interessanti della sua generazione. Le sue poesie vengono raccolte nel 2000 nel volume *I versi della vita*, ma lo scrittore non interrompe la sua produzione, alternando opere di carattere colloquiale, narrativo, apparentemente più semplici (come la già citata *Educazione cattolica* o *Quanto spera di campare Giovanni*, del 1993), e opere di arduo sperimentalismo ispirate ai grandi modelli della poesia medievale, tra cui ricordiamo *O Beatrice* (1972) e *Salutz* (1986).

T5

Giovanni Giudici

Il catechismo illustrato

da G. Giudici, *Poesie scelte (1957-1974)*, a cura di F. Bandini, Mondadori

Tradizionalmente, la Chiesa cattolica riconosce a sette peccati un'importanza particolare, poiché da essi dipendono tutti gli altri. Essi sono: ira, superbia, gola, avarizia, accidia (ovvero pigrizia), invidia e lussuria (ovvero sessualità eccessiva e incontrollata). Il poeta da ragazzo frequentò scuole cattoliche e ricevette lezioni di catechismo. Fra i suoi libri, egli ne ricorda uno "con le figure", destinato appunto ai ragazzi, in cui tutti i peccati erano illustrati con chiarezza, tranne uno – ovviamente, la lussuria!

Metro: versi liberi, con qualche rima sparsa

COLLEGAMENTI
> La poesia civile, p. 171
> E. Sanguineti, *Piangi piangi*, p. 232

L'ira era chiara nel catechismo illustrato:
uno mostrava il pugno, sembrava gridasse.
Il superbo passava diritto, il goloso mangiava,
l'avaro ricontava le sue monete d'oro,
l'accidioso[1] era scalzo e contro un muro dormiva,
un bieco[2] era l'invidia che a due felici guardava.

Ma non altrettanto chiaro il vizio della lussuria:
accanto a una finestra – TRISTI EFFETTI[3]
una nota ammoniva
– di caffellatte o di brodo fumante porgeva la tazza
la donna curva all'uomo adagiato in poltrona.
Erano, soli in casa, due vecchietti
e oltre quei vetri – probabilmente – una piazza.

1 **l'accidioso:** il pigro.
2 **un bieco:** un malvagio, un cattivo.
3 **tristi effetti:** tristi conseguenze (della lussuria); è la didascalia (la "nota") che commenta l'immagine, ammonendo il lettore.

Lessico e stile

Catechismo

La parola **catechismo** deriva dal greco *catechein*, che significava "istruire". Essa indica, a seconda dei casi, l'insieme dei principi di una religione o di un'ideologia, il libro che li contiene, l'insegnamento di tali principi (che tradizionalmente avviene attraverso domande e risposte: il termine greco ha la stessa radice di echo, "voce": il catechismo riproduce quindi l'insegnamento orale). Il catechismo illustrato di cui parla Giudici è evidentemente un libro destinato ai bambini, in cui le spiegazioni dei concetti fondamentali della religione cattolica sono accompagnate da illustrazioni esplicative.

- Che differenza c'è, dal punto di vista strutturale, fra un libro di catechismo e un manuale?
- Quali altri esempi di catechismo conosci, oltre a quello legato all'insegnamento della religione?

Guida alla lettura

Il tono ironico La poesia di Giudici presenta due evidenti **caratteristiche tipiche** del genere satirico: innanzitutto fa riferimento a un **episodio autobiografico** (il poeta rammenta infatti di aver letto, da ragazzo, il libro illustrato del catechismo, su cui si trovavano le immagini che descrive); in secondo luogo, assume un **atteggiamento ironico**, coinvolgendo il lettore nel distacco con cui osserva il libro e se stesso bambino. Bisogna infatti notare che l'**ironia** di Giudici non è rivolta solo **verso l'ovvia censura** operata dall'illustratore, che non potendo rappresentare il peccato della lussuria illustra le sue presunte conseguenze; ma è rivolta anche **verso il se stesso di un tempo** e la sua ingenuità infantile.

I temi

L'educazione cattolica La poesia fa parte di una raccolta intitolata *L'educazione cattolica*, in cui Giudici ripercorre la propria giovinezza e **riflette sull'educazione ricevuta** e sulle sue conseguenze, per lo più negative. In questo caso, però, **il tono è sorridente**, più che amaro o risentito: Giudici osserva nella prima strofa il carattere banale e poco interessante delle illustrazioni che accompagnavano i primi sei peccati capitali; mentre si sofferma sull'ultima, che proprio per il suo carattere diverso, strano, suscitava in lui mille fantasie, mille domande (che cosa ci sarà nella tazza che la donna porge all'uomo? che cosa ci sarà dietro i vetri della finestra? ecc.).

La satira del perbenismo L'ingenua **censura dell'illustratore**, che evidentemente intendeva rappresentare i danni alla salute derivanti da un'attività sessuale sregolata, finisce quindi per ottenere l'**effetto opposto** a quello desiderato: l'immagine colpisce la fantasia del bambino più di tutte le altre, ma soprattutto non gli trasmette l'idea di un pericolo, di un male da evitare, bensì gli suscita fantasie di pace e di tenerezza coniugale.

Lo stile

Il registro colloquiale Tipico della poesia satirica, come abbiamo visto, è il **registro colloquiale.** Anche da questo punto di vista la poesia di Giudici presenta i **caratteri tipici del suo genere:** l'uso di versi liberi e tendenzialmente lunghi conferisce al testo un **carattere quasi prosastico**, così come la scarsità di rime, la cui funzione sembra essere soprattutto quella si segnalare la fine della strofa.
Ma è soprattutto il **registro linguistico** a caratterizzare il testo in senso colloquiale: non si trovano infatti nella poesia né termini arcaici, iperletterari o comunque insoliti, né metafore difficili, ricercate, sperimentali. Il poeta si **rivolge al lettore con cordialità**, invitandolo a condividere la sua esperienza e il suo giudizio su di essa.

Attività

Comprensione

1 **Verifica la tua comprensione del testo rispondendo alle seguenti domande.**

a. *Quali sono, secondo il catechismo illustrato, i «tristi effetti» della lussuria?*
- ☐ la vecchiaia
- ☐ la malattia
- ☐ la stanchezza

b. *Che cosa contiene, a tuo parere, la tazza che la donna curva offre all'uomo?*
- secondo il poeta-bambino ....
- secondo il libro di catechismo ....

2 **Completa la seguente tabella, descrivendo il modo in cui è illustrato ogni vizio nel catechismo del poeta.**

ira	un uomo urla e stringe il pugno
superbia	
gola	
avarizia	

3 **Che cosa significa la scritta «TRISTI EFFETTI» che commenta la settima immagine del libro?**

Analisi

4 **L'illustrazione della lussuria suscita nel poeta domande e fantasie. A partire dal testo, individua**
- che cosa rappresenta realmente l'immagine del catechismo
- che cosa vede l'ingenuo bambino che studia su quel libro

5 **Osserva la struttura del testo e spiega perché, a tuo avviso, il poeta non ha costruito due strofe perfettamente simmetriche.**

6 **Osserva la disposizione delle rime.**
- Quali parole coinvolgono?
- In quali casi si trovano in posizione particolare?

Rifletti, confronta, scrivi

7 **Capita spesso di ricordare esperienze avvenute nell'infanzia, il cui significato ci è rimasto allora misterioso, mentre si chiarisce a distanza di anni, una volta acquisita una diversa consapevolezza di sé e del mondo. Ti è mai capitato di vivere un'esperienza del genere? Raccontala in un testo di due colonne di foglio protocollo.**

8 **Scegli uno dei vizi menzionati nella poesia, poi immagina come può essere e come può agire una persona che ne sia colpita. Scrivine quindi una descrizione in un testo di circa 20 righe, che comprenda aspetto esteriore, carattere, atteggiamenti e comportamenti in alcune situazioni concrete.**

La pittura satirica

Nel primo dopoguerra, la satira sociale è allo stesso tempo satira politica. Caratteristico degli artisti appartenenti al movimento tedesco della "Nuova oggettività" fu il volersi gettare nella mischia, essere fedeli alla verità, sfuggendo da ogni evasione nel sogno o nelle effusioni del sentimento, per mezzo di una pittura di denuncia che svelasse ciò che veniva accuratamente celato dietro l'ipocrisia, l'apparente rispettabilità della società borghese. La Germania stava vivendo la breve stagione della Repubblica di Weimar, quando era ormai chiaro che l'uscita dalla Prima guerra mondiale aveva portato con sé – assieme all'inflazione, alla fame, alla miseria, al generale decadimento morale – uno stato di connivenza e di compromesso ai vertici dello Stato cui si sarebbe reagito in un primo momento con l'affermazione della socialdemocrazia e poi col nazismo.

La pittura cruda e graffiante di stampo espressionista di **George Grosz** fu la dimostrazione concreta dell'urgenza di un moto morale. Per Grosz la pittura deve avere per oggetto la realtà circostante, ovvero la società dominata dalla violenza, dalla corruzione, dal caos morale e, quanto allo stile, egli stesso dichiarerà di averlo forgiato «a punta di coltello», traendo ispirazione dalle immagini disegnate sui muri degli "orinatoi". *I pilastri della società* **[1]**, del 1926, mette in scena i ceti dirigenti tedeschi: il grasso giornalista, asservito al potere, non "vede", è strabico e porta sul capo un vaso da notte; il parlamentare è privo della scatola cranica e al posto del cervello reca escrementi; il prete beone dal naso rosso benedice con un ghigno un mondo in fiamme; in primo piano, la figura più minacciosa è un militante che ostenta la croce nazista e ha in testa pensieri fumosi e guerrafondai di cavalieri con la lancia in resta: l'espressione, i muscoli tesi nascondono una collera pronta ad esplodere.

Uno dei maestri di George Grosz era stato **William Hogarth**, un artista inglese del primo Settecento, che aveva impiegato la pittura satirica e caricaturale come strumento di critica ai costumi corrotti della società. Per Hogarth la satira fu gioco burlesco, teatro comico senza però alcun lieto fine. La *Carriera del libertino* – una serie di otto dipinti che sviluppano la vicenda di un giovane "alla moda", dalla sua progressiva corruzione alla conseguente caduta – si conclude irrimediabilmente con la morte in manicomio. Nel *Matrimonio alla moda*, altra opera seriale, tutta la società coopera affinché le regole del vivere sociale siano piegate a biechi interessi. Tra i sei dipinti, il *Contratto* **[2]**, del 1744, mostra i due futuri coniugi nella reciproca indifferenza, mentre il decaduto aristocratico gottoso ostenta le proprie vuote ascendenze genealogiche dinanzi al ricco borghese che, in cambio della nobilitazione, sacrificherà i sentimenti della figlia, non senza un'accurata lettura del contratto matrimoniale.

[1]

[2]

Wisława Szymborska, nata a Kórnik nel 1923, è una poetessa e saggista polacca. La sua famiglia nel 1931 si trasferisce a Cracovia, città alla quale Szymborska è rimasta legata per tutta la vita. Si diploma nel 1941, in piena guerra mondiale, seguendo corsi clandestini sotto l'occupazione tedesca, ma non conclude gli studi universitari. Comincia a scrivere poesie negli anni Quaranta, influenzata dal grande poeta polacco Czesław Miłosz, pubblicando regolarmente su riviste e giornali. Il suo primo libro, però, non supera i rigidi controlli della censura del governo polacco del dopoguerra, rigidamente comunista e filosovietico, perché troppo intimistico e originale, diverso dalle opere della cultura socialista. Szymborska cerca quindi di adeguarsi ai canoni letterari del regime, elogiando il governo e il suo operato; solo a partire dagli anni Sessanta, prende le distanze da questo «peccato di gioventù» (come l'ha definito lei stessa), diventando poi un'attiva oppositrice del regime comunista polacco negli anni Ottanta. Intanto continua a pubblicare poesie: la sua prima raccolta importante è *Appello allo Yeti*, del 1957, a cui seguono molti altri libri (l'ultimo, *Due punti*, del 2005). Nel 1996 riceve il premio Nobel per la letteratura.

T6

Wisława Szymborska

Concorso di bellezza maschile

da W. Szymborska, *Opere* a cura di P. Marchesani, Adelphi

Wisława Szymborska è divenuta famosa dopo l'assegnazione del premio Nobel per la letteratura nel 1996. Le sue poesie sono caratterizzate da toni ironici e umoristici e affrontano i grandi temi della condizione umana e della storia attraverso brevi aneddoti, tra il divertente e l'amaro.
Nei versi che proponiamo, pubblicati nella raccolta Sale *(1962), la poetessa descrive un concorso di bellezza maschile: il candidato, con la pelle unta d'olio per renderla lucida e mettere in evidenza i muscoli, finge di lottare contro una persona travestita da orso e tre giaguari inesistenti. La poetessa commenta lo spettacolo con divertito distacco.*

COLLEGAMENTI

> I contenuti tematici, p. 50
> L'esagerazione, p. 47

In tensione da mascella a tallone[1].
Su di lui brilla olio a profusione.
Campione viene acclamato solo chi
come una treccia è attorcigliato[2].

Ingaggia una zuffa[3] con un orso nero,
minaccioso (ma comunque non vero).
Di tre grossi giaguari invisibili
si disfa con tre colpi, terribili.

Divaricato[4] e accosciato è divino.
La sua pancia ha facce[5] a dozzine.
Lo applaudono, lui fa un inchino
e ciò grazie alle giuste vitamine.

1 da mascella a tallone: dalla testa ai piedi.
2 come una treccia è attorcigliato: è teso come una corda intrecciata, ha tutti i muscoli in evidenza.
3 Ingaggia una zuffa: si mette a lottare.
4 divaricato: a gambe aperte.
5 facce: sfaccettature (quelle dei muscoli addominali in tensione).

Guida alla lettura

Dove sta la bellezza? La poesia, come chiarisce il titolo, descrive un **concorrente di un concorso di bellezza maschile.** L'uomo, unto per mettere in rilievo i muscoli, si esibisce davanti a un pubblico che sembra apprezzarlo (alla fine infatti applaude), fingendo di lottare con delle belve feroci e assumendo diverse posizioni. L'autrice basa quindi la sua poesia su un **aneddoto**, una **scenetta tratta dalla vita reale**, e assume nei confronti della sua materia un **tono ironico e distaccato**, proprio della tradizione satirica.

I temi

La bellezza: ammirazione e distacco
Il tema della bellezza è evidentemente al centro della poesia, come rivela il titolo. Nei confronti della bellezza l'autrice **esprime** senza dubbio **ammirazione**, lo spettacolo a cui assiste evidentemente l'affascina; quando definisce *divino* l'uomo e *terribili* i suoi colpi esprime le proprie **sincere impressioni**.

Nello stesso tempo, però, cogliamo nei suoi versi un **distacco**: è la consapevolezza che quanto si svolge sotto i suoi occhi è una **messinscena**, una rappresentazione, e contiene quindi un elemento di **falsità**. I muscoli sono enfatizzati dall'olio che unge il corpo del concorrente, le belve contro cui lotta sono finte o immaginarie, la sua "divinità" legata alla buona alimentazione (le *vitamine*) e ha quindi un carattere tutto terreno, umano.

Lo stile

La tecnica dell'esagerazione Il **distacco** dell'autrice si concretizza nella **battuta finale**, vera e propria **"punta" epigrammatica** della poesia, ma emerge fin dall'inizio nell'insistenza sul carattere "esagerato" dello spettacolo a cui assiste: in tutte le immagini della poesia l'autrice infatti adotta la tecnica dell'**iperbole** per far condividere al lettore il suo atteggiamento di distacco e di ironia. Così, per esempio, l'uomo non è semplicemente in tensione, ma lo è completamente (*da mascella a tallone*); non è semplicemente unto, ma cosparso di olio *a profusione*, l'orso è *nero* e *minaccioso*, i giaguari sono *grossi* e i colpi con cui l'uomo se ne libera *terribili* e così via.

Tanto più, dopo un simile elenco, appare **volutamente prosaico l'accenno alle vitamine**, vera causa della bellezza e della forza dell'uomo.

Attività

Comprensione

1 **Verifica la tua comprensione del testo rispondendo alle seguenti domande.**

a. *La poesia descrive*
- ☐ un culturista
- ☐ un ballerino
- ☐ un domatore di belve

b. *L'espressione «a profusione» (v. 2) significa*
- ☐ a macchie
- ☐ a cascata
- ☐ in abbondanza

2 **Da quali parole capiamo che**
- l'uomo è muscoloso? ....
- l'uomo è molto bello? ....
- l'orso e i giaguari non sono reali? ....
- c'è un pubblico? ....

3 **Spiega che cosa descrive la poesia, completando la seguente tabella.**

I strofa	
II strofa	
III strofa	

Analisi

4 **Spiega la similitudine alla fine della prima strofa.**

5 **Individua nella poesia alcuni esempi di esagerazione o iperbole.**

6 **Sottolinea nel testo i punti in cui emerge il carattere ironico della descrizione e motiva le tue scelte.**

7 **Spiega il significato dell'ultimo verso, tenendo conto che in esso si trova la chiave di lettura dell'intera poesia.**

Rifletti, confronta, scrivi

8 **I concorsi di bellezza femminili sono al centro di numerose polemiche perché una parte dell'opinione pubblica li considera espressione di maschilismo. Qual è la tua opinione in proposito? Documentati su questo argomento, raccogliendo interviste e articoli di giornale, poi esprimi la tua opinione in un tema argomentativo, tenendo conto anche della poesia letta.**

9 **Cura del corpo e pratica sportiva sono da sempre legate. Oggi però si ricorre spesso ad altri mezzi, e per alcuni l'"estetica" diventa una vera e propria ossessione: diete, integratori e persino interventi chirurgici... Qual è il tuo atteggiamento nei confronti del tuo corpo? Ti sembra di prendertene cura abbastanza? O potresti fare di più? Ci sono parti che non ti piacciono e che cambieresti? Quali sono le cure che ritieni appropriate e salutari? Ce ne sono alcune che credi pericolose o dannose? Rifletti su questi argomenti in un tema di tre colonne di foglio protocollo.**

Applichiamo il metodo

Stefano Benni, nato a Bologna nel 1947, è uno scrittore e giornalista italiano tra i maestri della letteratura umoristica. È autore di poesie, racconti e romanzi di successo, nei quali ironizza in modo anche feroce sulla società italiana degli ultimi decenni. Il suo stile si caratterizza per l'ampio uso di giochi di parole, neologismi, parodie di altre forme letterarie; si è cimentato con generi diversi – dall'horror al giallo alla fantascienza – sempre con una vena ironica o comica, ma rispettando le principali convenzioni di ciascun genere. Ha esordito nel 1976 con i racconti di *Bar Sport*, cui hanno fatto seguito altre raccolte (*Il bar sotto il mare*, *Bar sport 2000*) e vari romanzi, tra cui *Terra!*, *La Compagnia dei Celestini*, *Achille piè veloce* e *Margherita Dolcevita*. Le sue poesie sono raccolte nei volumi *Prima o poi l'amore arriva* (1981), *Ballate* (1991) e *Blues in sedici* (1998). È anche autore di testi teatrali e di sceneggiature cinematografiche.

T7

Stefano Benni

Overdose

da S. Benni, *Prima o poi l'amore arriva*, Feltrinelli

La poesia parla di un giornalista che deve scrivere un articolo sui giovani che si drogano. Le sue parole ci fanno sorridere perché rivelano una contraddizione evidente, di cui il personaggio non è consapevole, e nello stesso tempo ci spingono a riflettere sul problema della droga da un punto di vista insolito, controcorrente, ma fondamentalmente serio.

Metro: versi liberi, con rime frequenti e liberamente disposte

COLLEGAMENTI
> L'ellissi, p. 45
> L'iperbole, p. 47

Si comincia in medias res: il protagonista non ha una buona giornata e ha già bevuto numerosi caffè e fumato in abbondanza.

Dio, la mia testa!
Stamattina
già cinque caffè[1]
e tanta nicotina[2]...
Dammi due cachet[3].

E lo stomaco! Ci ho proprio
un chiodo[4] nel duodeno[5]:
saranno le tre grappe
o i Campari a digiuno?
(Il Martini[6]? ma via
ne ho preso solo uno!)

Piuttosto è la vodka
che m'ha un po' agitato,
per fortuna col Valium
mi sono calmato
(ma, credi a me
il massimo è il Tavor[7]
con gin e Fernet[8]).

Dopo la testa si passa allo stomaco: alcol e tranquillanti sono la causa del male e la cura a un tempo (e meglio di tutto mescolati tra di loro!)

Jean-Michel Basquiat, *Senza titolo: teschio*, 1984

1 **caffè:** il caffè (o meglio la caffeina, che è una delle sostanze contenute nel caffè, ma anche nel tè, nel cacao ecc.) in dosi eccessive provoca eccitazione, nervosismo, accelerazione del battito cardiaco.
2 **nicotina:** la sostanza tossica contenuta nel tabacco e quindi nelle sigarette.
3 **cachet:** pastiglie contro il mal di testa.
4 **un chiodo:** un dolore fisso.
5 **nel duodeno:** il primo tratto dell'intestino, in cui si innesta lo stomaco.
6 **Campari ... Martini:** note marche di bevande alcoliche, usate come aperitivo e nella preparazione de cocktail.
7 **Valium ... Tavor:** medicinali che hanno una funzione tranquillante.
8 **gin e Fernet:** tipi di liquore superalcolico.

I caratteri della poesia satirica

Adesso però
devo star su
fino a domattina,
mi sparo due caffè,
Optalidon e Aspirina
e se proprio crollo
un'Anfetamina[9].

Ah, sì, le sigarette:
io quando lavoro
devo aver lì sul tavolo
una stecca di Marlboro[10]
se no non riesco.

Forza, partiamo!
Due whiskini ghiacciati
e scriviamo un bel pezzo
su quei poveri drogati.

(Ahi, la mia testa,
presto altri due cachet)
Dunque: perché lo fanno?
Perché?
Perché?

9 Optalidon ... Aspirina ... Anfetamina: medicinali di vario tipo, con effetti calmanti o stimolanti.
10 Marlboro: nota marca di sigarette.

Nell'ultima strofa arriva il "colpo di scena": chi parla, tra caffeina, nicotina, alcol, tranquillanti e stimolanti, è un giornalista che deve scrivere un pezzo sui... drogati.

Guida alla lettura

Le contraddizioni del giornalista La poesia presenta un personaggio che parla in prima persona: si tratta di un **giornalista**, incaricato di scrivere un *bel pezzo*, cioè un articolo, sui *poveri drogati* e sulle motivazioni del loro comportamento. Il giornalista stesso, però, senza rendersene conto, è di fatto dipendente da una serie infinita di **sostanze psicotrope** (cioè in grado di agire sulla mente): alcol, caffè, fumo, medicinali di vario tipo... Da qui il **carattere paradossale** del suo discorso e lo **sguardo ironico** con cui il lettore è invitato a osservarlo: il poeta prende in giro la sua **mancanza di consapevolezza** e la **superficialità** con cui giudica *drogati* coloro che consumano sostanze proibite dalla legge, senza rendersi conto che la sua dipendenza da alcol, fumo, caffè ecc. rende anche lui un drogato a tutti gli effetti.

I temi

La droga Benni affronta due argomenti importanti: il primo è evidentemente la **droga**, il secondo è il **giornalismo**.
Per quanto riguarda la droga, è evidente che il poeta ci invita ad **approfondire la riflessione sul tema**, evitando i luoghi comuni e le facili schematizzazioni e riflettendo invece sul concetto di **dipendenza** (il giornalista è evidentemente un drogato in quanto dipendente dalle sostanze di cui fa uso, anche se esse sono tutte legali).
Ma nello stesso tempo il poeta ci invita a esercitare la nostra **capacità di giudizio**, a non fidarci ciecamente degli organi di informazione e dei presunti "esperti". Come sempre, la poesia satirica contiene tra le righe un **messaggio etico**, un invito al lettore ad assumersi le proprie responsabilità.

Lo stile

Tra satira ed epigramma La poesia di Benni ha dunque **carattere satirico**, perché si basa su una "scenetta", un aneddoto divertente. Ma ha anche **carattere epigrammatico**, perché negli ultimi versi contiene la **battuta** che svela al lettore il significato di tutto il testo (il giornalista, che finora si è imbottito di alcol, psicofarmaci e nicotina, deve scrivere un pezzo sui *poveri drogati* e si chiede *perché lo fanno?*).
La battuta finale è tanto più efficace in quanto l'autore ha utilizzato in tutta la poesia la tecnica dell'**iperbole**, o esagerazione, accumulando all'inverosimile gli elementi che rendono imprevedibile, paradossale e quindi comica la conclusione del testo.

Applichiamo il metodo

I caratteri della poesia satirica

■ Quali indizi, in questi primi versi, ci fanno capire che potremmo essere di fronte a una poesia satirica?
- presenza di elementi narrativi
- uso di un lessico molto letterario e ricercato
- uso di un registro linguistico medio-basso
- presenza di riflessioni personali e soggettive
- evidente ricerca di musicalità
- attenzione a un tema sociale come la droga

Il tono umoristico

■ Da che cosa nasce l'umorismo del testo di Benni?
- dall'argomento scelto
- dalla descrizione del personaggio
- dal contrasto fra parole e atteggiamenti del personaggio
- dalla presa in giro dei drogati
- dalla presa in giro dei giornalisti
- dall'uso di evidenti esagerazioni

Attività

Comprensione

1 **Verifica la tua comprensione del testo rispondendo alle seguenti domande.**

a. *Chi è che parla, nei versi di Benni?*
- ☐ un giovane drogato
- ☐ un giornalista
- ☐ il poeta stesso

b. *Che cosa significa «Ci ho proprio / un chiodo nel duodeno»?*
- ☐ ho un terribile mal di stomaco
- ☐ ho un pensiero fisso che mi tormenta
- ☐ ho un mal di testa lancinante

– Un cachet è
- ☐ una piccola somma concessa come rimborso spese
- ☐ un cassetto segreto nella scrivania
- ☐ una pastiglia di antidolorifico

2 **Nella poesia si trovano molti nomi di prodotti realmente esistenti. Sottolineali nel testo, poi completa la seguente tabella, collocandoli nella casella giusta.**

alcolici
medicinali
altre sostanze

Analisi

3 **Quali sono i tratti che caratterizzano il personaggio protagonista della poesia? Fanne un elenco, ricavandoli dal testo.**

4 **Perché possiamo considerare ironica questa poesia? Rispondi considerando il personaggio e le sue caratteristiche.**

5 **Secondo te, come possiamo sintetizzare il tema della poesia?**
- ☐ il poeta è a favore del consumo di droghe leggere
- ☐ il poeta è contrario a tutte le droghe
- ☐ il poeta vuol farci riflettere su che cosa significa droga
- ☐ il poeta vuol farci riflettere sul giornalismo

Motiva la tua scelta.

6 **Benni ricorre in questa poesia alla figura retorica dell'iperbole e alla tecnica dell'accumulazione. Fai qualche esempio di entrambe.**

iperbole ....

accumulazione ....

7 **Sottolinea le due frasi che costituiscono la battuta finale e che danno alla poesia un carattere epigrammatico.**

Rifletti, confronta, scrivi

8 **Dopo esserti adeguatamente documentato mediante i rapporti annuali del Ministero della salute, dell'Organizzazione Mondiale della Sanità (OMS) e articoli di giornale o riviste, scrivi un saggio breve sull'abuso di alcol in Italia – riportando cifre e dati (anche sotto forma di grafici) suddivisi per sesso e per fasce di età – e sui problemi che causa. Dai al tuo saggio un titolo coerente e ipotizzane una destinazione editoriale (rivista specialistica, fascicolo scolastico di ricerca e documentazione, rassegna di argomento culturale, altro). Se lo ritieni, organizza la trattazione suddividendola in paragrafi cui potrai dare eventualmente uno specifico titolo. Non superare le quattro colonne di foglio protocollo.**

9 **Qual è il tuo atteggiamento nei confronti delle sostanze psicotrope? Conosci persone che ne fanno uso? Conosci i rischi che provocano? Raccogli alcuni articoli di giornale e di riviste specialistiche sull'argomento, poi discutine in classe con i compagni e l'insegnante.**

Un altro modo di leggere

CapaRezza (Michele Salvemini), nato a Molfetta (Bari) nel 1973, è un cantautore e rapper italiano. Dopo alcuni anni di scarso successo, nel 1999 ha assunto l'attuale nome d'arte (che in dialetto significa "testa riccia"), e nel 2000 è uscito il suo primo album, *?!*, seguito da *Verità supposte* (2003), che gli ha dato il successo, *Habemus Capa* (2006), *Le dimensioni del mio caos* (2008). Ha inoltre partecipato a varie iniziative discografiche a carattere antologico e fa parte della band Sunny Cola Connection, che canta in dialetto molfettese. Nel 2008 ha pubblicato il volume di racconti *Saghe mentali*.

Verità supposte, pubblicato nel 2003, è il secondo album di CapaRezza, quello che lo ha reso popolare presso il grande pubblico, anche grazie alla presenza di *Fuori dal tunnel*, la sua canzone certamente più conosciuta. Il disco ha anche ottenuto il riconoscimento della critica, che del suo autore apprezza la mescolanza di ironia e impegno sociale.

T8

CapaRezza

Fuori dal tunnel

da CapaRezza, *Verità supposte*, Virgin Records

Fuori dal tunnel *descrive, con forte ironia, il conformismo del cosiddetto «divertimentificio», cioè la tendenza a divertirsi tutti allo stesso modo seguendo gli stessi modelli. Paradossalmente, la canzone è stata usata in noti programmi televisivi come «tormentone» estivo, cioè come un brano dal ritmo orecchiabile ma senza prestare attenzione al contenuto, che per l'appunto va nella direzione opposta.*

COLLEGAMENTI
> Effetti ritmici, p. 11

Sono fuori dal tunnel del divertimento
Sono fuori dal tunnel del divertimento
Quando esco di casa e mi annoio sono molto contento
Quando esco di casa e mi annoio sono molto più contento
Di te che spendi stipendi stipato in posti stupendi tra culi su cubi succubi di beat orrendi
Succhi brandy e ti stendi, dandy, non mi comprendi,
Senti, tu non ti offendi se ti dico che sei trendy,
Prendi me, per esempio, non mi stempio per un tempio del divertimento
Essendo amico di Baldan Bembo sono "un silenzio che può diventare musica"[1]
Se rimo sghembo su qualsiasi tempo che sfrequenzo.

1 **Essendo ... musica"**: si tratta di un riferimento alla canzone *Amico è* (1982) del cantante e compositore Dario Baldan Bembo, un verso della quale dice: «L'amico è ... un silenzio che può diventare musica da cantare in coro io con te».

Collaudo l'autoradio, nell'auto cauto
Resto faccia a faccia con una focaccia, altro che lauto pasto
Capomastro, con validi manovali ricostruisco gli argini di una giornata
Ai margini della disco e mi stupisco
quando si uniscono al banchetto che imbastisco
Che dopo mischiano il brachetto e non capisco
Com'è che si finisce a parlare di Jeeg Robot e delle "Strade di San Francisco"
Sono fuori dal tunnel del divertimento
Sono fuori dal tunnel del divertimento
Quando esco di casa e mi annoio sono molto contento
Quando esco di casa e mi annoio sono molto più contento…
Mi piace il cinema e parecchio, per questo mi chiamano vecchio
È da giovani spumarsi e laccarsi davanti allo specchio?
"Oooh, io odio CapaRezza…"
Sbuffo pensando a serate tipo del tipo "Che facciamo?"
Io ho una Tipo di seconda mano che mi fa da pub, da disco e da divano,
Sono qua, come un'allodola questo è il mio ramo
Io, immune al pattume della tv di costume,
In volo senza piume in un volume di fumetti sotto il lume,
Non c'è paragone basta una birra in fermentazione
E la tipa in fibrillazione per la nuova posizione
M'attizza la zizza piena, mi delizia la tizia oscena,
Ho fame, no problema se mi sfizia la pizza a cena
Serate a tema ben accette, salame a fette spesse, vhs e se non bastasse su le casse
Sono fuori dal tunnel del divertimento
Sono fuori dal tunnel del divertimento
Quando esco di casa e mi annoio sono molto contento
Quando esco di casa e mi annoio sono molto più contento…
Gli incontri, gli scontri, lo scambio di opinioni, persone che son fatte di nomi e di cognomi,
venghino signori, che qui c'è il vino buono,
le pagine del libro e le melodie del suono,
si vive di ricordi, signori, e di giochi,
di abbracci sinceri, di baci e di fuochi,
di tutti i momenti, tristi e divertenti, e non di momenti tristemente divertenti
Io lo vorrei rifare…

La locandina di un concerto di CapaRezza a Napoli

Guida alla lettura

Uscire dal tunnel La canzone è una decisa **presa di posizione** contro le **mode** e i **modelli di comportamento dominanti** nel mondo dei giovani, che l'autore vede come **imposti dall'esterno** e del tutto **privi di significato.** È la **capacità di annoiarsi** quella che conta, afferma CapaRezza: uscire «dal tunnel del divertimento» vuol dire avere **incontri veri** («Gli incontri, gli scontri, lo scambio di opinioni, persone che son fatte di nomi e di cognomi») e non semplici intrecci di corpi senza una individualità propria. L'opposizione allora è semplice: da una parte un io che rivendica «Quando esco di casa e mi annoio sono molto contento» – la **noia** e l'ozio come momento non solo di pausa e di silenzio ma anche **creativo, personale** –, dall'altra un "tu", composto dalla maggior parte delle persone: tu che «spendi stipendi stipato in posti stupendi tra culi su cubi succubi di beat orrendi/ Succhi brandy e ti stendi»: un quadro **iperrealista** e di forte impatto, grazie al **ritmo incalzante della musica** e alla **ripetizione** degli stessi suoni (allitterazione), che manda un messaggio preciso: **io non sono come voi**, non voglio essere ridotto a un manichino che replica i modelli della pubblicità o del «pattume della TV di costume».

Brandy e salame Ma il tono adottato da CapaRezza non è certo quello della predica noiosa e paternalista; al contrario il testo della canzone è pieno di **ironia** e di **descrizioni vivaci**: spiccano soprattutto le allusioni alla vita quotidiana, agli **atteggiamenti** e alle **pose** ma anche al **cibo.** Così, per contrapporre il proprio modello di vita a quello da lui rifiutato, CapaRezza sceglie di **contrapporre** sì il **cinema** con la **televisione** («Mi piace il cinema e parecchio, per questo mi chiamano vecchio»), ma anche i **liquori della pubblicità**, il brandy e il brachetto, con le «fette di salame spesse»; sono **immagini immediate**, che suscitano il sorriso e il riconoscimento e per questo risultano **estremamente efficaci.** Nella stessa direzione vanno le allusioni alla **cultura pop**, dall'animazione giapponese («Jeeg robot d'acciaio») ai telefilm («Le strade di San Francisco»), che se sono subito comprensibili a una generazione (i nati negli anni Settanta) servono anche per evidenziare la **pochezza culturale** di quei riferimenti.

Un ritmo per pensare Infine, il **ritmo**; la scelta del **genere rap**, con il succedersi **veloce** delle parole, l'uso di un ritmo **cadenzato** che "batte" sulle sillabe evidenziandone la **sonorità**, fa della canzone un brano molto orecchiabile e ballabile, che per questo ha ottenuto un grande successo; ma basta ascoltare il testo con attenzione per capire che l'autore ha voluto **combattere il nemico** con le sue stesse armi, cioè usando le caratteristiche della musica pop più facile proprio per condannare la musica di consumo priva di significato.

Attività

Comprensione

1 Ricostruisci la carriera musicale di CapaRezza, aiutandoti anche con siti internet dedicati.

2 A che punto della sua carriera, il cantautore ha composto *Fuori dal tunnel*?

3 Qual è il tema di fondo del testo?

4 Qual è lo stile adottato dall'autore? Il tono è serio o ironico?

5 Che rapporto c'è tra le parole e la musica?

Analisi

6 Cerca nel testo tutte le descrizioni relative all'"io narrante" e quelle invece legate al "tu" cui il testo si rivolge e confrontale: quali sono le caratteristiche principali di ciascun tipo?

7 Qual è la figura retorica più usata nel testo? Riporta degli esempi.

8 Ci sono rime? E in che modo sono usate?

9 In quante strofe si può dividere la canzone? Individuale e trova il tema di fondo di ognuna. In che rapporto sta ogni strofa con il ritornello, sia dal punto di vista dello stile che del contenuto?

10 Trova almeno tre aggettivi che descrivano il ritmo della musica usata da CapaRezza.

Rifletti, confronta, scrivi

11 Ascolta la canzone e rifletti sul rapporto tra la musica e le parole: ti sembra che la musica aiuti la comprensione del testo o la ostacoli? Giustifica la tua risposta.

12 Trovi che la descrizione di un certo stile di vita proposta dall'autore sia equilibrata o eccessiva? Sono modi di essere con cui hai avuto a che fare, nella tua cerchia di amicizie? E tu, in quale modello ti identifichi? Rispondi in forma scritta con un breve testo.

Dal genere al film

Tano da morire
di Roberta Torre

Titolo originale: Tano da morire.
Regia: Roberta Torre.
Soggetto e sceneggiatura: Roberta Torre, Enzo Paglino, Gianluca Sodaro.
Fotografia (col.): Daniele Ciprì.
Montaggio: Giogiò Franchini.
Musiche: Nino D'Angelo.
Scenografie: Fabrizio Lupo, Claudio Russo.
Costumi: Antonella Cannarozzi.
Interpreti: Ciccio Guarino (Tano Guarrasi), Enzo Paglino (Enzo), Mimma de Rosalia (Franca Guarrasi), Maria Aliotta (Caterina), Annamaria Confalone (Modesta), Adele Aliotta (Rosa).
Produzione: Lucky Red, Rai Tre, Tele+, Dania Film.
Durata: 80'.
Origine: Italia, 1997.

Tano da morire è un musical sulla mafia: per quanto possa sembrare strano, il film racconta la storia di un boss palermitano, Tano Guarrasi, ucciso nel 1988 da un sicario dei corleonesi, e della sua famiglia, attraverso una storia intervallata da balli e canti.
È evidente da subito l'intento satirico della regista: affrontare con un taglio comico un tema serio come quello della mafia e mettere alla berlina le situazioni e i personaggi ad essa legati significa disorientare lo spettatore, a cui non viene offerta né un'analisi sociologica del fenomeno mafia, né tantomeno una rilettura dotata della grande forza affabulatoria della narrazione epica (un esempio tra tutti, la serie di *Il Padrino*, per la regia di Francis Ford Coppola).
Al contrario, Torre sceglie la chiave del grottesco: i corpi, i volti, i gesti, le situazioni, tutto è portato all'eccesso in modo da allontanarsi decisamente dalla verosimiglianza e da avvicinarsi invece all'universo irreale del musical, in cui all'improvviso i personaggi smettono di recitare e si esibiscono in numeri di balli e canti. I riti e i codici del vivere mafioso sono accentuati dal racconto, portati all'estremo, esibiti nella loro assurda coerenza, in uno studio antropologico in chiave satirica. Luci, colori, suoni, montaggio: ogni elemento del film contribuisce a creare un ritmo musicale e visivo vivace e cadenzato, acceso da diversi momenti comici. Niente, neanche la morte, viene preso sul serio: e come si sa, anche ridere di qualcosa è un modo per prenderlo sul serio, per distruggerne il mito e, alla fine, per sconfiggerlo.

Nelle ultime immagini del film si rivedono, uno dopo l'altro, tutti gli attori, e di ognuno è rivelata la professione: posteggiatore, pensionato, agricoltore, cantante, ballerino, disoccupato... la regista infatti ha scelto di usare soltanto attrici e attori non professionisti.

Un ruolo importante nel film spetta alle musiche e alle canzoni, scritte ed eseguite dal cantante napoletano Nino D'Angelo.

I costumi e le scenografie del film sono esuberanti e colorati, oltre che dichiaratamente fasulli, in modo da accentuare l'atmosfera di irrealtà in cui lo spettatore si trova immerso.

aneddoti quotidiani e autobiografici
stile medio, vicino al parlato
riflessioni sociali e morali
tono ironico, divertito

↓

Satira → **POESIA SATIRICA** ← **Epigrammi**

↑

ricerca di brevità e di comicità
tono sarcastico, aggressivo

- La poesia satirica si caratterizza per il contenuto; essa infatti:
  - nasce da un movente di tipo **etico**;
  - tratta argomenti collegati all'**attualità** politica, sociale e culturale;
  - critica i **potenti**;
  - porta il lettore a una **riflessione** filosofica, esistenziale e morale.
- Per quanto riguarda lo stile, la poesia satirica si caratterizza per:
  - tono **ironico** o **umoristico**;
  - andamento **narrativo**;
  - linguaggio **medio**, vicino a quello della comunicazione quotidiana.

- La poesia satirica nasce nella Roma antica con le due forme
  - della satira: testo di una certa ampiezza, spesso autobiografico, di tono ironico, a volte sarcastico, che induce alla riflessione;
  - dell'epigramma: testo breve o brevissimo, su temi per lo più politici o erotici, caratterizzato da una fulminante battuta finale che strappa la risata al lettore.
- Nel Medioevo, la poesia satirica assume anche la forma della parodia: presa in giro di testi seri, a cui si fa il verso, in un linguaggio plebeo, spesso volutamente volgare.
- Dal Cinquecento, la poesia satirica recupera il ruolo etico e i caratteri originari; ma dal XVIII secolo si viene legando alla poesia dialettale, mentre gli esempi più significativi di satira sono in prosa.

Nomi da ricordare

epoca	autore	lingua
Epoca classica	Orazio, Persio, Giovenale, Marziale	latino
Medioevo	C. Angiolieri, G. Cavalcanti, D. Alighieri	italiano
Rinascimento	Burchiello, L. de' Medici, F. Berni, L. Ariosto	italiano
	F. Villon	francese
Età moderna e contemporanea	G. Parini, G. Leopardi, G. Giusti, C. Porta, G.G. Belli, Trilussa, G. Giudici, S. Benni	italiano
	W. Szymborska	polacco

Laboratorio: come si riconoscono

Nelle pagine di questa sezione siamo entrati in contatto con alcuni dei principali generi poetici:

- la **poesia narrativa**, caratterizzata dal fatto di narrare delle storie, cioè una serie di avvenimenti tra loro collegati secondo rapporti di causa ed effetto e collocati in un tempo e in uno spazio determinati;
- la **poesia lirica**, caratterizzata dal fatto di esprimere i sentimenti e le riflessioni personali dell'autore attraverso immagini, metafore, simboli ecc;
- la **poesia d'amore**, caratterizzata dal fatto di esprimere tutte le sfumature di gioia, dolore ecc. legate alle differenti situazioni nelle quali si esplica lo specifico sentimento rivolto a una persona;
- la **poesia civile**, caratterizzata dal fatto di affrontare temi legati alla convivenza civile e di sostenere una tesi, cercando la condivisione da parte del lettore;
- la **poesia satirica**, caratterizzata dal fatto di affrontare temi politici, sociali, etici, attraverso gli strumenti dell'ironia, dell'umorismo, della presa in giro.

Ora si tratta di verificare ciò che hai appreso mettendo alla prova le tue conoscenze di fronte ad alcuni testi poetici. In queste pagine ti proponiamo un metodo per **riconoscere i diversi generi poetici**, suddividendo il lavoro in tre momenti distinti:

- la **comprensione** del testo e dei riferimenti storici e di altro tipo in esso contenuti;
- l'**analisi** del testo e in particolare l'individuazione dei suoi temi fondamentali;
- il **riconoscimento** degli elementi caratteristici di un genere poetico particolare.

Prima fase: la comprensione del testo

La comprensione del testo è una fase preliminare all'analisi vera e propria, ma assolutamente necessaria. Occorre infatti comprendere esattamente **il significato letterale delle parole e delle frasi** che l'autore ha scritto – cosa non sempre immediata, soprattutto laddove il testo risalga a epoche lontane e usi quindi un linguaggio molto diverso da quello contemporaneo, oppure laddove l'autore faccia riferimento ad avvenimenti, personaggi, miti ecc. che necessitano di una spiegazione.
Le note che accompagnano i testi nelle edizioni scolastiche (ma talvolta anche in quelle di altro tipo) forniscono gli aiuti necessari alla comprensione. Per verificare che questa fase del lavoro sia svolta correttamente, però, è sempre utile scrivere la **parafrasi completa** del testo, seguendo le indicazioni che ti abbiamo dato [→ p. 74].

Seconda fase: l'analisi dei temi

La seconda fase del lavoro consiste nell'**analisi del testo**, e in particolare dei **temi** che affronta. A questo scopo è necessario individuare le **parole chiave** e le **espressioni più significative**, quelle a cui l'autore affida con particolare evidenza il suo messaggio.
In molti casi, bisogna distinguere un **primo livello** di lettura (o livello dei temi espliciti) e un **secondo livello** di lettura (o livello dei temi profondi). Una lettura che si fermi al primo livello rischia infatti di confondere, come se fossero simili, cose che in realtà sono estremamente diverse (per esempio: moltissimi autori hanno parlato d'amore, ma a seconda dell'epoca, del contesto culturale e delle personalità dei poeti è necessario precisare che cosa si intende con questo termine, per non mettere sullo stesso piano cose diversissime fra loro). D'altro canto, molte poesie sembrano legate a **occasioni particolari**, a un **momento storico** o a una **situazione personale** dell'autore, mentre in realtà affrontano argomenti di **interesse universale**, che però bisogna scoprire senza fermarsi alla prima impressione.

Terza fase: il riconoscimento del genere

Una volta approfondita l'analisi del testo, sarà possibile confermare il **genere** a cui esso appartiene. In realtà, ovviamente, il riconoscimento del genere è spesso **immediato**, legato alla prima lettura; ma que-

sta impressione, che nella maggior parte dei casi è corretta, deve essere supportata dai **dati di fatto**, cioè dalle **caratteristiche del testo** che emergono solo a una lettura più analitica.
In questa fase, per esempio, potremo verificare se gli elementi propri della **narrazione** sono effettivamente presenti nella **poesia narrativa**; oppure se quella che di primo acchito abbiamo individuato come una **poesia satirica** utilizza effettivamente un **lessico medio** e un **tono umoristico o ironico**; e così via.
È in questa fase che gli **aspetti tecnici** della poesia (metrica, figure retoriche ecc.) possono entrare in gioco e farci riconoscere l'originalità di un autore, la sua voce particolare, il suo stile personale e inconfondibile.

T1

Torquato Tasso [→ p. 523]

Un'ape esser vorrei

da T. Tasso, *Rime*, in *Opere*, Rizzoli

Questa poesia di Torquato Tasso (1544-1595) può essere considerata un gioco di fantasia: il poeta vorrebbe essere un'ape e avvicinarsi ronzando alla donna amata, bella e crudele nella sua indifferenza; potrebbe così succhiare da lei, come da un fiore, l'essenza dell'amore (il miele). Non potendo però farla innamorare, si accontenterebbe di pungere il suo seno: così la punirebbe per la sua freddezza, e poco importa se ciò gli costerebbe la vita (come accade all'ape, che, dopo aver punto, muore).

Metro: madrigale di endecasillabi e settenari rimati secondo lo schema abBCcdD

Un'ape esser vorrei,
donna bella e crudele,
che susurrando[1] in voi suggesse il mele[2];
e, non potendo il cor, potesse almeno
pungervi il bianco seno,
e 'n sì dolce ferita
vendicata lasciar la propria vita[3].

1 susurrando: ronzando.
2 suggesse il mele: succhiasse il miele.
3 vendicata ... vita: il soggetto è sempre il poeta-ape, disposto a perdere («lasciar») la vita dopo averla però «vendicata» dei dolori patiti.

Bronzino, *Ritratto di Lucrezia Panciatichi*, 1540

Laboratorio

Fase 1 - Comprensione

1 **Con l'aiuto delle note, spiega il significato delle seguenti espressioni.**
- suggesse il mele: ....
- non potendo il cor: ....
- 'n sì dolce ferita: ....

2 **Sottolinea tutti i verbi presenti nella poesia, poi rispondi alle seguenti domande.**
- Qual è il verbo della proposizione principale?
- Che tipo di proposizione introduce il «che» del v. 3?
- Con che cosa concorda in genere e numero il participio «vendicata»?
- Da che cosa è retto l'infinito «lasciar»?

3 **Ora puoi scrivere la parafrasi letterale del testo, di cui ti diamo l'inizio.**
O donna bella e crudele, io vorrei ...

Fase 2 - Analisi tematica

4 **La poesia si basa su una doppia similitudine fra il poeta e l'ape e tra la donna e il fiore. Per quali ragioni la donna può essere paragonata a un fiore?**

5 **Spiega come si possono interpretare metaforicamente i seguenti elementi.**
- il miele ....
- il pungiglione dell'ape ....
- il ronzio dell'ape ....

6 **Da quali termini ed espressioni si capisce che l'amore del poeta per la donna è infelice, non corrisposto?**

7 **Quali espressioni rivelano nel poeta un atteggiamento sensuale, attento alla bellezza fisica della donna?**

8 **La poesia si basa su alcune forti antitesi. Individuale (ti forniamo il primo termine di ciascuna di esse).**
- bella / ....
- non potendo / ....
- dolce / ....

9 **Esponi brevemente il tema esplicito della poesia. Quale potrebbe essere il tema profondo, quello che il poeta non enuncia direttamente?**

Fase 3 - Il genere

10 **A quale genere appartiene dunque la poesia?**
- ☐ narrativo
- ☐ lirico
- ☐ d'amore
- ☐ civile
- ☐ satirico

Perché ....
....

T2

Umberto Saba [→ p. 523]

La mia infanzia

da U. Saba, *Tutte le poesie*, Mondadori

Il sonetto è tratto dalla raccolta Autobiografia (pubblicata da Umberto Saba nel 1924, a quarantun anni di età); esso è il quarto: nei precedenti il poeta ha narrato la propria nascita e la separazione fra i genitori, ancor prima che lui venisse al mondo. Ora descrive l'infanzia e i primi anni di scuola, con la scoperta della poesia.

Metro: sonetto di endecasillabi con rime ABAB ABAB CDE CDE

Pablo Picasso, *Madre e figlio*, 1905

La mia infanzia fu povera e beata
di pochi amici[1], di qualche animale;
con una zia[2] benefica ed amata
come la madre, e in cielo Iddio immortale[3].

All'angelo custode era lasciata
sgombra, la notte, metà del guanciale[4];
mai più la cara sua forma ho sognata
dopo la prima dolcezza carnale[5].

Di risa irrefrenabili ai compagni,
e a me di strano fervore argomento[6],
quando alla scuola i versi recitavo;

tra fischi, cori, animaleschi lagni[7],
ancor mi vedo in quella bolgia, e sento
sola un'intima voce dirmi bravo.

1 beata di pochi amici: resa felice dalla compagnia di pochi amici.
2 una zia: Saba, abbandonato dal padre, trascorse molto tempo con la zia, che aiutava la madre, in gravi difficoltà economiche.
3 in cielo Iddio immortale: il poeta allude all'educazione religiosa datagli dalla madre.
4 guanciale: cuscino.
5 dolcezza carnale: esperienza sessuale.
6 Di risa ... argomento: ero motivo, per i compagni, di risate irrefrenabili, per me, di uno strano impegno («fervore»).
7 lagni: versacci.

Laboratorio

Fase 1 - Comprensione

1 **Quali sono le presenze, elencate nella prima strofa, che accompagnano il poeta durante la sua infanzia?**

2 **La seconda strofa è dedicata al contrasto fra l'ingenuità infantile e la successiva maturazione.**
- Che cosa simboleggia l'ingenuità dell'infanzia?
- Che cosa c'è, secondo il poeta, all'origine della successiva maturazione?

3 **Le due terzine descrivono il poeta ancora ragazzino che legge i suoi versi in classe.**
- Come reagiscono i compagni?
- Quali sono invece i sentimenti che prova il poeta?

4 **Ora sintetizza rapidamente il contenuto della poesia, dedicando una frase a ciascuna delle quattro strofe.**

Fase 2 - Analisi tematica

5 **Quali sono gli elementi che hanno caratterizzato l'infanzia del poeta? Individuane almeno tre, facendo riferimento ai versi.**

6 **Indica i due momenti del testo in cui il poeta rivela di aver preso ormai le distanze dalla propria infanzia e assume il punto di vista adulto.**
- Primo momento ....
- Secondo momento ....

7 **La poesia si basa su una serie di contrapposizioni: ti indichiamo la prima, tu individua le altre.**
- L'infanzia del poeta è segnata dalla povertà economica...

MA
- ... è felice per le presenze amorevoli e rassicuranti che lo circondano

8 **Qual è il tema di fondo di questa poesia? Rispondi dopo aver riflettuto attentamente e motiva la tua risposta in forma scritta.**

Fase 3 - Il genere

9 **A quale genere appartiene dunque la poesia?**
- ☐ narrativo
- ☐ lirico
- ☐ d'amore
- ☐ civile
- ☐ satirico

Perché ....

T3

Eugenio Montale [→ p. 296]

Il rondone

da E. Montale, *Tutte le poesie*, Mondadori

Le città sono luoghi costruiti dall'uomo, artificiali e apparentemente poco adatti alla vita animale; eppure, oltre a quelli domestici come cani e gatti, vivono nelle nostre città moltissimi altri animali della cui presenza spesso non ci accorgiamo neppure: insetti, uccelli, lucertole, topi, ricci, perfino volpi... Questa poesia di Eugenio Montale (1896-1981) racconta la storia di un rondone (una specie di grossa rondine), che il poeta ha trovato ridotto in fin di vita e che grazie alle sue cure si è salvato.

Metro: versi liberi, con qualche rima sparsa.

Il rondone raccolto sul marciapiede
aveva le ali ingrommate[1] di catrame,
non poteva volare.
Gina[2] che lo curò sciolse quei grumi
con batuffoli d'olio e di profumi,
gli pettinò le penne, lo nascose

1 ingrommate: incrostate.
2 Gina: la domestica del poeta.

Joan Miró, *Rondine Amore*, 1934

in un cestino appena sufficiente
a farlo respirare.
Lui la guardava quasi riconoscente
da un occhio solo. L'altro non si apriva.
Poi gradì[3] mezza foglia di lattuga
e due chicchi di riso. Dormì a lungo.
Il giorno dopo all'alba riprese il volo
senza salutare.
Lo vide la cameriera del piano di sopra.
Che fretta aveva fu il commento. E dire
che l'abbiamo salvato dai gatti[4]. Ma ora forse
potrà cavarsela.

3 gradì: accettò, mangiò.
4 dai gatti: il rondone sarebbe stato sicuramente preda dei gatti, se il poeta non l'avesse raccolto.

Laboratorio

Fase 1 - Comprensione

1 **Riassumi il contenuto della poesia secondo lo schema suggerito.**
- vv. 1-3 ....
- vv. 4-12 ....
- vv. 13-14 ....
- vv. 15-18 ....

2 **Quali personaggi intervengono nella poesia? Fanne un elenco, dopo averli sottolineati nel testo.**

3 **Quali indizi ci fanno capire l'epoca dei fatti e il luogo in cui si svolgono?**

Fase 2 - Analisi tematica

4 Perché Gina cura il rondone?
- ☐ perché glielʼha ordinato il poeta, che è il suo datore di lavoro
- ☐ perché pensa di ingrassarlo per mangiarselo
- ☐ perché prova un sentimento di solidarietà nei confronti di un essere vivente che soffre

Motiva la tua risposta con gli opportuni riferimenti al testo.

5 **La cameriera del piano di sopra sembra un po' indispettita per il fatto che il rondone se ne va «senza salutare». Che cosa rivela il suo atteggiamento?**
- ☐ che attribuisce ingenuamente agli animali sentimenti e atteggiamenti umani
- ☐ che non ama gli animali
- ☐ che non è d'accordo con chi ha curato il rondone

6 **Qual è il tema di fondo della poesia? Rispondi dopo aver riflettuto attentamente e motiva la tua risposta in forma scritta.**

Fase 3 - Il genere

7 **Nella poesia si trovano... (completa la tabella).**

	versi	contenuto
un esordio		
delle peripezie		
uno scioglimento		
un epilogo		

8 **Ti sembra possibile considerare questa poesia appartenente al genere satirico? Considera**
- il linguaggio usato dall'autore
- i temi che affronta
- il tono della poesia

9 **A quale genere appartiene dunque la poesia?**
- ☐ narrativo
- ☐ lirico
- ☐ d'amore
- ☐ civile
- ☐ satirico

Perché ....
....

T4

Salvatore Quasimodo [→ p. 523]

Uomo del mio tempo

da S. Quasimodo, *Poesie e discorsi sulla poesia*, Mondadori

Salvatore Quasimodo (1901-1968) si impose negli anni Trenta del Novecento come uno degli esponenti più importanti dell'Ermetismo, un movimento che propugnava una poesia difficile, ricca di simboli e rivolta a una ristretta élite di lettori. Durante gli anni del Secondo conflitto mondiale, Quasimodo rinnovò profondamente il suo stile, dando vita a poesie di carattere completamente diverso, legate all'esperienza traumatica della guerra, dei bombardamenti ecc. La poesia che presentiamo, tratta dalla raccolta Giorno dopo giorno *del 1947, appartiene a questa nuova fase della produzione dell'autore.*

Metro: versi liberi

Sei ancora quello della pietra e della fionda,
uomo del mio tempo. Eri nella carlinga[1],
con le ali maligne, le meridiane di morte[2],
t'ho visto – dentro il carro di fuoco[3], alle forche[4],
alle ruote di tortura. T'ho visto: eri tu,
con la tua scienza esatta persuasa[5] allo sterminio,
senza amore, senza Cristo. Hai ucciso ancora,
come sempre, come uccisero i padri, come uccisero
gli animali che ti videro per la prima volta.
E questo sangue odora come nel giorno
quando il fratello disse all'altro fratello[6]:
"Andiamo ai campi." E quell'eco fredda, tenace,
è giunta fino a te, dentro la tua giornata.
Dimenticate, o figli, le nuvole di sangue
salite dalla terra, dimenticate i padri[7]:
le loro tombe affondano nella cenere,
gli uccelli neri, il vento, coprono il loro cuore.

1 carlinga: la parte dell'aereo che racchiude la cabina di pilotaggio.
2 le meridiane di morte: gli strumenti di orientamento per il lancio delle bombe.
3 carro di fuoco: carro armato.
4 alle forche: dove i condannati venivano impiccati.
5 persuasa: finalizzata.
6 quando ... fratello: riferimento all'uccisione di Abele da parte di Caino narrata nella Bibbia.
7 dimenticate i padri: l'invito è a dimenticare l'odio antico e a cambiare il corso della storia.

George Grosz, *Caino o Hitler all'inferno*, 1944

Laboratorio

Fase 1 - Comprensione

1 **Il poeta fa riferimento a una serie di strumenti di morte, antichi e moderni. Elencali.**
- strumenti antichi ....
- strumenti moderni ....

2 **Spiega il significato delle seguenti espressioni.**
- senza Cristo ....
- dentro la tua giornata ....
- le loro tombe affondano nella cenere ....

3 **Il poeta si rivolge a due interlocutori diversi. Individuali nel testo e completa il seguente schema.**
vv. 1-13: il poeta si rivolge a ....
vv. 14-17: il poeta si rivolge a ....

Fase 2 - Analisi tematica

4 **Nella prima parte del testo, il poeta confronta passato e presente.**
- Che cosa emerge dal confronto?
- Qual è il tema che intende sviluppare?

5 **Spiega il riferimento alla storia di Caino e Abele che occupa i versi centrali della poesia, riassumendo la vicenda biblica e chiarendo perché Quasimodo la richiama.**

6 **Nella parte finale della poesia, il poeta contrappone i «padri» e i «figli». Perché?**
- Che cosa simboleggiano i «padri»?
- Quale invito rivolge il poeta ai «figli»?

7 **Il tema esplicito della poesia è molto evidente. Esponilo con parole tue, tenendo conto dei campi semantici dominanti nel testo.**

8 **Il tema profondo del testo è una riflessione sulla storia.**
- Che cosa osserva Quasimodo?
- Ti sembra che la sua sia la posizione di un ottimista o di un pessimista? Perché?

Fase 3 - Il genere

9 **Individua nel testo i seguenti elementi stilistici.**
- le ripetizioni
- la presenza di imperativi
- gli appelli all'interlocutore

10 **Come definiresti il tono complessivo della poesia?**

11 **A quale genere appartiene dunque la poesia?**
- ☐ narrativo
- ☐ lirico
- ☐ d'amore
- ☐ civile
- ☐ satirico

Perché ....
....

T5

Edoardo Sanguineti [→ p. 523]

Piangi piangi

da E. Sanguineti, *Catamerone*, Feltrinelli

In questa poesia del 1964, Edoardo Sanguineti (1930-2010), in veste di papà, si rivolge al figlioletto con un invito paradossale: piangi, che ti compero tutto quello che vuoi, comprese le cose più inutili e assurde, quelle che sicuramente al bambino non interessano. Ma non è proprio quello che, almeno in parte, ci invitano a fare la pubblicità e il sistema consumistico in genere? Solo la nascita di un fratellino (il secondo figlio del poeta) porrà fine all'assurda cantilena e trasformerà il pianto in riso.

Metro: versi liberi

Piangi piangi, che ti compero una lunga spada blu di plastica, un frigorifero
Bosch[1] in miniatura, un salvadanaio di terracotta, un quaderno
con tredici righe, un'azione della Montecatini[2]:
        piangi piangi, che ti compero
una piccola maschera antigas, un flacone di sciroppo ricostituente,
un robot, un catechismo con illustrazioni a colori, una carta geografica
con bandiere vittoriose[3]:
        piangi piangi, che ti compero un grosso capidoglio[4]
di gomma piuma, un albero di Natale, un pirata con una gamba
di legno, un coltello a serramanico, una bella scheggia di una bella
bomba a mano:

1 **Bosch:** nota marca tedesca di elettrodomestici.
2 **un'azione della Montecatini:** le azioni di borsa sono quote di proprietà di un'azienda: chi le acquista diventa proprietario di una parte (spesso minuscola) dell'azienda stessa; quando il poeta scrisse questi versi, la Montecatini era un'azienda molto importante.
3 **con bandiere vittoriose:** che riporta le indicazioni dei luoghi delle battaglie e le bandiere dei vincitori.
4 **capidoglio:** il capidoglio o capodoglio è un grosso cetaceo, una specie di balena; in questo caso si tratta ovviamente di un pupazzo.

piangi piangi, che ti compero tanti francobolli
dell'Algeria francese[5], tanti succhi di frutta, tante teste di legno,
tante teste di moro, tante teste di morto[6]:
oh ridi ridi, che ti compero
un fratellino: che così tu lo chiami per nome: che così tu lo chiami
Michele[7].

5 dell'Algeria francese: dell'Algeria ai tempi in cui era una colonia francese (l'Algeria aveva ottenuto l'indipendenza nel 1962).
6 teste di morto: teschi, simboli dei pirati (ma anche di alcuni movimenti politici di estrema destra).
7 Michele: è effettivamente il nome del secondogenito dell'autore.

Laboratorio

Fase 1 - Comprensione

1 Che cosa promette il poeta al proprio figlio? Rispondi completando la seguente tabella.

I strofa (vv. 1-3)	
II strofa (vv. 4-7)	
III strofa (vv. 8-11)	
IV strofa (vv. 12-14)	
V strofa (vv. 15-17)	

2 Quanti oggetti promette in ciascuna delle prime quattro strofe?
☐ 4 ☐ 5 ☐ 6

3 Che cosa cambia all'inizio dell'ultima strofa?

4 Che cosa promette il poeta al figlio nell'ultima strofa?

Fase 2 - Analisi tematica

5 Fra gli oggetti che il poeta promette al figlio, quali sono giocattoli adatti a un bambino? Quali invece non lo sono? Rispondi evidenziandoli nel testo con colori diversi.

6 Nelle prime quattro strofe ci sono molti riferimenti alla violenza e alla guerra. Individuali e riportali nella seguente tabella.

I strofa (vv. 1-3)	
II strofa (vv. 4-7)	
III strofa (vv. 8-11)	
IV strofa (vv. 12-14)	
V strofa (vv. 15-17)	

7 La quinta strofa si contrappone alle precedenti.
- Qual è l'avvenimento che si annuncia?
- Perché esso si contrappone alle immagini delle strofe precedenti?

8 Quali elementi rimandano al consumismo che si stava cominciando ad affermare in Italia negli anni Sessanta? Che atteggiamento ha l'autore nei confronti di questo fenomeno, secondo te?

9 La ripetizione della parola «piangi» non deve ingannare: il tono della poesia non è affatto drammatico o malinconico.
- Perché?
- Come definiresti il tono complessivo del testo?

Fase 3 - Il genere

10 A quale genere appartiene dunque la poesia?
☐ narrativo
☐ lirico
☐ d'amore
☐ civile
☐ satirico
Perché ....
....

Pablo Picasso,
Giochi, 1950.

3

1. Leggere un'epoca
2. Leggere un tema
3. Leggere un autore
4. Leggere un'opera

Comprendere il contesto del discorso poetico

Nelle pagine seguenti lavoreremo su un certo numero di poesie, scelte e raggruppate in base a un criterio che può essere di volta in volta temporale o tematico nel senso più ampio del termine.

Il nostro obiettivo è imparare a usare "metodi di lettura" diversi, che potremo poi applicare anche ad altri testi poetici.
Leggeremo dunque le poesie considerandole come "prodotti" di un certo contesto, che può essere la temperie storico-culturale, un tema particolare e specifico, la personalità e la poetica dell'autore, il complesso dell'opera o raccolta cui appartengono.

Per ogni unità

TESTO INTRODUTTIVO DI CONTESTUALIZZAZIONE

TESTO Impariamo un metodo
TESTI di lettura libera
TESTO Applichiamo il metodo
TESTO Un altro modo di leggere
SCHEDA Dal testo al contesto
BOX Lessico e stile
SCHEDA Dal contesto al film
SCHEDA In galleria

Alla fine di ogni unità

TIRIAMO LE FILA
Mappa concettuale
Sintesi dei contenuti

Alla fine della sezione

LABORATORIO
per imparare → come si commenta un testo poetico

On line

TEST INVALSI AUTOCORRETTIVI
per verificare → il livello di apprendimento

3.1 Leggere un'epoca

Il Duecento: le origini della poesia italiana

Impariamo un metodo

T1 Giacomo da Lentini, **Meravigliosamente** (da *Poeti del Duecento*)
- *Guida alla lettura* - *Attività*

Dal testo al contesto

La lingua dei siciliani

T2 Francesco d'Assisi, **Cantico delle Creature** (da *Poeti del Duecento*)
- *Guida alla lettura* - *Attività*

Lessico e stile

Significati di "per"

In galleria

Il San Francesco di Giotto

Dal contesto al film

R. Rossellini-F. Zeffirelli-L. Cavani, **Francesco d'Assisi nel cinema**

T3 Guittone d'Arezzo, **Tuttor ch'eo dirò «gioi'»...** (da *Poeti del Duecento*)
- *Guida alla lettura* - *Attività*

Dal testo al contesto

Le lingue volgari

T4 Compiuta Donzella, **A la stagion che 'l mondo foglia e fiora** (da *Poeti del Duecento*)
- *Guida alla lettura* - *Attività*

T5 Memoriali bolognesi, **For de la bella bella cayba** (da *Poeti del Duecento*)
- *Guida alla lettura* - *Attività*

Lessico e stile

I diminutivi-vezzeggiativi

T6 Guido Guinizzelli, **Io voglio del ver la mia donna laudare** (da *Poeti del Duecento*)
- *Guida alla lettura* - *Attività*

Lessico e stile

Diana

T7 Guido Cavalcanti, **Biltà di donna e di saccente core** (da *Poeti del Duecento*)
- *Guida alla lettura* - *Attività*

Lessico e stile

Gentile

Applichiamo il metodo

T8 Cecco Angiolieri, **Tre cose solamente** (da *Poeti del Duecento*)
- *Guida alla lettura* - *Attività*

Un altro modo di leggere

T9 F. Guccini, **Canzone dei dodici mesi** (da *Radici*)
- *Guida alla lettura* - *Attività*

Tiriamo le fila

Come si studia un'epoca

Antologia on line

T1 @ Jacopone da Todi, **Donna de Paradiso** (da *Poeti del Duecento*)
- *Guida alla lettura* - *Attività*

T2 @ D. Alighieri, **Guido i' vorrei** (da *Poeti del Duecento*)
- *Guida alla lettura* - *Attività*

T3 @ G. Cavalcanti, **Perch'i' no spero di tornar giammai** (da *Poeti del Duecento*)
- *Guida alla lettura* - *Attività*

Il Duecento: le origini della poesia italiana

Nella **prima metà del Duecento** si sviluppano in Italia, quasi contemporaneamente ma in maniera indipendente l'una dall'altra, **due correnti poetiche** di fondamentale importanza. Nell'Italia centrale si afferma la **poesia di ispirazione religiosa**, in Sicilia si afferma invece la **poesia d'amore cortese**. A questi due filoni principali ne va affiancato un terzo, costituito dalla **poesia giullaresca**, di tradizione popolare, che più o meno negli stessi anni lascia le prime tracce scritte.
Parallelamente si sviluppa anche la prima produzione letteraria in prosa; molti poeti, anche tra quelli che conosceremo, sono infatti nello stesso tempo importanti prosatori: basterà ricordare **Guittone d'Arezzo** [→ p. 250], il più significativo autore della generazione prima di Dante, con il suo ricco epistolario, che costituisce il primo esempio di questo genere letterario in lingua italiana.

La poesia religiosa

In **Umbria**, e più in generale nell'**Italia centrale**, si svolge nei primi decenni del Duecento la predicazione di **Francesco d'Assisi** [→ p. 245] e dei suoi primi seguaci. La sensibilità religiosa di Francesco si inserisce in un contesto ricco di fermenti e di tensioni: già nel XII secolo si erano infatti diffusi vari movimenti detti **"pauperistici"**, che cioè rivendicavano il **valore della povertà** (in latino *paupertas*), esaltata da Gesù nei Vangeli e "tradita" dalla Chiesa di Roma. Molti di questi movimenti erano considerati ereticali e quindi aspramente combattuti. Francesco, inizialmente guardato con sospetto dalla Chiesa, ebbe l'intelligenza di collocare il proprio movimento **all'interno dell'ortodossia**, evitando lo scontro aperto con le gerarchie romane e riuscendo, almeno in una certa misura, a rinnovare la Chiesa dall'interno.
Fra i movimenti pre-francescani si era diffusa una forma poetico-musicale di grande importanza, la **lauda**. Le **laude** (dal latino *laudes*, "lodi") erano **preghiere** che venivano cantate durante le **processioni**: avevano forma strofica, giacché la musica si ripeteva uguale per ogni strofa con parole diverse; avevano i versi rimati, per facilitarne la memorizzazione; ed erano in **lingua volgare** (cioè la lingua realmente parlata dalle persone che partecipavano alle processioni stesse), mentre le preghiere "ufficiali" erano ovviamente in latino.
I testi delle laude non rivelano in genere autori dotati di grande cultura o di grande sensibilità poetica. Ma a questo tipo di componimento si ispirarono i primi autori di poesie religiose in ambito francescano, tra cui lo stesso Francesco, il cui *Cantico delle Creature* (o, in latino, *Laudes creaturarum*) è tradizionalmente considerato **uno dei primi testi della letteratura italiana**. Al contrario degli autori di laude, **Francesco è persona colta**, ma sceglie di **scrivere in volgare**, anziché in latino, proprio perché vuole rivolgersi a coloro che dal latino sono ormai esclusi; vuole che il suo testo sia compreso e utilizzato da quelle **classi popolari** che, con la sua predicazione, egli tenta di sottrarre all'eresia e di ricondurre all'interno delle istituzioni ecclesiali.

La Scuola siciliana e l'amore cortese

La **Scuola siciliana** è il primo **"movimento"** della letteratura italiana e deve il suo nome al fatto che si sviluppa all'interno della **corte palermitana** di Federico II di Svevia, tra il **1220** e il **1250** circa. La Scuola siciliana si colloca nell'ambito della **poesia cortese**, nata oltre un secolo prima nelle piccole corti della Francia centro-meridionale.
La Scuola siciliana nasce dunque come **"imitazione"** della scuola poetica più originale e innovativa del tempo, con **due differenze** importanti. La prima differenza è che i **poeti provenzali**, oltre all'amore cortese, avevano cantato altri temi (religiosi, politici, sociali, satirici...), i poeti siciliani invece affrontano **esclusivamente** il tema dell'**amore**, poiché ogni altro argomento è di fatto proibito, o almeno rischioso, data la

Giorgio de Chirico (1888-1978), *Il Trovatore*, s.d.

loro condizione di "dipendenti" dell'imperatore. La seconda differenza è legata alla **lingua**: i poeti della Francia centro-meridionale avevano utilizzato la **lingua provenzale**, i siciliani utilizzano invece una **forma nobilitata e raffinata del dialetto siciliano** – non quello parlato dalle classi popolari, ovviamente, ma quello che si parla tra persone di corte. Purtroppo, la nostra conoscenza della lingua dei siciliani è molto parziale, perché la maggior parte dei loro testi ci è giunta attraverso **manoscritti toscani**, i cui autori hanno appunto "toscanizzato" i testi originali, "correggendo" quelli che al loro orecchio sembravano tratti dialettali sgradevoli o incomprensibili.

È proprio in **Toscana**, infatti, che, nella seconda metà del Duecento, la poesia cortese dei siciliani ha **sviluppi nuovi e imprevisti** in un **ambito** del tutto **diverso** da quello della Sicilia: non un regno fortemente accentrato, ma una serie di Comuni vivaci e rissosi, in lotta fra loro e al proprio interno, in rapida espansione economica e quindi in rapida trasformazione sociale e culturale.

Dall'amore cortese all'amore stilnovistico

I poeti che operano in Toscana, infatti, **riprendono** il tema dell'**amore cortese**, ma gli affiancano temi legati all'impegno politico, alle lotte tra guelfi e ghibellini, agli scontri fra Papato, Impero e Comuni… Ecco perché nella produzione di **Guittone d'Arezzo**, considerato caposcuola dai poeti della generazione prima di Dante, i toni cortesi si uniscono spesso a quelli satirici o violentemente sarcastici. In Guittone è notevole anche la **ricerca linguistica**, che lo porta a mescolare, in base alla diversa ispirazione, elementi tratti ora dal francese, ora dal latino, ora dal toscano, ora dal siciliano, con un **effetto** che, almeno al nostro orecchio, risulta spesso **difficile** e **dissonante**.

Ma tra gli anni Settanta e gli anni Ottanta del Duecento, si viene elaborando in Toscana un nuovo modo di concepire il sentimento amoroso e quindi di fare poesia d'amore, quello che **Dante** [→ p. 82] chiamerà "**dolce stil novo**".

La **novità** è innanzitutto **tematica**: i nuovi poeti – **Guido Guinizzelli** [→ p. 256], **Guido Cavalcanti** [→ p. 259], **Dante** stesso – elaborano una **visione più spiritualizzata dell'amore**: la donna non è oggetto d'amore per la sua bellezza, tanto meno per il piacere fisico che può dare, ma perché suscita un sentimento che è **strumento di elevazione spirituale** per colui che lo prova. La donna amata tende quindi a perdere concretezza (la descrizione fisica passa in secondo piano o sparisce del tutto), mentre viene sottolineata la sua **funzione** "**angelica**", di tramite fra l'uomo e Dio.

Questi nuovi temi, che costituiscono un deciso **superamento** della **concezione cortese** dell'amore, vengono espressi con uno stile la cui caratteristica fondamentale (secondo la definizione dantesca) è la "**dolcezza**". I poeti rifuggono infatti dalle asprezze di Guittone, evitano per lo più i termini provenzali e siciliani, così come i latinismi troppo "crudi" e così via: è proprio con gli stilnovisti e con Dante che si attua **il passaggio dal volgare all'italiano**.

Elisabeth Siddal, *Una dama che fissa un vessillo alla lancia di un cavaliere*, 1856 circa

La letteratura giullaresca

Lo **stilnovo** è un **movimento d'élite**, i suoi esponenti si rivolgono infatti a un ristretto gruppo di intellettuali, di altri poeti, di persone colte. Ma, come abbiamo osservato all'inizio del nostro discorso, la letteratura italiana nasce dall'**intreccio di elementi diversi**, e uno di questi elementi ha carattere opposto, popolare o popolaresco: è la **poesia dei giullari**, cioè degli artisti girovaghi che si esibiscono, nelle corti o sulle piazze, spesso improvvisando spettacoli in cui si mescolano poesia, musica, recitazione e danza.

Questa tradizione poetica ha lasciato tracce meno visibili delle altre, perché affidata più all'**oralità** che alla scrittura. Qualche testo ci è però pervenuto e ci rivela da un lato la minore consapevolezza formale degli autori e dall'altro il prevalere di atteggiamenti scanzonati, ironici, spesso proprio nei confronti di quegli stessi temi che la poesia "seria" affronta in quegli anni – la religione, la politica, l'amore. Così, per esempio, il famoso *Contrasto* di **Cielo d'Alcamo**, opera di un giullare siciliano, prende in giro

la poesia cortese della Scuola siciliana, mettendo in scena un dialogo pieno di sottintesi erotici fra una donna e il suo spasimante.
In questo ambito rientrano anche i **canti goliardici** medievali, cioè i versi scritti dagli studenti universitari, in cui si canta l'amore per donne tutt'altro che angelicate, l'insofferenza per i princìpi religiosi e per l'ipocrisia di chi dovrebbe rappresentarli, il piacere del vino e così via. La raccolta più famosa di canti goliardici medievali, i *Carmina Burana* (un'antologia scoperta in Baviera e pubblicata nel 1847) contiene più di 300 testi in latino e in antico tedesco, per lo più di argomento amoroso o conviviale.

Il filone comico

Alla letteratura giullaresca e a quella goliardica si ispira il filone della **poesia comica**, che nasce nella seconda metà del Duecento in Toscana, contemporaneamente allo stilnovo. I poeti appartenenti a questo filone – **Rustico Filippi**, **Cecco Angiolieri** [→ p. 221], **Folgore da San Gimignano** – non sono persone incolte, giullari di estrazione popolare, bensì poeti dotati di tutte le conoscenze tecniche necessarie per competere con i poeti cortesi o stilnovisti.
La poesia comica si configura quindi come un genere con caratteristiche ben definite, i cui rappresentanti scelgono consapevolmente di **parodiare** la poesia d'amore "seria", mettendone in discussione gli ideali e spesso capovolgendoli provocatoriamente. Così, alle donne angelicate degli stilnovisti, Cecco Angiolieri contrappone la sua "Becchina": brutta, rozza, avida; allo stile di vita cortese e raffinato contrappone ambienti degradati, losche taverne, case malfamate; e **rovescia** i sentimenti nobili e religiosamente ispirati dei poeti "seri" dichiarando il proprio odio per la moglie, per i genitori, per il mondo intero.
La poesia comica – detta anche **giocosa** – ricorre alla tecnica della parodia anche sul **piano stilistico**: laddove gli stilnovisti cercavano dolcezza e nobile perfezione, i poeti comici ricorrono volentieri a **espressioni volgari**, **plebee** e **rozze**; la loro **lingua** ha quasi sempre una forte componente **dialettale** o **regionale**.
Bisogna tuttavia fare attenzione a non attribuire a questo linguaggio un'intento di riproduzione realistica del parlato popolare: la poesia giocosa – come si diceva – è **poesia colta** anch'essa, e lo dimostrano sia la raffinatezza formale delle opere di Cecco Angiolieri e di altri autori, sia la tendenza di molti poeti a praticare tanto lo stile "alto", quanto quello comico (Cavalcanti e Dante, per esempio, nei loro canzonieri inseriscono anche testi ben lontani dai canoni dello stilnovo).
Naturalmente, la poesia comica ha un suo **pubblico di riferimento**, diverso da quello della poesia cortese e stilnovistica: mentre quest'ultima mira a ritagliare all'interno della società comunale una cerchia ristretta e aristocratica di amanti del sapere, la poesia comica si apre al mondo delle **classi medie**, dei **mercanti** e degli **artigiani**.

Il nostro **percorso** prevede la lettura di **otto** poesie di autori che vanno dal siciliano **Giacomo da Lentini** al toscano **Cecco Angiolieri**, attraversando in qualche misura l'intera produzione poetica in volgare italiano del XIII secolo. Lo scopo è quello di darti una visione panoramica dei fermenti creativi che animano la nascita della nostra letteratura.
Questo percorso di lettura ti porterà così a comprendere quanto, e con quali modalità, gli elementi più rilevanti di un certo contesto storico-culturale-religioso improntano le tematiche e le forme stilistiche dei primi poeti italiani. Ciascuna delle poesie che ti proponiamo è significativa in quanto accoglie e sviluppa un particolare elemento storico-culturale-linguistico del Duecento.

Maestro dei *Carmina Burana*, miniatura, circa 1230

Impariamo un metodo

Giacomo da Lentini, vissuto in Sicilia tra il 1210 e il 1260, notaio imperiale della corte di Federico II di Svevia, è conosciuto come il Notaio (o Notaro) per antonomasia. A partire da Dante è stato considerato l'iniziatore della poesia della cosiddetta Scuola siciliana, e uno dei suoi più significativi esponenti. È probabile che sia anche l'inventore del sonetto, destinato ad avere enorme fortuna nei secoli successivi, non solo in Italia. I suoi versi hanno come argomento l'amore cortese e il poeta sviluppa questo tema analizzando il sentimento nelle sue varie manifestazioni.

T1

Giacomo da Lentini

Meravigliosamente

da *Poeti del Duecento*, a cura di G. Contini, Ricciardi-Mondadori

In questa canzonetta, di argomento amoroso come tutti i testi della scuola alla quale appartiene, il poeta concentra l'attenzione sulla bellezza della donna e sul dolore che gli procura l'amore non corrisposto, attribuendo a se stesso l'atteggiamento tipico dell'amante timido.

Metro: canzonetta di settenari con rime abc abc ddc

COLLEGAMENTI
> Le forme poetiche, p. 28
> La poesia d'amore, p. 147

Il sentimento d'amore del poeta viene espresso attraverso metafore tradizionali (come quella del fuoco) e originali come questa, nella quale l'immagine dell'amata diventa un ritratto dipinto nel cuore dell'amante.

Meravigliosamente[1]
un amor mi distringe[2]
e mi tene ad ogn'ora[3].
Com'om, che pone mente
in altro exemplo pinge
la simile pintura[4],
così, bella, facc'eo[5],
che 'nfra lo core meo
porto la tua figura[6].

In cor par ch'eo vi porti,
pinta come parete[7],
e non pare di fore[8].
O Deo, co' mi par forte[9].
Non so se lo sapete,
con' v'amo di bon core[10];
ch'eo son sì vergognoso
ca pur vi guardo ascoso[11]
e non vi mostro amore.

Avendo gran disio,
dipinsi una pintura[12],
bella, voi simigliante,
e quando voi non vio[13],
guardo 'n quella figura,
e par ch'eo v'aggia avante[14];
come quello che crede

1 **Meravigliosamente:** in maniera tale da suscitare meraviglia, stupore.
2 **mi distringe:** mi lega, mi tiene prigioniero
3 **mi tene ad ogn'ora:** mi domina sempre, senza interruzione.
4 **Com'om... la simile pintura:** come uno («om» ha valore impersonale) che tiene d'occhio il modello («altro exemplo») e dipinge un quadro che lo riproduce esattamente («la simile pintura»).
5 **facc'eo:** faccio io.
6 **che ... la tua figura:** che porto dentro al mio cuore la tua immagine («figura»).
7 **como parete:** come apparite, cioè come siete in realtà.
8 **e non pare di fore:** e di fuori non si vede; l'amore è un sentimento segreto, intimo.
9 **co' mi par forte:** com'è duro, che cosa crudele.
10 **con' v'amo di bon core:** come vi amo sinceramente.
11 **ascoso:** nascosto, in segreto.
12 **una pintura:** un ritratto.
13 **non vio:** non vedo.
14 **par ch'eo v'aggia avante:** mi sembra di avervi davanti.

salvarsi per sua fede,
ancor non veggia inante[15].

Il tema dello sguardo

L'amore cortese è legato innanzitutto alla bellezza della persona amata. Lo sguardo è quindi il "canale" attraverso cui passa il sentimento e ha perciò grande importanza anche in questa poesia.

- Nelle prime tre strofe il poeta insiste su due campi semantici: quello della pittura (egli porta nel cuore l'immagine della donna, come un pittore che ne abbia fatto il ritratto) e quello dell'"apparire" (verbo che nel Duecento non è sinonimo di "sembrare", ma di "essere").

Attivati!

Sottolinea con colori diversi tutti i termini che rimandano ai seguenti campi semantici.
- il vedere
- la pittura
- il parere o l'apparire

Svolgi il lavoro tenendo presente tutta la poesia, e non solo le prime tre strofe.

Al cor m'arde una doglia[16],
com' om che ten lo foco
a lo suo seno ascoso[17],
e quanto più lo 'nvoglia[18],
allora arde più loco[19]
e non pò stare incluso[20]:
similemente eo ardo,

quando pass'e non guardo
a voi, vis' amoroso[21].

All'interno del componimento si trova una piccola sequenza narrativa: prima l'amante-poeta guarda di nascosto (v. 17), poi passa senza guardare (v. 35), infine passa e guarda, ma senza guardare una seconda volta (vv. 37-39).

S'eo guardo, quando passo,
inver' voi[22], no mi giro,
bella, per risguardare[23].
Andando, ad ogni passo
getto uno gran sospiro
ca facemi ancosciare[24];
e certo bene ancoscio,
c'a pena mi conoscio[25],
tanto bella mi pare[26].
Assai v'aggio laudato,

L'amore doloroso

L'amore cortese è tendenzialmente corrisposto, perché un cuore gentile non può restare indifferente al sentimento di un altro cuore gentile. In alcuni casi, però, l'amore assume carattere doloroso.

- Nel caso di Giacomo da Lentini, l'amore è doloroso perché è segreto: il poeta non osa confidare alla donna il proprio sentimento, oppresso dalla consapevolezza della propria inferiorità e della superiorità di lei.
- Nella poesia provenzale, ciò era legato al fatto che la donna era di condizione sociale superiore a quella dell'amante nel caso di Giacomo da Lentini, invece, la superiorità della donna è legata solo alla sua bellezza.

Attivati!

- Sottolinea nelle strofe 4 e 5 della poesia tutti i termini che esprimono il carattere doloroso dell'amore.
- Individua i versi in cui il poeta chiarisce il nesso fra dolore e carattere segreto del suo amore.

15 **come quello ... inante:** come colui che crede di salvarsi (l'anima) grazie alla fede, anche se («ancor») non vede («inanti»: di fronte a sé).
16 **una doglia:** un dolore.
17 **com'om ... ascoso:** come di chi tenga un fuoco nascosto nel petto; *om* ha come sempre valore impersonale, "uno".
18 **lo 'nvoglia:** lo avvolge, lo copre.
19 **loco:** lì, in quel posto (cioè nel cuore).
20 **incluso:** chiuso, nascosto.
21 **vis' amoroso:** viso che suscita l'amore per la sua bellezza.
22 **inver' voi:** verso di voi.
23 **risguardare:** guardare una seconda volta.
24 **ca facemi ancosciare:** che mi fa singhiozzare, piangere affannosamente.
25 **c'a pena mi conoscio:** che a malapena mi riconosco, so chi sono.
26 **mi pare:** mi appari.

madonna, in tutte parti
di bellezze c'avete[27].
Non so se v'è contato
ch'eo lo faccia per arti[28],
che voi pur v'ascondete[29]:
sacciatelo per singa,
zo ch'eo no dico a linga[30],
quando voi mi vedrite[31].

Canzonetta novella,
va' canta nuova cosa[32];
lèvati da maitino[33]
davanti a la più bella,
fiore d'ogn'amorosa,
bionda più c'auro fino[34]:
"Lo vostro amor, ch'è caro,
donatelo al Notaro
ch'è nato da Lentino[35]."

27 in tutte ... c'avete: in tutte le vostre bellezze.
28 se v'è contato ... per arti: se qualcuno vi ha raccontato che io lo faccia per finta, in modo insincero.
29 che voi pur v'ascondete: poiché continuate a nascondervi.
30 sacciatelo ... a linga: sappiatelo per segni («singa»), cioè cercate di capirlo dal modo in cui mi comporto, ciò che non dico a parole («a linga», con la lingua), cioè che vi amo.
31 vedrite: vedrete.
32 va' canta nuova cosa: vai a cantare un tema nuovo.
33 lèvati da maitino: alzati di buon mattino, presentati all'alba.
34 più c'auro fino: più dell'oro puro («fino»).
35 al Notaro ... da Lentino: cioè a Giacomo stesso, l'autore della poesia.

Amor cortese, miniatura, XIV secolo

Il congedo e la "firma"

Come sempre accade nelle canzoni, il poeta nell'ultima strofa si rivolge alla poesia stessa, raccomandandosi affinché svolga bene il suo compito.

▶ In questo caso, la canzonetta di Giacomo dovrà svelare alla donna amata quell'amore che il poeta, per la timidezza di cui abbiamo detto, non riesce a dichiarare direttamente di persona.

Attivati!

- Su quale tema (o quali temi) insiste il poeta nell'ultima strofa?
  - l'amore attraverso lo sguardo
  - la bellezza della donna
  - la timidezza del poeta
- Con quali parole l'autore "firma" la propria poesia?

Dal testo al contesto

La lingua dei siciliani

Come abbiamo già avuto modo di dire, le poesie dei siciliani ci sono giunte, salvo eccezioni, in una forma linguistica che non è quella originale. Per avere un'idea della lingua in cui esse erano scritte, ti proponiamo le prime frasi (con relativa parafrasi) di uno dei pochi testi giunti nella sua forma "autentica", la canzone *Pir meu cori alligrari* del messinese Stefano Protonotario.

Pir meu cori alligrari,	Per rallegrare il mio cuore,
chi multu longiamenti	che molto a lungo
senza alligranza e joi d'amuri è statu,	senza allegria e gioia d'amore è stato,
mi ritornu in cantari,	torno a cantare,
ca forsi levimenti	perché forse facilmente
da dimuranza turniria in usatu	dal dimorare tornerebbe in uso
di lu troppu taciri...	del troppo tacere...

Come si vede, il siciliano illustre usato alla corte di Federico II era molto più simile al dialetto siciliano dei tempi nostri che al toscano del Duecento: per esempio, notiamo che tra le vocali atone (cioè non accentate) non vi sono mai né "e" né "o", al contrario di quanto accade nel testo di Giacomo da Lentini.

Le parole terminanti in *-anza* (*alligranza*, *dimuranza*) sono provenzalismi e rivelano che i poeti siciliani non solo conoscevano temi e forme della poesia provenzale, ma erano influenzati anche dalla lingua degli autori francesi.

Guida alla lettura

I temi

Amore e timidezza Le prime **tre strofe** della poesia contengono **una riflessione** sul sentimento che domina il poeta: rivolgendosi alla donna amata, l'autore dichiara di portare sempre **la sua immagine nel cuore**, come un **ritratto** scolpito nella memoria; e guardando quell'immagine ideale si illude di avere davanti la donna in carne e ossa. Il ragionamento si conclude con una **similitudine** (vv. 25-27) in cui il poeta si paragona a chi, pur non avendo mai visto Dio, spera di raggiungere il paradiso grazie alla fede.
Le **strofe quattro** e **cinque** approfondiscono il tema, già annunciato dalla seconda, della **timidezza del poeta.** Giacomo è infatti incapace di dichiarare apertamente il suo amore: il sentimento è chiuso nell'intimo del suo cuore, non per questo si attenua, anzi al contrario si rafforza e diventa più ardente. La **metafora dell'amore-fuoco** è all'origine di una nuova **similitudine** (vv. 28-36) in cui il poeta si paragona a un uomo che tenga del fuoco nascosto in seno, alimentandolo in segreto finché quello non può più stare nascosto.
Al v. 46 inizia l'ultima parte della poesia, in cui il poeta invita la donna amata a riconoscere il suo sentimento dai **sintomi** (gesti, espressioni ecc.), visto che lui non può esprimerlo direttamente a parole, e anticipa il contenuto del congedo, in cui finalmente dichiara il suo amore, affidandolo alla poesia e invitando quest'ultima a comunicarlo alla donna amata.

Il poeta e la donna Il poeta si rivolge alla donna amata, fin dalla prima strofa, con una serie di **vocativi**: per ben tre volte usa l'aggettivo bella, ovviamente non a caso (la bellezza è infatti, come abbiamo visto, all'origine del sentimento); la quarta volta usa il termine madonna, che nel Duecento non ha il valore esclusivamente religioso che gli attribuiamo oggi, ma significa "mia donna", cioè "colei che ha signoria sulla mia vita" ("donna" deriva infatti dal latino domina, signora).
La donna amata è evocata anche dai frequenti **pronomi**; si noti che il poeta **alterna il tu e il voi**, spesso a distanza ravvicinata (per esempio, ai vv. 9-10, *porto la tua figura. / In cor par ch'eo vi porti*). Nell'ultima strofa l'interlocutrice cambia solo apparentemente: il poeta si rivolge alla poesia, ma la invita a parlare alla donna, sicché gli ultimi versi del testo sono ancora una volta diretti alla persona amata.

Lo stile

Un'accurata elaborazione retorica
Il testo rivela l'**attento lavoro stilistico** dell'autore e la preparazione "tecnica" di Giacomo. In particolare, il poeta ricorre a un procedimento caro ai provenzali, quello detto delle **"coblas capfinidas"**, consistente nel riprendere all'inizio di ogni strofa una parola o un concetto espressi alla fine della strofa precedente. Così, per esempio, tra la prima e la seconda strofa, *'nfra lo core meo / porto la tua figura, // In cor par ch'eo vi porti*; tra la quarta e la quinta strofa, *pass'e non guardo / a voi, vis' amoroso. // S'eo guardo, quando passo, / inver voi...*; e così via.
Anche il **crescendo** di manifestazioni amorose da parte del poeta rivela un'**attenta costruzione** del testo. Nella prima strofa, il poeta dichiara di portare l'**immagine** della donna amata nel **cuore**, poi (nella terza) si corregge, affermando di avere fatto **un vero e proprio ritratto** della donna e di contemplarlo per illudersi di averla davanti. Nella quarta strofa dice che la sua **timidezza gli impedisce di guardare la donna**, quando la incontra per strada; ma subito dopo (vv. 37-39) si corregge: se anche la guarda, non si volta però a guardarla una seconda volta! Fino alla quinta strofa **si dice timido** e **presenta il suo amore come segreto**: ma nella sesta strofa dichiara di aver lodato la bellezza della sua donna in tutti i modi e si lamenta perché è lei a nascondersi e non interpretare i segnali che lui le manda; e nell'ultima strofa, con la trasparente mediazione della canzonetta, **si dichiara apertamente** e chiede alla donna di ricambiarlo! Siamo insomma di fronte a un testo che rivela una grande capacità di elaborazione formale, opera di un poeta colto e raffinato, com'erano appunto gli esponenti della Scuola siciliana.

Amor cortese, miniatura, XIV secolo

Attività

Comprensione

1 Verifica la tua comprensione del testo rispondendo alle seguenti domande.

a *«Meravigliosamente» significa*
- ☐ in maniera tale da suscitare la mia meraviglia
- ☐ con bellezza straordinaria
- ☐ miracolosamente

b *Le parole «'nfra lo core meo / porto la tua figura» (vv. 8-9) significano*
- ☐ ho sempre con me un tuo ritratto
- ☐ porto la tua immagine nel cuore
- ☐ rimpiango di aver fatto una figuraccia con te

c *L'amore del poeta per la donna è causato soprattutto dal fatto che la donna*
- ☐ ricambia il suo sentimento
- ☐ è molto bella
- ☐ è molto nobile d'animo

2 Completa il seguente schema, sintetizzando il contenuto di ciascuna strofa.

I strofa	
II strofa	
III strofa	
IV strofa	
V strofa	
VI strofa	
VII strofa	

3 Spiega che cosa si intende con il termine "congedo".

Analisi

4 Spiega perché il poeta attribuisce tanta importanza all'atto del vedere (e, specularmente, a quello del mostrarsi, dell'apparire, del farsi vedere).

5 Il poeta si presenta come timido. Individua i passi in cui emerge questo tema e spiega le ragioni della sua timidezza.

6 La poesia di Giacomo da Lentini è espressione della concezione cortese dell'amore. Sintetizza rapidamente quali sono i tratti fondamentali di tale concezione.

Rifletti, confronta, scrivi

7 Confronta la poesia di Giacomo da Lentini con *A me pare uguale agli dèi* di Saffo [→ p. 147], mettendo in luce analogie e differenze e spiegando perché dal testo di Saffo emerge una concezione dell'amore diversa da quella cortese. Esponi i risultati del tuo lavoro in forma scritta, con un breve testo.

Fratelli Limbourg, *Aprile*, da *Tres riches heures du duc de Berry*, 1410-11

Francesco, figlio del ricco mercante Pietro Bernardone e di madonna Pica, nasce ad Assisi nel 1181 o nel 1182. Vive una giovinezza agiata e consegue una buona educazione letteraria. Nel 1202 rifiuta di continuare l'attività paterna e si dedica per qualche tempo alla professione militare: è a questo periodo che le antiche biografie fanno risalire la sua conversione, che culmina nella famosa rinuncia ai beni (1206) e nel pubblico distacco dalla famiglia. Dopo due anni di vita eremitica, inizia a predicare il Vangelo; nel 1210 riceve un primo consenso da papa Innocenzo III. Dopo un decennio di apostolato in diverse città d'Italia (ma anche in Egitto e in Palestina), decide di vivere secondo una Regola, diversa dalle Regole monastiche tradizionali, e di fondare un ordine completamente nuovo. Al 1221 risale la *Regula prima*, al 1223 la *Regula secunda*, approvata dal nuovo papa Onorio III. Tormentato da varie malattie e da una cecità progressiva, muore nel 1226, presso Assisi, dopo aver dettato in latino il *Testamentum* con cui esorta i confratelli a osservare una radicale povertà. Meno di due anni dopo, nel 1228, Gregorio IX lo proclama santo.

T2

Francesco d'Assisi

Cantico delle Creature

da *Poeti del Duecento*, a cura di G. Contini, Ricciardi-Mondadori

Il Cantico delle Creature *è uno dei numerosi scritti attribuibili con certezza a Francesco d'Assisi, ma uno dei pochi in volgare umbro, completato intorno al 1224. Le biografie antiche affermano che del* Cantico *Francesco compose anche la melodia (oggi perduta) su cui il testo doveva essere cantato e divulgato nelle piazze di paesi e città. Il testo non è semplicemente una lode a Dio, ma un invito ai fedeli affinché lodino il Signore, riconoscendo la sua grandezza e la sua bontà in tutti gli aspetti della creazione e della realtà naturale. Perfino la morte, per Francesco, è un'occasione che deve spingerci a lodare Dio.*

Metro: 33 versi di misura e struttura ritmica variabili, raggruppati in 12 strofe di lunghezza variabile, legate dall'assonanza (rare le rime perfette)

COLLEGAMENTI
> L'anafora, p. 44
> L'assonanza, p. 22

Altissimu, onnipotente, bon Signore,
tue so'[1] le laude, la gloria e l' honore et onne[2] benedictione.

Ad te solo, Altissimo, se konfano[3],
et nullu homo ène dignu te mentovare[4].

Laudato sie[5], mi' Signore, cum[6] tucte le tue creature,
spetialmente messor lo frate[7] sole,
lo qual'è iorno, et allumini noi per lui[8].
Et ellu è bellu e radiante[9] cum grande splendore:
de te, Altissimo, porta significatione[10].
Laudato si', mi' Signore, per sora luna[11] e le stelle:
in celu l'ài formate clarite[12] et pretiose et belle.

Laudato si', mi' Signore, per frate vento
et per aere et nubilo et sereno et onne tempo[13],
per lo quale a le tue creature dài sustentamento[14].

Laudato si', mi' Signore, per sor'aqua,

1 tue so': sono tue, spettano a te.
2 onne: ogni.
3 se konfano: si confanno, si addicono.
4 et nullu ... mentovare: sebbene nessun uomo sia («ène» = "è") degno di menzionarti, cioè di pronunciare il tuo nome.
5 sie: sii (congiuntivo esortativo).
6 cum: con.
7 messor lo frate: il signor fratello. Il sole assume nel *Cantico* una posizione di particolare rilievo, in quanto simbolo di Dio e immagine della luce spirituale. L'epiteto *messor* (forma umbra per «messere») lo qualifica infatti come «dominus», cioè «signore», «sovrano».
8 lo qual'è ... lui: il quale sole è il giorno (la luce diurna), e [tu, o Signore,] illumini noi per mezzo di lui.
9 radiante: radioso, diffondente raggi luminosi.
10 de te ... significatione: ti rappresenta, è simbolo di te.
11 per sora luna: a causa di sorella luna.
12 l'ài formate clarite: le hai create splendenti.
13 per aere ... tempo: per l'aria, per il tempo nuvoloso («nubilo») e per quello sereno e per ogni stagione.
14 dài sustentamento: dai nutrimento.

la quale è multo utile et humile et pretiosa et casta.

Laudato si', mi' Signore, per frate focu,
per lo quale ennallumini[15] la nocte:
ed ello è bello et iocundo et robustoso[16] et forte.

Laudato si', mi' Signore, per sora nostra matre terra,
la quale ne sustenta et governa[17],
et produce diversi fructi con coloriti flori et herba.

Laudato si', mi' Signore, per quelli ke perdonano per lo tuo amore
et sostengo infirmitate et tribulatione[18].

Beati quelli ke 'l sosterrano in pace[19],
ka da te, Altissimo, sirano[20] incoronati.

Laudato si', mi' Signore, per sora nostra morte corporale[21],
da la quale nullu homo vivente pò skappare[22]:
guai a·cquelli ke morrano ne le peccata mortali[23];
beati quelli ke trovarà[24] ne le tue sanctissime voluntati[25],
ka la morte secunda no 'l farrà male[26].

Laudate et benedicete mi' Signore et rengratiate
et serviateli[27] cum grande humilitate.

15 ennallumini: ci illumini, ci rischiari.
16 robustoso: robusto.
17 ne sustenta et governa: ci («ne») nutre e accudisce.
18 et sostengo ... tribulatione: e sopportano malattia e sofferenza.
19 ke ... in pace: che le sopporteranno con animo sereno («'l», "il", "ciò", è un pronome neutro riferito a «infirmitate et tribulatione»).
20 ka ... sirano: poiché da te saranno incoronati, cioè entreranno in Paradiso.
21 morte corporale: la morte del corpo.
22 da la quale ... skappare: alla quale nessun uomo vivente può sfuggire.
23 ne le peccata mortali: in peccato mortale, cioè senza aver ottenuto il perdono di Dio.
24 trovarà: troverà (il soggetto è la morte).
25 ke ... voluntati: che [la morte] troverà nella tua grazia.
26 la morte secunda ... male: la morte dell'anima, la dannazione eterna, non farà loro del male; la morte del corpo si contrappone quindi alla «secunda morte», cioè alla dannazione dell'anima, che aspetta i peccatori nell'aldilà, dopo il Giudizio universale.
27 serviateli: servitelo.

Lessico e stile

Significati di "per"

A partire dal v. 10, Francesco ricorre a una struttura sintattica che ha suscitato qualche problema interpretativo. La formula «Laudato si'... per...» potrebbe avere infatti diversi significati: potrebbe introdurre un **complemento di causa** (sii lodato a causa delle tue creature), un **complemento d'agente** (sii lodato dalle tue creature) o un **complemento di mezzo** (sii lodato attraverso le tue creature, cioè indirettamente, perché chi loda la creatura loda il creatore). Oggi si ritiene che il significato più corretto sia quello di causa.

- Quante volte usa questa formula Francesco? In relazione a che cosa?
- Tenendo conto del valore ideologico e polemico del *Cantico*, perché l'interpretazione del "per" complemento d'agente non risulterebbe soddisfacente?

Guida alla lettura

Simmetrie e simbologia numerica Il *Cantico delle Creature* presenta una struttura ben meditata, che possiamo schematizzare come segue: **introduzione** - vv. 1-4: il poeta si rivolge a Dio dichiarando l'intenzione di lodarlo; il **firmamento** - vv. 5-11: il poeta loda per gli astri, distinguendo nettamente due elementi, il sole, la luna e le stelle; il **mondo sublunare** - vv. 12-22: il poeta concentra l'attenzione sulla realtà terrena, elencando i quattro elementi che costituiscono la materia sensibile: aria, acqua, fuoco e terra; l'**uomo** - vv. 23-31: anche in questo caso il poeta distingue due gruppi: coloro che sono destinati alla beatitudine eterna, coloro che sono destinati alla dannazione; **conclusione** - vv. 32-33: il poeta invita i lettori a lodare Dio, chiudendo circolarmente il componimento. Come si vede, c'è un **gioco numerico**: il poeta elabora un discorso che va **dal grande al piccolo, dall'universo all'uomo**, ma all'interno di una struttura perfettamente **simmetrica** (**1, 2, 4, 2, 1**). L'attenzione alla numerologia, tipica del Medioevo, è confermata dal fatto che i versi totali sono **33**, numero particolarmente significativo in quanto multiplo del 3 che simboleggia la **Trinità**.

I temi

Un testo polemico Nel *Cantico* è presente un **intento polemico**, che doveva essere molto evidente ai lettori del tempo, mentre rischia di sfuggire al lettore di oggi. Le lodi di Francesco infatti si rivolgono innanzitutto ai **quattro elementi della materia** (acqua, fuoco, terra, aria, tutti presenti nel *Cantico*). Negli stessi anni i **catari** (gli "eretici" le cui idee si erano diffuse soprattutto in Provenza) sostenevano che Dio aveva creato la realtà spirituale, ma la realtà materiale era di origine demoniaca; Francesco ribadisce invece il **carattere divino della creazione**, anche nei suoi **aspetti materiali**: per lui la natura creata testimonia la fondamentale bontà di Dio. Un **secondo bersaglio polemico** del *Cantico* è costituito dalla **mentalità mercantile**, nella quale si stava progressivamente affermando l'idea di una natura da sfruttare a fini economici; Francesco invece sostiene che la natura fornisce all'uomo tutto ciò di cui ha bisogno (il sole ci illumina, le stagioni e le variazioni climatiche ci garantiscono il sostentamento, l'acqua è utile ecc.) e invita a non affannarsi per procurarsi inutili materiali.

Lo stile

Popolarità e raffinatezza Nell'osservare lo stile del *Cantico*, dobbiamo tener presente che il testo era destinato a essere **cantato** o almeno recitato. Non sappiamo che carattere avesse la musica, ma possiamo notare alcuni elementi che servono a **scandire ritmicamente** il testo:
- **i versi** di ciascuna strofa **sono legati da assonanze** anziché da rime; **le strofe** hanno **lunghezza variabile**, dai due ai cinque versi (le due strofe più lunghe sono dedicate al sole, simbolo di Dio, e alla morte: nel primo caso la scelta si spiega facilmente, perché il sole è l'elemento più importante della creazione; nel secondo, l'insistenza sulla morte ha fatto pensare che Francesco abbia aggiunto questi versi quand'era ormai malato e prossimo a morire lui stesso);
- la maggior parte delle strofe è legata da una **forte anafora iniziale** (*Laudato si', mi' Signore*); Francesco si colloca quindi all'interno del genere della **lauda**, ma con grande originalità: la sua poesia si rivolge al popolo, ma non è l'opera di un poeta popolare, incolto, al contrario rivela una grande **raffinatezza tecnica**, oltre che teologica.

Attività

Comprensione

1 Verifica la tua comprensione del testo rispondendo alle seguenti domande.

a. *Qual è il primo elemento della creazione per cui Francesco loda Dio?*
- ☐ il sole
- ☐ Dio stesso
- ☐ l'uomo

b. *In che modo vengono richiamati i quattro elementi che costituiscono la realtà materiale?*
- ☐ direttamente, attraverso i termini aria, acqua, fuoco e terra
- ☐ indirettamente, attraverso le stelle che indicano il cielo, i pesci che indicano l'acqua ecc.
- ☐ in parte direttamente e in parte indirettamente

c. *Che cosa si intende con «morte secunda»?*
- ☐ la morte dell'anima
- ☐ la morte definitiva
- ☐ la dannazione

2 Ricostruisci rapidamente il contenuto della poesia rispondendo alle seguenti domande.
- Che cosa afferma il poeta nella parte introduttiva della poesia?
- Quali sono gli astri che Francesco cita e perché il sole è più importante degli altri?
- Quali sono i quattro elementi che costituiscono la realtà naturale secondo la fisica medievale?
- Che cosa caratterizza coloro che sono destinati alla beatitudine eterna?
- Che cosa caratterizza invece coloro che sono destinati alla dannazione?
- Qual è il contenuto della conclusione della poesia?

Analisi

3 Perché Francesco chiama tutti gli aspetti della creazione «fratello» e «sorella»?
- Che cosa vuole comunicare con l'insistita ripetizione di questi termini?

4 Perché nel Cantico sono citati i quattro elementi della natura (fuoco, aria, acqua e terra)?
- Che cosa ci rivela questo fatto sulla funzione del Cantico?

5 Da quali espressioni si capisce che la natura offre all'uomo tutto ciò di cui ha bisogno? Sottolineale nel testo e commentale brevemente.

6 Perché il Cantico si può considerare un testo polemico nei confronti dell'eresia catara? Rispondi spiegando a quale principio del catarismo si contrappone Francesco.
- Secondo i catari ....
- Francesco in questi versi ....

Rifletti, confronta, scrivi

7 **Il *Cantico* di Francesco è scritto in volgare umbro del Duecento. Fanne una parafrasi in italiano moderno, poi confronta i due testi e verifica ciò che si è perduto nella tua "traduzione".**

8 L'amore e il rispetto per la natura sono atteggiamenti scoperti di recente, con il diffondersi di una nuova sensibilità ambientale: finora, infatti, la natura era per lo più considerata solo come una risorsa da sfruttare. Svolgi una breve ricerca sui cambiamenti di mentalità e atteggiamento verso la natura verificatisi nei secoli e sulle tendenze attuali. In particolare, che differenza c'è tra il messaggio del *Cantico* e quello degli ecologisti moderni? Raccogli gli esiti delle tue ricerche e delle tue riflessioni in forma scritta, in un testo di tre colonne di foglio protocollo.

Dal contesto al film

Francesco giullare di Dio
di Roberto Rossellini

Titolo originale: Francesco Giullare di Dio.
Regia: Roberto Rossellini.
Soggetto: dai 'Fioretti di San Francesco' e dalla 'Vita di frate Ginepro'.
Sceneggiatura: Roberto Rossellini, Federico Fellini, Felix Morlion, Antonio Lisandrini.
Fotografia (b/n): Otello Martelli.
Montaggio: Jolanda Benvenuti.
Musiche: Renzo Rossellini, Enrico Buondonno.
Scenografia: Virgilio Marchi.
Costumi: Marina Arcangeli.
Interpreti: Aldo Fabrizi (Nicolaio), Arabella Lemaître (santa Chiara), Gianfranco Bellini (narratore).
Produzione: Angelo Rizzoli.
Durata: 75'.
Origine: Italia, 1950.

Il film è il primo di una serie che il cinema italiano del Novecento ha dedicato alla figura di Francesco d'Assisi, dandone di volta in volta letture molto diverse. Il lavoro di Rossellini racconta la vita del santo prendendo spunto da due opere di divulgazione agiografica popolare, i *Fioretti di San Francesco*, che raccontano leggende fiorite intorno alla sua vita, e la *Vita di frate Ginepro*, uno dei discepoli di Francesco. Senza preoccuparsi troppo della verosimiglianza storica della messinscena, il regista racconta gli episodi tradizionalmente narrati a proposito della vita di San Francesco e dei suoi discepoli, mescolando attori professionisti (tra cui, nelle vesti di frate Ginepro, Aldo Fabrizi, già protagonista di *Roma, città aperta*, 1945) a veri frati francescani, in un tono ingenuo e soave che esalta la profonda e semplice umanità del santo.

All'inizio degli anni Settanta, *Fratello sole, sorella luna* (1972) di Franco Zeffirelli, sottolineerà invece, della figura di Francesco, la dimensione "hippy" e rivoluzionaria, in sintonia con l'epoca, che è quella della rivolta giovanile e della contestazione contro il conformismo.

Più cupo, infine, il ritratto dato in *Francesco* (1989) dalla regista Liliana Cavani, che si sofferma sulla violenza della guerra, sulla durezza della prigionia, sulle sofferenze della miseria e della malattia, in un tono diametralmente opposto a quello leggero e spensierato del film di Rossellini.

Il San Francesco di Giotto

San Francesco aveva la barba? Molto probabilmente sì, eppure venne raffigurato, fin dai primi anni successivi alla sua morte, sia barbuto sia imberbe, senza che nessuna evidenza né documento possa davvero spiegarci il perché di questa scelta.

Quel che è certo è che nella Basilica Superiore di Assisi, presso le *Storie di San Francesco* – ovvero gli episodi salienti della vita, i miracoli e l'importanza del ruolo che egli ebbe per la rinascita della Chiesa –, **Giotto** compì una vera e propria rivoluzione della pittura e, da allora, le cose non sarebbero state più le stesse.

[1]

Una delle prime effigi di Francesco era apparsa nel 1233 sul dossale d'altare dipinto da **Bonaventura Berlinghieri**, per la chiesa del santo a Pescia, con *San Francesco e storie della sua vita* [1]). Francesco è qui un vero frate francescano: lo dichiarano la tipica tonsura, il saio stretto in vita da un cordone e i piedi scalzi; le sue mani, inoltre, mostrano le stimmate – le ferite sempre aperte alle palme, a imitazione di Cristo crocifisso – che egli ricevette sul monte della Verna. L'immagine si adegua allo stile di un'icona bizantina per la frontalità del santo, le sue proporzioni allungate che caratterizzano la figura in senso ascetico, fino alla resa pittorica dalle forme stilizzate e quasi astratte delle linee e dei colori contro un fondo dorato del tutto immateriale.

Nulla, allora, avrebbe fatto presagire quella radicale trasformazione, dal divino all'umano, che investe il santo negli affreschi realizzati da Giotto ad Assisi fra l'ultimo decennio del XIII secolo e i primi anni del XIV. Lungo le pareti della navata, sullo zoccolo che sottosta alle grandi finestre gotiche, ventotto scene della vita annullano d'acchito ogni dimensione di trascendenza: il paesaggio, come nel *Dono del mantello* [2] è quello pedemontano di Assisi; il santo non è più né l'asceta di Berlinghieri, né il «poverello» del suo primo biografo Tommaso da Celano, bensì un uomo del suo tempo, vestito con abiti moderni e per questo vicino alla realtà dei fedeli riuniti nella chiesa. Un uomo che vive saldo sulla terra; un uomo la cui fisionomia, le proporzioni, la plasticità corporea appaiono certe, e il cui gesto, isolato al centro di una scena organizzata su studiati ritmi compositivi, occupa uno spazio concreto e reale. L'umanità del santo è totalmente visibile e con essa la possibilità del fedele di identificarsi con lui e ispirare la propria vita a quella condotta morale. Anche i miracoli sono trattati da Giotto come vita vissuta, come nel *Presepe di Greccio* [3].

[2]

[3]

Giotto traduce ad Assisi le nuove istanze della spiritualità francescana, ora perfettamente integrata nella Chiesa e anzi divenuta baluardo nei confronti delle eresie sempre più numerose nella società medievale. L'Ordine fondato dal santo era ormai il simbolo di una Chiesa che poteva autorigenerarsi senza perdere le sue ambizioni egemoniche nel dominio temporale.

Guittone, figlio di un importante uomo politico di parte guelfa, nasce ad Arezzo intorno al 1235 e prende parte fin da giovane alla vita politica della sua città. Verso i trent'anni si colloca la crisi che segna una svolta fondamentale nella sua esistenza: viene infatti esiliato da Arezzo ed entra a far parte di una confraternita domenicana riservata alle persone benestanti, i cosiddetti "frati gaudenti", abbandonando moglie e figli. La sua vastissima cultura letteraria è confluita nel suo ricchissimo canzoniere (50 canzoni e 251 sonetti), in cui i temi politici si alternano a quelli amorosi, e nell'altrettanto ricco epistolario in prosa (50 lettere, anch'esse di argomento politico e amoroso). Giudicato severamente da Dante e dai poeti dello stilnovo per l'asprezza del suo stile, Guittone è in realtà un grande sperimentatore; la sua poesia è sempre animata da una forte passione, politica o etica, che spesso lo spinge ad assumere toni sarcastici o eccessivamente moralistici. La mancanza di equilibrio e di obiettività che caratterizza molte opere di Guittone è senza dubbio un limite, ma rispecchia la faziosità e la violenza della vita comunale duecentesca, di cui la poesia guittoniana è espressione.

T3

Guittone d'Arezzo

Tuttor ch'eo dirò «gioi'»

da *Poeti del Duecento*, a cura di G. Contini, Ricciardi-Mondadori

Guittone d'Arezzo, caposcuola della poesia cortese toscana poco dopo la metà del Duecento, è un autore complesso sia ideologicamente, sia linguisticamente. Il sonetto che presentiamo è uno dei testi di ispirazione cortese, ma rivela anche la vocazione sperimentale del nostro autore: Guittone usa infatti uno spunto tematico tipico della tradizione cortese (la gioia che gli dà l'amore della donna a cui si rivolge) per sviluppare una vera e propria esibizione di bravura verbale, un raffinato divertimento intellettuale, degno di un poeta d'avanguardia del Novecento.

Metro: sonetto con schema ABAB ABAB CDC DCD

COLLEGAMENTI
> Il fonosimbolismo, p. 43
> Le parole-chiave, p. 51

Tuttor ch'eo dirò «gioi'»[1], gioiva cosa[2],
intenderete[3] che di voi favello[4],
che gioia sete di beltà gioiosa
e gioia di piacer gioi[o]so e bello[5],

e gioia in cui gioioso avenir posa[6],
gioi' d'adornezze[7] e gioi' di cor asnello[8],
gioia in cui viso[9] e gioi' tant'amorosa
ched è gioiosa gioi' mirare in ello[10].

Gioi' di volere e gioi' di pensamento[11]
e gioi' di dire[12] e gioi' di far gioioso[13]
e gioi' d'onni[14] gioioso movimento:

per ch'eo, gioiosa gioi', sì disioso[15]
di voi mi trovo, che mai gioi' non sento
se 'n vostra gioi' il meo cor non riposo[16].

1 **Tuttor ch'eo dirò «gioi'»:** ogni volta che dirò "gioia".
2 **gioiva cosa:** voi che siete la fonte, la causa («cosa») di ogni gioia; il poeta si rivolge ovviamente alla donna amata.
3 **intenderete:** capirete.
4 **favello:** parlo.
5 **gioia sete ... bello:** che siete («sete») fonte di gioia e di piacere per la vostra bellezza (beltà).
6 **gioia ... posa:** siete fonte di gioia per le speranze di felicità futura che provocate in me (alla lettera: siete una gioia in cui posa, cioè si trova, un gioioso avvenire).
7 **adornezze:** bellezze, raffinatezze.
8 **cor asnello:** corpo snello, sottile.
9 **in cui viso:** in cui guardo.
10 **gioi' tant'amorosa ... in ello:** (il corpo snello della donna) è una gioia tanto suscitatrice di amore che guardarlo è una «gioiosa gioia».
11 **pensamento:** pensiero.
12 **dire:** parlare, ma in questo caso anche "scrivere versi".
13 **far gioioso:** essere gioioso.
14 **onni:** ogni.
15 **disioso:** desideroso.
16 **mai gioi' non sento ... riposo:** non sento mai gioia, cioè non sono mai felice, se non riposo il mio cuore nella vostra gioia, cioè contemplando e pensando alla vostra bellezza.

Dal testo al contesto

Le lingue volgari

La parola **volgare** deriva dal latino *vulgus* ("popolo") e con l'espressione **lingue volgari** si indicano le diverse lingue parlate nel Medioevo dal popolo delle varie nazioni d'Europa, in contrapposizione al **latino**, la lingua usata dai dotti e dagli ecclesiastici.
Già nell'impero romano la lingua parlata dal popolo era un **latino meno complesso** di quello dei grandi scrittori e, nelle province, essa subiva **ulteriori trasformazioni** dovute al contatto con le lingue preesistenti all'arrivo dei Romani: per esempio in Spagna, Gallia o Romania il latino era pronunciato in modi diversi dall'Italia e si usavano nuove parole, prese in prestito dalle lingue locali.
Nel corso del Medioevo questo processo di **differenziazione linguistica** si accelerò e le lingue volgari divennero sempre più importanti, tanto da essere usate per trattati politici o per opere letterarie; la lingua volgare non ha una data di nascita precisa, tuttavia sin dal secolo VIII si possono trovare documenti che comprovano la necessità, per chi volesse essere compreso al di fuori della cerchia degli "intellettuali", di **adoperare**, anche per iscritto, la **lingua volgare.**
Uno dei primi testi redatti in una lingua volgare fu il "giuramento di Strasburgo" (un'alleanza stipulata nell'842 fra due figli ed eredi di Ludovico il Pio, contro il terzo fratello), scritto in **francese** e in **tedesco** antichi, in modo che anche i soldati dei due re potessero comprenderlo.
Oltre a quelle derivanti dal latino (**italiano**, **spagnolo**, **francese**, **portoghese**, **romeno**), nacquero anche le lingue volgari di origine germanica (**inglese**, **tedesco**, **olandese** e **lingue scandinave**); dalle lingue volgari medievali derivarono poi molte delle lingue parlate oggi in Europa.

La letteratura volgare italiana, in versi e in prosa, nacque verso la metà del XIII secolo, cioè con un **certo ritardo** rispetto a quelle di altre lingue come il provenzale, l'antico francese, il castigliano, il catalano. Questo ritardo nell'espressione letteraria non corrispose tuttavia a un ritardo nell'elaborazione della nuova lingua: i **primi documenti** che testimoniano l'esistenza di una lingua volgare ben distinta dal latino sono, anche in Italia, **molto più antichi** (risalgono al X-XI secolo).
La letteratura, del resto, non può nascere se non esiste una lingua sufficientemente matura, uno strumento espressivo che possa essere usato davvero dai poeti in alternativa al latino. Il **ritardo** dell'Italia **nell'elaborazione della letteratura volgare** va quindi spiegato non in termini linguistici, ma politici e sociali: è solo nella prima metà del Duecento che gli intellettuali sentirono il bisogno di scrivere in una lingua diversa dal latino, dando vita a una nuova tradizione letteraria.

Guida alla lettura

Un "plazer" Il sonetto di Guittone si può accostare al genere provenzale del **"plazer"** (piacere), una **forma poetica** basata sull'**elenco di cose e situazioni piacevoli e gioiose.** Il poeta si rivolge infatti alla donna amata, chiamandola *«gioiva cosa»*, cioè fonte (*cosa* = causa) di gioia, e nei primi due versi afferma che, proprio per questo, la donna amata e la gioia coincidono, e parlare dell'una significa parlare dell'altra. A partire dal v. 3 inizia un vero e proprio **elenco di gioie**, cioè **di motivi per cui la donna amata è fonte di gioia**: per la sua bellezza (v. 3) per il piacere che procura la sua vista (v. 4), per la speranza di gioie future che suscita (v. 5), per la sua eleganza e il suo corpo snello (v. 6) e così via. Nell'ultima strofa, il poeta torna a rivolgersi alla donna (con l'epiteto *gioiosa gioi'*) e dichiara di non poter essere felice se non in sua compagnia (alla lettera: se non riposa il cuore nella sua gioia).

I temi

Un gioco di abilità Il sonetto testimonia il **carattere sperimentale** della poesia di Guittone. Se nelle poesie politiche e morali l'autore tenta di elaborare una riflessione autonoma e originale, nelle poesie d'amore (come quella che abbiamo letto) si limita a riecheggiare i temi cortesi già sviluppati dai poeti provenzali e da quelli siciliani. Ma è evidente che, in questi casi, l'**interesse del poeta si concentra** innanzitutto **sugli aspetti linguistici**, **formali**, **retorici**: Guittone mette alla prova la sua lingua (**il volgare toscano**) e si impegna in veri e propri **giochi di abilità** per metterne in luce tutte le possibilità espressive. È quanto avviene in questo sonetto, tutto giocato sulla ripetizione della parola *gioia* e dei suoi derivati *gioiva*, *gioiosa* ecc., che tornano per ben 24 volte in 14 versi.

Una poesia sull'arte di fare poesie Altri campi semantici importanti all'interno della poesia rimandano ai **temi tipici della poesia cortese**, che abbiamo già osservato in Giacomo da Lentini [→ p. 240]: per esempio il tema della **bellezza** (espresso da termini come *beltà*, *bello*, *adornezze* ecc.), il tema dello **sguardo** (espresso da termini come **viso**, *mirare* ecc.) e così via. Guittone non sta scrivendo una poesia sull'amore, ma **una poesia sull'arte di fare poesia** – e lo rivela l'insistenza sul tema del parlare, del dire (che nel Duecento vale anche "scrivere, fare versi"): *Tuttor ch'eo dirò, di voi favello, gioi' di pensamento, gioi' di dire*. La donna diventa così ispiratrice della poesia, causa di una gioia che coincide non con la conquista amorosa, ma con il trionfo poetico.

Attività

Comprensione

1 **Verifica la tua comprensione del testo rispondendo alle seguenti domande.**

a. *Che cosa significa «plazer»?*
- ☐ elenco di cose e situazioni piacevoli
- ☐ gioia, felicità
- ☐ "poesia" in provenzale

b. *A chi si rivolge il poeta in questo sonetto?*
- ☐ alla donna amata
- ☐ alla gioia personificata
- ☐ a se stesso

c. *Che cosa significa «disioso» (v. 12)?*
- ☐ gioioso ☐ desideroso ☐ ansioso

2 **Sottolinea nel testo in colori diversi i termini e le espressioni appartenenti ai seguenti campi semantici.**
- gioia - bellezza - parlare - vedere

Analisi

3 **Spiega perché il tema della bellezza è importante in questa poesia e in che modo esso si collega al tema del vedere.**

4 **Spiega qual è il significato che assume in questa poesia l'insistenza sulla parola «gioia» e sui suoi derivati.**

5 **Tenendo conto dell'importanza del campo semantico del parlare, spiega qual è il tema di fondo della poesia, motivando la tua risposta.**

Rifletti, confronta, scrivi

6 **Guittone d'Arezzo è un grande "sperimentatore", che ama giocare con la lingua e mettere alla prova le sue potenzialità espressive e comunicative. Mettiti alla prova anche tu, quasi in competizione col poeta antico, scrivendo la parafrasi completa del testo in maniera da chiarire il significato di ciascuna parola.**

7 **La parola «gioia» è spesso usata come sinonimo di allegria, felicità, beatitudine e simili. In realtà, ciascuna di queste parole ha una sfumatura di significato ben precisa, che la rende non sovrapponibile alle altre. Approfondisci il significato di queste parole, ricorrendo al dizionario, ed esponi i risultati del tuo lavoro in forma scritta con un breve testo.**

Compiuta Donzella, è il nome, o più probabilmente lo pseudonimo, di una poetessa del Duecento di cui ci sono giunti tre sonetti. La sua identità resta del tutto misteriosa (si è discusso molto infatti sulla sua reale o presunta esistenza, ma oggi si crede che sia vissuta realmente e che "Compiuta Donzella" sia più uno pseudonimo che un nome, anche se "Compiuta", cioè "piena di ogni virtù" era un nome usuale nella Firenze del tempo in cui visse); sappiamo peraltro che Guittone d'Arezzo le indirizzò una lettera carica di elogi e i suoi versi rivelano l'appartenenza all'ambito della poesia toscana pre-stilnovistica. Di lei ci sono pervenuti solo tre sonetti di gusto trobadorico e giullaresco, due dei quali di una perfezione formale molto vicina a quella del Petrarca.

T4

Compiuta Donzella

A la stagion che 'l mondo foglia e fiora

da *Poeti del Duecento*, a cura di G. Contini, Ricciardi-Mondadori

In un tradizionale contesto primaverile, in cui tutta la natura si lascia pervadere dalla gioia d'amore, l'autrice dichiara il proprio dolore: il padre vuole costringerla a sposare un uomo che non ama.
Il componimento, memorabile per l'incipit folgorante, delinea una delicata figura di giovane sensibile e romantica che sembra scaturire direttamente dal repertorio popolare dei "contrasti" e delle "malmaritate"; sviluppa, infatti, il lamento di una ragazza che, forzatamente promessa sposa dal padre, proprio nella stagione festosa della primavera, quando tutti i giovani sono lieti d'innamorarsi e partecipano al risveglio della natura, è invece assalita dalla cupa malinconia e si sente incapace di condividere le gioie primaverili.

Metro: sonetto di endecasillabi con schema ABAB ABAB CDC DCD

COLLEGAMENTI
> Il sonetto, p. 28
> I contenuti tematici, p. 50

1 A la stagion ... fiora: nella stagione in cui il mondo si ricopre di foglie e di fiori, cioè in primavera.
2 acresce gioia: la gioia aumenta, si accresce.
3 fin' amanti: espressione "tecnica": l'amore "fino", cioè raffinato, si contrappone all'amore rozzo e grossolano delle persone escluse dalla cultura cortese.
4 alora che: allorquando, proprio nel momento in cui.
5 franca: nobile, elevata (in senso morale, interiore).
6 di servir ... inanti: ciascuno si fa avanti per servire; il verbo "servire" ha in questo caso un significato "tecnico" e indica il rapporto tra l'amante e l'amata, ispirato al codice cavalleresco e feudale.
7 marrimenti: tristezze, dolori.
8 Ca: perché.
9 'n errore: situazione dolorosa.
10 donar ... segnore: vuol darmi marito contro la mia volontà.
11 a tutte l'ore: continuamente, sempre.
12 però: perciò.

A la stagion che 'l mondo foglia e fiora[1]
acresce gioia[2] a tut[t]i fin' amanti[3]:
vanno insieme a li giardini alora
che[4] gli auscelletti fanno dolzi canti;

la franca[5] gente tutta s'inamora,
e di servir ciascun trag[g]es' inanti[6],
ed ogni damigella in gioia dimora;
e me, n'abondan mar[r]imenti[7] e pianti.

Ca[8] lo mio padre m'ha messa 'n er[r]ore[9],
e tenemi sovente in forte doglia:
donar mi vole a mia forza segnore[10],

ed io di ciò non ho disìo né voglia,
e 'n gran tormento vivo a tutte l'ore[11];
però[12] non mi ralegra fior né foglia.

Dante Gabriel Rossetti, *La Ghirlandata*, 1871-74

Guida alla lettura

Il topos della primavera Il tema amoroso è sviluppato da Compiuta Donzella attraverso il ricorso a una situazione tipica della poesia cortese: **il contrasto fra la gioia della primavera e il dolore** dell'autrice. Le prime due strofe sono dedicate infatti alla descrizione della primavera, stagione in cui la vegetazione rifiorisce e gli uccelli riempiono i giardini di canti, ma soprattutto **stagione dell'amore** per tutti i *fin' amanti*, la *franca gente* e le *damigelle*. A partire dal v. 8 emerge invece il **punto di vista dell'autrice**, a cui *abondan marrimenti e pianti*, e le due terzine sono dedicate alla spiegazione di questo contrasto, dovuto al fatto che il padre vuole costringere la figlia a sposarsi.

Il punto di vista femminile sull'amore cortese Come abbiamo già detto, l'**amore cortese era sempre extramatrimoniale**, e molte poesie insistono sulle difficoltà con cui gli amanti possono incontrarsi e sugli ostacoli posti dal "geloso" (il marito della donna). In questo caso, l'autrice affronta il tema in **chiave leggermente diversa**: la sua è infatti la condizione di una donna non ancora sposata, che vorrebbe rifiutare il vincolo matrimoniale proprio perché teme che sia di ostacolo al suo amore.
Naturalmente, la situazione descritta **non va interpretata in chiave direttamente autobiografica**: è possibile che si tratti di una **costruzione letteraria**, è possibile addirittura che Compiuta Donzella sia lo pseudonimo di un poeta e non di una poetessa, sicuramente in ogni caso la **"protesta"** della voce che parla nel testo non può essere interpretata in chiave "femminista" – l'autrice può esprimere, in quanto donna, un punto di vista diverso da quello dominante, non può certo anticipare una sensibilità che è propria della nostra epoca.

Lo stile

Semplicità ed elaborazione stilistica Sul piano stilistico, il sonetto di Compiuta Donzella si caratterizza per un'**estrema semplicità di impostazione**: gli argomenti sono ordinatamente ripartiti fra le quartine e le terzine; le frasi sono per lo più accostate mediante la congiunzione "e"; la **subordinazione è ridotta al minimo**. Siamo di fronte a una poesia senza dubbio meno elaborata, rispetto a quelle che abbiamo letto in precedenza. Si noti comunque la **ripresa del primo verso nell'ultimo**, con l'ordine degli elementi invertito ed esaltato dalla negazione (*foglia e fiora*, verbi, al v. 1, *fior né foglia*, sostantivi, al v. 14), che rivela un desiderio di nobilitare il testo inserendo un elemento di ricercatezza.

Attività

Comprensione

1 Verifica la tua comprensione del testo rispondendo alle seguenti domande.

a. *Dal punto di vista grammaticale, «foglia» e «fiora» (v. 1) sono due*
- ☐ sostantivi
- ☐ verbi
- ☐ aggettivi

b. *L'espressione «franca gente» significa*
- ☐ il popolo dei franchi
- ☐ la gente libera, cioè non schiava
- ☐ le persone dotate di nobiltà d'animo

c. *La poetessa dichiara di essere triste perché*
- ☐ deve sposare un uomo che non ama
- ☐ il suo amante non la contraccambia
- ☐ suo marito ama un'altra

2 In quali versi viene descritta la primavera? Quali aspetti della stagione mette in luce la poetessa?

3 In quali versi si spiega la ragione dell'infelicità della poetessa?

Analisi

4 Per quali aspetti possiamo riconoscere che questa poesia appartiene al filone cortese? Rispondi osservando soprattutto quali persone sono interessate all'amore nei primi otto versi della poesia.

5 La poesia si basa su una forte contrapposizione tra gioia e dolore. Individua le parole corrispondenti ai due campi semantici e sottolineale con colori diversi.

Rifletti, confronta, scrivi

6 Il matrimonio combinato (cioè basato su accordi tra le famiglie e non sull'innamoramento dei futuri coniugi) era nel Medioevo una realtà del tutto normale, in tutte le classi sociali, e tale è rimasto fino all'Ottocento. Pensi che oggi sia una pratica del tutto scomparsa? Documentati sull'argomento, attingendo anche a fatti di cronaca, e scrivi un tema con le tue riflessioni personali in merito.

7 La primavera è generalmente considerata la stagione dell'amore. Conosci altre poesie e opere d'arte che trattano questo stesso tema? Dopo esserti documentato, immagina di dover allestire una mostra su questo argomento: costruisci quindi un percorso con testi e immagini che ne illustrino i concetti che ritieni più importanti e trova un titolo efficace per il tuo percorso artistico.

Memoriali Bolognesi. I *memoriali* erano registri in cui i notai di Bologna, a partire dal 1265, erano tenuti a registrare contratti e testamenti. In tali registri non potevano restare spazi bianchi, dove qualcuno avrebbe potuto scrivere illegalmente qualche aggiunta al testo, per cui i notai dovevano riempire tali spazi o con delle linee diagonali, o con delle preghiere, o (in qualche caso per noi fortunato) con qualche testo poetico. Sono stati conservati in questo modo circa novanta testi, in parte noti da altre fonti e tutti forniti di una data quasi certa di trascrizione.

T5

Memoriali bolognesi

For de la bella bella cayba

da *Poeti del Duecento*, a cura di G. Contini, Ricciardi-Mondadori

Quello che proponiamo, giunto in due versioni di fine Duecento-inizio Trecento, è un esempio di composizione popolareggiante, opera probabilmente di un giullare e trasmesso oralmente finché un notaio non pensò di utilizzarlo come abbiamo detto. È un testo delicato e ammiccante, tutto giocato su una facile ambiguità a sfondo erotico.

Metro: ballata di versi di lunghezza variabile tra il quinario e il novenario, con rime xy abab yyyy.

COLLEGAMENTI

> Effetti ritmici, p. 11
> La ballata, p. 30

For de la bella bella cayba
fuge lo lixignolo.

Plange lo fantino
però che non trova
lu so hoxilino
ne la gaiba nova,
e diçe cum dolo:
"Chi avrì l'usolo?";
e diçe cum dolo:
"Chi avrì l'usolo?"

E in un buscheto
se mise ad andare,
sentì l'oxeleto
sì dolçe cantare.
"Oi bel lixignolo,
torna nel meo broylo;
oi bel lixignolo,
torna nel meo broylo".

Fuori della bellissima gabbia
scappa l'usignolo.

Piange il bambino
perché non trova
il suo uccellino
nella gabbia nuova,
e dice lamentandosi:
"Chi ha aperto la porticina?"
e dice lamentandosi:
"Chi ha aperto la porticina?"

E in un boschetto
si mise ad andare,
sentì l'uccellino
che cantava molto dolcemente.
"Oh, bell'usignolo,
torna nel mio giardino"
"Oh, bell'usignolo,
torna nel mio giardino"

Lessico e stile

I diminutivi-vezzeggiativi

La ballata popolare che abbiamo letto si caratterizza dal punto di vista stilistico per l'abbondanza (si potrebbe dire l'abuso) di diminutivi o vezzeggiativi. Troviamo infatti: *fantino* (= bambino, diminutivo di fante); *hoxilino* (= uccellino), *usolo* (= piccolo uscio, cioè lo sportellino della gabbia); *buscheto* (= boschetto); *oxeleto* (variazione del precedente *hoxilino*). Benché al nostro orecchio non suoni più tale, anche **lixignolo** (= usignolo) è un diminutivo: il diminutivo del latino *luscinia* e all'orecchio di un poeta medievale il termine volgare conservava quindi il carattere che ha perso nell'italiano moderno.

– Rileggi il *Cantico* di Francesco d'Assisi [→ p. 245] e verifica quali parole hanno assunto nell'italiano moderno una forma diminutiva o vezzeggiativa (grazie a suffissi come "-ello", "-olo" e simili) rispetto a quella usata da Francesco, ancora vicina al latino.

Guida alla lettura

I temi

Una ballata popolare La poesia appartiene al genere della **ballata**, il **più popolare** fra quelli in uso nel Duecento (anche le laude, cioè la forma di poesia religiosa più vicina alla sensibilità del popolo, dal punto di vista metrico sono spesso delle ballate). Con ogni probabilità, questi versi erano destinati a **essere cantati durante una danza**, come rivela in particolare la ripetizione dei due versi finali di ogni stanza (i primi due versi erano destinati al solista, i secondi al coro).
La poesia racconta un banale **episodio di vita quotidiana**: un usignolo scappa dalla gabbia e fugge; il bambino piange e si chiede chi abbia aperto la gabbia; poi va a cercarlo, lo sente cantare e tenta di richiamarlo a sé. È una vicenda che potrebbe contenere qualche allusione erotica (l'uccellino, il boschetto, l'uscio della gabbia aperto ecc. sono simboli universali): ma il testo non offre molti appigli per un'interpretazione del genere; forse più convincente appare la possibilità che si tratti di una filastrocca infantile o di una canzoncina popolare.

Lo stile

Semplicità e irregolarità Il carattere popolare della poesia è testimoniato innanzitutto dalla **irregolarità metrica**: se anche la ripetizione di *bella* al v. 1 fosse un errore di trascrizione, gli altri **versi** hanno una **lunghezza variabile** tra il quinario e il settenario; probabilmente, come accade ancor oggi in molte canzoni, la correttezza metrica era secondaria, rispetto al ritmo del a musica (per noi perduta) su cui questi versi venivano cantati. Un secondo elemento che conferma l'origine popolare del testo è la **sintassi estremamente semplificata**: nel testo si trova una sola proposizione subordinata, introdotta da *però che* con funzione causale (v. 4).

Attività

Comprensione

1 **Verifica la tua comprensione del testo rispondendo alle seguenti domande.**

a *La poesia è probabilmente opera di*
- ☐ un giullare, cioè un poeta popolare
- ☐ un poeta provenzale fuggito in Italia
- ☐ un poeta colto che imita le canzoni popolari

b *La poesia ci è stata tramandata all'interno di un codice grazie a*
- ☐ un monaco annoiato
- ☐ un notaio
- ☐ il poeta stesso

2 **La poesia usa una serie di termini lontani dal nostro uso. Verificane la comprensione spiegando il significato dei seguenti.**
- cayba
- lixignolo
- fantino
- hoxilino
- dolo
- broylo

3 **Riassumi rapidamente il contenuto letterale della poesia, mantenendo la divisione in strofe.**

Analisi

4 **Da quali elementi metrici e strutturali possiamo arguire che la poesia era destinata a essere accompagnata dalla musica? Indicane almeno due.**

5 **Quali elementi metrici e linguistici ci fanno capire che la poesia è opera di un autore poco colto?**

Rifletti, confronta, scrivi

6 **Conosci una canzone popolare della tua regione o della tua zona? Dopo esserti documentato, trascrivila sul quaderno, accompagnandola da una trascrizione in italiano corrente (se è in dialetto), da una breve introduzione che ne illustri l'argomento e da un breve commento, che ne metta in luce anche alcuni aspetti linguistici.**

7 **Scegli una canzone italiana e trascrivine il testo, tenendo conto della divisione in versi e strofe (ti consigliamo di utilizzare il libretto che accompagna i CD o il sito ufficiale del cantante). Poi fai l'analisi metrica e strutturale del testo e verifica se vi sono alcuni aspetti per cui esso si possa accostare alla poesia duecentesca che ti abbiamo proposto. Esponi i risultati della tua analisi in forma scritta con un testo di 30 righe.**

Guido Guinizzelli, nato a Bologna intorno al 1230 e morto nel 1276, è un poeta italiano. Figlio di un giudice, è anch'egli giurisperito, s'impegna in politica nel partito ghibellino, tanto da subire, con l'avvento al potere dei guelfi, l'esilio a Monselice, presso Padova, dove muore. Dante nella *Commedia* lo onora con l'appellativo di "padre" dei poeti stilnovisti. Della sua produzione ci rimangono solo cinque canzoni e quindici sonetti di sicura attribuzione, che lasciano intravedere una linea evolutiva: si passa infatti da liriche di stile guittoniano (in un sonetto Guinizzelli stesso si rivolge a Guittone riconoscendo la sua autorità e il suo insegnamento) ad altre che mostrano uno stile più originale e che gettano le basi della grande stagione dello stilnovo fiorentino (come la celeberrima canzone *Al cor gentil rempaira sempre amore*, considerata una sorta di manifesto dello stilnovo).

T6

Guido Guinizzelli

Io voglio del ver la mia donna laudare

da *Poeti del Duecento*, a cura di G. Contini, Ricciardi-Mondadori

Guinizzelli resta legato in molti testi alla concezione cortese dell'amore. Il sonetto che presentiamo è uno dei primi in cui incomincia a emergere una sensibilità diversa: il poeta concede ancora molto spazio alla descrizione fisica della donna amata e all'elogio della sua bellezza; nella seconda parte della poesia, sottolinea però la funzione salvifica della donna, capace di elevare spiritualmente l'uomo che la ama.

Metro: sonetto di endecasillabi con schema ABAB ABAB CDE CDE

COLLEGAMENTI
> Il sonetto, p. 28
> I contenuti tematici, p. 50

Io vogliọ del ver la mia donna laudare
ed asembrarli la rosa e lo giglio[1]:
più che stella dïana splende e pare,
e ciò ch'è lassù bello a lei somiglio[2].

Verde river' a lei rasembro e l'âre,
tutti color di fior', giano e vermiglio,
oro ed azzurro e ricche gioi per dare[3]:
medesmo Amor per lei rafina meglio[4].

Passa per via adorna, e sì gentile
ch'abassa orgoglio a cui dona salute[5],
e fa 'l de nostra fé se non la crede[6];

e no·lle pò apressare om che sia vile[7];
ancor ve dirò c'ha maggior vertute:
null' om pò mal pensar fin che la vede[8].

Henry Holiday, *Dante incontra Beatrice al Ponte di Santa Trinita* (part.), 1883

1 Io vogliọ ... giglio: io voglio lodare la mia donna in modo veritiero («del ver»), e paragonare a lei («asembrarli» = rassomigliarle) la rosa e il giglio.
2 più che ... somiglio: la mia donna è più splendente («splende e pare») della stella del mattino («stella dïana») e a lei paragono («somiglio») le bellezze del cielo.
3 Verde ... dare: io la paragono («rasembro») a verdi campagne («river'» = "riviere", cioè luoghi aperti, spaziosi) e all'aria, a tutti i colori dei fiori, il giallo, il rosso («vermiglio»), l'oro e l'azzurro, e a preziosi gioielli, degni di essere donati («per dare»).
4 medesmo ... meglio: persino («medesmo») amore, [passando] attraverso di lei, raggiunge un maggior grado di perfezione («rafina», "si perfeziona").
5 Passa ... salute: ella cammina per strada piena di ornamenti, di virtù, e con tanta nobile grazia («sì gentile») che annienta l'orgoglio di colui al quale dona il suo saluto («a cui dona salute»).
6 e fa ... crede: e lo converte alla nostra fede cristiana, se ancora non è credente.
7 no·lle ... vile: un uomo che abbia un cuore vile non le si può avvicinare.
8 ancor ... vede: e aggiungo che in lei c'è una virtù, un potere anche più grande: finché la guarda, nessuno è capace di nutrire pensieri malvagi («null' *om* pò mal pensar»; «om» ha valore impersonale).

Lessico e stile

Diana

La stella **diana** è quella che annuncia il giorno (in latino *dies*, da cui l'italiano "dì"). La parola *dies* è facilmente riconoscibile in molte parole italiane di tradizione colta, che hanno quindi conservato in modo evidente la radice latina (come per esempio "diario"). In altri casi, l'origine è nascosta, perché la parola italiana si è allontanata maggiormente dall'origine latina, essendo di uso popolare: è il caso per esempio di "giornale", che deriva dall'aggettivo *diurnalis*, che significava "quotidiano, giornaliero".
Il fenomeno per cui da una stessa radice latina sono derivate due parole italiane di significato diverso (una per via dotta come *diario* e una per via popolare come *giornale* appunto) è molto comune: lo verifichiamo per esempio nel caso di *cosa* (popolare) / *causa* (dotta), *ascoltare* (popolare) / *auscultare* (dotta) e così via.

– Quali altre parole derivate da *dies* conosci? Svolgi una breve ricerca.

Guida alla lettura

Una poesia nettamente bipartita Il poeta costruisce la **prima parte** del sonetto sulla base di una serie di **paragoni** fra la **donna amata** e i vari aspetti della **natura**: i fiori, i corpi celesti, i colori e le pietre preziose. Questi paragoni, ovviamente, sono tutti **positivi** e servono a **esaltare le qualità della donna**, la sua bellezza e la sua perfezione.
Nelle terzine, la dimensione concreta e materiale dei paragoni lascia il posto a una **descrizione decisamente spiritualizzante**, in cui la donna diventa **occasione di nobilitazione** (il solo vederla suscita pensieri di umiltà e di cortesia, la sua presenza non tollera nulla che sia vile e spregevole) e addirittura **di riflessione religiosa** (chi non è cristiano lo diventa). Questa **virtù salvifica** della donna è tipica della poesia stilnovista e differenzia nettamente la concezione dell'amore di Guinizzelli e dei suoi seguaci da quella dei poeti cortesi delle generazioni precedenti.

Lo stile

Dolcezza e preziosità La poesia stilnovista si caratterizza non solo per la nuova concezione dell'amore, ma anche e soprattutto per la **nuova ricerca stilistica**. Guinizzelli cerca un **linguaggio dolce**, cioè un **lessico ricco di vocali e di parole bisillabe e trisillabe**, e povero invece di gruppi consonantici aspri e di parole troppo lunghe; e una **sintassi piana e apparentemente semplice**, in cui le pause si collochino "naturalmente" alla fine dei versi e delle strofe. Si noti, nella prima parte, la **presenza di termini preziosi**, di **immagini luminose**, tutte affidate a parole dal suono dolce, quasi privo di "erre" e di consonanti esplosive. Ma soprattutto si osservi la **perfetta corrispondenza fra metro e sintassi**: quasi tutti i versi sono conclusi da una pausa sintattica, la fine di ogni strofa coincide sempre con la fine di un periodo.

Attività

Comprensione

1 **Verifica la tua comprensione del testo rispondendo alle seguenti domande.**

a. *Che cosa significa «asembrarli» (v. 2)?*
- ☐ paragonarle
- ☐ riunirli
- ☐ sembrare

b. *Il termine gentile fa riferimento a*
- ☐ la condizione sociale della donna
- ☐ l'elevatezza del suo animo
- ☐ il fatto che ricambiava gentilmente l'amore del poeta

2 **A quali elementi viene paragonata la donna nelle quartine del sonetto? Ricava dal testo un rapido elenco.**
I quartina ....
II quartina ....

3 **Perché abbiamo affermato che, a partire dal v. 9, il tono della poesia cambia?**
– Che cosa afferma il poeta nelle terzine?
I terzina ....
II terzina ....

Analisi

4 **I vv. 1-8 avrebbero potuto essere scritti da un poeta cortese (provenzale, siciliano o toscano della generazione di Guittone)? Perché?**

5 **I vv. 9-14 avrebbero potuto essere scritti da un poeta cortese? Perché?**

6 **Caratteristico della concezione stilnovistica dell'amore è la funzione salvifica della donna (che proprio per questo appare "angelicata", cioè strumento di elevazione spirituale). Dove emerge questo tema nel testo di Guinizzelli? Sottolinea le parole e le espressioni più significative.**

7 **La dolcezza dello stilnovo si affida soprattutto a tre elementi. Completa la seguente tabella con qualche esempio e/o osservazione.**

sul piano fonico	uso di parole senza nessi consonantici aspri	
sul piano lessicale	uso di parole preferibilmente bisillabe o trisillabe	
sul piano sintattico	uso di frasi semplici e coincidenza tra frasi e versi o strofe	

Rifletti, confronta, scrivi

8 Rileggi la poesia di Giacomo da Lentini [→ p. 240] e spiega in un breve testo scritto le ragioni per cui in Guinizzelli non c'è alcun accenno alla sofferenza provocata dall'amore.

9 Individua una persona che conosci bene e cerca di descriverla trovando in lei alcune similitudini con piante, paesaggi, animali, colori ecc. e motivando questi accostamenti in un testo di 20 righe.

Guido Cavalcanti, nato a Firenze intorno al 1255 e morto nel 1300, è un poeta italiano. Di ricchissima e aristocratica famiglia di parte guelfa, occupa diverse cariche nel Comune fiorentino, fino a che, nel 1293, gli "Ordinamenti di giustizia" di Giano della Bella escludono gli aristocratici dagli incarichi pubblici. Il poeta continua tuttavia a militare tra i guelfi bianchi e si rivela fra i più accesi nemici della famiglia dei Donati, che capeggiano il partito dei neri. Nel 1300 i priori del Comune (fra cui Dante, grande amico di Guido e appartenente alla stessa fazione politica), nel tentativo di placare il clima di scontro, condannano all'esilio gli esponenti più facinorosi delle parti in lotta, tra cui Cavalcanti, che è costretto a trasferirsi a Sarzana, dove si ammala. Tornato a Firenze, muore pochi mesi più tardi. Della sua produzione si sono conservati una cinquantina di componimenti tra sonetti, ballate e canzoni, nei quali sviluppa il tema del tormento d'amore con una netta prevalenza di toni tragici, cui talvolta si sostituisce un tono più leggero e popolareggiante, non privo di venature comiche.

T7

Guido Cavalcanti

Biltà di donna e di saccente core

da *Poeti del Duecento*, a cura di G. Contini, Ricciardi-Mondadori

Questo sonetto di Cavalcanti ha una struttura molto simile a quella del testo di Guinizzelli: nella prima parte il poeta richiama il genere provenzale del «plazer» (cioè un elenco di situazioni e immagini piacevoli, gioiose, positive), paragonando la donna amata a una serie di immagini naturalistiche; nella seconda parte, invece, il poeta sviluppa una riflessione più originale, da cui emergono alcuni spunti propri dello stilnovo.

Metro: sonetto di endecasillabi con schema ABAB ABAB CDE CDE

COLLEGAMENTI

> Il parallelismo, p. 44
> L'ellissi, p. 45

Biltà[1] di donna e di saccente core[2]
e cavalieri armati che sien genti[3];
cantar d'augelli e ragionar d'amore;
adorni legni[4] 'n mar forte correnti;

aria serena quand' apar l'albore
e bianca neve scender senza venti;
rivera[5] d'acqua e prato d'ogni fiore;
oro, argento, azzuro 'n ornamenti:

ciò passa la beltate e la valenza
de la mia donna[6] e 'l su' gentil coraggio[7],
sì che rasembra vile a chi ciò guarda;

e tanto più d'ogn' altr' ha canoscenza[8],
quanto lo ciel de la terra è maggio[9].
A simil di natura[10] ben non tarda.

1 **biltà:** bellezza.
2 **di saccente core:** cuore di sapiente.
3 **genti:** gentili, nobili.
4 **adorni legni:** belle navi.
5 **rivera:** ruscello.
6 **ciò ... de la mia donna:** costruisci: la beltate e la valenza della mia donna passa ciò, vale a dire: la bellezza e il valore della donna che amo superano tutto questo (di cui si è detto nei primi otto versi della poesia).
7 **gentil coraggio:** cuore gentile, nobile.
8 **canoscenza:** saggezza.
9 **maggio:** maggiore, più grande.
10 **A simil di natura:** a chi ha una natura simile.

Lessico e stile

Gentile

Il concetto di **gentilezza** è centrale, nella concezione cortese dell'amore: l'amore cortese è infatti un sentimento che può nascere solo tra cuori gentili. Il termine è sinonimo di nobile, ma si tratta di una nobiltà dello spirito, dell'animo, non necessariamente legata alla classe sociale degli innamorati. Il concetto di gentilezza resta centrale anche nella poesia stilnovistica, che continua a riflettere sul tema della nobiltà (gli echi di tale riflessione si trovano anche nella lingua contemporanea: chi appartiene all'aristocrazia si definiva gentiluomo o gentildonna, ma più in generale la gentilezza è sinonimo di cortesia, chiunque può essere gentile...). Ciò che cambia nel passaggio dalla poesia cortese alla poesia stilnovistica è invece la rappresentazione e il ruolo della donna.

- Dove emerge il tema della gentilezza ne la poesia di Cavalcanti?
- La be lezza è un tema propriodella poesia cortese o di quella stilnovistica?
- E il tema della donna angelicata?

Guida alla lettura

I temi

Il plazer Il sonetto di Cavalcanti rientra nel **genere provenzale** del **plazer** (elenco di cose o situazioni piacevoli). I primi otto versi **propongono** infatti **una serie di immagini connotate positivamente**, che coinvolgono sia la dimensione umana, sia il mondo della natura. Nella seconda parte della poesia, si rivela che queste immagini **servono come paragoni**: il poeta afferma infatti che la *beltate* e la *valenza* e il *coraggio* della sua donna superano quelli delle immagini proposte nelle quartine **dalla struttura del plazer si passa all'elogio della donna amata.** Si noti che l'elogio **muove dalla bellezza** (*beltate*), ma subito **passa a qualità più spirituali, interiori**: la gentilezza, l'animo nobile, la saggezza. La poesia si conclude, con un **verso isolato di sapore sentenzioso**, sottolineando la natura superiore della donna e la sua predestinazione al "bene" - un bene che non coincide con qualcosa di materiale, ma che (grazie alla contrapposizione fra terra e cielo del v. 13) sembra assumere un valore religioso.

Lo stile

Lessico e sintassi stilnovistici La **ricerca di dolcezza** è alla base delle scelte stilistiche di Cavalcanti in questo sonetto. Si noti infatti la presenza di un **lessico** da cui sono **quasi del tutto escluse le parole di suono aspro o dissonante** (cioè i gruppi costituiti da più consonanti, le parole ricche di vocali come la "o" e la "u") ecc. La **disposizione** delle parole conferma questa **ricerca di raffinatezza e preziosità**: si noti per esempio il **chiasmo** del v. 1 (*Biltà di donna / di saccente core*) e il **parallelismo** del v. 3 (*cantar d'augelli / ragionar d'amore*), che richiama il primo per la presenza dei complementi introdotti da "di".

La **sintassi coincide** perfettamente **con la struttura metrica**: nei primi otto versi, ogni frase occupa esattamente un verso; nelle terzine, le pause sono collocate in maniera da sottolineare la struttura metrica. Il risultato di questo **attento lavoro di costruzione del testo** è un **andamento "naturale" del discorso**, che trasmette appunto un'idea di dolcezza e di serenità, ben diversa da quella che emergeva dagli ardui esperimenti di Guittone d'Arezzo.

Attività

Comprensione

1 **Verifica la tua comprensione del testo rispondendo alle seguenti domande.**

a. *L'espressione «di saccente core» (v. 1) significa*
- ☐ animo di uomo sapiente
- ☐ (donna) dal cuore saccente, presuntuoso
- ☐ corre di gran carriera

b. *L'espressione «adorni legni» significa*
- ☐ navi belle
- ☐ mobili istoriati
- ☐ alberi coperti di decorazioni

c. *L'espressione «simil di natura» si riferisce*
- ☐ al poeta
- ☐ alla donna amata
- ☐ all'amore

2 **Spiega il significato dei seguenti termini nel contesto in cui si trovano, tenendo conto che essi hanno cambiato significato nell'italiano moderno.**
- saccente ....
- genti ....
- ragionar ....
- coraggio ....
- maggio ....

Analisi

3 **Osserva i primi due versi del testo: quali personaggi vi compaiono?**
- Quali sono le loro virtù caratteristiche?

4 **Osserva ora i vv. 9 e seguenti.**
- Quali sono le virtù che il poeta attribuisce alla donna?
- Riesci a individuare alcuni termini e/o concetti che tornano, dopo essere già stati usati nella prima parte della poesia?

5 **Da quali elementi possiamo capire che il testo letto è opera di un poeta stilnovista e non di un poeta cortese? Quali sono le espressioni e i concetti che un poeta cortese non avrebbe mai usato?**

6 **La poesia stilnovista si caratterizza per l'uso di un lessico dolce e musicale. Fai qualche esempio tratto dal testo.**

Rifletti, confronta, scrivi

7 **La gentilezza delle donne angelicate dei poeti stilnovisti si manifestava nei poeti stessi, che grazie all'amore per la donna (non importa se ricambiato o meno) si sentivano nobilitati, elevati spiritualmente e così via. In che cosa consiste oggi, secondo te, la "gentilezza", cioè la "nobiltà d'animo"? In che modo si può manifestare? È un valore ancora significativo o no? Rifletti su questo tema, facendo alcuni esempi tratti dalla tua esperienza o da ciò che hai studiato, ed esponi le tue riflessioni in forma scritta con un testo di 30 righe.**

T8

Cecco Angiolieri [→ p. 211]

Tre cose solamente

da *Poeti del Duecento*, a cura di G. Contini, Ricciardi-Mondadori

Tre sono le passioni dominanti (le donne, il vino e il gioco d'azzardo) che il poeta dichiara in questi versi, ma l'avarizia del padre gli impedisce di soddisfarle. Testi come questo, soprattutto nell'Ottocento, hanno fatto pensare a Cecco Angiolieri come a un poeta "maledetto", estraneo alla cultura dominante del suo tempo. In realtà, non bisogna leggere i versi dell'Angiolieri in chiave autobiografica, come sfoghi sinceri, bensì come divertimenti letterari, abilissimi, ma frutto di una ricerca tutta linguistica e stilistica.

Metro: sonetto con schema ABAB ABAB CDC DCD

COLLEGAMENTI
- La poesia satirica, p. 211
- Leggere un tema, p. 279

La parodia della poesia cortese

Donna, taverna e dado (che con bella metonimia significano rispettivamente sesso, vino e gioco d'azzardo) saranno il 'manifesto' degli artisti maledetti fino ai giorni nostri.

Tre cose solamente m'ènno in grado[1],
le quali posso non ben ben fornire[2],
cioè la donna, la taverna e 'l dado:
queste mi fanno 'l cuor lieto sentire.

Ma sì·mme le convene usar di rado[3],
ché la mie borsa mi mett' al mentire[4];
e quando mi sovien[5], tutto mi sbrado[6],
ch'i' perdo per moneta 'l mie disire[7].

E dico: «Dato li sia d'una lancia!»[8],
ciò a mi' padre, che·mmi tien sì magro[9],
che tornare' senza logro[10] di Francia.

Ché fora a tôrli un dinar[o] più agro,
la man di Pasqua che·ssi dà la mancia[11],
che far pigliar la gru ad un bozzagro[12].

Lo stile "basso"

L'iperbolica descrizione dell'avarizia del padre e delle conseguenze che ha sul poeta è un esempio del gusto per l'esagerazione tipico dell'Angiolieri.

1 **m'ènno in grado:** mi sono gradite.
2 **posso ... fornire:** non posso, non riesco a procurarmi molto bene.
3 **Ma ... di rado:** ma pure («sì») sono costretto («me convene») a usarle raramente.
4 **la mie ... mentire:** la mia borsa mi smentisce, cioè rivela la mia miseria.
5 **mi sovien:** mi ricordo (delle mie condizioni, della mia povertà).
6 **mi sbrado:** mi metto a inveire, mi dispero.
7 **ch'i' ... disire:** perché, per mancanza di denaro («per moneta») non posso realizzare i miei desideri.
8 **Dato ... lancia!:** che sia trafitto da un colpo di lancia!
9 **mmi tien sì magro:** mi tiene in una condizione di tale ristrettezza.
10 **logro:** alla lettera, «logorìo», «dimagrimento» causato da un lungo viaggio all'estero; il poeta vuol dire che è già tanto patito che se andasse in Francia non potrebbe tornare ulteriormente dimagrito.
11 **Ché ... mancia:** perché prendergli («tôrli») un soldo («dinaro»), foss'anche la mattina («man») di Pasqua, quando si dà la mancia, sarebbe («fora») più difficile («agro») che...
12 **bozzagro:** poiana, uccello rapace di piccole dimensioni, ovviamente incapace di catturare una gru.

Applichiamo il metodo

La parodia della poesia cortese

- Cecco prende in giro valori e luoghi comuni della poesia cortese.
  - ☐ Come intende l'amore?
  - ☐ Che cosa si oppone all'ideale del "cor gentile"?
  - ☐ Perché "taverna e dado" sono elementi estranei all'universo cortese?

Lo stile "basso"

- Cecco usa un linguaggio ricco di elementi plebei, volutamente rozzi e volgari.
  - Individua e sottolinea almeno due termini di registro basso.
  - Individua e sottolinea modi di dire rozzi e volgari.
  - Individua e sottolinea espressioni di carattere proverbiale e sentenzioso.

Guida alla lettura

I temi

I "topoi" della poesia comica Il sonetto è incentrato su alcuni temi tipici della **tradizione comica**: la concezione dell'amore ricca di **allusioni** concretamente **sessuali**, il **rifiuto della morale comune** e il suo rovesciamento parodistico, il **conflitto con il padre**, rappresentato sempre come avaro e odioso, e così via.
Come abbiamo detto, si tratta di temi che **non vanno interpretati in senso autobiografico**, ma come **"topoi"** (cioè "luoghi comuni") del genere comico; l'abilità del poeta sta nel proporli in maniera convincente e nel variarli con originalità.

Lo stile

Un'attenta elaborazione retorica Il poeta **finge rozzezza** e popolarità, ma **svolge** una **attenta ricerca espressiva**, sia sul piano linguistico, sia sul piano retorico. Per quanto riguarda il **linguaggio** usato, Cecco esibisce una serie di **espressioni popolareggianti** (come *posso non ben ben fornire*; *la mie borsa mi mett' al mentire*; *tutto mi sbrado* ecc.) e una serie di **termini dal suono aspro e sgradevole**, per lo più in posizione di rilievo alla fine del verso (*grado, sbrado, magro, logro, bozzagro* ecc.). Per quanto riguarda le scelte retoriche, si notino in particolare **le metonimie** del v. 3 (*donna, taverna* e *dado* significano rispettivamente "sesso", "vino" e "gioco d'azzardo"), **l'iperbole** della prima terzina (quando il poeta si augura la morte del padre per un colpo di lancia), **la similitudine** della seconda terzina.
La parodia dello stilnovo La **ricerca stilistica e tematica** di Cecco Angiolieri si muove in **direzione** esattamente **contraria** rispetto a quella dei coevi **poeti stilnovisti**. Gli stilnovisti sono infatti alla ricerca di una lingua dolce e raffinata, Cecco invece utilizza un **volgare plebeo**, ricco di elementi appartenenti al **registro basso e quotidiano** e caratterizzato da **suoni aspri e dissonanti.** Gli stilnovisti cantano un amore spiritualizzato e affrontano problematiche morali e religiose, laddove Cecco esprime una **concezione bassamente materiale della sessualità** e della vita in genere.

Attività

Comprensione

1 **Verifica la tua comprensione del testo rispondendo alle seguenti domande.**

a. *L'espressione «m'ènno in grado» (v. 1) significa*
- ☐ mi hanno in loro gradimento
- ☐ mi sono sgradite
- ☐ mi sono gradite

b. *«la donna, la taverna e 'l dado» significano rispettivamente*
- ☐ il sesso, il vino e il gioco d'azzardo
- ☐ l'amore, la compagnia degli amici e i giochi di società
- ☐ la moglie, l'oste e gli amici

c. *Il poeta dichiara di essere*
- ☐ ricco
- ☐ povero
- ☐ ricco, ma impoverito dai suoi vizi

2 **Individua nei versi le espressioni da cui emergono i seguenti temi**
- l'amore sessuale
- il rifiuto dei valori morali
- il conflitto col padre

Analisi

3 **Analizza la similitudine dei vv. 12-14, mettendo in evidenza il primo e il secondo termine del paragone.**

4 **Spiega perché la concezione della vita che emerge dai versi di Cecco si può definire anti-stilnovistica.**

5 **Spiega perché l'espressione di tali concetti non va presa alla lettera, in senso autobiografico, ma come espressione di un raffinato gioco letterario.**

6 **Fra le seguenti espressioni, sottolinea quelle che hanno carattere popolaresco e plebeo.**
- posso non ben ben fornire
- cuor lieto
- la mie borsa mi mett' al mentire
- 'l mie disire
- Dato li sia d'una lancia!
- far pigliar la gru ad un bozzagro

Rifletti, confronta, scrivi

7 **Prova tu a scrivere un autoritratto buffo e satirico, mettendo in luce i tuoi aspetti più stravaganti ed eccentrici e persino i tuoi difetti, ma in chiave ironica.**

8 **Abbiamo osservato più volte che la poesia di Cecco Angiolieri non va intesa in senso "realistico", come un documento autobiografico o come testimonianza di un disagio sociale e ideologico, ma come divertimento letterario e linguistico, cioè come parodia (colta e consapevole) della poesia cortese e stilnovistica. Confronta il "divertimento" di Cecco con quello di Guittone d'Arezzo [→ p. 250] e metti in luce le differenze fra i due poeti, tenendo conto delle loro scelte linguistiche e dei temi che affrontano. Esponi i risultati del tuo lavoro in forma scritta con un breve testo.**

T9

Francesco Guccini [→ p. 113]

Canzone dei dodici mesi

da F. Guccini, *Radici*, Emi Columbia

Il brano che ti proponiamo fa parte del quarto album di Guccini, Radici, *registrato nella primavera del 1972. Il testo ripercorre il ciclo dei mesi e delle stagioni e ne osserva il ripetersi sempre uguale e tuttavia sempre diverso. Rifacendosi per la struttura, come per la tematica di fondo, a modelli della poesia duecentesca, la canzone presenta tuttavia, rispetto a quelli, un elemento di moderna novità: la riflessione individuale sul fluire dell'esistenza, sul rapporto fra l'io e il mondo.*

COLLEGAMENTI
> La poesia narrativa, p. 112

Viene Gennaio silenzioso e lieve
un fiume addormentato
fra le cui rive giace come neve
il mio corpo malato
il mio corpo malato
Sono distese lungo la pianura
bianche file di campi
son come amanti dopo l'avventura
neri alberi stanchi
Viene Febbraio, e il mondo è a capo chino
ma nei convitti e in piazza
lascia i dolori e vesti da Arlecchino
il carnevale impazza
L'inverno è lungo ancora, ma nel cuore
appare la speranza
nei primi giorni di malato sole
la primavera danza

Cantando Marzo porta le sue piogge
la nebbia squarcia il velo
porta la neve sciolta nelle rogge
il riso del disgelo
Riempi il bicchiere, e con l'inverno butta
la penitenza vana
l'ala del tempo batte troppo in fretta
la guardi, è già lontana

O giorni, o mesi, che
andate sempre via
sempre simile a voi
è questa vita mia

In queste pagine, i mesi di *Gennaio*, *Giugno*, *Ottobre* e *Dicembre* del ciclo di affreschi tardomedievale del Castello del Buonconsiglio di Trento, attribuito al boemo Maestro Venceslao

diverso tutti gli anni
e tutti gli anni uguale
la mano di tarocchi[1]
che non sai mai giocare

Con giorni lunghi al sonno dedicati
il dolce Aprile viene
quali segreti scoprì in te il poeta
che ti chiamò crudele[2]
Ma nei tuoi giorni è bello addormentarsi
dopo fatto l'amore
come la terra dorme nella notte
dopo un giorno di sole

Ben venga Maggio e il gonfalone amico
ben venga primavera
il nuovo amore getti via l'antico
nell'ombra della sera
Ben venga Maggio, ben venga la rosa
che è dei poeti il fiore
mentre la canto con la mia chitarra
brindo a Cenne e a Folgóre[3]

Giugno, che sei maturità dell'anno
di te ringrazio Dio
in un tuo giorno, sotto al sole caldo
ci sono nato io
e con le messi che hai fra le tue mani
ci porti il tuo tesoro
con le tue spighe doni all'uomo il pane
alle femmine l'oro

O giorni, o mesi, che
andate sempre via
sempre simile a voi
è questa vita mia
diverso tutti gli anni
e tutti gli anni uguale
la mano di tarocchi
che non sai mai giocare

Con giorni lunghi di colori chiari
ecco Luglio il leone
riposa e bevi, e il mondo attorno appare
come in una visione

Non si lavora Agosto, nelle stanche
tue lunghe oziose ore
mai come adesso è bello inebriarsi
di vino e di calore

Settembre è il mese del ripensamento
sugli anni e sull'età

1 **tarocchi:** antico gioco di carte.
2 **il poeta ... crudele:** si tratta del poeta americano Thomas Stearns Eliot (1888-1965), che in un celebre verso del poema *La terra desolata* (1922) definisce Aprile «il mese più crudele».
3 **Cenne ... Folgóre:** Cenne da la chitarra e Folgóre da San Gimignano sono i due poeti toscani del XIII-XIV secolo alle cui opere è in parte ispirata la canzone.

dopo l'estate porta il dono usato
della perplessità
Ti siedi e pensi e ricominci il gioco
della tua identità
come scintille brucian nel tuo fuoco
le possibilità

Non so se tutti hanno capito Ottobre
la tua grande bellezza
nei tini grassi come pance piene
prepari mosto e ebbrezza
Lungo i miei monti, come uccelli tristi
fuggono nubi pazze
lungo i miei monti, colorati in rame
fumano nubi basse

O giorni, o mesi, che
andate sempre via
sempre simile a voi
è questa vita mia
diverso tutti gli anni
e tutti gli anni uguale
la mano di tarocchi
che non sai mai giocare

Cala Novembre, e le inquietanti nebbie
gravi coprono gli orti
lungo i giardini consacrati al pianto
si festeggiano i morti
Cade la pioggia, ed il tuo viso bagna
di gocce di rugiada
te pure, un giorno, cambierà la sorte
in fango della strada

E mi addormento come in un letargo
Dicembre, alle tue porte
lungo i tuoi giorni con la mente spargo
tristi semi di morte
Uomini e cose lasciano per terra
esili ombre pigre
ma nei tuoi giorni, dai profeti detti
nasce Cristo la tigre[4]

O giorni, o mesi, che
andate sempre via
sempre simile a voi
è questa vita mia
diverso tutti gli anni
e tutti gli anni uguale
la mano di tarocchi
che non sai mai giocare

4 Cristo la tigre: si tratta della citazione di un'espressione usata ancora da Eliot nel poemetto *Gerontion* (1920).

Guida alla lettura

Cenne e Folgóre La *Canzone dei dodici mesi* deve la sua architettura a due composizioni poetiche medievali, esplicitamente richiamate nel testo attraverso la citazione dei loro autori: i *Sonetti dei mesi* di **Folgóre da San Gimignano** (1270-1332) e la parodia fattane da **Cenne da la chitarra** (ante 1300-1322/1336) nella sua *Risposta per contrarî ai sonetti dei mesi di Folgóre da San Geminiano*. La prima opera fu composta tra il 1308 e il 1316: si tratta di un componimento formato da **dodici sonetti**, uno per ogni mese dell'anno, più un prologo. La serie di sonetti è dedicata a una "brigata nobile e cortese", cioè ai componenti di una corte (probabilmente quella del signore di Siena Nicolò de Nisi, cui le poesie sono dedicate): secondo il **modello provenzale**, il poeta augura ai cortigiani di poter godere delle **gioie** e dei **piaceri** (il *plazer*) che **ogni mese** dell'anno porta con sé: i cibi, il vino, la mitezza del clima, la piacevolezza della compagnia formata da persone sensibili all'arte e ai sentimenti. La notorietà di questa serie di sonetti fu tanto grande che un **giullare** vissuto a cavallo tra il XIII e il XIV secolo, Cenne da la chitarra, ne compose una **parodia**. Questa volta i sonetti (anche qui dodici come i mesi dell'anno più un componimento introduttivo) sono dedicati "a la brigata avara senza arnesi" e i piaceri cantati da Folgóre si trasformano in **fastidi e sofferenze**: il clima ora è freddo e ventoso, ora afoso e soffocante; i cibi sono aspri e acerbi, e la compagnia è formata da corrotti, pervertiti e avari.

Il ciclo delle stagioni La **struttura** della canzone dunque **replica** quella delle opere antiche che ne costituiscono la **fonte**: a **ogni mese** è dedicata **una strofa**; ogni tre strofe Guccini introduce un **ritornello**, che è invece assente nelle poesie di Cenne e Folgóre. Il cantautore accosta lo scorrere delle stagioni a considerazioni più intime sulla sua **condizione esistenziale**, tanto che possiamo dire che il tema di fondo della canzone è il rapporto tra l'**io** del poeta e il **mondo** – un tema, questo dell'**individualità**, assente nelle fonti medievali da cui pure Guccini prende spunto. Ogni mese è descritto secondo le sue caratteristiche: l'**inverno** è freddo, segnato dalla **natura raggelata** («neri alberi stanchi») e dalla **malattia del corpo** («il mio corpo malato»); ma segni di vita vengono dal **carnevale** del febbraio e dalla **pioggia di marzo** («il riso del disgelo»). La **primavera** è segnata dalla rinascita della **natura** e dei **sensi**, in immagini che trovano una eco precisa nelle poesie duecentesche: e non a caso è qui che l'autore **fa aperto omaggio alle sue fonti** («brindo a Cenne e a Folgóre») facendo riferimento all'immagine tipica della poesia duecentesca, quella della **rosa** («ben venga la rosa/ che è dei poeti il fiore»). L'**estate** è il tempo dell'**ozio** e del **riposo**, «del vino e del calore»; mentre l'**autunno** è descritto con **atmosfere lugubri** che portano verso il **letargo** e la **morte**.

La vita dell'uomo Le parole del **ritornello**, che Guccini inserisce a separare le diverse stagioni, portano con sé la **consapevolezza** del passare inesorabile del **tempo**, che già era affiorata nella descrizione del mese di marzo («l'ala del tempo batte troppo in fretta/la guardi, è già lontana»). Qui Guccini contrappone il **ciclo sempre uguale delle stagioni** allo **svolgersi del tempo storico**, che segna l'esistenza umana e ne sancisce l'arco di nascita, vita e morte. «O giorni, o mesi, che/ andate sempre via/sempre simile a voi/è questa vita mia/diverso tutti gli anni/e tutti gli anni uguale»: il succedersi delle **stagioni**, che **sempre tornano** e tuttavia **ogni volta sono diverse**, anno dopo anno, è simile alla **vita dell'autore**, che sente la **pesantezza** dello scorrere del tempo, e l'**incertezza** di fondo dell'esistenza: la «mano di tarocchi/che non sai mai giocare» allude alla consapevolezza della **casualità dell'esistere** e insieme alla necessità di dover **scegliere**, di dover **agire** per portare avanti la propria vita anche in mancanza di punti di riferimento solidi e sicuri.

Attività

Comprensione

1 Quando è stata composta la *Canzone dei dodici mesi*?

2 Quali sono le fonti Guccini che ha utilizzato? Chi sono Cenne e Folgóre?

3 Qual è il tema di fondo della canzone?

4 Qual è il significato del ritornello?

Analisi

5 Trova i due testi duecenteschi utilizzati da Guccini e confrontali col testo della canzone. Quali somiglianze e quali differenze puoi trovare?

6 Elenca almeno tre aggettivi per ciascuno dei mesi descritti nella canzone.

7 Ci sono rime nel testo? Riesci a trovare uno schema sillabico nei versi?

8 Elenca le caratteristiche attribuite all'io del poeta e commentale.

Rifletti, confronta, scrivi

9 Illustra con un disegno la descrizione del mese che ti è piaciuta di più.

10 Associa un colore a ciascun mese della canzone e poi spiega la tua scelta in forma scritta con un breve testo.

11 Ascolta la canzone. Che tipo di musica ha composto Guccini e come si accorda alle parole, secondo te? Che tipo di strumenti sono usati? E quali ritmi?

Tiriamo le fila

- **STUDIARE UN'EPOCA**
  - **I FASE**
    - Definire i limiti CRONOLOGICI
    - Definire il contesto STORICO
    - Definire il contesto CULTURALE
  - **II FASE**
    - Selezionare gli AUTORI rappresentativi
    - Scegliere le OPERE significative
    - Individuare il rapporto CONTENUTO/CONTESTO

Applicando questo metodo all'epoca che abbiamo scelto, risultano chiari i riferimenti storici e culturali fondamentali che ci hanno guidato nella definizione del nostro percorso di lettura.

- **STUDIARE LE ORIGINI DELLA POESIA ITALIANA**
  - **I FASE**
    - prima metà XIII secolo seconda metà XIII secolo
    - Federico II di Svevia regna sulla Sicilia - Francesco d'Assisi fonda un nuovo ordine religioso - In toscana si svilupparono i liberi Comuni
    - SCUOLA SICILIANA - POESIA RELIGIOSA - GUITTONE - STILNOVO - POESIA COMICA
  - **II FASE**
    - Giacomo da Lentini - Francesco d'Assisi - Guittone - Guinizzelli - Cavalcanti - Angiolieri
    - Meravigliosamente - Cantico delle creature - Tutt'or ch'eo dirò... - Io voglio del ver...; Biltà di donna... - Tre cose solamente
    - Amore - Valori spirituali - Ricerca linguistica

Che cosa hai imparato

- La poesia italiana nasce nella **prima metà** del Duecento, con la **Scuola siciliana** e con **Francesco d'Assisi**.

- Nella **seconda metà** del Duecento:
  - l'**esempio** dei siciliani viene ripreso in **Toscana** dai **poeti stilnovisti** che superano l'amore cortese: la donna ha una **funzione "angelica"** di tramite fra l'uomo e Dio;
  - nasce un filone di **poesia comica** praticato da poeti colti e consapevoli.

- La nascente poesia italiana è specchio fedele dell'evoluzione linguistica in atto:
  - i poeti **siciliani** usano un **dialetto nobilitato** da richiami al latino e al provenzale (il siciliano illustre);
  - i poeti della **Scuola toscana** usano il **volgare toscano**, anch'esso nobilitato da elementi latini e provenzali, e sviluppano una tendenza allo **sperimentalismo**;
  - i poeti **stilnovisti** cercano la **dolcezza**, cioè parole di due o tre sillabe, ricche di vocali e povere di consonanti; la **naturalezza**, cioè l'adesione della sintassi alla metrica.

3.2 Leggere un tema

L'autoritratto

Impariamo un metodo

T1 U. Foscolo, **Solcata ho fronte** (da *Sonetti*)
- *Guida alla lettura*
- *Attività*

In galleria

L'autoritratto in pittura

T2 G. Leopardi, **Il passero solitario** (da *Canti*)
- *Guida alla lettura*
- *Attività*

T3 C. Baudelaire, **L'albatro** (da A. Prete, *L'albatros di Baudelaire*)
- *Guida alla lettura*
- *Attività*

Dal testo al contesto

I poeti maledetti

T4 A. Palazzeschi, **Canzonetta** (da *L'incendiario*)
- *Guida alla lettura*
- *Attività*

Dal testo al contesto

Palazzeschi e il Futurismo

T5 C. Govoni, **Autoritratto** (da *Rarefazioni e parole in libertà*)
- *Guida alla lettura*
- *Attività*

T6 V. Cardarelli, **Gabbiani** (da *Poesie*)
- *Guida alla lettura*
- *Attività*

Applichiamo il metodo

T7 A. Merini, **Sono nata il ventuno a primavera** (da *Vuoto d'amore*)
- *Guida alla lettura*
- *Attività*

Un altro modo di leggere

T8 R. Capa - H. Cartier-Bresson - D. Arbus - R. Mapplethorpe, **Lo specchio fotografico**
- *Guida alla lettura*
- *Attività*

Dal contesto al film

F. Fellini, 8 ½

Tiriamo le fila

Come si studia un tema

Antologia on line

T1 @ V. Alfieri, **Sublime specchio di veraci detti** (da *Rime*)
- *Guida alla lettura*
- *Attività*

T2 @ G. Carducci, **Il poeta** (da *Rime*)
- *Guida alla lettura*
- *Attività*

T3 @ G. Pascoli, **La mia sera** (da *Canti di Castelvecchio*)
- *Guida alla lettura*
- *Attività*

L'autoritratto

L'autoritratto

Nell'ambito delle **arti figurative**, l'autoritratto è **un'opera** (per lo più un dipinto) in cui **l'autore rappresenta se stesso** – spesso con il pennello in una mano e la tavolozza dei colori nell'altra. In **letteratura**, l'autoritratto è **un'opera** (in versi o in prosa) in cui **l'autore descrive se stesso**.

Ma, come l'autoritratto pittorico non si limita a descrivere l'aspetto fisico, bensì ci fornisce informazioni sul carattere e sulla condizione sociale dell'autore/soggetto rappresentato, così l'autoritratto letterario **non è una semplice descrizione**; l'autore non si limita a dare informazioni oggettive (data di nascita, colore dei capelli, altezza, peso...), ma cerca di approfondire gli elementi che lo rendono una persona unica, inconfondibile: il **carattere**, la **psicologia**, il **modo in cui si rapporta con i suoi simili**, i **sentimenti** che prova di fronte a certe situazioni, le sue **idee** riguardo a certi problemi e così via.

Gli autoritratti dei poeti

Si può affermare che – in qualche misura – i poeti lirici **parlano sempre di sé**, dei propri **sentimenti**, delle proprie **idee**, della propria **visione del mondo**; e in molti casi, anche nell'antichità e nel Medioevo, si mostrano al lettore, raccontano aneddoti tratti dalla propria vita quotidiana (come Orazio nelle *Satire*, [→ p. 202]) o si rappresentano come protagonisti delle proprie opere (come Dante nella *Vita nuova* e nella *Commedia*). Tuttavia non si tratta di veri e propri autoritratti.

Il parlare di sé come **tema poetico**, fare il proprio **autoritratto in versi**, ha inizio nel corso del **Settecento**, il secolo in cui si afferma anche il **genere autobiografico**. Nonostante sia evidente che fra le due cose esiste un rapporto, vi è anche una differenza sostanziale, legata alla forma espressiva scelta: l'autobiografia è il **racconto della propria vita**, e spesso assume **ampie dimensioni**, quasi da romanzo; il ritratto coglie invece un **istante**, un **momento particolare** dell'esistenza, e lo fissa in **pochi versi**. Entrambi, comunque – autobiografia e ritratto – acquistano importanza e si diffondono in un'epoca in cui si sviluppa una **mentalità di tipo individualistico**, cioè si riconosce l'importanza di ogni singola persona umana e delle sue caratteristiche uniche e irripetibili.

Vasilij Kandiskij, *Autoritratto con tavolozza*, 1884

Psicologia e società

L'autoritratto poetico, come abbiamo detto, descrive il **poeta-autore**, ma non si limita a mostrarne l'aspetto fisico (anzi, spesso, neppure lo cita), concentrando piuttosto l'attenzione sulla **dimensione psicologica** del personaggio e attribuendo anche alle sue caratteristiche fisiche il valore di indizi rivelatori del carattere e degli stati d'animo.

L'**analisi psicologica** non è però l'unico elemento su cui si basano gli autoritratti: altrettanto importante è la descrizione della **collocazione sociale** del soggetto all'interno della società. Da una parte esiste la sua oggettiva posizione sociale, cioè la sua appartenenza alle classi aristocratiche (come il **Conte Leopardi** o **Lord Byron**), alla borghesia (come **Charles Baudelaire** o **Eugenio Montale**) o al "popolo" (come **Umberto Saba** o **Alda Merini**); ma dall'altra esiste anche la descrizione ben più significativa del **ruolo** che ogni poeta sa e può svolgere all interno della società cui appartiene: in tal senso ogni autoritratto comunica implicitamente anche il punto di vista della società circa l'importanza che socialmente riveste un **poeta "in quanto tale"**, cioè il modo in cui in ogni epoca è stata considerata e valutata la poesia.

Oggi, per esempio, soprattutto in Italia, la poesia è considerata un'attività marginale anche all'interno delle attività prettamente culturali: **i poeti hanno meno "peso"**, socialmente parlando, rispetto ai romanzieri o ai registi cinematografici... Ma non è sempre stato così: in epoca risorgimentale, per esempio, i poeti interpretavano sentimenti e sensibilità largamente diffuse e i loro versi, magari mediocri e oggi dimenticati, diventavano immediatamente popolari, venivano ricopiati, divulgati, discussi, come oggi accade a certe canzoni o a certi film.

I grandi modelli: Foscolo, Leopardi, Baudelaire

Come si è detto, l'autoritratto come tema poetico nasce nel XVIII secolo: una panoramica ideale di come esso si è sviluppato nel tempo potrebbe dunque incominciare con i nomi di due autori vissuti tra la fine del Settecento e i primi dell'Ottocento, **Ugo Foscolo** [→ p. 127] e il poeta che egli considera il suo maestro, **Vittorio Alfieri**, autore di un sonetto-autoritratto che costituisce un vero e proprio modello. Rielaborando questo modello alfieriano, Foscolo vuol dare di sé l'immagine di **eroe romantico**, tormentato, inquieto, impulsivo e appassionato. Negli stessi anni, intorno al 1801, il modello alfieriano viene ripreso dal giovanissimo **Alessandro Manzoni** [→ p. 174], appena sedicenne, per il proprio sonetto-autoritratto.
Un altro modello di autoritratto, anch'esso destinato a grande fortuna, è costituito da quello che **Giacomo Leopardi** [→ p. 130] ci offre in una delle sue poesie più famose, *Il passero solitario*, giocata dall'autore sul **confronto** tra **se stesso** e un **uccellino** di cui descrive il comportamento.
Questa **tecnica del confronto** troverà altri grandi interpreti, dimostrando la sua efficacia anche nel famoso autoritratto del francese **Charles Baudelaire** [→ p. 278]: questi, senza conoscere *Il passero solitario*, si descrive paragonandosi a un maestoso uccello marino – l'albatro – a cui si sente affratellato dal difficile e spesso incompreso stile di vita. Il confronto fra i due testi, di impostazione molto simile, rivela la diversa personalità dei due poeti, ma anche le diverse condizioni storiche in cui essi vivono e operano. E ancora ad uccelli marini, i gabbiani, si paragonerà, per dare un'immagine di sé, un poeta novecentesco, **Vincenzo Cardarelli** [→ p. 154].

Il Novecento tra classicismo e avanguardia

I grandi modelli del Settecento e dell'Ottocento conservano il loro peso nel secolo successivo, influenzando soprattutto i poeti più legati alla **tradizione**, come lo stesso Cardarelli o **Giovanni Pascoli**. Altri poeti, viceversa, assumono nei confronti della tradizione un atteggiamento più **dissacrante** e **distruttivo**, o almeno fortemente **ironico**: è il caso di **Aldo Palazzeschi** [→ p. 280], esponente di uno dei movimenti d'avanguardia del primo Novecento, il **Futurismo**.
Analogo è il caso dell'autoritratto di **Corrado Govoni** [→ p. 285], anch'egli legato al **Futurismo**, che tenta un'operazione **sperimentale**, **giocosa** e al tempo stesso **dissacrante** nei confronti della poesia, fino ad allora considerata seria e austera.
Nella poesia del Novecento fanno però irruzione anche **temi più intimi e più sofferti**, come quello del **malessere esistenziale**, del **disagio sociale** e della **follia**. Quest'ultima è il tema portante della produzione poetica di **Alda Merini** [→ p. 141], poetessa milanese il cui autoritratto si apre a una **dimensione più vasta**, **collettiva**, **generale**, e proietta la condizione intima e personale della donna su un piano universale.

Il nostro **percorso** prevede la lettura di **sette** poesie.

- Ugo Foscolo, **Solcata ho fronte**, classico "sonetto autoritratto" romantico.
- Giacomo Leopardi, **Il passero solitario**, modello ottocentesco di autoritratto giocato sul confronto con un animale.
- Charles Baudelaire, **L'albatro**, altro modello ottocentesco con caratteristiche simili al precedente.
- Aldo Palazzeschi, **Canzonetta**, gioco verbale che mescola parole e suoni privi di significato per comunicare un senso di libertà e di allegria.
- Corrado Govoni, **Autoritratto**, audace sperimentazione che trasforma la poesia in un disegno "fatto" con le parole.
- Vincenzo Cardarelli, **Gabbiani**, ripresa novecentesca dell'autoritratto basato sul confronto.
- Alda Merini, **Sono nata il ventuno a primavera**, apertura poetica agli elementi del malessere esistenziale e della follia.

Questo percorso di lettura ti porterà a comprendere come il tema dell'autoritratto si sviluppi, attraverso tre secoli (dal XVIII al XX), in rapporto al mutare delle condizioni storico-culturali e delle scelte letterarie e stilistiche che caratterizzano poeti e movimenti; ma anche, e forse soprattutto, quanto esso sia sempre significativo della poetica del suo autore.

Jean-Michel Basquiat, *Autoritratto*, 1982

T1

Ugo Foscolo [→ p. 127]

Solcata ho fronte

da U. Foscolo, *Sonetti*, Rizzoli

Scritto tra il 1801 e il 1802, l'autoritratto del Foscolo, allora ventitreenne, riprende variandolo quello di un altro illustre poeta, più anziano di lui, Vittorio Alfieri. In questo sonetto troviamo tutti i tratti dell'eroe romantico, tormentato, inquieto, impulsivo, le cui caratteristiche psicologiche si manifestano sul volto, pallido e solcato dalle rughe, e sul portamento, fiero e audace.

Metro: sonetto con rime ABAB BABA CDE CED

COLLEGAMENTI

> Il sonetto, p. 28
> La poesia lirica, p. 127
> *In morte del fratello Giovanni*, p. 67

Tutto il componimento è percorso da echi classici e petrarcheschi, specialmente nella scelta lessicale.

Solcata[1] ho fronte, occhi incavati intenti[2],
crin fulvo[3], emunte[4] guance, ardito aspetto,
labbro tumido acceso[5], e tersi[6] denti,
capo chino, bel collo, e largo petto;

1 Solcata: segnata dalle rughe.
2 incavati, intenti: un po' infossati ma vivaci, pieni di curiosità.
3 crin fulvo: capelli di colore rosso.
4 emunte: pallide (è un latinismo).
5 labbro tumido acceso: labbra rosse e pronunciate.
6 tersi: bianchissimi.
7 giuste: proporzionate.

La descrizione fisica

Foscolo dedica la prima quartina alla descrizione del proprio aspetto fisico, elencando una serie di caratteristiche.

- La maggior pare di esse hanno anche una valenza psicologica: i capelli rossi, per esempio, sono tradizionalmente considerati segno di un carattere focoso, mentre le rughe che segnano la fronte – considerando che il poeta ha solo 23 anni – sono spia di un animo tendente alla meditazione e alla malinconia.

Attivati!

- Quali espressioni hanno un valore esclusivamente fisico?
- Nel complesso, il ritratto di Foscolo ti sembra
  - manierato e statico
  - autentico e vivace

Dal ritmo incalzante dell'aggettivazione emergono la vivacità e l'inquietudine del poeta.

giuste[7] membra; vestir semplice eletto[8];
ratti[9] i passi, i pensier, gli atti, gli accenti[10];

L'analisi psicologica

I versi dal 5 in poi sono dedicati ad approfondire l'analisi psicologica per mezzo di una ricchissima aggettivazione.

- Lo stesso aggettivo serve a connotare una certa caratteristica della personalità e il comportamento che ne deriva (*ratto*, *prode*).

Attivati!

- In che senso il v. 8 può essere considerato quello centrale del sonetto?
- Ti sembra che in questi versi emerga ancora qualche accenno all'aspetto fisico? Perché?

sobrio, umano, leal, prodigo, schietto[11];
avverso al mondo, avversi a me gli eventi:

8 eletto: accurato, elegante.
9 ratti: veloci.
10 accenti: le parole.
11 sobrio ... schietto: semplice, umano, leale, generoso, sincero.

12 **prode:** audace, valoroso.
13 **mesto:** triste, cupo.

talor di lingua, e spesso di man prode[12];
mesto[13] i più giorni e solo, ognor pensoso,
pronto, iracondo, inquïeto, tenace:

di vizi ricco e di virtù, do lode
alla ragion, ma corro ove al cor piace:
morte sol mi darà fama e riposo.

Guida alla lettura

Il sonetto autoritratto Il sonetto è nettamente diviso in **due parti**: la prima contiene il **ritratto fisico**, la seconda è dedicata al **carattere**. Dal punto di vista "pittorico" l'autoritratto del Foscolo è molto efficace: si presenta come un **mezzo busto** che lascia intuire una **figura proporzionata** (le *giuste membra* del v. 5) e la cui descrizione procede **ordinatamente**, dall'alto verso il basso, dalla fronte al petto, elencando i dettagli anatomici in **sequenza**: fronte, occhi, capelli, guance, labbra, denti, collo, petto. È significativo che Foscolo eviti qualsiasi accenno al naso, che forse riteneva il tratto meno affascinante del proprio volto, visto che in una lettera di qualche anno prima lo definisce «aquilino e grosso». Dopo il v. 5 si passa alla **descrizione interiore**: la **rapidità** nel pensare, nel parlare e nel muoversi, è espressa con un verso veloce, in cui le parole sono legate per **asindeto**, come in quasi tutto il sonetto.

I temi

L'eroe romantico Foscolo vuol presentare se stesso come il prototipo dell'**eroe romantico**, in perpetua **lotta con il reale**, **coraggioso** nel parlare e nel difendersi, **triste** e **meditabondo**, ma anche facile all'ira, ricco di vizi e di virtù, razionale ma ancor più pronto alle passioni. Il **contrasto** tra **istinto e passioni** è tipicamente romantico, così come il tema della eterna lotta contro le avversità. È ravvisabile nel verso centrale del sonetto (*avverso al mondo, avversi a me gli eventi*, v. 8) il **dramma biografico** del poeta, che a soli 23 anni, aveva già provato l'esilio, la guerra, la delusione delle speranze politiche e lutti familiari (il suicidio del fratello): questi sono gli eventi *avversi* che lo rendevano ormai *alle speranze incredulo*.

La morte che porta la gloria Il sonetto si chiude con il tema del **riposo** e della **morte** come portatrice di pace interiore ma anche di fama, che ricorre in tutta la produzione foscoliana. Il poeta è comunque sicuro, già a 23 anni, che nella morte troverà la gloria: ha già al suo attivo la pubblicazione della tragedia *Tieste*, rappresentata con successo a Venezia il 4 gennaio 1797, dell'ode *A Luigia Pallavicini caduta da cavallo*, e soprattutto la prima stampa del romanzo epistolare *Ultime lettere di Jacopo Ortis*, iniziata nel 1798 e interrotta l'anno successivo.

Lo stile

Uno stile ricercato Il lessico è colto, ricercato con una forte presenza di **latinismi** (occhi *intenti*, v. 1; *emunte*, v. 2; *eletto*, v. 5) e frequenti **echi classici** e **petrarcheschi** (ad esempio il v. 10 *solo, ognor pensoso* riecheggia l'incipit del sonetto di Petrarca *Solo et pensoso i più deserti campi*). La descrizione si fonda sulla figura retorica dell'**enumerazione**, che presenta in una sorta di elenco le qualità fisiche e caratteriali del poeta. Numerose sono le figure retoriche che caratterizzano il testo. Il sonetto si apre infatti con un'**anastrofe** al v. 1, che mette in rilievo l'aggettivo *solcata*, riferito a *fronte*, e trasforma il giovane poeta in un uomo maturo e segnato dal tempo e dalle preoccupazioni. Al v. 5 si nota un **ossimoro** che accosta i due aggettivi *semplice* ed *eletto*, nel senso di elegante, e mette in luce un **ambiguo atteggiamento** del Foscolo, che desidera presentarsi allo stesso tempo come un esteta raffinato ma anche come un uomo discreto.

Antonio Berti (1904-1990), *Monumento a Ugo Foscolo*, Firenze, Basilica di Santa Croce

Attività

Comprensione

1 **Verifica la tua comprensione del testo rispondendo alle seguenti domande.**

a *L'autoritratto del Foscolo è*
- ☐ realistico
- ☐ idealizzato
- ☐ fantastico

b *La descrizione si basa soprattutto su*
- ☐ la vista
- ☐ l'udito
- ☐ la vista e l'udito insieme

c *Nel v. 1, «Solcata ho fronte» significa che*
- ☐ il poeta è vecchio
- ☐ il poeta è accigliato
- ☐ il poeta è turbato e inquieto

2 **Perché il poeta dice che gli «eventi» gli sono «avversi»?**

3 **Spiega con parole tue i versi «do lode / alla ragion, ma corro ove al cor piace».**

4 **Con l'aiuto delle note, scrivi la parafrasi letterale del sonetto: ricorda che devi sostituire i termini difficili con altri più semplici e che devi collocare le parole nell'ordine della prosa (soggetto, verbo, complementi).**

Analisi

5 **Nel sonetto prevale la paratassi o l'ipotassi?**

6 **Quali sono le qualità interiori che Foscolo mette in rilievo? Elencale.**

7 **Definiresti Foscolo una persona tranquilla? Perché?**

8 **Quale ruolo ha la morte per il poeta?**

9 **Quale figura retorica è presente al v. 2, «emunte guance»?**

Rifletti, confronta, scrivi

10 **Confronta il sonetto di Foscolo con quello di Alessandro Manzoni, che ti presentiamo qui sotto, mettendo in luce analogie e differenze, nello stile e nella scelta dei temi, ma anche negli elementi dell'aspetto esteriore e del carattere che i due poeti mettono in luce.**

Capel bruno: alta fronte: occhio loquace:
Naso non grande e non soverchio umile:
Tonda la gota e di color vivace:
Stretto labbro e vermiglio: e bocca esile:

Lingua or spedita or tarda, e non mai vile,
Che il ver favella apertamente, o tace.
Giovin d'anni e di senno; non audace:
Duro di modi, ma di cor gentile.

La gloria amo e le selve e il biondo iddio:
Spregio, non odio mai: m'attristo spesso:
Buono al buon, buono al tristo, a me sol rio.

A l'ira presto, e più presto al perdono:
Poco noto ad altrui, poco a me stesso:
Gli uomini e gli anni mi diran chi sono.

François-Xavier Fabre, *Ritratto di Ugo Foscolo*, 1813

L'autoritratto in pittura

Il genere dell'**autoritratto** nasce relativamente tardi in pittura. La tradizionale divisione medievale del sapere in Arti liberali e Arti meccaniche, le une teoriche e le altre pratiche, portava con sé il pregiudizio della minore nobiltà del lavoro manuale. Ne era conseguita l'assimilazione dell'artista all'artigiano e la sua funzione subordinata nell'organizzazione sociale e politica delle città. L'emancipazione dell'artigiano dal ruolo di semplice esecutore sarebbe avvenuta per gradi; ma solo dall'età dell'Umanesimo, e compiutamente nel Rinascimento, poté affermarsi il nuovo ideale dell'artista, ora consapevole del proprio compito intellettuale e del potere creativo infuso nell'opera d'arte. Senza queste premesse, l'artista non avrebbe mai osato ritrarre se stesso, né scrivere un'autobiografia – come, per primo, fece Lorenzo Ghiberti alla metà del Quattrocento – o elaborare un trattato come quello sulla pittura di Leon Battista Alberti del 1436, in cui il pittore è colui che ha «perfettissimo ingegno», studia costantemente e ha familiarità con i letterati.

[1]

Sebbene il massimo riconoscimento del nuovo ruolo si abbia nella Firenze di Lorenzo il Magnifico, il primo autoritratto si deve al pittore tedesco **Albrecht Dürer** che, a partire dal 1484, inaugura una lunga galleria di autoritratti a suggello di una presa di coscienza della propria identità di artista. In *Autoritratto con guanti* **[1]** del 1498, la posa di tre quarti è moderna e deriva dal nuovo ritratto quattrocentesco che abbandonava il classico profilo per una posa più libera nello spazio e una maggiore individuazione del soggetto raffigurato. L'abbigliamento alla moda rimanda a un raggiunto benessere materiale e, assieme agli elementi derivati dalla conoscenza dell'arte italiana – come il paesaggio che si apre dietro la finestra –, rivela un'aspirazione a incarnare l'ideale italiano dell'artista, colto, affermato, pienamente inserito nella società rinascimentale.

Più tardi, l'olandese **Rembrandt**, anch'egli segnato dall'incontro con la pittura italiana, fa compiere al genere uno straordinario balzo in avanti. Prima ancora delle versioni che realizzerà da vecchio, esempi eccelsi per caratterizzazione psicologica, nell'*Autoritratto* **[2]** del 1640 egli si ritrae nel momento di massima affermazione sociale e di successo. La sua altissima abilità tecnica ci consente di percepire le diverse qualità tattili delle cose, dalle stoffe preziose alla morbidezza delle carni. Eppure, l'esattezza nella resa dei particolari, massima sul volto, diviene sempre più sfocata man mano che ci si allontana da quel punto. Lo stesso sfondo è scomparso a vantaggio del centro focale dell'opera, luogo della massima concentrazione luminosa: lo sguardo dell'artista. Non vi si troverà alcun compiacimento, bensì un senso d'insicurezza, un velo d'impalpabile tristezza, un presentimento di morte.

[2]

T2

Giacomo Leopardi [→ p. 130]

Il passero solitario

da G. Leopardi, *Canti*, Einaudi

Leopardi ha collocato questo testo tra le prime poesie della raccolta dei Canti, *accanto a testi risalenti a quasi dieci anni prima.* Il passero solitario, *infatti, per linguaggio e forma metrica si avvicina più ai cosiddetti "grandi idilli", scritti dopo il 1828 (*A Silvia, Le ricordanze *ecc.), che ai "piccoli idilli" del 1819-1921 (*L'Infinito, Alla luna*). Ponendo questa canzone all'inizio del lungo percorso dei* Canti, *Leopardi ha dunque voluto proporre al lettore una sorta di auto-presentazione, nella quale paragona la vita solitaria del passero alla propria, priva delle amicizie e degli svaghi tipici della giovinezza. Osservando il mondo naturale, si rafforza nel poeta la consapevolezza dell'infelicità causata dalle sue scelte di vita.*

Metro: canzone libera, composta da tre strofe di endecasillabi e settenari variamente alternati e rimati

COLLEGAMENTI

- La canzone leopardiana, p. 29
- La poesia lirica, p. 130
- *L'infinito*, p. 58

D'in su la vetta della torre antica[1],
passero solitario[2], alla campagna
cantando vai finché non more il giorno;
ed erra[3] l'armonia per questa valle.
Primavera dintorno
brilla nell'aria, e per li campi esulta,
sì ch'a mirarla intenerisce il core[4].
Odi greggi belar, muggire armenti[5];
gli altri augelli[6] contenti, a gara insieme
per lo libero ciel fan mille giri,
pur festeggiando il lor tempo migliore[7]:
tu pensoso in disparte il tutto miri[8];
non compagni, non voli,
non ti cal[9] d'allegria, schivi gli spassi[10];
canti, e così trapassi
dell'anno e di tua vita il più bel fiore[11].

Ohimè, quanto somiglia
al tuo costume il mio[12]! Sollazzo[13] e riso,
della novella età dolce famiglia[14],
e te german di giovinezza, amore[15],
sospiro acerbo de' provetti giorni[16],
non curo[17], io non so come; anzi da loro
quasi fuggo lontano;
quasi romito[18], e strano
al mio loco natio[19],
passo del viver mio la primavera.

1 D'in su la vetta ... antica: dalla cima del vecchio campanile.
2 passero solitario: particolare tipo di passero, di dimensioni abbastanza grandi e dal piumaggio grigio-azzurro, molto veloce nel volo e nella corsa.
3 erra: vaga, si diffonde.
4 sì ch'a mirarla ... il core: in maniera tale che, guardandola, il cuore si commuove.
5 armenti: mandrie di bovini.
6 augelli: uccelli.
7 pur festeggiando ... migliore: festeggiando in continuazione la stagione per loro più bella.
8 miri: osservi, guardi.
9 non ti cal: non ti importa, non ti curi.
10 schivi gli spassi: eviti i divertimenti.
11 dell'anno ... fiore: il periodo più bello dell'anno («la primavera») e della tua vita («la giovinezza»).
12 al tuo costume: al tuo modo di fare, al tuo atteggiamento.
13 Sollazzo: divertimento.
14 della novella ... famiglia: dolce compagnia («famiglia»), cioè atteggiamenti tipici della giovinezza («novella età»).
15 e te ... amore: e te, amore, fratello («german») della giovinezza.
16 sospiro ... giorni: fonte di dolorosi rimpianti («sospiro acerbo») nell'età matura («provetti giorni»).
17 non curo: non considero importanti; il verbo regge come complementi oggetti «sollazzo e riso» al v. 18 e «amore» al v. 20.
18 quasi romito: solitario come un eremita.
19 strano ... natio: estraneo al luogo in cui sono nato.

Questo giorno ch'omai cede alla sera,
festeggiar si costuma al nostro borgo[20].
Odi per lo sereno un suon di squilla[21],
odi spesso un tonar di ferree canne[22],
che rimbomba lontan di villa in villa[23].
Tutta vestita a festa
la gioventù del loco
lascia le case, e per le vie si spande;
e mira ed è mirata, e in cor s'allegra.
Io solitario in questa
rimota parte alla campagna uscendo,
ogni diletto e gioco
indugio[24] in altro tempo: e intanto il guardo
steso nell'aria aprica
mi fere il Sol[25] che tra lontani monti,
dopo il giorno sereno,
cadendo si dilegua, e par che dica
che la beata gioventù vien meno.

Tu, solingo augellin[26], venuto a sera
del viver che daranno a te le stelle[27],
certo del tuo costume
non ti dorrai; che di natura è frutto
ogni vostra vaghezza[28].
A me, se di vecchiezza
la detestata soglia
evitar non impetro[29],
quando muti questi occhi all'altrui core,
e lor fia vòto il mondo[30], e il dì futuro
del dì presente più noioso e tetro[31],
che parrà di tal voglia[32]?
che di quest'anni miei? che di me stesso?
Ahi pentirommi, e spesso,
ma sconsolato, volgerommi[33] indietro.

20 festeggiar ... borgo: è di solito un giorno di festa nel nostro paese.
21 squilla: campana.
22 ferree canne: i fucili, sparati a salve in segno di festa.
23 Di villa in villa: di paese in paese.
24 indugio: rimando.
25 il guardo ... il Sol: il sole mi ferisce gli occhi che guardano l'atmosfera luminosa («aprica»).
26 solingo augellin: uccellino solitario.
27 venuto a sera ... stelle: quando giungerai alla fine («alla sera») della vita che il destino («le stelle») ti concede.
28 che di natura ...vaghezza: perché ogni stranezza («vaghezza») di voi animali è frutto dell'istinto naturale.
29 evitar non impetro: non riesco a evitare.
30 quando ... mondo: quando questi occhi non parleranno più al cuore altrui, e il mondo sarà per loro «vuoto» (privo di attrattive).
31 tetro: triste, cupo.
32 che parrà di tal voglia: che cosa penserò di questo mio atteggiamento solitario.
33 volgerommi: mi volterò.

Guida alla lettura

I temi

L'autoritratto attraverso un confronto Le **tre strofe** della poesia sviluppano il **confronto tra il poeta e il passero**: nella prima infatti si trova la descrizione del passero e dei suoi atteggiamenti; nella seconda quella del poeta; nella terza i due vengono messi a confronto. Come in Foscolo [→ p. 271], anche in Leopardi l'**atteggiamento è analitico**, e infatti il poeta **si sofferma a descrivere** non solo i due protagonisti della poesia, ma **anche il contesto** in cui si trovano. Nella prima strofa, per esempio, c'è una ampia descrizione della primavera, colta nei suoi vari aspetti (l'aria limpida, i campi in fiore, gli uccelli, gli altri animali); nella seconda strofa il poeta descrive la festa del paese (le campane che suonano, i cacciatori, i giovani allegri).

Analogie e differenze Le prime due strofe sottolineano le **analogie**, cioè le somiglianze, **tra il poeta e il passero.** Il confronto è svolto esplicitamente ai vv. 17-26, ma è comunicato anche in maniera indiretta – per esempio, entrambe le strofe si concludono con l'immagine del passero e del poeta solitari, in contrapposizione agli altri uccelli e agli altri esseri umani che fanno allegramente gruppo; le **due strofe inoltre si aprono e si chiudono circolarmente** con l'immagine del tramonto (*cantando vai finché non more il giorno*, v. 3; *il Sol... cadendo si dilegua*, vv. 41-43), a sottolineare la circolarità del discorso.

La **terza strofa** si distingue quindi dalle prime due perché **è dedicata alle differenze tra il poeta e il passero.** Il passero agisce infatti spinto dall'**istinto** (diremmo noi), il poeta invece è preda di una **"malinconia senza perché"** tipica della sua epoca, che lo spinge a osservare la vita dall'esterno, senza prendervi parte in prima persona. Il passero quindi non avrà rimpianti, al contrario del poeta.

Lo stile

Le grandi metafore della poesia Il poeta costruisce la poesia sulla base di **due metafore ricorrenti:** la **primavera come giovinezza**, il **tramonto come vecchiaia e morte.** Più in generale, l'opposizione tra giovinezza e vecchiaia trova riscontro in una serie di **termini tratti dal campo semantico della gioia e del piacere** (*esulta, contenti, il tempo migliore, allegria, spassi, sollazzo e riso, festeggiar, s'allegra, diletto e gioco, beata gioventù*) e da quello della malinconia e del dolore (*pensoso, sospiro acerbo, ti dorrai, noioso e tetro, sconsolato*). Anche il **canto** assume un **valore metaforico**: nel caso del poeta, infatti, esso rappresenta la vocazione poetica – come il passero, anche il poeta trascorre la sua giovinezza a cantare, cioè a scrivere poesie.

La poetica dell'indefinito Sul **piano lessicale** Leopardi tende a utilizzare **espressioni lontane dall'uso comune,** anche laddove parla di realtà semplici e quotidiane; i colpi di fucile, per esempio, diventano *un tonar di ferree canne*, le campane sono *squille* e il vecchio campanile di Recanati *la torre antica*. Leopardi sosteneva che il piacere della poesia nasce dalla **presenza di immagini indefinite**, che permettono al lettore di intervenire con la sua immaginazione, mettendo in gioco i suoi sentimenti e le sue emozioni.

Attività

Comprensione

1 **Verifica la tua comprensione del testo rispondendo alle seguenti domande.**

a. *Nella prima strofa, le descrizioni sono basate soprattutto su*
☐ la vista ☐ l'udito ☐ vista e udito insieme

b. *Nella seconda strofa, che cosa significa esattamente l'espressione «strano / al mio loco natio»?*
☐ il paese dove sono nato è strano
☐ mi sento estraneo al paese dove sono nato
☐ il paese dove sono nato mi rifiuta

c. *Nella terza strofa, perché l'uccellino non rimpiangerà di aver trascorso la vita cantando?*
☐ perché questo atteggiamento è insito nella sua natura
☐ perché cantando si è comunque divertito
☐ perché restando in disparte ha schivato i pericoli

2 **Con l'aiuto delle note, scrivi la parafrasi letterale della prima strofa: ricorda che devi sostituire i termini difficili con altri più semplici e che devi collocare le parole nell'ordine della prosa (soggetto, verbo, complementi).**

3 **Nella seconda strofa il poeta parla di se stesso.**
– A che cosa corrisponde la primavera nella vita del poeta?
– Quali somiglianze trova il poeta fra se stesso e il passero?
– Quali atteggiamenti lo differenziano rispetto agli altri giovani?

4 **A quale conclusione giunge il poeta negli ultimi versi? Quale prevede che sarà il suo stato d'animo nella vecchiaia?**

Analisi

5 **La poesia ha la struttura di una canzone libera: non segue cioè uno schema metrico rigoroso, tuttavia al suo interno sono presenti alcune rime, anche interne al verso. Individuale e spiega se servono a mettere in risalto o a collegare tra loro alcune parole chiave della poesia.**

6 **Osserva i verbi della terza strofa: che cosa li differenzia da quelli delle due strofe precedenti? Come si spiega questo fatto?**

7 **Quali metafore sono presenti nel testo? Individuale e spiegale.**

8 **«Odi greggi belar, muggire armenti». Quale figura retorica è presente in questo verso?**

9 **Quale figura retorica è presente ai vv. 24-25? In quali altri versi ricorre?**

10 **Come definiresti il lessico di questa canzone?**
☐ ricco di arcaismi ☐ umile ☐ dialettale
Motiva la tua risposta con opportuni riferimenti al testo.

Rifletti, confronta, scrivi

11 **Hai provato anche tu qualche volta a startene in disparte senza sapere bene perché e sapendo che più tardi ti pentirai di averlo fatto? Ti sei mai chiesto da che cosa può nascere questo atteggiamento di auto-esclusione? Esponi le tue riflessioni in un breve testo scritto.**

12 **Come credi che debba vivere un ragazzo della tua età? Quali occupazioni dovrebbe evitare e a quali dovrebbe dedicarsi? Perché? Quali opportunità dovrebbe cogliere per non avere rimpianti in futuro? Rifletti sull'argomento in un tema di tre colonne di foglio protocollo.**

Charles Baudelaire, nato a Parigi nel 1821 e morto nel 1867, è un poeta francese, esponente chiave del Simbolismo e anticipatore del Decadentismo. Rimasto orfano di padre a sei anni, mal sopporta il patrigno e le scelte che egli fa per lui, e, dopo la laurea, inizia a condurre una vita molto sregolata, tra prostitute e ambienti malfamati. Per vivere, collabora con riviste e giornali e nel 1845 esordisce come poeta pubblicando *À une dame créole*. Allo scoppio dei moti insurrezionali del 1848, si schiera con gli insorti parigini e partecipa attivamente alla rivolta. Nel 1857 pubblica la sua opera più significativa, *I fiori del male*, che raccoglie circa cento liriche di varia ispirazione, oggi considerata uno dei classici della letteratura francese e mondiale. Processato e condannato per l'immoralità del libro, il poeta abbandona la Francia, trasferendosi in Belgio. Nel 1866, colpito da paralisi, viene trasportato di nuovo a Parigi, dove muore l'anno successivo. Tra le opere in prosa ricordiamo numerosi saggi critici, alcuni poemetti e vari diari. Nel 1949 la Corte di Cassazione francese ha riabilitato la sua memoria e la sua opera.

T3

Charles Baudelaire

L'albatro

da A. Prete, *L'albatros di Baudelaire*, Pratiche

Charles Baudelaire è il più importante poeta francese dell'Ottocento, anello di congiunzione tra l'età romantica propriamente detta e la generazione dei poeti simbolisti di fine secolo. Tra le prime poesie del suo capolavoro, I fiori del male, *si trova questa celebre* L'albatro *– un autoritratto giocato sul confronto fra il proprio destino di artista incompreso dai più e quello dei nobili uccelli marini catturati e sbeffeggiati dai rozzi marinai.*

COLLEGAMENTI

> La similitudine, p. 45
> I riferimenti simbolici, p. 53

Spesso, per divertirsi, gli uomini d'equipaggio[1]
catturano degli albatri, vasti uccelli dei mari,
che seguono, compagni indolenti[2] di viaggio,
il solco[3] della nave sopra gli abissi amari[4].

Li hanno appena posati sopra i legni dei ponti,
ed ecco quei sovrani dell'azzurro, impacciati,
le bianche e grandi ali ora penosamente
come fossero remi strascinare affannati.

L'alato viaggiatore com'è maldestro e fiacco[5],
lui prima così bello com'è ridicolo ora.
C'è uno che gli afferra con una pipa il becco,
c'è un altro che mima[6] lo storpio[7] che non vola.

Al principe dei nembi[8] il Poeta somiglia:
abita la tempesta e dell'arciere[9] ride,
esule sulla terra, in mezzo a ostili grida,
con l'ali da gigante nel cammino s'impiglia.

1 gli uomini d'equipaggio: i marinai delle navi.
2 indolenti: pigri, per il carattere lento e tranquillo del loro volo.
3 il solco: la scia.
4 gli abissi amari: gli abissi marini, salati.
5 fiacco: debole.
6 mima: imita.
7 storpio: tale sembra l'albatro a terra, poiché fatica a camminare a causa delle sue zampe palmate.
8 dei nembi: delle nubi.
9 dell'arciere: del cacciatore, armato di arco.

Dal testo al contesto

I "poeti maledetti"

Nel 1884 il poeta francese Paul Verlaine dà alle stampe un saggio intitolato *I poeti maledetti*, nel quale riunisce i ritratti di vari poeti (tra cui Arthur Rimbaud, Stephane Mallarmé e lui stesso, sotto lo pseudonimo di Pauvre Lelian) e commenta alcune delle loro poesie. Il senso che Verlaine dà all'aggettivo "maledetti" (in francese, *maudits*) è quello di "trascurati dagli onori pubblici", ma da allora il termine ha assunto la connotazione di "reietti e geniali" e con questa si è diffuso. L'espressione *poeti maledetti* ha, da subito, enorme successo e viene applicata anche a Charles Baudelaire, che di questi poeti è una sorta di maestro riconosciuto (appartiene infatti alla generazione precedente), e poi a tanti altri artisti di ogni genere ed epoca, da Caravaggio a Benvenuto Cellini, da Maurice Utrillo ad Amedeo Modigliani, da Cecco Angiolieri a François Villon, da Niccolò Paganini a Modest Musorgskij e così via.

Su quali elementi si struttura la definizione di "poeti maledetti"? Possiamo individuarne tre fondamentali.

- Lo stile di vita: i poeti maledetti vivono in maniera irregolare, spesso non hanno un lavoro, fanno uso di alcol, frequentano prostitute, hanno tempestose relazioni omosessuali...
- I contenuti delle opere: i poeti maledetti descrivono la loro vita irregolare (e spesso ne accentuano gli aspetti più scandalosi) anche nei loro versi (non a caso, l'opera più importante di Baudelaire si intitola *I fiori del male*).
- Il rifiuto delle convenzioni sociali: il carattere scandaloso della vita e delle opere dei poeti maledetti non deriva, ovviamente, da un'inspiegabile vocazione al male, ma dal rifiuto delle convenzioni borghesi del loro tempo; nella seconda metà dell'Ottocento, la società europea – e quella francese in particolare – tende a irrigidirsi, a imporre regole sempre più severe e oppressive, condannando come immorale tutto ciò che appare diverso, irregolare, alternativo; i poeti maledetti polemizzano contro questa mentalità, rivendicando la loro libertà e il loro diritto di sperimentare altri stili di vita.

Ben si comprende quindi il senso di esclusione e di ostilità che traspare dall'autoritratto di Baudelaire. La sua lotta contro la società ha del resto risvolti tragici e lo costringe a pagare un prezzo altissimo. Destini ugualmente difficili avranno gli altri poeti maledetti: Rimbaud partecipa al moto rivoluzionario del 1870 (la Comune di Parigi), che si conclude con la strage degli insorti, fugge in Africa e muore di cancrena, a soli 37 anni; Verlaine finisce in carcere per aver sparato proprio a Rimbaud, poi rischia di diventare alcolizzato e muore in miseria; e così via.

Henri Fantin-Latour, *Un angolo della tavola*, 1872 (i primi due da sinistra sono Paul Verlaine e Arthur Rimbaud)

Guida alla lettura

I temi

Il poeta e la folla Le prime tre strofe della poesia sono dedicate alla **descrizione dell'albatro**, che il poeta nobilita, mettendone in luce il carattere eccezionale con espressioni come *vasti uccelli dei mari*, *sovrani dell'azzurro* e simili. Al nobile, regale albatro vengono contrapposti i **rozzi marinai**, che non solo lo catturano *per divertirsi*, ma gli stuzzicano il becco per vedere le sue reazioni, mimano il suo modo goffo di camminare e così via. L'**ultima strofa** spiega perché **il Poeta** (non a caso scritto con la maiuscola) **si identifica con l'albatro**: anche lui è un **incompreso**, tra la folla delle **persone comuni, rozze, insensibili**. Proprio **le qualità eccezionali** che gli permettono di essere un Poeta diventano un **ostacolo** nel momento in cui deve affrontare la vita quotidiana e aggirarsi tra persone qualsiasi.

Lo stile

Una lunga similitudine La poesia si basa su una **lunga similitudine**: le prime tre strofe svelano infatti la loro vera natura di **"primo termine" del paragone** all'inizio della quarta, quando il poeta rende esplicito il confronto: *Al principe dei nembi il Poeta somiglia*.

All'interno di questa struttura, il poeta procede poi per una serie di **antitesi** molto evidenti: nella prima strofa, per esempio, quella tra gli **albatri in volo** e la **nave** che scivola *sopra gli abissi amari*; nella seconda, l'**antitesi** è legata alle **ali**, che da **strumento di volo** diventano **causa di impaccio** quando gli albatri si trovano sul ponte; nella terza le **antitesi sono numerose** e servono a descrivere la doppia condizione dell'albatro, in volo e appiedato. In generale, le antitesi implicano sempre un contrasto fra l'alto e il basso, tra il cielo e la terra – polo positivo il primo e negativo il secondo.

Attività

Comprensione

1 **Verifica la tua comprensione del testo rispondendo alle seguenti domande.**

a. *Perché i marinai catturano gli albatri?*
- ☐ per divertimento
- ☐ per mangiarli
- ☐ per crudeltà

b. *Perché l'albatro appare goffo, una volta posato sulla tolda della nave?*
- ☐ perché ha le zampe palmate e non può camminare bene
- ☐ perché ha le ali lunghissime che lo ostacolano nei movimenti
- ☐ perché i marinai lo stuzzicano in mille modi

c. *Nell'ultima strofa il poeta rivela di sentirsi molto simile all'albatro.*
- A quale capacità del poeta si possono paragonare le ali da gigante dell'albatro?
- Chi rappresentano metaforicamente i marinai?
- Come si sente il poeta sulla terra, nella vita di tutti i giorni?

Analisi

2 **Confronta le parole utilizzate per descrivere l'albatro a terra e l'albatro nel cielo.**

albatro a terra	albatro nel cielo
....	....
....	....
....	....

3 **Con quali espressioni viene indicato l'albatro nella poesia? Individuane almeno una per strofa.**
- Quali di esse sono metafore?

4 **Quali termini esprimono nella poesia la pena dell'albatro a terra? Quali la pena del poeta?**

Rifletti, confronta, scrivi

5 **Metti a confronto *L'albatro* di Baudelaire e *Il passero solitario* di Leopardi** [→ p. 275]**, sviluppando i seguenti spunti.**
- La struttura di entrambe le poesie si basa sul confronto
- L'albatro, al contrario del passero, è un uccello con qualità eccezionali
- Baudelaire e Leopardi sono soli, ma per ragioni diverse
- Baudelaire si sente superiore agli altri uomini, al contrario di Leopardi

Aldo Palazzeschi (Aldo Giurlani), nato a Firenze nel 1885 e morto nel 1974, è un poeta italiano. Di famiglia agiata, si diploma in ragioneria, ma si dedica ben presto all'arte e alla scrittura. Aderisce al Futurismo, ma senza condividerne il militarismo e il "maschilismo" e interpretando l'esigenza di rinnovamento letterario in chiave giocosa e scherzosa con L'incendiario (1910) e Il codice di Perelà (1913). Palazzeschi prende le distanze dal Futurismo nel 1920, con Due imperi... mancati (un pamphlet pacifista, che giudica la Grande guerra «una spacconata dannunziana») e resta sostanzialmente isolato durante gli anni del fascismo. Al 1934 risale il suo capolavoro narrativo, Sorelle Materassi. Nel secondo dopoguerra è uno dei punti di riferimento della cosiddetta neo-avanguardia, che riprende in chiave ironica e parodistica le tecniche delle avanguardie di inizio secolo.

T4

Aldo Palazzeschi

Canzonetta

da A. Palazzeschi, *L'incendiario*, in *Tutte le poesie*, Mondadori

Aldo Palazzeschi è considerato uno dei poeti più interessanti del primo Novecento in Italia: egli interpreta infatti lo spirito delle avanguardie, che rinnovavano profondamente toni e stili della tradizione poetica, in chiave ironica, umoristica e giocosa. Lo testimonia questa poesia, del 1910, in cui il poeta offre al lettore il proprio autoritratto, mescolando affermazioni serie e sberleffi, assurdità comiche e riflessioni amare. Da questi versi apparentemente svagati e casuali emerge così la consapevolezza di una crisi del ruolo del poeta e della letteratura in genere.

Metro: versi liberi

COLLEGAMENTI
> Il fonosimbolismo, p. 43

Tri tri tri,
fru fru fru,
uhi uhi uhi,
ihu ihu ihu.

Il poeta si diverte,
pazzamente,
smisuratamente.
Non lo state a insolentire[1],
lasciatelo divertire
poveretto,
queste piccole corbellerie[2]
sono il suo diletto.

Cucù rurù,
rurù cucù,
cuccuccurucù!

Cosa sono queste indecenze?
Queste strofe bisbetiche[3]?
Licenze, licenze,
licenze poetiche!
Sono la mia passione.

Farafarafarafa,
Tarataratarata,
Paraparaparapa,
Laralaralarala!

Sapete cosa sono?
Sono robe avanzate,
non sono grullerie[4],
sono la... spazzatura
delle altre poesie.

Bubububu,
fufufufu.
Friù!
Friù!

Ma se d'un qualunque nesso[5]
son prive,
perché le scrive
quel fesso?

Bilobilobilobilobilo
blum!
Filofilofilofilofilo
flum!
Bilolù. Filolù.
U.

Non è vero che non voglion dire,
voglion dire qualcosa.
Voglion dire...
come quando uno si mette a cantare
senza saper le parole.
Una cosa molto volgare.

Joan Miró,
Il carnevale di Arlecchino,
1924

1 **insolentire:** offendere.
2 **corbellerie:** sciocchezze.
3 **bisbetiche:** strane, incomprensibili.
4 **grullerie:** sintomi di stupidità.
5 **nesso:** logica, senso compiuto.

Ebbene, così mi piace di fare.

Aaaaa!
Eeeee!
Iiiii!
Ooooo!
Uuuuu!
A! E! I! O! U!

Ma giovanotto,
ditemi un poco una cosa,
non è la vostra una posa,
di voler con così poco
tenere alimentato
un sì gran foco?

Huisc... Huiusc...
Huisciu... sciu sciu,
Sciukoku... Koku koku,
Sciu
ko
ku.

Come si deve fare a capire?
Avete delle belle pretese,
sembra ormai che scriviate in giapponese.

Abì, alì, alarì.
Riririri!
Ri.

Lasciate pure che si sbizzarrisca,
anzi è bene che non lo finisca,
il divertimento gli costerà caro:
gli daranno del somaro.

Labala
falala
falala...
eppoi lala...
e lalala, lalalalala lalala.

Certo è un azzardo un po' forte
scrivere delle cose così,
che ci son professori, oggidì,
a tutte le porte.

Ahahahahahahah!
Ahahahahahahah!
Ahahahahahahah!

Infine
io ho pienamente ragione,
i tempi sono cambiati,
gli uomini non domandano più nulla
dai poeti:
e lasciatemi divertire!

Dal testo al contesto

Palazzeschi e il Futurismo

Il Futurismo nasce nel 1909, quando Filippo Tommaso Marinetti pubblica sul giornale parigino «Le Figaro» un "manifesto" in cui espone i principi del nuovo movimento: l'arte deve rifiutare tutto ciò che è passato, tradizione, vecchiume e slanciarsi ad accogliere il nuovo, il futuro (da cui il nome Futurismo). L'avvento di una civiltà delle macchine (industriale, motorizzata, tecnologica) che caratterizza il nuovo secolo apre infatti all'umanità una nuova era, che sul piano artistico ed estetico, per la prima volta nella storia, permette di creare una nuova forma di bellezza, legata alla velocità, al dinamismo, all'energia, allo slancio vitale. Ciò spinge Marinetti e i futuristi a rifiutare tutta la tradizione letteraria e artistica del passato, e in particolare quella romantica e ottocentesca (uno dei motti di Marinetti è «Uccidiamo il chiaro di luna!»).

Carlo Carrà, *Ritratto di Filippo Tommaso Marinetti*, circa 1911

Come si realizzano, concretamente, questi ideali in poesia? Marinetti, in uno scritto successivo, propone di adottare alcune tecniche, riassunte nello slogan "parole in libertà". Esse prevedono:

- l'abolizione totale della punteggiatura;
- il rifiuto delle regole grammaticali e sintattiche;
- la totale libertà di invenzione in campo lessicale;
- l'utilizzo di versi liberi;
- l'uso di onomatopee e di artifici grafici (lettere scritte più in grande, parole disposte in disordine sulla pagina ecc.) per comunicare con la massima immediatezza le idee, le sensazioni, i concetti.

Come si vede, alcune di queste innovazioni sono presenti nella poesia di Palazzeschi: egli usa versi liberi, suoni e parole inventati, ma soprattutto prende in giro l'immagine tradizionale del poeta capace di rivelare ai lettori verità sopraffine e misteri ineffabili, dichiarando la sua voglia di divertirsi senza troppi problemi e di scherzare anche sulle cose più serie.

Il Futurismo si afferma soprattutto in Italia e in Russia, producendo però risultati assai diversi nei due Paesi. Il Futurismo italiano finisce per condividere gli atteggiamenti aggressivi della borghesia nazionalista, schierandosi (con poche eccezioni, tra cui Palazzeschi) a favore della guerra prima e della violenza fascista poi. Il Futurismo russo (il cui principale esponente è il poeta Vladimir Majakovskij) vede invece il nuovo protagonista della società industriale nell'operaio e sostiene la rivoluzione socialista del 1917.

Mario Schifano, *Futurismo rivisitato a colori*, 1965

Guida alla lettura

I temi

Il poeta e i suoi "versi" La poesia si basa su una **struttura molto evidente**: nelle **strofe dispari** si trovano dei **veri e propri "versi"**, suoni privi di senso, che il poeta mescola a caso, **divertendosi** quasi come un bambino a ricavarne **filastrocche ed effetti vari**; nelle **strofe pari**, invece, il poeta **si rivolge direttamente al lettore**, commentando i suoi versi e spiegando le ragioni del suo atteggiamento. È da queste strofe che emerge **l'autoritratto** del poeta.

Le tre caratteristiche del poeta Osserviamo le tre caratteristiche fondamentali che il poeta si attribuisce.

– La **voglia di divertirsi**, di ridere, di scherzare (seconda strofa); il poeta non si presenta come una persona seria, che ha cose importanti e profonde da dire, ma come una sorta di **buffone**, che ama **prendere in giro se stesso e i suoi lettori**.

– L'**assoluta libertà** (quarta strofa): il poeta **non deve rendere conto a nessuno delle sue scelte**, a chi lo accusa di essere "indecente" o di scrivere in un linguaggio incomprensibile, risponde che si tratta di "licenze poetiche", paragonabili agli sfoghi di chi canta senza conoscere le parole della canzone.

– L'**inutilità** (ultima strofa): gli uomini non chiedono più nulla ai poeti, non si aspettano da loro la rivelazione di grandi verità o un ruolo di guida di fronte ai grandi problemi della storia e della vita; perciò, **alla domanda "perché scrive?"**, Palazzeschi può solo rispondere **"perché mi va"** – non ha altra giustificazione se non il proprio desiderio di scrivere e di scrivere in un certo modo.

Lo stile

Le parole in libertà La poesia di Palazzeschi alterna **parole in libertà** (i vari "versi" delle strofe dispari) a parti in cui la **punteggiatura** e la **logica del discorso vengono rispettate**. Ma è evidente che, rispetto alla scrittura tradizionale, Palazzeschi **rompe ogni regola**, **sorprende** il lettore con una serie di **trovate** che, soprattutto all'inizio del Novecento, dai poeti non ci si aspettava.

Anche nelle strofe pari, del resto, Palazzeschi ricorre a un **linguaggio** volutamente **basso**, **dissacrante**, con termini come *fesso* e *somaro* (riferiti proprio al poeta) e con **espressioni ironiche** nei confronti della poesia accademica, ufficiale, paludata (*ci son professori, oggidì, / a tutte le porte*).

Attività

Comprensione

1 **Verifica la tua comprensione del testo rispondendo alle seguenti domande.**

a. *Il poeta parla di sé*
- ☐ in prima persona
- ☐ in terza persona
- ☐ ora in prima, ora in terza persona

b. *L'autoritratto si basa soprattutto su*
- ☐ aspetto fisico del poeta
- ☐ analisi psicologica del poeta
- ☐ funzione sociale del poeta

c. *L'espressione «licenze poetiche» indica*
- ☐ il fatto che il poeta non è tenuto a rispettare le normali regole grammaticali
- ☐ il fatto che il poeta può mescolare lingue diverse
- ☐ il fatto che il poeta può scherzare su ogni argomento

2 **A chi si rivolge il poeta?**

3 **A chi sono da attribuire le domande che si trovano in molte delle strofe pari?**

Analisi

4 **Come definisce Palazzeschi la propria poesia? Individua tutte le "definizioni" presenti nel testo.**

5 **Che cosa risponde il poeta alle domande che gli vengono rivolte? Completa la seguente tabella.**

domande	risposte
....	....
....	....
....	....

6 **Dove e perché il poeta dice «io»? Che cosa cambia, nel momento in cui introduce questo pronome?**

7 **In quali passi del testo il poeta ricorre all'arma dell'ironia? Contro chi viene utilizzata?**

Rifletti, confronta, scrivi

8 **La riflessione che Palazzeschi fa sul ruolo del poeta, si potrebbe applicare alla musica, prendendo in considerazione alcuni cantanti o gruppi contemporanei. Credi che sia compito delle canzoni far riflettere o che esse servano semplicemente a divertire il pubblico? Quali canzoni appartengono secondo te al primo gruppo e quali al secondo? Rifletti su questo argomento in un tema di due colonne di foglio protocollo.**

9 **Svolgi una breve ricerca sull'espressione poeta-vate, che viene spesso applicata a Carducci e a D'Annunzio, e spiega che cosa significa e perché la poesia di Palazzeschi può essere considerata una presa di distanza da quella figura, se non una vera e propria presa in giro.**

Corrado Govoni, nato a Tàmara (Ferrara) nel 1884 e morto nel 1965, è un poeta italiano. Figlio di agricoltori benestanti, non compie studi regolari ed esordisce come poeta nel 1903, pubblicando a sue spese le due raccolte *Le fiale* e *Armonia in grigio et in silenzio*. Successivamente collabora con alcune importanti riviste letterarie da «Poesia» a «La Voce» a «Lacerba» e pubblica altre raccolte poetiche (*Fuochi d'artificio*, 1905; *Gli aborti*, 1907). Trasferitosi a Milano, vi conosce Filippo Tommaso Marinetti e aderisce – "per gioco", dirà – al Futurismo, con *Poesie elettriche* (1911) e *Rarefazioni e parole in libertà* (1915). Nel 1919 va a vivere a Roma e in seguito si avvicina alle suggestioni del Surrealismo e dell'Ermetismo, conservando però uno stile personale, irriverente, mai scontato, per esempio in *A bocca chiusa* (1938) e *Govonigiotto* (1943). Nel 1944 il figlio Aladino, che aveva aderito alla Resistenza, viene fucilato dai tedeschi alle Fosse Ardeatine; il poeta scrive in suo ricordo *Aladino. Lamento su mio figlio morto* (1946). È autore anche di una vasta produzione narrativa e teatrale.

T5

Corrado Govoni

Autoritratto

da C. Govoni, *Rarefazioni e parole in libertà*, in *Poesie 1903-1959*, Mondadori

Appartenente alla raccolta futurista Rarefazioni e parole in libertà, *questo autoritratto in forma di "tavola parolibera", ovvero un'immagine formata da segni grafici e "parole in libertà", è insieme poesia scritta e disegnata, in cui il testo poetico è libero dai consueti vincoli sintattici e diventa gioco creativo e fantastico.*

COLLEGAMENTI

> *Questi giorni invernali così chiari*, p. 62

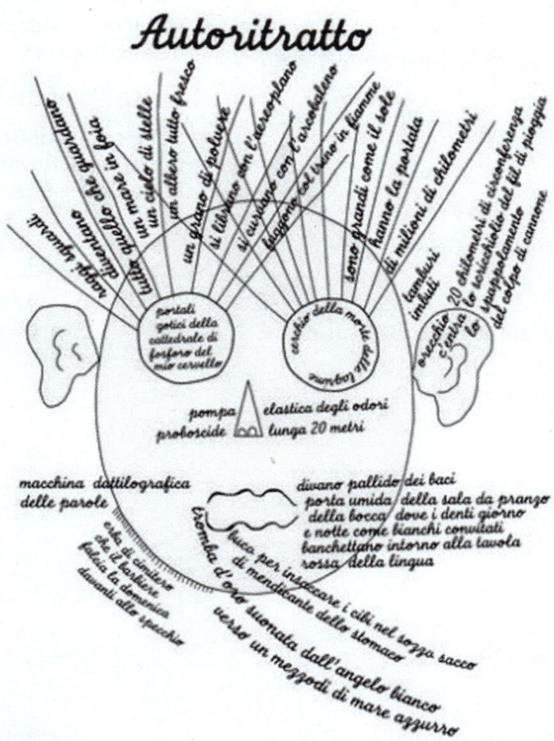

Guida alla lettura

I temi

La polemica con la tradizione L'*Autoritratto* di Govoni si presenta come un **manifesto polemico** nei confronti della tradizione poetica classica: il poeta attacca le **forme** stesse della tradizione e le sconvolge, mescolando **parole e disegno**. Ma il disegno è fatto di **tratti rozzi**, **primitivi**, infantili, e le parole sono **assurde**, **senza senso**, prive di nessi sintattici e di un significato logico: gli occhi sono *portali gotici della cattedrale di fosforo del mio cervello*, le orecchie *imbuti tamburi*, il naso *pompa elastica degli odori*, *proboscide lunga 20 metri*, la bocca *macchina dattilografica delle* *parole* e così via. Con questa operazione Govoni dà di sé un ritratto grottesco e mette in ridicolo la figura stessa del poeta e il suo ruolo.

Un poeta giocoso e aperto al nuovo
Tuttavia l'*Autoritratto* ci dice anche qualcosa di più del suo autore: l'**apertura** a nuovi modi di fare poesia, il tentativo di cercare nuove vie per l'arte, lo sperimentalismo, la ricerca di **nuovi mezzi espressivi**, la **concezione giocosa** dell'arte. Insomma Govoni appare un personaggio scanzonato, ironico, capace di mettersi in gioco in prima persona, che non vuol dare di sé l'immagine di un poeta austero e compassato.

Lo stile

L'adesione al Futurismo è evidente in questo *Autoritratto*: l'inventore delle parole in libertà fu proprio Filippo Tommaso Marinetti, il fondatore del Futurismo, che decretava **l'abolizione della sintassi** e della **punteggiatura** e introduceva l'uso di **caratteri di dimensioni e colori diversi**, per creare **effetti visivi** inusuali e **dinamici**. Per i Futuristi la poesia era un effetto puramente visivo e fonico e risultava dalla combinazione casuale di "parole in libertà". La tavola parolibera di Govoni non ha nulla di ciò che noi riconosciamo come testo: le **parole** sono **disposte liberamente** sul foglio, senza una direzione precisa (sinistra-destra o alto-basso) e il lettore non sa da dove iniziare, non c'è un senso di lettura obbligato, ma si può scegliere di partire da una didascalia e proseguire a proprio piacimento.

Attività

Comprensione

1 **Verifica la tua comprensione del testo rispondendo alle seguenti domande.**

a. *L'*Autoritratto *di Govoni è una poesia di tipo*
- ☐ tradizionale
- ☐ sperimentale
- ☐ classico

b. *A quale movimento letterario appartiene questo componimento?*
- ☐ Futurismo
- ☐ Surrealismo
- ☐ Romanticismo

2 **Che cos'è una "tavola parolibera"?**

3 **Contro quali modelli polemizza Govoni?**

Analisi

4 **Che cosa ci dice questo autoritratto sul carattere del poeta?**

5 **Quale figura retorica si può individuare in frasi come «portali gotici della cattedrale di fosforo del mio cervello (occhi), imbuti (orecchie), pompa elastica degli odori (naso)»?**

6 **Quali figure retoriche si possono individuare nella frase «sono grandi come il sole (occhi)»?**

7 **Osserva la didascalia posta accanto alle labbra: a quali scopi servono queste?**

Rifletti, confronta, scrivi

8 **Sul modello di Govoni, prova ad associare agli elementi del volto alcune definizioni insolite e apparentemente assurde, ma tutto sommato plausibili.**

occhi ....
orecchie ....
naso ....
bocca ....
labbra ....
barba ....

T6

Vincenzo Cardarelli [→ p. 154]

Gabbiani

da V. Cardarelli, *Poesie*, Mondadori

Vincenzo Cardarelli, autore del Novecento, in questa poesia si ispira senza dubbio ai grandi modelli di Leopardi e di Baudelaire, scegliendo di svolgere il proprio autoritratto attraverso un confronto con un animale – non il passero, non l'albatro, ma i gabbiani, che il poeta osserva e descrive nei loro diversi atteggiamenti.

Metro: versi per lo più endecasillabi e settenari, liberamente alternati e rimati

COLLEGAMENTI

> L'assonanza, p. 22
> La poesia d'amore, p. 145
> U. Saba, *Ulisse*, p. 71

Non so dove i gabbiani abbiano il nido,
ove trovino pace.
Io son come loro,
in perpetuo volo.
La vita la sfioro
com'essi l'acqua ad acciuffare il cibo.
E come forse anch'essi amo la quiete,
la gran quiete marina,
ma il mio destino è vivere
balenando[1] in burrasca.

1 **balenando:** lampeggiando.

Nicolas de Staël, *Gabbiani*, 1953

Guida alla lettura

I temi

Il poeta e i gabbiani Cardarelli organizza il testo intorno all'**affermazione** del v. 3, *Io son come loro*, **che stabilisce un rapporto di somiglianza fra i gabbiani e il poeta stesso.** L'autore elenca tre motivi di somiglianza:
- sia lui che i gabbiani sono *in perpetuo volo*, cioè **sempre in movimento, sempre in viaggio;**
- il poeta **sfiora la vita** (forse per ricavarne ispirazione) come i gabbiani sfiorano l'acqua per ricavarne il cibo;
- come i gabbiani, il poeta **aspira alla quiete**, ma il suo destino è di vivere in mezzo alle tempeste.

È evidente che queste parole vanno interpretate in **chiave metaforica**: il volo dei gabbiani, la quiete marina, la burrasca, rimandano a **condizioni esistenziali, psicologiche.**

I modelli ottocenteschi Cardarelli si ispira per questo autoritratto ai modelli di **Leopardi** [→ p. 275] e di **Baudelaire** [→ p. 278], tra i poeti da lui più amati. Entrambi questi modelli si basano infatti sul **confronto tra il poeta e un uccello** – il passero per Leopardi, l'albatro per Baudelaire. Rispetto ad essi, però, Cardarelli assume un **atteggiamento meno "ragionativo"**: la sua poesia non sviluppa il confronto in maniera analitica, ma insiste dall'inizio alla fine su un solo concetto – l'antitesi fra aspirazione alla quiete e destino di lotta e movimento.

Lo stile

Il recupero della tradizione Cardarelli è un poeta classicista, che ricorre a una scrittura **molto più tradizionale** di quella di Palazzeschi: i **versi**, pur comprendendo qualche verso libero, sono per lo più **endecasillabi** e **settenari**; la **sintassi e il lessico** sono tratti dalla **tradizione**, così come la **ricerca di musicalità**, che si affida ad alcune rime e assonanze e alla **forte allitterazione** in "b" del verso conclusivo. Tra le **figure retoriche**, una osservazione particolare merita l'**antitesi**: nota infatti che il poeta propone l'antitesi fra *pace* e *volo* nei primi versi (2 e 4), poi la riprende, ampliandola ed esasperandola, nei versi finali: la **pace** diventa *la quiete, la grande quiete marina*, il **perpetuo volo** diventa un *balenare in burrasca*. Questo processo di intensificazione conferisce alla poesia un tono **"in crescendo"** che è la chiave espressiva del testo.

Attività

Comprensione

1 **Verifica la tua comprensione del testo rispondendo alle seguenti domande.**

a. *L'espressione «La vita la sfioro» significa che il poeta*
- ☐ è poco interessato ai piaceri della vita
- ☐ vive ritirato in disparte dagli altri
- ☐ cambia continuamente ambiente e modo di vivere

b. *Che cosa significa «Balenando in burrasca»?*
- ☐ che il poeta è rapido e veloce nei movimenti
- ☐ che vive in perenne agitazione e tormento
- ☐ che vive in continua lotta e contrasto con gli altri

2 **Sottolinea nel testo con colori diversi le parole ed espressioni che si riferiscono al desiderio di pace e quelle che si riferiscono all'inquietudine.**

3 **Quale, fra i diversi atteggiamenti individuati, il poeta considera un destino a cui non può o non sa sottrarsi?**

Analisi

4 **Su quali elementi si basa il confronto tra il poeta e i gabbiani?**
– analogie ....
– differenze ....

5 **Nell'espressione «gabbiani abbiano» è presente una figura retorica**
☐ di significato ☐ di suono ☐ di concetto
– Quale?

6 **Nella poesia è presente un'anadiplosi. Individuala e spiega che cos'è questa figura retorica.**

7 **Individua le rime, le assonanze e le allitterazioni presenti nel testo e sottolineale con colori diversi.**

Rifletti, confronta, scrivi

8 **La poesia di Cardarelli, per la sua semplicità di impostazione, si presta ad essere imitata. Prova dunque a farlo, con l'aiuto della scaletta qui sotto. Ti consigliamo di rispettare la misura delle frasi e dei periodi.**

Non so ....
Io sono come lui/lei/loro, ...
E forse anch'io ....
Ma il mio destino è ....

T7

Alda Merini [→ p. 141]

Sono nata il ventuno a primavera

da A. Merini, *Vuoto d'amore*, Einaudi

La data di nascita e la follia che ha segnato la sua esistenza sono i due elementi da cui prende spunto Alda Merini per questa poesia-autoritratto. Anche la poetessa milanese sviluppa il discorso attraverso un confronto, ricorrendo alla figura mitologica di Proserpina, la fanciulla rapita dal dio degli inferi e diventata regina dell'aldilà.

Metro: versi liberi, con qualche rima

COLLEGAMENTI

- La metafora, 45
- I riferimenti simbolici, p. 53
- La poesia lirica, p. 141

Dal dato al simbolo

Sono nata il ventuno a primavera[1]
ma non sapevo che nascere folle,
aprire le zolle[2]
potesse scatenar tempesta.

La realtà e il mito

Così Proserpina[3] lieve
vede piovere sulle erbe,
sui grossi frumenti gentili
e piange sempre la sera.
Forse è la sua preghiera.

1 **il ventuno a primavera:** la poetessa era nata il 21 marzo, primo giorno di primavera.
2 **aprire le zolle:** spaccare la terra, come un germoglio che spunta in primavera.
3 **Proserpina:** nella mitologia classica, figlia di Cerere, dea delle messi, rapita da Plutone, dio degli inferi, che ne fece la sua sposa; viveva sei mesi sotto terra, come regina dell'Ade, e sei mesi sulla terra, riportando vita e gioia in primavera ed estate.

Edgar Maxence,
La donna delle orchidee, 1900

Guida alla lettura

I temi

Dai dati oggettivi alle metafore La poesia è composta da due periodi, che la dividono nettamente in due parti, più un verso conclusivo.
Nella **prima parte** (vv. 1-4), l'autrice fornisce innanzitutto al lettore **due informazioni** sulla propria vita: la **data di nascita** e il fatto che ha sofferto di una forma di **follia.** Queste informazioni assumono subito un **valore metaforico**: il 21 marzo non è solo la **data di nascita** della poetessa, ma anche il **primo giorno di primavera;** la follia non è una semplice **malattia**, ma una **condizione esistenziale assoluta**, tanto che la poetessa "nasce" già folle e quindi predestinata a una vita tempestosa...
Nella **seconda parte** (vv. 5-8), la **tempesta** con cui si era concluso il v. 4 si rivela un **acquazzone** primaverile, una pioggia che si riversa

sulle erbe appena nate (forse per questo anche i *frumenti*, cioè gli steli più *grossi*, destinati a reggere delle spighe, sono detti *gentili*, in quanto si tratta di teneri germogli). Ma questa pioggia è **metaforicamente il pianto di Proserpina**, il personaggio mitologico che ogni anno, all'arrivo della primavera, lascia il mondo infero e torna a far fiorire la natura sulla terra.

Un autoritratto in chiave simbolica Il verso finale contiene una **chiave di lettura importante**: il pianto di Proserpina, cioè **l'acquazzone primaverile** che favorisce la crescita delle erbe e il risveglio della natura, **è una forma di preghiera**. La nascita della poetessa si inserisce quindi all'interno di una **dimensione più vasta**, che possiamo chiamare **religiosa.** Alda Merini legge nella data di nascita e nella follia che ha segnato la sua vita i sintomi di un destino che la fa sentire parte di un disegno cosmico più vasto, universale, infinito.

Lo stile

Armonia e dolcezza L'esperienza esistenziale della scrittrice è stata per molti aspetti **traumatica**, e i termini scelti per esprimerla ce lo fanno intuire chiaramente: *folle*, *tempesta*, *piange*... Questi termini "dolorosi" sono però inseriti all'interno di un tessuto ricco di armonia e di **dolcezza.** Si noti per esempio che la poesia ha una **struttura molto equilibrata** (due periodi di quattro versi ciascuno più una conclusione) e che le rime tra i vv. 2-3 e 8-9 hanno un carattere di **dolcezza** e di **semplicità.** Alla stessa atmosfera contribuiscono **aggettivi** come *lieve*, *gentili* ecc. La poetessa **non nasconde il proprio dramma**, ma assume un **atteggiamento di serenità**, uno stato d'animo di dolcezza: ciò che la caratterizza sul piano psicologico non è l'urlo di protesta, ma la saggezza di chi vede oltre la propria esperienza individuale.

Applichiamo il metodo

Dal dato al simbolo

- La poetessa parte da alcuni dati oggettivi, a cui subito attribuisce valore simbolico.
  - Qual è il primo dato autobiografico che viene fornito al lettore?
  - In che modo viene trasfigurato simbolicamente?
  - Qual è la seconda informazione che viene fornita?
  - Con quali parole la poetessa carica questo elemento di valore simbolico?

La realtà e il mito

- Ti sembra che la poetessa istituisca un paragone fra se stessa e Proserpina?
  - Da quali parole lo capiamo?
- Quali caratteristiche vengono attribuite a Proserpina?
  - Ti sembra che rispecchino quelle del mito classico? Perché?

Attività

Comprensione

1 **Verifica la tua comprensione del testo rispondendo alle seguenti domande.**

a. *La poetessa dice «nascere folle» perché*
- ☐ è nata da una donna malata di mente
- ☐ è nata malata di mente
- ☐ la sua vita è stata segnata dalla malattia mentale

b. *Proserpina è*
- ☐ simile alla poetessa perché folle
- ☐ simile alla poetessa perché legata alla primavera
- ☐ simile alla poetessa perché triste

2 **Per quale ragione l'autrice definisce «gentili» i frumenti (v. 7)?**

Analisi

3 **In che cosa consiste la «tempesta» scatenata dalla nascita della poetessa? Si tratta di qualcosa che riguarda solo lei, o di un fenomeno di cui lei è causa involontaria? Motiva la tua risposta.**

4 **Che rapporto c'è tra la pioggia e il pianto (vv. 6-8)? In che senso il pianto di Proserpina potrebbe essere una preghiera (v. 9)?**

5 **Ora scrivi una parafrasi del testo, spiegandone il significato e chiarendone il valore metaforico.**

Rifletti, confronta, scrivi

6 **Dopo esserti documentato, racconta il mito di Proserpina e spiega perché è legato alla primavera.**

7 **L'autoritratto di Alda Merini è uno dei più complessi da interpretare, fra quelli che ti abbiamo proposto. Tenendo conto di ciò che hai studiato e del metodo che ti proponiamo nel Laboratorio «Come si commenta un testo poetico» [→ p. 338]), scrivi un commento alla poesia.**

Robert Capa (Endre Ernö Friedmann, 1913-1954), fotografo ungherese, è noto soprattutto per i suoi reportage dai fronti di guerra, dalla Guerra civile spagnola alla Seconda guerra mondiale, cui partecipa in prima linea testimoniando lo sbarco degli Alleati in Normandia e la liberazione di Parigi. Muore sul campo, durante la Prima guerra di Indocina, cui partecipa al seguito delle truppe francesi.

Henri Cartier-Bresson (1908-2004), fotografo francese, è considerato dagli studiosi il padre del fotogiornalismo; con Robert Capa e David Seymour è stato infatti il fondatore della famosa Agenzia Magnum (1947), una delle più importanti del mondo.

Diane Arbus (1923-1971), fotografa statunitense di origine russa, è nota soprattutto per le immagini che ritraggono personaggi dall'aspetto non convenzionale come nani, giganti, travestiti e in generale tutti coloro che hanno nel loro aspetto qualcosa di profondamente inusuale e in qualche modo perturbante.

Robert Mapplethorpe (1946-1989), fotografo statunitense, è noto per le sue immagini sensuali del corpo umano, per i ritratti di personaggi famosi e per le serie, a colori, dedicate ai fiori.

T8

Robert Capa - Henri Cartier-Bresson - Diane Arbus
Robert Mapplethorpe

Lo specchio fotografico

Quelli che ti presentiamo sono gli autoritratti di quattro fra i più grandi fotografi del XX secolo. Si tratta di immagini molto diverse, in quanto ciascuna di esse, a suo modo, concentra i valori tecnici ed espressivi del proprio autore, la sua "cifra stilistica".

Robert Capa, *Autoritratto*, 1938

Henri Cartier-Bresson,
Autoritratto, 1992

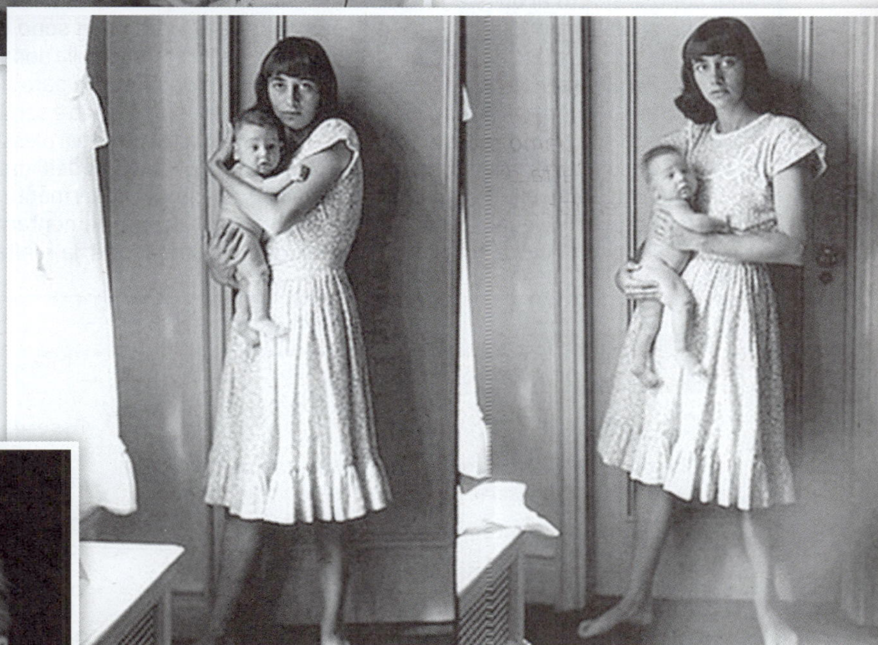

Diane Arbus, *Autoritratto con Doon*, 1945

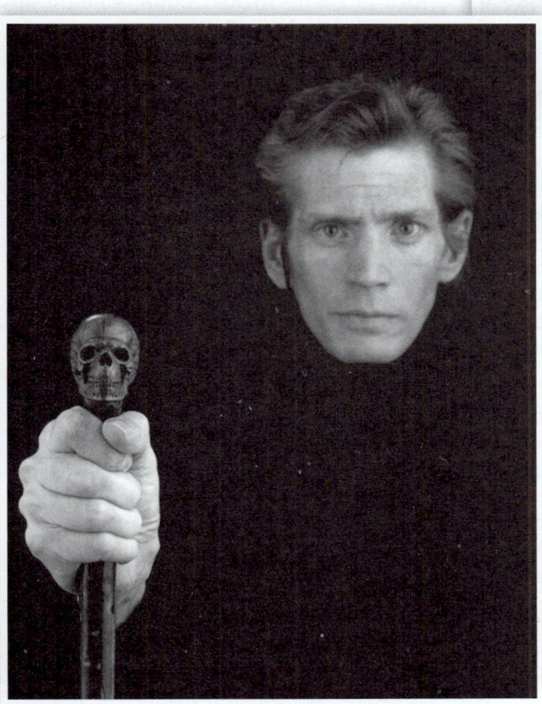

Robert Mapplethorpe, *Autoritratto*, 1988

Guida alla lettura

Robert Capa L'immagine è il classico autoritratto dell'**artista al lavoro**; qui il fotografo adotta un modello comune alla **pittura**, in cui il soggetto dell'opera si mostra **intento alla sua attività**. Infatti vediamo Capa, di profilo, l'occhio nel mirino della macchina fotografica - un apparecchio d'epoca; l'**abbigliamento informale** e l'**ambientazione in esterni** rimandano all'uso che l'autore, un **fotoreporter**, faceva della fotografia come strumento di **documentazione degli eventi**, in particolare di situazioni drammatiche come la Guerra civile in Spagna e, pochi anni dopo lo scatto di questa foto, il Secondo conflitto mondiale.

Henri Cartier-Bresson Nel proprio autoritratto anche il fotografo francese, come Capa, cita la **pittura**, questa volta **in modo esplicito**: l'artista osserva la propria immagine allo specchio e la riproduce in un disegno a matita, a significare la **continuità tra le due forme d'arte**. Come ha dichiarato lui stesso nei suoi ultimi anni, quando ormai aveva abbandonato la fotografia quasi del tutto, «Ormai m'interessa solo la pittura - la fotografia non è mai stata altro che un modo per dipingere, una sorta di disegno istantaneo».

Diane Arbus L'autoritratto della Arbus è in apparenza molto **lineare**: la figura femminile indossa un semplice abito bianco e tiene in braccio un bambino (la figlia Doon): una **posa classica** dell'iconografia femminile, che suggerisce, con l'idea di maternità, un'**atmosfera di tranquilla serenità**. Ma a ben guardare le cose **non sono** così **semplici**. L'**espressione** della donna è **severa** e **interrogativa**: non pare sicura di quello che sta facendo e sembra guardare l'obiettivo con perplessità. Anche il **raddoppiamento dell'immagine**, con due pose leggermente diverse, contribuisce ad aumentare la sensazione di **ambiguità**: la realtà **si sdoppia**, gli sguardi si moltiplicano: qual è l'immagine **vera**, quella che dobbiamo guardare?

Robert Mapplethorpe Anche la composizione della foto di Mapplethorpe è **in apparenza** molto **semplice**; lo sguardo dell'artista è diretto verso l'obiettivo, consapevole di essere fotografato. Ma subito la nostra attenzione è attirata dall'oggetto che l'uomo tiene accanto a sé: un elegante **bastone da passeggio** il cui pomello rappresenta un **teschio**. Anche qui il riferimento va a un elemento dell'**iconografia pittorica classica**: il teschio come *memento mori*, ovvero come **simbolo forte** che rimanda al **destino ineluttabile** di ogni uomo. In questo modo l'immagine, dapprima di lettura immediata (il ritratto di un artista), si carica di un **valore ulteriore**: un'allusione alla **fragilità** della condizione umana.

Attività

Comprensione

1 **Chi sono gli autori delle quattro fotografie che hai appena visto? Ricostruiscine le biografie e i lavori principali.**

2 Di che genere di fotografie si tratta?

3 Perché l'autoritratto di Robert Capa può essere definito "classico"?

4 Quale elemento originale rispetto alle altre immagini è presente nell'autoritratto di Cartier-Bresson?

5 Chi è la bambina presente nell'autoritratto di Diane Arbus?

6 Che cosa rappresenta il teschio nella fotografia di Robert Mapplethorpe?

Analisi

7 Osserva la fotografia di Robert Capa. Perché, secondo te, l'autore ha scelto di raffigurarsi di profilo, dunque di non guardare direttamente l'osservatore?

8 Descrivi la relazione tra fotografia e pittura nell'autoritratto di Cartier-Bresson, commentando la citazione dell'autore riportata nel testo.

9 In quali immagini trovi riferimenti all'iconografia classica della pittura?

10 Osserva la foto di Diane Arbus. Come spieghi lo sdoppiamento dell'immagine? Che conseguenze ha sull'osservatore?

11 Individua almeno tre aggettivi che descrivano ciascuna immagine.

Rifletti, confronta, scrivi

12 Osserva la fotografia di Capa e prova a immaginarne il contesto. Dove può essere stata scattata? Vediamo il fotografo pronto a scattare: che cosa sta inquadrando? Quale potrebbe essere il soggetto della fotografia? Rispondi in forma scritta con un breve testo.

13 L'immagine di Cartier-Bresson è costruita su tre livelli: l'immagine dell'artista di spalle, il suo volto riflesso nello specchio e lo stesso volto rappresentato in un disegno. Anche la fotografia di Diane Arbus è duplice: in che cosa è simile e in che cosa differente da quella di Cartier-Bresson? Quali effetti suscita questa particolare composizione dell'immagine nell'osservatore?

14 Cerca alcuni dipinti che, come nel caso di Mapplethorpe, rappresentino un autoritratto con un teschio, e individua similitudini e differenze.

Dal contesto al film

Otto $^{1}/_{2}$

di Federico Fellini

Titolo originale: Otto $^{1}/_{2}$.
Regia: Federico Fellini.
Soggetto: Federico Fellini, Ennio Flaiano, Tullio Pinelli.
Sceneggiatura: Federico Fellini, Ennio Flaiano, Tullio Pinelli, Brunello Rondi.
Fotografia (b/n): Gianni Di Venanzo.
Montaggio: Leo Cattozzo.
Musiche: Nino Rota.
Scenografie e costumi: Piero Gherardi.
Interpreti: Marcello Mastroianni (Guido Anselmi), Anouk Aimée (Luisa), Claudia Cardinale (Claudia), Sandra Milo (Carla), Rossella Falk (Rossella).
Produzione: Angelo Rizzoli. *Durata:* 183'.
Origine: Italia / Francia, 1963.

L'esistenza reale vive nel cinema, il cinema è vita e insieme ricordo e fantasia. Dopo la vitalità tragica della *Dolce vita*, il film che esplora la Roma degli anni Sessanta attraverso la parabola discendente di Marcello, giornalista aspirante scrittore che perde via via tutte le sue ambizioni, Federico Fellini si affida ancora all'attore Marcello Mastroianni per un'indagine nell'io del personaggio: la storia di Guido Anselmi, regista in crisi che non riesce a completare il suo film, è un racconto realistico e insieme onirico, sospeso tra la verità dell'autobiografia e l'esemplarità della parabola. Passato e presente si mescolano nel film. Fellini accosta sequenze realistiche (Guido alle prese con i problemi di un regista: le pretese dei produttori, i capricci degli attori, la mancanza d'ispirazione) a sequenze che scavano nei ricordi del protagonista: i genitori, la scuola, l'infanzia. Altre parti del film sono rappresentazioni di sogni: il bellissimo inizio, con Guido che sogna di fuggire da un ingorgo di auto e di volare nel cielo, l'incontro con i genitori ormai morti, la visione dell'affascinante Claudia vestita di bianco. Così gli incubi, i desideri, il passato e il presente del regista Guido si mescolano a riflessioni sull'arte, il cinema, la vita. Visionario e a tratti indecifrabile, *Otto e mezzo* è un'opera fastosa e complessa, difficile da cogliere nel moltiplicarsi dei significati e proprio per questo profondamente coinvolgente.

Marcello Mastroianni (1924-1996), l'interprete di Guido e alter ego del regista, è stato uno dei più importanti attori italiani; oltre che con Fellini ha lavorato con altri grandi registi come Vittorio De Sica, Mario Monicelli, Pietro Germi.

Il titolo del film allude al fatto che questo è l'ottavo film e mezzo realizzato da Fellini (il "mezzo" si riferisce a Luci del varietà, un'opera che il regista diresse a quattro mani con Alberto Lattuada e che perciò vale metà nel conto delle regie).

Il film si conclude con una sequenza fantasiosa, accompagnata dalla musica brillante del compositore Nino Rota, in cui ricompaiono tutti insieme i personaggi del film, che appartengono al mondo reale, al passato o ai sogni, in una sorta di danza-girotondo che mescola tutti i livelli della storia (passato e presente, realtà, sogno e fantasia).

Tiriamo le fila

- **STUDIARE UN TEMA**
  - **I FASE**
    - Individuare con precisione il TEMA
    - Definire i limiti CRONOLOGICI
    - Definire il contesto STORICO-CULTURALE del suo sviluppo
  - **II FASE**
    - Selezionare gli AUTORI rappresentativi
    - Scegliere le OPERE significative
    - Individuare il rapporto CONTENUTO/CONTESTO
- **STUDIARE L'AUTORITRATTO POETICO**
  - **I FASE**
    - L'AUTORITRATTO POETICO, da quando diviene un tema vero e proprio ai giorni nostri
    - XVIII secolo - XIX secolo - XX secolo
    - Età romantica
Ottocento (confronto uomo/natura)
Novecento (sperimentazione; apertura a nuove problematiche esistenziali)
  - **II FASE**
    - Foscolo - Leopardi - Baudelaire - Palazzeschi - Govoni - Cardarelli - Merini
    - Solcata ho fronte - Il passero solitario - L'albatro - Canzonetta - Autoritratto - Gabbiani - Sono nata il ventuno a primavera
    - Diversificazione in rapporto all'epoca, alla biografia e alla poetica dell'autore

Che cosa hai imparato

- Il tema di un testo emerge in parte attraverso l'**analisi del testo** stesso, ma in parte attraverso il **confronto** con altri testi che trattano lo stesso tema, tenendo conto di:
  - analogie e differenze nella **trattazione** del tema;
  - **epoca** e **contesto** in cui opera l'autore;
  - **caratteri**, **sensibilità individuale** e poetica dell'autore.

- L'autoritratto è un tema tipico dell'**età moderna** (dal XVIII secolo) e ha pochi grandi **modelli** riconosciuti:
  - il "**sonetto autoritratto**" di età romantica;
  - il **confronto** uomo/natura (poeta/animale rappresentativo) ottocentesco;
  - le **interpretazioni** moderne della tradizione;
  - le **sperimentazioni** legate alle avanguardie del Novecento e alla perdita di ruolo sociale del poeta;
  - l'apertura a **problematiche esistenziali**, e in particolare al disagio psichico e alla **follia**.

3.3 Leggere un autore

Eugenio Montale

Antologia on line

Umberto Saba

Eugenio Montale

Eugenio Montale è uno dei poeti più importanti del nostro Novecento: la sua **personalità poetica** è talmente **ricca e complessa** da non poter essere assimilata a nessuna delle correnti letterarie che hanno caratterizzato il suo tempo, benché il poeta le abbia conosciute tutte e ne abbia condivise alcune nelle loro istanze di fondo.

Eugenio Montale con un'upupa (uno degli animali che compongono il suo "bestiario"), fotografato da Ugo Mulas nel 1970

La vita

Eugenio Montale nasce nel **1896** a **Genova**, e il paesaggio marino e assolato della Liguria sarà uno dei motivi ricorrenti nella sua opera. Dopo aver studiato canto (la musica resterà una delle sue passioni e lo spingerà a svolgere un'intensa **attività di critico** sulle colonne del «Corriere della Sera») e aver conseguito il diploma di ragioniere, entra alla Scuola Militare di Parma e, nel 1917, parte per il fronte come ufficiale di fanteria. Finita la guerra, torna nella sua città e approfondisce le sue conoscenze letterarie, dedicandosi in particolare alla poesia. Nel **1925** pubblica la sua prima raccolta, intitolata *Ossi di seppia*, presso il giovane editore torinese **Piero Gobetti**, che sarà ucciso pochi mesi dopo dai fascisti.

Nel 1927 si trasferisce a Firenze e diventa **direttore** del **Gabinetto Vieusseux**, importante centro di elaborazione culturale e artistica. L'incarico tuttavia gli viene revocato nel 1938, perché non è iscritto al Partito fascista (già nel 1925, del resto, Montale ha firmato il *Manifesto degli intellettuali antifascisti*, redatto dal filosofo **Benedetto Croce**). Durante il lungo soggiorno fiorentino, collabora a importanti **riviste letterarie** e frequenta il caffè delle "Giubbe rosse", punto di ritrovo di letterati e artisti; qui conosce scrittori come **Carlo Emilio Gadda** ed **Elio Vittorini**, poeti come **Salvatore Quasimodo** e molte altre personalità della cultura del tempo. Inizia inoltre un'intensa attività di traduttore, dedicandosi soprattutto alla letteratura inglese.
Fra il 1933 e il 1938 Montale vive una importante **storia d'amore** con la studiosa americana Irma Brandeis, che sarà cantata con il nome di Clizia (la mitica fanciulla trasformatasi in girasole per amore di Apollo) in molte poesie della seconda raccolta di Montale, *Le occasioni* (1939). In seguito (o forse negli stessi anni) il poeta **si lega sentimentalmente** a Drusilla Tanzi, con cui andrà a convivere dopo il 1939 e che in seguito sposerà.
A Firenze Montale trascorre anche gli anni della Seconda guerra mondiale e nel 1945 collabora con il locale Comitato di liberazione nazionale (CLN). Nel 1948 si trasferisce a Milano, dove lavora come **redattore** al **«Corriere della Sera»**: sono gli anni del boom economico, dell'affermazione della cultura di massa e del consumismo, e i nuovi modelli di vita suscitano in Montale il timore di un radicale cambiamento culturale in senso tecnologico e antiumanistico, che potrebbe togliere spazio alla poesia e vanificare il senso profondo del suo messaggio. Di qui il **lungo periodo di silenzio** che segue la pubblicazione di *La bufera e altro* (1956), opera che raccoglie le poesie scritte durante la guerra e ispirate all'angoscia di quegli anni.
Il lungo periodo di silenzio è interrotto nel 1966 dalla pubblicazione di un gruppo di poesie dedicate alla moglie, morta nel 1963: le poesie confluiranno poi, nel 1971, nella quarta importante raccolta di Montale, *Satura*. Quest'opera avvia una nuova stagione poetica, che porterà Montale a cambiare

radicalmente stile e ispirazione, e il cui frutto saranno *Diario del '71 e del '72* (1973), *Quaderno di quattro anni* (del 1977) e *Altri versi* del 1980, nonché una raccolta di testi critici *Sulla poesia* (1976).
La capacità di Montale di interpretare le principali tendenze culturali del ventesimo secolo, pur senza chiudersi all'interno di schemi vincolanti, la sua **originalità** espressiva e la **sensibilità** di fronte ai problemi dell'uomo moderno impongono la sua opera all'attenzione della critica e gli procurano molti riconoscimenti in campo internazionale: nel 1967 riceve la laurea *honoris causa* dalla prestigiosa Università britannica di Cambridge e, in patria, viene nominato senatore a vita; infine, nel 1975, ottiene il **premio Nobel per la letteratura**. Montale muore a **Milano** nel **1981**.

L'opera

periodo	caratteristiche	opera fondamentale
1920-1925	esordio poetico: si manifesta il tema della **negatività della vita**; il **paesaggio ligure** ricorre costantemente nei testi	**Ossi di seppia**
1927-1948	periodo fiorentino: vicinanze con l'**Ermetismo**; tema della negatività dell'esistenza e **ruolo salvifico della donna**	**Le occasioni**
1949-1956	**delusione** del periodo postbellico; maggiore **ricchezza tematica** e maggiore **apertura alla realtà esterna**	**La bufera e altro**
1966-1980	**svolta** nel **linguaggio** e nei **contenuti**; tono più prosaico e diaristico; vena satirica	**Satura**

Come puoi vedere dallo schema, l'attività di Montale può essere suddivisa in **quattro periodi** fondamentali, ciascuno dei quali trova espressione in **opere emblematiche**, che ne rappresentano l'evoluzione sul piano stilistico e tematico. Vediamo ora più da vicino queste quattro opere fondamentali, attraverso le loro caratteristiche più significative dal punto di vista dei contenuti e della forma.

«Ossi di seppia»

Segna gli esordi di Montale e viene pubblicata nel **1925**.
Stile In questa raccolta di liriche si avvertono due spinte contrastanti, che il poeta riesce però a coniugare efficacemente: da una parte c'è un certo **sperimentalismo** di matrice tipicamente novecentesca, dall'altra una tendenza al **classicismo**, cioè a forme di scrittura più tradizionali.
Temi Ricorre nelle liriche il **paesaggio aspro della Liguria**, terra natale del poeta, che offre a Montale continui spunti per le sue riflessioni di tipo esistenziale. Tali riflessioni lo portano alla scoperta della fondamentale **negatività dell'esistenza**, a cui si può reagire solo attraverso l'**accettazione consapevole del dolore**.

«Le occasioni»

Pubblicata nel **1939**, segna un avvicinamento di Montale all'Ermetismo, il movimento poetico che caratterizza gli anni Trenta e i cui esponenti più importanti (**Salvatore Quasimodo**, **Mario Luzi**, **Alfonso Gatto**) vivevano in quel tempo a Firenze, come Montale stesso.
Stile Seguendo i canoni ermetici, la **poesia** di Montale diventa **raffinata**, **chiusa** e talvolta difficile da decifrare, rivelandosi destinata a un pubblico ristretto e colto.
Temi Il poeta recupera il motivo, tradizionale nella poesia lirica, della **donna** come presenza **capace di illuminare il buio della vita**. La donna cantata nei suoi versi assume il nome di Clizia e la sua presenza determina le **occasioni** che permettono al poeta di uscire dalla fondamentale condizione di dolore. Altro tema presente nella raccolta è quello della **minaccia esterna** (rappresentata dal fascismo e dalla imminente guerra) e contrapposta alla **tranquillità** della "casa", dello studio letterario, dell'**interiorità**.

«La bufera e altro»

Esce nel **1956** e rappresenta un momento particolarmente complesso nell'evoluzione poetica di Montale.
Stile Sostanzialmente lo stile rimane quello **elevato e ricercato** delle *Occasioni*, ma si percepiscono i segni di una nuova sensibilità, più aperta verso il **contatto diretto con la realtà esterna**.
Temi Questo è il libro più ricco dal punto di

vista tematico. La prima parte è dedicata agli **orrori della Seconda guerra mondiale**, ma a questi motivi di ispirazione civile se ne aggiungono altri di carattere più personale, legati alla malattia della moglie e al ricordo ricorrente dell'infanzia in Liguria. Viene ripreso anche il tema della **donna** e della sua **funzione salvifica**, già introdotto con *Le occasioni*: si tratta di una visione che ricorda quella dello Stilnovo [→ p. 238], ma in Montale mancano i riferimenti religiosi tipici degli stilnovisti.

«Satura»

Esce nel **1971**, dopo una lunga pausa di riflessione, e segna un cambiamento radicale della poetica di Montale. Si tratta di una vera e propria inversione di rotta, confermata nelle successive opere (*Diario del '71 e del '72*, del 1973, *Quaderno di quattro anni*, del 1977, e *Altri versi* del 1980).

Stile Abbandonati i toni raffinati e il linguaggio difficile, Montale inaugura uno **stile prosastico** e tendenzialmente **quotidiano**, sostenuto spesso da una vena satirica o dalla tendenza al racconto diaristico.

Temi Già il titolo della raccolta allude alla **varietà e mescolanza di argomenti** e di temi che era tipica della **satura** ("satira") latina [→ p. 202]. **Sarcasmo** e **ironia** coinvolgono infatti sia gli aspetti più evidenti della società e della cultura del tempo sia la vita e l'opera dell'autore stesso. Montale ironizza di frequente sulla sua produzione passata, astratta e metafisica, vedendo in essa una manifestazione ormai estranea ai caratteri del mondo moderno.

Il nostro **percorso** prevede la lettura di **sei** poesie.

- **Meriggiare pallido e assorto** – da *Ossi di seppia* –, che registra il sorgere del "pessimismo" montaliano: dolore e solitudine sono la condizione esistenziale dell'uomo;
- **Spesso il male di vivere ho incontrato** – da *Ossi di seppia* –, che segna l'articolarsi della visione pessimistica con l'introduzione dell'"indifferenza" come unica difesa dal «male di vivere»;
- **Cigola la carrucola del pozzo** – da *Ossi di seppia* – che riflette sulla fragilità del ricordo di fronte all'inesorabile scorrere del tempo;
- **Ti libero la fronte dai ghiaccioli** – da *Le occasioni* – che testimonia una concezione dell'amore come affinità spirituale, capace di alleviare il «male di vivere»;
- **La bufera** – da *La bufera e altro* – che identifica la guerra come "sintomo" dell'eterna conflittualità fra gli esseri umani: un altro aspetto del «male di vivere»;
- **L'alluvione ha sommerso il pack dei mobili** – da *Satura* – che chiude il cerchio del pessimismo montaliano: il «male di vivere» ha trionfato nell'intero universo.

Questo percorso di lettura ti porterà a comprendere quanto profondamente gli elementi più rilevanti della poetica montaliana riverberano nella sua produzione lirica. Ciascuna delle poesie che ti proponiamo ne rappresenta, infatti, un particolare versante: il sorgere e il successivo articolarsi della visione pessimistica dell'esistenza; l'idea della comunione spirituale data dall'amore come momento in cui il *male di vivere* trova una sospensione; la certezza che tutto l'universo vive lo stesso dolore, la stessa profonda crisi.

Antonino Leto, *Studio di mare*, 1912

T1

Eugenio Montale

Meriggiare pallido e assorto

da E. Montale, *Ossi di seppia*, in *Tutte le poesie*, Mondadori

La poesia (una delle primissime scritte dall'autore: risale infatti al 1916, quando era appena ventenne) appartiene alla raccolta Ossi di seppia, *in cui Montale racconta in forma poetica il difficile momento del passaggio dall'infanzia alla maturità. Il poeta, che ha conosciuto l'incanto giovanile di una serena adesione al mondo naturale, con il sopraggiungere dell'età adulta scopre le contraddizioni del vivere e le sue certezze infantili si trasformano in un profondo disagio esistenziale. La sua condizione diventa simile a quella di un "osso di seppia" che, dopo aver galleggiato liberamente tra le onde, è stato spinto dal mare a riva e abbandonato a inaridirsi al sole.*

Metro: quattro strofe (tre quartine e una strofa finale di cinque versi) con rime AABB CDCD EEFF GHIGH; una rima ipermetra al v. 7

COLLEGAMENTI

> La consonanza, p. 22
> I riferimenti simbolici, p. 53

L'uso dei verbi all'infinito conferisce alle riflessioni del poeta il senso di una verità assoluta, fuori dal tempo.

Meriggiare[1] pallido e assorto[2]
presso un rovente[3] muro d'orto,
ascoltare tra i pruni[4] e gli sterpi
schiocchi[5] di merli, frusci di serpi.

Il paesaggio ligure

Protagonista della prima raccolta di versi di Montale è il paesaggio ligure. Il poeta ne offre una rappresentazione molto personale, mettendo in luce non gli aspetti gradevoli, "turistici", come la mitezza del clima o lo splendore dei colori o la varietà di forme di vita vegetali e animali, ma al contrario sottolineandone l'asprezza. La Liguria di Montale è tendenzialmente arida, la vita si manifesta con difficoltà e in forme per lo più minuscole, stentate, sofferenti.

Attivati!

- Quali forme vegetali compaiono in questa prima strofa? Che cosa le caratterizza?
- Che cosa caratterizza invece gli animali? Come possiamo definire i suoni che si accompagnano alla loro presenza?

Nelle crepe del suolo o su la veccia[6]
spiar le file di rosse formiche
ch'ora si rompono ed ora si intrecciano
a sommo[7] di minuscole biche[8].

Osservare tra frondi[9] il palpitare[10]
lontano di scaglie di mare

1 Meriggiare: trascorrere le ore del mezzogiorno, che d'estate sono le più calde della giornata. L'uso dei verbi all'infinito conferisce alle riflessioni del poeta il senso di una verità assoluta, fuori dal tempo.
2 assorto: chiuso in se stesso, nei propri pensieri.
3 rovente: il muro dell'orto (nel significato classico di "giardino") scotta perché è colpito dal sole.
4 pruni: arbusti spinosi.
5 schiocchi: sono i versi del merlo, che assomigliano a brevi e secchi scoppi.
6 veccia: erba selvatica, usata di solito come foraggio.
7 a sommo: in cima.
8 biche: il poeta allude ai formicai, che si presentano come piccoli mucchi di terra. Propriamente le biche sono i mucchi dei covoni di grano.
9 tra frondi: tra le foglie degli alberi.
10 il palpitare: il movimento rapido e mutevole delle increspature del mare.

11 scricchi: gli stridori intermittenti che emettono le cicale.
12 calvi picchi: le rocce brulle che emergono dal terreno.
13 travaglio: fatica e sofferenza.
14 seguitare: seguire costeggiando.

mentre si levano tremuli scricchi[11]
di cicale dai calvi picchi[12].

Lo stile aspro

Il linguaggio usato da Montale rispecchia l'asprezza e l'aridità del paesaggio descritto nei versi del poeta. Montale ricorre infatti a parole ricche di suoni consonantici (soprattutto r, k, g ecc.) e a rime "dure", insolite, che colpiscono per la loro ricercatezza (come -erpi, -icchi ecc.).

Attivati!

- Leggi la seconda e la terza strofa ad alta voce e sottolinea le parole più ricche di suoni aspri.
- Individua nella poesia le rime "facili" (per esempio in -are) e quelle difficili e sviluppa le tue osservazioni in merito.

La condizione umana si concretizza nel lento cammino del poeta lungo un muro invalicabile, che gli impedisce di raggiungere la vera felicità.

E andando nel sole che abbaglia
sentire con triste meraviglia
com'è tutta la vita e il suo travaglio[13]
in questo seguitare[14] una muraglia
che ha in cima cocci aguzzi di bottiglia.

Vincenzo Cabianca, *Case a Lerici*, 1860

Lessico e stile

Il correlativo oggettivo

Nella poesia di Montale, di solito, non ci sono riferimenti espliciti agli eventi storici o all'esperienza personale del poeta, i cui sentimenti, riflessioni, condizioni emotive sono espressi in forma indiretta, attraverso il ricorso a **oggetti-simbolo** che servono a rappresentarli. Il mare per esempio è simbolo di una vita libera e appagante, il muro indica il senso del limite e la condizione di prigionia, l'aridità del paesaggio rappresenta il disagio di vivere ecc.
L'uso di questi oggetti-simbolo non avvicina però Montale alla poesia simbolista vera e propria: per i poeti simbolisti infatti i simboli erano segnali che solo il poeta poteva capire e decifrare; Montale invece utilizza **simboli "oggettivi", cioè riconoscibili da tutti**, perché associati dall'immaginario collettivo a precise idee o sensazioni. Il mare infatti è da sempre simbolo di una forza libera e sconfinata, il muro è comunemente interpretato come un ostacolo e un limite, l'aridità è anche in natura una condizione ostile alla vita ecc. Si parla quindi di "correlativo oggettivo" per indicare la funzione poetica di questi oggetti che servono a **mettere in relazione** ("correlare") la realtà oggettiva con sentimenti e stati d'animo soggettivi.
La tecnica del correlativo oggettivo deriverebbe a Montale dallo studio dell'opera del poeta anglo-americano **Thomas Stearns Eliot**, che l'aveva utilizzata nella sua opera più nota, *La terra desolata*: in realtà però gli oggetti-simbolo di Montale sono caratterizzati da una immediatezza che manca ai correlativi oggettivi di Eliot, frutto di una elaborazione intellettuale che ne rende più complessa l'interpretazione.

Guida alla lettura

I temi

La visione negativa della vita Fin dal primo verso la lirica si presenta come un momento di **contemplazione paesaggistica** e di **riflessione esistenziale.** Le parole *meriggiare pallido e assorto*, infatti, rimandano all'atteggiamento psicologico del poeta, ma alludono anche (con *pallido*) alla violenza della luce solare che viene confermata nel verso successivo dall'aggettivo *rovente* riferito al muro. La riflessione nasce quindi dall'osservazione della realtà, secondo un **procedimento tipico** della poesia di Montale: prima il poeta **scruta** con attenzione **il mondo che lo circonda**, cogliendone le più elementari forme di vita; poi da questa indagine **ricava la certezza** che l'aridità del paesaggio ligure e il microcosmo della sua fauna sono lo **specchio della condizione esistenziale dell'uomo.** Tale condizione è espressa apertamente nell'ultima strofa della poesia, dove il **muro** del verso 2 **acquista tutto il suo significato simbolico**: al di là del muro si trova infatti un *orto* (forse l'Eden, il paradiso perduto dell'infanzia...) da cui il poeta è escluso (in cima al muro si trovano infatti *cocci aguzzi di bottiglia* che impediscono di superare la barriera). La **vita** si presenta quindi come un **percorso insensato**, la felicità e la pienezza esistenziale sono sogni irrealizzabili. Anche il **mare**, che nei versi di Montale è di solito una presenza positiva, vitale per il suo continuo movimento, simbolo di libertà e di felicità, in questa poesia **appare lontano**, appena intravisto e **sostanzialmente irraggiungibile.**

Lo stile

Lo stile "petroso" Montale, come abbiamo detto, si serve di **suoni duri e stridenti** per rispecchiare l'asprezza del paesaggio, che a sua volta rimanda al **disagio esistenziale** che è il tema di fondo della poesia. Richiamando in particolare il linguaggio utilizzato da Dante in alcuni canti dell'*Inferno* e nelle cosiddette "rime petrose", Montale ricorre a **vocaboli onomatopeici** che creano sonorità sgradevoli (*schiocchi di merli, frusci di serpi, scricchi / di cicale*) e ricorre ad **assonanze** (*pruni-frusci*), **consonanze** (*sterpi-serpi*) e **allitterazioni** (*rovente muro d'orto*) per rinforzare questa musicalità. L'efficacia della **suggestione fonosimbolica** delle parole culmina nelle rime dell'ultima strofa, tutte assonanti fra loro, dove la durezza dei suoni consonantici ripetuti (*abbaglia, meraviglia, travaglio, muraglia, bottiglia*) sottolinea il disagio dell'uomo di fronte alle condizioni che gli sono imposte dalla vita.
A questo **lessico aspro** corrisponde una **sintassi scarna e semplificata**: ogni strofa racchiude un periodo concluso in se stesso, cosicché l'intera lirica risulta essenziale e compatta. Le proposizioni principali sono espresse con **verbi all'infinito** per annullare ogni riferimento temporale e sottolineare la **dimensione universale dei concetti** espressi.

Attività

Comprensione

1 **Verifica la tua comprensione del testo rispondendo alle seguenti domande. Chi compie le azioni espresse dai verbi, che nel testo sono sempre all'infinito?**
☐ il poeta ☐ il lettore ☐ un amico del poeta

2 **Nelle prime tre strofe il paesaggio è descritto attraverso riferimenti all'ambiente fisico e alla fauna locale: riassumi le citazioni significative.**
☐ prima strofa ....
☐ seconda strofa ....
☐ terza strofa ....

3 **A che cosa viene paragonata la vita umana nell'ultima strofa?**
☐ a un orto irraggiungibile
☐ a un muro invalicabile
☐ a un cammino doloroso

Analisi

4 **Nella lirica ci sono immagini che hanno un valore simbolico. Spiega con le tue parole che cosa rappresentano**
- il muro - l'orto - il mare

5 **Perché il poeta usa i verbi all'infinito?**

6 **Quale funzione hanno i numerosi termini onomatopeici che caratterizzano il testo?**
☐ creare una musicalità dolce e rasserenante
☐ sottolineare le dure condizioni della vita umana
☐ imitare in modo verosimile il verso degli animali

Rifletti, confronta, scrivi

7 **Qual è il messaggio fondamentale di questa poesia? Riassumilo in un testo di 20-25 righe.**

8 **Come abbiamo osservato, Montale fa riferimento in questi versi al mito dell'Eden. Riassumi in breve il racconto della Bibbia riguardante la cacciata di Adamo ed Eva dal Paradiso terrestre e spiega qual è il significato universale di questo mito.**

9 **Che cosa rappresenta per te la «muraglia / che ha in cima cocci aguzzi di bottiglia»? Scrivi un racconto ispirandoti a questa immagine e al paesaggio descritto nella poesia.**

Dal contesto al film

Il pianeta azzurro

di Franco Piavoli

Titolo originale: Il pianeta azzurro.
Regia: Franco Piavoli.
Soggetto e sceneggiatura: Franco Piavoli, Neria Poli.
Fotografia e montaggio: Franco Piavoli.
Montaggio suono: Giuliana Zamariola.
Produzione: Silvano Agosti per 11 marzo cinematografica.
Durata: 90'.
Origine: Italia, 1982.

Né film di finzione ma neanche un documentario, il film di Franco Piavoli si potrebbe definire piuttosto un cinepoema: un'opera in cui le immagini si fondono con i suoni, facendo in modo che il film perda quasi del tutto la dimensione narrativa e lineare, centrata sul succedersi delle azioni, e si concentri invece sulla dimensione visiva e sonora: come accade nella poesia, in cui la materia e il suono delle parole divengono importanti quanto il loro significato.

Il film si apre con una citazione dal *De rerum natura* di Lucrezio: «Il nascere si ripete/di cosa in cosa/e la vita/a nessuno è data in proprietà/ma a tutti in uso». E la vita, dell'uomo e della natura, è il soggetto del film. La cinepresa segue, in un ritmo pacato, volutamente lento, il trascorrere dei giorni e delle stagioni: la primavera delle erbe che crescono nell'acqua degli stagni, le lucertole e le rane che si accoppiano, le prime voci che si odono al mattino. L'estate: a sera, il canto dei grilli sovrasta le voci dei contadini. Una ragazza piange nella notte, mentre all'alba gli uomini tornano al lavoro e due contadini litigano per un pezzo di terra. Autunno: una pioggia insistente batte sulla casa degli uomini, da cui non si sentono più né voci né rumori. Poi, ogni accenno di vita è come congelato nel freddo invernale; ma l'acqua continua a scorrere nel fiume, e la vita si prepara a rinascere.

La rappresentazione del lavoro degli uomini a contatto con la terra è centrale nel film, e viene continuamente intrecciata alle immagini della natura: qui vediamo due operai che aprono le chiuse di un canale d'irrigazione.

Lo stile del film, di grande raffinatezza, alterna campi lunghi e lunghissimi, a dare una visione ampia dell'ambiente, con primissimi piani e dettagli, come la goccia d'acqua appesa a un ramo di questo fotogramma, per trasmettere la sensazione di una sintonia tra microcosmo e macrocosmo.

Franco Piavoli (1933) ha esordito cinquantenne proprio con *Il pianeta azzurro*; altri suoi lavori sono *Nostos-Il ritorno* (1989), una rivisitazione del mito di Ulisse, *Voci nel tempo* (1996), che segue lo scorrere delle stagioni nella cittadina di Castellaro, e *Al primo soffio di vento* (2002), rappresentazione della vita familiare in una moderna tenuta agricola.

T2

Spesso il male di vivere ho incontrato

da E. Montale, *Ossi di seppia*, in *Tutte le poesie*, Mondadori

Una sequenza simmetrica di immagini serve al poeta per rappresentare concretamente e sensibilmente la contrapposizione fondamentale dell'esistenza: quella tra il dolore (il male di vivere) e la gioia, il bene, il piacere. La poesia, tratta da Ossi di seppia, *è una delle più famose di Montale, quasi un manifesto della sua visione negativa del mondo e della vita; tuttavia, rispetto alla poesia precedente, il pessimismo pare attenuato: per quanto rari, i momenti di sospensione del dolore sono possibili...*

Metro: due quartine di endecasillabi (a eccezione dell'ultimo verso, che è un doppio settenario) con rime ABBA CDDA

COLLEGAMENTI
> Il climax, p. 45
> I contenuti tematici, p. 50

Spesso il male di vivere[1] ho incontrato[2]:
era il rivo strozzato[3] che gorgoglia,
era l'incartocciarsi della foglia
riarsa[4], era il cavallo stramazzato[5].

Bene non seppi, fuori del prodigio
che schiude la divina Indifferenza[6]:
era la statua nella sonnolenza[7]
del meriggio, e la nuvola, e il falco alto levato[8].

1 **il male di vivere:** il dolore che caratterizza l'esistenza.
2 **ho incontrato:** ho conosciuto.
3 **era il rivo strozzato:** si manifestava nel faticoso scorrere di un ruscello («rivo») chiuso da una strettoia.
4 **l'incartocciarsi ... riarsa:** l'accartocciarsi di una foglia seccata dal sole («riarsa»).
5 **stramazzato:** morto all'improvviso, caduto di schianto.
6 **Bene non seppi ... Indifferenza:** non ho conosciuto altro bene all'infuori del breve miracolo («prodigio») che il distacco assoluto («la divina Indifferenza») rende possibile («schiude»). Per il poeta, quindi, l'unico bene possibile nella vita è il distacco disincantato e totale dalle cose terrene.
7 **era la statua nella sonnolenza:** l'indifferenza si manifestava («era») nell'immobilità della statua, come "addormentata" nelle ore più calde del giorno.
8 **il falco alto levato:** anche il falco in volo diventa simbolo di una superiore visione delle cose.

Pablo Picasso, *Testa di cavallo* (studio per *Guernica*), 1937

Dal testo al contesto

Montale e Leopardi

La visione negativa che Montale ha dell'esistenza richiama alla memoria il pessimismo di Leopardi, poeta che Montale amava moltissimo. Anche gli spunti lirici avvicinano questi due poeti, in quanto molte loro poesie partono dall'osservazione di un paesaggio o di elementi naturali per introdurre riflessioni di carattere filosofico ed esistenziale. Tuttavia, mentre Leopardi descrive una natura contemplata spesso nella sua bellezza («Dolce e chiara è la notte e senza vento...», «O graziosa luna...», «Vaghe stelle dell'orsa...»), a cui si contrappone la condizione umana di infelicità, Montale descrive paesaggi anti-idilliaci, duri e inospitali, che corrispondono perfettamente alla desolazione della vita. In Montale non troviamo però la pur sofferta solidarietà fra gli uomini, proposta dall'ultimo Leopardi come consolazione al dolore di vivere e come valore supremo capace di dare un senso alla nostra esistenza. La condizione esistenziale descritta da Montale è una condizione di solitudine quasi assoluta, che nel corso del tempo tende anzi ad accentuarsi, man mano che il poeta riflette sul contesto storico in cui gli è toccato di vivere – il fascismo, la Seconda guerra mondiale, la decadenza culturale e morale iniziata verso la fine degli anni Sessanta.

Guida alla lettura

I temi

La forza del male e la debolezza del bene Montale ribadisce in questa poesia la sua **concezione pessimistica della vita**: il dolore si incontra ovunque, perché lo patiscono tanto le cose inanimate, come il **ruscello**, quanto gli esseri viventi, dalla semplice **foglia** al **cavallo** *stramazzato*. Queste tre immagini rappresentano emblematicamente il dolore e sono tre correlativi oggettivi che il poeta usa per dimostrarci **l'universalità della sofferenza**, che coinvolge il mondo inorganico e quello organico, la flora come la fauna. Ma se la rappresentazione del male è così forte ed evidente, molto più debole è la raffigurazione del **bene**, identificato con uno stato di **indifferenza assoluta** (la statua immobile) ovvero con la **capacità di distaccarsi dal mondo** per assumere un punto di vista più "alto" (come quello della nuvola o del falco).

Il poeta quindi **non trova un valore realmente positivo**, capace di opporsi al *male di vivere* e ritiene che l'unica difesa concessa all'uomo sia una forma di **Indifferenza** che ci renda insensibili: non a caso la parola Indifferenza è scritta con lettera maiuscola, come se indicasse una divinità o una forza superiore capace di soccorrere l'uomo nel suo quotidiano stato di dolore.

Lo stile

Classicismo e modernità Il testo è formato da **due quartine di endecasillabi**, la cui **classicità** è sottolineata dalla presenza delle rime. Tuttavia Montale altera questa struttura classica introducendo vari **elementi di irregolarità**: la seconda quartina si apre con un verso che non rima con gli altri e si chiude con un verso ipermetro (cioè che contiene più sillabe del dovuto). Montale insomma, nel momento stesso in cui **recupera una convenzione tradizionale** come la doppia quartina di endecasillabi a rima incrociata, **ne altera la completezza formale** per sottolineare la sua **libertà espressiva** di poeta novecentesco.

Il classicismo del poeta è confermato anche dalla figura retorica del **climax** che lega le tre immagini-**simbolo** contenute nella prima e nella seconda strofa: si tratta di un **climax ascendente**, che nella prima quartina va dal mondo inorganico del ruscello a quello organico della foglia agli esseri animati (cavallo), mentre nella seconda quartina inizia con un'immagine statica per salire verso immagini di sempre maggior leggerezza e distacco dal mondo (la nuvola e poi il falco). Anche in questo caso, **l'apparente simmetria** nasconde delle irregolarità: le immagini occupano tre versi nella prima strofa e solo due nella seconda; le due serie si aprono con il mondo inanimato (il rivo e la statua) e si concludono con quello animale (il cavallo e il falco), ma le due immagini centrali (la foglia e la nuvola) non si corrispondono.

Attività

Comprensione

1 Verifica la tua comprensione del testo rispondendo alle seguenti domande.

a. *Perché il «rivo» è simbolo del «male di vivere»?*
- ☐ perché ha poca acqua
- ☐ perché non può scorrere liberamente
- ☐ perché gorgoglia

b. *La «nuvola» simboleggia la «divina Indifferenza»*
- ☐ perché è alta nel cielo
- ☐ perché è minacciosa e tempestosa
- ☐ perché la sua pioggia ristora la terra assetata

c. *Che cosa significa esattamente «meriggio»?*
- ☐ mezzogiorno
- ☐ pomeriggio
- ☐ le ore più calde del giorno

2 Che cosa significa l'espressione «divina Indifferenza»?
– Perché il poeta la definisce un «prodigio»?

Analisi

3 Perché le immagini del cavallo e del falco sono collegate? Presta attenzione agli aggettivi con cui il poeta le accompagna.

4 Perché la parola «Indifferenza» è scritta con la lettera maiuscola?
- ☐ perché l'indifferenza assoluta è l'unica condizione psicologica che salva l'uomo dal dolore
- ☐ perché Indifferenza era una antica divinità
- ☐ perché la parola «Indifferenza» è la citazione del titolo di una poesia di Giacomo Leopardi

5 In che cosa consiste, secondo Montale, il «male di vivere»? Rispondi analizzando le tre immagini attraverso cui il poeta spiega il concetto.

Rifletti, confronta, scrivi

6 Esiste una forma di «male di vivere» che può colpire anche le giovani generazioni, spingendole magari verso l'uso di droghe o l'abuso di alcol? Da che cosa può essere determinata? Contribuisci, con l'aiuto dell'insegnante, a una discussione in classe sull'argomento.

7 Montale sceglie alcune immagini per descrivere il «bene», contrapposto al «male di vivere». Da cosa è rappresentato per te il «bene»? In quali situazioni ti trovi a tuo agio, sereno, felice? Scrivi alcuni esempi, precisando quale significato attribuisci al termine «bene» e distinguendo, se vuoi, tra vari gradi di «bene».

T3

Cigola la carrucola del pozzo

da E. Montale, *Ossi di seppia*, in *Tutte le poesie*, Mondadori

Il tema del ricordo ricorre spesso nei versi di Eugenio Montale. Questa poesia, tratta ancora da Ossi di seppia*, ne descrive la dolcezza e insieme la fragilità: il poeta ha infatti l'impressione di scorgere il riflesso di un volto amato nell'acqua contenuta in un secchio – ma nel momento in cui vi si accosta, la superficie si turba e l'immagine scompare. La memoria conserva per noi le immagini del passato, ma non può fermare il reale trascorrere del tempo.*

Metro: versi endecasillabi legati da alcune rime e quasi rime

COLLEGAMENTI
> L'onomatopea, p. 42
> I riferimenti simbolici, p. 53

Cigola la carrucola del pozzo,
l'acqua sale alla luce e vi si fonde.
Trema[1] un ricordo nel ricolmo secchio,
nel puro cerchio[2] un'immagine ride.
Accosto il volto a evanescenti labbri:
si deforma il passato, si fa vecchio,
appartiene ad un altro...
Ah che già stride
la ruota[3], ti ridona all'atro[4] fondo,
visione, una distanza ci divide.

1 **Trema:** è il tremolio dell'acqua, ma anche l'incertezza del ricordo.
2 **puro cerchio:** il bordo del secchio, ma la purezza è in realtà quella dell'acqua.
3 **stride la ruota:** la ruota della carrucola, perché il secchio è stato abbandonato e sta precipitando nuovamente verso il fondo del pozzo.
4 **atro:** nero, privo di luce.

Guida alla lettura

I temi

La labilità del ricordo La scena descritta è **apparentemente semplice**, ma ricca di **significato simbolico**. Il poeta si trova accanto a un **pozzo**, da cui attinge acqua in un secchio per bere. Riflesso nell'acqua gli sembra di intravedere un **volto**, ma appena accosta le labbra l'acqua si turba e il volto scompare. Il secchio precipita nel pozzo e con esso il volto appena intravisto. A partire da questi fatti, il poeta sviluppa una **riflessione sul ricordo**: l'emergere del secchio simboleggia infatti l'**emergere di un ricordo**, forse quello di una donna amata; nel momento però in cui il poeta tenta di afferrare questo ricordo (di accostare le labbra – per bere o per baciare il volto intravisto), il ricordo stesso svanisce, si confonde, torna nell'oscurità.

Massimo Campigli, *Senza titolo*, 1965

Concretezza e mito Montale, come abbiamo già osservato, **sviluppa sempre la sua riflessione** a partire da **immagini concrete**, tratte dalla realtà naturale e quotidiana. In questo caso, però, le immagini sono arricchite dal rimando a un famoso **mito**, quello di **Orfeo ed Euridice**. Nella mitologia classica, Orfeo è il poeta per antonomasia, capace di commuovere pietre e piante e belve feroci con la dolcezza del suo canto. Per recuperare Euridice, morta prematuramente, egli scende all'Ade e ottiene dagli dèi la sua liberazione: essa potrà seguirlo e tornare sulla terra a patto che lui **non si volti a guardarla** prima di essere riemerso. Orfeo invece si volta troppo presto ed Euridice sprofonda per sempre negli Inferi. Questo celebre mito viene riletto da Montale in **chiave moderna e psicologica**: il poeta tenta di recuperare il passato ormai morto, che emerge da un pozzo scuro (chiaro rimando all'Ade della mitologia classica), ma tale recupero si rivela impossibile...

Lo stile

La ricerca di musicalità Come sempre, Montale è particolarmente attento agli **effetti fonici** della sua poesia, che assumono un forte valore simbolico. Nel primo verso il **suono duro** delle consonanti "g" e "c" (*Cigola / carrucola*), unito allo stridente **valore onomatopeico** del verbo "cigolare", trasmette la **sensazione dello sforzo** effettuato per **tirare il secchio in superficie** e, sul piano simbolico, per **recuperare la memoria del passato**: il premio della fatica trova riscontro nella luminosa musicalità del secondo verso, caratterizzato dai suoni aperti della vocale "a" (*l'acqua sale alla luce*). L'**evanescenza del ricordo** è resa dalla **allitterazione** in "r" del terzo verso (*trema ... ricordo ... ricolmo*), che trova rispondenza nel verbo *ride* con cui si chiude il quarto verso. Il passaggio dall'illusione del ricordo alla sua **cancellazione** è annunciato dal verbo *stride*, in cui i **suoni aspri** delle consonanti "s" e "t" replicano **in chiave onomatopeica** un rumore sgradevole, e suggeriscono per analogia una sensazione di dolore. Anche le **rime** giocano un ruolo importante: si noti in particolare la sequenza *ride / stride / divide*, che collega e sintetizza i **tre momenti-chiave** della poesia: l'**illusione** del ricordo (*un'immagine ride*), il **dolore** per la sua labilità (*stride / la ruota*), la **fatalità** della sua perdita (*una distanza ci divide*).

Attività

Comprensione

1 **Verifica la tua comprensione del testo rispondendo alle seguenti domande.**

a. *Nel secchio che sale verso l'alto il poeta vede*
- ☐ il riflesso del proprio volto
- ☐ un raggio di luce che lo acceca
- ☐ il ricordo di una persona lontana

b. *Il rumore dominante nella poesia è*
- ☐ quello stridente della carrucola
- ☐ quello dolce dell'acqua
- ☐ quello violento dei ricordi

c. *L'espressione «atro fondo» indica alla lettera*
- ☐ l'Ade, il regno dei morti
- ☐ il pozzo in cui cade il secchio
- ☐ l'oblio in cui si perdono i ricordi

2 **La poesia può essere suddivisa in tre parti, corrispondenti ai tre gesti del poeta. Individuali nel testo e sintetizzali.**
- primo gesto (vv. ....)
  ....
- secondo gesto (vv. ....)
  ....
- terzo gesto (vv. ....)
  ....

Analisi

3 **Perché la poesia rimanda al mito di Orfeo ed Euridice? Rispondi tenendo conto**
- degli avvenimenti descritti
- dei temi affrontati

4 **La poesia usa versi endecasillabi. Perché, secondo te, uno di essi (il 7) è "spezzato"?**

5 **Nella poesia vi sono poche rime. Individuale e sottolineale.**

6 **Ai vv. 3 e 4 l'illusione del recupero memoriale è sottolineata da un chiasmo, che evidenzia anche sul piano sintattico l'armonia interiore – sia pur momentanea – del poeta.**
- Completa lo schema del chiasmo presente nei vv. 3 e 4.

trema un ricordo	nel ricolmo secchio
....	....
....	....
....	....

Rifletti, confronta, scrivi

7 **Quale importanza attribuisci ai ricordi? A quando risalgono i tuoi primi ricordi? Quanto è forte il potere della tua memoria? Registri il passato in ogni suo dettaglio o dimentichi facilmente eventi, volti e persone? Ricordare il proprio passato è importante per te? Si dimenticano più facilmente accadimenti positivi o negativi, secondo te? Rifletti sul tema della memoria e dei ricordi personali sulla base della tua esperienza, in un tema di tre colonne di foglio protocollo.**

8 **La poesia di Montale rivela come gli antichi miti siano ancora in grado di parlarci, a distanza di secoli, se non ci fermiamo alla superficie del racconto, ma ne cogliamo il significato profondo, simbolico. Sicuramente conosci alcuni miti classici: scegline uno e spiega perché ti ha colpito e qual è il suo significato per te oggi in un breve testo scritto.**

T4

Ti libero la fronte dai ghiaccioli

da E. Montale, *Le occasioni*, in *Tutte le poesie*, Mondadori

La seconda raccolta di poesie di Montale contiene una sezione, intitolata Mottetti, *che costituisce un vero e proprio "canzoniere d'amore". Il poeta vi narra infatti, attraverso una serie di illuminazioni improvvise, il suo rapporto con Irma Brandeis, che pure non viene mai nominata esplicitamente (lo pseudonimo mitologico Clizia sarà usato dal poeta solo nella raccolta successiva,* La bufera e altro*).*
In questo celebre mottetto, il poeta immagina che la donna, ormai lontana (essendo ebrea, Irma Brandeis aveva dovuto far ritorno in America nel 1938, dopo l'emanazione delle leggi razziali) torni a trovarlo in volo, come una sorta di angelo. Quello fra il poeta e Clizia è un rapporto di affinità spirituale, che ricorda gli amori dei poeti stilnovisti, per il suo carattere tutto astratto, interiore, spirituale, anche se naturalmente in Montale manca la dimensione religiosa propria della poesia duecentesca: l'angelo non è in Montale un messaggero divino, ma una semplice creazione della sua fantasia.

Metro: due quartine di endecasillabi con rime imperfette

COLLEGAMENTI
> Le rime imperfette, p. 21
> D. Alighieri, *Tanto gentile e tanto onesta pare*, p. 15

Ti libero la fronte dai ghiaccioli
che raccogliesti traversando l'alte
nebulose[1]; hai le penne lacerate
dai cicloni[2], ti desti a soprassalti[3].

Mezzodì: allunga nel riquadro[4] il nespolo
l'ombra nera, s'ostina in cielo un sole
freddoloso; e l'altre ombre[5] che scantonano
nel vicolo non sanno che sei qui[6].

1 l'alte nebulose: la donna a cui è dedicata la poesia è immaginata come una creatura angelica, che raggiunge il poeta in volo; il termine nebulose indica genericamente gli strati superiori dell'atmosfera.
2 lacerate dai cicloni: le ali della donna-angelo si sono sfrangiate durante il viaggio; i cicloni rappresentano ovviamente le avversità, gli ostacoli che rendono difficoltoso il viaggio della donna.
3 ti desti a soprassalti: ti svegli a scatti, sussultando, come chi si risveglia all'improvviso da un sonno profondo.
4 nel riquadro: nello squarcio della finestra.
5 l'altre ombre: sono ombre di uomini che, nella loro cecità, non possono ricevere alcun messaggio dal mondo spirituale, a cui il poeta può invece attingere grazie alla mediazione della donna amata.
6 non sanno che sei qui: non conoscono e non possono capire la natura della tua presenza di donna-angelo; l'estasi del poeta è una pura intuizione mentale e non può essere capita o condivisa dagli altri.

Pablo Picassc, *Donna che tiene un libro*, 1932

Guida alla lettura

I temi

La donna, angelo di salvezza Irma Brandeis era venuta in Italia per approfondire lo studio di **Dante**, poeta già caro a Montale e ben presente nei suoi versi, soprattutto per certe scelte linguistiche (lo stile aspro degli *Ossi di seppia*). Non a caso, dunque, Montale attribuisce a Irma una **funzione spirituale** simile a quella attribuita da Dante a Beatrice: la donna amata diventa una specie di **donna-angelo** le cui apparizioni coincidono con la rivelazione dei soli **valori della vita**, la poesia, la ragione, il coraggio di guardare oltre il presente.

Quando Montale scrive questa lirica, come abbiamo detto, Irma era già tornata in America. La letteratura, la "religione" della cultura e dell'arte diventano in questa situazione l'**ultima ancora di salvezza** per Montale e per tutti gli intellettuali che, come lui, non credevano né al fascismo né alla propaganda della sua politica aggressiva. Clizia diventa il simbolo della **purezza morale insita nella cultura**, che il poeta riesce a percepire quando è "illuminato" dalla presenza fisica della donna o dal suo ricordo. Clizia si identifica insomma con la **speranza** che la cultura possa salvare non solo il poeta ma tutti gli uomini dalla minaccia distruttiva di una società impazzita.

Lo stile

Gli influssi dell'Ermetismo Le liriche di questo periodo della produzione di Montale si allontanano sempre più marcatamente dalla narratività degli *Ossi di seppia* e assumono un **carattere più intellettuale**, **allusivo** e **misterioso**. Se prima gli oggetti e le situazioni reali offrivano al poeta lo spunto per le sue riflessioni esistenziali, ora la sua poesia tende a eliminare completamente i riferimenti realistici, trasformandosi in **pura riflessione astratta**. Ne consegue uno **stile poetico** che **privilegia le analogie e l'intuizione soggettiva**, diventando inevitabilmente più "chiuso" e difficile alla lettura. Questa evoluzione è anche il risultato dei contatti di Montale con la scuola ermetica, che in quegli anni era molto attiva proprio a Firenze: il poeta ne assimilò alcune istanze di fondo, ma non vi aderì mai completamente.

Un lessico ricercato, una sintassi essenziale Il lessico, in sintonia con l'argomento trattato, tende a suscitare **atmosfere rarefatte e indefinite**, adatte all'apparizione della donna-angelo. La **sintassi** viceversa resta **semplice**, nettamente scandita in **periodi brevi e brevissimi**, che utilizzano molto raramente i nessi subordinativi. Questa capacità di unire un **linguaggio aulico e ricercato** a una **sintassi essenziale e scarna** diventerà un **elemento tipico** dello stile di Montale.

Attività

Comprensione

1 **Verifica la tua comprensione del testo rispondendo alle seguenti domande.**

a. *Dove si trovava Irma Brandeis quando Montale scrisse questa poesia?*
- ☐ a Firenze
- ☐ in America
- ☐ a Milano

b. *Dove si trovava Montale?*
- ☐ a Firenze
- ☐ in America
- ☐ a Milano

2 **La presenza della donna è reale o immaginaria?**

3 **Come è caratterizzata Clizia, la donna cantata dal poeta? Sottolinea nel testo i termini significativi.**

4 **Quali termini ed espressioni rimandano al paesaggio fisico, reale, in cui si trova immerso il poeta?**

5 **Perché la donna ha la fronte imperlata di ghiaccio?**

Analisi

6 **Clizia rappresenta un bene riservato solo al poeta o è portatrice di valori condivisibili con gli altri? - Cita i versi chiarificatori in tal senso.**

7 **Di quale messaggio è portatrice Clizia?**
- ☐ di un messaggio di salvezza e di speranza
- ☐ di un messaggio fortemente religioso
- ☐ di un messaggio di libertà politica

8 **A quale scuola poetica si avvicina lo stile ricercato e il tono intellettualistico di questa poesia?**

9 **A quale poeta della tradizione letteraria italiana si ispira la figura angelicata di Clizia?**
☐ Dante ☐ Leopardi ☐ Saba

Rifletti, confronta, scrivi

10 **Con l'aiuto di un testo di storia e di internet, spiega che cosa erano le leggi razziali che costrinsero Irma (Clizia) ad abbandonare l'Italia.**

11 **Procurati altri testi (racconti, romanzi, poesie) che parlano dei problemi affrontati dagli ebrei italiani dopo la promulgazione delle leggi razziali nel 1938. Discuti in classe analogie e differenze con cui l'argomento viene affrontato dagli autori di quei testi e quale peso ha nella costruzione delle diverse opere prese in esame.**

La pittura come diario intimo

Più di cento opere – tra paesaggi, autoritratti e nature morte – nelle più diverse tecniche – dall'olio alla china, ma anche realizzate con colori di fortuna come fondi di caffè, rossetti, erbette –, permettono di parlare di un **Montale** pittore, sebbene egli non si sarebbe mai considerato tale e non praticasse la pittura con fini professionali. I disegni e i dipinti sono, per sua stessa ammissione, una sorta di diario, di trascrizione intima, taccuini nei quali registrare luoghi e oggetti che gli muovevano dentro quelle stesse suggestioni che avrebbero più spesso preso forma poetica.

A queste istanze risponde una pittura immediata, veloce, tutta giocata sulle capacità espressive del segno. Nelle marine bretoni ritratte in viaggio, come *Pescatori a secco* [1] del 1950, il pastello annota sinteticamente figure e paesaggio, rendendo palpabile con il colore l'atmosfera assolata della marina. Lo stesso Montale, offrendo una chiave della sua pittura, la dirà «a metà tra De Pisis e Morandi». E certo delle opere di **Filippo De Pisis**, come *Natura morta marina con conchiglie* [2] (1927), egli doveva aver apprezzato proprio la rapidità della pennellata, la capacità di cogliere con immediatezza la realtà come fosse un'apparizione fuggevole, transitoria, malinconicamente sul punto di dileguarsi o sfiorire. **Giorgio Morandi**, dal canto suo, condivideva con il poeta un medesimo interesse per i soggetti quotidiani, privi di retorica e lontani da ogni ideologia. Ma il centro delle sue nature morte, come *Natura morta con fruttiera* [3], del 1916, non è la semplice rappresentazione dell'oggetto: Morandi vuole rifare concretamente la realtà attraverso la pittura, registrando di volta in volta il rapporto sempre diverso, perché legato ad un momento diverso, tra spazio e oggetto, ovvero tra la realtà oggettiva e la coscienza soggettiva. Gli oggetti che egli sceglie, nel loro essere semplici e anonimi, si offrono come forme che, come all'interno della coscienza, vivono in una dimensione continua con lo spazio e rinunciano perciò alla prospettiva, alla linea di contorno, al colore reale, in quanto artifici con i quali l'uomo ha imparato a rappresentare la realtà. Solo così, nell'esperienza soggettiva della pittura, queste forme possono divenire espressioni del sentire dell'artista, possono registrare la sua interiorità.

[1]

Se è vero che anche per Morandi, come per Montale, esiste un rapporto tra gli oggetti e il mondo interiore, per il poeta tuttavia gli oggetti non sono in grado di rivelare le verità di cui l'uomo ha bisogno, non parlano all'uomo se non in quanto simboli del «male di vivere». Tutt'al più essi avranno una forza consolatrice: faranno riemergere memorie del passato, ricordi, affetti, in base ai quali l'uomo potrà definirsi, riconoscersi un'identità. Uno di questi oggetti, significativamente, sarà per Montale un osso di seppia sul quale egli dipinge l'immagine di un'upupa, «l'ilare uccello calunniato dai poeti».

[2]

[3]

T5

La bufera

da E. Montale, *La bufera e altro*, in *Tutte le poesie*, Mondadori

In una lettera all'amico Silvio Guarnieri lo stesso Montale spiega che La bufera, *poesia che apre l'omonima raccolta, rappresenta la follia della guerra, che lo ha separato da Clizia, la donna amata e ormai lontana (Irma Brandeis infatti era tornata in America nel 1938). Tuttavia, aggiunge Montale,* La bufera *è anche il simbolo di tutte le guerre, di una conflittualità "cosmica" che da sempre travolge l'uomo.*

Metro: endecasillabi sciolti con due settenari e un quinario

COLLEGAMENTI
> La metafora, p. 45
> L'analogia, p. 46
> I riferimenti simbolici, p. 53

Les princes n'ont point d'yeux pour voir ces grand's merveilles.
Leurs mains ne servent plus qu'à nous persécuter[1]...
Agrippa d'Aubigné, *À Dieu*

La bufera[2] che sgronda sulle foglie
dure della magnolia i lunghi tuoni
marzolini e la grandine[3],

(i suoni di cristallo[4] nel tuo nido
notturno[5] ti sorprendono[6], dell'oro
che s'è spento sui mogani, sul taglio
dei libri rilegati, brucia ancora
una grana di zucchero nel guscio
delle tue palpebre[7])

il lampo che candisce[8]
alberi e muro e li sorprende in quella
eternità d'istante[9] – marmo manna
e distruzione[10] – ch'entro te scolpita
porti[11] per tua condanna e che ti lega
più che l'amore a me[12], strana sorella,

1 **«Les princes ... nous persécuter»...:** "I principi non hanno occhi per vedere queste grandi meraviglie, le loro mani non servono che a perseguitarci". Questa citazione, del poeta francese Théodore Agrippa d'Aubigné (vissuto tra il 1552 e il 1630 e vittima dell'odio scatenatosi durante le guerre di religione del suo tempo), inizialmente impedì a Montale di pubblicare la sua raccolta di poesie in Italia.

2 **La bufera:** è il simbolo (correlativo oggettivo) della guerra.

3 **sgronda ... grandine:** scarica sulle foglie spesse della magnolia la grandine preannunciata dai lunghi tuoni del mese di marzo («marzolini»).

4 **i suoni di cristallo:** la grandine produce un suono secco, che assomiglia a quello di un cristallo percosso.

5 **nel tuo nido notturno:** l'aggettivo «tuo» è riferito a Clizia/Irma (come il «ti» successivo); la donna si trova in America, quindi in un luogo lontano dagli orrori della guerra e sicuro come il «nido», di notte, per gli uccelli.

6 **ti sorprendono:** le notizie della guerra, con la loro violenza, sorprendono Irma.

7 **nel guscio delle tue palpebre:** i vv. 5-9 sono oscuri e di difficile interpretazione. Si può intendere che negli occhi della donna («nel guscio delle tue palpebre») sopravviva il dolce ricordo («brucia ancora / una grana di zucchero») dei momenti trascorsi insieme al poeta tra i libri delle biblioteche, quando Irma era a Firenze per studiare Dante.

8 **il lampo che candisce:** il lampo che illumina di luce bianca («candisce») gli alberi e i muri delle case.

9 **e li sorprende ... istante:** la luce irreale del lampo sembra fissare le cose in un istante senza tempo («eternità d'istante»).

10 **marmo manna e distruzione:** queste tre parole evocano il carattere di Clizia, puro come un marmo bianco, depositario di un potere salvifico simile a quello della manna (che nel racconto biblico salvò gli ebrei dalla fame durante il vagabondaggio nel deserto), ma capace anche di distruggere chi viene privato della sua presenza (Clizia infatti è per il poeta una specie di donna-angelo che guida l'uomo alla salvezza: senza la sua forza morale l'uomo è perduto).

11 **ch'entro te scolpita porti:** la capacità di cogliere il valore superiore delle cose (quella «eternità d'istante» rappresentato dalla luce del lampo) è una virtù di Clizia, ma anche una condanna per lei, perché le rende evidente la negatività insita nell'esistenza quotidiana dell'uomo.

12 **che ti lega ... a me:** la capacità di capire il valore superiore delle cose è ciò che lega Clizia al poeta, ancor più del sentimento d'amore che li ha uniti. Perciò Montale chiama la donna «strana sorella», cioè meravigliosa («strana») creatura capace di comunicare con la sua anima («sorella»).

e poi lo schianto rude, i sistri, il fremere
dei tamburelli sulla fossa fuia,
lo scalpicciare del fandango[13], e sopra
qualche gesto che annaspa[14]...
Come quando[15]
ti rivolgesti e con la mano, sgombra
la fronte dalla nube dei capelli[16],

mi salutasti – per entrar nel buio[17].

13 schianto rude ... fandango: tutte queste immagini evocano la guerra e la sua follia. I sistri sono strumenti musicali egizi, legati all'antico culto dei morti e formati da sottili lamine di metallo che vengono poi percosse; la fossa «fuia» è letteralmente una fossa "ladra" e può alludere ai morti sepolti nelle fosse comuni; il fandango è una danza spagnola che qui diventa simbolo dell'insensato trionfalismo della propaganda bellica.
14 gesto che annaspa: è il gesto disperato di chi cerca di sfuggire al massacro della guerra.
15 Come quando: Irma/Clizia (essendo ebrea) ha cercato di sfuggire alle persecuzioni razziali tornando in America.
16 dalla nube dei capelli: la frangia di capelli, che come una nube copre la fronte di Irma.
17 nel buio: è il buio della lontananza.

Eugenio Montale durante l'ultima visita a Genova, nel 1967, saluta il regista teatrale Luigi Squarzina; sullo sfondo si intravede la nipote ed erede Bianca Montale

Guida alla lettura

I temi

La "bufera" e la guerra La **violenza** della Seconda guerra mondiale inizialmente viene rappresentata solo attraverso il **paragone con la bufera atmosferica**, in cui i tuoni e la grandine evocano fisicamente una situazione di pericolo di fronte alla quale l'uomo è indifeso. In seguito però il **paragone si amplia** (vv. 16-19) e si **sviluppa in una serie di immagini** che accostano sensazioni diverse fra loro: immagini **violente** (*schianto rude*), **misteriose** (il suono dei *sistri*), **ossessive** (il ritmo dei *tamburelli*) e persino **frivole** (la danza del *fandango*), allo scopo di rappresentare **l'insensata follia dell'uomo moderno**, riassunta dal *gesto che annaspa* in cerca di salvezza. Si tratta di una conferma della visione negativa che Montale ha dell'esistenza: la Seconda guerra mondiale e il fascismo sono stati solo la manifestazione concreta e contingente di un male di vivere che è assoluto.

Il valore autentico dell'amore I versi chiusi tra parentesi aprono la **prospettiva** di una **dimensione affettiva** che permette al poeta di dialogare con la donna amata: **Clizia** è lontana fisicamente, ma rappresenta sempre per Montale un **punto di riferimento** da contrapporre alla bestialità dell'esperienza bellica. Ecco perché tra il poeta e la donna si stabilisce un **contatto spirituale** che li avvicina molto più di quanto l'amore stesso - pur presente - potrebbe fare da solo.

Lo stile

Un linguaggio ricercato e "oscuro" *La bufera* è certamente una poesia **difficile**, caratterizzata da un **lessico ricercato** e dall'uso di **metafore** e **analogie** ispirate ai canoni stilistici dell'Ermetismo, che rendono spesso il discorso di complessa decifrazione.
Risulta evidente il ricorso, ben orchestrato a specifiche tecniche poetiche: spicca per esempio l'uso insistito delle **allitterazioni** in "s", "r", "l" nei versi che alludono alla guerra (*schianto*, *sistri*, *gesto che annaspa*; *fremere*, *tamburelli* ecc.). Da rilevare inoltre la **citazione dantesca** del vocabolo *fuia*, che evoca l'idea di un "inferno" della storia e della vita contrapposto alla visione salvifica della donna e dell'amore (Clizia per Montale è come Beatrice per Dante).
Il **suggello finale** è dato da una **metafora**: il buio rappresenta infatti sia la lontananza della donna, sia la disperazione e la morte spirituale del poeta, che sono il risultato della mancanza di valori esistenziali certi.

Dal testo al contesto

La sfiducia nella politica

Nel 1925, quando il fascismo si impose come regime in Italia, Montale firmò il *Manifesto degli intellettuali antifascisti* redatto da Benedetto Croce: la sua posizione era quella di un intellettuale liberale che nella dittatura vedeva la fine della libera espressione individuale e il rischio di un controllo sulla cultura che avrebbe impedito lo sviluppo delle idee e imposto una omologazione forzata. Come molti altri intellettuali Montale si isolò in una poesia lontana dai problemi politici e sociali, "chiusa" in se stessa per poter convivere con la censura del regime. L'opposizione di Montale al fascismo fu dunque una forma di "resistenza passiva", ma ebbe comunque dei costi: nel 1938, dopo aver diretto per dieci anni il prestigioso centro culturale di Firenze chiamato Gabinetto Vieusseux, Montale ne fu espulso perché non era iscritto al partito fascista. Dopo la caduta di Mussolini, e soprattutto nel biennio 1945-1946, il poeta ebbe un breve periodo di entusiasmo politico (testimoniato da alcune poesie de *La bufera e altro*) e si iscrisse al Partito d'Azione, partecipando al Comitato di Liberazione Nazionale (CLN) della Toscana. Le sue posizioni erano sempre quelle liberali e progressiste, né Montale abbracciò mai ideologie più estreme: anzi fu proprio il radicalizzarsi della lotta politica attorno a due poli (rappresentati dalla Democrazia Cristiana da un lato e dal Partito Comunista dall'altro) a convincerlo dell'impossibilità di un sereno confronto politico e a spingerlo a ritirarsi definitivamente dalla politica attiva. Dopo essersi trasferito a Milano, come giornalista del «Corriere della Sera», egli ebbe modo di conoscere la nuova realtà economica e industriale dell'Italia del dopoguerra, con tutte le problematiche derivanti dallo sviluppo di una società di massa improntata a un crescente consumismo. Montale si convinse che l'evoluzione di quel tipo di società avrebbe significato la fine della poesia: da ciò una profonda crisi di identità e di valori che lo portò a maturare una nuova visione, delusa e scettica, non solo del proprio ruolo poetico, ma anche del futuro della cultura moderna, da lui stesso definita un «trionfo di spazzatura». Montale continuò a scrivere versi, ma senza più cercare in essi i valori assoluti della vita, bensì trasformando la sua poesia in una forma di cronaca attenta e ironica della sua quotidiana esperienza di uomo.

Attività

Comprensione

1 **Verifica la tua comprensione del testo rispondendo alle seguenti domande.**

a. *Che cosa simboleggia la «bufera»?*
- ☐ le guerre di religione del Cinquecento
- ☐ la Seconda guerra mondiale
- ☐ il fascismo

b. *A chi si riferisce il pronome personale «ti» del v. 5?*
- ☐ al lettore
- ☐ a Clizia
- ☐ al poeta stesso

c. *Che cos'è la «manna» del v. 12?*
- ☐ un simbolo della donna amata
- ☐ un cibo che, secondo il racconto biblico, permette agli ebrei fuggiaschi nel deserto di sopravvivere
- ☐ un tipo di arma

2 **Quali elementi collega il «Come» del v. 19?**

a. ....

b. ....

3 **Quali parole del testo fanno riferimento a Clizia? Sottolineale nelle varie strofe.**

Analisi

4 **Montale descrive gli effetti della guerra attraverso una serie di immagini: elencale.**

5 **Quali sono i tre elementi che connotano il carattere di Clizia?**

6 **Che cosa lega Clizia e Montale, più ancora del loro amore?**
- ☐ la capacità e la volontà di vedere oltre l'apparenza delle cose
- ☐ l'interesse condiviso per le opere di Dante
- ☐ la comune residenza a Firenze

7 **Esamina il lessico del testo.**
- Quali vocaboli ti sembrano particolarmente ricercati o desueti?
- Il testo presenta anche vocaboli di uso quotidiano?
- In generale prevalgono i termini ricercati o quelli colloquiali?

8 **Che cosa significa il verso finale «mi salutasti – per entrar nel buio»?**

Rifletti, confronta, scrivi

9 **Spiega in un breve testo scritto quale idea della guerra ci trasmette Montale in questa poesia.**

10 **Spiega a voce il senso della citazione premessa al testo e il suo rapporto con gli eventi storici cui il poeta fa riferimento.**

T6

L'alluvione ha sommerso il pack dei mobili

da E. Montale, *Satura*, in *Tutte le poesie*, Mondadori

La morte della moglie Drusilla Tanzi, avvenuta nel 1963, fu uno dei motivi che spinsero Montale a riprendere a scrivere, dopo un lungo silenzio, quasi per continuare, attraverso la poesia, un dialogo con la compagna scomparsa. Questa poesia, pubblicata nel volume Satura, *del 1971, prende spunto dalla terribile alluvione che colpì Firenze nel 1966: per Montale, che proprio a Firenze aveva vissuto anni fondamentali per la sua formazione culturale e umana, l'evento assume valore simbolico di fine di un'epoca. Il fango che ha distrutto anche i suoi mobili, chiusi in un magazzino assieme ad altri ricordi del periodo fiorentino, diviene l'emblema di una crisi universale.*

Metro: versi liberi

COLLEGAMENTI

> I contenuti tematici, p. 50
> I riferimenti simbolici, p. 53

L'alluvione ha sommerso il pack[1] dei mobili,
delle carte, dei quadri che stipavano[2]
un sotterraneo chiuso a doppio lucchetto.
Forse hanno ciecamente lottato i marocchini
rossi[3], le sterminate dediche[4] di Du Bos,
il timbro a ceralacca con la barba di Ezra[5],
il Valéry di Alain[6], l'originale
dei Canti Orfici[7] – e poi qualche pennello
da barba, mille cianfrusaglie e tutte
le musiche di tuo fratello Silvio[8].

La natura "ostile"

L'aggettivo «tuo» introduce la presenza ideale della moglie come interlocutrice del poeta.

1 il pack: l'insieme di tutte le cose che si trovavano nel seminterrato (il «sotterraneo» dei versi successivi) invaso dal fango.
2 che stipavano: che riempivano.
3 i marocchini rossi: i libri rilegati in pelle rossa.
4 sterminate dediche: molti libri contenevano lunghe («sterminate») dediche del critico francese Charles Du Bos, amico di Montale.
5 il timbro ... Ezra: Ezra Pound, un importante poeta americano con cui Montale aveva stretto amicizia, usava contrassegnare libri e lettere con un sigillo («timbro») di ceralacca che rappresentava la sua barba.
6 il Valéry di Alain: un saggio scritto dal critico Alain (pseudonimo di Emile Auguste Chartier) sul poeta francese Paul Valéry.
7 l'originale ... Orfici: la prima redazione della raccolta del poeta italiano Dino Campana, intitolata *Canti Orfici*. Tutti gli autori qui citati godevano di largo seguito nei circoli ermetici che Montale aveva frequentato a Firenze negli anni Trenta.
8 le musiche ... Silvio: il poeta allude alle opere musicali scritte dal fratello della moglie, morto in giovane età.

Il correlativo oggettivo

La presenza femminile

Dieci, dodici giorni sotto un'atroce morsura[9]
di nafta e sterco[10]. Certo hanno sofferto
tanto prima di perdere la loro identità.
Anch'io sono incrostato[11] fino al collo se il mio
stato civile fu dubbio fin dall'inizio[12].
Non torba m'ha assediato, ma gli eventi
di una realtà incredibile e mai creduta[13].
Di fronte ad essi il mio coraggio fu il primo
dei tuoi prestiti[14] e forse non l'hai saputo[15].

Montale passa dal piano della descrizione oggettiva al piano soggettivo dell'analisi interiore.

9 morsura: aggressione.
10 nafta e sterco: nafta e fango. La parola «sterco» propriamente indica gli escrementi, ma qui essa vuole rappresentare la sporcizia melmosa e maleodorante che le acque dell'Arno, ritirandosi, avevano lasciato ovunque.
11 sono incrostato: inizia il paragone tra l'alluvione della città e la crisi morale del poeta: anche lui si sente «incrostato» di fango, cioè immerso in una situazione di difficoltà e di crisi.
12 se ... dall'inizio: dal momento che («se») la mia identità («il mio stato civile») è stata incerta fin dall'inizio della mia vita.
13 Non torba ... mai creduta: non è stato il fango vero e proprio («torba») a mettermi in difficoltà («m'ha assediato»), ma sono stati gli eventi di una realtà assurda («incredibile») e a cui non ho mai voluto dare credito («mai creduta»).
14 il primo dei tuoi prestiti: di fronte a questi eventi storici assurdi, il coraggio è stato il primo dono che tu mi hai trasmesso («il primo dei tuoi prestiti»).
15 non l'hai saputo: forse non te ne sei neppure resa conto.

Guida alla lettura

I temi

Lo scetticismo di fronte alla società moderna Il dilagare della cultura di massa e dei suoi miti, contro cui Montale aveva spesso polemizzato nei suoi scritti giornalistici, è rappresentato in questa poesia dal **devastante dilagare dell'acqua fangosa dell'Arno** durante l'alluvione del 1966. Come questo disastro ambientale ha distrutto la vecchia cantina in cui il poeta conservava preziosi ricordi del suo passato di studioso, così **i falsi miti** della società di massa **stanno travolgendo ogni vero valore culturale** e vanificando quella speranza di salvezza che, durante il periodo fascista e la guerra, gli intellettuali avevano riposto proprio nella cultura. Montale si avvia dunque verso una **visione scettica** del mondo contemporaneo, che implica per lui una vera e propria **crisi di identità**: a che cosa può servire infatti la sua poesia in un mondo ormai tanto disinteressato ad essa?

La semplicità del coraggio Lo scetticismo del poeta non significa "rimpianto" per il passato, ma vuole sottolineare che il **tramonto dei vecchi valori** (inevitabile conseguenza dell'evoluzione storica) non è stato accompagnato dalla proposta di nuovi ideali altrettanto validi. Perciò Montale si rifugia in una saggezza elementare e spicciola, che affronta la vita giorno per giorno, ma che richiede il coraggio di **accettare la propria marginalità**: questo semplice coraggio gli è stato insegnato dalla moglie ed è per il poeta la più preziosa eredità lasciatagli dalla donna.

Lo stile

Un linguaggio prosastico La perdita di fiducia nei valori umanistici di un tempo si traduce in uno **stile completamente nuovo**, lontano dalla elaborata ricerca espressiva delle *Occasioni* e della *Bufera*. Montale **abbandona** quasi totalmente **gli artifici retorici** e si esprime attraverso una lingua che si avvicina sempre più a quella della prosa. Si noti infatti la presenza di **termini** non solo antipoetici, ma **tecnici o rudemente realistici** (*pack*, *nafta*, *sterco*, *torba*), che si contrappongono alla citazione di nomi illustri della cultura degli anni Venti e Trenta (Ezra Pound, Paul Valéry, Du Bos, Dino Campana).
Caratteristica di questo testo è poi la **conclusione a sorpresa**, che introduce una nota di **autocritica per le illusioni passate**, addolcita solo dal ricordo della saggezza premonitrice con cui la moglie gli ha trasmesso il senso di una più semplice adesione alla vita.

Applichiamo il metodo

La natura "ostile"

In questi primi versi, riemerge uno dei temi cari a Montale fin dalla sua prima raccolta, la rappresentazione di una natura ostile, dura, dominata dal male e dalla distruzione.

- Come si manifesta la natura in questi versi?
- Quali sono le conseguenze dolorose dell'azione della natura?
- Quali termini esprimono direttamente il tema del dolore, della sofferenza, del male di vivere?

Il correlativo oggettivo

La descrizione dell'alluvione, che occupa i primi 13 versi della poesia, svela nella seconda parte il suo valore simbolico.

- In che cosa il poeta assomiglia al «pack dei mobili» sommerso dall'alluvione?
- Che cosa simboleggia quindi l'alluvione stessa?

La presenza femminile

Negli ultimi due versi, il poeta si rivolge alla moglie, che assume la funzione "salvifica" propria di tutte le donne nella poesia montaliana.

- Da quale indizio avevamo già capito, nella prima parte, che la poesia si rivolgeva alla moglie morta?
- Che cosa dichiara il poeta, parlando della moglie?

Attività

Comprensione

1 **Verifica la tua comprensione del testo rispondendo alle seguenti domande.**

a. *A quale avvenimento storico fa riferimento il poeta nel primo verso?*
- ☐ all'alluvione dell'Arno del 1966
- ☐ all'avvento della cultura di massa
- ☐ al fascismo

b. *A quale categoria di oggetti fanno riferimento i vv. 4-8?*
- ☐ libri
- ☐ soprammobili
- ☐ ricordi

c. *Che cosa ha avuto in dono il poeta dalla moglie?*
- ☐ la cultura
- ☐ l'identità
- ☐ il coraggio

2 **Sintetizza il contenuto della poesia nella seguente tabella, tenendo conto della suddivisione in tre parti proposta.**

I strofa	
II strofa	
III strofa	
IV strofa	
V strofa	

Analisi

3 **Che cosa rappresenta simbolicamente l'«alluvione»?**
- ☐ il profilarsi di una catastrofe ambientale mondiale
- ☐ l'incuria umana, che ha reso possibile l'esondazione dell'Arno
- ☐ la distruzione dei valori culturali operata dalla nuova società di massa

Motiva la tua risposta.

4 **A che cosa corrisponde, sul piano personale del poeta, la distruzione dei libri e degli oggetti?**
- ☐ a un dolore per la perdita di tante cose preziose
- ☐ a una crisi di identità che lo porta a dubitare del suo ruolo di poeta
- ☐ al dolore e al vuoto lasciato dalla morte della moglie

5 **Spiega con parole tue l'espressione «certo hanno sofferto / tanto prima di perdere la loro identità»: perché il poeta usa, per degli oggetti, il verbo "soffrire", che invece sarebbe appropriato per gli esseri viventi?**

6 **Che cosa significa esattamente la frase «gli eventi / di una realtà incredibile e mai creduta»?**

Rifletti, confronta, scrivi

7 **Fai una ricerca sull'alluvione che colpì Firenze nel 1966 e sulle sue conseguenze, poi scrivi una breve relazione sull'argomento sottolineando il ruolo che ebbero in quell'occasione migliaia di giovani giunti da tutte le parti d'Italia e del mondo. Illustra la tua ricerca con alcune immagini e fotografie particolarmente significative.**

8 **Quanto valore dai alle cose che possiedi? Ci sono oggetti che ti stanno particolarmente a cuore? Hai mai perduto o distrutto qualcosa a cui eri particolarmente legato? Qual è stata la tua reazione? Ci sono cose che temi di perdere o di non avere più con te? Scrivi le tue esperienze e le tue riflessioni su questo argomento in un tema di due colonne di foglio protocollo.**

Un altro modo di leggere

Gino Paoli, nato a Monfalcone (Gorizia) nel 1934, cantautore e musicista, è uno dei grandi della musica leggera italiana. Trasferitosi bambino a Genova, ha esordito alla fine degli anni Cinquanta come parte della cosiddetta "Scuola genovese", insieme ad altri nomi destinati a raggiungere la notorietà come Luigi Tenco e Fabrizio De André; negli anni successivi, fino a oggi, ha scritto e interpretato brani divenuti celeberrimi come *Il cielo in una stanza* (1960), *La gatta* (1960), *Sapore di sale* (1963), *Quattro amici* (1991). Molte sue canzoni sono state interpretate da grandi cantanti italiane come Mina e Ornella Vanoni.

Gino Paoli, pubblicato nel 1961, è il primo album del cantautore genovese. Raccoglie le canzoni dell'esordio, per lo più di ispirazione autobiografica, quelle che hanno dato a Paoli il successo, tanto di critica quanto di pubblico. Alcune di esse, indimenticabili, sono tutt'oggi tra le più famose canzoni italiane e rappresentano degli evergreen: *Il cielo in una stanza*, *La gatta*, *Senza fine*.

T7

Gino Paoli

Sassi

da G. Paoli, *Gino Paoli*, Ricordi

Incisa per la prima volta nel 1960, Sassi *è una lirica breve dedicata alla fine di un amore, a una storia che si è consumata come il mare lima i ciottoli della riva.*

COLLEGAMENTI
> Il parallelismo, p. 44
> L'analogia, p. 46

Sassi che il mare ha consumato
sono le mie parole d'amore per te
Io non t'ho saputo amare
non ti ho saputo dare quel che volevi da me
Ogni parola che ci diciamo è stata
detta mille volte
Ogni attimo che noi viviamo è stato
vissuto mille volte
Sassi che il mare ha consumato
sono le mie parole d'amore per te
Sassi che il mare ha consumato
sono le mie parole d'amore per te
Io non t'ho saputo amare
non ti ho saputo dare quel che volevi da me
Ogni parola che ci diciamo è stata
detta mille volte
Ogni attimo che noi viviamo è stato
vissuto mille volte
Sassi che il mare ha consumato
sono le mie parole d'amore per te
sono le mie parole d'amore per te

Gino Paoli in concerto a Spoleto nell'estate 2009

Guida alla lettura

Come il mare Il testo scritto da Gino Paoli ruota intorno a **tre motivi di fondo**, tutti relativi al **tema amoroso**. Il primo è la **consapevolezza** della fine di un amore, espressa dalla similitudine che dà il titolo alla canzone: «Sassi che il mare ha consumato/sono le mie parole d'amore per te". L'immagine è **semplice** e proprio per questo **suggestiva**: le parole d'amore sono ormai consunte, rose dal tempo (il movimento incessante del mare). I sassi sono una sorta di "correlativo oggettivo" delle **parole d'amore**: lisci, limati dalle acque del mare, sono ormai **privi di forma** come quelle parole che il tempo ha **banalizzato**, cancellandone la forza come le onde smussano le asperità delle pietre.

Mille volte Il secondo tema è quello, legato strettamente al primo, della **ripetizione**. Come le onde del mare battono e ribattono incessanti sulla riva, così i gesti e il tempo si ripetono sempre uguali, detti e ridetti "mille volte"; è acuta qui la **sensazione di malinconia** per una storia d'amore che si pensava unica e irripetibile e che invece, banalmente, si rivela identica a tutte le altre – e destinata a finire.

Tu non ricordi Infine, il **senso di colpa**: l'autore confessa la propria responsabilità nella fine di quell'amore («Io non t'ho saputo amare/non ti ho saputo dare quel che volevi da me»): la **contrapposizione** è forte tra l'io del poeta, che sente la propria inadeguatezza rispetto a un "tu" ormai lontano e distante.
È presente qui l'eco di una celebre lirica di Eugenio Montale, *La casa dei doganieri* (1939); il paesaggio è quello del mare della Liguria - lo stesso che ha ispirato Paoli - ma soprattutto a essere simile è la sensazione di **profonda solitudine** che segna la composizione del poeta. Anche qui il mare è portatore di **solitudine e malinconia**: Montale ricorda la presenza di una donna amata, in un passato indefinito, nella casa dei doganieri a strapiombo sulla scogliera; ma ormai quella donna se n'è andata, e il filo della memoria è spezzato («tu non ricordi», ripete due volte il poeta). Da un lato, dunque, la memoria dei giorni felici; dall'altro la consapevolezza della solitudine dell'oggi e della lontananza insanabile di chi, un tempo, era vicino.

Giorgio Morandi, *Natura morta con conchiglie*, 1940

Attività

Comprensione

1. Chi è l'autore di *Sassi*? Quali sono le sue opere più famose?
2. Quando è stata composta la canzone?
3. Qual è il tema di fondo del testo?
4. Qual è una fonte possibile per questa canzone? Giustifica la tua risposta.

Analisi

5. Individua le tre parti che compongono il testo, sottolineandole con colori diversi.
6. Illustra il significato del ritornello della canzone e spiega il perché del titolo: qual è la similitudine usata dall'autore? E quale il suo significato?

Rifletti, confronta, scrivi

7. Ascolta la canzone e commenta lo stile musicale di Gino Paoli, paragonandolo con altri suoi lavori (aiutati con i siti internet specializzati).
8. Prova a immaginare la storia che ha suggerito questo testo all'autore: come sarà nata quella storia ormai finita? Chi potrebbero essere i protagonisti? E in quale epoca? Rispondi in forma scritta con un breve testo.
9. Se tu dovessi girare un video per questa canzone, quali immagini sceglieresti? Motiva la tua risposta.

Tiriamo le fila

STUDIARE UN AUTORE	Inquadrarlo nella sua EPOCA	Leggere le sue OPERE	Definire i tempi della composizione
			Definire la TIPOLOGIA TESTUALE
			Individuare i TEMI trattati
			Individuare il rapporto CONTESTO (POETICA e STILE)/CONTENUTO

Applicando questo metodo all'autore che abbiamo scelto, risultano chiari i riferimenti fondamentali di poetica e stile che ci hanno guidato nella definizione del nostro percorso di lettura.

STUDIARE MONTALE	1896-1981	Meriggiare pallido e assorto Spesso il male di vivere ho incontrato Cigola la carrucola del pozzo Ti libero la fronte dai ghiaccioli La bufera L'alluvione ha sommerso il pack dei mobili	1925-1971
			POESIE
			Dolore esistenziale e senso di esclusione dalla felicità Tema della memoria e della irrecuperabilità del passato Funzione salvifica della donna amata Atteggiamento polemico verso la modernità e la cultura di massa
			Evolve dal pessimismo esistenziale a un pessimismo cosmico, conseguente alle esperienze politiche e belliche del Novecento, approdando a un distacco ironico e disincantato verso la perdita di valori della cultura moderna

Che cosa hai imparato

- Elementi centrali della **poetica** di Montale sono:
  - il **male di vivere** e il senso di **esclusione** dalla felicità;
  - il tema della **memoria** e dell'**irrecuperabilità** del passato;
  - la **funzione salvifica** della donna amata, che spesso assume caratteri angelici;
  - l'atteggiamento **ironico e critico** nei confronti della modernità e della cultura di massa.
- Per la poesia di Montale si può fare riferimento ai seguenti autori e movimenti:
  - **Dante Alighieri**, per la ricerca di uno stile aspro e dissonante, "petroso", soprattutto negli *Ossi di seppia*;
  - **Giacomo Leopardi**, per la visione pessimistica della condizione umana;
  - lo **Stilnovo**, per l'immagine della donna-angelo, soprattutto da *Le occasioni* in poi;
  - l'**Ermetismo**, per le scelte stilistiche e retoriche, che rendono la poesia de *Le occasioni* e *La bufera e altro* più astratta e difficile;
  - la **tradizione satirica**, per lo stile prosastico e diaristico e i toni ironici delle ultime raccolte.
- Montale resta per tutta la vita un **liberale**. Egli rimane **estraneo al fascismo**, che combatte apertamente solo negli anni della Seconda guerra mondiale. Osserva con **distacco critico** l'evoluzione sociale e culturale dell'Italia nel secondo dopoguerra, rimpiangendo i valori della cultura e della poesia che vede entrare in crisi.
- Montale è un poeta che **non appartiene a nessun movimento**, ma attraversa gran parte del Novecento, mantenendo la propria indipendenza e autonomia. Ciò vale anche per l'Ermetismo, a cui pure Montale si accosta negli anni Trenta a Firenze.

3.4 Leggere un'opera

«Antologia di Spoon River» di Edgar Lee Masters

Impariamo un metodo

T1 **La collina**
- *In sintesi* — *Attività*

Dal testo al contesto **La "Divina Commedia" del Novecento**

Un altro modo di leggere

T2 F. De André, **La collina** (da *Non al denaro non all'amore né al cielo*)
- *In sintesi* — *Attività*

In galleria **«Gotico americano»**

T3 **Il giudice Somers**
- *In sintesi* — *Attività*

Lessico e stile **Erudito**

T4 **Minerva Jones**
- *In sintesi* — *Attività*

Lessico e stile **Screanzati**

T5 **Lucius Atherton**
- *In sintesi* — *Attività*

Applichiamo il metodo

T6 **Lucinda Matlock**
- *In sintesi* — *Attività*

Dal contesto al film R. Altman, **America oggi**

Tiriamo le fila **Come si studia un'opera**

Antologia on line

«Alcyone» di Gabriele D'Annunzio

T1 @ **La sera fiesolana**
- *Guida alla lettura* — *Attività*

T2 @ **La pioggia nel pineto**
- *Guida alla lettura* — *Attività*

T3 @ **Meriggio**
- *Guida alla lettura* — *Attività*

«Antologia di Spoon River» di Edgar Lee Masters

L'*Antologia di Spoon River,* pubblicata in versione definitiva nel **1916**, è una raccolta di **244 poesie**, con le quali Masters dichiarava l'ambizione di cantare «tutti i tipi umani», di ritrarre cioè la **vita delle persone** nella sua inesauribile varietà.

La prima poesia dell'*Antologia* (*La collina*) ha la funzione di introduzione generale; le altre sono costituite dalle parole che i **morti** riuniti nel **cimitero di Spoon River** rivolgono al visitatore, raccontando la **propria vita** ed esprimendo i propri **sentimenti** ed **emozioni**. Poiché le esistenze di queste persone si sono spesso intrecciate, uno stesso episodio può essere narrato da punti di vista diversi o addirittura contrapposti: Masters ha infatti un **atteggiamento "relativistico"** (tipicamente novecentesco), nella convinzione che non esista una verità assoluta, ma solo un insieme di **punti di vista soggettivi e parziali**.

La raccolta ha **tre** principali fonti di ispirazione: l'una **autobiografica**, le altre **letterarie**. Da un lato, infatti, fa riferimento alla vita delle due cittadine dell'Illinois, Petersburg (col suo fiume Sangamon) e Lewistown (vicina al fiume Spoon), dove l'autore trascorse l'infanzia e la giovinezza; dall'altro a **due** grandi **modelli**: la **poesia cimiteriale** del Settecento, molto diffusa nella letteratura di lingua inglese (ricordiamo in particolare l'*Elegia scritta in un cimitero di campagna* di **Thomas Gray**, che ispirò i *Sepolcri* di Ugo Foscolo), e l'**Antologia Palatina**, una raccolta di 3700 epigrammi greci antichi, trascritti intorno al 900 d.C. da uno studioso bizantino e suddivisi in quindici libri in base all'argomento (il VII libro contiene gli **epigrammi funebri**, poesie in cui si immagina che il morto parli, rivolgendosi al lettore).

Il cimitero di Oak Hill, "ispirazione e punto di riferimento per la poesia di Edgar Lee Masters", come recita la lapide

I temi dell'opera: una riflessione sulla natura umana

Il tema di fondo dell'*Antologia di Spoon River* è la critica dell'**ipocrisia** e della **falsità** che caratterizzano la **vita di provincia**. Molte delle vicende di *Spoon River* sono segnate da meschinità, menzogna, violenza, tradimento e talvolta da vera e propria malvagità…

A questo **quadro** prevalentemente **cupo**, **pessimistico**, si contrappongono ogni tanto **esempi** luminosi di **bontà** e di **altruismo**, di **amore per il prossimo**, di **coraggio** – rappresentati soprattutto da figure di donne e di artisti.

Attraverso la sua ricca **galleria di ritratti** individuali, l'autore intende offrirci una **riflessione complessiva** sulla **natura umana**, ma anche un ritratto della **società americana** tra la metà dell'Ottocento e i primi anni del Novecento (il cimitero, con poche eccezioni, accoglie persone appartenenti a tre generazioni successive). In linea con l'atteggiamento "relativistico" cui abbiamo accennato, l'autore non interviene mai a commentare, lascia la **parola ai personaggi** e il **giudizio ai lettori** – nascondendosi, per così dire, dietro alle vicende altrui, ma fornendo tutti gli indizi necessari per riconoscere valori e difetti, virtù e menzogne, attraverso il confronto fra i vari testi.

La vita e le altre opere dell'autore

Edgar Lee Masters nasce nel 1868 a **Garnett**, nel Kansas, dove il padre, avvocato, si è trasferito per motivi professionali, ma la sua famiglia è originaria dell'**Illinois** e ben presto vi torna. Edgar passa così l'infanzia nella fattoria dei nonni presso la cittadina di **Petersburg**, dove resta fino agli undici anni, quando, nel 1880, i Masters si trasferiscono a **Lewistown**, capoluogo della contea di Fulton, nelle vicinanze del fiume **Spoon**. Dalla fusione e trasfigurazione di questi due piccoli centri nascerà la "**Spoon River**" della sua opera più famosa.

A Lewistown, Edgar compie gli studi superiori e inizia a pubblicare i primi scritti sul «Chicago Daily News». Nonostante i suoi interessi letterari, è spinto, quasi "costretto", a studiare legge dal padre, che lo vuole accanto a sé nel suo studio: diventa dunque **avvocato**, ma si sposta nella capitale dello Stato, **Chicago**, dove dal 1893 svolge con successo la professione come socio di uno studio legale. Non abbandona però il suo "sogno" e continua a coltivare la letteratura, scrivendo e pubblicando sotto pseudonimo, senza grande successo, vari volumi di versi, di teatro e di saggistica. Tra il **1914** e il **1915** escono con regolarità sulla rivista «Reddy's Mirror» **quasi tutte le poesie** che compongono l'**Antologia di Spoon River** – a partire da *La collina* – che nel **1916** vengono **raccolte in volume**: l'opera ottiene **grande successo**, in patria e all'estero, e gli dà la **fama** desiderata, ma naturalmente suscita le **reazioni negative** degli abitanti di **Petersburg** e **Lewistown**, che si riconoscono nei personaggi delle poesie e nelle loro vicende e si sentono offesi dalla denuncia dell'**ipocrisia**, della **ristrettezza mentale** e della **meschinità umana** che è al centro dell'opera: le storie che Masters racconta portano, è vero, nomi fittizi, ma sono "storie vere" e nei due centri c'è chi è in grado di dare a ciascuna il nome del protagonista reale.

Nelle opere successive, Masters **non riesce** a ritrovare la vena del suo **capolavoro**, tuttavia dà alle stampe **numerosi volumi** in prosa e in versi – tra cui, nel 1924, *La nuova Spoon River*, seguito della prima *Antologia*. Sebbene il successo non si ripeta, egli **abbandona la professione** forense e dal **1924** si dedica esclusivamente alla scrittura e produce romanzi, saggi, biografie (di Abraham Lincoln, di Walt Whitman e di Mark Twain).

Trasferitosi a **New York**, abita in un albergo e riesce a sopravvivere grazie al sostegno economico da parte degli amici, ma si ammala di polmonite e viene trasferito nel cronicario di **Melrose**, in Pennsylvania, dove **muore** alla fine dell'inverno del **1950**. È sepolto nel cimitero **Oakland di Petersburg**, insieme a molte delle ombre alle quali la sua poesia ha dato voce.

Il nostro **percorso** prevede la lettura di **cinque** poesie (nella traduzione di L. Ciotti Miller, Newton Compton).

- **La collina**, poesia introduttiva in cui la voce dell'autore (che sentiamo in quest'unica occasione) presenta il cimitero e alcuni dei personaggi che racconteranno la loro storia.
- **Il giudice Somers**, poesia dell'amarezza per l'ingiustizia del mondo e della Natura.
- **Minerva Jones**, poesia del dolore e del rimpianto per la vita perduta.
- **Lucius Atherton**, poesia della vita sprecata.
- **Lucinda Matlock**, poesia della gioia di vivere che vince ogni prova della vita.

Questo percorso di lettura ti porterà a comprendere le tematiche e gli elementi stilistici che caratterizzano la raccolta di Masters e che sono rappresentativi della sua poetica. Ciascuna delle poesie che ti proponiamo è infatti, in tal senso, assai significativa, perché, pur nella sua specificità, esemplifica i temi e le precise scelte di stile che sono proprie dell'*Antologia di Spoon River*, e del suo autore.

La casa di Masters a Petersburg

Impariamo un metodo

T1

Edgar Lee Masters

La collina

La prima poesia della raccolta ha carattere di introduzione generale. La collina da cui prende il titolo è il luogo su cui sorge il cimitero di Spoon River e dove si trovano quindi tutti i morti che, nelle poesie successive, parleranno in prima persona raccontando la loro storia. In questa introduzione è invece la voce dell'autore a parlare: egli elenca una serie di personaggi che ritroveremo e conosceremo nel corso del libro e ci spinge a una prima riflessione sulla vita e sulla morte.

COLLEGAMENTI

- L'anafora, p. 44
- La poesia narrativa, p. 79
- E. Dickinson, *L'erba ha poco da fare*, p. 79

I personaggi maschili vengono individuati prima con il semplice nome di battesimo, poi con la caratteristica più significativa del loro carattere, infine con un sintetico accenno alla loro morte.

Dove sono Elmer, Herman, Bert, Tom e Charley,
il debole di volontà, il forte di braccia,
il buffone, il beone[1], il rissoso[2]?
Tutti, tutti, dormono sulla collina.

Uno morì con una febbre,
uno fu arso in una miniera,
uno fu ucciso in una zuffa,
uno morì in una prigione,
uno cadde da un ponte lavorando per moglie e figli –
Tutti, tutti, dormono, dormono, dormono sulla collina.

1 il beone: l'ubriacone.
2 il rissoso: l'attaccabrighe.
3 rumorosa: chiassosa, sempre allegra.
4 per mano di un bruto: uccisa da un violento.
5 angusto: piccolo, limitato.

La morte è uguale per tutti

Le prime strofe della poesia si concludono con le parole *tutti dormono sulla collina*, che costituiscono una sorta di ritornello ossessivo. I caratteri e i destini dei vari personaggi, che l'autore racchiude in un aggettivo o in poche parole, sono i più diversi, i più vari - ma tutti i caratteri, tutte le vicende esistenziali si concludono necessariamente con la morte.

Attivati!

- Quanti personaggi maschili vengono nominati nella prima strofa?
- In quali versi vengono sintetizzati i caratteri di questi personaggi? In quali versi si narrano i loro destini?
- Ti sembra che le strofe 3 e 4 presentino elementi di simmetria rispetto alle prime due? Quali?

Lo schema si ripete per i personaggi femminili.

Dove sono Ella, Kate, Mag, Lizzie e Edith,
il tenero cuore, l'anima semplice, la rumorosa[3],
l'orgogliosa, la felice?
Tutte, tutte, dormono sulla collina.

Una morì di un parto vergognoso,
una d'un amore contrastato,
una per mano di un bruto[4] in un bordello,
una d'orgoglio spezzato inseguendo il desiderio del cuore,
una dopo una vita nelle lontane Londra e Parigi
fu riportata al suo angusto[5] spazio vicino a Ella, a Kate e a Mag.
Tutte, tutte, dormono, dormono, dormono sulla collina.

Dove sono zio Isaac e zia Emily,
e il vecchio Towny Kinkaid e Sevigne Houghton,
e il maggiore Walker che aveva parlato
con uomini venerabili della rivoluzione[6]?
Tutti, tutti, dormono sulla collina.

Lo schema descrittivo si fa più articolato

Li riportarono figli morti dalla guerra,
e figlie che la vita aveva schiacciato,
e i loro orfani, in pianto.
Tutti, tutti, dormono, dormono, dormono sulla collina.

La sconfitta come destino comune

Le vicende che vengono sinteticamente raccontate nella quinta e nella sesta strofa sono caratterizzate dall'esito negativo: i vari personaggi, dopo essersi allontanati dal paese, vi tornarono uccisi in guerra o schiacciati dalla vita e lasciarono i figli orfani, in preda al dolore. Molte delle poesie dell'*Antologia* confermeranno questa visione pessimistica della vita, ma altre la contraddiranno.

Attivati!

- Anche nelle prime quattro strofe venivano sintetizzate delle vicende esistenziali. Ti sembra che esse abbiano tutte lo stesso carattere "negativo" di quelle delle strofe 5 e 6?

Dov'è il vecchio violinista Jones
che giocò con la vita per tutti i novant'anni,
sfidando il nevischio a petto nudo,
bevendo, chiassando, non pensando né a moglie né a famiglia,
né all'oro[7] né all'amore, né al Cielo[8]?
Eccolo! Ciancia di pesce fritto di tanto tempo fa,
delle corse di cavalli di tanto tempo fa al Boschetto di Clary,
di quel che Abe[9] Lincoln disse
una volta a Springfield[10].

6 della rivoluzione: protagonisti della Rivoluzione americana (1775-1783), cioè degli anni in cui nacquero gli Stati Uniti.
7 all'oro: al denaro.
8 al Cielo: alla religione.
9 Abe: abbreviazione di Abraham, il nome del presidente Lincoln (1809-1865).
10 Springfield: città natale di Lincoln, dove il futuro presidente pronunciò un celebre discorso all'inizio della sua campagna elettorale.

L'arte vince la morte

Il violinista Jones è, fra tutti i personaggi elencati nella poesia, l'unico che abbia dedicato la vita all'arte. Il suo atteggiamento spensierato non è quindi segno di superficialità, ma di saggezza: in quanto artista, egli è aperto a ogni esperienza, accetta la vita in tutte le sue manifestazioni, e mette sullo stesso piano il ricordo di una sagra di paese, col pesce fritto e le corse di cavalli, e un avvenimento storico di importanza fondamentale come la candidatura di Lincoln alla presidenza degli Stati Uniti.

Attivati!

- Osserva ora l'ultima strofa: in che senso possiamo dire che essa "corregge" l'impressione delle strofe precedenti?
- Quale altra caratteristica, oltre al fatto di essere un violinista, distingue Jones dagli altri personaggi evocati nella poesia?
- Da quali parole si capisce che il violinista Jones era animato da un totale disinteresse nei confronti dei beni materiali?

Guida alla lettura

Il punto di vista dell'autore L'*Antologia di Spoon River* è un libro di poesie in cui, al contrario di quanto accade di solito, la voce dell'autore è quasi del tutto assente: mentre nei versi di Petrarca, di Leopardi o di Montale, la voce che dice "io" coincide con quella del poeta, nel caso di *Spoon River* a "parlare" sono i personaggi le cui tombe si trovano nel cimitero della cittadina. *La collina* è l'unica poesia in cui il lettore sente direttamente la voce di Masters.
La collina non ha quindi solo una **funzione introduttiva**, di presentazione del luogo a cui è legato il libro (il cimitero di Spoon River) e di alcuni personaggi, ma ha anche una **funzione tematica** "di sintesi": le varie poesie della raccolta offrono infatti punti di vista parziali, individuali, soggettivi – nessuna di esse dice "tutta la verità", ma solo la verità del personaggio che parla; nel a *Collina*, invece, l'autore

assume un punto di vista oggettivo, esterno ai personaggi.

I temi

La precarietà della vita La poesia si inserisce in una **lunga tradizione**, risalente all'epoca classica e medievale, dei testi che riflettono sulla **precarietà** della vita umana e sul fatto che **tutto è destinato** prima o poi **a finire**, a dissolversi nel nulla. Naturalmente l'osservazione che tutto è destinato a finire spinge a **riflessioni diverse** a seconda dell'**epoca** e della **mentalità**: nel **Medioevo**, gli scrittori ponevano la questione per invitare i lettori a trascurare i beni mondani, dedicandosi solo a ciò che resta eterno, cioè alla dimensione religiosa, spirituale; nel **Rinascimento**, come nell'**antichità**, gli scrittori ne ricavavano invece un invito a godere della vita finché c'è, a non trascurare i beni terreni (la giovinezza, l'amore, la gioia), proprio perché sono destinati a non tornare mai più; in **epoca romantica**, i poeti reagivano accentuando la propria malinconia, il senso della vanità di tutte le cose, il sentimento di disperazione di fronte all'inesorabile trascorrere del tempo...

La varietà della vita Masters risponde mostrando come tutti i suoi personaggi siano nel cimitero; ma da questa risposta **non ricava una morale esplicita** e lascia che sia il lettore a farlo, leggendo il resto dell'*Antologia*. Possiamo anticipare che l'**atteggiamento del poeta** è **simile** a quello del **musicista Jones**: anche Masters vuole conoscere la vita in tutti i suoi aspetti e rappresentarla nelle sue poesie, senza trascurare né gioie né tragedie, né bassezze né grandi ideali. L'invito al lettore nascosto in questa prima poesia del libro è dunque di aprirsi alla **curiosità**, di riflettere sui **casi umani**, di studiare la vita **senza pregiudizi** e **senza preclusioni**.

Lo stile

Dove sono finiti? La poesia si basa su un'**anafora** molto evidente, che scandisce il ritmo interno del testo – quella affidata alle parole *Dove sono...?* (nell'ultima strofa con leggera variazione: *Dov'è...?*).

Dal testo al contesto

La "Divina Commedia" del Novecento

L'*Antologia di Spoon River* fu proposta per la prima volta in Italia nel 1943, nella traduzione (parziale) di una giovane studiosa, Fernanda Pivano (allora ventiseienne), allieva di un importante scrittore piemontese, Cesare Pavese. Proprio a Pavese si deve la prima recensione del libro, che contiene una definizione divenuta celebre: Pavese paragona infatti l'opera di Masters alla *Commedia* di Dante, sia per la straordinaria varietà di tipi umani che si incontrano nelle due opere, sia perché in entrambi i casi gli autori attribuiscono ai loro personaggi parole assolutamente sincere e veritiere, in quanto pronunciate dopo la morte.

A differenza del capolavoro dantesco, naturalmente, l'*Antologia* di Masters è un "poema in frammenti", dato che ogni poesia è in qualche misura autonoma. Manca, nell'opera di Masters, una narrazione unitaria, come quella che sviluppa Dante raccontando il suo viaggio nell'aldilà. È vero però che le varie poesie dell'*Antologia* non sono del tutto indipendenti: spesso capita che la stessa vicenda sia narrata da più personaggi, ciascuno dei quali esprime il proprio punto di vista e il proprio giudizio sugli altri; e spesso capita che i personaggi si contraddicano, perché ciascuno di essi dice sì la verità, ma la *propria* verità, cioè una verità soggettiva, parziale.

Attività

Comprensione

1 **Verifica la tua comprensione del testo rispondendo alle seguenti domande.**

a. *Perché nella poesia si ricordano Parigi e Londra?*
- ☐ perché si tratta di mete tipiche degli abitanti di Spoon River
- ☐ perché una donna di Spoon River aveva vissuto in quelle città
- ☐ perché il violinista Jones ha viaggiato molto all'estero

b. *Perché si parla di Springfield?*
- ☐ perché il violinista Jones è di Springfield
- ☐ perché il violinista Jones parla del famoso discorso tenuto da Lincoln in quella località
- ☐ perché Lincoln tenne un famoso discorso in quella località

2 **Che cosa significano le parole «dormono sulla collina»?**

Analisi

3 **Perché al termine delle prime sei strofe si trova la ripetizione delle parole «dormono sulla collina»?**

4 **Qual è il tema di fondo che emerge dalle prime sei strofe della poesia?**
- Che tema nuovo introduce l'ultima strofa?
- Qual è il tema di fondo dell'intera poesia?

5 **Perché questa poesia si distingue da tutte le altre della raccolta? Rispondi tenendo presente la voce a cui sono attribuite le parole dei versi e l'atteggiamento della voce stessa.**

Rifletti, confronta, scrivi

6 **Il carattere distruttivo del tempo è uno dei grandi temi della poesia e della filosofia antiche e moderne. Hai mai riflettuto su questo fatto? A partire dalla tua esperienza personale (la visita a un sito di rovine, la morte di una persona cara, una lettura o altro), esponi le tue riflessioni in un breve testo scritto.**

Fabrizio De André, nato a Genova nel 1940 e morto nel 1999, è uno dei maggiori cantautori italiani. Le sue canzoni hanno raccontato spesso Genova, la sua città, e i quartieri popolari dove vivono ladri, prostitute ed emarginati; ha anche tradotto molti testi di altri grandi cantautori come Georges Brassens, Leonard Cohen e Bob Dylan. Spesso i suoi testi sono segnati dall'uso del dialetto genovese (come nel disco *Creuza de mä*, 1984, uno dei suoi capolavori); tra le altre opere segnaliamo *Tutti morimmo a stento* (1968), *La buona novella* (1970), *Le nuvole* (1990) e l'ultimo lavoro, *Anime salve* (1996).

Non al denaro non all'amore né al cielo, pubblicato nel 1971, è il quinto album di De André, che a quell'epoca ha già raggiunto un notevole successo. In esso il cantautore rilegge e mette in musica alcune delle poesie comprese nell'*Antologia di Spoon River* di Edgar Lee Masters, con la collaborazione del compositore Nicola Piovani per le musiche e di Giuseppe Bentivoglio per i testi. Di recente, l'album è stato reinterpretato dal cantante Morgan.

T2

Fabrizio De André

La collina

da F. De André - G. Bentivoglio - N. Piovani, *Non al denaro non all'amore né al cielo*, Produttori associati

*Il brano che ti proponiamo è la trasposizione in forma di canzone della poesia dallo stesso titolo che fa da prologo all'*Antologia di Spoon River*, presentando alcuni dei personaggi che poi, uno alla volta, racconteranno la propria storia e tirando le fila di quel microcosmo, con le sue vicende e le sue passioni.*

COLLEGAMENTI
> L'anafora, p. 44
> L'enumerazione, p. 45

Le locandine di due iniziative sulla trasposizione musicale dell'*Antologia di Spoon River* da parte di De André

Dove se n'è andato Elmer
che di febbre si lasciò morire,
dov'è Herman bruciato in miniera

Dove sono Bert e Tom,
il primo ucciso in una rissa
e l'altro che uscì già morto di galera

E cosa ne sarà di Charley
che cadde mentre lavorava
e dal ponte volò, volò sulla strada

Dormono, dormono sulla collina
dormono, dormono sulla collina

Dove sono Ella e Kate
morte entrambe per errore
una di aborto, l'altra d'amore

E Maggie uccisa in un bordello
dalle carezze di un animale
e Edith consumata da uno strano male

E Lizzie che inseguì la vita
lontano, e dall'Inghilterra
fu riportata in questo palmo di terra

Dormono, dormono sulla collina
dormono, dormono sulla collina

Dove sono i generali
che si fregiarono nelle battaglie
con cimiteri di croci sul petto,

dove i figli della guerra
partiti per un ideale
per una truffa, per un amore finito male

hanno rimandato a casa
le loro spoglie nelle bandiere
legate strette perché sembrassero intere

Dormono, dormono sulla collina
dormono, dormono sulla collina

Dov'è Jones il suonatore
che fu sorpreso dai suoi novant'anni
e con la vita avrebbe ancora giocato

Lui che offrì la faccia al vento,
la gola al vino e mai un pensiero
non al denaro, non all'amore né al cielo

Lui sì, sembra di sentirlo,
cianciare ancora delle porcate
mangiate in strada nelle ore sbagliate,

sembra di sentirlo ancora
dire al mercante di liquore
"Tu che lo vendi, cosa ti compri di migliore?"

Guida alla lettura

Uomini e donne *La collina* è la canzone che apre *Non al denaro non all'amore né al cielo*; così come la poesia dallo stesso titolo che apre l'*Antologia* di Masters, essa è una sorta di **introduzione** all'intera opera, una sorta di **carrellata** - per usare un termine cinematografico - **sui personaggi** che poi saranno cantati nelle singole poesie. E le **figure** che appaiono nel brano sono quelle **caratteristiche** di tutta l'**opera del cantautore** genovese. I primi ad apparire sono **uomini e donne comuni**: i lavoratori delle miniere, gli emarginati che muoiono nelle risse o in prigione; tutti coloro che la morale borghese respinge con disprezzo come **estranei** alle **regole della società** e che invece De André ama cantare poiché li vede come i **depositari** della **vitalità** e dei **sentimenti** più terreni e intensi. Così le donne sono amanti o prostitute, che muoiono «per aborto» o «per amore»; consumate da "strani mali" soccombono, come tutti, alla morte, non senza aver "inseguito la vita" con la **forza disperata** di chi sa di non poter chiedere altro.

Guerra e pace La seconda parte del brano è quella più segnata dalla **polemica contro la guerra**, un altro tema spesso affrontato da De André nelle sue composizioni, che condannano la violenza assurda della guerra combattuta (e persa) dalla gente comune, in nome di un **pacifismo** difeso con forza. Le **istituzioni** sono sempre viste dal cantautore in maniera **negativa**, come depositarie di un **potere ottuso e violento** che non esita a sacrificare la vita degli umili in nome di una **gloria fasulla**, dove l'«ideale» diviene «truffa»: così i generali della canzone si adornano «di cimiteri di croci sul petto» mentre le spoglie dei soldati semplici tornano a casa nelle bare. Ma la morte ha finalmente reso giustizia, dice la canzone: tutti, generali e soldati, «dormono sulla collina».

Non al denaro non all'amore né al cielo La canzone si chiude con **uno dei personaggi più vitali** creati da Masters: **il suonatore Jones**, che tornerà anche nell'ultimo brano del disco, a lui dedicato. Jones è il solo personaggio a cui De André **mantiene il nome**: a differenza di quanto avviene nella raccolta di Masters (dove ogni poesia ha "nome e cognome"), le altre canzoni sono infatti genericamente intitolate *Un chimico*, *Un giudice* e così via: come per sottolineare l'universalità dei comportamenti e delle storie dei personaggi. Per il cantautore genovese, Jones ha invece un'**individualità** forte in quanto rappresenta l'**alternativa alle scelte convenzionali**, è il **simbolo** del **gioco dell'esistenza** goduta nei suoi aspetti più concreti e vitali: sul suo volto i segni del «vento» e del «vino», **non** dell'**avidità** (il «denaro»), **ma neanche** della **spiritualità** (l'«amore» e il «cielo»); «suoi novant'anni», trascorsi tra cibi mangiati per strada «nelle ore sbagliate» e liquori, sono stati forse poveri e sbandati, ma certo **allegri e pieni di vita**: un **gioco spezzato dalla morte** («con la vita avrebbe ancora giocato»), come del resto quella di coloro che «dormono sulla collina», come sottolinea il ritornello in una **pace** che chiude il cerchio dell'esistenza accomunando i destini di tutti.

Attività

Comprensione

1 Qual è la fonte dell'album di Fabrizio De André da cui è tratto il testo della canzone che hai letto?

2 Qual è il lavoro che il cantautore ha effettuato sulla fonte utilizzata?

3 Che posizione occupa nel disco *La collina*? Perché?

4 Quali sono i temi affrontati nel testo? Sono temi isolati nella produzione di De André?

5 Qual è il personaggio che ha un ruolo maggiore nella canzone? Per quale motivo, secondo te?

Analisi

6 Elenca tutti i personaggi citati nella canzone e nota le caratteristiche corrispondenti. Di che tipo di personaggi si tratta? A quali classi sociali appartengono? Trova almeno due aggettivi per ognuno di loro.

7 La seconda parte del brano non è centrata su nessun personaggio in particolare, a differenza della prima e dell'ultima parte. A tuo parere, perché?

8 Lavora sul personaggio del suonatore Jones confrontando l'ultima parte di *La collina* con il brano interamente dedicato a lui, (intitolato *Il suonatore Jones*) e tracciane il ritratto. Perché, secondo te, De André ha scelto di aprire e chiudere l'album con questo personaggio?

Rifletti, confronta, scrivi

9 La canzone descrive come sono morti alcuni dei personaggi: prova invece a immaginare le loro vite, e i dettagli delle circostanze che li hanno condotti alla morte.

10 Se tu dovessi raccontare in un film la vita del suonatore Jones, che storia narreresti? Ambientata in che epoca? E con quali attori? Prova a scrivere un breve soggetto.

11 Ascolta la canzone e rileggine le parole; come cambia la tua percezione del testo dopo averne sentito la musica?

In galleria

«Gotico americano»

È da diversi decenni ormai che il dipinto dell'artista americano **Grant Wood**, intitolato *Gotico americano* [1], compare sulle copertine delle edizioni economiche dell'*Antologia di Spoon River* di **Edgar Lee Masters**. La scelta è frutto di un'analogia, di un'associazione di idee non sempre coerente con il soggetto, ma che tuttavia funziona.
Il quadro fu eseguito da Grant Wood in occasione di un concorso indetto dall'Art Institute di Chicago nel 1930. La sua apparizione suscitò da subito reazioni diverse e contrastanti, e non per lo stile (tra realismo e stilizzazioni Art déco) adottato dall'artista: ciò che più colpiva pubblico e critica era il tema del dipinto e la fondamentale ambiguità che esso portava con sé. Al centro, su un piano assai ravvicinato, due agricoltori: un uomo anziano dall'espressione seria e distante impugna un forcone; di fianco a lui, una donna assai più giovane guarda altrove, concentrata. Sullo sfondo si staglia, in senso allusivo e ironico, una tipica casa americana del Midwest costruita nello stile denominato *rural gothic*, caratterizzato da finestre simili ad ogive di una chiesa gotica, la cui forma allungata trova eco nel forcone e nei volti affilati dei personaggi. Per alcuni, una simile immagine non era che la parodia graffiante di un'America provinciale, chiusa e bigotta, animata da cupo fervore religioso; per altri, invece, Wood aveva saputo incarnare il tipo tradizionale e nobile dell'agricoltore americano, forte e impavido, che aveva costruito l'America dei padri e di Thomas Jefferson. Se qualcosa di "gotico" può essere rilevato nel quadro, esso risiede nell'ambiguità dell'immagine dominata dalla presenza minacciosa del forcone, ma forse, e molto di più, in quel misto di severità di forme e di slancio spirituale, appena sfiorato dal quadro, che aveva caratterizzato l'arte gotica. Tuttavia, ciò che crea un collegamento tra l'*Antologia* di Masters e l'opera di Wood non è una comune atmosfera, appunto, "gotica" – in Masters richiamata dal tema "funerario" sul quale si costruisce la raccolta –, ma è l'aver posto al centro del proprio universo figurativo e letterario la realtà di un piccolo paese della sconfinata provincia americana, sia esso l'Illinois di Masters o l'Iowa di Wood, e la sua capacità di dar voce a valori universali.
L'America di Grant Wood non è però quella che egli vedeva attorno a sé. Come in questo dipinto, così in tutta la produzione pittorica – si veda *Stone City, Iowa* [2] (1930) –, l'artista elude volontariamente la rappresentazione della contemporaneità. La campagna degli anni Trenta era una campagna meccanizzata, già segnata dall'industria e per di più gravemente minacciata dalla crisi economica seguita alla Grande Depressione. Wood vede al contrario un mondo in cui l'uomo e la natura convivono pacificamente, un'America ideale o del passato, entro cui confluiscono il mito americano, l'immaginazione dell'artista, la speranza di riscatto di un intero Paese.

[2]

[1]

T3

Edgar Lee Masters

Il giudice Somers

La voce del giudice Somers si leva dalla tomba a interrogare affannosamente il passante: ancora legato a un ideale di giustizia proprio della sua professione, il giudice protesta contro la Natura, che sembra seguire leggi del tutto diverse da quelle umane e rivela di non saper comprendere tali leggi.

COLLEGAMENTI
> I contenuti tematici, p. 50
> La poesia narrativa, p. 79
> C. Miłosz, *Il dono*, p. 55

Come si spiega, ditemi,
che io che ero il più erudito degli avvocati,
che conoscevo Blackstone e Coke[1]
quasi a memoria, che tenni la più bella concione[2]
che avesse mai udito la Corte[3], e scrissi
un discorso che meritò le lodi del Giudice Breese –
come si spiega, ditemi,
che io giaccio qui ignoto, dimenticato,
mentre Chase Henry, l'ubriacone del paese,
ha un cippo[4] di marmo, sormontato da un'urna[5],
in cui la Natura, per un ironico capriccio,
ha seminato un'erba che fiorisce?

1 **Blackstone e Coke:** autori di importanti manuali di diritto usati nei paesi anglosassoni.
2 **concione:** arringa.
3 **la Corte:** il tribunale.
4 **un cippo:** una lapide.
5 **un'urna:** un vaso dove anticamente si conservavano le ceneri dei defunti; chi ha scolpito la tomba evidentemente si è ispirato ai modelli classici.

Guida alla lettura

I temi

Le leggi umane e quelle della natura Il giudice Somers esprime chiaramente una **protesta:** lui che in vita è stato un uomo importante, esperto nel suo campo, stimato ed elogiato da tutti, adesso che è morto si sente **vittima di un'ingiustizia** – la sua **tomba** è **trascurata e dimenticata**, mentre quella di un ubriacone che non ha mai fatto niente di buono è abbellita da un fiore selvatico.
Attraverso le parole del suo personaggio, l'autore **contrappone** evidentemente le **leggi umane** e le **leggi della natura:** il giudice conserva ancora, dopo la morte, una mentalità legata alle **regole sociali**, ai **codici** che ha studiato, e non si rende conto che la natura opera secondo **altre leggi**, che non tengono conto né delle classi, né dei riconoscimenti pubblici...

Lo stile

Simmetria e rigidità La **mentalità** del personaggio emerge anche nel suo **modo di esprimersi.** La poesia è infatti costituita da **un unico lungo periodo**, ricco di **parentesi** e di **subordinate**, segno che chi parla è una persona colta, capace di **argomentare** le proprie idee, di **giustificare razionalmente** il proprio **risentimento** e la propria **invidia.**
Il carattere del giudice si manifesta anche nella ricerca di **simmetria perfetta** che caratterizza la metrica della poesia: il testo è infatti diviso in **due parti**, introdotte dal medesimo verso (*Come si spiega, ditemi*, vv. 1 e 7) e di **lunghezza identica** (sei versi la prima parte, sei versi la seconda). Anche in questo caso, il **tono affannoso** della domanda che angoscia il giudice appare come "ingabbiato" in una **struttura rigida**, che esprime il tentativo del personaggio di **controllare le proprie emozioni.**

Lessico e stile

Erudito

Erudito deriva dal latino *rudis*, "rozzo": l'erudito è dunque colui che è uscito dalla condizione di rozzezza, si è incivilito, raffinato, acculturato. Il termine ***erudito*** indica infatti una persona che possiede molte nozioni, almeno in una disciplina, quella appunto in cui è erudito.
Il giudice Somers usa il termine con valore positivo, per esaltare la propria conoscenza della legge. Più spesso, però, il termine è usato in senso spregiativo: l'erudito è colui che possiede solo le nozioni, che ha fatto grande esercizio di memoria, ma che è rimasto alla superficie delle cose, non ha capito davvero i problemi legati all'argomento studiato.

- Spiega le differenze di significato fra i seguenti termini:
  - erudito
  - colto
  - competente
  - esperto

Attività

Comprensione

1 **Verifica la tua comprensione del testo rispondendo alle seguenti domande.**

a. *Somers era*
- ☐ un famoso avvocato
- ☐ un giudice
- ☐ un oratore politico

b. *Egli protesta perché*
- ☐ Chase Henry ha una tomba più bella della sua
- ☐ è sepolto vicino a un ubriacone
- ☐ la sua tomba è senza fiori

2 **Spiega il significato delle seguenti parole.**
- erudito ....
- concione ....
- cippo ....
- urna ....

Analisi

3 **Tenendo conto della divisione in due parti simmetriche della poesia, sintetizzane il significato.**
prima parte ....
seconda parte ....

4 **Spiega con parole tue perché il giudice Somers si sente vittima di un'ingiustizia.**

5 **Spiega in base a quali criteri di giustizia ragiona il giudice e in base a quali criteri opera invece la Natura.**

6 **Scegli fra i seguenti aggettivi quello che meglio descrive il tono del giudice:**
- ☐ indignato
- ☐ rabbioso
- ☐ malinconico
- ☐ sarcastico
- ☐ rassegnato
- ☐ ribelle

Motiva la tua risposta.

Rifletti, confronta, scrivi

7 **L'ingiustizia suscita spesso in noi forti reazioni emotive, sia che la riconosciamo nelle azioni umane, sia che la scorgiamo nelle leggi naturali. Esprimi in forma scritta con un breve testo le tue riflessioni su questo tema, a partire da esperienze concrete.**

T4

Edgar Lee Masters

Minerva Jones

*La storia di Minerva Jones è una delle più drammatiche dell'*Antologia di Spoon River*: in lei l'animo sensibile, la natura poetica, l'amore per la bellezza si trovavano rinchiusi in un corpo goffo e sgraziato, divenuto vittima della violenza di un bruto e dell'incapacità di un medico. Il rimpianto per la vita perduta si mescola in Minerva al rimpianto per le sue poesie, disperse sulle pagine del giornale locale e ormai dimenticate da tutti.*

COLLEGAMENTI
> I riferimenti simbolici, p. 53
> La poesia narrativa, p. 79
> A. Merini, *Sono nata il 21 a primavera*, p. 288

Io sono Minerva[1], la poetessa del villaggio,
fischiata, schernita dagli screanzati della strada[2]
per il mio corpo pesante, l'occhio storto e il passo rotolante,
e ancora peggio quando "Butch" Weldy[3]
mi prese[4] dopo una caccia brutale.
Mi lasciò al mio destino con il Dottor Meyers[5];
e io affondai nella morte, intirizzita[6] dai piedi in su,
come chi scenda sempre più profondo in un torrente ghiacciato.
C'è qualcuno che vuole andare al giornale del paese,
e raccogliere in un libro i versi che scrissi?
Avevo tanta sete d'amore!
Tanta fame di vita!

1 **Minerva:** malgrado abbiano lo stesso cognome, Jones, Minerva e il violinista di cui si parla nella *Collina* non sono parenti.
2 **screanzati della strada:** i villani che passano le giornate in mezzo alla strada, senza niente da fare.
3 **"Butch" Weldy:** protagonista di un'altra poesia, è il bullo del paese, rozzo e violento.
4 **mi prese:** mi violentò.
5 **Dottor Meyers:** anch'egli protagonista di una poesia; la sua vita è stata distrutta proprio dalla morte di Minerva.
6 **intirizzita:** invasa dal freddo.

Guida alla lettura

I nomi simbolici I protagonisti delle poesie di *Spoon River* hanno di solito nomi e cognomi comuni, molto diffusi negli Stati Uniti. In alcuni casi, però, questi nomi assumono un **valore simbolico** – come in questa poesia: **Minerva** era infatti, secondo la mitologia classica, la **dea dell'intelligenza** (e la cosa allude probabilmente al fatto che la **protagonista** è una donna sensibile e **intellettualmente dotata**, in contrasto con il suo aspetto rozzo e sgraziato); il soprannome *Butch*, che nel linguaggio informale significa "virile, mascolino", potrebbe alludere anche a *butcher*, macellaio, e sottolinea quindi la **brutalità** dell'uomo che, violentandola, ha indirettamente causato la morte di Minerva.

I temi

La protesta contro il destino Come il giudice Somers, anche Minerva Jones esprime la sua **protesta contro un destino ingiusto**. La sua vicenda esistenziale è scandita in **tre tappe**: la prima, segnata dal **contrasto** fra l'**aspetto fisico** e il **mondo interiore**; la seconda, segnata dalla **violenza** che Minerva subisce da parte di "Butch" Weldy e che la lascia incinta; la terza, segnata dalla **morte** durante il tentativo di aborto (naturalmente clandestino, data l'epoca) a opera del dottor Meyers.

A partire dal v. 9 il racconto dei fatti lascia il posto all'**espressione delle emozioni** (segnalata dai **punti interrogativi** ed **esclamativi** che concludono gli ultimi periodi della poesia). Minerva chiarisce al lettore le **ragioni profonde** della sua protesta: da un lato il **rimpianto** per il fatto che nessuno legga più le sue **poesie**, dall'altro il **rimpianto** per l'**amore** e la **vita** da cui è rimasta esclusa per sempre.

Edvard Munch, *Ceneri (dopo la caduta)*, 1894

Lo stile

Il punto di vista soggettivo Minerva, come quasi tutti i personaggi che prendono la parola nell'*Antologia di Spoon River*, è **concentrata** esclusivamente **su se stessa**, parla del **proprio destino** come se fosse la cosa più importante del mondo, con una **profonda indifferenza** per i **destini altrui**. Non è questo, ovviamente, l'atteggiamento dello scrittore, che nella sua raccolta ci mette al corrente anche dei destini degli altri personaggi citati da Minerva: veniamo così a sapere che "Butch" Weldy, dopo aver messo la testa a posto, è rimasto vittima di un incidente sul lavoro ed è morto cieco e disperato e che il dottor Meyers, proprio a causa della morte "scandalosa" di Minerva, ha perso tutti i suoi pazienti ed è finito in rovina insieme a tutta la famiglia. La **tragedia di Minerva** si collega quindi ad **altre**, ma la donna non è in grado di rendersene conto, chiusa com'è nel proprio dolore.

Attività

Comprensione

1 **Verifica la tua comprensione del testo rispondendo alle seguenti domande.**

a. *Minerva era*
- ☐ brutta e sciocca
- ☐ brutta e intelligente
- ☐ bella e sciocca
- ☐ bella e intelligente

b. *Come è morta Minerva?*
- ☐ violentata da un bruto
- ☐ assassinata da un medico
- ☐ morta durante un aborto clandestino

c. *Dove sono le sue poesie?*
- ☐ inedite chissà dove
- ☐ sparse nei vecchi numeri del giornale locale
- ☐ pubblicate in un volume ormai dimenticato

2 **Ricostruisci il contenuto della poesia.**
- I parte - autopresentazione di Minerva
- II parte - avvenimenti fondamentali della sua vita
- III parte - appello ai lettori

3 **A chi si rivolge Minerva? Che cosa chiede? Che cosa rimpiange?**

Analisi

4 **In che modo Minerva giudica coloro che la prendevano in giro? Rispondi citando le parole del testo.**

5 **Da quali parole emerge il suo giudizio su Weldy? In che modo l'autore ci fa sapere che tale giudizio è parziale?**

Rifletti, confronta, scrivi

6 **La poetessa Minerva è una figura di artista sfortunata, che si contrappone a quella del violinista Jones della *Collina* [→ p. 322]. Confronta questi due personaggi e metti in luce analogie e differenze.**

7 **Il problema della violenza contro le donne è ancora attuale. Svolgi una breve ricerca sul tema ed esponi i risultati del tuo lavoro in una relazione scritta.**

T5

Edgar Lee Masters

Lucius Atherton

La figura di Don Giovanni, il celebre conquistatore di cuori femminili che teneva freddamente l'elenco delle donne sedotte e abbandonate, è il modello a cui si è ispirata la vita di Lucius Atherton. Al contrario del suo modello, però, Lucius non è morto giovane, ma è rimasto a invecchiare tristemente a Spoon River, ignorato o, peggio, preso in giro da tutti. Solo adesso, dopo la morte, riflette finalmente sull'amore – e si rende conto di aver sprecato la propria vita.

COLLEGAMENTI
> I contenuti tematici, p. 50
> La poesia narrativa, p. 79
> M. Lermontov, *La coppa della vita*, p. 132

Quando i baffi mi s'arricciavano,
e i capelli erano neri,
e portavo calzoni attillati,
e un bottone di diamante,
ero un provetto fante di cuori[1] e gli espedienti[2] non mancavano.
Ma quando i capelli grigi cominciarono a spuntare –
ecco! una nuova generazione di ragazze
prese a ridere di me, senza temermi,
e non ebbi più avventure eccitanti
in cui poco mancava mi sparassero come a un diavolo spietato,
ma solo romanzetti miseri[3], piatti riscaldati[4]
di altri giorni e di altri uomini.
E il tempo passò finché non andai a vivere alla locanda Mayer[5]
mangiando alla meno peggio, un grigio, sciatto,
sdentato, scartato, rurale[6] Don Giovanni.
C'è un'ombra possente[7] qui che canta
di una chiamata Beatrice[8]:
e vedo adesso che la forza che rese lui grande
gettò me nella feccia della vita.

1 un provetto fante di cuori: un esperto conquistatore di donne.
2 gli espedienti: i trucchi, le tecniche per sedurre le ragazze.
3 romanzetti miseri: relazioni squallide, storie d'amore di scarso valore.
4 piatti riscaldati: avanzi, rimasugli.
5 alla locanda Mayer: in un albergo a poco prezzo, di scarsa qualità.
6 rurale: di campagna.
7 possente: dotata di grande forza.
8 Beatrice: la donna amata da Dante Alighieri, ispiratrice di molte sue poesie, nonché dei due capolavori del poeta, la *Vita nuova* e la *Divina Commedia*.

Gustav Klimt, *La morte e la vita*, 1916

Guida alla lettura

I temi

Il passare del tempo La poesia è suddivisa in **quattro parti**, corrispondenti a quattro fasi dell'esistenza di Lucius: la prima parte (vv. 1-5) parla della **giovinezza**; la seconda parte (vv. 6-12) parla della **decadenza**; la terza parte (vv. 13-15) parla della **vecchiaia**; l'ultima parte (vv. 16-19) parla del momento presente, in cui Lucius è **morto**. Le prime tre parti sono introdotte da **espressioni di tempo**: *Quando... Ma quando... E il tempo passò...*; l'ultima parte vede un improvviso scarto dei tempi verbali dal passato al presente: *C'è un'ombra...* Il **trascorrere del tempo** è evidentemente l'**ossessione** di Lucius e l'autore fa in modo che questo tema emerga con forza dalle sue parole.

L'incontro con Dante Il secondo tema della poesia, o la **seconda ossessione** di Lucius Atherton, è evidentemente l'**amore**: la sua vita è stata infatti segnata dalla **seduzione**, facile in gioventù, sempre più difficile man mano che gli anni passavano, impossibile verso la fine. Ma la **riflessione** su questo tema emerge soprattutto nella parte finale, dove Lucius dichiara di aver incontrato, nell'aldilà, l'anima di Dante, *un'ombra possente... che canta / di una chiamata Beatrice*. È dal confronto con Dante che egli comprende il proprio **fallimento**: Lucius dichiara infatti che l'amore, che ha reso grande il poeta medievale, ha gettato lui *nella feccia della vita*, cioè tra i rifiuti umani, fra le persone spregevoli. Naturalmente, egli sa che il nobile amore spirituale di Dante per Beatrice è cosa ben diversa dalle sue **squallide avventure** di Don Giovanni di paese, ma sottolinea come i **due atteggiamenti** nascano da una **radice comune**, quella che chiamiamo **amore**.

Lo stile

Un linguaggio "banale" Il linguaggio usato da Lucius Atherton rivela la sua **pochezza interiore**, il suo **scarso valore** umano e intellettuale. Nota per esempio che, nella prima parte del suo racconto, egli ricorre a una serie di **metafore** tratte dal **registro basso**, colloquiale, della lingua, *come fante di cuori* (cioè seduttore), *diavolo spietato* (avventuriero senza scrupoli), *romanzetti miseri, piatti riscaldati* (avventure galanti con donne non più giovani), *Don Giovanni*. Nella parte finale, nella quale Lucius propone al lettore la sua *morale*, il linguaggio **si eleva**, si fa **più solenne**, con espressioni come *ombra possente, la forza che rese lui grande* ecc., come se, in qualche modo, anch'egli fosse "toccato" dalla grandezza di quell'ombra e del suo canto – che peraltro non aveva evidentemente mai conosciuto, a conferma del suo basso livello culturale.

Attività

Comprensione

1 **Verifica la tua comprensione del testo rispondendo alle seguenti domande.**

a. *Don Giovanni rappresenta*
- ☐ il seduttore senza scrupoli
- ☐ il seduttore ormai anziano e sfortunato
- ☐ un amante fedele e infelice

b. *Dante rappresenta*
- ☐ l'amore spirituale
- ☐ l'amore felice
- ☐ l'amore dopo la morte

2 **Spiega il significato delle seguenti parole o espressioni.**
- ero un provetto fante di cuori ....
- gli espedienti non mancavano ....
- piatti riscaldati di altri giorni e di altri uomini ....
- rurale ....
- feccia ....

3 **Sintetizza il contenuto della poesia nella seguente tabella, tenendo conto della suddivisione in quattro parti proposta nell'analisi.**

I parte	
II parte	
III parte	
IV parte	

Analisi

4 **Lucius contrappone la giovinezza alla vecchiaia. Cerca nel testo quali sono gli aspetti che, nel suo racconto, caratterizzano i due diversi momenti della vita.**

5 **Lucius contrappone due figure ideali, Don Giovanni e Dante. Spiega le ragioni di questa contrapposizione, tenendo conto del modo in cui Lucius ha vissuto l'amore.**

6 **Il linguaggio usato da Lucius rivela in molti punti la scarsa sensibilità e la scarsa cultura del personaggio. Verifica questa affermazione con qualche esempio dal testo, tenendo presente l'analisi proposta.**

Rifletti, confronta, scrivi

7 **La figura di Don Giovanni è una delle grandi figure della cultura europea moderna. Con l'aiuto di un'enciclopedia (cartacea o informatica), fai una ricerca su questo personaggio, tenendo conto delle principali opere (letterarie, musicali e di altro tipo) di cui è protagonista, ed esponi i risultati del tuo lavoro in una relazione scritta.**

T6

Edgar Lee Masters

Lucinda Matlock

Lucinda Matlock è uno dei personaggi che, narrando la propria vita e la propria morte, comunicano al lettore un sentimento positivo nei confronti dell'esistenza. La sua inesausta gioia di vivere si contrappone alle vicende tragiche, tristi o semplicemente squallide che costituiscono il destino della maggior parte degli abitanti di Spoon River. Per questo, alla fine del suo discorso, la donna rimprovera coloro che si lasciano sconfiggere dalla vita per debolezza o per inettitudine: la loro sconfitta è imputabile solo a loro stessi e al loro scarso amore per la vita.

COLLEGAMENTI

> L'enumerazione, p. 45
> La poesia narrativa, p. 79
> C. Kavafis, *Per quanto sta in te*, p. 138

Il tono narrativo

Andavo ai balli di Chandlerville,
e giocavo alle carte a Winchester[1].
Una volta cambiammo cavalieri[2],
tornando a casa in carrozza col chiarore di luna
di metà giugno,
e così trovai Davis.
Ci sposammo e vivemmo insieme settant'anni,
godendo, lavorando, allevando i dodici figli,
otto dei quali ci morirono
prima che avessi sessant'anni.

Il significato di una vita

Filavo, tessevo, tenevo la casa, curavo i malati,
coltivavo il giardino, e per una vacanza[3]
vagavo per i campi dove cantavano le allodole,
e presso lo Spoon[4] raccoglievo tante conchiglie,
e tanti fiori e tante erbe medicinali –
gridando alle colline boscose, cantando alle verdi vallate.
A novantasei anni avevo vissuto abbastanza, ecco tutto,
e passai a un dolce riposo.
Cos'è questo che sento di dolore e stanchezza,
collera, scontento e speranze vacillanti?

Il messaggio della poesia

Figli e figlie degeneri,
la Vita è troppo forte per voi –
ci vuole vita per amare la Vita.

1 Chandlerville ... Winchester: paesi vicini a Spoon River.
2 cambiammo cavalieri: ci scambiammo gli accompagnatori, per conoscere altre persone, estranee alla solita compagnia.
3 per una vacanza: per riposarmi un po', per cambiare rispetto al solito tran tran.
4 lo Spoon: il fiume (*river* in inglese) da cui prende il nome l'immaginario paese della raccolta.

Il tono narrativo e il linguaggio semplice accentuano la magia della nascita di un amore che durerà ben settant'anni.

Da ogni parola della descrizione che Lucinda fa della sua lunga vita, traspare una profonda e intensa gioia di vivere.

Edvard Munch, *Notte d'estate, Inger ai bordi dell'acqua*, 1889

Guida alla lettura

I temi

Un modello "positivo" La maggior parte delle vicende di cui sono protagonisti gli abitanti di Spoon River hanno carattere tragico o malinconico; i personaggi che narrano le proprie storie sono animati da sentimenti per lo più negativi, come il rimpianto, il desiderio di vendetta, l'odio, il rancore... Lucinda Matlock invece **racconta una vita felice**, esprime sentimenti positivi, di **gioia**, di **entusiasmo**, di **amore**. Tutti i testi dell'*Antologia* sono l'espressione di un **punto di vista** personale, soggettivo, e soprattutto **parziale**: l'autore non si identifica con nessuno di essi, ma solo con la visione generale che può nascere dalla conoscenza della vita nei suoi vari aspetti, nelle sue contraddizioni e nei suoi violenti contrasti. Non bisogna quindi pensare che Lucinda Matlock sia una portavoce dell'autore più del giudice Somers o di Minerva Jones.

Lo stile

L'accettazione dell'esistenza La poesia è chiaramente divisa in **due parti**: nella prima, più ampia (vv. 1-18), **Lucinda narra** la propria vita, dalla giovinezza (segnata dall'incontro con il marito Davis) alla morte (serena, in tarda età); nella seconda **si rivolge** invece, direttamente, ai suoi interlocutori (*Figli e figlie degeneri*) cioè agli esponenti delle giovani generazioni, che non capiscono il significato profondo dell'esistenza) e li **rimprovera** per la loro **debolezza**.

Il rimprovero ai deboli La vita di Lucinda non è stata priva di dolori: dei dodici figli partoriti, ben otto le sono morti prima che avesse compiuto sessant'anni; la sua è stata una **vita di lavoro**, con **pochi svaghi** tutt'altro che entusiasmanti: le sue "vacanze" consistevano nel vagare per i campi e presso il fiume, ascoltando le allodole e raccogliendo conchiglie ed erbe medicinali! Tuttavia, la vita di Lucinda è una testimonianza del suo **amore per la vita stessa** (una vita che essa quasi "divinizza" scrivendola con la maiuscola).
Proprio per l'esistenza che ha vissuto e per i principi a cui si è ispirata, Lucinda non è in grado di capire le debolezze altrui e rimprovera i giovani: dolore e stanchezza, collera, scontento e disperazione sono per lei **incomprensibili**, segni di scarso amore per la vita, vere e proprie **colpe**.

Applichiamo il metodo

Il tono narrativo

- Da quali elementi emerge, fin dai primi versi, il carattere narrativo della poesia? Rispondi individuando:
  - tempi e luoghi
  - avvenimenti
  - personaggi
  - voce narrante
- A chi si rivolge Lucinda? Rispondi dopo aver letto tutta la poesia.

Il significato di una vita

Il racconto di Lucinda esprime indirettamente la sua visione dell'esistenza.

- Quali attività hanno segnato la sua vita?
- Quali sono le persone di cui parla, e perché?
- Come viene descritta la morte, e perché?

Il messaggio della poesia

La conclusione della poesia, come spesso avviene nell'*Antologia di Spoon River*, contiene la "morale" su cui il poeta vuole indurci a riflettere.

- Qual è la morale della poesia?
- Ti sembra che questa sia la morale del personaggio (Lucinda Matlock) o quella dell'autore (E.L. Masters)? Motiva la tua risposta.

Attività

Comprensione

1 **Verifica la tua comprensione del testo rispondendo alle seguenti domande.**

a. *Chi è Davis (v. 6)?*
- ☐ un amico di Lucinda
- ☐ il figlio di Lucinda
- ☐ il marito di Lucinda

b. *Quanti figli ha avuto Lucinda?*
☐ 8 ☐ 12 ☐ non viene detto

c. *Come è morta Lucinda?*
☐ vecchiaia ☐ malattia ☐ non viene detto

2 **Con quale avvenimento inizia il racconto di Lucinda? Con quale avvenimento si conclude?**

Analisi

3 **Che valore tematico possiamo attribuire ai primi versi, al di là del loro contenuto narrativo?**

4 **Nell'ultima parte della poesia, Lucinda rimprovera i giovani di non saper reagire alle prove della vita. Completa la tabella, mostrando quali sono gli atteggiamenti con cui lei ha invece affrontato le stesse prove.**

sentimenti negativi	atteggiamenti di Lucinda
dolore	....
stanchezza	....
collera	....
scontento	....
speranze vacillanti	....

5 **Spiega perché Lucinda a volte parla di «vita» con la minuscola e a volte di «Vita» con la maiuscola.**

Rifletti, confronta, scrivi

6 **La visione della vita espressa da Lucinda Matlock si contrappone per molti versi a quella di Minerva Jones** **[→ p. 330]****. Scrivi un dialogo fra le due donne, in cui ciascuna espone le proprie idee e si confronta con le idee dell'altra.**

Dal contesto al film

America oggi
di Robert Altman

Titolo originale: Short Cuts.
Regia: Robert Altman.
Soggetto: dai racconti di Raymond Carver.
Sceneggiatura: Robert Altman, Frank Barhydt.
Fotografia (col.): Walt Lloyd.
Montaggio: Geraldine Peroni.
Musiche: Mark Isham.
Scenografia: Stephen Altman.
Costumi: John Hay.
Interpreti: Andie McDowell (Ann Finnigan), Jack Lemmon (Paul Finnigan), Julianne Moore (Marian Wyman), Matthew Modine (Ralph Wyman), Jennifer Jason Leigh (Lois Kaiser), Madeleine Stowe (Sherry Shepard), Tim Robbins (Gene Shepard), Frances McDormand (Betty Weathers), Tom Waits (Earl Piggott).
Produzione: Spelling Films International, Fine Line Features, Cary Brokaw-Avenue Pictures.
Durata: 193'.
Origine: USA, 1993.

Los Angeles, anni Novanta. Nove storie e ventidue personaggi s'intrecciano in questo racconto corale che descrive, come in una moderna *Spoon River*, una città, le vite dei suoi abitanti, i loro amori, le loro miserie. La fonte letteraria sono i racconti brevi (*short cuts*, come recita il titolo originale del film) di Raymond Carver, istantanee sintetiche quanto fulminanti che descrivono un'umanità meschina, insignificante eppure tragica; e il regista li traduce in un affresco penetrante e amaro dell'America contemporanea. La struttura a mosaico, complessa e rigorosa, intreccia la storia di una donna che investe con l'auto un bambino a quella di una coppia di intellettuali in crisi; va dal matrimonio sregolato e affettuoso di una cameriera e un ubriacone alle avventure di un poliziotto che seduce tutte le donne che incontra; dagli accessi di gelosia di un pilota di elicotteri alle giornate di lavoro di una telefonista erotica, finché un giorno, a chiudere le storie e a sottolinearne l'intima futilità, una scossa di terremoto colpisce la città, fermando storie, amori, odi, gelosie, invidie e meschinità nella morte improvvisa.

Il film è straordinario per il cast, che annovera attori famosi e meno famosi, tutti guidati dal regista in interpretazioni incisive e intense anche se brevi. Nelle immagini, da sinistra, Lily Tomlin e Tom Waits; Julianne Moore e Matthew Modine; Jack Lemmon; Lili Taylor, Robert Downey Jr., Christopher Penn e Jennifer Jason Leigh.

Una delle storie più inquietanti è quella di tre amici che passano un fine settimana a pescare e finiscono per ritrovare, nel fiume, il corpo di una ragazza annegata; dopo un primo momento di incertezza, gli uomini decidono di ignorarla e di proseguire la loro vacanza.

Il regista statunitense Robert Altman (1925-2006) è uno degli autori centrali nel cinema contemporaneo; tra i suoi film più famosi, *Nashville* (1975), che racconta i cinque giorni di un festival di musica country, *I protagonisti* (1992), spietato ritratto dell'industria cinematografica hollywoodiana, *Gosford Park* (2001), affresco della società aristocratica inglese in forma di "giallo".

Tiriamo le fila

STUDIARE UN'OPERA → Inquadrarla cronologicamente e concettualmente nella PRODUZIONE DELL'AUTORE → Leggerla interamente o in parti significative

- ↑ Definire la TIPOLOGIA TESTUALE
- → Individuare i TEMI trattati
- → Le caratteristiche di STILE
- → Individuare il rapporto CONTESTO (PRODUZIONE e POETICA)/OPERA

Applicando questo metodo all'opera che abbiamo scelto, risultano chiari i fondamenta i riferimenti tematici e stilistici che ci hanno guidato nella definizione del nostro percorso di lettura.

STUDIARE L'«ANTOLOGIA DI SPOON RIVER» DI MASTERS → 1914-1916 periodo della maturità letteraria/ opera più importante e di maggior successo → La collina / Il giudice Somers / Minerva Jones / Lucius Atherton / Lucinda Matlock

- ↑ POESIA
- → Realismo sociale/Ispirazione autobiografica
  Denuncia dell'ipocrisia e del perbenismo
  Rappresentazione di tutti i tipi umani/Analisi psicologica/Attenzione alle vicende individuali
  Relativismo: punti di vista soggettivi e parziali dal cui confronto emerge la verità
- → Modelli letterari classici: Antologia Palatina (epigrammi funebri), poesia cimiteriale del XVIII secolo
  Scelte stilistiche (sintassi, lessico) improntate all'attenzione per la voce dei singoli personaggi
- → Opera più importante della intera produzione, in versi e in prosa/ Espressione matura di tematiche e scelte stilistiche contrassegnanti la poetica dell'autore

Che cosa hai imparato

- L'*Antologia di Spoon River* è una raccolta poetica pubblicata nel **1916** e comprendente **244** testi scritti fra il **1914** e il **1916**.
- L'*Antologia di Spoon River* si ispira a
  - la **poesia cimiteriale inglese** del Settecento.
  - gli **epigrammi funebri** dell'*Antologia Palatina* (una raccolta greca antica e medievale).
- L'*Antologia di Spoon River* presenta una **galleria di ritratti**: i vari personaggi sepolti nel cimitero della cittadina parlano al visitatore e raccontano la propria vita, esprimono i propri sentimenti ecc.
- I **temi** dell'*Antologia di Spoon River* sono **molto vari**, perché l'autore ambiva a rappresentare la **complessità della vita**, colta in tutti i suoi aspetti. Possiamo individuare in particolare:
  - la **denuncia** dell'**ipocrisia** e del **perbenismo** della provincia americana;
  - la **riflessione** sulla **vita** e sul suo significato;
  - l'**analisi** dei **sentimenti** e delle **emozioni**.
- Le **vicende** narrate
  - hanno **per lo più** carattere **tragico** o **malinconico**;
  - in **alcuni casi** hanno carattere **gioioso** e **positivo**;
  - si rimandano l'un l'altra perché ciascun personaggio esprime un **punto di vista soggettivo** e **parziale**.

Laboratorio: come si commenta

Il commento a un testo poetico implica una ripresa e un approfondimento di quel **lavoro di analisi** che già abbiamo sviluppato nel Laboratorio su come si analizza un testo poetico [→ p. 65]. Per arrivare a scrivere il **commento** di una poesia, infatti, occorre averla prima compresa sul piano **letterale** (parafrasi) e averla analizzata negli **aspetti tecnico-formali** e **tematici**: solo a questo punto il significato degli uni e degli altri potrà essere chiarito attraverso una **riflessione** che li metta in relazione con il **contesto storico-culturale** in cui l'autore ha scritto la sua opera.
Ecco uno schema delle fasi di lavoro da seguire per arrivare a produrre un **commento a un testo poetico**.

Prima fase: la comprensione letterale

La comprensione del testo è una **fase preliminare** all'analisi vera e propria, ma assolutamente **necessaria**. Occorre infatti comprendere esattamente il significato letterale delle parole e delle frasi che l'autore ha scritto – cosa non sempre immediata, soprattutto laddove il testo risalga a epoche lontane e usi quindi un linguaggio molto diverso da quello contemporaneo, oppure laddove l'autore faccia riferimento ad avvenimenti, personaggi, miti ecc. che necessitano di una spiegazione. Fra gli elementi utili alla comprensione del significato del testo va tenuto presente ovviamente anche il **titolo** della poesia, che è parte della poesia stessa.
Le **note** che accompagnano i testi nelle edizioni scolastiche (ma talvolta anche in quelle di altro tipo) forniscono gli aiuti necessari alla comprensione. Per verificare che questa fase del lavoro sia svolta correttamente, però, è sempre utile scrivere la **parafrasi completa** del testo, seguendo le indicazioni che ti abbiamo dato [→ p. 74].

Seconda fase: l'analisi tecnico-formale

La seconda fase del lavoro consiste nell'analizzare il testo nei suoi **aspetti formali**. Ciò significa in particolare prendere in considerazione:

- la **metrica** (tipo di versi, eventuale presenza di rime ecc.);
- le **figure retoriche** (e in particolare quelle a cui l'autore ha dato importanza, o per la loro ampiezza, o per la loro collocazione, o per la loro originalità);
- il **tipo di linguaggio** usato dall'autore (il registro linguistico, il tipo di lessico, le strutture sintattiche più significative ecc.).

Tutte queste operazioni dovrebbero consentire di comprendere la **struttura** del testo, cioè il modo in cui la materia è organizzata: vi sono delle suddivisioni interne? Da che cosa sono segnalate? In seguito, queste osservazioni dovrebbero assumere un valore anche sul piano tematico, entrando in rapporto con i risultati dell'analisi tematica.

Terza fase: l'analisi tematica

La terza fase del lavoro consiste nell'**analisi del testo**, e in particolare dei **temi** che affronta. A questo scopo è necessario individuare le **parole chiave** e le espressioni più significative, quelle a cui l'autore affida con particolare evidenza il suo messaggio.
Come si è detto, i temi della poesia non sono espressi solo direttamente, attraverso le parole chiave e i concetti chiave, ma anche **indirettamente**, attraverso le **scelte stilistiche**, **retoriche** e **formali**. L'analisi strutturale e l'analisi tematica dovrebbero quindi procedere di pari passo, illuminandosi a vicenda.

Quarta fase: la contestualizzazione

Il commento deve tener conto infine del **contesto** in cui la poesia è nata. La parola "contesto" ha un significato molto ampio, ma ai fini del nostro lavoro essa indica essenzialmente:

- la **biografia** dell'autore, le esperienze che hanno avuto maggior peso nell'elaborazione delle sue idee e della sua visione del mondo, eventualmente (quando ne siamo informati) quelle che si riflettono nel testo che stiamo esaminando;
- il **contesto culturale**, cioè l'insieme delle esperienze artistiche, letterarie, filosofiche ecc. che caratte-

rizzano l'epoca in cui ha operato il poeta; in questo ambito rientrano anche i movimenti di cui il poeta ha eventualmente fatto parte, i rapporti con altri scrittori e poeti, le dichiarazioni di poetica (cioè di gusto, di concezione artistica) dell'autore stesso...;
- il **contesto storico**, cioè l'insieme dei fenomeni politici, sociali ecc. che hanno segnato in qualche modo la vita e l'opera dell'autore (è evidente che l'appartenenza a una classe sociale benestante piuttosto che a una misera avrà grande importanza, così come l'appartenenza a un partito politico piuttosto che a un altro, o la partecipazione a una guerra ecc.).

Quinta fase: il commento

A questo punto si tratta di **sintetizzare** tutte le informazioni raccolte e le analisi svolte sul testo in un commento. Il commento non è e non può essere un semplice "mi piace/non mi piace perché..." – anche se è difficile prescrivere regole universali, possiamo però individuare **tre elementi** che dovrebbero emergere da un buon commento, e cioè:

- la definizione del **messaggio** poetico, cioè la sintesi del contenuto della poesia letta;
- l'interpretazione e la valutazione del suo **significato** in rapporto al contesto (cioè all'epoca, alla vita dell'autore ecc.);
- l'eventuale **giudizio personale** sulla sua validità e/o sulla sua attualità (cioè una discussione del messaggio della poesia, sia in rapporto ai lettori a cui si rivolgeva l'autore, sia in rapporto a noi oggi).

Proviamo ora ad applicare questo metodo di lavoro ad alcuni testi italiani e stranieri.

T1

Thomas Stearns Eliot [→ p. 523]

Preludio 1

da T.S. Eliot, *Poesie*, trad. di R. Sanesi, Bompiani

Il poeta anglo-americano Thomas Stearns Eliot intitola "preludi" alcune poesie, pubblicate nella raccolta Prufrock e altre osservazioni, *del 1917, che hanno lo scopo di suscitare nel lettore uno stato d'animo preciso, attraverso una serie di immagini. Quello che ti proponiamo è il primo preludio della serie: il poeta descrive una città al tramonto, dopo una giornata fredda e piovosa.*

La sera d'inverno si posa
con odore di bistecche nelle strade.
Le sei.
Lucignoli consunti di giorni fumosi[1].
E ora un tempestoso scroscio[2] avvolge
gli avanzi sudici
delle foglie appassite intorno ai vostri piedi
e giornali da lotti da vendere[3];
gli scrosci battono
sulle persiane rotte e sui fumignoli[4],
e all'angolo della strada
un solitario cavallo da vettura[5] fuma e scalpita.
E poi l'accensione dei fanali[6].

Laboratorio

Fase 1 - Comprensione letterale

1 **Utilizzando le note, verifica la tua comprensione del testo.**
1 Lucignoli ... fumosi: la giornata finisce come lo stoppino di una candela ormai consumata, sul punto di spegnersi.
2 un tempestoso scroscio: un temporale.
3 giornali ... vendere: pagine di giornale provenienti da lotti da vendere (cioè da terreni abbandonati).
4 fumignoli: camini.
5 da vettura: di una carrozza pubblica (un taxi dell'epoca).
6 fanali: lampioni stradali.

2 **Verifica la tua comprensione del testo rispondendo alle seguenti domande.**
- Quando si svolge la scena?
- Quali elementi caratterizzano il paesaggio?
- Quali oggetti sono descritti?
- Qual è l'unico essere vivente presente nella scena?

3 **Nel testo, accanto alla descrizione troviamo uno spunto narrativo. Quale?**

4 **Ora scrivi la parafrasi del testo e poi spiega il contenuto dei versi di Eliot.**

Fase 2 - Analisi tecnico-formale

5 **Osserva il modo in cui Eliot descrive la scena e spiega che cosa caratterizza la sua tecnica completando la seguente frase.**
- Eliot allinea una serie di particolari, cioè ...

6 **I vari elementi della descrizione si possono suddividere in tre categorie, a seconda dei sentimenti che suscitano nel lettore:**
- negativi: ....
- neutri: ....
- positivi: ....

7 **Nella poesia entrano in gioco vari sensi: individuali e spiega le ragioni della loro importanza.**

Fase 3 - Analisi tematica

8 **Spiega il titolo della poesia, dopo aver svolto una breve ricerca sul dizionario e su un'enciclopedia.**

9 **L'acqua e la luce assumono nella poesia di Eliot un forte valore simbolico. Verifica questa affermazione e spiega qual è questo valore.**

10 **La città è spesso descritta da Eliot come una sorta di "inferno". Ti sembra che anche in questa poesia essa abbia tratti negativi e dolorosi? Perché?**

11 **Che cosa potrebbe simboleggiare, in quel contesto, la figura del cavallo?**
☐ dolore ☐ solitudine ☐ povertà ☐ infelicità
Motiva la tua risposta.

12 **Che cosa potrebbe simboleggiare, in quel contesto, l'accensione delle luci con cui la poesia si conclude?**

13 **Qual è il tema di fondo della poesia? Di che cosa ci sta parlando il poeta? Rispondi tenendo conto sia del tema esplicito, sia di quello nascosto, che il lettore deve andare a scoprire dietro la lettera delle parole.**

Fase 4 - Contestualizzazione

14 **Leggi la seguente biografia di Eliot e ricava alcune informazioni utili alla lettura della poesia proposta.**

> Thomas Stearns Eliot, nato nel 1888 a Saint Louis (Missouri) e morto nel 1965, è un poeta statunitense. Studia letteratura a Boston, appassionandosi alla poesia simbolista del tardo Ottocento, ma anche a quella barocca del Seicento e a Dante. Terminati gli studi, si trasferisce a Parigi e, poco dopo lo scoppio della Prima guerra mondiale, a Londra. I primi versi rivelano che il giovane poeta partecipa al fermento culturale e alle sperimentazioni del tempo (nel 1909 è nata ufficialmente la prima avanguardia, il Futurismo [→ p. 283], ma la tendenza sperimentale è diffusa anche tra coloro che non aderiscono ad alcun movimento organizzato): egli ricorre infatti a versi liberi, a immagini fortemente metaforiche e simboliche, a strutture sintattiche irregolari, seguendo l'esempio di un altro poeta americano, Ezra Pound, suo amico e maestro. Dopo la guerra, Eliot prende la cittadinanza inglese e si converte all'anglicanesimo. Intanto, nel 1922, ha pubblicato il suo capolavoro, *La terra desolata*, un lungo poemetto che descrive la condizione di smarrimento e di disagio dell'uomo dopo le devastazioni e le violenze della Grande guerra. La tematica religiosa incomincia a diventare dominante dalla metà degli anni Venti, in opere come *Mercoledì delle ceneri* (1930), *Assassinio nella cattedrale* (1935, ispirato alla vicenda dell'arcivescovo martire medievale Thomas Beckett) e *Quattro quartetti* (1945). Nel 1948 Eliot ottiene il premio Nobel per la letteratura.

15 **Possiamo parlare, nel *Preludio 1*, di immagini simboliche? Fai qualche esempio.**

16 **In che senso la sintassi della poesia si può considerare irregolare, se non addirittura sperimentale?**

17 **Nel complesso, emerge da questi versi una visione pessimistica e desolata della condizione umana? Perché?**

18 **È possibile verificare la religiosità del poeta? Perché?**

Fase 5 - Commento

19 **Alla luce delle informazioni raccolte e delle riflessioni fatte, spiega il contenuto del testo poetico analizzato, evidenziando il suo messaggio.**

20 **Esprimi un giudizio sulla poesia, avendo come traccia le risposte alle seguenti domande.**
- La descrizione della città ha valore realistico o simbolico?
- Quale sentimento vuole suscitare il poeta nel suo lettore e quali immagini utilizza a questo scopo?
- Perché la poesia non è la semplice espressione di un momento di sconforto o di tristezza personale, ma assume un valore più universale?

T2

Giuseppe Ungaretti [→ p. 104]

La madre

da G. Ungaretti, *Vita d'un uomo*, Mondadori

Nel 1930, in occasione della morte di sua madre, Ungaretti scrisse questa poesia, in cui immagina l'istante in cui anche lui morirà e ritroverà la madre nell'aldilà, pronta ad assisterlo nel momento in cui Dio dovrà giudicare la sua vita.

E il cuore quando d'un ultimo battito
avrà fatto cadere il muro d'ombra[1]
per condurmi, Madre, sino al Signore,
come una volta mi darai la mano.

In ginocchio, decisa,
sarai una statua[2] davanti all'eterno,
come già ti vedeva
quando eri ancora in vita[3].

Alzerai tremante le vecchie braccia,
come quando spirasti
dicendo: Mio Dio, eccomi.
E solo quando m'avrà perdonato,
ti verrà desiderio di guardarmi.

Ricorderai d'avermi atteso tanto,
e avrai negli occhi un rapido sospiro.

1 il muro d'ombra: la barriera che separa la vita dalla morte.
2 una statua: immobile e solenne.
3 come già ... in vita: nello stesso atteggiamento (di preghiera) in cui Dio ti vedeva quando eri viva.

Umberto Boccioni, *La madre*, 1907

Laboratorio

Fase 1 - Comprensione letterale

1 **Usando le note, scrivi la parafrasi letterale della poesia.**

2 **Verifica la tua comprensione del testo rispondendo alle seguenti domande.**
- In quale strofa il poeta descrive la propria morte?
- In quale strofa descrive la morte della madre?
- Quanti personaggi agiscono nella poesia?
- Perché la madre, inizialmente, non guarda il figlio?

Fase 2 - Analisi tecnico-formale

3 **Che tipo di versi usa il poeta? Fanne l'analisi e scrivi la risposta accanto a ciascun verso della poesia.**

4 **Si tratta di versi irregolari (liberi) o di versi tradizionali?**

5 **Osserva ora le strofe.**
- Sono individuate da rime?
- Hanno una struttura regolare o irregolare?
- C'è corrispondenza tra strofa e sintassi? E tra strofa e contenuto?

6 **Ungaretti fa spesso uso di analogie, cioè di metafore difficili, che richiedono uno sforzo di comprensione e di interpretazione. Ne individui qualcuna, in questa poesia? Quale? Sottolineala nel testo.**

7 **Osserva la ripetizione delle parole «come» e «quando» e spiega qual è la loro funzione ritmica e strutturale.**

Fase 3 - Analisi tematica

8 **Osserva i verbi della poesia, poi indica se la scena descritta si svolge**
☐ nel passato ☐ nel presente ☐ nel futuro

9 **Quali parti della poesia si possono considerare ricordi?**

10 **Quali parti sono invece frutto dell'immaginazione del poeta?**

11 **Ungaretti descrive una situazione con tre personaggi.**
- Qual è il ruolo di ciascuno dei tre?

12 La figura materna è caratterizzata da due sentimenti. Individuali e motiva la tua risposta.

13 Secondo Ungaretti, esiste continuità fra passato e futuro, oppure la morte costituisce una cesura che interrompe tutto? Motiva la tua risposta.

14 Ti sembra che il poeta guardi alla propria morte in modo drammatico o sereno? Motiva la tua risposta con gli opportuni riferimenti al testo.

Fase 4 - Contestualizzazione

15 Rileggi attentamente la biografia di Ungaretti [→ p. 104], poi rispondi alle seguenti domande.

- Quali aspetti metrici ci fanno capire che questa poesia appartiene alla seconda raccolta, *Sentimento del tempo*, caratterizzata da un recupero della tradizione, e non alla prima, *L'allegria*, più sperimentale? Tieni conto soprattutto del tipo di versi usati dal poeta.
- Quali aspetti tematici ci fanno capire che questa poesia appartiene alla raccolta *Sentimento del tempo*? Tieni conto sia del titolo della raccolta, sia del fatto che negli anni Venti Ungaretti si avvicina al cattolicesimo.

16 Nella poesia la madre ha la funzione di "mediatrice" fra l'uomo e Dio: ricordi altre figure femminili che, nella tradizione poetica italiana, svolgono una funzione simile? Quali? Tieni conto che il "recupero della tradizione" attuato da Ungaretti negli anni Venti si rivolge anche a poeti antichi, medievali...

Fase 5 - Commento

17 Alla luce delle informazioni raccolte e delle riflessioni fatte, spiega il contenuto del testo poetico analizzato, evidenziando il suo messaggio.

18 Ora sei pronto per esprimere un giudizio sulla poesia, all'interno di un commento scritto. Tieni conto che, come ogni osservazione analitica, deve essere accompagnata da citazioni di supporto, così ogni giudizio dev'essere attentamente motivato, per non risultare gratuito e quindi poco interessante.

T3

Mario Luzi [→ p. 523]

Toccata

da M. Luzi, *Tutte le poesie*, Garzanti

Mario Luzi è uno dei principali esponenti del movimento ermetico, che negli anni Trenta del Novecento ha profondamente rinnovato la poesia italiana. Questa poesia è tratta dalla sua prima raccolta, La barca, *e contiene una descrizione dell'aprile mesta e malinconica, che ci spinge a considerare il mese primaverile per eccellenza in una luce diversa da quella a cui siamo abituati.*

Ecco aprile, la noia
dei cieli d'acqua di polvere[1],
la quiete della stuoia[2]
alla finestra, un tocco
di vento, una ferita[3];
questa aliena[4] presenza della vita
nel vano delle porte
nei fiumi tenui[5] di cenere[6]
nel tuo[7] passo echeggiato dalle volte[8].

Edward Hopper, *Sole in una stanza vuota*, 1963

Laboratorio

Fase 1 - Comprensione letterale

1 **Completa le note, che ti forniamo solo parzialmente, in maniera da chiarire il significato letterale della poesia.**

1 cieli d'acqua di polvere: cieli pieni di nuvole che hanno il colore.....................................
2 la quiete della stuoia: l'immobilità della tenda.
3 una ferita: il "tocco di vento", cioè ...., turba la "quiete", cioè ....
4 aliena: da cui il poeta si sente escluso, lontano.
5 tenui: ....
6 di cenere: ....
7 tuo: della persona amata a cui il poeta si rivolge.
8 volte: soffitti.

2 **Ora scrivi la parafrasi completa della poesia.**

Fase 2 - Analisi tecnico-formale

3 **Fai l'analisi metrica della poesia, individuando**
- versi settenari: ....
- versi endecasillabi: ....
- versi irregolari (ipermetri): ....
- rime: ....
- assonanze: ....

4 **La poesia si può suddividere in due parti. Individuale e spiega**
- come si giustifica la suddivisione dal punto di vista sintattico
- come si giustifica la suddivisione dal punto di vista dei contenuti

5 **Le tre immagini della prima parte sono legate a quelle della seconda parte: completa la seguente tabella, spiegando inoltre che nesso esiste fra ciascuna coppia di immagini.**

prima parte	seconda parte	nesso
cieli	fiumi	
tenda	....	tema del varco, del passaggio fra due mondi – o fra due momenti, stati d'animo ecc.
....	passo	

6 **Osserva ora le scelte stilistiche del poeta.**
- In che modo Luzi sottolinea l'importanza della parola «noia»?
- In che modo il poeta sottolinea il rapporto fra i termini «polvere» e «cenere»?
- Che cosa ci permette di stabilire una relazione tra «ferita» e «vita»?

Fase 3 - Analisi tematica

7 **Nei primi versi della poesia, le parole chiave «noia» e «quiete» sono contraddette dall'apparizione di un elemento improvviso e imprevisto.**
- Quale?
- Che cosa simboleggia?
- Perché il poeta lo chiama, metaforicamente, «una ferita»?

8 **Nella seconda parte della poesia, la primavera si manifesta attraverso una serie di indizi. Individuali e spiega la tua scelta.**

9 **Perché il poeta si sente estraneo alla primavera? Quali sono le parole chiave attraverso cui viene caratterizzata la stagione primaverile? Quali sono invece le parole chiave attraverso cui viene caratterizzato lo stato d'animo dell'autore?**

Fase 4 - Contestualizzazione

10 **Fai una breve ricerca su Mario Luzi e scrivi una sua sintetica biografia, mettendo in luce soprattutto gli elementi utili per contestualizzare la poesia letta.**

11 **Leggi attentamente la seguente scheda sull'Ermetismo, il movimento a cui Luzi aderì prima della Seconda guerra mondiale, poi rispondi alle domande.**

L'Ermetismo è un movimento letterario che ha caratterizzato la poesia italiana negli anni Trenta del Novecento. Il nome deriva dal carattere, a volte oscuro e difficile da interpretare, delle poesie ermetiche. La scelta di questo stile nasceva dal desiderio dei poeti di approfondire l'analisi della propria interiorità, di esprimere i moti più segreti dell'animo, rifiutando i temi celebrativi, di propaganda politica e sociale, a cui invece il regime fascista invitava gli intellettuali del tempo.

I poeti ermetici riconoscevano come loro maestri i poeti simbolisti, e in particolare i francesi Mallarmé e Valéry, attivi tra la fine dell'Ottocento e i primi anni del Novecento; e fra gli italiani Ungaretti, soprattutto per la seconda raccolta *Sentimento del tempo*, più che per le poesie di guerra dell'*Allegria*. I poeti ermetici aspirano infatti a una "poesia pura", cioè slegata dall'attualità storica e dai grandi problemi del tempo e attenta solo ai valori stilistici, formali, musicali. La poesia ermetica, di conseguenza, rifugge dai temi civili, ma anche dai toni satirici e ironici: la poesia ermetica tende a coincidere esclusivamente con la poesia lirica, e meglio se breve o brevissima; il poeta non spiega, non racconta: cerca l'illuminazione e la esprime con la massima concentrazione possibile. Le tecniche predilette dai poeti ermetici sono dunque la metafora, l'analogia e il simbolo, cioè le figure retoriche che meglio permettono al poeta di esprimersi in modo sintetico, anche a costo dell'oscurità.

Il carattere fortemente elitario della poesia ermetica è confermato dalle scelte stilistiche dei poeti: il loro lessico è tendenzialmente raffinato, rifugge dalle espressioni colloquiali e vicine al parlato, ma anche da quelle troppo arcaizzanti e insolite: il poeta ermetico non cerca la "bella" parola (o la "bella" frase), ma la parola esatta, precisa, ricca di significato, capace di sintetizzare un intero discorso. Le rime, quindi, non sono indispensabili, così come i versi tradizionali, che il poeta ermetico usa, ma accanto a versi liberi, alla ricerca di una musicalità più nuova e sofferta.

- Quali figure retoriche rivelano il carattere ermetico della poesia di Luzi?
- Quali scelte metriche coincidono con quelle dei poeti ermetici?
- Il lessico usato dal poeta ha carattere colloquiale o iper-letterario? Perché? Fai qualche esempio.
- Dal punto di vista tematico, la poesia risponde ai canoni dell'Ermetismo o no? Perché?

Fase 5 - Commento

12 **Ora sei pronto per scrivere il tuo commento alla poesia. Ricordati di suddividere il discorso in tre parti:**
- sintesi del contenuto e del messaggio della poesia
- riferimenti al contesto storico e culturale in cui è nata
- giudizio personale motivato

T4

Maurizio Cucchi

'53

da M. Cucchi, *Poesie 1965-2000*, Mondadori

La poesia che ti presentiamo, pubblicata dal milanese Maurizio Cucchi nella raccolta Poesia della fonte *(1993), ha come titolo una data: è quella in cui il poeta rammenta di essere andato allo stadio per la prima volta col padre Luigi. Il ricordo di quel momento suscita in lui una vera folla di sentimenti contrastanti.*

L'uomo era ancora giovane e indossava
un soprabito grigio molto fine.
Teneva la mano di un bambino
silenzioso e felice.
Il campo era la quiete e l'avventura,
c'erano il kamikaze,
il Nacka, l'apolide e Veleno.
Era la primavera del '53,
l'inizio della mia memoria.
Luigi Cucchi
era l'immenso orgoglio del mio cuore,
ma forse lui non lo sapeva.

Laboratorio

Fase 1 - Comprensione letterale

1 **Verifica la tua comprensione del testo rispondendo alle seguenti domande.**
- A chi si riferiscono le prime parole, "L'uomo era ancora giovane"?
- Chi è il bambino che l'uomo tiene per mano?
- Quale verso spiega il titolo della poesia?
- Quale sentimento provava il poeta bambino nei confronti del padre?
- Quali sentimenti provava invece all'idea di andare allo stadio?

2 **Scegli fra le seguenti alternative quella che ritieni corretta.**

a. L'espressione «molto fine», al v. 2, indica che il soprabito
- ☐ è leggero
- ☐ è alla fine della sua esistenza
- ☐ è molto elegante

b. «il kamikaze», «il Nacka», «l'apolide» e «Veleno» sono
- ☐ soprannomi di calciatori
- ☐ insulti che i tifosi si gridano l'un l'altro
- ☐ riferimenti alla cronaca giornalistica del tempo

c. L'espressione «l'inizio della mia memoria» significa che il poeta
- ☐ parte da quei ricordi per rievocare il passato
- ☐ non ha ricordi più antichi di quelli che sta descrivendo
- ☐ non ricorda bene l'episodio di cui ci sta parlando

3 **Ora sei pronto per scrivere la parafrasi della poesia. Ti suggeriamo di cominciare come segue.**
La poesia inizia descrivendo un uomo che ....

Fase 2 - Analisi tecnico-formale

4 **Verifica il tipo di versi usati dal poeta: si tratta di versi tradizionali o di versi liberi?**

5 **Osserva ora la presenza di rime o quasi-rime: quali parole coinvolgono? Ci permettono di individuare delle strofe?**

6 **La poesia può essere suddivisa in parti? Rispondi tenendo conto**
- della struttura sintattica (e in particolare dei casi in cui la fine del verso coincide con la fine del periodo),
- dei contenuti del testo (e in particolare i casi in cui vengono introdotti nuovi personaggi, nuovi avvenimenti, nuovi temi...).

7 **Nel complesso, siamo di fronte a una poesia tradizionale o a una forma libera e sperimentale?**
Che effetti ha questa scelta? Crea una musicalità più accentuata o il testo ha un andamento più prosastico?

Fase 3 - Analisi tematica

8 **Secondo te è possibile considerare *'53* una poesia narrativa? Verifica la presenza nel testo degli elementi tipici della narrazione.**
- tempo
- luogo
- personaggi
- avvenimenti legati da nessi di causa ed effetto
- voce narrante

9 **L'analisi tematica permette di suddividere la poesia in quattro parti, corrispondenti alle quattro immagini che scandiscono il testo.**
- Individua le quattro parti.
- Quale parola (e quale struttura sintattica) si ripete identica all'inizio di ciascuna parte?

10 **Con quali espressioni il poeta mette a fuoco i seguenti temi? Che cosa ci dice, insomma, per ciascuno di essi?**
- la memoria
- il padre
- il calcio
- l'infanzia

11 **Ora dovresti essere in grado di individuare il tema di fondo della poesia, esponendolo con parole tue in una breve frase e motivando la tua scelta.**
- Il tema di fondo della poesia è ....
- Perché ....

Fase 4 - Contestualizzazione

12 **Maurizio Cucchi è un poeta milanese, nato nel 1945. Laureato in lettere, ha esordito nel 1976 ed è ancor oggi uno degli autori più presenti nel campo della poesia italiana. È anche traduttore dal francese e curatore delle opere di alcuni grandi autori del passato.**
- Quanti anni aveva Cucchi nel '53?
- Quanti ne aveva quando pubblicò questa poesia?

13 **All'interno della poesia italiana contemporanea, la critica ha individuato una "linea lombarda", caratterizzata dalla tendenza a mescolare lirica e narrativa e a utilizzare un linguaggio apparentemente semplice, lontano dall'arduo simbolismo della tradizione ermetica.**
- Ti sembra che Cucchi si possa accostare a questa "linea lombarda"?
- dal punto di vista del contenuto ....
- dal punto di vista del linguaggio ....

Motiva le tue risposte.

Fase 5 - Commento

14 **Ora sei pronto per scrivere il tuo commento alla poesia. Trattandosi di una poesia contemporanea, su cui non esiste ancora un inquadramento critico consolidato, il giudizio personale può avere più spazio, purché sia adeguatamente motivato. Ti consigliamo comunque di suddividere il discorso in tre parti:**
- sintesi del contenuto e del messaggio della poesia;
- riferimenti al contesto storico e culturale in cui è nata;
- giudizio personale motivato.

Carlo Carrà, *La partita di calcio*, 1934.

4

Affrontare la complessità del testo teatrale

Il teatro è una forma di comunicazione molto complessa, che si basa su un testo scritto allo scopo non di essere letto, bensì di essere "drammatizzato", cioè trasformato in azione scenica, rappresentato da attori davanti a un pubblico. Per questa ragione, il testo teatrale è sempre un testo dialogico: anche nel caso del monologo di un personaggio che è da solo in scena, egli dialoga con se stesso o con lo spettatore. La complessità del testo teatrale dipende dunque dal fatto che, durante la sua rappresentazione, si combinano tra loro vari codici comunicativi (visivo, sonoro, mimico e gestuale) che, interagendo l'uno con l'altro, concorrono a creare il linguaggio teatrale propriamente detto.

Nelle pagine seguenti impareremo a leggere e a comprendere il testo teatrale nelle sue caratteristiche, che lo avvicinano e insieme lo differenziano dal testo narrativo e da quello poetico. Inoltre, impareremo a riconoscere le specificità dei vari generi teatrali e a ricostruirne l'evoluzione nel tempo attraverso l'opera degli autori più significativi.

Per ogni unità

TESTO INTRODUTTIVO DI CONTESTUALIZZAZIONE STORICO-TIPOLOGICA

TESTI di lettura libera

SCHEDA Dal palcoscenico allo schermo

SCHEDA In galleria

Alla fine di ogni unità

TIRIAMO LE FILA

Mappa concettuale

Sintesi dei contenuti

Alla fine della sezione

LABORATORIO

per imparare → come si analizza un testo teatrale

ANTOLOGIA ON LINE

T@ H. Pinter, «Party Time»

On line

TEST INVALSI AUTOCORRETTIVI

per verificare → il livello di apprendimento

4.1 Il linguaggio teatrale

Che cos'è il teatro

Una rappresentazione al «Globe Theatre» di Londra, ricostruzione moderna (1997) dell'antico teatro shakespeariano.

Antologia on line

Che cos'è il teatro

La parola teatro ha ben quattro significati diversi, che è necessario chiarire. Essa può infatti indicare:

- l'**edificio** destinato alla rappresentazione degli spettacoli teatrali (*il teatro apre alle ore 20.00*);
- il singolo **spettacolo** teatrale (*ieri sera siamo stati a teatro*);
- l'**attività** teatrale nel suo complesso (*Giovanni studia teatro all'accademia*);
- il **testo** teatrale (*molti editori hanno una collana di teatro*).

Una scena della *Fedra* di Euripide, nella traduzione del poeta Edoardo Sanguineti, presentata al Teatro greco di Siracusa nell'estate 2010 per la regia di Carmelo Orifici

Nelle prossime pagine ci concentreremo in particolare su **due** di questi significati: il teatro in quanto **testo** e il teatro in quanto **spettacolo**. A questi due aspetti è infatti legata la comunicazione teatrale, cioè l'argomento che ci interessa approfondire preliminarmente.

La struttura del testo teatrale

Il testo teatrale è **un testo scritto allo scopo di essere messo in scena**, cioè trasformato in **spettacolo** teatrale. Naturalmente, è sempre possibile leggere un testo teatrale, ma bisogna sapere che la sua destinazione è diversa da quella di un testo narrativo o poetico, che sono destinati esplicitamente alla lettura.
Il testo teatrale si riconosce dunque per alcune **caratteristiche molto evidenti**, che indicano la sua destinazione e ci permettono di distinguerlo immediatamente dagli altri testi letterari. Le principali caratteristiche del testo teatrale sono la **divisione in atti e scene** e la presenza di **battute e didascalie**.

Attenzione!

L'aggettivo **drammatico** (dal greco **drama**, "azione") è spesso usato come sinonimo di **teatrale**, e con questo significato "tecnico" lo useremo nelle prossime pagine, ricordando che esso non va confuso con il significato generico di "difficile" o "doloroso" che ha nel linguaggio comune per indicare situazioni o avvenimenti.
Bisogna poi fare attenzione a non confondere il "dramma" inteso come spettacolo teatrale in genere (da cui *drammaturgo*, "autore di teatro") con il "dramma borghese", che è un genere teatrale ottocentesco, di cui parleremo nell'Unità dedicata al teatro fra Ottocento e Novecento.

atti e scene Lo sviluppo delle azioni drammatiche è normalmente suddiviso in **parti**, così come un romanzo è normalmente suddiviso in capitoli. Nel teatro moderno queste parti prendono il nome di **atti** e tradizionalmente sono in numero variabile **da tre a cinque**; esistono anche testi teatrali più brevi, privi di suddivisioni, i cosiddetti **"atti unici"**.
Ogni atto può essere suddiviso in varie **scene**: di solito una scena si apre e si chiude con l'arrivo o l'allontanamento di un personaggio (o di un gruppo di personaggi), mentre un atto raccoglie una **serie di scene** strettamente connesse tra loro.

battute Si chiamano così gli **interventi verbali** dei personaggi, che normalmente dialogano tra loro secondo un ordine indicato dal testo stesso.
Talvolta si trovano battute che non fanno parte di un dialogo, e che si recitano come se il personaggio parlasse a se stesso o agli spettatori: si tratta dei **monologhi**, che servono a rivelare agli spettatori quei pensieri e quei sentimenti che i personaggi in scena non potrebbero altrimenti manifestare.
Le convenzioni teatrali prevedono anche l'**"a parte"** (una battuta che il personaggio pronuncia a mezza voce rivolgendosi al pubblico, durante la quale gli altri attori si comportano come se non lo udissero) e il **"tra sé"** (simile alla precedente, ma l'attore si rivolge a se stesso, come se pensasse ad alta voce).

didascalie Forniscono le indicazioni necessarie all'allestimento della **messa in scena** e all'**interpretazione** delle battute da parte degli attori. Esse non devono mai essere recitate, quindi sono sempre chiaramente separate dal resto del testo (convenzionalmente sono scritte in *corsivo*).
Le didascalie che forniscono **informazioni generali** (per esempio sul tempo e il luogo delle azioni, sul numero dei personaggi che vi prendono parte, su rumori, voci di sottofondo ecc.) sono poste **all'inizio di ogni scena** (didascalie **di inquadramento**) oppure **tra una battuta e l'altra** (didascalie **di raccordo**).
Le didascalie che **indicano come gli attori devono recitare** (e quindi spiegano gesti, movimenti, stati d'animo dei personaggi) sono in genere poste tra parentesi **all'interno di una battuta**.

Il teatro racconta una storia e imita la realtà

Il filosofo greco **Aristotele**, vissuto nel IV secolo a.C., è ancor oggi il punto di riferimento per chi voglia riflettere sul teatro. Partendo dall'analisi delle tragedie e delle commedie scritte dai grandi autori ateniesi del V secolo [→ p. 362], Aristotele riconobbe la doppia natura del teatro – che da un lato è imitazione della realtà (o **mimesi**) e dall'altro è racconto di una vicenda (o **fabula**).
Il testo teatrale infatti presenta numerose **analogie col testo narrativo**, dato che di solito racconta una vicenda, collocata in un determinato tempo e luogo, con dei personaggi ecc. Come il testo narrativo può essere suddiviso in sequenze, così il testo teatrale (l'abbiamo già visto) può essere suddiviso in **atti e scene**.
Al contrario del testo narrativo, però, il testo teatrale non racconta *davvero* la storia, ma la **mette in scena**: poiché nel teatro **manca la figura del narratore**, cioè della voce che racconta, sono gli attori stessi – non a raccontare, ma ad agire sulla scena per **riprodurre parole e azioni** dei personaggi che interpretano. Nel testo teatrale, quindi, non è il narratore che si incarica di collegare tra loro personaggi e azioni che fanno parte della stessa storia, ma le azioni sono spiegate dalle parole stesse dei personaggi: lo spettatore assiste allo **svolgersi della storia** e la ricostruisce attraverso le **parole** (che ovviamente possono presentare anche fatti estranei alla scena o personaggi assenti) e la **mimica** degli attori, cioè attraverso l'**azione scenica**.

Nel testo teatrale, inoltre, **l'azione avviene sempre al presente**, in un tempo simile a quello reale; ogni scena occupa la **quantità di tempo reale necessaria per il suo svolgimento** (cioè per pronunciare la battute e compiere le azioni volute dall'autore del testo), laddove nel testo narrativo, come sappiamo, il tempo può essere abbreviato o dilatato con grande libertà.

Attenzione!

Il fatto che la durata della rappresentazione di una scena coincida con il tempo reale necessario per il suo svolgimento non significa che il teatro non abbia le sue libertà: come in qualsiasi testo narrativo, il drammaturgo può ricorrere al flashback o al flash forward, può sintetizzare alcuni avvenimenti (facendoli raccontare a un personaggio) e può dilatare alcuni momenti (per esempio fermando l'azione per lasciare spazio a un monologo).

Il narratore e l'autore nel testo teatrale

Abbiamo detto che nel testo teatrale non esiste la figura del **narratore**, ma l'affermazione non è del tutto corretta. Innanzitutto, è possibile che in un testo teatrale vi sia un personaggio che ha il compito di narrare la storia, come la "**voce fuori campo**" nel cinema. In questo caso, non molto frequente, ma non trascurabile, il personaggio del narratore assume un ruolo molto simile a quello della **voce narrante** dei testi narrativi, anche se, naturalmente, non può essere una voce incorporea come al cinema, ma è un personaggio, interpretato da un attore, che compare sulla scena ecc.
Anche nei testi teatrali più tradizionali, in cui non esiste cioè un personaggio-narratore, l'autore può ricavarsi però dei **momenti in cui interviene a spiegare o a commentare** l'azione dei personaggi. Questi momenti sono il prologo e l'epilogo.

prologo Nel teatro tradizionale, classico o moderno, la recitazione teatrale può essere aperta da un prologo, cioè da una specie di **premessa** che mette gli spettatori al corrente dei fatti necessari a capire la vicenda che sta per svilupparsi. Il prologo è di solito **nettamente separato** dal testo teatrale vero e proprio e non è affidato a uno dei personaggi del dramma.

epilogo Alla fine della vicenda, la **conclusione della storia** può essere commentata in un epilogo, che chiarisce i **dettagli rimasti in sospeso** dopo l'ultima scena ed eventualmente ricava **la morale della storia**. L'epilogo può essere affidato a **uno dei personaggi** o avere carattere **corale**, collettivo. Di solito, come nel prologo, chi lo recita si rivolge direttamente al pubblico.

Attenzione!

Nelle due tragedie da lui scritte nei primi decenni dell'Ottocento, **Il conte di Carmagnola** e **Adelchi**, Alessandro Manzoni decise di ricavarsi "un cantuccio" per commentare i momenti più drammatici della vicenda, inserendo delle poesie dette "cori". Si tratta di momenti in cui l'azione scenica si interrompe e una voce esterna (quella dell'autore, che interpreta però un sentimento collettivo) interviene a spiegare, giudicare, approfondire.
I cori di Manzoni non hanno nulla a che vedere con il coro delle antiche tragedie e commedie greche [→ p. 362], che era un vero e proprio personaggio collettivo che partecipava all'azione scenica con le sue battute.

Rappresentazione dell'*Antigone* di Sofocle al Teatro greco di Siracusa (2005): sullo sfondo il coro, personaggio collettivo fondamentale della tragedia classica

Dal testo teatrale al testo narrativo e viceversa

Partendo da un **testo teatrale**, è sempre possibile costruire un **testo narrativo**: l'operazione fondamentale consiste nell'inserire una **voce narrante** (tendenzialmente esterna alla vicenda) e trasformare le didascalie in **brevi sequenze descrittive o di commento**. Naturalmente, il testo teatrale fa uso solo di **discorsi diretti**, mentre il testo narrativo potrà variare, ricorrendo al discorso indiretto, all'indiretto libero ecc.

Partendo da un **testo narrativo**, invece, non è sempre facile costruire un **testo teatrale**. Un racconto ricco di **dialoghi** e di battute si trasformerà molto più facilmente di un racconto ricco di sequenze descrittive e narrative. Un testo in cui la vicenda si svolge in **pochi ambienti ben definiti** e con **pochi personaggi principali** sarà più facile da "tradurre" rispetto a uno che prevede molti spostamenti nel tempo e nello spazio e grandi scene di massa… In questi casi, la "traduzione" più efficace potrebbe essere quella cinematografica.
Siccome la sceneggiatura cinematografica presenta molti punti di contatto con il testo teatrale, forniamo comunque alcune indicazioni sul modo per passare dall'una all'altra modalità comunicativa.

- Poiché nel testo teatrale tutte le parole pronunciate dai personaggi hanno forma di **dialogo**, qualunque discorso riportato in forma indiretta deve essere trasformato in modo che i personaggi lo possano pronunciare come **discorso diretto**.
- Occorre trasformare tutti i riferimenti ai luoghi, al tempo e alle condizioni ambientali in **indicazioni da inserire nelle didascalie**. In alternativa, si può fare in modo che le battute dei personaggi contengano **esplicite informazioni** in tal senso (per esempio: "Che strada buia!" / "Ormai è mezzanotte…" / "Che freddo stasera!" e così via).
- I pensieri e le riflessioni dei personaggi devono essere riportati alla forma del **monologo** che, come sappiamo, è quella cui il testo teatrale affida tale funzione.
- Le osservazioni, descrizioni ecc. che l'autore del testo narrativo usa per definire e precisare i personaggi devono essere trasformate in accurate **didascalie interne**, che indichino all'attore come muoversi, atteggiarsi, parlare per interpretare quel particolare personaggio.

Dal testo teatrale allo spettacolo teatrale

Il testo teatrale, come abbiamo detto, è finalizzato alla **messa in scena**, cioè è destinato a trasformarsi in **spettacolo teatrale**. Le differenze fra i due momenti sono molto importanti e si possono così sintetizzare.

Il testo teatrale è, con poche eccezioni, **opera di un solo autore**, o al massimo di due;
lo spettacolo teatrale è **un'opera collettiva**, alla cui riuscita concorrono addirittura decine di persone (regista, attori, costumista, scenografo, tecnici…).

Il testo teatrale fa uso di **un solo codice**, quello verbale;
lo spettacolo teatrale fa uso di **codici diversi** (visivo, sonoro, mimico, gestuale…).

L'autore, l'attore e il regista

Nelle prossime pagine, vedremo come il testo teatrale si è evoluto nel corso della sua lunga storia, dal **V secolo a.C.** a oggi.
A questa evoluzione hanno contribuito i diversi **luoghi fisici** in cui gli spettacoli teatrali si sono svolti (il teatro greco, la piazza medievale, il teatro moderno…) e la **fun-**

zione che le diverse società hanno attribuito e attribuiscono al teatro (strumento di coesione sociale, di riflessione etica e civile, di intrattenimento e di svago, di critica nei confronti delle istituzioni e del potere...).
Qui ci soffermiamo invece su una trasformazione recente, di fondamentale importanza proprio per quanto riguarda la **messa in scena** del testo, e cioè la nascita del **regista**.

Fino alla fine dell'Ottocento, e in molti casi anche nel Novecento, l'autore del testo teatrale era tradizionalmente uno degli attori che lo interpretavano sulla scena e svolgeva le funzioni di **capocomico**, cioè si occupava della messa in scena, dell'equilibrio fra le parti, della recitazione degli altri attori, insomma della riuscita complessiva dello spettacolo. **William Shakespeare** [→ p. 389], per esempio, non si limitava a scrivere i suoi testi, ma li recitava e ne curava l'allestimento – negli ultimi anni di vita divenne addirittura impresario, cioè proprietario (insieme ad altri) di uno dei teatri di Londra.
I ruoli incominciarono a differenziarsi nel corso del **Settecento**: **Carlo Goldoni** [→ p. 396], per esempio, era un drammaturgo ma non un attore; e così **Vittorio Alfieri**, **Friedrich Schiller**, **Alessandro Manzoni**, **Luigi Pirandello** [→ p. 413]...
La vera rivoluzione si ebbe però nei **primi anni del Novecento**, quando si affermò la figura del **regista**, distinto sia dagli attori che dal drammaturgo. La nascita di questa figura è sicuramente influenzata dalla nascita del **cinema**, dove il regista assume quasi subito il ruolo di coordinatore delle attività necessarie alla realizzazione dello spettacolo e di primo **responsabile della** sua **riuscita artistica**.

Il «Piccolo Teatro» di Milano, oggi intitolato al regista Giorgio Strehler che - insieme a Paolo Grassi e Nina Vinchi - lo fondò nel 1947, lo diresse e ne fu l'animatore fino al 1967 e poi ancora dal 1972 alla morte (1997)

La figura del regista spesso coincide ancora con quella dell'attore capocomico o del drammaturgo – **Luigi Pirandello**, **Bertolt Brecht** [→ p. 190] **Harold Pinter**, per esempio, hanno curato la messa in scena delle proprie opere; e molti grandi attori come **Giorgio Albertazzi**, **Giulio Bosetti** o **Glauco Mauri** sono stati spesso anche registi degli spettacoli in cui recitavano); ma la tendenza è a una **divisione dei ruoli sempre più netta**.
Tra i registi teatrali italiani più famosi, ricordiamo almeno **Luchino Visconti** (oggi noto soprattutto per i suoi film), **Giorgio Strehler** (uno dei più importanti innovatori del secondo dopoguerra) e **Luca Ronconi**.

In sintesi

- Il testo teatrale presenta alcune caratteristiche che lo rendono immediatamente riconoscibile:
  - è diviso in **atti** e in **scene**;
  - è organizzato in **battute** e **didascalie**.
- Il testo teatrale è per molti aspetti **simile al testo narrativo**, in quanto racconta una vicenda, con dei personaggi che agiscono in tempi e luoghi definiti.
- La principale differenza è legata all'**assenza del narratore**: il testo teatrale infatti "rappresenta", mentre il testo narrativo "racconta". Ma ci sono molti casi in cui questa contrapposizione risulta piuttosto sfumata.
- Il passaggio **da testo teatrale a testo narrativo** è sempre possibile; il passaggio contrario a volte è **più complesso** (per i limiti "tecnici" dello spettacolo teatrale).
- Il testo teatrale non va confuso con lo **spettacolo** teatrale, di cui il testo costituisce una parte, e non sempre la più importante.
- Lo spettacolo teatrale si avvale di **codici verbali e non verbali** (musica, danza, recitazione, mimica, scenografia ecc.).
- Il rapporto fra testo teatrale e spettacolo in passato era affidato soprattutto ai drammaturghi e agli attori. Oggi la figura più importante è in molti casi quella del **regista**.

Attività

1 **Leggi il seguente brano, tratto da *Sei personaggi in cerca d'autore* di Luigi Pirandello, e individua le battute e le didascalie, sottolineandole con colori diversi.**

IL CAPOCOMICO *(battendo le mani)* Su, su, cominciamo.
Al Direttore di scena:
Manca qualcuno?

IL DIRETTORE DI SCENA Manca la Prima Attrice.

IL CAPOCOMICO Al solito!
Guarderà l'orologio.
Siamo già in ritardo di dieci minuti. La segni, mi faccia il piacere. Così imparerà a venire puntuale alla prova.
Non avrà finito la reprensione, che dal fondo della sala si udrà la voce della Prima Attrice.

LA PRIMA ATTRICE No, no, per carità! Eccomi! Eccomi!
È tutta vestita di bianco, con un cappellone spavaldo in capo e un grazioso cagnolino tra le braccia; correrà attraverso il corridojo delle poltrone e salirà in gran fretta una delle scalette.

IL CAPOCOMICO Lei ha giurato di farsi sempre aspettare.

LA PRIMA ATTRICE Mi scusi. Ho cercato tanto una automobile per fare a tempo! Ma vedo che non avete ancora cominciato. E io non sono subito di scena.
Poi, chiamando per nome il Direttore di scena e consegnandogli il cagnolino:
Per piacere, me lo chiuda nel camerino.

IL CAPOCOMICO *(borbottando)* Anche il cagnolino! Come se fossimo pochi i cani qua.

2 **Nel seguente brano, tratto da *La locandiera* di Carlo Goldoni, abbiamo eliminato la divisione in scene; tenendo conto che all'inizio del brano ci sono in scena solo Mirandolina, il Conte e il Marchese, e che la divisione in scene rispetta l'entrata e l'uscita dei personaggi, individua e segnala sul testo dove si potrebbe collocare l'inizio di ogni scena.**

MIRANDOLINA Che uomo salvatico! Non ho veduto il compagno.

CONTE Cara Mirandolina, tutti non conoscono il vostro merito.

MIRANDOLINA In verità, son così stomacata del suo mal procedere, che or ora lo licenzio a dirittura.

MARCHESE Sì; e se non vuol andarsene, ditelo a me, che lo farò partire immediatamente. Fate pur uso della mia protezione.

CONTE E per il denaro che aveste a perdere, io supplirò e pagherò tutto. (Sentite, mandate via anche il Marchese, che pagherò io). *(Piano a Mirandolina.)*

MIRANDOLINA Grazie, signori miei, grazie. Ho tanto spirito che basta, per dire ad un forestiere ch'io non lo voglio, e circa all'utile, la mia locanda non ha mai camere in ozio.

FABRIZIO Illustrissimo, c'è uno che la domanda. *(Al Conte.)*

CONTE Sai chi sia?

FABRIZIO Credo ch'egli sia un legatore di gioje. (Mirandolina, giudizio; qui non istate bene). *(Piano a Mirandolina, e parte.)*

CONTE Oh sì, mi ha da mostrare un gioiello. Mirandolina, quegli orecchini, voglio che li accompagniamo.

MIRANDOLINA Eh no, signor Conte...

CONTE Voi meritate molto, ed io i denari non li stimo niente. Vado a vedere questo gioiello. Addio, Mirandolina; signor Marchese, la riverisco! *(Parte.)*

MARCHESE (Maledetto Conte! Con questi suoi denari mi ammazza). *(Da sé.)*

MIRANDOLINA In verità il signor Conte s'incomoda troppo.

MARCHESE Costoro hanno quattro soldi, e li spendono per vanità, per albagia. Io li conosco, so il viver del mondo.

MIRANDOLINA Eh, il viver del mondo lo so ancor io.

MARCHESE Pensano che le donne della vostra sorta si vincano con i regali.

MIRANDOLINA I regali non fanno male allo stomaco.

MARCHESE Io crederei di farvi un'ingiuria, cercando di obbligarvi con i donativi.

MIRANDOLINA Oh, certamente il signor Marchese non mi ha ingiuriato mai.

MARCHESE E tali ingiurie non ve le farò.

MIRANDOLINA Lo credo sicurissimamente.

MARCHESE Ma dove posso, comandatemi.

MIRANDOLINA Bisognerebbe ch'io sapessi, in che cosa può Vostra Eccellenza.

MARCHESE In tutto. Provatemi.

MIRANDOLINA Ma verbigrazia, in che?

MARCHESE Per bacco! Avete un merito che sorprende.

MIRANDOLINA Troppe grazie, Eccellenza.

MARCHESE Ah! direi quasi uno sproposito. Maledirei quasi la mia Eccellenza.

MIRANDOLINA Perché, signore?

MARCHESE Qualche volta mi auguro di essere nello stato del Conte.

MIRANDOLINA Per ragione forse de' suoi denari?

MARCHESE Eh! Che denari! Non li stimo un fico. Se fossi un Conte ridicolo come lui...

MIRANDOLINA Che cosa farebbe?

MARCHESE Cospetto del diavolo... vi sposerei. *(Parte.)*

MIRANDOLINA *(sola)*: Uh, che mai ha detto! L'eccellentissimo signor Marchese Arsura mi sposerebbe? Eppure, se mi volesse sposare, vi sarebbe una piccola difficoltà. Io non lo vorrei. Mi piace l'arrosto, e del fumo non so che farne. Se avessi sposati tutti quelli che hanno detto volermi, oh, avrei pure tanti mariti! Quanti arrivano a questa locanda, tutti di me s'innamorano, tutti mi fanno i cascamorti; e tanti e tanti mi esibiscono di sposarmi a dirittura. E questo signor Cavaliere, rustico come un orso, mi tratta sì bruscamente? [...] È una cosa che mi muove la bile terribilmente. È nemico delle donne? Non le può vedere? Povero pazzo! Non avrà ancora trovato quella che sappia fare. Ma la troverà. La troverà. E chi sa che non l'abbia trovata? Con questi per l'appunto mi ci metto di picca. Quei che mi corrono dietro, presto presto mi annoiano. Tutto il mio piacere consiste in vedermi servita, vagheggiata, adorata. Questa è la mia debolezza, e questa è la debolezza di quasi tutte le donne. A maritarmi non ci penso nemmeno; non ho bisogno di nessuno; vivo onestamente, e godo la mia libertà. Tratto con tutti, ma non m'innamoro mai di nessuno.

3 **All'interno del brano precedente si trova un monologo. Individualo e motiva la tua risposta.**

T1

Erri De Luca [→ p. 523]

Alla ricerca della libertà

da E. De Luca, *L'ultimo viaggio di Sindbad*, Einaudi

Ti proponiamo di analizzare le caratteristiche di un brano tratto da L'ultimo viaggio di Sindbad, *opera che racconta in forma teatrale episodi legati a un tema di drammatica attualità: quello dell'immigrazione clandestina in Europa dai Paesi africani. L'autore è un giornalista e scrittore politicamente molto impegnato, che ha pubblicato varie opere, anche in prosa e in versi, dedicate ai problemi della società contemporanea.*

SCENA 1

Notte, una piccola nave, una stiva in cui entrano uno alla volta dei passeggeri di fortuna, futuri clandestini[1] d'Europa. Terminato l'imbarco una voce brusca detta i primi ordini.

CAPITANO Malvenuti a bordo[2]. Per la durata della traversata resterete nella stiva. Sarà permessa l'uscita di un uomo alla volta e per un'ora al giorno. Nessuna donna esce. Ci sono satelliti che controllano pure quanti pidocchi abbiamo in testa. Chiaro?

Nessuno risponde.

CAPITANO Bene, ora mi presento, mi chiamo Sindbad, marinaio da che mondo è mondo. Sono il capitano, quello che vi farà sbarcare in bocca all'occidente, alla civiltà. Vedrete che civiltà, che accoglienza. Voi volete andare là e io vi porto, ma su questa barca le leggi le faccio io e chi sgarra finisce buttato a mare. Il mangiare passa una volta al giorno. Se c'è mare mosso non si mangia, così non si vomita e non si spreca il cibo. Per lavarsi c'è acqua di mare a volontà, là c'è il secchio, lo calate da quell'apertura sulla fiancata. Da bere un litro al giorno per ognuno. Non c'è il gabinetto, buttate fuori quello che vi esce.

Dopo il discorso, il trambusto di chi occupa il proprio spazio che conserverà per la durata della traversata. Sembrano di molte nazionalità.

MARINAIO Capitano Sindbad, c'è una donna incinta, piena fino alle orecchie[3]. Facile che sgrava[4] a bordo.
CAPITANO Non sono stato io a riempirla[5]. Sgravasse pure, ma dalla stiva non esce.
UN PASSEGGERO Siamo poveri e prigionieri come al nostro paese. E abbiamo anche pagato per questo.
ALTRO PASSEGGERO Io ho pagato per la libertà. Non importa come viaggio, mi possono infilare pure in una cassa da morto, basta che mi fanno sbarcare vivo. Dev'esserci da qualche parte la libertà e se sta dall'altra riva del mare io la trovo.
ALTRO PASSEGGERO Abbiamo patito così tanto che qua dentro sarà una villeggiatura.
MARINAIO Zitti, oh!

1 **futuri clandestini:** i passeggeri che si imbarcano di nascosto per raggiungere le coste europee sono destinati a diventare clandestini nella terra in cui arriveranno.
2 **Malvenuti a bordo:** il tradizionale saluto ("benvenuti a bordo") che accoglie i passeggeri sulle navi da crociera viene ironicamente trasformato in un'espressione che sottolinea le condizioni di drammatica precarietà in cui viaggeranno i clandestini.
3 **piena fino alle orecchie:** espressione cruda e gergale che il marinaio usa per segnalare che la gravidanza della donna è molto avanzata, quasi al termine.
4 **sgrava:** partorisce.
5 **Non sono ... a riempirla:** anche questa espressione è molto rude e rappresenta bene il disinteresse dei marinai di fronte alla sorte dei clandestini.

Le donne si muovono meglio degli uomini che sono spaesati e non sanno dove mettersi. Mentre loro in fretta e semplicemente si spartiscono i posti e li organizzano. Spunta uno spago, stendono un filo, appoggiano sopra una tela per separare[6]*. Uno straccio serve a ripulire, la donna incinta viene aiutata dalle altre a sistemarsi dove c'è un po' d'aria.*

SCENA 2

CAPITANO (*terminando le istruzioni dopo la prima sistemazione*). Non voglio buttare nessuno in mare, vi voglio scaricare tutti in terraferma, ma non vi voglio sentire. Niente liti tra di voi, voi siete delle casse, così è scritto sul libro di bordo[7] e non è la prima volta che butto una parte del carico a mare. Chi si fa trovare sul ponte senza permesso finisce in acqua.

Dopo un po' di silenzio un passeggero chiede:

PASSEGGERO Capitano Sindbad!
CAPITANO Che vuoi?
PASSEGGERO Dov'è l'oriente? Chiuso qua sotto non so da che parte voltare la preghiera.
CAPITANO La prua volta a occidente, l'oriente è a poppa dove senti il rumore delle eliche.
PASSEGGERO Grazie capitano Sindbad.
CAPITANO Niente grazie, il viaggio sarà lungo e molti di voi malediranno di essersi imbarcati. Ringraziate il Dio vostro che vi ha consigliato di mettervi in questo buco in mezzo al mare. Finché non saremo al largo dovete restare zitti. Quando avremo il mare sotto i piedi allora potete parlare, cantare, raccontarvi le vostre storie.

Breve cesura che fa intendere che sono già per mare, sale il brusio dei racconti, delle preghiere, di uno che a labbra mute accenna un canto mentre ripara qualcosa.

SCENA 3

Notte, in cabina di comando vicino alla barra del timone. Il capitano ascolta dal nostromo[8] *il conto degli imbarcati. Alla fine il nostromo conclude:*

NOSTROMO Gente di popoli nemici che a terra si è scannata e si scannerebbe subito, qui dorme fianco a fianco e si aiuta pure. Com'è strana l'umanità.
CAPITANO Oltre alle guide all'imbarco non c'era nessun altro? Qualcuno che all'ultimo momento non è voluto salire o che è venuto solo per accompagnare?
NOSTROMO Nessuno.
CAPITANO Non ci sono testimoni?
NOSTROMO No.
CAPITANO Meglio. [...]

Erri De Luca, autore di *L'ultimo viaggio di Sindbad*

6 **appoggiano ... separare:** i teli appesi a un filo separano, in modo approssimativo, lo spazio delle donne da quello degli uomini.
7 **voi siete ... di bordo:** il capitano trasporta in modo illegale i clandestini, dichiarando ufficialmente di trasportare solo merce imballata in casse.
8 **nostromo:** sottufficiale di marina che ha la funzione di intermediario tra il comandante e l'equipaggio.

In sintesi

- Il testo di De Luca si presenta suddiviso in **tre scene.** In questo caso, la divisione non è legata all'entrata e all'uscita dei vari personaggi, ma al **passare del tempo** (tra la prima e la seconda scena i clandestini si sistemano) e al **cambiamento di luogo** (tra la seconda e la terza scena si passa dalla stiva alla cabina del capitano).
- Il testo è costituito da battute e didascalie. Le **battute** sono tutte di **dialogo** (non vi sono monologhi) e tutte piuttosto **brevi.** Le **didascalie** sono invece piuttosto **lunghe**, con poche eccezioni, e servono a spiegare ciò che avviene sulla scena mentre i personaggi restano in silenzio. La presenza di queste didascalie sottolinea l'importanza che ha, nello spettacolo, la **comunicazione non verbale** – i movimenti dei personaggi, i loro gesti, le loro espressioni ecc.

Attività

1 **Rileggi la prima didascalia e spiega la funzione che svolge.**
- per chi legge il testo teatrale ....
....
- per chi deve mettere in scena il testo teatrale ....
....

2 **Rileggi la didascalia alla fine della prima scena («Le donne si muovono... c'è un po' d'aria»).**
- Possiamo considerarla una didascalia di raccordo narrativo? Perché?
- Qual è la sua importanza sul piano tematico, tenendo presente la vicenda che viene narrata?

3 **Rifletti sul ruolo dei vari personaggi e aggiungi una didascalia appropriata a fianco delle seguenti battute.**

a. MARINAIO (....) *Capitano Sindbad, c'è una donna incinta, piena fino alle orecchie. Facile che sgrava a bordo.*

b. CAPITANO (....) *Non sono stato io a riempirla. Sgravasse pure, ma dalla stiva non esce.*

c. UN PASSEGGERO (....) *Siamo poveri e prigionieri come al nostro paese. E abbiamo anche pagato per questo.*

d. NOSTROMO (....) *Gente di popoli nemici che a terra si è scannata e si scannerebbe subito, qui dorme fianco a fianco e si aiuta pure. Com'è strana l'umanità.*

T2

Luigi Pirandello [→ p. 413]

«La patente»: dalla novella... all'atto unico

da L. Pirandello, *La patente*, in *Novelle per un anno*, e *Maschere nude*; Mondadori

Vedremo ora in che modo Luigi Pirandello, scrittore e drammaturgo siciliano, ha trasformato un suo racconto in prosa in un testo teatrale.
Presentiamo innanzitutto un brano del racconto, che narra l'incontro fra i due protagonisti, il giudice D'Andrea e il signor Chiàrchiaro. Quest'ultimo, considerato da tutti uno iettatore, cioè uno che porta sfortuna, ha deciso di querelare i suoi detrattori: ma non, come crede il giudice, per ottenere la loro giusta condanna, bensì per vedere confermata pubblicamente la propria fama di iettatore e sfruttare economicamente la superstizione della gente, vendicandosi così di tutti i soprusi patiti.

Ahimè, è proprio vero che è molto più facile fare il male che il bene, non solo perché il male si può fare a tutti e il bene solo a quelli che ne hanno bisogno; ma anche, anzi sopra tutto, perché questo bisogno d'aver fatto il bene rende spesso così acerbi e irti[1] gli animi di coloro che si vorrebbero beneficare, che il beneficio diventa difficilissimo.

Se n'accorse bene quella volta il giudice D'Andrea, appena alzò gli occhi a guardare il Chiàrchiaro, che gli era entrato nella stanza, mentr'egli era intento a scrivere. Ebbe uno scatto violentissimo e buttò all'aria le carte, balzando in piedi e gridandogli:

– Ma fatemi il piacere! Che storie son queste? Vergognatevi!

Il Chiàrchiaro s'era combinata una faccia da jettatore, ch'era una meraviglia a vedere. S'era lasciata crescere su le cave gote gialle una barbaccia ispida e cespugliuta[2]; s'era insellato[3] sul naso un pajo di grossi occhiali cerchiati d'osso, che gli davano l'aspetto d'un barbagianni[4]; aveva poi indossato un abito lustro[5], sorcigno[6], che gli sgonfiava[7] da tutte le parti.

1 acerbi e irti: aspri e scontrosi.
2 cespugliuta: folta come un cespuglio.
3 insellato: messo.
4 barbagianni: uccello rapace notturno, riconoscibile per il cerchio bianco attorno agli occhi.
5 lustro: lucido per l'usura.
6 sorcigno: di un colore simile a quello del sorcio (cioè grigio-topo).
7 sgonfiava: pendeva.

Locandina di una messa in scena della *Patente* curata, nel 1998, dalla compagnia teatrale dell'Associazione culturale «Scintilla» di Morlupo (Roma)

Allo scatto del giudice non si scompose. Dilatò le nari[8], digrignò i denti gialli e disse sottovoce:

– Lei dunque non ci crede?

– Ma fatemi il piacere! – ripeté il giudice D'Andrea. – Non facciamo scherzi, caro Chiàrchiaro! O siete impazzito? Via, via, sedete, sedete qua.

E gli s'accostò e fece per posargli una mano su la spalla. Subito il Chiàrchiaro sfagliò[9] come un mulo, fremendo:

– Signor giudice, non mi tocchi! Se ne guardi bene! O lei, com'è vero Dio, diventa cieco!

Il D'Andrea stette a guardarlo freddamente, poi disse:

– Quando sarete comodo... Vi ho mandato a chiamare per il vostro bene. Là c'è una sedia, sedete.

Il Chiàrchiaro sedette e, facendo rotolar con le mani su le cosce la canna d'India[10] a mo' d'un matterello, si mise a tentennare il capo.

– Per il mio bene? Ah, lei si figura di fare il mio bene, signor giudice, dicendo di non credere alla jettatura?

Il D'Andrea sedette anche lui e disse:

– Volete che vi dica che ci credo? E vi dirò che ci credo! Va bene così?

– Nossignore, – negò recisamente[11] il Chiàrchiaro, col tono di chi non ammette scherzi. – Lei deve crederci sul serio, e deve anche dimostrarlo istruendo il processo!

– Questo sarà un po' difficile, – sorrise mestamente il D'Andrea. – Ma vediamo di intenderci, caro Chiàrchiaro. Voglio dimostrarvi che la via che avete preso non è propriamente quella che possa condurvi a buon porto.

– Via? porto? Che porto e che via? – domandò, aggrondato[12], il Chiàrchiaro.

– Né questa d'adesso, – rispose il D'Andrea, – né quella là del processo. Già l'una e l'altra, scusate, sono tra loro così.

E il giudice D'Andrea infrontò[13] gl'indici delle mani per significare che le due vie gli parevano opposte.

Il Chiàrchiaro si chinò e tra i due indici così infrontati del giudice ne inserì uno suo, tozzo, peloso e non molto pulito.

– Non è vero niente, signor giudice! – disse, agitando quel dito.

– Come no? – esclamò il D'Andrea. – Là accusate come diffamatori due giovani perché vi credono jettatore, e ora qua voi stesso vi presentate innanzi a me in veste di jettatore e pretendete anzi ch'io creda alla vostra jettatura. [...]

Il Chiàrchiaro ebbe un prorompimento[14] di stizza per la durezza di mente del giudice D'Andrea; si levò in piedi, gridando con le braccia per aria:

– Ma perché io voglio, signor giudice, un riconoscimento ufficiale della mia potenza, non capisce ancora? Voglio che sia ufficialmente riconosciuta questa mia potenza spaventosa, che è ormai l'unico mio capitale[15]!

E ansimando, protese il braccio, batté forte sul pavimento la canna d'India e rimase un pezzo impostato in quell'atteggiamento grottescamente imperioso.

Il giudice D'Andrea si curvò, si prese la testa tra le mani, commosso, e ripeté:

– Povero caro Chiàrchiaro mio, povero caro Chiàrchiaro mio, bel capitale! E che te ne fai?

– Che me ne faccio? – rimbeccò pronto il Chiàrchiaro. – Lei, padrone mio, per esercitare codesta professione di giudice, anche così male come la esercita, mi dica un po', non ha dovuto prender la laurea?

– La laurea, sì.

– Ebbene, voglio anch'io la mia patente, signor giudice! La patente di jettatore. Col bollo. Con tanto di bollo legale! Jettatore patentato dal regio tribunale[16].

8 nari: narici.
9 sfagliò: questo verbo indica il movimento brusco che fanno i cavalli o i muli quando sono spronati da un colpo di sperone o di frusta.
10 la canna d'India: bastone da passeggio di canna indiana.
11 recisamente: in maniera decisa e risoluta.
12 aggrondato: accigliato, con un'espressione cupa.
13 infrontò: contrappose i due indici l'uno all'altro, congiungendo le loro punte.
14 prorompimento: moto improvviso.
15 l'unico mio capitale: la mia unica risorsa.
16 regio tribunale: l'Italia, all'epoca in cui Pirandello scriveva, era una monarchia.

Proponiamo ora la versione teatrale dell'episodio. Gli avvenimenti e molte delle parole sono gli stessi del testo narrativo, ma l'autore introduce anche significativi cambiamenti in vista della messa in scena.

Rosario Chiàrchiaro s'è combinata una faccia da jettatore che è una meraviglia a vedere. S'è lasciato crescere su le cave gote gialle una barbaccia ispida e cespugliata; s'è insellato sul naso un pajo di grossi occhiali cerchiati d'osso che gli dànno l'aspetto d'un barbagianni; ha poi indossato un abito lustro, sorcigno, che gli sgonfia da tutte le parti, e tiene una canna d'India in mano col manico di corno. Entra a passo di marcia funebre, battendo a terra la canna a ogni passo, e si para[17] *davanti al giudice.*

D'ANDREA (*con uno scatto violento d'irritazione, buttando via le carte del processo*) Ma fatemi il piacere! Che storie son queste! Vergognatevi!

CHIÀRCHIARO (*senza scomporsi minimamente allo scatto del giudice, digrigna i denti gialli e dice sottovoce*) Lei dunque non ci crede?

D'ANDREA V'ho detto di farmi il piacere! Non facciamo scherzi, via, caro Chiàrchiaro! – Sedete, sedete qua!

Gli s'accosta e fa per posargli una mano sulla spalla.

CHIÀRCHIARO (*subito, tirandosi indietro e fremendo*) Non mi s'accosti! Se ne guardi bene! Vuol perdere la vista degli occhi?

D'ANDREA (*lo guarda freddamente, poi dice*) Seguitate… Quando sarete comodo… – Vi ho mandato a chiamare per il vostro bene. Là c'è una sedia: sedete.

CHIÀRCHIARO (*prende la seggiola, siede, guarda il giudice, poi si mette a far rotolare con le mani su le gambe la canna d'India come un matterello e tentenna a lungo il capo. Alla fine mastica*) Per il mio bene… Per il mio bene, lei dice… Ha il coraggio di dire per il mio bene! E lei si figura di fare il mio bene, signor giudice, dicendo che non crede alla jettatura?

D'ANDREA (*sedendo anche lui*) Volete che vi dica che ci credo? Vi dirò che ci credo! Va bene?

CHIÀRCHIARO (*recisamente, col tono di chi non ammette scherzi*) Nossignore! Lei ci ha da credere sul serio, sul seri-o! Non solo, ma deve dimostrarlo istruendo il processo.

D'ANDREA Eh, via! Sedete! V'ho detto di non fare storie!

CHIÀRCHIARO Io, storie? Non mi cimenti[18]; o ne farà una tale esperienza… – Si tocchi, si tocchi[19]!

D'ANDREA Ma io non mi tocco niente.

CHIÀRCHIARO Si tocchi, le dico! Sono terribile, sa?

D'ANDREA (*severo*) Basta, Chiàrchiaro! Non mi seccate. Sedete e vediamo d'intenderci. Vi ho fatto chiamare per dimostrarvi che la via che avete preso non è propriamente quella che possa condurvi a buon porto.

CHIÀRCHIARO Signor giudice, io sono con le spalle al muro dentro un vicolo cieco. Di che porto, di che via mi parla?

D'ANDREA Di questa per cui vi vedo incamminato e di quella là della querela che avete sporto. Già l'una e l'altra, scusate, sono tra loro così.

Infronta gl'indici delle due mani per significare che le due vie gli sembrano in contrasto.

CHIÀRCHIARO Nossignore. Pare a lei, signor giudice.

D'ANDREA Come no? Là nel processo, accusate come diffamatori due, perché vi credono jettatore; e ora qua vi presentate a me, parato così, in veste di jettatore, e pretendete anzi ch'io creda alla vostra jettatura.

[…]

CHIÀRCHIARO […] Io mi sono querelato perché voglio il riconoscimento ufficiale della mia potenza. Non capisce ancora? Voglio che sia ufficialmente riconosciuta questa mia potenza terribile, che è ormai l'unico mio capitale, signor giudice!

D'ANDREA (*facendo per abbracciarlo, commosso*) Ah, povero Chiàrchiaro! E che te ne fai?

CHIÀRCHIARO Che me ne faccio? Come, che me ne faccio? Lei, caro signore, per esercitare codesta professione di giudice – anche così male come la esercita – mi dica un po', non ha dovuto prendere la laurea?

D'ANDREA Eh, sì, la laurea…

CHIÀRCHIARO E dunque! Voglio anch'io la mia patente. La patente di jettatore. Con tanto di bollo. Bollo legale. Jettatore patentato dal regio tribunale.

17 si para: si presenta.
18 Non mi cimenti: non mi provochi.
19 Si tocchi, si tocchi: come gesto di scongiuro contro la malasorte.

In sintesi

- **Nel testo narrativo** l'autore si rivolge al lettore con la mediazione di un **narratore**, che descrive la situazione, l'aspetto e gli atteggiamenti dei personaggi; egli ne riferisce i discorsi utilizzando per lo più il **discorso diretto**, ma i **dialoghi** sono inseriti nella narrazione – introdotti da verbi come «gridandogli», «disse sottovoce» ecc., e accompagnati da commenti più o meno ampi («balzando in piedi», «non si scompose» ecc.).
- **Il testo narrativo** inizia con una **riflessione del narratore**, che **non può trovare spazio** nella **trasposizione teatrale**: poiché non riporta i pensieri dei personaggi, non può essere inserita nei dialoghi, né diventare una didascalia, dato che il narratore non ha alcuna parte in un testo drammatico.
- **Il testo teatrale** può accogliere senza variazioni i **dialoghi**, che erano già nella forma del discorso diretto: le modifiche introdotte da Pirandello servono a rendere il dialogo **più vivace** o di tono **più colloquiale** e così via.
- **Nel testo teatrale** le **didascalie** sono **ampie e articolate**. Poiché la scena si svolge verso la fine della vicenda, contengono poche **indicazioni di regia** (relative a messa in scena, ambientazione ecc.), che sono già state date. In questi casi, l'autore utilizza le parole della novella, trasformando le descrizioni in didascalie di regia.
- **Nel testo teatrale** sono invece più numerose le **indicazioni per gli attori** (sugli atteggiamenti, i toni di voce, le espressioni da assumere). Anch'esse utilizzano dove possibile le stesse parole del testo narrativo.

Attività

1 **Individua almeno tre didascalie contenenti indicazioni di regia e tre didascalie contenenti indicazioni agli attori e sottolineale in colori diversi, poi motiva le tue scelte.**

2 **Nella didascalia in cui viene descritto l'abbigliamento di Chiàrchiaro, che cosa cambia Pirandello rispetto alla stessa descrizione della novella? Come ti spieghi questa scelta?**

3 **Confrontando il testo narrativo con quello drammatico, noterai che nel dialogo sono state aggiunte alcune battute.**
- Quali? sottolineale nel testo
- Che tono e che registro stilistico hanno le nuove battute? È più elevato o più popolare?
- Qual è la funzione delle nuove battute?
  - ☐ completare le informazioni per il pubblico
  - ☐ rendere il dialogo più realistico
  - ☐ accentuare l'aspetto comico della situazione
  - ☐ altro (da specificare) ....

4 **Leggi ad alta voce il testo narrativo misurando quanto tempo ci metti, poi, insieme a un compagno, "recita" le battute del testo teatrale, misurando anche in questo caso il tempo impiegato.**
- Che cosa noti?
- Quale delle due letture occupa il tempo "reale" di svolgimento della scena?
- Quale richiede un tempo maggiore e perché?

5 **Ti proponiamo un brano tratto da una famosa novella di Pirandello, *Lumìe di Sicilia* [→ vol. Narrativa]. Trasformalo in un testo teatrale, imitando il lavoro svolto dall'autore.**

– Teresina sta qui?
Il cameriere, ancora in maniche di camicia, ma già impiccato in un altissimo solino, squadrò da capo a piedi il giovanotto che gli stava davanti.
– Teresina? E chi è? – domandò a sua volta, marcando le folte ciglia giunte, che parevano due baffi rasi dal labbro e appiccicati lí per non perderli.
Il giovanotto scosse prima la testa per far saltare dalla punta del naso una gocciolina di freddo, poi rispose:
– Teresina, la cantante.
– Ah, – esclamò il cameriere, con un sorriso d'ironico stupore: – Si chiama così, senz'altro, Teresina? E voi chi siete?
– C'è o non c'è? – domandò il giovanotto, corrugando le ciglia e sorsando col naso. – Ditele che c'è Micuccio e lasciatemi entrare.
– Ma non c'è nessuno a quest'ora, – rispose il cameriere, col sorriso rassegato su le labbra. – La signora Sina Marnis è ancora a teatro e...
– Anche zia Marta? – lo interruppe Micuccio.
– Ah, lei è il nipote?
E il cameriere si fece subito cerimonioso.
– Favorisca allora, favorisca. Non c'è nessuno. Anche lei a teatro, la Zia. Prima del tocco non ritorneranno. È la serata d'onore di sua... come sarebbe di lei, la signora? cugina, allora?
Micuccio restò un istante impacciato.
– Non sono... no, non sono cugino, veramente. Sono... sono Micuccio Bonavino; lei lo sa. Vengo apposta dal paese.
A questa risposta il cameriere stimò innanzi tutto conveniente ritirare il lei e riprendere il voi; introdusse Micuccio in una cameretta al bujo presso la cucina, dove qualcuno ronfava strepitosamente, e gli disse:
– Sedete qua. Adesso porto un lume.
Micuccio guardò prima dalla parte donde veniva quel ronfo, ma non poté discernere nulla; guardò poi in cucina, dove il cuoco, assistito da un guattero, apparecchiava da cena. L'odor misto delle vivande in preparazione lo vinse: n'ebbe quasi un'ebbrietà vertiginosa: era poco men che digiuno dalla mattina; veniva dalla provincia di Messina; una notte e un giorno intero in ferrovia.
Il cameriere recò il lume, e quello che ronfava nella stanza, dietro una cortina sospesa a una funicella da una parete all'altra, borbottò tra il sonno:
– Chi è?
– Ehi, Dorina, sú! – chiamò il cameriere. – Vedi che c'è qui il signor Bonvicino.
– Bonavino, – corresse Micuccio, che stava a soffiarsi su le dita.
– Bonavino, Bonavino, conoscente della signora. Tu dormi della grossa: suonano alla porta e non senti. Io ho da apparecchiare, non posso far tutto io, capisci?, badare al cuoco che non sa, alla gente che viene.

4.2 Il teatro nell'antichità

Il teatro, invenzione dei greci

Una tragedia di Sofocle: «Edipo re»

T1 Sofocle, **Edipo inaugura l'indagine** (da *Edipo re*)
«Edipo Re»

T2 Sofocle, **Il colpevole sei proprio tu** (da *Edipo re*)
– *Guida alla lettura* – *Attività*

Una tragedia di Euripide: «Medea»

T3 Euripide, **La storia di Medea** (da *Medea*)
«Medea»

T4 Euripide, **Medea parla alle donne di Corinto** (da *Medea*)
– *Guida alla lettura* – *Attività*

Dal palcoscenico allo schermo Euripide-P.P. Pasolini, **Medea**

In galleria **Medea tra Romanticismo e Modernismo**

Una commedia di Plauto: «Il soldato fanfarone»

T5 Plauto, **Presentazione del protagonista** (da *Il soldato fanfarone*)
«Il soldato fanfarone»

T6 Plauto, **Bastonatura finale** (da *Il soldato fanfarone*)
– *Guida alla lettura* – *Attività*

Tiriamo le fila **Il teatro antico**

Antologia on line

T1 @ Eschilo, **La soglia fatale** (da *Agamennone*)
– *Guida alla lettura* – *Attività*

T2 @ Aristofane, **Lo sciopero delle donne** (da *Lisistrata*)
– *Guida alla lettura* – *Attività*

Il teatro, invenzione dei greci

Il teatro, **tragico** e **comico**, è una delle grandi invenzioni dell'**antica Grecia**. È infatti agli Ateniesi del **V secolo** che si deve la codificazione dei due generi teatrali fondamentali dell'antichità, la **tragedia** (con Eschilo, Sofocle ed Euripide) e la **commedia** (con Aristofane).

La tragedia e le sue origini

Aristotele, uno tra i più grandi filosofi dell'antichità, nel IV secolo definì la **tragedia** come il culmine dell'arte poetica greca. Aristotele pensava naturalmente alle opere dei tre grandi autori del V secolo a.C., **Eschilo**, **Sofocle** [→ p. 367] ed **Euripide** [→ p. 373]. Ma che cosa precedette le opere dei grandi tragici? In altre parole, quale fu l'origine della tragedia? La questione era molto dibattuta già nell'antichità, e continua a esserlo ancora oggi. Quel che è indubbio è che essa era legata al culto del **dio Dioniso**, tant'è che gli spettacoli tragici avevano sempre luogo proprio durante le feste annuali in suo onore, le "Grandi Dionisie". Tracce del culto del dio sono peraltro presenti anche nel nome stesso "tragedia", in greco *tragodía*, la cui prima parte – *trágos* – indica il "capro", animale sacro a Dioniso. "Tragedia" sarebbe quindi il "canto" (*-odía*, dal greco *odé*) "in onore del capro" che simboleggiava Dioniso.
Secondo la tradizione, le **prime rappresentazioni** tragiche risalgono al **535 a.C.**: esse, ovviamente prive della perfezione formale tipica delle opere dei tre grandi tragici, dovevano essere dei rudimentali **dialoghi tra un attore e un coro** che gli rispondeva, aventi come oggetto dei miti collegati in qualche modo con il culto dionisiaco. Come si sia arrivati, da questa forma embrionale, alla tragedia attica di età classica è tuttavia ancora ignoto.

La struttura della tragedia

Nell'età classica la tragedia aveva una sua precisa struttura. Iniziava con un **prologo**, recitato da uno o più personaggi che introducevano al pubblico il tema trattato; proseguiva poi con il **pàrodo**, che era il canto con cui faceva il suo ingresso il **coro**, elemento costitutivo fondamentale della tragedia, che aveva il compito di commentare l'azione dei personaggi. Seguivano poi una serie di **episodi**, in numero variabile, in cui si dipanava l'azione; essi erano intervallati da un pari numero di **stasimi**, intermezzi cantati del coro. La tragedia era infine conclusa da una parte finale chiamata **esodo**.
In origine, l'attore che dialogava con il coro era soltanto uno. Eschilo portò a due il numero degli attori; Sofocle, infine, aumentò questo numero a tre. Ovviamente, i personaggi della tragedia potevano essere anche più di tre, ma questo non costituiva un problema: l'attore, infatti, poteva interpretare più di un ruolo perché indossava una **maschera**, che rendeva immediatamente riconoscibile il personaggio. L'uso della maschera, peraltro, permetteva agli attori – **sempre e solo uomini** – di interpretare anche **ruoli femminili** e serviva ad **amplificare la voce**, rendendo le parole udibili a tutti gli spettatori.

Giorgio de Chirico, *La commedia e la tragedia*, 1926

La tragedia e il mito

La tragedia antica ha quasi sempre come **argomento** una **vicenda tratta dalla mitologia** (l'eccezione più importante è rappresentata dai *Persiani* di Eschilo, che parla delle guerre persiane, cioè di un argomento storico e non mitologico, ma si tratta appunto di un'eccezione).
Il **mito** [→ vol. Epica] rappresenta il patrimonio culturale per eccellenza dei Greci, tramandato, fin dai tempi più antichi, nella forma dell'**epica**. La tragedia affronta quindi vicende ben note agli spettatori, ma con **modalità originali** e profondamente **innovative**. Il mito dell'epica, infatti, è "parola", "racconto" (questo significa il termine greco *epos*);

il mito della tragedia, al contrario, è *drama*, termine da cui deriva il nostro "dramma", e che significa "azione": è un mito, dunque, non più narrato ma **rappresentato**.

Questo implica una **perdita di libertà espressiva** rispetto al racconto epico, che essendo orale poteva essere variato con grande libertà, a seconda delle circostanze e delle esigenze del pubblico; il tragediografo, al contrario, deve scrivere la sua opera ritagliando un circoscritto **frammento** del mito e collocandolo in uno **spazio** e in un **tempo** rappresentabili sulla scena. Tale limite, d'altro canto, è compensato da una **straordinaria rivoluzione**: il personaggio, l'eroe tragico, si esprime **in prima persona** per svelare al pubblico la sua **identità**, la sua natura, le sue riflessioni, le sue debolezze: la tragedia conferisce **profondità** alle figure del mito, trasforma il mito in qualcosa di **più complesso** e di più profondo, avvicinandolo notevolmente all'**esperienza degli spettatori** che lo guardano.

Il conflitto dell'eroe tragico

La tragedia, dunque, ha come oggetto un episodio circoscritto del mito; al centro di essa, in particolare, è la **sofferenza** di un **eroe** o di un'**eroina**, che si trova a dover affrontare un **conflitto** privo di soluzione: una vicenda tragica, infatti, non è semplicemente una vicenda che "finisce male", ma piuttosto una situazione che pone i protagonisti di fronte a una **scelta impossibile** – e nello stesso tempo **inevitabile**.

Pensiamo, per esempio, a **Oreste**, chiamato a vendicare la morte del proprio padre Agamennone, ucciso al suo ritorno da Troia dalla moglie Clitemnestra. Se Oreste deciderà di compiere l'assassinio – come di fatto farà –, sarà **empio**, perché matricida; se si rifiuterà di farlo, sarà ugualmente **empio**, perché verrà meno al suo dovere di vendicare il padre. Oppure pensiamo ad **Antigone**, che decide di dare sepoltura al cadavere del proprio fratello Polinice – morto combattendo contro la sua patria –, ben sapendo che, in questo modo, sarà condannata a morte: Antigone deve decidere se ubbidire alle **leggi della natura** (che impongono di seppellire il fratello morto) o a **quelle della città** (che glielo vietano).

La tragedia, dunque, mette in scena il **dolore**, la sofferenza dell'eroe: una **sofferenza inspiegabile**, considerata non già come conseguenza di una qualche colpa, ma come **puro dato di fatto**, parte integrante dell'esperienza di tutti gli uomini. Posto di fronte a un bivio, l'eroe tragico deve agire, pur essendo ben consapevole che la sua azione porterà non a una liberazione dal male, ma piuttosto a **ulteriori sciagure e infelicità**. La sua **scelta**, peraltro, se da un lato è **totalmente libera**, dall'altro è tuttavia **determinata**, limitata da **forze esterne e superiori** – per esempio la volontà divina, il caso, le leggi della città – con le quali egli deve necessariamente scontrarsi.

Benché personalissima, la situazione nella quale il personaggio tragico si muove è al contempo **universale**: tutti gli uomini, di tutti i tempi, possono riconoscersi in essa, perché essa è una **metafora** del **destino umano** nel suo complesso.

La tragedia come rito religioso e civile

È molto difficile riuscire a immaginare che cosa significasse per i Greci assistere a una tragedia, perché l'esperienza che essi avevano del teatro era molto diversa dalla nostra. Noi andiamo a teatro per svago, per divertimento, per piacere, in generale per assistere, individualmente, a un evento "spettacolare". Per gli Ateniesi, al contrario, la rappresentazione delle tragedie era un **evento collettivo** e grandioso, la cui organizzazione coinvolgeva l'intera città. Erano i **magistrati** cittadini, infatti, a scegliere le opere da rappresentare, il cui allestimento era finanziato dalle **casse pubbliche**. Agli spettacoli, peraltro, l'intera **popolazione libera** era tenuta a **partecipare**, e tale partecipazione era ritenuta talmente importante che la città forniva un **sussidio** per consentire di acquistare il biglietto anche a chi non ne aveva le possibilità economiche. Andare a teatro, dunque, era un **diritto** e un **dovere**, perché si trattava di un'**esperienza significativa** sotto diversi punti di vista. Era, innanzitutto, un'**esperienza rituale e religiosa**, visto che le rappresentazioni avevano luogo nell'ambito delle feste che ogni anno venivano celebrate in onore del dio Dioniso. Ma era anche un'**esperienza culturale** e, in senso lato "**politica**": gli spettatori venivano

Lawrence Alma-Tadema, *L'offerta a Dioniso*, 1889

profondamente coinvolti dallo spettacolo, perché la vicenda mitica in esso rappresentata, pur essendo lontana nel tempo e nello spazio, era calata nella **realtà contemporanea**, e trattava **temi** che, al di là del contenuto universale di cui abbiamo parlato, erano anche estremamente **attuali**, vivi nel **dibattito** di quegli anni. La tragedia, insomma, aveva anche una specifica **funzione educativa**: assistere a essa significava riflettere su alcuni argomenti importanti che riguardavano lo spettatore come individuo e come cittadino, perché egli uscisse dal teatro diverso da come vi era entrato.

La commedia: comicità e lieto fine

La **commedia** si contrappone alla tragedia per il carattere **comico** delle situazioni e dei dialoghi e per la presenza del **lieto fine**. Nelle Grandi Dionisie, le feste ateniesi durante le quali si rappresentavano le opere teatrali, i due generi erano strettamente legati: ogni drammaturgo doveva infatti scrivere **tre tragedie**, fra loro collegate, e **una commedia conclusiva**.

Dal punto di vista **tecnico**, la commedia antica aveva le **stesse caratteristiche della tragedia**: un attore o due (eccezionalmente tre) che dialogavano col coro e col corifeo. Il coro delle commedie poteva essere costituito da animali o da oggetti (come nelle *Rane* o nelle *Nuvole* di Aristofane, il più celebre autore di commedie dell'antica Grecia). Come nella tragedia, gli attori indossavano maschere e calzature particolari.

Profondamente diversi erano invece i **temi**: la tragedia affrontava argomenti tratti dal mito e aveva come protagonisti re e regine, eroi ed eroine; la commedia affrontava invece argomenti tratti dalla **vita quotidiana** e dalla **realtà concreta**, a volte addirittura dalla **cronaca**. Soprattutto nel V secolo, con le opere di **Aristofane**, la commedia assume spesso il carattere di una vera e propria **satira politica** e culturale, mettendo alla berlina la corruzione dei costumi, le ipocrisie e i pregiudizi diffusi, con l'intento di spingere gli spettatori alla **riflessione morale e civile**.

Con la fine della democrazia ateniese, nel IV secolo, mentre la tragedia perdeva la sua importanza, la commedia riusciva invece a **rinnovarsi**, trascurando però le tematiche più "impegnate" e dedicandosi soprattutto a vicende di amori ostacolati e di beffe più o meno riuscite. I protagonisti non sono più uomini politici importanti o intellettuali in vista, chiamati apertamente in causa col loro nome, ma giovani scapestrati, servi astuti, prostitute dal cuore tenero, vecchi avari e così via. Fra gli autori di questa **commedia "nuova"** (cioè rinnovata rispetto ai grandi modelli del V secolo) vanno ricordati il greco **Menandro** (IV-III sec. a.C.) e i latini **Plauto** (III-II sec. a.C.; → p. 379) e **Terenzio** (II sec. a.C.).

Il teatro greco

In molte città della Grecia, della Sicilia e della Magna Grecia (ossia dell'Italia meridionale) sono ancora oggi visibili i resti degli antichi teatri: celebri, soprattutto, quelli di **Atene** e di **Epidauro** (in Grecia), di **Taormina** e di **Siracusa** (in Sicilia), che sono ancora oggi cornice suggestiva per le rappresentazioni dei drammi attici.

I teatri antichi erano sempre **all'aperto**, ed erano costruiti sul **pendio di una collina** su cui, in forma semicircolare, erano disposte le **gradinate** per gli spettatori; questa parte costituiva il vero e proprio "teatro", termine (in greco *théatron*, dal verbo *theàomai* che significa "guardare") che indicava propriamente il "luogo da cui il pubblico guarda" e che solo più tardi passò a definire la struttura complessiva in cui ha luogo l'evento scenico.

Al centro del teatro, si trovava l'**orchestra**, spazio circolare o semicircolare in cui il **coro** cantava e danzava, e che ospitava anche l'altare di Dioniso. Il coro accedeva all'orchestra tramite due entrate laterali, chiamate *parodoi* ("ingressi"): e, come abbiamo visto sopra, con il nome *parodos* (pàrodo) si indicò anche quella parte della tragedia, posta subito dopo il prologo, in cui il coro faceva il suo ingresso in scena.

A ridosso della parte occupata dal coro, e talvolta collegata a essa con uno o più gradini, si trovava una **piattaforma**, dapprima in legno e poi in pietra, destinata alla recitazione degli **attori**, e chiamata in greco *proskénion* ("proscenio" o "palcoscenico"). Alle sue spalle si trovava la *skené* ("scena"), un edificio decorato con dipinti assimilabili alla nostra **scenografia**, che assolveva innanzitutto a funzioni pratiche, dal momento che serviva all'attore per ritirarsi dopo un intervento ed eventualmente cambiare abito e maschera: poiché, infatti, gli attori impegnati nella recitazione erano solo due o tre, essi erano chiamati a interpretare diversi ruoli. Ma la *skené* era anche l'"interno", ossia il luogo ove si svolgevano i **fatti cruenti** che, per le convenzioni della tragedia antica, non **potevano essere visibili** agli spettatori.

Il teatro (soprattutto quello di Euripide) faceva poi uso di alcuni "effetti speciali", tra cui merita di essere segnalata soprattutto la *mechané*, una "macchina" simile alle nostre gru che serviva ad alzare un personaggio sopra il piano scenico; essa era probabilmente formata da un braccio di legno, azionato da cavi e carrucole, al quale l'attore era assicurato con un'idonea imbracatura. La *mechané* ricorre soprattutto nella parte finale delle tragedie euripidee: essa, per esempio, supporta il carro su cui appare Medea nell'esodo del dramma omonimo. Euripide, del resto, è celebre per concludere le sue tragedie con il **deus ex machina**, ossia con un dio che recita dall'alto, sospeso in aria proprio grazie alla *mechané*; e proprio perché questo personaggio in genere **interveniva per risolvere** l'intrico della trama, l'espressione *deus ex machina* viene ancora oggi impiegata con riferimento a una persona che è in grado di dare una soluzione a una situazione particolarmente complessa.

Tragedia e commedia a Roma

In generale, al di fuori del mondo greco il teatro perse molto del suo originario carattere sacrale: la **tragedia** e la **commedia** continuarono a essere i due **generi di riferimento** fondamentali, ma furono rielaborate alla luce della mentalità e della cultura dei popoli che ne assimilarono le tradizioni. **Roma** fu la **grande erede della cultura greca** e quindi anche delle sue forme teatrali, che vennero tuttavia adattate a una mentalità molto più **pragmatica**, curiosa soprattutto della **realtà storica e sociale** del Paese: sappiamo infatti che le tragedie romane ruotavano spesso attorno agli eroi che avevano reso grande la città, anche se dal punto di vista formale si mantenevano aderenti ai modelli classici greci. Le tragedie romane tuttavia non ci sono pervenute, se si eccettua la produzione cupa e pessimistica del filosofo **Seneca**, vissuto nel I sec. d.C., a cui si ispirerà direttamente **William Shakespeare** [→ p. 389].

Più numerose sono le testimonianze dell'influsso greco sul teatro comico romano, di cui sono arrivati fino a noi i testi scritti di **Plauto** e **Terenzio**, certamente i commediografi più rappresentativi della letteratura latina (III e II secolo a.C. rispettivamente). Ricorrono in questi testi **tipologie umane** già presenti nella commedia greca (il servo furbo, il vecchio avaro, il misogino, il fanfarone, l'innamorato ecc.), divenute patrimonio anche del teatro comico dell'età moderna.

Pur praticando lo stesso genere, i due autori hanno personalità molto differenti: **Plauto** si ispira, oltre che ai modelli greci, alla tradizione popolare italica, e i suoi testi hanno quindi un carattere più **farsesco**, giocando soprattutto su situazioni come lo scambio di identità la beffa, il tradimento amoroso... **Terenzio** resta invece più legato a una mentalità che oggi definiremmo "borghese": le sue commedie sono meno divertenti, ma approfondiscono meglio la psicologia dei personaggi e contengono un **messaggio morale**, spesso del tutto assente nei testi di Plauto, dove prevale il gusto per il divertimento e per l'azione.

Rappresentazione dell'*Edipo Re* di Sofocle nell'antico teatro di Epidauro (Grecia), luglio 2005

Una tragedia di Sofocle: «Edipo Re»

Rappresentata nel **425 a.C.** circa, **Edipo Re** è senza dubbio **la più moderna** fra le tragedie di **Sofocle**: essa è infatti strutturata come un vero e proprio **"giallo"** in cui Edipo, l'"investigatore", scoprirà gradualmente di essere lui stesso il ricercato e apprenderà una **verità** tragica sulle proprie **origini** e sulla propria **identità**. Assassino del proprio padre, sposo della propria madre, egli, che a lungo ha creduto di essere il primo tra gli uomini, si scopre mostro: al tempo stesso figlio e marito di Giocasta, padre e fratello dei suoi figli. Ma *Edipo Re* è anche **la più celebre fra le tragedie dell'antichità**, soprattutto grazie a **Sigmund Freud** (1856-1939), lo psichiatra austriaco fondatore della psicoanalisi (una delle principali correnti della moderna psicologia), che proprio dalla vicenda del personaggio di Edipo elaborò il suo celebre "complesso": con il suo odio per il padre e il suo amore per la madre, Edipo è considerato da Freud come l'incarnazione esemplare delle pulsioni istintive di ogni individuo.

Edipo Re

▶ ***Gli antefatti*** Un oracolo ha predetto a Laio, re di Tebe, che sarebbe stato ucciso dal suo stesso figlio. Per impedire che l'oracolo si realizzi, dunque, Laio fa esporre, sul monte Citerone, il figlio avuto da Giocasta, trafiggendogli i piedi (da qui il nome Edipo, che significa "piedi-gonfi"). Il bambino, tuttavia, riesce a sopravvivere: raccolto da un pastore, viene consegnato ai sovrani di Corinto, Polibo e Merope, che lo crescono come un loro figlio. Edipo cresce a Corinto ignorando le proprie vere origini: un giorno, tuttavia, un ubriaco lo apostrofa come "bastardo", insinuando in lui dei dubbi sull'identità dei suoi genitori. Egli parte allora per Delfi a consultare l'oracolo che gli predice che ucciderà suo padre e che si congiungerà poi con sua madre.

Disperato per questa rivelazione, Edipo decide di andare il più lontano possibile da Corinto e da quelli che crede essere i suoi genitori. Giunto al bivio della strada che da Delfi porta verso la Beozia – regione ove si trova Tebe – egli viene aggredito da alcuni individui e, per difendersi, li uccide: si avvera così la prima parte della profezia, in quanto tra gli uccisi vi è anche – a lui ignoto – suo padre, Laio.

Proseguendo nel suo cammino, Edipo incontra la Sfinge, orribile mostro dal corpo di leone e dalla testa di fanciulla, che devasta la Beozia e uccide chiunque non sappia rispondere all'enigma da lei posto: chi è colui che procede dapprima su quattro zampe, poi su due e infine su tre? Edipo risponde correttamente: si tratta dell'uomo. In questo modo egli libera Tebe dal flagello e, acclamato come salvatore dal popolo tebano, guadagna il regno sulla città e le nozze con la regina rimasta da poco vedova, Giocasta (sua madre), generando da lei quattro figli. Anche la seconda parte della profezia, all'insaputa di Edipo, ha così il suo compimento.

▶ ***La trama*** Il capolavoro di Sofocle si apre nel momento in cui Tebe, la città su cui regna Edipo, è invasa da una terribile pestilenza, che terminerà – come gli oracoli divini annunciano – quando verrà scoperto e punito il responsabile della morte di Laio, il precedente sovrano. Edipo si incarica dell'indagine, proclamando inoltre un bando: il colpevole non dovrà essere accolto in nessun luogo e dovrà essere cacciato da Tebe; fa quindi chiamare Tiresia, l'indovino, che dopo una lunga resistenza gli rivela infine che proprio lui, Edipo, è l'assassino di Laio.

A queste parole Edipo reagisce con violenza, accusando il profeta di aver congiurato insieme a Creonte (il fratello di Giocasta) per cacciarlo dal trono e impadronirsi del potere. Creonte irrompe sulla scena per chiedere ragione a Edipo delle sue accuse; a fermare i due, la cui lite è sul punto di degenerare, interviene Giocasta, che cerca di tranquillizzare il marito invitandolo a non credere alle parole degli indovini: anche a Laio l'oracolo aveva predetto che sarebbe morto per mano di un figlio, ma il figlio che egli aveva avuto era mancato subito dopo la nascita, ed egli era stato poi ucciso da alcuni predoni all'incrocio fra tre strade. Edipo, tuttavia, inizia a sospettare che le parole di Tiresia siano vere: e a Giocasta ricorda di aver ucciso un uomo proprio alla convergenza di tre strade, poco prima di giungere a Tebe ed essere proclamato re.

Jean-Auguste-Dominique Ingres, *Edipo e l'enigma della Sfinge*, 1808

Gli atroci dubbi di Edipo sono momentaneamente sopiti dall'arrivo di un messaggero che, dopo avergli comunicato la morte di Polibo, lo invita a recarsi a Corinto per succedere al re defunto; Edipo, tuttavia, è ancora titubante: teme infatti che possa avverarsi la seconda parte dell'oracolo, quella che gli preannunciava l'unione con la madre. Il messaggero stesso, tuttavia, lo rassicura: egli non è figlio di Polibo e Merope, ma un trovatello salvato sul monte Citerone e adottato poi dai sovrani di Corinto. Un anziano servitore di Tebe conferma il racconto.

Scoperta la terribile verità su se stesso, Edipo si precipita nella reggia, dove nel frattempo – dopo aver compreso l'orrore della situazione – Giocasta si è impiccata; egli non esita allora a trafiggersi gli occhi con gli spilloni della veste di lei. Poi, mentre Creonte viene proclamato re di Tebe, Edipo, ormai cieco, si allontana in volontario esilio dalla città, obbedendo al bando da lui stesso emanato.

Sofocle, nato ad Atene nel 496 a.C. e morto nel 406 a.C. è, in ordine di tempo, il secondo grande tragico ateniese: con lui la tragedia raggiunge la piena maturità, superando gli arcaismi del teatro di Eschilo. Autore, secondo la tradizione, di oltre centocinquanta tragedie, di cui solo sette sono giunte fino a noi (*Aiace*, *Antigone*, *Edipo Re*, *Edipo a Colono*, *Elettra*, *Filottete*, *Trachinie*), Sofocle pone al centro della propria opera la sofferenza di un eroe: una sofferenza dignitosa e grandiosa, che emerge dallo sfondo della comune infelicità umana. Per i suoi drammi stilisticamente semplici e perfettamente elaborati, egli fu molto amato dai suoi contemporanei, come attestano le numerose vittorie da lui conseguite negli agoni tragici.

T1

Sofocle

Edipo inaugura l'indagine

da Sofocle, *Edipo Re*, vv. 95-146, trad. di R. Cantarella, Mondadori

Per scoprire come placare la pestilenza che semina morte a Tebe, Edipo, re della città, ha mandato il proprio cognato Creonte a interrogare l'oracolo di Apollo, a Delfi; il dio, racconta Creonte, ha rivelato che essa potrà cessare solo quando dalla città sarà allontanato il responsabile, ancora impunito, della morte del precedente sovrano, Laio. Edipo stesso decide allora di farsi garante dell'inchiesta, per il bene della città.

CREONTE Ti dirò dunque che cosa ho udito da parte del dio. Febo[1] possente ci ordina chiaramente di cacciare dal paese il contagio[2] che è nutrito in questa terra, e di non farlo crescere irreparabile.

EDIPO Con quale purificazione? Di che genere è questa calamità?

CREONTE Esiliando il colpevole, o facendo espiare morte con morte, poiché quel sangue[3] sconvolge la città.

EDIPO E di quale uomo indica la sorte?

CREONTE Laio, o signore, era re di questa nostra terra, prima che tu risollevassi la città[4].

EDIPO Lo so per sentito dire; io non lo vidi mai.

CREONTE Egli è morto, e il dio ora ci ingiunge chiaramente di punirne di nostra mano gli uccisori, quali che siano.

EDIPO Ed essi dove sono mai? Come si troverà la irriconoscibile traccia di quest'antico delitto?

CREONTE In questa terra, disse: quello che si cerca si può prendere, ma sfugge ciò ch'è trascurato.

EDIPO Laio trovò questa morte nella reggia, o nei campi, oppure in terra straniera?

CREONTE Avendo lasciato la città, come disse, per interrogare un oracolo[5], non tornò più a casa, dopo la sua partenza.

EDIPO E non assistette un messaggero, non un compagno di viaggio, da cui si possa venire informati?

CREONTE Sono morti, tranne un tale che, fuggito per la paura, di ciò che vide non seppe raccontare se non una sola cosa[6].

EDIPO Quale? Una sola potrebbe spiegare molte cose, se prendessimo un piccolo principio di speranza.

CREONTE Disse che, avendo incontrato dei briganti, questi l'avevano ucciso non per violenza di uno solo, ma per mano di molti.

1 **Febo:** epiteto di Apollo; Creonte era stato mandato da Edipo a Delfi, dove si trovava un celebre oracolo del dio.

2 **contagio:** "individuo contagiato"; in Grecia si riteneva che l'omicida portasse su di sé un'impurità tale da contaminare ogni cosa o persona che fosse venuta in contatto con lui. Per evitare che tale macchia si propagasse, erano necessari opportuni riti di purificazione.

3 **quel sangue:** ossia il sangue di un omicidio non ancora purificato.

4 **risollevassi la città:** Edipo aveva ottenuto il trono di Tebe dopo avere liberato la città dalla Sfinge, che uccideva chiunque non sapesse risolvere l'enigma da lei proposto.

5 **per interrogare un oracolo:** Laio si era recato all'oracolo di Delfi per avere notizie del figlio che aveva esposto da neonato.

6 **un tale che ... una sola cosa:** si tratta del servo che aveva riconosciuto, nell'aggressore, Edipo, figlio di Laio, perché proprio lui era stato incaricato dal re di esporre il neonato sul monte Citerone. La situazione appare poco verosimile, considerando la difficoltà di riconoscere un neonato in un adulto; non di meno, bisogna ricordare che Edipo portava sui suoi piedi trafitti un segno inequivocabile della propria identità.

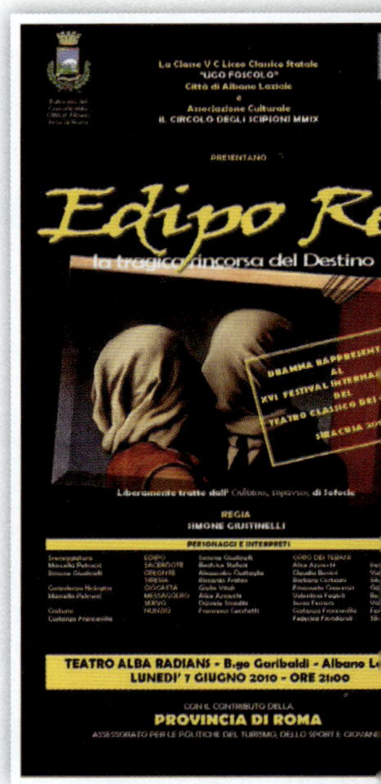

EDIPO E come mai un brigante sarebbe giunto a tanto ardire, se la cosa non fosse stata preparata da qui con danaro?

CREONTE Così parve; ma, morto Laio, nessun difensore sorse nelle nostre sciagure.

EDIPO Quale sventura, essendo così caduto il regno, vi impediva di appurare la cosa?

CREONTE La Sfinge[7], cantatrice ingannevole, ci costringeva a pensare al presente, trascurando ciò ch'era oscuro.

EDIPO Ma lo scoprirò io, fin dal principio; molto giustamente Febo – e giustamente anche tu – vi prendeste tal cura del morto; sì che, come è giusto, vedrete alleato anche me, a prodigarmi per questo paese e insieme per il dio. E non a favore di amici lontani, ma per mio stesso vantaggio disperderò questa sozzura. Chiunque infatti fu ad uccidere lui, potrebbe voler colpire anche me allo stesso modo[8]; curandomi di Laio, quindi, giovo a me stesso. Subito dunque, fanciulli, alzatevi dai gradini, levando questi supplici rami; e un altro raccolga qui il popolo di Cadmo[9], dicendo che io farò ogni cosa: o saremo vittoriosi con l'aiuto del dio, o cadremo.

(Rientra nel palazzo insieme a Creonte.)

SACERDOTE O fanciulli, leviamoci; ciò che egli promette è lo scopo per cui venimmo qui. Febo, che ha mandato questi vaticini, venga come salvatore e guaritore del morbo.

(I fanciulli escono con il sacerdote. Entra il coro, composto di vecchi tebani.)

7 Sfinge: mostro dalla testa di donna e dal corpo di leone.
8 potrebbe voler colpire anche me allo stesso modo: Edipo teme quel che in effetti, benché egli ancora non lo sappia, accadrà: infatti proprio le mani che hanno ucciso Laio (cioè le sue) saranno le mani con cui egli colpirà i suoi stessi occhi, accecandosi.
9 Cadmo: fondatore e primo re della città di Tebe.

T2

Sofocle

Il colpevole sei proprio tu

da Sofocle, *Edipo Re*, vv. 300-937, 413-462, trad. di R. Cantarella, Mondadori

Per individuare il responsabile della morte di Laio, Edipo consulta l'indovino Tiresia; questi, che grazie alle sue doti profetiche conosce la tremenda verità sul sovrano, si rinchiude dapprima nel silenzio ma poi, costretto a parlare, accusa Edipo di essere proprio lui l'assassino che contamina Tebe. Sordo alle parole del profeta e gonfio d'ira, Edipo grida a un complotto macchinato ad arte da Tiresia e da Creonte per scalzarlo dal trono.

EDIPO O Tiresia che tutto discerni, le cose che si possono sapere e le segrete, le celesti e le terrene, anche se non vedi[1], certo comprendi a quale morbo soggiace la città: e noi troviamo in te, signore, il suo solo protettore e salvatore. Febo infatti, se pure non l'hai già sentito dai messaggeri, noi abbiamo consultato; e ci ha risposto che la liberazione da questo flagello verrebbe soltanto se, scoperti gli uccisori di Laio, li uccidessimo o li scacciassimo in esilio dal paese. Tu dunque non negarci il responso degli uccelli[2], né se hai qualche altro strumento di profezia: salva te stesso e la città, salva

1 anche se non vedi: Tiresia è cieco, come tutti gli indovini che non vedono la realtà che li circonda ma, in compenso, hanno una visione perfetta del futuro.
2 il responso degli uccelli: per ottenere dagli dèi informazioni sul futuro, gli indovini ricorrevano a diverse forme di divinazione; tra queste viene qui ricordata l'osservazione del volo degli uccelli, che i Romani chiamarono *avispicium* (pronuncia *auispicium*), da cui deriva il nostro termine "auspicio".

me, salvaci da ogni contagio del morbo. Noi confidiamo in te; per un uomo, far bene secondo che uno sappia e possa, è la più bella delle azioni.

TIRESIA Ahi, ahi, com'è terribile sapere, quando non giovi a chi sa! Io ne ero ben consapevole, ma l'ho dimenticato; altrimenti non sarei venuto qui.

EDIPO Che c'è? Con quale scoramento sei venuto!

TIRESIA Rimandami a casa, dammi ascolto: tu sopporterai più facilmente per la parte tua, e io per la mia.

EDIPO Privandola di questa profezia, non dici parole né giuste né benevole per la città che ti nutrì.

TIRESIA Perché vedo che anche le tue parole non vanno al punto giusto: e dunque, affinché non accada anche a me lo stesso – *(Accenna a uscire.)*

EDIPO Tu che sai, non andartene, per gli dèi: tutti ci prostriamo supplici ai tuoi piedi.

TIRESIA Perché voi tutti non sapete; ma che io non riveli mai la mia disgrazia, per non dire la tua.

EDIPO Che dici? Tu sai, e non parlerai? Mediti di tradirci e mandare in rovina la città?

TIRESIA Io non farò soffrire né me né te. Perché mi rimproveri inutilmente così? Da me non saprai nulla.

EDIPO Tu, più malvagio tra i malvagi – poiché muoveresti all'ira perfino una pietra –, non parlerai dunque, ma rimarrai così inflessibile e ostinato?

TIRESIA Rimproveri la mia ira, senza vedere quella che sta in te; e mi biasimi per giunta.

EDIPO Chi non si adirerebbe, udendo le parole con cui tu ora offendi questa città?

TIRESIA Ciò avverrà comunque, anche se io le copra col silenzio.

EDIPO Dunque devi dirmi tu quello che avverrà.

TIRESIA Non posso dire oltre; perciò, se vuoi, sdegnati pure con l'ira più selvaggia.

EDIPO Allora non tralascerò nulla, tale è il mio sdegno, di quanto comprendo. Sappi dunque: mi sembra che tu abbia preparato le condizioni del delitto e lo abbia realizzato, tranne che non uccidesti di tua mano; ma se tu potessi vedere, direi che anche l'atto è opera soltanto tua.

TIRESIA Davvero? Ti intimo allora di mantenere il bando[3] che hai proclamato, e di non rivolgere parola da questo giorno né a costoro né a me: sei tu l'empio che contamina questa terra.

EDIPO Con quale impudenza hai lanciato questa parola! E come pensi di uscirne salvo?

TIRESIA Sono fuori accusa: vive in me la forza della verità.

EDIPO E da chi l'hai appresa? Non certo dalla tua arte.

TIRESIA Da te; tu mi spingesti a parlare mio malgrado.

EDIPO A dire che? Ripetilo, che io sappia di più.

TIRESIA Non hai capito già? O tenti di farmi parlare?

EDIPO Non tanto da dire che so; suvvia, spiegami di nuovo.

TIRESIA Dico che l'uccisore di quell'uomo, che vai cercando, sei tu.

EDIPO Non ti rallegrerai certo di ripetere queste offese.

TIRESIA Ti dirò dunque anche il resto, affinché tu ti sdegni ancora di più?

EDIPO Tutto quello che vuoi; parlerai invano.

TIRESIA Dico che senza saperlo hai i rapporti più turpi con le persone più care, e non vedi in quale sciagura ti trovi.

EDIPO E tu pensi di poter continuare impunemente a parlare così?

TIRESIA Certo, se vale ancora qualcosa la verità.

EDIPO Vale, tranne che per te; per te no, poiché sei cieco nelle orecchie, nella mente, negli occhi. [...]

TIRESIA [...] E questo ti dico, poiché mi rinfacciasti anche di essere cieco: tu vedi, e non ti accorgi in quale sciagura ti trovi, né dove vivi, né insieme a chi abiti. Sai almeno da chi sei nato?[4] Anzi, ignori di essere aborrito dai tuoi cari negli inferi e sulla terra. E da ogni parte colpendoti, la maledizione della madre e del padre, col suo terribile piede, ti scaccerà infine da questo paese; e se ora vedi bene

3 il bando: Tiresia si riferisce al bando con cui Edipo aveva ordinato a tutti i cittadini di Tebe di non accogliere in casa l'omicida di Laio e di non rivolgergli la parola.

4 Sai almeno da chi sei nato?: la domanda di Tiresia ripropone l'insulto rivolto al giovane Edipo, a Corinto, da un ubriaco, che lo aveva apostrofato come "bastardo". Proprio i dubbi sollevati da quell'episodio avevano indotto Edipo a consultare l'oracolo di Delfi.

tra poco vedrai le tenebre[5]. E quale luogo non accoglierà le tue grida, quale Citerone[6] non farà eco, quando conoscerai l'imeneo senza porto, a cui approdasti in questa casa con felice navigazione[7]? E di molte altre sventure non ti avvedi, che eguaglieranno te e i tuoi figli[8]. Perciò, oltraggia pure Creonte e le mie parole; non esiste mortale che più crudelmente di te sarà annientato.

EDIPO Ma è tollerabile sentire da costui questi insulti? Va in malora, al più presto: ritorna donde sei venuto, va via da questa casa.

TIRESIA Io certamente non sarei venuto, se tu non mi avessi chiamato.

EDIPO Non sapevo che avresti detto sciocchezze, altrimenti difficilmente ti avrei chiamato al mio palazzo.

TIRESIA Io sono stolto, ti sembra: ma saggio per i genitori che ti diedero la vita.

EDIPO Di chi parli? Aspetta: chi mi ha generato?

TIRESIA Questo giorno ti darà vita e ti distruggerà.

EDIPO Come enigmatiche e oscure sono tutte le tue parole!

TIRESIA Non sei tu bravissimo a sciogliere enigmi?[9]

EDIPO Rinfacciami pure ciò per cui dovrai trovarmi abile.

TIRESIA Eppure questo destino ti ha rovinato.

EDIPO Ma se salvai questa città non me ne importa.

TIRESIA Ora me ne vado; e tu, fanciullo, accompagnami.

EDIPO Che ti accompagni dunque; poiché qui tra i piedi mi sei molesto, e andandotene via non mi affliggerai più.

TIRESIA Me ne vado, ma prima ti dirò ciò per cui sono venuto, senza aver paura del tuo volto; non puoi farmi male. Dico a te: l'uomo che da tempo cerchi con minacce e con proclami per l'uccisione di Laio, costui è qui. Un forestiero, dicono, qui emigrato, ma poi si scoprirà che è nativo di Tebe, e non avrà da rallegrarsi di questo caso; divenuto cieco mentre prima vedeva, e povero invece che ricco, se ne andrà in terra straniera, tastando col bastone il suolo. E si scoprirà che dei figli suoi è insieme fratello e padre, e della donna da cui nacque figlio e marito; e del padre consanguineo e uccisore. E adesso va in casa e rifletti: e se troverai che ho mentito, allora di' pure che di profezie io non so niente.

(Esce; Edipo rientra nel palazzo.)

5 vedrai le tenebre: Tiresia preannuncia a Edipo l'imminente accecamento materiale.
6 Citerone: il monte sul quale Edipo era stato esposto in fasce.
7 imeneo ... felice navigazione: grazie a una "navigazione felice", ossia al successo nel suo confronto con la Sfinge, Edipo era "approdato in questa casa", ossia nella reggia di Giocasta; ma ben presto egli scoprirà che le sue nozze («imeneo», che è propriamente il canto nuziale) sono «senza porto» (ritorna l'immagine della navigazione), ossia innaturali, e dunque tremendamente infelici.
8 eguaglieranno ... figli: dei suoi figli, infatti, Edipo si scoprirà padre e insieme fratello.
9 Non sei tu ... enigmi?: Edipo aveva risolto l'enigma posto dalla Sfinge, guadagnandosi in questo modo il trono di Tebe. Le parole di Tiresia, tuttavia, sono pesantemente ironiche: Edipo non è in grado di risolvere l'enigma più grande, relativo alla sua stessa identità.

Guida alla lettura

Una situazione senza via d'uscita Nella prima scena della tragedia, Sofocle presenta agli spettatori il **nodo cruciale** che costituisce il **fondamento** stesso **della tragedia:** Edipo, in quanto re di Tebe, **deve** indagare e scoprire l'assassino di Laio per espellerlo dalla città e porre fine alla pestilenza; ma naturalmente **non sa** che la sua inchiesta si concluderà con la scoperta che proprio lui è il colpevole, e che la sua colpa è tanto più grave in quanto Laio era suo padre e Giocasta, la regina vedova che è diventata sua moglie, è sua madre.

La storia di un'inchiesta Il fatto che la tragedia di Sofocle racconti l'**inchiesta** condotta da Edipo, alla nostra sensibilità di lettori moderni fa venire in mente i **romanzi gialli**. Rispetto ai gialli veri e propri, bisogna però tener conto di **due fondamentali differenze:** la prima, che nella tragedia di Sofocle **il colpevole è l'investigatore stesso** (cosa "proibita" dalle regole del giallo); la seconda, che **lo spettatore antico** conosceva benissimo la storia e **sapeva** quindi che Edipo era il colpevole (mentre il giallo si basa sul presupposto che il lettore scopra solo alla fine chi è il colpevole). Le somiglianze sono quindi più apparenti che reali.

I temi

La ricerca dell'identità Fin dalle prime battute, la vicenda di Edipo si gioca sul tema della **vera identità** del personaggio. Edipo si considera infatti "il migliore degli uomini" ed è ritenuto dagli anziani di Tebe che costituiscono il coro un re saggio e capace. In passato, infatti, egli è riuscito a risolvere l'enigma della Sfinge e a liberare la città con la sua intelligenza.
Ma la situazione che si presenta adesso a Edipo è **ingannevole:** egli

crede di trovarsi di fronte a un nuovo enigma, mentre in realtà si trova di fronte a un **grande mistero** – quello della sua identità. Edipo, credendo di risolvere un enigma, si troverà a scoprire chi è davvero e dovrà riconoscere di essere non il migliore, ma il peggiore degli uomini – assassino del proprio padre e marito incestuoso della propria madre.

Il tema della vista Il confronto fra Edipo e Tiresia mostra tutta l'importanza che ha nella tragedia di Sofocle il **tema della vista. Tiresia**, come molti veggenti, **è cieco**, perché la sua vista non è rivolta alle cose di questo mondo, la sua saggezza e la sua preveggenza nascono dal contatto con il **mondo degli dèi**; **Edipo** è invece l'**uomo che si affida alla ragione e all'intelligenza**, che pensa di poter affrontare e risolvere ogni problema con questi strumenti. Naturalmente, alla fine si capirà che **il vero cieco**, colui che non vedeva ciò che aveva davanti agli occhi, che non capiva come stavano le cose perché si lasciava confondere dalle apparenze, era proprio Edipo – e non a caso il re si acceca, infliggendosi una punizione che ha un forte sapore **simbolico**.

Lo stile

La tecnica dell'ambiguità Il testo di Sofocle gioca continuamente sul fatto che **gli spettatori sanno ciò che Edipo ancora ignora**. In realtà, a volte sembra che lo stesso Edipo, inconsciamente, sappia la verità sulle proprie origini e sulla propria storia, tanto le sue parole suonano profetiche e rivelatrici alle orecchie di chi già la conosce. Le parole di Edipo si prestano insomma a **due livelli di lettura**: il primo, **letterale**, il secondo più nascosto e profondo e per questo **più vero**.

Per esempio: Edipo proclama di voler scoprire «tutto, fin dal principio»: e infatti, nel ricercare il colpevole dell'omicidio di Laio (**primo livello di lettura**), egli conoscerà per intero anche la propria storia fin dai primi giorni di vita, quando, esposto, riuscì a salvarsi miracolosamente per andare incontro al terribile destino che gli era stato riservato (**secondo livello**). Ancora, Edipo afferma di voler disperdere «questa sozzura», cioè il sangue non purificato dell'omicidio che contagia Tebe (**primo livello**); ma l'uso del dimostrativo, «questa», indica anche che egli allude inconsapevolmente a se stesso, incarnazione reale della «sozzura» (**secondo livello**). Da ultimo, Edipo denuncia il proprio timore che l'uccisore di Laio possa colpire lui stesso, che gli è subentrato nella medesima posizione di potere (**primo livello**); ma con queste parole egli preannuncia anche, inconsapevolmente, la propria autopunizione – l'accecamento – perpetrata con le stesse mani che uccisero Laio (**secondo livello**).

Attività

Comprensione

1 **Verifica la tua comprensione del testo rispondendo alle seguenti domande.**

a. *Perché, secondo l'oracolo, a Tebe si è scatenata una pestilenza?*
- ☐ perché Edipo ha vinto la Sfinge, animale sacro
- ☐ perché nella città regna un uomo straniero e quindi indegno
- ☐ perché nella città vive l'assassino di Laio, ancora impunito

b. *Che cosa bisogna fare per purificare la città?*
- ☐ bisogna punire Edipo
- ☐ bisogna individuare e scacciare l'assassino di Laio
- ☐ bisogna scacciare gli appestati che la contaminano

c. *Qual è l'accusa che Edipo rivolge a Tiresia?*
- ☐ di essere un imbroglione
- ☐ di essere il mandante dell'omicidio di Laio
- ☐ di avere ucciso Laio

2 **Chi è Creonte e perché Edipo sospetta di lui?**

3 **Che cosa significa l'espressione, rivolta da Tiresia a Edipo nel secondo brano, «ignori di essere aborrito dai tuoi cari»?**

Analisi

4 **Nel primo brano, che carattere hanno le domande che Edipo pone a Creonte? Che cosa rivelano sui rapporti fra i due personaggi? Che cosa rivelano su Edipo e sul suo carattere?**

5 **Nel secondo brano, Tiresia traccia di Edipo un ritratto sintetico, lapidario e, proprio per questo, estremamente crudo. Individualo nel testo e commentalo brevemente.**

6 **Nei confronti di Tiresia, Edipo cambia a poco a poco atteggiamento. Qual è l'atteggiamento iniziale? Che cosa provoca un cambiamento improvviso?**

7 **Anche l'atteggiamento di Tiresia cambia. In che senso? Che cosa profetizza, alla fine, l'indovino, e perché?**

Rifletti, confronta, scrivi

8 **Svolgi una breve ricerca e spiega che cosa si intende con l'espressione "tabù dell'incesto" e qual è l'importanza di questo tabù nella storia dell'evoluzione umana.**

Una tragedia di Euripide: «Medea»

Tra le eroine di **Euripide**, Medea, protagonista dell'omonima tragedia (rappresentata per la prima volta nel **431 a.C.**), è probabilmente la più nota: essa è divenuta il **simbolo** della donna che, tradita dall'uomo per il quale ha abbandonato tutto, si rende capace di un gesto disperato e assurdo, l'infanticidio.

Medea

▶ ***Gli antefatti*** Medea è figlia di Eeta, re della Colchide (corrispondente circa all'attuale Georgia): non è dunque una donna greca, ma una barbara. Nella Colchide era conservato il vello d'oro, cioè la pelle dell'ariete che aveva portato in salvo per mare i due fratelli Frisso ed Elle, minacciati di morte dalla loro matrigna Ino, gelosa di loro. Proprio quel vello è divenuto l'oggetto del desiderio di Pelia, re della città greca di Iolco: questi chiede dunque a suo nipote Giasone (il figlio di suo fratello Esone) di recuperarlo e di riportarlo in Grecia; in cambio, Giasone avrà il trono, che Pelia ha usurpato. Per portare a termine l'impresa, Giasone fa costruire una nave, la celebre Argo, e imbarca su di essa molti eroi, che dal nome della nave si chiameranno "Argonauti".

Giunto in Colchide dopo un'avventurosa navigazione, Giasone ottiene dal re Eeta di portare via il vello con sé, a condizione, però, che egli riesca ad avere la meglio sui terribili mostri posti a guardia del vello stesso: due tori dagli zoccoli di bronzo e un drago. A Giasone l'impresa appare impossibile: ma in suo soccorso giunge la principessa Medea, maga esperta di filtri e incantesimi, che promette di aiutarlo purché egli la porti via con sé, in Grecia, e la sposi. Giasone accetta e, con i farmaci di Medea, riesce dapprima ad aggiogare i tori, e poi ad addormentare il drago e a rubare così il prezioso vello. Superata la prova, Giasone e Medea fuggono sulla nave e, dopo varie peripezie, giungono a Iolco. Ma Pelia non mantiene la promessa di restituire il regno, e il suo venir meno alla parola data innesca il terribile piano di vendetta di Medea. La maga fa credere alle figlie di Pelia di conoscere un incantesimo in grado di ringiovanire il padre: egli dovrà essere immerso in un calderone di acqua bollente. Le giovani obbediscono, con il prevedibile risultato di uccidere il genitore. Accusati di essere responsabili dell'omicidio, Medea e Giasone sono costretti ad andare in esilio, e trovano asilo nella città di Corinto.

▶ ***La trama della «Medea»*** Quando la tragedia di Euripide inizia, Giasone e Medea vivono ormai da molti anni a Corinto e hanno avuto due figli. Un giorno il re della città, Creonte, propone a Giasone di sposare la propria figlia, Glauce: e Giasone accetta, ripudiando Medea. La donna, peraltro, per volere del sovrano (che teme le sue potenti e pericolose arti magiche), deve andarsene immediatamente dalla città. Medea mostra dapprima disperazione per la propria infelice sorte: per Giasone, infatti, ha lasciato la propria patria, la propria famiglia, è giunta a commettere un omicidio (quello di Pelia), e per queste ragioni non ha alcun luogo dove andare; subito dopo, tuttavia, Medea inizia a meditare vendetta contro i propri nemici. Parla pacatamente a Creonte, e lo convince a concederle soltanto un giorno per preparare la partenza; quel giorno, tuttavia, le servirà per portare a termine la propria vendetta.

Giunge nel frattempo Giasone a placare Medea e a spiegare le ragioni per le quali ha accettato il matrimonio con la figlia del re: ma a fronte delle sue pretestuose dichiarazioni – di aver agito nell'interesse dei figli per assicurare loro una vita e un avvenire regali – Medea reagisce con violenza, e lo allontana. Arriva poi Egeo, il re di Atene, di passaggio a Corinto per interrogare l'oracolo di Delfi e sapere dal dio in che modo avere dei figli: Medea gli promette aiuto e ottiene in cambio di essere accolta ad Atene. Certa di un rifugio, Medea espone il proprio terribile piano contro i nemici: manderà i suoi figli da Glauce, per portarle in dono un peplo e una corona d'oro; in realtà, i doni saranno intrisi di un terribile veleno che ucciderà la sposa non appena questa li avrà indossati, e provocherà poi la morte di chiunque la toccherà. Poi, per punire Giasone, preannuncia che ucciderà anche i figli avuti da lui. Più tardi, un messo racconta la morte di Glauce e di suo padre Creonte, intervenuto a soccorrere la figlia agonizzante. Dopo aver ascoltato in silenzio il racconto, Medea si appresta a compiere la seconda parte del piano: entra nel palazzo e trafigge i bambini con una spada; poi, tra le imprecazioni e la disperazione di Giasone, si leva con i cadaveri dei figli su un carro alato mandatole dal Sole, suo avo.

Una scena dell'opera lirica *Medea* (1797) di Luigi Cherubini, su libretto di F.-B. Hoffmann basato sulla tragedia di Euripide, proposta nel 2010 con un'ambientazione neoclassica (foto Rastelli)

Euripide, nato ad Atene circa nel 480 a.C. e morto nel 408 a.C., è l'ultimo dei tre grandi tragici; benché la sua vita si sovrapponga in parte a quella di Sofocle, egli si rivela molto più sensibile del suo contemporaneo a riflettere sulla profonda crisi che investe Atene, coinvolta dal 431 a.C. nella guerra del Peloponneso contro Sparta, dalla quale uscirà sconfitta e politicamente instabile. Consapevole della profonda destabilizzazione che il conflitto procura ad Atene, Euripide scrive tragedie che, oltre a essere molto innovative sul piano tecnico, sono straordinariamente intimistiche, incentrate sulle sofferenze psicologiche dei protagonisti. I suoi personaggi non sono più eroi, ma semplici esseri umani che, più che combattere contro un destino che li sovrasta, lottano con straordinario coraggio gli uni contro gli altri, esponendosi al rischio del fallimento e dell'autodistruzione. Di Euripide ci sono giunte ben 19 opere teatrali complete (contro le 7 di Eschilo e le 7 di Sofocle) tra cui si ricordano in particolare *Medea*, *Le Troiane*, *Elettra*, *Ifigenia in Aulide*, *Oreste*, *Le Baccanti*.

T3

Euripide

La storia di Medea

da Euripide, *Medea*, vv. 1-45, trad. di R. Cantarella, Mondadori

All'inizio della tragedia, la nutrice racconta le infelici vicende di Medea: per Giasone, in passato, la donna non esitò ad abbandonare la propria patria e i propri affetti; ma ora Giasone l'ha abbandonata per unirsi in matrimonio con la figlia del re di Corinto. Già dalle prime parole del dramma emergono i tratti del carattere di Medea: una donna fiera e determinata, capace di cose terribili contro i suoi nemici.

NUTRICE Non doveva mai, quella nave Argo[1], volare oltre le cerulee Simplegadi[2], verso la terra dei Colchi! Né mai nei boschi del Pelio[3] fosse caduto reciso quel pino, per farne remi nelle mani dei nobili eroi[4] che mossero a rapire il vello d'oro per Pelia[5]! La mia signora Medea non avrebbe navigato verso le torri di Iolco, colpita nel cuore dall'amore per Giasone; né, dopo aver convinto le figlie di Pelia a uccidere il padre[6], abiterebbe ora questa terra corinzia col marito e con i figli, ben gradita, in questo esilio, agli abitanti del paese dove è venuta[7], compiacendo a Giasone in ogni cosa. Grandissima consolazione è quando la moglie non contrasta col marito: ora invece la discordia è completa e l'amore ne soffre. Giasone infatti, traditi i suoi figli e la mia signora, ha sposato la figlia di Creonte, sovrano di questa terra; e, insieme con il talamo, ha ottenuto il potere regale. E la sventurata Medea, oltraggiata, invoca i giuramenti e le promesse supreme[8], conchiuse con strette di mano, e chiama gli dèi a testimoni di quel che ha ricevuto in cambio da Giasone. E giace senza toccare cibo, in preda ai suoi dolori, consumando in lacrime tutto il tempo, da quando si è accorta d'essere offesa dal marito. E non solleva mai lo sguardo, il volto fisso al suolo; e ascolta i consigli degli amici come una pietra o un'onda marina. Solo talvolta, volgendo il candido collo, piange dentro di sé il padre, la patria, la casa che tradì per venirsene con un uomo che la oltraggia: e nella sventura ha compreso, la sciagurata, quanto sia importante non abbandonare la patria; e odia i figli e non si rallegra a guardarli. E temo che mediti qualche cosa di grave. Ha un animo impetuoso e non sopporterà l'offesa. Io la conosco e ho paura che si configga l'affilata spada nelle viscere, penetrando silenziosa nella camera da letto, o che uccida il re e il marito, attirandosi così una sventura più grande. È una donna terribile: chi incontri il suo odio, non potrà riportare vittoria su di lei.

1 **Argo:** la nave con la quale Giasone e gli Argonauti giunsero nella Colchide, patria di Medea, per trafugare il vello d'oro.
2 **Simplegadi:** isole rocciose poste all'ingresso del Ponto Eusino (mar Nero), considerate molto pericolose per i naviganti perché si credeva che cozzassero continuamente l'una contro l'altra.
3 **Pelio:** monte della Tessaglia, la regione in cui si trovava Iolco, patria di Giasone.
4 **nobili eroi:** gli Argonauti, compagni di Giasone.
5 **Pelia:** re di Iolco e zio di Giasone cui aveva imposto di conquistare il vello d'oro per riavere il trono usurpato da Pelia stesso.
6 **dopo aver convinto ... uccidere il padre:** non avendo Pelia mantenuto la promessa di restituire il regno a Giasone, Medea ne aveva convinto le figlie a bollirlo in un calderone, per ringiovanirlo; il re, ovviamente, era morto, e dell'omicidio erano stati accusati Medea e Giasone, costretti a lasciare Iolco.
7 **ben gradita ... dove è venuta:** si raccontava che Medea, con le sue arti magiche, avesse liberato Corinto da una carestia.
8 **i giuramenti e le promesse supreme:** giuramento di fedeltà e invocazione solenne agli dèi erano elementi fondamentali dei riti di matrimonio greci.

T4

Euripide

Medea parla alle donne di Corinto

da Euripide, *Medea*, vv. 214-266, trad. di R. Cantarella, Mondadori

Rivolgendosi alle donne di Corinto che formano il coro, nel momento in cui compare sulla scena, Medea si sofferma a descrivere con molta crudezza la triste situazione delle donne, schiave e vittime dei loro mariti e costrette a una vita di clausura dentro le mura domestiche; poi lamenta l'infelicità della propria condizione di donna esule e tradita. Ma le sue non sono parole di autocommiserazione: una donna offesa come lei, infatti, è anche estremamente pericolosa.

MEDEA *(uscendo dal palazzo, seguita dalla nutrice)* Donne di Corinto[1], sono uscita dal palazzo perché voi non mi biasimiate: conosco infatti molti uomini superbi, sia qui sotto i nostri occhi, sia fra gli stranieri, i quali, per non aver mosso piede, si acquistarono cattiva fama di indifferenza. Non esiste giustizia negli occhi dei mortali, quanti a prima vista, senza averne conosciuto esattamente l'animo, odiano un uomo che nemmeno li ha offesi. È necessario, per certo, che uno straniero si adegui ai costumi della città; ma d'altronde non lodo un cittadino arrogante, che si renda inviso agli altri per mancanza di comprensione. Questa sciagura imprevedibile[2], che si è abbattuta su di me, ha distrutto l'anima mia. Per me è finita: e, perduta ogni gioia di vivere, desidero soltanto, mie care, morire. Colui nel quale avevo riposto tutto, il mio sposo, – ben lo comprendo – è diventato il peggiore degli uomini. Fra gli esseri tutti, dotati di anima e di ragione, noi donne siamo la razza più sventurata; noi che dobbiamo anzitutto comprarci con una grossa dote uno sposo e insieme un padrone del nostro corpo[3]; e, fra i mali, questo è il male peggiore. E in questo, c'è un gravissimo rischio: avere un marito cattivo o buono. La separazione non porta buona fama alle donne e non si può nemmeno ripudiare il marito[4]. Bisogna che una donna, entrando in un ambiente con leggi e usanze nuove[5], sia un'indovina – ignorandone tutto finché è ragazza – per sapere quale compagno del letto le toccherà mai. Se questa difficile ricerca ci riesce bene e lo sposo coabita di buon grado portando il giogo coniugale, allora è una vita degna di invidia; se no, è meglio morire. L'uomo, quando è sazio di starsene in famiglia, se n'esce e dà tregua alla noia[6] in compagnia di un amico o di un coetaneo: noi invece siamo costrette ad avere davanti agli occhi una persona sola. Dicono poi che viviamo in casa una vita senza pericoli, mentre essi combattono in guerra. Ma ragionano male: io vorrei imbracciare tre volte lo scudo, piuttosto che partorire una volta sola. Ma questo discorso conviene a me, non a te: tu hai qui la patria, la casa paterna, gli agi della vita e la compagnia dei tuoi cari; io, sola e senza patria, tolta come preda da una terra barbara, sono offesa da mio marito e non posso rifugiarmi, a conforto dei miei affanni, né presso mia madre né presso un fratello[7] o un parente. Questo soltanto vorrei da te, che tu taccia se troverò la via e il mezzo di far pagare questi mali a mio marito e, insieme, a chi gli ha dato la figlia e a lei che lo ha sposato. La donna, fra l'altro, è piena di paura, vile di fronte alla forza e alla vista di un'arma. Ma quando le accada di essere offesa nei diritti del suo letto, non esiste altro essere più micidiale.

1 **Donne di Corinto:** sono le donne che formano il coro, e alle quali Medea nel corso di tutta la tragedia confida i propri sentimenti e i propri piani.

2 **sciagura imprevedibile:** il tradimento di Giasone.

3 **comprarci ... del nostro corpo:** era uso che la famiglia, per favorire le nozze della propria figlia, le fornisse una dote; con il matrimonio, poi, il marito acquisiva un notevole potere sulla moglie, e per questo Medea lamenta che egli diventi «padrone» della donna.

4 **non si può ... ripudiare il marito:** in effetti, le leggi di Atene consentivano a una donna di separarsi dal marito; ma l'evenienza era considerata disdicevole dall'opinione pubblica.

5 **entrando ... usanze nuove:** proprio come Medea, una barbara della Colchide che si era trasferita in terra greca, e aveva dovuto imparare norme di comportamento molto diverse da quelle apprese in patria.

6 **se n'esce e dà tregua alla noia:** allusione alla notevole libertà di movimento dell'uomo greco, che aveva fuori casa i suoi svaghi, le sue amicizie e le sue compagnie femminili extramatrimoniali.

7 **fratello:** il mito racconta che Medea, nel corso della fuga dalla Colchide con Giasone, uccise il proprio fratello Apsirto e lo fece a pezzi, gettando poi i pezzi del suo corpo in mare per rallentare l'inseguimento di Eeta, suo padre, che voleva riportarla in patria.

Guida alla lettura

Il tempo del mito e il tempo della storia Nel 431 a.C. scoppia la **guerra del Peloponneso**: nella primavera di quell'anno, Euripide presenta al pubblico ateniese *Medea*, la storia di una donna che per amore abbandona la patria e tradisce il padre. Come voleva la regola della "distanza tragica", la storia si collocava **fuori del tempo storico**, all'interno del **mito antichissimo** degli Argonauti. Ma al tempo stesso svolgeva quello che era il compito della tragedia: far sì che gli spettatori **riflettessero** su temi **fondamentali per la collettività**. In questo caso i temi erano due: il **rapporto** a dir poco difficile **tra i sessi** e quello **tra gli ateniesi e gli "altri"**, gli **stranieri**, i **diversi** come Medea.

Il messaggio nascosto della tragedia Abbandonata dal marito e straniera, senza rifugio né via di scampo, Medea concepisce e attua la sua atroce vendetta. Con quella che potrebbe sembrare solo una storia d'amore e di follia, Euripide insegna ai suoi concittadini che a nulla serve inventare **giustificazioni pretestuose** a comportamenti dettati dal **desiderio di potere**: come fa Giasone, appunto, quando tenta di convincere Medea di averla abbandonata per il bene di lei e dei loro figli: di fronte a tali comportamenti ci si può aspettare anche la più atroce e ingiustificabile reazione.

I temi

La condizione femminile ad Atene Il rapporto fra sessi era un tema di particolare attualità perché, in quegli anni, una parte dell'**opinione pubblica** ateniese **metteva in discussione** le **discriminazioni sociali e giuridiche** di cui le **donne** erano vittime. Ad acuire il delicato problema, legandolo a quello, non meno complesso, del **rapporto con il diverso**, nel 451-450 a.C. era intervenuto un decreto che, pur non vietandolo esplicitamente, rendeva molto problematico il matrimonio con **donne non ateniesi**.

Medea, donna straniera Euripide insiste infatti sul fatto che Medea è una **straniera**. Rivolgendosi alle donne corinzie, ella ricorda che, a differenza di loro, è senza patria, sola, in terra straniera e tradita da un uomo infame, non ha madre, né fratello, né parente ove rifugiarsi; più volte si domanda **dove potrà fuggire**, quale città potrà accoglierla.

Lo stile

La tecnica del monologo L'abbondanza di **monologhi**, notata (e spesso criticata) già dai contemporanei, caratterizza le tragedie di Euripide ed è ben esemplificata nei brani presentati. Questa caratteristica si spiega da un lato con l'esigenza di **approfondimento psicologico**: il monologo è il momento in cui il personaggio **esprime la propria interiorità**, **riflette su se stesso** e **si confessa all'interlocutore**. Dall'altro lato, il monologo sottolinea anche il **carattere "ragionativo"** delle tragedie euripidee: l'autore affida ai suoi personaggi dei ragionamenti complessi, delle vere e proprie **problematizzazioni**, invitando lo spettatore anche a **riflettere** e ad **analizzare** i problemi che la vicenda gli propone.

Il rovesciamento del punto di vista tradizionale Il **monologo** iniziale della **nutrice**, per esempio, risponde all'esigenza di **analisi psicologica**, perché presenta agli spettatori un ritratto a tutto tondo di Medea: da un lato disperata per il tradimento e la solitudine, dall'altro proterva, fiera e inarrestabile. Il successivo **monologo** di **Medea** conferma questi suoi tratti ma ha soprattutto una **funzione problematizzante**: il suo discorso **ribalta** infatti il **punto di vista tradizionale** rispetto a due argomenti centrali – prima equiparando i pericoli del parto alle insidie della battaglia; poi affermando che una donna offesa può diventare più pericolosa di un uomo.

Attività

Comprensione

1 **Verifica la tua comprensione del testo rispondendo alle seguenti domande.**

a. *Giasone ha sposato Medea perché*
- ☐ l'amava sinceramente
- ☐ gli serviva il suo aiuto per conquistare il vello d'oro
- ☐ voleva salvarla dall'ira del padre Eeta

b. *Medea si sente tradita perché Giasone*
- ☐ ha sposato un'altra donna
- ☐ ha avuto rapporti con un'altra donna
- ☐ ha avuto figli da un'altra donna

Analisi

2 **Quali elementi della sua situazione accentuano la disperazione di Medea, dopo il tradimento di Giasone?**

3 **Quali aspetti del carattere di Medea emergono rispettivamente dalle parole della nutrice e da quelle della stessa Medea? Rispondi facendo gli opportuni riferimenti ai testi.**
- dalle parole della nutrice
- dalle parole di Medea

4 **Come descrive Medea la condizione delle donne? Che cosa emerge dal suo confronto tra i sessi?**

5 **Perché è rilevante che Medea sia una straniera? In quale modo la donna descrive se stessa in terra straniera?**

Rifletti, confronta, scrivi

6 **Medea, come tutti i personaggi tragici, è schiacciata fra due mentalità, due visioni del mondo, due principi opposti e incompatibili: il dovere della vendetta e l'istinto dell'amore materno. Approfondisci il tema e spiega con un breve testo perché Medea pensa che uccidendo i figli punirà Giasone.**

Dal palcoscenico allo schermo

Medea

di Pier Paolo Pasolini

Titolo originale: Medea.
Regia: Pier Paolo Pasolini.
Soggetto e sceneggiatura: P.P. Pasolini, dalla tragedia omonima di Euripide.
Fotografia (col.): Ennio Guarnieri.
Montaggio: Nino Baragli.
Scenografia: Dante Ferretti.
Costumi: Piero Tosi.
Interpreti: Maria Callas (Medea), Giuseppe Gentile (Giasone), Massimo Girotti (Creonte), Laurent Terzieff (il centauro Chirone).
Produzione: San Marco Film/Les Films Number One/Janus Film.
Durata: 118'.
Origine: Italia/Francia/Germania ovest, 1970

Tre anni dopo la rilettura dell'*Edipo Re* di Sofocle, portata sullo schermo nel 1967, Pasolini decide di adattare per il cinema un altro caposaldo della drammaturgia classica, la *Medea* di Euripide. Come era già successo per il primo film, il regista sceglie la chiave di una radicale dislocazione. L'azione si trasferisce dalla Grecia antica in Siria e in Turchia; attori principali (tra cui la celebre cantante lirica Maria Callas) e comparse vestono abiti rituali dei popoli africani e asiatici; le musiche sono antichi canti sacri giapponesi e canti d'amore iraniani. Rispetto al tema della tragedia euripidea – l'amore trascinante che lega Medea a Giasone, la sofferenza e l'abbandono, la terribile decisione dell'uccisione dei figli – Pasolini decide di privilegiare la contrapposizione, latente nel testo, tra il mondo pre-razionale, rappresentato dalla barbara Medea, legato alla dimensione della sacralità, e l'universo razionale, correlato alla lucidità dell'intelletto e della scienza, raffigurato dal personaggio di Giasone. In questo senso si spiegano le scelte di ambientazione del film: gli spazi in cui si muove Medea sono quelli naturali, privi di insediamenti umani: lo spazio aperto del deserto, arido e selvaggio, ben rappresenta il concetto di una dimensione sacra, pre-logica, in cui uomo, animali e natura sono una cosa sola, ben prima di ogni dominio scientifico e tecnologico umano sul mondo; al contrario, l'universo di Giasone, ovvero la città di Corinto (la città: dunque uno spazio creato, abitato e dominato dall'uomo) è resa attraverso la piazza dei Miracoli di Pisa, la cui splendida architettura è per Pasolini simbolo della razionalità e della scienza (è nella cattedrale di Pisa che Galileo conduceva i suoi esperimenti). Dunque – soprattutto attraverso i dialoghi tra Giasone e il centauro Chirone – Pasolini trasforma la tragedia di Medea nel dramma del contrasto tra un mondo permeato di mito e sacralità, in cui l'uomo, gli dèi e la natura sono una cosa sola, e un universo dominato dalla logica della scienza e della tecnica, in cui la natura è asservita all'uomo, semplice strumento da utilizzare e non più portatrice di magia e incanto.

I costumi derivano dalle tradizioni del Mediterraneo e dall'Africa, in un'allusione a un mondo altro, culla della civiltà e precedente alla storia.

Anche le scenografie del film sono inusuali: Pasolini non gira in Grecia ma ambienta Medea in Siria e Turchia, mentre la città di Corinto è rappresentata dalla piazza dei Miracoli di Pisa.

Pasolini sceglie di affidare il ruolo di Medea alla celebre cantante lirica di origine greca Maria Callas (nella foto insieme al regista) la cui splendida presenza, ieratica e intensa, dona al film una grande forza emotiva.

Medea tra Romanticismo e Modernismo

La *Medea* di Euripide tornò di grande attualità in epoca romantica. Il silenzio e l'indifferenza degli dèi, la solitudine della donna tradita, la follia d'amore che la fa soggiacere alle più violente passioni del cuore, la rivolta d'orgoglio che non trova pace se non nell'annientamento e nella morte erano temi che concorrevano tutti a suscitare il coinvolgimento emotivo dell'artista romantico e gli fornivano un soggetto letterario ideale per far rivivere nello spettatore l'intensità di un dramma umano senza tempo.

A cimentarvisi sarà l'artista simbolo del Romanticismo francese, **Eugène Delacroix**, che dipinge la sua prima *Medea furiosa* nel 1838 e ritorna sul tema più volte fino al 1862 [1]. In quei venticinque anni le scelte compiute in origine si erano rivelate azzeccate, l'ispirazione (la «maniera di sentire dell'artista romantico», avrebbe detto Baudelaire) aveva colto nel segno e il dipinto resta invariato nella sua impostazione compositiva. Delacroix aveva afferrato l'acme dell'emozione tragica: l'atto feroce sta per essere compiuto in una oscura grotta e il ritmo concitato traduce lo sconvolgimento dell'animo, Medea si volta di scatto, quasi braccata, mentre trattiene con forza il groviglio dei corpi seminudi e innocenti, e il coltello è già sguainato: il rosso della veste annuncia il sangue che sgorgherà tra breve. Fasci di luce colpiscono i corpi, solo lo sguardo scuro, cupo della donna si vela di un'ombra che appartiene alla grotta ma che viene dall'anima. Il corpo di Medea ha le forme classiche, fuori del tempo proprie del mito, le stesse che l'artista aveva scelto per incarnare la Libertà che guida la Francia di un precedente celebre dipinto (*La Libertà che guida il popolo*, 1830). Il pallore delle carni contrasta con i colori bruni e terrosi di un paesaggio investito della stessa emozione e che ora, per il tramite dell'artista, si comunica allo spettatore.

Poco più di due decenni più tardi, *Medea* è di scena a Parigi, interpretata dalla più grande attrice dei tempi, Sarah Bernhardt. La tragedia euripidea è riveduta e corretta da Catulle Mendès secondo un gusto e un'accezione che meglio coglie il segno dei tempi. **Alphons Mucha**, un artista ceco approdato a Parigi e subito assunto al servizio dell'attrice, realizza per lei la litografia che costituirà il cartellone da esporre a teatro. La *Medea* [2] (1898), che egli interpreta nello stile ornamentale denominato *Art Nouveau*, raccoglie le suggestioni del drammaturgo. Come la "divina" Bernhardt, Medea è ora una *femme fatale* che trasuda sensualità e intreccia eros e morte nella tipica mescolanza propria delle atmosfere decadenti di fine secolo. Sbarra gli occhi davanti all'orrore del delitto appena commesso, ma non piega la schiena, il corpo teso si è ricomposto. Maga o incantatrice, essa porta su di sé simboli misteriosi: l'aureola a otto punte, i panneggi che si raccolgono in arabeschi floreali, il serpente che le avvolge il polso.

[2]

[1]

Una commedia di Plauto: «Il soldato

Tito Maccio Plauto è universalmente considerato **il più grande scrittore di teatro della letteratura latina**: le sue opere non hanno la profondità psicologica delle commedie di Terenzio, né il rigore filosofico delle tragedie di Seneca, ma dal punto di vista teatrale sono efficacissime: il **ritmo narrativo**, le **battute dei personaggi**, le **situazioni** e **i tipi umani** che Plauto ci presenta fanno sì che le sue opere siano ancora oggi godibili e vengano frequentemente rappresentate.

Miles gloriosus (*Il soldato fanfarone*, o secondo altre traduzioni *Il soldato spaccone*) è la più lunga delle commedie plautine e una delle più celebri.

Come tutte le commedie di Plauto, essa si ispira ai modelli della **"commedia nuova"** greca ed è ambientata in un **contesto greco**, così come **greci** sono i **nomi dei personaggi. Nel III secolo a.C.**, infatti, la commedia greca ha un forte sviluppo, grazie all'opera di un grande autore, **Menandro**. Mentre la commedia classica (quella del V secolo a.C., di Aristofane) prende spunto dalla realtà politica e sociale e assume spesso carattere satirico, la commedia nuova è **meno impegnata**, affronta soprattutto **situazioni private**, legate ad **amori contrastati** e **beffe** ai danni dei vecchi, dei moralisti, degli avari ecc. Il cambiamento rispecchia una **diversa situazione storica e sociale:** nel V secolo, il teatro aveva una forte impronta civile, legata al carattere democratico delle istituzioni ateniesi, che prevedevano la partecipazione attiva dei cittadini alla vita della *polis*; nel III secolo **la *polis* democratica non esiste più**, il contesto è quello dei **regni ellenistici** sorti dopo la morte di Alessandro Magno, e la commedia perde la sua vocazione civile e diventa un semplice **momento di intrattenimento e di svago.**

Plauto, che opera in un contesto ancora diverso (quello romano) si ispira dunque a questo tipo di commedia, copiando situazioni e personaggi dai **modelli greci**. Ma egli attinge anche a una **tradizione specificamente italica**, quella degli spettacoli popolari detti *fescennini* (qualcosa a metà fra il cabaret e la farsa dei nostri giorni), che avevano spesso un **carattere** piuttosto **rozzo**, facevano ricorso a battute volgari, doppi sensi, situazioni stereotipate, personaggi grotteschi e caricaturali – erano insomma **più vivaci**, ma anche **molto meno raffinati**, delle commedie nuove greche.

Plauto **mescola** dunque, nelle sue opere, **elementi diversi**. In molti casi (*Il soldato fanfarone* è uno di questi) egli **"copia" da opere differenti**, scegliendo le **situazioni più ricche di comicità** e trascurando le scene di approfondimento psicologico tipiche della commedia nuova. Per esempio, nell'opera che stiamo per leggere è evidente che la prima parte (la storia del buco nel muro e della presunta gemella di Filocomasio) resta poco collegata con la seconda parte (la beffa ai danni del soldato): si tratta infatti di vicende che Plauto ricava da due opere diverse, "montandole" secondo la tecnica detta *contaminatio*. Il risultato è spesso discutibile sul piano narrativo (l'opera risulta poco unitaria, il ruolo del soldato nella prima parte è insignificante ecc.), ma garantisce la **comicità** di tutte le scene della commedia. Dobbiamo pensare che Plauto si rivolgeva a un pubblico molto meno colto di quello della commedia nuova greca, un pubblico che non avrebbe accettato l'importazione a Roma di opere straniere troppo lontane dal suo gusto e dalla sua sensibilità.

Una scena di *Il vantone* (1963) – rifacimento in dialetto romanesco di Pier Paolo Pasolini del *Miles gloriosus* di Plauto – per la regia di Roberto Valerio, presentato al Teatro Elfo di Milano nel marzo 2009 (foto F. Pagliai)

D'altro canto, la commedia di Plauto risulta **molto più incisiva** rispetto ai suoi modelli grazie alla **caratterizzazione del protagonista.** Plauto, evitando l'analisi psicologica, crea dei **"tipi" umani**, delle **"maschere"** legate a **pochi tratti fissi** (nel caso del soldato, la spacconeria, la prepotenza, l'avidità, l'arroganza nei confronti delle donne). Si tratta di **personaggi privi di sviluppo, statici**, ma capaci di imprimersi con forza nella memoria dello spettatore, proprio perché incarnano **caratteristiche universali** (in altri casi, l'avarizia, la dabbenaggine e così via).

In epoca rinascimentale, quando si riscopriranno i generi antichi, sarà proprio a Plauto che si ispireranno i primi autori di commedie (fino a Shakespeare e oltre). Solo nel corso del Settecento la commedia plautina, fondata sull'**intreccio**, cioè sulle situazioni, lascerà definitivamente il posto alla commedia di carattere, fondata cioè sull'analisi di un personaggio a tutto tondo, sfaccettato, dinamico, non più semplice maschera.

Tito Maccio Plauto, nato a Sarsina, oggi in Romagna, tra il 259 e il 251 a.C. e morto intorno al 184 a.C., è il maggior commediografo latino. Le notizie sulla sua vita sono poche e incerte: perfino il suo nome potrebbe essere derivato da quello dei personaggi che interpretava; semi-leggendaria è la notizia secondo cui avrebbe subito per qualche tempo la schiavitù per debiti. Le sue opere (21 sicuramente autentiche, altre di dubbia attribuzione) si basano sulla tecnica della contaminazione dei modelli: Plauto cioè fonde due o più testi preesistenti, per ricavare una trama più complessa e per scegliere le scene più efficaci. Il risultato è spesso un po' confuso dal punto di vista della narrazione, che si complica più del necessario, ma di grande efficacia comica. Oltre al *Miles gloriosus* ("Il soldato fanfarone"), tra le sue commedie si ricordano *Anfitrione*, *Aulularia*, *Menecmi*, *Pseudolus*, *Truculentus*.

T5

Plauto

Presentazione del protagonista

da Tito Maccio Plauto, *Il soldato fanfarone* (Atto primo), in *Tutte le commedie*, a cura di E. Paratore, Fratelli Melita

Le commedie di Plauto sono state suddivise in atti e in scene dai commentatori moderni. Quella che ti presentiamo ora è la prima scena del Soldato fanfarone, *che occupa l'intero primo atto della commedia. Con una serie di rapide ed efficaci battute, l'autore presenta al pubblico il protagonista, Pirgopolinice, facendolo dialogare con l'astuto parassita Artotrogo e mettendo in risalto le sue caratteristiche.*

Pirgopolinice, Artotrogo

PIRGOPOLINICE Adoperatevi[1] perché il fulgore del mio scudo sia più abbagliante dei raggi del sole quando il cielo è sereno, sì che, al momento di adoperarlo, nel pieno della mischia ottunda il filo[2]… dello sguardo nelle file dei nemici. Perché io voglio che mi si consoli questa scimitarra, che non si lamenti e non si perda d'animo, gemendo ch'io da tanto tempo me la tengo al fianco in vacanza, mentre lei – poverina! – smania d'insaccare salsicce coi nemici. Ma dove s'è cacciato Artotrogo?

ARTOTROGO È qui, accanto all'eroe… prode e prospero[3] e prosperoso come un re, guerriero come… insomma neanche Marte[4] oserebbe parlare dinanzi a te e paragonare il suo valore al tuo.

PIRGOPOLINICE Chi? quello che ho salvato nei campi Gorgoglionici[5] dov'era comandante supremo Pugnastrombazzide Redelleschiappestrategide, il nipote di Nettuno[6]?

1 **Adoperatevi:** datevi da fare; il soldato, uscendo di casa (ed entrando in scena) si rivolge ai servi, che si immaginano dietro le quinte.
2 **ottunda il filo:** rovini l'affilatura.
3 **prospero:** benestante; prosperoso: grasso; ma le parole sono scelte dal servo più per il loro suono che per il loro significato preciso.
4 **Marte:** il dio della guerra.
5 **campi Gorgoglionici:** nome di invenzione, che col suo suono dovrebbe richiamare immagini di grande eroismo.
6 **Nettuno:** dio del mare.

Il soldato fanfarone

► ***La trama*** La vicenda si svolge a Efeso, città greca dell'Asia Minore. Pirgopolinice è un soldato spaccone e vanitoso, che ha rapito la cortigiana Filocomasio, della quale è innamorato, ricambiato, il giovane Pleusicle. Per riprendersi la ragazza, Pleusicle organizza una beffa con l'aiuto dello schiavo Palestrione e del vicino di casa di Pirgopolinice, l'anziano e saggio Periplectomeno.
Palestrione fa infatti un buco nel muro che collega le due case, in modo che Filocomasio possa fuggire e incontrarsi con Pleusicle. Un servo di Pirgopolinice vede i due amanti insieme, ma Palestrione riesce a convincerlo che Filocomasio ha una sorella gemella e il servo si convince.
Poi Palestrione fa in modo che Filocomasio e Pleusicle possano fuggire insieme senza pericolo. A questo scopo si serve di due prostitute, Milfidippa e Acroteleutio, abilissime nel recitare: Acroteleutio si finge moglie di Periplectomeno e Milfidippa si finge la sua serva. Acroteleutio si finge inoltre innamorata di Pirgopolinice e decisa a scacciare il marito per sposare lui. Pirgopolinice, che si è ormai stancato di Filocomasio, cade nella trappola, attirato sia dalla bellezza di Acroteleutio, sia dalla sua presunta ricchezza. Lascia libera Filocomasio, che fugge con Pleusicle, e va in casa del vicino per coronare il suo sogno – ma naturalmente Periplectomeno lo attende al varco e lo carica di legnate come adultero.

ARTOTROGO Sì, mi ricordo; sì, parli di quello con le armi d'oro, di cui disperdesti le legioni con un soffio solo, come il vento sradica le foglie o le pannocchie dei tetti[7].

PIRGOPOLINICE Bah! Ma questo non è niente.

ARTOTROGO Certo questo non è niente a confronto delle altre imprese che ricorderò... (e che tu non hai mai compiute. Se qualcuno conosce un uomo più sfacciatamente bugiardo e più fanfarone di costui, mi faccia schiavo, io mi ci consegnerò in servitù; però, se non ci fosse una cosa: che in casa di costui si mangia un'insalata d'olive così saporita da andarne matti).

PIRGOPOLINICE Ma dove sei?.

ARTOTROGO Eccomi. Cosi, per esempio, quell'elefante in India, come con un pugno gli hai rotto un braccio...

PIRGOPOLINICE Che? Il braccio?

ARTOTROGO Cioè, volevo dire la zampa.

PIRGOPOLINICE Eppure l'avevo vibrato alla stracca[8].

ARTOTROGO Ah, certo, se l'avessi sferrato con tutti i sentimenti, il braccio avrebbe passato da parte a parte la cotenna e le budella e il muso dell'elefante.

PIRGOPOLINICE Ma per ora lasciamo da parte codesta roba.

ARTOTROGO Ah, cappio, non è certo il caso che tu ricordi i tuoi meriti a me, che ben li conosco. (La pancia mi procura queste pene: mi è forza ormeggiare con gli oreccchi[9], perché i denti non si debilitino[10] e acconciarmi[11] a tutte sue balle).

PIRGOPOLINICE Di che stavo parlando?

ARTOTROGO Eh, so già quello che vuoi dire: è stato così, cribbio! Si, mi ricordo ch'è stato così.

PIRGOPOLINICE Ma che cosa?

ARTOTROGO Qualunque cosa.

PIRGOPOLINICE Hai?...

ARTOTROGO Mi vuoi domandare le tavolette? Ce le ho, e anche lo stilo[12].

PIRGOPOLINICE Sei un tesoro per come sai adattare i tuoi pensieri ai miei!

ARTOTROGO È mio dovere scrutare scrupolosamente le tue inclinazioni e stare attento a fiutare a volo la tua volontà

PIRGOPOLINICE E che ti ricordi?

ARTOTROGO Mi ricordo: centocinquanta in Cilicia, cento in Scitolatronia, trenta Sardiesi, sessanta Macedoni: sono gli uomini che hai uccisi in un sol giorno.

PIRGOPOLINICE E qual è la somma?

ARTOTROGO Settemila!

PIRGOPOLINICE Dev'essere proprio così: la somma la sai fare.

ARTOTROGO E non ce li ho segnati, ma me li ricordo lo stesso.

PIRGOPOLINICE Perbacco, sei proprio di ottima memoria!

ARTOTROGO I bocconi me la illuminano!

PIRGOPOLINICE Finché ti comporterai come hai fatto fino adesso, non cesserai di mangiare: ti farò sempre partecipe della mia mensa.

ARTOTROGO E allora che debbo dire della Cappadocia dove tu, se la scimitarra non avesse perduto il filo, ne avresti uccisi cinquecento in un sol colpo?

PIRGOPOLINICE Ma perché erano miserabili fantaccini[13], gli ho concesso di vivere.

ARTOTROGO Ma a che ridirti ciò che tutto il mondo sa, che di Pirgopolinice ce n'è uno solo, assolutamente invincibile per bravura, bellezza e brillanti imprese? Tutte le donne vanno pazze di te, ed hanno ragione, perché sei così bello; pensa a quelle che ieri m'han tirato per il mantello...

PIRGOPOLINICE E che t'han detto?

ARTOTROGO Mi tempestavano di domande. «È Achille costui?», mi chiedeva una. E io: «No, è suo fratello». Allora un'altra: «Perbacco, quant'è bello, quant'è signore! Guarda come gli scende giù bene la chioma! Fortunate quelle che vanno a letto con lui!».

7 **dei tetti:** usate come ricopertura nei tetti delle case.
8 **alla stracca:** senza forza, senza impegno.
9 **ormeggiare con gli orecchi:** stare a sentire (queste stupidaggini).
10 **non si debilitino:** non si indeboliscano (per il poco uso); cioè, per non patire la fame.
11 **acconciarmi:** adeguarmi.
12 **tavolette .... stilo:** gli strumenti per scrivere.
13 **fantaccini:** fanti, soldati di basso rango.

PIRGOPOLINICE Dicevano proprio così?

ARTOTROGO Ma come! Se tutt'e due m'hanno scongiurato di portarti in giro per di lì, oggi, manco fossi la processione!

PIRGOPOLINICE È proprio un guaio essere un uomo troppo bello!

ARTOTROGO Eppure è così: quelle lì ti stanno sempre addosso, ti pregano, ti girano intorno, ti supplicano perché gli sia concesso vederti, vogliono farti venire da loro, non ti lasciano il tempo di pensare ai fatti tuoi.

PIRGOPOLINICE Mi par che sia il tempo d'andare in piazza a dare la paga a quei mercenari che ieri ho iscritti qui nei registri. Re Seleuco[14], come sai, non mi ha dato pace perché gli scovassi e gli arruolassi mercenari. Ho deciso... di dedicare il dì d'oggi al servizio del re.

ARTOTROGO E allora andiamo.

PIRGOPOLINICE Soldati di scorta, seguitemi.

14 **Seleuco**: re della Siria; ma naturalmente si tratta di un'invenzione, che non ha nulla a che fare con l'omonimo personaggio storico reale.

T6

Plauto

Bastonatura finale

da Tito Maccio Plauto, *Il soldato fanfarone* (Atto quinto), in *Tutte le commedie*, a cura di E. Paratore, Fratelli Melita

Siamo all'ultima scena della commedia: la bella Filocomasio, bruscamente congedata da Pirgopolinice, è fuggita in nave col suo giovane amante; il soldato si appresta a realizzare il suo nuovo sogno d'amore con Acroteleutio, ma il vicino di casa Periplecomeno, che finge di essere il marito della donna, interviene a turbare i suoi sogni e a caricarlo di bastonate come adultero, con l'aiuto di vari schiavi e del cuoco Carione. È lo stesso soldato fanfarone, alla fine, ad ammettere le proprie colpe e a ricavare la "morale" dalle proprie disavventure.

Periplecomeno, Pirgopolinice, Carione, Schiavi fustigatori, Sceledro, Il capocomico

PERIPLECOMENO Conducetemelo qua; se non vuol camminare, portatemelo di peso. Piantatelo fra terra e cielo, squartatelo.

PIRGOPOLINICE Periplecomeno, ti scongiuro, in nome di Dio.

PERIPLECOMENO In nome di Dio, mi scongiuri inutilmente. Carione, guarda se questo tuo coltello è affilato come si deve.

CARIONE E come! Smania[1] di aprire la pancia a questo puttaniere; gli appenderò al collo i suoi aggeggi come i sonagliuzzi ai bambini.

PIRGOPOLINICE È venuta la mia ultima ora.

PERIPLECOMENO Non ancora: hai troppa fretta a parlare.

CARIONE Che dici? Gli salto addosso?

PERIPLECOMENO No, prima una buona dose di bastonate.

CARIONE Sì, un bel po'.

PERIPLECOMENO Perché hai osato adescare la moglie di un altro, svergognato?

PIRGOPOLINICE Com'è vero Iddio, mi son venute a cercare.

PERIPLECOMENO Dice la bugia, dàgli!

PIRGOPOLINICE Férmati, che ti racconto!

PERIPLECOMENO [*ai fustigatori*] Perché vi siete fermati?

PIRGOPOLINICE Non posso raccontare?

PERIPLECOMENO Parla.

1 **Smania**: non vede l'ora.

PIRGOPOLINICE Sono stato pregato di andare da lei.

PERIPLECOMENO E perché hai osato andarci? Ecco, prendi.

PIRGOPOLINICE Ahi, ahi, sono stato staffilato abbastanza, basta, vi prego!

CARIONE Be', e ora lo squarto?

PERIPLECOMENO Come ti piace: tenetelo disteso e divaricato, tirategli le braccia.

PIRGOPOLINICE Ti scongiuro, in nome degli dei, ascoltami prima che costui mi squarti.

PERIPLECOMENO Parla, finché non sei ancora ridotto in pezzi.

PIRGOPOLINICE Ho creduto che fosse divorziata, te lo giuro: così aveva detto la schiava che faceva da paraninfa[2].

PERIPLECOMENO Giura che non darai fastidio a nessuno per questa faccenda, per le sferzate che hai ricevute oggi, e per quelle che riceverai ancora, se ti lasceremo andare vivo, nipotino di Venere!

PIRGOPOLINICE Giuro per Giove e per Marte che non darò fastidio a nessuno per essere stato fustigato oggi, e anzi credo che sia stato un giusto castigo; e se non me ne vado via di qui senza testi… coli, mi si usa anche troppa indulgenza in paragone della mia colpa.

PERIPLECOMENO E se infrangi il giuramento?

PIRGOPOLINICE Ch'io possa vivere sempre senza… quegli affari!

CARIONE Un altro po' di botte ancora; poi credo lo si possa mandar via.

PIRGOPOLINICE Gli dèi ti proteggano in eterno, poiché con tanta umanità hai assunto il mio patrocinio!

CARIONE Allora dacci una mina d'oro[3].

PIRGOPOLINICE Perché?

CARIONE Perché oggi ti lascio andare coi testi…moni[4] salvo, nipotino di Venere! Per meno di così non ci uscirai dalle mani: tientelo per detto.

PIRGOPOLINICE Ve la darò.

CARIONE Ora cominci a ragionare. Quanto alla camicia, al mantello e alla scimitarra, non ci pensare; non te li porterai dietro.

UNO DEI FUSTIGATORI Lo fustigo ancora, o gli fai grazia ormai?

PIRGOPOLINICE Sono già frollo a furia di botte: vi supplico.

PERIPLECOMENO Slegatelo.

PIRGOPOLINICE Grazie, grazie.

PERIPLECOMENO Se una volta ancora ti farai cogliere qui, le… coglie non le vedrai più.

PIRGOPOLINICE È giustissimo; non muovo alcuna obiezione.

PERIPLECOMENO Rientriamo, Carione. [*Entra in casa coi servi.*]

PIRGOPOLINICE Ecco i miei schiavi che tornano. [*A Sceledro*] Filocomasio è partita già? Dimmi.

SCELEDRO Da un pezzo.

PIRGOPOLINICE Accidenti!

SCELEDRO Tireresti moccoli più grossi, se sapessi quello che so io: quello che aveva la benda sull'occhio non era un marinaio.

PIRGOPOLINICE E chi era allora?

SCELEDRO L'amante di Filocomasio.

PIRGOPOLINICE Come lo sai?

SCELEDRO Lo so: perché, non appena varcarono la porta della città, cominciarono subito a baciarsi e ad abbracciarsi e non la smisero più.

PIRGOPOLINICE Disgraziato che sono! Ora m'accorgo che m'hanno menato per il naso. Furfante d'un Palestrione! lui m'ha fatto cadere nella trappola! Però, ben mi sta: se anche agli altri accadesse lo stesso, di ganzi[5] ce ne sarebbe di meno: avrebbero più paura, penserebbero di meno a queste porcherie. Andiamocene a casa.

IL CAPOCOMICO Applaudite.

2 **paraninfa:** mezzana; si riferisce ovviamente a Milfidippa.
3 **una mina d'oro:** circa mezzo chilo.
4 **testi…moni:** gioco di parole con il precedente testi…coli.
5 **ganzi:** amanti, seduttori

Guida alla lettura

Il personaggio comico La commedia si caratterizza per il suo **carattere satirico**: Plauto infatti prende in giro in questo testo un "tipo" ben preciso (e sicuramente molto diffuso a Roma), il soldato che, al ritorno dalla guerra, racconta imprese mirabolanti per stupire i suoi ascoltatori. La figura di Pirgopolinice non è quindi approfondita sul piano psicologico: le sue **caratteristiche** sono quelle che **emergono nella prima scena** e lo sviluppo della **vicenda** è estremamente **prevedibile**, come del resto l'esito (punizione del protagonista e trionfo dell'amore). L'attenzione dell'autore si concentra tutta sul fuoco d'artificio delle **battute** e delle **trovate comiche**.

I temi

Il conflitto fra realtà e ideali Lo spettatore attento, però, può cogliere anche una riflessione sul **conflitto tra ideale e reale**, che è alla base di molte commedie: Pirgopolinice infatti vorrebbe essere il **guerriero ideale**, eroico, bello, invincibile come Achille; in realtà è un **uomo comune**, con i suoi limiti, i suoi difetti, e la comicità nasce proprio dal **contrasto** fra l'**immagine ideale** che il personaggio ha di sé e la **realtà mediocre e meschina** che incarna.
Nel secondo brano proposto, questo conflitto risalta chiaramente nel **confronto** tra le parole che si scambiano le due **donne** (che rispecchiano la realtà, in cui Pirgopolinmice è vittima di una beffa) e quelle che si scambiano i due **uomini** (Pirgopolinice, tutto immerso nelle sue illusioni, e lo schiavo, che contribuisce all'inganno per non disilludere il padrone).

Lo stile

Lo stile iperbolico La tecnica di cui Plauto si serve per rendere ridicolo Pirgopolinice è quella dell'**esagerazione**, o **iperbole**. Nella prima scena questa tecnica emerge molto chiaramente: Pirgopolinice si crede un eroico guerriero e il suo parassita, per riempirsi la pancia, accetta di esaltarlo come un eroe mitico, capace di combattere da pari a pari con gli dei, di uccidere un elefante con un pugno, di sterminare con un colpo solo orde di nemici e soprattutto di conquistare con un solo sguardo tutte le donne del mondo. La stessa tecnica viene utilizzata nel secondo brano proposto, dove le due donne fingono di elogiare le virtù del soldato e solleticaro l'ingenua presunzione di quest'ultimo.

Attività

Comprensione

1 **Verifica la tua comprensione del testo rispondendo alle seguenti domande.**

a *Chi è il "parassita" Artotrogo?*
- ☐ un servo (o meglio uno schiavo) di Pirgopolinice
- ☐ un amico poco fidato di Pirgopolinice
- ☐ un miserabile che ottiene inviti a pranzo in cambio di lodi sperticate

b *Che cosa finge di essere Acroteleutio?*
- ☐ la moglie del vicino di casa di Pirgopolinice
- ☐ la serva di Milfidippa, amante di Pirgopolinice
- ☐ una prostituta innamorata di Pirgopolinice

c *Che cos'è in realtà Acroteleutio?*
- ☐ una prostituta assoldata per beffare Pirgopolinice
- ☐ una donna innamorata di Pirgopolinice
- ☐ una ladra che spera di derubare Pirgopolinice

2 **Leggi, o rileggi, la trama della commedia, dove compare una coppia di amanti. Chi sono? Perché sono separati? Come fanno per riunirsi?**

3 **Il soldato fanfarone cita spesso dèi ed eroi. Attribuisci a ciascuno di essi la caratteristica più importante come emerge dai testi.**
Achille ....
Venere ....
Marte ....

4 **Nel primo brano, indica le imprese che Artotrogo attribuisce al suo padrone e spiega perché si tratta di imprese inverosimili.**

Analisi

5 **Cerca nel testo i passi in cui Artotrogo fa riferimento al cibo e spiega la loro importanza, considerando la condizione sociale del personaggio.**

6 **Nella conclusione della commedia, l'autore (attraverso una battuta del protagonista) enuncia agli spettatori la "morale". Individuala e spiega perché, nel complesso, si tratta di un messaggio poco originale e poco significativo.**

Rifletti, confronta, scrivi

7 **Nel testo di Plauto si trovano molte espressioni tratte dal parlato e in particolare dal registro informale o popolare. Individuane alcune e sottolineale, poi riscrivi gli stessi concetti usando**
- un registro medio, meno colloquiale e informale
- un registro sublime e molto letterario.

Confronta le tue scelte con quelle dei compagni.

Tiriamo le fila

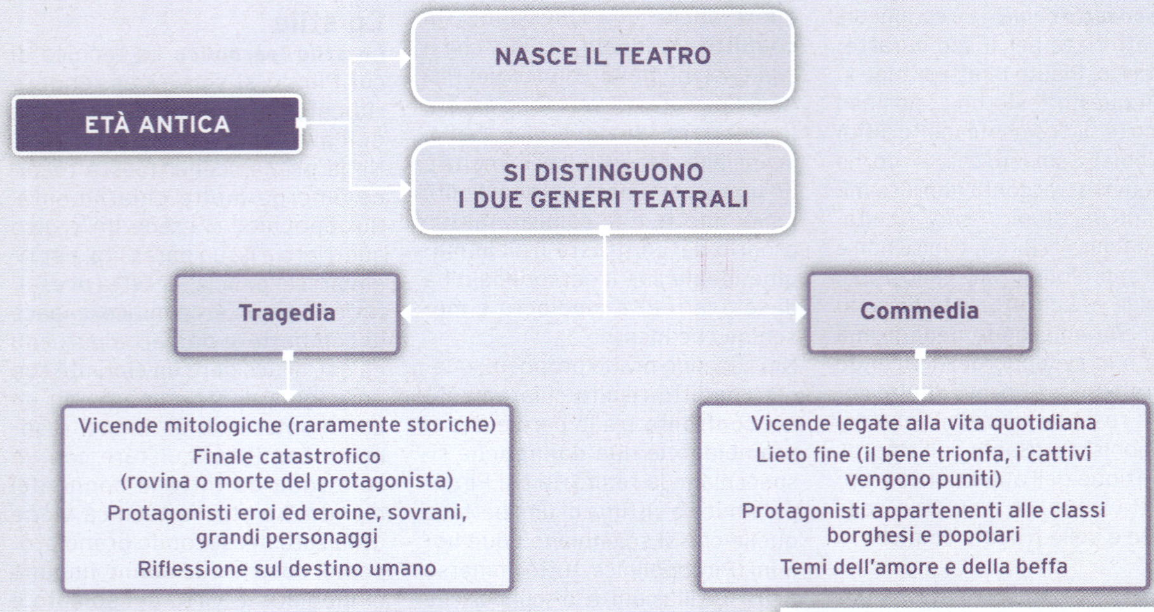

- La struttura della tragedia classica prevede:
  - il **prologo**,
  - il **pàrodo** (l'ingresso del coro),
  - vari **episodi** in cui due o tre attori dialogano con un coro,
  - altrettanti **stasimi** in cui il coro commenta l'azione,
  - un **esodo** (epilogo) in cui la storia si conclude.
- La struttura della **commedia greca** è simile a quella della tragedia; nel **teatro romano**, invece, il coro manca e le scene si susseguono con maggiore libertà.

- Ad **Atene** tragedie e commedie sono **riti collettivi**. Gli spettacoli teatrali infatti hanno nello stesso tempo **valore religioso** e **valore politico** (assistere alle rappresentazioni è un **diritto/dovere** per tutti i cittadini).
- A **Roma** (ma anche nel mondo greco, in età ellenistica) il teatro assume una **dimensione più laica**, svincolata da significati religiosi; le commedie servono soprattutto a **divertire** gli spettatori.

Nomi da ricordare

TRAGEDIA		COMMEDIA	
mondo greco	**mondo romano**	**mondo greco**	**mondo romano**
Eschilo (V sec. a.C.)	Seneca (I sec. d.C.)	Aristofane (V sec. a.C.)	Plauto (III-II sec. a.C.)
Sofocle (V sec. a.C.)		Menandro (IV-III sec. a.C.)	Terenzio (II sec. a.C.)
Euripide (V sec. a.C.)			

4.3 Il teatro nell'Età moderna

L'evoluzione del teatro dal Medioevo all'Età moderna

Una tragedia di Shakespeare: «Macbeth»

T1 W. Shakespeare, **La preparazione del delitto** (da *Macbeth*)
«Macbeth»

T2 W. Shakespeare, **Macbeth torna dalle streghe** (da *Macbeth*)
- *Guida alla lettura*
- *Attività*

Dal palcoscenico allo schermo W. Shakespeare-A. Kurosawa, **Il trono di sangue**

Una commedia di Goldoni: «Le smanie per la villeggiatura»

T3 C. Goldoni, **Una donna vanitosa** (da *Le smanie per la villeggiatura*)
«Le smanie per la villeggiatura»

T4 C. Goldoni, **Due "care" amiche** (da *Le smanie per la villeggiatura*)
- *Guida alla lettura*
- *Attività*

In galleria **Pittura di costume e vedutismo a Venezia**

Tiriamo le fila **Il teatro nell'età moderna**

Il Teatro di corte della Reggia di Caserta, realizzato alla metà del XVIII secolo dal celebre architetto Luigi Vanvitelli

Antologia on line

T1 @ N. Machiavelli, **Lucrezia si fa convincere** (da *La mandragola*)
- *Guida alla lettura*
- *Attività*

T2 @ Molière, **I terrori di Arpagone** (da *L'avaro*)
- *Guida alla lettura*
- *Attività*

L'evoluzione del teatro dal Medioevo all'Età moderna

Con la diffusione del Cristianesimo e soprattutto dopo la caduta dell'impero romano la tradizione teatrale rischiò di perdersi a causa della **diffidenza della Chiesa** nei confronti del teatro in genere, bollato come **imitazione** di un **mondo** (quello umano) **imperfetto e corrotto**.

Il teatro nel Medioevo

Nel Medioevo la **tragedia classica scomparve** completamente, sostituita dai **Drammi sacri** (i cosiddetti **Misteri**), che interpretavano lo **spirito religioso** dei tempi rappresentando sul sagrato delle chiese episodi della Bibbia o della vita dei santi. Più duttile e aderente allo spirito popolare, la **tradizione comica riuscì** invece **a sopravvivere** almeno in parte, anche se **in forme orali** e **non codificate**: ne furono espressione le "buffonate" dei **giullari**, le "carnevalate" e gli spettacoli improvvisati degli **attori girovaghi**, metà avventurieri e metà artisti, che si esibivano nelle **pubbliche piazze** senza alcun apparato scenico, o con apparati ridottissimi. Tra gli autori di teatro del Medioevo vanno ricordati almeno due nomi. Il primo è quello di una monaca, **Rosvita di Gandersheim**, vissuta in Germania nel IX secolo, all'epoca della cosiddetta "Rinascita ottoniana" (il fugace momento di splendore culturale legato alla politica di Ottone I e dei suoi successori Ottone II e Ottone III). Rosvita è autrice di sei *Drammi* in latino, ispirati a Terenzio, ma di **argomento sacro** anziché profano (i protagonisti sono infatti santi e martiri le cui vicende hanno lo scopo di diffondere la fede e i valori morali del cristianesimo). Il secondo autore importante è **Jacopone da Todi**, vissuto tra il Duecento e il Trecento, frate francescano, a cui si deve il famoso *Donna de Paradiso*, un dramma sacro in cui vengono raccontate la passione e la morte di Gesù dal punto di vista della Madonna.

Il teatro nel Rinascimento

La tragedia e la commedia antiche vennero "riscoperte" nel **Rinascimento**, quando si incominciarono a studiare e a recuperare i modelli letterari della cultura classica. Rinacque così una tradizione che recuperò le regole aristoteliche del genere, attenendosi rigidamente soprattutto alle cosiddette **unità di luogo, di tempo e di azione**: secondo il filosofo Aristotele, che aveva studiato a fondo i testi dei grandi autori dell'antica Grecia, la **tragedia perfetta** si svolgeva nell'arco di **una sola giornata** e in **un unico luogo**, raccontando una **vicenda molto lineare**, senza episodi secondari e senza divagazioni. Su "regole" simili si basava anche la commedia. I primi autori di teatro del Rinascimento fraintesero i testi di Aristotele e trasformarono appunto in **"regole"** quelle che erano semplici osservazioni analitiche. Nacquero così opere **scrupolose** sul piano formale, ma **poco originali** su quello artistico, con poche eccezioni: ricordiamo fra queste ultime la *Fabula di Orfeo* di **Angelo Poliziano** (ispirata al mito di Orfeo e scritta alla fine del Quattrocento) e soprattutto *La mandragola* e *Clizia* di **Niccolò Machiavelli** (i due capolavori del teatro comico rinascimentale, che l'autore del *Principe* scrisse, in prosa, all'inizio del Cinquecento).
Accanto a queste commedie destinate a un **pubblico d'élite**, continuò comunque a vivere anche il filone **giullaresco e popolare**, che nel Cinquecento dette origine alla cosiddetta **Commedia dell'arte**, destinata a influenzare a lungo il teatro comico, italiano e non. La Commedia dell'arte era chiamata così perché vi recitavano artisti di professione (la parola "arte" era usata nel senso di "mestiere"), che non erano solo attori ma anche musicanti, acrobati e all'occorrenza versificatori: questi non seguivano

Una rappresentazione della Commedia dell'arte data dalla Compagnia dei Gelosi (1571-1604), dipinto fiammingo, XVI secolo nei loro spettacoli un **testo scritto**, ma solo una bozza di trama (detta "**canovaccio**") sulla base della quale **improvvisavano dialoghi e battute**. Le azioni a sorpresa, i colpi di scena, le battute maliziose e ammiccanti, la mimica accentuata erano gli elementi caratterizzanti delle loro rappresentazioni.

L'epoca d'oro del teatro: la tragedia...

L'epoca d'oro del teatro moderno iniziò invece nel **Seicento** e continuò fino all'età romantica, nel **primo Ottocento**.
Per quanto riguarda la **tragedia**, grandi interpreti del genere furono i francesi **Pierre Corneille** e **Jean Racine** (capaci di infondere nuova vita ai modelli antichi e alle vicende tratte dal mito o dalla Bibbia), gli spagnoli **Lope de Vega** e **Pedro Calderón de la Barca** (autori di "autos", testi drammatici di ispirazione religiosa e morale) e soprattutto l'inglese **William Shakespeare** [→ p. 389]. Fu proprio quest'ultimo, nell'ambito di un più generale sviluppo del teatro inglese tra la fine del Cinquecento e i primi anni del Seicento, a dare forme **nuove e originali** al teatro tragico, senza lasciarsi condizionare troppo dai canoni codificati dalla tradizione e rielaborando la materia teatrale in modo da aprire la strada al **dramma moderno**.
Tra la fine del Settecento e l'inizio dell'Ottocento, la tragedia conobbe la sua ultima fioritura, con le opere dei preromantici **Vittorio Alfieri** e **Friedrich Schiller** e dei romantici **Alessandro Manzoni** [→ p. 174], **Victor Hugo** e altri. Da quel momento in poi, però, il genere incontrò **difficoltà** sempre maggiori nel rapporto col pubblico, che si rivolgeva ormai di preferenza ai romanzi, più vicini alla sua sensibilità e più accessibili anche sul piano linguistico. Iniziò così per la tragedia una irreversibile crisi, a dispetto dei tentativi di recupero di alcuni autori: per esempio, **Gabriele D'Annunzio** [→ p. 136] in Italia e **Thomas Stearns Eliot** in Inghilterra scrissero tragedie in pieno Novecento, ma rimasero casi isolati.

... e la commedia

Il **Seicento** fu un grande secolo anche per la **commedia**: il teatro comico, come la tragedia, conobbe una **ricchezza di forme** che raccoglievano sia gli **spunti** schiettamente **popolari** della Commedia dell'arte sia le **istanze letterarie** legate al teatro tradizionale. **Molière** per esempio, il più grande commediografo alla corte del re di Francia Luigi XIV, ebbe tra i suoi maestri un attore professionista, noto col soprannome di Scaramouche, ma si ispirò spesso anche a modelli antichi (il suo *Avaro*, per esempio, rimanda a quello di **Plauto**, → p. 379). Altri autori che abbiamo già citato per la loro produzione tragica, come **Shakespeare**, **Lope de Vega** e **Calderón de la Barca**, scrissero commedie originali e di successo.
Nel Settecento **Carlo Goldoni** [→ p. 396] attuò in Italia una fondamentale **riforma del teatro comico**, abolendo l'uso del canovaccio e proponendo agli attori un **testo scritto** cui attenersi nella recitazione. Con lui la commedia si liberò dei vincoli ormai superati della tradizione e divenne un genere **capace di aprirsi alla realtà** e di commentarla, pur nell'ambito della sua fondamentale vocazione al riso e al divertimento.

L'attore Ferruccio Soleri nei panni di Arlecchino in *Il servitore di due padroni* (1745), in una rappresentazione del 2010. Questa commedia goldoniana è emblematica della riforma teatrale attuata dal suo autore: scritta originariamente come "canovaccio", in sintonia con la Commedia dell'arte, attraverso successive riscritture prese la forma di vero e proprio testo teatrale, quello sulla cui base viene messa in scena ancora oggi

Dall'Ottocento in poi la **distinzione** tra i vari **generi teatrali** incominciò a farsi **più sfumata**: mentre la tragedia, come abbiamo detto, perse in buona parte la sua vitalità, il teatro comico cercò nuove forme recitative e in buona parte confluì, come vedremo, nel cosiddetto **dramma moderno** o **dramma borghese** [→ p. 405].

Una tragedia di Shakespeare: «Macbeth»

William Shakespeare è stato uno dei più grandi drammaturghi di tutti i tempi. La sua **creatività** non si esprime tanto nella scelta dei soggetti, che egli riprende dal teatro classico, dalle leggende e dalle cronache del passato o da novelle altrui, bensì nella **modalità di sviluppo** dei suoi drammi e nella **innovazione** delle rappresentazioni sceniche. Shakespeare infatti **infrange** la rigidità delle **regole aristoteliche** (che, come abbiamo detto, imponevano unità di tempo, luogo e azione), creando così **intrecci elaborati e avvincenti** che si proiettano in un arco di tempo più ampio di quello tradizionale: ciò rende possibile e verosimile il mutamento di carattere dei **personaggi**, che sono rappresentati nella loro **complessità psicologica** (personaggi a tutto tondo), mentre nella tragedia classica restavano vincolati al loro ruolo iniziale.

Inoltre Shakespeare **contamina** liberamente il teatro tragico più cupo con spunti di derivazione **comico-grottesca**, abbassando il tono generale dei suoi drammi e rendendoli accessibili a un **pubblico molto ampio** (bisogna insistere a questo proposito sul fatto che a determinare il successo delle sue opere contribuì anche il **grande sviluppo** che il teatro aveva avuto in Inghilterra dopo la metà del Cinquecento: si pensi che all'inizio del Seicento esistevano a Londra ben otto teatri a fronte di meno di duecentomila abitanti!). Shakespeare sa dunque trovare un **linguaggio** capace di **emozionare e coinvolgere** tutti gli spettatori, non solo quelli più sensibili o più colti; questi ultimi sono comunque attratti dal **taglio problematico** delle sue opere, aperte ai **grandi temi esistenziali** (la forza delle passioni, l'ambizione per il potere, l'utopia...), e capaci di penetrare nelle **profondità** più remote **dell'animo umano.** Questa **varietà di toni e di temi** costituisce ancora oggi il segreto della modernità e del successo universale delle opere di Shakespeare.

John Singer Sargent, *Ellen Terry interpreta lady Macbeth*, 1889

Per questa famosissima tragedia, Shakespeare si è ispirato alle **cronache dell'Inghilterra medievale** che parlavano di un re di Scozia, Macbeth, salito al trono dopo aver assassinato il suo predecessore Duncan. Il Macbeth storico, che regnò dal 1040 al 1057, viene tuttavia descritto come un sovrano capace di ben governare, mentre Shakespeare lo trasforma in un **tiranno sanguinario** contro il quale i nobili scozzesi si ribellano per porre fine ai suoi delitti. Questa trasformazione risponde a un preciso intento dell'autore: Shakespeare infatti voleva far riflettere il suo pubblico sul nefasto influsso dell'**ambizione sfrenata** e della **sete di potere**, capace di annientare la coscienza degli uomini. Nello stesso tempo, le azioni del suo Macbeth dovevano sottolineare la **responsabilità di ogni individuo** nella **scelta tra il bene e il male.**

Macbeth

► ***La trama*** Macbeth e Banquo, generali del re scozzese Duncan, stanno rientrando da una campagna militare quando incontrano tre streghe: queste annunciano a Macbeth che presto sarà re e a Banquo che i suoi discendenti saliranno al trono. Eccitato dalla prospettiva del potere e incalzato dall'ambizione della moglie, Macbeth progetta con lei l'assassinio di re Duncan, che il destino porta nel loro castello per un breve soggiorno. Il re viene così ucciso da Macbeth, che cinge la sua corona. In seguito Macbeth decide di eliminare anche Banquo, per evitare l'avverarsi della seconda profezia, ma il fantasma del vecchio amico lo perseguita ed egli decide di tornare a chiedere consiglio alle streghe. Queste lo rassicurano affermando che nessun uomo "partorito da una donna" potrà nuocergli e che il suo regno non finirà finché la foresta di Birnam non si muoverà.

Mentre Macbeth governa tirannicamente, abbandonandosi a ogni sorta di violenze e prepotenze, Malcolm, il figlio del re assassinato, e il nobile scozzese Macduff, che ha sempre sospettato di Macbeth e a cui quest'ultimo ha fatto uccidere moglie e figli, si alleano per muovere guerra contro l'usurpatore. Lady Macbeth nel frattempo, perseguitata dal ricordo del sangue versato, impazzisce e si uccide.

Macbeth è ormai solo. L'esercito di Macduff sta avanzando e i soldati si muovono nascosti dietro una cortina di fronde tagliate dalla foresta di Birnam. Ciò crea l'impressione che la foresta stessa si muova, come avevano predetto le streghe. Macbeth comprende che il suo destino si sta compiendo: infatti, durante il duello con Macduff, scopre che costui non è nato naturalmente, ma è stato estratto dal ventre della madre morta. La tragedia si conclude con la morte del tiranno e l'incoronazione di Malcolm, legittimo erede del re assassinato.

William Shakespeare, nato nel 1564 a Stratford-upon-Avon e morto nel 1616, è un drammaturgo inglese, unodei più grandi drammaturghi di tutti i tempi. Della sua vita abbiamo poche notizie attendibili - che, di famiglia modesta, deve forse abbandonare gli studi, che si sposa a 18 anni ed ha tre figli – fino al 1592 quando, trasferitosi a Londra, inizia a pubblicare le prime opere. È l'epoca della grande fioritura teatrale inglese e Shakespeare, grazie alla protezione del duca di Southampton, diviene comproprietario del Globe Theatre e poi del Blackfriars, altro teatro londinese, il cui pubblico molto vario egli sa accontentare scrivendo (e talvolta recitando) opere nuove per ispirazione, impianto e linguaggio. Nonostante che negli ultimi anni si ritiri a vivere da gentiluomo nella città natale, continuerà fino alla morte a collaborare con il teatro. Autore di tragedie (*Romeo e Giulietta*, *Amleto*, *Otello*, *Re Lear*, *Macbeth*...), commedie (*La bisbetica domata*, *Sogno di una notte di mezza estate*, *Le allegre comari di Windsor*...) e drammi storici (*Giulio Cesare*, *Antonio e Cleopatra*...), scrive anche una raccolta di 154 *Sonetti*, capolavoro della poesia lirica inglese dell'epoca.

T1

William Shakespeare

La preparazione del delitto

da W. Shakespeare, *Macbeth*, trad. di R. Rutelli, Marsilio Editori

Il re Duncan è arrivato al castello di Macbeth con i figli Malcolm e Donalbain e con il generale Banquo; viene accolto con grandi onori da Macbeth stesso e da sua moglie, ma i due progettano di ucciderlo durante la notte.

ATTO I - SCENA VII

Una sala del castello.
Suono di oboe e torce. Entrano e passano sulla scena un maggiordomo e vari servitori con piatti e vassoi.
Quindi entrano Macbeth *e* Lady Macbeth.

[...]

LADY MACBETH Quando Duncan sia addormentato
(e la fatica e il viaggio della dura giornata
presto ve lo indurranno),
le sue guardie del corpo di vino
tanto le rimpinzerò[1]
che la memoria loro, guardia del cervello,
in nebbia si tramuti, e l'urna della mente
in alambicco[2].
E quando in quel sonno da porci
giacciano così affogati, come morti,
cosa non possiamo tu e io osare
su Duncan indifeso?
Cosa ci impedirà di incolpare
quelle spugne di guardie[3],
che quindi rispondere dovranno
del nostro gran massacro?
MACBETH Di soli figli maschi possa esser tu gravida,
poiché il tuo metallo[4] è di tal tempra impavida
che può forgiare[5] uomini soltanto.
Non sarà evidente,
quando quei due, dormienti
nella stanza di lui, di sangue avremo imbrattati,

1 **di vino ... le rimpinzerò:** le ubriacherò.
2 **l'urna ... in alambicco:** metafora collegata alla concezione che il cervello fosse formato da tre ventricoli, il più interno dei quali era sede della memoria e vigilava sulla ragione («la memoria... guardia del cervello»). Se la ragione viene aggredita (in questo caso dal vino), la memoria si trasforma in «nebbia» e il cervello diventa simile all'alambicco dell'alchimista da cui evaporano fumi.
3 **spugne di guardie:** le guardie, ubriache fradice («spugne») di vino, potevano essere facilmente accusate del delitto («nostro gran massacro»).
4 **il tuo metallo:** metafora che indica il carattere forte e duro di Lady Macbeth, adatta quindi a partorire figli maschi.
5 **forgiare:** plasmare, dare vita.

avendo prima i lor pugnali usati,
non sarà palese
che son loro i colpevoli dell'atto?
LADY MACBETH Chi mai potrebbe osare
di credere altrimenti,
mentre noi faremo tuonare
come ruggiti i nostri gran lamenti
per la sua morte?
MACBETH Ho deciso. È pronta
ogni fibra del mio corpo
a questo orrendo evento.
Andiamo, andiamo a farci beffe del momento[6]
con un aspetto sorridente:
un volto falso dovrà saper nascondere
quello che il falso cuore ben conosce. (*Escono*)

6 **a farci beffe del momento:** a ingannare le apparenze che impongono di sorridere (per non insospettire il re).

T2

William Shakespeare

Macbeth torna dalle streghe

da W. Shakespeare, *Macbeth*, trad. di R. Rutelli, Marsilio Editori

Macbeth, diventato re, ha ucciso in un finto scatto di rabbia i presunti sicari di Duncan (le sue guardie del corpo), in maniera che non potessero dichiarare la propria innocenza. In seguito decide di eliminare anche Banquo, per garantire la successione ai suoi eredi e vanificare la profezia delle streghe, che vedevano i discendenti di Banquo sul trono di Scozia. Ma lo spettro del vecchio amico lo perseguita e Macbeth, temendo di impazzire, torna dalle streghe per chiedere loro aiuto.

ATTO IV - SCENA I

Una casa a Forres. Nel mezzo un calderone
sta bollendo. Tuoni. Entrano le tre streghe.
Musica e canzone "Spiriti neri" ecc.
Quindi entra Macbeth.

[...]
MACBETH Ebbene, nere misteriose megere[1]
di mezzanotte, cosa fate?
TUTTE [LE STREGHE] Un atto senza nome.
MACBETH Vi imploro, per ciò che professate,
e per qualunque via lo conosciate,
rispondete! Sciogliete pure i venti,
contro le Chiese scatenateli; le onde fumanti
mandino a fondo e inghiottano i naviganti;
sia il grano verde sradicato, gli alberi abbattuti,
si schiantino i castelli sulle teste
di chi li abita[2]; le cime di palazzi e di piramidi

1 **megere:** dall'aspetto orribile.
2 **Sciogliete pure i venti ... di chi li abita:** Macbeth chiede aiuto al demonio attraverso le streghe, anche se il suo intervento provocherà uragani («Sciogliete pure i venti... scatenateli») e maremoti («onde fumanti») e la distruzione del lavoro degli uomini («il grano... sradicato; gli alberi abbattuti») e delle loro abitazioni («si schiantino i castelli»).

precipitino sulle fondamenta;
e il tesoro dei germi di Natura[3]
si sfasci fino in fondo, tanto da ammalare
la stessa distruzione[4], purché voi rispondiate
a quello che vi chiedo!
I STREGA Parla.
II STREGA Chiedi.
III STREGA Ti risponderemo.
I STREGA Di', preferisci sentirlo dalle nostre bocche
o dai nostri superiori[5]?
MACBETH Chiamateli: fate ch'io li veda.
I STREGA Versate nella broda sangue d'una scrofa
che abbia divorato i suoi nove nati[6];
e nella fiamma diluite
grasso essudato[7] da un cappio di assassino.
TUTTE [LE STREGHE] Vieni, vieni, alto o basso,
mostra il tuo ruolo, la tua abilità e te stesso.

Tuoni. Prima apparizione: una testa armata[8]

MACBETH Dimmi, potenza ignota...
I STREGA Conosce i tuoi pensieri:
ascoltalo senza dire niente.
I APPARIZ. Macbeth! Macbeth! Macbeth!
Guardati da Macduff! Guardati di Fife dal sire[9]!
Fatemi andar via... Basta, ora. (*Sprofonda*)
MACBETH Qualsiasi cosa tu sia, ti ringrazio
per il tuo avvertimento:
hai fatto in me vibrare
un vecchio turbamento[10].
Ma resta solo un momento...
I STREGA Non può esser comandato.
Eccone un altro, del primo più potente.

Tuoni. Seconda apparizione: un bimbo insanguinato

II APPARIZ. Macbeth! Macbeth! Macheth!
MACBETH Potessi aver tre orecchi, meglio t'ascolterei.
II APPARIZ. Sii sanguinario, audace, risoluto,
prenditi scorno del potere dell'uomo,
perché nessuno da donna naturalmente nato[11]
a Macbeth potrà arrecare danno.
(*Sprofonda*)
MACBETH Perciò vivi, Macduff, perché devo temerti?
Ma io farò la sicurezza sicura doppiamente
e un pegno chiederò al destino: tu non vivrai.
Così potrò dire al terrore,
pallido per la paura, che mente,
e a dispetto del tuono dormirò serenamente.

Tuoni. Terza apparizione: un bimbo incoronato, con un ramo d'albero in mano

E questo che cos'è,
che come stirpe di re
sorge e sulla fronte di bambino indossa

3 il tesoro ... Natura: l'origine stessa della vita, che anima tutta la Natura.
4 tanto da ammalare la stessa distruzione: concetto apocalittico per cui il caos distruttivo cancellerebbe anche il concetto stesso della distruzione. Macbeth è disposto a tutto pur di ottenere l'aiuto del demonio.
5 nostri superiori: i demoni, che possono assumere aspetti diversi per palesarsi agli uomini.
6 sangue ... nove nati: una credenza del tempo indicava come velenosa la carne di una scrofa (femmina del maiale) che avesse divorato i suoi piccoli. Il 9, inoltre, era considerato un numero magico.
7 essudato: trasudato, colato fuori.
8 testa armata: il primo demone appare assumendo l'aspetto di una testa di guerriero in armi. Il secondo avrà la forma di un bambino insanguinato e il terzo di un bambino incoronato.
9 Macduff ... sire: Macduff, signore («sire») della regione di Fife, è il nobile scozzese che aiuterà i figli del defunto re Duncan a vendicare il padre.
10 un vecchio turbamento: una vecchia preoccupazione. Macbeth non si è mai fidato di Macduff perché lo sa ancora fedele al vecchio re.
11 naturalmente nato: partorito naturalmente da una donna.

la corona, massima insegna di sovranità?
TUTTE [LE STREGHE] Ascolta, e non parlare.
III APPARIZ. Come il leone audace sii, e orgoglioso,
non ti curare di chi si consuma o chi s'adira
né di chi cospira:
Macbeth mai sarà vinto
finché il bosco di Birnam non muova
incontro alla collina di Dunsinane[12] e a lui.
(*Sprofonda*)
MACBETH Ciò mai potrà succedere!
Chi può fare pressione su una foresta?
chiedere a un albero di svellere[13]
radici alla terra abbarbicate?
O dolci, benigni auspici! Indocili defunti,
mai più risorgerete fintanto che non sorga
il bosco di Birnam! E il gran Macbeth,
seduto in trono, potrà godersi il regno di Natura[14]
rendendo vita e respiro[15]
al giusto tempo dei mortali…

12 **collina di Dunsinane:** l'altura dove sorgeva il castello di Macbeth.
13 **svellere:** sradicare.
14 **godersi il regno di Natura:** godersi la vita.
15 **rendendo vita e respiro:** morendo solo quando arriverà il giusto momento, come accade a tutti i mortali (cioè morendo di morte naturale).

Guida alla lettura

Un personaggio dinamico Macbeth è un personaggio che **cambia e si trasforma** nel corso del dramma. All'inizio è un **generale valoroso** che ha combattuto per il suo re, poi l'ambizione lo trasforma in un assassino che diventa un **tiranno sanguinario**, infine egli assume i caratteri dell'**eroe tragico beffato dal destino.**
Questa **dinamicità interiore** è tipica di tutti i grandi personaggi scespiriani ed è resa credibile dall'**ampio sviluppo** che i drammi dell'autore hanno sul piano **cronologico**: abbiamo già detto infatti della libertà innovativa con cui Shakespeare tratta la materia teatrale, sottraendosi alla rigida applicazione delle unità aristoteliche e stimolando la fantasia del pubblico a seguire vicende ambientate in luoghi diversi e in un arco di tempo dilatato. A questo proposito va detto che **la semplicità delle scene teatrali** inglesi (gli attori recitavano su una pedana protesa verso il pubblico) non era di ostacolo, perché agli spettatori bastava l'indicazione di un luogo, la presenza di qualche comparsa o un semplice cartello per immaginare i cambiamenti di scena.

I temi

L'ossessione del potere L'**indagine morale** è un'altra caratteristica del teatro di Shakespeare. In questo dramma in particolare l'autore vuole portare il pubblico a riflettere sulla influenza nefasta che l'eccessiva **ambizione** e la **sete di potere** hanno sull'animo umano. Esse mettono a rischio l'integrità morale dell'individuo, che può essere trascinato in **un vortice di degrado** esemplificato dal patto che Macbeth stringe col demonio attraverso le streghe. Va sottolineato tuttavia che proprio la presenza delle streghe, personaggi fantastici legati alla tradizione popolare, serve a stemperare la tensione morale delle problematiche esistenziali aperte dalla vicenda, mantenendo così la tragedia entro un **equilibrio di toni** che non degenerano mai in cupo moralismo.
La responsabilità umana Shakespeare sottolinea anche la **libertà dell'uomo di scegliere tra il bene e il male:** Macbeth opera questa scelta non solo quando decide di ricorrere al delitto, ma anche quando ritorna

dalle streghe e affida loro il suo destino. Proprio per questa **libera scelta** del personaggio, la sua tragica fine non appare come una fatalità assoluta che egli subisce passivamente, ma come **conseguenza delle sue stesse azioni**: Macbeth, alla fine, risulta vittima solo delle sue debolezze, non di un disegno preordinato da una volontà superiore.

Lo stile

Metafore e suggestioni Il linguaggio che Shakespeare usa nell'opera è **ricco di metafore e altre figure retoriche** che gli permettono di concentrare in poche parole concetti che altrimenti risulterebbero lunghi e complessi da spiegare. Ciò conferisce alle battute dei suoi personaggi un'**intensità drammatica** piena di suggestioni, che tuttavia non appesantisce i dialoghi e risulta intuitivamente comprensibile al pubblico.

Attività

Comprensione

1 **Verifica la tua comprensione del testo rispondendo alle seguenti domande.**

a. *Chi istiga Macbeth a uccidere Duncan?*
- ☐ le tre streghe con le loro profezie
- ☐ Banquo e i figli di Duncan, per prendere il potere insieme a Macbeth
- ☐ Lady Macbeth, per diventare regina

b. *Chi uccide concretamente il re legittimo Duncan?*
- ☐ Macbeth
- ☐ Lady Macbeth
- ☐ le guardie del corpo del re

c. *Quale azione crudele spinge Macduff a ribellarsi a Macbeth e ad allearsi a Malcolm?*
- ☐ l'uccisione di Duncan
- ☐ l'uccisione della moglie e dei figli di Macduff
- ☐ l'uccisione di Banquo

2 **Quali profezie rassicurano Macbeth durante il suo colloquio con le streghe?**

Analisi

3 **Quali espressioni, nella presentazione di Lady Macbeth, fanno riferimento alla durezza del suo carattere? Sottolineale nel testo.**

4 **Quali parole e quali gesti confermano la durezza di Lady Macbeth? Quali elementi della vicenda ci fanno capire invece che Lady Macbeth è un personaggio più complesso, non privo di debolezze?**

5 **Prima di morire, Macbeth pronuncia le seguenti parole:**

«Io non mi arrendo, per baciar la terra
su cui quel giovane Malcolm poserà i piedi,
per esser morsicato dalla rabbia
della gentaglia. Anche se il bosco di Birnam
venuto è a Dunsinane, e qui davanti a me ho te
che da una donna non fosti partorito,
mi gioco l'ultima partita:
davanti al corpo ergo il mio scudo guerriero;
Macduff avanti! E chi per primo grida "Basta!"
sia dannato».

Trovi in esse una qualche traccia di pentimento?

Rifletti, confronta, scrivi

6 **Il destino di Macbeth è stato deciso dal Fato (cioè da una forza soprannaturale e inappellabile) o da Macbeth stesso? Macbeth si rende conto della propria responsabilità o accusa altri della propria fine? Rifletti su questi temi in forma scritta, con un breve testo di 10-15 righe.**

I protagonisti di *Radio Macbeth*, adattamento della "tragedia del potere" di Shakespeare in vesti moderne, messo in scena a Chicago nel 2009

Dal palcoscenico allo schermo

Il trono di sangue
di Akira Kurosawa

Titolo originale: Kumonosu-jo.
Regia: Akira Kurosawa.
Soggetto: dal *Macbeth* di William Shakespeare.
Sceneggiatura: Shinobu Hashimoto, Ryuzo Kikoshima, Hideo Oguni, Akira Kurosawa.
Fotografia (b/n): Asakazu Nakai.
Montaggio: Akira Kurosawa.
Musiche: Masaru Sato.
Scenografie: Yoshiro Muraki, Kohei Ezaki.
Costumi: Taiki Mori.
Interpreti: Toshiro Mifune (Taketoki Washizu/Macbeth), Isuzu Yamada (Asaji/lady Macbeth), Minoru Chiaki (Yoshiaki Miki/Banquo), Akira Kubo (Yoshiteru/Fleance), Takamaru Sasaki (Kunihauri Tsuzuki/Duncan).
Produzione: Shojiro Motiki e Akira Kurosawa per Toho.
Durata: 110'.
Origine: Giappone, 1957.

Il film di Kurosawa fu il primo capolavoro del cinema giapponese ad arrivare sugli schermi europei, aprendo la strada a una stagione di grandi opere fino ad allora pressoché sconosciute in Occidente, i cui autori divennero subito dei maestri: oltre a Kurosawa, Yasujiro Ozu e Kenji Mizoguchi.
In *Il trono di sangue* Kurosawa rilegge *Macbeth* e lo ambienta nel Giappone del Cinquecento: a essere narrata è l'ascesa al potere del feudatario Washizu, incalzato dalla moglie Asaji, sullo sfondo crudo di una sanguinaria guerra civile. "Ho dimenticato Shakespeare e ho girato il film come se fosse una storia del mio paese", ha dichiarato il regista, che costruisce uno straordinario apologo del potere, sulla sua forza e sulla sua seduzione. Lo stile del film, girato in un bianco e nero rigoroso, deriva dai modi astratti del teatro Nō, cioè la forma teatrale tradizionale giapponese in cui sia la scenografia che i gesti degli attori sono molto lineari e ridotti all'essenziale, "stilizzati", senza alcuna ricerca di realismo o verosimiglianza. Così anche nel film gli ambienti sono pochissimi: tutta l'azione si svolge in tre soli luoghi, il Castello, il Forte nord e la Foresta. Con questa scelta l'autore ha voluto rendere la storia e i personaggi più astratti possibili, in modo da attirare l'attenzione sull'universalità delle tematiche di fondo.

Di solito gli attori del teatro Nō indossano una maschera; Kurosawa invece sceglie di lasciare ai suoi attori l'espressività del volto senza coprirlo. In particolare, possiamo apprezzare l'interpretazione di Toshiro Mifune, uno dei più celebri attori giapponesi, nei panni di Washizu/Macbeth.

Il titolo originale del film, *Kumōnosu-jo*, significa letteralmente "il castello della ragnatela", in un'allusione al castello che è al centro della scenografia e che avvolge, come una ragnatela, tutti i personaggi, chiudendoli in una prigione invisibile eppure invalicabile.

Tra le più belle sequenze del film quella della battaglia, ambientata in un paesaggio nebbioso, tra boschi e fiumi.

Una commedia di Goldoni: «Le smanie per la villeggiatura»

Nell'ambito della commedia, il Cinquecento e il Seicento avevano visto il successo, in Italia e in molti altri paesi europei, della **Commedia dell'arte**, con i suoi personaggi-maschere che improvvisavano le battute sulla base di un semplice **"canovaccio"**, cioè di un testo che tratteggiava per sommi capi la storia da rappresentare.

Nel Settecento, tuttavia, la Commedia dell'arte aveva ormai esaurito la sua schietta vena comica e si era ridotta a una **ripetizione di vicende e situazioni scontate**, in cui spesso si cercava di suscitare il riso solo attraverso **battute grossolane e volgari**. Le stesse maschere, cristallizzate nei loro **"ruoli fissi"** (il servo astuto, il vecchio avaro, l'innamorato squattrinato ecc.) non permettevano più di rispondere alle **aspettative di un pubblico moderno**, che cercava nel teatro anche un'occasione per **indagare la realtà del tempo**. E fu proprio questo che il commediografo veneziano **Carlo Goldoni** [→ p. 396] si propose di attuare.

Goldoni abolì innanzitutto l'uso del "canovaccio", tornando a **scrivere per intero i testi teatrali** e sottraendoli all'arbitrarietà degli attori. Inoltre sostituì le maschere tradizionali con **personaggi "veri"**, il cui carattere rispecchiava la realtà dei tempi nella sua **complessità umana e sociale**. Della Commedia dell'arte Goldoni conservò soprattutto una certa **semplicità scenografica**, che si opponeva ai raffinati virtuosismi prospettici delle scenografie in voga nei teatri di corte.

La fama che le maschere della Commedia dell'arte avevano raggiunto anche fuori d'Italia e l'ostilità di molti commediografi costrinsero però Goldoni ad attuare la sua riforma a poco a poco: egli incominciò scrivendo per intero solo la parte del protagonista, eliminando le maschere dai ruoli principali; col tempo, arrivò a scrivere dei veri copioni e a eliminare del tutto le maschere dal palcoscenico.

Rappresentata per la prima volta a Venezia nel **1761**, l'opera fa parte di una trilogia che ha come argomento la moda della villeggiatura, considerata dall'autore una vera "mania" del suo tempo. A questa prima commedia ne seguono infatti altre due (*Le avventure della villeggiatura* e *Il ritorno dalla villeggiatura*), in cui l'autore descrive, con **penetrante capacità introspettiva**, le pazze abitudini dei villeggianti e lo scotto che molti di essi pagano in termini di dignità e di spreco economico. Da **buon osservatore della società**, Goldoni ironizza non solo sulla trasformazione di un momento di salutare riposo in frenesia di esibizione, ma anche sul **vano sforzo «de' piccoli di figurar coi grandi»**: dopo aver tante volte stigmatizzato le frivole abitudini di vita dell'aristocrazia, infatti, l'autore **prende di mira** il nuovo ceto emergente, la **borghesia**, a cui rimprovera di tradire i sani principi su cui si è basata la sua affermazione economica e sociale e di sprecare scioccamente le proprie risorse per **scimmiottare gli eccessi degli aristocratici**.

Le smanie per la villeggiatura

▶ ***La trama*** Il signor Filippo e la figlia Giacinta si preparano a partire per la villeggiatura assieme al giovane Leonardo (innamorato di Giacinta) e a sua sorella Vittoria. Ma il signor Filippo ha invitato anche Guglielmo, altro spasimante della figlia, e ciò desta la gelosia di Leonardo, che non vuole più partire e cerca di impedire anche la partenza degli altri. La sorella Vittoria è disperata all'idea di rinunciare al "rito" della vacanza, perché si è preparata a sfoggiare acconciature e abiti nuovi, comprati nonostante le scarse disponibilità economiche. Una sua visita a Giacinta dimostra la meschina rivalità che divide le due donne, nonostante il loro atteggiamento esteriore di amicizia. Alla fine tutto viene appianato dall'intervento del vecchio signor Fulgenzio, che rivela al signor Filippo l'amore di Leonardo per Giacinta e gli chiede a nome del giovane la mano della figlia. La proposta di matrimonio viene accettata e tutti possono finalmente partire per l'ambita villeggiatura.

Alcuni personaggi delle *Smanie per la villeggiatura* andate in scena a Roma nel 2008

Carlo Goldoni, nato a Venezia nel 1707 e morto nel 1793, è uno dei maggiori commediografi italiani e un vero rinnovatore del nostro teatro. Di famiglia borghese, coltiva fin da ragazzo la passione per il teatro, per il quale inizia a scrivere già nel periodo in cui esercita la professione di avvocato. Divenuto autore comico professionista, mette mano – fra invidie e critiche – alla sua riforma teatrale, rinnovando i vecchi canoni della Commedia dell'arte con opere di grande successo basate sulla convinzione che sia necessario dare verosimiglianza ai personaggi e agli ambienti, anche per raggiungere finalità morali e civili. Nel 1762 si trasferisce a Parigi, ma anche qui la sua riforma incontra ostacoli; continua comunque a scrivere per il teatro e pubblica in francese la sua autobiografia (*Mémoires*), una delle opere più originali del Settecento, rimanendo a Parigi fino alla morte. Tra le sue commedie più famose ricordiamo: *Il servitore di due padroni*, *La bottega del caffè*, *La locandiera*, *I Rusteghi*, la trilogia della *Villeggiatura* (*Le smanie per la villeggiatura*, *Le avventure della villeggiatura*, *Il ritorno dalla villeggiatura*), *Le baruffe chiozzotte*; in tutte queste opere la descrizione schietta e vivace degli ambienti e della società del tempo si accompagna alla caratterizzazione dei personaggi che acquistano, anche sul piano psicologico, una specifica dimensione umana.

T3

Carlo Goldoni

Una donna vanitosa

da C. Goldoni, *Le smanie per la villeggiatura*, in *La trilogia della villeggiatura*, Mursia

Vittoria sta preparando i bagagli per la villeggiatura: eccitatissima, rivela al servitore Paolo di aver avuto problemi a pagare il sarto, ma dichiara spavaldamente di essere certa di recuperare i soldi spesi tentando la sorte al "faraone", un gioco d'azzardo in gran voga tra i villeggianti.

ATTO II - SCENA I

Camera di Leonardo
Vittoria e Paolo

[...]

VITTORIA Presto, presto. Facciamo, che quando torna il signor Leonardo, trovi tutte le cose fatte. Ora son contentissima, a mezzogiorno avrò in casa il mio abito nuovo.

PAOLO Gliel'ha poi finito il sarto?

VITTORIA Sì, l'ha finito; ma da colui non mi servo più.

PAOLO E perché, signora? Lo ha fatto male?

VITTORIA No, per dir la verità, è riuscito bellissimo. Mi sta bene, è un abito di buon gusto, che forse forse farà la prima figura, e farà crepar qualcheduno d'invidia.

PAOLO E perché dunque è sdegnata col sarto?

VITTORIA Perché mi ha fatto un'impertinenza. Ha voluto i danari subito per la stoffa e per la fattura.

PAOLO Perdoni, non mi par che abbia gran torto. Mi ha detto più volte che ha un conto lungo, e che voleva esser saldato[1].

VITTORIA E bene, doveva aggiungere alla lunga polizza[2] anche questo conto, e sarebbe stato pagato di tutto.

PAOLO E quando sarebbe stato pagato?

VITTORIA Al ritorno della villeggiatura.

PAOLO Crede ella di ritornar di campagna con dei quattrini?

1 **esser saldato:** essere pagato.
2 **polizza:** in questo contesto il termine indica la lista di pagamento, il conto.

VITTORIA È facilissimo. In campagna si gioca. Io sono piuttosto fortunata nel gioco, e probabilmente l'avrei pagato senza sagrificare quel poco che mio fratello mi passa per il mio vestito[3].

PAOLO A buon conto quest'abito è pagato, e non ci ha più da pensare.

VITTORIA Sì, ma sono restata senza quattrini.

PAOLO Che importa? Ella non ne ha per ora da spendere.

VITTORIA E come ho da far a giocare?

PAOLO Ai giochetti si può perder poco.

VITTORIA Oh! io non gioco a giochetti. Non ci ho piacere, non vo' applicare[4]. In città gioco qualche volta per compiacenza; ma in campagna il mio divertimento, la mia passione, è il faraone[5].

PAOLO Per quest'anno le converrà aver pazienza.

VITTORIA Oh, questo poi no. Vo' giocare, perché mi piace giocare, perché ho bisogno di vincere ed è necessario che io giochi, per non far dire di me la conversazione[6].

Il signor Filippo e la figlia Giacinta in una scena della commedia di Goldoni prodotta nel 2010 per la regia di Toni Servillo

3 per il mio vestito: per il mio vestiario. Alle donne delle famiglie signorili veniva assegnata una piccola somma mensile per le spese personali, compreso il vestiario.
4 non vo' applicare: non mi viene voglia di impegnarmi.
5 il faraone: gioco di carte in cui un giocatore tiene "banco" e gioca contro tutti gli altri. Ognuno punta e vince se supera col valore delle proprie carte il valore delle carte detenute dal banco.
6 far dir di me la conversazione: dare adito ai pettegolezzi della gente.

T4

Carlo Goldoni

Due "care" amiche

da C. Goldoni, *Le smanie per la villeggiatura*, in *La trilogia della villeggiatura*, Mursia

Leonardo ha litigato con Giacinta, la ragazza che ama, e non vuole più partire per la villeggiatura; Vittoria, sorella di Leonardo, è disperata e corre da Giacinta (con cui rivaleggia in tutto) per sapere se lei parte oppure no: restare in città sarebbe infatti più tollerabile per Vittoria se anche l'amica-nemica fosse costretta a rimanervi.

ATTO II - SCENA XII

Giacinta, *poi* Vittoria

GIACINTA È ambiziosissima[1]. Se vede qualche cosa di nuovo ad una persona, subito le vien la voglia di averla. Avrà saputo ch'io mi ho fatto[2] il vestito nuovo, e l'ha voluto ella pure. Ma non avrà penetrato del *mariage*[3]. Non l'ho detto a nessuno; non avrà avuto tempo a saperlo.

VITTORIA Giacintina, amica mia carissima.

GIACINTA Buon dì, la mia cara gioia. (*si baciano*)

VITTORIA Che dite eh? È una bell'ora questa da incomodarvi[4]?

1 È ambiziosissima: Vittoria si è fatta annunciare a Giacinta, che riflette tra sé mentre aspetta l'amica.
2 mi ho fatto: mi sono fatta.
3 non avrà penetrato del *mariage*: non sarà venuta a sapere del *mariage*; il *mariage* era un tipo di abito settecentesco molto elegante, alla moda francese.
4 incomodarvi: venire a disturbarvi.

GIACINTA Oh! incomodarmi? Quando vi ho sentita venire, mi si è allargato il core d'allegrezza.
VITTORIA Come state? State bene?
GIACINTA Benissimo. E voi? Ma è superfluo il domandarvi, siete grassa e fresca[5] il cielo vi benedica, che consolate.
VITTORIA Voi, voi avete una ciera[6] che innamora.
GIACINTA Oh! cosa dite mai? Sono levata questa mattina per tempo[7], non ho dormito, mi duole lo stomaco, mi duole il capo, figurarsi che buona ciera ch'io posso avere.
VITTORIA Ed io non so cosa m'abbia, sono tanti giorni che non mangio niente; niente, niente, si può dir quasi niente. Io non so di che viva, dovrei essere come uno stecco.
GIACINTA Sì, sì, come uno stecco! Questi bracciotti non sono stecchi.
VITTORIA Eh! a voi non vi si contano l'ossa.
GIACINTA No, poi. Per grazia del cielo, ho il mio bisognetto[8].
VITTORIA Oh cara la mia Giacinta!
GIACINTA Oh benedetta la mia Vittorina! (*si baciano*) Sedete, gioia, via, sedete.
VITTORIA Aveva[9] tanta voglia di vedervi. Ma voi non vi degnate mai di venir da me. (*siedono*)
GIACINTA Oh! caro il mio bene, non vado in nessun loco. Sto sempre in casa.
VITTORIA E io? Esco un pochino la festa, e poi sempre in casa.
GIACINTA Io non so come facciano quelle che vanno tutto il giorno a girone[10] per la città.
VITTORIA (Vorrei pur sapere se va o se non va a Montenero[11], ma non so come fare).
GIACINTA (Mi fa specie[12], che non mi parla niente della campagna).
[...]
GIACINTA Vittorina, volete restar a pranzo con noi?
VITTORIA Oh! no, vita mia, non posso. Mio fratello mi aspetta.
GIACINTA Glielo manderemo a dire.
VITTORIA No, no, assolutamente non posso.
GIACINTA Se volete favorire, or ora qui da noi si dà in tavola[13].
VITTORIA (Ho capito. Mi vuol mandar via). Così presto andate a desinare?
GIACINTA Vedete bene. Si va in campagna, si parte presto, bisogna sollecitare[14].
VITTORIA (Ah! maledetta la mia disgrazia[15]).
GIACINTA M'ho da cambiar di tutto, m'ho da vestire da viaggio.
VITTORIA Sì, sì, è vero; ci sarà della polvere. Non torna il conto[16] rovinare un abito buono. (*mortificata*)
GIACINTA Oh! in quanto a questo poi, me ne metterò uno meglio di questo. Della polvere, non ho paura. Mi ho fatto una sopravveste di cambellotto[17] di seta col suo cappuccietto, che non vi è pericolo che la polvere mi dia fastidio.
VITTORIA (Anche la sopravveste col cappuccietto! La voglio anch'io, se dovessi vendere de' miei vestiti[18]).
GIACINTA Voi non l'avete la sopravveste col cappuccietto?
VITTORIA Sì, sì, ce l'ho ancor io[19]; me l'ho fatta fin dall'anno passato.
GIACINTA Non ve l'ho veduta l'anno passato.
VITTORIA Non l'ho portata, perché, se vi ricordate, non c'era polvere.

5 **grassa e fresca:** in piena salute; la magrezza, che noi apprezziamo nelle donne, era considerata all'epoca un fattore di bruttezza.
6 **una ciera:** un colorito.
7 **Sono levata questa mattina per tempo:** mi sono alzata stamattina presto.
8 **il mio bisognetto:** quello che mi serve (per essere bella).
9 **Aveva:** avevo.
10 **a girone:** a spasso.
11 **Montenero:** il luogo di villeggiatura dove si recavano le signore di Livorno, città in cui è ambientata la vicenda. Le frasi tra parentesi sono quelle che i personaggi pensano fra sé: nella finzione scenica, lo spettatore deve immaginare che non siano udite dall'interlocutrice.
12 **mi fa specie:** mi sorprende.
13 **si dà in tavola:** si sta per mettere in tavola, si sta per cenare.
14 **bisogna sollecitare:** bisogna far presto (a cenare).
15 **maledetta la mia disgrazia:** Vittoria vede confermati i suoi sospetti circa la partenza di Giacinta, mentre lei non può andare in vacanza.
16 **Non torna il conto:** non è il caso di.
17 **cambellotto:** variante di cammellotto, cioè tessuto di pelo di cammello. Trattandosi però di una sopravveste di seta, la stoffa imita la trama dell'originale ma non è un cammellotto vero e proprio.
18 **se dovessi vendere de' miei vestiti:** a costo di dover vendere tutti gli altri miei vestiti (evidentemente per poterla acquistare).
19 **ancor io:** anch'io.

GIACINTA Sì, sì, non c'era polvere. (È propriamente[20] ridicola).
VITTORIA Quest'anno mi ho fatto un abito.
GIACINTA Oh! io me ne ho fatto un bello.
VITTORIA Vedrete il mio, che non vi dispiacerà.
GIACINTA In materia di questo, vedrete qualche cosa di particolare.
VITTORIA Nel mio non vi è né oro, né argento, ma per dir la verità, è stupendo.
GIACINTA Oh! moda, moda. Vuol esser moda[21].
VITTORIA Oh! circa la moda, il mio non si può dir che non sia alla moda.
GIACINTA Sì, sì, sarà alla moda. (*sogghignando*)
VITTORIA Non lo credete?
GIACINTA Sì, lo credo. (Vuol restare[22] quando vede il mio *mariage*).
VITTORIA In materia di mode poi, credo di essere stata sempre io delle prime.
GIACINTA E che cos'è il vostro abito?
VITTORIA È un *mariage*.
GIACINTA *Mariage*! (*maravigliandosi*)
VITTORIA Sì, certo. Vi par che non sia alla moda?
GIACINTA Come avete voi saputo, che sia venuta di Francia la moda del *mariage*?
VITTORIA Probabilmente, come l'avrete saputo anche voi.
GIACINTA Chi ve l'ha fatto?
VITTORIA Il sarto francese monsieur de la Réjonissance.
GIACINTA Ora ho capito. Briccone! Me la pagherà. Io l'ho mandato a chiamare. Io gli ho dato la moda[23] del *mariage*. Io che aveva in casa l'abito di madama Granon.
VITTORIA Oh! madama Granon è stata da me a farmi visita il secondo giorno che è arrivata a Livorno.
GIACINTA Sì, sì, scusatelo. Me l'ha da pagare senz'altro.
VITTORIA Vi spiace ch'io abbia il *mariage*?
GIACINTA Oibò, ci ho gusto.
VITTORIA Volevate averlo voi sola?
GIACINTA Perché? Credete voi ch'io sia una fanciulla invidiosa? Credo che lo sappiate, che io non invidio nessuno. Bado a me, mi faccio quel che mi pare, e lascio che gli altri facciano quel che vogliono. Ogni anno un abito nuovo certo. E voglio esser servita subito, e servita bene, perché pago, pago puntualmente, e il sarto non lo faccio tornare più d'una volta.
VITTORIA Io credo che tutte paghino.
GIACINTA No, tutte non pagano. Tutte non hanno il modo o la delicatezza che abbiamo noi. Vi sono di quelle che fanno aspettare degli anni, e poi se hanno qualche premura, il sarto s'impunta. Vuole i danari sul fatto, e nascono delle baruffe. (Prendi questa, e sappiatemi dir se è alla moda[24]).

Alcuni personaggi maschili della *Trilogia*, nella versione messa in scena da Toni Servillo

20 **propriamente:** proprio, davvero.
21 **Vuol esser moda:** bisogna essere alla moda.
22 **Vuol restare:** rimarrà di stucco.
23 **gli ho dato la moda:** gli ho fatto conoscere la moda.
24 **sappiatemi dir se è alla moda:** sappiatemi dire se anche quello di non pagare è un atteggiamento alla moda.

Guida alla lettura

La psicologia dei personaggi Tutti i **personaggi** goldoniani sono **caratterizzati individualmente** e **perfettamente inseriti nell'ambiente sociale** cui appartengono: Vittoria e Giacinta, per esempio, che pure condividono la "mania" della villeggiatura e l'ambizione di apparire sempre alla moda, si caratterizzano l'una per il malcelato complesso di inferiorità di cui soffre di fronte all'amica, l'altra per un'alterigia che la porta a sentirsi sempre al di sopra degli altri. Altrettanto evidente risulta la bonarietà permissiva del padre di Giacinta e l'acuta capacità di giudizio del vecchio Fulgenzio, buon conoscitore dell'animo umano.

Un discorso a parte merita Paolo, il servitore di Vittoria: nella sua convinzione che il **teatro** debba essere un **fedele specchio della realtà**, Goldoni non concentra la sua attenzione solo sui personaggi più importanti, ma ci rivela anche il **buon senso degli umili**, contrapposto alla capricciosa vanità dei loro padroni.

La commedia non è quindi, per Goldoni, soltanto un'occasione di divertimento e di riso, ma diventa lo strumento per **un'analisi della società e della natura umana** più complessa e più profonda rispetto ai modelli della tradizione precedente.

I temi

La critica sociale Le commedie di Goldoni si ispirano ai **propositi moralistici** che erano tipici di tutta la produzione teatrale settecentesca. La generica **volontà educativa** diventa però in questa opera un concreto spunto di **critica sociale** nel momento in cui l'autore pone sotto accusa il meccanismo di **emulazione** di cui i suoi personaggi sono vittime: le classi socialmente emergenti (in questo caso la borghesia) tendono infatti a emulare i vecchi ceti dominanti (l'aristocrazia) e, per sentirsi pari a loro, finiscono per ostentare il loro nuovo status con **comportamenti assurdi e ridicoli**. Con ciò Goldoni, che aveva in molte altre opere sottolineato i valori positivi della laboriosità borghese per opporli alla vacua alterigia dell'aristocrazia, si dimostra pienamente consapevole non solo dei **processi sociali in atto**, ma anche dei loro **risvolti umani e culturali**.

Altra dimostrazione del suo spirito di osservazione è l'**attenzione** da lui dedicata **al microcosmo femminile**, contraddittorio ma anche intraprendente, avviato a un'**emancipazione** che l'autore intuisce, ma che (almeno in questo testo) considera con la perplessa ironia di un uomo ancora legato a una cultura fondamentalmente maschilista.

Ipocrisia e buone maniere È evidente infine in Goldoni la **denuncia dell'ipocrisia** che troppo spesso domina nei rapporti umani. È un discorso che supera i limiti dell'indagine sociale contingente e assume un **valore universale**: attraverso l'ironia di situazioni estreme (di cui il dialogo tra Vittoria e Giacinta è uno splendido esempio), Goldoni coglie infatti e stigmatizza l'ipocrisia e l'eccessiva preoccupazione delle apparenze, che porta a dimenticare la vera essenza dei sentimenti e dei rapporti umani.

Lo stile

La discorsività dei dialoghi Goldoni adotta nei suoi testi una **scrittura in prosa** e un **linguaggio quotidiano e semplice**, che gli valsero molte critiche da parte degli altri commediografi, abituati alla versificazione e convinti della necessità di nobilitare le opere teatrali con un linguaggio decisamente letterario. Le scelte di Goldoni si dimostrarono tuttavia vincenti nel tempo e contribuirono a dare una fisionomia **più moderna** al teatro comico: la **semplicità dei dialoghi** rendeva infatti le sue commedie facilmente accessibili a un pubblico numeroso, mentre la scelta di una **lingua popolare** ma **"unica"** (l'italiano o il dialetto veneziano) riscattava le sue commedie dal plurilinguismo tipico della Commedia dell'arte, in cui ogni maschera parlava nel dialetto della sua regione di provenienza.

Una scena della *Trilogia della villeggiatura* nell'adattamento e con la regia di Antonio Latella (2009)

Attività

Comprensione

1 Verifica la tua comprensione del testo rispondendo alle seguenti domande.

a *Perché Vittoria va a trovare Giacinta?*
- ☐ per farle sapere che si è fatta un vestito uguale al suo
- ☐ perché vuole sapere se l'amica partirà per le vacanze o no
- ☐ perché è gelosa di Leonardo

b *Rispetto a Giacinta, Vittoria è*
- ☐ più ricca, perché è sorella di Leonardo
- ☐ meno ricca, e infatti fatica a pagare il sarto
- ☐ altrettanto ricca, dato che vanno in vacanza nello stesso luogo

c *Durante il dialogo finale con il padre, Fulgenzio e Leonardo, Giacinta*
- ☐ è emozionata per la dichiarazione di amore di Leonardo
- ☐ prende in mano la situazione con piglio sicuro
- ☐ lascia che sia il padre a decidere del suo futuro

2 Fin dalla prima scena Vittoria si dimostra totalmente presa dall'imminente partenza: quali sono i motivi per cui vuole andare in villeggiatura?

3 All'epoca di Goldoni gli innamorati non decidevano da soli del loro futuro: chi si fa intermediario tra Leonardo e Giacinta?

Analisi

4 Attraverso il dialogo iniziale tra Vittoria e il suo servitore Paolo, Goldoni ci rivela un'informazione fondamentale per capire l'atteggiamento della donna di fronte a Giacinta: quale?

5 In che cosa si rivela il buon senso di Paolo?

6 Il colloquio tra Vittoria e Giacinta è un capolavoro di ipocrisia: riporta alcune battute che dimostrano questa affermazione.

7 Sottolinea le battute che indicano, tanto in Vittoria quanto in Giacinta, la preoccupazione per l'opinione altrui e l'importanza attribuita alle apparenze.

8 Perché, a tuo parere, Fulgenzio dice che non vorrebbe in moglie una donna come Giacinta neppure "per mille scudi"?

9 Goldoni non utilizza molto le didascalie e preferisce far parlare i suoi personaggi: in quale dei tre brani, tuttavia, le didascalie si rivelano particolarmente utili per capire la situazione?

Rifletti, confronta, scrivi

10 Le opere di Goldoni sono definite "commedie di carattere" perché danno molta importanza al carattere dei personaggi, alla loro psicologia: come ricorderai, tra gli elementi fondamentali della riforma goldoniana c'è appunto il passaggio dalla maschera (personaggio stereotipato, prevedibile, sempre uguale a se stesso) al personaggio realistico, complesso, più dinamico e sfaccettato.
Basandoti sulle scene che hai letto, traccia in forma scritta un breve ritratto delle due protagoniste Vittoria e Giacinta, come se fossi un romanziere che le presenta al lettore. Ciascun ritratto dovrà occupare circa 10-12 righe.

In galleria

Pittura di costume e vedutismo a Venezia

Nella pittura veneziana del Settecento, Antonio Canal detto **Canaletto** e **Pietro Longhi** sono le due facce di una stessa medaglia. Entrambi rappresentano le punte più avanzate di due diversi generi pittorici, la **pittura di costume** e il **vedutismo**, il cui comune denominatore fu un atteggiamento diretto e lucido nei confronti della realtà, secondo uno spirito partecipe delle contemporanee istanze illuministiche e di aperto rifiuto verso i capricci stilistici dell'arte barocca.

[1]

Pietro Longhi è stato spesso associato a Carlo Goldoni, non solo per l'amicizia e le attestazioni di stima che quest'ultimo gli riservò in più di un'occasione. L'impegno a misurarsi con la narrazione realistica dei fatti aveva portato il commediografo a disfarsi delle tipizzazioni della Commedia dell'Arte italiana, così come il Longhi, dal canto suo, aveva abbandonato la pittura di storia e di mitologia per dedicarsi a un genere avente per oggetto scene di vita aristocratica privata e di società, similmente a ciò che avveniva in Francia e in Inghilterra con Watteau e Hogarth. Diversamente da costoro, tuttavia, la pittura del Longhi sarà priva di intento moralistico, di ironia o di critica di costume: essa vive piuttosto in assenza di giudizio rispetto ai propri soggetti. Quel che preme all'artista è la precisione grafica di ciò che vede, la resa fedele dei dettagli di realtà anche se brutti o deformi, la padronanza di un «pennel che cerca il vero», come avrebbe detto Goldoni. In *Il rinoceronte* **[1]** (1751), l'animale – fonte di curiosità per gli aristocratici che commissionarono al Longhi la registrazione di questa presenza eccezionale in città – non possiede nulla di quel fascino esotico che suscitava l'interesse dei veneziani: la bestia appare tranquilla, colta in una dimensione concreta che non elude nemmeno la prosaica presenza di escrementi. Sullo sfondo, gentiluomini e nobildonne nei tipici abiti veneziani appaiono come in posa, mentre il pennello indugia minuzioso sui ricchi broccati.

Agli interni del Longhi fanno da contrappunto i limpidi esterni del **Canaletto**. Per "vedere meglio" la realtà egli si avvaleva di un'applicazione rigorosa della prospettiva, cui associava l'impiego della camera ottica, uno strumento dotato di lenti e specchi che, riproducendo le funzioni dell'occhio umano, proiettavano su carta immagini ingrandite. La resa pittorica di vedute come *Il bacino di San Marco e San Giorgio Maggiore* **[2]** (1735-1740) è interamente affidata al colore: il paesaggio, pur essendo assai profondo, resta nitido; la luce è chiara, diffusa e gli oggetti più lontani non perdono di consistenza ma sembrano emergere dal fondo. Protagonista di questa pittura moderna e razionale è la città tutta, con le sue piazze, i suoi palazzi, le sue cupole stagliate sull'ampio orizzonte lagunare.

[2]

Tiriamo le fila

DAL MEDIOEVO ALL'ETÀ MODERNA

ETÀ MEDIEVALE	ETÀ RINASCIMENTALE	ETÀ MODERNA
Il teatro perde di importanza Le rare opere colte hanno contenuti cristiani Il teatro popolare non si basa su testi scritti	Si riscoprono i generi antichi Si impongono le "regole" aristoteliche (le tre unità di tempo, di luogo e di azione) In ambito popolare si impone la Commedia dell'arte (basata su maschere e canovacci)	Il teatro riacquista importanza, sia per la tragedia che per la commedia La tragedia vive un'età d'oro dal Seicento fino al periodo romantico (primo Ottocento) La commedia si rivitalizza e progressivamente supera i limiti della Commedia dell'arte

- In **Inghilterra**, nel XVI-XVII secolo (età elisabettiana), **Shakespeare** rinnova i generi antichi (rifiuto delle unità aristoteliche e mescolanza di elementi comici e tragici).
- In **Spagna**, nel XVII secolo, il teatro vive il **"secolo d'oro"** con **Lope de Vega** e **Calderón de la Barca**; lo caratterizza la **mescolanza** di elementi classici ed elementi popolari di origine medievale.

- In **Francia**, nel XVII-XVIII secolo (età di Luigi XIV), con **Corneille, Racine** e **Molière** si raggiunge il culmine del **teatro classicistico** (rispetto delle regole antiche, netta distinzione fra i generi).
- In **Italia**, nel XVIII secolo, Goldoni attua la riforma del teatro comico (abolizione delle maschere e attenzione a realtà psicologica e sociale).

Nomi da ricordare

autore	nazionalità	epoca
W. Shakespeare	inglese	fine Cinquecento-inizio Seicento
Lope de Vega e Calderón de la Barca	spagnolo	Seicento
P. Corneille, J. Racine e Molière	francese	Seicento
C. Goldoni e V. Alfieri	italiano	Settecento
F. Schiller	tedesco	Settecento
V. Hugo	francese	Ottocento
A. Manzoni	italiano	Ottocento

4.4 Il teatro fra Ottocento e Novecento

Un nuovo genere teatrale

T1 H. Ibsen, **Nora se ne va** (da *Casa di bambola*)
«Casa di bambola»
- *Guida alla lettura*
- *Attività*

Dal palcoscenico allo schermo H. Ibsen-J. Losey, **Casa di bambola**

In galleria **Amore e morte. Dal tabù sociale al disagio esistenziale**

T2 L. Pirandello, **Finale a sorpresa** (da *Il giuoco delle parti*)
«Il giuoco delle parti»
- *Guida alla lettura*
- *Attività*

Tiriamo le fila **Il teatro fra Ottocento e Novecento**

Il Teatro del Popolo di Gallarate (Milano), costruito nel 1920-1921

Antologia on line

T1 @ A. Čechov, **A Mosca... a Mosca...** (da *Tre sorelle*)
- *Guida alla lettura*
- *Attività*

T2 @ B. Brecht, **In tribunale** (da *L'eccezione e la regola*)
- *Guida alla lettura*
- *Attività*

Un nuovo genere teatrale

Se in termini generali la parola "dramma" indica qualsiasi testo scritto per la recitazione, con **"dramma moderno"** o **"dramma borghese"** si definisce oggi un **preciso genere teatrale** che si è imposto con caratteristiche proprie, diverse da quelle codificate per la tragedia e la commedia, nel corso dell'Ottocento.

Il dramma moderno si propone di rappresentare la **vita quotidiana della gente comune** e non quella eccezionale di personaggi straordinari. In particolare, il mondo rappresentato è quello della **borghesia**, che nell'Ottocento è ormai la classe sociale dominante: i suoi problemi, i suoi valori e le sue contraddizioni sono la materia del nuovo dramma, in cui il pubblico si rispecchia e si riconosce.

Questa esigenza di avvicinare il teatro drammatico al suo pubblico e a una realtà condivisibile fu teorizzata per la prima volta nel Settecento, dall'intellettuale illuminista **Denis Diderot**, che nel suo *Discorso sulla poesia drammatica* sostenne la necessità di creare una "tragedia domestica e borghese", che si ponesse **a metà strada tra la tragedia e la commedia tradizionali** e che avesse come protagonisti **personaggi "medi"**, concretamente inseriti in ambienti familiari, sociali, professionali **in cui il pubblico potesse riconoscersi**. A dimostrazione di queste sue teorie, Diderot propose un suo dramma di ambientazione borghese, *Il padre di famiglia*, con cui di fatto segnò la nascita di un nuovo genere teatrale.

Le idee di Diderot si imposero pienamente solo alla metà dell'Ottocento, quando risultò evidente la decadenza irreversibile della tragedia classica e si capì che anche i canoni della commedia dovevano essere rinnovati di fronte alle mutate esigenze di una società in rapida e tumultuosa evoluzione. Il dramma borghese divenne allora la nuova forma teatrale capace di **rappresentare la realtà contemporanea,** superando l'antica contrapposizione fra tragedia e commedia.

I caratteri del dramma borghese

Il dramma borghese si caratterizza innanzitutto per l'ambientazione e per la condizione sociale dei personaggi – ma non solo. Rispetto alla tragedia e alla commedia, esso propone situazioni caratterizzate da **conflitti non ridicoli** (come quelli della commedia) **e non irrisolvibili** (come quelli della tragedia): si propone quindi come **genere problematico**, che chiede agli spettatori di **prendere posizione** rispetto ai temi affrontati e di esprimere un giudizio (etico, politico o di altro tipo).

Il dramma borghese, infine, si caratterizza per il suo **realismo** – e si affianca in questo senso alla grande stagione del romanzo realista e naturalista dell'Ottocento. Al contrario della tragedia, che propone vicende legate al mito o alla storia, il dramma borghese **mette in scena la contemporaneità**, cioè la società dell'Ottocento stesso. Ma, al contrario di quanto accadeva nelle commedie (pensiamo a Goldoni, che rappresenta la società del suo tempo), nel dramma borghese tale rappresentazione non ha carattere comico, non si conclude con il lieto fine – ha **carattere problematico**, come abbiamo detto, e spesso si conclude in maniera tragica, con la morte o con la rovina dei protagonisti.

Tra i grandi interpreti di questa nuova stagione del teatro moderno, a cavallo fra l'Ottocento e il Novecento) vanno annoverati il norvegese **Henrik Ibsen** [→ p. 407], lo svedese **August Strindberg** e il russo **Anton Čechov**. Nelle loro opere, essi affrontano temi come la condizione femminile, la decadenza della nobiltà, il conflitto tra i sentimenti e le convenzioni sociali, le tensioni all'interno della famiglia, gli

Gustave Caillebotte, *La colazione*, 1876

scontri fra classi borghesi e proletariato e così via. Ognuno di loro portò il contributo della propria originale sensibilità, ma tutti furono accomunati dalla **volontà di esprimere** nei loro testi i **problemi morali**, **esistenziali** e **sociali** di una classe (la **borghesia**) che, dopo aver conquistato il potere economico e politico, si stava interrogando sul proprio ruolo.
Naturalmente, negli stessi anni altri autori tentavano strade diverse, tenendo però presente il fatto che il dramma borghese era diventato il genere teatrale più importante e significativo. È il caso per esempio di **Gabriele d'Annunzio** [→ p. 136], che in polemica con gli autori di drammi borghesi tentò di rivitalizzare la tragedia, grazie al sodalizio con la grande attrice Eleonora Duse, utilizzando un linguaggio poetico molto artefatto e volutamente innaturale.
Altri autori, come il belga **Maurice Maeterlinck** e l'austriaco **Hugo von Hoffmannsthal**, tentarono la strada del dramma simbolico, evitando i riferimenti all'attualità e creando vicende fantastiche e astratte.
Anche l'irlandese **Oscar Wilde** si avvicinò al Simbolismo, ma i suoi capolavori (*L'importanza di essere Franco*, *Il ventaglio di Lady Windermere* ecc.) si possono considerare **drammi borghesi**, interpretati però in chiave comica e satirica, giacché l'autore rappresenta il mondo frivolo e superficiale della "buona società" del suo tempo, su cui si appunta il suo **sguardo spietatamente critico**.

Il superamento del dramma borghese: il teatro di Pirandello...

L'autore che, all'inizio del Novecento, seppe meglio rinnovare dall'interno il dramma borghese fu però **Luigi Pirandello** [→ p. 413], attivo fra gli anni Dieci e gli anni Trenta.
Pirandello mette in scena personaggi e situazioni tipici del dramma borghese, ma **la tematica portante dei suoi drammi è di tipo esistenziale** più che sociale: Pirandello analizza infatti il **conflitto** che esiste fra la spontaneità vitale dell'uomo e la sua artificiosa costrizione entro regole sociali che lo trasformano in un "burattino" in balia della sorte. La vita diventa così una **finzione**, la recita di una parte convenzionale, una maschera che nasconde il volto vero di ogni persona. Rispetto alla tendenza realistica del dramma borghese classico, Pirandello inoltre carica le tinte, rendendo personaggi e situazioni fortemente **grotteschi e inverosimili**, proprio per far risaltare l'elemento di **assurdità** che caratterizza la condizione dell'uomo contemporaneo.
Queste problematiche sono espresse in dialoghi che ricordano, per il loro carattere ragionativo e spesso filosofeggiante, quelli del dramma borghese – con la differenza però che, attraverso le loro parole, i personaggi di Pirandello cercano di dimostrare la validità dei loro punti di vista di fronte alla inconsistenza di **una realtà che non è mai oggettiva**, al contrario di quanto pensavano gli autori ottocenteschi, e appare **sempre diversa e inafferrabile**.
Nelle sue opere teatrali più mature Pirandello utilizza anche la tecnica del **"teatro nel teatro"**, che consiste nel mettere in scena un gruppo di attori che... mettono in scena uno spettacolo teatrale. Il pubblico assiste così non a una finzione già bell'e fatta, ma a una finzione che si fa davanti ai suoi occhi, a uno spettacolo che si crea man mano che la recitazione procede. **Realtà e finzione** si scambiano le parti e diventa difficile distinguerle una dall'altra.

... e quello di Brecht

Negli anni fra le due guerre mondiali si collocano le opere più importanti di un altro grande rinnovatore del teatro, il tedesco **Bertolt Brecht**.
Brecht, come gli autori dei drammi borghesi, affronta nelle sue opere **problemi sociali legati alla realtà del suo tempo**, e in particolare alle condizioni economiche delle **classi subalterne** e alla violenza della **dittatura** e della **guerra**. Ma il suo teatro si contrappone volutamente alla tradizione ottocentesca, rispetto alla quale segna una **frattura definitiva**.
Gli autori ottocenteschi si proponevano infatti di creare nello spettatore l'illusione della realtà, proponendogli scenografie, dialoghi, tecniche di recitazione volti a riprodurre il più fedelmente possibile la realtà "vera". Lo scopo era di spingere lo spettatore a immedesimarsi con i personaggi e a partecipare emotivamente alle loro vicende. Brecht invece sostiene che **lo spettatore non deve immedesimarsi**, né tantomeno partecipare emotivamente; egli deve avere sempre coscienza di assistere a una rappresentazione teatrale, cioè a una **finzione**, perché in questo modo può mantenere il **distacco** necessario a ragionare e a esprimere un **giudizio critico** sui problemi che lo spettacolo pone alla sua attenzione.
Brecht adotta a questo scopo **la tecnica dello straniamento**: nei suoi testi si trovano canzoni, le scene sono annunciate da cartelli, gli attori si rivolgono direttamente al pubblico ecc. ecc. – tutte tecniche che servono a **rompere l'illusione scenica** e a creare un distacco emotivo tra gli spettatori e ciò che viene rappresentato. Le vicende, inoltre, affrontano sì problemi di attualità, legati alle vicende sociali dell'epoca, ma lo fanno in maniera indiretta, **sotto forma di allegoria, di favola**: in molti casi si tratta di vicende fantastiche, o ambientate in paesi esotici inesistenti, sempre per evitare che lo spettatore si identifichi troppo strettamente con i personaggi.

Il teatro fra Ottocento e Novecento

Henrik Ibsen, nato nel 1828 a Skien (Norvegia) e morto nel 1906, è uno dei maggiori drammaturghi europei moderni. Di famiglia borghese, dovette interrompere gli studi e impiegarsi in una farmacia per sopravvenuti problemi economici. Nel 1850 riuscì comunque a pubblicare il primo testo drammatico, *Catilina*: il successo riscosso gli permise di dedicarsi interamente al teatro. La sua produzione, inizialmente di ispirazione storica o leggendario-mitologica (ricordiamo *Peer Gynt*, del 1867, il cui argomento è tratto dalle saghe popolari norvegesi), si orientò poi in direzione realistica: a questa appartengono le opere più famose, come *I pilastri della società* (1877), *Casa di bambola* (1879), *Spettri* (1881), *L'anatra selvatica* (1884), *Hedda Gabler* (1890). Negli ultimi lavori, abbandonò i toni realistici per sviluppare un discorso più simbolico, influenzato dalla cultura decadente che si andava affermando in tutta Europa.

T1

Henrik Ibsen

Nora se ne va

da H. Ibsen, *Casa di bambola*, trad. di L. Zini e A. Menghi, Utet

Nora Helmer, per salvare la vita al marito Torvald, ha commesso un illecito. Venuto a saperlo, l'uomo reagisce con violenza: egli teme infatti di essere ricattato dall'impiegato che è a conoscenza dell'illegalità e soprattutto teme il giudizio della società, la rovina della sua carriera. Le apparenze dovranno dunque restare intatte, ma in realtà il suo rapporto di fiducia con la moglie è finito per sempre: minaccia addirittura di sottrarle i figli, giudicandola indegna di allevarli. Una volta passato il pericolo, Torvald vorrebbe semplicemente dimenticare l'incidente, ma Nora ha scoperto la vera natura del marito e non è disposta a far finta di nulla. Il dialogo decisivo fra i due si svolge la sera di Santo Stefano, nel salotto di famiglia, dopo una festa.

ATTO III

[...]

NORA (*con il suo abito di tutti i giorni*). Sì, Torvald, adesso mi sono cambiata[1].

HELMER Ma perché adesso, così tardi...?

NORA Stanotte non dormo.

HELMER Ma cara Nora...

NORA (*guardando il suo orologio*). Non è poi ancora tanto tardi. Siediti Torvald, noi due abbiamo molte cose da dirci. (*Si siede a un lato del tavolo*).

HELMER Nora... ma che cosa vuol dire? Quel viso così duro...

NORA Siedi... Ci vorrà diverso tempo. Ho molte cose di cui parlarti.

HELMER (*si siede al tavolo, di fronte a Nora*). Mi fai paura, Nora. E io non ti capisco.

NORA È proprio questo. Tu non mi capisci. E io non ho mai capito te... prima di stasera. No, non interrompermi. Dovrai solo stare a sentirmi... È venuta l'ora della resa dei conti, Torvald.

HELMER Che intenzioni hai?

NORA Siamo sposati da otto anni. Non ti viene in mente che questa è la prima volta che noi due, marito e moglie, parliamo seriamente insieme?

HELMER Già, seriamente... cosa vuoi dire?

NORA Per otto lunghi anni... e anche di più... subito da quando ci siamo conosciuti, non abbiamo mai scambiato fra noi una parola seria su un argomento serio.

HELMER Avrei dunque sempre dovuto metterti ogni volta al corrente di difficoltà che non avresti potuto lo stesso aiutarmi a superare[2]?

1 mi sono cambiata: il cambio dell'abito di Nora ha un valore simbolico: la donna infatti non ha semplicemente cambiato il suo abbigliamento esteriore, ma anche il suo "abito interiore", cioè la sua abitudine a sottostare passivamente al volere del marito.

2 non avresti ... a superare: anche quando vuole dimostrarsi premuroso nei confronti della moglie, Helmer risulta offensivo. La sua affermazione presuppone infatti la convinzione che Nora non sia capace di comprendere i problemi seri della vita.

NORA Non parlo di difficoltà. Dico che non abbiamo mai parlato seriamente insieme per cercare di risolvere a fondo un problema.

HELMER Ma, Nora carissima, ti sarebbe piaciuto farlo?

NORA Eccoci arrivati al punto. Tu non mi hai mai capito... Siete stati molto ingiusti nei miei riguardi, Torvald. Prima il babbo e poi tu.

HELMER Come! Noi due... noi due che ti abbiamo amato più di qualsiasi altro?

NORA (*scuotendo il capo*) Non mi avete mai amato. Vi sembrò solo piacevole volermi bene[3].

HELMER Ma Nora, che parole adoperi?

NORA Sì, è proprio così, Torvald. Quando ero a casa da papà. Lui mi diceva sempre le sue opinioni, e io allora le condividevo, e se ne avevo delle mie le nascondevo, perché altrimenti gli sarebbe dispiaciuto. Mi chiamava la sua bambolina e giocava con me come io facevo con le mie bambole. Poi venni a casa tua.

HELMER Parli così del nostro matrimonio?

NORA (*impassibile*). Intendo dire che dalle mani di mio padre passai nelle tue: tu sistemavi tutto a tuo gusto, e così ebbi anch'io i tuoi stessi gusti, oppure feci finta di averli, non so bene... Credo tutte e due le cose insieme, ora l'una e ora l'altra. Se ora ci penso, mi sembra di avere vissuto qui come una poveretta... alla giornata. Scopo della mia vita era quello di far la buffona per te. Ma sei stato tu a volere così. Tu e papà avete commesso un grosso peccato nei miei riguardi. È colpa vostra se son diventata quella che sono.

HELMER Nora, come sei ingiusta e ingrata! Non sei stata felice qui?

NORA No, non lo sono mai stata. Lo credevo, ma non lo sono mai stata.

HELMER Non sei stata... felice!

NORA No, solo allegra. E tu sei sempre stato così gentile verso di me. Ma la nostra casa non era altro che una stanza di giuochi. Qui, io sono stata la tua sposa-bambola come a casa ero la bambola-bambina di mio padre. E i piccoli sono stati, a loro volta, i miei bambolotti. Ero tanto contenta quando tu ti mettevi a giocare con me, come i bambini erano contenti quando io mi mettevo a giuocare con loro. Ecco che cosa è stato il nostro matrimonio, Torvald.

HELMER C'è qualcosa di vero in quello che dici... per esagerato ed esasperato che sia. Ma d'ora in poi sarà un'altra cosa. Il tempo dei giuochi è passato, ora viene quello dell'educazione[4].

NORA Quale educazione? La mia o quella dei bambini?

HELMER Tanto la tua quanto quella dei bambini, Nora amatissima.

NORA Oh Torvald, non sei tu l'uomo capace di insegnarmi a essere la moglie che ci vuole per te.

HELMER E sei tu a dirlo?

NORA E io... come potrei essere in grado di educare i bambini?

3 Vi sembrò ... volermi bene: l'amore a cui Helmer allude nella battuta precedente dovrebbe essere un sentimento profondo, basato anche sulla stima e sul rispetto reciproci. Il padre e il marito di Nora non hanno invece rispettato la sua personalità e l'hanno trattata come una "bambola" con cui "giocare" nel tempo libero.

4 quello dell'educazione: naturalmente si tratta dell'educazione che Helmer pensa di impartire a Nora per farla rientrare nel suo ruolo di moglie ubbidiente.

Casa di bambola

▸ ***La trama*** Nora è la giovane moglie dell'avvocato Helmer Torvald, madre di tre bambini. Il marito, da poco nominato direttore di banca, la circonda di un affetto molto protettivo, considerandola più una bambina ingenua che una donna adulta con una personalità. Sulla famiglia, che sta finalmente raggiungendo il benessere economico, grava però una minaccia: qualche anno prima, per curare Helmer, ammalatosi, Nora si era indebitata con Krogstad, un impiegato della banca del marito, falsificando la firma di garanzia del padre. Ora Torvald vuole licenziare Krogstad e lui ricatta Nora: rivelerà tutto al marito se lei non riuscirà a fargli cambiare idea. Nonostante l'impegno di Nora, Krogstad viene licenziato e attua la sua minaccia: l'ira di Torvald di fronte a uno scandalo che rovinerebbe la sua carriera travolge Nora, che vede sparire tutte le tenerezze e i vezzeggiamenti da parte del marito. Poi, però, per amore di Kristine Linde, amica intima di Nora, Krogstad decide di restituire le cambiali con la firma falsificata. Helmer, passato il pericolo dello scandalo, considera chiuso l'incidente e riprende il vecchio atteggiamento nei confronti della moglie. Nora, che in poco tempo ha capito molte cose, non accetta invece di tornare al vecchio ménage: consapevole dell'egoismo del marito e della superficialità ipocrita del suo affetto, decide di andarsene per trovare il suo vero equilibrio interiore e dimostrare a se stessa e agli altri che non è una "bambola", ma una persona degna di rispetto.

HELMER Nora!

NORA Non l'hai detto tu stesso poco fa... è un compito che non hai il coraggio di affidarmi.

HELMER L'ho detto nell'impeto della collera! Come puoi darci peso!

NORA E invece avevi perfettamente ragione. È un compito superiore alle mie forze. C'è un altro compito che mi aspetta prima di quello. Dovrò pensare a educare me stessa. Tu non sei l'uomo capace di aiutarmi. Devo pensarci da sola. E per questo me ne vado.

HELMER (*con un sobbalzo*). Cosa dici?

NORA Sarà necessario che rimanga sola se voglio rendermi conto di me stessa e di tutte le cose fuori di me. Non posso quindi rimanere più qui.

HELMER Nora, Nora!

NORA Me ne andrò subito. Kristine vorrà bene ospitarmi per questa notte.

HELMER Sei pazza! Non te lo permetto! Te lo proibisco!

NORA Non serve più a niente proibirmi qualcosa. Prenderò con me quello che mi appartiene. Da te non voglio niente, né ora né poi.

HELMER Che follia è mai questa!

NORA Domani torno a casa... voglio dire nella mia vecchia città natale. Lì mi sarà più facile sistemarmi che da qualsiasi altra parte.

HELMER Creatura accecata, senza esperienza!

NORA L'esperienza dovrò farmela, Torvald.

HELMER Abbandonare la tua casa, tuo marito e i tuoi bambini! E non pensi a cosa dirà la gente[5]?

NORA Non posso preoccuparmi di questo. So solo che è necessario per me agire così.

HELMER È abominevole. Puoi mancare così ai tuoi più sacri doveri?

NORA E quali sono, secondo te, i miei più sacri doveri?

HELMER C'è proprio bisogno che te lo dica? Non sono i doveri verso tuo marito e i tuoi bambini?

NORA Ho altri doveri altrettanto sacri.

HELMER Questo no. Non so davvero di che doveri dovrebbe trattarsi.

NORA Dei doveri verso me stessa.

HELMER Tu sei avanti tutto moglie e madre[6].

NORA A questo non credo più. Io credo di essere, avanti tutto, un essere umano, come te... o, in ogni caso, che devo cercare di diventarlo. So bene che la maggioranza darà ragione a te, Torvald, e che nei libri è scritto qualcosa di simile. Ma io non posso più contentarmi di quello che dice la maggioranza e di quello che sta nei libri. Devo pensare da sola alle cose, e rendermi conto da sola di esse.

5 cosa dirà la gente?: Helmer si preoccupa più di salvare le apparenze ed evitare i pettegolezzi altrui che di capire il reale stato d'animo della moglie.

6 avanti tutto moglie e madre: la battuta riassume i ruoli sociali riconosciuti alla donna dalla mentalità borghese ottocentesca.

Guida alla lettura

I temi

Struttura tradizionale, temi nuovi L'impianto di questo dramma è abbastanza tradizionale, legato com'è alle tre **unità di tempo, luogo e azione:** la vicenda si svolge infatti nell'arco di tre giornate (la vigilia di Natale, Natale e Santo Stefano), corrispondenti ai tre atti del dramma; il luogo della rappresentazione è sempre lo stesso (il salotto di casa Torvald); l'unità di azione si realizza attraverso un intreccio stringente, che coinvolge solo cinque personaggi.

Tutta la novità di quest'opera consiste quindi nel suo contenuto, nella **modernità dei temi affrontati** e nel **punto di vista anticonformista** del suo autore. Il tema che Ibsen affronta in *Casa di bambola* è infatti legato alla **condizione femminile** e alla scelta della protagonista di rifiutare i condizionamenti sociali per vivere con autenticità la propria esistenza, rifiutando ogni forma di compromesso e di ipocrisia. Proprio per questo la rappresentazione dell'opera, messa in scena per la prima volta a Copenaghen il 21 dicembre 1879, destò **enorme scalpore** ed ebbe un seguito di **polemiche** in tutta Europa, dove i benpensanti si schierarono in difesa del protagonista maschile Helmer, considerando uno **scandalo** che si mettesse in scena un comportamento immorale come quello di Nora.

La famiglia ottocentesca La **famiglia** borghese ottocentesca è al centro del dramma di Ibsen, che punta a smascherarne le **contraddizioni** e **meccanismi di sopraf-**

fazione. La **famiglia** rappresentata da Ibsen è quella **patriarcale**: alla donna venivano demandate quelle incombenze che si svolgevano all'interno delle mura di casa, la quotidiana amministrazione domestica, la cura dei figli (almeno finché non diventavano grandi) e del marito stesso, che doveva essere libero dalle preoccupazioni spicciole per occuparsi del suo lavoro e dei rapporti tra la famiglia e il resto della società. Questa **situazione di inferiorità** della donna era **sancita dalle leggi**: al marito (il "capofamiglia") spettavano infatti tutte le scelte fondamentali, per esempio riguardo all'educazione dei figli, al luogo di residenza, e in particolare alla gestione del patrimonio. La moglie, anche quando possedeva dei beni propri, in genere non poteva amministrarli direttamente, ma solo attraverso il marito (per questo Nora non ha potuto contrarre il debito a proprio nome, ma ha dovuto falsificare la firma del padre, cioè di un uomo, nel momento in cui il marito era gravemente ammalato).

Nora da "oggetto" a "persona" Il dramma racconta la **ribellione** di una donna a questo sistema: Nora è convinta di aver agito bene (ha falsificato la firma per un nobile scopo e ha restituito i soldi lavorando in segreto, affinché Torvald non scoprisse nulla) e quando il marito reagisce accusandola di immoralità si ribella e lo lascia.

Nora non è una femminista nel senso che noi oggi attribuiamo alla parola. All'epoca in cui Ibsen scrive non era neppure concepibile che le donne lavorassero in competizione con gli uomini o che avessero una qualche autonomia economica, politica, sociale. **Il discorso di Nora** è quindi **essenzialmente di carattere morale**: lei vuole il **rispetto** di suo marito, vuole essere amata per se stessa e non per il suo ruolo, vuole presentarsi agli altri come una **persona autonoma** e non come un grazioso oggetto (la *bambola* del titolo) posseduto ed esibito da un marito-padrone.

Lo stile

Un "duello verbale" Ibsen usa un **linguaggio realistico**, simile (almeno all'apparenza) a quello parlato quotidianamente dalla borghesia colta. Questa scelta accentua il **carattere realistico** dell'opera e costringe il lettore-spettatore a concentrare l'attenzione sul contenuto del dialogo. Lo scrittore, insomma, cerca uno **stile "trasparente"**, quasi "invisibile" nella sua **naturalezza**, proprio perché vuole mettere in primo piano lo **scontro** fra due mentalità, due modi di concepire la vita, due sistemi di valori.

L'apparente naturalezza dello stile ibseniano non va però a scapito della ricerca di incisività e di precisione: è soprattutto Nora a cercare la massima precisione (per esempio quando distingue tra *allegria* e *felicità*) e a usare il linguaggio come **un'arma** nel suo **duello verbale** col marito (per esempio quando parla del loro matrimonio dicendo *venni a casa tua* o quando rinfaccia al marito le parole offensive sull'educazione dei figli). Invano Helmer protesta: *che parole usi?, come puoi darci peso?*: lui e Nora parlano ormai "due lingue diverse" e l'autore ce lo fa capire chiaramente.

Attività

Comprensione

1 **Verifica la tua comprensione del testo rispondendo alle seguenti domande.**

a. *A che punto del dramma si svolge la scena?*
- ☐ all'inizio ☐ a metà ☐ alla fine

b. *Quale errore rimprovera Torvald a Nora?*
- ☐ di aver falsificato una firma
- ☐ di aver educato male i loro figli
- ☐ di averlo tradito

c. *Nella scena che hai letto, il ricattatore Krogstad*
- ☐ ha appena informato Torvald di ciò che ha fatto Nora
- ☐ ha appena ottenuto da Torvald quello che voleva
- ☐ ha appena rinunciato al suo ricatto

2 **Nora si sente un "oggetto" e non una persona realmente amata e stimata. Quali personaggi vengono accomunati dalle sue accuse?**

3 **Quali sono, secondo Helmer Torvald, i doveri fondamentali di una donna? E secondo Nora?**

Analisi

4 **In che senso il cambiamento di abito di Nora ha un valore simbolico?**

5 **Individua nel testo le battute da cui traspare con maggiore evidenza il conformismo di Helmer.**

6 **Nel testo che hai letto sono presenti monologhi o "a parte"? Perché, secondo te?**

7 **Che tipo di informazioni forniscono le didascalie?**

8 **Rileggi la trama dell'opera: i personaggi di Nora e di Helmer ti sembrano statici o dinamici? Perché?**

Rifletti, confronta, scrivi

9 **Ti pare che la problematica trattata da Ibsen sia ancora attuale? Considerando, per esempio, la situazione del nostro Paese, pensi che le donne abbiano raggiunto un'effettiva parità con gli uomini sul piano culturale, lavorativo, politico ecc.? Rispondi in forma scritta con un breve testo, che utilizzerai poi come contributo a una discussione in classe sull'argomento.**

10 **Nora dichiara di essere stata «allegra», ma non «felice». Rifletti sulla differenza fra questi due stati d'animo, richiamando il testo che hai letto, ma anche la tua esperienza personale, ed esponi le tue riflessioni in forma scritta, con un breve testo.**

Dal palcoscenico allo schermo

Casa di bambola

di Joseph Losey

Titolo originale: A Doll's House.
Regia: Joseph Losey.
Soggetto: dal dramma omonimo di Henrik Ibsen.
Sceneggiatura: David Mercer.
Fotografia (col.): Gerry Fisher.
Montaggio: Reginald Beck.
Musiche: Michel Legrand.
Scenografie: Eileen Diss.
Costumi: John Furniss, Edith Head.
Interpreti: Jane Fonda (Nora), Trevor Howard (dottor Rank), David Warner (Torvald), Delphine Seyrig (Cristine Linde), Edward Fox (Krogstad).
Produzione: World, La Boétie.
Durata: 108'.
Origine: Gran Bretagna/Francia, 1973.

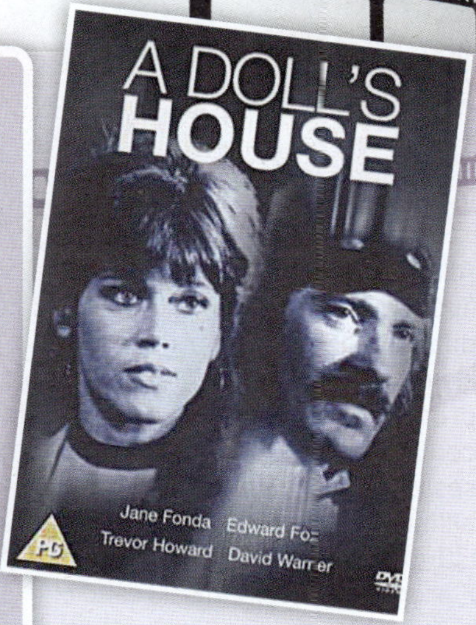

Protagonista del film nel ruolo di Nora è Jane Fonda, attrice dalla carriera eclettica, che ha spaziato dai film impegnati come questo alle commedie, come *A piedi nudi nel parco* (1967) accanto a Robert Redford.

Il regista statunitense Losey ha spesso lavorato, lungo la sua trentennale carriera, sull'intreccio tra cinema e teatro. Tra i suoi lavori più famosi infatti troviamo le collaborazioni con il drammaturgo e futuro premio Nobel Harold Pinter, che scrive per lui alcune eccellenti sceneggiature: *Il servo* (1963), *L'incidente* (1967) e *Messaggero d'amore* (1970). Si tratta di drammatiche analisi della società inglese, vista nell'ipocrisia dei suoi rapporti di classe e nel vuoto delle relazioni emotive. Questi film, grandi successi di critica, sono tuttora considerati i capolavori di Losey, che negli anni Settanta si dedica ad alcuni adattamenti di celebri opere teatrali tra cui il *Galileo* di Brecht (1975) e il *Don Giovanni* (1979) di Mozart. A questo periodo appartiene anche *Casa di bambola*, girato nel 1973 e interpretato dalla famosa attrice americana Jane Fonda.
Nel celebre dramma del drammaturgo norvegese Henrik Ibsen da cui è tratto il film, Nora è la giovane moglie dell'avvocato Torvald Helmer; ed è la «bambola» del titolo, una moglie bambina con cui il marito si diletta piacevolmente. Il film segue fedelmente la struttura e la trama del testo teatrale, fino alla ribellione finale di Nora e alla decisione di abbandonare l'uomo suadente e irremovibile che la tiene prigioniera. Losey non sposta l'ambientazione alla contemporaneità ma cerca, all'interno del testo, quei temi che sente più vicini alla società degli anni Settanta, in particolare il femminismo: Nora diventa così un'icona della ribellione della donna a una società maschilista che vorrebbe relegarla al ruolo di delizioso e inutile ornamento.

Joseph Losey è uno dei più apprezzati registi americani, sebbene la sua carriera si sia svolta in gran parte in Gran Bretagna: accusato di simpatie per il Partito comunista, Losey fu costretto, negli anni Cinquanta, ad abbandonare Hollywood per lavorare in Europa.

Curiosamente, nel 1973 il dramma di Ibsen è stato portato sullo schermo non solo da Joseph Losey ma anche da un altro regista, Patrick Garland, con protagonisti Anthony Hopkins e Claire Bloom, in un adattamento più teatrale e convenzionale rispetto a quello di Losey.

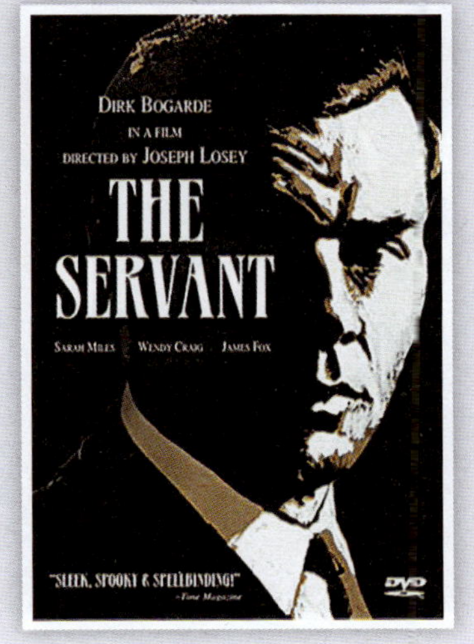

Uno dei capolavori di Joseph Losey è il film *Il servo* (1963), scritto da Harold Pinter e centrato sui rapporti di potere tra un giovane tanto ricco quanto superficiale e il suo cameriere, che finisce poco a poco per dominarlo.

In galleria

Amore e morte. Dal tabù sociale al disagio esistenziale

Alla fine dell'Ottocento la critica ai valori borghesi divenne obiettivo di denuncia degli intellettuali, postisi ormai in aperto dissidio con l'etica del ceto medio, da cui pure provenivano, colpevole di arroccarsi sui propri conquistati privilegi e di celarli sotto una coltre di falso perbenismo e di rigide convenzioni sociali. Il rapporto uomo-donna si rivelò per molti artisti un tema chiave della propria volontà di dissenso, in quanto riconosciuto come pilastro dell'ordine sociale e oggetto di controllo da parte della morale borghese. Nel 1905, con la pubblicazione dei *Tre saggi sulla teoria sessuale*, Sigmund Freud completava la fondazione della psicanalisi, una teoria che introduceva all'inconscio, all'irrazionalità, alla vita istintiva, contribuendo a individuare nella repressione degli istinti sessuali e nel senso di colpa l'origine del disagio della civiltà moderna.
È proprio nella Vienna di Freud che vive e dipinge **Egon Schiele**, uno dei primi esponenti dell'Espressionismo austriaco. Contro ogni tabù sociale, egli privilegia come soggetto sensuali corpi nudi di donna e getta su di essi uno sguardo sempre ravvicinato e indagatore. I dettagli più intimi appaiono esibiti in tutta la loro verità anatomica, il corpo per la prima volta è rappresentato senza compostezza, abbandonato in pose innaturali accentuate da un disegno aguzzo, spigoloso e dall'impiego di colori dissonanti. In *L'abbraccio* **[1]** (1917), l'unione degli amanti si fa disperante: lo schiacciamento dato dalla prospettiva dall'alto, l'isolamento entro la "mandorla" (una forma dalla simbologia complessa, allusiva tra l'altro all'unione degli opposti, divino e umano, uomo e donna, bene e male) formata dal lenzuolo bianco, la stretta forte e disarticolata, la posa accucciata, tutto gioca a isolare un istante di lotta contro il senso di solitudine, una estrema e vana ricerca di rifugio nelle braccia dell'altro, che tuttavia soffre della medesima angoscia, un abbraccio che non cancella la colpa – il sesso, "passione terribile" – né un immane presagio di rovina.
Nel norvegese **Edvard Munch** la relazione erotica nasconde un uguale rapporto conflittuale con la donna, e anzi l'aspetto di carnalità sfuma sotto l'incalzare nell'uomo della paura di annientamento e di morte. Ora Madonna, ora prostituta, ora madre, ora vampiro, le immagini di donna in Munch possiedono un alone sinistro i cui segni sono la frontalità immota, gli occhi cerchiati come le fosse di un teschio, le ombre incombenti che circondano la figura. In *Il bacio* **[2]** (1897), l'amplesso avviene in un ambiente ristretto, cupo, vicino a una finestra che non fa luce: l'incontro appare furtivo, clandestino, e il bacio non ha tenerezza né passione. Quella che è stata definita la «pozza di carne liquida», creata dal compenetrarsi dei volti, ha qualcosa di vischioso che confonde i lineamenti e, cancellandoli, minaccia la libertà e l'identità dell'essere umano.

[2]

[1]

Luigi Pirandello, nato nel 1867 ad Agrigento (allora chiamata Girgenti) e morto nel 1936, è uno dei maggiori drammaturghi e scrittori italiani. Laureatosi in Lettere, si stabilì a Roma, divenne docente all'università e incominciò a pubblicare racconti e romanzi. Di lì a poco la vita familiare e l'animo stesso dello scrittore furono profondamente segnati dalla malattia mentale della moglie, che non recuperò più l'equilibrio psichico. Dopo la pubblicazione, con successo, del romanzo *Il fu Mattia Pascal* (1904) e del saggio *L'umorismo* (1908), iniziò a scrivere per il teatro, sia in dialetto che in italiano: *Pensaci, Giacomino!* (1916), *Così è (se vi pare)* e *Il berretto a sonagli* (entrambe 1917), *Il giuoco delle parti* (1918), *Sei personaggi in cerca d'autore* (1921), *Enrico IV* (1922), *Questa sera si recita a soggetto* e *Come tu mi vuoi* (entrambe 1930). Via via la sua fama cresceva sia in Italia sia all'estero e le sue opere erano molto seguite, anche se talvolta il loro carattere fortemente innovativo le esponeva a critiche. Nel 1934 Pirandello ottenne il premio Nobel per la letteratura.

T2

Luigi Pirandello

Finale a sorpresa

da L. Pirandello, *Il giuoco delle parti*, in *Maschere nude*, Mondadori

Il brano è un esempio della concezione pirandelliana della vita come finzione, intreccio di ruoli prestabiliti che impediscono all'individuo di essere se stesso.
Leone e Silia Gala, i due protagonisti, recitano la parte del marito e della moglie solo per salvare le apparenze, ma in realtà si odiano e lei cerca di sbarazzarsi di lui costringendolo ad accettare un duello d'onore in sua difesa: spera che muoia e la lasci libera di godersi l'amante Guido. Leone però decide di porre fine alla finzione e si vendica facendo in modo che il duello mortale sia affrontato da Guido. La scena si svolge a casa di Leone, dove sono già arrivati il dottor Spiga (il chirurgo che deve assistere) e i due testimoni che devono accompagnare Leone al duello, Guido e Barelli. Tutti restano sbalorditi nell'apprendere dal maggiordomo che Leone, nonostante manchi pochissimo, sta ancora dormendo.

ATTO III - SCENA III

Leone, Guido, Barelli, Spiga, poi Silia

Leone si presenta, placidissimo, ancora un po' insonnolito, in pigiama e pantofole.

LEONE Buon giorno.
GUIDO Come! Ancora così? Ma vai subito a vestirti, perdio! Non c'è un minuto da perdere, ti dico!
LEONE Scusa, perché?
GUIDO Come perché?
BARELLI Non ricordi più che hai da fare il duello?
LEONE Io?
SPIGA Dorme ancora!
GUIDO Il duello! Il duello! Alle sette!
BARELLI Ci mancano appena dieci minuti!
LEONE Ho capito. Ho inteso. E vi prego di credere che sono sveglissimo.
GUIDO (*al colmo dello stupore, quasi atterrito*). Come!
BARELLI (*c.s.*)[1] Che vuoi dire?
LEONE (*placidissimo*). Ma io lo domando a voi.
SPIGA (*quasi tra sé*). Che sia impazzito?
LEONE No, caro dottore, *compos mei*[2], perfettamente.

1 (c.s.): come sopra. Significa che la didascalia precedente serve anche a chiarire la presente battuta.
2 compos mei: espressione latina che significa "sono perfettamente lucido di mente", "presente a me stesso".

GUIDO Tu devi batterti!
LEONE Anche?
BARELLI Come, anche?
LEONE Ma no, amici miei! Voi siete in errore!
GUIDO Vorresti tirarti indietro?
BARELLI Non vuoi più batterti?
LEONE Io? Tirarmi indietro? Ma tu sai bene ch'io sto sempre fermissimo al mio posto.
GUIDO Ti trovo così…
BARELLI E se dici…
LEONE Come mi trovi? Che dico? Dico che tu e mia moglie mi avete scombussolato ieri tutta la giornata, per farmi fare ciò che realmente ho riconosciuto che toccava a me di fare[3].
GUIDO E dunque –
BARELLI – ti batti!
LEONE Questo non tocca a me.
BARELLI E a chi tocca?
LEONE A lui.
Indica Guido.
BARELLI Come, a lui?
LEONE A lui, a lui.
S'appressa a Guido, rimasto allibito, con le mani sul volto, e gliene stacca una per guardarlo negli occhi.
E tu lo sai[4]!
A Barelli:
Egli lo sa! Io, marito, ho sfidato, perché non poteva lui per mia moglie. Ma quanto a battermi, no. Quanto a battermi, scusa,
a Guido, piano, scrollandogli un'ala del bavero e pigiando su ogni parola:
tu lo sai bene, è vero? Che io non c'entro, perché via, non mi batto io, ti batti tu!
GUIDO (*trema, suda freddo, si passa le mani convulse sulle tempie*).

3 toccava a me di fare: Leone ammette che, formalmente, toccava a lui accettare la sfida del marchese, come Guido e Silia hanno sostenuto durante un'animata discussione avvenuta la sera precedente. Tuttavia egli spiega di averlo fatto solo per rispettare le forme esteriori del codice d'onore, poiché nella sostanza la cosa non lo riguarda.

4 E tu lo sai: Leone mette alle strette Guido, sottolineando il rapporto amoroso che lo lega alla moglie.

Il giuoco delle parti

▶ ***La trama*** Il matrimonio tra Leone e Silia Gala è fallito perché lei si è innamorata di Guido Venanzi. I coniugi Gala tuttavia non si separano per non dare scandalo, e lui va a casa di lei mezz'ora ogni sera per salvare l'apparenza del matrimonio. Si tratta di visite puramente formali, che tuttavia esasperano Silia perché le impediscono di vivere tranquillamente il suo rapporto con l'amante e soprattutto perché la donna non sopporta l'atteggiamento filosofeggiante del marito, che osserva la loro situazione con cinico distacco e con le sue osservazioni le toglie ogni gioia di vivere. Sarà perciò lei a concepire il piano perverso che porterà al dramma finale: una sera un gruppo di giovanotti ubriachi, tra cui il marchese Miglioriti, piomba in casa sua scambiando il suo appartamento per quello a fianco, dove vive una donna di facili costumi; Silia si lascia offendere in modo plateale da Miglioriti, spingendo le cose al punto da rendere "necessario" un duello riparatore. Guido, spaventato, vorrebbe evitare uno scontro mortale (giacché Miglioriti è un famoso spadaccino), ma Silia gli fa notare che ufficialmente sarà suo marito a rispondere per lei, proprio in virtù del vincolo matrimoniale che ancora li unisce, e che il duello sarà quindi un'ottima occasione per sbarazzarsi di lui. Leone viene avvisato dell'accaduto, ma capisce la situazione e progetta a sua volta una contromossa: formalmente non si sottrae all'obbligo di rispondere alla sfida come marito di Silia, ma pretende che Guido assista al duello come suo testimone.
Il giorno del duello, arrivano a casa di Leone un medico, il dottor Spiga, e i due testimoni, uno dei quali è Guido. Quando Leone si presenta in sala, dichiara con indifferente semplicità che sarà Guido ad affrontare il duello, perché è lui che condivide realmente la vita e l'amore della moglie. Leone spiega di aver risposto alla sfida di Miglioriti solo perché ciò rientrava nel "gioco delle parti" che tutti e tre avevano voluto e perché Guido non aveva un ruolo ufficiale che gli permettesse di accettare personalmente il duello. Guido recalcitra ma Leone è irremovibile. Quando Silia raggiunge la casa del marito, il duello è già iniziato e Guido viene ucciso. La donna accusa Leone di aver approfittato della situazione per vendicarsi, ma lui risponde di aver soltanto fatto giustizia.

BARELLI Questo è enorme!

LEONE No, normalissimo, caro; perfettamente secondo il giuoco delle parti. Io, la mia, lui, la sua. Dal mio pernio[5] io non mi muovo. E come me ragiona anche il suo avversario: lo hai detto tu stesso, Barelli, che ce l'ha con lui difatti, il suo avversario, non ce l'ha mica con me. Perché tutti lo sanno, e tu meglio di tutti, che cosa si voleva fare di me. Ah, volevate davvero portarmi al macello?

GUIDO (*protestando con forza*). Io, no! Io, no!

LEONE Ma va' là, che tra te e mia moglie qua, ieri, pareva che faceste all'altalena, e su, e giù, e io nel mezzo ad aggiustarmi e ad aggiustarvi a punto[6]. Ah! avete creduto di giocarvi me, la mia vita? Avete fallito il colpo, cari miei! Io ho giocato con voi.

GUIDO No! Tu mi sei testimonio che io, ieri... fin da principio...

LEONE Ah, sì, tu hai cercato di essere prudente. Molto prudente.

GUIDO Come lo dici? Che intendi dire?

LEONE Eh, caro; ma prudente fino all'ultimo, no, non sei stato, devi riconoscerlo! A un certo punto, per ragioni che io intendo benissimo, bada (e ti compiango!), la prudenza è venuta a mancarti, e ora, mi dispiace, ne piangerai le conseguenze.

GUIDO Perché tu non ti batti?

LEONE Non tocca a me.

GUIDO Sta bene! Tocca a me?

BARELLI (*insorgendo*). Ma come, sta bene?

GUIDO (*a Barelli*). Sta bene! Aspetta!

a Leone:

E tu?

LEONE Io farò colazione.

GUIDO No, dico... non capisci che se io ora vado a prendere il tuo posto...

LEONE Ma no, caro: non il mio: il tuo!

GUIDO Il mio, sta bene.

BARELLI Ma vai a batterti tu, davvero?

GUIDO Io, sì! Non hai inteso?

BARELLI Ma no!

LEONE Sì, credi, tocca a lui, Barelli.

BARELLI Questo è cinismo!

LEONE No, caro: è la ragione, quando uno s'è votato d'ogni passione[7], e...

GUIDO (*interrompendo e afferrando Barelli per un braccio*). Vieni, Barelli! Inutile discutere, ormai! Lei, dottore, venga giù con me!

SPIGA Eccomi, eccomi!

Entra a questo punto dall'uscio a destra Silia Gala. Si fa un breve silenzio, nel quale ella resta come sospesa e smarrita.

GUIDO (*facendosi avanti pallidissimo e stringendole la mano*). Addio, signora!

Poi, volgendosi a Leone:

Addio!

Esce precipitosamente seguito da Barelli e da Spiga.

ATTO III - SCENA IV

Silia, Leone, poi il Dottor Spiga e Filippo

SILIA Che significa?

LEONE Ti avevo detto, cara, ch'era proprio inutile che tu venissi qua. Sei voluta venire...

5 Dal mio pernio: dalla mia posizione (all'interno del "gioco delle parti").

6 aggiustarmi ... a punto: la partecipazione di Leone al duello con un avversario giovane e molto più abile di lui nel maneggiare le armi lo avrebbe tolto di mezzo (facendolo morire) e avrebbe sistemato per bene («a punto») il futuro della moglie e del suo amante.

7 No, caro ... ogni passione: il ragionamento di Leone è lucidissimo: egli ormai non ha più alcun ascendente sulla moglie e non può più amarla veramente, quindi non si sente disonorato dall'offesa che il marchesino le ha arrecato. È Guido a doversi sentire coinvolto nell'offesa.

SILIA Ma tu come sei qua tu?

LEONE Sono a casa mia.

SILIA E lui? Ma come?... Non si farà il duello?

LEONE Ah, si farà, suppongo. Forse si sta facendo.

SILIA Ma come? Se tu sei qua?

LEONE Ah, io sì, sono qua. Ma lui, hai visto? È andato.

SILIA Oh Dio! Ma allora? È andato lui? È andato lui a battersi per te?

LEONE Non per me, cara, per te!

SILIA Per me? Oh Dio! Per me, dici? Ah! Tu hai fatto questo? Tu hai fatto questo?

LEONE (*venendole sopra con l'aria e l'impero e lo sdegno di fierissimo giudice*). Io, ho fatto questo? Tu hai l'impudenza di dirmi che l'ho fatto io?

SILIA Ma tu te ne sei approfittato!

LEONE (*a gran voce*). Io vi ho puniti!

SILIA (*quasi mordendolo*). Svergognandoti però!

LEONE (*che l'ha presa per un braccio, respingendola lontana*). Ma se la mia vergogna sei tu!

SILIA (*farneticando, andando di qua e di là per la stanza*). Oh Dio! Intanto... Ah Dio, che cosa... È orribile... Si batte qua sotto? A quelle condizioni... E le ha volute lui!... Ah, è perfetto!... E lui,

indica il marito

gli dava ragione... Sfido! Non ci si doveva battere lui... Tu sei il demonio! Tu sei il demonio! Dov'è andato a battersi? Dov'è andato a battersi? Qua sotto?

Cerca una finestra.

LEONE Sai, è inutile: non ci sono finestre che danno sugli orti. O scendi giù, o te ne sali sui tetti... da questa parte...

Indica di su l'uscio comune.

A questo punto sopravviene pallido come un morto e tutto stravolto il dottor Spiga, entra a precipizio con grottesca scompostezza; si avventa sui suoi strumenti chirurgici preparati sul tavolino; li arrotola in gran furia dentro la tovaglia stessa, e scappa via a gambe levate, senza dir nulla.

SILIA Ah, dottore... lei?... Dica... dica... che è stato?

Con un gran grido:

Ah!

Non credendo a se stessa:

Morto!

Gli corre appresso:

Morto?... Morto?

LEONE (*resta assorto in una cupa gravità, e non si muove. Lunga pausa*).

FILIPPO (*entra dall'uscio a sinistra col vassoio della colazione e va a deporlo sulla tavola apparecchiata. Poi, nel silenzio tragico, lo chiama con voce cupa*). Oh!

Come Leone si volta appena, gl'indica con un gesto incerto la colazione:

È ora.

Leone, come se non udisse, non si muove.

Tela (*cala il sipario*)

Guida alla lettura

Il superamento del realismo Questo dramma ben rappresenta la **novità** del teatro di Pirandello rispetto ai modelli del tempo, che ancora riproducevano sulla scena situazioni fedelmente aderenti alla realtà. Pirandello infatti **esaspera le situazioni** per rivelarne l'intrinseca **assurdità:** egli cioè costruisce situazioni volutamente esagerate, mettendo i suoi personaggi sotto una sorta di **lente deformante**, sicché le sue opere non rientrano più nei canoni del realismo ottocentesco che abbiamo imparato a conoscere con Ibsen. Lo scopo di Pirandello è però simile a quello di Ibsen: egli intende mostrare il **contrasto insanabile** fra i sentimenti, le emozioni, insomma l'interiorità dei personaggi da un lato, e le regole sociali, le "maschere" che ciascuno di noi deve assumere di fronte alla collettività dall'altro. Il protagonista di questo dramma infatti è messo di fronte a una **scelta cruciale**: accettare il ruolo che gli è stato assegnato dalla società (quello di marito e uomo d'onore) oppure ribellarsi in nome di una libertà che non può essere capita da chi resta all'interno del "giuoco delle parti"?

I temi

Un duello doppiamente assurdo Il duello di cui si parla nel brano è evidentemente l'assurdo retaggio di un passato lontano nel tempo e basato su un senso dell'onore che era credibile solo quando corrispondeva a principi morali effettivamente condivisi. Ma nel mondo moderno rappresentato da Pirandello **nessuno si preoccupa realmente dell'onore**, tanto meno Silia e l'amante, che hanno freddamente deciso di coinvolgere il marito di lei nella lite col marchese Miglioriti per liberarsene. Il duello diventa così ancor più paradossale, visto che dovrebbe difendere "l'onore" di un marito che è tale solo di nome; in pratica questo duello è imposto solo dal **gioco delle parti** che i protagonisti stanno recitando fin dall'inizio, in ossequio a un'**ipocrisia collettiva** che finge di non vedere e di non sapere che cosa si nasconde dietro le apparenze.

Finzione e razionalità Per questo il protagonista, nel momento in cui il rispetto delle apparenze gli imporrebbe di sacrificare addirittura la propria vita, decide di ribellarsi: egli **denuncia apertamente questo gioco delle parti** a cui si è prestato per troppo tempo e conclude con fredda razionalità che l'offesa alla moglie riguarda solo chi realmente ne condivide la vita e i sentimenti. Leone ottiene così il duplice scopo di smascherare il piano architettato da Silia per liberarsi di lui e di ritrovare una sua **dignità al di fuori dei canoni della rispettabilità sociale**, basata su vuote apparenze e quindi intrinsecamente falsa.

Ma **nessun altro** condivide il suo punto di vista, proprio perché esso si pone **al di fuori delle regole convenzionali**: la moglie gli grida in faccia che sarà disonorato, l'amante si comporta come se fosse lui la vittima della situazione, i testimoni e il medico si dichiarano incapaci di capire l'atteggiamento di Leone. Il protagonista resta così **isolato** e **condannato alla solitudine**, come fa capire il finale della scena.

Lo stile

Ragionamenti ed esclamazioni Il **contrasto** fra il mondo interiore dei personaggi e la realtà sociale in cui essi stessi vivono **si ripropone** quasi simbolicamente **a livello stilistico**. Tutti i personaggi di Pirandello infatti tendono a **ragionare** moltissimo, ad **analizzare la realtà e se stessi**, a spiegare il proprio comportamento e quello degli altri. Questo modo di parlare (che nella scena proposta caratterizza soprattutto Leone) non è tuttavia il segno di un atteggiamento distaccato, proprio di chi analizza pacatamente le cose con distacco e obiettività; al contrario, tutti i personaggi sono **emotivamente coinvolti** in un **dramma insolubile**, sicché i loro ragionamenti hanno un carattere appassionato, ricco di esclamazioni, di domande retoriche, di puntini di sospensione – tutti sintomi stilistici di una **tensione psicologica** fortissima.

Attività

Comprensione

1 **Verifica la tua comprensione del testo rispondendo alle seguenti domande.**

a. *Il dramma presenta il classico triangolo sentimentale: chi ne sono i protagonisti?*

....

....

b. *Chi si batte alla fine con il marchese Miglioriti?*
☐ Leone ☐ Guido ☐ nessuno dei due

c. *Perché a un certo punto il medico rientra in scena e prende i suoi strumenti?*
☐ Guido è stato ferito gravemente
☐ sta arrivando la polizia e i duelli sono illegali
☐ teme di essere coinvolto nel duello lui stesso

2 **Come vivono i coniugi Gala? Che cosa rivela il loro stile di vita per quanto riguarda le regole imposte dalla società?**

3 **Perché Silia vorrebbe sbarazzarsi del marito? Qual è il suo piano?**

Analisi

4 **Quale ragionamento adduce Leone per spiegare perché non tocca a lui difendere Silia?**

5 **Perché Guido e gli altri si ostinano ad affermare che è Leone che deve difendere il buon nome di Silia?**

6 **Come definiresti il carattere di Silia? Scegli uno o più tra i seguenti aggettivi e sottolinea nel testo le didascalie che ti hanno aiutato a dare la risposta.**

☐ intelligente ☐ ambiziosa ☐ immorale ☐ crudele
☐ aggressiva ☐ ipocrita ☐ vendicativa ☐ ingenua

7 **Alla fine Leone riesce a svincolarsi dal "gioco delle parti", mentre Guido e Silia rimangono vittime del loro stesso inganno. Confronta i loro comportamenti e poi rispondi alle seguenti domande.**

- Quale personaggio si può giudicare "positivo" e perché?
- Quale personaggio si può giudicare "negativo" e perché?
- I tre protagonisti possono, in un certo senso, essere biasimati tutti? E perché?

9 **Spiega con parole tue il significato del titolo scelto da Pirandello per questo suo dramma.**

Rifletti, confronta, scrivi

10 **Pensi che anche oggi chi va contro alle convenzioni sociali si ritrovi solo o emarginato dagli altri? Rispondi in forma scritta, portando alcuni esempi tratti dalla tua esperienza.**

Tiriamo le fila

FRA OTTOCENTO E NOVECENTO

TRAGEDIA → DRAMMA MODERNO ← COMMEDIA

- Le **trasformazioni sociali** determinate dalla rivoluzione industriale portano alla irreversibile **decadenza** della **tragedia** classica e alla necessità di un **rinnovamento** della **commedia**.
- L'esigenza di **avvicinare** il **teatro** drammatico al suo **pubblico** porta alla nascita del **dramma moderno**, che si pone a metà strada fra la tragedia e la commedia tradizionali e si propone di rappresentare la **vita quotidiana della gente comune**.
- Poiché nell'Ottocento la classe dominante è la **borghesia**, il dramma moderno si identifica con il **dramma borghese**, del quale **Henrik Ibsen** è il maggior rappresentante e le cui caratteristiche sono:
  - **personaggi** appartenenti alla **classe borghese**,
  - ambientazione **contemporanea** (l'Ottocento),
  - temi sociali e psicologici di **attualità**,
  - rappresentazione **realistica**.

- In seguito, nel Novecento, il dramma moderno viene profondamente innovato prima da **Luigi Pirandello** e poi da **Bertolt Brecht**, le cui opere aprono la strada al teatro contemporaneo.
- In Italia, **Pirandello** riprende dal dramma borghese la **condizione sociale** dei personaggi e il carattere **"ragionativo"** dei dialoghi, ma se ne distacca perché:
  - inventa situazioni **assurde** e **inverosimili**,
  - accentua il carattere **grottesco** dei personaggi,
  - sottolinea il carattere **soggettivo** e **inafferrabile** della realtà.
- In Germania, **Brecht**, riprende dal dramma borghese l'**impegno sociale** e l'attenzione all'**attualità**, ma se ne distacca perché:
  - rifiuta l'**immedesimazione** dello spettatore,
  - adotta tecniche di **straniamento** per rompere l'illusione scenica,
  - narra vicende **allegoriche e fantastiche**.

Nomi da ricordare

autore	nazionalità	opera
H. Ibsen	norvegese	Casa di bambola (1879)
A. Strindberg	svedese	Il padre (1887)
A. Čechov	russo	Il giardino dei ciliegi (1903)
O. Wilde	inglese	L'importanza di essere Franco (1895)
L. Pirandello	italiano	Il giuoco delle parti (1918)
B. Brecht	tedesco	L'eccezione e la regola (1930)

4.5 Il teatro contemporaneo

Le principali tendenze

T1 S. Beckett, **L'attesa infinita** (da *Aspettando Godot*)
«Aspettando Godot»
- *Guida alla lettura* - *Attività*

T2 A. Miller, **L'importanza di essere benvoluti** (da *Morte di un commesso viaggiatore*)
«Morte di un commesso viaggiatore»
- *Guida alla lettura* - *Attività*

Dal palcoscenico allo schermo A. Miller - L. Benedek, **Morte di un commesso viaggiatore**

In galleria **La Pop Art o la sopravvivenza dell'arte nella società di massa**

Tiriamo le fila **Il teatro contemporaneo**

Il Settecentesco Teatro di Laurino (Salerno) dopo la ristrutturazione completata nel 2010

Antologia on line

Tw1@ D. Fo, **Il miracolo del vino** (da *Mistero buffo*)
- *Guida alla lettura* - *Attività*

Tw2@ D. Pennac, **Un'attesa emozionante** (da *Signor Malaussène*)
- *Guida alla lettura* - *Attività*

Le principali tendenze

Il **teatro del Novecento**, come abbiamo visto, affonda le sue radici nel **dramma borghese** dell'Ottocento, profondamente rinnovato da **Pirandello** [→ p. 413], da **Brecht** [→ p. 190] e da altri drammaturghi nei primi decenni del XX secolo. Per poter parlare di **teatro contemporaneo** propriamente detto, bisogna invece arrivare agli anni del **secondo dopoguerra**, quando partendo da quelle esperienze innovative si tentano nuove strade.

Il teatro dell'assurdo

Negli anni intorno alla Seconda guerra mondiale si afferma in vari Paesi europei una corrente filosofica che prende il nome di **Esistenzialismo** e i cui esponenti più famosi sono il filosofo **Jean-Paul Sartre** e lo scrittore **Albert Camus**, entrambi francesi. Gli esistenzialisti pongono al centro della loro analisi la **condizione umana**, caratterizzata dal fatto di essere **assurda**: la **vita**, secondo gli esistenzialisti, è **priva di significato**, a meno che non siamo **noi stessi** ad **attribuirgliene uno**; e i valori della tradizione non costituiscono punti di riferimento soddisfacenti in grado di guidare le nostre scelte, a meno che non li **reinterpretiamo** con la massima **libertà**.
Alla riflessione esistenzialista si richiamano gli esponenti della corrente teatrale più importante del secondo dopoguerra, quella del cosiddetto "**teatro dell'assurdo**". I testi dei maggiori drammaturghi di questa corrente, come l'irlandese **Samuel Beckett** [→ p. 422] e il francese (di origine rumena) **Eugène Ionesco**, raccontano **storie inverosimili**, collocano i personaggi in **situazioni e contesti fantastici**, affidano loro battute **prive di senso**, per esprimere temi come la **solitudine** e l'**incomunicabilità**. Nel *Rinoceronte* di Ionesco, per esempio, troviamo un mondo in cui tutti gli esseri umani si trasformano a poco a poco in rinoceronti, tranne il protagonista; nella *Lezione*, sempre di Ionesco, un ambiguo professore uccide le allieve, dopo aver impartito loro assurde lezioni sull'intero scibile umano; in *Aspettando Godot*, di Beckett, due mendicanti aspettano un misterioso personaggio, Godot, in uno scenario deserto, e la loro attesa appare del tutto immotivata e destinata a durare per sempre; in *Finale di partita*, anch'esso di Beckett, i due protagonisti vivono chiusi in due bidoni della spazzatura...
Al teatro dell'assurdo fanno riferimento anche molti autori delle generazioni successive, tra cui il più importante drammaturgo inglese del secondo Novecento, **Harold Pinter**.

La lezione di Eugène Ionesco nella messa in scena del Teatro Nazionale I.L.Caragiale di Bucarest, presentata a Firenze nel 2010

Tra rispetto della tradizione...

Ma proprio negli stessi anni in cui si afferma questa corrente, il **teatro "tradizionale"** gode di una nuova vitalità e vedono la luce opere interessanti e importanti.
In Italia, va ricordato almeno il nome di **Eduardo De Filippo**, autore fra gli anni Trenta e gli anni Settanta di numerose **commedie in dialetto napoletano**, che ritraggono la **realtà della città** in tutte le sue fasce sociali, dalla buona borghesia alle classi popolari, senza escludere gli esponenti della malavita, e sono animate da una **forte carica etica**, che assume particolare rilievo negli anni del fascismo e del dopoguerra.
A forme più tradizionali si ispirano anche **i drammaturghi americani**, come **Tennessee Williams** e **Arthur Miller** [→ p. 428]: la loro originalità sta soprattutto nella capacità di **rappresentare la società** del tempo e di svolgere nelle loro opere una **critica radicale** del **capitalismo** e della **società dei consumi**, che conserva la sua attualità a tanti anni di distanza.

... e nuove sperimentazioni

Il teatro dell'assurdo, pur costituendo una grande novità (le prime rappresentazioni delle opere spesso suscitavano scandalo ed erano oggetto di proteste o derisioni) conservava un aspetto fondamentale del teatro ottocentesco – la **preminenza della parola** sugli altri aspetti della comunicazione teatrale.

A partire dagli anni Sessanta, si sviluppa invece un **teatro di ricerca** che parte proprio da questi altri aspetti – il movimento, la danza, il corpo, la musica, la luce ecc. – in concomitanza con il generale rinnovamento sociale e culturale che inizia allora. Ricordiamo per esempio:

- il **teatro happening** ("teatro avvenimento"), che vuole coinvolgere attivamente il pubblico nello spettacolo, riscoprendo il valore dell'**improvvisazione**;
- il **teatro performance** ("teatro esibizione"), in cui la parola perde il suo ruolo primario a favore del linguaggio del **corpo**, della **gestualità**;
- il **teatro underground** ("teatro sotterraneo"), che rifiuta il carattere commerciale degli spettacoli teatrali e organizza la propria attività al di fuori dei grandi circuiti istituzionali, in **cantine**, **garage**, **magazzini**, o addirittura **per strada** (*street theatre*).

Come si vede, queste sperimentazioni assumono toni spesso **critici nei confronti della società** e delle sue strutture, analoga (sia pure con strumenti espressivi diversi) a quella di **Beckett** o di **Miller**; anche per questi drammaturghi il **consumismo**, l'**omologazione** (cioè la tendenza verso l'uniformazione degli stili di vita e dei modi di pensare) e la **cultura televisiva** diffusa sono elementi negativi, sintomi di una **crisi di valori** a cui essi oppongono la propria attività teatrale.

Il recupero della narrazione e dell'impegno

In questo panorama variegato e molto vivace, va evidenziata l'importanza del lavoro di **Dario Fo**, il più importante drammaturgo italiano dopo Pirandello. Fo è innanzitutto un grande attore e si richiama alla **tradizione della Commedia dell'arte**, con le sue maschere, la sua capacità di improvvisazione, l'uso espressivo del dialetto, oltre che della lingua. Ma a questa tradizione Fo, nelle sue opere, imprime un significato nuovo: **la figura del "giullare"** non è più quella di un innocuo intrattenitore, ma quella di chi porta sulla scena un **punto di vista alternativo** a quello ufficiale, facendo emergere, attraverso il riso, lo sberleffo, la satira, tutte le **storture del potere** e tutte le **ipocrisie della classe dominante**.

Fo rivitalizza quindi la tradizione del teatro popolare e del teatro di strada, con testi spesso strettamente legati all'**attualità**, al **momento storico** in cui vengono scritti, allo **scandalo** che sono in grado di suscitare nelle coscienze degli spettatori. È il caso di uno dei suoi testi più famosi, *Morte accidentale di un anarchico*, scritto poco dopo la **strage di Piazza Fontana** a Milano (dicembre 1969) e dedicato alla morte del ferroviere anarchico **Giuseppe Pinelli**, ingiustamente accusato dell'attentato e precipitato da una finestra della questura durante gli interrogatori da parte della polizia.

Fo, inoltre, è uno dei maestri del cosiddetto **"teatro di narrazione"**: in molti dei suoi testi, la recitazione è affidata a una sorta di **"cantastorie"** che racconta una vicenda, interpretando vari personaggi, la loro voce, i loro gesti ecc. È il caso per esempio della sua opera più famosa, *Mistero buffo*, che racconta da un **punto di vista non ufficiale** (non blasfemo, ma certo non rispettoso delle gerarchie ecclesiastiche) alcuni episodi della **storia di Gesù** e della **Chiesa cattolica**. A questo filone – il teatro di narrazione, appunto, che unisce **tecniche attoriali sopraffine, impegno civile e comicità** – si ispirano molti autori italiani contemporanei: ricordiamo, per il successo che ha arriso ai loro testi, **Marco Paolini** e **Gabriele Vacis** (*Il racconto del Vajont*, sulla frana che, pur essendo prevedibile e prevista, nel 1963 distrusse due paesi al confine tra Veneto e Friuli), **Renato Sarti** (*Mai morti*, che ha per protagonista un criminale fascista sopravvissuto alla seconda guerra mondiale e coinvolto in losche attività nei decenni successivi).

Una scena di *Dies Irae* (2010) di Teatro Sotterraneo-collettivo di ricerca teatrale

Teatro di strada a Tel Aviv nel 2010

Samuel Beckett, nato nel 1906 a Dublino (Irlanda) e morto nel 1989, è uno dei maggiori scrittori europei del Novecento. Trascorsa la giovinezza nella città natale, nel 1938 si trasferì a Parigi (lo stesso anno venne pugnalato al petto da uno sconosciuto, senza ragione: ma in ospedale ritrovò una vecchia amica, dalla quale non si separerà più) e dal 1945 scrisse in francese (traducendo lui stesso le proprie opere in inglese). La sua fama, più che alle opere narrative degli anni Trenta e Quaranta, è legata alla trilogia di romanzi *Molloy*, *Malone muore* e *L'Innominabile* (pubblicati tra il 1951 e il 1953) e al dramma *Aspettando Godot* (1952), impostosi subito come uno dei testi di riferimento del cosiddetto "teatro dell'assurdo" e universalmente considerato il capolavoro di Beckett. Le tematiche esistenziali tornano anche nelle opere successive, come *Finale di partita* (1957) e *Giorni felici* (1961). Nel 1969 ricevette il premio Nobel per la letteratura, ma non si presentò a ritirarlo.

T1

Samuel Beckett

L'attesa infinita

da S. Beckett, *Aspettando Godot*, in *Teatro*, a cura di P. Bertinetti, Einaudi

Vladimiro ed Estragone sono due mendicanti che, in un luogo squallido e quasi del tutto privo di vita, aspettano un misterioso personaggio di nome Godot, il cui arrivo (credono) porterà un grande miglioramento nella loro vita.
I due sono vittime di misteriose violenze da parte di sconosciuti, spesso (pur essendo amici) litigano fra loro, passano il tempo a chiacchierare sconclusionatamente del più e del meno. L'episodio che ti proponiamo è tratto dal primo atto dell'opera ed è un esempio del carattere assurdo dei personaggi e della loro vicenda.

ESTRAGONE *(ritorna al centro della scena e guarda verso il fondo)* Luogo incantevole[1]. *(Si volta, avanza fino alla ribalta, guarda verso il pubblico)* Panorami ridenti. *(Si volta verso Vladimiro)* Andiamocene.
VLADIMIRO Non si può.
ESTRAGONE Perché?
VLADIMIRO Stiamo aspettando Godot.
ESTRAGONE Già, è vero. *(Pausa)*. Sei sicuro che sia qui?
VLADIMIRO Cosa?
ESTRAGONE Che lo dobbiamo aspettare.
VLADIMIRO Ha detto davanti all'albero[2]. *(Guardano l'albero)*. Ne vedi altri?
ESTRAGONE Che albero è?
VLADIMIRO Un salice, sembrerebbe.
ESTRAGONE E le foglie dove sono?
VLADIMIRO Dev'essere morto.
ESTRAGONE Finito di piangere.
VLADIMIRO A meno che non sia la stagione giusta.
ESTRAGONE A me sembra piuttosto un cespuglio.
VLADIMIRO Un arbusto.
ESTRAGONE Un cespuglio.
VLADIMIRO Un... *(S'interrompe)* Cosa vorresti insinuare. Che siamo sbagliati di posto?
ESTRAGONE Dovrebbe essere già qui.
VLADIMIRO Non ha detto che verrà di sicuro.
ESTRAGONE E se non viene?
VLADIMIRO Torneremo domani.

1 **Luogo incantevole:** la battuta è comica, perché il luogo in cui si trovano i due è squallido oltre ogni dire.
2 **l'albero:** è l'unico oggetto presente sulla scena – un albero che nel primo atto sembra morto, mentre nel secondo è ricoperto di foglie.

ESTRAGONE E magari dopodomani.
VLADIMIRO Forse.
ESTRAGONE E così di seguito.
VLADIMIRO Insomma…
ESTRAGONE Finché non verrà.
VLADIMIRO Sei spietato.
ESTRAGONE Siamo già venuti ieri.
VLADIMIRO Ah no! Qui ti sbagli.
ESTRAGONE Cosa abbiamo fatto ieri?
VLADIMIRO Cosa abbiamo fatto ieri?
ESTRAGONE Sì.
VLADIMIRO Be'… (*Arrabbiandosi*) Per seminare il dubbio sei un campione.
ESTRAGONE Io dico che eravamo qui.
VLADIMIRO (*occhiata circolare*) Forse il posto ti sembra familiare?
ESTRAGONE Non dico questo.
VLADIMIRO E allora?
ESTRAGONE Ma non vuol dire.
VLADIMIRO Però, però… Quell'albero… (*voltandosi verso il pubblico*)… quella torbiera[3].
ESTRAGONE Sei sicuro che era stasera?
VLADIMIRO Cosa?
ESTRAGONE Che bisognava aspettarlo?
VLADIMIRO Ha detto sabato. (*Pausa*). Mi pare.
ESTRAGONE Ti pare.
VLADIMIRO Devo aver preso nota. (*Si fruga in tutte le tasche, strapiene di cianfrusaglie*).
ESTRAGONE Ma quale sabato? E poi, è sabato oggi? Non sarà piuttosto domenica? (*Pausa*). O lunedì? (*Pausa*). O venerdì?
VLADIMIRO (*guardandosi intorno affannato come se la data fosse scritta sul paesaggio*) Non è possibile!
ESTRAGONE O giovedì.

3 torbiera: depressione del terreno in cui si sono depositati materiali vegetali che con il tempo si sono trasformati in torba, un tipo di carbone.

Aspettando Godot

L'opera è divisa in due atti di struttura identica.

▶ ***Primo atto*** Vladimiro ed Estragone, due uomini malmessi, con l'aria del mendicante, si trovano in mezzo a un paesaggio desolato e squallido, animato solo da un albero (apparentemente stecchito) e stanno aspettando un certo Godot. Sono incerti su tutto: non sanno se quello sia il luogo giusto, non sanno se l'appuntamento sia per quel giorno, non sanno neppure chi sia Godot, perché non l'hanno mai visto, ma lo aspettano come se da lui dipendesse un cambiamento radicale nella loro condizione. A un certo momento arriva un certo Pozzo, che porta al guinzaglio uno schiavo, Lucky. Pozzo chiacchiera coi due amici, poi si allontana, mentre un giovane messaggero annuncia che Godot arriverà sicuramente, ma l'indomani.

▶ ***Secondo atto*** La situazione si ripresenta con minime variazioni: Vladimiro ed Estragone aspettano Godot parlando del più e del meno, arriva Pozzo con Lucky, poi il ragazzo annuncia che Godot arriverà il giorno dopo. Vladimiro ed Estragone hanno l'impressione di aver già visto gli altri personaggi, ma vengono solennemente smentiti e alla fine restano immobili, in attesa.

Una messa in scena francese (2009) di *Aspettando Godot*, diretta da Bernard Lévy

VLADIMIRO Che facciamo?

ESTRAGONE Se si è scomodato per niente ieri sera, puoi star sicuro che oggi non verrà.

VLADIMIRO Ma tu dici che noi siamo venuti, ieri sera.

ESTRAGONE Potrei sbagliarmi. (*Pausa*). Stiamo un po' zitti, va bene?

VLADIMIRO (*fiocamente*) Va bene. (*Estragone torna a sedersi per terra.Vladimiro agitatissimo percorre la scena avanti e indietro, si ferma di tanto in tanto a scrutare l' orizzonte. Estragone si addormenta. Vladimiro si ferma davanti a Estragone*) Gogo... (*Silenzio*). Gogo... (*Silenzio*). Gogo!

ESTRAGONE (*si sveglia di soprassalto. Ripreso dall'orrore della sua situazione*) Stavo dormendo. (*In tono di rimprovero*) Perché non mi lasci mai dormire?

VLADIMIRO Mi sentivo solo.

ESTRAGONE Ho fatto un sogno.

VLADIMIRO Non raccontarlo!

ESTRAGONE Ho sognato che...

VLADIMIRO Non raccontarlo!

ESTRAGONE (*gesto che abbraccia tutto l'universo*) Questo sogno qui ti basta? (*Pausa*). Non sei gentile, Didi. A chi vuoi che li racconti i miei incubi privati se non a te?

VLADIMIRO Meglio che restino privati. Sai bene che non lo sopporto.

ESTRAGONE (*freddamente*) Certe volte mi domando se non faremmo meglio a separarci.

VLADIMIRO Non andresti lontano.

ESTRAGONE Questo sarebbe effettivamente un grave inconveniente. (*Pausa*). Non è vero, Didi, che sarebbe effettivamente un grave inconveniente? (*Pausa*). Vista la bellezza della via. (*Pausa*). E la bontà dei viandanti. (*Pausa. Lezioso*) Non è vero, Didi?

VLADIMIRO Calma.

ESTRAGONE (*con voluttà*[4]) Calma... calma... (*Pensieroso*) Gli inglesi dicono cââm. Sono dei tipi cââm. (*Pausa*). La sai la storiella dell'inglese al bordello?

VLADIMIRO Sì,

ESTRAGONE Raccontamela.

VLADIMIRO Ma piantala.

ESTRAGONE Un inglese che ha bevuto un po' più del solito si reca al bordello. La vice-maitresse[5] gli domanda se preferisce una bionda, una bruna o una rossa. Continua tu.

VLADIMIRO Piantala! (*Esce in fretta*).

Estragone si alza e lo segue fino al limite della scena. Mimica di Estragone, simile a quella degli spettatori che incoraggiano un pugile. Vladimiro rientra, passa davanti a Estragone, attraversa la scena a testa china. Estragone fa qualche passo verso di lui e si ferma.

ESTRAGONE (*con dolcezza*) Volevi parlarmi? (*Vladimiro non risponde. Estragone fa un passo avanti*) Avevi qualcosa da dirmi? (*Pausa. Altro passo avanti*) Dimmi, Didi...

VLADIMIRO (*senza voltarsi*) Non ho niente da dirti.

ESTRAGONE (*passo avanti*) Sei offeso? (*Pausa. Passo avanti*) Scusami! (*Pausa. Passo avanti. Gli tocca la spalla*) Via, Didi. (*Pausa*). Dammi la mano! (*Vladimiro si volta*). Abbracciami! (*Vladimiro si irrigidisce*). Lasciati andare! (*Vladimiro cede. Si abbracciano. Estragone fa un salto indietro*) Puzzi d'aglio!

VLADIMIRO Fa bene ai reni. (*Pausa. Estragone guarda l'albero con attenzione*). Che facciamo adesso?

ESTRAGONE Aspettiamo.

VLADIMIRO Sì, ma mentre aspettiamo.

ESTRAGONE E se ci impiccassimo?

[...]

VLADIMIRO A un ramo? (*Si avvicinano all'albero e lo guardano*). Io non mi fiderei.

ESTRAGONE Si può sempre provare.

VLADIMIRO E tu prova.

4 con voluttà: assaporando le parole.

5 maitresse: la donna che gestisce il bordello.

ESTRAGONE Dopo di te.
VLADIMIRO Ma no, prima tu.
ESTRAGONE Perché?
VLADIMIRO Tu pesi meno di me.
ESTRAGONE Appunto.
VLADIMIRO Non capisco.
ESTRAGONE Ma usa un momento il cervello, no?
VLADIMIRO (*usa il cervello. Finalmente*) Continuo a non capire.
ESTRAGONE Adesso ti spiego. (*Si concentra*) Il ramo… il ramo… (*Con rabbia*) Ma insomma, usa la testa!
VLADIMIRO Sei la mia sola speranza.
ESTRAGONE (*con sforzo*) … Gogo leggero… ramo non si rompe… Gogo morto. Didi pesante… ramo si rompe… Didi solo. (*Pausa*). Mentre invece… (*Cerca l'espressione esatta*).
VLADIMIRO A questo non avevo pensato.
ESTRAGONE Se impicca te, impicca chiunque.
VLADIMIRO Ma è poi vero che io peso più di te?
ESTRAGONE Sei tu che lo dici. Io non ne so niente. C'è una probabilità su due. O quasi.
VLADIMIRO Allora che si fa?
ESTRAGONE Non facciamo niente. È più prudente.
VLADIMIRO Sentiamo prima cosa ci dirà.
ESTRAGONE Chi?
VLADIMIRO Godot.
ESTRAGONE Giusto.
VLADIMIRO Aspettiamo di sapere come stanno esattamente le cose.
ESTRAGONE D'altra parte, sarebbe forse meglio battere il ferro mentre è caldo.
VLADIMIRO Sono curioso di sapere che cos'ha da offrirci. Poi vedremo se prendere o lasciare.
ESTRAGONE Cos'è più che gli abbiamo chiesto esattamente?
VLADIMIRO Ma non c'eri anche tu?
ESTRAGONE Non stavo attento.
VLADIMIRO Be'… ecco… niente di preciso.
ESTRAGONE Una specie di preghiera.
VLADIMIRO Ecco.
ESTRAGONE Una vaga supplica.
VLADIMIRO Appunto.
ESTRAGONE E lui, che cos'ha risposto?
VLADIMIRO Che si sarebbe visto.
ESTRAGONE Che non poteva promettere nulla.
VLADIMIRO Che doveva pensarci su.
ESTRAGONE A mente riposata.
VLADIMIRO Consultarsi con la famiglia.
ESTRAGONE Coi suoi amici.
VLADIMIRO I suoi agenti.
ESTRAGONE I suoi corrispondenti.
VLADIMIRO I suoi registri.
ESTRAGONE Il suo conto in banca.
VLADIMIRO Prima di pronunziarsi.
ESTRAGONE È naturale.
VLADIMIRO Vero?
ESTRAGONE A me pare.
VLADIMIRO Anche a me.

Lunga pausa.

ESTRAGONE (*inquieto*) E noi?
VLADIMIRO Prego?
ESTRAGONE Dico, e noi?
VLADIMIRO Non capisco.
ESTRAGONE Qual è la nostra parte in tutto questo?
VLADIMIRO La nostra parte?
ESTRAGONE Non aver fretta.
VLADIMIRO La nostra parte? Quella del postulante[6].
ESTRAGONE A questo siamo ridotti?
VLADIMIRO Vostra Eminenza intende far valere le sue prerogative?
ESTRAGONE Non abbiamo più diritti?

Risata di Vladimiro, interrotta di colpo come in precedenza[7]. Stessa mimica, meno il sorriso.

VLADIMIRO Mi faresti ridere se non fosse proibito.
ESTRAGONE Le abbiamo perdute[8]?
VLADIMIRO (*seccamente*) Le abbiamo buttate via.

Pausa.
Rimangono immobili, le braccia ciondoloni, il mento sul petto, le ginocchia piegate.

6 postulante: colui che chiede un favore a un superiore.
7 come in precedenza: ecco la didascalia a cui l'autore fa riferimento: "scoppia in una gran risata, che subito soffoca, portandosi la mano al pube, col volto contratto".
8 perdute: riferito alle prerogative.

Guida alla lettura

Il teatro dell'assurdo Il brano esemplifica perfettamente i caratteri del **teatro dell'assurdo**: la **situazione** descritta appare nello stesso tempo **inverosimile** e **ricca di valore simbolico**; i discorsi dei personaggi hanno un carattere **insensato**, ma nello stesso tempo rappresentano la loro condizione di **solitudine** e di **incomunicabilità**.
Il brano può essere suddiviso in **tre parti**, scandite dalle **lunghe pause** che interrompono il dialogo. Proviamo a sintetizzarlo per mettere in luce il carattere volutamente **assurdo e insensato** dei comportamenti e dei discorsi dei personaggi:
- nella **prima parte**, Vladimiro ed Estragone aspettano il misterioso Godot, ma dalle loro battute si capisce che non sono sicuri che il tempo e il luogo dell'attesa siano quelli giusti; a un certo momento, Estragone propone di stare un po' zitti e si addormenta, mentre Vladimiro percorre la scena in preda a una strana agitazione;
- nella **seconda parte**, Estragone viene bruscamente risvegliato e dichiara di voler raccontare il suo sogno; Vladimiro glielo impedisce e allora Estragone decide di raccontargli una barzelletta sconcia, ma anche questa si interrompe alle primissime battute; poi Estragone esce di scena, mentre Vladimiro mima uno spettatore di un incontro di boxe;
- nella **terza parte** Estragone rientra in scena e tenta di fare la pace con l'amico, poi propone di impiccarsi – proposta che viene seriamente discussa e infine abbandonata; i due decidono che non resta altro da fare che aspettare Godot, anche se la ragione dell'attesa non è affatto chiara.

I temi

La condizione umana Il testo propone una serie di **situazioni fortemente simboliche**, che si possono interpretare come **allegorie della condizione umana**: i due protagonisti si trovano in un mondo che risulta loro **incomprensibile**, **misterioso**, e che ha l'aspetto di un **deserto ostile** e **privo di vita**; in questo ambiente, essi sono condannati a un'attesa di cui non capiscono bene il significato e che (lo spettatore lo immagina ben presto) è destinata a restare insoddisfatta.
Beckett traduce in personaggi e in immagini una serie di temi tipici della **filosofia esistenzialista**: per esempio, l'**assurdità del mondo**, in cui l'individuo si trova "gettato" al momento della nascita; o la **solitudine dell'individuo**, legata all'impossibilità di comunicare ad altri la propria interiorità; e così via.

Lo stile

Tensione drammatica e carica umoristica Nel testo di Beckett, la **tensione drammatica** è legata alla compresenza, nei due protagonisti, di **disperazione** e di **attesa**, di **sfiducia** in se stessi e nel futuro e di **grandi aspettative** nei confronti

di Godot. Questa tensione non si manifesta però in forme tragiche, ma in forme **umoristiche** e **grottesche**. Pensiamo per esempio alla continua alternanza di litigi e rappacificazioni, che segna i rapporti fra Vladimiro ed Estragone; ai momenti più apertamente assurdi, come quello in cui Estragone tenta di raccontare all'amico una barzelletta che questi già conosce, o quello in cui l'abbraccio si interrompe improvvisamente con le parole *puzzi d'aglio!*; e soprattutto ai "serissimi" ragionamenti che accompagnano la proposta ovviamente assurda di impiccarsi all'albero stecchito che c'è in scena.
L'**umorismo** è una dimensione fondamentale del testo di Beckett, ma l'autore l'**afferma** e la **nega** allo stesso tempo, mettendoci in guardia dall'interpretare il dramma in chiave comica: non a caso, alla fine del brano proposto, i due personaggi vorrebbero ridere, ma qualcosa glielo impedisce...

Gli attori Eros Pagni e Ugo Pagliai in *Aspettando Godot*, messo in scena dal Teatro Stabile di Genova nella stagione 2010-2011, per la regia di Marco Sciaccaluga (foto M. Norberth)

Attività

Comprensione

1 **Verifica la tua comprensione del testo rispondendo alle seguenti domande.**

a. *Dove si trovano Vladimiro ed Estragone?*
- ☐ in mezzo a una campagna desolata
- ☐ nella piazza di una città o di un paese
- ☐ in una casa non meglio precisata

b. *Qual è l'altra presenza importante, accanto a quella dei due personaggi?*
- ☐ un animale
- ☐ un albero
- ☐ un oggetto

c. *Chi è Godot, colui che Vladimiro ed Estragone aspettano?*
- ☐ un loro amico
- ☐ un loro nemico
- ☐ una persona di cui non sappiamo niente di preciso

2 **Riassumi il brano nel seguente schema, che tiene conto della divisione in tre parti da noi proposta.**

I parte	....
II parte	....
III parte	....

Analisi

3 **Estragone e Vladimiro sono personaggi per certi versi molto simili, ma presentano anche significative differenze. Rileggi attentamente il testo e metti in luce i caratteri che distinguono i due protagonisti.**

4 **Perché Vladimiro ed Estragone litigano continuamente? Perché i loro tentativi di rappacificazione assumono carattere grottesco?**

5 **Il testo di Beckett mescola continuamente tensione e umorismo. Individua e sottolinea nel testo almeno tre punti in cui l'umorismo emerge con particolare evidenza.**

6 **Beckett ricorre spesso a frasi fatte, luoghi comuni, modi di dire che hanno perduto ogni forza espressiva e che i personaggi ripetono meccanicamente, quasi a sproposito. Spiega quale significato assumono queste frasi e queste espressioni nel testo, facendo qualche esempio.**

Rifletti, confronta, scrivi

7 **Godot è un personaggio misterioso, che i due protagonisti aspettano invano, ma senza demordere. Che cosa potrebbe simboleggiare, secondo te? Perché Vladimiro ed Estragone lo aspettano? Perché è destinato a non arrivare mai? Esponi le tue riflessioni in forma scritta, con un testo di 20-25 righe.**

Arthur Miller, nato a New York nel 1915 e morto nel 2005 è uno dei maggiori autori del teatro americano. Dopo aver studiato teatro all'università – appassionandosi soprattutto alla tragedia greca e alle opere di Ibsen –, cominciò a scrivere drammi ispirati a una profonda e critica riflessione sulla società americana, raggiungendo la fama con *Erano tutti miei figli* (1947). Al 1949 risale il capolavoro *Morte di un commesso viaggiatore*, la sua opera più rappresentata nel mondo, e al 1953 *Il crogiuolo*, incentrato su un processo per stregoneria del XVII secolo (che allude alla cosiddetta "caccia alle streghe" scatenata dal fanatico senatore Joseph McCarthy contro i comunisti veri o presunti), che lo portò a essere accusato di tradimento e "antiamericanismo", tanto che per qualche anno ebbe difficoltà a rappresentare i suoi lavori. Figura di spicco del mondo intellettuale americano, Miller ebbe gli onori delle cronache anche per aver sposato, nel 1956, la famosissima attrice Marilyn Monroe (il matrimonio sarebbe durato solo cinque anni). Miller continuò a lavorare nel teatro e nel cinema, scrivendo anche romanzi e saggi, fino alla morte.

T2

Arthur Miller

L'importanza di essere benvoluti

da A. Miller, *Morte di un commesso viaggiatore*, trad. di G. Guerrieri, Einaudi

Willy Loman, il protagonista del dramma di Miller, è ossessionato dal proprio passato e lo ricorda spesso. In questa pagina, tratta dal primo atto, Willy rivive avvenimenti di quando era più giovane e i suoi figli, Biff e Happy, erano ancora adolescenti: già allora emergevano le sue contraddizioni, gli errori di cui, ora che è anziano, si misurano tutte le conseguenze.

Entrano Biff e Happy ragazzi. Happy ha in mano stracci e un secchio. Biff indossa un golf con una grande S, e ha un pallone.

BIFF (*indicando nella direzione della macchina fuori del palcoscenico*) Che ti pare, eh, papà, è tornata nuova?
WILLY Superlativo, ragazzi, superlativo. Lavoro extra, Biff.
HAPPY Dov'è la sorpresa, papà?
WILLY Sul sedile di dietro.
HAPPY Splendido.
BIFF Che cos'è, papà? Che hai comprato?
WILLY (*ridendo gli dà una sberla*[1]) Sta a vedere. Una cosa che volevo farvi avere da tanto tempo.
BIFF (*si volta e fa per uscire*) Che è, Happy?
HAPPY (*da fuori*) È un pungibóo[2]!
BIFF Oh, papà!
WILLY Con la firma di Jack Dempsey[3].

Happy si precipita in scena con un punching-ball.

BIFF Come hai fatto a sapere che volevamo il pungibóo?
WILLY È la cosa migliore, per acquistare ritmo, il pungibóo!
HAPPY (*si stende sul dorso e pedala*[4]) Vedi quanto grasso ho perso, papà?
WILLY Ti fa bene anche la corda[5].
BIFF Hai visto il mio pallone nuovo?
WILLY (*esaminandolo*) Da dove salta fuori?
BIFF L'allenatore m'ha detto di allenarmi a passare.
WILLY Ah. E t'ha passato il pallone?

1 **una sberla:** uno scappellotto, ma scherzoso.
2 **pungibòo:** punching-ball, strumento adoperato dai pugili per allenarsi; i Loman ne storpiano ingenuamente il nome.
3 **Jack Dempsey:** pugile americano, campione mondiale dei pesi massimi dal 1919 al 1926.
4 **pedala:** si mette a "fare la bicicletta" a gambe all'aria, per rinforzare gli addominali.
5 **la corda:** saltare la corda.

BIFF Il pallone me lo sono ritirato agli spogliatoi. (*Ride in modo confidenziale*).

WILLY (*ridendo con lui del furto*) Ah, ah! Voglio che lo riporti!

HAPPY Che ti avevo detto? È contrario.

BIFF (*arrabbiato*) E va bene, lo riporto!

WILLY (*interrompendo la discussione incipiente, a Happy*) Tu che t'impicci? Vorrai che si alleni col pallone regolamentare, no? (*A Biff*) Vai, vai, che l'allenatore approverà la tua iniziativa.

BIFF Eh, quello non fa altro che portare alle stelle la mia iniziativa.

WILLY Lo vedi? Gli sei simpatico. Se lo fosse portato via un altro, questo pallone, sarebbe successa l'ira di Dio. Allora, giovinotti, novità?

BIFF Dove te ne sei andato stavolta? Ci hai fatto venire la nostalgia.

WILLY (*compiaciuto, mette un braccio sulla spalla di ognuno dei ragazzi e insieme scendono verso il proscenio*) Nostalgici, eh?

Morte di un commesso viaggiatore messo in scena a Chicago nel 2000

BIFF Si sta male senza di te.

WILLY Ma va'! Lo volete sapere un segreto? Ma non lo dite a nessuno! Fra un po' lavorerò per conto mio, in proprio, e non dovrò mai più uscire di casa, se Dio vuole.

HAPPY Come lo zio Charley[6]?

WILLY Ma che zio Charley! Più in grande, più in grande! Charley, capisci, non è benvoluto. Vorrebbe, ma non è benvoluto.

BIFF Dove sei stato, stavolta, papà?

WILLY Incamminatomi per la strada maestra, ho preso la direzione del nord. Nord. Providence. Ho conosciuto il sindaco.

BIFF Il sindaco di Providence!

WILLY Stava a sedere nella hall dell'albergo.

BIFF E che ha detto?

WILLY Ha detto: «Salve». E io gli ho detto: «Bella città qui, caro sindaco». E abbiamo preso il caffè insieme. Poi, via a Waterbury. Grossa città, Waterbury. Famosa per l'orologio. Il celebre orologio di Waterbury. Lì ho gonfiato il portafoglio. E poi Boston – Boston: grossa città: culla della rivoluzione americana, giovanotti. E poi nel Massachusetts, un paio di città di medio calibro. Rapida puntata a Portland e a Bangor. E finalmente, a casa.

BIFF Ah, come mi piacerebbe, papà, venire con te una volta!

WILLY Adesso che viene l'estate.

BIFF Giura.

WILLY Tu, Happy e io: dove non vi porterò! L'America è piena di città formidabili, con gente di grandissima classe! E mi conoscono, ragazzi! Perché non c'è casa della Nuova Inghilterra[7] dove io non sia conosciuto! Dalle persone più in vista! Pensa quando vi porterò voialtri due: sarà una vera festa, perché, amici miei, prendete nota di questo: Willy Loman dovunque va trova amici. In qualsiasi viottolo della Nuova Inghilterra lascio la macchina non c'è pericolo: i vigili la proteggono come se fosse la loro. Quest'estate, va bene?

BIFF e HAPPY (*insieme*) Sì! Papà! Come no! Certo!

WILLY Ci portiamo il costume da bagno.

HAPPY Te li reggiamo noi i campionari!

WILLY Oh, sarà una cosa sensazionale! Io che entro nei negozi di Boston con i miei due campioni che mi portano i campionari! (*Biff si allena a passare la palla*). Fifa, Biff, per la partita?

BIFF Se ci sei tu, no.

WILLY Che cosa dicono di te a scuola, adesso che t'hanno fatto capitano?

HAPPY C'è la processione delle ragazze, negli intervalli.

6 lo zio Charley: un vicino di casa, che i ragazzi chiamano confidenzialmente zio e che, essendo un uomo di successo, cerca di aiutare Willy sul piano professionale.

7 Nuova Inghilterra: la regione a nord-est degli Stati Uniti, che comprende le colonie inglesi più antiche, come il Massachusetts.

BIFF (*prende la mano di Willy*) Domenica, papà, domenica prossima, voglio fare una discesa particolare tutta per te.

HAPPY No, no, passa! Devi passare! Non cominciare a far l'accademia!

BIFF Voglio fare un goal per papà: non posso? Papà, sta' attento: quando alzo il braccio è il segnale. E allora vedrai come mi porto la palla in rete da metà campo!

WILLY (*lo bacia*) Ah, questa a Boston, a Boston la voglio raccontare!

Bernard[8] entra: ha i calzoni alla zuava; è più giovane di Biff, serio e leale. Ha l'aria preoccupata.

BERNARD Biff, che fai? Non dovevi venire a studiare da me?

WILLY To', da dove spunta, questo qui? Che fai, in giro, con quell'aria da sanatorio?

BERNARD Zio Willy, deve studiare. La settimana che viene ha gli esami.

HAPPY (*incitandolo*) Forza, Bernard, un po' di boxe! Su, su, Bernard!

BERNARD Biff! (*Si divincola da Happy*) Senti, Biff, ha detto Birnbaum[9] che se non sgobbi in matematica ti mette quattro e per te addio licenza[10]! Così ha detto!

WILLY Va' a studiare, va', va' con lui, Biff, è meglio.

BERNARD L'ho sentito io!

BIFF Le hai viste le mie scarpe da ginnastica, papà? Nooo? (*Alza un piede per fargli vedere*).

WILLY Oh, che bei caratteri!

BERNARD (*pulendosi gli occhiali*) Adesso gli daranno la licenza perché s'è fatto stampare Università di Virginia sulle scarpe!

WILLY (*arrabbiandosi*) Ma che bofonchi tu? Lui che ha battuto le squadre di tre università, adesso lo bocciano!

BERNARD Ma l'ho sentito io Birnbaum che diceva...

WILLY Non fare il lavativo, Bernard! (*Ai suoi ragazzi*) Che morte in vacanza[11]!

BERNARD Va bene. Io ti aspetto a casa, Biff. (*Esce*).

I Loman ridono.

WILLY Bernard non è benvoluto.

BIFF Vorrebbe, ma non è benvoluto.

HAPPY Ah! Ah! Sì, sì!

WILLY Sentite che vi dico. Bernard può prendere anche tutti dieci agli esami, hai capito, ma nella lotta della vita? Che farà? Lì lo voglio vedere! Lì, gliele suonerete! Per questo ringrazio dalla mattina alla sera Iddio Onnipotente di avervi dotati di un fisico, non faccio per dire, discreto. Perché per farsi strada nel mondo degli affari bisogna piacere, conquistare gli altri, far nascere attorno a sé un inte-

8 **Bernard:** è il figlio del vicino di casa "zio" Charley e compagno di scuola di Biff.

9 **Birnbaum:** il professore di matematica.

10 **licenza:** diploma.

11 **Che morte in vacanza:** che noioso, che rompiscatole.

Morte di un commesso viaggiatore

▶ ***La trama*** Willy Loman è un commesso viaggiatore di circa sessant'anni, ossessionato dall'idea del successo e della felicità. È sposato con Linda, una donna mite e comprensiva, che lo ama sinceramente, pur conoscendo tutte le sue debolezze, e ha due figli, Biff e Happy – il primo da anni è in forte conflitto con lui (ha abbandonato gli studi alla vigilia del diploma e non ha mai combinato nulla di buono), il secondo invece imita i suoi atteggiamenti e si considera destinato a grandi cose (anche se in realtà i suoi unici successi consistono nella conquista di qualche moglie annoiata). Willy ha anche un fratello, Ben, che ha fatto fortuna all'estero, probabilmente con metodi poco puliti, e che Willy vorrebbe emulare, senza esserne capace. Willy disprezza invece l'amico Charlie, un onesto lavoratore che si offre invano di aiutarlo a superare la crisi.

La crisi di Willy è profondissima: non solo egli non riesce più a lavorare, a causa dell'età e della depressione che lo attanaglia, per cui viene licenziato; ma nel segreto del proprio cuore egli sa di essere un fallito, di aver seguito dei miti sbagliati (quelli del successo facile, del colpo di fortuna che cambia la vita, della ricchezza materiale a tutti i costi) e di aver ingannato sua moglie e i suoi figli (alla fine dell'opera si caresse. Piaci? Non aver paura, non chiederai mai l'elemosina. Guardate me. Faccio mai anticamera dai miei clienti? «C'è Willy Loman». Basta. Si spalancano tutte le porte.

BIFF Li hai stesi, eh, papà?

WILLY A Providence li ho messi knock-out, a Boston li ho fatti a fette.

HAPPY (*disteso sul dorso, pedalando*) Butto via il grasso, lo vedi, papà?

Linda entra; com'era a quei tempi, con un nastro ai capelli, e un cesto di biancheria.

LINDA (*vivace, giovanile*) Ciao, caro!

WILLY La mia amorosa[12]!

LINDA Ha fatto la brava la Chevrolet[13]?

WILLY La Chevrolet, Linda, è il progresso nel campo dell'automobile. Di macchine così non se ne fabbricano che in America! (*Ai ragazzi*) Da quando lasciate portare a vostra madre la biancheria per le scale?

BIFF Afferra! Qua! Hop!

HAPPY Mamma, a che destinazione?

LINDA Stendetela sulla corda in terrazza. Ma tu, Biff, scendi giù dai tuoi amici. Lo scantinato è pieno di ragazzi. Non sanno che fare.

BIFF S'impicchino. Quando arriva papà…

WILLY (*sorride, lusingato*) Scendi, scendi, fagli fare qualche cosa.

BIFF Gli dico che spazzino la stanza della caldaia.

WILLY Buon lavoro, Biff.

BIFF (*va in fondo alla cucina e grida in basso*) Scope, ragazzi! Spazzate la stanza della caldaia! Svelti! Ora vengo!

VOCI Bene, Biff.

BIFF George, Frank e Sam, dietro front! Tutti a stendere la biancheria! Forza, Happy! Caricat – via!

Lui e Happy portano via il cesto.

LINDA Come gli ubbidiscono!

WILLY La scuola paterna[14]! Non c'è stato verso, stavo vendendo per migliaia di dollari, ho dovuto tornare a casa[15].

LINDA Verrà tutto il quartiere, a vedere quella partita. Hai venduto qualcosa?

WILLY Ho fatto cinquecento dollari a Providence e settecento a Boston.

12 La mia amorosa: Willy si rivolge alla moglie come se fosse ancora la sua fidanzata; oggi direbbe "la mia ragazza".

13 la Chevrolet: la nuova macchina di Loman.

14 La scuola paterna: Biff ha imparato da me (a farsi ubbidire).

15 ho dovuto tornare a casa: per vedere la partita del figlio.

pisce infatti che Biff odia suo padre da quando l'ha scoperto insieme a un'altra donna, durante uno dei suoi viaggi di lavoro).
Disperato per i debiti che assillano la famiglia e che minacciano di distruggere ogni cosa, Willy Loman decide alla fine di uccidersi, fingendo un incidente d'auto, per permettere alla moglie di incassare il premio dell'assicurazione sulla vita. Al funerale partecipano solo i familiari e l'amico Charlie col figlio, a conferma che la "popolarità" vantata da Willy era una sua illusione, l'ennesima delle sue menzogne.

Il protagonista di *Morte di un commesso viaggiatore* in una ripresa del dramma (2004) per la regia dell'americano Richard Jackson

LINDA Ma no! Aspetta, tiro fuori il lapis[16]. (*Cava fuori di tasca del grembiule carta e matita*) E cioè la tua provvigione sarebbe... Duecento... madre mia!... duecento dodici dollari!

WILLY Be', adesso, non ho ancora i conti, non...

LINDA Quanto hai fatto?

WILLY Be', avrò realizzato, grosso modo, un – centottanta diciamo, a Providence... Be', no, in cifra tonda sarà un – circa – in tutto il giro – duecento.

LINDA (*senza esitare*) Duecento dollari. Che fa... (*Calcola*).

WILLY E ringrazia quei tre magazzini di Boston chiusi per l'inventario, se no avrei battuto tutti i record!

LINDA Be', insomma... settanta e centesimi – non c'è male, va' là.

WILLY Che c'è da pagare?

LINDA Prima di tutto la rata di sedici dollari del frigorifero.

WILLY Perché sedici?

LINDA Sai, s'è spanata la puleggia del ventilatore, quella nuova costa uno e ottanta.

WILLY Nuova? Ma è appena uscita di fabbrica!

LINDA L'uomo ha detto così, che vuoi che ti dica. Quei cosi lì, finché non si adoperano...

Si spostano verso la cucina attraverso il tracciato del muro[17].

WILLY Vuoi vedere che ci hanno fregato con quel monumento[18]?

LINDA Che dici? C'è la réclame su «Life»[19]!

WILLY Lo so, la marca dovrebb'essere buona. Poi, che altro?

LINDA La bolletta della luce: nove e sessanta. Poi, assolutamente, entro il quindici, c'è quella del gas, tre e cinquanta. Poi c'è la rata del tetto: quella è l'ultima e non ci si pensa più, ventun dollari.

WILLY Non sgocciola più? Sicuro?

LINDA No, no, poveracci, han fatto un buon lavoro. Poi hai quel debito con Frank, per il carburatore.

WILLY Non do un centesimo, a quello! Accidenti alla Chevrolet e a chi l'ha inventata, quella carretta!

LINDA Vedi tu, gli devi tre dollari e mezzo. Insomma, una cosa e l'altra, per il quindici ci sono centoventi dollari.

WILLY Centoventi dollari! Pronta cassa! Qui se gli affari non si mettono a camminare, non so dove sbattere la testa!

LINDA La settimana ventura farai meglio.

WILLY Oh, la settimana ventura li metto a terra! Andrò a Chicopee. Chicopee è la mia piazza. Sai, Linda, una cosa? Ho una gran paura di non attaccare[20] con la gente.

16 **il lapis:** la matita.
17 **attraverso il tracciato del muro:** la casa, sul palcoscenico, è appena accennata.
18 **quel monumento:** il frigorifero nuovo, evidentemente enorme.
19 **«Life»:** una popolarissima rivista settimanale americana.
20 **di non attaccare:** di non "saperci fare", di non avere successo.

Guida alla lettura

Un flashback particolare Nel testo di Miller, la **vicenda principale** (in cui il protagonista è sessantenne) **si mescola** continuamente a **episodi del passato**, in cui Willy Loman è più giovane e i suoi figli sono ancora degli adolescenti. L'autore non adotta la tecnica tradizionale del flashback, cioè non interrompe il racconto per tornare all'indietro, ma inserisce direttamente nella vicenda i **ricordi** del protagonista, che nella sua mente ormai sconvolta **mescola presente e passato** e vive con la stessa intensità gli **avvenimenti reali** e quelli **ricordati.** Miller è un drammaturgo relativamente tradizionale, rispetto ad altri autori del Novecento, ma questa tecnica è un **elemento innovativo** interessante. L'episodio che abbiamo letto coincide con uno dei ricordi di Loman, ma il lettore deve immaginare, sulla scena, la mescolanza dei piani: Loman si comporta come se avesse quindici anni di meno e fosse ancora nel pieno delle forze, ma in realtà è sempre l'uomo anziano e in crisi che l'autore ci ha presentato nelle scene precedenti.

I temi

La visione del mondo di Willy Loman Willy Loman espone ai suoi figli i principi che hanno animato la sua esistenza: innanzitutto, l'**idea che la vita sia lotta** – un'idea che sicuramente il personaggio ricava dalla mentalità diffusa nella società capitalistica americana; in secondo luogo, l'idea che per vincere in questa lotta per la vita la cosa più importante sia **essere benvoluti**, cioè risultare **simpatici** alle altre persone.

In base a questi principi, Willy insegna ai suoi figli che lo **sport** è **più importante** della **cultura**, perché ci rende fisicamente più belli e quindi più attraenti (elogia infatti i suoi figli e disprezza apertamente il figlio di Charley, Bernard, che è un ragazzo studioso e "intellettuale"); e insegna che le **regole** della vita civile contano solo nella misura in cui non si è capaci di **aggirarle** grazie ai propri **rapporti personali** privilegiati (infatti elogia Biff per il furto del pallone, che sarà sicuramente perdonato dall'allenatore, senza capire che l'episodio potrebbe avere conseguenze gravi).

Il mito del successo Naturalmente, le idee di Loman non sono il frutto di una riflessione approfondita, ma si limitano a riecheggiare, in maniera rozza e semplificata, la **mentalità dominante** nella società del suo tempo, i miti del **consumismo** americano. La **superficialità** di queste idee emerge chiaramente quando Loman è costretto a contraddirsi: egli sa che lo studio è importante, e lo dice, ma non ci crede davvero e il suo atteggiamento nei confronti di Bernard lo rivela; egli sa che non si deve rubare, e a parole lo conferma, ma subito dopo assume un tono confidenziale e "complice" nei confronti del figlio che ha rubato. Loman non è semplicemente un bugiardo: egli **crede sinceramente** che per avere successo si debba riuscire simpatici alla gente, e quindi dichiara ai figli, ai conoscenti, a tutti, di essere simpaticissimo, di avere un sacco di amici; ma quando resta solo con la moglie o con se stesso, **deve ammettere** che la realtà è un'altra, senza peraltro che ciò lo spinga a modificare le sue idee e i suoi principi.

Lo stile

Il dramma interiore di Willy Loman Le **contraddizioni** caratterizzano chiaramente tutti i discorsi di Loman: si veda per esempio ciò che dice a proposito della macchina, prima elogiata come un capolavoro della tecnologia moderna e poco dopo (apparentemente senza che il personaggio si renda conto del contrasto) denigrata per i suoi difetti. Queste contraddizioni continue sono la **chiave stilistica** di Willy Loman e rispecchiano il suo carattere "doppio": anche con la moglie, prima vanta successi straordinari (cinquecento dollari a Providence ecc.), poi, messo alle strette, deve ammettere che le cifre sono molto più modeste.

Willy Loman è un uomo col **mito del successo**, che **finge** di essere un uomo di successo, ben sapendo in cuor suo di essere **un fallito**. Il suo dramma interiore sta proprio nel **conflitto** fra la realtà (di cui è consapevole solo a tratti) e il sogno, il mito, l'ideale che ispira le sue azioni. E le contraddizioni stilistiche sono la spia di questa **doppiezza interiore** del personaggio.

Attività

Comprensione

1 **Verifica la tua comprensione del testo rispondendo alle seguenti domande.**

a. *Chi è Bernard?*
- ☐ uno dei figli di Loman
- ☐ un collega di Loman
- ☐ un compagno di scuola di Biff

b. *Che cosa deve fare Biff la domenica?*
- ☐ una partita di football
- ☐ un incontro di boxe
- ☐ un esame per accedere all'università

c. *Quanto ha guadagnato Loman nel suo viaggio?*
- ☐ cinquecento dollari
- ☐ duecento dollari
- ☐ settanta dollari e centesimi

2 **Dove si svolge l'attività di Loman? Ricava dal testo le indicazioni per capire quale zona percorre nei suoi viaggi.**

3 **Quali sono le spese che la famiglia Loman deve affrontare? Ricava dal testo un elenco.**

Analisi

4 **Rifletti sull'elenco ricavato nell'esercizio 3: quali oggetti indicano che i Loman sono una famiglia della classe media? Quali oggetti simboleggiano il consumismo nascente nel secondo dopoguerra?**

5 **Loman si vanta a più riprese con i figli di essere molto benvoluto: individua nel testo gli esempi di tale benevolenza.**

6 **La moglie Linda costringe Loman ad affrontare la realtà, rinunciando alla maschera che l'uomo indossa con i figli. Spiega come e perché, facendo riferimento al testo.**

7 **Loman vive un dramma interiore perché da un lato deve proporsi ai figli come uomo di successo, dall'altro è consapevole di non esserlo. Individua nel testo il punto o i punti in cui tale consapevolezza emerge chiaramente.**

8 **Quali sono i "valori" che Loman insegna ai suoi figli? In che modo il dramma di Miller ci fa capire che si tratta di valori "sbagliati"?**

Rifletti, confronta, scrivi

9 **Tutti, ovviamente, vorremmo essere persone di successo (a nessuno, non c'è bisogno di dirlo, piace fallire o essere considerato un mediocre). Ma che cosa significa davvero "avere successo"? Rifletti su questo tema, a partire dal personaggio di Willy Loman, ed esponi le tue opinioni in forma scritta con un breve testo.**

Dal palcoscenico allo schermo

Morte di un commesso viaggiatore
di László Benedek

Titolo originale: Death of a Salesman.
Regia: László Benedek.
Soggetto: dal dramma omonimo di Arthur Miller.
Sceneggiatura: Stanley Roberts.
Fotografia (b/n): Franz Planer.
Montaggio: Harry W. Gerstad, William A. Lyon.
Scenografia: Rudoplh Sternad.
Interpreti: Fredric March (Willy Loman), Cameron Mitchell (Happy Loman), Kevin McCarthy (Biff Loman), Mildred Dunnock (Linda Loman).
Produzione: Stanley Kramer per Columbia Pictures.
Durata: 115'.
Origine: USA, 1951.

Il dramma di Arthur Miller trova in questo film del 1951 l'unico adattamento per il cinema, grazie al regista statunitense (ma di origine ungherese) László Benedek. L'incisiva scrittura di Miller ha nell'adattamento di Benedek un ottimo contraltare, che conserva un forte legame con il palcoscenico ma non rinuncia a usare i mezzi del cinema. In effetti la maggior parte degli interpreti avevano già portato la pièce sulle scene di Broadway; l'unica eccezione è Fredric March, che interpreta il protagonista Willy Loman con grande finezza, mescolando la vulnerabilità all'orgoglio mal riposto, la malinconia all'arroganza, la consapevolezza della fine con un'inutile vanità.

Benedek centra la rilettura cinematografica del testo sull'uso attento dei flashback, dedicati soprattutto alla relazione tra il protagonista e i figli: seguiamo ora lo svolgersi della vicenda al passato, con i figli di Loman, Biff e Happy, quasi innamorati del padre e pronti a credergli ciecamente, ora al presente, quando ormai i due sono completamente disillusi sul suo conto, rassegnati alla sua caduta. In questo modo il contrasto tra le illusioni di grandezza e di successo coltivate da Loman e l'amara realtà del fallimento acquista ancora più forza, acuendo la già notevole drammaticità del testo.

Il regista Benedek diverrà celebre pochi anni dopo per il film *Il selvaggio* (1954), interpretato da un indimenticabile Marlon Brando.

Willy Loman è interpretato dal grande attore Fredrich March mentre il ruolo di Biff Loman è affidato a Kevin McCarthy, perfetto nel restituire l'ingenua idolatria che il ragazzino prova per il padre e la severa rassegnazione che invece sente da adulto.

Da ricordare anche una versione televisiva della pièce, realizzata nel 1985 per la regia di Volker Schlöndorff, con Dustin Hoffmann nel ruolo di Willy Loman e John Malkovich in quello di Biff.

La Pop Art o la sopravvivenza dell'arte nella società di massa

Nell'America di fine anni Quaranta, i sogni di Willy Loman – il commesso viaggiatore protagonista del dramma di Miller – si infrangono contro il cinismo spietato di una società fondata sul mito del successo e del denaro, raggiungibili da ciascun uomo disposto a divenire a sua volta spietato, a "entrare nella giungla", a competere e lottare. La rivolta non sembra possibile, se non come autoannientamento.

In un decennio, il mito dell'*American way of life* e l'espansione economica hanno prodotto una cultura massificata e orientata al consumo: i beni materiali sono mete da raggiungere per il benessere individuale, un'euforia collettiva spinge all'acquisto, mentre l'accelerazione degli scambi, la necessità di produrre e l'indispensabile ricambio fanno sì che l'oggetto da possedere sia amplificato, moltiplicato in una serie innumerevole di immagini seduttive e infine diventi presto vecchio, obsoleto, scaduto a rottame, a vantaggio di nuovi oggetti. In un simile contesto, sulla scena americana si impone la **Pop Art**, un'arte che nasce dall'utilizzo proficuo degli strumenti della comunicazione di massa (*popular*), i mass media. All'artista – che non ha più valore né ruolo nella società, al quale è stata depredata la funzione di produrre oggetti durevoli e ambìti, che è destinato all'autoeliminazione – si apre una seconda via, l'essere nel mondo, integrarsi, farsi parte di quella stessa società e operare dall'interno.

Andy Warhol, il più noto rappresentante di questa tendenza, parte dallo strumento più affilato della comunicazione di massa: la pubblicità commerciale. In questa società le immagini ci sono già, sono anzi divenute più importanti degli oggetti stessi, ma diversamente da questi, inevitabilmente, possiedono vita breve, vengono fagocitate e dimenticate. La pubblicità le ha rese ubique, parte del moderno paesaggio urbano, e la ripetizione fa sì che, penetrate a livello inconscio, esse ci siano divenute invisibili. Nelle immagini seriali di *Marilyn Monroe* **[1]**, come questa del 1967, Warhol impiega una tecnica propria della grafica, la serigrafia, per riprodurre il volto della diva, tratto da una foto o da una sequenza cinematografica, con diverse variazioni di colore a tinte piatte o giocando con l'inversione fotografica di positivo e negativo. Nel riprodurre *Cinque bottiglie di Coca-Cola* **[2]** (1962), Warhol sceglie uno dei simboli più tipici e più democratici del consumismo americano e che più di altri si è trasformato in segno, in slogan e ne evidenzia l'immagine stereotipata.

Estrapolata dal suo contesto originario, ingrandita, trattata in serie, l'immagine perde il nesso con il proprio contenuto, non significa cioè più nulla, e appare perciò fredda, distante. L'artista ha ottenuto di svelare il meccanismo del bombardamento mediatico a cui ciascuno di noi, nella civiltà moderna, è sottoposto.

[1]

[2]

Tiriamo le fila

ETÀ CONTEMPORANEA

- **TEATRO DELL'ASSURDO**
  - si sviluppa negli anni '50 e '60
  - è legato ai temi esistenziali (condizione umana, libertà, incomunicabilità)
- **TEATRO HAPPENING / TEATRO PERFORMANCE / TEATRO UNDERGROUND / TEATRO DI STRADA**
  - adottano forme di organizzazione dello spettacolo diverse da quelle tradizionali
  - tendono a svalutare la parola rispetto ad altri elementi della comunicazione teatrale
  - coinvolgono attivamente gli spettatori nello spettacolo
- **TEATRO DI NARRAZIONE**
  - attribuisce grande importanza all'abilità dell'attore
  - l'attore si rivolge spesso direttamente al pubblico
  - predilige il monologo che racconta una storia

- **Samuel Beckett**, **Eugène Ionesco**, **Harold Pinter** sviluppano situazioni **assurde** e **paradossali**, ricche di significati **simbolici** e **allegorici** che parlano della **condizione umana**.
- **Eduardo De Filippo**, **Tennessee Williams**, **Arthur Miller** adottano tecniche apparentemente più tradizionali per analizzare la **società** del loro tempo e la **mentalità** diffusa.
- Il **teatro di ricerca** nato negli anni '60 supera la "preminenza della parola" per sperimentare **altri aspetti** della comunicazione teatrale: il movimento, la danza, il corpo, la musica, la luce... (teatro happening, teatro performance, teatro underground).
- **Dario Fo** recupera la Commedia dell'arte, la narrazione e l'**impegno civile**, ma anche elementi di **comicità** e di **satira**.
- Il **teatro di narrazione** come espressione dell'**impegno civile** trova oggi nuova interpretazione con Marco Paolini, Gabriele Vacis e Renato Sarti.

Nomi da ricordare

autore	nazionalità	opera
E. De Filippo	italiana	Filumena Marturano (1946)
T. Williams	statunitense	Un tram che si chiama desiderio (1947)
A. Miller	statunitense	Morte di un commesso viaggiatore (1949)
S. Beckett	irlandese	Aspettando Godot (1952)
E. Ionesco	francese di origine rumena	Il rinoceronte (1958)
D. Fo	italiana	Mistero buffo (1969)
H. Pinter	britannica	Terra di nessuno (1975)

Laboratorio: come si analizza un testo teatrale

Nelle pagine precedenti abbiamo analizzato i principali **aspetti tecnici** che caratterizzano il **testo teatrale** (la divisione in atti e scene, la presenza di battute e didascalie, la mancanza di una voce narrante – con rare, ma significative eccezioni); abbiamo compreso che il testo teatrale è nello stesso tempo **narrazione** e **rappresentazione**; abbiamo infine imparato a riconoscere i **tratti distintivi** dei principali **generi teatrali** (la tragedia e la commedia, il dramma borghese, il teatro dell'assurdo e così via).

Edward Hopper, *The Circle Theatre*, 1936

A questo punto ti proponiamo un **metodo di lavoro complessivo** per l'**analisi del testo teatrale**. Possiamo suddividere il nostro lavoro in tre fasi – le stesse che vengono solitamente proposte nella prova scritta di analisi del testo all'esame di Stato.

- **Fase 1**: la **comprensione letterale** del testo;
- **Fase 2**: l'analisi degli **aspetti tecnico-formali** e dei **temi**;
- **Fase 3**: le osservazioni sul **contesto**.

Naturalmente, nel caso in cui la lettura del testo sia affiancata dalla visione del relativo spettacolo teatrale, questo permette un ulteriore approfondimento:

- **Fase 4**: le osservazioni sulla **messa in scena**.

Prima fase: la comprensione letterale del testo

Comprendere il significato letterale di un testo teatrale vuol dire innanzitutto chiarire il **significato di parole, frasi ed espressioni** che possano risultare oscure, lontane dall'uso comune, o poco chiare per i riferimenti a fatti o a personaggi lontani dalla nostra esperienza. Le note che spesso accompagnano i testi servono naturalmente a questo scopo.

Comprendere il significato letterale di un testo teatrale, però, significa anche comprendere **la vicenda** che viene narrata, e quindi individuare:

- **i tempi e i luoghi** degli avvenimenti, la durata della vicenda, il contesto storico in cui è collocata ecc.;
- **la successione degli avvenimenti** nel tempo e i rapporti di causa ed effetto che li legano fra loro (o l'eventuale assenza di questi rapporti);
- **i personaggi** coinvolti nella vicenda, i tratti principali che caratterizzano ciascuno di essi, il modo in cui si rapportano fra loro.

Sono abilità che abbiamo già avuto modo di sviluppare trattando del testo narrativo [→ **vol. Narrativa**]; il testo teatrale richiede infatti un lavoro di "ricostruzione della fabula" analogo. Al termine di questa prima fase è dunque possibile **riassumere la vicenda** narrata nel testo teatrale, mettendone in luce gli snodi fondamentali.

Seconda fase: l'analisi degli aspetti tecnici e tematici

Nella seconda fase del lavoro incomincia l'analisi del testo teatrale. Bisogna quindi tenere conto delle **caratteristiche tecniche** proprie di questo tipo di comunicazione e quindi:

1. verificare se esiste una **divisione** in atti e/o in scene:
- chiarire (se possibile) se tale divisione è stata stabilita dall'**autore** o è frutto di **interventi redazionali** successivi alla stesura del testo;
- spiegare quali **criteri** hanno ispirato la divisione; per esempio:
  – che cosa cambia fra il primo e il secondo atto? è passato del tempo, è cambiato il luogo dell'azione, sono intervenuti nuovi personaggi e nuovi eventi...
  – che cosa cambia fra una scena e l'altra? entrano ed escono dei personaggi, passa del tempo, si cambia ambientazione...

2. verificare l'eventuale presenza di **elementi che "rompono l'illusione scenica"**; per esempio:
- prologo ed epilogo
- canzoni

- "cori" (nel senso manzoniano del termine, → p. 351)
- chiarire **a chi** sono affidate queste parti del testo (a un personaggio, a un narratore esterno...).

3. verificare se l'autore imposta l'opera in maniera **tradizionale o** in maniera **innovativa e sperimentale**; per esempio:
- la vicenda rispetta le unità classiche (o "aristoteliche") di tempo e di luogo?
- l'autore racconta una vicenda unitaria o una vicenda che si svolge contemporaneamente su più piani, con molti episodi secondari ecc.?
- l'autore rispetta il criterio della verosimiglianza o crea situazioni apparentemente assurde, di carattere simbolico e allegorico?
- le battute dei personaggi sono l'elemento più importante del testo o risultano secondarie rispetto ad altri elementi (musica, danza, giochi di luce ecc.)?

4. riflettere sui **temi** che l'opera affronta e individuarli tenendo conto di ciò che abbiamo imparato analizzando i testi narrativi e i testi poetici.

Al termine di questa seconda fase, in base alla vicenda narrata e alle tecniche usate dall'autore, è possibile **indicare** con sicurezza **il genere a cui l'opera appartiene**: tragedia, commedia, dramma borghese, teatro dell'assurdo, teatro di narrazione ecc.

Terza fase: la contestualizzazione

Come per le altre tipologie di testo letterario, la piena comprensione del testo teatrale spesso richiede che si faccia riferimento al **contesto** in cui l'opera è nata. Ciò significa in particolare:

- approfondire la **biografia dell'autore** e raccogliere informazioni sul complesso della sua opera, sulla sua poetica, sulla sua eventuale partecipazione a movimenti o scuole ecc;
- approfondire **il modo in cui si faceva teatro** in quell'epoca, in quali occasioni e in quali luoghi si rappresentavano gli spettacoli, l'opinione diffusa nella società a proposito del teatro e così via;
- approfondire il **momento storico-culturale** in cui l'opera è stata scritta, studiando le principali correnti artistiche e letterarie, eventualmente la situazione politico-sociale (importante soprattutto nel caso di opere "impegnate" sul piano civile) ecc.

Al termine di questa terza fase, la lettura del testo teatrale può considerarsi conclusa. Per proseguire il lavoro è necessario **passare alla messa in scena** – o assistere alla rappresentazione dello spettacolo tratto dal testo stesso.

Quarta fase: la messa in scena

Come abbiamo osservato più volte, il testo teatrale (salvo rarissime eccezioni) non è destinato alla lettura, ma alla **messa in scena**, cioè alla rappresentazione in uno spettacolo teatrale. L'interpretazione di uno spettacolo deve tener conto del testo su cui lo spettacolo si basa (a meno che non si tratti di uno spettacolo senza testo, basato sull'improvvisazione), ma deve tener conto anche di altri elementi, e cioè:

A. **la scenografia e i costumi** o, meglio, l'insieme degli strumenti utilizzati per ambientare fisicamente l'azione;
B. **l'uso della luce e della musica**, che integrano la scenografia;
C. **la recitazione degli attori**, cioè il tono delle loro voci, la gestualità e la mimica;
D. **la regia**, cioè l'interpretazione complessiva data al testo teatrale messo in scena.

Il disegno preparatorio (bozzetto) della scenografia per l'incontro di Macbeth con le streghe nella tragedia di William Shakespeare, che puoi vedere realizzata nell'immagine che illustra il brano [→ p. 392]

Ti diamo ora qualche indicazione per leggere questi aspetti dello spettacolo teatrale.

A. La scenografia e i costumi

Nel corso del tempo si sono codificati tre tipi fondamentali di scenografia: la scenografia dipinta; la scenografia tridimensionale; la scenografia simbolica.

La scenografia dipinta, che si serve appunto di **grandi fondali dipinti**, ha caratterizzato il teatro fin dall'età antica. Dal Cinquecento in poi, le scenografie dipinte divennero sempre più elaborate grazie all'uso del disegno prospettico, che creava l'illusione della profondità spaziale.

La scenografia tridimensionale fu introdotta a partire dall'Ottocento e si caratterizza per la **presenza di elementi architettonici** (balconi, gradinate, loggiati ecc.) su cui gli attori possono muoversi, e che **simulano uno spazio fisico ben più ampio di quello del palcoscenico**. Questo tipo di scenografia si completa con l'**arredo** degli ambienti e in genere si accompagna a una rappresentazione di tipo **realistico**.

La scenografia simbolica incomincia ad affermarsi nel Novecento, quando si rinuncia alla rappresentazione dettagliata della realtà; luoghi e ambienti vengono così **suggeriti** attraverso pochi oggetti **allusivi**.

Un discorso analogo si può fare per i **costumi**, che possono essere **realistici** o **simbolici**, possono indicare l'**epoca storica** in cui si svolge la vicenda oppure essere **contemporanei**, per attualizzare vicende antiche ecc.

Esempio di costumi realistici per una commedia dello scrittore russo dell'Ottocento Nicolaj Gogol'

Esempio di costumi simbolici per il dramma *La nuova colonia* (1928) di Luigi Pirandello

Esempio di costumi d'epoca per *Il malato immaginario* (1673) di Molière

Esempio di costume contemporaneo in funzione attualizzante per un personaggio della *Vita di Galileo* (1945-46) di Bertolt Brecht

B. L'uso della luce e della musica

Già nel teatro antico la **luce** e la **musica** erano impiegate per accompagnare e integrare la recitazione degli attori: torce e fiaccole simulavano le scene notturne e spesso la rappresentazione era accompagnata da canti e danze. Naturalmente l'evoluzione tecnica ha permesso un uso sempre più efficace di questi elementi di forte impatto emotivo, consentendo oggi una serie di effetti speciali un tempo impensabili.
Schematicamente, possiamo dire che la **luce** nel teatro contemporaneo serve a:

definire l'area del palcoscenico, contrapponendola alla platea in ombra;

mettere a fuoco elementi scenici di particolare importanza;

evidenziare i momenti più significativi della recitazione.

La **musica** può anche essere assente nel teatro moderno, ovvero può essere costituita da rumori e suoni che servono a sostenere la recitazione. In genere, là dove è presente una vera e propria colonna sonora, essa serve:
a sottolineare l'ingresso in scena di un attore o il passaggio da una scena all'altra;
a creare atmosfere particolari (tragiche, malinconiche, di *suspense*);
come semplice sottofondo sonoro che accompagna lo sviluppo della trama.

C. La recitazione degli attori

La **recitazione** degli attori varia non solo in base al carattere dei singoli artisti, ma anche in rapporto alle **convenzioni** dell'epoca e ai **gusti** dei registi e del pubblico. Distinguiamo schematicamente tre tipi di recitazione:
enfatica e declamatoria: era tipica di tutti gli attori fino alla metà dell'Ottocento e mirava ad amplificare il loro ruolo drammatico;
naturale: l'attore vuole mettere in scena comportamenti umani in cui il pubblico può riconoscersi, favorendo così la sua immedesimazione con i personaggi;
straniata: si tratta di una recitazione che ricorre a vari espedienti (una pronuncia bizzarra, l'introduzione improvvisa di parti cantate anziché recitate ecc.) per "spiazzare" il pubblico. Lo scopo è impedire che gli spettatori si identifichino con i personaggi e costringerli a concentrarsi solo su quanto accade in scena.
La **voce**, ovviamente, non è l'unico elemento che determina lo stile della recitazione di un attore: occorre considerare anche l'uso che egli fa del suo corpo, vale a dire la sua **gestualità** e la sua **mimica** facciale.

D. La regia

La figura del **regista** si è imposta, verso la fine dell'Ottocento, per garantire l'aderenza dello spettacolo teatrale al testo drammatico da cui è tratto. La tradizione, soprattutto in Italia, portava infatti i grandi attori a dare la propria personale impronta alle opere che mettevano in scena, col rischio di "tradire" i testi di partenza. Anche il regista tuttavia **interpreta** il testo teatrale prima di metterlo in scena, e **decide come rappresentarlo** in base alla sua valutazione personale; del medesimo testo si possono quindi avere infinite interpretazioni registiche e realizzazioni sceniche.

La valutazione dell'opera di un regista è complessa e richiede notevole esperienza. In questa sede ci limiteremo perciò a sottolineare che il giudizio sulla regia di un'opera teatrale può essere espresso solo dopo aver letto il testo drammatico scritto e averlo confrontato con quello messo in scena ed eventualmente con altre sue interpretazioni.

Scheda di analisi di un testo teatrale

A conclusione del nostro lavoro sul teatro, ti proponiamo una scheda per la presentazione e l'analisi di uno spettacolo drammatico, che potrai compilare ogni volta che ti capiterà di assistere alla rappresentazione di un'opera teatrale.

Laboratorio

Intestazione

- Autore e titolo ....
- Epoca/anno di composizione ....
- Data di rappresentazione ....

Fase 1 - Comprensione

- Personaggi principali ....
....
....
- Epoca in cui si svolge la vicenda ....
- Luoghi in cui si svolge la vicenda ....
- Riassunto della vicenda ....
....
....
....
....
....

Fase 2 - Analisi

- Divisione in atti e scene ....
....
....
....
- Eventuale presenza di elementi che rompono l'illusione scenica ....
....
....
....
- Impostazione generale dell'opera ....
....
....
....
- Temi affrontati ....
....
....
....
- Genere a cui appartiene l'opera ....
....

Fase 3 - Contestualizzazione

- Elementi significativi della vita e dell'attività dell'autore ....
....
....
....
- Movimenti letterari o artistici importanti per capire l'opera ....
....
....
....
- Avvenimenti storici e situazioni sociali importanti per capire l'opera ....
....
....
....

Fase 4 - Messa in scena

- Quale spazio ha usato il regista? Un luogo aperto e non tradizionale oppure un luogo classico come la sala con palcoscenico e sipario?
- Che tipo di scenografia è stata utilizzata? La scena era sempre uguale o cambiava spesso? Era semplice o complessa? Che tipo di oggetti erano presenti in scena?
- Com'erano vestiti i personaggi? I loro costumi erano adatti all'epoca dei fatti o erano "attualizzati"? Perché? Gli attori indossavano maschere? Perché?
- Che cosa osservi sulla recitazione degli attori? E sulla loro mimica e gestualità?
- Rispetto al testo di partenza, il regista ha operato tagli, sostituzioni, ha "riscritto" qualche battuta?
- Ha cercato di fare interagire il pubblico e gli attori durante lo spettacolo? In che modo?
- Ha usato effetti speciali? Per esempio effetti di luce, rumori, musiche...
- Nello spettacolo ci sono stati momenti di danza? Erano previsti dal testo o sono stati aggiunti dal regista?
- Nel complesso, l'elemento più importante dello spettacolo era la parola o altro?

5

Guardare in noi stessi: temi di attualità

I testi che leggeremo in questa sezione non sono testi letterari, ma appartengono alle altre tipologie testuali: la saggistica, l'articolo giornalistico, la divulgazione scientifica, la recensione ecc. Attraverso di essi svilupperemo da varie angolazioni alcuni argomenti di attualità che toccano da vicino la sfera della nostra interiorità e che, pertanto, possono risultare particolarmente significativi per una riflessione, anche collettiva, e offrire lo spunto per lavori di gruppo e dibattito in classe.

Per ogni unità

TESTO INTRODUTTIVO
PER METTERE A FUOCO IL TEMA

TESTI di lettura libera
SCHEDA Dal tema al film
SPAZIO FORUM brevi testi di lettura finalizzati a una proposta di dibattito in classe

Alla fine di ogni unità

PROPOSTA DI LETTURA
Il libro consigliato

PROPOSTE DI SCRITTURA

Alla fine della sezione

DALLA LETTURA ALLA SCRITTURA
per imparare → come si fa una recensione

On line

TEST INVALSI AUTOCORRETTIVI
per verificare → il livello di apprendimento

La memoria, madre di ogni progresso

I

5.1 Leggere l'attualità: il testo non letterario

Prenderemo ora in considerazione le tipologie testuali cui fa riferimento la gran parte dei testi a carattere non letterario, per lo più indirizzati alla trattazione di argomenti di attualità. Ci occuperemo qui, in particolare, di due di esse, rimandando per le altre al volume dedicato alla narrativa.

SCHEMA DELLE TIPOLOGIE TESTUALI		
tipi di testo	**funzione**	**esempi**
argomentativo [→ vol. Narrativa]	convincere della propria tesi, proponendo argomenti a favore e confutando tesi contrarie	saggi scientifici, discorsi politici, articoli di fondo, commenti
descrittivo	delineare le caratteristiche di luoghi, oggetti, animali, persone, stati d'animo, emozioni, sentimenti	parti descrittive di romanzi, saggi, depliant pubblicitari, guide turistiche...
espositivo-informativo [→ vol. Narrativa]	fornire dati, notizie su personaggi, argomenti, fatti	saggio, intervista, manuale scolastico, voce enciclopedica, relazione, verbale...
narrativo [→ vol. Narrativa]	raccontare un fatto, una storia	racconti, romanzi, novelle, reportage giornalistico, biografie
regolativo	indicare norme da rispettare, imporre obblighi e divieti	leggi, regolamenti, statuti, manuali di istruzioni, ricette di cucina

Il testo descrittivo

Che cos'è un testo descrittivo

Descrivere significa **rappresentare con parole** l'immagine, reale o astratta, di una persona, un luogo, un animale, un oggetto, una situazione, mettendone in evidenza i **particolari**, le **caratteristiche** che le contraddistinguono e che sono percepibili attraverso i cinque sensi. Sono rari i testi esclusivamente descrittivi: più spesso la descrizione è inserita all'interno di testi narrativi, espositivi, informativi, ma anche di articoli di giornale, poesie e saggi.
La descrizione può essere:
- **oggettiva** (o impersonale), se chi scrive o parla si limita a rappresentare fedelmente la realtà, con **tratti** esclusivamente **denotativi**, senza aggiungervi le proprie impressioni, opinioni e sentimenti personali. Lo **scopo** di questo tipo di descrizione è per lo più **informativo**: mira cioè a fornire una serie di dati chiari, ordinati e corretti. Descrizioni oggettive si trovano per esempio in manuali scolastici, saggi scientifici, guide turistiche ecc.;
- **soggettiva** (o personale), se chi scrive o parla rappresenta la realtà con un **linguaggio** prevalentemente **connotativo**, filtrandola attraverso i propri sentimenti, opinioni, esperienze personali. Lo **scopo** principale di questo tipo di descrizione è **emotivo** o **persuasivo**: mira cioè a coinvolgere il lettore/ascoltatore o a fargli assumere il punto di vista dell'autore.

Come si presenta questo tipo di testo

Il testo descrittivo è caratterizzato da un linguaggio ricco di aggettivi qualificativi, di termini tecnici, di elementi denotativi nella **descrizione oggettiva** e di espressioni talvolta colloquiali, di paragoni, immagini e metafore, e di elementi espressivi e connotativi in quella **soggettiva**.

I tempi verbali utilizzati sono generalmente il **presente** e l'**imperfetto**.

Descrizione di persone

Nella descrizione delle **persone** possiamo trovare, oltre al loro nome, dati relativi a:

- aspetto esteriore: corporatura, statura, forma del viso, occhi, naso, bocca, capelli, modo di vestire, portamento, voce ecc.
- condizione sociale: età, famiglia di origine, occupazione, classe sociale ecc.
- abitudini, gesti, azioni: comportamento, atteggiamenti, modo di parlare ecc.
- carattere, interessi, caratteristiche psicologiche.

Esempio di descrizione oggettiva di una persona

T1

Primo Levi [→ p. 523]

Sandro

da P. Levi, *Ferro*, in *Il sistema periodico*, Einaudi

Ecco come uno scrittore dà le prime informazioni denotative sull'aspetto esteriore necessarie a delineare il suo personaggio.

In mezzo a noi, Sandro era un isolato. Era un ragazzo di statura media, magro ma muscoloso, che neanche nei giorni più freddi portava il cappotto. Veniva a lezione con logori calzoni di velluto alla zuava, calzettoni di lana greggia, e talvolta una mantellina nera [...]. Aveva grandi mani callose, un profilo ossuto e scabro, il viso cotto dal sole, la fronte bassa sotto la linea dei capelli, che portava cortissimi e tagliati a spazzola: camminava col passo lungo e lento del contadino.

Esempio di descrizione soggettiva di una persona

T2

Will Ferguson [→ p. 523]

May Weatherhill

da W. Ferguson, *Felicità®*, Feltrinelli

Ecco ora come un altro scrittore connota il suo personaggio attraverso un insieme di informazioni che ne delineano la personalità da vari punti di vista (fisico, psicologico, sociale).

In ambito editoriale, May Weatherhill era considerata una persona di successo, una giovane e moderna donna in carriera con tanto di titolo pomposo e sottopagato: Redattore Capo Associato, Saggistica, Escluse le Biografie ma Inclusi Angeli e Abduzioni di Alieni (che, secondo più d'uno, in realtà avrebbero dovuto essere comunque di competenza della Narrativa). May era una donna appena appena grassottella, appena appena timida, appena appena attraente. Be', grassottella non è del tutto esatto. Era di costituzione robusta. [...]

Stranamente, e a sua totale insaputa, l'attributo più notevole di May non era il seno, per quanto ampio, ma le labbra, le sue labbra rosse e morbide come cera. Avevano una sfumatura pressoché introvabile, se non nel campionario dei colori Crayola. Sembravano dipinte, come se fossero veramente di cera, appiccicate come uno scherzo di carnevale e poi dimenticate lì. Parlando con May, la gente non la guardava mai negli occhi. Fissava affascinata le sue labbra. Come la maggior parte dei redattori, May era di un pallore al limite dell'anemia, anche se nel suo caso si andava ben oltre. May Weatherhill era di porcellana. Bella e fragile. Anche quando rideva e sorrideva, sembrava comunque che i suoi pensieri fossero altrove.

Andy Wharol (1928-1987), *Marilyn Monroe* (elaborazione fotografica), s.d.

Descrizione di spazi, luoghi e ambienti

Nella descrizione di uno **spazio** bisogna tenere presenti alcuni elementi. Innanzitutto occorre distinguere tra **spazio esterno** e **spazio interno**, poi, in base a questa distinzione fondamentale, si amplieranno i seguenti punti.

Spazio esterno:

- caratteristiche geografiche e paesaggistiche (il luogo è in pianura, in montagna, in riva al mare? Ci sono fiumi, laghi, colline? In quale nazione/regione/zona si trova? ecc.);
- segni dell'intervento dell'uomo (coltivazioni, vie di comunicazione, fabbriche, porti ecc.);
- edifici e monumenti di valore artistico;
- presenza di animali, esseri umani, turisti ecc.

Spazio interno:

- struttura (disposizione degli ambienti, presenza di scale, finestre, balconi ecc.);
- arredamento (mobili, tappeti, tende ecc.);
- rumori, suoni;
- odori;
- persone che vi abitano, vi lavorano, vi soggiornano.

Se la descrizione è **soggettiva**, si possono aggiungere i seguenti punti:

- osservazioni e riflessioni personali;
- sentimenti suscitati dall'ambiente: senso di sicurezza, paura, indifferenza, interesse...;
- ricordi;
- eventuali giudizi.

Esempio di descrizione oggettiva di uno spazio

T3

Touring Club Italiano

La provincia di Modena

da *Modena e provincia: le regge del ducato estense, Carpi, Vignola, Nonantola*, Edizioni TCI

Ecco come una pubblicazione a carattere turistico dà le informazioni necessarie a individuare un'area geografica.

La provincia di Modena si estende dal crinale dell'Appennino alle propaggini della bassa pianura a sud del fiume Po con una superficie di 2690 Km^2 (35% di montagna, 17% di collina, 48% di pianura), amministrativamente articolata in 47 comuni, raggruppati per la parte appenninica in tre comunità montane: Modena ovest, Frignano e Modena est. Il suo territorio si trova nella parte centrale dell'Emilia Romagna e ha una forma rettangolare allungata con un'appendice di pianura decisamente orientata verso levante, incuneata tra il Bolognese e il ferrarese. A nord confina con la Lombardia tramite la provincia di Mantova, che con l'Oltrepò mantovano la separa dal grande fiume; a sud il crinale dell'Appennino la divide dalla Toscana con le province di Lucca e Pistoia. A est il confine amministrativo con la provincia di Bologna è definito nella parte appenninica da un articolato sistema di crinali secondari [...]. Il confine di ponente, con la provincia di Reggio nell'Emilia, è più definito.

Esempio di descrizione soggettiva di uno spazio

T4

Raymond Chandler [→ p. 523]

Una camera ampia, quadrata

da R. Chandler, *Finestra sul vuoto*, Feltrinelli

Ecco ora come uno scrittore, attraverso la descrizione oggettiva e soggettiva insieme, ci mostra un certo ambiente, quasi ci "trasporta" al suo interno.

Entrai. Mi trovai in una camera ampia, quadrata, sotto il livello della strada; c'era l'atmosfera fresca e riposante d'una cappella funeraria e, in un certo senso, lo stesso odore. Sui muri bianchi, dall'intonaco granuloso, erano appesi vari arazzi; le alte finestre laterali erano chiuse da grate di ferro che imitavano dei balconi. Le seggiole, intagliate, avevano il sedile di velluto, gli schienali di broccato, e pesanti fiocchi dorati appesi agli angoli. Sulla parete di fondo c'era una vetrata colorata, grande quasi come un campo da tennis. Sotto di essa si aprivano alcune porte-finestre chiuse da tendaggi. Era una stanza vecchia, che puzzava di chiuso e di muffa, una stanza lustra, gretta e triste. Veniva da pensare che non ci si fosse mai seduto nessuno, che mai nessuno avrebbe avuto voglia di sedervisi. Qua e là c'erano tavolini col piano di marmo e la gambe arcuate, orologi dorati, statuine d'alabastro a due colori. Una quantità di trabiccoli che ci voleva una settimana a spolverare. Un mucchio di quattrini, e tutti sprecati. Trent'anni prima, nella cittadina provinciale e reticente che era la Pasadena d'allora, doveva essere sembrata una stanza da leccarsi i baffi.

Attività

1 Distingui all'interno delle descrizioni soggettive gli elementi connotativi, sottolineandoli. Su quali elementi della descrizione si concentra la soggettività dell'autore?

2 Prova a trasformare le descrizioni oggettive qui presentate in descrizioni soggettive e viceversa.

Il testo regolativo

Che cos'è un testo regolativo

Un **testo regolativo** (o **prescrittivo**) ha lo scopo di fornire istruzioni e regole per disciplinare comportamenti o eseguire correttamente delle azioni.
Appartengono alla categoria dei testi regolativi le **raccolte di leggi e norme giuridiche** (Costituzione, Codice civile, penale ecc.), che regolano i rapporti fra i cittadini, definendone diritti e doveri, gli **statuti** di società e fondazioni, i **bandi di concorso**, i **manuali di istruzioni**, i **contratti**, le **ricette di cucina**, i **regolamenti**. Testi regolativi sono anche i foglietti illustrativi dei medicinali e le regole che disciplinano la vita religiosa all'interno di un monastero, ma anche le regole morali e i precetti, talvolta anche alimentari, che ogni religione ha. Un esempio tipico sono i Dieci comandamenti di cui parla la Bibbia: a partire da quel famoso "**decalogo**" (ovvero «dieci parole, dieci leggi»), il termine è passato a indicare qualsiasi elenco composto di dieci "regole".

Come si presenta questo tipo di testo

Il testo regolativo ha una struttura piuttosto rigida, con **frasi brevi, chiare e perentorie** e numerosi a capo. Spesso, come nel caso delle leggi o dei bandi di concorso, una **regola viene scandita in articoli** (Art. 1, 2, 3...), che possono essere **forniti di titolo** e a loro volta **ulteriormente suddivisi in sottoarticoli o commi**. Altre volte la struttura è quella di un **elenco per punti**. Nelle ricette e nei manuali di istruzioni le indicazioni sono spesso accompagnate da **illustrazioni** che mostrano il procedimento da seguire o il risultato da raggiungere.
I modi verbali utilizzati per i testi regolativi sono l'**imperativo** («Sbattete le uova», «Non ingerire») e il **congiuntivo esortativo** («Si prenda una scodella»), ma è molto usato anche l'**infinito** («Aprire la confezione»), specialmente nelle ricette di cucina, nei manuali di istruzioni o nei foglietti illustrativi dei medicinali. Nei bandi di concorso è molto usato il **futuro**, spesso del **verbo "dovere"** («Le domande di partecipazione dovranno essere inviate...»). Si trovano inoltre usate di frequente espressioni come **«(È) vietato» o «È consentito»**.
Il **lessico** usato è **tecnico**, **specifico**, spesso **burocratico** per i codici di legge, i bandi di concorso, i contratti e gli statuti.
Una caratteristica fondamentale per l'efficacia di un testo regolativo, oltre alla **sintesi**, è la **chiarezza**: solo con norme chiare si possono evitare equivoci ed errori interpretativi da parte di chi legge ed esegue le indicazioni contenute nel testo.

Esempio di testo regolativo

T5

Nuovo Codice della strada

Capo V. Norme di comportamento

da *Decreto legisl. 30 aprile 1992 n. 285 e successive modificazioni*, «Gazzetta Ufficiale»

Ecco come il Nuovo Codice della strada regola il comportamento degli utenti di ciclomotori e motoveicoli relativamente a una norma fondamentale di sicurezza: l'uso del casco.

Art. 171. Uso del casco protettivo per gli utenti di veicoli a due ruote

1. Durante la marcia, ai conducenti e agli eventuali passeggeri di ciclomotori e motoveicoli è fatto obbligo di indossare e di tenere regolarmente allacciato un casco protettivo conforme ai tipi omologati, in conformità con i regolamenti emanati dall'Ufficio europeo per le Nazioni Unite - Commissione economica per l'Europa e con la normativa comunitaria.

1-bis. Sono esenti dall'obbligo di cui al comma 1 i conducenti e i passeggeri:

a) di ciclomotori e motoveicoli a tre o a quattro ruote dotati di carrozzeria chiusa;

b) di ciclomotori e motocicli a due o a tre ruote dotati di cellula di sicurezza a prova di crash, nonché di sistemi di ritenuta e di dispositivi atti a garantire l'utilizzo del veicolo in condizioni di sicurezza, secondo le disposizioni del regolamento.

2. Chiunque viola le presenti norme è soggetto alla sanzione amministrativa del pagamento di una somma da euro 74 a euro 299. Quando il mancato uso del casco riguarda un minore trasportato, della violazione risponde il conducente.

3. Alla sanzione pecuniaria amministrativa prevista dal comma 2 consegue il fermo amministrativo del veicolo per sessanta giorni ai sensi del capo I, sezione II, del titolo VI. Quando, nel corso di un biennio, con un ciclomotore o un motociclo sia stata commessa, per almeno due volte, una delle violazioni previste dal comma 1, il fermo del veicolo è disposto per novanta giorni. La custodia del veicolo è affidata al proprietario dello stesso.

4. Chiunque importa o produce per la commercializzazione sul territorio nazionale e chi commercializza caschi protettivi per motocicli, motocarrozzette o ciclomotori di tipo non omologato è soggetto alla sanzione amministrativa del pagamento di una somma da euro 779 a euro 3.119.

5. I caschi di cui al comma 4, ancorché utilizzati, sono soggetti al sequestro ed alla relativa confisca, ai sensi delle norme di cui al capo I, sezione II, del titolo VI.

Attività

1 Che tipo di lessico è usato nel testo? Individua i termini tecnici.

2 In quali parti è suddiviso il testo del Codice della strada? Aiutati individuando i rimandi interni all'interno dei singoli punti.

3 Prova a riscrivere le norme sull'uso del casco con parole tue.

4 Scrivi un testo regolativo su un argomento a piacere, tenendo presenti questi suggerimenti riassuntivi:
- usa frasi brevi e chiare, che non lascino possibilità di equivocare;
- suddividi il tuo testo in punti in modo da illustrare un'azione alla volta;
- usa l'imperativo alla seconda singolare o plurale, l'infinito oppure il presente del verbo "dovere";
- usa un lessico adeguato all'argomento e ai destinatari, chiaro e preciso;
- eventualmente arricchisci il tuo testo con illustrazioni.

In sintesi

Caratteristiche del **testo argomentativo** **[→ vol. Narrativa]**:
- forme verbali: prima e terza persona, o impersonali;
- periodi articolati;
- sintassi ipotattica;
- cura della punteggiatura;
- ricchezza di connettivi.

Caratteristiche del **testo descrittivo**:
- tempi verbali: presente e imperfetto;
- frasi brevi;
- indicatori spaziali;
- ricchezza di termini e di aggettivazione.

Caratteristiche del **testo espositivo/informativo** **[→ vol. Narrativa]**:
- tempi verbali: presente, imperfetto o passato remoto, passato prossimo;
- linguaggio denotativo;
- uso di terminologia specifica;
- presenza di grafici e tabelle.

Caratteristiche del **testo narrativo** **[→ vol. Narrativa]**:
- forme verbali: presente o passato, prima o terza persona; discorso diretto; discorso indiretto libero;
- abbondanza di indicatori temporali;
- varietà linguistica (lessicale) e stilistica.

Caratteristiche del **testo regolativo**:
- forme verbali: imperativo, congiuntivo esortativo, infinito, futuro;
- frasi brevi, chiare e perentorie;
- presenza di elencazioni;
- presenza di indicazioni di divieto o permesso;
- lessico tecnico, specifico, burocratico.

5.2 L'amicizia, un rapporto multiforme

Mettere a fuoco il tema

Definire l'amicizia non è facile, anche perché essa assume **forme molto diverse** nel corso della vita: l'amicizia tra bambini infatti è una cosa assai differente rispetto all'amicizia tra adolescenti e a quella tra adulti. Inoltre, in molti casi i rapporti di amicizia tra **maschi** hanno caratteristiche completamente diverse da quelli tra **bambine-ragazze-donne**, e l'amicizia **uomo-donna**, che forse è più rara, ha caratteristiche ancora differenti. Naturalmente, poi, ogni rapporto di amicizia ha le sue peculiarità e la sua storia. Un tema così **ricco** non poteva non ispirare poeti, scrittori e filosofi sin dall'antichità: coppie di amici popolano il **repertorio mitico** di tutti i popoli e ancora oggi i romanzi, i film, le canzoni abbondano di storie di amicizia.

Quando definiamo una persona "amico", non intendiamo sempre la stessa cosa: all'interno di questo sentimento che ci lega agli altri esistono **gradi e livelli diversi**. La prima, importante distinzione è quella tra **amici** e **conoscenti**. Per la maggior parte, infatti, coloro che consideriamo nostri amici sono, in realtà, solo dei conoscenti: queste persone non ci sono lontane come la massa indistinta degli altri e con esse abbiamo rapporti "amichevoli", ma non quella **profonda confidenza** che ci lega all'"amico", non confidiamo loro le nostre ansie più segrete.

Ciò vale forse ancor più **oggi** che nel passato: con la diffusione dei **social network**, infatti, richieste e legami di "amicizia" si intessono anche tra **perfetti sconosciuti**, che si incontrano in Internet e via Internet si seguono reciprocamente. I nuovi mezzi di comunicazione di massa hanno fatto nascere nuovi modi di stare insieme e quindi anche **nuove forme e definizioni** dell'**"amicizia"**, differenti da quelle tradizionali, che sono basate sul contatto quotidiano e lo scambio di idee, sentimenti, emozioni **faccia a faccia**.

Nuove forme di amicizia rispetto all'antichità, in cui non erano neppure immaginabili, sono poi quelle che legano **esseri umani** e **animali**. È un'acquisizione piuttosto recente il rispetto e quasi la "venerazione" per gli animali, specialmente quelli domestici, che diventano per molte persone **compagni fedeli** di un buon tratto di vita o addirittura **antidoti alla solitudine** e a certe forme di **depressione**, come avviene con la cosiddetta *pet therapy* ("zooterapia"). C'è addirittura chi, come amici, preferisce gli animali, ritenendoli meno "infedeli" degli esseri umani, colpevoli di egoismo, invidia, gelosia e altri brutti sentimenti, capaci talvolta di rovinare persino amicizie decennali.

T1

Alessandro Baricco [→ p. 523]

Noi ragazzi tra calcio, parole e sentimenti pensavamo che durasse per sempre

da «la Repubblica», 30 gennaio 2010

Lo scrittore Alessandro Baricco riflette in questo articolo sul senso dell'amicizia negli anni della sua adolescenza, prima dell'avvento di Internet.

TIPOLOGIA
> TESTO ARGOMENTATIVO: **articolo di giornale**

Eravamo adolescenti e non esistevano né internet né gli sms: pensavamo alle nostre relazioni come a un credere comune. Sentivamo che quelle erano relazioni profonde. E invece, contro ogni nostra immaginazione, si sono rivelate provvisorie

Quel che ricordo dell'amicizia ai tempi in cui non esisteva Facebook e nemmeno la Rete, le mail, gli sms l'ho scritto in *Emmaus*, nell'amicizia di quei quattro ragazzini diciassettenni che muovono il romanzo. I libri non sono mai, stupidamente, la verità, ma è vero che noi eravamo più o meno così, come quei quattro. Una cosa che ricordo bene, ad esempio, è che pensavamo l'amicizia come il prolungamento di una fede: fosse religiosa, come nel nostro caso, o anche laica, o politica, non importava. Anche il Toro[1] andava bene. Ma era importante quel credere comune, non sarebbe bastata la simpatia né qualsiasi altra prossimità sentimentale.

A tenerci uniti era la certezza che stavamo combattendo insieme una qualche sotterranea guerra, di cui poi non capivamo neanche molto. In definitiva negli amici cercavamo meno un sollievo alle nostre solitudini che non l'iscrizione a un qualche eroismo collettivo. Ciò dava ai legami un tratto di necessità, o forse di sacralità, che ci faceva impazzire. Vi trovavamo una fermezza, un'inevitabilità, che non trovavamo altrove. Va da sé che non c'erano amici che non lo fossero per la pelle.

Come i quattro di *Emmaus*, da ragazzi costruivamo le amicizie su una bolla di dolore. Quando non c'era, ce la inventavamo, credo. Ma sempre ci si riconosceva a partire da una ferita, e ci si voleva bene – e quanto – scambiandoci il segreto della nostra tristezza. Ne sapevano poco le nostre famiglie, e niente il mondo: ma lo spazio di quel penare, che tenevamo segreto, dettava il perimetro di un luogo riservatissimo a cui proprio le amicizie, e solo loro, accedevano. Così essere amici significava condividere un segreto. E scambiare malinconia. Non voglio dire che fossimo depressi o pateticamente romantici (magari lo eravamo anche un po', ma non è quello il punto), voglio dire che quando cercavamo il massimo della vicinanza ci riusciva più facile farlo entrando nell'ombra dei nostri pensieri cupi, perché lì trovavamo la perfezione. L'allegria era meno interessante. Della felicità non ci accorgevamo.

E poiché non esisteva Facebook, essere amici significava fare delle cose. Non parlarne, o raccontarle: farle. Se cerco di ricordare momenti precisi che significassero amicizia, vedo scene in cui sempre stavamo facendo qualcosa. E mai in casa. Esisteva un nesso preciso tra l'alzare il culo per andare a fare cose e il vivere le amicizie. Anche quando ci scrivevamo, era una cosa particolare, accadeva di rado, e allora una lettera era molto più un fatto che un modo di comunicare. Era un gesto. Le telefonate interminabili (ciò che di più vicino riesco a immaginare al chattare odierno) ce le tenevamo per le fidanzate: tra noi sarebbe stato ridicolo. Parlavamo molto, naturalmente, ma era sempre roba cucita in un gesto, e tempo legittimato da altro tempo, speso in un qualche lavorìo. Ci sarebbe parso tremendamente vacuo frequentarci via computer. Non avremmo saputo cosa dirci. Quando invece anche solo il "tornare da giocare a pallone" diventava uno spazio perfetto, di camminate memorabili, e parole a lungo covate. C'entravano il sudore addosso, le scarpe slacciate, e il pallone, sporco da far schifo, tra le mani, e farlo rimbalzare. Una finestrella su uno schermo, quello ci sarebbe apparso come un ripiego inspiegabile.

1 **il Toro:** la squadra di calcio del Torino.

Tutto ciò ci costringe a concludere spesso, usando un termine che è tramontato, che quelle erano amicizie profonde. Tacitamente, intendiamo dire che quelle di Facebook non lo sono. Ma la realtà non è così semplice. Se un termine tramonta un perché ci sarà, e l'estinguersi di un profilo certo, per la parola profondità, qualcosa deve insegnarci. Era il nome che davamo a una certa intensità, ma era un nome probabilmente inesatto. Alludeva a coordinate (superficie – profondità) che il mondo quasi certamente non ha: oggi appaiono come una semplificazione un po' infantile, e stanno all'esperienza reale come un cartone sta al 3D. Strumenti poveri, verrebbe da dire. Così ci resta la memoria di una certa intensità, ma pochi nomi certi per nominarla con esattezza.

Per questo trarre delle conclusioni che non siano da bar sembra difficile. Io posso giusto annotare un'osservazione che oltre tutto ha il limite di riferirsi alla mia esperienza personale: in genere la "profondità" che tendo ad attribuire retrospettivamente a quelle amicizie non sembra aver influito sulla loro resistenza al tempo. Alcune se ne sono sparite, altre sono rimaste, come se una regola non ci fosse: ha tutta l'aria di essere una faccenda dannatamente casuale. E se mi trovo ancora appiccicate addosso persone con cui tornavo da giocare a pallone, è vero che tante altre amicizie che erano analogamente "profonde" se ne sono andate con un fare liquido strabiliante, come se non avessero agganci da nessuna parte, e la benché minima forma di necessità. È bastato alle volte uno spostamento minimo, un'inezia, e già non c'erano più. Così quelle che sembravano pietre incastonate si sono svelate pietre appoggiate su qualcosa di sdrucciolevole: e la petrosità una categoria che solo nella fantasia ha un nesso necessario con la permanenza. Da giovani non potevamo immaginarlo, ma la verità è che si può essere petrosi e provvisori, noi lo eravamo. *Rolling stones*[2] come ci insegnò poi qualcuno[3] che, senza saperlo, aveva già capito tutto.

2 Rolling stones: in italiano, letteralmente, "pietre che rotolano".
3 qualcuno: allude, probabilmente, al cantautore americano Bob Dylan (1941), autore della canzone *Like a rolling stone*, cioè "come una pietra che rotola".

T2

Maria Laura Rodotà

L'amicizia svuotata nell'era di Facebook

da «Corriere della Sera», 12 marzo 2010

Come è cambiato il senso della parola "amicizia" al tempo di Facebook? Questo articolo presenta un'analisi piuttosto pessimistica del cambiamento cui sta andando incontro il concetto di amicizia con l'avvento dei social network.

TIPOLOGIA
> TESTO ARGOMENTATIVO: **articolo di giornale**

L'amicizia al tempo di Facebook

Non più una frequentazione continua fatta di serate, discussioni, reciproche consolazioni. Casomai, un dialogo virtuale fatto di battute tra individui che quando va bene si sono visti due volte. E allora: se abbiamo 768 «amici» su Fb, in che senso li abbiamo?

Se siete su Facebook, lo sapete già. E in questi giorni ne avete avuto la conferma. Quest'anno si sono fatti meno auguri a voce e per telefono e anche per e-mail; e tantissimi via social network, magari *urbi et orbi*[1]. Ci sono stati meno incontri anche brevi per salutarsi. In compenso, nei momenti in cui si riusciva a tirare il fiato, si andava online. Per scambiare due chiacchiere con qualcuno che non fosse un cognato; per annunciare sul proprio status[2] che si era mangiato troppo; per fare battute sugli ultimi strani eventi italiani; per rincuorare tutti, a metà pomeriggio del 25, con dei «forza e coraggio, tra poco è finita». Poi magari ci si è visti con gli amici. I soliti. Non quelli, magari centinaia, che abbiamo su Fb. E che stanno portando la parte più evoluta del pianeta, insomma i 350 milioni

1 urbi et orbi: espressione latina che significa letteralmente "alla città e al mondo" e quindi "a tutto il mondo, a tutti".
2 status: particolare "spazio" del social network di cui il partecipante si serve per le proprie comunicazioni.

di Facebook, quelli di Twitter e gli altri, a ridefinire il concetto di amicizia. Non più legame affettivo e leale tra affini che fa condividere la vita e (nella letteratura classica) la morte. Assai più spesso, un contatto collettivo labile che fa condividere video di Berlusconi, Lady Gaga, Elio e le storie tese. Non più una frequentazione continua fatta di serate, discussioni, reciproche consolazioni. Casomai, un dialogo virtuale fatto di battute tra individui che quando va bene si son visti due volte. Poi ci sono i ragazzini che stanno crescendo insieme ai social network. Ma loro sono – in parte – un'altra storia.

Perché in questi tempi di social networking «l'amicizia si sta evolvendo, da relazione a sensazione. Da qualcosa che le persone condividono a qualcosa che ognuno di noi abbraccia per conto suo; nell'isolamento delle nostre caverne elettroniche, armeggiando con i tanti piccoli pezzi di connessione come una bambina solitaria gioca con le bambole». Eccoci sistemati tutti. Ecco perché, magari, dopo certi pomeriggi domenicali passati a chattare, non ci si sente appagati, casomai lievemente angosciati e col mal di testa. La cupa frase è di William Deresiewicz, ex professore di Yale[3] e saggista, autore di un saggio su *The Chronicle of Higher Education*[4] e una conferenza sulla National Public Radio dedicata alle «false amicizie». La preoccupazione è di molti, in America e fuori. Se ne è occupato persino il Wall Street Journal[5]. La serie tv di nicchia «In Therapy» ha fornito la battuta-pietra tombale (speriamo di no): «Le famiglie sono ormai andate e gli amici stanno andando via per la stessa strada». Deresiewicz infierisce: «Essendo state relegate agli schermi dei computer, le amicizie sono qualcosa di più di una forma di distrazione? Quando sono ridotte alle dimensioni di un post in bacheca, conservano qualche contenuto? Se abbiamo 768 "amici", in che senso li abbiamo? Facebook non include tutte le amicizie contemporanee; ma di certo mostra il loro futuro». Morale: «L'immagine del vero amico, un'anima affine rara da trovare e molto amata, è completamente scomparsa dalla nostra cultura».

3 Yale: celebre Università statunitense che ha sede a New Haven (Connecticut).

4 The Chronicle of Higher Education: "cronaca dell'educazione superiore".

5 Wall Street Journal: autorevole quotidiano internazionale a carattere economico, pubblicato a New York.

T3

Giulia, Milano

Chiamati per nome ad essere amici

da www.tracce.it

Nei giornali, anche nei quotidiani, c'è sempre una parte dedicata alle lettere inviate dai lettori: lettere al direttore o all'esperto di storia e politica internazionale o all'editorialista culturale. In questa lettera al giornale, una ragazza di un liceo milanese racconta l'esperienza della nascita dell'amicizia all'interno della propria classe, attraverso la condivisione di esperienze, pensieri e sentimenti, capace di creare legami che vanno oltre il semplice contatto scolastico.

TIPOLOGIA
> **TESTO DESCRITTIVO: lettera**

Un'assemblea per capire se si può essere amici oltre che compagni

Lo strano appello della prof e la caritativa il sabato pomeriggio.
Ecco cosa succede in una classe di un liceo statale di Milano

Faccio parte di una classe diversa da molte altre. Diversa perché è accaduto qualcosa che la rende speciale. Negli ultimi mesi eravamo divisi, c'eravamo fatti trascinare da un astio, quasi un odio tra di noi; in questo periodo ha prevalso sempre l'antipatia: nascevano in continuazione discussioni per le solite interrogazioni programmate, voti meritati o meno e altre piccole banalità prive di ogni importanza. In tutto questo avevamo dimenticato tutti i piccoli miracoli che sono successi e ci hanno reso protagonisti della nostra vita scolastica.

Abbiamo allora deciso di preparare un'assemblea di classe che avesse come tema proprio questo: come possiamo diventare compagni di vita e non fermarci ad essere esclusivamente compagni di classe, soprattutto dopo che abbiamo incontrato qualcosa che ci accomuna, proprio nella vita.

Ogni giorno la nostra professoressa d'italiano fa l'appello. Un gesto semplicissimo ma nel quale tutti noi, come ci ha insegnato lei, ci mettiamo veramente in gioco. Noi, venticinque ragazzi, assonnati, svogliati, ognuno per il proprio motivo, abbiamo l'occasione – ma preferirei definirla una vera e propria fortuna – di essere innanzitutto chiamati a guardarci veramente in faccia, e poi ad esporre tutto quello che ci preme sapere, tutte quelle domande sulla nostra esistenza alle quali non riusciamo ancora a rispondere, tutte le nostre esperienze, i nostri dialoghi che reputiamo interessanti. Siamo chiamati a raccontare di noi!

Così ogni mattina abbiamo il suo sguardo rivolto verso di noi, che ci domanda come stiamo.

Inoltre, su 25 compagni, in 23 partecipiamo a "caritativa", un gesto che la nostra professoressa d'italiano ha proposto a me e ad altre mie compagne due anni fa. All'inizio eravamo in quattro, il sabato pomeriggio, a far compagnia agli anziani di una casa di riposo. Adesso siamo quasi quaranta: qualcosa è accaduto.

Ogni sabato pomeriggio ci mettiamo in cerchio e facciamo raggio prima di cominciare; delle mie compagne, grazie a questo momento e all'appello in classe, ho imparato molte cose: ho scoperto le loro storie, i momenti più toccanti delle loro vite, i dolori... E insieme abbiamo sempre provato a trovare una risposta che ci corrispondesse. Non mento quando dico che il nostro sguardo è rivolto sempre verso lo stesso infinito.

Attraverso questi momenti che sono sempre presenti nella nostra classe, ci aiutiamo e ci sorreggiamo nelle questioni veramente fondamentali, quelle questioni per le quali ci preme avere una risposta. In questi tre anni, ognuno di noi, chi più chi meno, ha intrapreso un percorso di conoscenza e tutti intravediamo questa risposta.

Abbiamo incontrato qualcosa che ci può rendere amici. Amici veri.

Giulia, Milano

T4

Doris Lessing [→ p. 523]

I "tradimenti" di un fratello: da amico a "tiranno"

da D. Lessing, *Sotto la pelle. La mia autobiografia (1919-1949)*, trad. di M.A. Saracino, Feltrinelli

In questo brano della sua autobiografia, la scrittrice inglese Doris Lessing ricorda le sue estati in Africa e i momenti di complicità con il fratello più piccolo, che si trasformava inspiegabilmente in dispettoso tiranno nei confronti di lei bambina, quando era in compagnia dei suoi amici maschi.

TIPOLOGIA
> TESTO ESPOSITIVO: **autobiografia**

Il carattere gentile e tollerante di cui io e mio fratello eravamo dotati era riservato ai momenti in cui eravamo soli. Non appena comparivano i suoi compagni di scuola, Harry di colpo diventava uno di loro. Il suo amico del cuore era Dick Colborne, che abitava dall'altra parte del Distretto[1] e frequentava la Ruzawi[2]. Succedeva che venisse da noi in bicicletta a "passare la giornata", come si usava fare, oppure che i Colborne venissero a prendere il tè o che noi andassimo da loro, ed era consuetudine che i bambini se ne andassero per conto proprio. Dick e mio fratello mi tormentavano, prendevano in giro tutte le ragazze, facevano finta di tirare sassi oppure

1 Distretto: la regione dell'allora colonia britannica della Rhodesia Meridionale (oggi Zimbabwe), dove la scrittrice ha vissuto durante l'infanzia e la giovinezza.
2 Ruzawi: una scuola maschile, impostata secondo il modello educativo inglese.

li tiravano davvero, e siccome erano esperti, miravano in modo da mancare il bersaglio per pochi centimetri. Poi se ne andavano nella boscaglia correndo via per lasciarmi indietro. Mi incitavano a salire in punti alti di un *kopje*[3] che non ero in grado di raggiungere da sola, poi scappavano e si divertivano a spiarmi mentre tentavo di scendere, e intanto se la ridevano con voce rauca. Si comportavano verso di me, ragazza, esattamente come prescrivevano le scuole di quel tipo, mentre i loro comportamenti di gruppo peggiorarono nel corso degli anni, man mano che passavano a scuole per ragazzi più grandi. Quando chiesi a mio fratello, prima che morisse, se si ricordava i tormenti che lui e Dick mi avevano inflitto, lui si mostrò sorpreso e arrabbiato. Il problema, per me, era il tradimento: per uno o per molti giorni, per settimane e mesi, lui e io eravamo amici, senza mai alcun riferimento al fatto che io fossi una ragazza o che fossi inferiore, poi, nello stesso istante in cui compariva un altro ragazzo, lui diventava mio nemico. Per lui era normale. Nessuna di queste cose sorprenderà quelle donne che hanno sposato o vivono insieme a uomini che hanno frequentato quel genere di scuole. C'è un ricordo, un ricordo assolutamente particolare e speciale… Per anni, sapendo quanto poco mio fratello e io fossimo d'accordo o avessimo in comune, a me succedeva di pensare: chissà se lui ricorda quel giorno. Ma poi veniva fuori che non se lo ricordava. È strano che ci rimanga impresso un ricordo nel quale qualcuno è così vivo e presente, mentre lui non ne ricorda più niente.

3 kopje: altura rocciosa priva di vegetazione.

Attività

Comprensione

T1

1 Che cosa intende Baricco dicendo che lui e i suoi coetanei pensavano l'amicizia «come il prolungamento di una fede»?

2 Che cosa cercavano nell'amicizia?

3 Su che cosa si fondavano le loro amicizie?

4 Che cosa significa che per loro «essere amici significava fare delle cose»? Che cosa facevano? Dove?

5 Perché l'autore conclude che le sue non erano amicizie profonde?

6 Che cosa significa che «si può essere petrosi e provvisori»?

T2

7 L'articolo distingue tra l'amicizia prima e dopo l'avvento dei social network. Riporta nella tabella sottostante le definizioni che vengono date della "vecchia" e della "nuova" amicizia, poi spiegale con parole tue. L'esercizio è avviato.

amicizia prima di Facebook	amicizia dopo Facebook
– legame affettivo e leale tra affini che fa condividere la vita e (nella letteratura classica) la morte	– ....
spiegazione:	spiegazione: ....
–	– ....
spiegazione:	spiegazione: ....
–	– ....

spiegazione:	spiegazione: ....
....	....
–	– ....
....	....
spiegazione:	spiegazione: ....
....	....
–	– ....
....	....

8 Chi è William Deresiewicz?

9 Qual è la sua opinione sull'amicizia oggi?

T3

10 Quali problemi avevano i ragazzi della classe di Giulia?

11 Qual è stata l'occasione per risolverli?

12 Che cosa significa che durante l'appello i ragazzi "si mettono veramente in gioco"?

13 Che cosa significa secondo te che le ragazze "fanno raggio"?

T4

14 Qual era il cambiamento subito da Harry in compagnia dei suoi compagni di scuola?

15 In che modo Harry e il suo amico del cuore "tormentavano" Doris bambina?

16 Quale responsabilità attribuisce la scrittrice al tipo di scuola frequentata da Harry? In che modo l'educazione là ricevuta influenzava secondo lei il suo comportamento?

Analisi

T1

17 Analizza il lessico dell'articolo, individuando i termini e le espressioni gergali da un lato e quelli letterari e più ricercati dall'altro.

18 L'articolo contiene una parte descrittiva e una parte argomentativa. Individuale. Poi, all'interno di quella argomentativa, distingui il problema, la tesi dell'autore e le argomentazioni da lui usate per sostenerla.

19 Qual è il giudizio che i ragazzi di allora darebbero dell'amicizia su Facebook? Secondo te qual è l'opinione che l'autore ha oggi delle nuove forme di amicizia? Motiva la tua risposta con gli opportuni riferimenti al testo.

T2

20 L'articolo presenta molti termini del linguaggio informatico e dei social network. Individuali e spiegali.

21 Perché il professore di Yale usa l'immagine delle «caverne elettroniche»? Qual è il significato di questa metafora?

T3

22 Secondo te è importante condividere delle esperienze per cementare un'amicizia?

23 Che cosa intende la ragazza per "amici veri"? E tu quand'è che definisci "vero" un amico?

T4

24 In che cosa consiste per l'autrice il "tradimento" del fratello?

25 Perché secondo te la scrittrice ha un ricordo vivido di quegli episodi dell'infanzia mentre da adulto il fratello non li ricordava più?

Rifletti, confronta, scrivi

26 **Scrivere un testo descrittivo** [→ p. 446]. Baricco presenta l'amicizia della sua adolescenza come un «fare delle cose». Tu che cosa fai quando sei con i tuoi amici? Ci sono delle cose che non fareste mai perché qualcuno di voi le ritiene noiose? Ci sono delle cose che fai con alcuni amici e con altri no? Come vi tenete in contatto? Dove vi incontrate? Descrivi il tuo modo di vivere il rapporto con i tuoi amici in un testo di tre colonne di foglio protocollo.

27 **Scrivere un tema.** Rifletti sul problema della maggiore o minore "profondità" delle amicizie: qual è la tua esperienza in merito? Quando è che definisci "profonda" un'amicizia? E quanti gradi di profondità distingui, tra i semplici "conoscenti" fino all'"amico del cuore"? Quali porzioni della tua vita condividi con queste differenti "categorie" di amici? Quali attività, esperienze, sentimenti vi legano? Scrivi le tue riflessioni in un testo di tre colonne di foglio protocollo.

28 **Scrivere un testo narrativo.** Ti è mai capitato di sentirti tradito da un amico? In quale occasione? Come hai reagito sul momento? E in seguito? Siete rimasti amici? Scrivi un testo di tre colonne di foglio protocollo in cui racconti l'episodio, prendendo spunto dal modello di testo narrativo del T4.

T5

Anne Laure Gannac - Gilles Lipovetsky

Amicizia: il valore che dà senso all'esistenza

da www.psychologies.it

In questa intervista, il sociologo francese Gilles Lipovetsky – professore di Filosofia all'Università di Grenoble – dà una sua definizione di amicizia, e cerca di spiegare l'importanza che questo sentimento ha assunto in un mondo che sembra andare sempre più nella direzione di un individualismo esasperato.

TIPOLOGIA
> TESTO INFORMATIVO: intervista

Dai migliori amici di sempre alle centinaia di contatti collezionati via internet, l'amicizia torna ad avere un ruolo fondamentale. Ne abbiamo parlato con il sociologo e filosofo Gilles Lipovetsky, esperto di trasformazioni socio-culturali del mondo contemporaneo e teorico dell'"era del vuoto" e dell'"iperconsumismo".

Perché oggi si attribuisce tanta importanza all'amicizia?

L'amicizia è un tipo di relazione che si sviluppa facilmente nella società attuale che attribuisce la massima importanza all'individuo, ai suoi desideri, alle sue aspirazioni, ma crea anche un profondo senso di solitudine. Molto probabilmente va di pari passo con una perdita di valore di istituzioni tradizionali come la famiglia, la nazione, la Chiesa... Entità che hanno contribuito a costruire nei secoli i legami sociali, ma che oggi sono meno autorevoli di un tempo. Per questo motivo nasce l'esigenza di creare legami in modo diverso e più libero, di costruire una fitta rete di amici. Se in passato, infatti, l'amicizia era vissuta in modo restrittivo ed elitario (si avevano uno, due, tre amici al massimo), oggi si impone invece una logica completamente diversa. Certo, la priorità è sempre data ai "migliori amici", ma viene attribuita molta importanza anche al gruppo, a tutte le età, non solo tra i giovani. Questo cambiamento è molto evidente tra le donne. Fino a poco tempo fa, infatti, una donna aveva tendenzialmente una sola amica con cui confidarsi e considerava le altre come possibili rivali. Adesso, al contrario, si crea un gruppo di amiche e si ritrova con loro per chiacchierare.

Cosa nasconde questa continua ricerca di amicizia?

Creando una rete di amici, la persona che vive sola e pensa di bastare a se stessa mostra un limite alla sua indipendenza. E si rende conto che la sua vita ha più senso se mantiene vive le relazioni con gli altri. D'altronde oggi "esistere" significa essere collegati con il mondo e raggiungibili in ogni momento. E questo lo si vede ogni giorno. Non appena il cellulare ha la batteria scarica, o la posta elettronica non funziona, ci si sente soli, spaesati. Creare una rete di amici dà invece punti di riferimento. E un senso di esistere.

Aumentare il numero di amici con internet e i social network, soprattutto Facebook, risponde quindi a un bisogno di rafforzare sempre più questo senso di esistere?

Nelle sue forme estreme, la ricerca di amici (alcuni ne hanno più di 2000 nell'elenco dei contatti) ha qualcosa di compulsivo. Una volta gli uomini collezionavano donne, che erano le loro conquiste, i loro trofei. Oggi, invece, sembra che il dongiovannismo sia applicato all'amicizia...

Come si è passati dalla conquista amorosa alla collezione di amici?

Per gli uomini sono cambiati una serie di fattori. Innanzitutto, c'è una femminizzazione dei comportamenti: l'identità maschile è più attenta al proprio vissuto, alla qualità delle proprie esperienze. È aumentata la sua predisposizione al linguaggio, allo scambio, alla confidenza. Di conseguenza, parla molto di sé con gli amici e mostra aspetti inediti della personalità. Si è reso conto che confrontarsi e avere un parere da un amico aiuta a stare meglio. Questo atteggiamento di apertura verso l'altro va probabilmente a sostituire il rito della confessione religiosa che negli anni è andato quasi scomparendo. Allo stesso tempo, però, le persone, pur essendo più consapevoli di sé, hanno paura a rivelarsi troppo. Questo le porta a creare relazioni sempre più numerose che, apparentemente, richiedono meno impegno... Infine c'è un terzo elemento da tenere in considerazione: per anni la conquista amorosa è stata una delle "distrazioni" preferite dagli uomini. Ora, oltre alle donne, ci sono altri interessi, come lo sport, i viaggi, i videogiochi e la tecnologia... E gli amici offrono la possibilità di condividere ogni momento della propria vita.

Ma si possono condividere emozioni anche in coppia...

Sì, ma richiede più impegno. Ed è anche per questo motivo che l'amicizia piace molto all'uomo contemporaneo: è una relazione più flessibile, meno impegnativa di una relazione a due. Più amici si hanno, più è facile passare da uno all'altro senza avere la sensazione di perderne qualcuno e rimanere soli.

Si può quindi ancora parlare di amicizia in questo contesto di "zapping relazionale"?

Penso di sì. Si riceve un messaggio, altri rispondono a uno che si è inviato... L'uomo di oggi ha continuamente bisogno di nuove proposte, di situazioni sempre diverse. E anche gli amici sono stimoli. Attraverso i contatti, virtuali o reali, nascono progetti che possono concretizzarsi nella realtà. Questa disponibilità alle relazioni è un atteggiamento mentale che stimola l'immaginazione, favorisce le possibilità di confronto e crescita personale e apre la strada a nuovi orizzonti.

T6

Francesco Alberoni

Amicizia, conoscenza, amore

da F. Alberoni, *L'amicizia*, Garzanti

Il sociologo Francesco Alberoni, firma del «Corriere della Sera», ha spesso affrontato il tema del rapporto fra amicizia e amore, cui ha dedicato numerose pubblicazioni. In questo brano riflette sulla differenza tra innamoramento e amicizia.

TIPOLOGIA
> TESTO ESPOSITIVO: **saggio divulgativo**

Mi sembra opportuno incominciare subito questa analisi, per entrare nel vivo del problema. E lo farei confrontando l'amicizia con una forma di amore con cui, spesso, viene confusa: l'innamoramento. Sgombreremo il campo mostrando che sono due fenomeni diversissimi, addirittura opposti. L'innamoramento è un fatto, un accadimento, che ha un inizio definito. Alla sua origine c'è... una folgorazione, una rivelazione. L'amicizia, invece, non diventa se stessa con una rivelazione unica iniziale, ma con una serie di incontri e di approfondimenti successivi.

Un'altra differenza fra innamoramento e amicizia è che non esiste un innamoramento vero ed uno meno vero. Non ci sono gradi di innamoramento:

moltissimo, molto, abbastanza, un poco. Se dico «sono innamorato», dico tutto. L'innamoramento segue la legge del tutto o del nulla. L'amicizia, invece, ha tante forme e tanti gradi. Va da un minimo verso un massimo di perfezione. L'amicizia può essere piccola, solo un moto dell'animo, oppure grande, grandissima. L'innamoramento è perfetto fin dall'inizio. L'amicizia, invece, muove verso il di più. Quando parliamo di amicizia abbiamo presente sempre anche un ideale, una utopia.

Continuiamo la nostra analisi. L'innamoramento è una passione. In tedesco passione si dice *Leidenschaft*. *Leiden* è la sofferenza. Nella passione c'è, infatti, sempre anche un soffrire. L'innamoramento è estasi, ma anche tormento. L'amicizia, invece, ha orrore della sofferenza. Quando può la evita. Gli amici si cercano per stare bene insieme. Se non ci riescono, tendono a lasciarsi, a mettere un po' di distanza fra di loro. Un'altra fondamentale differenza è che io posso innamorarmi di qualcuno e non essere corrisposto. Non per questo cesso di essere innamorato. L'innamoramento nasce senza reciprocità e ne va alla ricerca. L'amicizia, invece, richiede sempre, mi pare, una qualche reciprocità. Io non resto amico di uno che non è mio amico. Nell'innamoramento costa sempre una terribile fatica lasciare chi si ama. Per liberarmi di un innamoramento non corrisposto, io devo esercitare una violenza su me stesso, odiare l'altro. Ma l'odio per l'amato è, a sua volta, una sofferenza, la più atroce delle sofferenze. Nell'amicizia, invece, non c'è spazio per l'odio. Se io odio un mio amico non sono più suo amico, l'amicizia è finita. Nell'innamoramento la persona amata è trasfigurata. È ad un tempo lei stessa e più che lei stessa. L'amato è duplice: il concretissimo essere davanti a me e la divinità che incorpora in sé tutto il possibile del mondo, tutto ciò che io proietto in lui. L'amore è rivelazione di qualcosa che ci trascende. La preghiera verso l'amato è un grido di disperazione. L'amico, invece, non è trasfigurato.

Dall'amico mi aspetto che condivida l'immagine che ho di un me stesso o, perlomeno, che non se ne allontani troppo. Anche se la sua valutazione è positiva, non deve essere esagerata. Se è troppo favorevole mi dà l'impressione di adulazione. Se è troppo negativa, se si allontana troppo da ciò che io penso di me, allora non mi rende giustizia e, quindi, contraddice una esigenza base dell'amicizia. I due amici, cioè, devono avere delle immagini reciproche simili. Non identiche, naturalmente, perché allora non ci sarebbe nulla da scoprire, ma senza eccessive dissonanze. Da un amico, perciò, io mi aspetto che non mi fraintenda. Tutti mi possono fraintendere, ma non un amico. Se un amico mi fraintende, è finita.

Si può dunque restare innamorati di una persona di cui non sappiamo se ci ha amato o ci ha ingannato, di cui non sappiamo se fosse buona o cattiva, se avesse un animo nobile o meschino. L'amore si manifesta proprio in questo domandarsi come era. Anche dopo innumerevoli anni, l'amore continua ad interrogarsi nello stesso modo, sfoglia la margherita. Dal primo istante in cui è apparso, si pone in continuazione una domanda a cui solo la presenza della persona amata che dice di sì, dà una risposta. Finita la presenza, cessa la risposta, e la domanda ritorna continua, ossessiva, angosciosa. Non puoi dire, come vorrebbe la ragione, «che t'importa?». Questa è l'opacità dell'amore che ama qualcosa che rimane sempre inafferrabile, perché il suo oggetto è un divenire insieme, un dover essere. Questa è la miseria dell'amore, che può solo chiedere e non può smettere di chiedere, anche quando l'altro è indifferente, od ostile. Questa è l'ingiustizia dell'amore che non conosce merito e demerito, e non premia i buoni e non punisce i malvagi. L'amore è sublime e miserabile, eroico e stupido, mai giusto. Il registro della giustizia non è l'amore, è l'amicizia.

T7

Massimo Baldini

L'amicizia: un legame necessario

da M. Baldini, *La storia dell'amicizia*, Armando editore

In uno dei capitoli della sua Storia dell'amicizia, *il filosofo Massimo Baldini parla del libro dello scrittore marocchino Tahar Ben Jelloun* L'amicizia e l'ombra del tradimento *(Einaudi) e della rappresentazione che esso dà di questo "legame necessario", alla luce delle esperienze accumulate nel corso della sua vita.*

TIPOLOGIA
> TESTO INFORMATIVO: **recensione**

Vi sono almeno due diversi modi di trattare il tema dell'amicizia. Affrontare l'argomento teoreticamente oppure esistenzialmente. Analizzare cioè l'amicizia in modo impersonale cercandone le qualità essenziali e le leggi fondamentali o narrare le proprie avventure amicali dipanando il filo dei ricordi. È questa seconda via quella che, di primo acchito, sembra aver scelto Tahar Ben Jelloun, noto scrittore marocchino (è nato a Fès nel 1944) vincitore una decina di anni fa del premio Goncourt[1]. «Per parlare di amicizia – egli scrive – non andrò a compulsare opere e testi nelle grandi biblioteche [...]. Farò semplicemente una riflessione su me stesso, un viaggio nella memoria. Vi racconterò le mie storie di amicizia, come storie favolose o banali, sorprendenti o qualsiasi».

Tuttavia nel raccontare delle sue amicizie, degli anni trascorsi alla scuola coranica[2] sino a quelli della maturità, Ben Jelloun opera anche, quasi involontariamente, alcune affermazioni che hanno una valenza universale. E ciò, ad esempio, si verifica quando egli afferma che «l'amicizia non può fondarsi sulla paura o sulla tirannia», o quando sostiene che «il tempo è il migliore costruttore dell'amicizia. È anche il suo testimone e la sua coscienza» oppure quando nota che «l'amicizia cambia con il tempo. I suoi cerchi si allargano. Quelli che quando avevamo vent'anni erano nel primo cerchio, si ritrovano, dieci o venti anni più tardi, allontanati o addirittura dimenticati. E queste trasformazioni avvengono spesso senza tradimenti né drammi».

Egli afferma che il motto dell'amicizia è «sempre presente e mai pesante» e ritiene che questo sentimento abbia vari nemici: il denaro, le donne e la politica. «La politica – egli scrive – snatura e rovina l'amicizia. Quella che chiamiamo "amicizia politica" spesso non è altro che un incontro di interessi».

Tutte queste riflessioni si presentano come per caso tra le pieghe di un discorso fortemente autobiografico, come fortemente personale è la tassonomia degli amici che egli traccia e che contempla: gli amici di passaggio, gli amici del dispiacere, gli amici scomparsi e discontinui. Tra le sue confessioni più personali si possono annoverare le seguenti: «La mia passione per l'amicizia non si accontenta di coltivare egoisticamente le mie relazioni. Quello che mi piace più di tutto, è far nascere l'amicizia tra amici diversi»; «Forse è per reazione all'ambiente marocchino – tradizionale o sedicente moderno – che mi piace sviluppare

1 **premio Goncourt:** importante premio letterario francese.
2 **scuola coranica:** scuola per la formazione religiosa islamica, dove i bambini imparano il Corano, i detti del Profeta e gli elementi di base della lingua araba; è molto diffusa in Marocco, dove ha carattere tradizionale.

relazioni di amicizia con donne. Per me è una sfida essenziale. Rispettare una donna vuol dire poter pensare all'amicizia con lei; ciò non esclude il gioco della seduzione e addirittura, in certi casi, il desiderio e l'amore».

Questo breve lavoro di Ben Jelloun, che costituisce un elogio moderno dell'amicizia, si apre con una riflessione che ha toni e contenuti nuovi e, nel contempo, antichissimi; una riflessione che palesa nei confronti dell'amicizia un approccio che, a ben guardare, può avere solo chi ha letto tutto ciò che nei secoli passati è stato scritto su questo sentimento e non ha dimenticato nulla, ma ce ne parla come se fosse al suo primo mattino, come se egli l'avesse provato per la prima volta.

L'amicizia, esordisce Ben Jelloun, «è una religione senza Dio né Giudizio finale. E non c'è neppure il diavolo. Una religione che non è estranea all'amore. Ma un amore dove la guerra e l'odio sono proscritti, dove il silenzio è possibile. Potrebbe essere lo stato ideale dell'esistenza. Uno stato tranquillo. Un legame necessario. Non sopporta impurità alcuna. L'altro, di fronte, la persona che si ama, non è solamente uno specchio che riflette, è anche l'altro se stesso sognato.

L'amicizia perfetta dovrebbe essere una sorta di solitudine felice, spurgata da sentimenti d'angoscia, di rifiuto e di isolamento. Non si tratta di una semplice storia di sdoppiamento nella quale l'immagine di sé sarebbe passata attraverso un filtro, un esame che dovrebbe ingrandire i difetti e le carenze e ridurre le qualità. Lo sguardo dell'amico dovrebbe riconsegnarci la nostra immagine considerata in modo esigente. L'amicizia allora consisterebbe in questa reciprocità senza sfasature, guidata dallo stesso principio dell'amore: il rispetto che ciascuno deve a se stesso se vuole che gli altri glielo ricambino, naturalmente».

Attività

Comprensione

T5

1 **Indica se le seguenti affermazioni sono vere o false.**

a. L'amicizia oggi si crea più facilmente che in passato V F

b. L'amicizia oggi sostituisce il vuoto creato dal crollo di altri legami sociali, in passato più forti. V F

c. Oggi si dà più importanza ai legami individuali rispetto al passato, in cui a prevalere era il gruppo. V F

d. Le persone si sono rese conto di non poter vivere isolate. V F

e. Oggi gli uomini preferiscono l'amicizia all'amore perché è meno impegnativa. V F

f. Le donne di oggi sono troppo impegnate a far carriera per dedicarsi alle relazioni di coppia. V F

g. L'amicizia stimola la creatività. V F

2 **Che cosa intende il sociologo con «dongiovannismo applicato all'amicizia»?**

3 **Che cos'è la «femminizzazione dei comportamenti»?**

4 **Perché, secondo il sociologo, oggi si cercano molti amici?**

5 **Che differenza c'è tra l'amicizia e una relazione amorosa secondo Lipovetsky?**

6 **Che cosa si intende per «zapping relazionale»?**

T6

7 **Indica nella tabella tutte le differenze elencate nel testo tra amicizia e innamoramento. L'esercizio è avviato.**

innamoramento	amicizia
– inizia con una folgorazione, una rivelazione	– ....
–	– ....
–	– ....
–	– ....
–	– ....
–	– ....

8 Che significa che «Il registro della giustizia non è l'amore, è l'amicizia»?

T7

9 Verifica la tua comprensione del testo spiegando i seguenti termini ed espressioni (se necessario, ti puoi aiutare con il dizionario).
- teoreticamente
- esistenzialmente
- compulsare opere e testi
- la tassonomia degli amici
- La guerra e l'odio sono proscritti

10 Che cosa significa il motto «sempre presente e mai pesante» riferito all'amicizia?

11 Perché denaro, donne e politica possono essere considerati "nemici" dell'amicizia?

12 Ben Jelloun suddivide gli amici in «amici di passaggio», «amici del dispiacere», «amici scomparsi e discontinui». Che cosa significa?

13 Qual è il lato che lo scrittore marocchino ama di più dell'amicizia?

14 Lo scrittore crede nell'amicizia con le donne?

15 Qual è secondo Ben Jelloun il ruolo dello «sguardo» dell'amico?

Analisi

T5

16 Secondo il sociologo, ad alcuni cambiamenti sociali, tecnologici o religiosi corrispondono modificazioni del comportamento e del modo di intendere l'amicizia. Riassumili nella tabella. L'esercizio è avviato.

cambiamenti sociali e tecnologici	riflesso sull'amicizia
– perdita di autorità di istituzioni come famiglia, Chiesa...	– ....
–	– ....
–	– ....
–	– ....
–	– ....
–	– ....

17 In base a questa analisi come sono cambiate le amicizie maschili? E quelle femminili?

T6

18 Secondo te, dall'analisi di Alberoni, quale valutazione emerge dei due sentimenti?
- ☐ l'amicizia è preferibile all'innamoramento
- ☐ l'innamoramento è preferibile all'amicizia
- ☐ nessuna, non si danno valutazioni di merito

Motiva la tua risposta con gli opportuni riferimenti al testo.

T7

19 Baldini trae dal testo di Ben Jelloun una ricchissima serie di definizioni sull'amicizia, quasi un'antologia di citazioni. Estraile dal testo e riportale in un elenco a sé, poi scegli quella che corrisponde meglio alla tua idea di amicizia e spiegala con parole tue.

Rifletti, confronta, scrivi

20 **Scrivere un tema.** Il testo di Alberoni presenta un ritratto dell'amicizia a partire da una serie di differenze tra questa e l'innamoramento. Sei d'accordo con questo ritratto? Oppure ci sono dei punti che non ti convincono? Alla luce della tua esperienza sull'amicizia, rifletti sul testo di Alberoni, mettendone in risalto i punti di contatto e quelli di divergenza con la tua idea dell'amicizia. Sostieni le tue opinioni con argomentazioni adeguate.

21 **Scrivere un'intervista.** Ben Jelloun afferma che «l'amicizia cambia con il tempo» e che certi amici con gli anni possono allontanarsi fino a scomparire. Scegli una persona adulta e intervistala sul tema dell'amicizia. Chiedile qual è la sua definizione di amico, se questo concetto ha subito dei mutamenti nel corso del tempo, che cosa cercava nell'amicizia nell'infanzia, nell'adolescenza e nella sua vita da adulto, quali attività, pensieri, giochi, sofferenze condivideva e condivide con gli amici, se ci sono state fasi in cui l'amicizia ha contato più che in altre e da che cosa eventualmente è stata sostituita e così via.

T8

Richard Newbury

La miglior spia dell'uomo? Il suo amico cane

da «La Stampa», 15 febbraio 2010

Un libro pubblicato di recente in Inghilterra ha rivelato cosa i cani «vedono, annusano, sanno» dell'uomo. Ce ne parla questo articolo, con una buona dose di inglesissimo sense of humour.

TIPOLOGIA
> TESTO INFORMATIVO: **articolo di giornale**

Vede, annusa, conosce tutti i nostri segreti
Se potesse parlare distruggerebbe il suo padrone

LONDRA – Se, almeno in Inghilterra, vedete due uomini che passeggiano l'uno accanto all'altro in silenzio, vuol dire che sono grandi amici: non hanno bisogno di parlare. Se però vedete un inglese che passeggia parlando animatamente, nei dintorni ci dev'essere un cane. Il miglior amico di un uomo è davvero il suo cane. Può essere che un cane sia anche il miglior amico di una donna.

«Ama me, ama il mio cane!»

Certamente è stata Isotta, l'airedale terrier della mia futura moglie, a farci sposare. È successo in un dehors[1] a Venezia. Io ero arrivato da Londra; lei e sua sorella da Torino. Ero seduto al tavolino accanto al loro quando il mio bastone da passeggio cadde per terra. Isotta abbaiò, io esclamai: «Che magnifico cane!». Venti minuti più tardi chiedevo a Erica di sposarmi. E divenni un marito che tutto compiaciuto accompagnava lei e il suo primo amore alle mostre canine. Ancora abbiamo un sealyham terrier, Serafina, per ricordarmi qual è il mio vero posto in casa.

Etologi e letterati

Il fatto che un cane non possa parlare permette agli uomini di pensare indisturbati, alle donne di parlare ininterrottamente. Una delle più grandi dichiarazioni d'amore di un uomo per un cane è l'epitaffio scritto da Lord Byron[2] in memoria del suo Terranova Boatswain: «... era bello senza vanità, forte senza insolenza, coraggioso senza ferocia. Possedeva tutte le virtù dell'uomo, senza i suoi vizi. Questa lode, che non sarebbe che una mendace adulazione se di resti umani si trattasse, non è che un giusto omaggio alla memoria di Boatswain, un cane». L'alano Bendicò è una presenza importante nel «Gattopardo». In Sicilia anche il vento ha orecchie, e pure i cani, pensa l'organista don Tumeo[3], ma almeno non possono parlare. Ma se potessero parlare, che cosa direbbero di noi? Per i cani la verità è nel vento, come ci spiega l'etologa[4] Alexandra Horovitz in un recente saggio. Possiamo essere i migliori amici dei nostri cani, ma loro conoscono i nostri segreti e i nostri pensieri più profondi meglio della Stasi[5]. Forse è per questo che il presidente Obama ha impiegato tanto tempo a scegliere il cane per la Casa Bianca. Dovremmo essere tutti grati che il nostro cane sia muto, che abbai ma non tenga un blog sulla sua profonda conoscenza canina di noi. Quanto a ciò che noi «sappiamo» di loro, Horovitz ci mette in guardia che si tratta solo di «teorie derivate da aneddoti e antropomorfismo mal applicato». Noi usiamo la vista, loro, l'olfatto. Noi muoviamo gli occhi, loro inalano odori. Noi abbiamo sei milioni di recettori nasali ma un beagle come Smokey, il miglior amico della mia infanzia, che faceva parte della muta[6] del mio padrino, ne ha 300 milioni, grazie ai quali riesce a sentire un

1 **dehors:** lo spazio esterno di pertinenza di un esercizio pubblico, per esempio di un caffè o di un ristorante.
2 **Lord Byron:** George Gordon Byron, sesto barone di Byron (1788-1824), poeta romantico inglese.
3 **Bendicò ... don Tumeo:** si tratta di due figure del romanzo *Il Gattopardo* di Giuseppe Tomasi di Lampedusa; il primo è il cane prediletto del protagonista, il secondo il suo compagno di caccia.
4 **etologa:** scienziata che studia il comportamento delle specie animali.
5 **Stasi:** la famigerata polizia segreta della Repubblica Democratica Tedesca (DDR) durante il regime comunista.
6 **muta:** gruppo di cani impiegato nella caccia ad animali come la volpe, il cervo, il cinghiale.

cucchiaino di zucchero diluito nell'acqua di due piscine olimpioniche. O ad annusare una cagna in calore lontana chilometri, arrampicarsi su una staccionata all'apparenza impenetrabile e far arrivare lontano l'ululato della sua serenata.

L'olfatto

Gli uomini puzzano. La nostra pelle sudata e le ghiandole sebacee[7] contengono la nostra identità, che poi viene lasciata, come una firma, sugli oggetti che tocchiamo; e i cani sanno leggerla. Muovendoci

lasciamo una scia di cellule epidermiche morte, mentre l'aria è impregnata dell'odore del nostro sudore e di ciò che abbiamo appena mangiato e informa il nostro amico dal naso arricciato su chi abbiamo baciato e quali oggetti o persone abbiamo sfiorato. Quest'unica informazione olfattiva basta a un cane per riconoscerci – e resta anche dopo che abbiamo lasciato la stanza. È proprio l'odore, con il suo lento svanire, che dà ai cani il senso del tempo. Il nostro fedele amico conoscerà tutte le nostre fragilità e le nostre infedeltà. Avete mangiato una merendina, fumato una sigaretta, o siete stati in palestra? Il vostro cane lo sa. Non potete neppure nascondere le vostre emozioni a questo detective privato che tutto annusa. Come fa un cane da guardia a sapere che abbiamo paura? Gliela comunica il nostro sudore. Noi non sentiamo l'odore dell'adrenalina[8], ma il cane sì.

Le malattie

La circolazione del sangue accelerata porta sostanze chimiche alla superficie della pelle. Questo significa anche che i cani, opportunamente addestrati, sono in grado di annusare cellule cancerose nei pazienti. Nei test, non sono riusciti a identificare solo 14 casi su 1.272 malati di cancro della pelle, del seno e dei polmoni. I cani usano l'urina per marcare il territorio solo per il 20 per cento del tempo. Le femmine la usano soprattutto per far sapere di essere in calore, i maschi per scambiarsi informazioni sociali. Le frontiere e gli aeroporti rappresentano «confini territoriali» umani. Io non dico che dovremmo marcarli con la nostra urina. Ma, dato che i cani vengono già usati in Afghanistan per trovare le mine o la droga e sono in grado di leggere le emozioni umane più nascoste, perché mai abbiamo bisogno di questa immensa industria della sicurezza, composta di esseri umani che appaiono gravemente limitati in confronto all'acume canino in fatto di sostanze e psicologia? Dovremmo ammettere i nostri limiti. I cani sono semplicemente spie migliori, e non parlano mai!

7 **ghiandole sebacee:** microscopiche ghiandole della pelle che secernono il sebo, una sostanza grassa.
8 **adrenalina:** o epinefrina; ormone secreto dalle ghiandole surrenali, la cui produzione aumenta in situazioni di stress.

T9

Jenner Meletti

Un campione di fedeltà

da «la Repubblica», 30 dicembre 2009

In occasione dell'uscita del film Hachiko, il tuo migliore amico *(2009, Lasse Hallström), sulla commovente storia della fedeltà di un cane al suo padrone, si riscopre una storia parallela, tutta italiana, accaduta dopo la Seconda guerra mondiale in provincia di Firenze.*

TIPOLOGIA
> TESTO ESPOSITIVO: **articolo di giornale**

BORGO S. LORENZO CELEBRA FIDO CHE ASPETTÒ IL SUO PADRONE PER 14 ANNI

Successe nel dopoguerra. E al cinema esce una storia fotocopia

Ecco l'Hachiko italiano cane campione di fedeltà

BORGO SAN LORENZO - Il monumento è davanti al municipio, proprio sotto la lapide che ricorda il «conte Francesco Pecori Giraldi/colonnello della Milizia Toscana». È un cane in bronzo che guarda in alto e sembra annusare l'aria, per riconoscere l'odore del suo padrone. «A Fido, esempio di fedeltà». Passa un bambino – avrà dieci anni – con mamma e fratellino in passeggino. «Ciao Fido», dice. Il bimbo conosce già la storia, presto la racconterà al piccolo che ha ancora il ciuccio. «Fido era un cane molto buono che per 14 anni ha aspettato invano il suo padrone. Per cinquemila volte è andato ad attenderlo alla corriera».

L'attore Richard Gere e Hachiko in un fotogramma del film.

Due storie si incrociano, come in un gioco di specchi, in questo 30 dicembre. Esce nelle sale italiane il film *Hachiko, il tuo migliore amico*, con Richard Gere. Narra una storia accaduta in Giappone fra le due guerre mondiali. Un professore universitario adotta un Akitainu di colore bianco (lo chiama Hachiko) e questo ogni giorno lo accompagna alla stazione. Al pomeriggio il cane è lì ad attendere il suo ritorno. Il professore muore e Hachiko, per dieci anni, va alla stazione ogni giorno alle 15, puntuale. Quando muore, gli dedicano un monumento. Sempre oggi, nella sala del Consiglio comunale di Borgo San Lorenzo il sindaco Giuseppe Bettarini riunirà gli scolari delle elementari per ricordare assieme a loro il bombardamento del 30 dicembre 1943, che provocò 103 vittime. Fra di loro – e qui le storie si incrociano – anche l'operaio Carlo Soriani, il padrone di Fido. Per la prima volta, nel penultimo giorno del 1943, il cane attese invano il ritorno dell'uomo.

Il bastardino toscano, bianco con macchie nere, con l'arrivo del "collega" giapponese sugli schermi, forse verrà chiamato "l'Hachiko italiano". Ma Fido già era famoso quando ancora era in vita, con i settimanali che gli dedicavano le copertine. «La Domenica del Corriere», «Gente» e «Grand Hotel» fra il 1957 ed il 1958 fecero commuovere milioni di italiani con «la storia della fedeltà di un cane».

«Era una fredda sera dell'inverno 1941 quando Carlo Soriani sentì un guaito...». L'operaio sta tornando da Borgo San Lorenzo alla sua casa nella frazione di Luco. Nel greto di un torrente trova un cucciolo ferito. Lo porta a casa, diventa "suo". Non è bravo a caccia, il cagnolino. Fido non sa nemmeno fare la guardia. Ma ogni mattina alle 5,30 sveglia il padrone, e assieme vanno alla corriera. Alla sera, alle 19, il cane è lì in piazza. A volte il padrone scherza, non scende dalla corriera. Il cane sale e lo va a cercare, nascosto dietro un sedile. Questo per due anni, fino alla sera del 30 dicembre, quando le bombe distruggono la fabbrica dove lavora il padrone. «Fido, fedele al suo appuntamento, era lì ad aspettare anche quella sera. Gli operai scesero in silenzio, con facce pallide... Fido esaminò uno ad uno tutti i viaggiatori poi saltò sulla corriera e invano cercò fra i sedili Carlo Soriani. Tornò a casa da solo e la famiglia Soriani capì che Carlo non sarebbe più tornato».

In pochi giorni, nella piazzetta di Luco, tutti notano questo cane che aspetta. «Da allora, puntualmente, ripeté ogni pomeriggio per quasi quattordici anni questo suo viaggio da casa alla piazza. Il giorno lo passa sul cocuzzolo davanti a casa, con il naso in su, rivolto verso Borgo San Lorenzo. Anche negli ultimi anni di vita, quando le zampe non lo sorreggevano più, con gli occhi annebbiati, le orecchie ciondoloni, era sempre lì ad aspettare».

Il sindaco di Borgo ordina che Fido sia esentato dalla tassa sui cani e che possa circolare liberamente senza museruola. Il 9 novembre 1957 il cane viene premiato con una medaglia d'oro, durante una cerimonia in Comune. L'annuncio della sua morte – avvenuta l'8 giugno 1958 – viene dato da «La Nazione»[1] a quattro colonne. «Fido è morto. Sarà sepolto all'esterno del piccolo cimitero di Luco di Mugello dove riposano le spoglie del suo padrone». «Fido è stato trovato morto sul ciglio di un podere ieri alle sedici, poco lontano dalla sua casa di Luco di Mugello. La scoperta l'hanno fatta due ragazzini che tornavano da scuola. Lo hanno riconosciuto subito e sono corsi a dare la notizia alla signora Soriani, che è scoppiata in lacrime. In breve, gli abitanti del borgo erano radunati quasi al completo intorno al povero corpicino inerte, seminascosto dall'erba alta». Pochi mesi dopo è stato inaugurato il monumento, opera dello scultore Salvatore Cipolla.

«Oggi – dice il sindaco Giovanni Bettarini – parlerò agli scolari di Fido e del suo padrone morto sotto le bombe. È un modo per ricordare la nostra storia». I bambini che non abitano qui scopriranno invece Hachiko al cinema, e penseranno che storie così possano accadere solo dall'altra parte del mondo.

1 **«La Nazione»:** quotidiano fiorentino.

Attività

Comprensione

T8

1 Quali sono le razze canine menzionate nel testo? Sapresti distinguerle?

2 Nell'articolo è riportato l'epitaffio che il poeta inglese Byron scrisse alla morte del suo cane. Implicitamente vi sono contenute delle critiche all'uomo. Quali difetti gli sono attribuiti? Che cosa significa che, se quelle parole fossero riferite a un uomo, sarebbero «una mendace adulazione»? Perché?

3 Che cosa significa che tutto ciò che sappiamo noi dei cani consiste in «teorie derivate da aneddoti e antropomorfismo mal applicato»?

4 In definitiva che cosa possono sapere i cani dell'uomo? Attraverso quali canali? Scrivi un elenco delle informazioni che possono acquisire secondo la studiosa inglese.

5 Qual è la proposta del giornalista per impiegare utilmente l'olfatto dei cani?

T9

6 Quali sono le fonti di cui si serve il giornalista per riscoprire la storia di Fido?

7 Quale occasione l'ha portato a Borgo San Lorenzo davanti al monumento di Fido?

8 Quali erano i pregi di Fido? Quali i suoi difetti?

Analisi

T8

9 Nell'articolo il giornalista usa un tono molto ironico. Individua i punti in cui è più evidente e cerca di spiegare attraverso quali meccanismi ottiene questo effetto.

10 Il giornalista usa la figura retorica dell'iperbole, esagerando nel menzionare numeri, quantità, distanze per difetto e o per eccesso. Individua i passi in cui questo avviene.

T9

11 Riassumi la storia di Fido in cinque righe, tenendo presenti le 5 W (chi, cosa, dove, quando, perché).

Rifletti, confronta, scrivi

12 **Scrivere un saggio breve.** Perché secondo te il cane viene definito il migliore amico dell'uomo? In base ai testi letti fin qui, ad altri che potrai cercare per tuo conto e alla tua esperienza personale, scrivi un saggio breve sull'argomento, della lunghezza di due colonne di foglio protocollo. Poi scegli il titolo e precisa la destinazione editoriale (quotidiano, rivista specializzata sugli animali, giornale della scuola, dossier scolastico di scienze ecc.) del tuo saggio.

T10

Giorgio Gaber [→ p. 523]

L'amico

da G. Gaber - S. Luporini, *I borghesi*, Carosello

L'amico è un testo che Gaber rielaborò dalla canzone del cantautore belga Jacques Brel, Jef (1964), e appartiene al "Teatro canzone" – il genere fondato da Gaber, metà parlato e metà cantato. È il monologo di un uomo che è andato a trovare un amico gravemente ammalato, probabilmente ricoverato in ospedale. Per consolarlo, rievoca con lui le azioni, le "bravate", che erano soliti fare insieme da giovani, promettendogli di replicarle dopo la guarigione. È un testo amaro e commovente, un tentativo di esorcizzare la morte, ricordando la gioventù e l'amicizia passata.

TIPOLOGIA
> CANZONE

Giorgio Gaber durante uno spettacolo del suo "teatro canzone"

[Parlato] Beh cos'è quella faccia eh? Dài su, non ne facciamo un dramma. Vedrai che quando sarai guarito ci ridi sopra!

Ma cosa fai? Ma cosa fai?
Dài non piangere, sei peggio d'un bambino!
Ma guarda un po', alla tua età!
Dài finiscila, che vuoi che sappiano le suore!
Ma smettila fissato, è chiaro che guarisci!
Ma che ti metti in mente, vedrai che starai bene.

Vedrai, vedrai...

Vedrai, andremo in giro insieme e troveremo il bosco pieno di animali
e poi andremo con la barca dove il mare è alto in mezzo ai pescecani
e poi stanchi morti andremo fuori a cena dalla zia Morina
che ci farà il coniglio e ci darà quel vino che c'ha solo lei.

Vedrai, vedrai...

Ci ubriacheremo insieme e canteremo in coro le nostre canzoni
e poi ci butteranno fuori e sveglieremo tutti pieni d'allegria.

Ma cosa fai? Ma cosa fai?
Ma piangi ancora, dài, non è poi tanto grave.
Non far così, dà retta a me, non hai niente,
ho già parlato col dottore.
Ti senti di morire, ma via, che cosa dici?
Vedrai che domattina starai senz'altro meglio.

Vedrai, vedrai...

Vedrai, ti porterò a ballare e ti farò sentire in forma come allora
vedrai, le nostre mogli a casa, andremo in giro soli in cerca d'avventura
e come da ragazzi tu sarai il migliore e mi farai soffrire
mi ruberai la donna e mi dirai ridendo che ami solo lei.

Vedrai, vedrai...
Ci ubriacheremo insieme e canteremo in coro le nostre canzoni
e poi ci butteranno fuori e sveglieremo tutti pieni d'allegria.

Vedrai... Vedrai... Vedrai...

Attività

Comprensione

1 Da quali elementi si può intuire che siamo in un ospedale?

2 Le azioni che i due amici dovrebbero compiere insieme, dopo la guarigione, appartengono in realtà al loro passato comune. Allo stesso passato o a diversi passati? Sono cioè azioni che hanno compiuto in un'unica età o ad età diverse, secondo te? Perché?

Analisi

3 Dal monologo si intuiscono in realtà anche le parole dell'amico malato. Che cosa avrà detto? Prova a scrivere almeno due battute di risposta.

4 L'amicizia rievocata in questa canzone è del tipo di quella basata sui fatti di cui parla il T1. Ritrovi qui alcuni degli elementi di cui parla Baricco? Quali?

Rifletti, confronta, scrivi

5 Trasformazione delle tipologie testuali. Trasforma il monologo in un testo narrativo, raccontando la visita e le parole dell'amico, inserendovi personaggi che nella canzone sono appena menzionati e arricchendo il contesto con particolari che si possono desumere da dettagli appena accennati.

6 Scrivere un tema. Ti è mai capitato di consolare un amico? O di essere tu ad aver bisogno di parole di conforto? In quale occasione? Quali argomenti sono stati usati? Ha funzionato? Racconta un episodio in un testo di due colonne di foglio protocollo.

T11

Paolo D'Agostini

Dagli Usa ecco il film che apre l'era Obama

da «la Repubblica», 5 dicembre 2008

Ti presentiamo una recensione del film L'ospite inatteso, *di Thomas McCarthy (USA 2007), che racconta una storia sul tema dell'amicizia e dell'immigrazione negli Stati Uniti del dopo 11 settembre.*

TIPOLOGIA
> TESTO ESPOSITIVO: recensione

Piccolo avamposto dell'era Obama. Delle aspettative che alimenta. È *L'ospite inatteso* dell'americano Tom McCarthy, che esce oggi nelle sale italiane. In altre tonalità rinnova *Terminal* di Spielberg con Tom Hanks. Raccontare sullo sfondo delle fondate paure conseguenti all'11 settembre la semplice esperienza umana di un incontro tra diversi. Con tutte le sfumature di fiducia, paura, buonsenso, curiosità. Ciò che appartiene alle esperienze reali. Alle ipotesi verosimili. All'orizzonte del sempre più possibile incrociare la propria vita con chi arriva da altri luoghi con bagagli e fardelli non solo disperati, o non sempre per le stesse ragioni. Le occasioni si stanno moltiplicando dai banchi di scuola all'inserimento di giovani lavoratori nel Nordest. Secondo una gamma che prevede di tutto. Anche che l'immigrato non abbia un'identità standard. Che, per esempio, sia un artista o un ingegnere, una persona in qualcosa migliore di noi.

C'è un americano di mezza età solitario, metodico, spento (l'attore è Richard Jenkins). Vedovo, docente universitario, pendolare. Ama la musica, beve buon vino, si intuisce che nutre sentimenti progressisti ma anche che non gli interessa più niente. Una sera trova l'appartamento occupato. Più che indignato è sorpreso e spaventato. Ma subito dopo aver cacciato gli abusivi si affaccia e li richiama. Tarek e Zainab, un siriano e una senegalese. Clandestini. Si arrangiano con dignità: lui suona il tamburo – da Dio – con un gruppo di amici nella metro. Sono perbene, sono grati a Walter al quale il ragazzo dona con slancio la sua amicizia. È tanto denso il legame che si crea, senza dirsi troppo, che anche Walter comincia ad

Dal tema al film

L'ospite inatteso
di Thomas McCarthy

Titolo originale: The Visitor.
Regia: Thomas McCarthy.
Soggetto e sceneggiatura: Thomas McCarthy.
Fotografia (col.): Oliver Bokelberg.
Montaggio: Tom McArdle.
Musiche: Jan A.P. Kaczmarek.
Scenografie: John Paino.
Costumi: Melissa Toth.
Interpreti: Richard Jenkins (Walter Vale), Haaz Sleiman (Tarek), Danai Jekesai Gurira (Zainab), Hiam Abbass (Mouna, madre di Tarek), Marian Seldes (Barbara).
Produzione: Groundswell Prod., Next Wednesday Prod., Participant Prod.
Durata: 104'.
Origine: Usa, 2007.

Nella New York del dopo 11 settembre, un anziano professore, Walter Vale, torna nel suo piccolo appartamento di città per una conferenza, per scoprire che è stato subaffittato a una giovane coppia di clandestini: Tarek, un percussionista siriano, e Zainab, una disegnatrice di gioielli senegalese. Dopo l'inevitabile imbarazzo iniziale, i tre finiscono per stringere una bizzarra amicizia; il professore, solo ed estremamente chiuso in se stesso, impara a suonare le percussioni e sembra trovare nella musica un percorso per uscire dalla sua malinconia. Ma, all'improvviso, Tarek viene arrestato; e il professore, che è l'unico a poterlo aiutare, viene precipitato nel mondo ottuso e sottilmente razzista della burocrazia e delle leggi anti-immigrazione. L'arrivo della madre del ragazzo non fa che rafforzare l'indignazione dell'uomo per il trattamento a cui Tarek è sottoposto; il film si chiude senza dare indicazioni su quale sarà il suo destino, ma l'ultima sequenza segue Walter che, al parco, suona sul tamburo una liberatoria musica ritmata in un improvvisato ed energico gruppo di percussionisti.
Opera seconda di Thomas McCarthy, che è anche autore del soggetto e della sceneggiatura, il film è centrato sulla figura complessa, anche se non immediatamente accattivante, del professor Walter Vale. Vedovo, non più giovane, Walter sembra vivere in economia, senza entusiasmi, senza slanci. Il passato, rimpianto, è ormai irrimediabilmente trascorso; e al professore non sembra di avere più molto da fare se non vivere di ricordi in attesa della fine. Ma, inaspettati, arrivano Tarek e Zainab: giovani, aperti, avidi di vita nonostante le difficoltà dei loro giorni da clandestini. Così, passo dopo passo, accanto a loro, Walter sembra riaprirsi alla vivacità del mondo; un'apertura simboleggiata dalla rinuncia alla musica per pianoforte, per la quale non è portato, e dalla passione inattesa per le percussioni e la ritmica africana, in apparenza tanto lontane da lui.
La seconda parte del film, a partire dal momento in cui Tarek viene arrestato, gioca su toni più scuri: c'è quasi un senso di lutto nel rappresentare la scomparsa della civiltà dell'accoglienza e dell'inclusione che New York rappresenta. Qui le leggi ottuse, la mancanza di rispetto e considerazione, sembrano quasi segnare un modo di vivere che offende, esclude, segrega. In questo senso New York diventa all'improvviso un universo ostile, con la scenografia e l'illuminazione che si fanno grigie e opache; sarà solo la scena finale, con Walter che vince la sua riservatezza e suona insieme ad altri musicisti di strada, a chiudere la storia su una visione di speranza.

In quest'immagine vediamo Walter con Mouna, la madre di Tarek, e Zainab: i loro volti che osservano lo *skyline* di New York sono un simbolo forte della mescolanza di etnie e culture che caratterizza la metropoli statunitense.

La musica è un elemento centrale del film: è attraverso di essa che nasce l'amicizia del protagonista per Tarek, un'amicizia che lo porterà a perdere progressivamente la sua malinconia e a riuscire a esprimere con pienezza i propri sentimenti.

andare con Tarek nella subway, da apprendista percussionista. Il giovane passa all'anziano quello che sa, e l'anziano ritrova una spinta vitale. Ma la metropolitana sarà maledetta perché proprio lì sotto Tarek viene fermato, messo dentro, rimpatriato. Walter si fa in quattro e durante una delle visite in carcere perde le staffe al rifiuto di dargli informazioni sul trasferimento dell'amico, probabilmente ha una reazione passionale per la prima volta da un'eternità. E rivendica la genuina natura dell'America che accoglie, dove tutti sono "diversi" e tutti sono americani se si comportano onestamente con questa terra che sentono la loro terra, l'America che non respinge chi abbia voglia di rimboccarsi le maniche. Come Tarek, che non deve vergognarsi e avere paura per essere arabo. Un delicato apologo. Senza retorica, senza proclami che le persone normali non si possono permettere e che, travolte dagli eventi, neanche penserebbero di poter fare: la sfuriata di Walter è dettata dall'istinto di cui per primo si spaventa. Ma contiene tutto. L'idea semplice che lo straniero non è per forza un nemico, l'immigrato non è necessariamente un terrorista, il clandestino non è sempre un pericolo ma può essere un ospite, magari diventare un amico e perfino uno che ti insegna qualcosa.

Attività

1 La recensione mette in connessione il film con il clima politico dell'era Obama, il presidente USA eletto nell'ottobre del 2008. Perché?

2 Spiega il significato dei seguenti termini.
- subway
- apologo

3 Come vengono descritti i personaggi? Riporta per ciascuno la definizione del giornalista.

4 Che cosa significa che in America «tutti sono "diversi" e tutti sono americani»? Qual è il requisito per essere americani?

5 Come definiresti il periodare dell'articolo?
- ☐ frammentato
- ☐ articolato
- ☐ elaborato

Motiva la tua risposta con gli opportuni riferimenti al testo.

6 La frase che accompagna il titolo del film è «In un mondo di sei miliardi di persone, ne basta una per cambiarti la vita». La ritieni adeguata? In che cosa consistono i cambiamenti che Tarek ha suscitato in Walter? Come era Walter prima di conoscerlo? E dopo?

7 **Scrivere un testo argomentativo.** Tarek, musicista di talento, insiste nell'insegnare a suonare il tamburo africano all'anziano professore. Il ritmo esuberante dello strumento ridà vita a Walter e gli apre un mondo nuovo, fatto di jazz club e di percussionisti a Central Park. La musica unisce e supera le differenze di cultura, età e carattere, facendo sbocciare l'amicizia tra il giovane siriano, diffidente e ostinato, e il professore, stanco e demotivato. Molti ritengono la musica un potente strumento di unione, un linguaggio che supera barriere e confini di ogni lingua e cultura. Esprimi la tua opinione in merito, argomentandola in un testo di due colonne di foglio protocollo.

T12

Ti proponiamo di discutere con i compagni e con l'insegnante alcune delle questioni sollevate dai testi presentati in questa sezione.
Per cominciare la discussione, riportiamo una serie di commenti di vario genere sull'argomento cibo, lasciati sui forum virtuali dai partecipanti. Scegline uno e spiega se ti trova d'accordo e perché.

TIPOLOGIA
> FORUM ON LINE

1. Capitanfracassa ha scritto il 29 gennaio 2010 alle 11:29
Il dilemma del giorno: meglio un amico o uno psicologo?

15.13 | Aggiungi un commento | Leggi commenti - (1) |
Piera81 se sei triste per una delusione d'amore va bene l'amico, se ci sono problemi più seri, ci vuole uno psicoterapeuta. Per te forse la seconda ;-) scherzo dai!!!!

19.34 | Aggiungi un commento | Leggi commenti - (2) |
Postulando90 Amico e psicologo operano da due prospettive diverse. L'amico partecipa delle tue pene (se è un vero amico) cercando di aiutarti, di sostenerti. Lo psicologo analizza le tue azioni, i tuoi ragionamenti con distacco, cercando di farti mettere ordine nel modo di affrontare la realtà.

21.22 | Aggiungi un commento | Leggi commenti - (3) |
Piccipicci Io se ho un problema serio non vado né da un amico né dallo psicologo: per fortuna ci sono i miei genitori!

2. Paulpaul ha scritto il 03 marzo 2010 alle 20:45
Oggi lancio io il tema: quali sono le vostre **frasi preferite sull'amicizia?** Io trovo bella questa, di R.W. Emerson: «Un amico è una persona davanti alla quale posso pensare ad alta voce»

20.48 | Aggiungi un commento | Leggi commenti - (1) |
Mari99 Ma chi è 'sto Emerson? A me piace più questa, di Confucio: «Se il tuo amico è cieco da un occhio, guardalo di profilo».

20.49 | Aggiungi un commento | Leggi commenti - (2) |
Medea66 Che vuol dire, che devi dimenticarti tutti i suoi difetti? Ma non è meglio aiutarlo a correggerli? Senti che dicevano gli antichi: «Se tolleri i difetti di un amico senza correggerli, li fai tuoi». (Publilio Sirio)

20:51 | Aggiungi un commento | Leggi commenti - (3) |
Aquilotto Eccola la classicista! Che c'entra, mica possiamo cancellare tutti difetti degli altri! Bisogna anche essere tolleranti, altrimenti si finisce per rimanere soli... e snob! Senti questa: «Un amico è uno che sa tutto di te e nonostante questo gli piaci» (E. Hobbard)

20:53 | Aggiungi un commento | Leggi commenti - (4) |
Paperella98 Io preferisco questa di Alberoni: «Un amico non sarà mai maldicente verso di noi. Se gli altri si riuniranno per sparlare di noi o ci difenderà o se ne andrà immediatamente. Non si fermerà nemmeno per ascoltare per poi venircelo a riferire». Tagliata su misura per Camilla!

20.54 | Aggiungi un commento | Leggi commenti - (5) |
Medea66 Sì, sì, prendetemi in giro, intanto "i miei" antichi erano saggi: «Uno viene giudicato per gli amici che si sceglie». (Esopo) E vale anche per le letture!

20.56 | Aggiungi un commento | Leggi commenti - (6) |
Pastina00 Basta con queste smancerie, io penso che l'amicizia non si possa definire, che ogni amico sia diverso dagli altri e non necessariamente uguale a me!

3. Jamim ha scritto:
12 marzo 2010 alle 23:45
ma secondo voi è meglio avere tanti o pochi amici?

23.56 | Aggiungi un commento | Leggi commenti - (1) |
Puffo01 nel più ci sta il meno, ovvero: se ne hai tanti è meglio, perché tra tutti ci sarà pure uno buono!

23.58 | Aggiungi un commento | Leggi commenti - (2) |
Maxxim ah, bravo quindi gli altri li consideri "cattivi", mele marce insomma? Io preferisco pochi ma buoni!

23.59 | Aggiungi un commento | Leggi commenti - (3) |
che banalità, tanti o pochi l'importante è che non ti tradiscano mai! Quelli sono gli amici veri!!!!

Prima della discussione

Prima del dibattito in classe, preparati a confrontarti con i tuoi compagni chiarendoti le idee sulle questioni proposte. Rileggi i testi raccolti in questa sezione dell'antologia ed eventualmente approfondisci gli argomenti che ti interessano di più o che ti risultano meno chiari.
Scegli quindi la tua tesi e preparati degli argomenti validi per sostenerla.

Dopo la discussione

1. **Quali opinioni diverse dalle tue sono emerse durante il dibattito?**
2. **Sei riuscito a sostenere la tua tesi argomentandola con chiarezza?**
3. **Qualcuno ha cambiato idea durante il dibattito o sono rimasti tutti fermi nelle loro convinzioni?**
4. **E tu, hai modificato la tua opinione in qualche suo aspetto?**

Proposta di lettura

Oscar Brenifier - Jacques Després

Il libro dell'amore e dell'amicizia

Isbn Edizioni

Nel Libro dell'amore e dell'amicizia, *illustrato da Jacques Després, il filosofo francese Oscar Brenifier non dà risposte ma pone interrogativi sul significato delle parole* amore e amicizia. *L'amicizia nasce come un "colpo di fulmine" o è qualcosa che si costruisce giorno dopo giorno? Si può restare amici senza essere d'accordo su tutto? Pensato per i bambini, il libro suscita tuttavia riflessioni adatte a tutte le età.*

Alcuni credono che l'amore **non sia per tutti**, perché i bambini sono troppo piccoli e i genitori troppo grandi per essere innamorati.
Altri pensano che si possa amare a tutte le età, **che ci siano solo maniere differenti** di essere innamorati.

Alcuni pensano che amare **sia essere gentili con gli altri** e non litigare mai.
Altri credono che ci si possa amare **senza essere d'accordo su tutto**, dicendosi le cose come stanno.

Alcuni pensano che l'amicizia nasca in un attimo, **e che si possa essere amici un giorno** e non più l'indomani.
Altri pensano che l'amicizia si costruisca col tempo, **che sia fatta per durare** e sia solida come la roccia.

Dice Oscar Brenifier: «I miei libri sono di solito basati su un principio metodologico che il lettore può percepire dalla struttura formale del libro. Questo è un modo per esercitare il lettore alla filosofia pratica. I miei libri, come quello sull'amore e l'amicizia, sono basati su un'idea dualistica, dove ogni concetto incontra il suo contrario. Andando avanti e indietro in questo modo, il lettore impara la dialettica, si abitua al considerare le idee in due modi differenti, e questo gli insegna ad essere più elastico mentalmente e, in generale, più comprensivo».

Oscar Brenifier, filosofo francese, è specialista di filosofia per bambini e autore di numerosi libri per l'infanzia. Dirige l'«Institut de Pratiques Philosophiques» di Parigi.

Jacques Després, francese, ha studiato belle arti e dagli anni Novanta si dedica all'illustrazione.

Proposte di scrittura

1 **Scrivere un testo regolativo** [→ p. 450]. Anche alla luce delle letture effettuate fin qui, scrivi un decalogo che illustri il comportamento dell'amico perfetto. Che cosa deve fare un vero amico secondo te? Quali regole fondamentali deve rispettare? Sii il più dettagliato possibile nell'illustrare ciascuno dei dieci "comandamenti".

2 **Scrivere un testo argomentativo.** Un tema molto dibattuto sull'amicizia è quello della possibilità-impossibilità dell'amicizia tra uomini e donne. Qual è la tua opinione in merito? Scrivi un testo di tre colonne di foglio protocollo sull'argomento, sostenendo la tua tesi per mezzo di ragionamenti, citazioni di opinioni di esperti o di film, canzoni, testi che riguardano questo tema e, naturalmente, facendo ricorso alle tue esperienze personali.

3 **Scrivere un testo descrittivo** [→ p. 446]. Descrivi uno dei tuoi amici d'infanzia, ricordando come era da piccolo, le qualità che ti attraevano in lui e i difetti che ti facevano arrabbiare, se ce n'erano. Se non lo hai perso di vista puoi continuare la tua descrizione parlando del suo aspetto e del suo carattere adesso, in che cosa è cambiato e in che cosa invece ti sembra rimasto quello di un tempo. Inserisci nel testo alcuni dettagli sulla vostra amicizia, come è nata, come si è evoluta, se è ancora viva o se si è spenta e perché, quali affinità vi tenevano uniti.

4 **Scrivere un tema.** Sulla base delle letture e delle riflessioni sull'amicizia effettuate in questa sezione, commenta in un tema di tre colonne di foglio protocollo la frase di Antoine de Saint-Exupéry, l'autore del Piccolo principe: «Gli uomini non hanno più tempo per conoscere nulla. Comprano dai mercanti le cose già fatte. Ma siccome non esistono mercanti di amici, gli uomini non hanno più amici»

5 **Scrivere una recensione** [→ p. 521]. Scegli un racconto, un libro, un film, una canzone che parli dell'amicizia e scrivine la recensione, mettendo in luce di che tipo di amicizia si parla, tra qual personaggi si sviluppa, se questo sentimento ha una funzione positiva o negativa, se la storia ti sembra verosimile oppure no e per quale motivo.

5.3 Il coraggio, una virtù preziosa

Mettere a fuoco il tema

Fin dall'antichità il coraggio è stato considerato una **virtù fra le più preziose** dell'uomo. I Greci lo chiamavano *andreia* (letteralmente la "virtù propria dell'uomo"): il coraggio era per loro una qualità **tipicamente maschile**, che si manifestava in **guerra**, come capacità di combattere e di rischiare la vita, o nella **lotta politica**. I Romani chiamavano il coraggio *fortitudo*, parola che rimanda alla **forza** e che dà quindi al coraggio un **valore** soprattutto **fisico**. Il Cristianesimo si è appropriato di questo termine, ma lo ha applicato alla **coscienza**, all'**anima** dell'uomo, alla sua **forza morale**: la *fortitudo* o "fortezza" per il cristiano è **una delle quattro virtù cardinali** e corrisponde alla capacità di **cercare il bene** senza lasciarsi scoraggiare dalle difficoltà e **con tenacia**. La parola italiana "coraggio" (che significa alla lettera "avere cuore") è nata nel tardo Medioevo: secondo le teorie mediche del tempo infatti questa virtù aveva sede nel cuore. Oggi continuiamo a usare questo termine, anche se sappiamo che coraggio e paura sono meccanismi generati da alcune proteine che agiscono tra le connessioni neurali e hanno quindi "sede" nel cervello.

Oggi inoltre il coraggio non è più neppure una virtù esclusivamente maschile: il coraggio **può appartenere a tutti**, così come la paura o la viltà. Non esistono preclusioni dovute all'età, al sesso, alla classe sociale di appartenenza... Certo, esistono **molti tipi di coraggio**: c'è quello dell'**eroe** che sfida la morte in imprese eccezionali, quello della **persona comune** – uomo o donna che sia – che ogni giorno affronta piccole difficoltà senza perdersi d'animo, quello di chi affronta con **dignità e fiducia** una malattia o un lutto o un trauma che gli sconvolge l'esistenza, quello di chi abbandona la propria terra per **cercare fortuna altrove**, senza nulla in tasca, quello di chi, nel proprio piccolo, si **oppone al male e alle ingiustizie** (per esempio ribellandosi alla mafia, rifiutandosi di obbedire a un sistema dittatoriale, rinunciando ad alcuni vantaggi se sono frutto di corruzione ecc.).

Ma se il coraggio trova il suo contrario nella viltà, è altrettanto vero che non coincide con l'incoscienza. Essere coraggiosi non significa essere incoscienti: la differenza sta nella consapevolezza con cui si affronta il rischio. Il coraggioso sa di affrontare un pericolo, sa di rischiare la vita, ma accetta di farlo in nome di un valore superiore: salvare la vita di un altro, ad esempio. L'incosciente invece mette a repentaglio la propria vita senza rendersene neppure conto, o senza dargli troppo peso, per una finalità futile, come può essere compiere una bravata fine a se stessa.

T1

Marco Missiroli [→ p. 523]

Quando il coraggio è di mamma e figlia

da «Avvenire», 5 febbraio 2009

Spesso, oltre alla cronaca nera o rosa, alle notizie di politica ed economia, agli articoli culturali, i giornali si ritagliano anche degli spazi di riflessione, affidati a sociologi, psicologi, scrittori, o semplicemente giornalisti interessati ai minuscoli e apparentemente banali problemi del vivere quotidiano, della "gente comune". È il caso di questo articolo, dello scrittore Marco Missiroli, su un tipo di coraggio silenzioso, non ostentato, quotidiano.

TIPOLOGIA
> TESTO ARGOMENTATIVO: **articolo di giornale**

Se mi chiedessero qual è il vero coraggio non risponderei affatto. Ci sono migliaia di tipi di coraggio nel mondo, ma ce ne sono milioni e forse qualcuno in più dentro di noi. Vorrei fare come con i francobolli, o come con le figurine, catalogarli e farmeli spiegare uno per uno nei dettagli. E poi ogni tanto guardarli, per essere davanti all'umanità più grande. Ma non si può perché sarebbe renderli piccoli piccoli, così l'unica cosa che posso fare è parlare di una tipologia di coraggio indistruttibile e spesso invisibile. Il coraggio quotidiano. Il coraggio di essere licenziato al lavoro senza motivo, per esempio, e di dirlo quella stessa sera a tua moglie e ai tuoi bambini. Il coraggio di non amare più una persona, e di regalarle la verità senza mezze misure. Il coraggio di amare semplicemente, quando le condizioni non ci sono, quando le certezze non esistono affatto. Mi fermo a questi tre, anzi, ne aggiungo un altro. Mi è arrivata per email la storia di questo coraggio. È stata scritta da una madre di 28 anni che ha deciso di crescere da sola la sua bambina perché a volte l'amore non risponde alla voce dell'unità familiare e al dover per forza stare con un uomo. La sta crescendo anche con l'aiuto dei genitori («e non è poco», scrive) ma con una freschezza giovanile che le sta fiorendo tra le dita e che sta cercando di trattenere. Eccolo uno dei coraggi più maestosi. Quello di crescere se stessi e l'altro senza rinunciare a se stesso e all'altro. Così penso a una donna giovane e alla sua bambina, all'essere una dentro l'altra in quanto madre, in quanto figlia. Penso al coraggio di madre davanti alla bambina che chiede del padre, e della difficoltà di non dirle troppo, di non dirle troppo poco. Penso alla grande forza di una femminilità che non vuole arrendersi di fronte a una vita in parte decisa: alla sua paura di lasciarsi andare alle emozioni, quelle che capitano e che in alcuni casi diventano condanne. Allora un istinto può voler dire fastidio, un innamoramento diventare colpa. Un amore nuovo: addirittura condanna. Vorrei tanto incontrarla, glielo chiedo più volte e solo alla fine decide per un sì. Ci vediamo in un parco, l'aria è fredda ma c'è il sole. Lei porta una specie di cuffia di lana beige, una cuffia che le ritaglia gli occhi così luminosi, così accesi. Ci salutiamo e vedo che tiene le mani una nell'altra, come si accarezzassero. Fatica ad alzare lo sguardo, diventa rossa e non è il gelo di gennaio. Parliamo un po', poi mi racconta una cosa straordinaria: mi dice che sua figlia di quattro anni ogni tanto si accorge che la mamma è stanca per il lavoro, e allora le dice «dormi mamma che io non ti disturbo». E lo fa davvero, si mette ai piedi del divano a guardare la sua mamma che si riposa. Me lo racconta e sorride, e ha una forza che non so spiegare. Forse è quello il grande coraggio. Quello che non si fa prendere da nessuna spiegazione. Mi dice anche che certe volte il suo cuore aspetta qualcosa, che è pronto per qualcosa. Vorrei farmelo rivelare, ma mi trattengo. Lo capisco più tardi, quando sorride da sola, senza un motivo. Quando mi dice «non ho mai pensato di rinunciare a mia figlia. Ho solo pensato di rinunciare a me stessa». Poi però ripenso alla sua bambina che la guarda dormire dai bordi del divano. E capisco che il coraggio ha due facce, e due sguardi. Che cresceranno insieme. Nel nome del coraggio.

T2

José Saramago [→ p. 523]

Il coraggio nella malattia

da caderno.josesaramago.org

Nel suo blog lo scrittore portoghese Saramago – premio Nobel per la Letteratura nel 1998 – ha anche affrontato alcuni argomenti legati alla malattia e alla morte. Questo post intitolato "coraggio" parla dell'esperienza di un'amica giornalista ammalatasi di cancro.

TIPOLOGIA
> TESTO ESPOSITIVO

Patrícia Kolesnicov è giornalista e argentina, più giornalista che argentina secondo me, ma queste sono piccole idee da letterato, mettere la professione prima della nazionalità come se si sostituisse un mondo con un altro. Qualche anno fa le è comparso un cancro al seno che ha affrontato con il coraggio di cui solo una donna è capace. Non lo dico per fare bella figura, per guadagnare indulgenze presso l'altra metà dell'umanità. Se lo dico è semplicemente perché lo penso: davanti al dolore, davanti alla sofferenza, loro sono molto più valenti di noi. Il bambino che piange e si lamenta per essersi sbucciato un ginocchio continua a esistere tra gli uomini e più passano gli anni, e tanti ne passeranno, e sempre più si noterà questa presenza, la donna gli ha messo un ciuccio in bocca e, se non è riuscita a zittirlo totalmente, quantomeno ha applicato una sordina ai suoi lamenti, che li renderà relativamente sopportabili alle orecchie e sensibilità altrui. L'uomo esibisce, la donna non vuole che si noti.

Quando ha sconfitto il cancro, Patrícia ha scritto un libro cui ha messo il titolo *Biografia del mio cancro*. Non mi è piaciuto e gliel'ho detto, ma lei non mi ha dato retta. Il libro (pubblicato anche in Portogallo, per la Caminho) traccia senza compiacenze un percorso durissimo e, forse anche per onorare quelli che affermano esserci un particolare senso dell'umorismo ebraico (Patrícia è ebrea), il racconto, che in mani altrui sarebbe stato pesante, inquietante, anche spaventoso, molto spesso risveglia in noi un sorriso complice, una risata improvvisa, una irreprimibile gargagliata. Ancora un po' e Patrícia Kolesnicov diventerà maestra del paradosso e del più nero degli umorismi.

Patrícia ha appena finito di recuperare i diritti sulla sua opera e non poteva avere idea migliore che metterla su internet con accesso libero, diletto e lezione per tutti. Leggetelo e ringraziatela. E, già che ci siamo, ringraziate anche me che sono suo amico e ho scritto queste giuste parole, il minimo in confronto a quello che lei meriterebbe, e che gli altri (i lettori) faranno crescere attraverso il rispetto e l'ammirazione. Per il coraggio.

T3

ap/roma

Tra coraggio, paura e voglia di ricominciare

da www.inail.it

Vivere con un handicap significa spesso incontrare infiniti ostacoli anche nelle più semplici occupazioni quotidiane. L'articolo che segue è una recensione del libro fotografico (corredato di dvd) Traumaturgie, *pubblicato dal Centro di servizio per il volontariato di La Spezia, in collaborazione con l'Associazione Paratetraplegici Liguria e l'associazione culturale Moltiplicazero.*

TIPOLOGIA
> TESTO ESPOSITIVO

«TRAUMATURGIE»

In un emozionante libro fotografico e in un dvd realizzati dal Centro di servizio per il volontariato di La Spezia i vissuti personali di chi ha affrontato e reagito alla "tragedia"

LA SPEZIA - «Dopo l'incidente ero molto spaventato, non sentivo le gambe, una sensazione stranissima, le gambe che non ti rispondono, dolori dappertutto fortissimi, sangue. Pochi mesi prima avevo conosciuto un ragazzo che era in carrozzina per via di un incidente dovuto a un'embolia e mi era piaciuto, ma quando mi sono reso conto che stavo vivendo la stessa esperienza ho cominciato a urlare ai Carabinieri del soccorso: lasciatemi qua, voglio morire, io non voglio vivere così assolutamente. Per fortuna non mi hanno ascoltato». Alessandro Cianfoni, classe 1972, neuroradiologo al Policlinico Gemelli di Roma, racconta in questo modo l'incidente che gli ha cambiato per sempre la vita procurandogli una lesione spinale che lo ha costretto all'uso di una sedia a ruote. Aveva quattordici anni, faceva parte di una squadra di sci agonistico e si sentiva "molto fico" quando sciando uscì fuori pista al termine di una lunga giornata trascorsa a sciare spericolatamente, senza curarsi del ghiaccio e della nebbia.

La storia di Alessandro e quella di tanti altri che, come lui, sono stati improvvisamente colpiti da un evento traumatico che ha spezzato bruscamente il corso delle loro vite sono raccolte in «Traumaturgie: storie di traumi e diverse abilità». Si tratta di storie ed esperienze diverse, la cui narrazione ruota però sempre intorno a uno stesso punto centrale: quell'evento traumatico dopo il quale nessuna cosa è più la stessa e che costringe chi lo subisce a ricominciare (e improvvisamente) tutto su basi completamente diverse. Ma se i vissuti personali possono essere molto diversi gli uni dagli altri, c'è qualcosa che li accomuna tutti: la "tragedia" avviene spesso mentre le persone si cimentano in quelle cose che le rendono più felici e realizzate, come una disciplina sportiva condotta a livello agonistico, o mentre svolgono le più normali attività quotidiane, come guidare la macchina o la moto per andare o rientrare dal lavoro.

Tuttavia le reazioni al trauma e alle conseguenze che esso determina possono essere profondamente diverse, ed è proprio su questo aspetto che libro e dvd soprattutto si interrogano. «La complessità del nostro lavoro non è legata a un discorso prettamente tecnico, ma sta nel doversi relazionare con persone che hanno subito dei traumi – spiegano in una video-intervista i tecnici del Centro protesi INAIL[1] di Vigorso di Budrio. – Non tutte le persone hanno vissuto o comunque sono riuscite a superare fino in fondo il proprio trauma in maniera positiva, e questo pregiudica il nostro lavoro». I casi dunque sono tanti. C'è chi come il campione paralimpico[2] di salto in lungo Stefano Lippi ha reagito al trauma riuscendo a trovare una nuova energia che gli ha dato la forza di superare sempre nuovi traguardi. «Sono stato investito a 17 anni da un'autovettura, ma non ho voluto rinunciare a fare sport», racconta l'atleta che oggi è anche ingegnere elettronico e collabora allo sviluppo tecnologico delle protesi. «Mi sono dedicato all'atletica in quanto ho voluto prendere l'idea dell'amputazione come una sorta di sfida: la vita impedisce a un amputato il gesto più semplice che è quello del camminare, io ho voluto correre ed è stato un modo di vincere questa sfortuna».

E c'è chi, come Alessandro Cianfoni, mostra un'imperturbabilità che sinceramente sorprende. Non solo, o non tanto, perché ha deciso di non lasciarsi schiacciare dagli eventi e di fare tutto ciò

1 INAIL: Istituto Nazionale per l'Assicurazione contro gli Infortuni sul Lavoro.
2 campione paralimpico: atleta che ha vinto una medaglia nelle Paralimpiadi (o Giochi paralimpici), una sorta di Olimpiadi parallele ed equivalenti a quelle vere e proprie (a cui sono abbinate dal 2001) riservate ad atleti con disabilità fisiche.

che avrebbe fatto se le cose non fossero andate così: studiare, viaggiare all'estero, sposarsi e finanche battere il record della traversata a nuoto dello stretto di Messina con un tempo di 44' e 20". Ma proprio per la serenità con cui racconta un'esperienza che non sembra averlo scalfito in alcun modo: «Sembra stupido ma la mia impressione è che la vita non sia cambiata – dice. – La mia vita è stata questa e non ho avuto il momento del superamento della barriera». E poi ricordando il momento dell'incidente aggiunge: «Dopo qualche ora è arrivata mia madre. L'ho sentita urlare, mia madre è medico e quindi si rendeva conto di cosa significa lesione spinale. Quando è arrivata da me io ero pieno di flebo, cateteri e tubi e le ho detto: "Mamma, meno male guarda poteva succedere un guaio". Era già passato tutto, facevo già lo spiritoso con l'infermiera, è durato poco il mio trauma».

Ma c'è anche chi fatica a ritrovare un equilibrio diverso. Nel 2003 Giovanni Bertani è stato vittima di un incidente stradale mentre tornava a casa dal lavoro con la moto. Ha subito un'amputazione della parte inferiore della gamba sinistra come esito immediato salvavita, ma da quel momento tutto è cambiato.

«Prima con la mia famiglia e con gli amici uscivamo sempre, facevamo molta vita di relazione, ma dopo l'incidente mi sono chiuso in casa», racconta. Dopo l'iniziale sollievo di essere ancora vivo e di essersela tutto sommato cavata, Giovanni comincia a sperimentare le limitazioni e le difficoltà che la sua nuova situazione comporta, aggravate peraltro da seri problemi di sovrappeso che rendono le cose ancora più complicate. A risentirne sono proprio i rapporti con le persone più vicine. «Non ho più avuto la voglia di uscire – prosegue – perché come mi muovevo incontravo degli ostacoli e la mia voglia di superarli era impedita dal mio stato. E allora non me la sono più sentita di chiedere agli altri di aiutarmi perché volevo fare da solo. Inoltre mi aspettavo che gli altri riuscissero a capire la mia situazione offrendomi aiuto in modo spontaneo senza mettermi nella condizione di doverlo chiedere».

È proprio il rapporto con gli altri e il nuovo modo di relazionarsi con essi uno dei punti più delicati del post trauma. «Pensare che le persone provassero pietà nei miei confronti mi dava una sensazione molto brutta». Mauro Bornia, 42 anni, spezzino, oggi impiegato all'Ispettorato del lavoro e delegato provinciale dell'Associazione Paratetraplegici Liguria, racconta con queste parole il suo trauma. «Ero ufficiale della Folgore[3] e correvo sulla moto da cross – spiega. – L'incidente ha cambiato le mie aspettative e i miei progetti di vita, ma non ha cambiato la mia voglia di vivere». Ha dovuto ricominciare dalle cose più banali, imparando a vestirsi, ad andare in bagno e a compiere tutta una serie di gesti quotidiani a cui non si pensa mai, ma che vanno profondamente a incidere sulla morale e sulla costruzione di una vita futura. Ma è stato anche costretto a confrontarsi con un nuovo modo di essere guardato: «Ricordo che la cosa che mi dava più fastidio all'inizio erano gli sguardi della gente – spiega –. Pensare che quando una persona ti guarda crede di capire la tua vita mi dava veramente fastidio, ma ora lo interpreto solo come una normale curiosità». Fino a quel momento pensava che l'uomo coraggioso fosse quello che non ha paura di lanciarsi dal paracadute o di fare un salto ancora più alto con la moto, ma ha dovuto imparare a proprie spese che coraggio significa soprattutto accettare la nuova e imprevista identità. E così ora che da quel momento è passato del tempo riesce a dire: «Credo che essere disabili sia una condizione, non significa essere né migliori né peggiori di qualsiasi altra persona, ma una persona con tutti i limiti e i difetti. Forse una persona che riesce a vedere alcuni lati della vita che ad altri sfuggono».

3 **Folgore:** la Brigata di Paracadutisti "Folgore" è una delle Grandi Unità dell'Esercito italiano.

Attività

Comprensione

T1

1 **Spiega con parole tue le seguenti espressioni.**
- Vorrei fare come con i francobolli, o come con le figurine
- talvolta l'amore non risponde alla voce dell'unità familiare
- la difficoltà di non dirle troppo, di non dirle troppo poco

2 **Che cosa intende la giovane donna quando dice «Ho solo pensato di rinunciare a me stessa»?**

T2

3 **Che cosa intende l'autore quando scrive «L'uomo esibisce, la donna non vuole che si noti»?**

4 **Riassumi il nucleo essenziale della notizia contenuta in questo post in un testo di tre righe.**
- Patrícia Kolesnicov, gionalista...

5 **Indica se le seguenti affermazioni sono vere o false:**

a. Patrícia Kolesnicov è portoghese come Saramago. V F

b. Saramago ha apprezzato il libro di Patrícia. V F

c. Saramago aveva consigliato a Patrícia di scrivere il libro. V F

d. Il libro di Patrícia, nonostante il titolo e l'argomento, è divertente. V F

e. Il libro di Patrícia si può acquistare on line. V F

T3

6 **Il titolo del libro recensito, *Traumaturgie*, deriva dalla fusione delle due parole "trauma" e "taumaturgia". Cerca il significato dei due termini e prova a spiegare il senso del nuovo composto, il valore che i curatori del libro hanno voluto dare alla loro opera.**

7 **Quali difficoltà hanno incontrato gli intervistati nella nuova situazione di disabilità? Elencale in due colonne suddividendole in fisiche e psicologiche.**

8 **Come è cambiato il concetto di coraggio di Mauro Bornia dopo l'incidente?**

Analisi

T1

9 **Qual è lo scopo del testo?**
- ☐ informare i lettori su un problema sociale: le "ragazze-madri"
- ☐ riflettere sul tema del coraggio
- ☐ far riflettere sul coraggio silenzioso e quotidiano della gente comune

10 **In questo articolo si celano diverse tipologie testuali. Individua la parte argomentativa, la parte descrittiva e la parte narrativa. Quale prevale fra le tre?**
- ☐ argomentativa
- ☐ descrittiva
- ☐ narrativa

11 **Come definiresti il coraggio della giovane donna? Trova almeno cinque aggettivi adatti.**

T2

12 **Saramago ha scritto questo post per**
- ☐ compiangere la sua amica ammalatasi di cancro
- ☐ criticare il libro di Patrícia Kolesnicov
- ☐ far pubblicità al libro della sua amica
- ☐ lodare la grinta di Patrícia Kolesnicov

13 **Come definiresti il coraggio di Patrícia Kolesnicov? Trova almeno cinque aggettivi adatti.**

T3

14 **Il testo presenta una mescolanza di termini del linguaggio medico e di espressioni colloquiali. Individuale. Qual è secondo te il motivo di questa mescolanza?**

15 **Quali altre caratteristiche dimostrano gli intervistati oltre al coraggio? Elenca almeno cinque qualità che li caratterizzano.**

16 **L'ultimo intervistato dice che un disabile è «una persona che riesce a vedere alcuni lati della vita che ad altri sfuggono». Quali, secondo te?**

Rifletti, confronta, scrivi

17 **Ispirandoti ai testi che hai letto, scrivi tutte le idee che ti vengono in mente sull'argomento "il coraggio di..." e poi disponile sul grafico qui sotto.**

Quindi scegli uno di questi tipi di coraggio, trova o inventa una situazione che secondo te ne riflette appieno il significato e scrivi sull'argomento un articolo di giornale sul modello del T1. Inventa tu il titolo e scegli il tipo di giornale su cui pubblicarlo (quotidiano, rivista femminile, rivista di divulgazione scientifica, giornalino per ragazzi, giornale della scuola ecc.).

18 **Intervista. Scegli una persona verso la quale nutri stima e intervistala sul tema del coraggio. Puoi chiederle ad esempio qual è la sua definizione di coraggio, se si è mai sentita coraggiosa, in quale occasione, quali sono i suoi modelli di coraggio, che cosa pensa della paura ecc. Fai precedere alla trascrizione dell'intervista un breve profilo biografico della persona intervistata.**

T4

Roberto Saviano [→ p. 523]

Il coraggio dimenticato

da «la Repubblica», 13 maggio 2009

A Rosarno, in Calabria, il 7 gennaio 2010 alcune centinaia di lavoratori extracomunitari impegnati in agricoltura e accampati in condizioni inumane in una vecchia fabbrica in disuso scesero in piazza per protestare. Tre africani erano stati feriti da colpi d'arma da fuoco mentre rientravano dai campi. La rivolta, che ha contato diversi feriti con l'arrivo delle forze dell'ordine e dei calabresi armati di spranghe e bastoni, si è estesa e si è protratta nei giorni successivi, sollevando stupore e preoccupazione in tutta l'Italia. Anche i principali giornali stranieri hanno parlato dell'episodio, dietro al quale, più che il razzismo, molti hanno individuato la mano della 'ndrangheta, come aveva già suggerito Roberto Saviano per precedenti episodi avvenuti proprio nella località calabrese poco più di un anno prima.

TIPOLOGIA
> TESTO ARGOMENTATIVO: **articolo di giornale**

Chi racconta che l'arrivo dei migranti sui barconi porta valanghe di criminali, chi racconta che incrementa violenza e degrado, sta dimenticando forse due episodi recentissimi ed estremamente significativi, che sono entrati nella storia della nostra Repubblica. Le due più importanti rivolte spontanee contro le mafie, in Italia, non sono partite da italiani ma da africani. In dieci anni è successo soltanto due volte che vi fossero, sull'onda dello sdegno e della fine della sopportazione, manifestazioni di piazza non organizzate da associazioni, sindacati, senza pullman e partiti. Manifestazioni spontanee. E sono stati africani a farle. Chi ha urlato: «Ora basta» ai capizona, ai clan, alle famiglie sono stati africani. A Castelvolturno, il 19 settembre 2008, dopo la strage a opera della camorra in cui vengono uccisi sei immigrati africani: Kwame Yulius Francis, Samuel Kwaku e Alaj Ababa, del Togo, Cristopher Adams e Alex Geemes della Liberia e Eric Yeboah del Ghana. Joseph Ayimbora, ghanese, viene ricoverato in condizioni gravi. Le vittime sono tutte giovanissime, il più anziano tra loro ha poco più di trent'anni, sale la rabbia e scoppia una rivolta davanti al luogo del massacro. La rivolta fa arrivare telecamere da ogni parte del mondo e le immagini che vengono trasmesse sono quelle di un intero popolo che ferma tutto per chiedere attenzione e giustizia. Nei sei mesi precedenti, la camorra aveva ucciso un numero impressionante di innocenti italiani. Il 16 maggio Domenico Noviello, un uomo che dieci anni fa aveva denunciato un'estorsione ma appena persa la scorta l'hanno massacrato. Ma nulla. Nessuna protesta. Nessuna rimostranza. Nessun italiano scende in strada. I pochi indignati, e tutti confinati sul piano locale, si sentono sempre più soli e senza forze. Ma questa solitudine finalmente si rompe quando, la mattina del 19, centinaia e centinaia di donne e uomini africani occupano le strade e gridano in faccia agli italiani la loro indignazione. Succedono incidenti. Ma la cosa straordinaria è che il giorno dopo, gli africani, si faranno carico loro stessi di riparare ai danni provocati. L'obiettivo era attirare attenzione e dire: «Non osate mai più». Contro poche persone si può ogni tipo di violenza, ma contro un'intera popolazione schierata, no. E poi a Rosarno. In provincia di Reggio Calabria, uno dei tanti paesini del sud Italia a economia prevalentemente agricola che sembrano marchiati da un sottosviluppo cronico e le cui cosche[1], in questo caso le 'ndrine[2], fatturano cifre paragonabili al PIL[3] del paese. La cosca Pesce-Bellocco

1 **cosche:** con il termine "cosca" si indica un gruppo mafioso.
2 **'ndrine:** organizzazioni malavitose della 'ndrangheta calabrese, strutturate in "famiglie", che si contendono il controllo del territorio.
3 **PIL:** Prodotto Interno Lordo, è il valore complessivo dei beni e servizi prodotti all'interno di un Paese.

di Rosarno, come dimostra l'inchiesta del GOA[4] della Guardia di Finanza del marzo 2004, aveva deciso di riciclare il danaro della coca nell'edilizia in Belgio, a Bruxelles, dove per la presenza delle attività del Parlamento Europeo le case stavano vertiginosamente aumentando di prezzo. La cosca riusciva a immettere circa trenta milioni di euro a settimana in acquisto di abitazioni in Belgio. L'egemonia sul territorio è totale, ma il 12 dicembre 2008, due lavoratori ivoriani[5] vengono feriti, uno dei due in gravissime condizioni. La sera stessa, centinaia di stranieri – anche loro, come i ragazzi feriti, impiegati e sfruttati nei campi – si radunano per protestare. I politici intervengono, fanno promesse, ma da allora poco è cambiato. Inaspettatamente, però, il 14 di dicembre, ovvero a due soli giorni dall'aggressione, il colpevole viene arrestato e il movente risulta essere violenza a scopo estorsivo nei riguardi della comunità degli africani. La popolazione in piazza a Rosarno, contro la presenza della 'ndrangheta che domina come per diritto naturale, non era mai accaduto negli anni precedenti. Eppure, proprio in quel paese, una parte della società, storicamente, aveva sempre avuto il coraggio di resistere. Ne fu esempio Peppe Valarioti, che in piazza disse: «Non ci piegheremo», riferendosi al caso in cui avesse vinto le elezioni comunali. E quando accadde fu ucciso. Dopo di allora il silenzio è calato nelle strade calabresi.

Nessuno si ribella. Solo gli africani lo fanno. E facendolo difendono la cittadinanza per tutti i calabresi, per tutti gli italiani. Difendono il diritto di lavorare e di vivere dignitosamente e difendono il diritto della terra. L'agricoltura era una risorsa fondamentale che i meccanismi mafiosi hanno lentamente disgregato facendola diventare ambito di speculazioni criminali. Gli africani che si sono rivoltati erano tutti venuti in Italia su barconi. E si sono ribellati tutti, clandestini e regolari. Perché da tutti le organizzazioni succhiano risorse, sangue, danaro. Sulla rivolta di Rosarno, in questi giorni, è uscito un libretto assai necessario da leggere con un titolo in cui credo molto. «Gli africani salveranno Rosarno. E, probabilmente, anche l'Italia» di Antonello Mangano, edito da Terrelibere. La popolazione africana ha immesso nel tessuto quotidiano del sud Italia degli anticorpi fondamentali per fronteggiare la mafia, anticorpi che agli italiani sembrano mancare. Anticorpi che nascono dall'elementare desiderio di vivere. L'omertà non gli appartiene e neanche la percezione che tutto è sempre stato così e sempre lo sarà. La necessità di aprirsi nuovi spazi di vita non li costringe solo alla sopravvivenza ma anche alla difesa del diritto. E questo è l'inizio per ogni vera battaglia contro le cosche. Per il pubblico internazionale risulta davvero difficile spiegarsi questo generale senso di criminalizzazione verso i migranti. Fatto poi da un paese, l'Italia, che ha esportato mafia in ogni angolo della terra, le cui organizzazioni criminali hanno insegnato al mondo come strutturare organizzazioni militari e politiche mafiose. Che hanno fatto sviluppare il commercio della coca in Sudamerica con i loro investimenti, che hanno messo a punto, con le cinque famiglie mafiose italiane newyorkesi, una sorta di educazione mafiosa all'estero. Oggi, come le indagini dell'FBI[6] e della DEA[7] dimostrano, chiunque voglia fare attività economico-criminali a New York che siano kosovari o giamaicani, georgiani o indiani devono necessariamente mediare con le famiglie italiane, che hanno perso prestigio ma non rispetto. Altro esempio eclatante è Vito Roberto Palazzolo che ha colonizzato persino il Sudafrica rendendolo per anni un posto sicuro per latitanti, come le famiglie italiane sono riuscite a trasformare paesi dell'est in loro colonie d'investimento e come dimostra l'ultimo dossier di Legambiente le mafie italiane usano le sponde africane per intombare rifiuti tossici (in una sola operazione in Costa D'Avorio, dall'Europa, furono scaricati 851 tonnellate di rifiuti tossici). E questo paese dice che gli immigrati portano criminalità? Le mafie straniere in Italia ci sono e sono fortissime ma sono alleate di quelle italiane. Non esiste loro potere senza il consenso e la speculazione dei gruppi italiani. Basta leggere le inchieste per capire come arrivano i boss stranieri in Italia. Arrivano in aereo da Lagos o da Leopoli. Dalla Nigeria, dall'Ucraina dalla Bielorussia. Gestiscono flussi di danaro che spesso reinvestono negli sportelli Money Transfer. Le inchieste più importanti come quella denominata Linus e fatta dai pm[8] Giovanni Conzo e Paolo Itri della Procura di Napoli sulla mafia nigeriana dimostrano che i narcos nigeriani non arriva-

4 GOA: Gruppo Operativo Antidroga.
5 ivoriani: originari della Costa d'Avorio, uno Stato africano.
6 FBI: Federal Bureau of Investigation, il potente centro investigativo di polizia federale statunitense.
7 DEA: Drug Enforcement Administration, agenzia federale antidroga degli USA.
8 pm: pubblici ministeri; sono i magistrati che esercitano la pubblica accusa nei processi e documentano i reati raccogliendo prove.

no sui barconi ma in aereo. Persino i disperati che per pagarsi un viaggio e avere liquidità[9] appena atterrano trasportano in pancia ovuli di coca. Anche loro non arrivano sui barconi. Mai. Quando si generalizza, si fa il favore delle mafie. Loro vivono di questa generalizzazione. Vogliono essere gli unici partner. Se tutti gli immigrati diventano criminali, le bande criminali riusciranno a sentirsi come i loro rappresentanti e non ci sarà documento o arrivo che non sia gestito da loro. La mafia ucraina monopolizza il mercato delle badanti e degli operai edili, i nigeriani della prostituzione e della distribuzione della coca, i bulgari dell'eroina, i furti di auto di romeni e moldavi. Ma questi sono una parte minuscola delle loro comunità e sono allevati dalla criminalità italiana. Nessuna di queste organizzazioni vive senza il consenso e l'alleanza delle mafie italiane. Nessuna di queste organizzazioni vivrebbe una sola ora senza l'alleanza con i gruppi italiani. Avere un atteggiamento di chiusura e criminalizzazione aiuta le organizzazioni mafiose perché si costringe ogni migrante a relazionarsi alle mafie se da loro soltanto dipendono i documenti, le abitazioni, persino gli annunci sui giornali e l'assistenza legale. E non si tratta di interpretare il ruolo delle "anime belle", come direbbe qualcuno, ma di analizzare come le mafie italiane sfruttino ogni debolezza delle comunità migranti. Meno queste vengono protette dallo Stato, più divengono a loro disposizione. Il paese in cui è bello riconoscersi – insegna Altiero Spinelli[10] padre del pensiero europeo – è quello fatto di comportamenti non di monumenti. Io so che quella parte d'Italia che si è in questi anni comportata capendo e accogliendo, è quella parte che vede nei migranti nuove speranze e nuove forze per cambiare ciò che qui non siamo riusciti a mutare. L'Italia in cui è bello riconoscersi e che porta in sé la memoria delle persecuzioni dei propri migranti e non permetterà che questo riaccada sulla propria terra.

9 **liquidità:** disponibilità di denaro contante.
10 **Altiero Spinelli:** politico antifascista e scrittore italiano (1907-1986) che, con il "Manifesto di Ventotene" (steso durante il confino nell'isola tirrenica), propose l'idea di una nuova Europa come prospettiva per il dopoguerra; è considerato uno dei "padri" dell'Unione Europea.

T5

Claudio Del Frate

Mamma coraggio: «Così vinsi la Piovra»

da «Corriere della Sera», 17 luglio 2009

L'articolo rievoca la storia di una donna che ebbe il coraggio di protestare pubblicamente contro la 'ndrangheta calabrese, che aveva rapito suo figlio. Si trattò di uno dei più celebri rapimenti degli anni Ottanta del secolo scorso, che tenne l'Italia con il fiato sospeso per ben 24 mesi. Il 18 gennaio 1988 a Pavia venne rapito Cesare Casella, 19 anni, figlio di un concessionario d'auto. Due mesi dopo i Casella pagarono 1 miliardo di lire (poco meno di 500.000 euro) di riscatto, ma non ottennero la liberazione del figlio. Nel giugno del 1989 la madre di Cesare, Angela Montagna, andò in Calabria e si incatenò sulle piazze dei paesi dell'Aspromonte, la zona di montagna dove era tenuto prigioniero il figlio. Il 3 gennaio del 1990 Cesare venne liberato, senza altri pagamenti.

TIPOLOGIA
> **TESTO INFORMATIVO: intervista**

Vent'anni fa si era incatenata sulle piazze dell'Aspromonte
per reclamare la liberazione del figlio Cesare
ANGELA CASELLA: «Ho dato la sveglia allo Stato»

SANTA MARGHERITA LIGURE - La donna che ha affrontato a mani nude la 'ndrangheta ha paura di una cosa sola. «Delle iniezioni. Ma con un po' di pomata passa anche quella...». Le giornate di Angela Casella oggi si dividono

Manifestazione delle "Madri di Plaza de Mayo" a Buenos Aires. L'associazione argentina, nata nel 1977, è formata dalle madri dei *desaparecidos*, i dissidenti "scomparsi" (cioè arrestati e detenuti illegalmente) durante la dittatura militare, dei quali rivendicano la restituzione

tra le partite a burraco[1] con le amiche ai bagni di Santa Margherita, la cura dei nipotini, le visite della cugina Giusy. Ma esattamente vent'anni fa questa donna pavese era incatenata sotto il sole nelle piazze dei paesini dell'Aspromonte, tenuta alla larga da tutti, osteggiata. Mai prima di allora chiunque non appartenesse alle forze dell'ordine o alla magistratura aveva osato sfidare così apertamente la Piovra[2]. Angela Casella lo fece platealmente per reclamare la liberazione di suo figlio Cesare, allora ventenne, che la 'ndrangheta continuava a tenere prigioniero nonostante il pagamento di un miliardo di riscatto. Sei mesi dopo quella sfida Cesare fu liberato, senza che fosse necessario versare una lira in più. «Riuscii a puntare gli occhi di tutto il mondo addosso all'anonima sequestri[3] – ricorda oggi "mamma Coraggio" – come fu soprannominata – ed è per questo che la ebbi vinta. La 'ndrangheta fu sconfitta con le sue stesse armi, quelle della paura».

Vent'anni esatti sono passati da quel gesto clamoroso. Cosa è rimasto nella vita di Angela Casella e che segno hanno lasciato quelle catene esibite davanti a tutti?

Ho scelto di non trasformarmi in una testimone perpetua dell'antimafia, di tornare a una dimensione privata e defilata perché non volevo che Cesare e la mia famiglia continuassero a vivere in eterno come i reduci di un rapimento. Una volta vinta la nostra battaglia, una volta passata l'inevitabile curiosità dei mass media, abbiamo voluto rifarci una vita normale. Venni solo candidata dalla DC[4] nel '92 in Calabria. Non fui eletta.

La lotta al crimine organizzato ieri e oggi: che cosa è cambiato, visto con gli occhi di "mamma Coraggio"?

Se adesso una famiglia, un imprenditore, chi volete voi, rimane vittima di un grave reato, gli studenti delle scuole fanno una manifestazione, il sindaco scende in piazza con la fascia tricolore, manca poco che arrivi anche Napolitano... Volete che vi racconti cosa successe a me quando mi incatenai sulle piazze di Locri e di San Luca? Per ore nessuno osò avvicinarsi, l'albergo in cui alloggiavo fu dato alle fiamme, al bar a cui andavo per prendere un caffè mi veniva chiesto di andarmene perché davo fastidio. A un parroco di Locri, la domenica, chiesi che durante la messa invitasse a pregare per la liberazione di Cesare. Mi disse no, perché col mio gesto stavo criminalizzando tutta la Calabria...

Molti sostengono che verso mafia, camorra, 'ndrangheta, lo Stato abbia abbassato la guardia. Hanno ragione?

Insomma... io e la mia famiglia fummo lasciati completamente soli. Oggi la legge è cambiata, le istituzioni hanno un ruolo decisivo in caso di trattative nei rapimenti che non a caso sono quasi del tutto scomparsi. Credo, in questo, che c'entri anche il fatto di essermi incatenata sulle piazze.

Come maturò la decisione di andare in Calabria?

Nel dettaglio nemmeno io sono più in grado di ricordarlo. Mi viene da dire solo che fu una mossa dettata dalla disperazione e che giorno per giorno improvvisavo i miei spostamenti, senza un piano preordinato. Mesi prima avevamo pagato il riscatto, ma Cesare restava ostaggio della banda. I rapitori avevano alzato la loro richiesta, si erano fatti più feroci al telefono. Ma poi seguivano settimane e settimane di silenzio che per chi vive un dramma come il nostro sono la cosa più angosciosa. Credo comunque che quella fu una buona idea: lo Stato si rese conto di quel che stava succedendo; mi dissero che gli inquirenti seppero che mi ero incatenata solo vedendo la tv. L'allora capo della polizia, il dottor Parisi, mi ringraziò molto per quel che avevo fatto.

La sicurezza, il timore di subire reati sono oggi un tema politico centrale. Sono paure giustificate?

La paura è frutto dell'ignoranza, va vinta. Ma le persone vanno aiutate. Io oggi vivo libera e senza più paura.

1 burraco: gioco di carte molto diffuso.
2 la Piovra: nome con cui viene designata la criminalità organizzata, la mafia che avvolge con i suoi molteplici tentacoli ogni settore economico e politico.
3 anonima sequestri: nome con cui si identificano i gruppi criminali responsabili dei numerosi sequestri di persona verificatisi in Italia negli ultimi decenni del secolo scorso.
4 DC: Democrazia Cristiana, partito politico italiano di ispirazione moderata fondato nel 1942 e scioltosi nel 1994.

T6

Umberto Ambrosoli

Serve il coraggio dei piccoli gesti

da «Corriere della Sera», 1 novembre 2009

L'assassinio di un uomo in pieno giorno a Napoli, nel mezzo di una via affollata, nel maggio 2009, fa riflettere sull'omertà, sul coraggio e sul senso di legalità l'autore di questo articolo, l'avvocato Umberto Ambrosoli, autore del libro Qualunque cosa succeda, *che rievoca l'omicidio del padre Giorgio, anch'egli avvocato, avvenuto a Milano una notte del 1979, nel clima torbido degli intrecci tra malavita e forze eversive contro cui aveva preso una netta posizione, dettata dall'integrità personale e dal coraggio civile. A Napoli il killer ha agito invece in pieno giorno, in un luogo affollato e a viso scoperto, sicuro della propria "impunità". E in effetti l'omicidio non ha sconvolto i passanti, come si vede da un video che la polizia ha trasmesso in tv e su internet: quando l'uomo cade a terra colpito da cinque proiettili, i presenti scappano o addirittura ne approfittano per rubare delle sigarette. Solo le segnalazioni degli spettatori hanno permesso l'identificazione dell'assassino.*

TIPOLOGIA
> TESTO ARGOMENTATIVO: **articolo di giornale**

Il killer agisce in pieno giorno, davanti ai passanti, a volto scoperto, non nascosto e sparando a bruciapelo; sa che non vi sarà alcuna reazione da parte di chi è presente e sa di non dover temere di essere riconosciuto. Il video rappresenta la forza del contesto criminale nel quale quei delitti sono maturati, forza speculare alla debolezza, quasi all'assenza, in quello stesso territorio, dello Stato inteso come collettività e centro di interessi comuni (quelli dei cittadini) perseguiti per il tramite delle istituzioni.

Pare che il killer ora sia stato identificato: forse per l'aiuto di qualche telespettatore. Nel frattempo si è però sviluppato un intenso dibattito: a chi invoca la collaborazione all'indagine da parte dei cittadini appellandosi ad un dovere morale o normativo, si contrappone il pensiero secondo il quale chi non appartiene alla realtà napoletana non può neanche immaginare la velleità di tale pretesa. I cittadini di Napoli sanno benissimo che collaborare con gli inquirenti significa violare la regola dell'omertà e sanno che tale violazione è sanzionata, anche con la morte. Nell'assenza di autorità dello Stato regnano la paura ed il primato dell'interesse personale: primo fra tutti quello alla tutela della propria vita. Di qui un giudizio di «comprensione» dell'omertà. Ma se quei cittadini che oggi hanno paura non prenderanno coraggio, le loro (e non solo) prospettive sono nefaste: sono destinati a divenire semplicemente un insieme di persone che abitano un territorio, non saranno mai più neanche una collettività. Ed il loro territorio, privo di regole volte alla tutela degli interessi e dei diritti di tutti ed a offrire a ciascuno eguali possibilità di affermazione, sarà sempre più luogo di sofferenza e sopraffazione. Non è necessario identificare il coraggio solo con gesti eroici o rivoluzionari. Penso piuttosto ad un modo di vita che come primo passo rinneghi l'illegalità, il fascino comodo dell'illegalità, a partire dalle piccole cose quotidiane: il non occupare un parcheggio riservato ai portatori di handicap, il dichiarare correttamente i propri guadagni, l'acquistare i programmi per il computer invece che scaricarli illegalmente, ecc…

Si tratta, cioè, di rappresentare attraverso il rispetto delle regole, il fatto che «l'altro» ci sta a cuore. Nulla di eroico. Rispettare le norme, aderire alle stesse, rappresenta che ci sta a cuore la collettività: che, quindi, la riconosciamo nella sua supremazia; anche rispetto a ciascuno di noi. Messaggio, questo, che in certi contesti è certamente rivoluzionario e che deve essere fatto proprio da chi ambisce a rappresentare la collettività. Se in certe zone d'Italia lo Stato è ora pressoché assente, chi guarda da lontano non può sentirsi solo legittimato a criticare o predicare: deve dare l'esempio, poiché se il senso del valore Stato non parte da dove le istituzioni funzionano meglio è impossibile pensare che si sviluppi dove esse sono prive di autorità. Tanto più se non c'è neppure l'alibi della paura a condizionare i comportamenti, ma c'è solo la ricerca dell'affermazione personale. Né meno importante è pretendere, anche per chi guarda da lontano, che chi rappresenta la collettività si adoperi concretamente e senza ambiguità per il ripristino della legalità in quegli ambienti complessi. Se l'identificazione del killer è avvenuta grazie alla diffusione del video, significa che anche in quelle zone dove lo Stato è assente c'è chi conosce il significato della propria responsabilità di uomo e di cittadino. Allora forse la strada per riportare le istituzioni all'autorità necessaria per riconquistare quella parte del Paese e consegnarle un futuro di possibilità è più facilmente percorribile di quello che le immagini di quell'omicidio ci lasciano intendere. Ed abbiamo tutti un alibi in meno.

Attività

Comprensione

T4

1 A quali episodi di rivolta si fa riferimento nella prima parte dell'articolo? Riassumili e individua per ciascuno: chi, cosa, dove, quando, perché (5W).

2 Chi è Peppe Valarioti? Fai eventualmente una piccola ricerca e spiega perché viene menzionato in questo contesto.

3 Spiega, anche servendoti dell'aiuto del dizionario, il significato dei seguenti termini ed espressioni:
- omertà - intombare - narcos - "anime belle"

4 Quali sono gli "anticorpi fondamentali per fronteggiare la mafia" che la popolazione africana ha immesso nel tessuto quotidiano del Sud Italia?

5 In che modo le generalizzazioni nei confronti degli immigrati fanno il gioco delle mafie?

6 Quali sono i veri criminali stranieri da combattere secondo Saviano? Come riescono a fare i loro affari in Italia?

T5

7 Perché Angela è stata definita "mamma Coraggio"?

8 Che cosa significa che «la 'ndrangheta fu sconfitta con le sue stesse armi, quelle della paura»?

9 Quali reazioni scatenò il gesto di Angela Casella negli abitanti della Calabria? Perché reagivano così?

T6

10 Verifica la tua comprensione del testo, spiegando il significato dei seguenti termini ed espressioni.
- forza speculare alla debolezza, quasi all'assenza, in quello stesso territorio, dello Stato
- chi non appartiene alla realtà napoletana non può neanche immaginare la velleità di tale pretesa
- collaborare con gli inquirenti significa violare la regola dell'omertà

11 Perché l'autore dice che l'illegalità ha un "fascino comodo"? Condividi questa definizione?

12 Quali sono i gesti di coraggio quotidiani che rientrano nella scelta della legalità?

13 Chi deve dare il buon esempio? Perché?

Analisi

T4

14 Qual è la tesi dell'autore dell'articolo? Quali argomenti utilizza per sostenerla?

15 A quale scopo Saviano cita la frase di Altiero Spinelli: «Il paese in cui è bello riconoscersi è quello fatto di comportamenti non di monumenti»? Che cosa significa questa frase?

T5

16 Perché, secondo te, il giornalista apre il suo articolo parlando della paura di Angela Casella per le iniezioni? Qual è il suo scopo?

17 Come definiresti l'atteggiamento dell'intervistata?
☐ rassegnato ☐ sereno ☐ eroico
Motiva la tua risposta con gli opportuni riferimenti al testo.

T6

18 L'articolo è composto di una parte descrittiva di una parte argomentativa. Individuale.

19 Ambrosoli distingue tra «abitanti di un territorio» e «collettività». Quali caratteristiche deve avere una collettività per non essere solo l'insieme degli abitanti di un territorio?

Rifletti, confronta, scrivi

20 **Scrivere un testo descrittivo.** [→ p. 446]. Scegli una delle persone rappresentate nelle foto qui sotto (Anna Politkovskaya, Nelson Mandela, Martin Luther King, Giovanni Falcone e Paolo Borsellino), documentati sulla sua vita e poi, in un testo di due colonne di foglio protocollo, descrivine l'aspetto, i tratti biografici essenziali e le azioni per le quali può essere presentata come modello di coraggio.

21 **Scrivere un tema argomentativo.** Commenta la frase del T6: «La paura è frutto dell'ignoranza», scrivendo le tue considerazioni in proposito con alcuni esempi concreti e argomentazioni adeguate a sostegno.

T7

Dove nasce il coraggio

da www.focus.it

Le recenti ricerche neurologiche permettono di localizzare le aree del cervello deputate alle diverse attività cerebrali e i meccanismi che scatenano le azioni e le emozioni dell'uomo, come gli atti audaci o, al contrario, la paura.

TIPOLOGIA
> TESTO ARGOMENTATIVO: **articolo di giornale**

UNO STUDIO... DA PAURA CONDOTTO IN ISRAELE IDENTIFICA LA ZONA DEL CERVELLO DOVE HA SEDE IL CORAGGIO E APRE LA STRADA ALLA CURA DELLE FOBIE

Quali sono i meccanismi neurologici che ci spingono a gesti coraggiosi?
Perché alcuni di noi sono disposti a fare l'esatto contrario rispetto a ciò che l'istinto di sopravvivenza suggerirebbe, come lanciarsi in caduta libera da 40.000 metri di altezza o affrontare un serpente a mani nude?
Lo spiega un recente studio condotto, con una metodica degna di un film di Dario Argento, da un team di ricercatori israeliani.

Paura strisciante Yadin Dudai e i suoi collaboratori del Weizmann Institute of Science di Rehovot (Israele) hanno voluto analizzare ciò che succede nel cervello quando decidiamo volontariamente di non ascoltare la paura ma di affrontarla apertamente. Gli scienziati hanno somministrato un questionario a un gruppo di volontari e, in base alle risposte, li hanno classificati in coraggiosi o fifoni. Li hanno poi esposti alternativamente alla visione di un orso di pezza e di un serpente vivo (un innocuo serpente del grano) chiedendo loro di allontanarli o avvicinarli con un bastone. Durante questa prova il cervello dei volontari è stato sottoposto a risonanza magnetica funzionale per immagini.

Come era prevedibile, sia nei coraggiosi sia nei timorosi ha prevalso l'istinto di sopravvivenza: la quasi totalità dei volontari di entrambi i gruppi ha infatti reagito istintivamente soccombendo alla paura e allontanando il serpente. Ciò che ha sorpreso i ricercatori è stato osservare come chi ha scelto di avvicinare il serpente ha manifestato un più alto livello di eccitazione (misurata analizzando il livello di sudorazione) e un minor livello di paura (misurata in base a un'autovalutazione) oppure una maggior paura e una bassa eccitazione.

Coraggiosi... dentro L'analisi clinica per immagini ha mostrato come in tutti i casi di coraggio, cioè di coloro che hanno scelto di avvicinare il rettile, ci sia stata un'intensa attività elettrica nell'area subgenuale della corteccia anteriore del cingolo, una zona profonda del cervello situata tra i due lobi. Questa attività non si è manifestata in coloro che hanno reagito senza vincere la paura. «I risultati del nostro studio chiariscono un aspetto importante del comportamento umano, cioè la sua capacità di superare volontariamente le paure» conclude Dudai.

L'obiettivo del team di ricerca è ora quello di capire come riuscire a stimolare artificialmente questa zona del cervello per aiutare i pazienti affetti da paure croniche e fobie a superare questo problema.

T8

Elena Dusi

Il coraggio in... pillole

da «la Repubblica», 4 giugno 2010

Dal momento che attacchi di panico e ansia affliggono un numero sempre crescente di persone, la ricerca scientifica sta puntando alla creazione di medicinali capaci di bloccare la paura, come spiega questo articolo.

TIPOLOGIA
> TESTO ARGOMENTATIVO: **articolo di giornale**

L'ESPERIMENTO

L'iniezione di una molecola ha cancellato il timore di esperienze dolorose dal cervello di alcuni topolini. Un primo passo per chi punta a un farmaco che elimini terrore, ansia e stress anche negli uomini

Se a qualcuno un'iniezione lascia brutti ricordi, per un gruppo di topolini la puntura è servita a cancellare la paura. La somministrazione di un farmaco, hanno dimostrato i neuroscienziati[1] dell'università di San Juan nel Portorico, può annullare gli effetti di uno spavento sul cervello, rendendo gli animali spavaldi anche dopo un'esperienza dolorosa.

L'esperimento pubblicato oggi su *Science* segna una nuova tappa nella ricerca di un metodo efficace per cancellare dalla mente i traumi del passato. Questo filone delle neuroscienze subisce sempre delle accelerazioni nei periodi di guerra. I ricercatori portoricani hanno ricevuto parte dei loro finanziamenti dagli Stati Uniti, e un precedente studio americano aveva dimostrato che un soldato su otto torna dal fronte con disturbi di ansia o disordini da stress post-traumatico[2]. Sono problemi causati dalle violenze vissute in battaglia che si riaffacciano anche dopo il ritorno alla vita normale.

Come prima tappa, i topolini di San Juan sono stati indotti a temere un certo suono. Subito dopo averlo udito, i roditori subivano uno shock elettrico che gli provocava dolore a una zampa. Ogni volta che il suono si ripresentava, gli animali si rannicchiavano spaventati. Non importava che a volte la scossa non arrivasse: la paura era sempre puntuale.

Ma ogni paura appresa nel corso della vita è frutto di un brutto ricordo. E i ricercatori portoricani hanno pensato di cancellare gli effetti dell'esperienza negativa sui topolini agendo sul meccanismo di formazione della memoria. Nel cervello dei roditori hanno iniettato una proteina che rende malleabili le cellule e impedisce ai ricordi degli eventi spaventosi di crescere troppo, ripresentandosi in maniera ossessiva e impedendo una vita normale. Questa sostanza si chiama Bdnf (fattore neurotrofico di derivazione cerebrale), non è dissimile dal fattore di crescita scoperto da Rita Levi Montalcini[3] e gioca un ruolo importante nel rafforzare le connessioni fra i neuroni, cioè nel consolidare la memoria.

Normalmente, per cancellare dalla testa dei topolini una paura, il suono viene ripetuto molte volte senza essere associato ad alcuna scossa. «Noi abbiamo scoperto con sorpresa – racconta su *Science* lo psichiatra Gregory Quirk che ha diretto l'esperimento – che non c'è bisogno di un nuovo condizionamento per riportare il topolino alla tranquillità. È sufficiente la somministrazione del fattore Bdnf all'interno della corteccia prefrontale[4]». Quest'area situata nella parte anteriore del cervello è considerata la sede del pensiero razionale e bilancia la sua attività con quella dell'amigdala[5], che regola la paura a livello istintivo. Se un leone ci comparisse davanti, l'amigdala prenderebbe il comando facendoci scappare a gambe levate. Poco spazio resterebbe alla corteccia per pensarci su e decidere il da farsi. Ma nei topolini portoricani, "po-

Un'immagine del film di animazione *Ratatouille* (2007), che ha come protagonista un simpatico e coraggioso topolino

1 neuroscienziati: scienziati che operano nel campo delle neuroscienze, settore scientifico a carattere chimico-fisico che studia il sistema nervoso centrale, periferico e autonomo dai diversi punti di vista (anatomia, biologia molecolare, biochimica, fisiologia, farmacologia, genetica, immunologia e patologia).

2 stress post-traumatico: forma di disagio mentale che si sviluppa in seguito a esperienze fortemente traumatiche.

3 Rita Levi Montalcini: (1909) neuroscienziata italiana, insignita nel 1986 del premio Nobel per la Medicina e nominata Senatrice a vita nel 2001 dal Presidente Carlo Azeglio Ciampi.

4 corteccia prefrontale: strato superficiale di un'area della parte anteriore del cervello, che svolge funzioni deputate alla decisione, alla pianificazione e all'adattamento a nuove situazioni.

5 amigdala: altra area del cervello che gestisce le emozioni, in particolare la paura.

tenziare" la corteccia prefrontale con un'iniezione del fattore di crescita Bdnf è servito a ridimensionare la paura legata al suono.

Un esperimento complementare a quello di oggi, condotto a gennaio alla Emory University[6], aveva dimostrato che bloccando nei topolini il gene che regola la produzione di Bdnf nell'amigdala, i ricordi paurosi non riuscivano a consolidarsi. E i roditori continuavano a muoversi spavaldi nonostante suoni e scosse elettriche. Un altro filone delle ricerche anti-paura punta invece a bloccare il consolidamento del ricordo subito dopo il trauma, somministrando un farmaco che blocca temporaneamente le nuove connessioni fra i neuroni. Ma anche se questi esperimenti sono utili alla comprensione dei meccanismi della mente, le applicazioni pratiche per l'uomo sono lontane. Il farmaco anti-terrore assunto per bocca non esiste ancora. E l'idea di un'iniezione nel cervello fa paura anche a chi non ne abbia mai fatto esperienza.

6 **Emory University:** università statunitense che ha sede ad Atlanta (Georgia).

Attività

Comprensione

T7

1 Come hanno misurato il coraggio e la paura dei volontari gli scienziati israeliani?

2 Qual è la "sede" del coraggio?

3 Sotto quale forma si manifesta?

4 Qual è lo scopo della ricerca di Yadin Dudai?

T8

5 Indica se le seguenti affermazioni sono vere o false.

a. L'esperimento è stato condotto su alcuni volontari, reduci di guerra. V F

b. L'esperimento ha coinvolto i ricercatori degli Stati Uniti. V F

c. Nelle cavie la paura è stata indotta mediante l'uso di una scossa associata a un suono. V F

d. Iniettando nel cervello una proteina detta Bdnf è possibile impedire il consolidarsi della memoria. V F

e. L'amigdala è la parte del cervello che regola la paura a livello istintivo. V F

f. La proteina Bdnf è stata iniettata nell'amigdala. V F

g. I ricercatori della Emory University hanno già pronta una pillola antipanico da sperimentare sull'uomo. V F

6 Che relazione c'è tra la paura e la memoria?

7 Che relazione c'è tra le ricerche neuroscientifiche sulla paura e la guerra?

Analisi

T7

8 L'articolo mescola termini tecnici ed espressioni colloquiali. Individuali e sottolineali con colori diversi.

T8

9 Nell'articolo si insinua l'idea che anche la paura, in alcuni casi, abbia un ruolo positivo. Da quale frase lo si può capire?

Rifletti, confronta, scrivi

10 **Trovare i sinonimi.** Nei due articoli sono contenuti sinonimi dei sostantivi "paura", "coraggio" e dei corrispondenti aggettivi "pauroso", "coraggioso". Individuali e aggiungi ad essi tutti gli altri sinonimi che ti vengono in mente. Poi cerca di spiegare in forma scritta le differenze tra l'uno e l'altro termine, sia rispetto al registro espressivo (termini scientifici, termini colloquiali ecc.) che all'intensità del loro significato, disponendoli, se lo ritieni opportuno, in una sorta di scala di gradazione del coraggio e della paura, da quelli meno intensi a quelli più intensi. Ad ogni sostantivo affianca poi, a titolo di esempio, un'azione o un comportamento concreto che possa meglio illustrare il concetto.

11 **Scrivere un testo narrativo.** Racconta un episodio nel quale hai provato paura, descrivendo la situazione che ha scatenato in te lo spavento, le tue reazioni, e le sensazioni che hai provato, in quel momento e dopo, quando il pericolo è passato.

T9

Ivano Fossati [→ p. 523]

Pane e coraggio

da I. Fossati, *Lampo Viaggiatore*, Columbia Sony Music

Ivano Fossati con il Presidente della Sezione Italiana di Amnesty International – che insieme all'associazione "Voci per la libertà" ha istituito il premio Amnesty Italia –, durante la cerimonia di consegna, a Villadose (Rovigo) il 25 luglio 2004

Nel 2004 questa canzone di Ivano Fossati ha vinto il Premio Amnesty Italia come brano che, nell'anno precedente, ha meglio affrontato il tema dei diritti umani. La giuria l'ha scelta per il suo contributo significativo «a sfatare luoghi comuni discriminanti nei confronti dei cittadini che fuggono da persecuzioni, povertà e conflitti e a sensibilizzare l'opinione pubblica italiana sulla necessità e il dovere di proteggere i diritti umani dei migranti e dei rifugiati». Il testo parla infatti dei rifugiati politici, 20 milioni di uomini, donne e bambini in fuga dalle loro terre a causa della guerra, delle persecuzioni politiche e della tortura: la maggior parte trova riparo nella regione di partenza, pochi ottengono asilo nei Paesi dell'UE, tanti muoiono prima di raggiungere le coste europee. Ritirando il premio, Fossati ha detto: «Sono da sempre convinto che le canzoni possono fare ben poco contro guerre, ingiustizie e torture, ma so anche che sono buone fiancheggiatrici dello spirito e piccole portatrici di consolazione, di conforto e perfino di speranza. Non è poco. L'onere di opporsi agli orrori del mondo, quello, rimane da sempre nelle nostre mani e nelle nostre volontà».

TIPOLOGIA
> CANZONE

Proprio sul filo della frontiera
il commissario ci fa fermare
su quella barca troppo piena
non ci potrà più rimandare
su quella barca troppo piena
non ci possiamo ritornare.

E sì che l'Italia sembrava un sogno
steso per lungo ad asciugare
sembrava una donna fin troppo bella
che stesse lì per farsi amare
sembrava a tutti fin troppo bello
che stesse lì a farsi toccare.

E noi cambiavamo molto in fretta
il nostro sogno in illusione
incoraggiati dalla bellezza
vista per televisione
disorientati dalla miseria
e da un po' di televisione.

Pane e coraggio ci vogliono ancora
che questo mondo non è cambiato
pane e coraggio ci vogliono ancora
sembra che il tempo non sia passato
pane e coraggio commissario
che c'hai il cappello per comandare
pane e fortuna moglie mia
che reggi l'ombrello per riparare.

Per riparare questi figli
dalle ondate del buio mare
e le figlie dagli sguardi
che dovranno sopportare
e le figlie dagli oltraggi
che dovranno sopportare.

Nina ci vogliono scarpe buone
e gambe belle Lucia
Nina ci vogliono scarpe buone
pane e fortuna e così sia
ma soprattutto ci vuole coraggio
a trascinare le nostre suole
da una terra che ci odia
ad un'altra che non ci vuole.

Proprio sul filo della frontiera...
commissario ci fai fermare
ma su quella barca troppo piena
non ci potrai più rimandare
su quella barca troppo piena
non ci potremo mai più ritornare.

Attività

Comprensione

1 A chi appartiene la "voce narrante" di questa canzone?

2 Perché l'Italia nella canzone è definita «un sogno steso per lungo ad asciugare»?

3 Perché diventa la meta dei migranti?

4 Cos'è che spinge alla fuga i migranti?

5 Da che cosa la madre deve proteggere le figlie durante il viaggio? Perché?

Analisi

6 Rifletti sul testo alla luce del tema "coraggio".
- Secondo te il migrante è coraggioso?
Sì, perché...
No, perché...
- Secondo te si tratta di un modello positivo (eroe)?
Sì, perché...
No, perché...

7 Nella canzone c'è un personaggio "muto", che però deve compiere il suo dovere. Chi è? Tra quali "leggi" si trova in conflitto? Che cosa è giusto che faccia?

8 Analizza il testo della canzone come se fosse un testo poetico: individua lo schema delle rime, se c'è, le assonanze, le allitterazioni e le altre figure retoriche.

Rifletti, confronta, scrivi

9 Scrivi una recensione [→ p. 521] della canzone di Ivano Fossati, menzionando il Premio che ha ricevuto e le motivazioni per le quali gli è stato conferito. Sottolinea nel tuo testo l'atteggiamento del cantautore nei confronti del tema dei rifugiati e dai un giudizio sul modo in cui l'ha affrontato nella canzone.

10 Raccogli informazioni sui rifugiati politici (puoi trovarle sul sito dell'Alto Commissariato dell'ONU per i rifugiati politici - www.unhcr.it - o di Amnesty International - www.amnesty.it) e scrivi un saggio breve di tre colonne di foglio protocollo sull'argomento, da pubblicare su un dossier di ricerca e documentazione ad uso di studenti. Puoi servirti come documento anche della canzone di Ivano Fossati. Arricchisci la tua ricerca con grafici e carte che illustrino il fenomeno delle migrazioni per motivi politici.

Ti proponiamo tre recensioni del film Le vite degli altri *(Germania, 2006) di Florian Henckel von Donnersmarck, vincitore nel 2007 di 4 premi Oscar.*

T10

Gian Luigi Rondi

Paura e angosce nel dramma di von Donnersmarck

da «Il Tempo», 4 aprile 2007

TIPOLOGIA
> TESTO ESPOSITIVO: **recensione**

Prima della caduta del Muro, a Berlino Est, anche il visitatore più sprovveduto sapeva di non dover mai pronunciare la parola Stasi, sentendosi anche raccomandare caldamente, ma a bassa voce, di non andare mai, neanche per sbaglio, in Normannenstrasse. Oggi della Stasi, la polizia segreta che aveva la sua sede proprio in quella via, ci parla un regista tedesco esordiente uscito da una nobilissima famiglia, Florian Henckel von Donnersmarck, che tra le pieghe di un dramma avvincente e carico di suspence è riuscito a descrivere in modo magistrale i climi opprimenti fra delazioni, persecuzioni, suicidi che pesavano sulla DDR, ossia sulla Repubblica Democratica Tedesca. Il protagonista, il capitano Wiesler, è uno di quei tetri funzionari che, con il sussidio bieco di microspie collocate ovunque nelle case, ascoltavano tutti gli sfortunati cittadini di quello Stato, pronti ad arrestarli magari solo per un piccolo indizio. Oggetto delle sue indagini a tavolino, con auricolari e registratori, è un notissimo scrittore ritenuto fino a quel momento insospettabile, ma diventato senza volerlo rivale in amore di un torvo burocrate desideroso adesso di sottrargli l'amante, una grande attrice di teatro. Comincia l'ascolto, minuto per minuto, con la conseguenza, però, che quel capitano, chiuso in una vita solitaria e senza luce, si fa a poco a poco contagiare e mutare dalla vita di quegli altri che dovrebbe non solo spiare ma tentare di punire. Con risultati drammatici per tutti anche se, caduto finalmente il Muro, e riunificate le due Germanie, le responsabilità di quei personaggi, nel bene e nel male, acquisiranno contorni e riflessi nuovi. Un testo esemplare. Con tutti i suoi elementi in ordine, caratteri, situazioni, processi psicologici, incidenti, sorprese. Mentre la regia riesce a evocarvi attorno le atmosfere terribili di quei luoghi e di quei giorni, all'insegna sempre di una paura che dilaga ovunque tappando la bocca a tutti e disseminando angosce e sospetti. Affidato a immagini che sembrano quasi fotografare dal vero quei colori verdastri, grigi, opachi, soffocanti, tipici in quegli anni della vita di Berlino Est. Vi concorrono degli interpreti che, specie per quel che riguarda il protagonista, Ulrich Mühe, ne sembrano, almeno fin quasi alla fine, il riflesso più autentico e spettrale. Di fronte a lui Martina Gedeck compone, con lacerata intensità, il ritratto contraddittorio dell'amante dello scrittore. Dà volto a quest'ultimo Sebastian Koch, già visto di recente in "Black Book" di Paul Verhoeven: asciutto, sincero, sofferto.

T11

Mario Pellizzari

Lo spione di Berlino dal cuore tenero

da «XL», aprile 2007

TIPOLOGIA
> TESTO ESPOSITIVO: **recensione**

Berlino est, 1984, quando c'era ancora il Muro. Una coppia di intellettuali vuole informare l'occidente sulla drammatica situazione del Paese. Amati dal regime, non temono la potentissima polizia segreta Stasi che tutti controlla. Errore: dove non c'è democrazia nessuno è al sicuro. Il duro capitano-spia Wiesler è in ascolto, ma il contatto con queste vite così diverse cambierà per sempre anche la sua. Finalmente in Italia questo bellissimo "filmone" che ha commosso il pubblico di Locarno[1] (e non solo) e vinto l'Oscar come pellicola straniera.

1 **Locarno:** città della Svizzera, sulla sponda settentrionale del Lago Maggiore, sede di un importante festival cinematografico internazionale.

Dal tema al film

Le vite degli altri

di Florian Henckel von Donnersmarck

Titolo originale: Das Leben der Anderen.
Regia, soggetto e sceneggiatura: Florian Henckel von Donnersmarck.
Fotografia (col.): Hagen Bogdanski.
Montaggio: Patricia Rommel.
Musiche: Stéphane Moucha.
Scenografie: Silke Buhr.
Costumi: Gabriele Binder.
Interpreti: Ulrich Mühe (Gerd Wiesler), Martina Gedeck (Christa-Maria Sieland), Sebastian Koch (Georg Dreyman), Ulrich Tukur (Anton Grubitz), Thomas Tieme (Bruno Hempf).
Produzione: Bayerische Rundfunk, Creado Film.
Durata: 137'.
Origine: Germania, 2006.

Berlino Est, 1984. Il capitano Gerd Wiesler è un abile e inflessibile agente della Stasi, la polizia di stato che spia e controlla la vita dei cittadini della DDR. Una sera, gli viene ordinato di mettere sotto osservazione l'esistenza di uno dei più noti drammaturghi del Paese, Georg Dreyman, che peraltro si attiene alle linee del partito; ma il ministro della cultura, Bruno Hempf, si è invaghito della compagna di Dreyman, Christa, e cerca di trovare prove a carico dell'artista per avere campo libero. Giorno dopo giorno, Wiesler guarda la coppia, entrando nella loro vita, osservandone ogni istante, annotandone ogni gesto, quasi interpretandone ogni pensiero. Alla fine, l'intercettazione porterà il poliziotto a diventare complice dei due e a difenderli dalla crudeltà del regime, salvando le loro vite.

Le vite degli altri trova il suo fulcro nel personaggio del protagonista, Gerd Wiesler. La spia, l'agente del regime che, silenzioso e implacabile, osserva, registra, denuncia, condanna. Eppure, anche lui sarà toccato da quelle "vite degli altri" che divengono la sua, dato che finisce per viverne ogni momento. La sorveglianza diventa per lui fonte di disinganno e di sofferenza, perché lo costringe a entrare nella vita degli altri, a essere testimone del loro coraggio, della loro abnegazione o semplicemente della loro voglia di restare vivi. Così Wiesler finisce per passare dall'altra parte e salvare coloro che avrebbe dovuto condannare: un atto di coraggio tanto più grande quanto più nascosto e sottile.

In questo fotogramma il protagonista del film, l'attore Ulrich Mühe, è impegnato ad ascoltare le conversazioni dei sorvegliati: il film gioca molto sulla dimensione del sonoro, in cui ogni parola è ascoltata da più persone, riveste significati diversi, è detta per ingannare e per blandire.

Sopra, Georg e Christa, i personaggi spiati da Wiesler, non sono due eroi ma due persone comuni alle prese con l'opposizione a una dittatura. Entrambi fanno compromessi; lo scrittore giustifica il regime, anche se ne vede ogni giorno le terribili conseguenze, per paura; e per paura e opportunismo Christa finisce per cadere nella delazione denunciando i suoi amici.

A sinistra, Wiesler studia la collocazione delle "cimici" nell'appartamento di Dreyman sulla pianta disegnata nel locale in cui si è installato con le sue apparecchiature. La messa in scena del film restituisce l'atmosfera cupa e oppressiva della Germania di quegli anni attraverso l'uso di tinte scure e opache: il blu, il grigio, il nero, sia negli arredi che nei costumi.

T12

Lietta Tornabuoni

Berlino Est, 1984 la Stasi ti guarda

da «La Stampa», 6 aprile 2007

TIPOLOGIA
> TESTO ESPOSITIVO: recensione

Il ministro della Cultura della DDR [la Repubblica Democratica Tedesca], un brutto grassone, s'è innamorato d'una attrice di teatro. Lei ci sta, per non urtarlo e per procurarsi in caso di bisogno una importante protezione: una volta alla settimana si incontrano in automobile o in albergo, per frettolose strette sessuali. L'attrice ha un amante, drammaturgo brillante, comunista perfetto. Il ministro vuol levarselo di torno, e ordina minacciosamente alla polizia politica Stasi di trovare qualche colpa per cui incarcerarlo. Il colonnello della Stasi passa l'ordine, altrettanto minacciosamente, a un capitano suo dipendente. Così cinque persone sono vincolate dalla rete dello spionaggio, costrette a vivere nell'ansia e nella menzogna, obbligate a tradire anche il proprio zelo professionale.

Ce ne sono altre. Il maggior merito de *Le vite degli altri*, scritto, prodotto e diretto da Florian Henckel e suo primo film molto premiato (Oscar per il miglior film in lingua non inglese, premi al miglior film tedesco e europeo), è quello di non limitarsi a criticare l'infame polizia politica tedesco-orientale di cui conosciamo le colpe, ma di raccontare come un simile sistema di minuzioso spionaggio personale e di minaccia incombente fosse capace di alterare la personalità e l'etica di ciascuno, trasformando il Paese in una comunità di deboli spaventati, disperati, pieni di odio. Il film è collocato nel 1984. Adesso, quattordici anni dopo la riunificazione di Germania Est e Germania Ovest, nessuno ha dimenticato la Stasi: ogni tanto, nuove informazioni provocano ancora scandalo e vite perdute. Allora, la Stasi aveva 13.000 funzionari e un esercito di 170.000 collaboratori non ufficiali: ogni collaboratore era una persona che, magari involontariamente per sventatezza o paura, aveva dato qualche informazione, e che da quel momento diventava a forza di minacce e prepotenze, una spia volontaria.

Le vite degli altri è fatto benissimo, solido, compatto, recitato magnificamente, emozionante. Anche doloroso, perché se sappiamo che intercettazioni telefoniche o ambientali e pedinamenti sono praticati tuttora in Italia, in Europa, negli Stati Uniti è ancora più triste vedere in parte riprodotto per ragioni di soldi quel sistema devastante di ricatti.

Attività

1 **Dove è ambientato il film? In quale periodo?**

2 **Che cos'era la Stasi?**

3 **Spiega i seguenti termini ed espressioni.**
- delazioni
- sussidio bieco

4 **Individua all'interno di ciascuna delle tre recensioni, sottolineandoli con colori diversi, i giudizi dei giornalisti su**
- attori
- trama
- regista
- situazione storica
- richiami all'attualità

5 **Quale delle tre recensioni ti sembra più chiara?**
- ☐ la prima (T10)
- ☐ la seconda (T11)
- ☐ la terza (T12)

6 **Da quale delle tre recensioni, a tuo parere, si capisce meglio la trama del film?**
- ☐ dalla prima (T10)
- ☐ dalla seconda (T11)
- ☐ dalla terza (T12)

7 **Quale delle tre recensioni esprime giudizi tecnici (sulla regia, sulla fotografia, sulla recitazione...) più approfonditi?**
- ☐ la prima (T10)
- ☐ la seconda (T11)
- ☐ la terza (T12)

8 **Quale delle tre recensioni si concentra di più sul tema del film?**
- ☐ la prima (T10)
- ☐ la seconda (T11)
- ☐ la terza (T12)

9 **Qual è il maggior merito del film per i tre giornalisti?**

10 **Dopo aver visto il film, scrivi la tua recensione** **[→ p. 521]**.

Spazio forum

T13

Ti proponiamo di discutere con i compagni e con l'insegnante alcune delle questioni sollevate dai testi presentati in questa sezione.
Per cominciare la discussione, riportiamo una serie di commenti di vario genere sull'argomento cibo, lasciati sui forum virtuali dai partecipanti. Scegline uno e spiega se ti trova d'accordo e perché.

TIPOLOGIA
> FORUM ON LINE

1. Minnie ha scritto 29 giugno 2010 alle 19:23
Vorrei spaccare la faccia a quel bullo di mio fratello che mi ha fatto a pezzi l'IPod, ma chi ce l'ha il coraggio?
19.55 | Aggiungi un commento | Leggi commenti - (1) |

Secondo me ci vuole molto più coraggio a perdonarlo!

2. Sabrix76 ha scritto 31 maggio 2010 alle 13:45
Oggi mi sono licenziata, una bella prova di coraggio! Ho lasciato il lavoro come segretaria presso uno studio di professori universitari di Roma, perché non ce la facevo più a fare solo fotocopie e a farmi chiamare "cosa". L'unica cosa che mi mancherà di quel posto è lo stipendio...
14.55 | Aggiungi un commento | Leggi commenti - (1) |

Maximus E sei felice? Con questa crisi...
15.13 | Aggiungi un commento | Leggi commenti - (2) |

Laury Se non ce la facevi più hai fatto benissimo!!! Io di coraggio ne ho praticamente zero... però mi impegno tantissimo a fuggire davanti alle difficoltà!!!

3. Boman ha scritto 06 settembre 2010 alle 15:56
spesso è più comodo lasciare che gli eventi scelgano per noi, mentre il vero coraggio risiede proprio nel prendere in mano la situazione e fare quello che ci sembra più giusto
16.13 | Aggiungi un commento | Leggi commenti - (1) |

Fergy mamma mia, sei proprio filosofico oggi, cos'è hai deciso di abbandonare la scuola? ;))))

4. Sasà ha scritto 19 luglio 2010 alle 8:45
Oggi è l'anniversario della morte di Paolo Borsellino, voglio ricordarlo con una delle sue frasi che preferisco. Era un eroe, ma capiva la paura. «È normale che esista la paura, in ogni uomo, l'importante è che sia accompagnata dal coraggio. Non bisogna lasciarsi sopraffare dalla paura, altrimenti diventa un ostacolo che impedisce di andare avanti».
9.13 | Aggiungi un commento | Leggi commenti - (1) |

Titta90 grande sasà! È sempre Borsellino che ha detto: «Chi ha paura muore ogni giorno, chi non ha paura muore una volta sola». Purtroppo lo hanno preso sul serio....

5. milly ha scritto 13 luglio 2010 alle 22:23
chi ha letto la notizia di quei quattro sciagurati che sono caduti dal terzo piano mentre saltavano da un terrazzo all'altro dell'hotel? Volevano diventare campioni di balconing... E pensavano pure di essere eroi!
23.13 | Aggiungi un commento | Leggi commenti - (1) |
Beh, io non l'avrei fatto, e per questo un po' li ammiro, io mica ce lo avrei avuto il coraggio!

6. Sauron ha scritto 29 maggio 2010 alle 14:02
Ho preso un voto orrendo a mate (3), ma se lo dico ai miei non mi fanno uscire per tutta la settimana! Aiuto! Che faccio?
14.13 | Aggiungi un commento | Leggi commenti - (1) |

Coraggio, confessa, tanto verranno a saperlo prima o poi... la scuola sta per finire....

7. Michael ha scritto 31 agosto 2010 alle 12:12
domani esami del sangue.... ho una fifa blu degli aghi! Speriamo di non svenire!
12.13 | Aggiungi un commento | Leggi commenti - (1) |

Jenny e dai per così poco! si può avere paura dei serpenti o di morire, ma per una punturina no!
13.03 | Aggiungi un commento | Leggi commenti - (2) |

Kelly mia madre fa l'infermiera e non sai quante persone vede sbiancare, tremare, piangere e persino svenire per farsi gli esami del sangue!

Prima della discussione

Prima del dibattito in classe, preparati a confrontarti con i tuoi compagni chiarendoti le idee sulle questioni proposte. Rileggi i testi raccolti in questa sezione dell'antologia ed eventualmente approfondisci gli argomenti che ti interessano di più o che ti risultano meno chiari.
Scegli quindi la tua tesi e preparati degli argomenti validi per sostenerla.

Dopo la discussione

1 Quali opinioni diverse dalle tue sono emerse durante il dibattito?
2 Sei riuscito a sostenere la tua tesi argomentandola con chiarezza?
3 Qualcuno ha cambiato idea durante il dibattito o sono rimasti tutti fermi nelle loro convinzioni?
4 E tu, hai modificato la tua opinione in qualche suo aspetto?

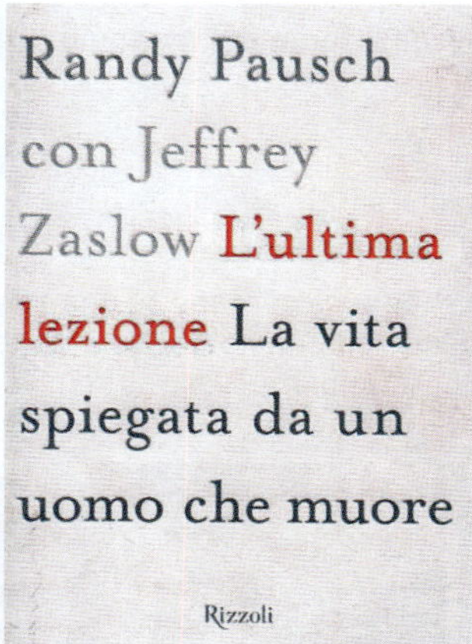

Randy Pausch

L'ultima lezione. La vita spiegata da un uomo che muore

Rizzoli

Il 18 settembre 2007, il professor Randy Pausch – docente universitario di scienze informatiche e importante studioso dell'interazione uomo-macchina – ha tenuto davanti a 400 studenti e colleghi la sua "ultima lezione", dal titolo «Realizzare davvero i sogni dell'infanzia». Ammalato di un cancro ormai incurabile e cosciente dell'avvicinarsi della morte, il professore ha voluto cioè parlare della vita, condividere con gli altri le sue idee sul perché vale la pena di viverla. Il suo discorso, ricco di ironia, di generosità, di ottimismo e di coraggio, rappresenta una testimonianza commovente e intensa e, insieme, un invito per tutti a riflettere sulle proprie scelte esistenziali: «Trovate la vostra passione e seguitela – dice Pausch –, non smettete di cercarla perché altrimenti ciò che state facendo è solo aspettare la Mietitrice».

Buonasera a tutti. È magnifico essere qui. [...] Nel caso in cui ci fosse qualcuno che è capitato qui per caso e non conosce la mia storia, mio padre mi ha insegnato che quando c'è un grosso problema bisogna affrontarlo. Nelle mie Tac compaiono una decina circa di tumori al fegato e il dottore mi ha detto che mi restano dai tre ai sei mesi di buona salute. Considerato che me l'ha detto un mese fa, i conti sono presto fatti. [...] Ok. Allora, stavo dicendo che le cose stanno così. Non possiamo cambiarle. Possiamo soltanto decidere in che modo reagiremo alla situazione. Non possiamo cambiare le carte che ci sono date, possiamo soltanto decidere come giocare la prossima mano. Se non vi sembro depresso o cupo come pensate che dovrei essere, mi dispiace deludervi [...].

Va bene... allora, di una cosa non parleremo oggi. Non parleremo di cancro, perché ho già parlato a lungo di questo e davvero non mi interessa parlarvene. Non parleremo anche di altre cose che sono più importanti dell'esaudire i sogni della vostra infanzia. Non parleremo di mia moglie e non parleremo dei miei figli, per esempio, perché sono bravo, sì, ma non così bravo da poterne parlare senza scoppiare a piangere. Pertanto, molto semplicemente, accantoneremo questo argomento, che è molto più importante. [...]

D'accordo, ma allora di che cosa parliamo oggi? Parliamo dei miei sogni d'infanzia e di come li ho realizzati. Da questo punto di vista sono stato molto fortunato. Parleremo di come credo di aver reso possibili i sogni altrui e, in una certa qual misura, degli insegnamenti che se ne possono ricavare.

Randy Pausch (Baltimora 1960-2008) ha insegnato informatica, interazione uomo-computer e design presso la Carnegie Mellon University (CMU) di Pittsburgh, Pennsylvania. Ha lavorato per la Walt Disney Imagineering ed è stato consulente di Google. Nel 2007, dopo che gli era stato diagnosticato un cancro del pancreas, ha tenuto la sua ultima lezione pubblica, la "Last Lecture" intitolata "Realizzate i Vostri Sogni d'Infanzia". Diffusa su Internet, essa ha avuto uno straordinario successo, con oltre un milione di visualizzazioni nel primo mese dalla sua uscita. Ne è stato poi ricavato il libro di cui leggiamo in questa pagina.

Proposte di scrittura

1 **Scegli un testo poetico** (può andare bene anche una canzone) in cui emerga il tema del coraggio e fanne l'analisi, mettendone in luce
- il modo in cui è trattato il tema del coraggio,
- quali azioni o personaggi sono definiti coraggiosi e perché
- gli aggettivi, i verbi, le immagini, le similitudini o le metafore usati per definire il coraggio

2 **Scrivere un testo descrittivo** [→ p. 446]. Scegli tra le immagini proposte (oppure cercane tu una altrove) quella che per te meglio rappresenta il coraggio, e descrivila in un testo di due colonne di foglio protocollo, spiegando il motivo per cui l'hai scelta e che cosa significa per te essere coraggiosi.

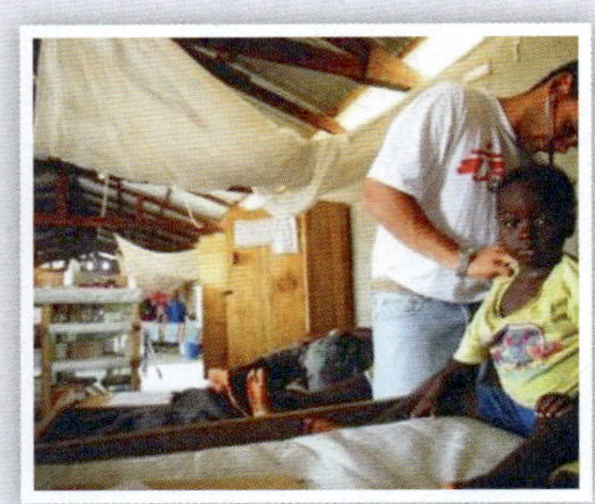

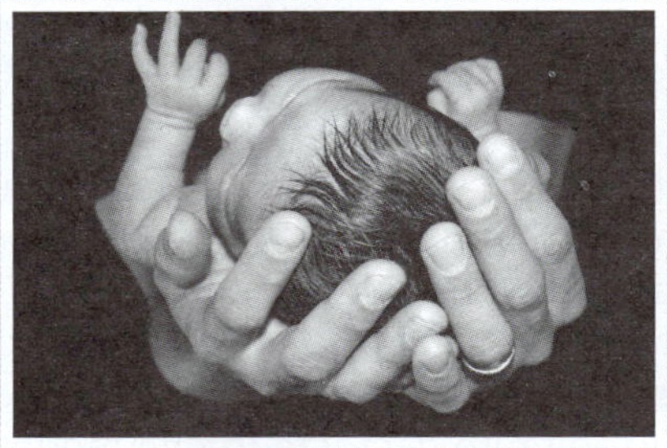

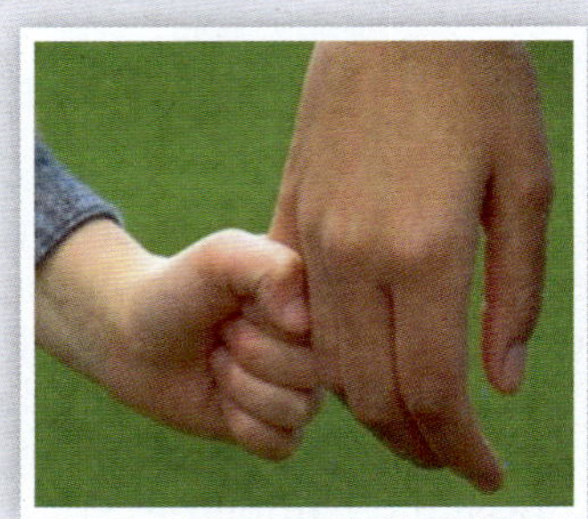

3 **Scrivere un testo argomentativo.** Commenta la frase pronunciata dal pavido don Abbondio nei *Promessi sposi* di Alessandro Manzoni: «Il coraggio uno non se lo può dare». Esprimi le tue opinioni in proposito, sostenendole con adeguate argomentazioni in un testo di due colonne di foglio protocollo.

4 Queste vignette sono tratte da *Persepolis* (2000-2003) di Marjane Satrapi, fumetto da cui è stato realizzato anche un film d'animazione, con lo stesso titolo (2007). Si tratta della storia autobiografica di una ragazza nell'Iran della rivoluzione islamica (1979) e del successivo potere fondamentalista, che ha instaurato un regime autoritario, imprigionando migliaia di persone e imponendo obblighi religiosi e severissime norme di comportamento, soprattutto alle donne. Commenta le vignette e poi rifletti più in generale sui condizionamenti e sulle paure che un regime totalitario può scatenare. Scrivi infine un testo di tre colonne di foglio protocollo in cui analizzi il rapporto tra paura e oppressione.

5.4 La memoria, madre di ogni progresso

Mettere a fuoco il tema

Alla **memoria** i Greci avevano dato un nome e un volto: la chiamavano **Mnemosyne** e la riconoscevano come dea, madre delle nove Muse, patrone delle arti e delle scienze. Alla memoria attribuivano dunque il ruolo di **madre di tutto il sapere umano**. In effetti, se non fossimo capaci di ricordare, non potremmo svolgere consequenzialmente le altre operazioni mentali, quindi non potrebbero esistere né la **logica** né la **poesia**, e non ci sarebbe nessun tipo di **progresso**.

La memoria è definita come la **capacità di acquisire e immagazzinare informazioni**, che siano **semplici** come i dettagli della routine giornaliera o **complesse** come la conoscenza astratta della fisica e della matematica. Grazie alla memoria siamo in grado di programmare la nostra giornata, ma anche di andare in bicicletta o di chiamare persone e cose con il loro giusto nome.

È grazie alla memoria che sappiamo **chi siamo** e che siamo quello che siamo. I **ricordi** sono fondamentali nella costruzione della nostra **personalità**, sono il sedimento delle nostre esperienze passate, il bagaglio di conoscenze e informazioni accumulate durante l'arco della vita. E questo vale sia a livello **individuale** che a livello **collettivo**.

La memoria infatti serve a strutturare l'identità di ogni individuo, ma anche a trasmettere la **cultura** di una comunità, di un popolo, dell'umanità intera. Tutte le **conquiste culturali** dell'umanità dalla preistoria fino ad oggi sono il prodotto di una **memoria condivisa** accumulatasi nel corso dei secoli, dapprima grazie alla tradizione orale poi mediante la scrittura. La **storia** e il **progresso** sono frutti della memoria. Per questo è bene **non dimenticare**, far tesoro di tutto, anche degli **errori**, persino degli **orrori** compiuti nel corso della storia dell'umanità. Non solo per non ripeterli, ma per non appiattire tutto – bene e male – in un grigiore indistinto.

Infatti, come la memoria arricchisce le nostre vite a livello individuale, così la perdita della memoria distrugge il nostro senso del sé: spezza i legami con il passato e con le altre persone, con le cose e con la propria interiorità. Il morbo di Alzheimer e l'avanzare dell'età sono esempi ben noti delle molte malattie e condizioni fisiologiche che danneggiano la memoria: per esse si stanno cercando delle cure, così come per alleviare il **dolore** causato dai **brutti ricordi** (esperienze di guerra, traumi ecc.). Ma le difficoltà sono ancora molte.

T1

José Saramago [→ p. 523]

I ricordi

da caderno.josesaramago.org

Lo scrittore José Saramago, nel suo blog, riflette sul suo rapporto con la memoria prendendo spunto da alcune notizie di ricerche scientifiche miranti a "cancellare" i brutti ricordi.

TIPOLOGIA
> TESTO ARGOMENTATIVO

Siamo la memoria che abbiamo, senza memoria non sapremmo chi siamo. Questa frase, prodotta dalla mia testa molti anni fa, nel fervore di una delle tante conferenze e interviste a cui il mio lavoro di scrittore mi costringe, oltre a sembrarmi, immediatamente, un verità primaria, di quelle che non ammettono discussioni, si riveste di un equilibrio formale, di un'armonia tra i suoi elementi che, credevo io, avrebbe contribuito a una facile memorizzazione da parte degli ascoltatori e dei lettori. Nei limiti del mio orgoglio, e mi piace pensare che non siano molto estesi, mi autocompiacevo di essere l'autore della frase, nonostante, dall'altra parte, la modestia, di cui comunque non sono del tutto privo, mi sussurrasse ogni tanto che la frase era vera così come affermare che il sole nasce a oriente. Insomma, una ovvietà.

Ora, anche le cose apparentemente più ovvie, come sembrava essere questa, possono essere messe in discussione in qualsiasi momento. E questo riguarda anche la nostra memoria, che, a giudicare da informazioni recentissime, corre chiaramente il rischio di scomparire, aggiungendosi, per così dire, al gruppo delle specie in via d'estinzione. Secondo queste informazioni, pubblicate su riviste scientifiche autorevoli come *Nature* e *Learn Mem*, è stata scoperta una molecola, chiamata ZIP (non si giudichi dal nome), capace di eliminare tutti i ricordi, buoni o cattivi, felici o nefasti, lasciando il cervello libero dalla carica mnemonica accumulata nel corso della vita. Il bimbo appena nato non ha memoria e così finiremmo anche noi. Io, questa scienza, non la voglio. Mi sono abituato a essere quello che la memoria ha fatto di me, e non sono del tutto scontento del risultato, nonostante i miei gesti non siano sempre stati i più meritevoli. Sono un animale terrestre come qualsiasi essere umano, con qualità e difetti, con errori e risultati ottenuti, lasciatemi rimanere così. Con la mia memoria, ciò che io sono. Non voglio dimenticare niente.

T2

Daniel L. Schacter

Le "distorsioni" della memoria

da *I sette peccati della memoria. Come la mente dimentica e ricorda*, Mondadori

In questo brano Daniel L. Schacter – docente di Psicologia presso la prestigiosa Università di Harvard e studioso dei meccanismi della memoria – illustra il funzionamento della memoria nel rievocare eventi della vita passata e spiega che alcune "deformazioni" dei nostri ricordi sono dovute a una buona dose di egocentrismo.

TIPOLOGIA
> TESTO ESPOSITIVO: **saggio divulgativo**

In *Gigi*, una commedia musicale del 1958, due ex innamorati ripensano ai vecchi tempi e al loro ultimo appuntamento. Come illustra la canzone *I remember it well* (Me lo ricordo bene), anche se tutti e due ne serbano un intenso ricordo, offrono due versioni che più diverse non si può:

LUI: Ricordo tutto, come se fosse ieri. Ci siamo visti alle nove. LEI: Alle otto.
LUI: Sono arrivato puntuale. LEI: Macché, eri in ritardo.
LUI: Ah, già me lo ricordo bene. Abbiamo cenato in compagnia. LEI: No, da soli
LUI: C'era un tenore che cantava. LEI: No, un baritono
LUI: Ah, già, me lo ricordo bene. La sfolgorante luna d'aprile… LEI: Non c'era quella sera. E poi eravamo in giugno.

La canzone prosegue in un crescendo di ricordi contrastanti. Uno dei due si sbaglia di sicuro, ma nessuno ritratta. Capita a molte coppie di trovarsi in certi frangenti. A un buffet per le vacanze di Natale, una specializzanda che lavorava nel mio laboratorio per poco non si azzuffò con il marito mentre discutevano su chi avesse preparato il dolce per il rinfresco dell'anno prima. Erano entrambi convinti di averlo cotto e servito con le proprie mani.

Siamo più propensi a dar credito ai nostri ricordi, specie se si presentano vividi e ricchi di particolari, che non a quelli altrui. L'accesso diretto ai nostri ricordi, che ci è precluso per i ricordi degli altri, potrebbe farci trincerare sulle nostre posizioni o insistere sulla validità assoluta della nostra visione del mondo. L'egocentrismo è alla base delle versioni discrepanti fornite dalle coppie che ricordano la loro vita insieme. Gli studi hanno dimostrato che ognuno dei due si rivede nel ruolo dominante. Quando c'era da ricordare quanta parte avesse avuto ciascuno nel decidere gli acquisti, la meta delle vacanze, o via dicendo, ciascuno attribuiva a se stesso l'80%. Concordavano sulla presenza di un comprimario ma ognuno si attribuiva il ruolo del protagonista. L'egocentrismo investe anche gli avvenimenti negativi, come quando ci accolliamo la responsabilità di un litigio. Questo perché i nostri comportamenti o i nostri discorsi ci restano più impressi di quelli del coniuge. Gli studi di laboratorio hanno dimostrato che siamo più pronti a ricordare le nostre azioni che quelle altrui.

La tendenza egocentrica nella memoria riflette l'importante ruolo del sé nell'organizzare e regolare la vita mentale. Molti psicologi concepiscono il sé come una struttura di conoscenze interconnesse, la somma totale delle informazioni immagazzinate sugli attributi e le esperienze personali. Numerosi esperimenti hanno dimostrato che le nuove informazioni codificate in rapporto al sé verranno ricordate meglio. Le parole «onesto» o «intelligente» resterebbero più impresse se vi chiedessi di collegarle alla vostra persona anziché a un amico o a un personaggio famoso. […] Ma il sé non è un osservatore neutrale. I membri della nostra società vengono motivati a pensare molto bene di se stessi, spesso sopravvalutando le proprie capacità e i propri successi. Gli studi sintetizzati dalla psicologa sociale Shelley Taylor e colleghi indicano che le persone che di solito coltivano «illusioni positive» si reputano più in gamba di quanto non siano. Molti per esempio tendono a riconoscere a se stessi i tratti caratteriali più desiderabili che non attribuiscono all'uomo medio e viceversa. Dato che la maggior parte delle persone non può essere superiore alla media, è evidente che qualcuno si illude. Allo stesso modo le persone tendono ad attribuirsi i successi più che i fallimenti, imputati invece a forze esterne.

Il ruolo preminente del sé nella codifica e nella riattivazione del ricordo, combinato alla forte tendenza a considerarsi in termini positivi, prepara la strada alle distorsioni mnestiche ove le esperienze passate vengono filtrate in vista dell'autopromozione. Prendiamo per esempio gli studenti che vennero indotti a credere che l'introversione fosse un tratto caratteriale desiderabile, foriero di successi accademici, e che poi passarono al setaccio i loro ricordi per trovare i momenti in cui si erano comportati in maniera introversa o estroversa. La loro ricerca obbediva al desiderio di vedersi sotto una luce positiva, che li portava a scegliere avvenimenti passati da cui trasparisse il tratto caratteriale: desiderato.

Altrettanto accade nel quotidiano, dove si rileva una forte tendenza a riscrivere il passato in vista della valorizzazione di se stessi. Ricordate i vostri voti al liceo? Quanti nove e quanti quattro vi erano toccati? Probabilmente vi torneranno in mente soprattutto i bei voti. Le stesse domande furono rivolte a un gruppo di studenti universitari, poi i loro ricordi vennero confrontati con i verbali scolastici: risultarono corretti per i voti alti (89%) e del tutto inattendibili sui voti bassi (29%). [...]

La distorsione è evidente anche quando esageriamo le difficoltà delle esperienze passate. [...]

A volte si tende a svalutare il passato per vedersi in termini più favorevoli nel presente. «Di tutte le vite che ho vissuto, direi che questa è la mia preferita» rifletté l'attrice Mary Tyler Moore[1] durante un'intervista rilasciata nel 1997. «Sono orgogliosa di essere diventata più gentile di quanto prevedessi. Non critico tutto come una volta, quindi sono meno critica con me stessa». Forse l'attrice è davvero migliorata nel corso degli anni. Ma l'impietosa definizione della sua personalità passata serve, secondo lo psicologo Michael Ross, a valorizzare quella presente. Il che rientra nella generale inclinazione a credersi migliori che in passato. Allo stesso modo, una consistente fetta di studenti universitari e di adulti di mezza età si ritiene superiore alla media dei propri coetanei. Abbiamo già sottolineato che il discorso vale soltanto per pochi. Ragion per cui molti si sopravvalutano, sottovalutando il loro modo di essere passato.

1 **Mary Tyler Moore:** attrice statunitense (1936), particolarmente nota nel suo Paese per aver interpretato dal 1970 al 1977 una popolare sitcom televisiva.

T3

Costanza Papagno

La signora con la G e con la C

da *Come funziona la memoria*, Laterza

In questo brano la psicologa Costanza Papagno – specialista in demenze e problemi cognitivi – presenta un disturbo della memoria che colpisce la memoria semantica, ovvero quella che riguarda non gli eventi del passato, ma la conoscenza dei concetti, degli oggetti, delle persone, del significato delle parole.

TIPOLOGIA
> TESTO ESPOSITIVO: **saggio divulgativo**

All'epoca in cui la conobbi, la signora con la G e la C, originaria della Campania, era una donna di 59 anni, che da mesi vagava disperatamente da un medico all'altro lamentando un disturbo che nessuno prendeva sul serio. Le sue condizioni di salute erano ottime e la paziente in passato non aveva subito alcun intervento, non aveva avuto incidenti, né aveva sofferto di particolari malattie. La signora sosteneva che, da qualche tempo, non «le venivano più» i nomi delle persone. Di volta in volta il medico interpellato le aveva consigliato un tipo diverso di tranquillante. Il disturbo della signora con la G e la C era di tipo particolare: la signora ricordava spesso la prima lettera dei nomi che poi non era in grado di evocare per intero, un fenomeno che colpisce anche le persone sane e che è noto come «fenomeno della punta della lingua». Ne risultava un comportamento assolutamente peculiare, ben rappresentato dal seguente tentativo di denominare una persona il cui cognome era Alberti: «si chiama come quello che fa il liquore che comincia per S (dove S stava per Strega) che fanno vicino alla città con la B (Benevento), che è vicina all'altra città con la C (Caserta) dove sono nata io e all'altra città con la A (Avellino) e che poi è il fratello di quella con la A che fa gli oroscopi sui giornali». La signora con la G e la C, che pure aveva una scolarità limitata alla quinta elementare, era molto intelligente, leggeva libri e giornali e ascoltava programmi televisivi o radiofonici a carattere culturale. Di conseguenza era al corrente di avvenimenti politici, conosceva letteratura, musica e pittura, il che ha permesso un esame accurato delle sue conoscenze semantiche, quelle cosiddette «enciclopediche». [...]

Il disturbo nella fase iniziale (il primo anno dall'esordio) riguardava dunque la capacità di ricordare i nomi propri, tanto delle persone famose che dei familiari e degli amici, come pure delle città, delle regioni e degli Stati, quindi i nomi geografici. A fronte di questa difficoltà, la paziente era assolutamente in grado di descrivere gli avvenimenti della giornata, gli episodi del passato; era completamente autonoma nella vita di ogni giorno, faceva la spesa, usciva da sola senza mai perdersi, accudiva il padre, gravemente invalido, ricordava gli appuntamenti e gli impegni presi. Da quanto detto, appare chiaro che la signora con la G e la C non presentava disturbi di memoria anterograda (apprendeva cioè nuove informazioni, salvo i nomi propri), non aveva disturbi di memoria retrograda (ricordava gli avvenimenti del passato, i ricordi immagazzinati prima dell'insorgenza del suo disturbo) ed era integra anche la memoria prospettica (il ricordare di fare le cose). Inoltre la signora con la G e la C era in grado di fornire tutte le informazioni relative alle persone o ai luoghi di cui non riusciva a ricordare il nome. La conoscenza di personaggi famosi, il cui nome non era evocato, risultava evidente in un test che includeva le fotografie di 50 uomini e donne noti, mescolate a quelle di 50 sconosciuti. La paziente discriminava i volti famosi da quelli ignoti ed era in grado di riferire se il personaggio in questione fosse un attore, un politico o uno sportivo, se fosse vivo o morto, italiano o straniero. Allo stesso modo, se udiva un nome famoso sapeva fornire tutte le informazioni relative, mostrando una preservata comprensione di quegli stessi nomi che non produceva. [...]

Spesso, durante questi tentativi, la paziente commetteva degli errori sul suono finale. Ad esempio Moravia diventava Moravio, Cossiga Cossida e Alain Delon Alain Delì. Oppure utilizzava, come finali, sillabe con cui i cognomi italiani terminano frequentemente: ad esempio «elli», «otti», «ini», «etti» e questo lo faceva anche con cognomi stranieri: ad esempio Gorbaciov diventava Gorbacioski («oski» è un suono finale plausibile per un cognome russo). Fino a questo momento il deficit mostrato dalla paziente era una «anomia per i nomi propri». Purtroppo, con il passare del tempo, il disturbo cominciò ad interessare anche i nomi comuni, con un effetto di familiarità e frequenza, nel senso che la signora non era in grado di trovare il nome di un animale, frutto od oggetto, quando questo era scarsamente familiare. Il fenomeno di «prima lettera» compariva soprattutto con le categorie degli esseri viventi, rispetto agli oggetti inanimati. Un esame del cervello eseguito con la risonanza magnetica nucleare mostrò un'atrofia, cioè una diminuzione di volume, circoscritta a una parte dell'emisfero di sinistra, il lobo temporale, maggiormente il suo polo anteriore.

Al quarto anno di malattia la signora, che fino a quel momento aveva continuato a telefonare a tutte le trasmissioni televisive in cui si accennava a problemi di memoria e aveva provato ogni sorta di medicina alternativa, non poteva più fare la spesa come una volta, perché non ricordava nomi di frutta e verdura e soprattutto non ricordava a cosa corrispondessero. Il marito, che fin dall'inizio aveva sottovalutato il problema, le chiedeva ad esempio di mangiare del sedano. Ma la signora ignorava cosa il sedano fosse e allora si recava al supermercato e comprava pacchi di preparati per minestrone, certa che fra tutte quelle verdure ci sarebbe stata anche quella desiderata. Non poteva più seguire le ricette, perché quando trovava il nome di un ingrediente, ad esempio «cipolla», non sapeva cosa fosse. In netto contrasto con questo deficit, la paziente ricordava i percorsi, fissava gli appuntamenti con il medico per conto suo, si recava autonomamente alle visite e riconosceva l'esaminatore, anche se ovviamente non riusciva a ricordarne il nome. Per il resto, il linguaggio della paziente non mostrava altre compromissioni. [...] La situazione era molto compromessa anche relativamente ai nomi comuni: in un compito in cui l'esaminatore pronuncia un nome e presenta cinque figure diverse tra cui scegliere quella corrispondente allo stimolo, la signora nella maggior parte dei casi si rifiutava di rispondere; in altri commetteva errori casuali, come indicare un topo alla parola «fungo». In un questionario di memoria semantica che consiste nel pronunciare un nome comune e fornire alcune alternative verbali tra cui scegliere la risposta (ad esempio, «braccio: è un arto, un organo di senso o un oggetto?») la paziente domandava il significato delle alternative («Cos'è un arto? Cos'è un organo di senso?»). L'esame radiologico del suo cervello ora mostrava un'atrofia di tutto il lobo temporale sinistro, ma anche del destro. A questo punto il disturbo era quello che si chiama «demenza semantica».

A che cosa si riferisce questo termine? Si riferisce al fatto che ad essere persa non è, come nella malattia di Alzheimer, la memoria episodica, la memoria per fatti correnti, ma appunto la memoria semantica e cioè la conoscenza che uno ha del significato delle parole, del mondo, delle nozioni apprese durante la vita, a scuola, nei libri, sui giornali. [...] La memoria semantica – la conoscenza dei concetti, oggetti, persone, fatti, significato delle parole – è un sottosistema cognitivo distinto, nel senso che un danno a specifiche regioni del cervello compromette la memoria semantica senza alterare direttamente altre funzioni cognitive. La memoria semantica è rappresentata nei lobi temporali, più specificamente nelle porzioni inferolaterali, nella loro parte più anteriore e media. I lobi temporali sono le zone del cervello che, molto grossolanamente, si trovano all'altezza dell'orecchio. Non è chiaro se debbano essere interessati entrambi i lobi o sia sufficiente il coinvolgimento del solo lobo temporale sinistro. Alcuni casi addirittura sembrano indicare una compromissione dopo il solo interessamento destro. La demenza semantica è la sindrome comportamentale risultante dalla degenerazione di questa parte del cervello. È come se tale parte invecchiasse prima, più rapidamente, per cause ignote.

T4

Perdere la memoria

da «l'Unità», 17 agosto 2010

Un quotidiano dà la notizia del singolare caso di una donna americana colta da amnesia.

TIPOLOGIA
> TESTO INFORMATIVO: **articolo di giornale**

Sembra il remake del film *Memento*, ma è solo una terribile realtà: una donna inglese di 47 anni ogni mattina si sveglia credendo di essere nell'anno 1994. La sua memoria è rimasta a 16 anni fa, anno a partire dal quale la donna, Michelle Philpots, non riesce più a memorizzare nulla per una strana forma di amnesia che le impedisce di formare nuovi ricordi. A presentare il "caso Philpots", nel corso della trasmissione televisiva *Today Show* andata in onda ieri sulla NBC[1], Gary Small, professore di Psichiatria dell'Università di Los Angeles.

La donna è stata colpita da amnesia anterograda, cioè da perdita della memoria relativamente a tutti i nuovi ricordi acquisiti successivamente al suo trauma: Michelle è reduce da due gravi incidenti stradali, entrambi i quali le hanno causato un trauma cranico grave che ha indotto la comparsa di un'amnesia che si è andata progressivamente aggravando. «È un caso molto raro – spiega Piergiorgio Strata dell'Università di Torino – che somiglia molto al celebre caso del paziente HM, morto nel 2008 e per decenni oggetto di studio per la sua amnesia. È plausibile che la donna, così come fu per HM, abbia riportato una lesione a carico dell'ippocampo[2], che è il nostro "ufficio smistamento ricordi", un'area indispensabile per creare memorie che resistano a lungo termine».

La storia di Michelle ricorda anche molto quella recitata da Guy Pearce (Leonard Shelby sulla pellicola), nel film *Memento* di Christopher Nolan: Shelby, tentando di salvare la moglie da due malviventi, rimane gravemente ferito alla testa e il trauma gli causa l'impossibilità di immagazzinare nuovi ricordi, che svaniscono dalla sua mente pochi minuti dopo averli acquisiti. Il momento dell'incidente resta dunque l'ultimo ricordo fissato nella sua memoria. È così anche per Michelle che non può leggere un libro perché appena volta pagina si scorda ciò che ha appena letto, che a volte nel bel mezzo di una conversazione dimentica cosa sta dicendo, che ogni giorno della sua vita deve annotarsi su post-it e sull'agenda del cellulare le cose da fare e quelle appena fatte. Altrimenti la sua memoria in pochi attimi cancella tutto e la riporta a quel disastroso 1994.

La vita di Michelle non è affatto semplice: la donna non ricorda neppure di essere sposata, per quanto ricordi l'incontro con Ian, suo marito, e il momento in cui si sono conosciuti, che è antecedente al suo trauma. Il marito cerca pazientemente di farle ricordare il giorno del loro matrimonio mostrandole le foto della cerimonia ma anche quel giorno è andato, finito nel calderone dei ricordi persi post-1994. Casi di questo tipo, ribadisce Strata, sono piuttosto rari, e per questo colpiscono: il paziente HM soffriva di un'amnesia simile perché gli era stata rimossa una porzione del lobo temporale (e quindi anche l'ippocampo) per curargli una grave forma di epilessia[3]. L'ippocampo è il nostro magazzino di smistamento ricordi, è fondamentale per conservare a lungo termine quelli importanti e per fare una cernita ed eliminare il superfluo.

È probabile dunque che la donna abbia subito lesioni neurali a suo carico e perso così la capacità di consolidare i ricordi, che sfumano via in pochi attimi, non riescono, cioè, a consolidarsi. E mentre si cancellano come parole scritte sulla sabbia, la vita di Michelle continua a scorrere, anno dopo anno, anche se lei resta drammaticamente ferma a quel tragico 1994.

1 **NBC:** *National Broadcasting Company (NBC)*, network radiotelevisivo statunitense con sede principale a New York.
2 **ippocampo:** area del cervello localizzata nella zona mediale del lobo temporale.
3 **epilessia:** malattia neurologica caratterizzata da crisi improvvise e ricorrenti.

Attività

Comprensione

T1

1 **Spiega con parole tue le seguenti espressioni.**
- Nei limiti del mio orgoglio, e mi piace pensare che non siano molto estesi
- lasciando il cervello libero dalla carica mnemonica accumulata nel corso della vita

T2

2 **Verifica la tua comprensione del testo indicando se le seguenti affermazioni sono vere o false.**

a. Se ricordiamo eventi passati in maniera discordante da chi era con noi è perché ci ricordiamo meglio le nostre azioni che quelle altrui. V F

b. In psicologia il "sé" è concepito come la somma delle esperienze personali. V F

c. I ricordi sono imparziali. V F

d. Le «illusioni positive» riguardano il modo in cui ciascuno valuta se stesso. V F

e. Ciascuno tende ad attribuirsi più colpe che meriti. V F

f. La svalutazione del passato serve a rendere migliore il presente. V F

3 **Spiega con parole tue i seguenti termini ed espressioni.**
- distorsioni mnestiche
- autopromozione
- introversione
- foriero di successi accademici

4 **Perché tendiamo a ricordare soprattutto i bei voti?**

5 **Che relazione c'è fra egocentrismo e memoria?**

T3

6 **Quali cure avevano prescritto i medici alla signora con la G e con la C?**

7 **Perché era comprensibile che i medici non prestassero fede alla signora con la G e con la C?**

8 **Che cos'è il «fenomeno della punta della lingua»?**

9 **Qual era l'area del cervello della paziente che era "danneggiata"?**

10 **Che cos'è la demenza semantica?**

11 **Verifica la tua comprensione del testo spiegando i seguenti termini ed espressioni.**
- La paziente discriminava i volti famosi da quelli ignoti
- La peculiarità della nostra paziente era il risparmio della prima lettera

12 **Il testo distingue fra quattro diversi tipi di memoria. Descrivi con parole tue le loro rispettive funzioni.**
- memoria anterograda
- memoria retrograda
- memoria prospettica
- memoria semantica

T4

13 **Quale parte della memoria è stata compromessa in Michelle Philpots? A quale area del cervello corrisponde? Quali ne sono i risultati?**

14 **A quale film viene associata la vicenda di Michelle Philpots? Perché?**

15 **Quali cose non può più fare Michelle? Perché?**

16 **Michelle Philpots si è sposata prima o dopo il 1994?**

Analisi

T1

17 **Che tono usa l'autore del post parlando di sé?**
☐ serio ☐ severo ☐ ironico ☐ magniloquente.
Giustifica la tua risposta con gli opportuni riferimenti al testo.

18 **Qual è l'atteggiamento dell'autore del post nei confronti delle ricerche scientifiche sulla memoria?**
☐ fiducioso ☐ sarcastico ☐ benevolo ☐ grato
Giustifica la tua risposta con gli opportuni riferimenti al testo.

T2

19 **Che tipo di linguaggio è usato nel brano?**
☐ tecnico-specialistico ☐ colloquiale ☐ letterario
Motiva la tua risposta con esempi tratti dal testo.

20 **L'autore fa ampio uso di esempi. Individuali nel testo e poi spiega qual è secondo te lo scopo per cui vengono impiegati.**

T3

21 **Perché, secondo te, nel testo la signora con la G e con la C non viene chiamata con il suo vero nome?**

22 **Il testo presenta alcuni termini tecnici del linguaggio medico. Individuali.**

23 **Riassumi schematicamente le fasi dell'evoluzione della malattia della signora con la G e con la C, specificando il progressivo degenerare del deficit di memoria.**

T4

24 **Analizza T4 in base alle 5 W.**
- Chi – Cosa – Dove – Quando – Perché

Rifletti, confronta, scrivi

25 **Tema.** Scrivi un testo di tre colonne di foglio protocollo in cui commenti la frase di Saramago: «Siamo la memoria che abbiamo, senza memoria non sapremmo chi siamo».

26 **Trasformazione delle tipologie testuali.** Scrivi un articolo di cronaca di una colonna di foglio protocollo sulla vicenda della signora con la G e con la C, servendoti delle informazioni ricavabili dal T3. Come modello puoi tenere presente il T4.

T5

Paolo Jedlowski

La memoria collettiva

da *Dizionario di Storiografia*, Bruno Mondadori/Il Saggiatore

Il testo che segue è la voce relativa alla «memoria collettiva» nel Dizionario di Storiografia. *La definizione è stata curata dal sociologo Paolo Jedlowski, docente di sociologia all'Università Orientale di Napoli e all'Università della Svizzera Italiana, e autore di importanti saggi.*

TIPOLOGIA
> TESTO INFORMATIVO ESPOSITIVO: **voce enciclopedica**

Memoria collettiva
L'insieme delle tracce del passato che un gruppo sociale trattiene, elabora e trasmette da una generazione alla successiva, in relazione con i materiali della propria storia e con i contenuti delle proprie tradizioni. La memoria collettiva è fondamento e insieme espressione dell'identità di un gruppo. In quanto fondamento dell'identità, la memoria collettiva ha il suo nucleo nelle rappresentazioni che riguardano le origini (storiche e mitiche) del gruppo. In quanto espressione dell'identità, la memoria collettiva richiama e rafforza i valori e le norme intrinsecamente legati al patrimonio culturale del gruppo stesso. Come ha mostrato M. Halbwachs, e non diversamente da quanto accade per la memoria in generale, la memoria collettiva rappresenta il passato interpretandolo: ogni gruppo seleziona e riorganizza incessantemente le immagini del passato, in relazione agli interessi e ai progetti che predominano nel presente. Nelle società moderne, dotate di particolare complessità, tali processi di selezione e riorganizzazione sono la posta in gioco di ricorrenti conflitti e compromessi tra le esigenze contrastanti dei diversi gruppi che le compongono. Seguendo le indicazioni di G. Namer è possibile distinguere di conseguenza la memoria collettiva dei singoli gruppi dalla memoria sociale, da intendersi come l'intersezione o il prodotto delle dinamiche reciproche delle diverse memorie collettive presenti in una società, o come l'insieme delle tracce del passato virtualmente disponibili [...]. Dal momento che la memoria collettiva è in ogni caso una selezione (più o meno volontaria) del passato, al suo studio può affiancarsi quello dei meccanismi di produzione dell'oblio, che si manifestano tanto nelle pratiche esplicite della censura quanto nelle forme più occulte di manipolazione operate nelle commemorazioni e nelle diverse selezioni del passato conservate e riprodotte istituzionalmente. Sembra del resto che l'oblio collettivo possa manifestarsi spontaneamente in relazione a processi di mutamento sociale o al prodursi di "rotture" nella continuità della vita fra le generazioni: resta tuttavia incerto, sul piano collettivo così come su quello individuale, quanto del passato possa essere effettivamente "cancellato", e quanto piuttosto non permanga, in forme eventualmente non consapevoli [...]. Nella ricerca storiografica lo studio della memoria collettiva può esprimersi nella ricostruzione della storia di determinati ricordi collettivi [...], può declinarsi nell'analisi delle varie forme di commemorazione e di istituzionalizzazione della memoria [...] e, infine, divenire oggetto privilegiato delle riflessioni metodologiche nelle ricerche di storia orale, dove può combinarsi con l'uso sistematico delle "storie di vita" [...]. Secondo Nora, lo studio della memoria collettiva intesa come «ciò che resta del passato nel vissuto dei gruppi, e ciò che questi gruppi fanno del passato», è cruciale nella formazione dei metodi e nell'elaborazione dei temi della "nuova storia" [...].

L'Ufficio per l'Immigrazione di Ellis Island (New York) ai primi del Novecento, uno dei luoghi della memoria collettiva europea

T6

Università di Bologna-Dipartimento di Discipline Storiche, Antropologiche e Geografiche

Me lo ricorderò fino a che campo

da www.archiviodellevoci.eu

Il testo che segue è la rielaborazione dell'intervista (3 ottobre 2007) a un contadino di Mondolfo (PU) nell'ambito del progetto «Archivio delle voci» dell'Università di Bologna – Polo di Rimini. L'idea è quella di ripercorrere la storia del territorio pesarese nel corso del Novecento attraverso la memoria viva, ovvero attraverso le testimonianze personali di un gruppo di ultranovantenni residenti nel territorio di Pesaro-Urbino, la provincia italiana più longeva d'Italia. Così tra il 2007 e il 2008 sono state raccolte interviste audio e video a donne e uomini nati prima del 1917, poiché la storia della loro vita ha attraversato le fasi cruciali del Novecento: la "Grande guerra", il Fascismo e la Seconda guerra mondiale, il declino del mondo contadino, l'industrializzazione e i problemi collegati alla ricerca di lavoro e all'emigrazione. (Le interviste sono consultabili on line sul sito www.archiviodellevoci.eu).

TIPOLOGIA
> TESTO INFORMATIVO: **intervista**

Natalucci Emilio nasce nel 1908 a Filetto di Senigallia. I genitori erano mezzadri e avevano tanta terra. La mamma gli ha sempre raccontato che è nato sotto una pianta. Lei era andata a giornate, stava tornando dal lavoro e ha avuto le doglie; ha cercato di correre verso il casale ma era lontano e non è riuscita ad arrivare. Allora ha abbracciato una pianta ed è nato lui, che ha avvolto nel grembiule. Quando è arrivata a casa non aveva la chiave, non c'era nessuno, la casa era isolata e allora ha messo qualche mattone sotto la finestra ed è passata da lì.

Emilio aveva 4 fratelli e 1 sorella «adesso ne fanno meno di figli, perché c'è più pratica, più scuola» dice. Quando era piccolo Emilio andava ad aiutare la mamma con i tacchini e i polli ed è andato a scuola solo fino alla seconda elementare. Imparerà un po' a scrivere sotto le armi, aiutato dal caporalmaggiore.

Il padre ad un certo punto decide di andare in Brasile, anche contro la volontà della madre. È rimasto 2 anni e poi è tornato. A casa si è dedicato alla terra ma «non c'erano i mezzi che ci sono oggi» il lavoro era molto faticoso, seminava a mano, i concimi non c'erano e la terra non rendeva tanto. Doveva essere lavorata con le mani ed era molto scomoda, si utilizzava la zappa e una volta seminato il grano si passava lo sterpatore. Poi bisognava pulire il grano dalle erbacce.

Piano piano arrivano le prime innovazioni, l'aratro, la seminatrice… che si comperavano alla fiera di Iesi. Il fattore informava il padre di queste novità. All'inizio avevano poca terra, poi, essendo sei maschi, hanno cercato un fondo più grande ma non si trovava facilmente.

La famiglia si è trasferita da Filetto a San Silvestro, in un podere vicino, dove la terra era in una posizione molto scomoda. Lì lavoravano con un paio di bestie «montagnole» e hanno comprato anche un cavallo. Avevano 60 ettari di terra «era un gran fondo» e hanno comperato gli attrezzi e piantato «ogni ben di Dio». Le decisioni per comperare le cose le prendevano in famiglia. I soldi li teneva tutti il padre e poi il figlio più grande. Il fattore e il proprietario «erano quelli che comandavano» e prima di comperare qualsiasi cosa il padre andava a parlare con loro. «Il padrone non si vedeva molto» perché si fidava del fattore ma, in alcune aziende, il padrone andava anche a dividere i frutti di una pianta. Per quanto riguarda il fattore «se lo conoscevi, con un paio di polli in più ti riceveva e ti ringraziava». Il fattore prendeva la parte del padrone e quello che rimaneva era del contadino. Contava anche le piante di grano e in base a quelle prendeva tanto raccolto. «Poi dicevano che era il contadino che rubava! […] ma era lui che piantava il grano, mica il padrone!».

Emilio ha fatto sempre il contadino e non ha mai pensato di cambiare lavoro perché a lui piace occuparsi della terra. Quando era piccolo si dedicava alle pecore e ai maialini. Poi, quando è cresciuto e «capiva di più», lo hanno messo a lavorare nella stalla, dove si prendeva cura dei «montoni del campo» che servivano ad arare tutta la terra.

«Oggi i motori vogliono la benzina, quella volta i montoni volevano da mangiare» e cercava sempre di «curare qualche bestiolina in più (da vendere) per avere più soldi» dal fattore.

«Io stavo bene in famiglia [...] perché mi piacevano le bestie, lavorare» e Emilio dice che per stare nella stalla «bisognava avere la testa».

Andavano poi alle fiere degli animali, che erano a Senigallia o nei piccoli paesi, dove si compravano e vendevano i bovini. Alcune volte ci si rimetteva, perché i commercianti davano meno soldi del valore effettivo della bestia. Il prezzo al kg non era fisso ma variava di fiera in fiera. Al macello, invece, venivano pagati in base al peso della carne.

In famiglia erano molto religiosi e da piccoli, la sera, la mamma diceva sempre la corona ma, con il passare del tempo, «i più grandi non stavano più a sentire»; a messa però sono sempre andati.

La moglie è nata in una famiglia di proprietari terrieri. Si conoscevano da piccoli perché abitavano vicino e si sono sempre visti. Si sono conosciuti meglio il giorno in cui lui è tornato dal campo militare di Cagli. Qualche giorno prima le aveva scritto una lettera per informarla del suo ritorno. Si è fermato con un amico a cena da lei e alla fine della serata «l'ho abbracciata e baciata anche». Il futuro suocero non era contento che si fidanzasse con la figlia, perché aveva scelto per lei un proprietario terriero. Emilio, invece, aveva una famiglia numerosa e la terra non era la sua. Si fidanzano però ugualmente.

Alla moglie piaceva tanto ballare, a lui poco, e quando erano fidanzati Emilio racconta che «ci andava (a ballare) se ci volevo andare, altrimenti, se non avevo voglia io, non ci andava (nemmeno lei)». Ma dice anche che, quando c'erano le veglie dai vicini, la moglie andava ma sapeva che lui non era contento che ballasse con altri. Una volta l'ha vista ballare e l'ha fatta tornare a casa. La moglie voleva lasciarlo, ma suo padre era d'accordo con Emilio. «Una volta (le donne) erano più coglione di oggi» esclama Emilio.

Nel '31 si sono sposati e l'ha «portata in casa». Poi, il suocero compera un fondo per loro e si trasferiscono lì. Ancora hanno quella terra, dove ha piantato gli ulivi: «mi è sempre piaciuto lavorare la terra [...]».

Del periodo fascista ricorda che ci si doveva segnare[1] al Partito e che lui e la moglie hanno consegnato la fede matrimoniale[2]. Alla domanda della figlia se metteva la camicia nera risponde: «Neanche...» ma di quel periodo dice che non si stava male, andava bene anche la campagna.

Nel '40, quando scoppia la guerra, era a Trieste e faceva la sentinella nella polveriera.

Dopo l'8 settembre '43[3] Emilio è stato portato via con una tradotta[4]. Ricorda che lui e i suoi compagni sono stati chiusi in vagoni che dovevano contenere massimo 40 persone, ma erano molte di più, tutte stipate. Hanno viaggiato 4 giorni e 4 notti ininterrottamente, senza mai uscire. Sono riusciti, fortunatamente, ad aprire un poco la porta del vagone per respirare. Arrivati a Konigsberg, in Germania, li hanno portati in una fabbrica di granate dove il proprietario li ha selezionati guardandoli uno per uno in faccia. Dormivano e mangiavano in una piccola stanza e lavoravano al piano inferiore. Fabbricavano granate, ognuno aveva un compito diverso.

Lavoravano parecchio e la fame era tanta, ma pur di non mangiare quello che gli davano preferivano rubare le patate marce. Ricorda che alcune avevano i vermi; quando le aprivano «non esagero ma i vermi più lunghi erano come questo dito». Le bollivano tre volte «quando hai fame mangi tutto» ma «me lo ricorderò fino a che campo» dice Emilio. Se si accorgevano del furto però, erano molto cattivi.

Rimane circa un anno prigioniero in Germania.

Sono liberati dagli americani, che gli danno da mangiare e li portano a casa con i treni. Da Bologna, poi Emilio ha viaggiato con un camion fino a Senigallia e da lì è andato a casa a Roncitelli, ma

1 segnare: iscrivere.
2 hanno consegnato ... matrimoniale: nel 1935 il governo italiano chiese ai cittadini di consegnare le fedi nuziali per contribuire economicamente alla guerra d'Etiopia.
3 Dopo l'8 settembre '43: l'8 settembre 1943 venne resa pubblica la notizia che l'Italia aveva firmato l'armistizio con le "forze alleate" – Americani, Inglesi, Francesi e Russi –, e che quindi veniva a trovarsi in guerra con la Germania. I tedeschi, dopo il brusco cambio di schieramento degli ex alleati, occupano militarmente la penisola facendo prigionieri i soldati italiani.
4 tradotta: convoglio ferroviario adibito al trasporto di soldati in tempo di guerra.

non ricorda come. Arriva a casa ma non trova la moglie; un vicino spiega che lei non stava più lì perché i tedeschi avevano preso la casa e l'avevano costretta a sfollare a Marotta. Nello stesso periodo succede anche una disgrazia: muore il figlio di 7 anni ferito da una mina.

Da Roncitelli Emilio si trasferisce a Marotta, nel '68-'69, perché iniziava ad essere grande. Ma ha continuato comunque a occuparsi del suo podere.

Emilio e la moglie hanno avuto 4 figli, 3 femmine e 1 maschio. Oggi Emilio vive con la figlia a Marotta.

T7

Françoise Gehring

La Merica: milioni di italiani da Genova ad Ellis Island

da www.swissinfo.ch

Il 20 giugno 2008 è stata inaugurata al Galata Museo del Mare di Genova una mostra sull'emigrazione italiana tra il 1861 e il 1945, che, attraverso l'impiego di raffinate tecnologie multimediali, fa rivivere al visitatore il "viaggio della speranza" compiuto da milioni di nostri connazionali. Una giornalista svizzera racconta l'esperienza avvincente e coinvolgente della sua visita.

TIPOLOGIA
> TESTO DESCRITTIVO

"LA MERICA - DA GENOVA A ELLIS ISLAND"

È il titolo della mostra che il Museo Galata di Genova dedica all'emigrazione italiana nel periodo compreso tra l'Unità d'Italia e la Seconda Guerra Mondiale
Genova è la porta di ingresso dell'America per molti dei 29 milioni di italiani

Fotografie, documenti, lettere, oggetti, voci, rumori e pianti vi portano alle camerate dove, grazie alla tecnologia, basta sedersi su una cuccetta per "incontrare" il racconto di un vicino di branda. Ma nella vicenda dell'emigrazione è il momento dell'imbarco e della partenza l'ora più drammatica.

Si tagliano i legami con la propria terra e i propri affetti, si lasciano poche misere certezze, dopo aver atteso – all'addiaccio e magari per giorni – l'arrivo del proprio battello che porterà in quella terra promessa che molti non vedranno mai.

Arrivati a Genova uomini e donne si confrontano con la realtà di una città che, in pieno sviluppo industriale, vive sull'emigrante. Eppure lo disprezza, lo giudica severamente, lo considera un peso e un problema sociale.

Alla fine del XIX secolo, Genova è la grande porta d'addio per molti dei 29 milioni di italiani che lasciano il paese nel periodo compreso tra l'Unità d'Italia e la Seconda Guerra Mondiale: 3 milioni di loro passeranno ad Ellis Island, isola-frontiera con vista sul sogno americano.

L'emigrante "merce preziosa" Nella mostra "La Merica - Da Genova a Ellis Island[1]" il centro emozionale è la grande scena dell'imbarco, con la ricostruzione della Stazione Marittima, del Molo e la fiancata del piroscafo "Città di Torino" ricostruita nei minimi dettagli a grandezza naturale, sulla scorta dei disegni originali conservati dal museo.

All'ingresso una pigna di passaporti, divisi per sesso; ad ogni visitatore viene distribuito un documento di viaggio. Si calerà nei panni di chi, uomo o donna, questo grande viaggio della povertà l'ha vissuto davvero. Scoprirà l'identità dell'emigrante, e il suo destino, lungo il percorso della mostra che combina in modo straordinario diversi livelli: storico, politico, emotivo, umano. Sì, è una mostra che coinvolge.

1 **Ellis Island:** isolotto della Baia di New York dove gli emigranti venivano fatti sbarcare per essere sottoposti ai controlli e alle complesse pratiche di immigrazione negli Stati Uniti; dal 1990 è sede del Museo dell'Immigrazione.

Così io rivivo il destino di Anna Schiacchitano, siciliana, di Agrigento, che si imbarca con i figli Paolo, Maria e Domenico per raggiungere il marito in America. Anna ha 38 anni, è sciupata, povera, stanca e analfabeta. Che importa? A Genova è sola con i figli, ma ad attenderla c'è La Merica e il marito, partito prima per cercare lavoro.

Genova, secondo il curatore della mostra Pierangelo Campodonico, non è un «luogo qualunque dell'emigrazione italiana: è la porta attraverso la quale passano buona parte degli oltre 29 milioni di italiani che partono per l'emigrazione. Genova viene individuata come uno scalo importante da compagnie diverse, anche straniere. L'emigrante è una merce preziosa e gli armatori lottano a coltello per accaparrarseli e riempire le navi».

Ma il viaggio non finisce a terra Il viaggio, tredici giorni in nave attraverso l'oceano, è un'avventura estenuante, a tratti terrificante. Le condizioni sono penose, le persone sono stipate come sardine. Vomitano, si ammalano, soffrono. Condividere gli spazi esigui è un obbligo, sopravvivere è un regalo del destino.

Salita a bordo, cerco la cuccetta nelle grandi camere comuni divise per sesso. Scopro i bagni, il refettorio, la sala medica, ma anche la prigione – dove venivano rinchiusi i violenti e i clandestini – e l'Ufficio del Commissario di bordo[2].

Dagli oblò e dalle finestrature è possibile vedere il mare, in diverse condizioni di luce, di giorno, al tramonto e durante una notte di luna. Fisso l'oblò e davanti agli occhi vedo scorrere il mare, veloce, impetuoso. Ecco un'onda, e poi un'altra. E un'altra ancora. La sensazione è di essere realmente a bordo di una nave, ma con piedi sulla terra ferma.

La nave prosegue, passa sotto la Statua della Libertà. È il momento della commozione, ma non è la fine del viaggio. Tutt'altro. Il visitatore, da emigrante, sbarca a Ellis Island, l'isola a due miglia da New York. Io, Anna Schiacchitano, stanca, provata, con Domenico in braccio, cerco con affanno i bagagli. Li cerco, ma non li trovo. Perduti? Rubati? Scambiati? Che importa. Non ho più nulla.

Una volta a terra l'emigrante entra nella "Inspection Line", una tappa di visite mediche, interrogatori e test medici per verificare le condizioni di salute e per determinare se ha i requisiti per essere accolto in America. Quella dell'emigrante è una storia, fatta di attese, domande, visite, sospetti, verifiche.

La mostra illustra la sorte che spetta a chi non era in regola, era malato o comunque ritenuto non idoneo a entrare negli Stati Uniti. Porte chiuse a chi non aveva soldi e a chi si dichiarava apertamente anarchico. L'ultima scena, infine, apre le porte del Nuovo Mondo o, più esattamente, la città di New York dove la gran parte degli emigranti giunti dall'Europa si fermava alle prese con i problemi concreti e quotidiani: trovare un lavoro, una casa, curare la salute e sopravvivere.

Il senso della memoria civile L'allestimento della mostra punta volutamente a coinvolgere il pubblico emotivamente, ma nel contempo propone un percorso ricco di informazioni. Grazie a una ricca documentazione politica, amministrativa e giornalistica e alle postazioni multimediali, la ricostruzione del fenomeno migratorio è avvincente.

Molti dei documenti raccolti sono stati registrati a voce e in video e costituiscono l'inedita e straordinaria colonna sonora della mostra, fatta da musiche dell'emigrazione, ma anche e soprattutto da dialoghi, monologhi, testi di lettere.

Questa mostra "diversa" esula dal tradizionale percorso artistico o documentario di uno dei grandi temi del Novecento. Perché è soprattutto, come sottolinea Maria Paola Profumo, presidente del Museo del Mare (Mu.Ma), «un percorso emozionale, segnato dall'ansia e dalla speranza».

«Perché la storia dell'emigrazione – continua la presidente – è una storia di uomini e donne, di persone, di sentimenti. E gli stessi sentimenti che furono dei nostri padri, sono oggi quelli di tanti emigranti tra noi, non dobbiamo scordarlo. È questo il senso di una memoria civile».

2 Commissario di bordo: ufficiale che, a bordo di una nave per il trasporto di passeggeri, ha la responsabilità della logistica, dell'organizzazione e del coordinamento "alberghiero" (personale di camera e di cucina); è sottoposto all'autorità del Comandante.

Attività

Comprensione

T5

1 Che cosa significa che la memoria collettiva è "fondamento" ed "espressione" dell'identità?

2 Indica se le seguenti affermazioni sono vere o false:
- a. La memoria collettiva è immutabile nel tempo. V F
- b. La memoria collettiva è soggetta a una reinterpretazione dovuta alle esigenze del presente. V F
- c. La memoria collettiva coincide con la memoria sociale. V F
- d. La memoria sociale è prodotto di diverse memorie collettive presenti in una società. V F
- e. L'oblio collettivo può manifestarsi spontaneamente. V F

3 Quali sono secondo te le «forme più occulte di manipolazione» della memoria collettiva?

4 Quali forme può assumere la memoria collettiva nella ricerca storiografica?

T6

5 Spiega con parole tue le seguenti espressioni.
- Lei era andata a giornate
- il padrone andava anche a dividere i frutti di una pianta
- Il fattore prendeva la parte del padrone e quello che rimaneva era del contadino
- la mamma diceva sempre la corona

6 Come conobbe la moglie Emilio?

7 Perché il suocero non era contento di dare la figlia in moglie a Emilio?

8 Perché Emilio viene deportato in Germania? Quanto vi rimase? Che cosa faceva in Germania?

T7

9 Indica se le seguenti affermazioni sono vere o false.
- a. La mostra è una sorta di "gioco di ruolo", in cui i visitatori sono chiamati a vivere l'esperienza degli emigranti italiani. V F
- b. Genova è stata scelta come sede della mostra perché la maggior parte degli emigranti erano genovesi. V F
- c. Nella nave i viaggiatori dormivano in cabine familiari. V F
- d. Chi non aveva soldi non era accettato in America. V F

10 Chi è Anna Schiacchitano?

Analisi

T5

11 Dai una tua definizione di memoria collettiva e di memoria sociale, corredandole con opportuni esempi tratti dall'attuale contesto italiano.

T6

12 Come definiresti lo stile di questo brano?
☐ colloquiale ☐ aulico ☐ raffinato ☐ disadorno
Motiva la tua risposta con gli opportuni riferimenti al testo.

13 Il racconto di Emilio Natalucci contiene informazioni storiche relative all'Italia contadina del Novecento. Riassumi brevemente le notizie che si ricavano dal testo in merito ai seguenti argomenti. L'esercizio è avviato.
- Istruzione: i ragazzi frequentavano la scuola elementare spesso solo fino...
- Emigrazione: ...
- Lavoro: si cominciava a lavorare... Poi negli anni Sessanta....
- Famiglia: ...
- Ruolo delle donne: ...
- Rapporto padroni-contadini: ...
- Religione: ...
- Fascismo: ...
- Seconda guerra mondiale: ...

14 Nel brano sono presenti alcuni termini del linguaggio agricolo. Individuali e spiegane il significato, anche avvalendoti dell'aiuto del dizionario.

T7

15 Ricostruisci l'esperienza della visita alla mostra multimediale, individuando i diversi sensi coinvolti e registrando per ciascuno le relative sensazioni percepite.

Rifletti, confronta, scrivi

16 **Scrivere un testo descrittivo.** Individua un monumento significativo della tua città, eretto a ricordo di un evento storico. Fai una breve ricerca sul motivo e sul periodo in cui è stato costruito. Poi descrivine l'aspetto, ricordando l'evento che commemora e specificando se, e in che modo, rappresenta o ha rappresentato un simbolo dell'identità cittadina.

17 **Trasformazione della tipologia testuale.** Il T6 è la trascrizione di un'intervista. Da quali elementi lo si può comprendere? Dopo aver riletto attentamente il testo, scrivi una breve introduzione sul personaggio intervistato, formula le domande che l'intervistatore ha posto a Emilio Natalucci e riscrivi le risposte in maniera più sintetica, provando a calarti nei panni del contadino novantenne.

18 **Scrivere un testo informativo.** Scegli un museo dedicato all'emigrazione (ti proponiamo sotto alcuni siti, ma puoi sceglierne altri) e, dopo aver letto le informazioni necessarie su quello prescelto, scrivi un breve opuscolo pubblicitario per promuoverne la visita tra gli studenti di una scuola. Oltre alle caratteristiche del museo, sottolinea l'utilità didattica, educativa e culturale che la visita può avere per i ragazzi della scuola.
- www.museonazionaleemigrazione.it
- www.museogented toscana.it
- www.emigrazione.it
- www.museoemigrazionepiemontese.org
- www.museoemigrante.sm

T8

Perché istituire il "Giorno della Memoria"

da «Gazzetta Ufficiale», 31 luglio 2000

Il 20 luglio 2000 il Parlamento italiano ha istituito il "Giorno della Memoria", con la legge di cui leggiamo qui sotto il testo.

TIPOLOGIA
> TESTO REGOLATIVO

Legge 20 luglio 2000, n. 211
"Istituzione del Giorno della Memoria in ricordo dello sterminio e delle persecuzioni del popolo ebraico e dei deportati militari e politici italiani nei campi nazisti"

pubblicata nella Gazzetta Ufficiale n. 177 del 31 luglio 2000

Art. 1.

1 La Repubblica italiana riconosce il giorno 27 gennaio, data dell'abbattimento dei cancelli di Auschwitz[1], "Giorno della Memoria", al fine di ricordare la Shoah (sterminio del popolo ebraico), le leggi razziali, la persecuzione italiana dei cittadini ebrei, gli italiani che hanno subìto la deportazione, la prigionia, la morte, nonché coloro che, anche in campi e schieramenti diversi, si sono opposti al progetto di sterminio, ed a rischio della propria vita hanno salvato altre vite e protetto i perseguitati.

Art. 2.

1 In occasione del "Giorno della Memoria" di cui all'articolo 1, sono organizzati cerimonie, iniziative, incontri e momenti comuni di narrazione dei fatti e di riflessione, in modo particolare nelle scuole di ogni ordine e grado, su quanto è accaduto al popolo ebraico e ai deportati militari e politici italiani nei campi nazisti in modo da conservare nel futuro dell'Italia la memoria di un tragico ed oscuro periodo della storia nel nostro Paese e in Europa, e affinché simili eventi non possano mai più accadere.

1 **Auschwitz:** nome con cui si indica l'insieme dei campi di concentramento, dei sottocampi di lavoro e del campo di sterminio di Auschwitz Birkenau, costruiti dai tedeschi durante l'occupazione militare della Polonia, a circa 50 km da Cracovia, e aperti nel 1940. Auschwitz fu il maggiore (circa 40 km² di estensione) e il più efficiente campo di sterminio nazista: le vittime accertate furono oltre 1.100.000, per la maggior parte ebrei, ma anche molti appartenenti ad altre categorie, come prigionieri politici, omosessuali, rom, Testimoni di Geova. Auschwitz fu liberato il 27 gennaio 1945 dalle truppe dell'Armata Rossa sovietica.

T9

Emanuele Rossi

In treno ad Auschwitz, non solo memoria: "Per aprire gli occhi"

da «Panorama», 27 gennaio 2010

Ogni anno in occasione del Giorno della Memoria migliaia di studenti partono alla volta dei campi di concentramento nazisti sui "Treni della memoria". Ne parla, in questa intervista, uno degli organizzatori.

TIPOLOGIA
> TESTO INFORMATIVO: intervista

Sono partiti questa mattina, nel Giorno della Memoria, da Torino Porta Nuova, in circa 200. Destinazione Cracovia e poi Auschwitz Birkenau. I luoghi dell'orrore e della memoria. A fare il viaggio sono studenti di varie regioni italiane, dopo di loro ce ne saranno altri, accompagnati a visitare i campi di sterminio nazisti. E a riflettere, ragionare, commentare, per non restare indifferenti. Questo è lo scopo dei "treni della Memoria" che da ormai cinque anni organizza, con il sostegno della Regione Piemonte e del Comune di Torino, l'associazione Terra del Fuoco, il cui presidente è il giovane Oliviero Alotto: «Si va in treno per ripercorrere il viaggio dei deportati, ma anche perché è un mezzo che permette di osservare, ragionare, discutere. E il viaggio di ritorno non è mai uguale a quello di andata. C'è il tempo di lavorare con i ragazzi».

Con quanti studenti fate questa esperienza?

I ragazzi che incontriamo nel corso dell'anno sono circa 3mila e vengono da 10 regioni diverse, facciamo 4 diversi viaggi. L'iniziativa è nata in Piemonte ma ormai si è estesa in tutta Italia.

Il vostro lavoro non si esaurisce con il viaggio, c'è una fase preparatoria e una successiva, perché?

Facciamo quattro incontri preparatori, su storia del nazifascismo, luoghi della deportazione, incontri con ex deportati che raccontano la loro esperienza. E poi ci sono quattro incontri successivi al viaggio, in cui cerchiamo di mettere a frutto l'esperienza per arrivare a un impegno civile, qui e oggi, ad analizzare le "zone grigie" della quotidianità.

Notate qualche cambiamento nei ragazzi dopo il viaggio? Su che temi di attualità lavorate?

Guardi, basta pensare al treno che è appena tornato a Torino: anche i ragazzi più indifferenti o svogliati sono stati scossi dall'esperienza. Auschwitz è un pugno nello stomaco, ma ti fa aprire gli occhi. Quello che notiamo nei ragazzi è tanto entusiasmo, coinvolgimento, voglia di capire e conoscere. Noi diciamo sempre che l'Olocausto[1] è una pagina di storia ma dobbiamo riconoscere anche oggi quando la dignità umana è calpestata, quando l'indifferenza favorisce le "zone grigie": lavoriamo sulla lotta alla mafia, al razzismo, al narcotraffico.

Dall'Olocausto al narcotraffico è un bel passo...

No, il collegamento è l'indifferenza che rende possibili le atrocità. Guardi, io credo che la memoria non debba essere confinata al 27 gennaio: oggi parliamo tutti della deportazione, dei campi di sterminio, poi domani? Che si fa? La mia generazione (ho 26 anni) è l'ultima che può sentire le parole dei deportati in vita, abbiamo il dovere di trasmetterle a quelli più giovani e di usarle per analizzare anche la nostra realtà, essere cittadini consapevoli.

Lo ha detto lei stesso: i testimoni di quella stagione sono sempre meno, quando se ne saranno andati tutti come andrà avanti la memoria?

Il nostro ruolo è continuare le loro testimonianze, ma anche ricordarci delle persone, delle vite di ognuno, non solo dei numeri. Ad Auschwitz ciò che colpisce è l'enormità di tutto, ma noi vogliamo fare vivere l'esperienza della visita al campo e al museo con la prospettiva di un solo prigioniero, con nome, cognome, vita. I nazisti puntavano proprio sulla spersonalizzazione, per loro erano numeri. Noi dobbiamo ridargli dignità.

Cosa pensa della polemica intorno alla lettura di alcune pagine del Diario di Anna Frank[2] *(in cui si parla di parti intime del corpo femminile) nelle scuole elementari?*

1 Olocausto: termine con il quale è generalmente indicata in italiano la tragedia del popolo ebraico nei campi di sterminio nazisti, per la quale, tuttavia, oggi si preferisce usare la parola ebraica Shoah.

2 Diario di Anna Frank: diario scritto da una ragazzina ebrea olandese di Amsterdam nei circa due anni (1942-1944) vissuti in un rifugio clandestino con i genitori e la sorella per sfuggire alla persecuzione nazista. Scoperti e arrestati nell'agosto del 1944, i Frank furono deportati: Anna passò attraverso vari campi, tra cui Auschwitz, per morire nel 1945 in quello tedesco di Bergen-Belsen. Il Diario fu pubblicato dopo la liberazione dal padre, unico sopravvissuto della famiglia.

Chiaro che bisogna adattare le letture al target che abbiamo di fronte, ma la censura non è certo una soluzione. Censurare l'umanità delle vittime, anche nelle parti più scabrose, è un'offesa alla loro dignità, si trasformano in simboli. Anche nella storiografia dell'Olocausto ci sono zone grigie, temi "scomodi", con cui si scontrano gli storici che vogliono approfondire: ci sono testimonianze di bordelli nei lager, di cannibalismo, cose di cui non si parla volentieri. Io credo che non sia un modo di togliere l'attenzione dal focus della tragedia, ma di approfondirne tutti gli aspetti.

Proprio a tale proposito, nel giorno della Memoria (che in Italia è stato istituito per legge 10 anni fa) si ricorda soprattutto l'Olocausto degli Ebrei, non si rischia così di lasciare in secondo piano le altre vittime dei campi di sterminio (testimoni di Geova, omosessuali, zingari)?

Beh, non si può negare che la parte peggiore del nazismo sia toccata soprattutto agli Ebrei. Ma sarebbe un errore farne solo una "questione di razza": nei lager sono morti migliaia di zingari, omosessuali, testimoni di Geova, oppositori politici... Dimenticarsi di loro è profondamente sbagliato.

Attività

Comprensione

T8

1 **Che cos'è la «Gazzetta Ufficiale»?**

2 **Quando è stato istituito il "Giorno della Memoria"?**

3 **Che cosa ricorda?**

4 **Quando viene celebrato? Perché?**

5 **Come deve essere celebrato? A quale scopo?**

T9

6 **Qual è lo scopo dei "treni della Memoria"?**

7 **Perché il viaggio viene fatto in treno?**

8 **Quali sono le fasi del programma proposto dall'organizzazione Terra del Fuoco?**

9 **Spiega le seguenti espressioni.**
- è un pugno nello stomaco
- l'indifferenza favorisce le "zone grigie"
- togliere l'attenzione dal focus della tragedia

10 **Qual è il collegamento tra Auschwitz e il narcotraffico secondo Alotto?**

11 **Come avviene la visita al campo di concentramento? Perché?**

12 **Quali furono le vittime dei campi di concentramento?**

Analisi

T8

13 **Come si cita una legge?**

14 **Dai un titolo ai due articoli della legge per evidenziarne i rispettivi argomenti.**

T9

15 **Nel brano emerge l'idea che la memoria del passato serva al presente. Individua i passi del testo e spiegali con parole tue. Sei d'accordo con questa idea?**

Rifletti, confronta, scrivi

16 **Trasformare le tipologie testuali.** Scrivi un brevissimo articolo di cronaca per illustrare l'istituzione in Italia del «Giorno della Memoria». Ricordati di seguire lo schema delle 5 W+1H.

17 **Sulla base dei testi qui antologizzati, dei documenti che ti forniamo e di altri che potrai cercare, scrivi un saggio breve sul tema del Giorno della Memoria.**

a. Il Giorno della Memoria non vuole misconoscere gli altri genocidi di cui l'umanità è stata capace, né sostenere un'assai poco ambita «superiorità» del dolore ebraico. Non è infatti, un omaggio alle vittime, ma una presa di coscienza collettiva del fatto che l'uomo è stato capace di questo. Non è la pietà per i morti ad animarlo, ma la consapevolezza di quel che è accaduto. Che non deve più accadere, ma che in un passato ancora molto vicino a noi, nella civile e illuminata Europa, milioni di persone hanno permesso che accadesse. (Elena Lowental, «La Stampa», 27 gennaio 2010)

b. Sorgono allora delle domande: perché dobbiamo ricordare? E che cosa bisogna ricordare? Bisogna ricordare il Male nelle sue estreme efferatezze e conoscerlo bene anche quando si presenta in forme apparentemente innocue: quando si pensa che uno straniero, o un diverso da noi, è un Nemico si pongono le premesse di una catena al cui termine, scrive Levi, c'è il Lager, il campo di sterminio. (Vittorio Foa, introduzione a *Se questo è un uomo* di Primo Levi.)

c. Nella Giornata della Memoria, si ricorda una storia che è storia di tutti, come di tutti è il ricordo. Essa non è la celebrazione di un mondo ebraico ostinato a celebrare il suo lutto, ma memoria di una frattura nella storia del secolo scorso e dell'intera umanità. (Anna Foa, «Il Sole 24 Ore», 27 gennaio 2010)

d. Educare ad un luogo di memoria significa, soprattutto, insegnare a leggere il luogo e comprendere anche le sovrapposizioni che la storia, con il suo passare, vi ha impresso. Significa capire i meccanismi che regolano l'uso pubblico che si fa della memoria di un luogo. Occorre che gli studenti sappiano che oggi Dachau, Buchenwald, Auschwitz non sono quello che erano ai tempi dei signori della guerra, che anche i monumenti commemorativi o i musei, hanno finito per snaturare i lager rispetto a quello che erano. È necessario essere avvertiti che per entrare in sintonia con i luoghi della memoria bisogna tenere presenti questi aspetti e cercare di ricostruire quel luogo nella propria mente, come era allora. (Alessandra Chiappano, *Il ritorno alla vita e il problema della testimonianza. Studi e riflessioni sulla Shoah*, Giuntina, Firenze 2008)

La memoria per i cantautori

T10

Francesco De Gregori [→ p. 523]

Rimmel

da F. De Gregori, *Rimmel*, RCA Italiana

Francesco De Gregori all'epoca dell'uscita di *Rimmel*

Secondo le parole del suo autore, Rimmel *nasce dalla fine di un storia d'amore e contiene riferimenti ad eventi reali. Per esempio, le parole ...* ed il vento passava sul tuo collo di pelliccia e sulla tua persona *rievocano il momento in cui il cantautore aveva conosciuto la ragazza destinataria della canzone. Leggendo il testo si può comunque comprendere perché De Gregori – particolarmente il De Gregori degli anni '70-'80 – sia stato definito un cantautore "ermetico": nelle misteriose allusioni che popolano questa canzone, si mescolano infatti – senza soluzione di continuità né un apparente filo logico – presente e passato, realtà e immagini quasi oniriche, amore e carte da gioco. Quello che lega l'insieme è, semmai, il filo delle emozioni, mai dichiarate ma sottilmente presenti, che ci giungono attraverso frammenti di memoria; e l'immagine che ci resta impressa è quella dell'addio, che nel momento in cui avviene è già un ricordo, rappresentato dall'oggetto che del ricordo è il simbolo stesso: una fotografia.*

TIPOLOGIA
> CANZONE

E qualcosa rimane, tra le pagine chiare e le pagine scure
e cancello il tuo nome dalla mia facciata
e confondo i miei alibi, e le tue ragioni
i miei alibi e le tue ragioni...
Chi mi ha fatto le carte, mi ha chiamato vincente
ma uno zingaro è un trucco
e il futuro invadente fosse stato un po' più giovane
l'avrei distrutto con la fantasia, l'avrei stracciato con la fantasia...

Ora le tue labbra puoi spedirle a un indirizzo nuovo
e la mia faccia sovrapporla a quella di chissà chi altro
ancora i tuoi quattro assi, bada bene di un colore solo
li puoi nascondere o giocare con chi vuoi,
o farli rimanere buoni amici come noi...

Santa voglia di vivere e dolce venere di rimmel
come quando fuori pioveva e tu mi domandavi
se per caso avevo ancora quella foto
in cui tu sorridevi e non guardavi,
e il vento passava sul tuo collo di pelliccia, e sulla tua persona
e quando io senza capire ho detto "sì"
hai detto "è tutto quel che hai di me"
è tutto quel che ho di te...

Attività

1 Qual è l'evento che ispira la canzone?

2 Quali riferimenti autobiografici sono contenuti nel testo?

3 Perché, secondo te, De Gregori dice che *uno zingaro è un trucco*?

4 Qual è il rapporto che lega adesso il cantante e la destinataria della canzone?

5 A che cosa allude il titolo della canzone? Che cos'è il rimmel?

6 Che rapporto c'è tra questa canzone e il tema della memoria? Spiegalo servendoti anche degli opportuni riferimenti al testo.

T11

Pino Farinotti

La poesia del ricordo: «Amarcord»

www.mymovies.it

Un film culto dal tono autobiografico - Amarcord *(1973) di Federico Fellini, il cui titolo richiama l'espressione dialettale romagnola «a m'arcord», "io mi ricordo" – che svolge il tema della memoria e dei ricordi è analizzato in questa scheda a cura di Pino Farinotti. "Amarcord" è diventata un'espressione corrente, non solo in italiano, per indicare un modo di ricordare velato di nostalgia, la nostalgia che il regista nel film esprime per il suo paese, "il borgo", la Rimini della sua giovinezza.*

TIPOLOGIA
> TESTO ESPOSITIVO

A'm'arcord: mi ricordo

Amarcord è il più felliniano dei film di Fellini. Erano anni che il regista pensava di concedersi completamente alla sua memoria. Aveva esattamente cinquant'anni quando pensò di prendere il toro per le corna. C'era di mezzo un vecchio complesso: la paura di aver tradito la sua terra, di esserne fuggito da giovanissimo e di non esserci più tornato, di averla ignorata. [...]

Rimane solo una piccola riserva dovuta al pudore: la parola Rimini non viene mai pronunciata, la cittadina viene chiamata "il borgo". E la mancanza di rispetto? Ebbene, c'è stata. Se ci si aspettava la narrazione nitida e veritiera della vita di allora, la delusione è stata profonda. Il regista ha mediato e stravolto i fatti per seguire il proprio filo narrativo. La famosa tabaccaia è davvero esistita ed era giunonica, ma avrebbe potuto benissimo essere un'invenzione. Non sarebbe cambiato nulla.

Una delle misure della grandezza di un artista è la capacità di creare il proprio mondo, di condurvi la gente e di farlo accettare in sostituzione della realtà. È, inoltre, la capacità di tradurre la realtà secondo la propria fantasia. Possiamo chiamarla "espressione", o anche sogno. La mediazione può anche risultare strana o magari oscura, razionalmente non condivisibile, ma il risultato è talmente forte, o piacevole, o magico, o galeotto, o ipnotico, che ne veniamo completamente catturati.

Veniamo presi in ostaggio, e rilasciati quando finisce il film e ritroviamo tutto quello che conoscevamo. Lo ritroviamo con fatica e dolore.

Il grande artista ha la capacità di creare un precedente di memoria che si installa nella nostra coscienza, magari quando abbiamo pochi anni di vita, e vi rimane perennemente, come riferimento immobile e naturale.

Fellini è entrato così prepotentemente nella nostra memoria perché ha mostrato, a suo modo, le cose che conosciamo bene. Filtrando, attraverso la nostalgia, le esperienze fondamentali della nostra vita. Come si dice: ci siamo identificati. Chi non è stato interrogato a scuola e chiedeva disperatamente un suggerimento? Chi non ha spiato tra i grandi che ballavano e flirtavano? E chi non ha parlato di ragazze millantando conquiste fantastiche?

Se in un film c'è una piazza, ebbene vedremo alcuni edifici antichi, magari una fontana, gente che passa e gente ferma che parla, una bicicletta, qualche macchina. Se la piazza è di Fellini, la luce sarà particolare, non reale, la gente si muoverà in modo diverso, gli stessi edifici sembreranno ricostruiti (e magari lo saranno, ma non ha importanza), ci sarà sempre qualcosa, un capello, una nube, un barista che fa una mossa, una musica che arriva da una finestra, un bambino che se ne va per i fatti suoi: qualcosa che determini il marchio esclusivo di Fellini.

Ma soprattutto ci sarà qualcosa di non definibile, assolutamente non definibile, che rappresenta la magia di quel marchio, e rappresenta anche l'ulteriore magia del cinema che riesce persino a non farsi definire. Magnifico.

Attività

1 Che cosa significa «Amarcord»? Quale significato ha assunto oggi nel linguaggio comune?

2 *Amarcord* può definirsi autobiografico? Perché?

3 Qual era il rapporto di Fellini con la sua terra natale?

4 Perché nel film *Amarcord* la parola Rimini non viene mai pronunciata?

5 Perché i film di Fellini permettono allo spettatore di identificarsi con i fatti rappresentati?

6 Qual è, secondo te, il rapporto tra memoria e nostalgia? Dai una definizione dei due concetti e poi spiegane le affinità e le differenze.
- memoria
- nostalgia

Dal tema al film

Amarcord

di Federico Fellini

Titolo originale: Amarcord.
Regia, soggetto e sceneggiatura: Federico Fellini.
Fotografia (col.): Giuseppe Rotunno.
Montaggio: Ruggero Mastroianni.
Musiche: Nino Rota.
Scenografie: Danilo Donati.
Interpreti: Bruno Zanin (Titta), Pupella Maggio (madre di Titta), Armando Brancia (padre di Titta), Ciccio Ingrassia (lo zio matto), Magali Noël (Gradisca).
Produzione: Franco Cristaldi.
Durata: 123'.
Origine: Italia, 1973

Federico Fellini torna indietro con la memoria alla sua infanzia, nella Rimini degli anni Venti e Trenta, e ricostruisce un racconto ora divertito, ora malinconico, a tratti grottesco, sospeso tra il realismo delle situazioni e la trasfigurazione romantica del ricordo.
Il contesto politico è quello del fascismo: il padre di Titta, socialista, è costretto a bere l'olio di ricino. A scuola, Titta e i compagni sognano avventure impossibili e combinano scherzi goliardici ai danni di tutti; il tono della rappresentazione qui si fa caricaturale e l'umorismo sfocia in una comicità aperta; altrove, come nell'episodio dello zio matto, il tono scanzonato iniziale, con l'uomo che si sfoga tirando pietre in testa a tutti dall'alto di un albero, lascia affiorare poi una tristezza di fondo.

Il passato è avvolto da un'aura quasi mitica: gli eventi e i personaggi sono trasfigurati dalla magia della memoria e si distaccano dalla contingenza del momento per divenire atemporali, esempi della condizione umana più che figure o avvenimenti storici. Così la bella Gradisca, oggetto del desiderio dei ragazzi, è il simbolo del femminile; il passaggio del transatlantico Rex o della corsa automobilistica della Mille Miglia sono momenti sospesi nel tempo e nello spazio, più vicini alla consistenza del sogno che a quella della realtà.
Infine, mentre un'incredibile nevicata copre di bianco tutta la città, rendendo l'atmosfera ancora più irreale, la madre di Titta muore, la Gradisca finalmente si sposa e lascia la cittadina; un'epoca, quella dell'infanzia e dell'adolescenza, è ormai finita.

Il protagonista del film è Titta, un ragazzino goffo e timido, che cerca faticosamente di conquistare un equilibrio tra la volontà di crescere e il desiderio di restare bambino.

Una delle sequenze più suggestive è quella del passaggio del "Rex", atteso da tutti gli abitanti della cittadina come un'apparizione, a metà tra la realtà e il fascino della fantasia.

Alcune delle sequenze più divertenti del film sono ambientate a scuola, tra le buffe manie dei professori e la svogliata partecipazione dei ragazzi, pronti più a scherzare che a studiare.

Spazio forum

T12

Ti proponiamo di discutere con i compagni e con l'insegnante alcune delle questioni sollevate dai testi presentati in questa sezione.
Per cominciare la discussione, riportiamo una serie di commenti di vario genere sull'argomento cibo, lasciati sui forum virtuali dai partecipanti. Scegline uno e spiega se ti trova d'accordo e perché.

TIPOLOGIA
> FORUM ON LINE

1. Orazio ha scritto alle 13:45 del 5 maggio 2010
me lo spiegate a che serve impararsi a memoria tutte 'ste formule matematiche o le declinazioni il significato delle parole latine? Mi sembra di essere un pappagallo a forza di sforzarmi di ripeterle e domani me le sarò dimenticate di nuovo... Ma a che serve tutto 'sto sforzo???? Tanto trovo tutto sul libro!

14.29 | Aggiungi un commento | Leggi commenti - (1) |
Maccheronix bel discorso, pivello! Ma a scuola il libro mica lo puoi usare! E poi fai prima...

14.32 | Aggiungi un commento | Leggi commenti - (2) |
Orazio fai prima???? sì, dopo, ma con tutto il tempo che ho perso prima non so quanto ci guadagno!

14.39 | Aggiungi un commento | Leggi commenti - (3) |
Lalla ma dai che poi ti fa bene, la memoria è come un muscolo devi allenarla, altrimenti si atrofizza, e la tua... mi sembra già sulla buona strada ;-))))

2. Bibi4545 ha scritto il 13 maggio 2010 alle 13:33
Ciao a tutti, sono una studentessa di legge. Volevo sapere se siete a conoscenza di qualche integratore per stimolare la memoria e per tenere alta la concentrazione dello studio... fatemi sapere!

14.29 | Aggiungi un commento | Leggi commenti - (1) |
Momixx Io studio Chimica e Tecnologie Farmaceutiche, e ho provato di tutto... Eh eh io li studio i farmaci! Comunque quando sono sotto esame, prendo fosfolipidi e vit.B6 che male non fanno... solo fanno stare un po' più svegli e concentrati... ma sia chiaro non è che aumentino la memoria o l'intelligenza!

3. Darwin98 ha scritto il 25 agosto 2010 alle 12:12
stress da esami di riparazione... ma studiare la storia poi a che servirà? Tanto il passato è passato!!!

14.02 | Aggiungi un commento | Leggi commenti - (1) |
Koala sì ma senza il passato non sapremmo chi siamo!

14.19 | Aggiungi un commento | Leggi commenti - (2) |
Chicca89745 e chi siamo?

4. Mammansiosa ha scritto il 2 settembre 2010 alle 21:35
che tristezza passeggiare per strada con i miei figli quindicenni e constatare che non sanno nulla della loro città... per me ogni pietra è un pezzo di storia, ogni angolo mi dice qualcosa... possibile che vada tutto perduto?

22:33 | Aggiungi un commento | Leggi commenti - (1) |
Frick768 magari la curiosità verrà in seguito, non angosciarti. Forse però non li hai portati mai a passeggiare abbastanza!!!

Prima della discussione

Prima del dibattito in classe, preparati a confrontarti con i tuoi compagni chiarendoti le idee sulle questioni proposte. Rileggi i testi raccolti in questa sezione dell'antologia ed eventualmente approfondisci gli argomenti che ti interessano di più o che ti risultano meno chiari.
Scegli quindi la tua tesi e preparati degli argomenti validi per sostenerla.

Dopo la discussione

1. Quali opinioni diverse dalle tue sono emerse durante il dibattito?
2. Sei riuscito a sostenere la tua tesi argomentandola con chiarezza?
3. Qualcuno ha cambiato idea durante il dibattito o sono rimasti tutti fermi nelle loro convinzioni?
4. E tu, hai modificato la tua opinione in qualche suo aspetto?

Proposta di lettura

Ernesto Ferrero

I migliori anni della nostra vita

Feltrinelli

Nel suo libro I migliori anni della nostra vita, *Ernesto Ferrero svolge il filo della memoria per raccontare la storia degli "anni d'oro" della casa editrice Einaudi, che ha conosciuto dall'interno, essendone stato collaboratore e poi direttore editoriale. Attraverso i suoi ricordi si compongono i ritratti di personaggi come Cesare Pavese, Natalia Ginzburg, Italo Calvino, Primo Levi, Leonardo Sciascia e, primo fra tutti, quello del fondatore: l'editore Giulio Einaudi, con le sue speranze, le sue passioni, le sue ambizioni. Figure e storie quasi epiche, esemplari della cultura italiana, che Ferrero consegna alle giovani generazioni perché le conoscano e ne facciano tesoro.*

«È l'uomo più intelligente che abbia mai conosciuto. Un genio. Un capitalista di tipo speciale. Non accumula profitti. Accumula qualcosa di più importante, di più duraturo. Accumula prestigio.» Il treno correva nella notte verso Roma. Dopo Livorno, verso Castiglioncello, brandelli di mare nero e ciuffi di pini, corolle di luci tremule schizzavano all'improvviso fuori delle gallerie. Stavamo in piedi nel corridoio, a parlare. Ascoltavo con devozione la voce di Giulio Bollati che mi svelava i segreti dell'Olimpo di Via Biancamano, in cui ero stato appena ammesso. Era la primavera del 1963 Pensai distintamente che per un prodigio insperato ero stato accolto nella regione mitologica in cui cresce l'albero della Felicità.

Forse bisogna proprio partire di qui, dalla felicità. Abbiamo della felicità un'idea timida e intermittente. Parlarne è difficile, come parlare di Dio. Ogni parola la immiserisce, ne dissolve l'incanto. Impossibile classificarla, quantificarla. Al massimo possiamo tentare delle perifrasi, delle allusioni, nominandola con cautela. Ne parliamo soltanto al passato, quando ci ha abbandonato, forse per punirci di non esserci accorti della sua presenza. Dice un verso di Cardarelli: *Felicità, ti ho riconosciuta dal passo con cui ti allontanavi.* [...]

Solo a ottant'anni, nel corso di una lunga intervista con Severino Cesari, l'Editore si è deciso a darne una descrizione che assomiglia ad una ricetta. Adesso poteva dire di conoscerla bene. Ne parlava con affettuosa serenità, come di un vecchio coniuge: «... Il lavoro editoriale come lo vedo io: non tutti imbavagliati a remare nelle galere, l'editoria non può essere un lavoro forzato. Se è un lavoro in libertà lo fai più volentieri, no? Forse lo fai con un po' di felicità, non credi? Non è appunto un lavoro che dovrebbe essere felice, questo?». [...]

Orgoglio superbo della scommessa. Pubblicare libri di cui nessuno aveva sentito parlare, a dispetto del mercato, e dopo dieci, vent'anni diventano indispensabili: Proust, il diario di una ragazza ebrea di Amsterdam, Musil, Braudel, Beckett, Yourcenar. Ma anche incontrare persone speciali, scoprire pittori, coltivare piante rare, viaggiare, innamorarsi d'un oggetto, di una pietanza, d'un vino, di un paesaggio. Diceva: «Editoria è conoscenza degli uomini».

La felicità aveva persino un suo stile riconoscibile, che la certificava e garantiva. Uno stile asciutto, sempre lo stesso, sia che si trattasse di impaginare un testo, scegliere una copertina, arredare una casa. Lo stile del potatore, che sfronda e alleggerisce per dare aria alle piante.

L'Editore voleva creare intorno alle persone e agli oggetti uno spazio vuoto, un momento di silenzio, perché potessero riflettere, respirare. Lo spazio che dà risalto a pochi oggetti esemplari. Il bianco che detta rare presenze emblematiche. Per questo il colore araldico dello Struzzo è il bianco in campo bianco.

Ernesto Ferrero (1938), scrittore e critico letterario, è stato direttore editoriale di Einaudi e Garzanti, e direttore letterario di Mondadori. Dal 1998 è direttore del Salone Internazionale del Libro di Torino. È autore di numerose opere di saggistica e di narrativa, tra cui *N*, dal quale nel 2006 il regista Paolo Virzì ha tratto il film *N (Io e Napoleone)*.

Proposte di scrittura

1 **Scrivere un testo regolativo.** La prestigiosa Harvard Medical School ha pubblicato un agile volume dal promettente titolo: *Migliorare la memoria: capire e prevenire la perdita della memoria legata all'età*, nel quale propone un decalogo per migliorare le funzionalità della memoria. Dopo aver raccolto informazioni sulle strategie che "fanno bene" alla memoria (dalle ore di sonno, agli "esercizi" di memoria), prova anche tu a stilare un decalogo che contenga delle strategie per rendere la memoria più brillante ed efficiente.

2 **Scrivere un testo narrativo.** Tu hai buona memoria? Ti è mai capitato di dimenticarti qualcosa di importante? Oppure di incorrere in episodi spiacevoli per esserti dimenticato un nome, un impegno, una ricorrenza particolare? Racconta uno o più di un episodio che ritieni significativo, strutturando il tuo testo come un racconto breve di carattere autobiografico.

3 **Scrivi un saggio breve** sul tema della memoria. Scegli almeno quattro documenti tra i testi che sono presenti in questa Unità o tra quelli proposti qui sotto, sviluppa un testo coerente di non più di quattro colonne di foglio protocollo e poi stabilisci il titolo del tuo saggio e precisane la destinazione editoriale.

a. Anche mentre io sono al buio e nel silenzio, traggo dalla memoria, se voglio, i colori, e distinguo tra bianco e nero e ogni altro colore che mi pare [...]. Così tutte le altre cose che vengono introdotte e messe da parte attraverso i sensi, le posso ricordare quanto mi piace: distinguo il profumo dei gigli da quello delle viole senza odorare nulla, e, senza nulla gustare né toccare, ma soltanto ricordando, preferisco il miele al mosto cotto, il dolce all'aspro. Compio queste azioni al mio interno, nella grande stanza dove abita la memoria. Là sono a mia disposizione cielo, terra e mare con tutto ciò che in essi potei cogliere con i sensi: manca soltanto ciò che ho dimenticato. Là ritrovo anche me stesso e ricordo quello che ho fatto, quando, dove e con quali sentimenti l'ho fatto.

Sant'Agostino, *Le confessioni*, Edizioni San Paolo

b. Nelle lunghe ore di silenzio mi si affollano i ricordi, tutto mi è accaduto nello stesso istante, come se la mia vita intera fosse una sola immagine intelligibile. La bambina e la giovane che fui, la donna che sono, la vecchia che sarò, tutte le tappe sono acqua della stessa impetuosa corrente. La mia memoria è come un murale messicano in cui tutto accade simultaneamente: le navi dei conquistatori in un angolo mentre l'Inquisizione tortura gli indio in un altro, i liberatori che galoppano con le bandiere insanguinate e il Serpente Piumato di fronte a un Cristo sofferente fra le ciminiere fumiganti dell'era industriale. Così è la mia vita, un affresco molteplice e variabile che solo io posso decifrare e che mi appartiene come un segreto.

Isabel Allende, *Paula*, Feltrinelli

c. Ma, quando niente sussiste d'un passato antico, dopo la morte degli esseri, dopo la distruzione delle cose, più tenui ma più vividi, più immateriali, più persistenti, più fedeli, l'odore e il sapore, lungo tempo ancora perdurano, come anime, a ricordare, ad attendere, a sperare, sopra la rovina di tutto il resto, portando sulla loro stilla quasi impalpabile, senza vacillare, l'immenso edificio del ricordo.

Marcel Proust, *Dalla parte di Swann*, in *Alla ricerca del tempo perduto*, Einaudi

d. "I giorni se ne vanno io rimango". Il passato non è qualcosa che mi sottrae dal presente per lamentarsene e tenergli il broncio. Appartiene all'istante che sto vivendo. Gli dà spessore. I miei ricordi non suscitano in me rimpianto, ma stupore e gratitudine. [...] Continuo a lustrare quegli istanti perfetti. La loro dolcezza aumenta. Quando mi capita di attraversare un brutto periodo, posso sempre andarli a cercare nel granaio della memoria. Forse, un giorno, non avrò più fiato per salire la scala che mi porta fin lassù. In mancanza di queste sementi, sarà come danzare con la pancia vuota davanti a una credenza chiusa a doppia mandata.

Pierre Sansot, *Quel che resta. L'importanza della memoria*, Marco Tropea Editore

Dalla lettura alla scrittura: la recensione

Che cos'è

Recensire significa «esaminare, passare in rassegna, fare una ricognizione». Una recensione è dunque un testo che ha lo scopo di **presentare** e **valutare** un **prodotto culturale**, un'**opera** letteraria, scientifica, artistica (un libro, un film, un disco, uno spettacolo musicale o teatrale, una trasmissione televisiva, un videogioco ecc.). Più di recente il concetto di recensione si è esteso anche all'ambito **turistico** ed **eno-gastronomico** e viene applicato anche a vini, ristoranti, alberghi e locali.

Come si presenta

Per quanto riguarda il **contenuto**, la recensione appartiene a una tipologia testuale **mista**, in cui si alternano parti **narrative o descrittive** (la trama del film o del romanzo, la descrizione di uno spettacolo, ecc.), parti **informative** (il titolo, l'autore la casa editrice del libro, il cast dello spettacolo, ecc.) e parti **argomentative** (l'analisi degli aspetti contenutistici ed estetici, la valutazione generale dell'opera).
La recensione deve fornire al lettore indicazioni sul **contenuto** e sulla **qualità** dell'opera o prodotto esaminato, per questo il **giudizio del recensore** è un elemento irrinunciabile e può contenere elementi fortemente elogiativi così come severe critiche. Nelle recensioni di **critica** letteraria, musicale o cinematografica, al lettore vengono presentate possibili **chiavi interpretative** dell'opera, che viene generalmente inquadrata anche all'interno della produzione complessiva dell'autore/regista e di un più ampio panorama di riferimenti culturali.
Dal punto di vista **linguistico-formale**, la recensione è scritta in **terza persona** e utilizza il **tempo presente**. Il linguaggio della recensione è ricco di **termini tecnici** specifici del settore cui appartiene il prodotto culturale recensito. Il grado di tecnicismo dipende però dalla **destinazione editoriale** della recensione e dal **pubblico** cui è rivolta: sarà maggiore nelle recensioni pubblicate su riviste specialistiche rivolte a lettori esperti dell'argomento, e minore nelle recensioni pubblicate su quotidiani e riviste di largo consumo, rivolte a un pubblico di non esperti. In quest'ultimo caso il linguaggio sarà più accattivante e colloquiale.

Come si fa una recensione

La recensione ha una struttura piuttosto **flessibile**: le parti di cui si compone possono avere lunghezza variabile e una disposizione piuttosto libera.

1. Per quanto riguarda la **recensione letteraria** gli elementi irrinunciabili sono i seguenti.

- **dati generali dell'opera** → autore, titolo, (eventuale traduttore, se l'originale è stato pubblicato in una lingua diversa dall'italiano), casa editrice, anno di pubblicazione (eventualmente, numero di pagine, codice ISBN e prezzo di copertina)
- **presentazione dell'opera** → argomento generale e trama (narrata in modo sommario evitando di svelare il finale)
- **analisi degli aspetti formali e stilistici dell'opera** → stile, confronto con altre opere dell'autore e con altre opere letterarie
- **valutazione dell'opera** → giudizio critico sul libro

Esempio di recensione letteraria

Ti diamo qui un esempio di recensione di un romanzo, tratta da un mensile italiano di informazione culturale (M.V. Vittori, «L'Indice dei libri del mese», XVII, 2000, n. 6).

Titolo	La gallina volante
Autore	Mastrocola Paola
Prezzo	€ 14,00
Dati	2005, 213 p., brossura, 10 ed.
Editore	Guanda (collana Narratori della Fenice)

A vent'anni esatti di distanza dal suo debutto nelle patrie lettere (nel 1980, nel libro di Luigi Malerba *Le galline pensierose*), quest'onesto animale chiamato gallina ritorna ad animare le pagine di un romanzo. Un romanzo che racconta di Carla, quarantenne professoressa di lettere sposata e con due figli, equamente divisa tra il suo pollaio, che ospita ventiquattro galline, e la scuola, ambienti non così distanti come si potrebbe supporre. L'autrice (nata nel 1956 e al suo esordio) ne parla con cognizione di causa, dal momento che è un'insegnante di scuola superiore; e se pure s'era vista nei libri di Domenico Starnone un'analoga rappresentazione ironica talvolta impietosa del mondo scolastico, risulta del tutto inedito il connubio che qui s'instaura tra scuola e

pollaio, discenti e galline, insegnamento e allevamento.
La storia è inscritta in una struttura circolare: l'eterno ritorno dell'anno scolastico, con i sui riti e le sue scartoffie; ed è una scrittura circolare che richiama però anche il recinto di un pollaio, com'è testimoniato dalle ricorrenze lessicali: apre e chiude la storia il verbo «beccare», e si ritrovano di frequente espressioni come «zampettare», «raspare», «abbassare la cresta», «abbassare le ali».
All'interno di questo doppio recinto di scuola-pollaio la protagonista «cova» un sogno smisurato: quello di riuscire a far volare una gallina. Impresa ridicola, disperata, impossibile: ma se la gallina ha le ali perché non dovrebbe usarle? Del resto insegnare a usare le ali è anche quello che lei quotidianamente fa, o cerca di fare, con i suoi allievi, i suoi ragazzi «a cui hanno appiattito il mondo». E non è certo impresa meno ridicola, o disperata, o impossibile.
Le lezioni di sradicamento dai luoghi comuni ovvero di volo che Carla cerca di impartire ai suoi allievi inerti, orizzontali, paghi di becchettare in terra, sono vere e proprie partiture di un'operetta tragicomica. Per fortuna in classe c'è Tanni, ovvero Carla Tannivella, che non sarà un genio ma è una che ha i pensieri e possiede «la dote straordinaria, ormai rarissima, di saperli esprimere in un sorriso, in un tema»; e, nel pollaio, c'è Corvetta, la gallina tutta nera che è più curiosa delle altre, più disponibile all'avventura... Come andrà a finire non si sa, e del resto non ha alcuna importanza, perché il pregio maggiore di questa storia esilarante, beffarda e anche un po' commovente - che meritatamente ha vinto lo scorso anno il premio Calvino per l'inedito - risiede per l'appunto nella sua capacità di mantenere aperta la curiosità, la disponibilità al volo a dispetto di ogni recinto, d'ogni orizzontalità.

2. Per la recensione cinematografica, la struttura non è molto diversa.
- **dati generali dell'opera** → titolo, regista e attori, genere (eventuale testo letterario di riferimento), Paese di produzione, anno di uscita (eventuali premi ricevuti)
- **presentazione dell'opera** → argomento generale e trama dell'opera (narrata in modo sommario evitando di svelare il finale)
- **analisi degli aspetti formali e stilistici dell'opera** → tecniche di regia e di recitazione, scenografia, colonna sonora, confronto con altre opere del regista o con altri film che hanno trattato lo stesso tema
- **valutazione dell'opera** → giudizio critico generale sul film, giudizio critico analitico su regista e attori

Esempio di recensione cinematografica

Nelle pagine di questa sezione hai potuto leggere alcuni esempi di recensione cinematografica. Ti forniamo qui la recensione di un film uscito in DVD (C. Morgoglione, «la Repubblica», 16 aprile 2010).

Julie & Julia (Sony Pictures). Meryl Streep nell'ennesima grande interpretazione, anche in questa commedia leggera leggera diretta dalla specialista del genere Nora Ephron. Una trentenne di oggi (Amy Adams), insoddisfatta della sua vita, apre un blog e lancia una sfida a se stessa: cucinare in un tempo stabilito tutte le ricette della regina storica della gastronomia (Meryl Streep...). E così, in un alternarsi tra passato e presente, seguiamo la vita in parallelo di due donne, unite dall'amore per la buona tavola e dalla voglia di non arrendersi. Come extra ci sono i commenti tecnici, il dietro le quinte, uno speciale e i trailer.

Attività

1 **Qual è il giudizio del recensore sul libro di Paola Mastrocola? Giustifica la tua risposta con adeguati riferimenti al testo.**

2 **Individua nel testo della recensione letteraria i commenti di carattere stilistico.**

3 **Cosa viene maggiormente messo in risalto del libro?**

4 **Ricostruisci regista e interpreti del film dalle informazioni nella recensione del DVD.**

5 **Quali elementi aggiuntivi sono presenti in una recensione di DVD rispetto a quella di un film?**

6 **Ora prova tu a scrivere la recensione di un libro o di un film, sulla base dei seguenti suggerimenti.**
- Fornisci con precisione tutti i dati bibliografici o filmografici essenziali
- Usa un linguaggio accattivante ma chiaro
- Dai al tuo testo un titolo che attragga e incuriosisca il lettore.
- Inserisci alcune brevi citazioni dal testo o dal dialogo del film se ti sembrano particolarmente significative
- Privilegia i dettagli rispetto all'intero, non pretendere di descrivere la trama nella sua completezza e soprattutto non svelare il finale, specialmente se si tratta di un giallo: allo spettatore/lettore deve rimanere la curiosità della scoperta personale
- Non abbandonarti a lodi o critiche esagerate: la recensione può essere elogiativa o severa, ma richiede una certa dose di sobrietà

Indice biografico degli autori

Albertazzi Giorgio (1923), attore e regista italiano. Tra i protagonisti del nostro teatro, ha lavorato a lungo anche per la televisione e si è cimentato con il cinema.

Alberti Leon Battista (1406-1472), architetto, urbanista e scrittore italiano. Esponente della prima fase del Rinascimento italiano, vi contribuisce anche con gli studi sul classicismo romano e sulla teoria dell'arte.

Alceo (630 a.C. - VI sec. a.C.), poeta greco. Contemporaneo di Saffo, è autore di versi di vario argomento, in particolare politico. Lla sua produzione (dieci libri, di cui restano circa 400 frammenti) si caratterizza per lo stile aderente alla realtà e abile nel variare i toni espressivi.

Alcmane (VII sec. a.C.), poeta greco. È autore di liriche per lo più destinate ad azioni corali e caratterizzate da grande abilità descrittiva delle immagini naturali e della bellezza muliebre.

Alfieri Vittorio (1749-1803), letterato italiano, il maggiore del nostro 700. Erede dell'Illuminismo ma aperto ai nuovi fermenti europei, è autore di tragedie incentrate sul dramma interiore del protagonista, con una scrittura innovativa per forza espressiva. Scrive anche trattati di argomento morale e politico, accostandosi poi alla poesia e alla satira.

Alma-Tadema Lawrence (Laurens; 1836-1912), pittore olandese, uno dei maggiori del tardo 800. Il suo stile classicista è scrupoloso nel far rivivere il mito edulcorato dell'antica età romana.

Altan (Francesco Tullio-Altan, 1942), autore di fumetti, di satira, di libri per bambini e sceneggiatore italiano. I protagonisti delle sue vignette sono in genere persone comuni, quasi mai personaggi pubblici.

Altman Robert (1925-2006), regista statunitense. Esordisce come sceneggiatore e regista televisivo. Il suo cinema ha un tono sarcastico, amaro: capace di grandi scene corali e di un abile montaggio che connette tante piccole storie, ha saputo penetrare lucidamente e impietosamente nella realtà americana, svelandone crudeltà e ossessioni.

American Scene Painting. Corrente pittorica statunitense sviluppatasi tra gli anni 20 e gli anni 40 del 900. Il movimento, in aperto rifiuto delle novità artistiche che giungevano dall'Europa, si propone il ritorno a una pittura realistica che abbia come oggetto scene di vita contemporanea, con speciale riferimento alla realtà cittadina e rurale americana, come è per la più tarda corrente del Regionalismo rappresentata da artisti quale Grant Wood.

Anacreonte (570 a.C. - 480? a.C.), poeta greco. La sua poesia, dalla metrica semplice ed elegante, si colloca nell'ambiente raffinato delle corti greche ed ha per oggetto il simposio, l'erotismo, la gioia dionisiaca. Della sua opera (cinque libri, tra canti, giambi ed elegie) restano circa 160 frammenti.

Apollinaire Guillaume (Wilhelm Apollinaris de Kostrowitzky; 1880-1918), poeta francese. È una figura centrale del dibattito artistico del primo 900, alla ricerca di una poesia che nella libera sperimentazione formale raccolga la molteplicità del reale.

Arienti Carlo (1800-1873), pittore italiano. Personalità riconosciuta del Romanticismo (v.) milanese, riceve importanti commissioni pubbliche e private e raggiunge alte cariche accademiche.

Aristofane (445 a.C. - dopo il 388 a.C.), commediografo greco. Vive la parabola discendente della splendida civiltà ateniese cui guarda con atteggiamento conservatore, scrivendo numerose commedie: ne restano undici intere e una serie di frammenti. La carica fantastica e surreale delle visioni si unisce a un'esaltazione della vita in tutte le sue gioie e i suoi piaceri, con una lingua caratterizzata da libertà e invenzione.

Aristotele (384-322 a.C.), filosofo greco. Discepolo di Platone, è precettore di Alessandro Magno e fondatore della Scuola peripatetica di Atene. La sua figura resta tra le più grandi della filosofia antica per la capacità di elaborare un sistema complesso governato dalla logica, in cui si organizza il sapere antico, specie scientifico, denso di sviluppi per la modernità.

Art Déco. Movimento artistico derivato dall'*Art Nouveau* (v.) e affermatosi dopo il 1925. Si distingue per le forme geometriche ad andamento spezzato e spigoloso e l'essenzialità delle composizioni. Come *l'Art Nouveau* abbraccia le arti applicate e l'artigianato, diffondendo un gusto destinato alle classi aristocratiche.

Art Nouveau. Vasto ma unitario movimento artistico diffusosi in Europa e Stati Uniti tra la fine dell'800 e i primi del 900, nell'ambito dell'architettura e delle arti decorative, in cui dà vita a un gusto di sapore "aristocratico". Si caratterizza per un elegante linearismo, ispirato alle forme naturali sottoposte a forte stilizzazione. Prende nomi diversi nelle varie regioni: *Art Nouveau* in Francia, *Jugendstil* in Germania, *Liberty* in Italia, *Modernismo* in Spagna, *Sezessionstil* in Austria.

Arte Bizantina. Civiltà artistica nata a Costantinopoli (Bisanzio) nel IV secolo d.C. e protrattasi fino alla caduta della città ad opera degli Ottomani nel 1453. È caratterizzata da un forte slancio ascetico, una decisa astrazione delle forme e una fissità degli stilemi figurativi, atti ad esprimere più compiutamente contenuti religiosi e cerimoniali.

Arte Gotica. Corrente stilistica del tardo Medioevo, sviluppatasi originariamente nel nord della Francia intorno al 1180 e poi diffusasi nel resto d'Europa. Lo stile gotico, pur abbracciando tutte le arti, caratterizza particolarmente l'architettura (è lo stile delle grandi cattedrali) per il forte slancio ascensionale dato alle strutture e per l'importanza assegnata alla luce filtrata dalle vetrate colorate. Presso le altre arti, come la scultura e la pittura, si distingue per l'eleganza delle forme, il naturalismo, l'amore per la decorazione.

Astrattismo (o *arte astratta*). Orientamento artistico del 900 basato sulla liberazione delle forme artistiche dalla necessità di dover rappresentare la realtà naturale. Sfrutta le risorse della percezione visiva e si affida alla totale autonomia delle forme e dei colori per ricercare una realtà più vera e profonda di quella apparente.

Avanguardie storiche. Movimenti culturali e artistici del 900, caratterizzati dalla volontà di rinnovamento e dalla rottura con i valori e la tradizione artistica ottocentesca. Ne fanno parte, per esempio, l'Astrattismo (v.), il Dadaismo (v.), il Futurismo (v.). il Surrealismo (v.).

Balla Giacomo (1871-1958), pittore italiano. Tra i fondatori del movimento futurista, dedica gran parte della sua ricerca pittorica alla rappresentazione del movimento e della luce, elaborando segni e forme di un idoneo codice visivo.

Baricco Alessandro (1958), scrittore italiano. All'attività di narratore affianca l'impegno per la divulgazione letteraria attraverso il teatro, la televisione e Internet.

Barocco. Corrente artistica diffusasi in Europa tra la fine del 500 e il 700. Indirizzata al coinvolgimento emotivo dello spettatore, si caratterizza per uno spirito innovatore che predilige l'esuberanza delle forme, la fantasia, l'ispirazione scenografica, supportate da grande abilità e virtuosismo nell'impiego delle tecniche artistiche.

Basquiat Jean-Michel (1960-1988), pittore statunitense. Protagonista del Graffitismo americano degli anni 80, dalle prime esperienze di strada arriva a lavorare a fianco di Andy Warhol e Keith Haring, fino alla morte a soli 27 anni.

Bassani Giorgio (1916-2000), scrittore italiano. Tra i maggiori romanzieri del 900, ricostruisce l'ambiente della comunità ebraica ferrarese attraverso cui rievoca un eden perduto, guardando ad esso con la consapevolezza struggente del lento decadere delle speranze e illusioni del passato.

Bécquer Gustavo Adolfo (1836-1870), poeta spagnolo. È autore di componimenti in genere brevi, incentrati su temi di un Romanticismo (v.) intimo e dolente e caratterizzati da uno stile attento alla qualità musicale del verso e dotato di apparente semplicità.

Bega Cornelis (1631/32-1664), pittore olandese. Pittore e incisore barocco proveniente da una famiglia di artisti, predilige la scena di genere, scurendo progressivamente la propria tavolozza e approfondendo l'elemento psicologico dei soggetti.

Benedek Laszlo (1905-1992), regista ungherese. Emigrato in America negli anni 40 del 900, diviene celebre con la regia del film *Il selvaggio*, un cult movie sulla gioventù ribelle degli anni 50 intepretato da un giovane Marlon Brando.

Berchet Giovanni (Riccardo Michelini; 1783-1851), scrittore italiano. Letterato attivo sul piano civile e politico nel periodi risorgimentale, resta celebre per la *Lettera semiseria di Grisostomo al figliuolo*, manifesto della letteratura romantica italiana, di cui enuclea fini e destinatari con chiarezza di argomentazione.

Berlinghieri Bonventura (notizie dal 1228 al 1274), pittore italiano. Appartenente a una celebre famiglia di pittori lucchesi, mostra una volontà di superamento della tradizione bizantina a favore di una maggiore ricerca di vivacità narrativa e di umanità, in linea col nuovo messaggio francescano.

Berti Antonio (1904-1990), scultore italiano. Di famiglia contadina, dopo un esordio come disegnatore di porcellane, giunge al ritratto scolpendo busti di personaggi celebri.

Berni Francesco (1497 ca. - Firenze 1535), poeta italiano. Vive tra Roma e Firenze al servizio di grandi cardinali del primo 500, scrivendo carmi, rime e sonetti in cui si palesa uno spirito irregolare, satirico e amante del paradosso: l'altra faccia, libera e dissacrante, della poesia cinquecentesca.

Blake William (1757-1827), poeta, pittore e incisore inglese. Genio visionario e "profetico", mistico religioso, ritiene il poeta un veggente dotato di un'immaginazione di natura divina capace di penetrare nella ragnatela di simboli dell'universo.

Boccioni Umberto (1882-1916), artista italiano tra i maggiori del Futurismo (v.), è attratto dai temi della società industriale e del progresso, di cui traduce visivamente lo slancio dinamico e positivo. Studia la resa del movimento nella sua dimensione temporale, introducendo elementi nuovi come la durata e la simultaneità.

Böcklin Arnold (1827-1901), pittore svizzero. Artista simbolista, si riallaccia alla tradizione del Romanticismo (v.) tedesco proponendo una pittura che, con forme realistiche e accuratezza classicistica, riesce altamente evocativa.

Boiardo Matteo Maria (1440 o 1441-1494), poeta italiano. Di nobile famiglia, amministratore feudale e letterato di solida cultura umanistica, è uomo di corte della Ferrara estense, dove si fa interprete della letteratura encomiastica e di quella cavalleresca, contraddistinta dalla vena fiabesca propria allo spirito tardogotico.

Bosetti Giulio (1930-2009), attore e regista italiano. Grande interprete del teatro italiano, con puntate nella televisione e nel cinema, è stato anche impresario e direttore di diversi teatri stabili.

Bouguereau William Adolphe (1825-1905), pittore francese. Tipico rappresentante della pittura accademica, dipinge con grande sottigliezza tecnica scene mitologiche, storiche e religiose.

Breton André (1896-1966), scrittore francese. In rapporto con gli esponenti di punta delle Avanguardie (v.) artistiche, si associa al gruppo dadaista e diviene in seguito il teorico indiscusso e il massimo promotore del Surrealismo (v.).

Bronzino (Agnolo Allori; 1503-1572), pittore italiano. Esponente del Manierismo fiorentino, si fa portavoce degli ideali di restaurazione del primato culturale del Granducato mediceo con una pittura intellettualistica, tersa, preziosissima.

Burchiello (Domenico di Giovanni; 1404-1449), poeta italiano. Di professione barbiere, vive a Firenze e poi a Roma, dove muore in miseria. Compone versi caratterizzati da un tono burlesco e da una libera associazione di parole e immagini costruite a partire da oggetti comuni e linguaggio quotidiano.

Burthe Léopold (1823-1860), pittore francese. Amico di Ingres, è un artista neoclassico.

Cabianca Vincenzo (1827-1902), pittore italiano. Partecipa al movimento fiorentino dei Macchiaioli, condividendone l'impostazione realista e l'impiego del colore dato per larghe campiture, con risultati felici nelle marine.

Caillebotte Gustave (1848-1894), pittore francese. Attraverso Monet conosce il gruppo degli Impressionisti, da cui trae insegnamento per la resa degli effetti di luce, pur conservando un'impostazione tenacemente realistica.

Calderón de la Barca Pedro (1600-1681), scrittore spagnolo. Funzionario e drammaturgo di corte a Madrid, ci ha lasciato 120 commedie e altri testi – come gli *autos* di argomento religioso –, espressioni tra le più compiute del teatro barocco, in cui il teatro diviene la grande metafora della vita umana e del rapporto tra gli uomini.

Campana Dino (1885-1932), poeta italiano. Una vita difficile, errabonda, e una precaria condizione di salute psichica fanno da sfondo a una poesia che mira a scatenare nel verso un'energia tumultuosa e distruttiva, mentre svela il carattere minaccioso e alienato di una particolare visione della realtà.

Campigli Massimo (1895-1971), pittore italiano. A Parigi viene influenzato dal Cubismo (v.) di cui apprezza soprattutto la componente dell'arcaismo, che in seguito approfondisce a favore di una figurazione sintetica e ieratica.

Campion Jane (1954), sceneggiatrice, produttrice e regista neozelandese. Autrice di una non vasta filmografia, porta sullo schermo una condizione femminile dolente, vittima delle convenzioni sociali e alla ricerca di una più vera libertà.

Camus Albert (1913-1960), scrittore francese. Nobel nel 1957, scrive - in un linguaggio di grande rigore e oggettività – saggi e romanzi sul tema dell'assurdo, dell'incapacità umana a trovare ragioni valide per il proprio esistere scivolando così nell'errore, nel misfatto, nell'estraneità da sé.

Canaletto (Giovanni Antonio Canal; 1697-1768), pittore italiano. Già scenografo, si specializza nella veduta di ampie composizioni che hanno per lo più come oggetto la città di Venezia, sviluppando grande attenzione per i valori atmosferici e luminosi del paesaggio lagunare.

Canova Antonio (1757-1822), scultore italiano. Caposcuola del Neoclassicismo (v.) italiano, supera le premesse barocche per mezzo di un profondo studio dell'antico compiuto a Roma. Vaste le commissioni ufficiali e la fama internazionale, che raggiunge l'apice nel periodo napoleonico.

Capa Robert (Endre ErnĐ Friedmann; 1913-1954), fotografo e fotogiornalista ungherese. Ha documentato alcuni dei più importanti conflitti bellici dell'epoca moderna, dalla Guerra civile spagnola allo sbarco alleato nel D-Day, con scatti memorabili.

Caproni Giorgio (1912-1990), poeta italiano. Tra le voci maggiori della poesia contemporanea, si distingue per uno stile di apparente semplicità, leggerezza e ironia, sempre attento alla musicalità della parola e del verso, dalle prime prove di calda adesione alla vita quotidiana fino al più tardo volgere verso una più cupa visione di un mondo vuoto e senza Dio.

Carducci Giosue (1835-1907), poeta italiano. Formatosi su vaste e varie letture, è docente universitario, uomo politico e punto di riferimento della cultura letteraria italiana, incarnando il poeta «vate», guida dell'impegno civile. La sua poesia conosce accenti diversi: all'intonazione retorica si alternano fatti di più intensa partecipazione umana e di più profondo lirismo.

Carrà Carlo (1881-1966), pittore italiano. Dopo una prima stagione futurista, approda alla pittura metafisica, per poi tornare a una pittura di paesaggio realistica, interiorizzata, culturalmente vischiosa.

Cartier-Bresson Henri (1908-2004), fotografo francese. Detto "l'occhio del secolo", interpreta la fotografia come fotogiornalismo e reportage, trasformandola in un'arte capace di cogliere con precisione e accuratezza i maggiori avvenimenti storici e i protagonisti del 900.

Casorati Felice (1883-1963), pittore italiano. È artista tra i più rappresentativi del Realismo magico italiano degli anni 20 del 900, che traduce come rigore lineare, immobilità delle figurazioni, atmosfera sospesa, astrazione.

Cassatt Mary (1844-1926), pittrice statunitense. Scoperta a Parigi da Degas, espone con gli impressionisti associando, ai temi di vita cittadina, la propria propensione per scene di amore materno.

Catullo Gaio Valerio (I sec. a.C.), poeta latino. A Roma viene a contatto con i *neoteroi* o *poëtae novi* e pratica una poesia aristocratica sull'esempio ellenistico, di grande perfezione formale, che all'epica preferisce componimenti minori incentrati sull'espressione della propria realtà interiore.

Cavaliere Alik (1926-1998), scultore italiano. Dal Primitivismo postcubista degli anni 50, giunge, attraverso la manipolazione dei materiali più diversi, a "paesaggi" costituiti da calchi reali o fittizi di elementi vegetali di spirito Pop Art (v.).

Cavani Liliana (1933), regista italiana. Figura irregolare del nostro cinema, tratta temi difficili, dal misticismo al disagio mentale, portando in scena la violenza, le perversioni sessuali e i ricetti oscuri dell'animo umano.

Đechov Anton PavloviĐ (1860-1904), scrittore e drammaturgo russo. È prolifico autore di novelle e opere teatrali, tra le più importanti del teatro russo, ove penetrano i più sottili movimenti psicologici dei personaggi, l'atmosfera di attesa che precede l'accadere di un evento minaccioso, il senso di fatalità e di tragicità della vita umana, forse anche come portato della sua vicenda biografica, segnata dalla miseria prima e dalla tubercolosi poi.

Cenne da la Chitarra (Bencivenne; seconda metà XIII sec. - † 1322-36), poeta italiano. Della sua opera restano tredici sonetti che formano una parodia a contrasto con quelli di Folgóre da San Gimignano e narrano i fastidi che ciascun mese dell'anno arreca a una brigata di poveracci.

Cesareo Giovanni Alfredo (1860-1937), letterato italiano. Giornalista e docente universitario, è importante critico letterario e senatore durante il governo di Benito Mussolini.

Cézanne Paul (1839-1906), pittore francese. Opera un superamento dell'Impressionismo (v.), dando ai soggetti maggiore concretezza costruttiva, grazie a un attento equilibrio compositivo, una pennellata pastosa, l'impiego di colori che, rinunciando alla vibrazione luminosa, esaltano la forma delle cose.

Chagall Marc (1887-1985), pittore russo. In contatto con il Cubismo (v.) e le tendenze artistiche francesi degli anni 20 e 30 del 900, sviluppa uno stile particolarissimo in cui si intrecciano la tradizione ebraica, la vita dei contadini russi, la memoria dell'infanzia, rivissute in senso lirico e con l'ottimismo della favola.

Chandler Raymond (1888-1959), scrittore statunitense. È uno dei maggiori autori di narrativa poliziesca del filone hard boiled, considerato anche dalla critica per la qualità letteraria delle sue opere.

Chanson de Roland (*Canzone di Orlando*; inizio XII secolo), canzone di gesta francese giuntaci attraverso un codice manoscritto risalente alla seconda metà del XII secolo. Le gesta narrate sono quelle di Orlando, paladino di Carlo Magno, del suo eroismo e della sua fedeltà ai più alti valori morali.

Chini Galileo (1873-1956), pittore, ceramista e scenografo italiano, uno dei maggiori del nostro Liberty. Celebri gli allestimenti della Biennale di Venezia nel primo decennio del 900.

Church Fredric Edwin (1826-1900), pittore americano. Paesaggista della *Hudson River School*, dipinge vasti e suggestivi scenari naturali, di cui accentua i valori atmosferici ed esalta gli aspetti più intensamente romantici.

Cielo d'Alcamo (XIII sec.), poeta italiano. Gli viene riferito il contrasto *Rosa fresca aulentissima*, in origine anonimo ma ripetutamente attribuito a un probabile Michele (da cui il diminutivo siciliano *Celi*, e *Cielo* nella forma toscana), proveniente dalla cittadina siciliana di Alcamo.

Clair René (René-Lucien Chomette; 1898-1981), regista francese. Esponente del cinema d'avanguardia (v.) francese degli anni 20 del 900, porta in scena l'opera surrealista di Francis Picabia e diviene in seguito il maestro di una commedia ironica ed elegante, pervasa d'intellettualismo.

Cole Thomas (1801-1848), pittore statunitense di origine inglese. Pur eccellendo nel genere del paesaggio, frequenta anche temi religiosi e allegorici, che rende con tratti d'intenso realismo ma di forte richiamo simbolico in uno stile proprio della pittura romantica.

Coleridge Samuel Taylor (1772-1834), poeta inglese. È, assieme all'amico Wordsworth, il maggior poeta del Romanticismo (v.) inglese. Nelle sue opere rivela la fascinazione per il remoto e l'oscuro, individua l'immaginazione come forza creativa e il poeta come strumento dell'ispirazione artistica.

Commedia dell'Arte. Genere teatrale sviluppatosi tra il 500 e il 700, basato sull'assenza del testo scritto,sostituito da semplici canovacci, da integrare ricorrendo all'improvvisazione e a repertori convenzionali di battute e lazzi. Si caratterizza per la presenza di tipi fissi, le maschere – la cui origine è sia antica e popolare (Arlecchino), sia ispirata alla vita quotidiana (Pantalone) –, e una recitazione che mescola mimica, danza e musica.

Corcos Vittorio Matteo (1859-1933), pittore italiano. Dopo un apprendistato napoletano, si trasferisce a Parigi ove sa affermarsi come ritrattista e pittore di varia mondanità.

Corneille Pierre (1606-1684), drammaturgo francese. Protetto dal cardinale Richelieu e presto membro dell'Accademia di Francia, ispira le sue opere teatrali a una ferrea disciplina stilistica che comprende il rispetto delle tre unità aristoteliche, ma non manca di dare alle sue tragedie maggiori un senso del meraviglioso e un respiro moderno che rinnova profondamente il teatro barocco.

Corot Jean-Baptiste-Camille (1796-1875), pittore francese. Paesaggista classicista, alterna una più ortodossa produzione ufficiale con una pittura innovativa giocata sull'equilibrio tonale, capace di cogliere sinteticamente le vibrazioni atmosferiche.

Corrente. Movimento artistico milanese nato intorno all'omonima rivista, fondata nel 1938. Contrario all'isolamento culturale dettato dal regime fascista e alla retorica ufficiale, si caratterizza per l'apertura verso le novità artistiche europee e l'apprezzamento per la pittura postimpressionista e per l'arte "impegnata" della *Guernica* di Picasso.

Crewdson Gregory (1962), fotografo statunitense. Pone al centro scene di vita reale colte con sguardo da cineasta, curando il set nei dettagli e fermando il fotogramma in un momento di tensione colto spesso alla minacciosa luce del crepuscolo.

Croce Benedetto (1866-1952), filosofo, critico e storico italiano. Uomo politico di primo piano durante il fascismo e nel primo dopoguerra, sviluppa su principi hegeliani una filosofia e un'estetica che ne fanno un critico caustico di questo o quell'autore, esercitando un'influenza pesante sulla cultura italiana, cui fa seguito una anticrocianesimo altrettanto reciso.

Cubismo. Corrente artistica nata in seguito alle ricerche avviate da Pablo Picasso e Georges Braque nel primo decennio del 900. Con il Cubismo la pittura rinuncia a riprodurre la realtà in senso mimetico, privilegiando la resa sulla tela degli oggetti così come sono conosciuti dalla mente, cioè scomposti intellettualmente in tutte le loro parti e poi restituiti simultaneamente secondo i diversi punti di vista.

Cucchi Maurizio (1945), poeta, narratore e critico letterario italiano. La sua poesia racconta, in una lingua viva e diretta, la realtà di un mondo tutto umano, con un consapevole sentimento di adesione alla vita e alle molteplici sfumature della percezione esistenziale.

d'Aubigné Théodore Agrippa (1552-1630), poeta francese. Combattente ugonotto durante le guerre di religione, ripercorre con accenti visionari la propria passione ideologica nel suo maggior poema, *Le tragiche*,.

Dadaismo. Movimento artistico nato a Zurigo nel 1915 e riunito intorno al centro sperimentale del Cabaret Voltaire. Il nome, scelto dai fondatori proprio per la sua mancanza di senso compiuto, ne esprime il deciso rifiuto della tradizione, del concetto di bellezza, della fiducia nel progresso, sostituiti da una totale libertà e irrazionalità, dal gusto per l'ironia e per il gesto dissacrante.

Dalí Salvador Felipe Jacinto (1904-1989), pittore spagnolo. Esponente del Surrealismo (v.) francese, sa fornire di esso, in linea con la sua personalità eccentrica, una visione assai personale fatta di immagini ambigue che fondono le suggestioni del sogno e dell'inconscio con la rappresentazione allucinata della realtà.

David Jacques-Louis (1748-1825), pittore francese, fra i maggiori del Neoclassicismo (v.). Si caratterizza per il segno nitido e rigoroso, derivatogli dallo studio della scultura antica, e per un ricco e caldo cromatismo. Partecipa attivamente alla Rivoluzione francese, ai cui eventi e personaggi dedica numerose opere, per divenire poi il pittore ufficiale di Napoleone Bonaparte.

Decadentismo. Movimento letterario nato nell'ultimo quarto dell'800 come reazione alla crisi del Positivismo e ai valori della classe borghese, e sfociato in un atteggiamento di ripiegamento e fuga dal reale e di ricerca di una più profonda verità per mezzo della forza creativa e visionaria del poeta.

de Chirico Giorgio (1888-1978), pittore italiano, il maggior rappresentante della pittura metafisica (v.). Il suo linguaggio assai originale appare fondato su rappresentazioni oniriche di fondali architettonici, oggetti comuni e statue classiche, inspiegabilmente e ambiguamente accostate in un luogo al di là del tempo.

De Filippo Eduardo (1900-1984), attore e commediografo italiano. Esordisce come attore ma presto si dà alla scrittura e rinnova in breve tempo il teatro dialettale, aprendolo a una dimensione linguisticamente più alta e capace di proporre una propria visione del mondo, etica, solidale, permeata di profonda umanità.

Degas Edgar Germain Hilaire (1834-1917), pittore francese. Partecipa alle ricerche degli impressionisti, che lo avvicinano a soggetti della vita contemporanea - di cui predilige il mondo del balletto -, ma da cui si distingue rivelando originalità nel taglio compositivo e nella capacità di cogliere il rapporto tra corpi e spazio.

De Gregori Francesco (1951), cantautore italiano. Esordisce avendo come modelli Bob Dylan e Fabrizio De André, elaborando poi uno stile personale, caratterizzato da testi difficili da interpretare, ma anche da riferimenti all'attualità e alla storia. Ha collaborato con numerosi colleghi, in particolare con Lucio Dalla.

Délacroix Eugène (1798-1863), pittore francese, la maggiore personalità del Romanticismo (v.) in Francia. Privilegia la pittura di storia e di argomento letterario, che sa rendere con originalità espressiva, uso sapiente del colore e spiccata attitudine nel conferire drammaticità e pathos ai soggetti rappresentati.

De Lempicka Tamara (1898-1980), pittrice polacca. Simbolo dell'*Art Déco* (v.) parigina, artista mondana e cosmopolita e icona di stile, contribuisce a creare l'immaginario visivo degli anni 20 e 30, privilegiando temi legati alla modernità e restituendo un'immagine nuova di donna libera e indipendente.

De Luca Erri (1950), scrittore, poeta e drammaturgo italiano. Profondo conoscitore dell'Antico Testamento, ci consegna opere brevi e densissime, contraddistinte da una lingua scabra, che coglie il nocciolo con intensità, il cui ritmo sa dosare di volta in volta pieni e vuoti.

Denis Maurice (1870-1943), pittore francese. Teorico del gruppo dei Nabis, pone le basi per un'arte indipendente dall'urgenza narrativa che sia «una finestra aperta sulla natura», libera, piacevole per gli occhi, decorativa, simbolista.

De Pisis Filippo (Filippo Tibertelli; 1896-1956), pittore italiano. Dopo una prima stagione legata alla Metafisica (v.) e per influsso dell'Impressionismo (v.), sviluppa un linguaggio formale caratterizzato da fluidità di tocco e velocità di esecuzione e una scelta di soggetti di vita quotidiana che investe di un tono lirico e malinconico.

De Staël Nicholas (1914-1955), pittore francese di origine russa. Dalle prime opere astratte, sviluppa poi una pittura impostata sul recupero del dato di realtà e sul colore steso per vaste campiture.

Di Giacomo Salvatore (1860-1934), poeta italiano. Sperimenta la narrativa e il teatro infondendovi il proprio temperamento lirico con effetti di delicato patetismo di matrice verista.

Dickinson Emily (1830-1886), poetessa statunitense, una delle maggiori figure della poesia americana. Isolatasi progressivamente nella casa paterna, dedica la vita alla lettura e alla poesia, scrivendo versi struggenti, profondi ma anche a tratti taglienti e diretti innovativi sul piano dello stile.

Diderot Denis (1713-1784), scrittore e filosofo francese. Padre dell'*Encyclopédie*, voluta come strumento di diffusione delle teorie illuministe, è anche autore di romanzi e opere teatrali e, per mezzo delle recensioni fatte in occasione dei *Salons* (le esposizioni dell'Accademia), fondatore della moderna critica d'arte.

Dion Mark (1961), artista statunitense. Il desiderio di rappresentare la natura lo conduce al recupero di oggetti prelevati dal paesaggio naturale e urbano (elementi di natura, manufatti, animali, prodotti d'invenzione) con i quali mette in scena il proprio "museo naturale".

Disney Walt (1901-1966), animatore, regista e produttore statunitense. Già disegnatore pubblicitario, si volge all'animazione nei tardi anni 20 del 900, creando un primo prototipo di Topolino e solo più tardi gli altri animali umanizzati dei suoi celebri cartoon. Giunge ai lungometraggi nel 1937 con *Biancaneve*, venendo presto a capo di un impero colossale di produzioni cinematografiche, parchi-gioco, fumetti.

Divisionismo. Movimento artistico italiano di fine 800, nato sulla scorta delle ricerche del *Pointillisme* (v.) e basato sulla divisione del colore in minuti tocchi di tinte complementari. In linea con le poetiche europee del Simbolismo (v.), punta alla conoscenza profonda della realtà, talora anche nei suoi risvolti sociali.

Doisneau Robert (1912-1994), fotografo francese. Divenuto celebre per i suoi scatti in bianco e nero, umoristici e poetici, realizzati nelle strade di Parigi, è anche fotografo industriale e di moda.

Donne John (1572-1631), poeta inglese. Grande predicatore, è tuttavia anche uno dei più importanti poeti inglesi del 600 – il primo tra i cosiddetti «metafisici» –, il cui stile ruvido, difficile, ma anche arguto, irriverente e ricco di immagini ricercate e ardite, ne rivela la grande forza intellettuale.

Du Fu (712-770), poeta cinese, il maggiore del periodo della dinastia Tang (618-907). Frustrato nell'intento di acquisire un incarico politico, vive una vita difficile sullo sfondo dell'apogeo e declino della Cina Tang. Scrive 1400 accorati componimenti sulle condizioni di povertà e miseria del popolo, da cui l'appellativo di «poeta saggio».

Dürer Albrecht (1471-1528), pittore e grafico tedesco. Massimo esponente del Rinascimento tedesco, influenzato dai maestri italiani, sperimenta tecniche diverse, eccellendo nella xilografia, e sa coniugare il naturalismo e l'accuratezza descrittiva del gusto nordico con gli interessi spaziali e cromatici e il pathos della pittura italiana.

Eliot Thomas Stearns (1888-1965), poeta, drammaturgo e critico letterario statunitense. La sua produzione letteraria conosce due fasi, il cui spartiacque è la conversione all'anglicanesimo. Lo sguardo lucido gettato su una realtà che gli appare priva di senso, deprivata dei valori fondamentali, "desolata", trova nella fede una possibile via d'uscita, anche per il mezzo di una poesia che è fusione di sentimento e pensiero.

Éluard Paul (Eugène Grindel; 1895-1952), poeta francese. È uno degli animatori del gruppo surrealista assieme ad André Breton, con il quale condivide l'urgenza antifascista. La sua poesia tuttavia non scioglie i legami con la tradizione: la caratterizzano una scrittura semplice, una lingua diretta e testi brevi che pongono al centro l'amore e la poesia come forze vitali.

Ermetismo. Corrente poetica sorta in Italia intorno agli anni 30 come reazione allo stile enfatico e declamatorio della poesia dannunziana e per desiderio di ricollegarsi alle esperienze poetiche francesi postsimboliste, al fine di restituire purezza alla parola poetica.

Eschilo (ca. 525- 456 a.C.), tragediografo greco. Della sua opera restano sette tragedie, ciascuna pensata all'interno di una trilogia oggi perduta che connetteva le azioni e i personaggi. Centrale nel suo discorso è il contrasto tra le divinità e gli uomini: una suprema giustizia divina è il principio organizzatore del mondo a cui rispondono gli uomini allorché essa ne punisce le colpe o ne premia il valore.

Esenin Sergej AleksandroviĐ (1895-1925), poeta russo. Associato al gruppo dei «poeti contadini», canta la terra e le tradizioni popolari della Russia, colorando quella società contadina patriarcale di immagini idilliche e paganeggianti.

Espressionismo. Corrente culturale nata in Germania nel primo 900, inizialmente nelle arti figurative in antitesi all'Impressionismo (v.), e poi diffusasi in altri ambiti (per es. cinema). Risponde all'esigenza di produrre un'arte che sia espressione forte, "urlata" e comunicativa delle proprie emozioni e dell'interiorità. In pittura, si ispira all'opera di Vincent Van Gogh e si caratterizza per l'impiego di colori forti, liberi da esigenze di verosimiglianza, e di pennellate frenetiche e vitali.

Fabre François-Xavier (1766-1837), pittore francese. Già allievo di David, allo scoppio della rivoluzione si trasfersce in Italia. Celebri i suoi ritratti di Vittorio Alfieri e Ugo Foscolo.

Fantin-Latour Henri (1836-1904), pittore e litografo francese. Vicino al gruppo degli impressionisti – a cui però resta sostanzialmente estraneo – dipinge quadri realistici che trovano seguaci nell'ambiente londinese.

Fattori Giovanni (1825-1908), pittore italiano. È il più autorevole rappresentante dei «Macchiaioli», artisti che propugnano una pittura antiaccademica che riproduca l'"impressione dal vero". Autore molto prolifico e alieno dalla retorica, è famoso particolarmente per i paesaggi toscani e le scene di vita militare.

Feininger Lyonel (1871-1956), pittore statunitense. Entra in contatto prima con l'Espressionismo (v.) tedesco e poi con il Cavaliere Azzurro, legandosi in particolare a Klee col quale condivide più tardi l'esperienza del Bauhaus.

Fellini Federico (1920-1993), regista e sceneggiatore italiano. Considerato uno dei protagonisti del cinema mondiale, si caratterizza per lo stile personalissimo, visionario, che rifiuta i passaggi logici e gioca con l'ironia, il grottesco, la fantasia, mentre tira fuori i mostri dell'uomo contemporaneo e tocca i tasti profondi dell'anima.

Ferguson Will (1964), scrittore e giornalista canadese. Autore di guide turistiche e libri di viaggio, ha esordito nella narrativa con il romanzo Felicità® (2002).

Folgóre da San Gimignano (Giacomo di Michele; 1265-75 - ante 1332), poeta italiano. Di lui restano celebri due corone di sonetti dedicati ai mesi dell'anno e ai giorni della settimana, in cui si rincorrono cose dilettevoli da praticare in quel particolare giorno e mese da parte di un'allegra brigata senese.

Fossati Ivano (1951), cantautore e compositore italiano. È autore di testi contraddistinti da sensibilità poetica, suggestioni letterarie, celta di temi "coraggiosi", con i quali ha vinto importanti premi. Ha collaborato con numerosi artisti come Fabrizio De André, Mina, Loredana Berté, Fiorella Mannoia, Zucchero.

Freud Sigmund (1856-1939), neurologo e teorico austriaco. È il padre della psicanalisi, che fonda e teorizza con saggi come *L'interpretazione dei sogni* (1899), con cui apre il pensiero occidentale alla conoscenza delle più segrete profondità della psiche, dell'inconscio, segnando indelebilmente su ogni versante la cultura del 900.

Friedrich Caspar David (1774-1840), pittore tedesco. È il maggiore pittore del Romanticismo (v.) tedesco, che esprime attraverso una pittura il cui soggetto favorito è un paesaggio colto nelle ore del giorno più ricche di suggestioni emozionali, infuso di sentimento religioso, di fronte al quale l'uomo scopre dolorosamente la propria finitezza.

Frost Robert (1874-1963), poeta statunitense. La sua poesia, per lo più ispirata dalla sua terra natale, il New England, è incentrata sul rapporto con la natura, in un linguaggio che privilegia i toni colloquiali e il parlato popolare.

Futurismo Corrente artistica fondata da Filippo Tommaso Marinetti nel 1909 per il desiderio di rompere con il passato e rifondare l'arte e la politica. Si caratterizza per la violenta polemica contro l'arte tradizionale, lo slancio vitale a dispetto della morte, la ricerca di un nuovo linguaggio adeguato a rappresentare gli elementi della civiltà industriale, in particolare il progresso e la velocità. Ne sono esponenti in Italia pittori come Giacomo Balla, Umberto Boccioni, Carlo Carrà e Fortunato Depero.

Gaber Giorgio (Giorgio Gaberscik; 1939-2003), cantautore e attore italiano. È uno dei protagonisti del recupero del valore dei testi e dell'impegno civile e politico nella canzone italiana, dagli anni 60 del 900. Ha fondato il "teatro canzone", un genere in cui si alternano canzone e recitazione.

Gadda Carlo Emilio (1893-1973), scrittore italiano, tra i maggiori del nostro 900. Un tagliente gusto per la demistificazione delle ipocrisie e dei falsi ideali lo porta a indagare la realtà come un investigatore alle prese con un delitto, e la realtà si presenta caotica, triviale, comica, insolubilmente intricata in un pasticcio che l'uso di un linguaggio costruito e multiforme restituisce appieno.

García Lorca Federico (1898-1936), poeta e drammaturgo spagnolo. Nonostante la breve vita, stroncata prematuramente dai franchisti, è uno dei maggiori poeti di lingua spagnola del 900. Già a contatto con l'avanguardia (v.) artistica spagnola, che ne influenza le opere teatrali, è autore di una poesia intensamente lirica, che trae ispirazione dalle sue origini andaluse, semplice eppure capace di momenti sorprendenti.

Garland Patrick (1935), attore e regista inglese. Alla lunga carriera teatrale ha affiancato alcuni lungometraggi e l'attività di regista per la televisione inglese premiata dalla critica britannica..

Gatto Alfonso (1909-1976), poeta italiano. Militante antifascista, combattente durante la Resistenza, ha dedicato parte della sua produzione poetica all'impegno civile. Esordisce nel solco dell'Ermetismo (v.), dando vita a una poesia dotata di musicalità e costruita sulle libere associazioni d'immagini, che più tardi approderà al Neorealismo (v.).

Ghiberti Lorenzo (1380-1455), orafo, scultore, scrittore e architetto italiano. Dopo un inizio ancora permeato di gusto tardogotico, sa aprirsi alle novità dell'Umanesimo fiorentino. È autore della famosa «porta del Paradiso» del Battistero di Firenze, ma anche della prima storia dell'arte dell'evo moderno.

Ghiglia Oscar (1876-1945), pittore italiano. Coniuga la tradizione macchiaiola italiana con le geometrie di ascendenza cézanniana, che applica a soggetti ricorrenti tra ritratti, interni e nature morte.

Gifford Sanford Robinson (1823-1880), pittore statunitense. Paesaggista americano membro della *Hudson River School*, si distingue per la resa degli effetti di luce e di atmosfere impalpabili.

Giotto (1266?- 1337), pittore italiano, il più grande del nostro Medioevo. Poco si sa della sua biografia e degli esordi e ancora oggi i critici discutono circa le opere che gli possono essere attribuite. Sa rinnovare l'arte italiana umanizzando la storia sacra, reimpostando il rapporto tra figure e spazio, luce e colore, raggiungendo esiti altissimi di concentrazione drammatica, creando la forma più idonea all'espressione dei più alti contenuti morali.

Giovenale Decimo Giunio (50-65 - † 140 ca.), poeta latino. È autore di 16 *Satire* in cinque libri, contraddistinte da una critica radicale e da un tono declamatorio e indignato – che impiega tutti gli strumenti della retorica per formulare immagini aspre e forti – ispirati dall'attaccamento ai valori repubblicani e dallo smarrimento di fronte a una società che egli vede irrimediabilmente corrotta e ingiusta.

Gobetti Piero (1901-1926), scrittore e politico italiano. Nel sogno di una futura rivoluzione liberale della classe operaia, fonda una rivista politica e una casa editrice, avviando fin dagli anni 20 una dura lotta contro il fascismo nel quale vede espressa la natura corrotta della classe dirigente. È autore di scritti politici e di critica letteraria e teatrale.

Góngora y Argote Luis de (1561-1627), religioso, poeta e drammaturgo spagnolo. Tra i protagonisti del Barocco (v.) in Spagna, si contraddistingue per la lingua ricchissima di immagini e di metafore, attraverso cui esplora le diverse possibilità espressive dello stile, tanto da aver avuto numerosi imitatori.

Goya Francisco (1746-1828), pittore spagnolo. Con Goya la pittura apre alla bruttezza, alla denuncia, a una libertà espressiva che stigmatizza le conseguenze del pregiudizio e della guerra e che si spinge fino alle allucinate visioni delle "pitture nere" della «Quinta del sordo».

Gozzano Guido (1883-1916), poeta italiano. Emblema del Crepuscolarismo italiano, antidannunziano e decadente, rappresenta un cambiamento radicale della poesia italiana, che si apre a un nuovo linguaggio dal tono discorsivo e colloquiale e alla consapevolezza della crisi dell'uomo moderno e dell'incapacità della poesia di trovarvi risposta.

Gray Thomas (1716-1771), poeta inglese. Membro della «Scuola dei poeti cimiteriali» – sviluppatasi alla metà del 700 e caratterizzata da componimenti di tono mesto e malinconico che pongono al centro temi come la morte, l'immortalità, le glorie passate della vita rurale – è ritenuto un poeta un preromantico, benché il suo stile sia perfettamente neoclassico.

Grosz George (1893-1959), pittore e disegnatore tedesco. Esponente della Nuova Oggettività (v.) e impegnato sul fronte della denuncia sociale, mette a nudo l'avidità di potere dei ceti dirigenti della Germania prenazista e la falsa moralità borghese, con uno stile realistico dai toni crudi e diretti.

Guttuso Renato (1912-1987), pittore italiano. Mosso da un profondo spirito di giustizia sociale, elabora una pittura realistica ispirata all'antifascismo e alla denuncia degli abusi del potere. Partecipa al gruppo di Corrente (v.) e crea opere che trovano punti di tangenza con la *Guernica* di Picasso (v.) e la pittura espressionista (v.).

Hammershøi Vilhelm (1864-1916), pittore danese. Nella sua pittura il soggetto ricorrente è la rappresentazione di interni vuoti o talora abitati dal profilo in nero della moglie, dipinti con una tavolozza dai colori spenti e immersi in un'atmosfera sospesa.

Heine Heinrich (1797-1856), scrittore tedesco. Simpatizzante delle teorie marxiste, è uno dei maggiori poeti tedeschi, rappresentativo del passaggio dal Romanticismo (v.) al Realismo (v.). La sua poesia rivela grande accuratezza stilistica, mentre rifiuta l'effusione romantica a favore di una più concreta oggettività del sentimento.

Henckel von Donnersmarck Florian (1973), regista tedesco, È noto soprattutto per il film *Le vite degli altri* (2006), che nel 2007 ha vinto l'Oscar per il miglior film straniero; in esso mette a nudo con grande maestria, sobriamente e insieme con intensità di emozione, i lati nascosti dell'animo umano.

Hine Lewis (1874-1920), fotografo statunitense. Già professore di sociologia, impiega la macchina da presa come strumento di rappresentazione e denuncia delle condizioni del proletariato e del lavoro minorile.

Hoffmann Ernst Theodor Amadeus (1776-1822), scrittore, musicista e pittore tedesco, esponente del Romanticismo (v.). Nelle sue opere ricorrono temi come l'idea di un mondo occulto pieno di simboli ma più autentico della realtà, lo sdoppiamento della coscienza nel "doppio", la follia.

Hoffmannsthal Hugo von (1874-1929), scrittore austriaco. Dopo un esordio nella poesia di marca decadente e simbolista, si dedica esclusivamente al teatro in collaborazione con il musicista Richard Strauss, dando vita a una nuova forma di dramma musicale, in cui il testo acquista un'inedita autonomia.

Hogarth William (1697-1764), pittore e incisore inglese. Autore di ritratti e di «scene di conversazione», sviluppa un interesse per temi di vita quotidiana cui guarda in chiave satirica e moraleggiante, con uno stile incisivo, penetrante, capace di cogliere le sfumature psicologiche.

Hölderlin Friedrich (1770-1843), poeta tedesco. In contatto con grandi personalità come Schiller e Herder, è autore di una poesia in cui rivive il mito della Grecia classica, i cui motivi divengono simboli del presente, con ampie visioni dominate da un fato tragico, di grande ricchezza stilistica.

Hopper Edward (1882-1967), pittore e incisore statunitense. Acuto esponente del Realismo (v.) americano, raffigura con sguardo lucido la realtà urbana e rurale, che immerge in un'atmosfera di attesa, struggente nei paesaggi, grazie a una luce fredda e radente, all'essenzialità dei dettagli, a una composizione geometrizzante.

Hugo Victor (1802-1885), scrittore francese, capofila del Romanticismo (v.). Romanziere, drammaturgo e poeta, ma anche personaggio politico ed esule, detta i caratteri del romanzo storico, rompe con le convenzioni teatrali e in poesia apre a nuove sperimentazioni del verso e a una nuova purezza della lingua francese.

Iacopone da Todi (Iacopo de' Benedetti; 1230-36 - 1306), poeta italiano. Frate francescano, conferisce dignità poetica e stilistica alla "lauda", adattandola ad esprimere temi legati alla meditazione personale. Di lui resta un laudario di novantadue componimenti di grande varietà tematica e stile fortemente espressivo.

Impressionismo. Corrente pittorica della seconda metà dell'800 rivolta all'indagine del vero e fondata sull'osservazione della realtà naturale - che privilegia paesaggi dipinti all'aria aperta - e sulla resa dell'impressione di luce e colore ricevuta dall'artista dinanzi al soggetto. L'impressione visiva, che muta con il variare delle condizioni di luce del paesaggio, viene tradotta in una superficie pittorica composta di un insieme di colori complementari, privi di toni grigi e dotati di grande luminosità.

Informale. Tendenza artistica che negli anni 50 del 900 si diffonde dalla Francia in Europa, negli Stati Uniti e in Giappone. Nasce all'interno del clima di sfiducia nei valori della razionalità proprio al secondo dopoguerra, che si traduce nella perdita delle forme geometriche o figurative: svuotata di valore formale, l'opera d'arte si esaurisce nel processo stesso della creazione artistica e l'attenzione si rivolge perciò ai valori della materia nell'arte.

Ingres Jean-Auguste-Dominique (1780-1867), pittore francese. Autore eclettico e di grande versatilità, dotato di un'enorme cultura artistica, crea opere dalla tecnica impeccabile, di grande sensualità e volte alla ricerca della forma perfetta, ottenuta attraverso la purezza della linea.

Ionesco Eugène (1912-1994), commediografo francese di origine romena. Assieme a Samuel Beckett è il maggior esponente del «teatro dell'assurdo», con il quale, attraverso un linguaggio scenico inedito, esplora le alienazioni e l'insensatezza del vivere dell'uomo contemporaneo.

Isherwood Cristopher (1904-1986), scrittore inglese. Amico di W.H. Auden, condivide con lui l'impegno politico e il trasferimento negli Stati Uniti. Caratterizzano le sue opere il tono di distacco dalla materia e la tematica autobiografica.

Jahier Piero (1884-1966), poeta italiano. Antifascista e critico verso i valori borghesi, animato da una forte moralità combinata a un senso religioso dell'esistenza, produce una poesia altamente lirica, con uno stile a metà tra prosa e verso, con frequenti scarti espressionistici.

Janmot Louis (1814-1892), pittore francese. Pittore accademico, si distingue per i dipinti di grandi dimensioni a soggetto religioso.

Joyce James (1882-Zurigo 1941), scrittore irlandese. La portata rivoluzionaria delle sue opere ne ha fatto uno degli autori più importanti della letteratura moderna. Sa rompere con la struttura narrativa tradizionale a favore di una registrazione irregolare degli eventi esterni alla coscienza dei personaggi e dei movimenti interni che spesso attingono alle profondità dell'inconscio, con l'impiego del monologo interiore e di un linguaggio creativo.

Kahlo Frida (1907-1954), pittrice messicana. Le drammatiche esperienze della sua vita difficile e travagliata sono la linfa di un'espressività intensa e profonda, che si avvale del linguaggio surrealista cui si mescolano un simbolismo assai personale e influenze dall'antica cultura messicana.

Kandinskij Vasilij (1866-1944), pittore russo. Pioniere dell'Astrattismo (v.), fonda nel 1911 il movimento del Cavaliere Azzurro assieme a Franz Marc, propugnando un'arte che procede da contenuti interiori, spiritualistica, autonoma nei suoi mezzi.

Khayyam Omar (1048-113), matematico, filosofo e poeta persiano. Gli si attribuiscono le *Quartine*, componimenti poetici che celebrano con iperboli simboliche le gioie della vita, l'amicizia, il vino, la natura.

Kirchner Ernest Ludwig (1880-1938), pittore tedesco. Tra i maggiori esponenti dell'Espressionismo (v.) tedesco, dà voce alla propria rivolta morale per mezzo di una pittura che usa la deformazione dei soggetti in funzione espressiva e impiega il colore in senso antinaturalistico e in accordi dissonanti.

Klee Paul (1879-1940), pittore svizzero. Associato al gruppo del Cavaliere Azzurro, ne svolge le premesse in senso autonomo. L'interesse per l'inconscio, il ruolo dell'artista come medium tra le forze creative della natura e l'opera d'arte, un codice allegorico e simbolico sono le sue cifre.

Klimt Gustav (1862-1918), pittore austriaco, tra i fondatori della Secessione viennese, movimento corrispondente all'*Art Nouveau* (v.) francese. Le sue opere si caratterizzano per il tratto simbolista e antinaturalistico, enfatizzato dall'acceso linearismo, il decorativismo, l'impiego di tecniche mutuate dalle arti applicate.

Kurosawa Akira (1910-1998), regista giapponese. Discendente di una famiglia di samurai, si afferma sul panorama mondiale con film di culto che, attingendo talora a fonti letterarie europee, fondono la tradizione culturale giapponese con quella occidentale. Il risultato è un cinema epico di grande suggestione visiva.

Lamarque Vivian (1946), poetessa e scrittrice italiana. Affida alla poesia la confessione del proprio mondo interiore con ironia, levità, apparente semplicità di lingua e stile, talora pervasa da accenti favolistici.

Lamartine Alphonse-Marie-Louis Prat de (1790-1869), poeta francese, uno dei maggiori del Romanticismo (v.) in Francia. Diplomatico e poi uomo politico di vedute liberali, scrive componimenti di argomento amoroso, pervasi dal senso di armonia tra l'anima del poeta e la natura, ma anche altri di più intenso afflato spirituale e religioso.

Lambermont George, grafico cinematografico, illustratore e graphic designer olandese.

Lessing Doris (1919) scrittrice inglese. Autrice di narrativa e Nobel 2007, ha vissuto a lungo in Africa, cui ha dedicato alcuni dei suoi romanzi e l'autobiografia.

Lessing Karl Friedrich (1808-1880), pittore tedesco. Artista romantico, dipinge temi storici e religiosi, legati alla storia nazionale, ma anche paesaggi dalle suggestive ambientazioni selvagge e cariche di mistero.

Leto Antonino (1844-1913), pittore italiano. Di marca verista, resta celebre per le vedute di Capri e le marine di cui sa rendere gli effetti di luce tersa e i contrasti luce-ombra.

Levi Carlo (1902-1975), scrittore e pittore italiano. Di origine ebraiche e antifascista militante, dagli anni 40 traduce nella sua opera letteraria e pittorica il desiderio di denuncia degli antichi mali che affliggono il Meridione, collocandosi nell'ambito del Neorealismo (v.).

Levi Primo (1919-1987), scrittore italiano. Di origine ebraiche, vive l'esperienza della deportazione ad Auschwitz che segna per sempre il suo percorso di uomo e di letterato. Il dolore verrà elaborato attraverso la scrittura di romanzi tersi, lucidissimi, testimonianza indelebile di una realtà agghiacciante.

Li Bai (701-762), conosciuto in Occidente come Li Po, poeta cinese. Condivide con Du Fu il primato poetico al tempo della dinastia Tang. Poeta irregolare, geniale e libero, detto «l'immortale della poesia», di lui resta un'ampia opera che eccelle nelle immagini di natura.

Limbourg Fratelli (Pol, Jehannequin e Hermant Malouel; fine XIV sec.-inizio XV sec.), miniatori fiamminghi. Tra i maggiori esponenti della miniatura del Gotico internazionale, sono gli autori del celebre libro d'ore per il duca Jean de Berry *Les très riches heures*.

Loach Ken (1936), regista inglese. È l'autore socialmente e politicamente più impegnato della cinematografia britannica. Critico nei confronti della società borghese capitalistica, racconta le storie dei deboli, degli sfruttati, dei proletari, a cui affida sentimenti nobili, onestà, e forza d'animo, con toni talora umoristici ma di effetto sempre incisivo e graffiante.

Longhi Pietro (Pietro Antonio Falca; 1702-1785), pittore italiano. Già interprete della pittura mitologica e di storia, si converte alle scene di genere, divenendo pittore di costume della Venezia del 700, al servizio dei maggiori committenti aristocratici della Serenissima.

Losey Joseph (1909-1984), regista e sceneggiatore statunitense. Già regista teatrale a Broadway, abbandona il teatro per dedicarsi al cinema, prima in America e poi, per ragioni di ostracismo politico, a Londra. Il suo cinema pone al centro l'indagine psichica e morale dei personaggi.

Lucrezio Caro Tito (99? a.C. - 55? a.C.), poeta latino. È autore del poema epico-didascalico in esametri *De rerum natura* – indirizzato a un lettore-discepolo esortato a compiere un percorso di conoscenza del mondo e di liberazione morale – con cui diffonde a Roma la dottrina del filosofo greco Epicuro.

Luzi Mario (1914-2005), poeta italiano, uno dei più importanti del nostro 900. Esordisce nel solco dell'Ermetismo (v.), aprendosi via via al confronto con la realtà, dalle lacerazioni del dopoguerra alla condizione dell'uomo moderno, in un mondo che sembra sfaldarsi e perdersi nel «magma» – come recita il titolo di una raccolta – della vita sociale.

Maccari Mino (1898-1989), pittore, incisore, scrittore e giornalista italiano. Il suo stile ironico e pungente mostra di aver fatto propria la lezione dell'Espressionismo (v.) tedesco.

Machiavelli Niccolò (1469-1527), scrittore e uomo politico italiano. Segretario della Repubblica fiorentina, conosce alterne vicende nell'impegno civile, la cui esperienza, unita alla riflessione storica, è all'origine delle sue opere politiche, *Il Principe* e *Dell'arte della guerra*. È autore anche di componimenti poetici, commedie e opere storiografiche.

Maeterlinck Maurice (1862-1949), drammaturgo, poeta e saggista belga. Trasferitosi in Francia si accosta al movimento simbolista con i primi drammi teatrali, nei quali sviluppa una ricerca mistico-esistenziale che sostanzierà anche i più tardi saggi filosofici, prima di approdare all'occultismo.

Majakovskij Vladimir Vladimirovič (1894-1930), poeta russo. Seguace del movimento cubo-futurista, partecipa con entusiasmo all'avanguardia (v.) artistica e letteraria ed è autore di una poesia politica graffiante e realistica sostanziata dagli ideali della rivoluzione proletaria.

Mann Thomas (1875-1955), scrittore tedesco. Nobel nel 1929 ed esule dopo l'avvento di Hitler, è tra i più grandi narratori del 900. È autore di romanzi, molto complessi per lingua e stile, sulla crisi dei valori borghesi e del mito del progresso, sui conflitti ideologici del secolo e su quelli interiori tra conformismo e liberazione degli istinti.

Marino Giambattista (1569-1625), poeta italiano, il maggiore del nostro Barocco (v.). Inaugura un nuovo corso letterario con la poetica della «meraviglia», dispiegata attraverso passaggi inattesi, immagini sempre nuove, metafore preziose. È un virtuoso del linguaggio, secondo un gusto tipicamente anticlassicista, a cui fa capo una maniera che diviene tipica del Seicento.

Martini Simone (1284 ca.-1344), pittore italiano. Grande artista del Trecento senese, di raffinata cultura gotica, realizza alcune delle maggiori imprese artistiche del Comune toscano, è a capo di una fiorente bottega e al servizio della corte angioina di Napoli e della corte papale negli anni dell'esilio avignonese.

Masaccio (Tommaso di ser Giovanni di Mone Cassai; 1401-1428), pittore italiano. Supera precocemente la cultura tardogotica e diviene tra i migliori rappresentanti del primo Rinascimento fiorentino, applicando i nuovi strumenti prospettici e interpretando in senso naturalistico i valori di luce e spazio.

Mauri Glauco (1930), attore e regista italiano. Tra i più grandi nomi del nostro teatro, ha lavorato come attore con i maggiori registi italiani e ha fondato una propria compagnia teatrale. Prestato al cinema e alla televisione, firma come regista numerose opere di prosa e di lirica.

Maxence Edgard (1871-1954), pittore francese. Artista simbolista, dipinge soggetti dal significato ermetico, temi allegorici e religiosi, spesso in ambientazioni di sapore medievale dalla tecnica ricercata.

McCarthy Thomas (1966), attore, sceneggiatore e regista statunitense. È autore del film *L'ospite inatteso* (2007) sul tema dell'amicizia e dell'immigrazione nell'America del dopo 11 settembre.

Medici Lorenzo de' (1449-1492) detto Il Magnifico, uomo politico e letterato italiano. Assunto il governo di Firenze, diviene l'ago della bilancia negli equilibri tra gli Stati italiani. Importante come mecenate, è anche autore di una poesia prima mondana e realistica, poi più pensosa e malinconica, ove si avverte l'influsso della filosofia neoplatonica.

Menandro (342-41 a.C.-291-90 a.C.), commediografo greco, emblema della Commedia Nuova. Di lui restano un migliaio di frammenti di una vasta produzione (oltre cento commedie) da cui attingerà a piene mani il teatro comico latino di Plauto e Terenzio. Si cimenta anche con la lirica d'amore, il romanzo e le sentenze morali.

Menicanti Daria (1914-1995), poetessa italiana. Esordisce negli anni 30 del 900 con una produzione di stile ermetico che poi ripudia, tornando a scrivere solo negli anni 60, quando pubblica la prima raccolta. La sua poesia è diretta, semplice ed essenziale, aderente alla realtà.

Metafisica. Corrente pittorica italiana sviluppatasi intorno al 1910 su impulso di Giorgio de Chirico, il suo maggiore esponente. Si caratterizza per la ricerca di una realtà che vada *al di là* dell'apparenza delle cose, realizzata mediante l'accostamento di oggetti realistici ma liberamente associati e avvolti in un'atmosfera sospesa e immobile, secondo una prospettiva dotata di vari punti di fuga.

Miłosz Czesław (1911-2004), poeta polacco, uno dei maggiori del 900 e Nobel nel 1988. Ottenuto asilo politico in Francia, si trasferisce poi negli Stati Uniti dove insegna letteratura polacca. Dopo un esordio lirico pervaso di cupo pessimismo sulle sorti dell'umanità, affianca alla poesia romanzi e saggi incentrati sulla difesa dei più alti valori umani.

Milton John (1608-1674), poeta inglese. Di profonda formazione umanistica, diviene esponente del partito puritano del quale incarna, con il poema *Il Paradiso perduto*, gli ideali di purezza spirituale in uno stile di rara perfezione formale.

Miró Joan (1893-1983), pittore e ceramista spagnolo. Pur aderendo al Surrealismo (v.), sviluppa uno stile assai personale, incentrato sulla resa dei dati dell'inconscio e del sogno in forma semplificata e priva di intenti mimetici della realtà ma dalla forte valenza lirica.

Mirone di Eleutere (500 a.C. ca.-440 a.C. ca.), scultore greco. Scolpisce soprattutto in bronzo e la sua arte si caratterizza per l'eccezionale resa del dinamismo plastico del corpo umano colto nel momento di massima tensione e per la capacità di esprimere e armonizzare gli stati d'animo.

Missiroli Marco (1981), scrittore e giornalista italiano. Ha esordito nel 2005 con il romanzo Senza coda, cui ne sono seguiti altri, ottenendo successo di critica e prestigiosi riconoscimenti.

Modernismo, vedi *Art Nouveau*.

Modigliani Amedeo (1884-1920), pittore e scultore italiano. Trasferitosi a Parigi, scopre il primitivismo della statuaria africana ed avvia quel processo di semplificazione della forma ed espressività del segno che sarà la cifra del suo stile.

Molière (Jean-Baptiste Poquelin; 1622-1673), commediografo e attore francese. Dopo anni di peregrinazioni assieme a una compagnia di teatranti, torna a Parigi e si guadagna il favore del re Luigi XIV. Alle prime farse scritte sulla falsariga della Commedia dell'arte (v.), seguono le prove migliori della sua tipica commedia, moralista di fondo ma dominata da un istinto naturale per la comicità.

Monachesi Sante (1910-1991), pittore e scultore italiano. Già artista futurista, si apre all'espressione pittorica di derivazione fauve, mentre sperimenta in scultura l'impiego di nuovi materiali.

Mondrian Piet (1872-1944), pittore olandese. Padre dell'Astrattismo (v.) geometrico, dopo un esordio cubista sviluppa la scomposizione dei piani in senso intellettuale, giungendo all'abbandono della rappresentazione mimetica della realtà e all'elaborazione delle sue tipiche composizioni a reticolo geometrico, quale esito di una rigorosa ricerca formale e di un'aspirazione all'armonia e all'equilibrio tra l'uomo e il mondo.

Monet Claude (1840-1926), pittore francese. Anima dell'Impressionismo (v.), porta alle estreme conseguenze la pittura *en plein air*, giungendo a quei cicli di opere dal soggetto ricorrente in cui cogliere l'immediatezza degli effetti di luce nelle diverse ore del giorno.

Morandi Giorgio (1890-1964), pittore e incisore italiano. Artista dallo stile personalissimo, dedica la vita alla ricerca formale da realizzarsi con i soli mezzi pittorici, trattando soggetti ricorrenti - come le celebri nature morte - e sperimentando incessantemente, alla ricerca di un'arte che sia vera registrazione del mondo interiore dell'artista.

Moretti Marino (1885-1979), poeta e narratore italiano. Esponente della poesia crepuscolare italiana, mette al centro del suo discorso poetico e nei suoi molti romanzi il mondo della provincia e del vissuto quotidiano, che tratteggia con toni dimessi e popola di uomini dalle vite tristi e sbiadite.

Mucha Alphons (1860-1939), pittore, designer e cartellonista ceco. È tra i maggiori rappresentanti dell'*Art Nouveau* (v.) parigina, che contribuisce a creare grazie all'invenzione di un linguaggio che coniuga i tipici decori floreali e linearistici del Modernismo (v.) a temi tratti dall'arte bizantina e slava.

Mulas Ugo (1928-1973), fotografo italiano. Già fotografo di scena del Piccolo Teatro con Strehler, diviene fotografo ufficiale della Biennale di Venezia, scoprendo il proprio talento come ritrattista di artisti, scrittori, critici d'arte.

Munch Edvard (1863-1944), pittore e incisore norvegese. Precursore dell'Espressionismo (v.) per la forza sprigionata dalle sue visioni e per l'impiego espressivo del colore, comunica in pittura, in parallelo con i contemporanei drammaturghi scandinavi, un doloroso senso della tragicità del vivere e dell'incombere della morte.

Neoclassicismo. Movimento culturale nato nella seconda metà del 700 in parallelo con nuove scoperte archeologiche e un nuovo diffuso interesse per l'arte classica e per i valori etici da essa recati.

Neorealismo, corrente culturale italiana del 900 che si richiama al Realismo (v.) ottocentesco per dare vita a un'arte dai forti contenuti ideologici e sociali. Nasce in letteratura negli anni 30 e si sviluppa con la fine della Seconda guerra mondiale, coinvolgendo interamente la cultura e le arti. In particolare, il cinema neorealista si caratterizza per la crudezza narrativa; lo sviluppo di temi e personaggi di una collettività prostrata dalla guerra, dalla miseria e dagli abusi del potere; l'impiego di attori non professionisti e la scelta di set allestiti nelle strade e nei quartieri urbani.

Nolde Emil (Emil Hansen; 1867-1956), pittore tedesco. Pittore espressionista, si segnala per il misticismo intenso e partecipe che investe le sue figurazioni.

Nuova Oggettività. Tendenza artistica diffusa nella Germania degli anni 20 del 900 da un gruppo di artisti accomunati dall'adozione di un linguaggio realistico, oggettivo, che, conservando la carica spregiudicata dell'Espressionismo (v.), appare rivolto alla presa di coscienza dei drammi del primo dopoguerra.

Orazio Flacco Quinto (65-8 a.C.), poeta latino. Protetto da Mecenate, che lo introduce nel circolo di corte, si dedica completamente alla vita letteraria. È autore di *Epodi* e *Satire*, cui seguono le *Odi*, ove si dispiegano un'alta istanza morale e una perfezione di stile che ne fanno il più raffinato poeta latino dell'età augustea.

Ovidio Nasone Publio (43 a.C.-18 d.C. ca.), poeta latino. Dopo un'inarrestabile ascesa nei circoli letterari di Roma, forse perché coinvolto in uno scandalo di palazzo viene esiliato dall'imperatore Augusto a Tomi, sul Mar Nero, ove morirà. La sua produzione poetica si compone di raccolte di distici elegiaci di argomento amoroso e del poema epico in esametri delle *Metamorfosi*.

Paolini Marco (1956), attore, regista e scrittore italiano. È autore di un teatro di impegno civile caratterizzato da approfondite e puntuali fonti di ricostruzione storica degli avvenimenti, che in scena vengono narrati con ironia graffiante.

Parini Giuseppe (1729-1799), poeta italiano, il maggiore del nostro 700. Ecclesiastico per necessità, è precettore e poi sovrintendente delle scuole pubbliche, presto escluso dagli incarichi pubblici per le sue idee moderate. La sua poesia, dalle *Odi* al poemetto *Il Giorno*, esprime l'adesione alle istanze dell'etica illuminista, in senso riformatore e mai eversivo, e un classicismo formale di grande perfezione che evolverà in ultimo in senso neoclassico.

Pascarella Cesare (1858-1940), poeta italiano, il più importante in dialetto romanesco. I suoi sonetti, apparsi dapprima su quotidiani e poi raccolti in poemetti, offrono il punto di vista ilare e malinconico del popolano di fronte alla storia.

Pascoli Giovanni (1855-1912), poeta italiano, tra i maggiori del nostro 900. Dopo un'adolescenza sconvolta dai lutti familiari e dalla povertà, si laurea in lettere a Bologna, dove insegna Giosue Carducci, cui in seguito succederà nella cattedra. La sua poesia - iscrivibile nell'ambito del Decadentismo (v.) europeo - si contraddistingue per la raffinata sensibilità e la sperimentazione metrica e stilistica, sviluppando temi, spesso di carattere paesaggistico o intimistico, volti a esprimere il senso doloroso della vita come mistero. È autore anche di saggi letterari, pensieri, discorsi.

Pasolini Pier Paolo (1922-1975), narratore, saggista, poeta e regista italiano. Osservatore acuto della società dei consumi e del malcostume del potere, è attratto dalla cultura contadina e poi dal sottoproletariato urbano che vede come baluardo di resistenza di valori più veri. Nei romanzi e come cineasta mette in scena stralci di vita cruda, fatta di violenza e sangue, di personaggi emarginati ma ancora capaci di esprimere delicatezza d'animo, verità di sentimenti. Il pessimismo nei confronti del mondo moderno si approfondirà col tempo, approdando a una visione allucinata del più vile abbrutimento umano.

Pellizza da Volpedo Giuseppe (1868-1907), pittore italiano. Mosso da interessi sociali, si accosta al Divisionismo (v.), elaborando una pittura realistica resa con una tecnica sofisticata e laboriosa e un'attenzione ai valori della luce e della composizione.

Penna Sandro (1906-1977), poeta italiano. Una vita all'insegna dei lavori più umili e disparati che gli possano assicurare la necessaria libertà si accompagna a una fondamentale estraneità ai moduli della poesia ermetica a lui contemporanea. Grande soggetto dei suoi versi è l'amore omosessuale, espresso come contemplazione segreta, adesione gioiosa e totale alla realtà e senso della fugacità del piacere.

Persio Flacco Aulo (34-62), poeta latino. In contatto con i circoli filosofici stoici romani, moralista e distaccato censore dei costumi e del vizio, è autore di *Satire* (di cui ne restano sei) in cui predilige la forma dell'invettiva, composta in uno stile difficile e talora oscuro.

Piavoli Franco (1933), regista italiano. Fotografo per passione, esordisce come documentarista e realizza in seguito lungometraggi autoprodotti, nei quali centrali sono gli aspetti visivi e ridotto è l'impiego dei dialoghi, sorta di sinfonie visive dominate dal silenzio e dal lirismo della natura.

Picasso Pablo (1881-1973), pittore e scultore spagnolo. Tra i più grandi artisti di tutti i tempi, è uno sperimentatore mai appagato dai propri risultati. Padre del Cubismo (v.), attraversa fasi e stili diversi, operando una sintesi della cultura artistica classica e moderna, sempre animato da una creatività inesauribile.

Pindaro (518-438 a.C.), poeta greco, il più grande della lirica corale greca e a lungo considerato inimitabile. Della sua opera restano oggi 45 odi, gli *Epinici*, e 350 frammenti. Le odi cantano degli atleti vincitori, in uno stile costruito su asimmetrie e associazioni inedite, i cosiddetti «voli pindarici».

Pindemonte Ippolito (1753-1828), poeta italiano. La sua poesia è pervasa da serenità neoclassica, illuminata progressivamente dai toni notturni del Preromanticismo, che esprime felicemente nelle *Prose e poesie campestri*, in cui un'attenzione nuova verso la natura si colora di dolce malinconia.

Pinter Harold (1930-2008), drammaturgo e sceneggiatore inglese. Nobel nel 2005, ha collaborato con il cinema, la radio e la televisione. È autore di commedie e drammi teatrali con cui porta in scena il disagio dell'uomo contemporaneo, le cui origini scorge nella famiglia come cellula ormai irreparabilmente malata della società.

Pirandello Fausto (1899-1975), pittore italiano, figlio di Luigi. L'incontro con la pittura parigina degli anni 30 lo conduce a uno stile che rielabora le esperienze dei novecentisti e che più tardi si avventura verso il disfacimento delle forme.

Pisanello (Antonio Pisano, 1380 ca.-ante 1455), pittore, medaglista e miniatore italiano. È al servizio delle maggiori corti quattrocentesche dell'Italia settentrionale, di cui esprime gli ideali e le aspirazioni per mezzo di uno stile tardogotico fondato sui valori lineari e su un elegante e minuzioso naturalismo.

Pivano Fernanda (1917-2009), scrittrice, traduttrice e critica musicale italiana. Acuta conoscitrice della cultura letteraria americana del Novecento, ha fatto conoscere in Italia autori come quelli della *beat generation*.

Pointillisme. Movimento artistico francese degli anni 80-90 dell'800 che prende nome dalla tecnica pittorica di scomposizione del colore in puntini colorati (*point*), nata dalle ricerche di Georges Seurat e Paul Signac sulla base dei contemporanei studi di ottica su luce e colore.

Poliziano (Agnolo Ambrogini; 1454-1494), poeta italiano. Trae lo pseudonimo dall'antico nome latino della sua città natale (Montepulciano) che lascia per recarsi a Firenze, dove ottiene l'amicizia di Lorenzo de' Medici. Scrive in volgare e in latino ed è uno degli iniziatori della moderna filologia; la sua opera poetica possiede leggerezza e leggiadria d'immagini sostenuta da perfezione formale.

Pop Art. Nasce in Inghilterra nei primi anni 50 del 900 dal dibattito sulla comunicazione di massa, per poi diffondersi negli Stati Uniti e divenire un movimento che, recuperando le esperienze del Dadaismo (v.), assume l'immagine della società dei consumi, la pubblicità, il cinema, il fumetto, come soggetto privilegiato, che gli artisti riproducono slegandolo dal proprio contesto e isolandolo in una nuova realtà capace di svelare i meccanismi di consumo e mercificazione.

Porta Carlo (1775-1821), poeta italiano. Poeta dialettale milanese, sa elevare la lingua della tradizione dei verseggiatori popolari a strumento di alto valore formale ed espressivo, ricco di toni diversi, pronto a veicolare nuovi contenuti, dalla satira anticlericale all'ingiustizia sociale, per una rappresentazione del mondo popolare realistica, comica, carica di umanità, l'altra faccia del Romanticismo (v.) italiano.

Poulin Christine, pittrice canadese. Compone sui toni caldi immagini che provengono dalle profondità del suo inconscio, con una pittura materica spessa e riflettente che si avvale di materiali e tecniche diversi.

Pound Ezra (1885-1972), poeta statunitense. È autore di una vasta opera poetica che appare legata ai movimenti letterari antifuturisti del primo 900, e poi, in seguito all'incontro con la cultura cinese, sfocia nella grandiosa opera sperimentale dei *Cantos*.

Pozzi Antonia (1912-1938), poetessa italiana. Suicida a ventisei anni, postuma esce la raccolta di poesie *Parole*, dai tratti autobiografici e d'impronta montaliana, capace di oggettivare la voce di un'accesa sensibilità in immagini di natura, ove oggetti e cose si trasfigurano in simbolo.

Pulci Luigi (1432-1484), poeta italiano. Vicino alla cerchia medicea di Firenze, è autore del poema cavalleresco in ottave *Il Morgante*, parodia della *chanson de geste* in una lingua espressiva che si avvale di termini dialettali e frasi colorite.

Puškin Aleksandr SergeeviÐ (1799-1837), scrittore russo, uno dei più grandi autori di quella letteratura. Di vasta cultura formata sulla letteratura europea, scrive poemi, romanzi in versi, racconti e opere teatrali: una produzione classicistica per purezza formale, romantica perché eversiva nei confronti della tradizione e realista per visione e adesione alla realtà, che esercita profonda influenza nell'Ottocento

Quasimodo Salvatore (1901-1968), poeta italiano, uno dei maggiori del nostro 900. Abilissimo traduttore dei lirici greci, Nobel nel 1959, è autore di una poesia in cui si distinguono due fasi, separate dal Secondo conflitto mondiale: la prima più propriamente ermetica e oscura, la seconda aperta all'impegno civile e alla riflessione sulla dolorosa condizione umana.

Quevedo y Villegas Francisco de (1580-1645), poeta e scrittore spagnolo tra i maggiori del Barocco (v.) europeo. Esponente del Concettismo, dotato di altissime qualità intellettuali e visionarie è autore di due raccolte poetiche caratterizzate da varietà di temi e audacia stilistica. Scrive inoltre trattati teologico-filosofici e politici, un romanzo picaresco e prose fantastiche a carattere satirico.

Racine Jean (1639-1699), drammaturgo francese. L'educazione avvenuta presso i giansenisti di Port Royal ne segnerà la vita e l'opera, nella quale permane un profondo pessimismo sulla natura dell'uomo. Raggiunge il successo a spese del rivale Corneille, portando in scena le più violente passioni umane nella cornice di un perfetto classicismo.

Ray Man (Michael Radnitzky; 1890-1976), fotografo e pittore statunitense. Venuto a contatto con le Avanguardie (v.) europee, diviene il maggiore esponente del Dadaismo (v.) statunitense, sperimenta tecniche fotografiche inedite (*rayogrammes*) e si accosta infine al Surrealismo (v.).

Realismo. Indirizzo artistico e letterario nato in Francia nella seconda metà dell'800, caratterizzato dalla ripresa di interesse, senza pregiudizi ideologici o estetici, per soggetti tratti dalla realtà quotidiana. In particolare, come corrente letteraria si sviluppa nelle forme del Naturalismo e del Verismo; come movimento pittorico nasce in reazione al sentimentalismo romantico e al Neoclassicismo (v.) accademico, con l'esperienza artistica di Gustave Coubert, e si caratterizza per la resa oggettiva dei soggetti, privi della mediazione dello sguardo dell'artista.

Rembrandt Harmenzoon van Rijn (1606-1669), pittore e incisore olandese. Celebre ritrattista, sperimenta tuttavia generi diversi, specie mitologici e religiosi, che affronta con straordinaria abilità tecnica, anche nell'acquaforte di cui è uno dei maestri. Mostra una sensibilità particolare nel cogliere la verità umana dei propri soggetti che sa rendere indagandone la profondità psicologica. Eccelle nella resa degli effetti di luce impiegata come strumento espressivo.

Romanticismo. Movimento culturale, diffusosi tra la fine del 700 e gli inizi dell'800, dal carattere assai variegato ma generalmente aperto all'espressione del sentimento individuale e dell'immaginazione dell'artista, ora visto come spirito ribelle e genio creativo ispirato. L'arte romantica rifiuta le norme accademiche e sviluppa gli aspetti soggettivi dell'opera d'arte; in essa, diviene arte guida la pittura, che vede il nascere di nuovi generi, come la pittura di paesaggio.

Ronconi Luca (1933), regista italiano. Dotato di grande forza concettuale, esponente dell'avanguardia teatrale degli anni 60, affida alla scenografia e al rapporto con il pubblico un ruolo fondamentale del proprio discorso teatrale. Alla prosa ha affiancato l'opera lirica, la televisione, l'insegnamento.

Ronsard Pierre de (1524-1585), poeta francese, il maggiore del 500 in Francia. Con lui s'inaugura la cosiddetta «Scuola della Pléiade», una vera rivoluzione poetica, fondata sull'esaltazione del ruolo del poeta e della poesia, sull'imitazione dei classici greci e latini, sulla conoscenza della cultura umanistica.

Rossellini Roberto (1906-1977), regista e sceneggiatore italiano. Maestro del Neorealismo (v.), successivamente approfondisce i temi dell'indagine psicologica e della ricerca spirituale. Infine, abbandonato il cinema, si dedica alla produzione di documentari di argomento storico per la televisione.

Rossetti Dante Gabriel (1828-1882), pittore e poeta inglese. È personalità di spicco e teorico della «Confraternita dei Preraffaelliti» volta alla riscoperta della spiritualità e della purezza dell'arte quattrocentesca italiana.

Rosvita di Gandersheim (935 ca. - 973 ca.), poetessa e mistica tedesca. Monaca benedettina di vasta cultura letteraria, è una delle figure chiave della «rinascenza ottoniana» con un poema storico in esametri, otto leggende agiografiche in versi latini e sei drammi edificanti in prosa rimata, ricalcati sullo stile delle commedie di Terenzio.

Rothko Mark (1903-1970), pittore statunitense. Tra i protagonisti dell'Espressionismo (v.) astratto, dipinge tele di grandi dimensioni, impostate sulla sovrapposizione e l'accostamento di bande rettangolari di colore diverso capaci di esprimere e suscitare emozione nello spettatore. A lungo ignorato dalla critica, la vita disordinata e le crisi depressive lo portano in ultimo al suicidio.

Rubens Pieter Paul (1577-1640), pittore fiammingo. Tra i maggiori protagonisti del Barocco (v.), influenzato dalla pittura italiana è a capo di una enorme bottega e produce numerosissime opere, sviluppando un proprio stile grandioso e magniloquente, fatto di strutture compositive elaborate e di effetti luministici di grande intensità.

Rustico Filippi (1230-40 - 1300 ca.), poeta italiano. Iniziatore della poesia comico-realistica toscana, assai noto e stimato in ambito fiorentino, scrive cinquantotto sonetti che assegna per metà al tema amoroso, cui corrisponde una maniera aulica di ascendenza cortese, e per l'altra metà al genere comico, che privilegia caricature ironiche e grottesche.

Saba Umberto (1883-1957), poeta italiano. Di madre ebrea, da cui mutua il cognome, dopo un'infanzia difficile e un'adolescenza inquieta, sceglie come mestiere quello del libraio antiquario. Estraneo alle maggiori correnti della poesia del 900, è il poeta del quotidiano, ai cui oggetti e affetti aderisce con umana partecipazione, con un linguaggio che recupera la purezza della parola.

Saffo (VII-VI sec.), poetessa greca. A Lesbo è alla guida di un *tiaso*, una scuola per fanciulle dedicata al culto delle Muse e di Afrodite. Scrive liriche di forme diverse, di cui oggi restano un'ode e 213 frammenti. I temi sono l'amore appassionato e tormentato per le fanciulle, la celebrazione della bellezza, il culto di Afrodite.

Sanguineti Edoardo (1930-2010), poeta, scrittore e critico italiano. La sua esperienza letteraria multiforme attraversa la neoavanguardia, l'ideologia marxista, la psicanalisi ed è contraddistinta da un forte sperimentalismo linguistico, nato come necessità di smontare e ricostruire il fatto letterario.

Saramago José (1922-2010), scrittore, poeta e critico letterario portoghese, Nobel nel 1998. Autore impegnato sul piano civile e politico, dotato di uno stile raffinato e complesso, nel 2008 apre un blog per il contatto diretto con i suoi lettori, dove pubblica quasi quotidianamente testi e riflessioni, poi raccolti nel *Quaderno* (2009).

Sargent John Singer (1856-1925), pittore statunitense. La conoscenza diretta degli impressionisti è determinante per la nascita del suo stile, che vota al ritratto, divenendo l'elegante ritrattista dell'alta società europea e statunitense del primo 900.

Sarti Renato (1952), attore, regista e drammaturgo italiano. Dopo l'esordio come attore-mimo a Trieste, si trasferisce a Milano, dove collabora tra gli altri con Giorgio Strehler. Attento ai fatti della storia e all'impegno civile, ha ricevuto premi e riconoscimenti.

Sartre Jean-Paul (1905-1980), filosofo e scrittore francese. Padre dell'Esistenzialismo francese, è professore di liceo, partigiano della Resistenza, giornalista, esponente della sinistra extraparlamentare e nel 1964 rifiuta il Nobel. Ha scritto romanzi, opere teatrali, saggi di critica e opere filosofiche in cui pone al centro il tema della libertà dell'uomo.

Saviano Roberto (1979), scrittore e giornalista italiano. È autore di racconti e reportage che pongono al centro l'esigenza di verità sulla realtà economica e sociale del territorio campano, stretto tra ricatto e connivenza con la criminalità organizzata.

Sbarbaro Camillo (1888-1967), poeta e prosatore italiano. Porta alle estreme conseguenze la crisi del poeta come vate, dando vita a una poesia dai toni sommessi, alla ricerca dell'essenzialità delle immagini e della parola, capace di dar voce a un'esistenza incerta, indifferente, in un mondo che appare arido e vuoto.

Schiele Egon (1890-1918), pittore austriaco. Importante maestro dell'Espressionismo (v.), indaga il dramma dell'uomo moderno tra la perdita di identità e il destino di morte. Sensibile al tema della sessualità repressa, pone in scena corpi nudi segnati da una linea nervosa, contorti, sottomessi a un sentimento angoscioso.

Schifano Mario (1934-1998), pittore italiano. Esordisce nel segno dell'Informale (v.) per approdare, dopo l'incontro con la Pop Art, ai «paesaggi anemici», serie tematiche nate dall'immagine riprodotta e variamente rielaborata.

Schiller Friedrich (1759-1805), scrittore tedesco. Assieme a Goethe, rappresenta il poeta classico della letteratura tedesca. Autore di testi teatrali, inizialmente legati alla poetica romantica dello *Sturm und Drang*, è anche storico, maestro di estetica, esponente del «Classicismo di Weimar», e vede nell'arte l'espressione più alta dell'essere umano.

Schlöndorff Volker (1939), regista tedesco. Trasferitosi a Parigi, si accosta all'ambiente della *Nouvelle Vague*, divenendo uno dei registi più rappresentativi del Nuovo cinema tedesco, critico nei confronti di una Germania alienata, involuta, in cerca di cambiamento.

Segantini Giovanni (1858-1899), pittore italiano. Tra i maggiori esponenti del Divisionismo (v.) italiano, ne accentua i tratti più intensamente spiritualistici, accostandosi alle istanze del Simbolismo (v.) europeo.

Seneca Lucio Anneo (4 ca. a.C. - 65 d.C.), filosofo e scrittore latino. È precettore e guida di Nerone, fino a quando, divenutogli inviso, non viene coinvolto nella congiura antimperiale e si suicida. La sua opera è prevalentemente filosofica, espressiva della morale stoica che anima anche le nove tragedie oggi sopravvissute.

Sereni Vittorio (1913-1983), poeta italiano. Durante la Seconda guerra mondiale vive l'esperienza della prigionia in Algeria, maturando il senso di estraneità e di lacerazione interiore che caratterizza la sua parabola esistenziale e poetica, espressa con un linguaggio che dall'Ermetismo (v.) giunge a una maggiore aderenza alla realtà.

Seymour David (David Szymin; 1911-1956), fotografo e giornalista polacco. Opera come fotoreporter durante la Seconda guerra mondiale e quindi collabora con Capa e Cartier-Bresson; è autore di celebri foto sugli orfani di guerra.

Siddal Elisabeth (1829-1862), pittrice e poetessa inglese. Musa dei pittori preraffaelliti e moglie di Dante Gabriel Rossetti, lascia numerosi schizzi e un dipinto di argomento arturiano, oltre a una raccolta di poesie di tema amoroso.

Signorelli Luca (1445/50-1523), pittore italiano. La lezione di Piero della Francesca si complica al contatto con la pittura fiorentina mentre apre a una nuova sensibilità che diviene ricerca di libertà compositiva, gusto della teatralità e sensibilità plastica.

Simbolismo. Corrente artistica nata in Francia intorno al 1885 come alternativa all'Impressionismo (v.) e al Realismo (v.), in quanto risposta spiritualistica alla pura resa del visibile. Assunto fondamentale è che l'arte debba percepire e rivelare per mezzo di segni (*simboli*) ciò che è nascosto nella realtà e nella coscienza dell'artista, nella sua immaginazione, e che sta per una realtà più vasta di quella apparente.

Simonide (556 ca. a.C. - 468 a.C.), poeta greco. Scrive nei diversi generi della lirica e celebra momenti chiave della storia greca. La sua poesia, di cui restano pochi frammenti, è distinta da un pessimismo senza via d'uscita e dall'incombere del destino sulla vita dei mortali che richiama i toni della tragedia attica.

Spender Stephen (1909-1995), scrittore inglese. Comunista per adesione spirituale, combatte nella Guerra civile spagnola, volgendosi a una poesia introspettiva, di grande forza morale e rigore formale.

Stampa Gaspara (1523-1554), poetessa italiana. Si fa conoscere nei circoli della colta società veneziana. conoscendovi il conte Collaltino di Collalto cui dedica i suoi 311 componimenti di tema amoroso, soprattutto sonetti: una sincera confessione autobiografica nel solco della tradizione petrarchesca.

Strand Paul (1890-1976), fotografo statunitense. Propugnatore della cosiddetta «Fotografia diretta» – movimento che mira alla riproduzione oggettiva della realtà, senza artifici di stampa o filtri ottici – si occupa di ritratto, di paesaggi naturali e urbani e di nature morte.

Strehler Giorgio (1921-1997), regista italiano, uno dei protagonisti del nostro teatro del 900. Inizia la carriera come attore e nel dopoguerra è uno dei fondatori del Piccolo Teatro di Milano, firmando nel corso degli anni più di duecento regie, caratterizzate da un attento lavoro sulla scenografia e sulla recitazione.

Strindberg August (1849-1912), scrittore e drammaturgo svedese. Una vita familiare e sentimentale difficile e crisi ripetute segnano la sua opera., venandola di misoginia e aprendola, come temi ricorrenti, al sogno, all'allucinazione, alla follia visionaria. Innovatore sul piano della tecnica teatrale, pone al centro la vicenda interiore di un personaggio che si costruisce sulla scena per frammenti.

Surrealismo. Movimento artistico diffusosi a Parigi negli anni 20 del 900 e inaugurato dal *Primo manifesto surrealista* (1924) di André Breton, teorico del gruppo, nel quale si proclama l'importanza delle ricerche psicanalitiche e della dimensione del sogno.

Tagore Rabindranath (nome anglicizzato di Takhur; 1861-1941), poeta, scrittore e filosofo indiano. Studia in Inghilterra, ove decisivo è l'incontro con la cultura occidentale. Tornato in India, scrive opere in cui penetra una concezione filosofica che vede l'immanenza di Dio in tutte le cose e, di qui, un'armonia fondamentale tra uomo e universo.

Tasso Torquato (1544-1595), poeta italiano. Entrato a servizio presso gli Este di Ferrara, scrive alcune delle opere più importanti e termina la *Gerusalemme liberata*, allorché lo colpisce una grave malattia psichica che lo affliggerà fino alla fine. La sua opera si distingue per la grandiosità delle immagini, la sottigliezza e la musicalità del verso, il trasparire in controluce di un senso di transitorietà e di morte.

Terenzio Afro Publio (ca. 190-159 a.C.), commediografo latino. Protetto da Scipione Emiliano e Lelio, scrive commedie – sei ci sono giunte integre – ispirate alla Commedia Nuova, caratterizzate dall'interesse per l'approfondimento psicologico dei personaggi che si definiscono come «tipi», e dall'introduzione del prologo come spazio riservato all'autore per trattare questioni di poetica.

Tiepolo Giambattista (1696-1770), pittore italiano. Artista di successo del Rococò veneziano, dipinge vasti cicli decorativi in un stile spettacolare tra arditi giochi prospettici e un virtuosistico impiego della luce e del colore.

Tirteo (VII sec. a.C.), poeta greco. È autore di elegie di argomento etico-militare che inaugurano un filone esortativo verso il valore guerriero e l'amor di patria e ne fanno il poeta del mondo spartano.

Torre Roberta (1962), regista italiana. Dopo alcuni corti, approda al lungometraggio con due musical, l'uno sulla mafia e l'altro sugli sbarchi di massa degli immigrati in Sicilia, che impiegano la musica come nuova forma narrativa.

Trilussa (Carlo Alberto Salustri; 1871-1950), poeta italiano. Scrive poesie in dialetto romanesco, articoli di costume e soprattutto favole moraleggianti, in cui fatti di cronaca e aspetti quotidiani della realtà si fondono con una saggezza popolare che appartiene alla tradizione della satira e delle pasquinate.

Turner Joseph Mallord William (1775-1851), pittore inglese. È un grande paesaggista, attento agli effetti di luce e di atmosfera, che studia attentamente dal vero e rende in pittura prediligendo soggetti drammatici di una natura sconvolta, in cui la prospettiva e i contorni delle cose si dissolvono in evanescenze colorate.

Twain Mark (Samuel Langhorne Clemens; 1835-1910), scrittore statunitense, uno dei maggiori del secondo 800. L'infanzia vissuta sulle rive del Mississipi sarà determinante nella sua opera e così i molti viaggi, fonti d'ispirazione per romanzi in cui le doti di umorista si combinano con l'analisi sociale e la ricerca di temi e di un linguaggio propriamente americani.

Vacis Gabriele (1955), regista italiano. Dotato di un linguaggio innovatore, si è cimentato con un teatro impegnato sul fronte civile e sociale, anche collaborando con Marco Paolini. È anche autore per la televisione.

Valéry Paul (1871-1945), poeta francese. Esordisce nel solco del Simbolismo (v.) per poi abbracciare una poesia ermetica che pone al centro temi come il dominio della ragione, il bisogno di autocoscienza, la brama di vivere, la forza irrazionale delle passioni.

Van Eyck Jan (1390 ca.-1444), pittore fiammingo. È maestro insuperato della pittura fiamminga quattrocentesca, indagatore della realtà nei suoi aspetti più nascosti e minuti, per mezzo di una luce che si diffonde e si rifrange esaltata dalla tecnica ad olio.

Van Gogh Vincent (1853-1890), pittore olandese. Autore prolifico, in una prima fase ritrae con toni cupi la miseria dei contadini olandesi. Lavora poi a Parigi e nel Sud della Francia, dove realizza opere distinte da un uso del colore in funzione espressiva, capaci di esprimere le aspirazioni di comunione fraterna e il tormento interiore dell'artista. I disturbi mentali degli ultimi anni e l'assimilazione di pittura e vita lo condurranno al suicidio.

Vasnecov Viktor MichajloviĐ (1848-1926), pittore, architetto e scenografo russo. Esponente del revival medievalista tardottocentesco, dipinge soggetti storici e mitologici mescolandovi suggestioni simboliste.

Vedutismo. Genere pittorico nato in Olanda nella seconda metà del 600 e diffuso poi in Italia, dove conosce uno sviluppo particolare nel secolo successivo, in particolare a Venezia, grazie alle ricerche di artisti paesaggisti specializzati nella veduta prospettica di scorci naturali e architettonici. Si avvale dell'impiego di tecniche scientifiche di resa del reale per mezzo di strumenti come la camera ottica.

Vega Lope de (1562-1635), drammaturgo e poeta spagnolo. Genio precoce, è prolifico e colto autore teatrale cui si attribuiscono centinaia di opere, ma anche 3000 sonetti, poemi epici e burleschi. Rappresenta la metà solare, ottimistica e popolare del teatro barocco del suo tempo, che sa rinnovare sul piano scenico e linguistico.

Vermeer Jan (1632-1675), pittore olandese. Pratica una pittura di genere che riduce al minimo l'aspetto narrativo dei soggetti prescelti e pone in evidenza la presenza viva e vibrante di persone e oggetti, colti in interni avvolti da un'atmosfera trasparente e sospesa, in cui la luce diviene protagonista.

Vigny Alfred de (1797-1863), scrittore e poeta francese. È esponente del Romanticismo (v.) francese, autore di drammi, poesie, romanzi e prose, caratterizzati da una visione pessimistica del mondo e della vita come sofferenza da accettare stoicamente e dal dissidio tra sogno e realtà.

Villon François (1431 - † dopo 1463), poeta francese. Orfano adottato da un ecclesiastico che gli consente di studiare e diventare scrivano, è implicato in un omicidio e poi in un furto che gli costano un lungo vagabondare e mesi di prigione. Il cattivo stato di salute e l'amara delusione sono all'origine del *Testamento*, un'opera dalla complessa struttura tematica e formale che fa di lui il più importante poeta tardomedievale.

Virgilio Marone Publio (70-19 a.C.), poeta latino, il maggiore dell'età augustea. Entrato nel circolo di Mecenate e protetto di Augusto, scrive le *Bucoliche*, dieci egloghe in esametri, le *Georgiche*, un poema didascalico in esametri e il poema epico dell'*Eneide*, sulle origini mitiche della casa imperiale, che non porterà a termine per il sopraggiungere della morte durante il ritorno da un viaggio in Grecia.

Visconti Luchino (1906-1976), regista italiano. Esordisce nel cinema del Neorealismo (v.) superandone ben presto le premesse per dare vita a una visione cinematografica del tutto personale, che coniuga il realismo alla ricerca di perfezione estetica e che guarda al romanzo borghese infondendolo del proprio gusto del melodramma.

Vittorini Elio (1908-1966), scrittore italiano. Diffonde in Italia la narrativa statunitense attraverso la sua attività editoriale e la direzione di riviste letterarie. È autore di alcuni romanzi.

Warhol Andy (19301987), pittore, disegnatore e regista statunitense. Tra i maggiori esponenti della Pop Art (v.), già grafico pubblicitario, abile nell'impiego di tecniche come la serigrafia, sceglie a oggetto della sua pittura immagini della pubblicità e della cronaca, che ritrae in serie ripetitive, ponendo l'attenzione sui meccanismi occulti della comunicazione di massa.

Waterhouse John William (1849-1917), pittore inglese. Attivo in epoca vittoriana, si attarda sui modi della pittura preraffaellita, dipingendo soggetti mitologici o letterari di ambientazione medievale, in un acceso realismo aperto a suggestioni simboliste.

Watteau Jean-Antoine (1684-1721), pittore francese. Abile disegnatore e colorista, autore di una pittura sensibile e raffinata, raggiunge le vette del Rococò francese, ideando il genere delle "feste galanti": immagini di giovani aristocratici immersi nella natura in un'atmosfera poetica ma resa sospesa da un sentimento di malinconia e un presagio di fugacità del piacere.

Weir Peter (1944), regista australiano. Autore di lungometraggi che spaziano tra generi diversi, è una delle voci maggiori del cinema australiano. Ha diretto film pluripremiati come *L'attimo fuggente* e *The Truman show*. In America collabora con attori hollywoodiani che sa far emergere dall'immagine stereotipata, mantenendo un suo stile personale.

Wilde Oscar (1854-1900), commediografo e scrittore irlandese. Studia a Oxford e si impone nei circoli intellettuali inglesi e poi francesi. Dotato di uno stile personalissimo e inconfondibile, spesso ispirato al gusto per il paradosso, è autore di uno dei romanzi fondanti dell'Estetismo, *Il ritratto di Dorian Gray*, di celebri commedie e di saggi.

Williams Tennessee (Thomas Lanier; 1914-1983), drammaturgo statunitense. Dopo un primo apprendistato a Saint Louis, si trasferisce nel Nord degli Stati Uniti realizzando tra gli anni 40 e 50 la parte migliore del suo teatro, che appare segnato da alcuni temi ricorrenti: la solitudine e la fragilità sociale della donna, le patologie sessuali, la violenza della società americana.

Wood Grant (1892-1942), pittore statunitense. Artista di spicco dell'*American Scene Painting*, imprime al movimento un carattere regionalista, teso a creare un'arte autenticamente americana. Sceglie come temi i paesaggi, le cittadine e gli abitanti del Midwest, che rappresenta con sguardo lievemente ironico, ma anche idealizzante.

Wordsworth William (1770-1850), poeta inglese. È l'iniziatore del Romanticismo (v.) inglese, amico e collaboratore di Coleridge, con cui pubblica l'antologia delle *Lyrical Ballads* del 1798. L'esperienza della natura, vissuta in giovinezza presso la regione inglese dei laghi, segnerà profondamente la sua poesia, che vede come intensa emozione rivissuta in tranquillità.

Zeffirelli Franco (1923), regista italiano. Dopo un esordio come attore, approda alla regia dell'opera lirica che resterà una sua grande passione. Lavora anche per il teatro e si accosta al cinema attraverso Shakespeare, cui seguono altri adattamenti letterari, distinguendosi per uno stile formalmente impeccabile, capace di vasti affreschi e spettacolari messe in scena.